U0922238

中国企业年鉴 2015

CHINA ENTERPRISE YEARBOOK

中国企业年鉴编委会/编

图书在版编目（CIP）数据

中国企业年鉴. 2015 /《中国企业年鉴》编委会 编. —北京：企业管理出版社，2015.12

ISBN 978-7-5164-1178-0

Ⅰ. ①中… Ⅱ. ①中… Ⅲ. ①企业经济—中国—2015—年鉴 Ⅳ. ①F279.2-54

中国版本图书馆CIP数据核字（2015）第308362号

书　　名：**中国企业年鉴** 2015
作　　者：《中国企业年鉴》编委会 编
总 编 辑：官永久
责任编辑：尹　青
图文编辑：肖　钦　崔立凯
书　　号：ISBN 978-7-5164-1178-0
出版发行：企业管理出版社
地　　址：北京市海淀区紫竹院南路17号　邮编：100048
网　　址：http：//www.emph.cn
电　　话：出版社68701719　发行部68467871　编辑部68701184　广告部：68701192
电子邮箱：80147@sina.com　chinaqynj@163.com
印　　刷：北京画中画印刷有限公司
经　　销：新华书店　　彩　插：7印张
规　　格：889毫米×1194毫米　16开本　35印张　1000千字
版　　次：2015年12月第1版　2015年12月第1次印刷
定　　价：480.00元（附赠光盘）
广告经营许可证：京海工商广字8127号

编纂说明

一、《中国企业年鉴》（以下称《年鉴》）于2011年在《中国企业管理年鉴》的基础上，更名改版，本卷为连续出版的第25卷。

二、《年鉴》是由国务院国有资产监督管理委员会主管，中国企业联合会、中国企业家协会组织编写的全国大型资料性年刊，是中国出版工作者协会年鉴工作委员会第一批认证的“中国年鉴资源全文数据库核心年鉴”。

三、《年鉴》继续由我国经济界、企业界老前辈袁宝华、陈锦华、张彦宁同志担任顾问，中国企业联合会、中国企业家协会会长王忠禹担任编委会主任；国务院国资委、工信部等部委领导同志担任编委会副主任。同时聘请了社会各界有关专家、学者、领导和企业家担任理事会成员、特约编委和特约撰稿人。

四、《年鉴》是中国国内迄今为止唯一一部反映和纪录中国企业改革与发展历程的史鉴，融政策性、权威性和实用性于一体，从不同层面、多元视角、各个领域真实客观地记录中国企业改革、管理和发展的新成就和新经验，热情讴歌先进企业的骄人业绩和企业家的领军风采。

五、《年鉴》秉承“鉴往知来，服务现实，保存资料，惠及后代”的重要使命，奉行“时代性、系统性、权威性和连续性”的办刊方针，为中国的各类企业和企业家以及众多研究和关注中国企业改革发展的专家学者提供数据信息和参考资料。

六、《年鉴》（2015）共设9个篇章，即：A. 重要经济文献；B. 经济法律法规选编；C. 企业发展概况；D. 行业发展概况；E. 企业管理综述；F. 企业论坛；G. 国民经济和社会发展统计资料；H. 附录；I. 图片资料。

七、本卷涉及全国性统计数据，暂未包括港澳台地区，其统计数据截至2014年12月31日。国民经济和社会发展统计资料中的数据采用国家统计局公布的初步统计数据；由于统计口径、方法不尽相同，如有行业、地方的统计数据与上述数据不完全一致的情况，以国家统计局的数据为准。

八、本卷编辑工作得到了全体特约编委、特约撰稿人和中国企业联合会有关部门同志的热心帮助和鼎力支持，在此一并表示诚挚的谢意。

九、自2011年改版后，每卷同步出版多媒体全文检索电子光盘（CD-ROM），随书赠送。

《中国企业年鉴》编辑部

2015年10月

中国公交年鉴

新华网
WWW.NEWS.CN

▲ 习近平在上海考察

2014 年 5 月 24 日，中共中央总书记、国家主席习近平在上海汽车集团技术中心造型设计车间考察。

（新华社记者：兰红光　摄）

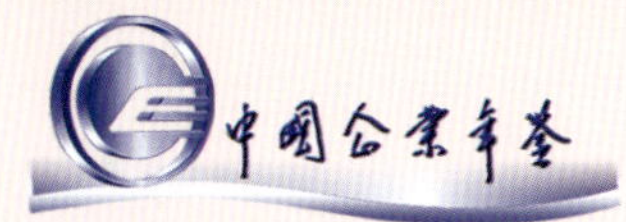

▲ 李克强在重庆考察

2014 年 4 月 28 日，中共中央政治局常委、国务院总理李克强到重庆川仪自动化股份有限公司考察。

（新华社记者：刘　震　摄）

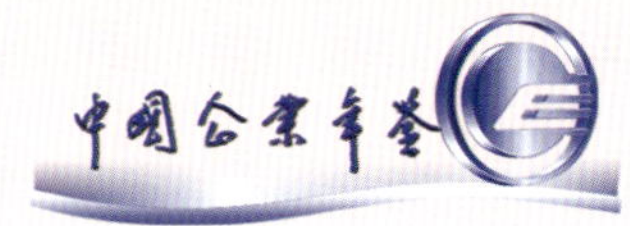

▲ 朱镕基出席袁宝华新书座谈会

2015 年 5 月 23 日，原中共中央政治局常委、国务院总理朱镕基，第十届全国人大副委员长顾秀莲出席“袁宝华系列著作出版座谈会”并讲话。

（记者：林瑞泉　摄）

▲ 三任会长齐聚座谈会

2015 年 5 月 23 日，第九届全国政协副主席、原中国企业联合会、中国企业家协会会长陈锦华（右一）出席“袁宝华系列著作出版座谈会”并讲话，第十届全国政协副主席、中国企业联合会、中国企业家协会会长王忠禹（左一）主持座谈会，并与原中顾委委员、中国企业联合会、中国企业家协会名誉会长袁宝华（左二）合影。

（记者：林瑞泉　摄）

▲ 王忠禹会见世贸中心协会首席执行官

2014 年 6 月 9 日上午，中国企业联合会、中国企业家协会会长王忠禹会见了世界贸易中心协会首席执行官埃里克 · 达尔一行，参加了中国企联与世贸中心协会合作备忘录签字仪式。

（记者：林瑞泉　摄）

▲ 张毅到南京际华 3521 公司调研

2014 年 4 月 4 日，国务院国有资产监督管理委员会主任、党委书记张毅到南京际华 3521 特种装备有限公司调研、指导教育实践活动。

（国资委网站）

▲ 苗圩会见西门子工业业务领域首席执行官

2014 年 7 月 8 日，工业和信息化部部长苗圩会见了西门子工业业务领域首席执行官鲁思沃，并出席“未来制造业”交流活动。

（工信部网站）

▲ 李德成会见联合国全球契约总干事乔治 · 科尔

2014 年 6 月 26 日，在北京举行 2014“生态文明 · 美丽家园”关注气候中国峰会上中国企业联合会、中国企业家协会常务副会长兼理事长、联合国全球契约理事李德成会见了联合国全球契约总干事乔治 · 科尔。

（记者：林瑞泉　摄）

▲ 黄海嵩出席全国企业管理创新大会

2014 年 3 月 21 日，中国企业联合会、中国企业家协会驻会副会长黄海嵩出席了在北京召开的主题为“在全面深化改革中推进企业创新发展”的“2014 年全国企业管理创新大会”。

（记者：林瑞泉　摄）

▲ 全球契约中国网络年会在京举行

2014 年 2 月 25 日，由中国企业联合会、中国企业家协会主办的全球契约中国网络年会在北京召开。此次年会发布了“2013 全球契约中国最佳实践”案例。

（记者：林瑞泉　摄）

▲ 2014 年全国企业家活动日暨中国企业家年会在闽举行

2014 年 6 月 18—19 日，“以改革求突破，以创新促升级：中国企业家的时代责任”为主题的“2014 年全国企业家活动日暨中国企业家年会”在福建省福州市举行。

（记者：林瑞泉　摄）

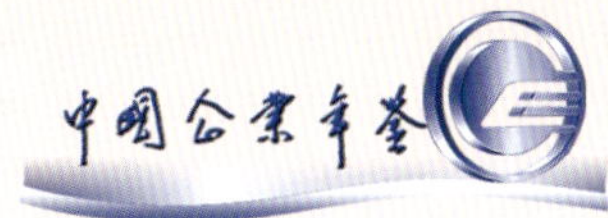

▲ 学习贯彻习近平总书记给企业家回信座谈会在京召开

2014 年 7 月 30 日，中国企业联合会、中国企业家协会在京召开学习贯彻习近平总书记给企业家回信座谈会。此次座谈会旨在为学习贯彻习近平总书记给福建省 30 位企业家的回信精神，探讨新形势下如何深化企业改革发展。

（记者：林瑞泉　摄）

▲ 2014 中国 500 强企业高峰论坛在重庆召开

2014 年 9 月 1—3 日，以“新动力，新前景：全球经济变局下的大企业改革发展”为主题的“2014 中国 500 强企业高峰论坛”在重庆召开。

（记者：林瑞泉　摄）

中国企业年鉴 2015
China Enterprise Yearbook

编 委 会

刘建军　河北省企业家协会秘书长
刘育才　中国商业企业管理协会常务副会长兼秘书长
关　飞　安徽省旅游集团有限责任公司董事长、党委书记
安　进　安徽江淮汽车股份有限公司董事长、党委书记
闫冰竹　北京银行董事长
孙　波　国家质量监督检验检疫总局质量管理司司长
孙文序　国家工商行政管理总局消费者权益保护局巡视员
孙庆生　企业管理出版社社长
次仁彭多　西藏自治区企业联合会、企业家协会负责人
李　玲　中国机械工业企业管理协会执行副会长兼秘书长
李　强　渤海钢铁集团有限公司副总经理
天津钢管集团股份有限公司党委书记、董事长
李天宝　渤海船舶重工有限责任公司董事长
李西人　陕西省企业家协会秘书长
李朴民　国家发展和改革委员会秘书长
李其华　江西省企业联合会、江西省企业家协会秘书长
李振中　全国打击侵权假冒领导小组办公室副主任
李寿生　中国石油和化学工业联合会常务副会长、党委副书记
李明星　中国企业联合会、中国企业家协会驻会副会长
李长华　江苏省企业联合会、江苏省企业家协会秘书长
李和仁　中国交通企业管理协会常务副秘书长
李良仕　江西省能源集团公司总经理、党委副书记
李普强　内蒙古企业联合会、内蒙古企业家协会秘书长
李建明　中国企业联合会、中国企业家协会副理事长
李建新　长丰汽车集团有限公司董事长、党委书记
李建疆　云南省企业联合会、云南省企业家协会副会长兼秘书长
束国刚　中广核工程有限公司总经理
杨　鹏　宁夏企业和企业家联合会秘书长
杨连盛　广东省企业联合会、广东省企业家协会执行副会长
杨廷成　青海省企业联合会、青海省企业家协会副秘书长
吴瑞林　侨兴集团有限公司董事长
吴荣启　贵州省企业联合会、贵州省企业家协会会长
吴显名　四川省企业联合会、四川省企业家协会执行副会长兼秘书长
吴义国　工业和信息化部中小企业司副司长
邱天高　江铃汽车集团公司董事长
何训班　国家工商行政管理总局外资局局长
辛仁周　工业和信息化部产业政策司副司长
冷明权　海南省企业联合会、海南省企业家协会执行副会长兼秘书长
沈　莹　国务院国有资产监督管理委员会财务监督与考核评价局局长
宋志平　中国建筑材料集团有限公司董事长、党委书记
宋振海　山东省企业联合会常务副会长兼秘书长
宋　鑫　中国黄金集团公司总经理、党委书记
张志骥　中国企业联合会、中国企业家协会党委副书记、纪委书记
张艳艳　中国企业联合会咨询和培训中心主任
张　兴　安第斯石油公司总经理
张启曾　新疆企业联合会、新疆业家协会常务副会长
张祥明　重庆市企业联合会、重庆市企业家协会常务副会长兼秘书长
陈卫东　浙江省企业联合会、浙江省企业家协会常务副会长兼秘书长
陈秋途　中国华信能源有限公司执行董事、总裁
林左鸣　中国航空工业集团公司董事长、党组书记
周渝波　国务院国有资产监督管理委员会政策法规局局长
官永久　企业管理出版社副社长兼副总编辑
郝玉峰　中国企业联合会研究部主任
郝为民　中国通信企业协会副会长兼秘书长
胡晓丽　中国企业联合会、中国企业家协会副理事长
柏东海　中国企业联合会、中国企业家协会副理事长

主　　编：李德成　黄海嵩

副 主 编：刘　鹏　卢卫东　孙庆生

执行副主编：宫永久

责任编辑：尹　青

编　　辑：崔立凯

黄宜成　杨天良

特约撰稿人

撰稿人：（按姓氏笔画排序）

马　超　中国企业联合会雇主工作部国际合作处副处长

王华俊　中国有色金属工业协会副秘书长

王贺彬　中国钢铁工业协会综合部

王德春　中国钢铁工业协会综合部副部长

毛元斌　国务院国有资产监督管理委员会企业改革局集团处处长

邓义虹　国务院国有资产监督管理委员会综合局副调研员

石毅华　国家统计局综合司调研员

朱小群　中国（民）私营经济研究会助理研究员

汤家轩　中国煤炭工业协会技术管理中心主任

孙星寿　中国建筑材料联合会秘书处

孙淮滨　中国纺织工业协会产业部副主任

邬云芳　中国企业联合会、中国企业家协会办公室副主任

李　兰　中国企业家调查系统秘书长

李培松　中国轻工业联合会研究室主任

李战军　中国房地产业协会中房研协技术服务有限公司所长

李建明　中国企业联合会、中国企业家协会副理事长

李德洁　中国企业联合会企业文化工作部助理研究员

杨　特　国家发展和改革委员会政策研究室

连建华　工业和信息化部中小企业司

肖春华　中国交通年鉴社编辑部主任

吴义国　工业和信息化部中小企业司副司长

辛　灵　商务部研究院对外投资合作研究所

辛仁周　国家工业和信息化部产业政策司副司长

张　舟　国家发展和改革委员会经济运行局

张明钟　国家工业和信息化部信息中心统计分析处

邵杨辉　中国企业联合会咨询与培训中心

邵红亚　中国企业联合会、中国企业家协会办公室主任

林　树　中国电力企业联合会

林瑞泉　《中国企业报》记者

欧阳晓明　中华全国工商业联合会经济部部长

周　蕊　中国企业联合会企业创新工作部

周　欣　中国企业联合会雇主工作部劳动关系处副处长

周　密　商务部研究院对外投资合作研究所副主任、研究员

周志成　中国物流与采购联合会研究室

周业勤　中国房地产业研究会、中国房地产业协会研究员

郑佳节　国家人力资源和社会保障部政策研究司

赵志平　中国石油和化学工业联合会信息与市场部主任

赵明霞　中国纺织工业协会产业部行业分析师

赵新敏　中国机械工业联合会统计与信息工作部主任

贺登才　中国物流与采购联合会副会长、中国物流学会副会长

聂平香　商务部研究院外资研究部副研究员

黄　蕾　中国电子信息产业发展研究院工业化研究中心、中小企业研究所所长

黄澄清　国家工业和信息化部信息中心主任

地方企联、企协工作站

站长名单：（按姓氏笔画排序）

马晓丽　青海省企业联合会、青海省企业家协会会员工作部主任

王森林　云南省企业联合会、云南省企业家协会研究部主任

王惠璋　海南省企业联合会、海南省企业家协会秘书长助理、研究策划部主任

王昌宏　贵州省企业联合会、贵州省企业家协会副秘书长

王新哲　河南省企业联合会、河南省企业家协会研究部副主任

井红霞　新疆企业联合会、新疆企业家协会副秘书长

古建忠　江西省企业联合会、江西省企业家协会办公室副主任

朱家驹　安徽省企业联合会、安徽省企业家协会副秘书长

庄德彬　黑龙江省企业联合会、企业家协会常务副会长兼秘书长

刘绍华　湖北省企业联合会、湖北省企业家协会综合工作部、咨询培训部部长

刘建军　河北省企业家协会秘书长

杜怀明　甘肃省企业联合会副秘书长

李　珍　陕西省企业联合会会员工作部部长

李　韬　广西企业与企业家联合会会员工作部主任

李西人　陕西省企业家协会秘书长

李　阳　宁夏企业和企业家联合会行政助理

李贞国　河北省企业联合会办公室主任

李晓东　山西省企业联合会、山西省企业家协会常务副秘书长兼会员工作部主任

杨泽新　广东省企业联合会、广东省企业家协会广东企业年鉴编辑部主编

张玉萍　内蒙古企业联合会、内蒙古企业家协会办公室主任

张　恒　四川省企业联合会、四川省企业家协会会员工作部部长

张　强　辽宁省企业联合会、辽宁省企业家协会综合部部长

郑　璀　福建省企业与企业家联合会会员工作部副主任

赵静姝　江苏省企业联合会、江苏省企业家协会会员工作部

段晓凡　山东省企业联合会会员中心副主任

徐增康　浙江省企业联合会、浙江省企业家协会副秘书长

郭庆华　重庆市企业联合会、重庆市企业家协会会长助理兼会员工作部主任

商　艳　湖南省企业联合会、湖南省企业家协会副秘书长

温池洪　吉林省企业联合会、吉林省企业家协会副秘书长

穆克宪　天津市企业联合会、天津市企业家协会研究部部长

特约协办单位、 特约理事单位

特约协办单位：（排序不分先后）

国家电网公司

中国建筑材料集团有限公司

中国华信能源有限公司

中广核工程有限公司

香江集团

特约理事单位：（排序不分先后）

渤海钢铁集团钢管公司

中国兵器工业集团公司

中国航空工业集团公司

中国电子科技集团公司

中国黄金集团公司

东风汽车公司

安徽江淮汽车股份有限公司

江铃汽车集团公司

长丰汽车集团有限公司

东风柳州汽车有限公司

中联重科股份有限公司

渤海船舶重工有限责任公司

中国通用咨询投资有限公司

安第斯石油公司

亨通集团有限公司

安徽海螺集团有限责任公司

重庆润通控股（集团）有限公司

岭南园林股份有限公司

辽宁日林实业集团有限公司

弘阳集团有限公司

厦门经济特区房地产开发集团有限公司

大亚湾核电运营管理有限责任公司

中核建中核燃料元件有限公司

大唐电信科技产业集团

侨兴集团有限公司

广东省广播电视网络股份有限公司

安徽省旅游集团有限责任公司

北京银行

招商银行

中国华融资产管理股份有限公司

阳光保险集团股份有限公司

中国电力国际有限公司

国家开发投资公司

广西投资集团有限公司

无锡市国联发展（集团）有限公司

云南省能源投资集团有限公司

江西省能源集团公司

适应“新常态”，大企业应从四方面提升竞争力

——在2014中国企业500强发布暨中国大企业高峰会上

（代序）

中国企业联合会
中国企业家协会　会长　王忠禹

过去的一年，面对世界经济复苏艰难、国内经济下行压力加大的复杂形势，以中国企业500强为代表的大企业积极应对环境变化带来的困难和挑战，积极有为，迎难而上，保持了稳中向好的发展态势。2014中国企业500强实现营业收入566 800亿元，较上年增长13.3%，增幅提高1.9个百分点；实现净利润24 000亿元，较上年增长10.6%，增幅提高7.1个百分点。千亿元规模以上的企业，由123家增加到134家，增加11家；整体规模达到美国企业500强的3/4以上；入围世界500强的企业达92家，比上年增加6家；大部分企业的排名有明显提升。中国100大跨国公司拥有海外资产52 500亿元，较上年增长17.0%，参与国际竞争与合作的能力进一步增强。

尤其值得一提的是，中国大企业的结构调整取得了更为积极的成效。2014中国企业500强包含服务业企业157家，较上年增加9家，营业收入占比有所提升。中国服务业企业500强增长速度连续第二年超出中国制造业企业500强，反映出产业结构优化的趋势正在形成。国有、民营企业同步发展，有200家民营企业入围中国企业500强，较上年增加10家。此外，近年来的中国企业500强中，涌现出了多家互联网等新兴业态的企业，电子商务公司京东商城、云计算龙头企业浪潮集团、中文搜索引擎百度公司、互联网综合服务商腾讯公司等企业上榜中国企业500强，是中国大企业产业分布的新亮点。

总体上看，中国大企业在做大做强的道路上取得了显著进展，已经成为世界上较大的企业群体之一。与此同时，我们也要看到，中国大企业与世界一流企业相比还有相当大的差距，关键技术缺失、品牌附加值低、绿色发展滞后等问题仍然非常突出，在体制机制、质量效益、品牌形象、社会责任等方面，还有很大的提升空间。进一步做大做强，大力提高国际竞争力，仍是摆在中国大企业面前的一项重要而紧迫的任务。

党的十八届三中全会作出了《关于全面深化改革若干重大问题的决定》，为中国经济社会的全面

进步注入了强大的动力，也为企业进一步改革发展创造了良好的外部环境。2014 年 5 月，习近平总书记在河南考察时首次提出经济发展“新常态”，是对现阶段中国经济社会发展特征的重大战略判断。在“新常态”下，企业要适应经济增速从高速转向中高速，经济结构从失衡转向优化再平衡，调控从总量宽松、粗放刺激转向总量稳定、预调微调。“新常态”既是企业发展的新环境新要求，也是企业提质增效创新发展的新动力。我们把本次论坛的主题定为“新动力，新前景：全球经济变局下的大企业改革发展”，就是要引导中国大企业在复杂的国内外形势下，适应经济发展的新常态，凝聚发展的新动力，奋发有为，努力创造新的发展业绩，不断提高国际竞争力。

“新常态”下企业做强做大、提高国际竞争力需要从许多方面下功夫，当前尤其需要在以下四个方面下更大的功夫。

一、勇于担当，积极发挥骨干引领作用

中国企联 2014 年 6 月在福州市召开“全国企业家活动日”期间，恰逢福建省 55 位厂长经理发出给企业“松绑”放权呼吁信 30 周年，福建省 30 位企业家致信习近平总书记，建言加快企业改革发展。习总书记回信，鼓励企业和企业家要“继续发扬‘敢为天下先、爱拼才会赢’的闯劲，进一步解放思想，改革创新，敢于担当，勇于作为，不断做大做强”。收到福建省企联转来习近平总书记的回信后，中国企联于 7 月 30 日召开了企业家座谈会，座谈会上来自全国不同地区不同所有制的企业家们通过学习一致表示，工作中要结合学习习近平总书记系列重要讲话，认真学习，深刻领会，积极贯彻落实回信精神，大力推动企业改革创新发展。

在当前“新常态”下，中国大企业要发扬习总书记提出的“爱拼敢赢”精神，首先就是要以更大的勇气和智慧在企业改革发展创新中，在调整产业结构、转变发展方式中，进一步发挥支撑、骨干和引领作用；就是要积极主动适应经济环境的变化，在深化改革加快发展的同时，思考并带头解决行业和社会长远发展的矛盾和困难；要坚持战略统领，大力推动行业整合，塑造有利于良性竞争的行业秩序；要带头制订和实施国家或行业标准，引领产业持续健康发展；要认真落实节能减排的各项举措，加大解决污染排污力度，提高能源资源利用效率，扎实推进资源节约型、环境友好型企业建设；要积极履行企业社会责任，坚持以人为本，构建和谐劳动关系；要坚持诚信经营，树立良好社会形象。

二、强化技术创新和管理创新，抢占产业发展的制高点

向价值链中高端迈进，抢占产业发展的制高点，是中国大企业深化结构调整的努力方向。首先要加强技术创新。近年来，中航工业、宝钢、华为、中国兵器工业、中国机械、中国航天、大唐电信、亨通、中国南车、中国北车等一批大企业在技术创新方面已经取得了显著成绩；在一些领域已取得重大突破，如超级计算机、北斗区域卫星导航系统、C919 大型客机、第四代移动通信标准技术的成功自主研制等。但是值得警醒的是，面对新一轮科技革命和产业变革的巨大挑战，中国企业 500 强的平均研发强度不仅没有增加，反而连续 3 年下滑，许多企业还没有把科技创新、抢占产业发展制高点当成打造核心竞争力的长期战略。2014 世界 500 强中，在以计算机软件、信息技术服务为代表的 IT 领域，以航天与防务、电子电气设备为代表的高端装备制造领域，中国大企业明显处于弱势，有的高端

领域甚至是空白。当务之急，就是要紧紧抓住移动互联、物联网、云计算、大数据带来的发展机遇，用高新技术改造传统产业，集中精力在集成电路、数控机床、航空航天、网络通信设备、海洋工程装备、节能与新能源汽车、工业机器人、3D 打印等高端制造领域抢得先机和实现赶超。对此，中国大企业必须要有高度的紧迫感和使命感，要认真领会、紧跟落实中央对实施创新驱动战略的最新部署，下更大的力气谋划和推动创新发展；要以问题为导向，积极跟踪研究国际产业前沿，找准技术攻关的切入点和主攻方向。中国500 强企业应该加大研发投入，没有建立研发中心的要创造条件抓紧建立，已经建立的要不断壮大，同时要积极主动与高等院校、科研院所等单位合作开展联合攻关。其次要积极开展管理创新，提升管理水平。要按照市场化原则完善内部创新激励机制，加强创新人才引进、培养和储备，营造有利于创新的文化氛围；要加快从工业化思维向互联网思维转变，积极开展商业模式创新，以信息技术整合供应链，优化企业生产流程，推进智能制造，推进制造加工协同和组织变革。

三、加快推进国际化经营，提高全球资源整合能力

近年来，中国大企业的国际化经营取得了可喜的成效。2013 年中国企业跨境并购金额达到5 019 500万美元，仅次于美国、俄罗斯和日本，位居全球第四。中国海洋石油 191.2 亿美元并购加拿大尼克森公司、双汇集团 47.5 亿美元并购美国史密斯菲尔德食品公司，成为当年全球热门话题。中信、中国远洋运输、中国海洋石油上榜 2014 全球 100 大跨国公司，12 家中国内地企业上榜发展中国家和地区 100 大跨国公司。中国企业 500 强的海外营业收入达到 61 600 亿元、海外资产达到 81 800 亿元，分别同比增长 12.5% 和 24.0%。但是从整体上看，中国大企业国际化经营水平仍然比较低，配置和重组全球资源能力和经验尚显不足。2014 中国 100 大跨国公司的平均跨国指数只有13.6%，不仅远远低于 2014 世界 100 大跨国公司的 60.3%，而且也低于 2014 发展中国家 100 大跨国公司的 36.6%。为此，中国大企业要充分利用国际经济结构深刻调整和世界经济温和复苏的历史性机遇，加快推进国际化经营，增强在全球范围内配置和重组各类资源的能力；要充分发挥中国低成本的生产优势和海外的市场优势，合理选择贸易和投资手段，在全球范围内统筹布局生产和营销力量，努力提高市场竞争力；要加强与海外资本的合作，探索海外当地融资以及进入东道国当地资本市场的模式，用全球化的手段降低资金成本；要积极融入国际产业链的分工，通过上下游的分包协作形成供应链的整体优势；要进一步提高跨境并购的成功率，尤其是并购完成后实现企业业绩持续向好的成功率；要秉持“与邻为善，以邻为伴”的责任理念，通过推动员工属地化、采购本地化、投身当地公益事业等一系列工作，赢得当地政府和居民的支持，树立良好国际形象；要针对地区社会政治特点制订稳健的风险管理策略，加强境外风险识别与预警，确保经营风险做到可知、可控、可承受、可管理。

四、积极实践混合所有制，增强企业内在发展动力

进一步做大做强做优，是包括国有企业、民营企业在内的中国大企业的共同责任和使命。实践表明，产权多元化改造，以及由此推动的现代企业制度建设，是十多年来支撑中国大企业持续快速发展的重要因素。党的十八届三中全会指出，混合所有制经济是中国基本经济制度的重要实现形式。混合所有制打破了各种所有制形式之间的身份界限，实现了资源配置公平和竞争环境公平。混合所

有制改革，不仅可以吸纳非公经济参与国有企业改革，也应当鼓励国有资本投向优秀民营企业，实现“国民共进”的双向混合发展。

混合所有制企业通过多元出资形成均衡的法人治理结构，有利于建立规范的公司治理。无论怎么混合，无论是国有控股企业、民间资本控股企业，还是股份分散的企业，最终都要在公司治理上下功夫。只有把各种资本的优势都发挥出来，形成利益一致的市场主体，企业发展才能真正获得新动力。中国建材集团用央企的实力加上民企的活力重新打造企业竞争力，在“央企市营”模式的指引下，以资本为纽带，实现了以国资为主导的行业整合，成为全球最大的水泥制造企业，不仅自身实现了做大做强，还带领全行业走出了困境。联想控股通过多次改革，由一个中科院的全资企业发展成为中科院只占 36.0% 的股份、联想控股职工持股会占 35.0%、其他战略投资者占 29.0% 的混合所有制企业，联想控股从一个 20 万元起家的小企业打造成了具有国际竞争力的大型综合企业。这些成功的改革经验具有普遍意义，很值得其他企业学习借鉴。

目 次

A 重要经济文献

B 经济法律法规选编

法 律

行政法规

法规性文件

国务院部门规章

C　企业发展概况

D　行业发展概况

E 企业管理综述

F 企业论坛

G　国民经济和社会发展统计资料

H 附 录

I 图片资料

重点企业

优秀企业

重要经济文献

政府工作报告

——2015 年 3 月 5 日在第十二届全国人民代表大会第三次会议上

国务院总理　李克强

各位代表：

现在，我代表国务院，向大会报告政府工作，请予审议，并请全国政协各位委员提出意见。

一、2014 年工作回顾

过去一年，中国发展面临的国际国内环境复杂严峻。全球经济复苏艰难曲折，主要经济体走势分化。国内经济下行压力持续加大，多重困难和挑战相互交织。在以习近平同志为总书记的党中央坚强领导下，全国各族人民万众一心，克难攻坚，完成了全年经济社会发展主要目标任务，全面建成小康社会迈出坚实步伐，全面深化改革实现良好开局，全面依法治国开启新征程，全面从严治党取得新进展。

一年来，中国经济社会发展总体平稳，稳中有进。"稳"的主要标志是，经济运行处于合理区间。增速稳，国内生产总值达到 636 000 亿元，比上年增长 7.4%，在世界主要经济体中名列前茅。就业稳，城镇新增就业 1 322 万人，高于上年。价格稳，居民消费价格上涨 2.0%。"进"的总体特征是，发展的协调性和可持续性增强。经济结构有新的优化，粮食产量达到 6.07 亿吨，消费对经济增长的贡献率上升 3.0 个百分点，达到 51.2%，服务业增加值比重由 46.9% 提高到 48.2%，新产业、新业态、新商业模式不断涌现。中西部地区经济增速快于东部地区。发展质量有新的提升，一般公共预算收入增长 8.6%，研究与试验发展经费支出与国内生产总值之比超过 2.0%，能耗强度下降 4.8%，是近年来最大降幅。人民生活有新的改善，全国居民人均可支配收入实际增长 8.0%，快于经济增长；农村居民人均可支配收入实际增长 9.2%，快于城镇居民收入增长；农村贫困人口减少 1 232 万人；6 600 多万农村人口饮水安全问题得到解决；出境旅游超过 1 亿人次。改革开放有新的突破，全面深化改革系列重点任务启动实施，本届政府减少 1/3 行政审批事项的目标提前实现。这份成绩单的确来之不易，它凝聚着全国各族人民的心血和汗水，坚定了我们奋勇前行的决心和信心。

过去一年，困难和挑战比预想的大。我们迎难而上，主要做了以下工作。

一是在区间调控基础上实施定向调控，保持经济稳定增长。面对经济下行压力加大态势，我们保持战略定力，稳定宏观经济政策，没有采取短期强刺激措施，而是继续创新宏观调控思路和方式，实行定向调控，激活力、补短板、强实体。把握经济运行合理区间的上下限，抓住发展中的突出矛盾和结构性问题，定向施策，聚焦靶心，精准发力。向促改革要动力，向调结构要助力，向惠民生要潜力，既扩大市场需求，又增加有效供给，努力做到结构调优而不失速。

有效实施积极的财政政策和稳健的货币政策。实行定向减税和普遍性降费，拓宽小微企业税收优惠政策范围，扩大"营改增"试点。加快财政支出进度，积极盘活存量资金。灵活运用货币政策工具，采取定向降准、定向再贷款、非对称降息等措施，加大对经济社会发展薄弱环节的支持力度，小微企业、"三农"贷款增速比各项贷款平均增速分别高 4.2 和 0.7 个百分点。同时，完善金融监管，坚决守住不发生区域性系统性风险的底线。

二是深化改革开放，激发经济社会发展活力。针对束缚发展的体制机制障碍，我们通过全面深化改革，以释放市场活力对冲经济下行压力，啃了不少硬骨头，经济、政治、文化、社会、生态文明等体制改革全面推进。

扎实推动重点改革。制定并实施深化财税体制改革总体方案，预算管理制度和税制改革取得重要进展，专项转移支付项目比上年减少1/3以上，一般性转移支付比重增加，地方政府性债务管理得到加强。存款利率和汇率浮动区间扩大，民营银行试点迈出新步伐，"沪港通"试点启动，外汇储备、保险资金运用范围拓展。能源、交通、环保、通信等领域价格改革加快。启动科技资金管理、考试招生、户籍、机关事业单位养老保险制度等改革。

继续把简政放权、放管结合作为改革的重头戏。国务院各部门全年取消和下放246项行政审批事项，取消评比达标表彰项目29项、职业资格许可和认定事项149项，再次修订投资项目核准目录，大幅缩减核准范围。着力改革商事制度，新登记注册市场主体达到1 293万户，其中新登记注册企业增长45.9%，形成新的创业热潮。经济增速放缓，新增就业不降反增，显示了改革的巨大威力和市场的无限潜力。

以开放促改革促发展。扩展上海自由贸易试验区范围，新设广东、天津、福建自由贸易试验区。稳定出口，增加进口，出口占国际市场份额继续提升。实际使用外商直接投资1 196亿美元，居世界首位。对外直接投资1 029亿美元，与利用外资并驾齐驱。中国与冰岛、瑞士自贸区启动实施，中韩、中澳自贸区完成实质性谈判。铁路、电力、油气、通信等领域对外合作取得重要成果，中国装备正大步走向世界。

三是加大结构调整力度，增强发展后劲。在结构性矛盾突出的情况下，我们积极作为，有扶有控，多办当前急需又利长远的事，夯实经济社会发展根基。

不断巩固农业基础。加大强农惠农富农政策力度，实现粮食产量"十一连增"、农民收入"五连快"。农业综合生产能力稳步提高，农业科技和机械化水平持续提升，重大水利工程建设进度加快，新增节水灌溉面积223万公顷，新建改建农村公路23万千米。新一轮退耕还林还草启动实施。农村土地确权登记颁证有序进行，农业新型经营主体加快成长。

大力调整产业结构。着力培育新的增长点，促进服务业加快发展，支持发展移动互联网、集成电路、高端装备制造、新能源汽车等战略性新兴产业，互联网金融异军突起，电子商务、物流快递等新业态快速成长，众多"创客"脱颖而出，文化创意产业蓬勃发展。同时，继续化解过剩产能，钢铁、水泥等15个重点行业淘汰落后产能年度任务如期完成。加强雾霾治理，淘汰黄标车和老旧车指标超额完成。

推进基础设施建设和区域协调发展。京津冀协同发展、长江经济带建设取得重要进展。新建铁路投产里程8 427千米，高速铁路运营里程达16 000千米，占世界的60.0%以上。高速公路通车里程达112 000千米，水路、民航、管道建设进一步加强。农网改造稳步进行。宽带用户超过7.8亿户。经过多年努力，南水北调中线一期工程正式通水，惠及沿线亿万群众。

实施创新驱动发展战略。着力打通科技成果转化通道，扩大中关村国家自主创新示范区试点政策实施范围，推进科技资源开放共享，科技人员创新活力不断释放。超级计算、探月工程、卫星应用等重大科研项目取得新突破，中国自主研制的支线客机飞上蓝天。

四是织密织牢民生保障网，增进人民福祉。我们坚持以人为本，持续增加民生投入，保基本、兜底线、建机制，尽管财政收入增速放缓、支出压力加大，但财政用于民生的比例达到70.0%以上。

加强就业和社会保障。完善就业促进政策，推出创业引领计划，高校毕业生就业稳中有升。统一城乡居民基本养老保险制度，企业退休人员基本养老金水平又提高10.0%。新开工保障性安居工程740万套，基本建成511万套。全面建立临时救助制度，城乡低保标准分别提高9.97%和14.1%，残疾军人、烈属和老复员军人等优抚对象抚恤和生活补助标准提高20.0%以上。

继续促进教育公平。加强贫困地区义务教育薄弱学校建设，提高家庭经济困难学生资助水平，国家助学贷款资助标准大幅上调。中等职业学校免学费补助政策扩大到三年。实行义务教育免试就近入学政策，28个省份实现了农民工随迁子女在流入地参加高考。贫困地区农村学生上重点高校人数连续两年增长10.0%以上。经过努力，全国财政性教育经费支出占国内生产总值比例超过4.0%。

深入推进医药卫生改革发展。城乡居民大病保险试点扩大到所有省份，疾病应急救助制度基本建立，全民医保覆盖面超过95.0%。基层医疗卫生机构综合改革深化，县乡村服务网络逐步完善。公立医院改革试点县市达到1 300多个。

积极发展文化事业和文化产业。推动重大文化惠民项目建设，广播电视“村村通”工程向“户户通”升级。实施文艺精品战略，完善现代文化市场体系。群众健身活动蓬勃开展，成功举办南京青奥会。

五是创新社会治理，促进和谐稳定。我们妥善应对自然灾害和突发事件，有序化解社会矛盾，建立健全机制，强化源头防范，保障人民生命安全，维护良好的社会秩序。

2014年云南鲁甸、景谷等地发生较强地震，我们及时高效展开抗震救灾，灾后恢复重建顺利推进。积极援非抗击埃博拉疫情，有效防控疫情输入。加强安全生产工作，事故总量、重特大事故、重点行业事故持续下降。着力治理餐桌污染，食品药品安全形势总体稳定。

我们大力推进依法行政，国务院提请全国人大常委会制定修订食品安全法等法律15件，制定修订企业信息公示暂行条例等行政法规38件。政务公开深入推进，政府重大决策和政策以多种形式向社会广泛征求意见。完成第三次全国经济普查。改革信访工作制度。法律援助范围从低保群体扩大到低收入群体。加强城乡社区建设，行业协会商会等四类社会组织实现直接登记。严厉打击各类犯罪活动，强化社会治安综合治理，维护了国家安全和公共安全。

我们严格落实党中央八项规定精神，持之以恒纠正“四风”。严格执行国务院“约法三章”，政府性楼堂馆所、机关事业单位人员编制、“三公”经费得到有效控制。加大行政监察和审计监督力度，推进党风廉政建设和反腐败斗争，严肃查处违纪违法案件，一批腐败分子得到应有惩处。

我们狠抓重大政策措施的落实，认真开展督查，引入第三方评估和社会评价，建立长效机制，有力促进了各项工作。

一年来，外交工作成果丰硕。习近平主席等国家领导人出访多国，出席二十国集团领导人峰会、金砖国家领导人会晤、上海合作组织峰会、东亚合作领导人系列会议、亚欧首脑会议、达沃斯论坛等重大活动。成功举办亚太经合组织第二十二次领导人非正式会议、亚信会议第四次峰会、博鳌亚洲论坛。积极参与多边机制建立和国际规则制定。大国外交稳中有进，周边外交呈现新局面，同发展中国家合作取得新进展，经济外交成果显著。推进丝绸之路经济带和21世纪海上丝绸之路建设，筹建亚洲基础设施投资银行，设立丝路基金。我们与各国的交往合作越来越紧密，中国在国际舞台上负责任大国形象日益彰显。

各位代表！

一年来取得的成绩，是以习近平同志为总书记的党中央统揽全局、科学决策的结果，是全党全军全国各族人民共同努力、不懈奋斗的结果。我代表国务院，向全国各族人民，向各民主党派、各人民团体和各界人士，表示诚挚感谢！向香港特别行政区同胞、澳门特别行政区同胞、台湾同胞和海外侨胞，表示诚挚感谢！向关心和支持中国现代化建设事业的各国政府、国际组织和各国朋友，表示诚挚感谢！

我们既要看到成绩，更要看到前进中的困难和挑战。投资增长乏力，新的消费热点不多，国际市场没有大的起色，稳增长难度加大，一些领域仍存在风险隐患。工业产品价格持续下降，生产要素成本上升，小微企业融资难融资贵问题突出，企业生产经营困难增多。经济发展方式比较粗放，创新能力不足，产能过剩问题突出，农业基础薄弱。群众对医疗、养老、住房、交通、教育、收入分配、食品安全、社会治安等还有不少不满意的地方。有些地方环境污染严重，重大安全事故时有发生。政府工作还存在不足，有些政策措施落实不到位。少数政府机关工作人员乱作为，一些腐败问题触目惊心，有的为官不为，在其位不谋其政，该办的事不办。我们要直面问题，安不忘危，治不忘乱，勇于担当，不辱历史使命，不负人民重托。

二、2015年工作总体部署

中国是世界上最大的发展中国家，仍处于并将长期处于社会主义初级阶段，发展是硬道理，是解决一切问题的基础和关键。化解各种矛盾和风险，跨越"中等收入陷阱"，实现现代化，根本要靠发展，发展必须有合理的增长速度。同时，中国经济发展进入新常态，正处在爬坡过坎的关口，体制机制弊端和结构性矛盾是"拦路虎"，不深化改革和调整经济结构，就难以实现平稳健康发展。我们必须毫不动摇坚持以经济建设为中心，切实抓好发展这个执政兴国第一要务。必须坚持不懈依靠改革推动科学发展，加快转变经济发展方式，实现有质量有效益可持续的发展。

当前，世界经济正处于深度调整之中，复苏动力不足，地缘政治影响加重，不确定因素增多，推动增长、增加就业、调整结构成为国际社会共识。中国经济下行压力还在加大，发展中深层次矛盾凸显，2015年面临的困难可能比2014年还要大。同时，中国发展仍处于可以大有作为的重要战略机遇期，有巨大的潜力、韧性和回旋余地。新型工业化、信息化、城镇化、农业现代化持续推进，发展基础日益雄厚，改革红利正在释放，宏观调控积累了丰富经验。我们必须增强忧患意识，坚定必胜信念，牢牢把握发展的主动权。

新的一年是全面深化改革的关键之年，是全面推进依法治国的开局之年，也是稳增长调结构的紧要之年。政府工作的总体要求是：高举中国特色社会主义伟大旗帜，以邓小平理论、"三个代表"重要思想、科学发展观为指导，全面贯彻党的十八大和十八届三中、四中全会精神，贯彻落实习近平总书记系列重要讲话精神，按照"四个全面"战略布局，主动适应和引领经济发展新常态，坚持稳中求进工作总基调，保持经济运行在合理区间，着力提高经济发展质量和效益，把转方式调结构放到更加重要位置，狠抓改革攻坚，突出创新驱动，强化风险防控，加强民生保障，处理好改革发展稳定关系，全面推进社会主义经济建设、政治建设、文化建设、社会建设、生态文明建设，促进经济平稳健康发展和社会和谐稳定。

我们要把握好总体要求，着眼于保持中高速增长和迈向中高端水平"双目标"，坚持稳政策稳预期和促改革调结构"双结合"，打造大众创业、万众创新和增加公共产品、公共服务"双引擎"，推动发展调速不减势、量增质更优，实现中国经济提质增效升级。

2015年经济社会发展的主要预期目标是：国内生产总值增长7.0%左右，居民消费价格涨幅3.0%左右，城镇新增就业1 000万人以上，城镇登记失业率4.5%以内，进出口增长6.0%左右，国际收支基本平衡，居民收入增长与经济发展同步。能耗强度下降3.1%以上，主要污染物排放继续减少。

经济增长预期7.0%左右，考虑了需要和可能，与全面建成小康社会目标相衔接，与经济总量扩大和结构升级的要求相适应，符合发展规律，符合客观实际。以这样的速度保持较长时期发展，实现现代化的物质基础就会更加雄厚。稳增长也是为了保就业，随着服务业比重上升、小微企业增多和经济体量增大，7.0%左右的速度可以实现比较充分的就业。各地要从实际出发，积极进取、挖掘潜力，努力争取更好结果。

做好2015年政府工作，要把握好以下三点。

第一，稳定和完善宏观经济政策。继续实施积极的财政政策和稳健的货币政策，更加注重预调微调，更加注重定向调控，用好增量，盘活存量，重点支持薄弱环节。以微观活力支撑宏观稳定，以供给创新带动需求扩大，以结构调整促进总量平衡，确保经济运行在合理区间。

积极的财政政策要加力增效。2015年拟安排财政赤字16 200亿元，比上年增加2 700亿元，赤字率从上年的2.1%提高到2.3%。其中，中央财政赤字11 200亿元，增加1 700亿元；地方财政赤字5 000亿元，增加1 000亿元。处理好债务管理与稳增长的关系，创新和完善地方政府举债融资机制。适当发行专项债券。保障符合条件的在建项目后续融资，防范和化解风险隐患。优化财政支出结构，大力盘活存量资金，提高使用效率。继续实行结构性减税和普遍性降费，进一步减轻企业特别是小微企业负担。

稳健的货币政策要松紧适度。广义货币M2预期增长12.0%左右，在实际执行中，根据经济发展需要，也可以略高些。加强和改善宏观审慎管理，灵活运用公开市场操作、利率、存款准备金率、再贷款等货币政策工具，保持货币信贷和社会融资规模平稳增长。加快资金周转，优化信贷结构，提高直接融资比重，降低社会融资成本，让更多的金融活水流向实体经济。

第二，保持稳增长与调结构的平衡。中国发展面临“三期叠加”矛盾，资源环境约束加大，劳动力等要素成本上升，高投入、高消耗、偏重数量扩张的发展方式已经难以为继，必须推动经济在稳定增长中优化结构。既要稳住速度，确保经济平稳运行，确保居民就业和收入持续增加，为调结构转方式创造有利条件；又要调整结构，夯实稳增长的基础。要增加研发投入，提高全要素生产率，加强质量、标准和品牌建设，促进服务业和战略性新兴产业比重提高、水平提升，优化经济发展空间格局，加快培育新的增长点和增长极，实现在发展中升级、在升级中发展。

第三，培育和催生经济社会发展新动力。当前经济增长的传统动力减弱，必须加大结构性改革力度，加快实施创新驱动发展战略，改造传统引擎，打造新引擎。一方面，增加公共产品和服务供给，加大政府对教育、卫生等的投入，鼓励社会参与，提高供给效率。这既能补短板、惠民生，也有利于扩需求、促发展。另一方面，推动大众创业、万众创新。这既可以扩大就业、增加居民收入，又有利于促进社会纵向流动和公平正义。中国有13亿人口、9亿劳动力资源，人民勤劳而智慧，蕴藏着无穷的创造力，千千万万个市场细胞活跃起来，必将汇聚成发展的巨大动能，一定能够顶住经济下行压力，让中国经济始终充满勃勃生机。政府要勇于自我革命，给市场和社会留足空间，为公平竞争搭好舞台。个人和企业要勇于创业创新，全社会要厚植创业创新文化，让人们在创造财富的过程中，更好地实现精神追求和自身价值。

2015年是“十二五”收官之年，我们要在完成“十二五”经济社会发展目标任务的同时，以改革的精神、创新的理念和科学的方法，做好“十三五”规划纲要编制工作，谋划好未来五年的发展蓝图。

三、把改革开放扎实推向纵深

改革开放是推动发展的制胜法宝。必须以经济体制改革为重点全面深化改革，统筹兼顾，真抓实干，在牵动全局的改革上取得新突破，增强发展新动能。

加大简政放权、放管结合改革力度。2015年再取消和下放一批行政审批事项，全部取消非行政许可审批，建立规范行政审批的管理制度。深化商事制度改革，进一步简化注册资本登记，逐步实现“三证合一”，清理规范中介服务。制定市场准入负面清单，公布省级政府权力清单、责任清单，切实做到法无授权不可为、法定职责必须为。地方政府对应当放给市场和社会的权力，要彻底放、不截留，对上级下放的审批事项，要接得住、管得好。加强事中事后监管，健全为企业和社会服务一张网，推进社会信用体系建设，建立全国统一的社会信用代码制度和信用信息共享交换平台，依法保护企业和个人信息安全。大道至简，有权不可任性。各级政府都要建立简政放权、转变职能的有力推进机制，给企业松绑，为创业提供便利，营造公平竞争环境。所有行政审批事项都要简化程序，明确时限，用政府权力的“减法”，换取市场活力的“乘法”。

多管齐下改革投融资体制。大幅缩减政府核准投资项目范围，下放核准权限。大幅减少投资项目前置审批，实行项目核准网上并联办理。大幅放宽民间投资市场准入，鼓励社会资本发起设立股权投资基金。政府采取投资补助、资本金注入、设立基金等办法，引导社会资本投入重点项目。以用好铁路发展基金为抓手，深化铁路投融资改革。在基础设施、公用事业等领域，积极推广政府和社会资本合作模式。

不失时机加快价格改革。改革方向是发挥市场在资源配置中的决定性作用，大幅缩减政府定价种类和项目，具备竞争条件的商品和服务价格原则上都要放开。取消绝大部分药品政府定价，下放一批基本公共服务收费定价权。扩大输配电价改革试点，推进农业水价改革，健全节能环保价格政策。完善资源性产品价格，全面实行居民阶梯价格制度。同时必须加强价格监管，规范市场秩序，确保低收入群众基本生活。

推动财税体制改革取得新进展。实行全面规范、公开透明的预算管理制度，除法定涉密信息外，中央和地方所有部门预决算都要公开，全面接受社会监督。提高国有资本经营预算调入一般公共预算的比例。推行中期财政规划管理。制定盘活财政存量资金的有效办法。力争全面完成"营改增",调整完善消费税政策,扩大资源税从价计征范围。提请修订税收征管法。改革转移支付制度,完善中央和地方的事权与支出责任,合理调整中央和地方收入划分。

围绕服务实体经济推进金融改革。推动具备条件的民间资本依法发起设立中小型银行等金融机构,成熟一家,批准一家,不设限额。深化农村信用社改革,稳定其县域法人地位。发挥好开发性金融、政策性金融在增加公共产品供给中的作用。推出存款保险制度。推进利率市场化改革,健全中央银行利率调控框架。保持人民币汇率处于合理均衡水平,增强人民币汇率双向浮动弹性。稳步实现人民币资本项目可兑换,扩大人民币国际使用,加快建设人民币跨境支付系统,完善人民币全球清算服务体系,开展个人投资者境外投资试点,适时启动"深港通"试点。加强多层次资本市场体系建设,实施股票发行注册制改革,发展服务中小企业的区域性股权市场,开展股权众筹融资试点,推进信贷资产证券化,扩大企业债券发行规模,发展金融衍生品市场。推出巨灾保险、个人税收递延型商业养老保险。创新金融监管,防范和化解金融风险。大力发展普惠金融,让所有市场主体都能分享金融服务的雨露甘霖。

深化国企国资改革。准确界定不同国有企业功能,分类推进改革。加快国有资本投资公司、运营公司试点,打造市场化运作平台,提高国有资本运营效率。有序实施国有企业混合所有制改革,鼓励和规范投资项目引入非国有资本参股。加快电力、油气等体制改革。多渠道解决企业办社会负担和历史遗留问题,保障职工合法权益。完善现代企业制度,改革和健全企业经营者激励约束机制。要加强国有资产监管,防止国有资产流失,切实提高国有企业的经营效益。

非公有制经济是中国经济的重要组成部分。必须毫不动摇鼓励、支持、引导非公有制经济发展,注重发挥企业家才能,全面落实促进民营经济发展的政策措施,增强各类所有制经济活力,让各类企业法人财产权依法得到保护。

继续推进科技、教育、文化、医药卫生、养老保险、事业单位、住房公积金等领域改革。发展需要改革添动力,群众期盼改革出实效,我们要努力交出一份为发展加力、让人民受益的改革答卷。

开放也是改革。必须实施新一轮高水平对外开放,加快构建开放型经济新体制,以开放的主动赢得发展的主动、国际竞争的主动。

推动外贸转型升级。完善出口退税负担机制,自 2015 年起增量部分由中央财政全额负担,让地方和企业吃上"定心丸"。清理规范进出口环节收费,建立并公开收费项目清单。实施培育外贸竞争新优势的政策措施,促进加工贸易转型,发展外贸综合服务平台和市场采购贸易,扩大跨境电子商务综合试点,增加服务外包示范城市数量,提高服务贸易比重。实施更加积极的进口政策,扩大先进技术、关键设备、重要零部件等进口。

更加积极有效利用外资。修订外商投资产业指导目录,重点扩大服务业和一般制造业开放,把外商投资限制类条目缩减一半。全面推行普遍备案、有限核准的管理制度,大幅下放鼓励类项目核准权,积极探索准入前国民待遇加负面清单管理模式。修订外商投资相关法律,健全外商投资监管体系,打造稳定公平透明可预期的营商环境。

加快实施走出去战略。鼓励企业参与境外基础设施建设和产能合作,推动铁路、电力、通信、工程机械以及汽车、飞机、电子等中国装备走向世界,促进冶金、建材等产业对外投资。实行以备案制为主的对外投资管理方式。扩大出口信用保险规模,对大型成套设备出口融资应保尽保。拓宽外汇储备运用渠道,健全金融、信息、法律、领事保护服务。注重风险防范,提高海外权益保障能力。让中国企业走得出、走得稳,在国际竞争中强筋健骨、发展壮大。

构建全方位对外开放新格局。推进丝绸之路经济带和 21 世纪海上丝绸之路合作建设。加快互联互通、大通关和国际物流大通道建设。构建中巴、孟中印缅等经济走廊。扩大内陆和沿边开放,促进经济技术开发区创新发展,提高边境经济合作区、跨境经济合作区发展水平。积极推动上海和广东、天津、福建自贸试验区建设,在全国推广成熟经验,形成各具特色的改革开放高地。

统筹多双边和区域开放合作。维护多边贸易体制,推动信息技术协定扩围,积极参与环境产品、政府采购等国际谈判。加快实施自贸区战略,尽早签署中韩、中澳自贸协定,加快中日韩自贸区谈判,推动与海合会、以色列等自贸区谈判,力争完成中国—东盟自贸区升级谈判和区域全面经济伙伴关系协定谈判,建设亚太自贸区。推进中美、中欧投资协定谈判。中国是负责任、敢担当的国家,我们愿做互利共赢发展理念的践行者、全球经济体系的建设者、经济全球化的推动者。

四、协调推动经济稳定增长和结构优化

稳增长和调结构相辅相成。我们既要全力保持经济在合理区间运行,又要积极促进经济转型升级、行稳致远。

加快培育消费增长点。鼓励大众消费,控制"三公"消费。促进养老家政健康消费,壮大信息消费,提升旅游休闲消费,推动绿色消费,稳定住房消费,扩大教育文化体育消费。全面推进"三网"融合,加快建设光纤网络,大幅提升宽带网络速率,发展物流快递,把以互联网为载体、线上线下互动的新兴消费搞得红红火火。建立健全消费品质量安全监管、追溯、召回制度,严肃查处制售假冒伪劣行为,保护消费者合法权益。扩大消费要汇小溪成大河,让亿万群众的消费潜力成为拉动经济增长的强劲动力。

增加公共产品有效投资。确保完成"十二五"规划重点建设任务,启动实施一批新的重大工程项目。主要是:棚户区和危房改造、城市地下管网等民生项目,中西部铁路和公路、内河航道等重大交通项目,水利、高标准农田等农业项目,信息、电力、油气等重大网络项目,清洁能源及油气矿产资源保障项目,传统产业技术改造等项目,节能环保和生态建设项目。2015 年中央预算内投资增加到 4 776 亿元,但政府不唱"独角戏",要更大激发民间投资活力,引导社会资本投向更多领域。铁路投资要保持在 8 000 亿元以上,新投产里程 8 000 千米以上,在全国基本实现高速公路电子不停车收费联网,使交通真正成为发展的先行官。重大水利工程已开工的 57 个项目要加快建设,2015 年再开工 27 个项目,在建重大水利工程投资规模超过 8 000 亿元。棚改、铁路、水利等投资多箭齐发,重点向中西部地区倾斜,使巨大的内需得到更多释放。

加快推进农业现代化。坚持"三农"重中之重地位不动摇,加快转变农业发展方式,让农业更强、农民更富、农村更美。

2015 年粮食产量要稳定在 5.5 亿吨以上,保障粮食安全和主要农产品供给。坚守耕地红线,全面开展永久基本农田划定工作,实施耕地质量保护与提升行动,推进土地整治,增加深松土地 1 333 万公顷。加强农田水利基本建设,大力发展节水农业。加快新技术、新品种、新农机研发推广应用。引导农民瞄准市场调整种养结构,支持农产品加工特别是主产区粮食就地转化,开展粮食作物改为饲料作物试点。综合治理农药兽药残留等问题,全面提高农产品质量和食品安全水平。

新农村建设要惠及广大农民。突出加强水和路的建设,2015 年再解决 6 000 万农村人口饮水安全问题,新建改建农村公路 20 万千米,全面完成西部边远山区溜索改桥任务。力争让最后 20 多万无电人口都能用上电。以垃圾、污水为重点加强环境治理,建设美丽宜居乡村。多渠道促进农民增收,保持城乡居民收入差距缩小势头。持续打好扶贫攻坚战,深入推进集中连片特困地区扶贫开发,实施精准扶贫、精准脱贫。难度再大,2015 年也要再减少农村贫困人口 1 000 万人以上。

推进农业现代化,改革是关键。要在稳定家庭经营的基础上,支持种养大户、家庭农牧场、农民合作社、产业化龙头企业等新型经营主体发展,培养新型职业农民,推进多种形式适度规模经营。做好土地确权登记颁证工作,审慎开展农村土地征收、集体经营性建设用地入市、宅基地制度、集体产权制度等改革试点。在改革中,要确保耕地数量不减少、质量不下降、农民利益有保障。深化供销社、农垦、种业、国有林场林区等改革,办好农村改革试验区和现代农业示范区。完善粮食最低收购价和临时收储政策,改进农产品目标价格补贴办法。加强涉农资金统筹整合和管理。无论财政多困难,惠农政策只能加强不能削弱,支农资金只能增加不能减少。

推进新型城镇化取得新突破。城镇化是解决城

乡差距的根本途径，也是最大的内需所在。要坚持以人为核心，以解决三个1亿人问题为着力点，发挥好城镇化对现代化的支撑作用。

加大城镇棚户区和城乡危房改造力度。2015年保障性安居工程新安排740万套，其中棚户区改造580万套，增加110万套，把城市危房改造纳入棚改政策范围。农村危房改造366万户，增加100万户，统筹推进农房抗震改造。住房保障逐步实行实物保障与货币补贴并举，把一些存量房转为公租房和安置房。对居住特别困难的低保家庭，给予住房救助。坚持分类指导，因地施策，落实地方政府主体责任，支持居民自住和改善性住房需求，促进房地产市场平稳健康发展。

用改革的办法解决城镇化难点问题。抓紧实施户籍制度改革，落实放宽户口迁移政策。对已在城镇就业和居住但尚未落户的外来人口，以居住证为载体提供相应基本公共服务，取消居住证收费。建立财政转移支付与市民化挂钩机制，合理分担农民工市民化成本。建立规范多元可持续的城市建设投融资机制。坚持节约集约用地，稳妥建立城乡统一的建设用地市场，完善和拓展城乡建设用地增减挂钩试点。加强资金和政策支持，扩大新型城镇化综合试点。

提升城镇规划建设管理水平。制定实施城市群规划，有序推进基础设施和基本公共服务同城化。完善设市标准，实行特大镇扩权增能试点，控制超大城市人口规模，提升地级市、县城和中心镇产业和人口承载能力，方便农民就近城镇化。发展智慧城市，保护和传承历史、地域文化。加强城市供水供气供电、公交和防洪防涝设施等建设。坚决治理污染、拥堵等城市病，让出行更方便、环境更宜居。

拓展区域发展新空间。统筹实施“四大板块”和“三个支撑带”战略组合。在西部地区开工建设一批综合交通、能源、水利、生态、民生等重大项目，落实好全面振兴东北地区等老工业基地政策措施，加快中部地区综合交通枢纽和网络等建设，支持东部地区率先发展，加大对革命老区、民族地区、边疆地区、贫困地区支持力度，完善差别化的区域发展政策。把“一带一路”建设与区域开发开放结合起来，加强新亚欧大陆桥、陆海口岸支点建设。推进京津冀协同发展，在交通一体化、生态环保、产业升级转移等方面率先取得实质性突破。推进长江经济带建设，有序开工黄金水道治理、沿江码头口岸等重大项目，构筑综合立体大通道，建设产业转移示范区，引导产业由东向西梯度转移。加速资源枯竭型城市转型升级。加强中西部重点开发区建设，深化泛珠三角等区域合作。

中国是海洋大国，要编制实施海洋战略规划，发展海洋经济，保护海洋生态环境，提高海洋科技水平，强化海洋综合管理，加强海上力量建设，坚决维护国家海洋权益，妥善处理海上纠纷，积极拓展双边和多边海洋合作，向海洋强国的目标迈进。

推动产业结构迈向中高端。制造业是我们的优势产业。要实施“中国制造2025”，坚持创新驱动、智能转型、强化基础、绿色发展，加快从制造大国转向制造强国。采取财政贴息、加速折旧等措施，推动传统产业技术改造。坚持有保有压，化解过剩产能，支持企业兼并重组，在市场竞争中优胜劣汰。促进工业化和信息化深度融合，开发利用网络化、数字化、智能化等技术，着力在一些关键领域抢占先机、取得突破。

新兴产业和新兴业态是竞争高地。要实施高端装备、信息网络、集成电路、新能源、新材料、生物医药、航空发动机、燃气轮机等重大项目，把一批新兴产业培育成主导产业。制定“互联网+”行动计划，推动移动互联网、云计算、大数据、物联网等与现代制造业结合，促进电子商务、工业互联网和互联网金融健康发展，引导互联网企业拓展国际市场。国家已设立400亿元新兴产业创业投资引导基金，要整合筹措更多资金，为产业创新加油助力。

服务业就业容量大，发展前景广。要深化服务业改革开放，落实财税、土地、价格等支持政策以及带薪休假等制度，大力发展旅游、健康、养老、创意设计等生活和生产服务业。深化流通体制改革，加强大型农产品批发、仓储和冷链等现代物流设施建设，努力大幅降低流通成本。

以体制创新推动科技创新。创新创造关键在人。要加快科技成果使用处置和收益管理改革，扩大股权和分红激励政策实施范围，完善科技成果转化、职务发明法律制度，使创新人才分享成果收益。

制定促进科研人员流动政策，改革科技评价、职称评定和国家奖励制度，推进科研院所分类改革。引进国外高质量人才和智力。深入实施知识产权战略行动计划，依法打击侵权行为，切实保护发明创造，让创新之树枝繁叶茂。

企业是技术创新的主体。要落实和完善企业研发费用加计扣除、高新技术企业扶持等普惠性政策，鼓励企业增加创新投入。支持企业更多参与重大科技项目实施、科研平台建设，推进企业主导的产学研协同创新。大力发展众创空间，增设国家自主创新示范区，办好国家高新区，发挥集聚创新要素的领头羊作用。中小微企业大有可为，要扶上马、送一程，使“草根”创新蔚然成风、遍地开花。

提高创新效率重在优化科技资源配置。要改革中央财政科技计划管理方式，建立公开统一的国家科技管理平台。政府重点支持基础研究、前沿技术和重大关键共性技术研究，鼓励原始创新，加快实施国家科技重大项目，向社会全面开放重大科研基础设施和大型科研仪器。把亿万人民的聪明才智调动起来，就一定能够迎来万众创新的浪潮。

五、持续推进民生改善和社会建设

立国之道，惟在富民。要以增进民生福祉为目的，加快发展社会事业，改革完善收入分配制度，千方百计增加居民收入，促进社会公平正义与和谐进步。

着力促进创业就业。坚持就业优先，以创业带动就业。2015 年高校毕业生 749 万人，为历史最高。要加强就业指导和创业教育，落实高校毕业生就业促进计划，鼓励到基层就业。实施好大学生创业引领计划，支持到新兴产业创业。做好结构调整、过剩产能化解中失业人员的再就业工作。统筹农村转移劳动力、城镇困难人员、退役军人就业，实施农民工职业技能提升计划，落实和完善失业保险支持企业稳定就业岗位政策。全面治理拖欠农民工工资问题，健全劳动监察和争议处理机制，让法律成为劳动者权益的守护神。

加强社会保障和增加居民收入。企业退休人员基本养老金标准提高 10.0%。城乡居民基础养老金标准统一由 55 元提高到 70 元。推进城镇职工基础养老金全国统筹。降低失业保险、工伤保险等缴费率。完善最低工资标准调整机制。落实机关事业单位养老保险制度改革措施，同步完善工资制度，对基层工作人员给予政策倾斜。在县以下机关建立公务员职务和职级并行制度。加强重特大疾病医疗救助，全面实施临时救助制度，让遇到急难特困的群众求助有门、受助及时。对困境儿童、高龄和失能老人、重度和贫困残疾人等特困群体，健全福利保障制度和服务体系。继续提高城乡低保水平，提升优抚对象抚恤和生活补助标准。提高工资和保障标准等政策的受益面广，各级政府一定要落实到位。民之疾苦，国之要事，我们要竭尽全力，坚决把民生底线兜住兜牢。

促进教育公平发展和质量提升。教育是今天的事业、明天的希望。要坚持立德树人，增强学生的社会责任感、创新精神、实践能力，培养中国特色社会主义建设者和接班人。深化省级政府教育统筹改革、高等院校综合改革和考试招生制度改革。加快义务教育学校标准化建设，改善薄弱学校和寄宿制学校基本办学条件。落实农民工随迁子女在流入地接受义务教育政策，完善后续升学政策。全面推进现代职业教育体系建设。引导部分地方本科高校向应用型转变，通过对口支援等方式支持中西部高等教育发展，继续提高中西部地区和人口大省高考录取率。建设世界一流大学和一流学科。加强特殊教育、学前教育、继续教育和民族地区各类教育。促进民办教育健康发展。加强教师队伍建设。为切实把教育事业办好，我们要保证投入，花好每一分钱。要畅通农村和贫困地区学子纵向流动的渠道，让每个人都有机会通过教育改变自身命运。

加快健全基本医疗卫生制度。完善城乡居民基本医保，财政补助标准由每人每年 320 元提高到 380 元，基本实现居民医疗费用省内直接结算，稳步推行退休人员医疗费用跨省直接结算。全面实施城乡居民大病保险制度。深化基层医疗卫生机构综合改革，加强全科医生制度建设，完善分级诊疗体系。全面推开县级公立医院综合改革，在 100 个地级以上城市进行公立医院改革试点，破除以药补医，降低虚高药价，合理调整医疗服务价格，通过医保支付等方式平衡费用，努力减轻群众负担。鼓励医生到基层多点执业，发展社会办医。开展省级深化医改综合试点。加快建立医疗纠纷预防调解机制。人均基本公共卫生服务经费补助标准由35元提高到40元，增量全部用于支付村医的基本公共卫生服务，方便几亿农民就地就近看病就医。加强重大疾病防控。积极发展中医药和民族医药事业。推进计划生育服务管理改革。健康是群众的基本需求，我们要不断提高医疗卫生水平，打造健康中国。

让人民群众享有更多更好文化发展成果。文化是民族的精神命脉和创造源泉。要践行社会主义核心价值观，弘扬中华优秀传统文化。繁荣发展哲学社会科学，发展文学艺术、新闻出版、广播影视、档案等事业，重视文物、非物质文化遗产保护。提供更多优秀文艺作品，倡导全民阅读，建设学习型社会，提高国民素质。深化文化体制改革，逐步推进基本公共文化服务标准化均等化，扩大公共文化设施免费开放范围，发挥基层综合性文化服务中心作用，促进传统媒体与新兴媒体融合发展。拓展中外人文交流，加强国际传播能力建设。发展全民健身、竞技体育和体育产业，做好2022年冬奥会申办工作。

加强和创新社会治理。深化社会组织管理制度改革，加快行业协会商会与行政机关脱钩。支持群团组织依法参与社会治理，发展专业社会工作、志愿服务和慈善事业。鼓励社会力量兴办养老设施，发展社区和居家养老。为农村留守儿童、妇女、老人提供关爱服务，建立未成年人社会保护制度，切实保障妇女儿童权益。提高公共突发事件防范处置和防灾救灾减灾能力。做好地震、气象、测绘、地质等工作。深入开展法治宣传教育，加强人民调解工作，完善法律援助制度，落实重大决策社会稳定风险评估机制，有效预防和化解社会矛盾。把信访纳入法治轨道，及时就地解决群众合理诉求。深化平安中国建设，健全立体化社会治安防控体系，依法惩治暴恐、黄赌毒、邪教、走私等违法犯罪行为，发展和规范网络空间，确保国家安全和公共安全。人的生命最为宝贵，要采取更坚决措施，全方位强化安全生产，全过程保障食品药品安全。

打好节能减排和环境治理攻坚战。环境污染是民生之患、民心之痛，要铁腕治理。2015年，二氧化碳排放强度要降低3.1%以上，化学需氧量、氨氮排放都要减少2.0%左右，二氧化硫、氮氧化物排放要分别减少3.0%左右和5.0%左右。深入实施大气污染防治行动计划，实行区域联防联控，加强煤炭清洁高效利用，推动燃煤电厂超低排放改造，促进重点区域煤炭消费零增长。推广新能源汽车，治理机动车尾气，提高油品标准和质量，在重点区域内重点城市全面供应国五标准车用汽柴油。2005年年底前注册营运的黄标车2015年要全部淘汰。积极应对气候变化，扩大碳排放权交易试点。实施水污染防治行动计划，加强江河湖海水污染、水污染源和农业面源污染治理，实行从水源地到水龙头全过程监管。加强土壤污染防治。推行环境污染第三方治理。做好环保税立法工作。我们一定要严格环境执法，对偷排偷放者出重拳，让其付出沉重的代价；对姑息纵容者严问责，使其受到应有的处罚。

能源生产和消费革命，关乎发展与民生。要大力发展风电、光伏发电、生物质能，积极发展水电，安全发展核电，开发利用页岩气、煤层气。控制能源消费总量，加强工业、交通、建筑等重点领域节能。积极发展循环经济，大力推进工业废物和生活垃圾资源化利用。中国节能环保市场潜力巨大，要把节能环保产业打造成新兴的支柱产业。

森林草原、江河湿地是大自然赐予人类的绿色财富，必须倍加珍惜。要推进重大生态工程建设，拓展重点生态功能区，办好生态文明先行示范区，开展国土江河综合整治试点，扩大流域上下游横向补偿机制试点，保护好三江源。扩大天然林保护范围，有序停止天然林商业性采伐。2015年新增退耕还林还草66.7万公顷，造林600万公顷。生态环保贵在行动、成在坚持，我们必须紧抓不松劲，一定要实现蓝天常在、绿水长流、永续发展。

六、切实加强政府自身建设

我们要全面推进依法治国，加快建设法治政府、创新政府、廉洁政府和服务型政府，增强政府执行力和公信力，促进国家治理体系和治理能力现代化。

坚持依宪施政，依法行政，把政府工作全面纳入法治轨道。宪法是我们根本的活动准则，各级政府及其工作人员都必须严格遵守。要尊法学法守法用法，依法全面履行职责，所有行政行为都要于法有据，任何政府部门都不得法外设权。深化行政执法体制改革，严格规范公正文明执法，加快推进综合执法，全面落实行政执法责任制。一切违法违规的行为都要追究，一切执法不公正不文明的现象都必须纠正。

坚持创新管理，强化服务，着力提高政府效能。提供基本公共服务尽可能采用购买服务方式，第三方可提供的事务性管理服务交给市场或社会去办。扎实开展政府协商，积极推进决策科学化民主化，重视发挥智库作用。全面实行政务公开，推广电子政务和网上办事。各级政府要自觉接受同级人大及其常委会的监督，接受人民政协的民主监督，认真听取人大代表、政协委员、民主党派、工商联、无党派人士和各人民团体的意见。我们的所有工作都要全面接受人民的监督，充分体现人民的意愿。

坚持依法用权，倡俭治奢，深入推进党风廉政建设和反腐败工作。认真落实党中央八项规定精神，坚持不懈纠正"四风"，继续严格执行国务院"约法三章"。腐败现象的一个共同特征就是权力寻租，要以权力瘦身为廉政强身，紧紧扎住制度围栏，坚决打掉寻租空间，努力铲除腐败土壤。加强行政监察，发挥审计监督作用，对公共资金、公共资源、国有资产严加监管。始终保持反腐高压态势，对腐败分子零容忍、严查处。对腐败行为，无论出现在领导机关，还是发生在群众身边，都必须严加惩治。

坚持主动作为，狠抓落实，切实做到勤政为民。经济发展进入新常态，精神面貌要有新状态。广大公务员特别是领导干部要始终把为人民谋发展增福祉作为最大责任，始终把现代化建设使命扛在肩上，始终把群众冷暖忧乐放在心头。各级政府要切实履行职责，狠抓贯彻落实，创造性开展工作。完善政绩考核评价机制，对实绩突出的要大力褒奖，对工作不力的要约谈诫勉，对为官不为、懒政怠政的要公开曝光、坚决追究责任。

各位代表！

中国是统一的多民族国家，巩固和发展平等团结互助和谐的社会主义民族关系，是全国各族人民的根本利益和共同责任。要坚持和完善民族区域自治制度，加大对欠发达的民族地区支持力度，扶持人口较少民族发展，推进兴边富民行动，保护和发展少数民族优秀传统文化及特色村镇，促进各民族交往交流交融。组织好西藏自治区成立50周年和新疆维吾尔自治区成立60周年庆祝活动。各族人民和睦相处、和衷共济、和谐发展，中华民族大家庭一定会更加繁荣昌盛、幸福安康。

我们要全面贯彻党的宗教工作基本方针，促进宗教关系和谐，维护宗教界合法权益，发挥宗教界人士和信教群众在促进经济社会发展中的积极作用。

我们要更好发挥海外侨胞和归侨侨眷参与祖国现代化建设、促进祖国和平统一、推进中外交流合作的独特作用，使海内外中华儿女的向心力不断增强。

各位代表！

建设巩固的国防和强大的军队，是维护国家主权、安全和发展利益的根本保障。要紧紧围绕党在新形势下的强军目标，坚持党对军队绝对领导的根本原则，统筹抓好各方面各领域军事斗争准备，保持边防海防空防安全稳定。全面加强现代后勤建设，加大国防科研和高新技术武器装备建设力度，发展国防科技工业。深化国防和军队改革，提高国防和军队建设法治化水平。加强现代化武装警察力量建设。增强全民国防意识，推进国防动员和后备力量建设。坚持国防建设和经济建设协调发展，促进军民融合深度发展。各级政府要始终如一地关心和支持国防和军队建设，坚定不移地巩固和促进军政军民团结。

各位代表！

我们将坚定不移地贯彻"一国两制""港人治港""澳人治澳"、高度自治方针，严格依照宪法和基本法办事。全力支持香港、澳门特别行政区行政长官和政府依法施政，发展经济，改善民生，推进民主，促进和谐。加强内地与港澳各领域交流合作，继续发挥香港、澳门在国家改革开放和现代化建设中的特殊作用。我们坚信，有中央政府一以贯之的大力支持，不断提升港澳自身竞争力，香港、澳门就一定能够保持长期繁荣稳定。

我们将坚持对台工作大政方针，巩固两岸坚持"九二共识"、反对"台独"的政治基础，保持两岸关系和平发展正确方向。努力推进两岸协商对话，推动经济互利融合，加强基层和青少年交流。依法保护台湾同胞权益，让更多民众分享两岸关系和平发展成果。我们期待两岸同胞不断增进了解互信，密切骨肉亲情，拉近心理距离，为实现祖国和平统一贡献力量。我们坚信，两岸关系和平发展是不可阻挡、不可逆转的历史潮流。

各位代表！

我们将继续高举和平发展合作共赢旗帜，统筹国内国际两个大局，始终不渝走和平发展道路，始终不渝奉行互利共赢开放战略，坚决维护国家主权安全发展利益，维护中国公民和法人海外合法权益，推动建立以合作共赢为核心的新型国际关系。深化与各大国战略对话和务实合作，构建健康稳定的大国关系框架。全面推进周边外交，打造周边命运共同体。加强同发展中国家团结合作，维护共同利益。积极参与国际多边事务，推动国际体系和秩序朝着更加公正合理方向发展。办好纪念中国人民抗日战争暨世界反法西斯战争胜利70周年相关活动，同国际社会共同维护二战胜利成果和国际公平正义。我们愿与世界各国携手并肩，维护更加持久的和平，建设更加繁荣的世界。

各位代表！

时代赋予中国发展兴盛的历史机遇。让我们紧密团结在以习近平同志为总书记的党中央周围，高举中国特色社会主义伟大旗帜，凝神聚力，开拓创新，努力完成2015年经济社会发展目标任务，为实现"两个一百年"奋斗目标、建成富强民主文明和谐的社会主义现代化国家、实现中华民族伟大复兴的中国梦作出新的更大贡献！

关于2014年国民经济和社会发展计划执行情况与2015年国民经济和社会发展计划草案的报告（节选）

——2015年3月5日在第十二届全国人民代表大会第三次会议上

国家发展和改革委员会

各位代表：

受国务院委托，现将2014年国民经济和社会发展计划执行情况与2015年国民经济和社会发展计划草案提请十二届全国人大三次会议审议，并请全国政协各位委员提出意见。

一、2014年国民经济和社会发展计划执行情况

2014年以来，面对复杂多变的国际环境和艰巨繁重的国内改革发展稳定任务，各地区各部门在党中央国务院的正确领导下，坚持稳中求进工作总基调，按照宏观政策要稳、微观政策要活、社会政策要托底的总体思路，统筹稳增长、促改革、调结构、惠民生、防风险，认真执行十二届全国人大二次会议审议批准的2014年国民经济和社会发展计划，扎实做好各方面工作，经济社会发展在新常态下保持总体平稳。计划执行情况总体是好的。

（一）加强和改善宏观调控，经济保持平稳发展。创新完善宏观调控思路和方式，在区间调控基础上加强定向调控、结构性调控，经济运行处在合理区间

一是经济增速平稳。充分发挥消费的基础作用，实施扩大消费的综合性政策，社会消费品零售总额增长12.0%，信息、养老健康等服务消费快速发展。有效发挥投资的关键作用，启动实施生态环保、清洁能源、农业水利等重大工程，创新重点领域投融资机制，全社会固定资产投资增长15.3%，民间投资占固定资产投资（不含农户）比重提高到64.1%。积极发挥出口的支撑作用，着力稳定出口、增加进口，以美元计价的货物进出口总额增长3.4%，在国

际市场的份额继续提升。最终消费支出、资本形成、净出口对经济增长的贡献率分别为51.2%、48.5%和0.3%。国内生产总值达到636 000亿元,增长7.4%。

二是就业形势稳定。坚持实施更加积极的就业政策,以改革促就业,以增长带就业,以政策保就业,突出抓好大学生就业创业、城镇失业人员和就业困难人员再就业,城镇新增就业1 322万人,年末城镇登记失业率4.1%。

三是价格水平涨幅较低。居民消费价格上涨2.0%。加强市场价格监管和反垄断执法,查处价格违法案件2.5万件,实施经济处罚44.7亿元。清理银行业金融机构不合理收费,减轻企业负担超过400亿元。

四是财政金融等风险总体可控。加强和规范地方政府性债务管理,开展存量债务的清理甄别,推行地方政府债券自发自还试点,强化风险评估预警。以产能过剩行业、地方政府性债务、民间借贷、互联网金融等领域为重点,加强风险监测、评估和排查,防止出现区域性系统性金融风险。根据房地产市场形势变化,及时调整完善住房金融政策,优化金融服务。

(二)全面深化改革开放,着力激发市场活力。深入推进行政审批、财税、金融、投资、价格改革,加快教育、医药卫生等领域改革,为经济社会发展注入了新的活力和动力

一是行政审批制度改革继续深化。以投资和生产经营领域为重点,又取消和下放246项行政审批事项,提前完成减少1/3行政审批事项的目标任务。商事制度改革全面推进,新登记注册市场主体1 293万户。

二是财税金融改革积极推进。深化财税体制改革总体方案制定实施。营改增试点范围扩大到铁路运输、邮政、电信等行业,煤炭资源税由从量计征改为从价计征。政府购买服务管理办法制定出台。存款利率上浮区间扩大、期限档次简化。人民币汇率浮动区间拓宽,双向波动弹性增强。有序放开金融机构市场准入,5家民营银行获准筹建。沪港通试点正式启动。跨境贸易和投资人民币结算规模增大。

三是投资体制改革实现新突破。项目核准制度改革迈出重要步伐。再次修订政府核准的投资项目目录,国家部门层面核准项目两年累计减少76.0%。外商投资项目由全面核准改为普遍备案和有限核准相结合,实行备案管理的超过95.0%。除敏感国家、敏感地区、敏感行业外,境外投资项目全部取消核准改为网上备案,核准项目占比不到2.0%。精简审批事项规范中介服务实行企业投资项目网上并联核准制度的工作方案出台。创新重点领域投融资机制鼓励社会投资的指导意见制定实施。铁路投融资体制改革积极推进。

四是价格改革力度加大。放开了700多种医保目录内低价药品、非公立医疗机构医疗服务、电信业务资费等50项商品或服务价格。铁路货物运价改为政府指导价、实行上限管理,国铁货物统一运价再次提高。国内航线旅客运输基准票价由政府审批改为由航空公司按照政府制定的定价规则自行确定。新疆棉花、东北和内蒙古大豆目标价格改革试点启动。在深圳市和内蒙古西部电网开展输配电价改革试点。推行居民生活用水、用气阶梯价格,调整了非居民用存量天然气价格。

五是国有企业改革探索推进。中央管理企业负责人薪酬制度改革意见出台。中央企业改组国有资本投资公司、发展混合所有制经济、建设规范董事会等改革试点推出。国有企业兼并重组继续推进。

六是社会领域改革有序展开。全面推进公务用车制度改革指导意见出台并在中央和国家机关率先实施。信用体系建设规划颁布实施,部门间信用信息共享和失信行为联合惩戒机制进一步健全。不动产统一登记制度建设取得重要进展。考试招生制度改革积极推进。机关事业单位养老保险制度改革方案顺利出台。大部分省份建立了医疗保险省内异地就医结算系统,县级公立医院综合改革试点覆盖50%以上的县(市)。

七是对外开放展现新局面。"一带一路"战略开始实施,周边基础设施互联互通积极推进,沿边和内陆开放继续扩大。上海自由贸易试验区试点取得可复制可推广经验。利用外资质量提升、结构优化,非金融类实际使用外商直接投资1 196亿美元,增长1.7%,服务业实际利用外资比重提升到55.4%。着力推进国际产能合作与中国装备"走出去",铁路、电力、通信、能源等"走出去"项目取得积极成果,非金融类境外直接投资1 029亿美元,增长14.1%。双向投资并驾齐驱格局初步形成。

(三)加快产业结构调整,大力推进经济转型升级。充分发挥市场机制作用,加强政策引导,加快发展方式转变,促进产业结构优化升级

一是自主创新有新突破。研究与试验发展经费支出与国内生产总值之比2.1%,企业研发经费支出占全社会支出的比例超过76.0%。"天河二号"、超级杂交水稻、"嫦娥"工程、卫星应用、载人深潜等重大创新成果世人瞩目。生物、智能制造装备、海洋工程装备、支线客机、移动互联网、宽带网络设备等领域突破一批关键核心技术和产业化瓶颈,云计算、物联网、大数据等战略性新兴产业发展迅速,微创新、众创等创新创业模式蓬勃兴起。高技术制造业增加值增长12.3%,比规模以上工业快4.0个百分点。

二是传统产业转型升级积极推进。企业技术改造深入展开。重点产业布局调整和产业转移步伐加快。化解产能过剩有序展开,年初确定的15个重点行业淘汰落后产能任务完成,产能盲目扩张得到遏制。煤炭行业脱困取得阶段性成效。

三是服务业增长保持良好势头。新业态、新模式蓬勃发展,文化创意和设计服务与相关产业融合发展,物流业发展中长期规划和三年行动计划出台。第三产业(服务业)增加值307 000亿元,增长8.1%,占国内生产总值比重达到48.2%,超过第二产业5.6个百分点。

四是基础产业和基础设施快速发展。综合交通运输体系进一步完善,全国铁路营业里程和高速公路通车里程双双突破11万千米。新增7个国家级互联网骨干直联点,又有近3 000万个家庭实现光纤到户。水电总装机突破3亿千瓦,页岩气、煤层气和深海油气勘探开发取得重大进展。规划建设的172项重大水利工程,已开工建设57项。南水北调中线一期工程通水,京津冀等地6 000万群众喝上了长江水。

(四)夯实农业农村发展基础,促进城乡区域协调发展。积极发展现代农业,扎实推进以人为核心的新型城镇化,优化经济发展空间格局,城乡区域协调发展迈出新的步伐

一是农业农村发展态势良好。继续加大"三农"投入,支持农业基础设施建设。引导土地经营权有序流转,农村承包耕地流转比例达到30.0%左右。农业环境突出问题治理总体规划、生态保护与建设示范区实施意见、国有林场改革方案和国有林区改革指导意见制定完成。粮食总产量达到6.1亿吨,实现"十一连增"。肉蛋奶、果蔬鱼等农副产品生产稳定。解决6 600多万农村人口饮水安全问题,改造农村危房266万户,农村贫困人口减少1 232万人。

二是新型城镇化积极稳妥推进。国家新型城镇化规划及户籍制度改革、"三个1亿人"实施方案等配套政策出台实施,包括2个省和62个城市(镇)的国家新型城镇化综合试点启动,城市规模划分标准优化调整。常住人口城镇化率为54.8%,户籍人口城镇化率预计为36.7%。

三是区域发展协调性增强。"三大战略"布局加快展开。推进"一带一路"建设的有关规划编制完成,各领域务实合作有序展开。京津冀协同发展区域功能定位和规划纲要确定,交通一体化、生态环保、产业升级转移三个重点领域率先突破积极推进。依托黄金水道推动长江经济带发展的指导意见和长江经济带综合立体交通走廊规划颁布实施。西部大开发新开工重点工程33项、总投资8 353亿元,西部地区鼓励类产业目录发布实施。近期支持东北振兴若干重大政策举措的意见出台,资源枯竭城市转型取得阶段性成果。中部地区"三基地、一枢纽"建设深入推进,"两横两纵"空间发展格局得到优化。东部地区经济转型加快,在全国经济发展中继续发挥引领作用。对革命老区、民族地区、边疆地区、贫困地区特别是集中连片特殊困难地区的支持力度加大。

(五)加大节能减排和生态环保工作力度,节能减排取得"十二五"以来最大进展。坚持把节能减排作为转方式、调结构重要抓手,政策累积效应进一步显现

一是节能减排成效显著。实行能耗强度和总量

"双控",非化石能源占一次能源消费比重上升到11.2%,提高1.1个百分点,单位国内生产总值能耗和单位国内生产总值二氧化碳排放量分别下降4.8%和6.2%,二氧化硫、化学需氧量、氨氮、氮氧化物排放量分别下降3.4%、2.5%、2.9%和6.7%。"十二五"节能减排指标完成情况赶上时间进度。

二是生态环保取得积极进展。大气、水、土壤污染防治迈出新步伐,重点流域污染治理、非电行业脱硝示范、京津冀及周边地区大气污染治理等重大工程积极推进,区域联防联控机制日益完善。机动车污染综合防治加快推进。城市污水处理率和城市生活垃圾无害化处理率分别达到90.2%和90.3%。万元工业增加值用水量63.5立方米,下降5.6%。湿地、森林、草原、生物多样性丰富区域等重要生态系统的保护修复力度加大,退耕还林、退牧还草、天然林资源保护、重点防护林体系等生态建设继续展开,完成造林面积602.7万公顷。

三是应对气候变化工作深入开展。国家应对气候变化规划(2014—2020年)出台,中美气候变化联合声明发布,提出了中国二氧化碳排放2030年左右达到峰值、非化石能源占一次能源消费比重2030年达到20.0%左右的目标。低碳省区和城市、低碳工业园区试点深入开展,全国碳排放权交易市场建设稳步推进。

(六)切实保障和改善民生,维护社会和谐稳定。注重保基本、兜底线、建机制,在财政支出压力大的情况下,坚持尽力而为,持续加大民生领域投入

一是居民收入继续增加。收入分配制度改革继续深化,多渠道促进农民增收,企业退休人员基本养老金水平连续10年提高,增收措施与就业政策形成了惠民合力。全国居民人均可支配收入实际增长8.0%,其中农村居民人均可支配收入实际增长9.2%,城镇居民人均可支配收入实际增长6.8%。城乡居民收入比13年来首次降至3倍以下。

二是社会保障安全网越织越密。各类社会保障覆盖面进一步扩大,参加城镇基本养老保险人数、新型农村社会养老保险人数分别达到3.7亿人、4.8亿人。实施统一的城乡居民基本养老保险制度,提高基础养老金标准,使1.4亿多老人受益。职工医保、城镇居民医保和新农合三项基本医保参保率稳定在95.0%以上。全力开展鲁甸、景谷地震等重大自然灾害抢险救援,灾后恢复重建有序推进。

三是保障性安居工程建设扎实推进。中央预算内投资、企业债券融资和信贷资金对棚户区改造等保障性安居工程住房建设的支持力度加大。基本建成城镇保障性安居工程住房511万套,新开工740万套。

四是各项社会事业全面进步。贫困地区薄弱学校基本办学条件继续改善,九年义务教育巩固率、高中阶段教育毛入学率预计分别达到92.6%和86.5%,农村学生上重点高校比例继续提高。公共卫生服务体系建设进一步加强,住院医师规范化培训制度开始建立。"单独两孩"政策普遍实施。公共文化服务体系建设进一步加快,广播电视"盲村"覆盖任务基本完成。国内旅游人数36.1亿人次,增长10.7%,出境旅游首次突破1亿人次。健康与养老服务重大工程启动实施,每千名老人拥有养老床位数达26张。体育产业、体育消费加快发展,新增体育场地6.7万个。残疾人康复和托养服务体系继续加强,专为残疾人服务设施数预计达到3 867个。

从计划指标运行情况看,经济增长、价格总水平、国际收支平衡、就业等总量指标保持在合理区间,一些反映经济结构和质量的指标进一步改善,社会发展和民生保障类指标继续向好,资源节约利用和环境保护类指标完成情况较好,计划指标的完成情况总体是好的。

17个约束性指标全部完成计划目标。其中,新增建设用地和新增建设占用农用地2个指标预计值超过年初确定的计划目标,主要原因:一是云南鲁甸震后恢复重建过程中,依法先行使用部分新增建设用地,这部分土地将按规定补办相关手续。二是在开展城乡建设用地增减挂钩、工矿废弃地复垦利用等工作过程中,先行使用部分新增建设用地建设农民安置房,进行土地复垦后再实现建设用地的占补平衡。

40个预期性指标运行情况总体符合或好于预期,但部分指标运行值与预期值存在差距。需要说明的是,预期性指标的计划目标不是预测值,而是国家期望的发展目标,体现政策导向,实际运行结果可能高于预期目标，也可能低于预期目标。部分指标运行值与预期目标存在差距，有多种情况。一是一些指标本身带有限高性质，实际运行结果适当低于预期目标也是正常的，比如居民消费价格指数等指标。二是为体现宏观调控政策取向，有些指标会定得比预测值稍高一些，比如社会消费品零售总额增速等指标，实际运行结果与预期目标会有一定差距。三是一些指标低于预期有特殊因素，比如第三次经济普查后经济总量增加，使研究与试验发展经费支出与国内生产总值之比略低于预期目标。四是国内外经济环境变化等不可控因素影响，导致一些指标的实际值低于预期目标，比如由于国际大宗商品价格大幅下跌，导致以美元计价的进出口总额增速低于预期目标。

总之，在世界政治经济形势纷繁复杂、国内发展新问题新挑战持续显现的情况下，中国经济社会发展取得这样的成就来之不易。这是党中央国务院正确领导的结果，是各地区各部门共同努力的结果，是全国各族人民团结奋斗的结果，值得充分肯定、倍加珍惜。

同时，我们也清醒地认识到，世界政治、经济、地缘等各种因素相互交织，全球经济仍处在国际金融危机后的深度调整中，总体延续缓慢复苏态势。国内长期积累的不平衡不协调不可持续问题和“三期叠加”的影响依然存在，经济运行面临不少困难和挑战。一是经济下行压力还在加大。对稳增长具有关键作用的投资增速持续回落，消费需求难有大的提升，外需难有明显起色，新老增长点青黄不接。二是部分企业生产经营困难。工业生产者出厂价格持续下降，通缩预期上升，资金、劳动力等要素成本上涨，信贷资金向实体经济传导不畅，小微企业融资难融资贵问题仍未根本缓解，企业利润明显下滑，影响企业对未来市场的信心，对就业和居民收入的滞后影响不容忽视。三是传统产业产能过剩且新兴领域有效供给不足。化解产能过剩任务艰巨，去产能化过程中社会压力增大。新兴产业和现代服务业领域准入限制较多，一些需求较旺的领域国内有效供给能力明显不足。四是改革攻坚消除隐形壁垒、突破利益藩篱的难度加大。改革已经进入攻坚期、深水区，深化改革涉及的矛盾、触及的利益更加复杂。有的改革方案质量有待提高，部分改革举措落地情况不尽如人意。五是一些领域潜在风险需要高度关注。房地产市场调整面临较大不确定性，市场呈现分化态势，一些企业出现信用违约，银行不良贷款增加，经济风险逐渐暴露。此外，农业、外贸、社会、民生、生态环保、安全生产等领域也出现一些新的问题。面对这些矛盾和问题，我们一定保持清醒头脑，增强危机意识和底线思维，认真应对，努力解决。

二、2015 年经济社会发展的总体要求、主要目标和政策取向（略）

三、2015 年经济社会发展的主要任务（略）

经济法律法规选编

中华人民共和国环境保护法

（2014年4月24日第十二届全国人民代表大会常务委员会第八次会议通过　2014年4月24日中华人民共和国主席令第9号公布　自2015年1月1日起施行）

第一章　总　则

第一条　为保护和改善环境，防治污染和其他公害，保障公众健康，推进生态文明建设，促进经济社会可持续发展，制定本法。

第二条　本法所称环境，是指影响人类生存和发展的各种天然的和经过人工改造的自然因素的总体，包括大气、水、海洋、土地、矿藏、森林、草原、湿地、野生生物、自然遗迹、人文遗迹、自然保护区、风景名胜区、城市和乡村等。

第三条　本法适用于中华人民共和国领域和中华人民共和国管辖的其他海域。

第四条　保护环境是国家的基本国策。

国家采取有利于节约和循环利用资源、保护和改善环境、促进人与自然和谐的经济、技术政策和措施，使经济社会发展与环境保护相协调。

第五条　环境保护坚持保护优先、预防为主、综合治理、公众参与、损害担责的原则。

第六条　一切单位和个人都有保护环境的义务。

地方各级人民政府应当对本行政区域的环境质量负责。

企业事业单位和其他生产经营者应当防止、减少环境污染和生态破坏，对所造成的损害依法承担责任。

公民应当增强环境保护意识，采取低碳、节俭的生活方式，自觉履行环境保护义务。

第七条　国家支持环境保护科学技术研究、开发和应用，鼓励环境保护产业发展，促进环境保护信息化建设，提高环境保护科学技术水平。

第八条　各级人民政府应当加大保护和改善环境、防治污染和其他公害的财政投入，提高财政资金的使用效益。

第九条　各级人民政府应当加强环境保护宣传和普及工作，鼓励基层群众性自治组织、社会组织、环境保护志愿者开展环境保护法律法规和环境保护知识的宣传，营造保护环境的良好风气。

教育行政部门、学校应当将环境保护知识纳入学校教育内容，培养学生的环境保护意识。

新闻媒体应当开展环境保护法律法规和环境保护知识的宣传，对环境违法行为进行舆论监督。

第十条　国务院环境保护主管部门，对全国环境保护工作实施统一监督管理；县级以上地方人民政府环境保护主管部门，对本行政区域环境保护工作实施统一监督管理。

县级以上人民政府有关部门和军队环境保护部门，依照有关法律的规定对资源保护和污染防治等环境保护工作实施监督管理。

第十一条　对保护和改善环境有显著成绩的单位和个人，由人民政府给予奖励。

第十二条　每年6月5日为环境日。

第二章　监督管理

第十三条　县级以上人民政府应当将环境保护工作纳入国民经济和社会发展规划。

国务院环境保护主管部门会同有关部门，根据国民经济和社会发展规划编制国家环境保护规划，报国务院批准并公布实施。

县级以上地方人民政府环境保护主管部门会同有关部门，根据国家环境保护规划的要求，编制本行政区域的环境保护规划，报同级人民政府批准并公布实施。

环境保护规划的内容应当包括生态保护和污染防治的目标、任务、保障措施等，并与主体功能区规划、土地利用总体规划和城乡规划等相衔接。

第十四条 国务院有关部门和省、自治区、直辖市人民政府组织制定经济、技术政策，应当充分考虑对环境的影响，听取有关方面和专家的意见。

第十五条 国务院环境保护主管部门制定国家环境质量标准。

省、自治区、直辖市人民政府对国家环境质量标准中未作规定的项目，可以制定地方环境质量标准；对国家环境质量标准中已作规定的项目，可以制定严于国家环境质量标准的地方环境质量标准。地方环境质量标准应当报国务院环境保护主管部门备案。

国家鼓励开展环境基准研究。

第十六条 国务院环境保护主管部门根据国家环境质量标准和国家经济、技术条件，制定国家污染物排放标准。

省、自治区、直辖市人民政府对国家污染物排放标准中未作规定的项目，可以制定地方污染物排放标准；对国家污染物排放标准中已作规定的项目，可以制定严于国家污染物排放标准的地方污染物排放标准。地方污染物排放标准应当报国务院环境保护主管部门备案。

第十七条 国家建立、健全环境监测制度。国务院环境保护主管部门制定监测规范，会同有关部门组织监测网络，统一规划国家环境质量监测站（点）的设置，建立监测数据共享机制，加强对环境监测的管理。

有关行业、专业等各类环境质量监测站（点）的设置应当符合法律法规规定和监测规范的要求。

监测机构应当使用符合国家标准的监测设备，遵守监测规范。监测机构及其负责人对监测数据的真实性和准确性负责。

第十八条 省级以上人民政府应当组织有关部门或者委托专业机构，对环境状况进行调查、评价，建立环境资源承载能力监测预警机制。

第十九条 编制有关开发利用规划，建设对环境有影响的项目，应当依法进行环境影响评价。

未依法进行环境影响评价的开发利用规划，不得组织实施；未依法进行环境影响评价的建设项目，不得开工建设。

第二十条 国家建立跨行政区域的重点区域、流域环境污染和生态破坏联合防治协调机制，实行统一规划、统一标准、统一监测、统一的防治措施。

前款规定以外的跨行政区域的环境污染和生态破坏的防治，由上级人民政府协调解决，或者由有关地方人民政府协商解决。

第二十一条 国家采取财政、税收、价格、政府采购等方面的政策和措施，鼓励和支持环境保护技术装备、资源综合利用和环境服务等环境保护产业的发展。

第二十二条 企业事业单位和其他生产经营者，在污染物排放符合法定要求的基础上，进一步减少污染物排放的，人民政府应当依法采取财政、税收、价格、政府采购等方面的政策和措施予以鼓励和支持。

第二十三条 企业事业单位和其他生产经营者，为改善环境，依照有关规定转产、搬迁、关闭的，人民政府应当予以支持。

第二十四条 县级以上人民政府环境保护主管部门及其委托的环境监察机构和其他负有环境保护监督管理职责的部门，有权对排放污染物的企业事业单位和其他生产经营者进行现场检查。被检查者应当如实反映情况，提供必要的资料。实施现场检查的部门、机构及其工作人员应当为被检查者保守商业秘密。

第二十五条 企业事业单位和其他生产经营者违反法律法规规定排放污染物，造成或者可能造成严重污染的，县级以上人民政府环境保护主管部门和其他负有环境保护监督管理职责的部门，可以查封、扣押造成污染物排放的设施、设备。

第二十六条 国家实行环境保护目标责任制和考核评价制度。县级以上人民政府应当将环境保护目标完成情况纳入对本级人民政府负有环境保护监督管理职责的部门及其负责人和下级人民政府及其负责人的考核内容，作为对其考核评价的重要依据。考核结果应当向社会公开。

第二十七条 县级以上人民政府应当每年向本级人民代表大会或者人民代表大会常务委员会报告环境状况和环境保护目标完成情况，对发生的重大环境事件应当及时向本级人民代表大会常务委员会报告，依法接受监督。

第三章 保护和改善环境

第二十八条 地方各级人民政府应当根据环境保护目标和治理任务，采取有效措施，改善环境质量。

未达到国家环境质量标准的重点区域、流域的有关地方人民政府，应当制定限期达标规划，并采取措施按期达标。

第二十九条 国家在重点生态功能区、生态环境敏感区和脆弱区等区域划定生态保护红线，实行严格保护。

各级人民政府对具有代表性的各种类型的自然生态系统区域，珍稀、濒危的野生动植物自然分布区域，重要的水源涵养区域，具有重大科学文化价值的地质构造、著名溶洞和化石分布区、冰川、火山、温泉等自然遗迹，以及人文遗迹、古树名木，应当采取措施予以保护，严禁破坏。

第三十条 开发利用自然资源，应当合理开发，保护生物多样性，保障生态安全，依法制定有关生态保护和恢复治理方案并予以实施。

引进外来物种以及研究、开发和利用生物技术，应当采取措施，防止对生物多样性的破坏。

第三十一条 国家建立、健全生态保护补偿制度。

国家加大对生态保护地区的财政转移支付力度。有关地方人民政府应当落实生态保护补偿资金，确保其用于生态保护补偿。

国家指导受益地区和生态保护地区人民政府通过协商或者按照市场规则进行生态保护补偿。

第三十二条 国家加强对大气、水、土壤等的保护，建立和完善相应的调查、监测、评估和修复制度。

第三十三条 各级人民政府应当加强对农业环境的保护，促进农业环境保护新技术的使用，加强对农业污染源的监测预警，统筹有关部门采取措施，防治土壤污染和土地沙化、盐渍化、贫瘠化、石漠化、地面沉降以及防治植被破坏、水土流失、水体富营养化、水源枯竭、种源灭绝等生态失调现象，推广植物病虫害的综合防治。

县级、乡级人民政府应当提高农村环境保护公共服务水平，推动农村环境综合整治。

第三十四条 国务院和沿海地方各级人民政府应当加强对海洋环境的保护。向海洋排放污染物、倾倒废弃物，进行海岸工程和海洋工程建设，应当符合法律法规规定和有关标准，防止和减少对海洋环境的污染损害。

第三十五条 城乡建设应当结合当地自然环境的特点，保护植被、水域和自然景观，加强城市园林、绿地和风景名胜区的建设与管理。

第三十六条 国家鼓励和引导公民、法人和其他组织使用有利于保护环境的产品和再生产品，减少废弃物的产生。

国家机关和使用财政资金的其他组织应当优先采购和使用节能、节水、节材等有利于保护环境的产品、设备和设施。

第三十七条 地方各级人民政府应当采取措施，组织对生活废弃物的分类处置、回收利用。

第三十八条 公民应当遵守环境保护法律法规，配合实施环境保护措施，按照规定对生活废弃物进行分类放置，减少日常生活对环境造成的损害。

第三十九条 国家建立、健全环境与健康监测、调查和风险评估制度；鼓励和组织开展环境质量对公众健康影响的研究，采取措施预防和控制与环境污染有关的疾病。

第四章 防治污染和其他公害

第四十条 国家促进清洁生产和资源循环利用。

国务院有关部门和地方各级人民政府应当采取措施，推广清洁能源的生产和使用。

企业应当优先使用清洁能源，采用资源利用率高、污染物排放量少的工艺、设备以及废弃物综合利用技术和污染物无害化处理技术，减少污染物的产生。

第四十一条 建设项目中防治污染的设施，应当与主体工程同时设计、同时施工、同时投产使用。防治污染的设施应当符合经批准的环境影响评价文件的要求，不得擅自拆除或者闲置。

第四十二条 排放污染物的企业事业单位和其他生产经营者，应当采取措施，防治在生产建设或者其他活动中产生的废气、废水、废渣、医疗废物、粉尘、恶臭气体、放射性物质以及噪声、振动、光辐射、电磁辐射等对环境的污染和危害。

排放污染物的企业事业单位，应当建立环境保护责任制度，明确单位负责人和相关人员的责任。

重点排污单位应当按照国家有关规定和监测规范安装使用监测设备，保证监测设备正常运行，保存原始监测记录。

严禁通过暗管、渗井、渗坑、灌注或者篡改、伪造监测数据，或者不正常运行防治污染设施等逃避监管的方式违法排放污染物。

第四十三条 排放污染物的企业事业单位和其他生产经营者，应当按照国家有关规定缴纳排污费。排污费应当全部专项用于环境污染防治，任何单位和个人不得截留、挤占或者挪作他用。

依照法律规定征收环境保护税的，不再征收排污费。

第四十四条 国家实行重点污染物排放总量控制制度。重点污染物排放总量控制指标由国务院下达，省、自治区、直辖市人民政府分解落实。企业事业单位在执行国家和地方污染物排放标准的同时，应当遵守分解落实到本单位的重点污染物排放总量控制指标。

对超过国家重点污染物排放总量控制指标或者未完成国家确定的环境质量目标的地区，省级以上人民政府环境保护主管部门应当暂停审批其新增重点污染物排放总量的建设项目环境影响评价文件。

第四十五条 国家依照法律规定实行排污许可管理制度。

实行排污许可管理的企业事业单位和其他生产经营者应当按照排污许可证的要求排放污染物；未取得排污许可证的，不得排放污染物。

第四十六条 国家对严重污染环境的工艺、设备和产品实行淘汰制度。任何单位和个人不得生产、销售或者转移、使用严重污染环境的工艺、设备和产品。

禁止引进不符合中国环境保护规定的技术、设备、材料和产品。

第四十七条 各级人民政府及其有关部门和企业事业单位，应当依照《中华人民共和国突发事件应对法》的规定，做好突发环境事件的风险控制、应急准备、应急处置和事后恢复等工作。

县级以上人民政府应当建立环境污染公共监测预警机制，组织制定预警方案；环境受到污染，可能影响公众健康和环境安全时，依法及时公布预警信息，启动应急措施。

企业事业单位应当按照国家有关规定制定突发环境事件应急预案，报环境保护主管部门和有关部门备案。在发生或者可能发生突发环境事件时，企业事业单位应当立即采取措施处理，及时通报可能受到危害的单位和居民，并向环境保护主管部门和有关部门报告。

突发环境事件应急处置工作结束后，有关人民政府应当立即组织评估事件造成的环境影响和损失，并及时将评估结果向社会公布。

第四十八条 生产、储存、运输、销售、使用、处置化学物品和含有放射性物质的物品，应当遵守国家有关规定，防止污染环境。

第四十九条 各级人民政府及其农业等有关部门和机构应当指导农业生产经营者科学种植和养殖，科学合理施用农药、化肥等农业投入品，科学处置农用薄膜、农作物秸秆等农业废弃物，防止农业面源污染。

禁止将不符合农用标准和环境保护标准的固体废物、废水施入农田。施用农药、化肥等农业投入品及进行灌溉，应当采取措施，防止重金属和其他有毒有害物质污染环境。

畜禽养殖场、养殖小区、定点屠宰企业等的选址、建设和管理应当符合有关法律法规规定。从事畜禽养殖和屠宰的单位和个人应当采取措施，对畜禽粪便、尸体和污水等废弃物进行科学处置，防止污染环境。

县级人民政府负责组织农村生活废弃物的处置工作。

第五十条 各级人民政府应当在财政预算中安排资金，支持农村饮用水水源地保护、生活污水和其他废弃物处理、畜禽养殖和屠宰污染防治、土壤污染防治和农村工矿污染治理等环境保护工作。

第五十一条 各级人民政府应当统筹城乡建设污水处理设施及配套管网，固体废物的收集、运输和处置等环境卫生设施，危险废物集中处置设施、场所以及其他环境保护公共设施，并保障其正常运行。

第五十二条 国家鼓励投保环境污染责任保险。

第五章 信息公开和公众参与

第五十三条 公民、法人和其他组织依法享有获取环境信息、参与和监督环境保护的权利。

各级人民政府环境保护主管部门和其他负有环境保护监督管理职责的部门，应当依法公开环境信息、完善公众参与程序，为公民、法人和其他组织参与和监督环境保护提供便利。

第五十四条 国务院环境保护主管部门统一发布国家环境质量、重点污染源监测信息及其他重大环境信息。省级以上人民政府环境保护主管部门定期发布环境状况公报。

县级以上人民政府环境保护主管部门和其他负有环境保护监督管理职责的部门，应当依法公开环境质量、环境监测、突发环境事件以及环境行政许可、行政处罚、排污费的征收和使用情况等信息。

县级以上地方人民政府环境保护主管部门和其他负有环境保护监督管理职责的部门，应当将企业事业单位和其他生产经营者的环境违法信息记入社会诚信档案，及时向社会公布违法者名单。

第五十五条 重点排污单位应当如实向社会公开其主要污染物的名称、排放方式、排放浓度和总量、超标排放情况，以及防治污染设施的建设和运行情况，接受社会监督。

第五十六条 对依法应当编制环境影响报告书的建设项目，建设单位应当在编制时向可能受影响的公众说明情况，充分征求意见。

负责审批建设项目环境影响评价文件的部门在收到建设项目环境影响报告书后，除涉及国家秘密和商业秘密的事项外，应当全文公开；发现建设项目未充分征求公众意见的，应当责成建设单位征求公众意见。

第五十七条 公民、法人和其他组织发现任何单位和个人有污染环境和破坏生态行为的，有权向环境保护主管部门或者其他负有环境保护监督管理职责的部门举报。

公民、法人和其他组织发现地方各级人民政府、县级以上人民政府环境保护主管部门和其他负有环境保护监督管理职责的部门不依法履行职责的，有权向其上级机关或者监察机关举报。

接受举报的机关应当对举报人的相关信息予以保密，保护举报人的合法权益。

第五十八条 对污染环境、破坏生态，损害社会公共利益的行为，符合下列条件的社会组织可以向人民法院提起诉讼：

（1）依法在设区的市级以上人民政府民政部门登记；

（2）专门从事环境保护公益活动连续5年以上且无违法记录。

符合前款规定的社会组织向人民法院提起诉讼，人民法院应当依法受理。

提起诉讼的社会组织不得通过诉讼牟取经济利益。

第六章 法律责任

第五十九条 企业事业单位和其他生产经营者违法排放污染物，受到罚款处罚，被责令改正，拒不改正的，依法作出处罚决定的行政机关可以自责令改正之日的次日起，按照原处罚数额按日连续处罚。

前款规定的罚款处罚，依照有关法律法规按照防治污染设施的运行成本、违法行为造成的直接损失或者违法所得等因素确定的规定执行。

地方性法规可以根据环境保护的实际需要，增加第一款规定的按日连续处罚的违法行为的种类。

第六十条 企业事业单位和其他生产经营者超过污染物排放标准或者超过重点污染物排放总量控制指标排放污染物的，县级以上人民政府环境保护主管部门可以责令其采取限制生产、停产整治等措施；情节严重的，报经有批准权的人民政府批准，责令停业、关闭。

第六十一条 建设单位未依法提交建设项目环境影响评价文件或者环境影响评价文件未经批准，擅自开工建设的，由负有环境保护监督管理职责的部门责令停止建设，处以罚款，并可以责令恢复原状。

第六十二条 违反本法规定，重点排污单位不公开或者不如实公开环境信息的，由县级以上地方人民政府环境保护主管部门责令公开，处以罚款，并予以公告。

第六十三条 企业事业单位和其他生产经营者有下列行为之一，尚不构成犯罪的，除依照有关法律法规规定予以处罚外，由县级以上人民政府环境保护主管部门或者其他有关部门将案件移送公安机关，对其直接负责的主管人员和其他直接责任人员，处10日以上15日以下拘留；情节较轻的，处5日以上10日以下拘留：

(1)建设项目未依法进行环境影响评价，被责令停止建设，拒不执行的；

(2)违反法律规定，未取得排污许可证排放污染物，被责令停止排污，拒不执行的；

(3)通过暗管、渗井、渗坑、灌注或者篡改、伪造监测数据，或者不正常运行防治污染设施等逃避监管的方式违法排放污染物的；

(4)生产、使用国家明令禁止生产、使用的农药，被责令改正，拒不改正的。

第六十四条 因污染环境和破坏生态造成损害的，应当依照《中华人民共和国侵权责任法》的有关规定承担侵权责任。

第六十五条 环境影响评价机构、环境监测机构以及从事环境监测设备和防治污染设施维护、运营的机构，在有关环境服务活动中弄虚作假，对造成的环境污染和生态破坏负有责任的，除依照有关法律法规规定予以处罚外，还应当与造成环境污染和生态破坏的其他责任者承担连带责任。

第六十六条 提起环境损害赔偿诉讼的时效期间为3年，从当事人知道或者应当知道其受到损害时起计算。

第六十七条 上级人民政府及其环境保护主管部门应当加强对下级人民政府及其有关部门环境保护工作的监督。发现有关工作人员有违法行为，依法应当给予处分的，应当向其任免机关或者监察机关提出处分建议。

依法应当给予行政处罚，而有关环境保护主管部门不给予行政处罚的，上级人民政府环境保护主管部门可以直接作出行政处罚的决定。

第六十八条 地方各级人民政府、县级以上人民政府环境保护主管部门和其他负有环境保护监督管理职责的部门有下列行为之一的，对直接负责的主管人员和其他直接责任人员给予记过、记大过或者降级处分；造成严重后果的，给予撤职或者开除处分，其主要负责人应当引咎辞职：

(1)不符合行政许可条件准予行政许可的；

(2)对环境违法行为进行包庇的；

(3)依法应当作出责令停业、关闭的决定而未作出的；

(4)对超标排放污染物、采用逃避监管的方式排放污染物、造成环境事故以及不落实生态保护措施造成生态破坏等行为，发现或者接到举报未及时查处的；

(5)违反本法规定，查封、扣押企业事业单位和其他生产经营者的设施、设备的；

(6)篡改、伪造或者指使篡改、伪造监测数据的；

(7)应当依法公开环境信息而未公开的；

(8)将征收的排污费截留、挤占或者挪作他用的；

(9)法律法规规定的其他违法行为。

第六十九条 违反本法规定，构成犯罪的，依法追究刑事责任。

第七章 附 则

第七十条 本法自2015年1月1日起施行。

中华人民共和国安全生产法

（2014 年 8 月 31 日第十二届全国人民代表大会常务委员会第十次会议通过 2014 年 8 月 31 日中华人民共和国主席令第 13 号公布 自 2014 年 12 月 1 日起施行）

第一章 总 则

第一条 为了加强安全生产工作，防止和减少生产安全事故，保障人民群众生命和财产安全，促进经济社会持续健康发展，制定本法。

第二条 在中华人民共和国领域内从事生产经营活动的单位（统称“生产经营单位”）的安全生产，适用本法；有关法律、行政法规对消防安全和道路交通安全、铁路交通安全、水上交通安全、民用航空安全以及核与辐射安全、特种设备安全另有规定的，适用其规定。

第三条 安全生产工作应当以人为本，坚持安全发展，坚持安全第一、预防为主、综合治理的方针，强化和落实生产经营单位的主体责任，建立生产经营单位负责、职工参与、政府监管、行业自律和社会监督的机制。

第四条 生产经营单位必须遵守本法和其他有关安全生产的法律、法规，加强安全生产管理，建立、健全安全生产责任制和安全生产规章制度，改善安全生产条件，推进安全生产标准化建设，提高安全生产水平，确保安全生产。

第五条 生产经营单位的主要负责人对本单位的安全生产工作全面负责。

第六条 生产经营单位的从业人员有依法获得安全生产保障的权利，并应当依法履行安全生产方面的义务。

第七条 工会依法对安全生产工作进行监督。

生产经营单位的工会依法组织职工参加本单位安全生产工作的民主管理和民主监督，维护职工在安全生产方面的合法权益。生产经营单位制定或者修改有关安全生产的规章制度，应当听取工会的意见。

第八条 国务院和县级以上地方各级人民政府应当根据国民经济和社会发展规划制定安全生产规划，并组织实施。安全生产规划应当与城乡规划相衔接。

国务院和县级以上地方各级人民政府应当加强对安全生产工作的领导，支持、督促各有关部门依法履行安全生产监督管理职责，建立健全安全生产工作协调机制，及时协调、解决安全生产监督管理中存在的重大问题。

乡、镇人民政府以及街道办事处、开发区管理机构等地方人民政府的派出机关应当按照职责，加强对本行政区域内生产经营单位安全生产状况的监督检查，协助上级人民政府有关部门依法履行安全生产监督管理职责。

第九条 国务院安全生产监督管理部门依照本法，对全国安全生产工作实施综合监督管理；县级以上地方各级人民政府安全生产监督管理部门依照本法，对本行政区域内安全生产工作实施综合监督管理。

国务院有关部门依照本法和其他有关法律、行政法规的规定，在各自的职责范围内对有关行业、领域的安全生产工作实施监督管理；县级以上地方各级人民政府有关部门依照本法和其他有关法律、法规的规定，在各自的职责范围内对有关行业、领域的安全生产工作实施监督管理。

安全生产监督管理部门和对有关行业、领域的安全生产工作实施监督管理的部门，统称负有安全生产监督管理职责的部门。

第十条 国务院有关部门应当按照保障安全生产的要求，依法及时制定有关的国家标准或者行业标准,并根据科技进步和经济发展适时修订。

生产经营单位必须执行依法制定的保障安全生产的国家标准或者行业标准。

第十一条 各级人民政府及其有关部门应当采取多种形式,加强对有关安全生产的法律、法规和安全生产知识的宣传,增强全社会的安全生产意识。

第十二条 有关协会组织依照法律、行政法规和章程,为生产经营单位提供安全生产方面的信息、培训等服务,发挥自律作用,促进生产经营单位加强安全生产管理。

第十三条 依法设立的为安全生产提供技术、管理服务的机构,依照法律、行政法规和执业准则,接受生产经营单位的委托为其安全生产工作提供技术、管理服务。

生产经营单位委托前款规定的机构提供安全生产技术、管理服务的,保证安全生产的责任仍由本单位负责。

第十四条 国家实行生产安全事故责任追究制度,依照本法和有关法律、法规的规定,追究生产安全事故责任人员的法律责任。

第十五条 国家鼓励和支持安全生产科学技术研究和安全生产先进技术的推广应用,提高安全生产水平。

第十六条 国家对在改善安全生产条件、防止生产安全事故、参加抢险救护等方面取得显著成绩的单位和个人,给予奖励。

第二章 生产经营单位的安全生产保障

第十七条 生产经营单位应当具备本法和有关法律、行政法规和国家标准或者行业标准规定的安全生产条件;不具备安全生产条件的,不得从事生产经营活动。

第十八条 生产经营单位的主要负责人对本单位安全生产工作负有下列职责:

(1)建立、健全本单位安全生产责任制;

(2)组织制定本单位安全生产规章制度和操作规程;

(3)组织制定并实施本单位安全生产教育和培训计划;

(4)保证本单位安全生产投入的有效实施;

(5)督促、检查本单位的安全生产工作,及时消除生产安全事故隐患;

(6)组织制定并实施本单位的生产安全事故应急救援预案;

(7)及时、如实报告生产安全事故。

第十九条 生产经营单位的安全生产责任制应当明确各岗位的责任人员、责任范围和考核标准等内容。

生产经营单位应当建立相应的机制,加强对安全生产责任制落实情况的监督考核,保证安全生产责任制的落实。

第二十条 生产经营单位应当具备的安全生产条件所必需的资金投入,由生产经营单位的决策机构、主要负责人或者个人经营的投资人予以保证,并对由于安全生产所必需的资金投入不足导致的后果承担责任。

有关生产经营单位应当按照规定提取和使用安全生产费用,专门用于改善安全生产条件。安全生产费用在成本中据实列支。安全生产费用提取、使用和监督管理的具体办法由国务院财政部门会同国务院安全生产监督管理部门征求国务院有关部门意见后制定。

第二十一条 矿山、金属冶炼、建筑施工、道路运输单位和危险物品的生产、经营、储存单位,应当设置安全生产管理机构或者配备专职安全生产管理人员。

前款规定以外的其他生产经营单位,从业人员超过100人的,应当设置安全生产管理机构或者配备专职安全生产管理人员;从业人员在100人以下的,应当配备专职或者兼职的安全生产管理人员。

第二十二条 生产经营单位的安全生产管理机构以及安全生产管理人员履行下列职责:

(1)组织或者参与拟订本单位安全生产规章制度、操作规程和生产安全事故应急救援预案;

(2)组织或者参与本单位安全生产教育和培训,如实记录安全生产教育和培训情况;

(3)督促落实本单位重大危险源的安全管理措施;

(4)组织或者参与本单位应急救援演练;

(5)检查本单位的安全生产状况,及时排查生产安全事故隐患，提出改进安全生产管理的建议；

（6）制止和纠正违章指挥、强令冒险作业、违反操作规程的行为；

（7）督促落实本单位安全生产整改措施。

第二十三条 生产经营单位的安全生产管理机构以及安全生产管理人员应当恪尽职守，依法履行职责。

生产经营单位作出涉及安全生产的经营决策，应当听取安全生产管理机构以及安全生产管理人员的意见。

生产经营单位不得因安全生产管理人员依法履行职责而降低其工资、福利等待遇或者解除与其订立的劳动合同。

危险物品的生产、储存单位以及矿山、金属冶炼单位的安全生产管理人员的任免，应当告知主管的负有安全生产监督管理职责的部门。

第二十四条 生产经营单位的主要负责人和安全生产管理人员必须具备与本单位所从事的生产经营活动相应的安全生产知识和管理能力。

危险物品的生产、经营、储存单位以及矿山、金属冶炼、建筑施工、道路运输单位的主要负责人和安全生产管理人员，应当由主管的负有安全生产监督管理职责的部门对其安全生产知识和管理能力考核合格。考核不得收费。

危险物品的生产、储存单位以及矿山、金属冶炼单位应当有注册安全工程师从事安全生产管理工作。鼓励其他生产经营单位聘用注册安全工程师从事安全生产管理工作。注册安全工程师按专业分类管理，具体办法由国务院人力资源和社会保障部门、国务院安全生产监督管理部门会同国务院有关部门制定。

第二十五条 生产经营单位应当对从业人员进行安全生产教育和培训，保证从业人员具备必要的安全生产知识，熟悉有关的安全生产规章制度和安全操作规程，掌握本岗位的安全操作技能，了解事故应急处理措施，知悉自身在安全生产方面的权利和义务。未经安全生产教育和培训合格的从业人员，不得上岗作业。

生产经营单位使用被派遣劳动者的，应当将被派遣劳动者纳入本单位从业人员统一管理，对被派遣劳动者进行岗位安全操作规程和安全操作技能的教育和培训。劳务派遣单位应当对被派遣劳动者进行必要的安全生产教育和培训。

生产经营单位接收中等职业学校、高等学校学生实习的，应当对实习学生进行相应的安全生产教育和培训，提供必要的劳动防护用品。学校应当协助生产经营单位对实习学生进行安全生产教育和培训。

生产经营单位应当建立安全生产教育和培训档案，如实记录安全生产教育和培训的时间、内容、参加人员以及考核结果等情况。

第二十六条 生产经营单位采用新工艺、新技术、新材料或者使用新设备，必须了解、掌握其安全技术特性，采取有效的安全防护措施，并对从业人员进行专门的安全生产教育和培训。

第二十七条 生产经营单位的特种作业人员必须按照国家有关规定经专门的安全作业培训，取得相应资格，方可上岗作业。

特种作业人员的范围由国务院安全生产监督管理部门会同国务院有关部门确定。

第二十八条 生产经营单位新建、改建、扩建工程项目（统称建设项目）的安全设施，必须与主体工程同时设计、同时施工、同时投入生产和使用。安全设施投资应当纳入建设项目概算。

第二十九条 矿山、金属冶炼建设项目和用于生产、储存、装卸危险物品的建设项目，应当按照国家有关规定进行安全评价。

第三十条 建设项目安全设施的设计人、设计单位应当对安全设施设计负责。

矿山、金属冶炼建设项目和用于生产、储存、装卸危险物品的建设项目的安全设施设计应当按照国家有关规定报经有关部门审查，审查部门及其负责审查的人员对审查结果负责。

第三十一条 矿山、金属冶炼建设项目和用于生产、储存、装卸危险物品的建设项目的施工单位必须按照批准的安全设施设计施工，并对安全设施的工程质量负责。

矿山、金属冶炼建设项目和用于生产、储存危险物品的建设项目竣工投入生产或者使用前，应当由建设单位负责组织对安全设施进行验收；验收合格后，方可投入生产和使用。安全生产监督管理部门应当加强对建设单位验收活动和验收结果的监督核查。

第三十二条 生产经营单位应当在有较大危险因素的生产经营场所和有关设施、设备上，设置明显的安全警示标志。

第三十三条 安全设备的设计、制造、安装、使用、检测、维修、改造和报废，应当符合国家标准或者行业标准。

生产经营单位必须对安全设备进行经常性维护、保养，并定期检测，保证正常运转。维护、保养、检测应当作好记录，并由有关人员签字。

第三十四条 生产经营单位使用的危险物品的容器、运输工具，以及涉及人身安全、危险性较大的海洋石油开采特种设备和矿山井下特种设备，必须按照国家有关规定，由专业生产单位生产，并经具有专业资质的检测、检验机构检测、检验合格，取得安全使用证或者安全标志，方可投入使用。检测、检验机构对检测、检验结果负责。

第三十五条 国家对严重危及生产安全的工艺、设备实行淘汰制度，具体目录由国务院安全生产监督管理部门会同国务院有关部门制定并公布。法律、行政法规对目录的制定另有规定的，适用其规定。

省、自治区、直辖市人民政府可以根据本地区实际情况制定并公布具体目录，对前款规定以外的危及生产安全的工艺、设备予以淘汰。

生产经营单位不得使用应当淘汰的危及生产安全的工艺、设备。

第三十六条 生产、经营、运输、储存、使用危险物品或者处置废弃危险物品的，由有关主管部门依照有关法律、法规的规定和国家标准或者行业标准审批并实施监督管理。

生产经营单位生产、经营、运输、储存、使用危险物品或者处置废弃危险物品，必须执行有关法律、法规和国家标准或者行业标准，建立专门的安全管理制度，采取可靠的安全措施，接受有关主管部门依法实施的监督管理。

第三十七条 生产经营单位对重大危险源应当登记建档，进行定期检测、评估、监控，并制定应急预案，告知从业人员和相关人员在紧急情况下应当采取的应急措施。

生产经营单位应当按照国家有关规定将本单位重大危险源及有关安全措施、应急措施报有关地方人民政府安全生产监督管理部门和有关部门备案。

第三十八条 生产经营单位应当建立健全生产安全事故隐患排查治理制度，采取技术、管理措施，及时发现并消除事故隐患。事故隐患排查治理情况应当如实记录，并向从业人员通报。

县级以上地方各级人民政府负有安全生产监督管理职责的部门应当建立健全重大事故隐患治理督办制度，督促生产经营单位消除重大事故隐患。

第三十九条 生产、经营、储存、使用危险物品的车间、商店、仓库不得与员工宿舍在同一座建筑物内，并应当与员工宿舍保持安全距离。

生产经营场所和员工宿舍应当设有符合紧急疏散要求、标志明显、保持畅通的出口。禁止锁闭、封堵生产经营场所或者员工宿舍的出口。

第四十条 生产经营单位进行爆破、吊装以及国务院安全生产监督管理部门会同国务院有关部门规定的其他危险作业，应当安排专门人员进行现场安全管理，确保操作规程的遵守和安全措施的落实。

第四十一条 生产经营单位应当教育和督促从业人员严格执行本单位的安全生产规章制度和安全操作规程；并向从业人员如实告知作业场所和工作岗位存在的危险因素、防范措施以及事故应急措施。

第四十二条 生产经营单位必须为从业人员提供符合国家标准或者行业标准的劳动防护用品，并监督、教育从业人员按照使用规则佩戴、使用。

第四十三条 生产经营单位的安全生产管理人员应当根据本单位的生产经营特点，对安全生产状况进行经常性检查；对检查中发现的安全问题，应当立即处理；不能处理的，应当及时报告本单位有关负责人，有关负责人应当及时处理。检查及处理情况应当如实记录在案。

生产经营单位的安全生产管理人员在检查中发现重大事故隐患，依照前款规定向本单位有关负责人报告，有关负责人不及时处理的，安全生产管理人员可以向主管的负有安全生产监督管理职责的部门报告，接到报告的部门应当依法及时处理。

第四十四条 生产经营单位应当安排用于配备劳动防护用品、进行安全生产培训的经费。

第四十五条 两个以上生产经营单位在同一作业区域内进行生产经营活动，可能危及对方生产安全的，应当签订安全生产管理协议，明确各自的安全生产管理职责和应当采取的安全措施，并指定专职安全生产管理人员进行安全检查与协调。

第四十六条 生产经营单位不得将生产经营项目、场所、设备发包或者出租给不具备安全生产条件或者相应资质的单位或者个人。

生产经营项目、场所发包或者出租给其他单位的，生产经营单位应当与承包单位、承租单位签订专门的安全生产管理协议，或者在承包合同、租赁合同中约定各自的安全生产管理职责；生产经营单位对承包单位、承租单位的安全生产工作统一协调、管理，定期进行安全检查，发现安全问题的，应当及时督促整改。

第四十七条 生产经营单位发生生产安全事故时，单位的主要负责人应当立即组织抢救，并不得在事故调查处理期间擅离职守。

第四十八条 生产经营单位必须依法参加工伤保险，为从业人员缴纳保险费。

国家鼓励生产经营单位投保安全生产责任保险。

第三章 从业人员的安全生产权利义务

第四十九条 生产经营单位与从业人员订立的劳动合同，应当载明有关保障从业人员劳动安全、防止职业危害的事项，以及依法为从业人员办理工伤保险的事项。

生产经营单位不得以任何形式与从业人员订立协议，免除或者减轻其对从业人员因生产安全事故伤亡依法应承担的责任。

第五十条 生产经营单位的从业人员有权了解其作业场所和工作岗位存在的危险因素、防范措施及事故应急措施，有权对本单位的安全生产工作提出建议。

第五十一条 从业人员有权对本单位安全生产工作中存在的问题提出批评、检举、控告；有权拒绝违章指挥和强令冒险作业。

生产经营单位不得因从业人员对本单位安全生产工作提出批评、检举、控告或者拒绝违章指挥、强令冒险作业而降低其工资、福利等待遇或者解除与其订立的劳动合同。

第五十二条 从业人员发现直接危及人身安全的紧急情况时，有权停止作业或者在采取可能的应急措施后撤离作业场所。

生产经营单位不得因从业人员在前款紧急情况下停止作业或者采取紧急撤离措施而降低其工资、福利等待遇或者解除与其订立的劳动合同。

第五十三条 因生产安全事故受到损害的从业人员，除依法享有工伤保险外，依照有关民事法律尚有获得赔偿的权利的，有权向本单位提出赔偿要求。

第五十四条 从业人员在作业过程中，应当严格遵守本单位的安全生产规章制度和操作规程，服从管理，正确佩戴和使用劳动防护用品。

第五十五条 从业人员应当接受安全生产教育和培训，掌握本职工作所需的安全生产知识，提高安全生产技能，增强事故预防和应急处理能力。

第五十六条 从业人员发现事故隐患或者其他不安全因素，应当立即向现场安全生产管理人员或者本单位负责人报告；接到报告的人员应当及时予以处理。

第五十七条 工会有权对建设项目的安全设施与主体工程同时设计、同时施工、同时投入生产和使用进行监督，提出意见。

工会对生产经营单位违反安全生产法律、法规，侵犯从业人员合法权益的行为，有权要求纠正；发现生产经营单位违章指挥、强令冒险作业或者发现事故隐患时，有权提出解决的建议，生产经营单位应当及时研究答复；发现危及从业人员生命安全的情况时，有权向生产经营单位建议组织从业人员撤离危险场所，生产经营单位必须立即作出处理。

工会有权依法参加事故调查，向有关部门提出处理意见，并要求追究有关人员的责任。

第五十八条 生产经营单位使用被派遣劳动者的，被派遣劳动者享有本法规定的从业人员的权利，并应当履行本法规定的从业人员的义务。

第四章 安全生产的监督管理

第五十九条 县级以上地方各级人民政府应当

根据本行政区域内的安全生产状况，组织有关部门按照职责分工，对本行政区域内容易发生重大生产安全事故的生产经营单位进行严格检查。

安全生产监督管理部门应当按照分类分级监督管理的要求，制定安全生产年度监督检查计划，并按照年度监督检查计划进行监督检查，发现事故隐患，应当及时处理。

第六十条 负有安全生产监督管理职责的部门依照有关法律、法规的规定，对涉及安全生产的事项需要审查批准（包括批准、核准、许可、注册、认证、颁发证照等，下同）或者验收的，必须严格依照有关法律、法规和国家标准或者行业标准规定的安全生产条件和程序进行审查；不符合有关法律、法规和国家标准或者行业标准规定的安全生产条件的，不得批准或者验收通过。对未依法取得批准或者验收合格的单位擅自从事有关活动的，负责行政审批的部门发现或者接到举报后应当立即予以取缔，并依法予以处理。对已经依法取得批准的单位，负责行政审批的部门发现其不再具备安全生产条件的，应当撤销原批准。

第六十一条 负有安全生产监督管理职责的部门对涉及安全生产的事项进行审查、验收，不得收取费用；不得要求接受审查、验收的单位购买其指定品牌或者指定生产、销售单位的安全设备、器材或者其他产品。

第六十二条 安全生产监督管理部门和其他负有安全生产监督管理职责的部门依法开展安全生产行政执法工作，对生产经营单位执行有关安全生产的法律、法规和国家标准或者行业标准的情况进行监督检查，行使以下职权：

（1）进入生产经营单位进行检查，调阅有关资料，向有关单位和人员了解情况；

（2）对检查中发现的安全生产违法行为，当场予以纠正或者要求限期改正；对依法应当给予行政处罚的行为，依照本法和其他有关法律、行政法规的规定作出行政处罚决定；

（3）对检查中发现的事故隐患，应当责令立即排除；重大事故隐患排除前或者排除过程中无法保证安全的，应当责令从危险区域内撤出作业人员，责令暂时停产停业或者停止使用相关设施、设备；重大事故隐患排除后，经审查同意，方可恢复生产经营和使用；

（4）对有根据认为不符合保障安全生产的国家标准或者行业标准的设施、设备、器材以及违法生产、储存、使用、经营、运输的危险物品予以查封或者扣押，对违法生产、储存、使用、经营危险物品的作业场所予以查封，并依法作出处理决定。

第六十三条 生产经营单位对负有安全生产监督管理职责的部门的监督检查人员（以下统称安全生产监督检查人员）依法履行监督检查职责，应当予以配合，不得拒绝、阻挠。

第六十四条 安全生产监督检查人员应当忠于职守，坚持原则，秉公执法。

安全生产监督检查人员执行监督检查任务时，必须出示有效的监督执法证件；对涉及被检查单位的技术秘密和业务秘密，应当为其保密。

第六十五条 安全生产监督检查人员应当将检查的时间、地点、内容、发现的问题及其处理情况，作出书面记录，并由检查人员和被检查单位的负责人签字；被检查单位的负责人拒绝签字的，检查人员应当将情况记录在案，并向负有安全生产监督管理职责的部门报告。

第六十六条 负有安全生产监督管理职责的部门在监督检查中，应当互相配合，实行联合检查；确需分别进行检查的，应当互通情况，发现存在的安全问题应当由其他有关部门进行处理的，应当及时移送其他有关部门并形成记录备查，接受移送的部门应当及时进行处理。

第六十七条 负有安全生产监督管理职责的部门依法对存在重大事故隐患的生产经营单位作出停产停业、停止施工、停止使用相关设施或者设备的决定，生产经营单位应当依法执行，及时消除事故隐患。生产经营单位拒不执行，有发生生产安全事故的现实危险的，在保证安全的前提下，经本部门主要负责人批准，负有安全生产监督管理职责的部门可以采取通知有关单位停止供电、停止供应民用爆炸物品等措施，强制生产经营单位履行决定。通知应当采用书面形式，有关单位应当予以配合。

负有安全生产监督管理职责的部门依照前款规定采取停止供电措施，除有危及生产安全的紧急情形外，应当提前24小时通知生产经营单位。生产经营单位依法履行行政决定、采取相应措施消除事故隐患的，负有安全生产监督管理职责的部门应当及时解除前款规定的措施。

第六十八条 监察机关依照行政监察法的规定，对负有安全生产监督管理职责的部门及其工作人员履行安全生产监督管理职责实施监察。

第六十九条 承担安全评价、认证、检测、检验的机构应当具备国家规定的资质条件，并对其作出的安全评价、认证、检测、检验的结果负责。

第七十条 负有安全生产监督管理职责的部门应当建立举报制度，公开举报电话、信箱或者电子邮件地址，受理有关安全生产的举报；受理的举报事项经调查核实后，应当形成书面材料；需要落实整改措施的，报经有关负责人签字并督促落实。

第七十一条 任何单位或者个人对事故隐患或者安全生产违法行为，均有权向负有安全生产监督管理职责的部门报告或者举报。

第七十二条 居民委员会、村民委员会发现其所在区域内的生产经营单位存在事故隐患或者安全生产违法行为时，应当向当地人民政府或者有关部门报告。

第七十三条 县级以上各级人民政府及其有关部门对报告重大事故隐患或者举报安全生产违法行为的有功人员，给予奖励。具体奖励办法由国务院安全生产监督管理部门会同国务院财政部门制定。

第七十四条 新闻、出版、广播、电影、电视等单位有进行安全生产公益宣传教育的义务，有对违反安全生产法律、法规的行为进行舆论监督的权利。

第七十五条 负有安全生产监督管理职责的部门应当建立安全生产违法行为信息库，如实记录生产经营单位的安全生产违法行为信息；对违法行为情节严重的生产经营单位，应当向社会公告，并通报行业主管部门、投资主管部门、国土资源主管部门、证券监督管理机构以及有关金融机构。

第五章 生产安全事故的应急救援与调查处理

第七十六条 国家加强生产安全事故应急能力建设，在重点行业、领域建立应急救援基地和应急救援队伍，鼓励生产经营单位和其他社会力量建立应急救援队伍，配备相应的应急救援装备和物资，提高应急救援的专业化水平。

国务院安全生产监督管理部门建立全国统一的生产安全事故应急救援信息系统，国务院有关部门建立健全相关行业、领域的生产安全事故应急救援信息系统。

第七十七条 县级以上地方各级人民政府应当组织有关部门制定本行政区域内生产安全事故应急救援预案，建立应急救援体系。

第七十八条 生产经营单位应当制定本单位生产安全事故应急救援预案，与所在地县级以上地方人民政府组织制定的生产安全事故应急救援预案相衔接，并定期组织演练。

第七十九条 危险物品的生产、经营、储存单位以及矿山、金属冶炼、城市轨道交通运营、建筑施工单位应当建立应急救援组织；生产经营规模较小的，可以不建立应急救援组织，但应当指定兼职的应急救援人员。

危险物品的生产、经营、储存、运输单位以及矿山、金属冶炼、城市轨道交通运营、建筑施工单位应当配备必要的应急救援器材、设备和物资，并进行经常性维护、保养，保证正常运转。

第八十条 生产经营单位发生生产安全事故后，事故现场有关人员应当立即报告本单位负责人。

单位负责人接到事故报告后，应当迅速采取有效措施，组织抢救，防止事故扩大，减少人员伤亡和财产损失，并按照国家有关规定立即如实报告当地负有安全生产监督管理职责的部门，不得隐瞒不报、谎报或者迟报，不得故意破坏事故现场、毁灭有关证据。

第八十一条 负有安全生产监督管理职责的部门接到事故报告后，应当立即按照国家有关规定上报事故情况。负有安全生产监督管理职责的部门和有关地方人民政府对事故情况不得隐瞒不报、谎报或者迟报。

第八十二条 有关地方人民政府和负有安全生产监督管理职责的部门的负责人接到生产安全事故报告后，应当按照生产安全事故应急救援预案的要求立即赶到事故现场，组织事故抢救。

参与事故抢救的部门和单位应当服从统一指

挥，加强协同联动，采取有效的应急救援措施，并根据事故救援的需要采取警戒、疏散等措施，防止事故扩大和次生灾害的发生，减少人员伤亡和财产损失。

事故抢救过程中应当采取必要措施，避免或者减少对环境造成的危害。

任何单位和个人都应当支持、配合事故抢救，并提供一切便利条件。

第八十三条 事故调查处理应当按照科学严谨、依法依规、实事求是、注重实效的原则，及时、准确地查清事故原因，查明事故性质和责任，总结事故教训，提出整改措施，并对事故责任者提出处理意见。事故调查报告应当依法及时向社会公布。事故调查和处理的具体办法由国务院制定。

事故发生单位应当及时全面落实整改措施，负有安全生产监督管理职责的部门应当加强监督检查。

第八十四条 生产经营单位发生生产安全事故，经调查确定为责任事故的，除了应当查明事故单位的责任并依法予以追究外，还应当查明对安全生产的有关事项负有审查批准和监督职责的行政部门的责任，对有失职、渎职行为的，依照本法第八十七条的规定追究法律责任。

第八十五条 任何单位和个人不得阻挠和干涉对事故的依法调查处理。

第八十六条 县级以上地方各级人民政府安全生产监督管理部门应当定期统计分析本行政区域内发生生产安全事故的情况，并定期向社会公布。

第六章 法律责任

第八十七条 负有安全生产监督管理职责的部门的工作人员，有下列行为之一的，给予降级或者撤职的处分；构成犯罪的，依照刑法有关规定追究刑事责任：

(1)对不符合法定安全生产条件的涉及安全生产的事项予以批准或者验收通过的；

(2)发现未依法取得批准、验收的单位擅自从事有关活动或者接到举报后不予取缔或者不依法予以处理的；

(3)对已经依法取得批准的单位不履行监督管理职责，发现其不再具备安全生产条件而不撤销原批准或者发现安全生产违法行为不予查处的；

(4)在监督检查中发现重大事故隐患，不依法及时处理的。

负有安全生产监督管理职责的部门的工作人员有前款规定以外的滥用职权、玩忽职守、徇私舞弊行为的，依法给予处分；构成犯罪的，依照刑法有关规定追究刑事责任。

第八十八条 负有安全生产监督管理职责的部门，要求被审查、验收的单位购买其指定的安全设备、器材或者其他产品的，在对安全生产事项的审查、验收中收取费用的，由其上级机关或者监察机关责令改正，责令退还收取的费用；情节严重的，对直接负责的主管人员和其他直接责任人员依法给予处分。

第八十九条 承担安全评价、认证、检测、检验工作的机构，出具虚假证明的，没收违法所得；违法所得在10万元以上的，并处违法所得2倍以上5倍以下的罚款；没有违法所得或者违法所得不足10万元的，单处或者并处10万元以上20万元以下的罚款；对其直接负责的主管人员和其他直接责任人员处2万元以上5万元以下的罚款；给他人造成损害的，与生产经营单位承担连带赔偿责任；构成犯罪的，依照刑法有关规定追究刑事责任。

对有前款违法行为的机构，吊销其相应资质。

第九十条 生产经营单位的决策机构、主要负责人或者个人经营的投资人不依照本法规定保证安全生产所必需的资金投入，致使生产经营单位不具备安全生产条件的，责令限期改正，提供必需的资金；逾期未改正的，责令生产经营单位停产停业整顿。

有前款违法行为，导致发生生产安全事故的，对生产经营单位的主要负责人给予撤职处分，对个人经营的投资人处2万元以上20万元以下的罚款；构成犯罪的，依照刑法有关规定追究刑事责任。

第九十一条 生产经营单位的主要负责人未履行本法规定的安全生产管理职责的，责令限期改正；逾期未改正的，处2万元以上5万元以下的罚款，责令生产经营单位停产停业整顿。

生产经营单位的主要负责人有前款违法行为，导致发生生产安全事故的，给予撤职处分；构成犯罪的，依照刑法有关规定追究刑事责任。

生产经营单位的主要负责人依照前款规定受刑事处罚或者撤职处分的，自刑罚执行完毕或者受处分之日起，5年内不得担任任何生产经营单位的主要负责人；对重大、特别重大生产安全事故负有责任的，终身不得担任本行业生产经营单位的主要负责人。

第九十二条 生产经营单位的主要负责人未履行本法规定的安全生产管理职责，导致发生生产安全事故的，由安全生产监督管理部门依照下列规定处以罚款：

（1）发生一般事故的，处上一年年收入30.0%的罚款；

（2）发生较大事故的，处上一年年收入40.0%的罚款；

（3）发生重大事故的，处上一年年收入60.0%的罚款；

（4）发生特别重大事故的，处上一年年收入80.0%的罚款。

第九十三条 生产经营单位的安全生产管理人员未履行本法规定的安全生产管理职责的，责令限期改正；导致发生生产安全事故的，暂停或者撤销其与安全生产有关的资格；构成犯罪的，依照刑法有关规定追究刑事责任。

第九十四条 生产经营单位有下列行为之一的，责令限期改正，可以处5万元以下的罚款；逾期未改正的，责令停产停业整顿，并处5万元以上10万元以下的罚款，对其直接负责的主管人员和其他直接责任人员处1万元以上2万元以下的罚款：

（1）未按照规定设置安全生产管理机构或者配备安全生产管理人员的；

（2）危险物品的生产、经营、储存单位以及矿山、金属冶炼、建筑施工、道路运输单位的主要负责人和安全生产管理人员未按照规定经考核合格的；

（3）未按照规定对从业人员、被派遣劳动者、实习学生进行安全生产教育和培训，或者未按照规定如实告知有关的安全生产事项的；

（4）未如实记录安全生产教育和培训情况的；

（5）未将事故隐患排查治理情况如实记录或者未向从业人员通报的；

（6）未按照规定制定生产安全事故应急救援预案或者未定期组织演练的；

（7）特种作业人员未按照规定经专门的安全作业培训并取得相应资格，上岗作业的。

第九十五条 生产经营单位有下列行为之一的，责令停止建设或者停产停业整顿，限期改正；逾期未改正的，处50万元以上100万元以下的罚款，对其直接负责的主管人员和其他直接责任人员处2万元以上5万元以下的罚款；构成犯罪的，依照刑法有关规定追究刑事责任：

（1）未按照规定对矿山、金属冶炼建设项目或者用于生产、储存、装卸危险物品的建设项目进行安全评价的；

（2）矿山、金属冶炼建设项目或者用于生产、储存、装卸危险物品的建设项目没有安全设施设计或者安全设施设计未按照规定报经有关部门审查同意的；

（3）矿山、金属冶炼建设项目或者用于生产、储存、装卸危险物品的建设项目的施工单位未按照批准的安全设施设计施工的；

（4）矿山、金属冶炼建设项目或者用于生产、储存危险物品的建设项目竣工投入生产或者使用前，安全设施未经验收合格的。

第九十六条 生产经营单位有下列行为之一的，责令限期改正，可以处5万元以下的罚款；逾期未改正的，处5万元以上20万元以下的罚款，对其直接负责的主管人员和其他直接责任人员处1万元以上2万元以下的罚款；情节严重的，责令停产停业整顿；构成犯罪的，依照刑法有关规定追究刑事责任：

（1）未在有较大危险因素的生产经营场所和有关设施、设备上设置明显的安全警示标志的；

（2）安全设备的安装、使用、检测、改造和报废不符合国家标准或者行业标准的；

（3）未对安全设备进行经常性维护、保养和定期检测的；

（4）未为从业人员提供符合国家标准或者行业标准的劳动防护用品的；

（5）危险物品的容器、运输工具，以及涉及人身安全、危险性较大的海洋石油开采特种设备和矿山

井下特种设备未经具有专业资质的机构检测、检验合格,取得安全使用证或者安全标志,投入使用的;

(6)使用应当淘汰的危及生产安全的工艺、设备的。

第九十七条 未经依法批准,擅自生产、经营、运输、储存、使用危险物品或者处置废弃危险物品的,依照有关危险物品安全管理的法律、行政法规的规定予以处罚;构成犯罪的,依照刑法有关规定追究刑事责任。

第九十八条 生产经营单位有下列行为之一的,责令限期改正,可以处10万元以下的罚款;逾期未改正的,责令停产停业整顿,并处10万元以上20万元以下的罚款,对其直接负责的主管人员和其他直接责任人员处2万元以上5万元以下的罚款;构成犯罪的,依照刑法有关规定追究刑事责任:

(1)生产、经营、运输、储存、使用危险物品或者处置废弃危险物品,未建立专门安全管理制度、未采取可靠的安全措施的;

(2)对重大危险源未登记建档,或者未进行评估、监控,或者未制定应急预案的;

(3)进行爆破、吊装以及国务院安全生产监督管理部门会同国务院有关部门规定的其他危险作业,未安排专门人员进行现场安全管理的;

(4)未建立事故隐患排查治理制度的。

第九十九条 生产经营单位未采取措施消除事故隐患的,责令立即消除或者限期消除;生产经营单位拒不执行的,责令停产停业整顿,并处10万元以上50万元以下的罚款,对其直接负责的主管人员和其他直接责任人员处2万元以上5万元以下的罚款。

第一百条 生产经营单位将生产经营项目、场所、设备发包或者出租给不具备安全生产条件或者相应资质的单位或者个人的,责令限期改正,没收违法所得;违法所得10万元以上的,并处违法所得2倍以上5倍以下的罚款;没有违法所得或者违法所得不足10万元的,单处或者并处10万元以上20万元以下的罚款;对其直接负责的主管人员和其他直接责任人员处1万元以上2万元以下的罚款;导致发生生产安全事故给他人造成损害的,与承包方、承租方承担连带赔偿责任。

生产经营单位未与承包单位、承租单位签订专门的安全生产管理协议或者未在承包合同、租赁合同中明确各自的安全生产管理职责,或者未对承包单位、承租单位的安全生产统一协调、管理的,责令限期改正,可以处5万元以下的罚款,对其直接负责的主管人员和其他直接责任人员可以处1万元以下的罚款;逾期未改正的,责令停产停业整顿。

第一百零一条 两个以上生产经营单位在同一作业区域内进行可能危及对方安全生产的生产经营活动,未签订安全生产管理协议或者未指定专职安全生产管理人员进行安全检查与协调的,责令限期改正,可以处5万元以下的罚款,对其直接负责的主管人员和其他直接责任人员可以处1万元以下的罚款;逾期未改正的,责令停产停业。

第一百零二条 生产经营单位有下列行为之一的,责令限期改正,可以处5万元以下的罚款,对其直接负责的主管人员和其他直接责任人员可以处1万元以下的罚款;逾期未改正的,责令停产停业整顿;构成犯罪的,依照刑法有关规定追究刑事责任:

(1)生产、经营、储存、使用危险物品的车间、商店、仓库与员工宿舍在同一座建筑内,或者与员工宿舍的距离不符合安全要求的;

(2)生产经营场所和员工宿舍未设有符合紧急疏散需要、标志明显、保持畅通的出口,或者锁闭、封堵生产经营场所或者员工宿舍出口的。

第一百零三条 生产经营单位与从业人员订立协议,免除或者减轻其对从业人员因生产安全事故伤亡依法应承担的责任的,该协议无效;对生产经营单位的主要负责人、个人经营的投资人处2万元以上10万元以下的罚款。

第一百零四条 生产经营单位的从业人员不服从管理,违反安全生产规章制度或者操作规程的,由生产经营单位给予批评教育,依照有关规章制度给予处分;构成犯罪的,依照刑法有关规定追究刑事责任。

第一百零五条 违反本法规定,生产经营单位拒绝、阻碍负有安全生产监督管理职责的部门依法实施监督检查的,责令改正;拒不改正的,处2万元以上20万元以下的罚款;对其直接负责的主管人员和其他直接责任人员处1万元以上2万元以下的罚款；构成犯罪的，依照刑法有关规定追究刑事责任。

第一百零六条 生产经营单位的主要负责人在本单位发生生产安全事故时，不立即组织抢救或者在事故调查处理期间擅离职守或者逃匿的，给予降级、撤职的处分，并由安全生产监督管理部门处上一年年收入60.0%至100%的罚款；对逃匿的处15日以下拘留；构成犯罪的，依照刑法有关规定追究刑事责任。

生产经营单位的主要负责人对生产安全事故隐瞒不报、谎报或者迟报的，依照前款规定处罚。

第一百零七条 有关地方人民政府、负有安全生产监督管理职责的部门，对生产安全事故隐瞒不报、谎报或者迟报的，对直接负责的主管人员和其他直接责任人员依法给予处分；构成犯罪的，依照刑法有关规定追究刑事责任。

第一百零八条 生产经营单位不具备本法和其他有关法律、行政法规和国家标准或者行业标准规定的安全生产条件，经停产停业整顿仍不具备安全生产条件的，予以关闭；有关部门应当依法吊销其有关证照。

第一百零九条 发生生产安全事故，对负有责任的生产经营单位除要求其依法承担相应的赔偿等责任外，由安全生产监督管理部门依照下列规定处以罚款：

（1）发生一般事故的，处20万元以上50万元以下的罚款；

（2）发生较大事故的，处50万元以上100万元以下的罚款；

（3）发生重大事故的，处100万元以上500万元以下的罚款；

（4）发生特别重大事故的，处500万元以上1 000万元以下的罚款；情节特别严重的，处1 000万元以上2 000万元以下的罚款。

第一百一十条 本法规定的行政处罚，由安全生产监督管理部门和其他负有安全生产监督管理职责的部门按照职责分工决定。予以关闭的行政处罚由负有安全生产监督管理职责的部门报请县级以上人民政府按照国务院规定的权限决定；给予拘留的行政处罚由公安机关依照治安管理处罚法的规定决定。

第一百一十一条 生产经营单位发生生产安全事故造成人员伤亡、他人财产损失的，应当依法承担赔偿责任；拒不承担或者其负责人逃匿的，由人民法院依法强制执行。

生产安全事故的责任人未依法承担赔偿责任，经人民法院依法采取执行措施后，仍不能对受害人给予足额赔偿的，应当继续履行赔偿义务；受害人发现责任人有其他财产的，可以随时请求人民法院执行。

第七章　附　则

第一百一十二条 本法下列用语的含义：

危险物品，是指易燃易爆物品、危险化学品、放射性物品等能够危及人身安全和财产安全的物品。

重大危险源，是指长期地或者临时地生产、搬运、使用或者储存危险物品，且危险物品的数量等于或者超过临界量的单元（包括场所和设施）。

第一百一十三条 本法规定的生产安全一般事故、较大事故、重大事故、特别重大事故的划分标准由国务院规定。

国务院安全生产监督管理部门和其他负有安全生产监督管理职责的部门应当根据各自的职责分工，制定相关行业、领域重大事故隐患的判定标准。

第一百一十四条 本法自2014年12月1日起施行。

行政法规

中华人民共和国保守国家秘密法实施条例

（2014年1月17日　中华人民共和国国务院令第646号公布　自2014年3月1日起施行）

第一章　总　则

第一条　根据《中华人民共和国保守国家秘密法》（简称“保密法”）的规定，制定本条例。

第二条　国家保密行政管理部门主管全国的保密工作。县级以上地方各级保密行政管理部门在上级保密行政管理部门指导下，主管本行政区域的保密工作。

第三条　中央国家机关在其职权范围内管理或者指导本系统的保密工作，监督执行保密法律法规，可以根据实际情况制定或者会同有关部门制定主管业务方面的保密规定。

第四条　县级以上人民政府应当加强保密基础设施建设和关键保密科技产品的配备。

省级以上保密行政管理部门应当加强关键保密科技产品的研发工作。

保密行政管理部门履行职责所需的经费，应当列入本级人民政府财政预算。机关、单位开展保密工作所需经费应当列入本机关、本单位的年度财政预算或者年度收支计划。

第五条　机关、单位不得将依法应当公开的事项确定为国家秘密，不得将涉及国家秘密的信息公开。

第六条　机关、单位实行保密工作责任制。机关、单位负责人对本机关、本单位的保密工作负责，工作人员对本岗位的保密工作负责。

机关、单位应当根据保密工作需要设立保密工作机构或者指定人员专门负责保密工作。

机关、单位及其工作人员履行保密工作责任制情况应当纳入年度考评和考核内容。

第七条　各级保密行政管理部门应当组织开展经常性的保密宣传教育。机关、单位应当定期对本机关、本单位工作人员进行保密形势、保密法律法规、保密技术防范等方面的教育培训。

第二章　国家秘密的范围和密级

第八条　国家秘密及其密级的具体范围（简称“保密事项范围”）应当明确规定国家秘密具体事项的名称、密级、保密期限、知悉范围。

保密事项范围应当根据情况变化及时调整。制定、修订保密事项范围应当充分论证，听取有关机关、单位和相关领域专家的意见。

第九条　机关、单位负责人为本机关、本单位的定密责任人，根据工作需要，可以指定其他人员为定密责任人。

专门负责定密的工作人员应当接受定密培训，熟悉定密职责和保密事项范围，掌握定密程序和方法。

第十条　定密责任人在职责范围内承担有关国家秘密确定、变更和解除工作。具体职责是：

（1）审核批准本机关、本单位产生的国家秘密的密级、保密期限和知悉范围；

（2）对本机关、本单位产生的尚在保密期限内的国家秘密进行审核，作出是否变更或者解除的决定；

（3）对是否属于国家秘密和属于何种密级不明确的事项先行拟定密级，并按照规定的程序报保密行政管理部门确定。

第十一条　中央国家机关、省级机关以及设区的市、自治州级机关可以根据保密工作需要或者有关机关、单位的申请，在国家保密行政管理部门规定的定密权限、授权范围内作出定密授权。

定密授权应当以书面形式作出。授权机关应当对被授权机关、单位履行定密授权的情况进行监督。

中央国家机关、省级机关作出的授权,报国家保密行政管理部门备案;设区的市、自治州级机关作出的授权,报省、自治区、直辖市保密行政管理部门备案。

第十二条 机关、单位应当在国家秘密产生的同时,由承办人依据有关保密事项范围拟定密级、保密期限和知悉范围,报定密责任人审核批准,并采取相应保密措施。

第十三条 机关、单位对所产生的国家秘密,应当按照保密事项范围的规定确定具体的保密期限;保密事项范围没有规定具体保密期限的,可以根据工作需要,在保密法规定的保密期限内确定;不能确定保密期限的,应当确定解密条件。

国家秘密的保密期限,自标明的制发日起计算;不能标明制发日的,确定该国家秘密的机关、单位应当书面通知知悉范围内的机关、单位和人员,保密期限自通知之日起计算。

第十四条 机关、单位应当按照保密法的规定,严格限定国家秘密的知悉范围,对知悉机密级以上国家秘密的人员,应当作出书面记录。

第十五条 国家秘密载体以及属于国家秘密的设备、产品的明显部位应当标注国家秘密标志。国家秘密标志应当标注密级和保密期限。国家秘密的密级和保密期限发生变更的,应当及时对原国家秘密标志作出变更。

无法标注国家秘密标志的,确定该国家秘密的机关、单位应当书面通知知悉范围内的机关、单位和人员。

第十六条 机关、单位对所产生的国家秘密,认为符合保密法有关解密或者延长保密期限规定的,应当及时解密或者延长保密期限。

机关、单位对不属于本机关、本单位产生的国家秘密,认为符合保密法有关解密或者延长保密期限规定的,可以向原定密机关、单位或者其上级机关、单位提出建议。

已经依法移交各级国家档案馆的属于国家秘密的档案,由原定密机关、单位按照国家有关规定进行解密审核。

第十七条 机关、单位被撤销或者合并的,该机关、单位所确定国家秘密的变更和解除,由承担其职能的机关、单位负责,也可以由其上级机关、单位或者保密行政管理部门指定的机关、单位负责。

第十八条 机关、单位发现本机关、本单位国家秘密的确定、变更和解除不当的,应当及时纠正;上级机关、单位发现下级机关、单位国家秘密的确定、变更和解除不当的,应当及时通知其纠正,也可以直接纠正。

第十九条 机关、单位对符合保密法的规定,但保密事项范围没有规定的不明确事项,应当先行拟定密级、保密期限和知悉范围,采取相应的保密措施,并自拟定之日起10日内报有关部门确定。拟定为绝密级的事项和中央国家机关拟定的机密级、秘密级的事项,报国家保密行政管理部门确定;其他机关、单位拟定的机密级、秘密级的事项,报省、自治区、直辖市保密行政管理部门确定。

保密行政管理部门接到报告后,应当在10日内作出决定。省、自治区、直辖市保密行政管理部门还应当将所作决定及时报国家保密行政管理部门备案。

第二十条 机关、单位对已定密事项是否属于国家秘密或者属于何种密级有不同意见的,可以向原定密机关、单位提出异议,由原定密机关、单位作出决定。

机关、单位对原定密机关、单位未予处理或者对作出的决定仍有异议的,按照下列规定办理:

(1)确定为绝密级的事项和中央国家机关确定的机密级、秘密级的事项,报国家保密行政管理部门确定。

(2)其他机关、单位确定的机密级、秘密级的事项,报省、自治区、直辖市保密行政管理部门确定;对省、自治区、直辖市保密行政管理部门作出的决定有异议的,可以报国家保密行政管理部门确定。

在原定密机关、单位或者保密行政管理部门作出决定前,对有关事项应当按照主张密级中的最高密级采取相应的保密措施。

第三章 保密制度

第二十一条 国家秘密载体管理应当遵守下列

规定：

（1）制作国家秘密载体，应当由机关、单位或者经保密行政管理部门保密审查合格的单位承担，制作场所应当符合保密要求。

（2）收发国家秘密载体，应当履行清点、编号、登记、签收手续。

（3）传递国家秘密载体，应当通过机要交通、机要通信或者其他符合保密要求的方式进行。

（4）复制国家秘密载体或者摘录、引用、汇编属于国家秘密的内容，应当按照规定报批，不得擅自改变原件的密级、保密期限和知悉范围，复制件应当加盖复制机关、单位戳记，并视同原件进行管理。

（5）保存国家秘密载体的场所、设施、设备，应当符合国家保密要求。

（6）维修国家秘密载体，应当由本机关、本单位专门技术人员负责。确需外单位人员维修的，应当由本机关、本单位的人员现场监督；确需在本机关、本单位以外维修的，应当符合国家保密规定。

（7）携带国家秘密载体外出，应当符合国家保密规定，并采取可靠的保密措施；携带国家秘密载体出境的，应当按照国家保密规定办理批准和携带手续。

第二十二条 销毁国家秘密载体应当符合国家保密规定和标准，确保销毁的国家秘密信息无法还原。

销毁国家秘密载体应当履行清点、登记、审批手续，并送交保密行政管理部门设立的销毁工作机构或者保密行政管理部门指定的单位销毁。机关、单位确因工作需要，自行销毁少量国家秘密载体的，应当使用符合国家保密标准的销毁设备和方法。

第二十三条 涉密信息系统按照涉密程度分为绝密级、机密级、秘密级。机关、单位应当根据涉密信息系统存储、处理信息的最高密级确定系统的密级，按照分级保护要求采取相应的安全保密防护措施。

第二十四条 涉密信息系统应当由国家保密行政管理部门设立或者授权的保密测评机构进行检测评估，并经设区的市、自治州级以上保密行政管理部门审查合格，方可投入使用。

公安、国家安全机关的涉密信息系统投入使用的管理办法，由国家保密行政管理部门会同国务院公安、国家安全部门另行规定。

第二十五条 机关、单位应当加强涉密信息系统的运行使用管理，指定专门机构或者人员负责运行维护、安全保密管理和安全审计，定期开展安全保密检查和风险评估。

涉密信息系统的密级、主要业务应用、使用范围和使用环境等发生变化或者涉密信息系统不再使用的，应当按照国家保密规定及时向保密行政管理部门报告，并采取相应措施。

第二十六条 机关、单位采购涉及国家秘密的工程、货物和服务的，应当根据国家保密规定确定密级，并符合国家保密规定和标准。机关、单位应当对提供工程、货物和服务的单位提出保密管理要求，并与其签订保密协议。

政府采购监督管理部门、保密行政管理部门应当依法加强对涉及国家秘密的工程、货物和服务采购的监督管理。

第二十七条 举办会议或者其他活动涉及国家秘密的，主办单位应当采取下列保密措施：

（1）根据会议、活动的内容确定密级，制定保密方案，限定参加人员范围；

（2）使用符合国家保密规定和标准的场所、设施、设备；

（3）按照国家保密规定管理国家秘密载体；

（4）对参加人员提出具体保密要求。

第二十八条 企业事业单位从事国家秘密载体制作、复制、维修、销毁，涉密信息系统集成或者武器装备科研生产等涉及国家秘密的业务（简称“涉密业务”），应当由保密行政管理部门或者保密行政管理部门会同有关部门进行保密审查。保密审查不合格的，不得从事涉密业务。

第二十九条 从事涉密业务的企业事业单位应当具备下列条件：

（1）在中华人民共和国境内依法成立 3 年以上的法人，无违法犯罪记录；

（2）从事涉密业务的人员具有中华人民共和国国籍；

（3）保密制度完善，有专门的机构或者人员负责保密工作；

（4）用于涉密业务的场所、设施、设备符合国家保密规定和标准；

（5）具有从事涉密业务的专业能力；

（6）法律、行政法规和国家保密行政管理部门规定的其他条件。

第三十条 涉密人员的分类管理、任（聘）用审查、脱密期管理、权益保障等具体办法，由国家保密行政管理部门会同国务院有关主管部门制定。

第四章 监督管理

第三十一条 机关、单位应当向同级保密行政管理部门报送本机关、本单位年度保密工作情况。下级保密行政管理部门应当向上级保密行政管理部门报送本行政区域年度保密工作情况。

第三十二条 保密行政管理部门依法对机关、单位执行保密法律法规的下列情况进行检查：

（1）保密工作责任制落实情况；

（2）保密制度建设情况；

（3）保密宣传教育培训情况；

（4）涉密人员管理情况；

（5）国家秘密确定、变更和解除情况；

（6）国家秘密载体管理情况；

（7）信息系统和信息设备保密管理情况；

（8）互联网使用保密管理情况；

（9）保密技术防护设施设备配备使用情况；

（10）涉密场所及保密要害部门、部位管理情况；

（11）涉密会议、活动管理情况；

（12）信息公开保密审查情况。

第三十三条 保密行政管理部门在保密检查过程中，发现有泄密隐患的，可以查阅有关材料、询问人员、记录情况；对有关设施、设备、文件资料等可以依法先行登记保存，必要时进行保密技术检测。有关机关、单位及其工作人员对保密检查应当予以配合。

保密行政管理部门实施检查后，应当出具检查意见，对需要整改的，应当明确整改内容和期限。

第三十四条 机关、单位发现国家秘密已经泄露或者可能泄露的，应当立即采取补救措施，并在24小时内向同级保密行政管理部门和上级主管部门报告。

地方各级保密行政管理部门接到泄密报告的，应当在24小时内逐级报至国家保密行政管理部门。

第三十五条 保密行政管理部门对公民举报、机关和单位报告、保密检查发现、有关部门移送的涉嫌泄露国家秘密的线索和案件，应当依法及时调查或者组织、督促有关机关、单位调查处理。调查工作结束后，认为有违反保密法律法规的事实，需要追究责任的，保密行政管理部门可以向有关机关、单位提出处理建议。有关机关、单位应当及时将处理结果书面告知同级保密行政管理部门。

第三十六条 保密行政管理部门收缴非法获取、持有的国家秘密载体，应当进行登记并出具清单，查清密级、数量、来源、扩散范围等，并采取相应的保密措施。

保密行政管理部门可以提请公安、工商行政管理等有关部门协助收缴非法获取、持有的国家秘密载体，有关部门应当予以配合。

第三十七条 国家保密行政管理部门或者省、自治区、直辖市保密行政管理部门应当依据保密法律法规和保密事项范围，对办理涉嫌泄露国家秘密案件的机关提出鉴定的事项是否属于国家秘密、属于何种密级作出鉴定。

保密行政管理部门受理鉴定申请后，应当自受理之日起30日内出具鉴定结论；不能按期出具鉴定结论的，经保密行政管理部门负责人批准，可以延长30日。

第三十八条 保密行政管理部门及其工作人员应当按照法定的职权和程序开展保密审查、保密检查和泄露国家秘密案件查处工作，做到科学、公正、严格、高效，不得利用职权谋取利益。

第五章 法律责任

第三十九条 机关、单位发生泄露国家秘密案件不按照规定报告或者未采取补救措施的，对直接负责的主管人员和其他直接责任人员依法给予处分。

第四十条 在保密检查或者泄露国家秘密案件查处中，有关机关、单位及其工作人员拒不配合，弄虚作假，隐匿、销毁证据，或者以其他方式逃避、妨碍保密检查或者泄露国家秘密案件查处的，对直接负责的主管人员和其他直接责任人员依法给予处分。

企业事业单位及其工作人员协助机关、单位逃避、妨碍保密检查或者泄露国家秘密案件查处的，由有关主管部门依法予以处罚。

第四十一条 经保密审查合格的企业事业单位违反保密管理规定的，由保密行政管理部门责令限期整改，逾期不改或者整改后仍不符合要求的，暂停涉密业务；情节严重的，停止涉密业务。

第四十二条 涉密信息系统未按照规定进行检测评估和审查而投入使用的，由保密行政管理部门责令改正，并建议有关机关、单位对直接负责的主管人员和其他直接责任人员依法给予处分。

第四十三条 机关、单位委托未经保密审查的单位从事涉密业务的，由有关机关、单位对直接负责的主管人员和其他直接责任人员依法给予处分。

未经保密审查的单位从事涉密业务的，由保密行政管理部门责令停止违法行为；有违法所得的，由工商行政管理部门没收违法所得。

第四十四条 保密行政管理部门未依法履行职责，或者滥用职权、玩忽职守、徇私舞弊的，对直接负责的主管人员和其他直接责任人员依法给予处分；构成犯罪的，依法追究刑事责任。

第六章 附 则

第四十五条 本条例自2014年3月1日起施行。1990年4月25日国务院批准、1990年5月25日国家保密局发布的《中华人民共和国保守国家秘密法实施办法》同时废止。

中华人民共和国商标法实施条例

（2014年4月29日 中华人民共和国国务院令第651号公布 自2014年5月1日起施行）

第一章 总 则

第一条 根据《中华人民共和国商标法》（简称“商标法”），制定本条例。

第二条 本条例有关商品商标的规定，适用于服务商标。

第三条 商标持有人依照商标法第十三条规定请求驰名商标保护的，应当提交其商标构成驰名商标的证据材料。商标局、商标评审委员会应当依照商标法第十四条的规定，根据审查、处理案件的需要以及当事人提交的证据材料，对其商标驰名情况作出认定。

第四条 商标法第十六条规定的地理标志，可以依照商标法和本条例的规定，作为证明商标或者集体商标申请注册。

以地理标志作为证明商标注册的，其商品符合使用该地理标志条件的自然人、法人或者其他组织可以要求使用该证明商标，控制该证明商标的组织应当允许。以地理标志作为集体商标注册的，其商品符合使用该地理标志条件的自然人、法人或者其他组织，可以要求参加以该地理标志作为集体商标注册的团体、协会或者其他组织，该团体、协会或者其他组织应当依据其章程接纳为会员；不要求参加以该地理标志作为集体商标注册的团体、协会或者其他组织的，也可以正当使用该地理标志，该团体、协会或者其他组织无权禁止。

第五条 当事人委托商标代理机构申请商标注册或者办理其他商标事宜，应当提交代理委托书。代理委托书应当载明代理内容及权限；外国人或者外国企业的代理委托书还应当载明委托人的国籍。

外国人或者外国企业的代理委托书及与其有关的证明文件的公证、认证手续，按照对等原则办理。

申请商标注册或者转让商标，商标注册申请人或者商标转让受让人为外国人或者外国企业的，应当在申请书中指定中国境内接收人负责接收商标局、商标评审委员会后继商标业务的法律文件。商标局、商标评审委员会后继商标业务的法律文件向中国境内接收人送达。

商标法第十八条所称外国人或者外国企业，是指在中国没有经常居所或者营业所的外国人或者外国企业。

第六条 申请商标注册或者办理其他商标事宜,应当使用中文。

依照商标法和本条例规定提交的各种证件、证明文件和证据材料是外文的,应当附送中文译文;未附送的,视为未提交该证件、证明文件或者证据材料。

第七条 商标局、商标评审委员会工作人员有下列情形之一的,应当回避,当事人或者利害关系人可以要求其回避:

(1)是当事人或者当事人、代理人的近亲属的;

(2)与当事人、代理人有其他关系,可能影响公正的;

(3)与申请商标注册或者办理其他商标事宜有利害关系的。

第八条 以商标法第二十二条规定的数据电文方式提交商标注册申请等有关文件,应当按照商标局或者商标评审委员会的规定通过互联网提交。

第九条 除本条例第十八条规定的情形外,当事人向商标局或者商标评审委员会提交文件或者材料的日期,直接递交的,以递交日为准;邮寄的,以寄出的邮戳日为准;邮戳日不清晰或者没有邮戳的,以商标局或者商标评审委员会实际收到日为准,但是当事人能够提出实际邮戳日证据的除外。通过邮政企业以外的快递企业递交的,以快递企业收寄日为准;收寄日不明确的,以商标局或者商标评审委员会实际收到日为准,但是当事人能够提出实际收寄日证据的除外。以数据电文方式提交的,以进入商标局或者商标评审委员会电子系统的日期为准。

当事人向商标局或者商标评审委员会邮寄文件,应当使用给据邮件。

当事人向商标局或者商标评审委员会提交文件,以书面方式提交的,以商标局或者商标评审委员会所存档案记录为准;以数据电文方式提交的,以商标局或者商标评审委员会数据库记录为准,但是当事人确有证据证明商标局或者商标评审委员会档案、数据库记录有错误的除外。

第十条 商标局或者商标评审委员会的各种文件,可以通过邮寄、直接递交、数据电文或者其他方式送达当事人;以数据电文方式送达当事人的,应当经当事人同意。当事人委托商标代理机构的,文件送达商标代理机构视为送达当事人。

商标局或者商标评审委员会向当事人送达各种文件的日期,邮寄的,以当事人收到的邮戳日为准;邮戳日不清晰或者没有邮戳的,自文件发出之日起满15日视为送达当事人,但是当事人能够证明实际收到日的除外;直接递交的,以递交日为准;以数据电文方式送达的,自文件发出之日起满15日视为送达当事人,但是当事人能够证明文件进入其电子系统日期的除外。文件通过上述方式无法送达的,可以通过公告方式送达,自公告发布之日起满30日,该文件视为送达当事人。

第十一条 下列期间不计入商标审查、审理期限:

(1)商标局、商标评审委员会文件公告送达的期间;

(2)当事人需要补充证据或者补正文件的期间以及因当事人更换需要重新答辩的期间;

(3)同日申请提交使用证据及协商、抽签需要的期间;

(4)需要等待优先权确定的期间;

(5)审查、审理过程中,依案件申请人的请求等待在先权利案件审理结果的期间。

第十二条 除本条第二款规定的情形外,商标法和本条例规定的各种期限开始的当日不计算在期限内。期限以年或者月计算的,以期限最后一月的相应日为期限届满日;该月无相应日的,以该月最后一日为期限届满日;期限届满日是节假日的,以节假日后的第一个工作日为期限届满日。

商标法第三十九条、第四十条规定的注册商标有效期从法定日开始起算,期限最后一月相应日的前一日为期限届满日,该月无相应日的,以该月最后一日为期限届满日。

第二章　商标注册的申请

第十三条 申请商标注册,应当按照公布的商品和服务分类表填报。每一件商标注册申请应当向商标局提交《商标注册申请书》1份、商标图样1份;以颜色组合或者着色图样申请商标注册的,应当提交着色图样,并提交黑白稿1份;不指定颜色的,应当提交黑白图样。

商标图样应当清晰，便于粘贴，用光洁耐用的纸张印制或者用照片代替，长和宽应当不大于10厘米，不小于5厘米。

以三维标志申请商标注册的，应当在申请书中予以声明，说明商标的使用方式，并提交能够确定三维形状的图样，提交的商标图样应当至少包含三面视图。

以颜色组合申请商标注册的，应当在申请书中予以声明，说明商标的使用方式。

以声音标志申请商标注册的，应当在申请书中予以声明，提交符合要求的声音样本，对申请注册的声音商标进行描述，说明商标的使用方式。对声音商标进行描述，应当以五线谱或者简谱对申请用作商标的声音加以描述并附加文字说明；无法以五线谱或者简谱描述的，应当以文字加以描述；商标描述与声音样本应当一致。

申请注册集体商标、证明商标的，应当在申请书中予以声明，并提交主体资格证明文件和使用管理规则。

商标为外文或者包含外文的，应当说明含义。

第十四条　申请商标注册的，申请人应当提交其身份证明文件。商标注册申请人的名义与所提交的证明文件应当一致。

前款关于申请人提交其身份证明文件的规定适用于向商标局提出的办理变更、转让、续展、异议、撤销等其他商标事宜。

第十五条　商品或者服务项目名称应当按照商品和服务分类表中的类别号、名称填写；商品或者服务项目名称未列入商品和服务分类表的，应当附送对该商品或者服务的说明。

商标注册申请等有关文件以纸质方式提出的，应当打字或者印刷。

本条第二款规定适用于办理其他商标事宜。

第十六条　共同申请注册同一商标或者办理其他共有商标事宜的，应当在申请书中指定一个代表人；没有指定代表人的，以申请书中顺序排列的第一人为代表人。

商标局和商标评审委员会的文件应当送达代表人。

第十七条　申请人变更其名义、地址、代理人、文件接收人或者删减指定的商品的，应当向商标局办理变更手续。

申请人转让其商标注册申请的，应当向商标局办理转让手续。

第十八条　商标注册的申请日期以商标局收到申请文件的日期为准。

商标注册申请手续齐备、按照规定填写申请文件并缴纳费用的，商标局予以受理并书面通知申请人；申请手续不齐备、未按照规定填写申请文件或者未缴纳费用的，商标局不予受理，书面通知申请人并说明理由。申请手续基本齐备或者申请文件基本符合规定，但是需要补正的，商标局通知申请人予以补正，限其自收到通知之日起30日内，按照指定内容补正并交回商标局。在规定期限内补正并交回商标局的，保留申请日期；期满未补正的或者不按照要求进行补正的，商标局不予受理并书面通知申请人。

本条第二款关于受理条件的规定适用于办理其他商标事宜。

第十九条　两个或者两个以上的申请人，在同一种商品或者类似商品上，分别以相同或者近似的商标在同一天申请注册的，各申请人应当自收到商标局通知之日起30日内提交其申请注册前在先使用该商标的证据。同日使用或者均未使用的，各申请人可以自收到商标局通知之日起30日内自行协商，并将书面协议报送商标局；不愿协商或者协商不成的，商标局通知各申请人以抽签的方式确定1个申请人，驳回其他人的注册申请。商标局已经通知但申请人未参加抽签的，视为放弃申请，商标局应当书面通知未参加抽签的申请人。

第二十条　依照商标法第二十五条规定要求优先权的，申请人提交的第一次提出商标注册申请文件的副本应当经受理该申请的商标主管机关证明，并注明申请日期和申请号。

第三章　商标注册申请的审查

第二十一条　商标局对受理的商标注册申请，依照商标法及本条例的有关规定进行审查，对符合规定或者在部分指定商品上使用商标的注册申请符合规定的，予以初步审定，并予以公告；对不符合规定或者在部分指定商品上使用商标的注册申请不符合规定的,予以驳回或者驳回在部分指定商品上使用商标的注册申请,书面通知申请人并说明理由。

第二十二条 商标局对一件商标注册申请在部分指定商品上予以驳回的,申请人可以将该申请中初步审定的部分申请分割成另一件申请,分割后的申请保留原申请的申请日期。

需要分割的,申请人应当自收到商标局《商标注册申请部分驳回通知书》之日起 15 日内,向商标局提出分割申请。

商标局收到分割申请后,应当将原申请分割为两件,对分割出来的初步审定申请生成新的申请号,并予以公告。

第二十三条 依照商标法第二十九条规定,商标局认为对商标注册申请内容需要说明或者修正的,申请人应当自收到商标局通知之日起 15 日内作出说明或者修正。

第二十四条 对商标局初步审定予以公告的商标提出异议的,异议人应当向商标局提交下列商标异议材料一式两份并标明正、副本:

(1)商标异议申请书;

(2)异议人的身份证明;

(3)以违反商标法第十三条第二款和第三款、第十五条、第十六条第一款、第三十条、第三十一条、第三十二条规定为由提出异议的,异议人作为在先权利人或者利害关系人的证明。

商标异议申请书应当有明确的请求和事实依据,并附送有关证据材料。

第二十五条 商标局收到商标异议申请书后,经审查,符合受理条件的,予以受理,向申请人发出受理通知书。

第二十六条 商标异议申请有下列情形的,商标局不予受理,书面通知申请人并说明理由:

(1)未在法定期限内提出的;

(2)申请人主体资格、异议理由不符合商标法第三十三条规定的;

(3)无明确的异议理由、事实和法律依据的;

(4)同一异议人以相同的理由、事实和法律依据针对同一商标再次提出异议申请的。

第二十七条 商标局应当将商标异议材料副本及时送交被异议人,限其自收到商标异议材料副本之日起 30 日内答辩。被异议人不答辩的,不影响商标局作出决定。

当事人需要在提出异议申请或者答辩后补充有关证据材料的,应当在商标异议申请书或者答辩书中声明,并自提交商标异议申请书或者答辩书之日起 3 个月内提交;期满未提交的,视为当事人放弃补充有关证据材料。但是,在期满后生成或者当事人有其他正当理由未能在期满前提交的证据,在期满后提交的,商标局将证据交对方当事人并质证后可以采信。

第二十八条 商标法第三十五条第三款和第三十六条第一款所称不予注册决定,包括在部分指定商品上不予注册决定。

被异议商标在商标局作出准予注册决定或者不予注册决定前已经刊发注册公告的,撤销该注册公告。经审查异议不成立而准予注册的,在准予注册决定生效后重新公告。

第二十九条 商标注册申请人或者商标注册人依照商标法第三十八条规定提出更正申请的,应当向商标局提交更正申请书。符合更正条件的,商标局核准后更正相关内容;不符合更正条件的,商标局不予核准,书面通知申请人并说明理由。

已经刊发初步审定公告或者注册公告的商标经更正的,刊发更正公告。

第四章 注册商标的变更、转让、续展

第三十条 变更商标注册人名义、地址或者其他注册事项的,应当向商标局提交变更申请书。变更商标注册人名义的,还应当提交有关登记机关出具的变更证明文件。商标局核准的,发给商标注册人相应证明,并予以公告;不予核准的,应当书面通知申请人并说明理由。

变更商标注册人名义或者地址的,商标注册人应当将其全部注册商标一并变更;未一并变更的,由商标局通知其限期改正;期满未改正的,视为放弃变更申请,商标局应当书面通知申请人。

第三十一条 转让注册商标的,转让人和受让人应当向商标局提交转让注册商标申请书。转让注册商标申请手续应当由转让人和受让人共同办理。

商标局核准转让注册商标申请的,发给受让人相应证明,并予以公告。

转让注册商标,商标注册人对其在同一种或者类似商品上注册的相同或者近似的商标未一并转让的,由商标局通知其限期改正;期满未改正的,视为放弃转让该注册商标的申请,商标局应当书面通知申请人。

第三十二条 注册商标专用权因转让以外的继承等其他事由发生移转的,接受该注册商标专用权的当事人应当凭有关证明文件或者法律文书到商标局办理注册商标专用权移转手续。

注册商标专用权移转的,注册商标专用权人在同一种或者类似商品上注册的相同或者近似的商标,应当一并移转;未一并移转的,由商标局通知其限期改正;期满未改正的,视为放弃该移转注册商标的申请,商标局应当书面通知申请人。

商标移转申请经核准的,予以公告。接受该注册商标专用权移转的当事人自公告之日起享有商标专用权。

第三十三条 注册商标需要续展注册的,应当向商标局提交商标续展注册申请书。商标局核准商标注册续展申请的,发给相应证明并予以公告。

第五章 商标国际注册

第三十四条 商标法第二十一条规定的商标国际注册,是指根据《商标国际注册马德里协定》(简称"马德里协定")《商标国际注册马德里协定有关议定书》(简称"马德里议定书")及《商标国际注册马德里协定及该协定有关议定书的共同实施细则》的规定办理的马德里商标国际注册。

马德里商标国际注册申请包括以中国为原属国的商标国际注册申请、指定中国的领土延伸申请及其他有关的申请。

第三十五条 以中国为原属国申请商标国际注册的,应当在中国设有真实有效的营业所,或者在中国有住所,或者拥有中国国籍。

第三十六条 符合本条例第三十五条规定的申请人,其商标已在商标局获得注册的,可以根据马德里协定申请办理该商标的国际注册。

符合本条例第三十五条规定的申请人,其商标已在商标局获得注册,或者已向商标局提出商标注册申请并被受理的,可以根据马德里议定书申请办理该商标的国际注册。

第三十七条 以中国为原属国申请商标国际注册的,应当通过商标局向世界知识产权组织国际局(简称"国际局")申请办理。

以中国为原属国的,与马德里协定有关的商标国际注册的后期指定、放弃、注销,应当通过商标局向国际局申请办理;与马德里协定有关的商标国际注册的转让、删减、变更、续展,可以通过商标局向国际局申请办理,也可以直接向国际局申请办理。

以中国为原属国的,与马德里议定书有关的商标国际注册的后期指定、转让、删减、放弃、注销、变更、续展,可以通过商标局向国际局申请办理,也可以直接向国际局申请办理。

第三十八条 通过商标局向国际局申请商标国际注册及办理其他有关申请的,应当提交符合国际局和商标局要求的申请书和相关材料。

第三十九条 商标国际注册申请指定的商品或者服务不得超出国内基础申请或者基础注册的商品或者服务的范围。

第四十条 商标国际注册申请手续不齐备或者未按照规定填写申请书的,商标局不予受理,申请日不予保留。

申请手续基本齐备或者申请书基本符合规定,但需要补正的,申请人应当自收到补正通知书之日起30日内予以补正,逾期未补正的,商标局不予受理,书面通知申请人。

第四十一条 通过商标局向国际局申请商标国际注册及办理其他有关申请的,应当按照规定缴纳费用。

申请人应当自收到商标局缴费通知单之日起15日内,向商标局缴纳费用。期满未缴纳的,商标局不受理其申请,书面通知申请人。

第四十二条 商标局在马德里协定或者马德里议定书规定的驳回期限(简称"驳回期限")内,依照商标法和本条例的有关规定对指定中国的领土延伸申请进行审查,作出决定,并通知国际局。商标局在驳回期限内未发出驳回或者部分驳回通知的,该领土延伸申请视为核准。

第四十三条 指定中国的领土延伸申请人，要求将三维标志、颜色组合、声音标志作为商标保护或者要求保护集体商标、证明商标的，自该商标在国际局国际注册簿登记之日起3个月内，应当通过依法设立的商标代理机构，向商标局提交本条例第十三条规定的相关材料。未在上述期限内提交相关材料的，商标局驳回该领土延伸申请。

第四十四条 世界知识产权组织对商标国际注册有关事项进行公告，商标局不再另行公告。

第四十五条 对指定中国的领土延伸申请，自世界知识产权组织《国际商标公告》出版的次月一日起3个月内，符合商标法第三十三条规定条件的异议人可以向商标局提出异议申请。

商标局在驳回期限内将异议申请的有关情况以驳回决定的形式通知国际局。

被异议人可以自收到国际局转发的驳回通知书之日起30日内进行答辩，答辩书及相关证据材料应当通过依法设立的商标代理机构向商标局提交。

第四十六条 在中国获得保护的国际注册商标，有效期自国际注册日或者后期指定日起算。在有效期届满前，注册人可以向国际局申请续展，在有效期内未申请续展的，可以给予6个月的宽展期。商标局收到国际局的续展通知后，依法进行审查。国际局通知未续展的，注销该国际注册商标。

第四十七条 指定中国的领土延伸申请办理转让的，受让人应当在缔约方境内有真实有效的营业所，或者在缔约方境内有住所，或者是缔约方国民。

转让人未将其在相同或者类似商品或者服务上的相同或者近似商标一并转让的，商标局通知注册人自发出通知之日起3个月内改正；期满未改正或者转让容易引起混淆或者有其他不良影响的，商标局作出该转让在中国无效的决定，并向国际局作出声明。

第四十八条 指定中国的领土延伸申请办理删减，删减后的商品或者服务不符合中国有关商品或者服务分类要求或者超出原指定商品或者服务范围的，商标局作出该删减在中国无效的决定，并向国际局作出声明。

第四十九条 依照商标法第四十九条第二款规定申请撤销国际注册商标，应当自该商标国际注册申请的驳回期限届满之日起满3年后向商标局提出申请；驳回期限届满时仍处在驳回复审或者异议相关程序的，应当自商标局或者商标评审委员会作出的准予注册决定生效之日起满3年后向商标局提出申请。

依照商标法第四十四条第一款规定申请宣告国际注册商标无效的，应当自该商标国际注册申请的驳回期限届满后向商标评审委员会提出申请；驳回期限届满时仍处在驳回复审或者异议相关程序的，应当自商标局或者商标评审委员会作出的准予注册决定生效后向商标评审委员会提出申请。

依照商标法第四十五条第一款规定申请宣告国际注册商标无效的，应当自该商标国际注册申请的驳回期限届满之日起5年内向商标评审委员会提出申请；驳回期限届满时仍处在驳回复审或者异议相关程序的，应当自商标局或者商标评审委员会作出的准予注册决定生效之日起5年内向商标评审委员会提出申请。对恶意注册的，驰名商标所有人不受5年的时间限制。

第五十条 商标法和本条例下列条款的规定不适用于办理商标国际注册相关事宜：

（1）商标法第二十八条、第三十五条第一款关于审查和审理期限的规定；

（2）本条例第二十二条、第三十条第二款；

（3）商标法第四十二条及本条例第三十一条关于商标转让由转让人和受让人共同申请并办理手续的规定。

第六章　商标评审

第五十一条 商标评审是指商标评审委员会依照商标法第三十四条、第三十五条、第四十四条、第四十五条、第五十四条的规定审理有关商标争议事宜。当事人向商标评审委员会提出商标评审申请，应当有明确的请求、事实、理由和法律依据，并提供相应证据。

商标评审委员会根据事实，依法进行评审。

第五十二条 商标评审委员会审理不服商标局驳回商标注册申请决定的复审案件，应当针对商标局的驳回决定和申请人申请复审的事实、理由、请求及评审时的事实状态进行审理。

商标评审委员会审理不服商标局驳回商标注册申请决定的复审案件，发现申请注册的商标有违反商标法第十条、第十一条、第十二条和第十六条第一款规定情形，商标局并未依据上述条款作出驳回决定的，可以依据上述条款作出驳回申请的复审决定。商标评审委员会作出复审决定前应当听取申请人的意见。

第五十三条 商标评审委员会审理不服商标局不予注册决定的复审案件，应当针对商标局的不予注册决定和申请人申请复审的事实、理由、请求及原异议人提出的意见进行审理。

商标评审委员会审理不服商标局不予注册决定的复审案件，应当通知原异议人参加并提出意见。原异议人的意见对案件审理结果有实质影响的，可以作为评审的依据；原异议人不参加或者不提出意见的，不影响案件的审理。

第五十四条 商标评审委员会审理依照商标法第四十四条、第四十五条规定请求宣告注册商标无效的案件，应当针对当事人申请和答辩的事实、理由及请求进行审理。

第五十五条 商标评审委员会审理不服商标局依照商标法第四十四条第一款规定作出宣告注册商标无效决定的复审案件，应当针对商标局的决定和申请人申请复审的事实、理由及请求进行审理。

第五十六条 商标评审委员会审理不服商标局依照商标法第四十九条规定作出撤销或者维持注册商标决定的复审案件，应当针对商标局作出撤销或者维持注册商标决定和当事人申请复审时所依据的事实、理由及请求进行审理。

第五十七条 申请商标评审，应当向商标评审委员会提交申请书，并按照对方当事人的数量提交相应份数的副本；基于商标局的决定书申请复审的，还应当同时附送商标局的决定书副本。

商标评审委员会收到申请书后，经审查，符合受理条件的，予以受理；不符合受理条件的，不予受理，书面通知申请人并说明理由；需要补正的，通知申请人自收到通知之日起30日内补正。经补正仍不符合规定的，商标评审委员会不予受理，书面通知申请人并说明理由；期满未补正的，视为撤回申请，商标评审委员会应当书面通知申请人。

商标评审委员会受理商标评审申请后，发现不符合受理条件的，予以驳回，书面通知申请人并说明理由。

第五十八条 商标评审委员会受理商标评审申请后应当及时将申请书副本送交对方当事人，限其自收到申请书副本之日起30日内答辩；期满未答辩的，不影响商标评审委员会的评审。

第五十九条 当事人需要在提出评审申请或者答辩后补充有关证据材料的，应当在申请书或者答辩书中声明，并自提交申请书或者答辩书之日起3个月内提交；期满未提交的，视为放弃补充有关证据材料。但是，在期满后生成或者当事人有其他正当理由未能在期满前提交的证据，在期满后提交的，商标评审委员会将证据交对方当事人并质证后可以采信。

第六十条 商标评审委员会根据当事人的请求或者实际需要，可以决定对评审申请进行口头审理。

商标评审委员会决定对评审申请进行口头审理的，应当在口头审理15日前书面通知当事人，告知口头审理的日期、地点和评审人员。当事人应当在通知书指定的期限内作出答复。

申请人不答复也不参加口头审理的，其评审申请视为撤回，商标评审委员会应当书面通知申请人；被申请人不答复也不参加口头审理的，商标评审委员会可以缺席评审。

第六十一条 申请人在商标评审委员会作出决定、裁定前，可以书面向商标评审委员会要求撤回申请并说明理由，商标评审委员会认为可以撤回的，评审程序终止。

第六十二条 申请人撤回商标评审申请的，不得以相同的事实和理由再次提出评审申请。商标评审委员会对商标评审申请已经作出裁定或者决定的，任何人不得以相同的事实和理由再次提出评审申请。但是，经不予注册复审程序予以核准注册后向商标评审委员会提起宣告注册商标无效的除外。

第七章 商标使用的管理

第六十三条 使用注册商标，可以在商品、商品包装、说明书或者其他附着物上标明“注册商标”或者注册标记。

注册标记包括注和R。使用注册标记,应当标注在商标的右上角或者右下角。

第六十四条 《商标注册证》遗失或者破损的,应当向商标局提交补发《商标注册证》申请书。《商标注册证》遗失的,应当在《商标公告》上刊登遗失声明。破损的《商标注册证》,应当在提交补发申请时交回商标局。

商标注册人需要商标局补发商标变更、转让、续展证明,出具商标注册证明,或者商标申请人需要商标局出具优先权证明文件的,应当向商标局提交相应申请书。符合要求的,商标局发给相应证明;不符合要求的,商标局不予办理,通知申请人并告知理由。

伪造或者变造《商标注册证》或者其他商标证明文件的,依照刑法关于伪造、变造国家机关证件罪或者其他罪的规定,依法追究刑事责任。

第六十五条 有商标法第四十九条规定的注册商标成为其核定使用的商品通用名称情形的,任何单位或者个人可以向商标局申请撤销该注册商标,提交申请时应当附送证据材料。商标局受理后应当通知商标注册人,限其自收到通知之日起2个月内答辩;期满未答辩的,不影响商标局作出决定。

第六十六条 有商标法第四十九条规定的注册商标无正当理由连续3年不使用情形的,任何单位或者个人可以向商标局申请撤销该注册商标,提交申请时应当说明有关情况。商标局受理后应当通知商标注册人,限其自收到通知之日起2个月内提交该商标在撤销申请提出前使用的证据材料或者说明不使用的正当理由;期满未提供使用的证据材料或者证据材料无效并没有正当理由的,由商标局撤销其注册商标。

前款所称使用的证据材料,包括商标注册人使用注册商标的证据材料和商标注册人许可他人使用注册商标的证据材料。

以无正当理由连续3年不使用为由申请撤销注册商标的,应当自该注册商标注册公告之日起满3年后提出申请。

第六十七条 下列情形属于商标法第四十九条规定的正当理由:

(1)不可抗力;

(2)政府政策性限制;

(3)破产清算;

(4)其他不可归责于商标注册人的正当事由。

第六十八条 商标局、商标评审委员会撤销注册商标或者宣告注册商标无效,撤销或者宣告无效的理由仅及于部分指定商品的,对在该部分指定商品上使用的商标注册予以撤销或者宣告无效。

第六十九条 许可他人使用其注册商标的,许可人应当在许可合同有效期内向商标局备案并报送备案材料。备案材料应当说明注册商标使用许可人、被许可人、许可期限、许可使用的商品或者服务范围等事项。

第七十条 以注册商标专用权出质的,出质人与质权人应当签订书面质权合同,并共同向商标局提出质权登记申请,由商标局公告。

第七十一条 违反商标法第四十三条第二款规定的,由工商行政管理部门责令限期改正;逾期不改正的,责令停止销售,拒不停止销售的,处10万元以下的罚款。

第七十二条 商标持有人依照商标法第十三条规定请求驰名商标保护的,可以向工商行政管理部门提出请求。经商标局依照商标法第十四条规定认定为驰名商标的,由工商行政管理部门责令停止违反商标法第十三条规定使用商标的行为,收缴、销毁违法使用的商标标识;商标标识与商品难以分离的,一并收缴、销毁。

第七十三条 商标注册人申请注销其注册商标或者注销其商标在部分指定商品上的注册的,应当向商标局提交商标注销申请书,并交回原《商标注册证》。

商标注册人申请注销其注册商标或者注销其商标在部分指定商品上的注册,经商标局核准注销的,该注册商标专用权或者该注册商标专用权在该部分指定商品上的效力自商标局收到其注销申请之日起终止。

第七十四条 注册商标被撤销或者依照本条例第七十三条的规定被注销的,原《商标注册证》作废,并予以公告;撤销该商标在部分指定商品上的注册的,或者商标注册人申请注销其商标在部分指定商品上的注册的,重新核发《商标注册证》,并予以公告。

第八章　注册商标专用权的保护

第七十五条　为侵犯他人商标专用权提供仓储、运输、邮寄、印制、隐匿、经营场所、网络商品交易平台等，属于商标法第五十七条第六项规定的提供便利条件。

第七十六条　在同一种商品或者类似商品上将与他人注册商标相同或者近似的标志作为商品名称或者商品装潢使用，误导公众的，属于商标法第五十七条第二项规定的侵犯注册商标专用权的行为。

第七十七条　对侵犯注册商标专用权的行为，任何人可以向工商行政管理部门投诉或者举报。

第七十八条　计算商标法第六十条规定的违法经营额，可以考虑下列因素：

（1）侵权商品的销售价格；

（2）未销售侵权商品的标价；

（3）已查清侵权商品实际销售的平均价格；

（4）被侵权商品的市场中间价格；

（5）侵权人因侵权所产生的营业收入；

（6）其他能够合理计算侵权商品价值的因素。

第七十九条　下列情形属于商标法第六十条规定的能证明该商品是自己合法取得的情形：

（1）有供货单位合法签章的供货清单和货款收据且经查证属实或者供货单位认可的；

（2）有供销双方签订的进货合同且经查证已真实履行的；

（3）有合法进货发票且发票记载事项与涉案商品对应的；

（4）其他能够证明合法取得涉案商品的情形。

第八十条　销售不知道是侵犯注册商标专用权的商品，能证明该商品是自己合法取得并说明提供者的，由工商行政管理部门责令停止销售，并将案件情况通报侵权商品提供者所在地工商行政管理部门。

第八十一条　涉案注册商标权属正在商标局、商标评审委员会审理或者人民法院诉讼中，案件结果可能影响案件定性的，属于商标法第六十二条第三款规定的商标权属存在争议。

第八十二条　在查处商标侵权案件过程中，工商行政管理部门可以要求权利人对涉案商品是否为权利人生产或者其许可生产的产品进行辨认。

第九章　商标代理

第八十三条　商标法所称商标代理，是指接受委托人的委托，以委托人的名义办理商标注册申请、商标评审或者其他商标事宜。

第八十四条　商标法所称商标代理机构，包括经工商行政管理部门登记从事商标代理业务的服务机构和从事商标代理业务的律师事务所。

商标代理机构从事商标局、商标评审委员会主管的商标事宜代理业务的，应当按照下列规定向商标局备案：

（1）交验工商行政管理部门的登记证明文件或者司法行政部门批准设立律师事务所的证明文件并留存复印件；

（2）报送商标代理机构的名称、住所、负责人、联系方式等基本信息；

（3）报送商标代理从业人员名单及联系方式。

工商行政管理部门应当建立商标代理机构信用档案。商标代理机构违反商标法或者本条例规定的，由商标局或者商标评审委员会予以公开通报，并记入其信用档案。

第八十五条　商标法所称商标代理从业人员，是指在商标代理机构中从事商标代理业务的工作人员。

商标代理从业人员不得以个人名义自行接受委托。

第八十六条　商标代理机构向商标局、商标评审委员会提交的有关申请文件，应当加盖该代理机构公章并由相关商标代理从业人员签字。

第八十七条　商标代理机构申请注册或者受让其代理服务以外的其他商标，商标局不予受理。

第八十八条　下列行为属于商标法第六十八条第一款第二项规定的以其他不正当手段扰乱商标代理市场秩序的行为：

（1）以欺诈、虚假宣传、引人误解或者商业贿赂等方式招徕业务的；

（2）隐瞒事实，提供虚假证据，或者威胁、诱导他人隐瞒事实，提供虚假证据的；

(3)在同一商标案件中接受有利益冲突的双方当事人委托的。

第八十九条 商标代理机构有商标法第六十八条规定行为的,由行为人所在地或者违法行为发生地县级以上工商行政管理部门进行查处并将查处情况通报商标局。

第九十条 商标局、商标评审委员会依照商标法第六十八条规定停止受理商标代理机构办理商标代理业务的,可以作出停止受理该商标代理机构商标代理业务6个月以上直至永久停止受理的决定。停止受理商标代理业务的期间届满,商标局、商标评审委员会应当恢复受理。

商标局、商标评审委员会作出停止受理或者恢复受理商标代理的决定应当在其网站予以公告。

第九十一条 工商行政管理部门应当加强对商标代理行业组织的监督和指导。

第十章 附 则

第九十二条 连续使用至1993年7月1日的服务商标,与他人在相同或者类似的服务上已注册的服务商标相同或者近似的,可以继续使用;但是,1993年7月1日后中断使用3年以上的,不得继续使用。

已连续使用至商标局首次受理新放开商品或者服务项目之日的商标,与他人在新放开商品或者服务项目相同或者类似的商品或者服务上已注册的商标相同或者近似的,可以继续使用;但是,首次受理之日后中断使用3年以上的,不得继续使用。

第九十三条 商标注册用商品和服务分类表,由商标局制定并公布。

申请商标注册或者办理其他商标事宜的文件格式,由商标局、商标评审委员会制定并公布。

商标评审委员会的评审规则由国务院工商行政管理部门制定并公布。

第九十四条 商标局设置《商标注册簿》,记载注册商标及有关注册事项。

第九十五条 《商标注册证》及相关证明是权利人享有注册商标专用权的凭证。《商标注册证》记载的注册事项,应当与《商标注册簿》一致;记载不一致的,除有证据证明《商标注册簿》确有错误外,以《商标注册簿》为准。

第九十六条 商标局发布《商标公告》,刊发商标注册及其他有关事项。

《商标公告》采用纸质或者电子形式发布。

除送达公告外,公告内容自发布之日起视为社会公众已经知道或者应当知道。

第九十七条 申请商标注册或者办理其他商标事宜,应当缴纳费用。缴纳费用的项目和标准,由国务院财政部门、国务院价格主管部门分别制定。

第九十八条 本条例自2014年5月1日起施行。

企业信息公示暂行条例

(2014年8月7日 中华人民共和国国务院令第654号公布 自2014年10月1日起施行)

第一条 为了保障公平竞争,促进企业诚信自律,规范企业信息公示,强化企业信用约束,维护交易安全,提高政府监管效能,扩大社会监督,制定本条例。

第二条 本条例所称企业信息,是指在工商行政管理部门登记的企业从事生产经营活动过程中形成的信息,以及政府部门在履行职责过程中产生的能够反映企业状况的信息。

第三条 企业信息公示应当真实、及时。公示的企业信息涉及国家秘密、国家安全或者社会公共利益的,应当报请主管的保密行政管理部门或者国家安全机关批准。县级以上地方人民政府有关部门公示的企业信息涉及企业商业秘密或者个人隐私的,应当报请上级主管部门批准。

第四条 省、自治区、直辖市人民政府领导本行政区域的企业信息公示工作,按照国家社会信用信息平台建设的总体要求，推动本行政区域企业信用信息公示系统的建设。

第五条 国务院工商行政管理部门推进、监督企业信息公示工作，组织企业信用信息公示系统的建设。国务院其他有关部门依照本条例规定做好企业信息公示相关工作。

县级以上地方人民政府有关部门依照本条例规定做好企业信息公示工作。

第六条 工商行政管理部门应当通过企业信用信息公示系统，公示其在履行职责过程中产生的下列企业信息：

（1）注册登记、备案信息；

（2）动产抵押登记信息；

（3）股权出质登记信息；

（4）行政处罚信息；

（5）其他依法应当公示的信息。

前款规定的企业信息应当自产生之日起20个工作日内予以公示。

第七条 工商行政管理部门以外的其他政府部门（简称“其他政府部门”）应当公示其在履行职责过程中产生的下列企业信息：

（1）行政许可准予、变更、延续信息；

（2）行政处罚信息；

（3）其他依法应当公示的信息。

其他政府部门可以通过企业信用信息公示系统，也可以通过其他系统公示前款规定的企业信息。工商行政管理部门和其他政府部门应当按照国家社会信用信息平台建设的总体要求，实现企业信息的互联共享。

第八条 企业应当于每年1月1日至6月30日，通过企业信用信息公示系统向工商行政管理部门报送上一年度年度报告，并向社会公示。

当年设立登记的企业，自下一年起报送并公示年度报告。

第九条 企业年度报告内容包括：

（1）企业通信地址、邮政编码、联系电话、电子邮箱等信息；

（2）企业开业、歇业、清算等存续状态信息；

（3）企业投资设立企业、购买股权信息；

（4）企业为有限责任公司或者股份有限公司的，其股东或者发起人认缴和实缴的出资额、出资时间、出资方式等信息；

（5）有限责任公司股东股权转让等股权变更信息；

（6）企业网站以及从事网络经营的网店的名称、网址等信息；

（7）企业从业人数、资产总额、负债总额、对外提供保证担保、所有者权益合计、营业总收入、主营业务收入、利润总额、净利润、纳税总额信息。

前款第一项至第六项规定的信息应当向社会公示，第七项规定的信息由企业选择是否向社会公示。

经企业同意，公民、法人或者其他组织可以查询企业选择不公示的信息。

第十条 企业应当自下列信息形成之日起20个工作日内通过企业信用信息公示系统向社会公示：

（1）有限责任公司股东或者股份有限公司发起人认缴和实缴的出资额、出资时间、出资方式等信息；

（2）有限责任公司股东股权转让等股权变更信息；

（3）行政许可取得、变更、延续信息；

（4）知识产权出质登记信息；

（5）受到行政处罚的信息；

（6）其他依法应当公示的信息。

工商行政管理部门发现企业未依照前款规定履行公示义务的，应当责令其限期履行。

第十一条 政府部门和企业分别对其公示信息的真实性、及时性负责。

第十二条 政府部门发现其公示的信息不准确的，应当及时更正。公民、法人或者其他组织有证据证明政府部门公示的信息不准确的，有权要求该政府部门予以更正。

企业发现其公示的信息不准确的，应当及时更正；但是，企业年度报告公示信息的更正应当在每年6月30日之前完成。更正前后的信息应当同时公示。

第十三条 公民、法人或者其他组织发现企业公示的信息虚假的，可以向工商行政管理部门举报，接到举报的工商行政管理部门应当自接到举报材料之日起20个工作日内进行核查，予以处理，并将处理情况书面告知举报人。

公民、法人或者其他组织对依照本条例规定公示的企业信息有疑问的，可以向政府部门申请查询，收到查询申请的政府部门应当自收到申请之日起20个工作日内书面答复申请人。

第十四条 国务院工商行政管理部门和省、自治区、直辖市人民政府工商行政管理部门应当按照公平规范的要求，根据企业注册号等随机摇号，确定抽查的企业，组织对企业公示信息的情况进行检查。

工商行政管理部门抽查企业公示的信息，可以采取书面检查、实地核查、网络监测等方式。工商行政管理部门抽查企业公示的信息，可以委托会计师事务所、税务师事务所、律师事务所等专业机构开展相关工作，并依法利用其他政府部门作出的检查、核查结果或者专业机构作出的专业结论。

抽查结果由工商行政管理部门通过企业信用信息公示系统向社会公布。

第十五条 工商行政管理部门对企业公示的信息依法开展抽查或者根据举报进行核查，企业应当配合，接受询问调查，如实反映情况，提供相关材料。

对不予配合情节严重的企业，工商行政管理部门应当通过企业信用信息公示系统公示。

第十六条 任何公民、法人或者其他组织不得非法修改公示的企业信息，不得非法获取企业信息。

第十七条 有下列情形之一的，由县级以上工商行政管理部门列入经营异常名录，通过企业信用信息公示系统向社会公示，提醒其履行公示义务；情节严重的，由有关主管部门依照有关法律、行政法规规定给予行政处罚；造成他人损失的，依法承担赔偿责任；构成犯罪的，依法追究刑事责任：

（1）企业未按照本条例规定的期限公示年度报告或者未按照工商行政管理部门责令的期限公示有关企业信息的；

（2）企业公示信息隐瞒真实情况、弄虚作假的。

被列入经营异常名录的企业依照本条例规定履行公示义务的，由县级以上工商行政管理部门移出经营异常名录；满3年未依照本条例规定履行公示义务的，由国务院工商行政管理部门或者省、自治区、直辖市人民政府工商行政管理部门列入严重违法企业名单，并通过企业信用信息公示系统向社会公示。被列入严重违法企业名单的企业的法定代表人、负责人，3年内不得担任其他企业的法定代表人、负责人。

企业自被列入严重违法企业名单之日起满5年未再发生第一款规定情形的，由国务院工商行政管理部门或者省、自治区、直辖市人民政府工商行政管理部门移出严重违法企业名单。

第十八条 县级以上地方人民政府及其有关部门应当建立健全信用约束机制，在政府采购、工程招投标、国有土地出让、授予荣誉称号等工作中，将企业信息作为重要考量因素，对被列入经营异常名录或者严重违法企业名单的企业依法予以限制或者禁入。

第十九条 政府部门未依照本条例规定履行职责的，由监察机关、上一级政府部门责令改正；情节严重的，对负有责任的主管人员和其他直接责任人员依法给予处分；构成犯罪的，依法追究刑事责任。

第二十条 非法修改公示的企业信息，或者非法获取企业信息的，依照有关法律、行政法规规定追究法律责任。

第二十一条 公民、法人或者其他组织认为政府部门在企业信息公示工作中的具体行政行为侵犯其合法权益的，可以依法申请行政复议或者提起行政诉讼。

第二十二条 企业依照本条例规定公示信息，不免除其依照其他有关法律、行政法规规定公示信息的义务。

第二十三条 法律、法规授权的具有管理公共事务职能的组织公示企业信息适用本条例关于政府部门公示企业信息的规定。

第二十四条 国务院工商行政管理部门负责制定企业信用信息公示系统的技术规范。

个体工商户、农民专业合作社信息公示的具体办法由国务院工商行政管理部门另行制定。

第二十五条 本条例自2014年10月1日起施行。

法规性文件

国务院批转全国打击侵犯知识产权和制售假冒伪劣商品工作领导小组《关于依法公开制售假冒伪劣商品和侵犯知识产权行政处罚案件信息的意见(试行)》的通知

(2014 年 2 月 4 日　国发〔2014〕6 号)

各省、自治区、直辖市人民政府,国务院各部委、各直属机构:

国务院同意全国打击侵犯知识产权和制售假冒伪劣商品工作领导小组《关于依法公开制售假冒伪劣商品和侵犯知识产权行政处罚案件信息的意见(试行)》,现转发给你们,请认真贯彻执行。

为规范公开制售假冒伪劣商品和侵犯知识产权行政处罚案件(以下简称假冒伪劣和侵权行政处罚案件)信息,保护消费者权益,提高执法公信力,维护公平竞争的市场秩序,促进质量提升和产业升级,制定本意见。

一、总体要求

(1)行政执法机关原则上应当主动、及时公开适用一般程序查办的假冒伪劣和侵权行政处罚案件相关信息,接受人民群众监督。

(2)行政执法机关公开假冒伪劣和侵权行政处罚案件相关信息,应当遵守《中华人民共和国行政处罚法》《中华人民共和国政府信息公开条例》(简称《政府信息公开条例》)等法律法规规定。

二、公开的内容

(3)公开的假冒伪劣和侵权行政处罚案件信息主要是指行政处罚决定书载明的内容和依照法律、法规应当公开的其他信息,一般应当包括:行政处罚决定书文号;被处罚的自然人姓名,被处罚的企业或其他组织的名称、法定代表人姓名;违反法律、法规或规章的主要事实;行政处罚的种类和依据;行政处罚的履行方式和期限;作出处罚决定的行政执法机关名称和日期。

(4)行政处罚决定因行政复议或行政诉讼发生变更或撤销的,应当及时公开相关信息。

(5)行政执法机关应当按照有关规定及时移送涉嫌犯罪的案件;对作出行政处罚决定后移送的案件,要公开行政处罚结果信息。

(6)对公民、法人或其他组织申请公开的假冒伪劣和侵权行政处罚案件相关信息,按照《政府信息公开条例》和相关法律法规的规定办理。

三、公开的权限

(7)县级以上人民政府行政执法机关负责本机关假冒伪劣和侵权行政处罚案件的信息公开工作。

(8)实行垂直管理的行政执法机关自行确定本系统假冒伪劣和侵权行政处罚案件信息公开工作的机构层级。

四、公开的程序和方式

(9)对属于主动公开范围的假冒伪劣和侵权行政处罚案件信息,自行政执法机关作出处罚决定或处罚决定变更之日起 20 个工作日内予以公开。对食品药品、卫生器材、农业生产资料等事关人民群众健康和安全领域的假冒伪劣和侵权行政处罚案件信息，应根据相关法律、法规的规定，及时予以公开。法律、法规对公开的期限另有规定的，从其规定。

（10）行政执法机关应当主要通过政府网站主动公开假冒伪劣和侵权行政处罚案件信息，也可以选择公告栏、新闻发布会以及报刊、广播、电视等便于公众知晓的方式予以公开。

（11）有关部门要将公开的假冒伪劣和侵权行政处罚案件信息作为社会征信系统的重要内容，方便社会公众查询。

五、规范和管理

（12）行政执法机关要建立健全假冒伪劣和侵权行政处罚案件信息公开管理制度，并指定专门机构负责假冒伪劣和侵权行政处罚案件信息公开日常工作。

（13）行政执法机关要建立健全假冒伪劣和侵权行政处罚案件信息公开的内部审核机制。

（14）行政执法机关应当建立健全假冒伪劣和侵权行政处罚案件信息公开协调机制。涉及其他行政机关的，应当在公开前沟通、确认，保证所公开的信息准确一致。

（15）行政执法机关应当建立健全假冒伪劣和侵权行政处罚案件信息公开的档案管理制度。

（16）行政执法机关公开假冒伪劣和侵权行政处罚案件信息，不得涉及商业秘密以及自然人住所、肖像、电话号码、财产状况等个人隐私。但是，经权利人同意公开或者行政执法机关认为不公开可能对公共利益造成重大影响的，可以予以公开，并将决定公开的内容和理由书面通知权利人。

（17）行政执法机关公开假冒伪劣和侵权行政处罚案件信息，不得泄露国家秘密，损害国家政治、经济安全，影响社会稳定。因上述理由决定不予公开相关信息的，应当写明理由并报上级机关批准。

（18）行政执法机关应当制定相关配套措施，加强基层执法队伍培训，提高执法水平，有序推进假冒伪劣和侵权行政处罚案件信息公开工作。

六、监督和保障

（19）各级人民政府要将假冒伪劣和侵权行政处罚案件信息公开工作纳入政府信息公开工作的监督检查内容，建立健全考核制度和责任追究制度，定期进行考核。要加强政策解读和舆论引导，做好相关宣传教育工作。

（20）行政执法机关要严格履行假冒伪劣和侵权行政处罚案件信息公开的责任与义务。上级机关和监察机关要加强监督指导，对不履行信息公开义务、不及时公开或更新信息内容、违规收取费用等行为，责令改正并追究责任。

（21）承担假冒伪劣和侵权行政处罚案件信息公开工作的行政执法机关，要根据本意见要求和相关规定制定具体实施办法并抓好落实。

国务院关于印发注册资本登记制度改革方案的通知

（2014年2月7日　国发〔2014〕7号）

各省、自治区、直辖市人民政府，国务院各部委、各直属机构：

国务院批准《注册资本登记制度改革方案》（简称《方案》），现予印发。

一、改革工商登记制度，推进工商注册制度便利化，是党中央、国务院作出的重大决策。改革注册资本登记制度，是深入贯彻党的十八大和十八届二中、三中全会精神，在新形势下全面深化改革的重大举措，对加快政府职能转变、创新政府监管方式、建立公平开放透明的市场规则、保障创业创新，具有重要意义。

二、改革注册资本登记制度涉及面广、政策性强，各级人民政府要加强组织领导，统筹协调解决改革中的具体问题。各地区、各部门要密切配合，加快制定完善配套措施。工商行政管理机关要优化流程、完善制度，确保改革前后管理工作平稳过渡。要强化企业自我管理、行业协会自律和社会组织监督的作用，提高市场监管水平，切实让这项改革举措“落地生根”，进一步释放改革红利，激发创业活力，催生发展新动力。

三、根据全国人民代表大会常务委员会关于修改公司法的决定和《方案》，相应修改有关行政法规和国务院决定。具体由国务院另行公布。

《方案》实施中的重大问题，工商总局要及时向国务院请示报告。

根据《国务院机构改革和职能转变方案》，为积极稳妥推进注册资本登记制度改革，制定本方案。

一、指导思想、总体目标和基本原则

（一）指导思想

高举中国特色社会主义伟大旗帜，以邓小平理论、“三个代表”重要思想、科学发展观为指导，坚持社会主义市场经济改革方向，按照加快政府职能转变、建设服务型政府的要求，推进公司注册资本及其他登记事项改革，推进配套监管制度改革，健全完善现代企业制度，服务经济社会持续健康发展。

（二）总体目标

通过改革公司注册资本及其他登记事项，进一步放松对市场主体准入的管制，降低准入门槛，优化营商环境，促进市场主体加快发展；通过改革监管制度，进一步转变监管方式，强化信用监管，促进协同监管，提高监管效能；通过加强市场主体信息公示，进一步扩大社会监督，促进社会共治，激发各类市场主体创造活力，增强经济发展内生动力。

（三）基本原则

1. 便捷高效。按照条件适当、程序简便、成本低廉的要求，方便申请人办理市场主体登记注册。鼓励投资创业，创新服务方式，提高登记效率。

2. 规范统一。对各类市场主体实行统一的登记程序、登记要求和基本等同的登记事项，规范登记条件、登记材料，减少对市场主体自治事项的干预。

3. 宽进严管。在放宽注册资本等准入条件的同时，进一步强化市场主体责任，健全完善配套监管制度，加强对市场主体的监督管理，促进社会诚信体系建设，维护宽松准入、公平竞争的市场秩序。

二、放松市场主体准入管制，切实优化营商环境

（一）实行注册资本认缴登记制

公司股东认缴的出资总额或者发起人认购的股本总额（即公司注册资本）应当在工商行政管理机关登记。公司股东（发起人）应当对其认缴出资额、出资方式、出资期限等自主约定，并记载于公司章程。有限责任公司的股东以其认缴的出资额为限对公司承担责任，股份有限公司的股东以其认购的股份为限对公司承担责任。公司应当将股东认缴出资额或者发起人认购股份、出资方式、出资期限、缴纳情况通过市场主体信用信息公示系统向社会公示。公司股东（发起人）对缴纳出资情况的真实性、合法性负责。

放宽注册资本登记条件。除法律、行政法规以及国务院决定对特定行业注册资本最低限额另有规定的外，取消有限责任公司最低注册资本 3 万元、一人有限责任公司最低注册资本 10 万元、股份有限公司最低注册资本 500 万元的限制。不再限制公司设立时全体股东（发起人）的首次出资比例，不再限制公司全体股东（发起人）的货币出资金额占注册资本的比例，不再规定公司股东（发起人）缴足出资的期限。

公司实收资本不再作为工商登记事项。公司登记时，无须提交验资报告。

现行法律、行政法规以及国务院决定明确规定实行注册资本实缴登记制的银行业金融机构、证券公司、期货公司、基金管理公司、保险公司、保险专业代理机构和保险经纪人、直销企业、对外劳务合作企业、融资性担保公司、募集设立的股份有限公司，以及劳务派遣企业、典当行、保险资产管理公司、小额贷款公司实行注册资本认缴登记制问题，另行研究决定。在法律、行政法规以及国务院决定未修改前，

暂按现行规定执行。

已经实行申报(认缴)出资登记的个人独资企业、合伙企业、农民专业合作社仍按现行规定执行。

鼓励、引导、支持国有企业、集体企业等非公司制企业法人实施规范的公司制改革,实行注册资本认缴登记制。

积极研究探索新型市场主体的工商登记。

(二)改革年度检验验照制度

将企业年度检验制度改为企业年度报告公示制度。企业应当按年度在规定的期限内,通过市场主体信用信息公示系统向工商行政管理机关报送年度报告,并向社会公示,任何单位和个人均可查询。企业年度报告的主要内容应包括公司股东(发起人)缴纳出资情况、资产状况等,企业对年度报告的真实性、合法性负责,工商行政管理机关可以对企业年度报告公示内容进行抽查。经检查发现企业年度报告隐瞒真实情况、弄虚作假的,工商行政管理机关依法予以处罚,并将企业法定代表人、负责人等信息通报公安、财政、海关、税务等有关部门。对未按规定期限公示年度报告的企业,工商行政管理机关在市场主体信用信息公示系统上将其载入经营异常名录,提醒其履行年度报告公示义务。企业在三年内履行年度报告公示义务的,可以向工商行政管理机关申请恢复正常记载状态;超过三年未履行的,工商行政管理机关将其永久载入经营异常名录,不得恢复正常记载状态,并列入严重违法企业名单("黑名单")。

改革个体工商户验照制度,建立符合个体工商户特点的年度报告制度。

探索实施农民专业合作社年度报告制度。

(三)简化住所(经营场所)登记手续

申请人提交场所合法使用证明即可予以登记。对市场主体住所(经营场所)的条件,各省、自治区、直辖市人民政府根据法律法规的规定和本地区管理的实际需要,按照既方便市场主体准入,又有效保障经济社会秩序的原则,可以自行或者授权下级人民政府作出具体规定。

(四)推行电子营业执照和全程电子化登记管理

建立适应互联网环境下的工商登记数字证书管理系统,积极推行全国统一标准规范的电子营业执照,为电子政务和电子商务提供身份认证和电子签名服务保障。电子营业执照载有工商登记信息,与纸质营业执照具有同等法律效力。大力推进以电子营业执照为支撑的网上申请、网上受理、网上审核、网上公示、网上发照等全程电子化登记管理方式,提高市场主体登记管理的信息化、便利化、规范化水平。

三、严格市场主体监督管理,依法维护市场秩序

(一)构建市场主体信用信息公示体系

完善市场主体信用信息公示制度。以企业法人国家信息资源库为基础构建市场主体信用信息公示系统,支撑社会信用体系建设。在市场主体信用信息公示系统上,工商行政管理机关公示市场主体登记、备案、监管等信息;企业按照规定报送、公示年度报告和获得资质资格的许可信息;个体工商户、农民专业合作社的年度报告和获得资质资格的许可信息可以按照规定在系统上公示。公示内容作为相关部门实施行政许可、监督管理的重要依据。加强公示系统管理,建立服务保障机制,为相关单位和社会公众提供方便快捷服务。

(二)完善信用约束机制

建立经营异常名录制度,将未按规定期限公示年度报告、通过登记的住所(经营场所)无法取得联系等的市场主体载入经营异常名录,并在市场主体信用信息公示系统上向社会公示。进一步推进"黑名单"管理应用,完善以企业法人法定代表人、负责人任职限制为主要内容的失信惩戒机制。建立联动响应机制,对被载入经营异常名录或"黑名单"、有其他违法记录的市场主体及其相关责任人,各有关部门要采取有针对性的信用约束措施,形成"一处违法,处处受限"的局面。建立健全境外追偿保障机制,将违反认缴义务、有欺诈和违规行为的境外投资者及其实际控制人列入"重点监控名单",并严格审查或限制其未来可能采取的各种方式的对华投资。

(三)强化司法救济和刑事惩治

明确政府对市场主体和市场活动监督管理的行

政职责，区分民事争议与行政争议的界限。尊重市场主体民事权利，工商行政管理机关对工商登记环节中的申请材料实行形式审查。股东与公司、股东与股东之间因工商登记争议引发民事纠纷时，当事人依法向人民法院提起民事诉讼，寻求司法救济。支持配合人民法院履行民事审判职能，依法审理股权纠纷、合同纠纷等经济纠纷案件，保护当事人合法权益。当事人或者利害关系人依照人民法院生效裁判文书或者协助执行通知书要求办理工商登记的，工商行政管理机关应当依法办理。充分发挥刑事司法对犯罪行为的惩治、威慑作用，相关部门要主动配合公安机关、检察机关、人民法院履行职责，依法惩处破坏社会主义市场经济秩序的犯罪行为。

（四）发挥社会组织的监督自律作用

扩大行业协会参与度，发挥行业协会的行业管理、监督、约束和职业道德建设等作用，引导市场主体履行出资义务和社会责任。积极发挥会计师事务所、公证机构等专业服务机构的作用，强化对市场主体及其行为的监督。支持行业协会、仲裁机构等组织通过调解、仲裁、裁决等方式解决市场主体之间的争议。积极培育、鼓励发展社会信用评价机构，支持开展信用评级，提供客观、公正的企业资信信息。

（五）强化企业自我管理

实行注册资本认缴登记制，涉及公司基础制度的调整，公司应健全自我管理办法和机制，完善内部治理结构，发挥独立董事、监事的监督作用，强化主体责任。公司股东（发起人）应正确认识注册资本认缴的责任，理性作出认缴承诺，严格按照章程、协议约定的时间、数额等履行实际出资责任。

（六）加强市场主体经营行为监管

要加强对市场主体准入和退出行为的监管，大力推进反不正当竞争与反垄断执法，加强对各类商品交易市场的规范管理，维护公平竞争的市场秩序。要强化商品质量监管，严厉打击侵犯商标专用权和销售假冒伪劣商品的违法行为，严肃查处虚假违法广告，严厉打击传销，严格规范直销，维护经营者和消费者合法权益。各部门要依法履行职能范围内的监管职责，强化部门间协调配合，形成分工明确、沟通顺畅、齐抓共管的工作格局，提升监管效能。

（七）加强市场主体住所（经营场所）管理

工商行政管理机关根据投诉举报，依法处理市场主体登记住所（经营场所）与实际情况不符的问题。对于应当具备特定条件的住所（经营场所），或者利用非法建筑、擅自改变房屋用途等从事经营活动的，由规划、建设、国土、房屋管理、公安、环保、安全监管等部门依法管理；涉及许可审批事项的，由负责许可审批的行政管理部门依法监管。

四、保障措施

（一）加强组织领导

注册资本登记制度改革，涉及部门多、牵涉面广、政策性强。按照国务院的统一部署，地方各级人民政府要健全政府统一领导，部门各司其职、相互配合，集中各方力量协调推进改革的工作机制。调剂充实一线登记窗口人员力量，保障便捷高效登记。有关部门要加快制定和完善配套监管制度，统筹推进，同步实施，强化后续监管。建立健全部门间信息沟通共享机制、信用信息披露机制和案件协查移送机制，强化协同监管。上级部门要加强指导、监督，及时研究解决改革中遇到的问题，协调联动推进改革。

（二）加快信息化建设

充分利用信息化手段提升市场主体基础信息和信用信息的采集、整合、服务能力。要按照“物理分散、逻辑集中、差异屏蔽”的原则，加快建设统一规范的市场主体信用信息公示系统。各省、自治区、直辖市要将建成本地区集中统一的市场主体信用信息公示系统，作为本地区实施改革的前提条件。工商行政管理机关要优化完善工商登记管理信息化系统，确保改革前后工商登记管理业务的平稳过渡。有关部门要积极推进政务服务创新，建立面向市场主体的部门协同办理政务事项的工作机制和技术环境，提高政务服务综合效能。各级人民政府要加大投入，为构建市场主体信用信息公示系统、推行电子营业执照等信息化建设提供必要的人员、设施、资金保障。

（三）完善法制保障

积极推进统一的商事登记立法，加快完善市场主体准入与监管的法律法规，建立市场主体信用信息公示和管理制度，防范市场风险，保障交易安全。各地区、各部门要根据法律法规修订情况，按照国务院部署开展相关规章和规范性文件的"立、改、废"工作。

（四）注重宣传引导

坚持正确的舆论导向，充分利用各种媒介，做好注册资本登记制度改革政策的宣传解读，及时解答和回应社会关注的热点问题，引导社会正确认识注册资本认缴登记制的意义和股东出资责任、全面了解市场主体信用信息公示制度的作用，广泛参与诚信体系建设，在全社会形成理解改革、关心改革、支持改革的良好氛围，确保改革顺利推进。

附件：暂不实行注册资本认缴登记制的行业（略）

国务院办公厅关于支持外贸稳定增长的若干意见

（2014 年 5 月 4 日　国办发〔2014〕19 号）

各省、自治区、直辖市人民政府，国务院各部委、各直属机构：

目前外贸形势复杂严峻，实现全年预期目标需要付出艰苦努力。为支持外贸稳定增长，经国务院批准，现提出如下意见：

一、着力优化外贸结构

（一）进一步加强进口

继续深化外贸管理体制改革，进一步减少自动进口许可货物种类。加快培育国家进口贸易促进创新示范区，充分发挥进口贸易集聚区对扩大进口的示范和带动作用。积极支持数字化、智能化等先进技术设备、关键零部件进口。扩大国内短缺资源进口，合理增加与群众生活密切相关、必要的一般消费品进口。结合淘汰落后产能，赋予符合条件的原油加工企业原油进口和使用资质，扩大原油进口渠道。加快实施自贸区战略。（商务部、国家发改委、工业和信息化部、财政部、农业部、海关总署、国家税务总局、国家质检总局负责）

（二）保持货物贸易稳定增长

做强一般贸易，提高一般贸易在货物贸易中的比重，稳定传统优势产品出口，支持拥有知识产权、品牌、营销网络、高技术含量、高附加值、高效益的产品出口。提升加工贸易，修订加工贸易禁止类和限制类商品目录，完善加工贸易政策，创新加工贸易模式，加大加工贸易梯度转移力度，形成沿海地区转型升级、内陆地区有序承接的新格局。发展其他贸易，扩大边境贸易。（商务部、海关总署负责）

（三）支持服务贸易发展

充分利用现有专项资金政策，加大对服务贸易发展的支持。逐步扩大服务进口。结合"营改增"改革范围的扩大，对服务出口实行零税率或免税，鼓励服务出口。鼓励政策性金融机构在业务范围内加大对服务贸易扶持力度，支持服务贸易重点项目建设。建立和完善与服务贸易特点相适应的口岸通关管理模式。（商务部、财政部、海关总署、国家税务总局负责）

（四）发挥"走出去"的贸易促进作用

加快推进与周边国家互联互通基础设施建设。推动境外经贸合作区建设。鼓励企业采取绿地投资、企业并购等方式到境外投资，促进部分产业向境外转移。采取综合措施，支持企业开展重大项目国际合作和工程承包，带动中国装备、材料、产品、标准、技术、服务"走出去"。支持企业开展境外品牌、

技术和生产线等并购，提高国际竞争力。（商务部、国家发改委负责）

二、进一步改善外贸环境

（五）提高贸易便利化水平

进一步优化监管方式方法，提高海关查验的针对性和有效性，推动区域性通关一体化试点，推行通关作业无纸化，加快通关速度。加快电子口岸建设，实行国际贸易“单一窗口”受理，全面推进“一次申报、一次查验、一次放行”，实现口岸部门和地方政府信息共享。进一步减少行政审批项目，简化程序，减少出口商品检验的商品种类。整顿和规范进出口环节经营性服务和收费，减轻企业负担。（商务部、海关总署、国家质检总局、财政部、国家发改委负责）

（六）规范进出口经营秩序

充分发挥行业协会的预警、组织、协调作用，加强行业自律，规范企业行为，防止恶性竞争，努力营造国际化、法治化的营商环境。建立外贸企业信用记录数据库，惩戒失信，打击欺诈，促进外贸企业诚信体系建设。（商务部、国家发改委负责）

（七）加强贸易摩擦应对

积极支持企业应对反倾销、反补贴调查。加强贸易摩擦应对工作队伍建设，充分发挥经济贸易、国际法律专家的作用。加强贸易摩擦应对工作总体协调和部门合作，努力减轻贸易摩擦对我企业发展国际贸易的消极影响。完善贸易救济立法，依法开展贸易救济调查。（商务部负责）

三、强化政策保障

（八）进一步完善人民币汇率市场化形成机制

进一步发挥市场在人民币汇率形成中的作用，增强人民币汇率双向浮动弹性，保持人民币汇率在合理均衡水平上的基本稳定。鼓励金融机构开发适应实体经济发展需要的避险产品，帮助企业有效规避汇率风险。（人民银行负责）

（九）推进跨境贸易人民币结算

扩大跨境人民币结算规模，加快推进人民币在跨境贸易和投资中的使用，推动人民币对其他货币直接交易市场发展，更好地为跨境贸易人民币结算服务。（人民银行负责）

（十）改善融资服务

进一步拓宽进出口企业融资渠道，鼓励商业银行开展进出口信贷业务。按照风险可控、商业可持续原则，积极创新金融产品和服务，继续开展出口信用保险保单融资，加大对有订单、有效益外贸企业的金融支持。积极发展融资租赁。完善中资金融机构全球授信管理，加强与重点行业出口企业合作，稳步将供应链融资延伸到境外。（人民银行、国家发改委、财政部、银监会、商务部、外汇局负责）

（十一）加大出口信用保险支持

扩大出口信用保险规模和覆盖面，加大对品牌产品、服务贸易、国际营销网络和小微企业的支持力度。鼓励保险公司扩大短期出口信用保险业务，进一步增加短期出口信用保险经营主体。在风险可控的前提下，对大型成套设备出口融资应保尽保；发挥外汇储备委托贷款平台等作用，采取有效措施降低大型成套设备出口融资成本。（财政部、商务部、外汇局负责）

（十二）完善出口退税政策

加大中央财政对出口退税负担较重地区的补助力度，进一步加快出口退税进度，确保及时足额退税。适时扩大融资租赁货物出口退税试点范围。同时，加大打击骗退税力度。（财政部、商务部、国家发改委、工业和信息化部、海关总署、国家税务总局负责）

四、增强外贸企业竞争力

（十三）支持各类外贸企业发展

加快外贸生产基地建设，推动外贸发展方式的转变。支持外贸综合服务企业发展，为小微企业出口提供专业化服务。支持民营、中小外贸企业发展。引导外贸企业结构调整、兼并重组、提质增效，加快形成有核心竞争力的跨国企业集团。（商务部、工业和信息化部、国家发改委、财政部、海关总署、国家税务总局、国家质检总局、外汇局负责）

（十四）创新和完善多种贸易平台

加快国际展会、电子商务、内外贸结合商品市场等贸易平台建设。扩大“市场采购”方式试点范围。出台跨境电子商务贸易便利化措施。鼓励企业在海外设立批发展示中心、商品市场、专卖店、“海外仓”等各类国际营销网络。（商务部、国家发改委、财政部、海关总署、国家税务总局、国家质检总局、外汇局负责）

五、加强组织领导

（十五）进一步提高认识

外贸发展不仅对稳增长、保就业至关重要，而且有利于促进中国经济与世界经济深度融合。各地区、各部门要全面准确地把握外贸形势，兼顾当前和长远，采取果断有力措施，激发市场主体活力，提振外贸企业信心，促进进出口平稳增长。

（十六）抓好政策措施落实

地方各级人民政府、各部门要高度重视外贸工作，顾全大局，积极作为。坚持深化改革、扩大开放，进一步转变职能、简政放权，强化服务意识，提高对外贸企业特别是小微企业的服务水平。地方各级人民政府要根据形势需要和本地实际，出台有针对性的配套措施，形成政策合力。各相关部门要根据本意见抓紧制定具体工作方案，明确时限要求。商务部要派出工作组，宣讲政策，加强指导，督促检查，确保各项政策措施落实到位。

国务院关于促进市场公平竞争维护市场正常秩序的若干意见

（2014 年 6 月 4 日　国发〔2014〕20 号）

各省、自治区、直辖市人民政府，国务院各部委、各直属机构：

按照《中共中央关于全面深化改革若干重大问题的决定》精神、国务院机构改革和职能转变要求，现就完善市场监管体系，促进市场公平竞争，维护市场正常秩序提出以下意见：

一、总体要求

（一）指导思想

以邓小平理论、“三个代表”重要思想、科学发展观为指导，深入学习领会党的十八大、十八届二中、三中全会精神，贯彻落实党中央和国务院的各项决策部署，围绕使市场在资源配置中起决定性作用和更好发挥政府作用，着力解决市场体系不完善、政府干预过多和监管不到位问题，坚持放管并重，实行宽进严管，激发市场主体活力，平等保护各类市场主体合法权益，维护公平竞争的市场秩序，促进经济社会持续健康发展。

（二）基本原则

简政放权。充分发挥市场在资源配置中的决定性作用，把该放的权力放开放到位，降低准入门槛，促进就业创业。法不禁止的，市场主体即可为；法未授权的，政府部门不能为。

依法监管。更好发挥政府作用，坚持运用法治思维和法治方式履行市场监管职能，加强事中事后监管，推进市场监管制度化、规范化、程序化，建设法治化市场环境。

公正透明。各类市场主体权利平等、机会平等、规则平等，政府监管标准公开、程序公开、结果公开，保障市场主体和社会公众的知情权、参与权、监督权。

权责一致。科学划分各级政府及其部门市场监管职责；法有规定的，政府部门必须为。建立健全监管制度，落实市场主体行为规范责任、部门市场监管责任和属地政府领导责任。

社会共治。充分发挥法律法规的规范作用、行业组织的自律作用、舆论和社会公众的监督作用，实现社会共同治理，推动市场主体自我约束、诚信经营。

（三）总体目标

立足于促进企业自主经营、公平竞争，消费者自由选择、自主消费，商品和要素自由流动、平等交换，建设统一开放、竞争有序、诚信守法、监管有力的现代市场体系，加快形成权责明确、公平公正、透明高效、法治保障的市场监管格局，到2020年建成体制比较成熟、制度更加定型的市场监管体系。

二、放宽市场准入

凡是市场主体基于自愿的投资经营和民商事行为，只要不属于法律法规禁止进入的领域，不损害第三方利益、社会公共利益和国家安全，政府不得限制进入。

（四）改革市场准入制度

制定市场准入负面清单，国务院以清单方式明确列出禁止和限制投资经营的行业、领域、业务等，清单以外的，各类市场主体皆可依法平等进入；地方政府需进行个别调整的，由省级政府报经国务院批准。（国家发改委、商务部牵头负责）改革工商登记制度，推进工商注册制度便利化，大力减少前置审批，由先证后照改为先照后证。（国家工商总局、中央编办牵头负责）简化手续，缩短时限，鼓励探索实行工商营业执照、组织机构代码证和税务登记证“三证合一”登记制度。（县级以上地方各级人民政府负责）完善节能节地节水、环境、技术、安全等市场准入标准。探索对外商投资实行准入前国民待遇加负面清单的管理模式。（国家发改委、商务部牵头负责）

（五）大力减少行政审批事项

投资审批、生产经营活动审批、资质资格许可和认定、评比达标表彰、评估等，要严格按照行政许可法和国务院规定的程序设定；凡违反规定程序设定的应一律取消。（中央编办、法制办、人力资源社会保障部牵头负责）放开竞争性环节价格。（国家发改委牵头负责）省级人民政府设定临时性的行政许可，要严格限定在控制危险、配置有限公共资源和提供特定信誉、身份、证明的事项，并须依照法定程序设定。（省级人民政府负责）对现有行政审批前置环节的技术审查、评估、鉴证、咨询等有偿中介服务事项进行全面清理，能取消的尽快予以取消；确需保留的，要规范时限和收费，并向社会公示。（中央编办、发展改革委、财政部负责）建立健全政务中心和网上办事大厅，集中办理行政审批，实行一个部门一个窗口对外，一级地方政府“一站式”服务，减少环节，提高效率。（县级以上地方各级人民政府负责）

（六）禁止变相审批

严禁违法设定行政许可、增加行政许可条件和程序；严禁以备案、登记、注册、年检、监制、认定、认证、审定、指定、配号、换证等形式或者以非行政许可审批名义变相设定行政许可；严禁借实施行政审批变相收费或者违法设定收费项目；严禁将属于行政审批的事项转为中介服务事项，搞变相审批、有偿服务；严禁以加强事中事后监管为名，变相恢复、上收已取消和下放的行政审批项目。（中央编办、国家发改委、财政部、法制办按职责分工分别负责）

（七）打破地区封锁和行业垄断

对各级政府和部门涉及市场准入、经营行为规范的法规、规章和规定进行全面清理，废除妨碍全国统一市场和公平竞争的规定和做法，纠正违反法律法规实行优惠政策招商的行为，纠正违反法律法规对外地产品或者服务设定歧视性准入条件及收费项目、规定歧视性价格及购买指定的产品、服务等行为。（国家发改委、财政部、商务部牵头负责）对公用事业和重要公共基础设施领域实行特许经营等方

式,引入竞争机制,放开自然垄断行业竞争性业务。(国家发改委牵头负责)

(八)完善市场退出机制

对于违反法律法规禁止性规定的市场主体,对于达不到节能环保、安全生产、食品、药品、工程质量等强制性标准的市场主体,应当依法予以取缔,吊销相关证照。(各相关市场监管部门按职责分工分别负责)严格执行上市公司退市制度,完善企业破产制度,优化破产重整、和解、托管、清算等规则和程序,强化债务人的破产清算义务,推行竞争性选任破产管理人的办法,探索对资产数额不大、经营地域不广或者特定小微企业实行简易破产程序。(证监会、法制办按职责分工分别负责)简化和完善企业注销流程,试行对个体工商户、未开业企业以及无债权债务企业实行简易注销程序。(工商总局负责)严格执行金融、食品药品、安全生产、新闻出版等领域违法人员从业禁止规定。抓紧制订试行儿童老年用品及交通运输、建筑工程等领域违法人员从业禁止规定。(人民银行、银监会、证监会、保监会、食品药品监管总局、安全监管总局、新闻出版广电总局、质检总局、交通运输部、住房城乡建设部等部门按职责分工分别负责)

三、强化市场行为监管

依法规范生产、经营、交易等市场行为,创新监管方式,保障公平竞争,促进诚信守法,维护市场秩序。

(九)强化生产经营者主体责任

国务院有关部门要抓紧推动制修订有关条例,完善消费环节经营者首问和赔偿先付制度,建立企业产品和服务标准自我声明公开和监督制度,建立消费品生产经营企业产品安全事故强制报告制度,修订缺陷产品强制召回制度,建立生态环境损害责任制度,提请国务院审议。(工商总局、质检总局、食品药品监管总局、环境保护部、林业局、法制办按职责分工分别负责)试行扩大食品药品、生态环境、安全生产等领域的责任保险,形成风险分担的社会救济机制和专业组织评估、监控风险的市场监督机制。(保监会牵头负责)

(十)强化依据标准监管

加快推动修订标准化法,推进强制性标准体系改革,强化国家强制性标准管理。(质检总局牵头负责)强制性标准严格限定在保障人身健康和生命财产安全、国家安全、生态环境安全的范围。市场主体须严格执行强制性标准,市场监管部门须依据强制性标准严格监管执法。(各相关市场监管部门按职责分工分别负责)

(十一)严厉惩处垄断行为和不正当竞争行为

依照反垄断法、反不正当竞争法、价格法的有关规定,严肃查处损害竞争、损害消费者权益以及妨碍创新和技术进步的垄断协议、滥用市场支配地位行为;加大经营者集中反垄断审查力度,有效防范通过并购获取垄断地位并损害市场竞争的行为;改革自然垄断行业监管办法,强化垄断环节监管。严厉查处仿冒名牌、虚假宣传、价格欺诈、商业贿赂、违法有奖销售、商业诋毁、销售无合法进口证明商品等不正当竞争行为;依法保护各类知识产权,鼓励技术创新,打击侵犯知识产权和制售假冒伪劣商品的行为。(商务部、国家发改委、工商总局、知识产权局等部门按职责分工分别负责)

(十二)强化风险管理

加强对市场行为的风险监测分析,加快建立对高危行业、重点工程、重要商品及生产资料、重点领域的风险评估指标体系、风险监测预警和跟踪制度、风险管理防控联动机制。(各相关市场监管部门按职责分工分别负责)完善区域产品质量和生产安全风险警示制度。(质检总局、工商总局、安全监管总局按职责分工分别负责)依据风险程度,加强对发生事故几率高、损失重大的环节和领域的监管,防范区域性、行业性和系统性风险。(各相关市场监管部门按职责分工分别负责)

(十三)广泛运用科技手段实施监管

充分利用信息网络技术实现在线即时监督监

测，加强非现场监管执法。充分运用移动执法、电子案卷等手段，提高执法效能。（工商总局、质检总局、安全监管总局、食品药品监管总局、环境保护部、文化部、海关总署等部门按职责分工分别负责）利用物联网建设重要产品等追溯体系，形成“来源可查、去向可追、责任可究”的信息链条。（商务部牵头负责）加快完善认定电子签名法律效力的机制。（工业和信息化部、法制办牵头负责）

四、夯实监管信用基础

运用信息公示、信息共享和信用约束等手段，营造诚实、自律、守信、互信的社会信用环境，促进各类市场主体守合同、重信用。

（十四）加快市场主体信用信息平台建设

完善市场主体信用信息记录，建立信用信息档案和交换共享机制。逐步建立包括金融、工商登记、税收缴纳、社保缴费、交通违章、统计等所有信用信息类别、覆盖全部信用主体的全国统一信用信息网络平台。推进信用标准化建设，建立以公民身份号码和组织机构代码为基础的统一社会信用代码制度，完善信用信息征集、存储、共享与应用等环节的制度，推动地方、行业信用信息系统建设及互联互通，构建市场主体信用信息公示系统，强化对市场主体的信用监管。（国家发改委、人民银行牵头负责）

（十五）建立健全守信激励和失信惩戒机制

将市场主体的信用信息作为实施行政管理的重要参考。根据市场主体信用状况实行分类分级、动态监管，建立健全经营异常名录制度，对违背市场竞争原则和侵犯消费者、劳动者合法权益的市场主体建立“黑名单”制度。（工商总局牵头负责）对守信主体予以支持和激励，对失信主体在经营、投融资、取得政府供应土地、进出口、出入境、注册新公司、工程招投标、政府采购、获得荣誉、安全许可、生产许可、从业任职资格、资质审核等方面依法予以限制或禁止，对严重违法失信主体实行市场禁入制度。（各相关市场监管部门按职责分工分别负责）

（十六）积极促进信用信息的社会运用

在保护涉及公共安全、商业秘密和个人隐私等信息的基础上，依法公开在行政管理中掌握的信用信息。拓宽信用信息查询渠道，为公众查询市场主体基础信用信息和违法违规信息提供便捷高效的服务。依法规范信用服务市场，培育和发展社会信用服务机构，推动建立个人信息和隐私保护的法律制度，加强对信用服务机构和人员的监督管理。（国家发改委、人民银行牵头负责）

五、改进市场监管执法

创新执法方式，强化执法监督和行政问责，确保依法执法、公正执法、文明执法。

（十七）严格依法履行职责

行政机关均须在宪法和法律范围内活动，依照法定权限和程序行使权力、履行职责。没有法律、法规、规章依据，市场监管部门不得作出影响市场主体权益或增加其义务的决定；市场监管部门参与民事活动，要依法行使权利、履行义务、承担责任。（各相关市场监管部门按职责分工分别负责）

（十八）规范市场执法行为

建立科学监管的规则和方法，完善以随机抽查为重点的日常监督检查制度，优化细化执法工作流程，确保程序正义，切实解决不执法、乱执法、执法扰民等问题。（工商总局、质检总局、安全监管总局、食品药品监管总局、环境保护部等部门按职责分工分别负责）完善行政执法程序和制度建设，健全市场监管部门内部案件调查与行政处罚决定相对分离制度，规范执法行为，落实行政执法责任制。建立行政执法自由裁量基准制度，细化、量化行政裁量权，公开裁量范围、种类和幅度，严格限定和合理规范裁量权的行使。行政执法过程中，要尊重公民合法权益，不得粗暴对待当事人，不得侵害其人格尊严，积极推行行政指导、行政合同、行政奖励及行政和解等非强制手段，维护当事人的合法权益。（各相关市场监管部门按职责分工分别负责）推进监管执法职能与技

术检验检测职能相对分离，技术检验检测机构不再承担执法职能。（中央编办、质检总局牵头负责）

（十九）公开市场监管执法信息

推行地方各级政府及其市场监管部门权力清单制度，依法公开权力运行流程。公示行政审批事项目录，公开审批依据、程序、申报条件等。（中央编办牵头负责）依法公开监测、抽检和监管执法的依据、内容、标准、程序和结果。除法律法规另有规定外，市场监管部门适用一般程序作出行政处罚决定或者处罚决定变更之日起20个工作日内，公开执法案件主体信息、案由、处罚依据及处罚结果，提高执法透明度和公信力。建立健全信息公开内部审核机制、档案管理等制度。（各相关市场监管部门按职责分工分别负责）

（二十）强化执法考核和行政问责

加强执法评议考核，督促和约束各级政府及其市场监管部门切实履行职责。（县级以上地方各级人民政府负责）综合运用监察、审计、行政复议等方式，加强对行政机关不作为、乱作为、以罚代管等违法违规行为的监督。对市场监管部门及其工作人员未按强制性标准严格监管执法造成损失的，要依法追究责任；对市场监管部门没有及时发现、制止而引发系统性风险的，对地方政府长期不能制止而引发区域性风险的，要依法追究有关行政监管部门直至政府行政首长的责任。因过错导致监管不到位造成食品药品安全、生态环境安全、生产安全等领域事故的，要倒查追责，做到有案必查，有错必究，有责必追。不顾生态环境盲目决策，造成严重后果的领导干部，要终身追究责任。（监察部、审计署、法制办按职责分工分别负责）

六、改革监管执法体制

整合优化执法资源，减少执法层级，健全协作机制，提高监管效能。

（二十一）解决多头执法

整合规范市场监管执法主体，推进城市管理、文化等领域跨部门、跨行业综合执法，相对集中执法权。市场监管部门直接承担执法职责，原则上不另设具有独立法人资格的执法队伍。一个部门设有多支执法队伍的，业务相近的应当整合为一支队伍；不同部门下设的职责任务相近或相似的执法队伍，逐步整合为一支队伍。清理取消没有法律法规依据、违反机构编制管理规定的执法队伍。（中央编办牵头负责）

（二十二）消除多层重复执法

对反垄断、商品进出口、外资国家安全审查等关系全国统一市场规则和管理的事项，实行中央政府统一监管。对食品安全、商贸服务等实行分级管理的事项，要厘清不同层级政府及其部门的监管职责，原则上实行属地管理，由市县政府负责监管。要加强食品药品、安全生产、环境保护、劳动保障、海域海岛等重点领域基层执法力量。由基层监管的事项，中央政府和省、自治区政府市场监管部门，主要行使市场执法监督指导、协调跨区域执法和重大案件查处职责，原则上不设具有独立法人资格的执法队伍。设区的市，市级部门承担执法职责并设立执法队伍的，区本级不设执法队伍；区级部门承担执法职责并设立执法队伍的，市本级不设执法队伍。加快县级政府市场监管体制改革，探索综合设置市场监管机构，原则上不另设执法队伍。乡镇政府（街道）在没有市场执法权的领域，发现市场违法违规行为应及时向上级报告。经济发达、城镇化水平较高的乡镇，根据需要和条件可通过法定程序行使部分市场执法权。（中央编办牵头负责）

（二十三）规范和完善监管执法协作配合机制

完善市场监管部门间各司其职、各负其责、相互配合、齐抓共管的工作机制。制定部门间监管执法信息共享标准，打破“信息孤岛”，实现信息资源开放共享、互联互通。（商务部牵头负责）建立健全跨部门、跨区域执法协作联动机制。（各相关市场监管部门按职责分工分别负责）对未经依法许可的生产经营行为，工商行政管理部门和负责市场准入许可的部门要及时依法查处，直至吊销营业执照。（工商总局、负责市场准入许可的部门按职责分工分别负责）

（二十四）做好市场监管执法与司法的衔接

完善案件移送标准和程序，细化并严格执行执法协作相关规定。（各相关市场监管部门按职责分工分别负责）建立市场监管部门、公安机关、检察机关间案情通报机制。市场监管部门发现违法行为涉嫌犯罪的，应当依法移送公安机关并抄送同级检察机关，不得以罚代刑。公安机关作出立案决定的，应当书面通知移送案件的市场监管部门，不立案或者撤销案件决定的，应当书面说明理由，同时通报同级检察机关。公安机关发现违法行为，认为不需要追究刑事责任但依法应当作出行政处理的，要及时将案件移送市场监管部门。（公安部牵头负责）市场监管部门须履行人民法院的生效裁定和判决。对当事人不履行行政决定的，市场监管部门依法强制执行或者向人民法院申请强制执行。（各相关市场监管部门按职责分工分别负责）

七、健全社会监督机制

充分发挥社会力量在市场监管中的作用，调动一切积极因素，促进市场自我管理、自我规范、自我净化。

（二十五）发挥行业协会商会的自律作用

推动行业协会商会建立健全行业经营自律规范、自律公约和职业道德准则，规范会员行为。鼓励行业协会商会制定发布产品和服务标准，参与制定国家标准、行业规划和政策法规。支持有关组织依法提起公益诉讼，进行专业调解。加强行业协会商会自身建设，增强参与市场监管的能力。（民政部牵头负责）限期实现行政机关与行业协会商会在人员、财务资产、职能、办公场所等方面真正脱钩。探索一业多会，引入竞争机制。（国家发改委、民政部牵头负责）加快转移适合由行业协会商会承担的职能，同时加强管理，引导其依法开展活动。（民政部、中央编办牵头负责）

（二十六）发挥市场专业化服务组织的监督作用

支持会计师事务所、税务师事务所、律师事务所、资产评估机构等依法对企业财务、纳税情况、资本验资、交易行为等真实性合法性进行鉴证，依法对上市公司信息披露进行核查把关。（财政部牵头负责）推进检验检测认证机构与政府脱钩、转制为企业或社会组织的改革，推进检验检测认证机构整合，有序放开检验检测认证市场，促进第三方检验检测认证机构发展。（中央编办、质检总局牵头负责）推进公证管理体制改革。（司法部负责）加快发展市场中介组织，推进从事行政审批前置中介服务的市场中介组织在人、财、物等方面与行政机关或者挂靠事业单位脱钩改制。建立健全市场专业化服务机构监管制度。（国家发改委、财政部牵头负责）

（二十七）发挥公众和舆论的监督作用

健全公众参与监督的激励机制，完善有奖举报制度，依法为举报人保密。（各相关市场监管部门按职责分工分别负责）发挥消费者组织调处消费纠纷的作用，提升维权成效。（工商总局牵头负责）落实领导干部接待群众来访制度，健全信访举报工作机制，畅通信访渠道。（信访局牵头负责）整合优化各职能部门的投诉举报平台功能，逐步建设统一便民高效的消费投诉、经济违法行为举报和行政效能投诉平台，实现统一接听、按责转办、限时办结，统一督办，统一考核。（县级以上地方各级人民政府负责）强化舆论监督，曝光典型案件，震慑违法犯罪行为，提高公众认知和防范能力。新闻媒体要严守职业道德，把握正确导向，重视社会效果。严惩以有偿新闻恶意中伤生产经营者、欺骗消费者的行为。（新闻出版广电总局牵头负责）对群众举报投诉、新闻媒体反映的问题，市场监管部门要认真调查核实，及时依法作出处理，并向社会公布处理结果。（各相关市场监管部门按职责分工分别负责）

八、完善监管执法保障

加强制度建设，强化执法能力保障，确保市场监管有法可依、执法必严、清正廉洁、公正为民。

（二十八）及时完善相关法律规范

根据市场监管实际需要和市场变化情况，及时修订完善相关法律法规。梳理取消和下放行政审批项目、加强后续监管措施涉及的法律法规、规章和规范性文件,提出法律修改、废止建议,修改或者废止有关法规、规章和规范性文件。研究技术标准、信用信息和信用报告、备案报告等政府管理方式的适用规则。完善市场监管规范性文件合法性审查机制,健全法规、规章和规范性文件备案审查制度。健全行政复议案件审理机制,推动扩大行政诉讼受案范围。(法制办、各相关市场监管部门按职责分工分别负责)

(二十九)健全法律责任制度

调整食品药品、生态环境、安全生产、劳动保障等领域现行法律制度中罚款等法律责任的规定,探索按日计罚等法律责任形式。扩大市场监管法律制度中惩罚性赔偿的适用范围,依法大幅度提高赔偿倍数。强化专业化服务组织的连带责任。健全行政补偿和赔偿制度,当发生市场监管部门及其工作人员行使职权损害相对人合法权益时,须履行补偿或赔偿责任。(各相关市场监管部门、法制办按职责分工分别负责)

(三十)加强执法队伍建设

在财政供养人员总量不增加的前提下,盘活存量、优化结构,完善待遇、选拔任用等激励保障制度,推动执法力量向基层和一线倾斜。加强执法人员专业培训和业务考核,配备必要的执法装备,提高执法人员综合素质和能力水平。(财政部、人力资源社会保障部、中央编办按职责分工分别负责)全面落实财政保障执法经费制度,市场监管工作经费和能力建设经费全部纳入各级财政预算予以保障,确保监管执法人员工资足额发放。严格执行“收支两条线”制度,严禁下达罚款任务,严禁收费罚没收入按比例返还等与部门利益挂钩或者变相挂钩。(财政部牵头负责)

九、加强组织领导

促进市场公平竞争,完善市场监管体系是一项系统工程,各地区各部门要高度重视、统一思想、狠抓落实,力求取得实效。

(三十一)加强领导,明确分工

各地区各部门要深刻认识完善市场监管体系工作的重大意义,认真落实本意见提出的各项措施和要求。各级人民政府要建立健全市场监管体系建设的领导和协调机制,加强统筹协调、督促落实,明确部门分工任务。各地区各部门要按照职责分工,结合本地区本部门实际,研究出台具体方案和实施办法,细化实化监管措施,落实和强化监管责任。加强新闻宣传和舆论引导,确保市场运行平稳有序。

(三十二)联系实际,突出重点

要把人民群众反映强烈、关系人民群众身体健康和生命财产安全、对经济社会发展可能造成大的危害的问题放在突出位置,着力加强对重点区域、重点领域、重点环节和重点产品的监管,切实解决食品药品、生态环境、安全生产、金融服务、网络信息、电子商务、房地产等领域扰乱市场秩序、侵害消费者合法权益的问题。

(三十三)加强督查,务求实效

各地区各部门要加强对本意见落实工作的监督检查,推动市场监管体系建设,促进市场公平竞争,维护市场正常秩序。国务院办公厅负责对本意见落实工作的统筹协调、跟踪了解、督促检查,确保各项任务和措施落实到位。

国务院办公厅关于进一步加强涉企收费管理减轻企业负担的通知

（2014 年 6 月 16 日　国办发〔2014〕30 号）

各省、自治区、直辖市人民政府，国务院各部委、各直属机构：

为贯彻落实党的十八届三中全会精神和国务院的部署要求，进一步推进简政放权，建立权力清单制度，充分发挥市场配置资源的决定性作用，激发企业特别是小微企业的活力，经国务院批准，现就进一步加强涉企收费管理、减轻企业负担有关事项通知如下：

（一）建立和实施涉企收费目录清单制度

进一步提高涉企收费政策的透明度，对按照法律、行政法规和国家有关政策规定设立的涉企行政事业性收费、政府性基金和实施政府定价或指导价的经营服务性收费，实行目录清单管理，不断完善公示制度。所有涉企收费目录清单及其具体实施情况纳入各地区、各部门政务公开范畴，通过政府网站和公共媒体实时对外公开，接受社会监督。各地区、各部门必须严格执行目录清单，目录清单之外的涉企收费，一律不得执行。

（二）从严审批涉企行政事业性收费和政府性基金项目

自本通知印发之日起，新设立涉企行政事业性收费和政府性基金项目，必须依据有关法律、行政法规的规定。对没有法律、行政法规依据但按照国际惯例或对等原则确需设立的，由财政部会同有关部门审核后报国务院批准。各级财政、价格等部门要不断完善对涉企收费的管理，加强收费管理与产业政策的协调配合，完善收费票据和许可证管理制度，建立多层次监督体系，进一步强化事中和事后监管。

（三）切实规范行政审批前置服务项目及收费

全面清理行政审批前置服务项目及收费，对没有法律法规依据的行政审批前置服务项目一律取消。各地区、各部门在公开行政审批事项清单的同时，要将涉及收费的行政审批前置服务项目公开，并引入竞争机制，通过市场调节价格。对个别确需实行政府定价、政府指导价的行政审批前置服务实行政府定价目录管理。对列入政府定价目录的行政审批前置服务要严格核定服务成本，制定服务价格。规范行业协会、中介组织涉企收费行为。

（四）坚决查处各种侵害企业合法权益的违规行为

各有关部门要加强协同配合，坚决制止各类针对企业的乱收费、乱罚款和摊派等行为，对违规设立的行政事业性收费、政府性基金和行政审批前置经营服务收费项目，一律取消。严禁擅自提高收费标准、扩大收费范围，严禁以各种方式强制企业赞助捐赠、订购报刊、参加培训、加入社团、指定服务，严禁行业协会、中介组织利用行政资源强制收取费用等行为。一经发现坚决予以曝光，并按照《中华人民共和国价格法》《禁止向企业摊派暂行条例》《财政违法行为处罚处分条例》《价格违法行为行政处罚规定》等法律法规以及党中央国务院关于治理乱收费的有关规定严肃处理，追究有关人员的法律责任。建立企业负担调查信息平台，完善举报和反馈机制，强化社会舆论监督，加大查处力度。

（五）全面深化涉企收费制度改革

按照“正税清费”原则，进一步清理取消、整合规范现行涉企行政事业性收费和政府性基金项目,逐步减少项目数量。取消政府提供普遍公共服务或体现一般性管理职能的行政事业性收费项目;结合部门职能调整,合并在不同部门分别设立的相关行政事业性收费项目。取消政策效应不明显、不适应公共财政制度要求的政府性基金项目,依法将具有税收性质的收费基金项目并入相应的税种。建立支持小微企业的长效机制,全面落实已出台的各项收费减免措施,将暂免小微企业管理类、登记类和证照类行政事业性收费改为长期措施。加强涉企收费政策的宣传评估,推动建立和实施第三方评估机制,切实增强收费政策的针对性、时效性。研究完善保护企业权益的相关法律法规。

各地区、各有关部门要充分认识进一步加强涉企收费管理、减轻企业负担的重要意义,充分发挥各级减轻企业负担工作机制的作用,加强组织领导,抓好工作落实。国务院减轻企业负担部际联席会议负责全国范围内的工作指导、组织协调和监督检查,联席会议各成员单位要按照职责分工抓好有关政策的落实。各地区、各有关部门加强涉企收费管理、减轻企业负担工作的落实情况,要及时报送国务院减轻企业负担部际联席会议办公室(设在工业和信息化部)。

国务院办公厅关于加快新能源汽车推广应用的指导意见

(2014 年 7 月 14 日　国办发〔2014〕35 号)

各省、自治区、直辖市人民政府,国务院各部委、各直属机构:

为全面贯彻落实《国务院关于印发节能与新能源汽车产业发展规划(2012—2020 年)的通知》(国发〔2012〕22 号),加快新能源汽车的推广应用,有效缓解能源和环境压力,促进汽车产业转型升级,经国务院批准,现提出以下指导意见:

一、总体要求

(一)指导思想

贯彻落实发展新能源汽车的国家战略,以纯电驱动为新能源汽车发展的主要战略取向,重点发展纯电动汽车、插电式(含增程式)混合动力汽车和燃料电池汽车,以市场主导和政府扶持相结合,建立长期稳定的新能源汽车发展政策体系,创造良好发展环境,加快培育市场,促进新能源汽车产业健康快速发展。

(二)基本原则

创新驱动,产学研用结合。新能源汽车生产企业和充电设施生产建设运营企业要着力突破关键核心技术,加强商业模式创新和品牌建设,不断提高产品质量,降低生产成本,保障产品安全和性能,为消费者提供优质服务。

政府引导,市场竞争拉动。地方政府要相应制定新能源汽车推广应用规划,促进形成统一、竞争、有序的市场环境。建立和规范市场准入标准,鼓励社会资本参与新能源汽车生产和充电运营服务。

双管齐下,公共服务带动。把公共服务领域用车作为新能源汽车推广应用的突破口,扩大公共机构采购新能源汽车的规模,通过示范使用增强社会信心,降低购买使用成本,引导个人消费,形成良性循环。

因地制宜,明确责任主体。地方政府承担新能源汽车推广应用主体责任,要结合地方经济社会发展实际,制定具体实施方案和工作计划,明确工作要求和时间进度,确保完成各项目标任务。

二、加快充电设施建设

(三)制定充电设施发展规划和技术标准

完善充电设施标准体系建设,制定实施新能源汽车充电设施发展规划,鼓励社会资本进入充电设施建设领域，积极利用城市中现有的场地和设施，推进充电设施项目建设，完善充电设施布局。电网企业要做好相关电力基础网络建设和充电设施报装增容服务等工作。

（四）完善城市规划和相应标准

将充电设施建设和配套电网建设与改造纳入城市规划，完善相关工程建设标准，明确建筑物配建停车场、城市公共停车场预留充电设施建设条件的要求和比例。加快形成以使用者居住地、驻地停车位（基本车位）配建充电设施为主体，以城市公共停车位、路内临时停车位配建充电设施为辅助，以城市充电站、换电站为补充的，数量适度超前、布局合理的充电设施服务体系。研究在高速公路服务区配建充电设施，积极构建高速公路城际快充网络。

（五）完善充电设施用地政策

鼓励在现有停车场（位）等现有建设用地上设立他项权利建设充电设施。通过设立他项权利建设充电设施的，可保持现有建设用地已设立的土地使用权及用途不变。在符合规划的前提下，利用现有建设用地新建充电站的，可采用协议方式办理相关用地手续。政府供应独立新建的充电站用地，其用途按城市规划确定的用途管理，应采取招标拍卖挂牌方式出让或租赁方式供应土地，可将建设要求列入供地条件，底价确定可考虑政府支持的要求。供应其他建设用地需配建充电设施的，可将配建要求纳入土地供应条件，依法妥善处理充电设施使用土地的产权关系。严格充电站的规划布局和建设标准管理。严格充电站用地改变用途管理，确需改变用途的，应依法办理规划和用地手续。

（六）完善用电价格政策

充电设施经营企业可向电动汽车用户收取电费和充电服务费。2020 年前，对电动汽车充电服务费实行政府指导价管理。对向电网经营企业直接报装接电的经营性集中式充电设施用电，执行大工业用电价格；对居民家庭住宅、居民住宅小区等非经营性分散充电桩按其所在场所执行分类目录电价；对党政机关、企事业单位和社会公共停车场中设置的充电设施用电执行一般工商业及其他类用电价格。电动汽车充电设施用电执行峰谷分时电价政策。将电动汽车充电设施配套电网改造成本纳入电网企业输配电价。

（七）推进充电设施关键技术攻关

依托国家科技计划加强对新型充电设施及装备技术、前瞻性技术的研发，对关键技术的检测认证方法、充电设施消防安全规范以及充电网络监控和运营安全等方面给予科技支撑。支持企业探索发展适应行业特征的充电模式，实现更安全、更方便的充电。

（八）鼓励公共单位加快内部停车场充电设施建设

具备条件的政府机关、公共机构及企事业等单位新建或改造停车场，应当结合新能源汽车配备更新计划，充分考虑职工购买新能源汽车的需要，按照适度超前的原则，规划设置新能源汽车专用停车位、配建充电桩。

（九）落实充电设施建设责任

地方政府要把充电设施及配套电网建设与改造纳入城市建设规划，因地制宜制定充电设施专项建设规划，在用地等方面给予政策支持，对建设运营给予必要补贴。电网企业要配合政府做好充电设施建设规划。

三、积极引导企业创新商业模式

（十）加快售后服务体系建设

进一步放宽市场准入，鼓励和支持社会资本进入新能源汽车充电设施建设和运营、整车租赁、电池租赁和回收等服务领域。新能源汽车生产企业要积极提高售后服务水平，加快品牌培育。地方政府可通过给予特许经营权等方式保护投资主体初期利益，商业场所可将充电费、服务费与停车收费相结合给予优惠，个人拥有的充电设施也可对外提供充电服务，地方政府负责制定相应的服务标准。研究制定动力电池回收利用政策，探索利用基金、押金、强制回收等方式促进废旧动力电池回收,建立健全废旧动力电池循环利用体系。

(十一)积极鼓励投融资创新

在公共服务领域探索公交车、出租车、公务用车的新能源汽车融资租赁运营模式,在个人使用领域探索分时租赁、车辆共享、整车租赁以及按揭购买新能源汽车等模式,及时总结推广科学有效的做法。

(十二)发挥信息技术的积极作用

不断提高现代信息技术在新能源汽车商业运营模式创新中的应用水平,鼓励互联网企业参与新能源汽车技术研发和运营服务,加快智能电网、移动互联网、物联网、大数据等新技术应用,为新能源汽车推广应用带来更多便利和实惠。

四、推动公共服务领域率先推广应用

(十三)扩大公共服务领域新能源汽车应用规模

各地区、各有关部门要在公交车、出租车等城市客运以及环卫、物流、机场通勤、公安巡逻等领域加大新能源汽车推广应用力度,制定机动车更新计划,不断提高新能源汽车运营比重。新能源汽车推广应用城市新增或更新车辆中的新能源汽车比例不低于30.0%。

(十四)推进党政机关和公共机构、企事业单位使用新能源汽车

2014—2016年,中央国家机关以及新能源汽车推广应用城市的政府机关及公共机构购买的新能源汽车占当年配备更新车辆总量的比例不低于30.0%,以后逐年扩大应用规模。企事业单位应积极采取租赁和完善充电设施等措施,鼓励本单位职工购买使用新能源汽车,发挥对社会的示范引领作用。

五、进一步完善政策体系

(十五)完善新能源汽车推广补贴政策

对消费者购买符合要求的纯电动汽车、插电式(含增程式)混合动力汽车、燃料电池汽车给予补贴。中央财政安排资金对新能源汽车推广应用规模较大和配套基础设施建设较好的城市或企业给予奖励,奖励资金用于充电设施建设等方面。有关方面要抓紧研究确定2016—2020年新能源汽车推广应用的财政支持政策,争取于2014年年底前向社会公布,及早稳定企业和市场预期。

(十六)改革完善城市公交车成品油价格补贴政策

城市公交车行业是新能源汽车推广的优先领域,通过逐步减少对城市公交车燃油补贴和增加对新能源公交车运营补贴,将补贴额度与新能源公交车推广目标完成情况相挂钩,形成鼓励新能源公交车应用、限制燃油公交车增长的机制,加快新能源公交车替代燃油公交车步伐,促进城市公交行业健康发展。

(十七)给予新能源汽车税收优惠

2014年9月1日至2017年12月31日,对纯电动汽车、插电式(含增程式)混合动力汽车和燃料电池汽车免征车辆购置税。进一步落实《中华人民共和国车船税法》及其实施条例,研究完善节约能源和新能源汽车车船税优惠政策,并做好车船税减免工作。继续落实好汽车消费税政策,发挥税收政策鼓励新能源汽车消费的作用。

(十八)多渠道筹集支持新能源汽车发展的资金

建立长期稳定的发展新能源汽车的资金来源,重点支持新能源汽车技术研发、检验测试和推广应用。

(十九)完善新能源汽车金融服务体系

鼓励银行业金融机构基于商业可持续原则,建立适应新能源汽车行业特点的信贷管理和贷款评审制度,创新金融产品,满足新能源汽车生产、经营、消费等各环节的融资需求。支持符合条件的企业通过上市、发行债券等方式,拓宽企业融资渠道。鼓励汽车金融公司发行金融债券,开展信贷资产证券化,增加其支持个人购买新能源汽车的资金来源。

（二十）制定新能源汽车企业准入政策

研究出台公开透明、操作性强的新建新能源汽车生产企业投资项目准入条件，支持社会资本和具有技术创新能力的企业参与新能源汽车科研生产。

（二十一）建立企业平均燃料消耗量管理制度

制定实施基于汽车企业平均燃料消耗量的积分交易和奖惩办法，在考核企业平均燃料消耗量时对新能源汽车给予优惠，鼓励新能源汽车的研发生产和销售使用。

（二十二）实行差异化的新能源汽车交通管理政策

有关地区为缓解交通拥堵采取机动车限购、限行措施时，应当对新能源汽车给予优惠和便利。实行新能源汽车独立分类注册登记，便于新能源汽车的税收和保险分类管理。在机动车行驶证上标注新能源汽车类型，便于执法管理中有效识别区分。改进道路交通技术监控系统，通过号牌自动识别系统对新能源汽车的通行给予便利。

六、坚决破除地方保护

（二十三）统一标准和目录

各地区要严格执行全国统一的新能源汽车和充电设施国家标准和行业标准，不得自行制定、出台地方性的新能源汽车和充电设施标准。各地区要执行国家统一的新能源汽车推广目录，不得采取制定地方推广目录、对新能源汽车进行重复检测检验、要求汽车生产企业在本地设厂、要求整车企业采购本地生产的电池、电机等零部件等违规措施，阻碍外地生产的新能源汽车进入本地市场，以及限制或变相限制消费者购买外地及某一类新能源汽车。

（二十四）规范市场秩序

有关部门要加强对新能源汽车市场的监管，推进建设统一开放、有序竞争的新能源汽车市场。坚决清理取消各地区不利于新能源汽车市场发展的违规政策措施。

七、加强技术创新和产品质量监管

（二十五）加大科技攻关支持力度

通过国家科技计划，对新能源汽车储能系统、燃料电池、驱动系统、整车控制和信息系统、充电加注、试验检测等共性关键技术以及整车集成技术集中力量攻关，不断完善科技创新体系建设。

（二十六）组织实施产业技术创新工程

加快研究和开发适应市场需求、有竞争力的新能源汽车技术和产品，加大研发和检测能力投入，通过联合开发，加快突破重大关键技术，不断提高产品质量和服务能力，降低能源消耗，加快建立新能源汽车产业技术创新体系。

（二十七）完善新能源汽车产品质量保障体系

新能源汽车产品质量的责任主体是生产企业，生产企业要建立质量安全责任制，确保新能源汽车安全运行。支持建立行业性新能源汽车技术支撑平台，提高新能源汽车技术服务和测试检验水平。建立新能源汽车产品抽检制度，通过市场抽样和性能检测，加强对产品的质量监管和一致性监管。研究建立车用动力电池准入管理制度。

八、进一步加强组织领导

（二十八）加强地方政府的组织推动作用

各有关地方政府要切实加强组织领导，建立由主要负责同志牵头、各职能部门参加的新能源汽车工作联席会议制度，结合本地实际制定细化支持政策和配套措施，形成多方合力。要加强指标考核，建立以实际运营车辆和便利使用环境为主要指标的考核体系，明确工作要求和时间进度，确保按时保质完成各项目标任务。

（二十九）加强部门间的统筹协调

节能与新能源汽车产业发展部际联席会议及其

办公室要及时协调解决新能源汽车推广应用中的重大问题，部门间要加强协同配合，提高工作效率。要加强对各地区的督促考核，定期在媒体公开各地区任务完成情况。财政奖励资金要与推广目标完成情况、基础设施网络配套及社会使用环境建设等挂钩，建立新能源汽车推广城市退出机制。要及时总结成功经验，在全国组织推广交流活动，促进各地相互学习借鉴、共同提高。

（三十）加强宣传引导和舆论监督

各有关部门和新闻媒体要通过多种形式大力宣传新能源汽车对降低能源消耗、减少污染物排放的重大作用，组织业内专家解读新能源汽车的综合成本优势。要通过媒体宣传，提高全社会对新能源汽车的认知度和接受度，同时对损害消费者权益、弄虚作假等行为给予曝光，形成有利于新能源汽车消费的氛围。

国务院关于加快发展生产性服务业促进产业结构调整升级的指导意见

（2014年7月28日　国发〔2014〕26号）

各省、自治区、直辖市人民政府，国务院各部委、各直属机构：

国务院高度重视服务业发展。近年来陆续出台了家庭、养老、健康、文化创意等生活性服务业发展指导意见，服务供给规模和质量水平明显提高。与此同时，生产性服务业发展相对滞后、水平不高、结构不合理等问题突出，亟待加快发展。生产性服务业涉及农业、工业等产业的多个环节，具有专业性强、创新活跃、产业融合度高、带动作用显著等特点，是全球产业竞争的战略制高点。加快发展生产性服务业，是向结构调整要动力、促进经济稳定增长的重大措施，既可以有效激发内需潜力、带动扩大社会就业、持续改善人民生活，也有利于引领产业向价值链高端提升。为加快重点领域生产性服务业发展，进一步推动产业结构调整升级，现提出以下意见：

一、总体要求

（一）指导思想

以邓小平理论、“三个代表”重要思想、科学发展观为指导，深入贯彻党的十八大和十八届二中、三中全会精神，全面落实党中央、国务院各项决策部署，科学规划布局，放宽市场准入，完善行业标准，创造环境条件，加快生产性服务业创新发展，实现服务业与农业、工业等在更高水平上有机融合，推动中国产业结构优化调整，促进经济提质增效升级。

（二）基本原则

坚持市场主导。处理好政府和市场的关系，使市场在资源配置中起决定性作用和更好发挥政府作用，鼓励和支持各种所有制企业根据市场需求，积极发展生产性服务业。

坚持突出重点。以显著提升产业发展整体素质和产品附加值为重点，围绕全产业链的整合优化，充分发挥生产性服务业在研发设计、流程优化、市场营销、物流配送、节能降耗等方面的引领带动作用。

坚持创新驱动。建立与国际接轨的专业化生产性服务业体系，推动云计算、大数据、物联网等在生产性服务业的应用，鼓励企业开展科技创新、产品创新、管理创新、市场创新和商业模式创新，发展新兴生产性服务业态。

坚持集聚发展。适应中国特色新型工业化、信息化、城镇化、农业现代化发展趋势，深入实施区域发展总体战略和主体功能区战略，因地制宜引导生产性服务业在中心城市、制造业集中区域、现代农业产业基地以及有条件的城镇等区域集聚，实现规模效益和特色发展。

二、发展导向

以产业转型升级需求为导向，进一步加快生产性服务业发展，引导企业进一步打破“大而全”“小而全”的格局，分离和外包非核心业务，向价值链高端延伸，促进中国产业逐步由生产制造型向生产服务型转变。

（一）鼓励企业向价值链高端发展

鼓励农业企业和涉农服务机构重点围绕提高科技创新和推广应用能力，加快推进现代种业发展，完善农副产品流通体系。鼓励有能力的工业企业重点围绕提高研发创新和系统集成能力，发展市场调研、产品设计、技术开发、工程总包和系统控制等业务。加快发展专业化设计及相关定制、加工服务，建立健全重大技术装备第三方认证制度。促进专利技术运用和创新成果转化，健全研发设计、试验验证、运行维护和技术产品标准等体系。重点围绕市场营销和品牌服务，发展现代销售体系，增强产业链上下游企业协同能力。强化期货、现货交易平台功能。鼓励分期付款等消费金融服务方式。推进仓储物流、维修维护和回收利用等专业服务的发展。

（二）推进农业生产和工业制造现代化

搭建各类农业生产服务平台，加强政策法律咨询、市场信息、病虫害防治、测土配方施肥、种养过程监控等服务。健全农业生产资料配送网络，鼓励开展农机跨区作业、承包作业、机具租赁和维修服务。推进面向产业集群和中小企业的基础工艺、基础材料、基础元器件研发和系统集成以及生产、检测、计量等专业化公共服务平台建设，鼓励开展工程项目、工业设计、产品技术研发和检验检测、工艺诊断、流程优化再造、技能培训等服务外包，整合优化生产服务系统。发展技术支持和设备监理、保养、维修、改造、备品备件等专业化服务，提高设备运行质量。鼓励制造业与相关产业协同处置工业“三废”及社会废弃物，发展节能减排投融资、清洁生产审核及咨询等节能环保服务。

（三）加快生产制造与信息技术服务融合

支持农业生产的信息技术服务创新和应用，发展农作物良种繁育、农业生产动态监测、环境监控等信息技术服务，建立健全农产品质量安全可追溯体系。鼓励将数字技术和智能制造技术广泛应用于产品设计和制造过程，丰富产品功能，提高产品性能。运用互联网、大数据等信息技术，积极发展定制生产，满足多样化、个性化消费需求。促进智能终端与应用服务相融合、数字产品与内容服务相结合，推动产品创新，拓展服务领域。发展服务于产业集群的电子商务、数字内容、数据托管、技术推广、管理咨询等服务平台，提高资源配置效率。

三、主要任务

现阶段，中国生产性服务业重点发展研发设计、第三方物流、融资租赁、信息技术服务、节能环保服务、检验检测认证、电子商务、商务咨询、服务外包、售后服务、人力资源服务和品牌建设。

（一）研发设计

积极开展研发设计服务，加强新材料、新产品、新工艺的研发和推广应用。大力发展工业设计，培育企业品牌、丰富产品品种、提高附加值。促进工业设计向高端综合设计服务转变。支持研发体现中国文化要素的设计产品。整合现有资源，发挥企业创新主体作用，推进产学研用合作，加快创新成果产业化步伐。鼓励建立专业化、开放型的工业设计企业和工业设计服务中心，促进工业企业与工业设计企业合作。完善知识产权交易和中介服务体系，发展研发设计交易市场。开展面向生产性服务业企业的知识产权培训、专利运营、分析评议、专利代理和专利预警等服务。建立主要由市场评价创新成果的机制，加快研发设计创新转化为现实生产力。

（二）第三方物流

优化物流企业供应链管理服务，提高物流企业配送的信息化、智能化、精准化水平,推广企业零库存管理等现代企业管理模式。加强核心技术开发,发展连锁配送等现代经营方式,重点推进云计算、物联网、北斗导航及地理信息等技术在物流智能化管理方面的应用。引导企业剥离物流业务,积极发展专业化、社会化的大型物流企业。完善物流建设和服务标准,引导物流设施资源集聚集约发展,培育一批具有较强服务能力的生产服务型物流园区和配送中心。加强综合性、专业性物流公共信息平台和货物配载中心建设,衔接货物信息,匹配运载工具,提高物流企业运输工具利用效率,降低运输车辆空驶率。提高物流行业标准化设施、设备和器具应用水平以及托盘标准化水平。继续推进制造业与物流业联动发展示范工作和快递服务制造业工作,加强仓储、冷链物流服务。大力发展铁水联运、江海直达、滚装运输、道路货物甩挂运输等运输方式,推进货运汽车(挂车)、列车标准国际化。优化城市配送网络,鼓励统一配送和共同配送。推动城市配送车辆标准化、标识化,建立健全配送车辆运力调控机制,完善配送车辆便利通行措施。在关系民生的农产品、药品、快速消费品等重点领域开展标准化托盘循环共用示范试点。完善农村物流服务体系,加强产销衔接,扩大农超对接规模,加快农产品批发和零售市场改造升级,拓展农产品加工服务。

(三)融资租赁

建立完善融资租赁业运营服务和管理信息系统,丰富租赁方式,提升专业水平,形成融资渠道多样、集约发展、监管有效、法律体系健全的融资租赁服务体系。大力推广大型制造设备、施工设备、运输工具、生产线等融资租赁服务,鼓励融资租赁企业支持中小微企业发展。引导企业利用融资租赁方式,进行设备更新和技术改造。鼓励采用融资租赁方式开拓国际市场。紧密联系产业需求,积极开展租赁业务创新和制度创新,拓展厂商租赁的业务范围。引导租赁服务企业加强与商业银行、保险、信托等金融机构合作,充分利用境外资金,多渠道拓展融资空间,实现规模化经营。建设程序标准化、管理规范化、运转高效的租赁物与二手设备流通市场,建立和完善租赁物公示、查询系统和融资租赁资产退出机制。加快研究制定融资租赁行业的法律法规。充分发挥行业协会作用,加强信用体系建设和行业自律。建立系统性行业风险防范机制,以及融资租赁业统计制度和评价指标体系。

(四)信息技术服务

发展涉及网络新应用的信息技术服务,积极运用云计算、物联网等信息技术,推动制造业的智能化、柔性化和服务化,促进定制生产等模式创新发展。加快面向工业重点行业的知识库建设,创新面向专业领域的信息服务方式,提升服务能力。加强相关软件研发,提高信息技术咨询设计、集成实施、运行维护、测试评估和信息安全服务水平,面向工业行业应用提供系统解决方案,促进工业生产业务流程再造和优化。推动工业企业与软件提供商、信息服务提供商联合提升企业生产经营管理全过程的数字化水平。支持工业企业所属信息服务机构面向行业和社会提供专业化服务。加快农村互联网基础设施建设,推进信息进村入户。

(五)节能环保服务

健全节能环保法规和标准体系,增强节能环保指标的刚性约束,严格落实奖惩措施。大力发展节能减排投融资、能源审计、清洁生产审核、工程咨询、节能环保产品认证、节能评估等第三方节能环保服务体系。规范引导建材、冶金、能源企业协同开展城市及产业废弃物的资源化处理,建立交易市场。鼓励结合改善环境质量和治理污染的需要,开展环保服务活动。发展系统设计、成套设备、工程施工、调试运行和维护管理等环保服务总承包。鼓励大型重点用能单位依托自身技术优势和管理经验,开展专业化节能环保服务。推广合同能源管理,建设"一站式"合同能源管理综合服务平台,积极探索节能量市场化交易。建设再生资源回收体系和废弃物逆向物流交易平台。积极发展再制造专业技术服务,建立再制造旧件回收、产品营销、溯源等信息化管理系统。推行环境污染第三方治理。

(六)检验检测认证

加快发展第三方检验检测认证服务,鼓励不同所有制检验检测认证机构平等参与市场竞争，不断增强权威性和公信力，为提高产品质量提供有力的支持保障服务。加强计量、检测技术、检测装备研发等基础能力建设，发展面向设计开发、生产制造、售后服务全过程的分析、测试、计量、检验等服务。建设一批国家产业计量测试中心，构建国家产业计量测试服务体系。加强先进重大装备、新材料、新能源汽车等领域的第三方检验检测服务，加快发展药品检验检测、医疗器械检验、进出口检验检疫、农产品质量安全检验检测、食品安全检验检测等服务，发展在线检测，完善检验检测认证服务体系。开拓电子商务等服务认证领域。优化资源配置，引导检验检测认证机构集聚发展，推进整合业务相同或相近的检验检测认证机构。积极参与制定国际检验检测标准，开展检验检测认证结果和技术能力国际互认。培育一批技术能力强、服务水平高、规模效益好、具有一定国际影响力的检验检测认证集团。加大生产性服务业标准的推广应用力度，深化国家级服务业标准化试点。

（七）电子商务

深化大中型企业电子商务应用，促进大宗原材料网上交易、工业产品网上定制、上下游关联企业业务协同发展，创新组织结构和经营模式。引导小微企业依托第三方电子商务服务平台开展业务。抓紧研究制定鼓励电子商务创新发展的意见。深化电子商务服务集成创新。加快并规范集交易、电子认证、在线支付、物流、信用评估等服务于一体的第三方电子商务综合服务平台发展。加快推进适应电子合同、电子发票和电子签名发展的制度建设。建设开放式电子商务快递配送信息平台和社会化仓储设施网络，加快布局、规范建设快件处理中心和航空、陆运集散中心。鼓励对现有商业设施、邮政便民服务设施等的整合利用，加强共同配送末端网点建设，推动社区商业电子商务发展。深入推进国家电子商务示范城市、示范基地和示范企业建设，发展电子商务可信交易保障、交易纠纷处理等服务。建立健全促进电子商务发展的工作保障机制。加强网络基础设施建设和电子商务信用体系、统计监测体系建设，不断完善电子商务标准体系和快递服务质量评价体系。推进农村电子商务发展，积极培育农产品电子商务，鼓励网上购销对接等多种交易方式。支持面向跨境贸易的多语种电子商务平台建设、服务创新和应用推广。积极发展移动电子商务，推动移动电子商务应用向工业生产经营和生产性服务业领域延伸。

（八）商务咨询

提升商务咨询服务专业化、规模化、网络化水平。引导商务咨询企业以促进产业转型升级为重点，大力发展战略规划、营销策划、市场调查、管理咨询等提升产业发展素质的咨询服务，积极发展资产评估、会计、审计、税务、勘察设计、工程咨询等专业咨询服务。发展信息技术咨询服务，开展咨询设计、集成实施、运行维护、测试评估、应用系统解决方案和信息安全服务。加强知识产权咨询服务，发展检索、分析、数据加工等基础服务，培育知识产权转化、投融资等市场化服务。重视培育品牌和商誉，发展无形资产、信用等评估服务。抓紧研究制定咨询服务业发展指导意见。依法健全商务咨询服务的职业评价制度和信用管理体系，加强执业培训和行业自律。开展多种形式的国际合作，推动商务咨询服务国际化发展。

（九）服务外包

把握全球服务外包发展新趋势，积极承接国际离岸服务外包业务，大力培育在岸服务外包市场。抓紧研究制定在岸与离岸服务外包协调发展政策。适应生产性服务业社会化、专业化发展要求，鼓励服务外包，促进企业突出核心业务、优化生产流程、创新组织结构、提高质量和效率。引导社会资本积极发展信息技术外包、业务流程外包和知识流程外包服务业务，为产业转型升级提供支撑。鼓励政府机构和事业单位购买专业化服务，加强管理创新。支持企业购买专业化服务，构建数字化服务平台，实现包括产品设计、工艺流程、生产规划、生产制造和售后服务在内的全过程管理。

（十）售后服务

鼓励企业将售后服务作为开拓市场、提高竞争力的重要途径，增强服务功能，健全服务网络，提升服务质量，完善服务体系。完善产品“三包”制度，推动发展产品配送、安装调试、以旧换新等售后服务，积极运用互联网、物联网、大数据等信息技术，发展远程检测诊断、运营维护、技术支持等售后服务新业态。大力发展专业维护维修服务，加快技术研发与应用，促进维护维修服务业务和服务模式创新，鼓励开展设备监理、维护、修理和运行等全生命周期服务。积极发展专业化、社会化的第三方维护维修服务，支持具备条件的工业企业内设机构向专业维护维修公司转变。完善售后服务标准，加强售后服务专业队伍建设，健全售后服务认证制度和质量监测体系，不断提高用户满意度。

（十一）人力资源服务和品牌建设

以产业引导、政策扶持和环境营造为重点，推进人力资源服务创新，大力开发能满足不同层次、不同群体需求的各类人力资源服务产品。提高人力资源服务水平，促进人力资源服务供求对接，引导各类企业通过专业化的人力资源服务提升人力资源管理开发和使用水平，提升劳动者素质和人力资源配置效率。加快形成一批具有国际竞争力的综合型、专业型人力资源服务机构。统筹利用高等院校、科研院所、职业院校、社会培训机构和企业等各种培训资源，强化生产性服务业所需的创新型、应用型、复合型、技术技能型人才开发培训。加快推广中关村科技园区股权激励试点经验，调动科研人员创新进取的积极性。营造尊重人才、有利于优秀人才脱颖而出和充分发挥作用的社会环境。鼓励具有自主知识产权的知识创新、技术创新和模式创新，积极创建知名品牌，增强独特文化特质，以品牌引领消费，带动生产制造，推动形成具有中国特色的品牌价值评价机制。

四、政策措施

从深化改革开放、完善财税政策、强化金融创新、有效供给土地、健全价格机制和加强基础工作等方面，为生产性服务业发展创造良好环境，最大限度地激发企业和市场活力。

（一）进一步扩大开放

进一步放开生产性服务业领域市场准入，营造公平竞争环境，不得对社会资本设置歧视性障碍，鼓励社会资本以多种方式发展生产性服务业。进一步减少生产性服务业重点领域前置审批和资质认定项目，由先证后照改为先照后证，加快落实注册资本认缴登记制。允许社会资本参与应用型技术研发机构市场化改革。鼓励社会资本参与国家服务业综合改革试点。

引导外资企业来华设立生产性服务业企业、各类功能性总部和分支机构、研发中心、营运基地等。统一内外资法律法规，推进生产性服务业领域有序开放，放开建筑设计、会计审计、商贸物流、电子商务等服务业领域外资准入限制。加快研究制定服务业进一步扩大开放的政策措施，对已经明确的扩大开放要求，要抓紧落实配套措施。探索对外商投资实行准入前国民待遇加负面清单的管理模式。发挥中国（上海）自由贸易试验区在服务业领域先行先试的作用。加强与香港、澳门、台湾地区的服务业合作，加快推进深圳前海、珠海横琴、广州南沙与港澳地区，福建厦门、平潭和江苏昆山与台湾地区的服务业合作试点。

鼓励有条件的企业依托现有产品贸易优势，在境外设立分支机构，大力拓展生产性服务业发展空间。简化境外投资审批程序，进一步提高生产性服务业境外投资的便利化程度。鼓励企业利用电子商务开拓国际营销渠道，积极研究为符合条件的电子商务企业、快递企业提供便利通关措施。加快跨境电子商务通关试点建设。鼓励设立境外投资贸易服务机构，做好境外投资需求的规模、领域和国别研究，提供对外投资准确信息，为企业“走出去”提供咨询服务。

（二）完善财税政策

尽快将营业税改征增值税试点扩大到服务业全领域。根据生产性服务业产业融合度高的特点，完善促进生产性服务业的税收政策。研发设计、检验检测认证、节能环保等科技型、创新型生产性服务业企业，可申请认定为高新技术企业，享受15.0%的企业所得税优惠税率。研究适时扩大生产性服务业服务产品出口退税政策范围,制定产品退税目录和具体管理办法。

中央财政和地方财政在各自事权和支出责任范围内,重点支持公共基础设施、市场诚信体系、标准体系建设以及公共服务平台等服务业发展薄弱环节建设,探索完善财政资金投入方式,提高资金使用效率,推动建立统一开放、规范竞争的服务业市场体系。鼓励开发区、产业集群、现代农业产业基地、服务业集聚区和发展示范区积极建设重大服务平台。积极研究自主创新产品首次应用政策,增加对研发设计成果应用的支持。完善政府采购办法,逐步加大政府向社会力量购买服务的力度,凡适合社会力量承担的,都可以通过委托、承包、采购等方式交给社会力量承担。研究制定政府向社会力量购买服务的指导性目录,明确政府购买的服务种类、性质和内容。

(三)创新金融服务

鼓励商业银行按照风险可控、商业可持续原则,开发适合生产性服务业特点的各类金融产品和服务,积极发展商圈融资、供应链融资等融资方式。支持节能环保服务项目以预期收益质押获得贷款。研究制定利用知识产权质押、仓单质押、信用保险保单质押、股权质押、商业保理等多种方式融资的可行措施。建立生产性服务业重点领域企业信贷风险补偿机制。完善动产抵(质)押登记公示体系,建立健全动产押品管理公司监管制度。支持符合条件的生产性服务业企业通过银行间债券市场发行非金融企业债券融资工具融资,拓宽企业融资渠道。支持商业银行发行专项金融债券,服务小微企业。根据研发、设计、应用的阶段特征和需求,建立完善相应的融资支持体系和产品。搭建方便快捷的融资平台,支持符合条件的生产性服务业企业上市融资、发行债券。对符合条件的中小企业信用担保机构提供担保服务实行免征营业税政策。鼓励融资性担保机构扩大生产性服务业企业担保业务规模。

(四)完善土地和价格政策

合理安排生产性服务业用地,促进节约集约发展。鼓励工业企业利用自有工业用地兴办促进企业转型升级的自营生产性服务业,经依法批准,对提高自有工业用地容积率用于自营生产性服务业的工业企业,可按新用途办理相关手续。选择具备条件的城市和国家服务业综合改革试点区域,鼓励通过对城镇低效用地的改造发展生产性服务业。加强对服务业发展示范区促进生产性服务业发展与土地利用工作的协同指导。

建立完善主要以市场决定价格的生产性服务业价格形成机制,规范服务价格。建立科学合理的生产性服务业企业贷款定价机制,加大对生产性服务业重点领域企业的支持力度。加快落实生产性服务业用电、用水、用气与工业同价。对工业企业分离出的非核心业务,在水、气方面实行与原企业相同的价格政策。符合条件的生产性服务业重点领域企业,可申请参与电力用户与发电企业直接交易试点。加强对生产性服务业重点领域违规收费项目的清理和监督检查。

(五)加强知识产权保护和人才队伍建设

鼓励生产性服务业企业创造自主知识产权,加强对服务模式、服务内容等创新的保护。加快数字版权保护技术研发,推进国家版权监管平台建设。扩大知识产权基础信息资源共享范围,促进知识产权协同创新。加强知识产权执法,加大对侵犯知识产权和制售假冒伪劣商品的打击力度,维护市场秩序,保护创新积极性。加强政府引导,及时发布各类人才需求导向等信息。支持生产性服务业创新团队培养,建立创新发展服务平台。研究促进设计、创意人才队伍建设的措施办法,鼓励创新型人才发展。建设大型专业人才服务平台,增强人才供需衔接。

(六)建立健全统计制度

以国民经济行业分类为基础,抓紧研究制定生产性服务业及重点领域统计分类,完善相关统计制度和指标体系,明确各有关部门相关统计任务。建立健全有关部门信息共享机制,逐步形成年度、季度信息发布机制。

各地区、各部门要充分认识发展生产性服务业的重大意义,把加快发展生产性服务业作为转变经济发展方式、调整产业结构的重要任务,采取有力措施,确保各项政策落到实处、见到实效。地方各级人民政府要加强组织领导,结合本地实际进一步研究制定扶持生产性服务业发展的政策措施。国务院各有关部门要密切协作配合,抓紧制定各项配套政策和落实政策措施分工的具体措施,营造促进生产性服务业发展的良好环境。发展改革委要加强统筹协调,会同有关部门对本意见落实情况进行督促检查和跟踪分析,每半年向国务院报告一次落实情况,重大问题及时报告。

在推进生产性服务业加快发展的同时,要围绕人民群众的迫切需要,继续大力发展生活性服务业,落实和完善生活性服务业支持政策,拓展新领域,不断丰富健康、家庭、养老等服务产品供给;发展新业态,不断提高网络购物、远程教育、旅游等服务层次水平;培育新热点,不断扩大文化创意、数字家庭、信息消费等消费市场规模,做到生产性服务业与生活性服务业并重、现代服务业与传统服务业并举,切实把服务业打造成经济社会可持续发展的新引擎。

附件:政策措施分工表(略)

国务院办公厅关于多措并举着力缓解企业融资成本高问题的指导意见

(2014年8月5日　国办发〔2014〕39号)

各省、自治区、直辖市人民政府,国务院各部委、各直属机构:

当前,中国经济形势总体向好,但仍存在不稳定因素,下行压力依然较大,结构调整处于爬坡时期,解决好企业特别是小微企业融资成本高问题,对于稳增长、促改革、调结构、惠民生具有重要意义。当前企业融资成本高的成因是多方面的,既有宏观经济因素又有微观运行问题,既有实体经济因素又有金融问题,既有长期因素又有短期因素,解决这一问题的根本出路在于全面深化改革,多措并举,标本兼治,重在治本。金融部门和金融机构要认真贯彻落实国务院第49次、第57次常务会议精神,采取综合措施,着力缓解企业融资成本高问题,促进金融与实体经济良性互动。经国务院同意,现提出以下意见:

一、保持货币信贷总量合理适度增长

继续实施稳健的货币政策,综合运用多种货币政策工具组合,维持流动性平稳适度,为缓解企业融资成本高创造良好的货币环境。优化基础货币的投向,适度加大支农、支小再贷款和再贴现的力度,着力调整结构,优化信贷投向,为棚户区改造、铁路、服务业、节能环保等重点领域和“三农”、小微企业等薄弱环节提供有力支持。切实执行有保有控的信贷政策,对产能过剩行业中有市场有效益的企业不搞“一刀切”。进一步研究改进宏观审慎管理指标。落实好“定向降准”措施,发挥好结构引导作用。(人民银行负责)

二、抑制金融机构筹资成本不合理上升

进一步完善金融机构公司治理,通过提高内部资金转移定价能力、优化资金配置等措施,遏制变相高息揽储等非理性竞争行为,规范市场定价竞争秩序。进一步丰富银行业融资渠道,加强银行同业批发性融资管理,提高银行融资多元化程度和资金来源稳定性。大力推进信贷资产证券化,盘活存量,加快资金周转速度。尽快出台规范发展互联网金融的相关指导意见和配套管理办法,促进公平竞争。进一步打击非法集资活动,维护良好的金融市场秩序。(人民银行、银监会、证监会、保监会、工业和信息化部等负责)

三、缩短企业融资链条

督促商业银行加强贷款管理，严密监测贷款资金流向，防止贷款被违规挪用，确保贷款资金直接流向实体经济。按照国务院部署，加强对影子银行、同业业务、理财业务等方面的管理，清理不必要的资金“通道”和“过桥”环节，各类理财产品的资金来源或运用原则上应当与实体经济直接对接。切实整治层层加价行为，减少监管套利，引导相关业务健康发展。（人民银行、银监会、证监会、保监会、外汇局负责）

四、清理整顿不合理金融服务收费

贯彻落实《商业银行服务价格管理办法》，督促商业银行坚决取消不合理收费项目，降低过高的收费标准。对于直接与贷款挂钩、没有实质服务内容的收费项目，一律予以取消；对于发放贷款收取利息应尽的工作职责，不得再分解设置收费项目。严禁“以贷转存”“存贷挂钩”等变相提高利率、加重企业负担的行为。规范企业融资过程中担保、评估、登记、审计、保险等中介机构和有关部门的收费行为。在商业银行和相关中介机构对收费情况进行全面深入自查的基础上，在全国范围内加强专项检查。对于检查发现的违规问题，依法依规严格处罚。（银监会、国家发改委等负责）

五、提高贷款审批和发放效率

优化商业银行对小微企业贷款的管理，通过提前进行续贷审批、设立循环贷款、实行年度审核制度等措施减少企业高息“过桥”融资。鼓励商业银行开展基于风险评估的续贷业务，对达到标准的企业直接进行滚动融资，优化审贷程序，缩短审贷时间。对小微企业贷款实施差别化监管。（银监会、人民银行负责）

六、完善商业银行考核评价指标体系

引导商业银行纠正单纯追逐利润、攀比扩大资产规模的经营理念，优化内部考核机制，适当降低存款、资产规模等总量指标的权重。发挥好有关部门和银行股东的评价考核作用，完善对商业银行经营管理的评价体系，合理设定利润等目标。设立银行业金融机构存款偏离度指标，研究将其纳入银行业金融机构绩效评价体系扣分项，约束银行业金融机构存款“冲时点”行为。（银监会、财政部负责）

七、加快发展中小金融机构

积极稳妥发展面向小微企业和“三农”的特色中小金融机构，促进市场竞争，增加金融供给。优化金融机构市场准入，在加强监管前提下，加快推动具备条件的民间资本依法发起设立中小型银行等金融机构。积极稳妥培育立足本地经营、特色鲜明的村镇银行，引导金融机构在基层地区合理布局分支机构和营业网点。（银监会负责）

八、大力发展直接融资

健全多层次资本市场体系，继续优化主板、中小企业板、创业板市场的制度安排。支持中小微企业依托全国中小企业股份转让系统开展融资。进一步促进私募股权和创投基金发展。逐步扩大各类长期资金投资资本市场的范围和规模，按照国家税收法律及有关规定，对各类长期投资资金予以税收优惠。继续扩大中小企业各类非金融企业债务融资工具及集合债、私募债发行规模。降低商业银行发行小微企业金融债和“三农”金融债的门槛，简化审批流程，扩大发行规模。（证监会、人民银行、国家发改委、财政部、银监会、保监会等负责）

九、积极发挥保险、担保的功能和作用

大力发展相关保险产品，支持小微企业、个体工商户、城乡居民等主体获得短期小额贷款。积极探索农业保险保单质押贷款，开展“保险＋信贷”合作。促进更多保险资金直接投向实体经济。进一步完善小微企业融资担保政策，加大财政支持力度。大力发展政府支持的担保机构，引导其提高小微企业担保业务规模，合理确定担保费用。（保监会、财政部、

银监会、工业和信息化部负责）

十、有序推进利率市场化改革

充分发挥金融机构利率定价自律机制作用，促进金融机构增强财务硬约束，提高自主定价能力。综合考虑中国宏微观经济金融形势，完善市场利率形成和传导机制。（人民银行负责）

从中长期看，解决企业融资成本高的问题要依靠推进改革和结构调整的治本之策，通过转变经济增长方式、形成财务硬约束和发展股本融资来降低杠杆率，消除结构性扭曲。围绕使市场在资源配置中起决定性作用和更好发挥政府作用，继续深化政府职能转变，推进国有企业改革和财税改革，简政放权，打破垄断，硬化融资主体财务约束，提高资金使用效率。落实对小微企业的税收支持政策，切实增强小微企业核心竞争力和盈利能力。引导小微企业健全自身财务制度，提高经营管理水平。各地区、各部门要高度重视降低企业融资成本的相关工作，加强组织领导和分工协作，注重工作实效。对各项任务落实要有布置、有督促、有检查。国务院办公厅对重点任务落实情况进行跟踪督查。各部门有关落实进展情况，由人民银行定期汇总后报国务院。

国务院办公厅关于进一步推进排污权有偿使用和交易试点工作的指导意见

（2014 年 8 月 6 日　国办发〔2014〕38 号）

各省、自治区、直辖市人民政府，国务院各部委、各直属机构：

排污权是指排污单位经核定、允许其排放污染物的种类和数量。2007 年以来，国务院有关部门组织天津、河北、内蒙古等 11 个省（区、市）开展排污权有偿使用和交易试点，取得了一定进展。为进一步推进试点工作，促进主要污染物排放总量持续有效减少，经国务院同意，现提出以下指导意见：

一、总体要求

（一）高度重视排污权有偿使用和交易试点工作

建立排污权有偿使用和交易制度，是中国环境资源领域一项重大的、基础性的机制创新和制度改革，是生态文明制度建设的重要内容，将对更好地发挥污染物总量控制制度作用，在全社会树立环境资源有价的理念，促进经济社会持续健康发展产生积极影响。各地区、各有关部门要充分认识做好试点工作的重要意义，妥善处理好政府与市场、制度改革创新与保持经济平稳发展、新企业与老企业、试点地区与非试点地区的关系，把握好试点政策出台的时机、力度和节奏，因地制宜、循序渐进推进试点工作。

（二）工作目标

以邓小平理论、“三个代表”重要思想、科学发展观为指导，贯彻落实党的十八大和十八届二中、三中全会精神，按照党中央、国务院的决策部署，充分发挥市场在资源配置中的决定性作用，积极探索建立环境成本合理负担机制和污染减排激励约束机制，促进排污单位树立环境意识，主动减少污染物排放，加快推进产业结构调整，切实改善环境质量。到 2017 年，试点地区排污权有偿使用和交易制度基本建立，试点工作基本完成。

二、建立排污权有偿使用制度

（三）严格落实污染物总量控制制度

实施污染物排放总量控制是开展试点的前

提。试点地区要严格按照国家确定的污染物减排要求，将污染物总量控制指标分解到基层，不得突破总量控制上限。试点的污染物应为国家作为约束性指标进行总量控制的污染物，试点地区也可选择对本地区环境质量有突出影响的其他污染物开展试点。

（四）合理核定排污权

核定排污权是试点工作的基础。试点地区应于2015年年底前全面完成现有排污单位排污权的初次核定，以后原则上每5年核定一次。现有排污单位的排污权，应根据有关法律法规标准、污染物总量控制要求、产业布局和污染物排放现状等核定。新建、改建、扩建项目的排污权，应根据其环境影响评价结果核定。排污权以排污许可证形式予以确认。试点地区不得超过国家确定的污染物排放总量核定排污权，不得为不符合国家产业政策的排污单位核定排污权。排污权由地方环境保护部门按污染源管理权限核定。

（五）实行排污权有偿取得

试点地区实行排污权有偿使用制度，排污单位在缴纳使用费后获得排污权，或通过交易获得排污权。排污单位在规定期限内对排污权拥有使用、转让和抵押等权利。对现有排污单位，要考虑其承受能力、当地环境质量改善要求，逐步实行排污权有偿取得。新建项目排污权和改建、扩建项目新增排污权，原则上要以有偿方式取得。有偿取得排污权的单位，不免除其依法缴纳排污费等相关税费的义务。

（六）规范排污权出让方式

试点地区可以采取定额出让、公开拍卖方式出让排污权。现有排污单位取得排污权，原则上采取定额出让方式，出让标准由试点地区价格、财政、环境保护部门根据当地污染治理成本、环境资源稀缺程度、经济发展水平等因素确定。新建项目排污权和改建、扩建项目新增排污权，原则上通过公开拍卖方式取得，拍卖底价可参照定额出让标准。

（七）加强排污权出让收入管理

排污权使用费由地方环境保护部门按照污染源管理权限收取，全额缴入地方国库，纳入地方财政预算管理。排污权出让收入统筹用于污染防治，任何单位和个人不得截留、挤占和挪用。缴纳排污权使用费金额较大、一次性缴纳确有困难的排污单位，可分期缴纳，缴纳期限不得超过5年，首次缴款不得低于应缴总额的40.0%。试点地区财政、审计部门要加强对排污权出让收入使用情况的监督。

三、加快推进排污权交易

（八）规范交易行为

排污权交易应在自愿、公平、有利于环境质量改善和优化环境资源配置的原则下进行。交易价格由交易双方自行确定。试点初期，可参照排污权定额出让标准等确定交易指导价格。试点地区要严格按照《国务院关于清理整顿各类交易场所切实防范金融风险的决定》（国发〔2011〕38号）等有关规定，规范排污权交易市场。

（九）控制交易范围

排污权交易原则上在各试点省份内进行。涉及水污染物的排污权交易仅限于在同一流域内进行。火电企业（包括其他行业自备电厂，不含热电联产机组供热部分）原则上不得与其他行业企业进行涉及大气污染物的排污权交易。环境质量未达到要求的地区不得进行增加本地区污染物总量的排污权交易。工业污染源不得与农业污染源进行排污权交易。

（十）激活交易市场

国务院有关部门要研究制定鼓励排污权交易的财税等扶持政策。试点地区要积极支持和指导排污单位通过淘汰落后和过剩产能、清洁生产、污染治理、技术改造升级等减少污染物排放，形成“富余排污权”参加市场交易；建立排污权储备制度，回购排污单位“富余排污权”，适时投放市场，重点支持战略性新兴产业、重大科技示范等项目建设。积极探索排污权抵押融资，鼓励社会资本参与污染物减排和排污权交易。

（十一）加强交易管理

排污权交易按照污染源管理权限由相应的地方环境保护部门负责。跨省级行政区域的排污权交易试点，由环境保护部、财政部和国家发改委负责组织。排污权交易完成后，交易双方应在规定时限内向地方环境保护部门报告，并申请变更其排污许可证。

四、强化试点组织领导和服务保障

（十二）加强组织领导

试点地区地方人民政府要加强对试点工作的组织领导，制定具体可行的工作方案和配套政策规定，建立协调机制，加强能力建设，主动接受社会监督，积极稳妥推进试点工作。财政部、环境保护部、国家发改委负责对地方人民政府的试点申请进行确认，并加强对试点工作的指导、协调，对排污权交易平台建设等给予适当支持，按照各自职能分别研究制定排污权核定、使用费收取使用和交易价格等管理规定。

（十三）提高服务质量

试点地区要及时公开排污权核定、排污权使用费收取使用、排污权拍卖及回购等情况以及当地环境质量状况、污染物总量控制要求等信息，确保试点工作公开透明。要优化工作流程，认真做好排污单位“富余排污权”核定、排污许可证发放变更等工作；加强部门协作配合，积极研究制定帮扶政策，为排污单位参与排污权交易提供便利。

（十四）严格监督管理

排污单位应当准确计量污染物排放量，主动向当地环境保护部门报告。重点排污单位应安装污染源自动监测装置，与当地环境保护部门联网，并确保装置稳定运行、数据真实有效。试点地区要强化对排污单位的监督性监测，加大执法监管力度，对于超排污权排放或在交易中弄虚作假的排污单位，要依法严肃处理，并予以曝光。

试点省份每年要向国务院报告试点工作进展情况，其他地方可参照本意见开展试点工作。财政部、环境保护部、国家发改委要跟踪总结试点地区的经验做法，加强政策研究，为全面推行排污权有偿使用和交易制度奠定基础。

国务院关于印发物流业发展中长期规划（2014—2020年）的通知

（2014年9月12日　国发〔2014〕42号）

各省、自治区、直辖市人民政府，国务院各部委、各直属机构：

现将《物流业发展中长期规划（2014—2020年）》印发给你们，请认真贯彻执行。

物流业是融合运输、仓储、货代、信息等产业的复合型服务业，是支撑国民经济发展的基础性、战略性产业。加快发展现代物流业，对于促进产业结构调整、转变发展方式、提高国民经济竞争力和建设生态文明具有重要意义。为促进物流业健康发展，根据党的十八大、十八届三中全会精神和《中华人民共和国国民经济和社会发展第十二个五年规划纲要》《服务业发展“十二五”规划》等，制定本规划。规划期为2014—2020年。

一、发展现状与面临的形势

（一）发展现状

“十一五”特别是国务院印发《物流业调整和振

兴规划》以来，中国物流业保持较快增长，服务能力显著提升，基础设施条件和政策环境明显改善，现代产业体系初步形成，物流业已成为国民经济的重要组成部分。

产业规模快速增长。全国社会物流总额2013年达到1 978 000亿元，比2005年增长3.1倍，按可比价格计算，年均增长11.5%。物流业增加值2013年达到39 000万亿元，比2005年增长2.2倍，年均增长11.1%，物流业增加值占国内生产总值的比重由2005年的6.6%提高到2013年的6.8%，占服务业增加值的比重达到14.8%。物流业吸纳就业人数快速增加，从业人员从2005年的1 780万人增长到2013年的2 890万人，年均增长6.2%。

服务能力显著提升。物流企业资产重组和资源整合步伐进一步加快，形成了一批所有制多元化、服务网络化和管理现代化的物流企业。传统运输业、仓储业加速向现代物流业转型，制造业物流、商贸物流、电子商务物流和国际物流等领域专业化、社会化服务能力显著增强，服务水平不断提升，现代物流服务体系初步建立。

技术装备条件明显改善。信息技术广泛应用，大多数物流企业建立了管理信息系统，物流信息平台建设快速推进。物联网、云计算等现代信息技术开始应用，装卸搬运、分拣包装、加工配送等专用物流装备和智能标签、跟踪追溯、路径优化等技术迅速推广。

基础设施网络日趋完善。截至2013年年底，全国铁路营业里程10.3万公里，其中高速铁路1.1万公里；全国公路总里程达到435.6万公里，其中高速公路10.5万公里；内河航道通航里程12.6万公里，其中三级及以上高等级航道1万公里；全国港口拥有万吨级及以上泊位2 001个，其中沿海港口1 607个、内河港口394个；全国民用运输机场193个。2012年全国营业性库房面积约13亿平方米，各种类型的物流园区754个。

发展环境不断优化。“十二五”规划纲要明确提出“大力发展现代物流业”。国务院印发《物流业调整和振兴规划》，并制定出台了促进物流业健康发展的政策措施。有关部门和地方政府出台了一系列专项规划和配套措施。社会物流统计制度日趋完善，标准化工作有序推进，人才培养工作进一步加强，物流科技、学术理论研究及产学研合作不断深入。

总体上看，中国物流业已步入转型升级的新阶段。但是，物流业发展总体水平还不高，发展方式比较粗放。主要表现为：一是物流成本高、效率低。2013年全社会物流总费用与国内生产总值的比率高达18.0%，高于发达国家水平1倍左右，也显著高于巴西、印度等发展中国家的水平。二是条块分割严重，阻碍物流业发展的体制机制障碍仍未打破。企业自营物流比重高，物流企业规模小，先进技术难以推广，物流标准难以统一，迂回运输、资源浪费的问题突出。三是基础设施相对滞后，不能满足现代物流发展的要求。现代化仓储、多式联运转运等设施仍显不足，布局合理、功能完善的物流园区体系尚未建立，高效、顺畅、便捷的综合交通运输网络尚不健全，物流基础设施之间不衔接、不配套问题比较突出。四是政策法规体系还不够完善，市场秩序不够规范。已经出台的一些政策措施有待进一步落实，一些地方针对物流企业的乱收费、乱罚款问题突出。信用体系建设滞后，物流业从业人员整体素质有待进一步提升。

（二）面临的形势

当前，经济全球化趋势深入发展，网络信息技术革命带动新技术、新业态不断涌现，物流业发展面临的机遇与挑战并存。伴随全面深化改革，工业化、信息化、新型城镇化和农业现代化进程持续推进，产业结构调整和居民消费升级步伐不断加快，中国物流业发展空间越来越广阔。

物流需求快速增长。农业现代化对大宗农产品物流和鲜活农产品冷链物流的需求不断增长。新型工业化要求加快建立规模化、现代化的制造业物流服务体系。居民消费升级以及新型城镇化步伐加快，迫切需要建立更加完善、便捷、高效、安全的消费品物流配送体系。此外，电子商务、网络消费等新兴业态快速发展，快递物流等需求也将继续快速增长。

新技术、新管理不断出现。信息技术和供应链管理不断发展并在物流业得到广泛运用，为广大生产流通企业提供了越来越低成本、高效率、多样化、精益化的物流服务，推动制造业专注核心业务和商贸业优化内部分工，以新技术、新管理为核心的现代物流体系日益形成。随着城乡居民消费能力的增强和消费方式的逐步转变，全社会物流服务能力和效率持续提升，物流成本进一步降低、流通效率明显提高，物流业市场竞争加剧。

资源环境约束日益加强。随着社会物流规模的快速扩大、能源消耗和环境污染形势的加重、城市交通压力的加大，传统的物流运作模式已难以为继。按照建设生态文明的要求，必须加快运用先进运营管理理念，不断提高信息化、标准化和自动化水平，促进一体化运作和网络化经营，大力发展绿色物流，推动节能减排，切实降低能耗、减少排放、缓解交通压力。

国际竞争日趋激烈。随着国际产业转移步伐不断加快和服务贸易快速发展，全球采购、全球生产和全球销售的物流发展模式正在日益形成，迫切要求中国形成一批深入参与国际分工、具有国际竞争力的跨国物流企业，畅通与主要贸易伙伴、周边国家便捷高效的国际物流大通道，形成具有全球影响力的国际物流中心，以应对日益激烈的全球物流企业竞争。

二、总体要求

（一）指导思想

以邓小平理论、“三个代表”重要思想、科学发展观为指导，深入贯彻党的十八大和十八届二中、三中全会精神，全面落实党中央、国务院各项决策部署，按照加快转变发展方式、建设生态文明的要求，适应信息技术发展的新趋势，以提高物流效率、降低物流成本、减轻资源和环境压力为重点，以市场为导向，以改革开放为动力，以先进技术为支撑，积极营造有利于现代物流业发展的政策环境，着力建立和完善现代物流服务体系，加快提升物流业发展水平，促进产业结构调整和经济提质增效升级，增强国民经济竞争力，为全面建成小康社会提供物流服务保障。

（二）主要原则

市场运作，政府引导。使市场在资源配置中起决定性作用和更好发挥政府作用，强化企业的市场主体地位，积极发挥政府在战略、规划、政策、标准等方面的引导作用。

优化结构，提升水平。加快传统物流业转型升级，建立和完善社会化、专业化的物流服务体系，大力发展第三方物流。形成一批具有较强竞争力的现代物流企业，扭转“小、散、弱”的发展格局，提升产业规模和发展水平。

创新驱动，协同发展。加快关键技术装备的研发应用，提升物流业信息化和智能化水平，创新运作管理模式，提高供应链管理和物流服务水平，形成物流业与制造业、商贸业、金融业协同发展的新优势。

节能减排，绿色环保。鼓励采用节能环保的技术、装备，提高物流运作的组织化、网络化水平，降低物流业的总体能耗和污染物排放水平。

完善标准，提高效率。推动物流业技术标准体系建设，加强一体化运作，实现物流作业各环节、各种物流设施设备以及物流信息的衔接配套，促进物流服务体系高效运转。

深化改革，整合资源。深化物流业管理体制改革，进一步简政放权，打破行业、部门和地区分割，反对垄断和不正当竞争，统筹城市和乡村、国际和国内物流体系建设，建立有利于资源整合和优化配置的体制机制。

（三）发展目标

到2020年，基本建立布局合理、技术先进、便捷高效、绿色环保、安全有序的现代物流服务体系。

物流的社会化、专业化水平进一步提升。物流业增加值年均增长8.0%左右，物流业增加值占国内生产总值的比重达到7.5%左右。第三方物流比重明显提高。新的物流装备、技术广泛应用。

物流企业竞争力显著增强。一体化运作、网络化经营能力进一步提高，信息化和供应链管理水平明显提升，形成一批具有国际竞争力的大型综合物流企业集团和物流服务品牌。

物流基础设施及运作方式衔接更加顺畅。物流园区网络体系布局更加合理，多式联运、甩挂运输、共同配送等现代物流运作方式保持较快发展，物流集聚发展的效益进一步显现。

物流整体运行效率显著提高。全社会物流总费用与国内生产总值的比率由2013年的18.0%下降到16.0%左右，物流业对国民经济的支撑和保障能力进一步增强。

三、发展重点

(一)着力降低物流成本

打破条块分割和地区封锁,减少行政干预,清理和废除妨碍全国统一市场和公平竞争的各种规定和做法,建立统一开放、竞争有序的全国物流服务市场。进一步优化通行环境,加强和规范收费公路管理,保障车辆便捷高效通行,积极采取有力措施,切实加大对公路乱收费、乱罚款的清理整顿力度,减少不必要的收费点,全面推进全国主要高速公路不停车收费系统建设。加快推进联通国内、国际主要经济区域的物流通道建设,大力发展多式联运,努力形成京沪、京广、欧亚大陆桥、中欧铁路大通道、长江黄金水道等若干条货畅其流、经济便捷的跨区域物流大通道。

(二)着力提升物流企业规模化、集约化水平

鼓励物流企业通过参股控股、兼并重组、协作联盟等方式做大做强,形成一批技术水平先进、主营业务突出、核心竞争力强的大型现代物流企业集团,通过规模化经营提高物流服务的一体化、网络化水平,形成大小物流企业共同发展的良好态势。鼓励运输、仓储等传统物流企业向上下游延伸服务,推进物流业与其他产业互动融合,协同发展。鼓励物流企业与制造企业深化战略合作,建立与新型工业化发展相适应的制造业物流服务体系,形成一批具有全球采购、全球配送能力的供应链服务商。鼓励商贸物流企业提高配送的规模化和协同化水平,加快电子商务物流发展,建立快速便捷的城乡配送物流体系。支持快递业整合资源,与民航、铁路、公路等运输行业联动发展,加快形成一批具有国际竞争力的大型快递企业,构建覆盖城乡的快递物流服务体系。支持航空货运企业兼并重组、做强做大,提高物流综合服务能力。充分发挥邮政的网络、信息和服务优势,深入推动邮政与电子商务企业的战略合作,发展电商小包等新型邮政业务。进一步完善邮政基础设施网络,鼓励各地邮政企业因地制宜地发展农村邮政物流服务,推动农资下乡和农产品进城。

(三)着力加强物流基础设施网络建设

推进综合交通运输体系建设,合理规划布局物流基础设施,完善综合运输通道和交通枢纽节点布局,构建便捷、高效的物流基础设施网络,促进多种运输方式顺畅衔接和高效中转,提升物流体系综合能力。优化航空货运网络布局,加快国内航空货运转运中心、连接国际重要航空货运中心的大型货运枢纽建设。推进“港站一体化”,实现铁路货运站与港口码头无缝衔接。完善物流转运设施,提高货物换装的便捷性和兼容性。加快煤炭外运、“北粮南运”、粮食仓储等重要基础设施建设,解决突出的运输“卡脖子”问题。加强物流园区规划布局,进一步明确功能定位,整合和规范现有园区,节约、集约用地,提高资源利用效率和管理水平。在大中城市和制造业基地周边加强现代化配送中心规划,在城市社区和村镇布局建设共同配送末端网点,优化城市商业区和大型社区物流基础设施的布局建设,形成层级合理、规模适当、需求匹配的物流仓储配送网络。进一步完善应急物流基础设施,积极有效应对突发自然灾害、公共卫生事件以及重大安全事故。

四、主要任务

(一)大力提升物流社会化、专业化水平

鼓励制造企业分离外包物流业务,促进企业内部物流需求社会化。优化制造业、商贸业集聚区物流资源配置,构建中小微企业公共物流服务平台,提供社会化物流服务。着力发展第三方物流,引导传统仓储、运输、国际货代、快递等企业采用现代物流管理理念和技术装备,提高服务能力;支持从制造企业内部剥离出来的物流企业发挥专业化、精益化服务优势,积极为社会提供公共物流服务。鼓励物流企业功能整合和业务创新,不断提升专业化服务水平,积极发展定制化物流服务,满足日益增长的个性化物流需求。进一步优化物流组织模式,积极发展共同配送、统一配送,提高多式联运比重。

(二)进一步加强物流信息化建设

加强北斗导航、物联网、云计算、大数据、移动互

联等先进信息技术在物流领域的应用。加快企业物流信息系统建设,发挥核心物流企业整合能力,打通物流信息链,实现物流信息全程可追踪。加快物流公共信息平台建设,积极推进全社会物流信息资源的开发利用,支持运输配载、跟踪追溯、库存监控等有实际需求、具备可持续发展前景的物流信息平台发展,鼓励各类平台创新运营服务模式。进一步推进交通运输物流公共信息平台发展,整合铁路、公路、水路、民航、邮政、海关、检验检疫等信息资源,促进物流信息与公共服务信息有效对接,鼓励区域间和行业内的物流平台信息共享,实现互联互通。

(三)推进物流技术装备现代化

加强物流核心技术和装备研发,推动关键技术装备产业化,鼓励物流企业采用先进适用技术和装备。加快食品冷链、医药、烟草、机械、汽车、干散货、危险化学品等专业物流装备的研发,提升物流装备的专业化水平。积极发展标准化、厢式化、专业化的公路货运车辆,逐步淘汰栏板式货车。推广铁路重载运输技术装备,积极发展铁路特种、专用货车以及高铁快件等运输技术装备,加强物流安全检测技术与装备的研发和推广应用。吸收引进国际先进物流技术,提高物流技术自主创新能力。

(四)加强物流标准化建设

加紧编制并组织实施物流标准中长期规划,完善物流标准体系。按照重点突出、结构合理、层次分明、科学适用、基本满足发展需要的要求,完善国家物流标准体系框架,加强通用基础类、公共类、服务类及专业类物流标准的制定工作,形成一批对全国物流业发展和服务水平提升有重大促进作用的物流标准。注重物流标准与其他产业标准以及国际物流标准的衔接,科学划分推荐性和强制性物流标准,加大物流标准的实施力度,努力提升物流服务、物流枢纽、物流设施设备的标准化运作水平。调动企业在标准制修订工作中的积极性,推进重点物流企业参与专业领域物流技术标准和管理标准的制定和标准化试点工作。加强物流标准的培训宣传和推广应用。

(五)推进区域物流协调发展

落实国家区域发展整体战略和产业布局调整优化的要求,继续发挥全国性物流节点城市和区域性物流节点城市的辐射带动作用,推动区域物流协调发展。按照建设丝绸之路经济带、海上丝绸之路、长江经济带等重大战略规划要求,加快推进重点物流区域和联通国际国内的物流通道建设,重点打造面向中亚、南亚、西亚的战略物流枢纽及面向东盟的陆海联运、江海联运节点和重要航空港,建立省际和跨国合作机制,促进物流基础设施互联互通和信息资源共享。东部地区要适应居民消费加快升级、制造业转型、内外贸一体化的趋势,进一步提升商贸物流、制造业物流和国际物流的服务能力,探索国际国内物流一体化运作模式。按照推动京津冀协同发展、环渤海区域合作和发展等要求,加快商贸物流业一体化进程。中部地区要发挥承东启西、贯通南北的区位优势,加强与沿海、沿边地区合作,加快陆港、航空口岸建设,构建服务于产业转移、资源输送和南北区域合作的物流通道和枢纽。西部地区要结合推进丝绸之路经济带建设,打造物流通道,改善区域物流条件,积极发展具有特色优势的农产品、矿产品等大宗商品物流产业。东北地区要加快构建东北亚沿边物流带,形成面向俄罗斯、连接东北亚及欧洲的物流大通道,重点推进制造业物流和粮食等大宗资源型商品物流发展。物流节点城市是区域物流发展的重要枢纽,要根据产业特点、发展水平、设施状况、市场需求、功能定位等,加强物流基础设施的规划布局,改善产业发展环境。

(六)积极推动国际物流发展

加强枢纽港口、机场、铁路、公路等各类口岸物流基础设施建设。以重点开发开放试验区为先导,结合发展边境贸易,加强与周边国家和地区的跨境物流体系和走廊建设,加快物流基础设施互联互通,形成一批国际货运枢纽,增强进出口货物集散能力。加强境内外口岸、内陆与沿海、沿边口岸的战略合作,推动海关特殊监管区域、国际陆港、口岸等协调发展,提高国际物流便利化水平。建立口岸物流联检联动机制,进一步提高通关效率。积极构建服务于全球贸易和营销网络、跨境电子商务的物流支撑体系,为国内企业“走出去”和开展全球业务提供物流服务保障。支持优势物流企业加强联合,构建国际物流服务网络,打造具有国际竞争力的跨国物流企业。

（七）大力发展绿色物流

优化运输结构，合理配置各类运输方式，提高铁路和水路运输比重，促进节能减排。大力发展甩挂运输、共同配送、统一配送等先进的物流组织模式，提高储运工具的信息化水平，减少返空、迂回运输。鼓励采用低能耗、低排放运输工具和节能型绿色仓储设施，推广集装单元化技术。借鉴国际先进经验，完善能耗和排放监测、检测认证制度，加快建立绿色物流评估标准和认证体系。加强危险品水运管理，最大限度减少环境事故。鼓励包装重复使用和回收再利用，提高托盘等标准化器具和包装物的循环利用水平，构建低环境负荷的循环物流系统。大力发展回收物流，鼓励生产者、再生资源回收利用企业联合开展废旧产品回收。推广应用铁路散堆装货物运输抑尘技术。

五、重点工程

（一）多式联运工程

加快多式联运设施建设，构建能力匹配的集疏运通道，配备现代化的中转设施，建立多式联运信息平台。完善港口的铁路、公路集疏运设施，提升临港铁路场站和港站后方通道能力。推进铁路专用线建设，发挥铁路集装箱中心站作用，推进内陆城市和港口的集装箱场站建设。构建与铁路、机场和公路货运站能力匹配的公路集疏运网络系统。发展海铁联运、铁水联运、公铁联运、陆空联运，加快推进大宗散货水铁联运、集装箱多式联运，积极发展干支直达和江海直达等船舶运输组织方式，探索构建以半挂车为标准荷载单元的铁路驮背运输、水路滚装运输等多式联运体系。

（二）物流园区工程

在严格符合土地利用总体规划、城市总体规划的前提下，按照节约、集约用地的原则，在重要的物流节点城市加快整合与合理布局物流园区，推进物流园区水、电、路、通讯设施和多式联运设施建设，加快现代化立体仓库和信息平台建设，完善周边公路、铁路配套，推广使用甩挂运输等先进运输方式和智能化管理技术，完善物流园区管理体制，提升管理和服务水平。结合区位特点和物流需求，发展货运枢纽型、生产服务型、商贸服务型、口岸服务型和综合服务型物流园区，以及农产品、农资、钢铁、煤炭、汽车、医药、出版物、冷链、危险货物运输、快递等专业类物流园区，发挥物流园区的示范带动作用。

（三）农产品物流工程

加大粮食仓储设施建设和维修改造力度，满足粮食收储需要。引进先进粮食仓储设备和技术，切实改善粮食仓储条件。积极推进粮食现代物流设施建设，发展粮食储、运、装、卸“四散化”和多式联运，开通从东北入关的铁路散粮列车和散粮集装箱班列，加强粮食产区的收纳和发放设施、南方销区的铁路和港口散粮接卸设施建设，解决“北粮南运”运输“卡脖子”问题。推进棉花运输装卸机械化、仓储现代化、管理信息化，加强主要产销区的物流节点及铁路专用线建设，支持企业开展纺织配棉配送服务。加强“南糖北运”及产地的运输、仓储等物流设施建设。加强鲜活农产品冷链物流设施建设，支持“南菜北运”和大宗鲜活农产品产地预冷、初加工、冷藏保鲜、冷链运输等设施设备建设，形成重点品种农产品物流集散中心，提升批发市场等重要节点的冷链设施水平，完善冷链物流网络。

（四）制造业物流与供应链管理工程

支持建设与制造业企业紧密配套、有效衔接的仓储配送设施和物流信息平台，鼓励各类产业聚集区域和功能区配套建设公共外仓，引进第三方物流企业。鼓励传统运输、仓储企业向供应链上下游延伸服务，建设第三方供应链管理平台，为制造业企业提供供应链计划、采购物流、入厂物流、交付物流、回收物流、供应链金融以及信息追溯等集成服务。加快发展具有供应链设计、咨询管理能力的专业物流企业，着力提升面向制造业企业的供应链管理服务水平。

（五）资源型产品物流工程

依托煤炭、石油、铁矿石等重要产品的生产基地和市场，加快资源型产品物流集散中心和物流通道建设。推进晋陕蒙(西)宁甘、内蒙古东部、新疆等煤炭外运重点通道建设，重点建设环渤海等大型煤炭储配基地和重点煤炭物流节点。统筹油气进口运输通道和国内储运体系建设，加快跨区域、与周边国家和地区紧密连接的油气运输通道建设，加强油气码头建设，鼓励发展油船、液化天然气船，加强铁矿石等重要矿产品港口(口岸)物流设施建设。

(六)城乡物流配送工程

加快完善城乡配送网络体系，统筹规划、合理布局物流园区、配送中心、末端配送网点等三级配送节点，搭建城市配送公共服务平台，积极推进县、乡、村消费品和农资配送网络体系建设。进一步发挥邮政及供销合作社的网络和服务优势，加强农村邮政网点、村邮站、“三农”服务站等邮政终端设施建设，促进农村地区商品的双向流通。推进城市绿色货运配送体系建设，完善城市配送车辆标准和通行管控措施，鼓励节能环保车辆在城市配送中的推广应用。加快现代物流示范城市的配送体系发展，建设服务连锁经营企业和网络销售企业的跨区域配送中心。发展智能物流基础设施，支持农村、社区、学校的物流快递公共取送点建设。鼓励交通、邮政、商贸、供销、出版物销售等开展联盟合作，整合利用现有物流资源，进一步完善存储、转运、停靠、卸货等基础设施，加强服务网络建设，提高共同配送能力。

(七)电子商务物流工程

适应电子商务快速发展需求，编制全国电子商务物流发展规划，结合国家电子商务示范城市、示范基地、物流园区、商业设施等建设，整合配送资源，构建电子商务物流服务平台和配送网络。建成一批区域性仓储配送基地，吸引制造商、电商、快递和零担物流公司、第三方服务公司入驻，提高物流配送效率和专业化服务水平。探索利用高铁资源，发展高铁快件运输。结合推进跨境贸易电子商务试点，完善一批快递转运中心。

(八)物流标准化工程

重点推进物流技术、信息、服务、运输、货代、仓储、粮食等农产品及加工食品、医药、汽车、家电、电子商务、邮政(含快递)、冷链、应急等物流标准的制修订工作，积极着手开展钢铁、机械、煤炭、铁矿石、石油石化、建材、棉花等大宗产品物流标准的研究制订工作。支持仓储和转运设施、运输工具、停靠和卸货站点的标准化建设和改造，制定公路货运标准化电子货单，推广托盘、集装箱、集装袋等标准化设施设备，建立全国托盘共用体系，推进管理软件接口标准化，全面推广甩挂运输试点经验。开展物流服务认证试点工作，推进物流领域检验检测体系建设，支持物流企业开展质量、环境和职业健康安全管理体系认证。

(九)物流信息平台工程

整合现有物流信息服务平台资源，形成跨行业和区域的智能物流信息公共服务平台。加强综合运输信息、物流资源交易、电子口岸和大宗商品交易等平台建设，促进各类平台之间的互联互通和信息共享。鼓励龙头物流企业搭建面向中小物流企业的物流信息服务平台，促进货源、车源和物流服务等信息的高效匹配，有效降低货车空驶率。以统一物品编码体系为依托，建设衔接企业、消费者与政府部门的第三方公共服务平台，提供物流信息标准查询、对接服务。建设智能物流信息平台，形成集物流信息发布、在线交易、数据交换、跟踪追溯、智能分析等功能为一体的物流信息服务中心。加快推进国家交通运输物流公共信息平台建设，依托东北亚物流信息服务网络等已有平台，开展物流信息化国际合作。

(十)物流新技术开发应用工程

支持货物跟踪定位、无线射频识别、可视化技术、移动信息服务、智能交通和位置服务等关键技术攻关，研发推广高性能货物搬运设备和快速分拣技术，加强沿海和内河船型、商用车运输等重要运输技术的研发应用。完善物品编码体系，推动条码和智能标签等标识技术、自动识别技术以及电子数据交换技术的广泛应用。推广物流信息编码、物流信息采集、物流载体跟踪、自动化控制、管理决策支持、信息交换与共享等领域的物流信息技术。鼓励新一代移动通信、道路交通信息通讯系统、自动导引车辆、不停车收费系统以及托盘等集装单元化技术普及。推动北斗导航、物联网、云计算、大数据、移动互联等技术在产品可追溯、在线调度管理、全自动物流配送、智能配货等领域的应用。

(十一)再生资源回收物流工程

加快建立再生资源回收物流体系,重点推动包装物、废旧电器电子产品等生活废弃物和报废工程机械、农作物秸秆、消费品加工中产生的边角废料等有使用价值废弃物的回收物流发展。加大废弃物回收物流处理设施的投资力度,加快建设一批回收物流中心,提高回收物品的收集、分拣、加工、搬运、仓储、包装、维修等管理水平,实现废弃物的妥善处置、循环利用、无害环保。

(十二)应急物流工程

建立统一协调、反应迅捷、运行有序、高效可靠的应急物流体系,建设集满足多种应急需要为一体的物流中心,形成一批具有较强应急物流运作能力的骨干物流企业。加强应急仓储、中转、配送设施建设,提升应急物流设施设备的标准化和现代化水平,提高应急物流效率和应急保障能力。建立和完善应急物流信息系统,规范协调调度程序,优化信息流程、业务流程和管理流程,推进应急生产、流通、储备、运输环节的信息化建设和应急信息交换、数据共享。

六、保障措施

(一)深化改革开放

加快推进物流管理体制改革,完善各层级的物流政策综合协调机制,进一步发挥全国现代物流工作部际联席会议作用。按照简政放权、深化行政审批制度改革的要求,建立公平透明的市场准入标准,进一步放宽对物流企业资质的行政许可和审批条件,改进审批管理方式。落实物流企业设立非法人分支机构的相关政策,鼓励物流企业开展跨区域网络化经营。引导企业改革"大而全""小而全"的物流运作模式,制定支持企业分离外包物流业务和加快发展第三方物流的措施,充分整合利用社会物流资源,提高规模化水平。加强与主要贸易对象国及台港澳等地区的政策协调和物流合作,推动国内物流企业与国际先进物流企业合作交流,支持物流企业"走出去"。做好物流业外资并购安全审查工作,扩大商贸物流、电子商务领域的对外开放。

(二)完善法规制度

尽快从国民经济行业分类、产业统计、工商注册及税目设立等方面明确物流业类别,进一步明确物流业的产业地位。健全物流业法律法规体系,抓紧研究制修订物流业安全监管、交通运输管理和仓储管理等相关法律法规或部门规章,开展综合性法律的立法准备工作,在此基础上择机研究制订物流业促进方面的法律法规。

(三)规范市场秩序

加强对物流市场的监督管理,完善物流企业和从业人员信用记录,纳入国家统一的信用信息平台。增强企业诚信意识,建立跨地区、跨行业的联合惩戒机制,加大对失信行为的惩戒力度。加强物流信息安全管理,禁止泄露转卖客户信息。加强物流服务质量满意度监测,开展安全、诚信、优质服务创建活动。鼓励企业整合资源、加强协作,提高物流市场集中度和集约化运作水平,减少低水平无序竞争。加强对物流业市场竞争行为的监督检查,依法查处不正当竞争和垄断行为。

(四)加强安全监管

加强对物流企业的安全管理,督促物流企业切实履行安全主体责任,严格执行国家强制标准,保证运输装备产品的一致性。加强对物流车辆和设施设备的检验检测,确保车辆安全性符合国家规定、设施设备处于良好状态。禁止超载运输,规范超限运输。危险货物运输要强化企业经理人员安全管理职责和车辆动态监控。加大安全生产经费投入,及时排查整改安全隐患。加大物流业贯彻落实国家信息安全等级保护制度力度,按照国家信息安全等级保护管理规范和技术标准要求同步实施物流信息平台安全建设,提高网络安全保障能力。建立健全物流安全监管信息共享机制,物流信息平台及物流企业信息系统要按照统一技术标准建设共享信息的技术接口。道路、铁路、民航、航运、邮政部门要进一步规范货物收运、收寄流程，进一步落实货物安全检查责任，采取严格的货物安全检查措施并增加开箱检查频次，加大对瞒报货物品名行为的查处力度，严防普通货物中夹带违禁品和危险品。推广使用技术手段对集装箱和货运物品进行探测查验，提高对违禁品和危险品的发现能力。加大宣传教育力度，曝光违法违规托运和夹带违禁品、危险品的典型案件和查处结果，增强公众守法意识。

（五）完善扶持政策

加大土地等政策支持力度，着力降低物流成本。落实和完善支持物流业发展的用地政策，依法供应物流用地，积极支持利用工业企业旧厂房、仓库和存量土地资源建设物流设施或者提供物流服务，涉及原划拨土地使用权转让或者租赁的，应按规定办理土地有偿使用手续。认真落实物流业相关税收优惠政策。研究完善支持物流企业做强做大的扶持政策，培育一批网络化、规模化发展的大型物流企业。严格执行鲜活农产品运输“绿色通道”政策。研究配送车辆进入城区作业的相关政策，完善城市配送车辆通行管控措施。完善物流标准化工作体系，建立相关部门、行业组织和标准技术归口单位的协调沟通机制。

（六）拓宽投资融资渠道

多渠道增加对物流业的投入，鼓励民间资本进入物流领域。引导银行业金融机构加大对物流企业的信贷支持，针对物流企业特点推动金融产品创新，推动发展新型融资方式，为物流业发展提供更便利的融资服务。支持符合条件的物流企业通过发行公司债券、非金融企业债务融资工具、企业债券和上市等多种方式拓宽融资渠道。继续通过政府投资对物流业重点领域和薄弱环节予以支持。

（七）加强统计工作

提高物流业统计工作水平，明确物流业统计的基本概念，强化物流统计理论和方法研究，科学划分物流业统计的行业类别，完善物流业统计制度和评价指标体系，促进物流统计台账和会计核算科目建设，做好社会物流总额和社会物流成本等指标的调查统计工作，及时准确反映物流业的发展规模和运行效率；构建组织体系完善、调查方法科学、技术手段先进、队伍素质优良的现代物流统计体系，推动各省（区、市）全面开展物流统计工作，进一步提高物流统计数据质量和工作水平，为政府宏观管理和企业经营决策提供参考依据。

（八）强化理论研究和人才培养

加强物流领域理论研究，完善中国现代物流业理论体系，积极推进产学研用结合。着力完善物流学科体系和专业人才培养体系，以提高实践能力为重点，按照现代职业教育体系建设要求，探索形成高等学校、中等职业学校与有关部门、科研院所、行业协会和企业联合培养人才的新模式。完善在职人员培训体系，鼓励培养物流业高层次经营管理人才，积极开展职业培训，提高物流业从业人员业务素质。

（九）发挥行业协会作用

要更好地发挥行业协会的桥梁和纽带作用，做好调查研究、技术推广、标准制订和宣传推广、信息统计、咨询服务、人才培养、理论研究、国际合作等方面的工作。鼓励行业协会健全和完善各项行业基础性工作，积极推动行业规范自律和诚信体系建设，推动行业健康发展。

七、组织实施

各地区、各部门要充分认识促进物流业健康发展的重大意义，采取有力措施，确保各项政策落到实处、见到实效。地方各级人民政府要加强组织领导，完善协调机制，结合本地实际抓紧制定具体落实方案，及时将实施过程中出现的新情况、新问题报送国家发改委和交通运输部、商务部等有关部门。国务院各有关部门要加强沟通，密切配合，根据职责分工完善各项配套政策措施。发展改革委要加强统筹协调，会同有关部门研究制定促进物流业发展三年行动计划，明确工作安排及时间进度，并做好督促检查和跟踪分析，重大问题及时报告。

国务院办公厅关于加强进口的若干意见

（2014 年 10 月 23 日　国办发〔2014〕49 号）

各省、自治区、直辖市人民政府，国务院各部委、各直属机构：

实施积极的进口促进战略，加强技术、产品和服务进口，有利于增加有效供给、满足国内生产生活需求，提高产品质量，推进创业创新和经济结构优化升级，也有利于用好外汇储备，促进国际收支平衡，提升开放合作水平。经国务院同意，现就加强进口提出如下意见：

（一）继续鼓励先进技术设备和关键零部件等进口

加快调整《鼓励进口技术和产品目录》。鼓励银行业金融机构加大进口信贷支持力度，扩大先进技术设备、关键零部件等进口，促进产业结构调整和优化升级。积极支持融资租赁和金融租赁企业开展进口设备融资租赁业务。抓紧修订完善科教用品和科技开发用品进口税收政策。

（二）稳定资源性产品进口。完善国家储备体系，支持和鼓励企业建立商业储备

鼓励企业加快海外投资。继续利用外经贸发展专项资金等现有政策，支持境外能源资源开发，鼓励战略性资源回运，稳定能源资源供应，提高市场保障能力。在有效管理的前提下，适度扩大再生资源进口。

（三）合理增加一般消费品进口

加快与相关国家就水产品、水果、牛羊肉等产品签订检验检疫协议，积极推动合格的加工企业和产品备案注册。支持具备条件的国内流通企业整合进口和国内流通业务，减少中间环节；鼓励国内商业企业经营代理国外品牌。

（四）大力发展服务贸易进口

积极扩大国内急需的咨询、研发设计、节能环保、环境服务等知识、技术密集型生产性服务进口和旅游进口。加强人员流动、资格互认、行业标准制定等方面的国际磋商与合作。建立和完善与服务贸易特点相适应的口岸通关管理模式。

（五）进一步优化进口环节管理

调整汽车品牌销售有关规定，加紧在中国（上海）自由贸易试验区率先开展汽车平行进口试点工作。适时调整自动进口许可货物种类，加快自动进口许可管理商品无纸化通关试点。不断优化海关税收征管程序。

（六）进一步提高进口贸易便利化水平

对进口货物实行 24 小时和节假日预约通关。在京津冀、长江经济带、广东省海关区域通关一体化改革的基础上，加快推进全国海关通关一体化改革工作。继续完善检验检疫制度，扩大采信第三方检验检测认证结果，推动检测认证结果及其标准的国际互认，缩短检验检疫时间。

（七）大力发展进口促进平台

加大对国家进口贸易促进创新示范区的政策支持，支持大宗商品交易平台建设，完善进口贸易平台。抓紧总结试点经验，按照公平竞争原则，加快出台支持跨境电子商务发展的指导意见。充分发挥海关特殊监管区域和监管场所的作用，扩大相关商品进口。组织和支持举办进口展览会、洽谈会。发挥进口促进电子信息平台作用，交流市场信息，加强进口政策宣传。

（八）积极参与多双边合作

加快推进“一带一路”建设，发挥中国与沿线国家各自的比较优势，挖掘合作潜力，拓展合作领域，抓紧收获早期成果，鼓励企业到沿线国家投资加工生产并扩大加工产品进口。积极签订服务贸易合作协议，提升对外经贸合作水平。通过民间多、双边经贸合作机制，加强中外贸促机构、商会间的交流，促进和组织企业开展对接活动，扩大贸易合作机会。

各地区、有关部门要进一步统一思想，加快职能转变，简化行政审批，健全工作机制，及时帮助企业解决实际困难和问题。有关部门要抓紧制订具体工作方案，明确时限，确保在2014年年内发挥政策效应。商务部要加强政策协调和督促检查，确保各项政策措施落实到位。

国务院办公厅关于促进内贸流通健康发展的若干意见

（2014年10月24日　国办发〔2014〕51号）

各省、自治区、直辖市人民政府，国务院各部委、各直属机构：

近年来，中国国内贸易稳定发展，现代流通方式快速推进，流通产业的基础性和先导性作用不断增强。在当前稳增长促改革调结构惠民生防风险的关键时期，加快发展内贸流通，对于引导生产、扩大消费、吸纳就业、改善民生，进一步拉动经济增长具有重要意义，经国务院批准，现提出如下意见：

一、推进现代流通方式发展

（一）规范促进电子商务发展

进一步拓展网络消费领域，加快推进中小城市电子商务发展，支持电子商务企业向农村延伸业务，推动居民生活服务、休闲娱乐、旅游、金融等领域电子商务应用。在保障数据管理安全的基础上，推进商务领域大数据公共信息服务平台建设。促进线上线下融合发展，推广“网订店取”“网订店送”等新型配送模式。加快推进电子发票应用，完善电子会计凭证报销、登记入账及归档保管等配套措施。落实《注册资本登记制度改革方案》，完善市场主体住所（经营场所）管理。在控制风险基础上鼓励支付产品创新，营造商业银行和支付机构等支付服务主体平等竞争环境，促进网络支付健康发展。

（二）加快发展物流配送

加强物流标准化建设，加快推进以托盘标准化为突破口的物流标准化试点；加强物流信息化建设，打造一批跨区域物流综合信息服务平台；提高物流社会化水平，支持大型连锁零售企业向社会提供第三方物流服务，开展商贸物流城市共同配送试点，推广统一配送、共同配送等模式；提高物流专业化水平，支持电子商务与物流快递协同发展，大力发展冷链物流，支持农产品预冷、加工、储存、运输、配送等设施建设，形成若干重要农产品冷链物流集散中心。推动城市配送车辆统一标识管理，保障运送生鲜食品、主食制品、药品等车辆便利通行。允许符合标准的非机动快递车辆从事社区配送。支持商贸物流园区、仓储企业转型升级，经认定为高新技术企业的第三方物流和物流信息平台企业，依法享受高新技术企业相关优惠政策。

（三）大力发展连锁经营

以电子商务、信息化及物流配送为依托，推进发展直营连锁，规范发展特许连锁，引导发展自愿连锁。支持连锁经营企业建设直采基地和信息系统，提升自愿连锁服务机构联合采购、统一分销、共同配送能力，引导便利店等业态进社区、进农村，规范和拓展其代收费、代收货等便民服务功能。鼓励超市、便利店、机场等相关场所依法依规发展便民餐点。

二、加强流通基础设施建设

（四）推进商品市场转型升级

加快商品批发市场转型升级，推动专业化提升和精细化改进，拓展商品展示、研发设计、品牌孵化、回收处理等功能，带动产业集群发展。制订全国公益性批发市场发展规划，统筹公益性市场建设，加快形成不同层级、布局合理、便民惠民的公益性市场体系。探索采取设立农产品流通产业发展基金等模式，培育一批全国和区域公益性农产品批发市场。支持全国农产品跨区域流通骨干网络建设，完善产销衔接体系。落实和完善农产品批发市场、农贸市场城镇土地使用税和房产税政策。城区商品批发市场异地搬迁改造，政府收回原国有建设用地使用权后，可采取协议出让方式安排商品批发市场用地。通过加强市场周边道路、停车位、公交停靠站点等交通基础设施规划建设，优化客货运交通组织等有效措施，切实解决城市物流配送存在的通行难、停车难、卸货难等问题。

（五）增加居民生活服务设施投入

优化社区商业网点、公共服务设施的规划布局和业态配置，鼓励建设集社区菜市场、便利店、快餐店、配送站、再生资源回收点及健康、养老、看护等大众化服务网点于一体的社区综合服务中心。将农村市场流通体系建设纳入城镇化规划，培育一批集零售、餐饮、文化、生活、配送等于一体的多功能乡镇商贸中心。整合各类社会资源，建设公益性家政服务网络中心和服务人员供给基地，培育一批员工制家政服务企业，健全养老护小型家政服务人员培训体系，扩大家政服务供给。加快生活性服务业营改增步伐，合理设置生活性服务业增值税税率，加大小微企业增值税和营业税的政策支持力度，进一步促进生活性服务业小微企业发展。尽快完善银行卡刷卡手续费定价机制，取消刷卡手续费行业分类，进一步从总体上降低餐饮业刷卡手续费支出。落实好新建社区商业和综合服务设施面积占社区总建筑面积比例不低于10.0%的政策。

（六）推进绿色循环消费设施建设

大力推广绿色低碳节能设备设施，推动节能技术改造，在具备条件的企业推广分布式光伏发电，试点夹层玻璃光伏组件等新材料产品应用，培育一批集节能改造、节能产品销售和废弃物回收于一体的绿色市场、商场和饭店。推广绿色低碳采购，支持流通企业与绿色低碳商品生产企业（基地）对接，打造绿色低碳供应链。支持淘汰老旧汽车，加大黄标车淘汰力度，促进报废汽车回收拆解体系建设，推进报废汽车资源综合利用。

三、深化流通领域改革创新

（七）支持流通企业做大做强

推动优势流通企业利用参股、控股、联合、兼并、合资、合作等方式，做大做强，形成若干具有国际竞争力的大型零售商、批发商、物流服务商。加快推进流通企业兼并重组审批制度改革，依法做好流通企业经营者集中反垄断审查工作。鼓励和引导金融机构加大对流通企业兼并重组的金融支持力度，支持商业银行扩大对兼并重组商贸企业综合授信额度。推进流通企业股权多元化改革，鼓励各类投资者参与国有流通企业改制重组，鼓励和吸引民间资本进入，进一步提高利用外资的质量和水平，推进混合所有制发展。

（八）增强中小商贸流通企业发展活力

加快推进中小商贸流通企业公共服务平台建设，整合利用社会服务力量，为中小商贸流通企业提供质优价惠的信息咨询、创业辅导、市场拓展、电子商务应用、特许经营推广、企业融资、品牌建设等服务，力争用三年时间初步形成覆盖全国的服务网络。落实小微企业融资支持政策，推动商业银行开发符合商贸流通行业特点的融资产品，在充分把控行业和产业链风险的基础上，发展商圈融资、供应链融资，完善小微商贸流通企业融资环境。

（九）推进内外贸融合发展

拓展国内商品市场对外贸易功能，借鉴国际贸易通行标准、规则和方式，在总结试点经验的基础上，适当扩大市场采购贸易方式的试点范围，打造一批布局合理、功能完善、管理规范、辐射面广的内外贸结合市场。鼓励具备条件的流通企业“走出去”，建立海外营销、物流及售后服务网络，鼓励外贸企业建立国内营销渠道，拓展国内市场，打造一批实力雄厚、竞争力强、内外贸一体化经营的跨国企业。

四、着力改善营商环境

（十）减少行政审批，减轻企业税费负担

加快推进行政审批制度改革，系统评估和清理涉及内贸流通领域的行政审批、备案等事项，最大限度取消和下放。对按照法律、行政法规和国家有关政策规定设立的涉企行政事业性收费、政府性基金和实施政府定价或指导价的经营服务性收费，实行目录清单管理，不断完善公示制度。加大对违规设立行政事业性收费的查处力度，坚决制止各类乱收费、乱罚款和摊派等行为。进一步推进工商用电同价。鼓励大型商贸企业参与电力直接交易。在有条件的地区开展试点，允许商业用户选择执行行业平均电价或峰谷分时电价。

（十一）创造公平竞争的市场环境

着力破除各类市场壁垒，不得滥用行政权力制定含有排除、限定竞争内容的规定，不得限定或者变相限定单位或者个人经营、购买、使用行政机关指定的经营者提供的商品，取消针对外地企业、产品和服务设定歧视性收费项目、实行歧视性收费标准或者规定歧视性价格等歧视性政策，落实跨地区经营企业总分支机构汇总纳税政策。抓紧研究完善零售商、供应商公平交易行为规范及相关制度，强化日常监管，健全举报投诉办理和违法行为曝光机制，严肃查处违法违规行为。充分发挥市场机制作用，建立和完善符合中国国情和现阶段发展要求的农产品价格和市场调控机制。建立维护全国市场统一开放、竞争有序的长效机制，推进法治化营商环境建设。

（十二）加大市场整治力度

集中开展重点商品、重点领域专项整治行动，完善网络商品的监督抽查、风险监测、源头追溯、质量担保、损害赔偿、联合办案等制度，依法惩治侵权假冒违法行为，促进电子商务健康发展，切实保护消费者合法权益。积极推进侵权假冒行政处罚案件信息公开，建立案件曝光平台。强化对农村市场和网络商品交易的监管。加强行政执法与刑事司法衔接，建立部门间、区域间信息共享和执法协作机制。

（十三）加快推进商务信用建设

建立和完善国内贸易企业信用信息记录和披露制度，依法发布失信企业“黑名单”，营造诚信文化氛围。推动建立健全覆盖线上网络和线下实体店消费的信用评价机制。支持第三方机构开展具有信誉搜索、同类对比等功能的综合评价；鼓励行业组织开展以信用记录为基础的第三方专业评价；引导企业开展商品质量、服务水平、购物环境等内容的消费体验评价。

五、加强组织领导

（十四）加快推进政策落实

各部门要加强协调配合，按照分工要求，切实负起责任，根据本意见抓紧制定贯彻落实工作方案，明确时限要求，确保政策落实到位。地方各级人民政府要根据形势需要和本地实际，统筹协调，落实责任，出台有针对性的配套措施，加大保障力度，形成政策合力。

附件：重点任务分工进度安排（略）

国务院关于扶持小型微型企业健康发展的意见

（2014 年 10 月 31 日　国发〔2014〕52 号）

各省、自治区、直辖市人民政府，国务院各部委、各直属机构：

工商登记制度改革极大地激发了市场活力和创业热情，小型微型企业数量快速增长，为促进经济发展和社会就业发挥了积极作用，但在发展中也面临一些困难和问题。为切实扶持小型微型企业（含个体工商户）健康发展，现提出如下意见：

1. 充分发挥现有中小企业专项资金的引导作用，鼓励地方中小企业扶持资金将小型微型企业纳入支持范围。（财政部、国家发改委、工业和信息化部、科技部、商务部、国家工商总局等部门负责）

2. 认真落实已经出台的支持小型微型企业税收优惠政策，根据形势发展的需要研究出台继续支持的政策。小型微型企业从事国家鼓励发展的投资项目，进口项目自用且国内不能生产的先进设备，按照有关规定免征关税。（财政部会同税务总局、国家工商总局、工业和信息化部、国家海关总署等部门负责）

3. 加大中小企业专项资金对小企业创业基地（微型企业孵化园、科技孵化器、商贸企业集聚区等）建设的支持力度。鼓励大中型企业带动产业链上的小型微型企业，实现产业集聚和抱团发展。（财政部、工业和信息化部、科技部、商务部、国家工商总局等部门负责）

4. 对小型微型企业吸纳就业困难人员就业的，按照规定给予社会保险补贴。自工商登记注册之日起 3 年内，对安排残疾人就业未达到规定比例、在职职工总数 20 人以下（含 20 人）的小型微型企业，免征残疾人就业保障金。（人力资源社会保障部会同财政部、中国残联等部门负责）

5. 鼓励各级政府设立的创业投资引导基金积极支持小型微型企业。积极引导创业投资基金、天使基金、种子基金投资小型微型企业。符合条件的小型微型企业可按规定享受小额担保贷款扶持政策。（财政部会同国家发改委、工业和信息化部、证监会、科技部、商务部、人力资源和社会保障部等部门负责）

6. 进一步完善小型微型企业融资担保政策。大力发展政府支持的担保机构，引导其提高小型微型企业担保业务规模，合理确定担保费用。进一步加大对小型微型企业融资担保的财政支持力度，综合运用业务补助、增量业务奖励、资本投入、代偿补偿、创新奖励等方式，引导担保、金融机构和外贸综合服务企业等为小型微型企业提供融资服务。（银监会会同国家发改委、工业和信息化部、财政部、科技部、商务部、人力资源和社会保障部、人民银行、国家税务总局等部门负责）

7. 鼓励大型银行充分利用机构和网点优势，加大小型微型企业金融服务专营机构建设力度。引导中小型银行将改进小型微型企业金融服务和战略转型相结合，科学调整信贷结构，重点支持小型微型企业和区域经济发展。引导银行业金融机构针对小型微型企业的经营特点和融资需求特征，创新产品和服务。各银行业金融机构在商业可持续和有效控制风险的前提下，单列小型微型企业信贷计划。在加强监管前提下，大力推进具备条件的民间资本依法发起设立中小型银行等金融机构。（银监会会同人民银行、国家发改委、财政部、工业和信息化部、科技部、商务部等部门负责）

8. 高校毕业生到小型微型企业就业的，其档案可由当地市、县一级的公共就业人才服务机构免费保管。（人力资源和社会保障部、工业和信息化部、国家工商总局等部门负责）

9. 建立支持小型微型企业发展的信息互联互通机制。依托工商行政管理部门的企业信用信息公示系统，在企业自愿申报的基础上建立小型微型企业名录，集中公开各类扶持政策及企业享受扶持政策的信息。通过统一的信用信息平台，汇集工商注册登记、行政许可、税收缴纳、社保缴费等信息，推进小型微型企业信用信息共享，促进小型微型企业信用体系建设。通过信息公开和共享，利用大数据、云计算等现代信息技术，推动政府部门和银行、证券、保险等专业机构提供更有效的服务。从小型微型企业中抽取一定比例的样本企业，进行跟踪调查，加强监测分析。（国家工商总局、国家发改委、国家税务总局、工业和信息化部、人力资源和社会保障部、人民银行、国家质检总局、国家统计局等部门负责）

10. 大力推进小型微型企业公共服务平台建设，加大政府购买服务力度，为小型微型企业免费提供管理指导、技能培训、市场开拓、标准咨询、检验检测认证等服务。（工业和信息化部会同财政部、科技部、商务部、国家质检总局等部门负责）

各地区、各部门要结合本地区、本部门实际，在落实好已有的小型微型企业扶持政策的基础上，加大对政策的解读、宣传力度，简化办事流程，提高服务效率。各地区、各部门要确保政策尽快落实，并适时提出进一步措施。

国务院关于创新重点领域投融资机制鼓励社会投资的指导意见

（2014 年 11 月 16 日　国发〔2014〕60 号）

各省、自治区、直辖市人民政府，国务院各部委、各直属机构：

为推进经济结构战略性调整，加强薄弱环节建设，促进经济持续健康发展，迫切需要在公共服务、资源环境、生态建设、基础设施等重点领域进一步创新投融资机制，充分发挥社会资本特别是民间资本的积极作用。为此，特提出以下意见：

一、总体要求

（一）指导思想

全面贯彻落实党的十八大和十八届三中、四中全会精神，按照党中央、国务院决策部署，使市场在资源配置中起决定性作用和更好发挥政府作用，打破行业垄断和市场壁垒，切实降低准入门槛，建立公平开放透明的市场规则，营造权利平等、机会平等、规则平等的投资环境，进一步鼓励社会投资特别是民间投资，盘活存量、用好增量，调结构、补短板，服务国家生产力布局，促进重点领域建设，增加公共产品有效供给。

（二）基本原则

实行统一市场准入，创造平等投资机会；创新投资运营机制，扩大社会资本投资途径；优化政府投资使用方向和方式，发挥引导带动作用；创新融资方式，拓宽融资渠道；完善价格形成机制，发挥价格杠杆作用。

二、创新生态环保投资运营机制

（三）深化林业管理体制改革

推进国有林区和国有林场管理体制改革，完善森林经营和采伐管理制度，开展森林科学经营。深化集体林权制度改革，稳定林权承包关系，放活林地经营权，鼓励林权依法规范流转。鼓励荒山荒地造林和退耕还林林地林权依法流转。减免林权流转税费，有效降低流转成本。

（四）推进生态建设主体多元化

在严格保护森林资源的前提下，鼓励社会资本积极参与生态建设和保护，支持符合条件的农民合作社、家庭农场（林场）、专业大户、林业企业等新型经营主体投资生态建设项目。对社会资本利用荒山荒地进行植树造林的，在保障生态效益、符合土地用途管制要求的前提下，允许发展林下经济、森林旅游等生态产业。

（五）推动环境污染治理市场化

在电力、钢铁等重点行业以及开发区（工业园区）污染治理等领域，大力推行环境污染第三方治理，通过委托治理服务、托管运营服务等方式，由排污企业付费购买专业环境服务公司的治污减排服务，提高污染治理的产业化、专业化程度。稳妥推进政府向社会购买环境监测服务。建立重点行业第三方治污企业推荐制度。

（六）积极开展排污权、碳排放权交易试点

推进排污权有偿使用和交易试点，建立排污权有偿使用制度，规范排污权交易市场，鼓励社会资本参与污染减排和排污权交易。加快调整主要污染物排污费征收标准，实行差别化排污收费政策。加快在国内试行碳排放权交易制度，探索森林碳汇交易，发展碳排放权交易市场，鼓励和支持社会投资者参与碳配额交易，通过金融市场发现价格的功能，调整不同经济主体利益，有效促进环保和节能减排。

三、鼓励社会资本投资运营农业和水利工程

（七）培育农业、水利工程多元化投资主体

支持农民合作社、家庭农场、专业大户、农业企业等新型经营主体投资建设农田水利和水土保持设施。允许财政补助形成的小型农田水利和水土保持工程资产由农业用水合作组织持有和管护。鼓励社会资本以特许经营、参股控股等多种形式参与具有一定收益的节水供水重大水利工程建设运营。社会资本愿意投入的重大水利工程，要积极鼓励社会资本投资建设。

（八）保障农业、水利工程投资合理收益

社会资本投资建设或运营管理农田水利、水土保持设施和节水供水重大水利工程的，与国有、集体投资项目享有同等政策待遇，可以依法获取供水水费等经营收益；承担公益性任务的，政府可对工程建设投资、维修养护和管护经费等给予适当补助，并落实优惠政策。社会资本投资建设或运营管理农田水利设施、重大水利工程等，可依法继承、转让、转租、抵押其相关权益；征收、征用或占用的，要按照国家有关规定给予补偿或者赔偿。

（九）通过水权制度改革吸引社会资本参与水资源开发利用和保护

加快建立水权制度，培育和规范水权交易市场，积极探索多种形式的水权交易流转方式，允许各地通过水权交易满足新增合理用水需求。鼓励社会资本通过参与节水供水重大水利工程投资建设等方式优先获得新增水资源使用权。

（十）完善水利工程水价形成机制

深入开展农业水价综合改革试点，进一步促进农业节水。水利工程供非农业用水价格按照补偿成本、合理收益、优质优价、公平负担的原则合理制定，并根据供水成本变化及社会承受能力等适时调整，推行两部制水利工程水价和丰枯季节水价。价格调整不到位时，地方政府可根据实际情况安排财政性资金，对运营单位进行合理补偿。

四、推进市政基础设施投资运营市场化

（十一）改革市政基础设施建设运营模式

推动市政基础设施建设运营事业单位向独立核算、自主经营的企业化管理转变。鼓励打破以项目为单位的分散运营模式，实行规模化经营，降低建设和运营成本，提高投资效益。推进市县、乡镇和村级污水收集和处理、垃圾处理项目按行业“打包”投资和运营，鼓励实行城乡供水一体化、厂网一体投资和运营。

（十二）积极推动社会资本参与市政基础设施建设运营

通过特许经营、投资补助、政府购买服务等多种方式，鼓励社会资本投资城镇供水、供热、燃气、污水垃圾处理、建筑垃圾资源化利用和处理、城市综合管廊、公园配套服务、公共交通、停车设施等市政基础设施项目，政府依法选择符合要求的经营者。政府可采用委托经营或转让—经营—转让（TOT）等方

式,将已经建成的市政基础设施项目转交给社会资本运营管理。

(十三)加强县城基础设施建设

按照新型城镇化发展的要求,把有条件的县城和重点镇发展为中小城市,支持基础设施建设,增强吸纳农业转移人口的能力。选择若干具有产业基础、特色资源和区位优势的县城和重点镇推行试点,加大对市政基础设施建设运营引入市场机制的政策支持力度。

(十四)完善市政基础设施价格机制

加快改进市政基础设施价格形成、调整和补偿机制,使经营者能够获得合理收益。实行上下游价格调整联动机制,价格调整不到位时,地方政府可根据实际情况安排财政性资金对企业运营进行合理补偿。

五、改革完善交通投融资机制

(十五)加快推进铁路投融资体制改革

用好铁路发展基金平台,吸引社会资本参与,扩大基金规模。充分利用铁路土地综合开发政策,以开发收益支持铁路发展。按照市场化方向,不断完善铁路运价形成机制。向地方政府和社会资本放开城际铁路、市域(郊)铁路、资源开发性铁路和支线铁路的所有权、经营权。按照构建现代企业制度的要求,保障投资者权益,推进蒙西至华中、长春至西巴彦花铁路等引进民间资本的示范项目实施。鼓励按照“多式衔接、立体开发、功能融合、节约集约”的原则,对城市轨道交通站点周边、车辆段上盖进行土地综合开发,吸引社会资本参与城市轨道交通建设。

(十六)完善公路投融资模式

建立完善政府主导、分级负责、多元筹资的公路投融资模式,完善收费公路政策,吸引社会资本投入,多渠道筹措建设和维护资金。逐步建立高速公路与普通公路统筹发展机制,促进普通公路持续健康发展。

(十七)鼓励社会资本参与水运、民航基础设施建设

探索发展“航电结合”等投融资模式,按相关政策给予投资补助,鼓励社会资本投资建设航电枢纽。鼓励社会资本投资建设港口、内河航运设施等。积极吸引社会资本参与盈利状况较好的枢纽机场、干线机场以及机场配套服务设施等投资建设,拓宽机场建设资金来源。

六、鼓励社会资本加强能源设施投资

(十八)鼓励社会资本参与电力建设

在做好生态环境保护、移民安置和确保工程安全的前提下,通过业主招标等方式,鼓励社会资本投资常规水电站和抽水蓄能电站。在确保具备核电控股资质主体承担核安全责任的前提下,引入社会资本参与核电项目投资,鼓励民间资本进入核电设备研制和核电服务领域。鼓励社会资本投资建设风光电、生物质能等清洁能源项目和背压式热电联产机组,进入清洁高效煤电项目建设、燃煤电厂节能减排升级改造领域。

(十九)鼓励社会资本参与电网建设

积极吸引社会资本投资建设跨区输电通道、区域主干电网完善工程和大中城市配电网工程。将海南联网Ⅱ回线路和滇西北送广东特高压直流输电工程等项目作为试点,引入社会资本。鼓励社会资本投资建设分布式电源并网工程、储能装置和电动汽车充换电设施。

(二十)鼓励社会资本参与油气管网、储存设施和煤炭储运建设运营

支持民营企业、地方国有企业等参股建设油气管网主干线、沿海液化天然气(LNG)接收站、地下储气库、城市配气管网和城市储气设施,控股建设油气管网支线、原油和成品油商业储备库。鼓励社会资本参与铁路运煤干线和煤炭储配体系建设。国家规划确定的石化基地炼化一体化项目向社会资本开放。

(二十一)理顺能源价格机制

进一步推进天然气价格改革,2015年实现存量气和增量气价格并轨,逐步放开非居民用天然气气源价格,落实页岩气、煤层气等非常规天然气价格市场化政策。尽快出台天然气管道运输价格政策。按照合理成本加合理利润的原则,适时调整煤层气发电、余热余压发电上网标杆电价。推进天然气分布式能源冷、热、电价格市场化。完善可再生能源发电价格政策,研究建立流域梯级效益补偿机制,适时调整完善燃煤发电机组环保电价政策。

七、推进信息和民用空间基础设施投资主体多元化

(二十二)鼓励电信业进一步向民间资本开放

进一步完善法律法规,尽快修订电信业务分类目录。研究出台具体试点办法,鼓励和引导民间资本投资宽带接入网络建设和业务运营,大力发展宽带用户。推进民营企业开展移动通信转售业务试点工作,促进业务创新发展。

(二十三)吸引民间资本加大信息基础设施投资力度

支持基础电信企业引入民间战略投资者。推动中国铁塔股份有限公司引入民间资本,实现混合所有制发展。

(二十四)鼓励民间资本参与国家民用空间基础设施建设

完善民用遥感卫星数据政策,加强政府采购服务,鼓励民间资本研制、发射和运营商业遥感卫星,提供市场化、专业化服务。引导民间资本参与卫星导航地面应用系统建设。

八、鼓励社会资本加大社会事业投资力度

(二十五)加快社会事业公立机构分类改革

积极推进养老、文化、旅游、体育等领域符合条件的事业单位,以及公立医院资源丰富地区符合条件的医疗事业单位改制,为社会资本进入创造条件,鼓励社会资本参与公立机构改革。将符合条件的国有单位培训疗养机构转变为养老机构。

(二十六)鼓励社会资本加大社会事业投资力度

通过独资、合资、合作、联营、租赁等途径,采取特许经营、公建民营、民办公助等方式,鼓励社会资本参与教育、医疗、养老、体育健身、文化设施建设。尽快出台鼓励社会力量兴办教育、促进民办教育健康发展的意见。各地在编制城市总体规划、控制性详细规划以及有关专项规划时,要统筹规划、科学布局各类公共服务设施。各级政府逐步扩大教育、医疗、养老、体育健身、文化等政府购买服务范围,各类经营主体平等参与。将符合条件的各类医疗机构纳入医疗保险定点范围。

(二十七)完善落实社会事业建设运营税费优惠政策

进一步完善落实非营利性教育、医疗、养老、体育健身、文化机构税收优惠政策。对非营利性医疗、养老机构建设一律免征有关行政事业性收费,对营利性医疗、养老机构建设一律减半征收有关行政事业性收费。

(二十八)改进社会事业价格管理政策

民办教育、医疗机构用电、用水、用气、用热,执行与公办教育、医疗机构相同的价格政策。养老机构用电、用水、用气、用热,按居民生活类价格执行。除公立医疗、养老机构提供的基本服务按照政府规定的价格政策执行外,其他医疗、养老服务实行经营者自主定价。营利性民办学校收费实行自主定价,非营利性民办学校收费政策由地方政府按照市场化方向根据当地实际情况确定。

九、建立健全政府和社会资本合作(PPP)机制

(二十九)推广政府和社会资本合作(PPP)模式

认真总结经验,加强政策引导,在公共服务、资源环境、生态保护、基础设施等领域,积极推广PPP模式,规范选择项目合作伙伴,引入社会资本,增强

公共产品供给能力。政府有关部门要严格按照预算管理有关法律法规，完善财政补贴制度，切实控制和防范财政风险。健全PPP模式的法规体系，保障项目顺利运行。鼓励通过PPP方式盘活存量资源，变现资金要用于重点领域建设。

（三十）规范合作关系保障各方利益

政府有关部门要制定管理办法，尽快发布标准合同范本，对PPP项目的业主选择、价格管理、回报方式、服务标准、信息披露、违约处罚、政府接管以及评估论证等进行详细规定，规范合作关系。平衡好社会公众与投资者利益关系，既要保障社会公众利益不受损害，又要保障经营者合法权益。

（三十一）健全风险防范和监督机制

政府和投资者应对PPP项目可能产生的政策风险、商业风险、环境风险、法律风险等进行充分论证，完善合同设计，健全纠纷解决和风险防范机制。建立独立、透明、可问责、专业化的PPP项目监管体系，形成由政府监管部门、投资者、社会公众、专家、媒体等共同参与的监督机制。

（三十二）健全退出机制

政府要与投资者明确PPP项目的退出路径，保障项目持续稳定运行。项目合作结束后，政府应组织做好接管工作，妥善处理投资回收、资产处理等事宜。

十、充分发挥政府投资的引导带动作用

（三十三）优化政府投资使用方向

政府投资主要投向公益性和基础性建设。对鼓励社会资本参与的生态环保、农林水利、市政基础设施、社会事业等重点领域，政府投资可根据实际情况给予支持，充分发挥政府投资“四两拨千斤”的引导带动作用。

（三十四）改进政府投资使用方式

在同等条件下，政府投资优先支持引入社会资本的项目，根据不同项目情况，通过投资补助、基金注资、担保补贴、贷款贴息等方式，支持社会资本参与重点领域建设。抓紧制定政府投资支持社会投资项目的管理办法，规范政府投资安排行为。

十一、创新融资方式拓宽融资渠道

（三十五）探索创新信贷服务

支持开展排污权、收费权、集体林权、特许经营权、购买服务协议预期收益、集体土地承包经营权质押贷款等担保创新类贷款业务。探索利用工程供水、供热、发电、污水垃圾处理等预期收益质押贷款，允许利用相关收益作为还款来源。鼓励金融机构对民间资本举办的社会事业提供融资支持。

（三十六）推进农业金融改革

探索采取信用担保和贴息、业务奖励、风险补偿、费用补贴、投资基金，以及互助信用、农业保险等方式，增强农民合作社、家庭农场（林场）、专业大户、农林业企业的贷款融资能力和风险抵御能力。

（三十七）充分发挥政策性金融机构的积极作用

在国家批准的业务范围内，加大对公共服务、生态环保、基础设施建设项目的支持力度。努力为生态环保、农林水利、中西部铁路和公路、城市基础设施等重大工程提供长期稳定、低成本的资金支持。

（三十八）鼓励发展支持重点领域建设的投资基金

大力发展股权投资基金和创业投资基金，鼓励民间资本采取私募等方式发起设立主要投资于公共服务、生态环保、基础设施、区域开发、战略性新兴产业、先进制造业等领域的产业投资基金。政府可以使用包括中央预算内投资在内的财政性资金，通过认购基金份额等方式予以支持。

（三十九）支持重点领域建设项目开展股权和债权融资

大力发展债权投资计划、股权投资计划、资产支持计划等融资工具，延长投资期限，引导社保资金、保险资金等用于收益稳定、回收期长的基础设施和基础产业项目。支持重点领域建设项目采用企业债券、项目收益债券、公司债券、中期票据等方式通过债券市场筹措投资资金。推动铁路、公路、机场等交

通项目建设企业应收账款证券化。建立规范的地方政府举债融资机制，支持地方政府依法依规发行债券，用于重点领域建设。

创新重点领域投融资机制对稳增长、促改革、调结构、惠民生具有重要作用。各地区、各有关部门要从大局出发，进一步提高认识，加强组织领导，健全工作机制，协调推动重点领域投融资机制创新。各地政府要结合本地实际，抓紧制定具体实施细则，确保各项措施落到实处。国务院各有关部门要严格按照分工，抓紧制定相关配套措施，加快重点领域建设，同时要加强宣传解读，让社会资本了解参与方式、运营方式、盈利模式、投资回报等相关政策，进一步稳定市场预期，充分调动社会投资积极性，切实发挥好投资对经济增长的关键作用。国家发改委要会同有关部门加强对本指导意见落实情况的督促检查，重大问题及时向国务院报告。

附件：重点政策措施文件分工方案（略）

国务院关于清理规范税收等优惠政策的通知

（2014 年 11 月 27 日　国发〔2014〕62 号）

各省、自治区、直辖市人民政府，国务院各部委、各直属机构：

根据党的十八届三中全会精神和《国务院关于深化预算管理制度改革的决定》（国发〔2014〕45 号》要求，为严肃财经纪律，加快建设统一开放、竞争有序的市场体系，现就清理规范税收等优惠政策有关问题通知如下：

一、充分认识清理规范税收等优惠政策的重大意义

近年来，为推动区域经济发展，一些地区和部门对特定企业及其投资者（或管理者）等，在税收、非税等收入和财政支出等方面实施了优惠政策（以下统称税收等优惠政策），一定程度上促进了投资增长和产业集聚。但是，一些税收等优惠政策扰乱了市场秩序，影响国家宏观调控政策效果，甚至可能违反中国对外承诺，引发国际贸易摩擦。

全面规范税收等优惠政策，有利于维护公平的市场竞争环境，促进形成全国统一的市场体系，发挥市场在资源配置中的决定性作用；有利于落实国家宏观经济政策，打破地方保护和行业垄断，推动经济转型升级；有利于严肃财经纪律，预防和惩治腐败，维护正常的收入分配秩序；有利于深化财税体制改革，推进依法行政，科学理财，建立全面规范、公开透明的预算制度。

二、总体要求

（一）指导思想

以邓小平理论、“三个代表”重要思想、科学发展观为指导，全面贯彻党的十八大和十八届三中、四中全会精神，落实党中央、国务院决策部署，以加快建设统一开放、竞争有序的市场体系，促进社会主义市场经济健康发展为目标，通过清理规范税收等优惠政策，反对地方保护和不正当竞争，着力清除影响商品和要素自由流动的市场壁垒，推动完善社会主义市场经济体制，使市场在资源配置中起决定性作用，促进经济转型升级。

（二）主要原则

1. 上下联动，全面规范。各有关部门要按照法律法规和国务院统一要求，清理规范本部门出台的税收等优惠政策，各地区要同步开展清理规范工作。凡违法违规或影响公平竞争的政策都要纳入清理规范的范围，既要规范税收、非税等收入优惠政策，又要规范与企业缴纳税收或非税收入挂钩的财政支出

优惠政策。

2. 统筹规划,稳步推进。既要立足当前,分清主次,坚决取消违反法律法规的优惠政策,做到符合世界贸易组织规则和中国对外承诺,逐步规范其他优惠政策;又要着眼长远,以开展清理规范工作为契机,建立健全长效管理机制。

3. 公开信息,接受监督。要按照政府信息公开的要求,全面推进税收等优惠政策相关信息公开,增强透明度,提高公信力;建立举报制度,动员各方力量,加强监督制衡。

三、切实规范各类税收等优惠政策

(一)统一税收政策制定权限

坚持税收法定原则,除依据专门税收法律法规和《中华人民共和国民族区域自治法》规定的税政管理权限外,各地区一律不得自行制定税收优惠政策;未经国务院批准,各部门起草其他法律、法规、规章、发展规划和区域政策都不得规定具体税收优惠政策。

(二)规范非税等收入管理

严格执行现有行政事业性收费、政府性基金、社会保险管理制度。严禁对企业违规减免或缓征行政事业性收费和政府性基金、以优惠价格或零地价出让土地;严禁低价转让国有资产、国有企业股权以及矿产等国有资源;严禁违反法律法规和国务院规定减免或缓征企业应当承担的社会保险缴费,未经国务院批准不得允许企业低于统一规定费率缴费。

(三)严格财政支出管理

未经国务院批准,各地区、各部门不得对企业规定财政优惠政策。对违法违规制定与企业及其投资者(或管理者)缴纳税收或非税收入挂钩的财政支出优惠政策,包括先征后返、列收列支、财政奖励或补贴,以代缴或给予补贴等形式减免土地出让收入等,坚决予以取消。其他优惠政策,如代企业承担社会保险缴费等经营成本、给予电价水价优惠、通过财政奖励或补贴等形式吸引其他地区企业落户本地或在本地缴纳税费,对部分区域实施的地方级财政收入全留或增量返还等,要逐步加以规范。

四、全面清理已有的各类税收等优惠政策

各地区、各有关部门要开展一次专项清理,认真排查本地区、本部门制定出台的税收等优惠政策,特别要对与企业签订的合同、协议、备忘录、会议或会谈纪要以及“一事一议”形式的请示、报告和批复等进行全面梳理,摸清底数,确保没有遗漏。

通过专项清理,违反国家法律法规的优惠政策一律停止执行,并发布文件予以废止;没有法律法规障碍,确需保留的优惠政策,由省级人民政府或有关部门报财政部审核汇总后专题请示国务院。

各省级人民政府和有关部门应于2015年3月底前,向财政部报送本省(区、市)和本部门对税收等优惠政策的专项清理情况,由财政部汇总报国务院。

五、建立健全长效机制

(一)建立评估和退出机制

对法律法规规定的税收优惠政策和经国务院批准实施的非税收入及财政支出优惠政策,财政部要牵头定期评估。没有法律法规障碍且具有推广价值的政策,要尽快在全国范围内实施;有明确执行时限的政策,原则上一律到期停止执行;未明确执行时限的政策,要设定政策实施时限。对不符合经济发展需要、效果不明显的政策,财政部要牵头会同有关部门提出调整或取消的意见,报国务院审定。

(二)健全考评监督机制

明确地方各级人民政府主要负责人为本地区税收等优惠政策管理的第一责任人,将税收等优惠政策管理情况作为领导班子和领导干部综合考核评价体系的重要内容,作为提拔任用、管理监督的重要依据。

(三)建立信息公开和举报制度

建立目录清单制度,除涉及国家秘密和安全的事项外,税收等优惠政策的制定、调整或取消等信

息，要形成目录清单，并以适当形式及时、完整地向社会公开。建立举报制度，鼓励和引导各方力量对违法违规制定实施税收等优惠政策行为进行监督。

（四）强化责任追究机制

建立定期检查和问责制度，监察部、财政部、审计署、税务总局等部门要按照职责分工，及时查处并纠正各类违法违规制定税收等优惠政策行为。自本通知印发之日起，对违反规定出台或继续实施税收等优惠政策的地区和部门，要依法依规追究政府和部门主要负责人和政策制定部门、政策执行部门主要负责人的责任，并给予相应纪律处分；中央财政按照税收等优惠额度的一定比例扣减对该地区的税收返还或转移支付。

六、健全保障措施

（一）加强组织领导

建立由财政部牵头的清理税收等优惠政策部际联席会议制度，具体负责政策指导和统筹协调，加强监督检查和跟踪落实，研究解决重大问题，重大事项及时报告国务院。省、市、县级人民政府要建立由财政部门牵头、相关部门配合的清理税收等优惠政策工作机制，组织实施本地区的清理规范工作。

（二）完善相关政策

在扎实开展清理规范工作的同时，各地区、各部门要按照党中央、国务院的统一部署，认真落实国家统一制定的税收等优惠政策，大力培育新兴产业，积极支持小微企业加快发展，进一步完善社会保险、社会救助和社会福利制度，加大对城乡低收入群体的保障力度，努力促进就业和基本公共服务均等化。

（三）加强舆论引导

各地区、各部门和有关新闻单位要通过政府或部门网站、广播电视、平面媒体等渠道，加强政策宣传解读，及时发布信息，统一思想、凝聚共识，营造良好的舆论氛围。

规范税收等优惠政策工作事关全局，政策性强，涉及面广。各地区、各部门要高度重视，牢固树立大局意识，加强领导、周密部署、及时督查，切实将规范税收等优惠政策工作抓实、抓好、抓出成效。

国务院办公厅关于加快应急产业发展的意见

（2014年12月8日　国办发〔2014〕63号）

各省、自治区、直辖市人民政府，国务院各部委、各直属机构：

应急产业是为突发事件预防与应急准备、监测与预警、处置与救援提供专用产品和服务的产业。近年来，中国应急产业快速兴起并不断发展，在突发事件应对中发挥了重要作用，但还存在产业体系不健全、市场需求培育不足、关键技术装备发展缓慢等问题。发展应急产业一举数得。为加快中国应急产业发展，经国务院同意，现提出以下意见：

一、充分认识发展应急产业的重要意义

（一）发展应急产业是提高公共安全基础水平的迫切要求

当前中国公共安全形势严峻复杂，突发事件易发频发，防控难度不断加大。发展应急产业能为防范和应对突发事件提供物质保障、技术支撑和专业服务，提升基础设施和生产经营单位本质安全水平，提升突发事件应急救援能力，提升全社会抵御风险

能力，对于保障人民群众生命财产安全、维护国家公共安全具有重要意义。

（二）发展应急产业是培育新的经济增长点的重要内容

随着中国经济发展、社会进步和公众安全意识提高，社会各方对应急产品和服务的需求不断增长。应急产业覆盖面广、产业链长，加快发展应急产业有利于调整优化产业结构，催生新的业态，形成新的经济增长点；有利于促进中小微企业发展，增强经济活力，扩大社会就业。

（三）发展应急产业是提升应急技术装备核心竞争力的重要途径

突发事件处置现场情况复杂，对应急技术装备的适应性、可靠性、安全性要求更加苛刻。中国应急产业起步晚，一些产品技术含量不高，部分关键技术产品依赖进口。加快发展应急产业将带动相关行业领域自主创新和技术进步，促进国际先进技术和理念的引进消化吸收再创新，提升中国应急技术装备在国际市场的核心竞争力，推动经济转型升级。

二、总体要求

（四）指导思想

以邓小平理论、“三个代表”重要思想、科学发展观为指导，深入贯彻落实党的十八大、十八届二中、三中、四中全会精神和国务院决策部署，以企业为主体，以市场为导向，以改革创新和科技进步为动力，加强政策引导，激发各类创新主体活力，加快突破关键技术，不断提升应急产业整体水平和核心竞争力，增强防范和处置突发事件的产业支撑能力，为稳增长、促改革、调结构、惠民生、防风险作出贡献。

（五）基本原则

市场主导，政府引导。充分发挥市场配置资源的决定性作用，完善政府宏观引导和政策激励，进一步推进简政放权，营造良好发展环境，用改革的办法调动市场主体发展应急产业的积极性。

创新驱动，需求牵引。着力推进原始创新、集成创新和引进消化吸收再创新，掌握共性技术，突破关键核心技术，尽快缩小与国际先进水平的差距，促进科技成果产品化、产业化；培育市场需求，推进应急产品在重点领域应用，形成对应急产业发展的有力拉动。

统筹推进，协同发展。健全应急产业发展机制，加快形成适应中国公共安全需要的应急产品体系，推行应急救援、综合应急服务等市场化新型应急服务业态，不断提高应急产业对应对突发事件的综合保障能力。

服务社会，服务经济。把社会效益放在更加重要的位置，引导企业承担社会责任，研发应急产品，储备生产能力，完善应急服务，实现经济效益与社会效益相统一。

（六）发展目标

到2020年，应急产业规模显著扩大，应急产业体系基本形成；自主创新能力进一步增强，一批关键技术和装备的研发制造能力达到国际先进水平，一批自主研发的重大应急装备投入使用；形成若干具有国际竞争力的大型企业，发展一批应急特色明显的中小微企业；发展环境进一步优化，形成有利于产业发展的创新机制，为防范和处置突发事件提供有力支撑，并成为推动经济社会发展的重要动力。

三、重点方向

（七）监测预警

围绕提高各类突发事件监测预警的及时性和准确性，重点发展监测预警类应急产品。在自然灾害方面，发展地震、气象灾害、地质灾害、水旱灾害、病虫草鼠害、海洋灾害、森林草原火灾等监测预警设备；在事故灾难方面，发展矿山安全、危险化学品安全、特种设备安全、交通安全、海洋环境污染、重污染天气、有毒有害气体泄漏等监测预警装备；在公共卫生方面，发展农产品质量安全、食品药品安全、生产生活用水安全等应急检测装备，流行病监测、诊断试剂和装备；在社会安全方面，发展城市安全、网络和信息系统安全等监测预警产品。同时，发展突发事件预警发布系统、应急广播系统及设备等。

（八）预防防护

围绕提高个体和重要设施保护的安全性和可靠性，重点发展预防防护类应急产品。在个体防护方面，发展应急救援人员防护、矿山和危险化学品安全避险、特殊工种保护、家用应急防护等产品；在设备设施防护方面，发展社会公共安全防范、重要基础设施安全防护、重要生态环境安全保护等设备。

（九）处置救援

围绕提高突发事件处置的高效性和专业性，重点发展处置救援类应急产品。在现场保障方面，发展突发事件现场信息快速获取、应急通信、应急指挥、应急电源、应急后勤保障等产品；在生命救护方面，发展生命搜索与营救、医疗应急救治、卫生应急保障等产品；在抢险救援方面，发展消防、建（构）筑物废墟救援、矿难救援、危险化学品事故应急、工程抢险、海上溢油应急、道路应急抢通、航空应急救援、水上应急救援、核事故处置、特种设备事故救援、突发环境事件应急处置、疫情疫病检疫处理、反恐防爆处置等产品。

（十）应急服务

围绕提高突发事件防范处置的社会化服务水平，创新应急服务业态。在事前预防方面，发展风险评估、隐患排查、消防安全、安防工程、应急管理市场咨询等应急服务；在社会化救援方面，发展紧急医疗救援、交通救援、应急物流、工程抢险、安全生产、航空救援、海洋生态损害应急处置、网络与信息安全等应急服务；在其他应急服务方面，发展灾害保险、北斗导航应急服务等。

四、主要任务

（十一）加快关键技术和装备研发

通过国家科技计划（专项、基金等）对应急产业相关科技工作进行支持，推动应急产业领域科研平台体系建设，集中力量突破一批支撑应急产业发展的关键共性核心技术。鼓励企业联合高校、科研机构建立产学研协同创新机制，在应急产业重点方向成立产业技术创新战略联盟。鼓励充分利用军工技术优势发展应急产业，推进军民融合。创新商业模式，加强知识产权运用和保护，促进应急产业科技成果资本化、产业化。

（十二）优化产业结构

坚持需求牵引，采用目录、清单等形式明确应急产品和服务发展方向，引导社会资源投向先进、适用、安全、可靠的应急产品和服务。适应突发事件应对需要，推进应急产品标准化、模块化、系列化、特色化发展，引导企业提供一体化综合解决方案。加快发展应急服务业，采用政府购买服务等方式，引导社会力量以多种形式提供应急服务，支持与生产生活密切相关的应急服务机构发展，推动应急服务专业化、市场化和规模化。

（十三）推动产业集聚发展

适应现代产业发展规律，加强规划布局、指导和服务，鼓励有条件地区发展各具特色的应急产业集聚区，打造区域性创新中心和成果转化中心。依托国家储备和优势企业现有能力和资源，形成一批应急物资和生产能力储备基地。根据区域突发事件特点和产业发展情况，建设一批国家应急产业示范基地，形成区域性应急产业链，引领国家应急技术装备研发、应急产品生产制造和应急服务发展。

（十四）支持企业发展

充分发挥市场作用，引导企业通过兼并重组、品牌经营等方式进入应急产业领域，支持有实力的企业做大做强。发挥应急产业优势企业带头作用，培育形成一批技术水平高、服务能力强、拥有自主知识产权和品牌优势、具有国际竞争力的大型企业集团。利用中小企业发展专项资金等支持应急产业领域中小微企业，促进特色明显、创新能力强的中小微企业加速发展，形成大中小微企业协调发展的产业格局。

（十五）推广应急产品和应急服务

加强全民公共安全和风险意识宣传教育，推动消费观念转变，激发单位、家庭、个人在逃生、避险、防护、自救互救等方面对应急产品和服务的消费需求。完善矿山、危险化学品生产经营场所、高层建筑、学校、公共场所、应急避难场所、交通基础设施等应急设施设备配置标准，完善各类应急救援基地和队伍的装备配备标准，推动应急设施设备装备与建设主体工程同时设计、同时施工、同时投入使用。健全应急产品实物储备、社会储备和生产能力储备管理制度，建设应急产品和生产能力储备综合信息平台，带动应急产品应用。加强应急仓储、中转、配送设施建设，提高应急产品物流效率。利用风险补偿机制，支持重大应急创新产品首次应用。推动应急服务业与现代保险服务业相结合，将保险纳入灾害事故防范救助体系，加快推行巨灾保险。

（十六）加强国际交流合作

多层次、多渠道、多方式推进国际科技合作与交流，鼓励企业引进、消化、吸收国外应急先进技术和先进服务理念，提升企业竞争力。鼓励跨国公司在中国设立研发中心，引进更多应急产业创新成果在我国实现产业化。支持企业参与全球市场竞争，鼓励企业以高端应急产品、技术和服务开拓国际市场。鼓励国外先进应急技术装备进口。引导外资投向应急产业有关领域，国家支持应急产业发展的政策同等适用于符合条件的外商投资企业。组织开展展览、双边或国际论坛及贸易投资促进活动，充分利用相关平台交流推介应急产品和服务。

五、政策措施

（十七）完善标准体系

充分发挥标准对产业发展的规范和促进作用，加快制（修）订应急产品和应急服务标准，积极采用国际标准或国外先进标准，推动应急产业升级改造。鼓励和支持国内机构参与国际标准化工作，提升自主技术标准的国际话语权。

（十八）加大财政税收政策支持力度

对列入产业结构调整指导目录鼓励类的应急产品和服务，在有关投资、科研等计划中给予支持。探索建立政府引导应急产业发展投入机制，带动全社会加大对应急产业投入力度。落实和完善适用于应急产业的税收政策。建立健全应急救援补偿制度，对征用单位和个人的应急物资、装备等及时予以补偿。

（十九）完善投融资政策

鼓励金融资本、民间资本及创业与私募股权投资投向应急产业，支持符合条件的应急产业企业采取发行股票、债券等多种方式，在海内外资本市场直接融资。按照风险可控、商业可持续的原则，引导融资性担保机构加大对符合产业政策、资质好、管理规范的应急产业企业的担保力度。鼓励和引导金融机构创新金融产品和服务方式，加大对技术先进、优势明显、带动和支撑作用强的应急产业重大项目的信贷支持力度。

（二十）加强人才队伍建设

建立多层次多类型的应急产业人才培养和服务体系，着力培养高层次、创新型、复合型的核心技术研发人才和科研团队，培育具有国际视野的经营管理人才，造就一批领军人物。支持有条件的高等学校开设应急产业相关专业。依托有关培训机构、高等学校及科研机构，开展应急专业技术人才继续教育。利用各类引才引智计划，完善相关配套服务，鼓励海外专业人才回国或来华创业。

（二十一）优化发展环境

完善相关法律法规，支持应急产业发展。建立应急产业运行监测分析指标体系和统计制度。加强应急产品质量监管，依法查处生产和经销假冒伪劣应急产品的违法行为。依托现有的国家和社会检测资源，提升应急产品检测能力。完善事关人身生命安全的应急产品认证制度。鼓励发展应急产业协会等社团组织，加强行业自律和信用评价。对应急产业发展重大项目建设用地，在符合国家产业政策和土地利用总体规划的前提下予以支持。

六、组织协调

(二十二)健全工作机制

建立由工业和信息化部、国家发改委、科技部牵头的应急产业发展协调机制,及时研究解决重大问题,推动应急产业健康快速发展。选择有特点、有代表性的企业,建立联系点机制,跟踪应急产业发展情况,总结推广成功经验和做法。

(二十三)加强督查落实

各地区、各部门要高度重视应急产业发展,切实加强组织领导,抓紧制定落实各项政策措施分工的具体措施,确保各项政策措施落实到位。应急产业发展协调机制牵头单位要组织对各地区、各有关部门落实本意见的情况进行督查。

附件:重点工作任务分工表(略)

国务院部门规章

国内水路运输辅助业管理规定

（2014年1月2日　中华人民共和国交通运输部令第3号公布　自2014年3月1日起施行）

第一章　总　则

第一条　为规范国内水路运输辅助业务经营行为，维护水路运输市场秩序，促进水路运输事业健康发展，依据《国内水路运输管理条例》制定本规定。

第二条　国内水路运输辅助业务管理适用本规定。

本规定所称水路运输辅助业务，包括船舶管理、船舶代理、水路旅客运输代理、水路货物运输代理等水路运输辅助性业务经营活动。

第三条　交通运输部主管全国水路运输辅助业务管理工作。

县级以上人民政府交通运输主管部门主管本行政区域内的水路运输辅助业务管理工作。县级以上人民政府负责水路运输管理的部门或者机构（统称“水路运输管理部门”）具体实施水路运输辅助业务管理工作。

第四条　经营水路运输辅助业务，应当守法经营、公平竞争、诚实守信。

第二章　水路运输辅助业务经营者

第五条　申请经营船舶管理业务，申请人应当符合下列条件：

（1）具备企业法人资格；

（2）有符合本规定要求的海务、机务管理人员；

（3）有健全的安全管理机构和安全管理人员设置制度、安全管理责任制度、安全监督检查制度、事故应急处置制度、岗位安全操作规程等安全管理制度，以及与其申请管理的船舶种类相适应的船舶安全与防污染管理体系；

（4）法律、行政法规规定的其他条件。

第六条　船舶管理业务经营者应当配备满足下列要求的专职海务、机务管理人员：

（1）船舶管理业务经营者应当至少配备海务、机务管理人员各1人，配备的具体数量应当符合附件规定的要求；

（2）海务、机务管理人员的从业资历与其经营范围相适应，具有与管理的船舶种类和航区相对应的船长、轮机长的从业资历；

（3）海务、机务管理人员所具备的船舶安全管理、船舶设备管理、航海保障、应急处置等业务知识和管理能力与其经营范围相适应，身体条件与其职责要求相适应。

第七条　申请经营船舶管理业务或者变更船舶管理业务经营范围，应当向其所在地设区的市级人民政府水路运输管理部门提交申请书和证明申请人符合本规定要求的相关材料。

第八条　设区的市级人民政府水路运输管理部门收到申请后，应当依法核实或者要求申请人补正材料。并在受理申请之日起5个工作日内提出初步审查意见并将全部申请材料转报至省级人民政府水路运输管理部门。

省级人民政府水路运输管理部门应当依法对申请者的经营资质条件进行审查。符合条件的，应当在20个工作日内作出许可决定，向申请人颁发《国内船舶管理业务经营许可证》；不符合条件的，不予许可，并书面通知申请人不予许可的理由。

《国内船舶管理业务经营许可证》应当通过全国水路运政管理信息系统核发，并逐步实现行政许可网上办理。

第九条 《国内船舶管理业务经营许可证》的有效期为5年。船舶管理业务经营者应当在证件有效期届满前的30日内向原许可机关提出换证申请。原许可机关应当依照本规定进行审查,符合条件的,予以换发。

第十条 发生下列情况后,船舶管理业务经营者应当在15个工作日内以书面形式向原许可机关备案,并提供相关证明材料:

(1)法定代表人或者主要股东发生变化;

(2)固定的办公场所发生变化;

(3)海务、机务管理人员发生变化;

(4)管理的船舶发生重大以上安全责任事故;

(5)接受管理的船舶或者委托管理协议发生变化。

第十一条 船舶管理业务经营者终止经营的,应当自终止经营之日起15个工作日内向原许可机关办理注销手续,交回许可证件。

第十二条 从事船舶代理、水路旅客运输代理、水路货物运输代理业务,应当自工商行政管理部门准予设立登记之日起15个工作日内,向其所在地设区的市级人民政府水路运输管理部门办理备案手续,并递交下列材料:

(1)备案申请表;

(2)《企业法人营业执照》复印件;

(3)法定代表人身份证明材料。

设区的市级人民政府水路运输管理部门应当建立档案,及时向社会公布备案情况。

第十三条 从事船舶代理、水路旅客运输代理、水路货物运输代理业务经营者的名称、固定办公场所及联系方式、法定代表人、经营范围等事项发生变更或者终止经营的,应当在变更或者终止经营之日起15个工作日内办理变更备案。

第三章 水路运输辅助业务经营活动

第十四条 船舶管理业务经营者应当保持相应的经营资质条件,按照《国内船舶管理业务经营许可证》核定的经营范围从事船舶管理业务。

第十五条 船舶管理业务经营者不得出租、出借船舶管理业务经营许可证件,或者以其他形式非法转让船舶管理业务经营资格。

第十六条 船舶管理业务经营者接受委托提供船舶管理服务,应当与委托人订立书面协议,载明委托双方当事人的权利义务。

船舶管理业务经营者应当将船舶管理协议报其所在地和船籍港所在地县级以上人民政府水路运输管理部门备案。

第十七条 船舶管理业务经营者应当按照国家有关规定和船舶管理协议约定,负责船舶的海务、机务和安全与防污染管理。

船舶管理业务经营者应当保持安全和防污染管理体系的有效性,履行有关船舶安全与防污染管理义务。

船舶管理经营业务经营者,应当委派其海务、机务管理人员定期登船检查船舶的安全技术性能、船员操作技能等情况,并在航海日志上作相应记录。普通货船的检查间隔不长于6个月,客船和危险品船的检查间隔不长于3个月。

第十八条 船舶管理业务经营者应当在船舶发生安全和污染责任事故的3个工作日内,将事故情况向其所在地县级以上人民政府水路运输管理部门报告。在事故调查部门查明事故原因后的5个工作日内,将事故调查的结论性意见向其所在地县级以上人民政府水路运输管理部门书面报告。

第十九条 船舶代理、水路旅客运输代理、水路货物运输代理业务经营者接受委托提供代理服务,应当与委托人订立书面合同,按照国家有关规定和合同约定办理代理业务。

第二十条 港口经营人不得为船舶所有人、经营人以及货物托运人、收货人指定水路运输辅助业务经营者,提供船舶、水路货物运输代理等服务。

第二十一条 港口经营人应当接受船舶所有人、经营人以及货物托运人、收货人自行办理船舶或者货物进出港口手续,并给予便利。

第二十二条 水路运输辅助业务经营者不得有以下行为:

(1)以承运人的身份从事水路运输经营活动;

(2)为未依法取得水路运输业务经营许可或者超越许可范围的经营者提供水路运输辅助服务;

(3)未订立书面合同、强行代理或者代办业务;

(4)滥用优势地位,限制委托人选择其他代理或者船舶管理服务提供者；

(5)发布虚假信息招揽业务；

(6)以不正当方式或者不规范行为提供其他水路运输辅助服务，扰乱市场秩序；

(7)法律、行政法规禁止的其他行为。

第二十三条 水路旅客运输代理业务经营者应当在售票场所和售票网站的明显位置公布船舶、班期、班次、票价等信息。

水路旅客运输代理业务经营者应当以水路旅客运输业务经营者公布的票价销售客票，不得对相同条件的旅客实施不同的票价，不得以搭售、现金返还、加价等不正当方式变相变更公布的票价并获取不正当利益。

第二十四条 水路运输辅助业务经营者应当使用规范的、符合有关法律法规和交通运输部规定的客票和运输单证。

第二十五条 水路运输辅助业务经营者开展业务活动应当建立业务记录和管理台账，按照规定报送统计信息。

第二十六条 水路运输辅助业务经营者对其在经营活动中知悉的商业秘密和个人信息，应当予以保密。

第四章 监督管理

第二十七条 交通运输部和水路运输管理部门应当依照有关法律、法规和本规定对水路运输辅助业务经营活动和经营资质实施监督管理。

第二十八条 对水路运输辅助业实施监督检查，可以采取下列措施：

(1)向水路运输辅助业务经营者了解情况，要求提供有关凭证、文件及其他相关材料；

(2)对涉嫌违法的合同、票据、账簿以及其他资料进行查阅、复制；

(3)进入水路运输辅助业务经营者从事经营活动的场所实地了解情况。

水路运输辅助业务经营者应当配合监督检查，如实提供有关凭证、文件及其他相关资料。

第二十九条 水路运输管理部门在监督检查中，对知悉的被检查单位的商业秘密和个人信息应当依法保密。

第三十条 实施现场监督检查的，应当当场记录监督检查的时间、内容、结果，并与被检查单位或者个人共同签署名章。被检查单位或者个人不签署名章的，监督检查人员对不签署的情形及理由应当予以注明。

第三十一条 水路运输管理部门在监督检查中发现船舶管理业务经营者不符合本规定要求的经营资质条件的，应当责令其限期整改，整改期限最长不超过3个月，并在整改期限结束后对该经营者整改情况进行复查，并作出整改是否合格的结论。

第三十二条 水路运输管理部门应当建立健全水路运输辅助业务经营者诚信监督管理机制和服务质量评价体系，建立水路运输辅助业务经营者诚信档案，记录水路运输辅助业务经营者及从业人员的诚信信息，定期向社会公布监督检查结果和经营者的诚信档案。

水路运输管理部门应当建立水路运输辅助业违法经营行为社会监督机制，公布投诉举报电话、邮箱等，及时处理投诉举报信息。

水路运输管理部门应当将监督检查中发现或者受理投诉举报的经营者违法违规行为及处理情况、安全责任事故情况等记入诚信档案。违法违规情节严重的，对经营者给予提示性警告。船舶管理业务经营者不符合经营资质条件的，按照本规定第三十一条的规定处理。

第三十三条 水路运输管理部门应当与当地海事管理机构建立联系机制，及时将本行政区域内船舶管理业务经营者的经营资质保持情况通报当地海事管理机构。

海事管理机构应当将有关船舶管理业务经营者管理的船舶发生重大以上安全事故情况及结论意见、重大违法违规、未履行或者未完全履行安全管理责任等安全管理相关情况及时书面通知该船舶管理经营者所在地设区的市级人民政府水路运输管理部门。所在地水路运输管理部门应当将其纳入船舶管理业务经营者诚信档案。

第五章 法律责任

第三十四条 船舶管理业务经营者未按照本规定要求配备相应海务、机务管理人员的，由其所在地县级以上人民政府水路运输管理部门责令改正,处1万元以上3万元以下的罚款。

第三十五条 船舶管理业务经营者与委托人订立虚假协议或者名义上接受委托实际不承担船舶海务、机务管理责任的,由经营者所在地县级以上人民政府水路运输管理部门责令改正,并按《国内水路运输管理条例》第三十七条关于非法转让船舶管理业务经营资格的有关规定进行处罚。

第三十六条 水路运输辅助业务经营者违反本规定,有下列行为之一的,由其所在地县级以上人民政府水路运输管理部门责令改正,处2 000元以上1万元以下的罚款;一年内累计3次以上违反本规定的,处1万元以上3万元以下的罚款:

(1)未履行备案或者报告义务;

(2)为未依法取得水路运输业务经营许可或者超越许可范围的经营者提供水路运输辅助服务;

(3)与船舶所有人、经营人、承租人未订立船舶管理协议或者协议未对船舶海务、机务管理责任做出明确规定;

(4)未订立书面合同、强行代理或者代办业务;

(5)滥用优势地位,限制委托人选择其他代理或者船舶管理服务提供者;

(6)进行虚假宣传,误导旅客或者委托人;

(7)以不正当方式或者不规范行为争抢客源、货源及提供其他水路运输辅助服务,扰乱市场秩序;

(8)未在售票场所和售票网站的明显位置公布船舶、班期、班次、票价等信息;

(9)未以公布的票价或者变相变更公布的票价销售客票;

(10)使用的运输单证不符合有关规定;

(11)未建立业务记录和管理台账。

第三十七条 水路运输辅助业务经营者拒绝管理部门根据本规定进行的监督检查、隐匿有关资料或者瞒报、谎报有关情况的,由其所在地县级以上人民政府水路运输管理部门责令改正,拒不改正的处2 000元以上1万元以下的罚款。

第三十八条 港口经营人为船舶所有人、经营人以及货物托运人、收货人指定水路运输辅助业务经营者,提供船舶、水路货物运输代理等服务的,由其所在地县级以上人民政府水路运输管理部门责令改正,拒不改正的处1万元以上3万元以下的罚款。

第三十九条 违反本规定的其他规定应当进行处罚的,按照《国内水路运输管理条例》执行。

第六章 附 则

第四十条 依法设立的水路运输辅助业务行业组织可以依照法律、行政法规和章程的规定,制定水路运输辅助业经营规范和服务标准,组织开展职业道德教育和业务培训,对其会员的经营行为和服务质量进行自律性管理。

水路运输辅助业务行业组织可以建立行业诚信监督、约束机制,提高行业诚信水平。对守法经营、诚实信用的会员以及从业人员,可以给予表彰、奖励。

第四十一条 本规定自2014年3月1日起施行。2009年4月20日交通运输部以交通运输部令2009年第5号发布的《中华人民共和国水路运输服务业管理规定》和2009年1月5日交通运输部以交通运输部令2009年第1号发布的《国内船舶管理业规定》同时废止。

国内水路运输管理规定

(2014年1月3日 中华人民共和国交通运输部令第2号公布 自2014年3月1日起施行)

第一章 总 则

第一条 为规范国内水路运输市场管理,维护水路运输经营活动各方当事人的合法权益,促进水路运输事业健康发展,依据《国内水路运输管理条例》制定本规定。

第二条 国内水路运输管理适用本规定。

本规定所称水路运输，是指始发港、挂靠港和目的港均在中华人民共和国管辖的通航水域内使用船舶从事的经营性旅客运输和货物运输。

第三条 水路运输按照经营区域分为沿海运输和内河运输，按照业务种类分为货物运输和旅客运输。

货物运输分为普通货物运输和危险货物运输。危险货物运输分为包装、散装固体和散装液体危险货物运输。散装液体危险货物运输包括液化气体船运输、化学品船运输、成品油船运输和原油船运输。普通货物运输包含拖航。

旅客运输包括普通客船运输、客货船运输和滚装客船运输。

第四条 交通运输部主管全国水路运输管理工作，并按照本规定具体实施有关水路运输管理工作。

县级以上地方人民政府交通运输主管部门主管本行政区域的水路运输管理工作。县级以上地方人民政府负责水路运输管理的部门或者机构（统称“水路运输管理部门”）具体实施水路运输管理工作。

第二章　水路运输经营者

第五条 申请经营水路运输业务，除个人申请经营内河普通货物运输业务外，申请人应当符合下列条件：

（1）具备企业法人资格。

（2）有明确的经营范围，包括经营区域和业务种类。经营水路旅客班轮运输业务的，还应当有班期、班次以及拟停靠的码头安排等可行的航线营运计划。

（3）有符合本规定要求的船舶，且自有船舶运力应当符合附件1的要求。

（4）有符合本规定要求的海务、机务管理人员。

（5）有符合本规定要求的与其直接订立劳动合同的高级船员。

（6）有健全的安全管理机构及安全管理人员设置制度、安全管理责任制度、安全监督检查制度、事故应急处置制度、岗位安全操作规程等安全管理制度。

第六条 个人只能申请经营内河普通货物运输业务，并应当符合下列条件：

（1）经工商行政管理部门登记的个体工商户；

（2）有符合本规定要求的船舶，且自有船舶运力不超过600总吨；

（3）有安全管理责任制度、安全监督检查制度、事故应急处置制度、岗位安全操作规程等安全管理制度。

第七条 水路运输经营者投入运营的船舶应当符合下列条件：

（1）与水路运输经营者的经营范围相适应。从事旅客运输的，应当使用普通客船、客货船和滚装客船（统称为客船）运输；从事散装液体危险货物运输的，应当使用液化气体船、化学品船、成品油船和原油船（统称为危险品船）运输；从事普通货物运输、包装危险货物运输和散装固体危险货物运输的，可以使用普通货船运输。

（2）持有有效的船舶所有权登记证书、船舶国籍证书、船舶检验证书以及按照相关法律、行政法规规定证明船舶符合安全与防污染和入级检验要求的其他证书。

（3）符合交通运输部关于船型技术标准、船龄以及节能减排的要求。

第八条 除个体工商户外，水路运输经营者应当配备满足下列要求的专职海务、机务管理人员：

（1）海务、机务管理人员数量满足附件2的要求；

（2）海务、机务管理人员的从业资历与其经营范围相适应：

a. 经营普通货船运输的，应当具有不低于大副、大管轮的从业资历；

b. 经营客船、危险品船运输的，应当具有船长、轮机长的从业资历。

（3）海务、机务管理人员所具备的业务知识和管理能力与其经营范围相适应，身体条件与其职责要求相适应。

第九条 除个体工商户外，水路运输经营者按照有关规定应当配备的高级船员中，与其直接订立1年以上劳动合同的高级船员的比例应当满足下列要求：

（1）经营普通货船运输的，高级船员的比例不低于25.0%；

(2)经营客船、危险品船运输的，高级船员的比例不低于50.0%。

第十条 交通运输部具体实施下列水路运输经营许可：

(1)省际客船运输、省际危险品船运输的经营许可；

(2)外商投资企业的经营许可；

(3)国务院国有资产监督管理机构履行出资人职责的水路运输企业及其控股公司的经营许可。

省级人民政府水路运输管理部门具体实施省际普通货船运输的经营许可。省内水路运输经营许可的具体权限由省级人民政府交通运输主管部门决定，向社会公布。但个人从事内河省际、省内普通货物运输的经营许可由设区的市级人民政府水路运输管理部门具体实施。

第十一条 申请经营水路运输业务或者变更水路运输经营范围，应当向其所在地设区的市级人民政府水路运输管理部门提交申请书和证明申请人符合本规定要求的相关材料。

第十二条 受理申请的水路运输管理部门不具有许可权限的，当场核实申请材料中的原件与复印件的内容一致后，在5个工作日内提出初步审查意见并将全部申请材料转报至具有许可权限的部门。

第十三条 具有许可权限的部门，对符合条件的，应当在20个工作日内作出许可决定，向申请人颁发《国内水路运输经营许可证》，并向其投入运营的船舶配发《船舶营业运输证》。申请经营水路旅客班轮运输业务的，还应当向申请人颁发该班轮航线运营许可证件。不符合条件的，不予许可，并书面通知申请人不予许可的理由。

《国内水路运输经营许可证》和《船舶营业运输证》应当通过全国水路运政管理信息系统核发，并逐步实现行政许可网上办理。

第十四条 除购置或者光租已取得相应水路运输经营资格的船舶外，水路运输经营者新增客船、危险品船运力，应当经其所在地设区的市级人民政府水路运输管理部门向具有许可权限的部门提出申请。

具有许可权限的部门根据运力运量供求情况对新增运力申请予以审查。根据运力供求情况需要对新增运力予以数量限制时，依据经营者的经营规模、管理水平、安全记录、诚信经营记录等情况，公开竞争择优作出许可决定。

水路运输经营者新增普通货船运力，应当在船舶开工建造后15个工作日内向所在地设区的市级人民政府水路运输管理部门备案。

第十五条 交通运输部在特定的旅客班轮运输和散装液体危险货物运输航线、水域出现运力供大于求状况，可能影响公平竞争和水路运输安全的情形下，可以决定暂停对特定航线、水域的旅客班轮运输和散装液体危险货物运输新增运力许可。

暂停新增运力许可期间，对暂停范围内的新增运力申请不予许可，对申请投入运营的船舶，不予配发《船舶营业运输证》，但暂停决定生效前已取得新增运力批准且已开工建造、购置或者光租的船舶除外。

第十六条 交通运输部对水路运输市场进行监测，分析水路运输市场运力状况，定期公布监测结果。

对特定的旅客班轮运输和散装液体危险货物运输航线、水域暂停新增运力许可的决定，应当依据水路运输市场监测分析结果作出。

采取暂停新增运力许可的运力调控措施，应当符合公开、公平、公正的原则，在开始实施的60日前向社会公告，说明采取措施的理由以及采取措施的范围、期限等事项。

第十七条 《国内水路运输经营许可证》的有效期为5年。《船舶营业运输证》的有效期按照交通运输部的有关规定确定。水路运输经营者应当在证件有效期届满前的30日内向原许可机关提出换证申请。原许可机关应当依照本规定进行审查，符合条件的，予以换发。

第十八条 发生下列情况后，水路运输经营者应当在15个工作日内以书面形式向原许可机关备案，并提供相关证明材料：

(1)法定代表人或者主要股东发生变化；

(2)固定的办公场所发生变化；

(3)海务、机务管理人员发生变化；

(4)与其直接订立一年以上劳动合同的高级船

员的比例发生变化；

(5)经营的船舶发生重大以上安全责任事故；

(6)委托的船舶管理企业发生变更或者委托管理协议发生变化。

第十九条 水路运输经营者终止经营的，应当自终止经营之日起15个工作日内向原许可机关办理注销手续，交回许可证件。

已取得《船舶营业运输证》的船舶报废、转让或者变更经营者，应当自发生上述情况之日起15个工作日内向原许可机关办理《船舶营业运输证》注销、变更手续。

第三章 水路运输经营行为

第二十条 水路运输经营者应当保持相应的经营资质条件，按照《国内水路运输经营许可证》核定的经营范围从事水路运输经营活动。

已取得省际水路运输经营资格的水路运输经营者和船舶，可凭省际水路运输经营资格从事相应种类的省内水路运输，但旅客班轮运输除外。

已取得沿海水路运输经营资格的水路运输经营者和船舶，可在满足航行条件的情况下，凭沿海水路运输经营资格从事相应种类的内河运输。

第二十一条 水路运输经营者不得出租、出借水路运输经营许可证件，或者以其他形式非法转让水路运输经营资格。

第二十二条 从事水路运输的船舶应当随船携带《船舶营业运输证》，不得转让、出租、出借或者涂改。《船舶营业运输证》遗失或者损毁的，应当及时向原配发机关申请补发。

第二十三条 水路运输经营者应该按照《船舶营业运输证》标定的载客定额、载货定额和经营范围从事旅客和货物运输，不得超载。

水路运输经营者使用客货船或者滚装客船载运危险货物时，不得载运旅客，但按照相关规定随船押运货物的人员和滚装车辆的司机除外。

第二十四条 水路运输经营者不得擅自改装客船、危险品船增加载客定额、载货定额或者变更从事散装液体危险货物运输的种类。

第二十五条 水路运输经营者应当使用规范的、符合有关法律法规和交通运输部规定的客票和运输单证。

第二十六条 水路旅客运输业务经营者应当拒绝携带国家规定的危险物品及其他禁止携带的物品的旅客乘船。船舶开航后发现旅客随船携带有危险物品及其他禁止携带的物品的，应当妥善处理，旅客应当予以配合。

第二十七条 水路旅客班轮运输业务经营者应当自取得班轮航线经营许可之日起60日内开航，并在开航的15日前通过媒体并在该航线停靠的各客运站点的明显位置向社会公布所使用的船舶、班期、班次、票价等信息，同时报原许可机关备案。

旅客班轮应当按照公布的班期、班次运行。变更班期、班次、票价的，水路旅客班轮运输业务经营者应当在变更的15日前向社会公布，并报原许可机关备案。停止经营部分或者全部班轮航线的，经营者应当在停止经营的30日前向社会公布，并报原许可机关备案。

第二十八条 水路货物班轮运输业务经营者应当在班轮航线开航的7日前，向社会公布所使用的船舶以及班期、班次和运价，并报原许可机关备案。

货物班轮运输应当按照公布的班期、班次运行；变更班期、班次、运价或者停止经营部分或者全部班轮航线的，水路货物班轮运输业务经营者应当在变更或者停止经营的7日前向社会公布，并报原许可机关备案。

第二十九条 水路旅客运输业务经营者应当以公布的票价销售客票，不得对相同条件的旅客实施不同的票价，不得以搭售、现金返还、加价等不正当方式变相变更公布的票价并获取不正当利益，不得低于客票载明的舱室或者席位等级安排旅客。

第三十条 水路运输经营者从事水路运输经营活动，应当依法经营，诚实守信，禁止以不合理的运价或者其他不正当方式、不规范行为争抢客源、货源及提供运输服务。

水路旅客运输业务经营者为招揽旅客发布信息，必须真实、准确，不得进行虚假宣传，误导旅客，对其在经营活动中知悉的旅客个人信息，应当予以保密。

第三十一条 水路旅客运输业务经营者应当就运输服务中的下列事项，以明示的方式向旅客作出说明或者警示：

（1）不适宜乘坐客船的群体；

（2）正确使用相关设施、设备的方法；

（3）必要的安全防范和应急措施；

（4）未向旅客开放的经营、服务场所和设施、设备；

（5）可能危及旅客人身、财产安全的其他情形。

第三十二条 水路运输经营者应当依照法律、行政法规和国家有关规定，优先运送处置突发事件所需物资、设备、工具、应急救援人员和受到突发事件危害的人员，重点保障紧急、重要的军事运输。

水路运输经营者应当服从交通运输主管部门对关系国计民生物资紧急运输的统一组织协调，按照要求优先、及时运输。

水路运输经营者应当按照交通运输主管部门的要求建立运输保障预案，并建立应急运输、军事运输和紧急运输的运力储备。

第三十三条 水路运输经营者应当按照国家统计规定报送运输经营统计信息。

第四章 外商投资企业和外国籍船舶的特别规定

第三十四条 外商投资企业申请从事水路运输，除满足本规定第五条规定的经营资质条件外，还应当符合下列条件：

（1）拟经营的范围内，国内水路运输经营者无法满足需求；

（2）应当具有经营水路运输业务的良好业绩和运营记录。

第三十五条 交通运输部可以根据国内水路运输实际情况，决定是否准许外商投资企业经营国内水路运输。

经批准取得水路运输经营许可的外商投资企业外方投资者或者外方投资股比等事项发生变化的，应当报原许可机关批准。原许可机关发现外商投资企业不再符合本规定要求的，应当撤销其水路运输经营资质。

第三十六条 符合下列情形并经交通运输部批准，水路运输经营者可以租用外国籍船舶在中华人民共和国港口之间从事不超过两个连续航次或者期限为30日的临时运输：

（1）没有满足所申请的运输要求的中国籍船舶；

（2）停靠的港口或者水域为对外开放的港口或者水域。

第三十七条 租用外国籍船舶从事临时运输的水路运输经营者，应当向交通运输部提交申请书、运输合同、拟使用的外籍船舶及船舶登记证书、船舶检验证书等相关证书和能够证明符合本规定规定情形的相关材料。申请书应当说明申请事由、承运的货物、运输航次或者期限、停靠港口。

交通运输部应当自受理申请之日起20个工作日内，对申请事项进行审核。对符合规定条件的，作出许可决定并且颁发许可文件；对不符合条件的，不予许可，并书面通知申请人不予许可的理由。

第三十八条 临时从事水路运输的外国籍船舶，应当遵守水路运输管理的有关规定，按照批准的范围和期限进行运输。

第五章 监督检查

第三十九条 交通运输部和水路运输管理部门依照有关法律、法规和本规定对水路运输市场实施监督检查。

第四十条 对水路运输市场实施监督检查，可以采取下列措施：

（1）向水路运输经营者了解情况，要求其提供有关凭证、文件及其他相关材料。

（2）对涉嫌违法的合同、票据、账簿以及其他资料进行查阅、复制。

（3）进入水路运输经营者从事经营活动的场所、船舶实地了解情况。

水路运输经营者应当配合监督检查，如实提供有关凭证、文件及其他相关资料。

第四十一条 水路运输管理部门对水路运输市场依法实施监督检查中知悉的被检查单位的商业秘密和个人信息应当依法保密。

第四十二条 实施现场监督检查的，应当当场记录监督检查的时间、内容、结果，并与被检查单位或者个人共同签署名章。被检查单位或者个人不签署名章的，监督检查人员对不签署的情形及理由应当予以注明。

第四十三条 水路运输管理部门在监督检查中

发现水路运输经营者不符合本规定要求的经营资质条件的，应当责令其限期整改，并在整改期限结束后对该经营者整改情况进行复查，并作出整改是否合格的结论。

对运力规模达不到经营资质条件的整改期限最长不超过6个月，其他情形的整改期限最长不超过3个月。水路运输经营者在整改期间已开工建造但尚未竣工的船舶可以计入自有船舶运力。

第四十四条 水路运输管理部门应当建立健全水路运输市场诚信监督管理机制和服务质量评价体系，建立水路运输经营者诚信档案，记录水路运输经营者及从业人员的诚信信息，定期向社会公布监督检查结果和经营者的诚信档案。

水路运输管理部门应当建立水路运输违法经营行为社会监督机制，公布投诉举报电话、邮箱等，及时处理投诉举报信息。

水路运输管理部门应当将监督检查中发现或者受理投诉举报的经营者违法违规行为及处理情况、安全责任事故情况等记入诚信档案。违法违规情节严重可能影响经营资质条件的，对经营者给予提示性警告。不符合经营资质条件的，按照本规定第四十三条的规定处理。

第四十五条 水路运输管理部门应当与当地海事管理机构建立联系机制，按照《国内水路运输管理条例》的要求，做好《船舶营业运输证》查验处理衔接工作，及时将本行政区域内水路运输经营者的经营资质保持情况通报当地海事管理机构。

海事管理机构应当将有关水路运输船舶重大以上安全事故情况及结论意见及时书面通知该船舶经营者所在地设区的市级人民政府水路运输管理部门。水路运输管理部门应当将其纳入水路运输经营者诚信档案。

第六章 法律责任

第四十六条 水路运输经营者未按照本规定要求配备海务、机务管理人员的，由其所在地县级以上人民政府水路运输管理部门责令改正，处1万元以上3万元以下的罚款。

第四十七条 水路运输经营者或其船舶在规定期限内，经整改仍不符合本规定要求的经营资质条件的，由其所在地县级以上人民政府水路运输管理部门报原许可机关撤销其经营许可或者船舶营运证件。

第四十八条 从事水路运输经营的船舶超出《船舶营业运输证》核定的经营范围，或者擅自改装客船、危险品船增加《船舶营业运输证》核定的载客定额、载货定额或者变更从事散装液体危险货物运输种类的，按照《国内水路运输管理条例》第三十四条第一款的规定予以处罚。

第四十九条 水路运输经营者违反本规定，有下列行为之一的，由其所在地县级以上人民政府水路运输管理部门责令改正，处2 000元以上1万元以下的罚款；一年内累计3次以上违反的，处1万元以上3万元以下的罚款：

（1）未履行备案义务；

（2）未以公布的票价或者变相变更公布的票价销售客票；

（3）进行虚假宣传，误导旅客或者托运人；

（4）以不正当方式或者不规范行为争抢客源、货源及提供运输服务扰乱市场秩序；

（5）使用的运输单证不符合有关规定。

第五十条 水路运输经营者拒绝管理部门根据本规定进行的监督检查或者隐匿有关资料或瞒报、谎报有关情况的，由其所在地县级以上人民政府水路运输管理部门予以警告，并处2 000元以上1万元以下的罚款。

第五十一条 违反本规定的其他规定应当进行处罚的，按照《国内水路运输管理条例》执行。

第七章 附 则

第五十二条 本规定下列用语的定义：

（1）自有船舶，是指水路运输经营者将船舶所有权登记为该经营者且归属该经营者的所有权份额不低于51.0%的船舶。

（2）班轮运输，是指在固定港口之间按照预定的船期向公众提供旅客、货物运输服务的经营活动。

第五十三条 依法设立的水路运输行业组织可以依照法律、行政法规和章程的规定，制定行业经营规范和服务标准，组织开展职业道德教育和业务培训，对其会员的经营行为和服务质量进行自律性管理。

水路运输行业组织可以建立行业诚信监督、约束机制，提高行业诚信水平。对守法经营、诚实信用的会员以及从业人员，可以给予表彰、奖励。

第五十四条 经营内地与香港特别行政区、澳门特别行政区，以及大陆地区与台湾地区之间的水路运输，不适用于本规定。

在香港特别行政区、澳门特别行政区进行船籍登记的船舶临时从事内地港口之间的运输，在台湾地区进行船籍登记的船舶临时从事大陆港口之间的运输，参照适用本规定关于外国籍船舶的有关规定。

第五十五条 载客12人以下的客船运输、乡镇客运渡船运输以及与外界不通航的公园、封闭性风景区内的水上旅客运输不适用本规定。

第五十六条 本规定自2014年3月1日起施行。2008年5月26日交通运输部以交通运输部令2008年第2号公布的《国内水路运输经营资质管理规定》、1987年9月22日交通部以（87）交河字680号文公布、1998年3月6日以交水发〔1998〕107号文修改、2009年6月4日交通运输部以交通运输部令2009年第6号修改的《水路运输管理条例实施细则》、1990年9月28日交通部以交通部令1990年第22号公布、2009年交通运输部令2009年第7号修改的《水路运输违章处罚规定》同时废止。

公司注册资本登记管理规定

（2014年2月20日　国家工商行政管理总局令第64号公布　自2014年3月1日起施行）

第一条 为规范公司注册资本登记管理，根据《中华人民共和国公司法》（简称《公司法》）、《中华人民共和国公司登记管理条例》（简称《公司登记管理条例》）等有关规定，制定本规定。

第二条 有限责任公司的注册资本为在公司登记机关依法登记的全体股东认缴的出资额。

股份有限公司采取发起设立方式设立的，注册资本为在公司登记机关依法登记的全体发起人认购的股本总额。

股份有限公司采取募集设立方式设立的，注册资本为在公司登记机关依法登记的实收股本总额。

法律、行政法规以及国务院决定规定公司注册资本实行实缴的，注册资本为股东或者发起人实缴的出资额或者实收股本总额。

第三条 公司登记机关依据法律、行政法规和国家有关规定登记公司的注册资本，对符合规定的，予以登记；对不符合规定的，不予登记。

第四条 公司注册资本数额、股东或者发起人的出资时间及出资方式应当符合法律、行政法规的有关规定。

第五条 股东或者发起人可以用货币出资，也可以用实物、知识产权、土地使用权等可以用货币估价并可以依法转让的非货币财产作价出资。

股东或者发起人不得以劳务、信用、自然人姓名、商誉、特许经营权或者设定担保的财产等作价出资。

第六条 股东或者发起人可以以其持有的在中国境内设立的公司（简称"股权所在公司"）股权出资。

以股权出资的，该股权应当权属清楚、权能完整、依法可以转让。

具有下列情形的股权不得用作出资：

（1）已被设立质权；

（2）股权所在公司章程约定不得转让；

（3）法律、行政法规或者国务院决定规定，股权所在公司股东转让股权应当报经批准而未经批准；

（4）法律、行政法规或者国务院决定规定不得转让的其他情形。

第七条 债权人可以将其依法享有的对在中国境内设立的公司的债权，转为公司股权。

转为公司股权的债权应当符合下列情形之一：

（1）债权人已经履行债权所对应的合同义务，且不违反法律、行政法规、国务院决定或者公司章程的禁止性规定；

(2)经人民法院生效裁判或者仲裁机构裁决确认；

(3)公司破产重整或者和解期间，列入经人民法院批准的重整计划或者裁定认可的和解协议。

用以转为公司股权的债权有两个以上债权人的，债权人对债权应当已经作出分割。

债权转为公司股权的，公司应当增加注册资本。

第八条 股东或者发起人应当以自己的名义出资。

第九条 公司的注册资本由公司章程规定，登记机关按照公司章程规定予以登记。

以募集方式设立的股份有限公司的注册资本应当经验资机构验资。

公司注册资本发生变化，应当修改公司章程并向公司登记机关依法申请办理变更登记。

第十条 公司增加注册资本的，有限责任公司股东认缴新增资本的出资和股份有限公司的股东认购新股，应当分别依照《公司法》设立有限责任公司和股份有限公司缴纳出资和缴纳股款的有关规定执行。股份有限公司以公开发行新股方式或者上市公司以非公开发行新股方式增加注册资本的，还应当提交国务院证券监督管理机构的核准文件。

第十一条 公司减少注册资本，应当符合《公司法》规定的程序。

法律、行政法规以及国务院决定规定公司注册资本有最低限额的，减少后的注册资本应当不少于最低限额。

第十二条 有限责任公司依据《公司法》第七十四条的规定收购其股东的股权的，应当依法申请减少注册资本的变更登记。

第十三条 有限责任公司变更为股份有限公司时，折合的实收股本总额不得高于公司净资产额。有限责任公司变更为股份有限公司，为增加资本公开发行股份时，应当依法办理。

第十四条 股东出资额或者发起人认购股份、出资时间及方式由公司章程规定。发生变化的，应当修改公司章程并向公司登记机关依法申请办理公司章程或者公司章程修正案备案。

第十五条 法律、行政法规以及国务院决定规定公司注册资本实缴的公司虚报注册资本，取得公司登记的，由公司登记机关依照《公司登记管理条例》的相关规定予以处理。

第十六条 法律、行政法规以及国务院决定规定公司注册资本实缴的，其股东或者发起人虚假出资，未交付作为出资的货币或者非货币财产的，由公司登记机关依照《公司登记管理条例》的相关规定予以处理。

第十七条 法律、行政法规以及国务院决定规定公司注册资本实缴的，其股东或者发起人在公司成立后抽逃其出资的，由公司登记机关依照《公司登记管理条例》的相关规定予以处理。

第十八条 公司注册资本发生变动，公司未按规定办理变更登记的，由公司登记机关依照《公司登记管理条例》的相关规定予以处理。

第十九条 验资机构、资产评估机构出具虚假证明文件的，公司登记机关应当依照《公司登记管理条例》的相关规定予以处理。

第二十条 公司未按规定办理公司章程备案的，由公司登记机关依照《公司登记管理条例》的相关规定予以处理。

第二十一条 撤销公司变更登记涉及公司注册资本变动的，由公司登记机关恢复公司该次登记前的登记状态，并予以公示。

对涉及变动内容不属于登记事项的，公司应当通过企业信用信息公示系统公示。

第二十二条 外商投资的公司注册资本的登记管理适用本规定，法律另有规定的除外。

第二十三条 本规定自2014年3月1日起施行。2005年12月27日国家工商行政管理总局公布的《公司注册资本登记管理规定》、2009年1月14日国家工商行政管理总局公布的《股权出资登记管理办法》、2011年11月23日国家工商行政管理总局公布的《公司债权转股权登记管理办法》同时废止。

外商投资项目核准和备案管理办法

（2014 年 5 月 17 日　中华人民共和国国家发展和改革委员会令第 12 号公布　自 2014 年 6 月 17 日起施行）

第一章　总　则

第一条　为进一步深化外商投资管理体制改革，根据《中华人民共和国行政许可法》《指导外商投资方向规定》《国务院关于投资体制改革的决定》及《政府核准的投资项目目录（2013 年本）》（简称《核准目录》），特制定本办法。

第二条　本办法适用于中外合资、中外合作、外商独资、外商投资合伙、外商并购境内企业、外商投资企业增资及再投资项目等各类外商投资项目。

第二章　项目管理方式

第三条　外商投资项目管理分为核准和备案两种方式。

第四条　根据《核准目录》，实行核准制的外商投资项目的范围为：

（1）《外商投资产业指导目录》中有中方控股（含相对控股）要求的总投资（含增资）3 亿美元及以上鼓励类项目，总投资（含增资）5 000 万美元及以上限制类（不含房地产）项目，由国家发展和改革委员会核准。

（2）《外商投资产业指导目录》限制类中的房地产项目和总投资（含增资）5 000 万美元以下的其他限制类项目，由省级政府核准。《外商投资产业指导目录》中有中方控股（含相对控股）要求的总投资（含增资）3 亿美元以下鼓励类项目，由地方政府核准。

（3）前两项规定之外的属于《核准目录》第一至十一项所列的外商投资项目，按照《核准目录》第一至十一项的规定核准。

（4）由地方政府核准的项目，省级政府可以根据本地实际情况具体划分地方各级政府的核准权限。由省级政府核准的项目，核准权限不得下放。本办法所称项目核准机关，是指本条规定具有项目核准权限的行政机关。

第五条　本办法第四条范围以外的外商投资项目由地方政府投资主管部门备案。

第六条　外商投资企业增资项目总投资以新增投资额计算，并购项目总投资以交易额计算。

第七条　外商投资涉及国家安全的，应当按照国家有关规定进行安全审查。

第三章　项目核准

第八条　拟申请核准的外商投资项目应按国家有关要求编制项目申请报告。项目申请报告应包括以下内容：

（1）项目及投资方情况；

（2）资源利用和生态环境影响分析；

（3）经济和社会影响分析。

外国投资者并购境内企业项目申请报告应包括并购方情况、并购安排、融资方案和被并购方情况、被并购后经营方式、范围和股权结构、所得收入的使用安排等。

第九条　国家发改委根据实际需要，编制并颁布项目申请报告通用文本、主要行业的项目申请报告示范文本、项目核准文件格式文本。

对于应当由国家发改委核准或者审核后报国务院核准的项目，国家发改委制定并颁布《服务指南》，列明项目核准的申报材料和所需附件、受理方式、办理流程、办理时限等内容，为项目申报单位提供指导和服务。

第十条　项目申请报告应附以下文件：

（1）中外投资各方的企业注册证明材料及经审计的最新企业财务报表（包括资产负债表、利润表和现金流量表）、开户银行出具的资金信用证明；

（2）投资意向书，增资、并购项目的公司董事会决议；

（3）城乡规划行政主管部门出具的选址意见书（仅指以划拨方式提供国有土地使用权的项目）；

（4）国土资源行政主管部门出具的用地预审意见（不涉及新增用地，在已批准的建设用地范围内进行改扩建的项目，可以不进行用地预审）；

（5）环境保护行政主管部门出具的环境影响评价审批文件；

（6）节能审查机关出具的节能审查意见；

（7）以国有资产出资的，需由有关主管部门出具的确认文件；

（8）根据有关法律法规的规定应当提交的其他文件。

第十一条 按核准权限属于国家发改委核准的项目，由项目所在地省级发展改革部门提出初审意见后，向国家发改委报送项目申请报告；计划单列企业集团和中央管理企业可直接向国家发改委报送项目申请报告，并附项目所在地省级发展改革部门的意见。

第十二条 项目申报材料不齐全或者不符合有关要求的，项目核准机关应当在收到申报材料后5个工作日内一次告知项目申报单位补正。

第十三条 对于涉及有关行业主管部门职能的项目，项目核准机关应当商请有关行业主管部门在7个工作日内出具书面审查意见。有关行业主管部门逾期没有反馈书面审查意见的，视为同意。

第十四条 项目核准机关在受理项目申请报告之日起4个工作日内，对需要进行评估论证的重点问题委托有资质的咨询机构进行评估论证，接受委托的咨询机构应在规定的时间内提出评估报告。

对于可能会对公共利益造成重大影响的项目，项目核准机关在进行核准时应采取适当方式征求公众意见。对于特别重大的项目，可以实行专家评议制度。

第十五条 项目核准机关自受理项目核准申请之日起20个工作日内，完成对项目申请报告的核准。如20个工作日内不能做出核准决定的，由本部门负责人批准延长10个工作日，并将延长期限的理由告知项目申报单位。

前款规定的核准期限，委托咨询评估和进行专家评议所需的时间不计算在内。

第十六条 对外商投资项目的核准条件是：

（1）符合国家有关法律法规和《外商投资产业指导目录》《中西部地区外商投资优势产业目录》的规定；

（2）符合发展规划、产业政策及准入标准；

（3）合理开发并有效利用了资源；

（4）不影响国家安全和生态安全；

（5）对公众利益不产生重大不利影响；

（6）符合国家资本项目管理、外债管理的有关规定。

第十七条 对予以核准的项目，项目核准机关出具书面核准文件，并抄送同级行业管理、城乡规划、国土资源、环境保护、节能审查等相关部门；对不予核准的项目，应以书面说明理由，并告知项目申报单位享有依法申请行政复议或者提起行政诉讼的权利。

第四章　项目备案

第十八条 拟申请备案的外商投资项目需由项目申报单位提交项目和投资方基本情况等信息，并附中外投资各方的企业注册证明材料、投资意向书及增资、并购项目的公司董事会决议等其他相关材料；

第十九条 外商投资项目备案需符合国家有关法律法规、发展规划、产业政策及准入标准，符合《外商投资产业指导目录》《中西部地区外商投资优势产业目录》。

第二十条 对不予备案的外商投资项目，地方投资主管部门应在7个工作日内出具书面意见并说明理由。

第五章　项目变更

第二十一条 经核准或备案的项目如出现下列情形之一的，需向原批准机关申请变更：

（1）项目地点发生变化；

（2）投资方或股权发生变化；

（3）项目主要建设内容发生变化；

（4）有关法律法规和产业政策规定需要变更的其他情况。

第二十二条 变更核准和备案的程序比照本办法前述有关规定执行。

第二十三条 经核准的项目若变更后属于备

案管理范围的，应按备案程序办理；予以备案的项目若变更后属于核准管理范围的，应按核准程序办理。

第六章　监督管理

第二十四条　核准或备案文件应规定文件的有效期。在有效期内未开工建设的，项目申报单位应当在有效期届满前30个工作日向原核准和备案机关提出延期申请。在有效期内未开工建设且未提出延期申请的，原核准文件期满后自动失效。

第二十五条　对于未按规定权限和程序核准或者备案的项目，有关部门不得办理相关手续，金融机构不得提供信贷支持。

第二十六条　各级项目核准和备案机关要切实履行核准和备案职责，改进监督、管理和服务，提高行政效率，并按照相关规定做好项目核准及备案的信息公开工作。

第二十七条　各级发展改革部门应当会同同级行业管理、城乡规划、国土资源、环境保护、金融监管、安全生产监管等部门，对项目申报单位执行项目情况和外商投资项目核准或备案情况进行稽察和监督检查，加快完善信息系统，建立发展规划、产业政策、准入标准、诚信记录等信息的横向互通制度，严肃查处违法违规行为并纳入不良信用记录，实现行政审批和市场监管的信息共享。

第二十八条　国家发改委要联合地方发展改革部门建立完善外商投资项目管理电子信息系统，实现外商投资项目可查询、可监督，提升事中事后监管水平。

第二十九条　省级发展改革部门每月10日前汇总整理上月本省项目核准及备案相关情况，包括项目名称、核准及备案文号、项目所在地、中外投资方、建设内容、资金来源（包括总投资、资本金等）等，报送国家发改委。

第七章　法律责任

第三十条　项目核准和备案机关及其工作人员违反本办法有关规定的，由其上级行政机关或者监察机关责令改正；情节严重的，对直接负责的主管人员和其他直接责任人员依法给予行政处分。

第三十一条　项目核准和备案机关工作人员，在项目核准和备案过程中滥用职权谋取私利，构成犯罪的，依法追究刑事责任；尚不构成犯罪的，依法给予行政处分。

第三十二条　咨询评估机构及其人员、参与专家评议的专家，在编制项目申请报告、受项目核准机关委托开展评估或者参与专家评议过程中，不遵守国家法律法规和本办法规定的，依法追究相应责任。

第三十三条　项目申报单位以拆分项目或提供虚假材料等不正当手段申请核准或备案的，项目核准和备案机关不予受理或者不予核准及备案。已经取得项目核准或备案文件的，项目核准和备案机关应依法撤销该项目的核准或备案文件。已经开工建设的，依法责令其停止建设。相应的项目核准和备案机关及有关部门应当将其纳入不良信用记录，并依法追究有关责任人的法律责任。

第八章　附　则

第三十四条　具有项目核准职能的国务院行业管理部门和省级政府有关部门可以按照国家有关法律法规和本办法的规定，制定外商投资项目核准具体实施办法和相应的《服务指南》。

第三十五条　香港特别行政区、澳门特别行政区和台湾地区的投资者在祖国大陆举办的投资项目，参照本办法执行。

外国投资者以人民币在境内投资的项目，按照本办法执行。

第三十六条　法律、行政法规和国家对外商投资项目管理有专门规定的，按照有关规定执行。

第三十七条　本办法由国家发改委负责解释。

第三十八条　本办法自2014年6月17日起施行。国家发改委2004年10月9日发布的《外商投资项目核准暂行管理办法》（国家发改委令第22号）同时废止。

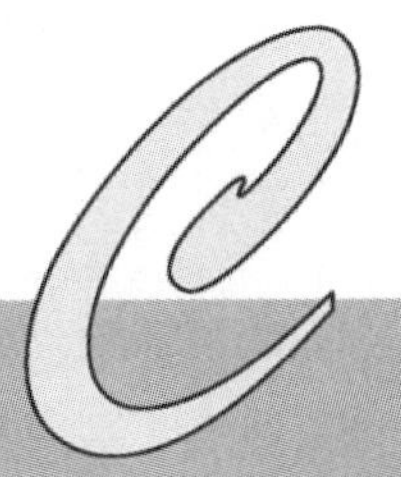

企业发展概况

2014 年发展和改革工作综述

国家发展和改革委员会政策研究室

2014 年，面对复杂多变的国际环境和艰巨繁重的国内改革发展稳定任务，各地区各部门在党中央国务院的正确领导下，坚持稳中求进工作总基调，按照宏观政策要稳、微观政策要活、社会政策要托底的总体思路，统筹稳增长、促改革、调结构、惠民生、防风险，坚持稳中求进，创新宏观调控思路和方式，统筹推进深化改革和扩大开放，加快推进结构调整和发展方式转变，着力解决经济运行中的突出矛盾和深层次问题，保持了经济社会发展总体平稳与和谐稳定。

一、加强和改善宏观调控，经济保持平稳发展

面对结构性变化和周期性调整带来的经济下行压力，不断完善和创新宏观调控的思路和方式，在区间管理的基础上，创新推出定向调控、结构性调控，预调微调、精准发力，出台了一系列既利当前、更惠长远的政策措施，经济运行总体平稳。

（一）积极扩大有效需求

充分发挥消费的基础作用，实施扩大消费的综合性政策，在努力增强居民消费能力的同时，积极培育新的消费热点，细化落实鼓励信息、养老、健康等消费的各项政策，出台了支持文化、旅游发展的具体措施，居民消费潜力继续得到释放。全年社会消费品零售总额增长 12.0%，信息、养老健康等服务消费快速发展。有效发挥投资的关键作用。启动实施生态环保、清洁能源、农业水利等 7 大类重大投资工程包，今明两年可形成数万亿元的投资总规模。创新重点领域投融资机制，运用开发性金融支持棚户区改造，设立铁路发展基金支持中西部铁路建设，在信息、能源等领域推出了 80 个鼓励社会资本参与建设运营的示范项目，努力促进投资平稳增长。全社会固定资产投资增长 15.3%，民间投资占固定资产投资（不含农户）比重提高到 64.1%。积极发挥出口的支撑作用。颁布实施了促进外贸稳定增长的若干意见，陆续出台优化外贸结构、提高贸易便利化水平等增强出口竞争力的措施，着力稳定出口、增加进口。以美元计价的货物进出口总额增长 3.4%，在国际市场的份额继续提升。最终消费支出、资本形成、净出口对经济增长的贡献率分别为 51.2%、48.5% 和 0.3%。国内生产总值达到 63.6 万亿元，增长 7.4%。

（二）大力支持实体经济发展

加大财税支持力度。实行定向减税和普遍性降费，拓宽小微企业税收优惠政策范围，将小型微利企业减半征收所得税政策延长到 2016 年年底，并将实施范围的上限由年应纳税所得额 6 万元提高到 10 万元。扩大“营改增”试点，简化合并增值税征收率，每年可减轻企业税负 240 亿元。继续加大涉企收费清理，取消了一批不合理的收费项目。加快财政支出进度，积极盘活存量资金。完善金融支持政策。灵活运用货币政策工具，采取定向降准、定向再贷款、非对称降息等措施，加大对经济社会发展薄弱环节的支持力度。制定出台缓解企业融资贵的具体措施，两次下调与小微企业、“三农”关系更为密切的中小金融机构存款准备金率，扩大支持小微企业再贷款和专项金融债规模，调整商业银行存贷比计算口径，引导商业银行将更多的信贷资源用于支持实体经济。小微企业、“三农”贷款增速比各项贷款平均增速分别高 4.2 和 0.7 个百分点。

（三）努力保持就业和价格稳定

坚持实施更加积极的就业政策，以改革促就业，以增长带就业，以政策保就业，进一步加大促进重点

群体就业创业的政策扶持力度，突出抓好大学生就业创业、城镇失业人员和就业困难人员再就业，强化职业技能培训，在社保补贴、财政贴息、税收优惠等方面加强对高校毕业生就业创业的扶持。城镇新增就业1 322万人，年末城镇登记失业率4.1%。继续加强重点农产品产运销衔接和储备吞吐，强化市场价格监管，加大反价格垄断工作力度，保持市场价格平稳运行。居民消费价格上涨2.0%。加强市场价格监管和反垄断执法，查处价格违法案件2.5万件，实施经济处罚44.7亿元。清理银行业金融机构不合理收费，减轻企业负担超过400亿元。

（四）着力化解财政金融风险

加强和规范地方政府性债务管理，开展存量债务的清理甄别，推行地方政府债券自发自还试点，强化风险评估预警。以产能过剩行业、地方政府性债务、民间借贷、互联网金融等领域为重点，加强风险监测、评估和排查，防止出现区域性系统性金融风险。根据房地产市场形势变化，及时调整完善住房金融政策，优化金融服务。财政金融等领域风险总体可控。

（五）加强经济运行调节

加强对经济运行形势的综合分析，完善煤电油气运等实物量指标日报、旬报、月报监测制度，加强与经济指标关联分析，增强经济运行调节的预见性和针对性。做好煤炭生产经营事中事后监管、市场体系建设和行业脱困，煤炭市场出现积极变化。积极推进清洁能源发电利用和燃煤机组效率提高，推进国家电力需求侧管理平台建设，保障电力供需平衡、电网安全稳定运行。做好总量平衡和产运需衔接，在国内需求放缓的情况下适当扩大出口，促进成品油供需平衡。通过扩大产量、落实进口资源、优化管网运行、调用储气量及强化需求侧管理等措施，促进天然气平稳供应。加强重点物资运输协调，做好重点时段的客货运输协调，较好地满足了重点地区、重大活动、重要时段和居民生活对煤电油气运的合理需求。做好新疆于田、云南盈江、鲁甸、景谷、四川康定等地震灾区煤电油气运保障工作。

二、全面深化改革开放，着力激发市场活力

认真落实中央关于全面深化改革的决策部署，围绕激发市场主体活力，充分发挥市场在资源配置中的决定性作用，深入推进行政审批、财税、金融、投资、价格改革，加快教育、医药卫生等领域改革，为经济社会发展注入了新的活力和动力，对外开放水平进一步提高。

（一）继续深化行政审批制度改革

继续把简政放权、放管结合作为改革的重头戏。坚持简化手续、优化程序、在线办理、限时办结，以投资和生产经营领域为重点，又取消和下放246项行政审批事项，取消评比达标表彰项目29项、职业资格许可和认定事项149项，提前完成减少1/3行政审批事项的目标任务。再次修订了政府核准的投资项目目录，又取消15项、下放23项核准事项，连同2013年取消和下放的，中央层面核准的项目减少了76.0%。外商投资项目由全面核准改为普遍备案和有限核准相结合，实行备案管理的超过95.0%。境外投资项目除敏感国家和地区、敏感行业外，一律将核准改为网上备案，核准项目占比不到2.0%。精简审批、规范中介、并联核准，将30多项前置审批事项大幅精简至2项半，只保留选址意见书、用地（用海）预审意见两项前置，对少数重特大项目保留环评作为前置审批，同时，规范中介服务和收费，积极推进企业投资项目网上并联核准，加快构建纵横联动协管体系。开设国家发改委政务服务大厅，全委13项行政许可事项全部进驻大厅受理，统一接收、统一答复，在阳光审批、政务公开、主动服务方面迈出了新的步伐。着力改革商事制度，新登记注册市场主体达到1 293万户，其中新登记注册企业增长45.9%，形成新的创业热潮。

（二）积极推进财税金融改革

深化财税体制改革总体方案制定实施，预算管理制度和税制改革取得重要进展，专项转移支付项目比上年减少1/3以上，一般性转移支付比重增加。营改增试点范围扩大到铁路运输、邮政、电信等行

业，煤炭资源税由从量计征改为从价计征。政府购买服务管理办法制定出台。存款利率上浮区间扩大、期限档次简化。人民币汇率浮动区间拓宽，双向波动弹性增强。有序放开金融机构市场准入，民营银行试点迈出新步伐，5 家民营银行获准筹建。沪港通试点正式启动，外汇储备、保险资金运用范围拓展。跨境贸易和投资人民币结算规模增大。

（三）大力深化投融资体制改革

进一步改善民间投资环境，年初推出的 80 个鼓励社会资本参与的投资项目，49 个有民间资本参与。制定实施创新重点领域投融资机制鼓励社会投资的指导意见，发布了开展政府和社会资本合作（PPP）的指导意见和合同范本，研究制定基础设施和公用事业特许经营管理办法。设立了新兴产业创业投资引导基金和先进制造产业投资基金。加强预算内投资与政策性金融、债券、基金、保险、信托等的协调配合，发挥好预算内投资的引导作用。铁路投融资体制改革积极推进。

（四）加大价格改革力度

放开了 700 多种医保目录内低价药品、非公立医疗机构医疗服务、电信业务资费等 50 项商品或服务价格。铁路货物运价改为政府指导价、实行上限管理，国铁货物统一运价每吨公里提高 1.5 分，公铁运价比基本达到合理水平。国内航线旅客运输基准票价由政府审批改为由航空公司按照政府制定的定价规则自行确定。启动新疆棉花、东北和内蒙古大豆目标价格改革试点。深化资源性产品价格改革。在深圳市和内蒙古西部电网开展输配电价改革试点。推行居民生活用水、用气阶梯价格，调整了非居民用存量天然气价格，非居民用天然气存量和增量价格实现并轨。查处汽车、保险、水泥等行业一批重大价格垄断案件。开通运行了全国发改部门四级联网的 12358 价格举报管理信息系统，实现了案件全覆盖、举报多渠道、在线实时查询、四级联网、闭环回馈等多项功能。

（五）探索推进国有企业改革

中央管理企业负责人薪酬制度改革意见出台。中央企业改组国有资本投资公司、发展混合所有制经济、建设规范董事会等改革试点推出。国有企业兼并重组继续推进。

（六）有序开展社会领域改革

全面推进公务用车制度改革指导意见出台并在中央和国家机关率先实施。信用体系建设规划颁布实施，部门间信用信息共享和失信行为联合惩戒机制进一步健全。不动产统一登记制度建设取得重要进展。考试招生制度改革积极推进。机关事业单位养老保险制度改革方案顺利出台。大部分省份建立了医疗保险省内异地就医结算系统，县级公立医院综合改革试点覆盖 50.0% 以上的县（市）。

（七）着力推进对外投资合作

认真落实“一带一路”战略构想，扎实有序推动重点领域合作，周边基础设施互联互通积极推进，沿边和内陆开放继续扩大。围绕产能和装备走出去，积极推动一批境外铁路建设项目，深化油气、核电合作，拓展装备制造、新兴产业、生态环保合作。加强与非洲国家铁路、公路、民航和工业化“三网一化”合作。积极推进中巴经济走廊、孟中印缅经济走廊建设，加快瓜达尔港、皎漂特别经济区等重点项目合作步伐。扩展上海自由贸易试验区范围，新设广东、天津、福建自由贸易试验区。中国与冰岛、瑞士自贸区启动实施，中韩、中澳自贸区完成实质性谈判。利用外资质量提升、结构优化，非金融类实际使用外商直接投资 1 196 亿美元，增长 1.7%，服务业实际利用外资比重提升到 55.4%。非金融类境外直接投资 1 029亿美元，增长 14.1%。双向投资并驾齐驱格局初步形成。

三、加快产业结构调整，大力推进经济转型升级

围绕促进提质增效升级，通过政策引领和发挥市场机制作用，因势利导加快发展方式转变，加强创新驱动，促进产业结构优化升级。

（一）大力推进自主创新

研究与试验发展经费支出与国内生产总值之比

2.1%，企业研发经费支出占全社会支出的比例超过76.0%。着力打通科技成果转化通道，扩大中关村国家自主创新示范区试点政策实施范围，推进科技资源开放共享，科技人员创新活力不断释放。"天河二号"超级计算机、超级杂交水稻、"嫦娥"工程、卫星应用、载人深潜等重大科研项目取得新突破。国家科技重大专项、863计划、科技支撑计划等取得一批重大创新成果。重型燃气轮机、海洋工程装备和基因工程、生命科学等领域取得重大突破，28纳米集成电路芯片开始量产，有源OLED显示屏、超高纯钛熔炼等技术研发应用取得重大进展，打破国外技术和价格垄断。

（二）强化战略性新兴产业支撑作用

积极培育发展新技术新产品新业态新模式。牵头制定了支持民用空间基础设施、云计算等发展的规划和政策。组织实施北斗卫星导航、物联网、信息惠民等重大应用示范工程。生物、智能制造装备、海洋工程装备、支线客机、移动互联网、宽带网络设备等领域突破一批关键核心技术和产业化瓶颈，云计算、物联网、大数据等战略性新兴产业发展迅速。移动互联、智能装备等科技产业化工程深入实施，培育了一批潜力较大的新增长点。第四代移动通信网络建设和应用大规模展开，带动了相关产品和服务的快速增长；工业机器人应用领域从汽车、电子等高端行业向建材、金属加工等传统行业扩大，我国已成为全球第一大机器人市场。推动电子商务特别是跨境电子商务创新发展，微创新、众创等创新创业模式蓬勃兴起。高技术制造业增加值增长12.3%，比规模以上工业快4.0个百分点。

（三）积极推进传统产业转型升级

制定实施重点产业布局调整和产业转移的指导意见，出台石化产业布局方案，积极推动船舶等重点行业结构调整，研究制定了增强制造业核心竞争力三年行动计划，提出了六大行业突破核心技术、推进产业发展的目标要求和政策措施。落实化解产能过剩矛盾各项措施，钢铁、水泥等15个重点行业淘汰落后产能年度任务如期完成，全年分别淘汰落后钢铁、水泥、平板玻璃3 110万吨、8 100万吨、3 760万重量箱，产能盲目扩张得到遏制。促进煤炭行业脱困取得阶段性进展。实施差别电价政策，加快淘汰落后产能。

（四）促进服务业创新发展

研究制定了加快发展生产性服务业促进产业结构调整升级的指导意见。制定出台物流业发展中长期规划，支持物流公共信息平台建设。新业态、新模式蓬勃发展，文化创意和设计服务与相关产业融合发展。第三产业（服务业）增加值307 000亿元，增长8.1%，占国内生产总值比重达到48.2%，超过第二产业5.6个百分点。

（五）扎实推进基础产业发展和基础设施建设

进一步加强综合交通运输体系建设。全国铁路营业里程和高速公路通车里程双双突破11万公里。其中，新建铁路投产里程8 427公里，高速铁路运营里程达1.6万公里，占世界的60.0%以上，高速公路通车里程达11.2万公里。水路、民航、管道建设进一步加强。农网改造稳步进行。宽带用户超过7.8亿户。新增7个国家级互联网骨干直联点，又有近3 000万个家庭实现光纤到户。水电总装机突破3亿千瓦，页岩气、煤层气和深海油气勘探开发取得重大进展。规划建设的172项重大水利工程，已开工建设57项。南水北调中线一期工程通水，京津冀等地6 000万群众喝上了长江水。

四、夯实农业农村发展基础，促进城乡区域协调发展

积极发展现代农业，扎实推进以人为核心的新型城镇化，完善城乡一体化体制机制，优化经济发展空间格局，城乡区域协调发展迈出新的步伐。

（一）不断巩固农业基础

加大强农惠农富农政策力度，提高稻谷、小麦最低收购价，实施玉米临时收储政策、产粮大县奖励政策、粮食高产创建支持政策，及早预拨农业"四补贴"，有效调动农民种粮积极性，实现粮食产量"十一连增"、农民收入"五连快"，粮食总产量达到6.1亿

吨，肉禽蛋奶和蔬菜等“菜篮子”产品生产稳定发展，市场供应充足。继续加大“三农”投入，强化农业基础设施建设。用于农业农村建设的中央预算内投资占比超过50.0%，重点支持了新增千亿斤粮食田间工程、千亿斤粮食仓容和重大水利工程建设，农业科技和机械化水平持续提升，农业综合生产能力稳步提高。深化农村改革，农村土地确权登记颁证有序进行，农业新型经营主体加快成长，引导土地经营权有序流转，农村承包耕地流转比例达到30.0%左右。改善农村生产生活条件，制定完成农业环境突出问题治理总体规划、生态保护与建设示范区实施意见、国有林场改革方案和国有林区改革指导意见，新增节水灌溉面积223万公顷，新建改建农村公路23万公里。改造农村危房266万户，农村贫困人口减少1 232万人。加快实施农村饮水安全工程，又解决了6 600多万农村人口饮水安全问题。启动实施新一轮退耕还林还草。

（二）积极稳妥推进新型城镇化

出台国家新型城镇化规划，印发实施进一步推进户籍制度改革、调整城市规模划分标准、做好为农民工服务工作、建立统一的城乡居民基本养老保险制度等一系列政策性文件。建立了推进新型城镇化工作部际联席会议制度。研究制定“三个1亿人”城镇化实施方案和新型城镇化综合试点方案，启动包括2个省和62个城市（镇）的国家新型城镇化综合试点，调整优化城市规模划分标准。组织编制重要的跨省区城市群规划，同时促进中西部地区中小城市加快发展。提升城市建设管理水平。集中中央建设资金，加快推进棚户区改造，完善地下管网等基础设施建设；通过推广新能源汽车、促进智慧城市发展等，推进新型城市建设；加强对地方政府性债务管理，推动形成多元可持续的城市建设融资机制。2014年年底，常住人口城镇化率达到54.8%，户籍人口城镇化率约为36.7%。

（三）促进区域协调协同发展

一手推进区域发展总体战略的深入实施，一手落实区域协调发展的新部署，促进各地区在更高水平更高层次开发开放，推动形成国内外联动、东中西统筹、南北方协调的发展格局。统筹推进“四大板块”协调发展。发布实施西部地区鼓励类产业目录，西部大开发新开工重点工程33项、总投资8 353亿元。出台近期支持东北振兴若干重大政策举措的意见，资源枯竭城市转型取得阶段性成果。深入推进中部地区“三基地、一枢纽”建设，“两横两纵”空间发展格局得到优化。加快推动东部地区经济转型，使其在全国经济发展中继续发挥引领作用。认真落实“一带一路”战略构想。编制完成“一带一路”建设战略规划，以及推动共建“一带一路”的愿景与行动的白皮书，研究建立重大项目储备库和项目滚动实施机制，推动与塔吉克斯坦等4国分别签署共建丝绸之路经济带合作备忘录，各领域务实合作有序展开。积极推进京津冀协同发展战略。研究提出了京津冀协同发展区域功能定位和规划总体思路框架，明确了交通、生态环保、产业三个重点领域率先突破工作方案以及体制机制改革措施。京津冀交通一体化、生态环保联防联治、产业转移对接等重点工作和重大项目扎实有序推进。推动实施长江经济带战略。颁布实施依托黄金水道推动长江经济带发展的指导意见和长江经济带综合立体交通走廊规划。开展了长三角、长江中游、成渝三大城市群规划编制工作。长江经济带12个海关全部启动区域通关一体化。制定了一批促进区域协调发展的规划和政策。印发实施珠江—西江经济带、晋陕豫黄河金三角、鄱阳湖生态经济区、赣闽粤原中央苏区振兴发展等重大区域规划。批复设立陕西西咸、贵州贵安、青岛西海岸、大连金普和四川天府5个国家级新区。进一步加大对老少边穷地区和集中连片特殊困难地区的支持力度。深入开展对口援疆援藏工作。

五、加大节能减排和生态环保工作力度，节能减排取得“十二五”以来最大进展

坚持把加强生态文明建设作为转方式、调结构重要抓手，综合施策，扎实推进，政策累积效应进一步显现。

（一）强力推进节能减排

实行能耗强度和总量“双控”。开展省级人民政

府和万家企业节能目标责任评价考核，首次将能源消费总量控制工作纳入考核，考核结果向全社会进行公告，并作为对地方领导班子和领导干部综合考核评价的重要依据。安排中央预算内资金支持了490个节能项目，形成年节能能力226.7万吨标准煤。继续实施百项能效标准推进工程，发布第一批节能环保汽车推广目录和第六批高效节能电机推广目录，以财政补贴方式推广节能灯1亿只。大力推进重点领域节能、燃煤锅炉能效提升、节能技术产品推广、煤炭消费控制等方面工作。2014年年底，非化石能源占一次能源消费比重上升到11.2%，提高1.1个百分点，单位国内生产总值能耗和单位国内生产总值二氧化碳排放量分别下降4.8%和6.2%，二氧化硫、化学需氧量、氨氮、氮氧化物排放量分别下降3.4%、2.5%、2.9%和6.7%。“十二五”节能减排指标完成情况赶上时间进度。

（二）加强生态环境保护

加强顶层设计，研究制定了关于加快推进生态文明的意见，提出中国生态文明建设的总体要求、重点任务和制度建设重点。加大主体功能区制度实施力度。推进重点改革任务落地。研究提出国家公园体制、资源环境承载能力监测预警机制、市县“多规合一”、全国碳排放总量控制制度和分解落实机制、农业环境突出问题治理、环境污染第三方治理等多项重大改革方案。开展先行先试，选取57个地区开展生态文明先行示范区建设。加大湿地、森林、草原、生物多样性丰富区域等重要生态系统的保护修复力度，继续展开退耕还林、退牧还草、天然林资源保护、重点防护林体系等生态建设，完成造林面积602.7万公顷。

（三）狠抓污染治理

认真落实“大气十条”，研究制定推行环境污染第三方治理的意见，加快推进机动车污染综合防治。支持重点流域污染治理、非电行业脱硝示范、京津冀及周边地区大气污染治理等重大工程。调整主要污染物排污费征收标准。加快环保产业发展。不断提升地方环境监管能力和水平。大气、水、土壤污染防治迈出新步伐，区域联防联控机制日益完善。城市污水处理率和城市生活垃圾无害化处理率分别达到90.2%和90.3%。万元工业增加值用水量63.5立方米，下降5.6%。

（四）深入开展应对气候变化工作

研究制定了中国到2030年的碳排放控制目标，印发国家应对气候变化规划（2014—2020年），发布中美气候变化联合声明，提出了中国二氧化碳排放2030年左右达到峰值、非化石能源占一次能源消费比重2030年达到20.0%左右的目标。深入开展低碳省区和城市、低碳工业园区试点，稳步推进全国碳排放权交易市场建设。积极做好联合国气候变化利马大会的准备工作。

六、切实保障和改善民生，维护社会和谐稳定

注重保基本、兜底线、建机制，在财政支出压力大的情况下，坚持尽力而为，持续加大民生领域投入，统筹推进基本公共服务体系建设，把更多公共资源用于民生保障薄弱环节，健全改善民生政策体系，人民群众生活水平进一步提高。

（一）促进居民收入继续增加

多渠道促进农民增收，连续10年提高企业退休人员基本养老金水平，增收措施与就业政策形成了惠民合力。继续深化收入分配制度改革，推进国有企业负责人薪酬制度改革，完善机关事业单位工资制度，调整工资、优化结构。全国居民人均可支配收入实际增长8.0%，其中农村居民人均可支配收入实际增长9.2%，城镇居民人均可支配收入实际增长6.8%。农村居民收入增幅快于城镇居民2.4个百分点，城乡居民收入比13年来首次降至3倍以下。

（二）织密社会保障安全网

建立了统一的城乡居民基本养老保险制度，并与职工基本养老保险制度实现衔接，参加城镇基本养老保险人数、新型农村社会养老保险人数分别达到3.7亿人、4.8亿人。提高基础养老金标准，企业退休人员基本养老金水平又提高10.0%。进一步健全医保体系，27个省份建立了省内城镇基本医保异

地就医即时结算系统,新农合在90.0%的统筹地区实现了省内异地就医即时结算,30个省份启动城乡居民大病保险试点,职工医保、城镇居民医保和新农合三项基本医保参保率稳定在95.0%以上。全面建立临时救助制度,城乡低保标准分别提高10.0%和14.1%,残疾军人、烈属和老复员军人等优抚对象抚恤和生活补助标准提高20.0%以上。全力开展鲁甸、景谷地震等重大自然灾害抢险救援,探索建立中央统筹指导、地方作为主体、灾区群众广泛参与的恢复重建新模式,灾后恢复重建有序推进。

(三)扎实推进保障性安居工程建设

加大中央预算内投资和企业债券融资对棚户区等保障性住房建设的支持力度,基本建成城镇保障性安居工程住房511万套,新开工740万套。垦区林区棚户区改造、农村危房改造工程继续推进。

(四)大力促进教育公平

进一步贯彻落实义务教育均衡发展政策,义务教育经费保障机制进一步完善,再次提高了农村中小学公用经费基准定额。加强贫困地区义务教育薄弱学校建设,教室、宿舍、食堂等基本办学条件不断改善。提高家庭经济困难学生资助水平,国家助学贷款资助标准大幅上调。中等职业学校免学费补助政策扩大到三年。实行义务教育免试就近入学政策,28个省份5.6万名农民工随迁子女实现了在流入地参加高考。九年义务教育巩固率、高中阶段教育毛入学率预计分别达到92.6%和86.5%,贫困地区农村学生上重点高校人数连续两年增长10.0%以上。

(五)深入推进医药卫生改革发展

进一步加强公共卫生服务体系建设,住院医师规范化培训制度开始建立。“单独两孩”政策普遍实施。医药卫生改革深入推进,基层医疗卫生机构综合改革深化,县乡村服务网络逐步完善。县级公立医院综合改革试点达到1 300多个。在建和年内开工、床位数在500张以上的非政府办医疗机构重大项目超过120个,基本公共卫生、计生服务水平进一步提升。

(六)积极发展文化事业和文化产业

推动重大文化惠民项目建设,公共文化服务体系建设继续加强,广播电视村村通、国家文化和自然遗产保护、地市级公共文化建设等专项规划稳步实施,公共文化设施免费开放取得良好社会效益。实施文艺精品战略,完善现代文化市场体系。群众健身活动蓬勃开展,成功举办南京青奥会。

(七)推动社会事业全面进步

印发了促进文化、旅游、体育、健康、养老产业发展的政策性文件,实施了一批重大工程,公共服务水平不断改善。国内旅游人数36.1亿人次,增长10.7%,出境旅游首次突破1亿人次。每千名老人拥有养老床位数达26张。体育产业、体育消费加快发展,新增体育场地6.7万个。残疾人康复和托养服务体系继续加强,专为残疾人服务设施数预计达到3 867个。

2015年是全面深化改革的关键之年,是全面推进依法治国的开局之年,也是全面完成“十二五”规划的收官之年。2015年发展和改革工作,要全面贯彻党的十八大和十八届三中、四中全会精神,以邓小平理论、“三个代表”重要思想、科学发展观为指导,全面贯彻落实习近平总书记系列重要讲话精神,坚持稳中求进工作总基调,坚持以提高经济发展质量和效益为中心,主动适应经济发展新常态,保持经济运行在合理区间,把转方式调结构放到更加重要位置,狠抓改革攻坚,突出创新驱动,强化风险防控,加强民生保障,促进经济平稳健康发展和社会和谐稳定。

(撰稿:杨　特)

2014 年国民经济运行态势综述

国家发展和改革委员会经济运行调节局

2014 年，面对复杂严峻的国内外经济环境，党中央、国务院坚持稳中求进工作总基调，全力深化改革开放，着力创新宏观调控，奋力激发市场活力，努力培育创新动力，国民经济在新常态下平稳运行，呈现出增长平稳、结构优化、质量提升、民生改善的良好态势。

一、经济发展总体平稳

2014 年，经济运行处于合理区间，保持了稳中有进的总体态势。

一季度，国家着力改革创新，着力转型升级，着力改善民生。国民经济开局平稳，总体良好。据国家统计局统计，一季度实现国内生产总值 128 213 亿元，按可比价格计算，同比增长 7.4%。

二季度，国家强调科学统筹稳增长、促改革、调结构、惠民生，坚持改革创新和结构调整，着力发挥市场作用，更加注重定向调控，经济运行总体平稳。据国家统计局统计，二季度经济同比增长 7.5%，增幅比一季度略有提高。上半年累计实现国内生产总值 269 044 亿元，按可比价格计算，同比增长 7.4%。

三季度，国家坚持稳中求进、改革创新的总基调。在新常态下，国民经济运行总体平稳、稳中有进、稳中提质。据国家统计局统计，三季度经济同比增长 7.3%，增幅比二季度回落 0.2 个百分点。前三季度累计实现国内生产总值 419 908 亿元，按可比价格计算，同比增长 7.4%，增幅与上半年持平。

四季度，国家继续坚持稳中求进的工作总基调，坚持以提高经济发展质量和效益为中心，主动适应经济发展新常态。国民经济运行缓中趋稳，粮食生产再获丰收，工业生产运行在合理区间，经济结构继续优化，城乡居民收入稳定增长。投资、消费、出口增速均有不同程度放缓。据国家统计局统计，四季度经济同比增长 7.3%，增幅与三季度持平。

各季度经济增长速度始终处于 7.3% ~7.5% 的合理区间，波动很小。据国家统计局公布的初步核实数，全年国内生产总值 636 138.7 亿元，按可比价格计算，比上年增长 7.3%，增幅比上年回落 0.4 个百分点。

二、产业结构调整取得新进展

2014 年，第一产业增加值 58 336 亿元，比上年增长 4.1%，增幅比上年提高 0.1 个百分点，占国内生产总值的 9.2%，对经济增长的贡献率为 4.8%，拉动经济增长 0.3 个百分点。第二产业增加值271 765亿元，比上年增长 7.3%，增幅比上年回落 0.5 个百分点，占国内生产总值的 42.7%，对经济增长的贡献率为 47.1%，拉动经济增长 3.4 个百分点。第三产业增加值 306 038 亿元，比上年增长 7.8%，增幅比上年回落 0.5 个百分点，占国内生产总值的 48.1%，对经济增长的贡献率为 48.1%，拉动经济增长 3.5 个百分点。

第二产业的增长主要还是依赖工业。据国家统计局统计，2014 年全部工业增加值 228 123 亿元，比上年增长 7.0%，占第二产业增加值的 83.9%。工业结构进一步优化。国家统计局公布的数据显示，规模以上工业中，高技术制造业增加值比上年增长 12.3%，增幅高于规模以上工业 4.0 个百分点。

大力调整产业结构。着力培育新的增长点，促进服务业加快发展，支持发展移动互联网、集成电路、高端装备制造、新能源汽车等战略性新兴产业，互联网金融异军突起，电子商务、物流快递等新业态快速成长，众多“创客”脱颖而出，文化创意产业蓬勃发展。同时，继续化解过剩产能，钢铁、水泥等 15 个重点行业淘汰落后产能年度任务如期完成。加强雾霾治理，淘汰黄标车和老旧车指标超额完成。

三、农业生产再获丰收

2014年，农业农村经济在高起点上实现稳中有进、稳中提质、稳中增效。中央审时度势提出了新时期国家粮食安全战略，继续出台了一系列强农惠农政策，及早预拨农业“四补贴”，及早发布小麦、稻谷最低收购价，继续实施产量大县奖励政策，积极推进农业生产经营方式转变，注重培育新型农业生产主体等政策措施，进一步调动了多方面粮食生产的积极性。据国家统计局统计，2014年全国粮食总产量达到60 709.9万吨（12 142亿斤），比上年增加516万吨（103.2亿斤），增产0.9%，实现“十一连增”。

粮食增产的因素来自于两个方面：一是扩大粮食播种面积，据国家统计局对全国31个省区市农业生产经营户的抽样调查和农业生产经营单位的全面统计，全年全国粮食播种面积为112 738.3千公顷（169 107.4万亩），比上年增加782.7千公顷（1 174.1万亩），增长0.7%。二是单位面积产量增加，据国家统计局统计，全年粮食单位面积产量为5 385公斤/公顷（359公斤/亩），比上年提高8.4公斤/公顷（0.6公斤/亩），提高0.2%。

2014年粮食生产经受了局部严重的自然灾害、多发的生物灾害、多变的市场环境等多重考验，科技对粮食增产发挥了关键作用。国家组织开展粮食高产创建与增产模式攻关提升年活动，集成推广区域性、标准化高产高效技术模式，打造高产创建示范区、打造增产增效试验区，助力夏粮、早稻和秋粮季季丰收。

全年除农业主产品粮食增产外，其他农产品产量有涨有跌。茶叶产量209万吨，比上年增长8.7%。水产品产量6 450万吨，增长4.5%。肉类产量8 707万吨，增长2.0%。油料产量3 517万吨，与上年持平。棉花产量616万吨，减产2.2%。糖料产量13 403万吨，减产2.5%。木材产量8 178万立方米，下降3.1%。

四、内需拉动经济增长的力度继续加大

2014年，国家通过增加居民收入提高消费能力，完善消费政策，培育消费热点。扩大服务消费，支持社会力量兴办各类服务机构，重点发展养老、健康、旅游、文化等服务，落实带薪休假制度。

据国家统计局统计，全年社会消费品零售总额262 394亿元，比上年增长12.0%，扣除价格因素，实际增长10.9%，市场销售呈现平稳较快增长势头。按经营地统计，城镇消费品零售额226 368亿元，增长11.8%；乡村消费品零售额36 027亿元，增长12.9%。两者分别占社会消费品零售总额的86.3%和13.7%。按消费类型统计，商品零售额234 534亿元，增长12.2%；餐饮收入额27 860亿元，增长9.7%。网上零售额27 898亿元，增长49.7%。其中，限额以上单位网上零售额4 400亿元，增长56.2%。全年实现全社会固定资产投资512 761亿元，比上年增长15.3%，扣除价格因素，实际增长14.7%，呈现较快增长势头。房地产开发投资95 036亿元，增长10.5%，增速比上年减缓9.3个百分点。其中，住宅投资64 352亿元，增长9.2%，减缓10.2个百分点。全年实现货物进出口总额43 015.3亿美元，比上年增长3.4%，继续保持全球第一货物贸易大国地位。其中，出口23 422.9亿美元，增长6.0%；进口19 592.3亿美元，增长0.5%。贸易顺差3 830.6亿美元，比上年增加1 240.5亿元。

按支出法计算，2014年经济增长中，最终消费支出的贡献率为51.6%，拉动经济增长3.8个百分点；资本形成总额的贡献率为46.7%，拉动经济增长3.4个百分点；货物和服务净出口的贡献率为1.7%，拉动经济增长0.1个百分点。内需的增长，有力的弥补了外需不足的不利影响。

五、城镇化不断向前推进

2014年，各地区各部门落实中央城镇化工作会议精神，按照《国家新型城镇化规划》，积极稳妥、扎实有序地开展工作，出台了一批重大政策意见，启动了一批关键领域改革试点，研究制定了一批新的标准规范，开展了一批重点城市群规划的编制，实施了一批重大工程项目，推进农业转移人口市民化，提高城镇建设用地利用效率，建立多元可持续的资金保障机制，优化城镇化布局和形态，提高城镇建设水平，加强对城镇化的管理，为新型城镇化的良好开局

奠定了基础。

2014 年 3 月发布的《国家新型城镇化规划》提出五大发展目标：城镇化水平和质量稳步提升，城镇化格局更加优化，城市发展模式科学合理，城市生活和谐宜人，城镇化体制机制不断完善。《规划》提出四大战略任务：有序推进农业转移人口市民化，优化城镇化布局和形态，提高城市可持续发展能力，推动城乡发展一体化。2014 年 9 月，国家召开推进新型城镇化建设试点工作座谈会，明确以着力解决好“三个 1 亿人”问题为切入点。2014 年 12 月，国家发展改革委等 11 个部门联合印发《关于开展国家新型城镇化综合试点工作的通知》，江苏、安徽两省和宁波等 62 个城市（镇）列为国家新型城镇化综合试点地区。

城镇化取得明显进展。根据国家统计局统计数据分析，中国城镇常住人口 2014 年末为 7.5 亿人，城镇化率达到 54.8%，基本接近世界平均水平。

六、生态环境持续得到治理

2014 年，国家规定并严守生态保护红线，由国土空间生态保护扩展到能源资源利用和环境质量改善等方面。继续加大对传统重化工业落后产能的淘汰力度，钢铁、电解铝、水泥、平板玻璃等行业投资、生产增速明显回落，盲目扩张势头得到初步遏制。据国家统计局统计，全年黑色金属冶炼和压延加工业投资比上年下降 6.2%，有色金属冶炼和压延加工业投资仅增长 4.7%。粗钢产量比上年增长 1.1%，水泥产量增长 3.0%，平板玻璃产量增长 4.8%，淘汰落后钢铁产能 3 110 万吨，水泥 8 100 万吨，平板玻璃 3 760 万重量箱。

深入防治大气污染，以雾霾频发的特大城市和区域为重点，健全政府、企业、公众共同参与新机制。2014 年 2 月，国家在《大气污染防治行动计划》基础上，细化分解梳理了 22 条配套政策措施，并督促落实。目前，已经有 25 个省（区、市）制定了本地区落实《大气污染防治行动计划》的实施方案。

节能减排和环境治理取得新进展。据国家统计局初步核算，全年全国能源消费总量为 42.6 亿吨标准煤，比上年增长 2.2%，增幅比上年回落 1.5 个百分点。其中，煤炭消费量下降 2.9%，原油消费量增长 5.9%，电力消费量增长 3.8%，天然气消费增长 8.6%。水电、风电、核电、天然气等清洁能源消费量占能源消费总量的 16.9%。全国万元国内生产总值能耗下降 3.7%。工业企业吨粗铜综合能耗同比下降 3.8%，吨钢综合能耗下降 1.7%，单位烧碱综合能耗下降 2.3%，吨水泥综合能耗下降 1.1%，每千瓦时火力发电标准煤耗下降 0.7%。

七、人民生活进一步改善

2014 年，国家坚持民生优先发展的基本思路，关注人民群众的利益需求，以科学发展观为导向，实施以人为本、执政为民的政策措施，特别是扩大公共财政造福民生的支出，不断提高人民生活水平，努力改善人民生活质量，推动社会事业加快发展。

就业继续增加。国家深入实施就业优先战略和更加积极的就业政策，深化就业领域改革，出台促进重点群体就业创业的税收优惠政策，完善就业失业登记管理制度。人力资源市场整合改革取得新成效，人力资源服务业稳步发展。高校毕业生就业形势总体稳定，农村劳动力转移就业稳中有增，城镇失业人员再就业和困难人员实现就业人数均顺利完成年度目标任务。2014 年年末，全国就业人员 77 253 万人，其中城镇就业人员 39 310 万人。全年城镇新增就业 1 322 万人。年末城镇登记失业率为 4.1%。全国农民工总量为 27 395 万人，比上年增长 1.9%。其中，外出农民工 16 821 万人，增长 1.3%；本地农民工 10 574 万人，增长 2.8%。

城乡居民收入较快增长。在继续提高最低工资标准，提高城乡低保对象、企业退休人员和优抚对象等人群的补助水平，增加对低收入群体的临时价格补贴以及农产品价格提高等因素的综合作用下，城乡居民收入保持较快增长。据国家统计局统计，全年全国居民人均可支配收入 20 167 元，比上年增长 10.1%，扣除价格因素，实际增长 8.0%。按常住地分，城镇居民人均可支配收入 28 844 元，比上年增长 9.0%，扣除价格因素，实际增长 6.8%；城镇居民人均可支配收入中位数为 26 635 元，增长 10.3%。农村居民人均可支配收入 10 489 元，比上年增长 11.2%，扣除价格因素，实际增长 9.2%；农村居民人均可支配收入中位数为

9 497元,增长 12.7%。农村居民人均纯收入为 9 892 元。农村居民收入实际增速比城镇快 2.4 个百分点,城乡居民收入差距继续缩小。

居民消费价格基本平稳。2014 年,居民消费价格总水平总体呈现上半年小幅波动、下半年逐渐回落的态势。据国家统计局统计,全年居民消费价格总水平比上年上涨 2%,涨幅同比回落 0.6 个百分点。食品价格上涨 3.1%,非食品价格上涨 1.4%。消费品价格上涨 1.8%,服务价格上涨 2.5%。36 个大中城市食用农产品价格上涨 0.7%,其中 9—12 月连续 4 个月负增长。

社会事业加快发展。2014 年国家继续统筹城乡协调发展,在推进城镇化的同时,把公共服务进一步延伸到农村,整合社会保障体系,扩大社会保障覆盖面,提高社会保障特别是医疗和养老保障水平。据国家统计局统计,2014 年末,全国参加城镇职工基本养老保险人数 34 115 万人,比上年年末增加 1 897 万人。参加城乡居民基本养老保险人数 50 107 万人,增加 357 万人。参加基本医疗保险人数 59 774 万人,增加 2 702 万人。其中,参加职工基本医疗保险人数 28 325 万人,增加 882 万人;参加居民基本医疗保险人数 31 449 万人,增加 1 820 万人。按照年人均收入 2 300 元(2010 年不变价)的农村扶贫标准计算,全年农村贫困人口为 7 017 万人,比上年减少 1 232 万人。

八、深入实施区域发展总体战略

2014 年,围绕深入实施区域发展总体战略和主体功能区战略,国家继续出台一系列重大区域规划和区域性政策性文件。经济发展空间格局进一步优化,区域政策体系进一步完善,地区间开放合作进一步深化,区域发展的协调性显著增强。"一带一路"、京津冀协同发展、长江经济带等重大国家战略扎实推进。发布实施西部地区鼓励类产业目录,中央财政转移支付进一步向西部地区倾斜。研究支持东北地区简政放权、深化国企改革、创新驱动振兴发展等重点领域改革,支持在东北地区率先全面实施老工业区和独立工矿区搬迁改造。国务院批复设立陕西西咸、贵州贵安、青岛西海岸、大连金普和四川天府 5 个新区,进一步发挥国家级新区在重大改革先行先试和推进新型城镇化等方面的作用。大力促进海洋经济发展,建立促进全国海洋经济发展部际联席会议制度,推进山东、浙江、福建、广东、天津等地区全国海洋经济发展试点工作,扎实推进浙江舟山群岛新区建设,大力发展海洋产业和海洋经济。继续加大扶贫开发投入力度,推动集中连片特殊困难地区区域发展与扶贫攻坚规划实施,协调推动片区重大项目建设。出台《关于做好新时期易地扶贫搬迁工作的指导意见》,全年下达以工代赈中央资金 57.2 亿元,安排易地扶贫搬迁中央预算内投资 55 亿元,计划搬迁贫困人口 91 万多人,全国农村脱贫人口 1 232 万人,完成年初预期目标。安排农村危房改造中央资金 230 亿元。

2014 年,国民经济在新常态下保持平稳运行。但由于中国正处在发展转型的关键时期,经济发展仍面临不少困难和挑战,必须坚持稳中求进的工作总基调,坚持以提高经济发展质量和效益为中心,主动适应经济发展新常态,保持经济运行在合理区间,把转方式调结构放到更加重要位置,狠抓改革攻坚,突出创新驱动,强化风险防范,加强民生保障,促进经济平稳健康发展和社会和谐稳定。

(撰稿:张　舟)

2014 年产业结构调整进展综述

工业和信息化部产业政策司

2014 年是"十二五"规划十分重要的一年。各地区、各部门主动适应和引领经济发展新常态,坚持稳中求进工作总基调,保持经济运行在合理区间,着力提高经济发展质量和效益,把转方式调结构放到更加重要位置，采取多种方式转变经济发展方式和调整产业结构，中国经济的三次产业结构、化解产能过剩、产业技术结构、产业组织结构等方面都取得了新的进展。

一、三次产业结构和工业结构调整取得新进展

2014 年，国务院印发了一系列促进服务业发展的文件。如，《关于加快发展生产性服务业促进产业结构调整升级的指导意见》(国发〔2014〕26 号)、《关于推进文化创意和设计服务与相关产业融合发展的若干意见》(国发〔2014〕10 号)等，这些文件的出台有效地促进了第三产业的快速发展，改善了三次产业结构。2014 年，全年国内生产总值 636 463 亿元，比上年增长 7.4%。其中，第一产业增加值 58 332亿元，增长 4.1%；第二产业增加值 271 392 亿元，增长 7.3%；第三产业增加值 306 739 亿元，增长 8.1%，明显快于第一产业和第二产业的增长速度。第一产业增加值占国内生产总值的比重为 9.2%，第二产业增加值比重为 42.6%，第三产业增加值比重为 48.2%。根据国家邮政局相关信息，2014 年全国快递业务量完成 140 亿件，首次超过美国，跃居世界第一；快递业务收入完成 2 040 亿元，同比增长 4.02%；全国快递最高日处理量超过 1 亿件。在三次产业结构得到改善的同时，工业内部各产业的结构也得到了调整和优化，突出的特点是，汽车制造业、计算机、通信和其他电子设备制造业增长速度明显快于石油加工、炼焦等高能耗行业。全年全部工业增加值 227 991 亿元，比上年增长 7.0%。规模以上工业增加值增长 8.3%。全年规模以上工业中，农副食品加工业增加值比上年增长 7.7%，纺织业增长 6.7%，通用设备制造业增长 9.1%，专用设备制造业增长 6.9%，汽车制造业增长 11.8%，计算机、通信和其他电子设备制造业增长 12.2%，电气机械和器材制造业增长 9.4%。六大高耗能行业增加值比上年增长 7.5%。其中，非金属矿物制品业增长 9.3%，化学原料和化学制品制造业增长 10.3%，有色金属冶炼和压延加工业增长 12.4%，黑色金属冶炼和压延加工业增长 6.2%，电力、热力生产和供应业增长 2.2%，石油加工、炼焦和核燃料加工业增长 5.4%。高技术制造业增加值比上年增长 12.3%，占规模以上工业增加值的比重为 10.6%。装备制造业增加值增长 10.5%，占规模以上工业增加值的比重为 30.4%。2014 年，水泥、平板玻璃等传统产业主营业务收入增速明显减缓，而低耗能和加工制品产业发展较快，其主营业务收入占建材工业的比重已达 48.0%，较上年上升 1.6%。其中，混凝土与水泥制品、建筑用石等主营业务收入增长超过 15.0%。2014 年年底，已完成《工业转型升级规划》中的两项“十二五”指标，分别是全部工业增加值增速和工业全年劳动生产率增速。三次产业结构和工业行业结构调整取得的成绩，有效的促进了节能减排和单位国内生产总值能耗的降低。2014 年，全国万元国内生产总值能耗下降 4.8%；万元国内生产总值用水量 112 立方米，比上年下降 6.3%。

二、淘汰落后产能稳步推进

国务院总理李克强在 2014 年 3 月 5 日《政府工作报告》中指出：“坚持通过市场竞争实现优胜劣汰，鼓励企业兼并重组。对产能严重过剩的行业，强化环保、能耗、技术等标准，清理各种优惠政策，消化一批存量，严控新上增量。2014 年要淘汰钢铁 2 700 万吨、水泥 4 200 万吨、平板玻璃 3 500 万标准箱等落后产能，确保“十二五”淘汰任务提前一年完成，真正做到压下来，决不再反弹。”这是全国人大第一次审议通过淘汰落后产能的目标任务，体现了国务院和全国人大对淘汰落后产能工作的高度重视，也进一步证明了淘汰落后产能工作的重要性和紧迫性。根据相关工作程序，经淘汰落后产能工作部际协调小组第五次会议审议确定，2014 年 4 月，工业和信息化部向各省级人民政府印发了《关于下达 2014 年工业行业淘汰落后产能目标任务的通知》(工信部产业〔2014〕148 号)，包括钢铁、水泥、电解铝、平板玻璃、焦炭、稀土等 16 个行业，要求各地将目标任务分解到市县，落实到具体企业。其中，炼钢 2 870 万吨、水泥(熟料及磨机)5 050 万吨、平板玻璃 3 500 万重量箱，将《政府工作报告》提出的淘汰落后产能任务全部分解到了各地。在各地公告的基础上，工业和信息化部分四批公告了 16 个工业行业 1 300 多家企业

名单。在各地区、各部门和各有关方面的共同努力下，工业领域16个重点行业2014年淘汰落后产能任务完成较好。淘汰落后炼钢产能3 110万吨、水泥8 100万吨、平板玻璃3 760万重量箱，圆满完成或超额完成政府工作报告确定的目标。2011—2014年，累计淘汰落后炼钢产能7 700万吨、水泥（熟料及粉磨能力）6亿吨、平板玻璃1.5亿重量箱，提前一年完成“十二五”淘汰任务。这些成绩有力地推动了工业领域的节能减排。2014年，中国工业企业吨粗铜综合能耗同比下降3.8%，吨钢综合能耗下降1.7%，单位烧碱综合能耗下降2.3%，吨水泥综合能耗下降1.1%，每千瓦时火力发电标准煤耗下降0.7%。2014年单位工业增加值能耗和用水量分别降低7.0%和5.8%。“十二五”前4年，工业能耗、水耗累计下降21.0%和28.0%左右，基本实现“十二五”目标。而根据环保部对“十二五”前三年污染物减排统计结果，除氮氧化物减排目标完成规划目标略有难度之外，工业化学需氧量、二氧化硫、氨氮排放消减率三项指标2013年均已基本完成。

三、化解产能过剩取得初步进展

2014年，各地区、各部门继续贯彻《国务院关于化解产能严重过剩矛盾的指导意见》（国发〔2013〕41号），着力发挥市场机制作用，完善配套政策，完善行业管理、强化环保硬约束监督管理、加强土地和岸线管理、落实有保有控的金融政策、完善和规范价格政策、完善财税支持政策、落实职工安置政策，以钢铁、水泥、电解铝、平板玻璃、船舶等行业为重点，积极推进化解产能过剩工作，取得了初步进展。为了把国发〔2013〕41号和37号文件有关产能置换的要求落到实处，工业和信息化部在前一阶段工作的基础上，对实施产能等量或减量置换相关问题进行了认真研究，经广泛征求意见，7月11日，工业和信息化部印发了《关于做好部分产能严重过剩行业产能置换工作的通知》（工信部产业〔2014〕296号），明确了产能置换的相关标准、程序和要求，要求各地要高度重视，将其作为加快淘汰落后产能、化解产能过剩矛盾、改善环境质量的重要措施，加强与国家发改委、国土资源部、环境保护部等部门的沟通和衔接，强化责任意识，严格核实把关，确保置换项目真实、产能合理、淘汰期限明确，认真做好置换方案核实确认、公告公示和监督落实等工作。

在各有关方面的共同努力下，化解产能过剩工作取得了初步进展。2014年，全国粗钢产量8.2亿吨，同比增长0.9%，增幅同比下降6.6个百分点；钢材（含重复材）产量11.3亿吨，同比增长4.5%，增幅同比下降6.9个百分点。钢铁工业等行业固定资产投资下降，也表明化解产能过剩矛盾初见成效。2014年，中国钢铁行业固定资产投资同比下降5.9%。从新开工项目情况看，2014年新开工项目2 037个，同比减少215个。其中炼铁项目169个，减少51个；炼钢项目287个，减少71个；钢加工项目1 581个，减少93个。水泥行业投资下降18.7%，电解铝行业投资下降17.8%。虽然产能盲目扩张态势得到了初步遏制，但产能过剩的矛盾依然严重，由此导致行业困难和企业效益两极分化问题。截至2014年年底，中国粗钢产能已达11.6亿吨，仍处于较高水平。从企业效益看，重点大中型企业中实现利润前20名企业总体盈利280亿元，占行业利润总额的92.0%；亏损企业19家，累计亏损116亿元，企业盈利水平两极分化严重。中国粗钢产量占全球比重为49.4%，同比提高0.9个百分点。钢铁行业同质化竞争进一步向高端产品蔓延。大型钢铁企业精品板材项目多为汽车板、电工钢等高端产品，已出现过剩迹象，低牌号取向电工钢、无取向电工钢及普通质量汽车板市场压力进一步加大，高端产品同质化竞争日趋加剧。

四、企业兼并重组稳步推进

2014年3月7日，国务院出台了《关于进一步优化企业兼并重组市场环境的意见》（国发〔2014〕14号文），提出了促进企业兼并重组的指导思想和主要任务。各有关部门认真贯彻落实国发14号文，进一步支持企业兼并重组，优化企业发展环境。财政部、国家税务总局联合发布了《关于促进企业重组有关企业所得税处理问题的通知》（财税〔2014〕109号），将财税〔2009〕59号文中“股权收购、收购企业购买的股权不低于被收购企业全部股权的75.0%”的规定，调整为"股权收购、收购企业购买的股权不低于被收购企业全部股权的50.0%"；将原"资产收购，受让企业收购的资产不低于转让企业全部资产的75.0%"的规定，调整为"资产收购，受让企业收购的资产不低于转让企业全部资产的50.0%"；对股权、资产划转的特殊性税务处理规定了具体条件。该政策将适用特殊性税务处理的股权收购和资产收购中，被收购股权或资产比例由不低于75.0%调整为不低于50.0%，降幅高达1/3，这一比例在国际上处于中等偏下水平，大大扩展了适用特殊性税务处理的企业重组范围。印发了《关于非货币性资产投资企业所得税政策问题的通知》（财税〔2014〕116号），扩大了重组特殊性税务处理适用范围，对非货币性资产投资给予了递延纳税政策，对符合一定条件的非货币性资产投资涉及的企业所得税实行5年递延纳税政策。同时，该政策还确定，对集团内100%直接控制的居民企业之间按照账面净值划转股权或资产的行为，给予特殊性税务处理待遇，交易双方均不确认所得。这个规定大大降低集团内企业内部交易的税收成本，促进企业的资源整合和业务重组。各地积极贯彻落实国发14号文件，河北、甘肃、广西、青海、四川、重庆、河南、湖南等10余个省（区、市）已经制定发布了落实国发14号文件的实施方案或意见，推进本地区企业兼并重组。

在各项政策的推动和市场机制的作用下，2014年，中国企业重组活跃度和交易金额创下几年来的新高。以上市公司为例，据证监会统计，2014年我国发生企业兼并重组2 920单，比2013年增长40%，交易金额达到14 500亿元人民币，比2013年增长63.1%。交易金额相当于中国GDP的2.3%，比2013年提高0.7个百分点。新能源汽车集中度提高。2014年，产量前5位的新能源汽车生产企业共生产54 200辆，占新能源汽车总产量的65.0%，比2013年提高了13.0个百分点。同时，企业兼并重组也存在一些问题。例如，近年来钢铁行业效益不佳，钢铁工业产业集中度降低，企业兼并重组意愿下降。2014年，粗钢产量前10家企业产量占全国总产量的36.6%，同比下降2.8个百分点。值得关注的是，产能严重过剩行业上市公司兼并重组活跃度明显偏低，通过兼并重组促进产能过剩行业整合和过剩产能退出依然有较大空间。2014年，钢铁、水泥、平板玻璃、电解铝、船舶五个产能严重过剩行业61家上市公司发生33单兼并重组，平均每家公司发生兼并重组0.5单，不到全部上市公司平均1.1单水平的一半。

五、信息基础设施建设和信息消费取得新进展

信息基础设施建设和信息消费拓展是调整产业结构的重要组成部分。国务院总理李克强2014年10月29日主持召开国务院常务会议，提出要扩大移动互联网、物联网等信息消费，提升宽带速度，支持网购发展和农村电商配送。2014年4月30日，工业和信息化部等部门联合印发了《关于实施"宽带中国"2014专项行动的意见》（工信部联通〔2014〕190号），为加快落实《"宽带中国"战略及实施方案》（国发〔2013〕31号），进一步加强信息基础设施建设、促进信息消费作出了部署，提出2014年主要引导目标是：宽带网络能力持续增强，新增FTTH覆盖家庭3 000万户，新建TD－LTE基站30万个，新增13 800个行政村通宽带。惠民普及规模不断扩大，发展固定宽带接入用户2 500万户，发展TD－LTE用户3 000万户。宽带接入水平进一步提升，使用8Mbps及以上接入速率的固定宽带接入用户占比达到30.0%，其中东部地区力争达到40.0%，鼓励有条件的地区推广50Mbps、100Mbps等高带宽接入服务。创建示范效果初步显现，推动创建20个以上"宽带中国"示范城市（城市群）。2014年，有关部门以试点的方式向民营资本开放宽带接入市场，有利于增强市场活力，拉动信息消费，加速"宽带中国"的建设。

通过各地区、各部门和广大企业的共同努力，信息基础设施建设取得积极进展。各大基础电信运营商普遍加大了对宽带改造升级的投入力度。宽带建设投资本身就能产生千亿级的电信业务市场规模，将直接产生巨大的电信设备需求，并转化和放大为更大规模的消费需求。另一方面，由于宽带设施的改进和自身应用需求的增加，宽带普及率正在得到大幅度提升，宽带几乎已经成为家庭生活的必需品，特别是4G商用，移动宽带的应用率提升很快，运营

商的宽带业务收入处于上升态势。2014 年,电信业全年新增移动电话交换机容量 7 980 万户,达到 204 537万户。年末全国电话用户总数达到 153 552 万户,其中固定电话用户 24 943 万户,移动电话用户 128 609 万户。固定电话普及率下降至 18.3 部/百人,移动电话普及率上升至 94.5 部/百人。固定互联网宽带接入用户 20 048 万户,比上年增加 1 157 万户;移动宽带用户 58 254 万户,增加 18 093 万户。互联网上网人数 6.5 亿人,增加 3 117 万人,其中手机上网人数 5.6 亿人,增加 5 672 万人。互联网普及率达到 47.9%。2014 年,整个信息消费达到了 2.8 万亿元,增长了 18.0%,尤其是电子商务交易额达到了 12 万亿元,增长了 20.0%。信息消费的拉动带动了相关产业 12 000 亿元的发展,对 GDP 贡献约 0.8 个百分点。网络零售交易额已经达到了 26 000 亿元,增长了 41.0%。2014 年,中国网络零售占社会消费品零售总额的比重为 10.5%,过去 5 年里该比重提升了 400%,而美国网络零售总额占比仅为 6.5%。信息基础设施建设有效的促进了智慧交通、智慧医疗、教育信息化和企业信息化发展,带动了智能终端的应用和发展,使人民群众得到了实惠。2014 年全国规模以上的企业数字化研发设计工具的普及率已经达到了 54.0%,5 年来增加了 4.0 个百分点;全国规模以上的企业数字化的工序数控类达到了 30.0%,同样也提高了 4.0 个百分点。2014 年整个物联网的销售收入达到 6 000 亿元,增长 30.0% 以上。有力地促进了传感器、射频技术、TD - LTE、芯片设计制造等产品和技术的发展。快速发展的智能手机、智能手表、智能电视机,包括很多人戴的用于健身的智能手环,都体现了传感器和射频技术的应用。

(撰稿:辛仁周)

2014 年大企业发展综述

中国企业联合会　中国企业家协会　课题组

2014 年 9 月,中国企业联合会、中国企业家协会参照国际通行做法,连续第 13 年发布中国企业 500 强,连续第 10 年发布中国制造业企业 500 强和中国服务业企业 500 强,并在此基础上连续第 4 年发布中国 100 大跨国公司。三个 500 强榜单包括了中国不同产业、不同地区共计 1 083 家大企业;其中制造业企业 500 强和服务业企业 500 强分别有 260 家和 157 家入围中国企业 500 强。

经过多年来的快速发展,中国企业在做大做强的道路上取得显著成效,以中国企业 500 强为代表的大企业已经成为全球重要的大企业群体之一,在中国经济社会发展中居于重要地位,发挥着重要影响。现阶段,中国正处于结构调整阵痛期、增长速度换档期,到了爬坡过坎的紧要关头。从当前中国经济发展的阶段性特征出发,适应经济发展新常态,进一步增强转方式、调结构的决心和信心,解决存在的突出矛盾和问题,向深化改革要动力,向创新驱动要动力,向扩大开放要动力,进一步推动企业做强做优做大、提高国际竞争力,对于中国经济发展提质增效、行稳致远,具有十分重要的意义。

一、2014 中国大企业发展的趋势与特征

2013 年,面对世界经济复苏艰难、国内经济下行压力加大的复杂形势,以中国企业 500 强为代表的大企业积极应对挑战,努力攻坚克难,总体上保持了平稳向好的发展态势,并呈现出一些新的特征。

(一)规模和效益增速提高,逐步进入新的发展轨道

1. 营业收入增速回升,进入相对高速增长新时期。2014 中国企业 500 强营业收入为 566 800 亿元,较上年的 500 200 亿元增长 13.3%,增速较上年提高 1.9 个百分点。营业收入总额与 2013 年国内生产

总值568 800亿元大体相当，地位和作用进一步提升。2014中国企业500强资产总额达到1 764 300亿元，较上年的1 509 800亿元增长了16.8%，增幅较上年有所上升。2014中国制造业企业500强营业收入总额261 000亿元，比上年增长了11.6%，增速提高3.9个百分点；资产总额达到237 000亿元，比上年增长了10.7%。2014中国服务业企业500强的规模增长依然显著，实现营业收入总额达236 000亿元，资产总额达到1 476 000亿元，较上年分别增长15.1%和18.8%，增速大体持平。与以往相比，近年来中国企业500强的发展态势出现明显变化。以国际金融危机爆发为界，2002—2009中国企业500强7年间营业收入年均增长23.1%；2009—2014中国企业500强5年间营业收入年均增长16.6%；2014中国企业500强营业收入增长虽然有所回升，但与国际金融危机之前高速增长相比，已经处于相对高速增长时期。

企业入围门槛出现不同变化。中国企业500强和中国服务业企业500强入围门槛继续提高：2014中国企业500强的入围门槛为228.6亿元，较上年提高了29.9亿元，较上年增幅23.6亿元有所提高。2014中国服务业企业500强入围门槛为26.1亿元，较上年的24.2亿元增加近2亿元。中国制造业企业500强入围门槛第二次出现下滑：2014中国制造业企业500强的入围门槛为67.1亿元，较上年下降了3.5亿多元。

2. 纳税增长幅度降低，经济效益增速趋稳回升。500强企业为国家做出了突出的纳税贡献。2014中国企业500强缴税总额38 800亿元，较上年纳税总额36 500亿元增长了6.3%，增长幅度较上年有所下降；500家大企业的缴税总额占2013年中国税收收入的35.1%，较上年降低1.2个百分点。从单个企业看，有67家企业的纳税额超过100亿元，其中超过1 000亿元的有4家。2014中国制造业企业500强纳税总额为16 900亿元，较上年增长了6.3%，增幅下降了0.4个百分点。2014中国服务业企业500强纳税总额为1.4亿多元，较上年增长了12.2%。服务业大企业的税收增长明显快于制造业。

500强企业赢利实现较快增长。2014中国企业500强实现净利润24 000亿元，较2013中国企业500强的21 700亿元增长了10.6%，增幅提高7.1个百分点。其中亏损企业有43家，亏损企业主要集中在重化工领域。大型煤炭企业的亏损数量有所增加，钢铁企业亏损数量有所减少。巨额亏损企业数量增加，亏损额超过10亿元的有19家，比上年多了3家。扭亏为盈的企业有19家。2014中国制造业企业500强实现净利润5 610.2亿元，较上年增长7.8%，一改连续两年净利润连续下降的局面。其中有31家企业亏损，比上年少3家，共亏损305.5亿元，亏损额比上年减少了38.5%。2014中国服务业企业500强实现净利润1.78万亿元，较上年增长15.20%，增幅提高1.6个百分点。2014中国服务业企业500强有17家企业亏损，亏损数量减少了7家。

500强企业利润率指标总体呈下滑态势。2014中国企业500强的收入利润率为4.2%，较上年4.3%的水平有所下降；资产利润率为1.36%，较上年的1.44%也有所下降。2014中国企业500强的净资产收益率为11.2%，下降了0.2个百分点。2014中国制造业企业500强收入利润率为2.2%，较上年略降0.08个百分点；资产利润率为2.4%，降0.07个百分点。2014中国服务业企业500强的资产利润率为1.2%，较上年降低了0.04个百分点；净资产利润率为12.8%，降低了0.2个百分点。在利润率指标中，只有2014服务业企业500强的收入利润率较上年提高了0.02个百分点。

3. 就业继续增长，人均劳动生产率持续向好。在2013年人均指标提升的基础上，2014年500强企业的人均指标进一步向好。2014中国企业500强共有员工人数3 138.8万人，较上年增长了2.2%。从近三年情况看，500家大企业的员工总数维持在3 100万人左右。2014中国企业500强的人均营业收入为180.5亿元，较2013中国企业500强提高了17.5亿元；2014中国企业500强的人均净利润为7.7万元，提高了0.6万元。2014中国制造业企业500强人均营业收入为203万元，提高了9.7%；2014中国制造业企业500强人均利润为4.4万元，提高了9.3%。2014中国服务业企业500强人均营业收入为189.7万元，提高14.3%；人均利润为14.5万元，提高了15.8%，与上年11.1%的增长率有明显增加。

4. 区域分布出现积极变化。2014 中国企业 500 强分布在内地 30 个省市自治区（西藏没有企业上榜）。从企业分布数量看，东部 9 省区有 355 家企业，中部 6 省有 57 家，西部 12 省区有 68 家，东北 3 省有 20 家企业。从大趋势看，西部地区企业总体不断增加，东北和中部地区企业有所减少，东部近年来保持稳定。2014 中国制造业企业 500 强总部所在地涉及了 30 个省市自治区（西藏没有企业入围）。其中东部地区 336 家，中部地区 65 家，西部地区 72 家，东北地区 25 家。总体上看，东部地区企业数量减少，其他地区企业数量增加。全国共有 27 个省（自治区、直辖市）的企业进入 2014 中国服务业企业 500 强，贵州、西藏、甘肃、内蒙古没有企业入围。2014 中国服务业企业 500 强分布地区在向中西部倾斜，东部数量减少 10 家，为 354 家，其他地区分别为中部增加 2 家，西部增加 8 家，东北部增加 2 家，与以往相比，企业的地区分布集中度有所降低。

（二）兼并重组活跃度有所下降，产业结构继续朝积极方向演变

1. 千亿以上规模企业继续扩容，大企业兼并重组有所减速。2014 中国企业 500 强中，除了 3 家万亿级的企业，共有 131 家企业的营业收入超过 1 000 亿元，比上年增加了 11 家。从所有制看，131 家千亿级企业中，共有 108 家国有企业和 23 家民营企业；从行业划分看，共有 54 家制造业、43 家服务业、9 家建筑业、15 家采掘业、5 家发电企业和 1 家农业企业。其中中国石油化工集团公司、中国石油天然气集团公司和国家电网 2013 年营业收入均已突破 20 000亿元；中国石油化工集团公司的营业收入为 29 500 亿元，已经十分接近 30 000 亿元。

兼并重组强度有所减弱。2014 中国企业 500 强共有 143 家企业实施了兼并重组活动，与上年持平。2013 年，143 家企业共并购重组了 811 家企业，比上年的 1 061 家明显减少，说明 2013 年的并购重组活动的活跃度有所下降。前两年兼并重组活动最为活跃的煤炭、电力等行业，在 2013 年并没有发生大规模的兼并重组活动。兼并重组最多的 10 家企业共实施了 406 次并购，占全部 811 次并购企业的一半。

2. 产业结构调整显现积极迹象，民营企业地位持续提升。2013 年中国服务业增加值超过制造业，中国企业 500 强的产业结构升级同样取得积极进展。2014 中国企业 500 强中，传统产业的大企业仍然占主体地位，但无论数量还是增速、效益都明显下降，互联网等新兴业态中也诞生了多家大企业，值得关注。2014 中国企业 500 强中有制造业企业 260 家，比上年减少 8 家；服务业企业 157 家，比上年增加 9 家。制造业营业收入占比 40.6%，下降 0.5 个百分点；服务业营业收入占比 36.9%，上升 0.7 个百分点。2014 中国服务业企业 500 强营业收入较上年增长 15.1%，增长水平高于 2014 制造业企业 500 强 3.5 个百分点；2014 中国服务业企业 500 强净利润增长 15.2%，增速比 2014 制造业 500 强高 7.4 个百分点。从行业细类看，2014 中国企业 500 强有 51 家钢铁企业上榜，较上年进一步减少；有色金属类企业有 26 家上榜，较上年减少了 3 家。2014 中国企业 500 强中有 4 家互联网特征的大企业上榜，分别是电子商务公司京东商城、云计算龙头企业浪潮集团、中文搜索引擎百度公司和互联网综合服务商腾讯公司。服务业内部也呈现积极变化趋势，2014 年的服务业中，信息、传媒、电子商务、网购、娱乐等互联网服务业虽然只有 5 家企业上榜，但是利润额位居现代服务业的第三位，凸显了中国服务业的新的发展方向。在过去近 10 年的时间中，交通运输仓储邮政和贸易零售行业所包含的企业已经由 2005 年的 319 家企业下降到 2013 年的 254 家，占比由 63.8% 下降到 50.8%，而金融和房地产两大行业所包含的企业数由 78 家提高到 124 家，占比也由 15.6 提高到 24.8%。

民营企业在大企业中的地位进一步提升。2014 中国企业 500 强中有 200 家民营企业入围，与上年相比增加了 10 家；2014 中国企业 500 强中民营企业的营业收入、净利润占比分别为 20.1%、15.2%，分别比上年增加了 1.9 个百分点和 1.5 个百分点。民营企业的国际地位也有显著提升，在 2014 世界 500 强中已经有 10 家中国民营企业入围，占中国内地企业入围数量的 10.9%。在 2014 中国制造业企业 500 强中，有 205 家国有企业，295 家民营企业，民营企业数量比上年增加了 4 家。中国制造业企业 500 强中的民营企业数目已经连续5年增加，民营制造大企业持续成长。2014中国服务业企业500强中，国有及国有控股企业共计278家，民营企业222家，民营企业数量增加了8家。

（三）创新投入增速放缓，科研产出效率有较大提升

1. 研发投入增长率和平均研发强度连续下降。2014中国企业500强共有420家企业提供了研发数据，2013年共投入研发资金5 934.8亿元，同比增长了7.4%，研发投入增速连续两年下降。2014中国企业500强的平均研发投入占销售收入的比重为1.3%，连续第三年下滑。2014中国企业500强中，研发强度超过5.0%的有13家企业；超过10.0%的有3家公司。有126家企业的研发投入出现了负增长，较上年增加了22家。2014中国制造业企业500强中有466家填报了研发投入数据，共投入研发费用4 496亿元，较上年增长了5.2%，增速低于上年的8.9%；平均研发强度为1.8%，比上年略降0.09个百分点。2014中国制造业企业500强的研发强度超过10.0%的企业有2家，比上年减少2家；在5.0%～10.0%的企业有21家，比上年减少5家。

2. 专利数和发明专利数量继续大幅提高。从创新活动的专利产出看，中国企业500强2013年年末共拥有专利数量47.3万项，较上年增长了42.0%；共拥有发明专利数量12.6万项，较上年增长了48.9%。发明专利占比6.7%，较上年提高1.2个百分点。从单个企业看，拥有专利数量超过1万项的有9家企业。从创新活动的标准制定看，318家企业参与制定了行业标准，共拥有标准数29 900项，其中国内标准28 800项，国际标准1 100项。有8家企业拥有标准数量超过1 000项，有4家企业拥有国际标准数量超过了50项。2014中国制造业企业500强共拥有专利38.1万项，比上年的27.8万项增长了37.1%；其中发明专利10.8万项，比上年的7.5万项增长了44.0%，占全部拥有专利数量的28.2%。

（四）入围世界500强数量取得突破，对世界大企业增长贡献更加突出

1. 美国与中国已经稳居世界企业500强国别榜前二。中国企业在世界500强中的地位进一步巩固，和美国一道成为稳居世界500强企业国别榜第一梯队的国家。在《财富》杂志发布的2014世界企业500强中，7家中国企业新进榜单（1家退出，净增加6家），上榜企业创纪录地达到了100家，成为自榜单发布以来第三个上榜企业数量超过100家的国家，企业上榜数量仅次于美国。日本上榜企业数量再次减少，仅有57家企业入围，沦落为第二方阵国家。2014世界企业500强中的100家中国入围企业，包括内地企业92家，中国台湾地区5家，中国香港地区3家。中国内地入围企业数量比法国（31）、德国（28）、英国（27）3个国家的总和还要多6家，比排名第三的日本多出35家。2014世界企业500强中有30家新上榜企业，其中来自中国的有7家，占新进企业数量的近1/4，依然是世界500强新进企业最重要的培育摇篮。

2. 中国大企业对世界大企业增长贡献更加突出。中国企业500强已经成为世界最重要的大企业群体之一，培育出一批有国际竞争力的行业和企业，为世界经济和企业增长做出了巨大贡献。2014世界500强中已经有92家中国内地企业入围，在营业收入、净利润、资产和少数股东权益总量指标中，中国内地上榜企业在主要经济体中仅次于美国，远远领先于紧随其后的其他经济体。2013世界500强中，中国企业营业收入占比为15.8%，2014世界500强中的占比快速提升至18.4%，中国企业对世界500强营业收入规模扩张的贡献更加突出。中国内地上榜企业的总资产占全部2013世界500强总资产的15.9%，2014年这一比例上升为19.4%；归属母公司股东权益占2013世界500强的14.9%，2014年进一步提升为16.8%。2014中国企业500强营业收入已经相当于同期世界500强的29.6%，比上年增长了3.4个百分点，在世界经济总量中的贡献更加突出。2014中国企业500强的营业收入总和已经相当于2014美国500强的74.9%，按2014美国500强49.6亿美元的入围门槛，2014中国企业500强中已经有375家企业可以入围。

3. 中国大企业对外投资继续稳步推进。据商务部统计，2013年中国境内投资者共对全球156个国家和地区的5 090家境外企业进行了直接投资，累计实现非金融类直接投资901.7亿美元，同比增长16.8%。其中股本投资和其他投资727.7亿美元，占80.7%，利润再投资174亿美元，占19.3%。从全球视野来看，2013年中国对外直接投资流量位列全球第3位，仅次于美国和日本；占发展中经济体对外直接投资流量总额的比重超过1/5，达到22.2%，已经成为最大的发展中资本输出国；占同期世界对外直接投资流量总额的7.2%。2013年对外直接投资的累计存量位列全球第12位，比2012年上升了一位。2013年中国企业跨境并购金额再创新高，达到501.9亿美元，接近当年中国对外直接投资流量的一半，位居全球第四，仅次于美国、俄罗斯和日本，占发展中经济体跨境并购总额比重达到38.8%，占世界跨境并购的比重达到14.4%。2013年中国企业跨境并购项目数量达到288项，占发展中经济体跨境并购数量的17.7%，占世界跨境并购数量的3.3%。综合考虑跨境并购金额和数量，中国企业跨境并购的平均项目投资规模达到了1.7亿美元。

2014中国100大跨国公司平均跨国指数为13.6%，比上年的14.0%下降了0.4个百分点。入围门槛为21亿元，比上年的14.9亿元提高了6.1亿元。2014中国100大跨国公司共拥有海外资产52 473亿元，较上年增长了17.0%，占100大跨国公司总资产的14.7%，比上年提高0.04个百分点；实现海外收入50 074亿元，增长了4.8%，占100大跨国公司总收入的20.9 %，比上年下降了1.4个百分点；海外员工723 932人，增长了16.0%，占100大跨国公司总员工数量的5.3 %，比上年提高0.2个百分点。2014中国100大跨国公司的前三强都是石油和石化企业。行业分布较为分散，超过4家企业的行业分别是建筑业、一般有色冶金及压延加工业、汽车及及零配件制造业、黑色冶金及压延加工业、家用电器及零配件制造业。有4家企业跨国指数超过50.0%，浙江吉利控股集团有限公司继续排名跨国指数榜首。

二、2014中国大企业发展中存在的主要问题

中国大企业尽管在过去的一年里继续取得积极进展，但长期以来存在的诸多问题并没有得到根本解决，与国际一流大企业相比，某些问题甚至显得更为突出。随着经济发展阶段的转变，在新时期、新常态背景下，中国大企业应当密切关注如下主要问题。

（一）提质增效发展亟待破题

2014世界500强中，中国入围企业的盈利能力差强人意，与其榜单排名表现、数量地位相差甚远。中国内地企业营业收入规模的快速扩张，使得越来越多的企业挤进了世界500强的榜单，中国已经成为世界500强新进企业的最主要来源地。但中国入围企业的盈利能力并没有随着企业规模的做大而有所改善。2014世界500强的净利润增长了27.0%，但中国企业的净利润只增长了不到8.0%，利润增速显著落后于世界500强的整体水平。从利润率的角度看，2014世界500强中，美国企业的平均利润率为9.3%，中国企业的平均利润率为5.1%，中国企业的盈利能力明显低于美国企业；与其他主要经济体相比，中国企业的盈利能力虽然高于日本（4.5%）、德国（2.5%）和法国（3.4%），但明显低于英国（10.2%）。2014世界500强利润率排名前50的企业中，中国企业只占10家，美国企业则有20家；在利润率排名前10的企业中，中国企业只有1家，而美国企业则有6家。2014世界500强最赚钱的50家企业中，有20家来自美国，来自中国的企业只有6家。虽然中国上榜企业的数量相当于美国的71.9%，但却只实现了相当于美国企业营业收入的66.2%，而中国企业所实现的净利润则只相当于美国企业的37.5%；中国企业的营收能力与盈利能力均不如美国企业，尤其是盈利能力，更是显著落后于美国企业。中国上榜企业的亏损面明显大于美国企业，在发生亏损的49家2014世界500强企业中，美国企业只有4家，中国企业却有16家；将近1/3的亏损企业来自中国。2014世界500强中的中国企业的表现表明，尽管中央明确提出了提质增效发展的目标，中国企业也在这方面作出了努力，但我们离这一目标还很遥远。如何在做大企业的同时更快提升中国企业的盈利能力，已经成为长期横亘在中国企业面前亟须解决的难题。近三年世界500强中美国企业的平均利润率分别为6.6%、6.6%和9.3%，而中国企业的平均利润率分别为5.6%、5.4%和5.1%；

在美国企业盈利率持续提升的同时，中国企业的盈利能力却在逐年下滑，这导致差距进一步拉大。

中国企业500强的盈利能力再次与世界500强、美国500强拉开了距离。2014中国企业500强实现归属母公司的净利润24 000亿元，比上年增长了10.6%，明显低于世界500强27.0%和美国500强31.7%的增速。受此影响，2014中国企业500强归属母公司净利润占世界500强归属母公司净利润、美国500强归属母公司净利润的相对占比分别从22.4%、42.0%下滑至20.1%、36.4%。尤其是与美国500强相比，中国大企业的盈利能力差强人意，中国企业500强以相当于同期美国500强3/4的营业收入，却只实现了相当于美国500强4成不到的净利润。在所有4个利润率指标上，中国企业500强均落后于世界500强与美国500强，中国大企业的盈利能力确实非常令人担忧。2014中国企业500强的营业收入利润为4.2%，不到美国500强营业收入利润率的一半，也比世界500强的营业收入利润率低2.1个百分点。2014中国企业500强的资产利润率为1.4%，同样不到美国500强资产利润率的一半，比世界500强资产利润率低0.2个百分点。2014中国企业500强归属母公司权益利润率为11.4%，比美国500强低5.2个百分点，比世界500强低1.2个百分点。受沉重人员压力影响，中国企业500强的人均利润长期以来都明显落后于美国500强与世界500强。2014中国企业500强的人均利润为12 400美元，只相当于世界500强的41.5%，相当于美国500强的30.6%。

（二）技术创新存在有明显不足

中国大企业技术创新投入不足，大企业的科技创新贡献仍有较大提升空间。2014世界500强中92家中国内地企业的平均研发强度只有1.2%，与上年相比甚至还下降了0.05个百分点。2014中国企业500强合计投入研发费用5 934.6亿元，比上年增长7.4%，远低于同期营业收入和净利润增速；企业平均研发强度为1.3%，比上年下降0.02个百分点。与不重视创新投入相仿，中国企业参与技术创新成果转化的动力也显不足。中国的科技成果转化率仅为10.0%左右，远低于发达国家40.0%的水平；专利技术交易率只有5.0%，真正实现产业化则不足5.0%。在汤姆森路透评选的“全球创新企业百强”榜单中，2011—2013年中国企业连续3年无一入选。2012年，中国申请国际专利合约（PCT）的数量约为美国的1/3，且同族专利、交叉许可专利少，专利影响力低。中国大量企业以引进技术、组装生产为主，技术对外依存度高达50.0%以上，出口产品附加值和技术含量不高。在对未来发展具有关键、颠覆性影响的重大技术创新上，欧美国家的领先优势和中国的弱势地位形成鲜明对比。此外，长期以来，中国产业政策对基础性、配套性产品重视不够，很多关键基础材料、核心基础零部件依赖进口。95.0%的高档数控系统，80.0%的芯片，几乎全部高档液压件、密封件和发动机要依靠进口，使得这些行业沦为组装加工业，产品附加值较低。国产风电机组传动齿轮保修期仅2年，而国外产品寿命一般在20年以上，轴承和对接螺栓等全部从国外进口。高端机械装备主轴承平均寿命约300小时，仅相当于美国20世纪60年代的1.0%，且故障频发。薄弱的基础能力限制了中国先进制造业整机能力的提升。

（三）金融机构利润畸高

中国入围2014世界500强的92家内地企业中，利润率排在前10位的都是来自内地的银行；而在美国入围企业中排在盈利能力前20位的只有1家银行和3家其他类金融机构，日本入围企业中排在盈利能力前20位的也只有3家综合类金融机构，与中国相比存在着十分明显的反差。美国入围企业中，包括银行、保险与多元化金融在内的金融类机构的平均利润率是22.9%，其他实体企业的平均利润率是7.9%；日本入围企业中，金融类机构的平均利润率是9.1%，其他实体企业的平均利润率是3.9%；中国入围企业中，金融类机构的平均利润率是18.6%，其他实体企业的平均利润率是2.2%。中国金融机构与实体经济之间利润率的差异明显大于美国与日本，尤为突出的是，中国上榜企业中的金融机构的高利润率是在实体经济整体近乎微利的情况下实现，这可能在很大程度上间接反映了中国金融机构对实体经济利润的侵蚀。就金融机构与实体经济利润率关系而言，美国的双高模式与日本的双低模式可能是适合的;类似于中国的金融偏高、实体严重偏低的模式,不利于金融为实体经济输血造血功能的实现。

金融类企业在中国企业500强中占有非常重要的特殊地位。2014中国企业500强中共有金融类企业25家,占全部500强的5.0%;其中银行16家,占全部500强的3.2%。无论是在金融大类上,还是在具体的银行小类上,与世界500强和美国500强相比,中国500强中的金融企业数量都不占优势。但在营业收入、净利润的贡献上,以及在资产总额和股东权益的占比上,金融类企业在中国500强中却表现得明显比世界500强和美国500强更重要。在2014中国企业500强中,25家金融类企业虽然只占企业数量的5.0%,却贡献了营业收入的12.2%,贡献了净利润的53.0%;尤其是对净利润的贡献率,显著高于金融类企业在世界500强和美国500强的贡献率。中国银行业的利润贡献尤为突出,16家入围的银行合计贡献了2014中国企业500强净利润的50.3%,而2014世界500强中的55家银行,合计也只贡献了全部世界500强净利润的20.6%;全部18家入围2014美国500强的银行,也只贡献了美国500强净利润的10.0%。

(四)产业结构亟待优化

在世界500强中,传统产业虽仍占有相当大的比重,但现代服务业、高端装备制造业、现代信息科技产业上榜企业数量长期以来呈现出增加的趋势,尤其是在美国、日本以及欧洲国家,产业高级化的成果已经在上榜世界500强企业的产业结构上得到了充分体现。随着上榜企业数量的不断增加,世界500强中中国企业的产业覆盖范围进一步扩大,现代服务业和信息技术企业的数量有所增加,产业结构升级取得了初步成效;但与美日等国相比,中国产业结构高级化的道路依然还很漫长。在2014世界500强上榜企业行业分布中,中国企业明显占优势的行业分别是采矿与原油生产、金属产品、工程与建筑、能源、贸易,这些都是典型的劳动密集型产业,属于产业的低级形态;而在以财产与意外保险、人寿与健康保险、多元化金融与商业银行为代表的现代金融服务领域,以计算机软件、信息技术服务为代表的IT领域,以航天与防务、电子电气设备为代表的高端装备制造领域,美国企业明显占据优势。

中国企业500强产业结构的低级形态特征更加突出。2014中国企业500强更多分布在黑色冶金及压延加工业、建筑业、一般有色冶金及压延加工业、煤炭采掘及采选业等传统的重化工特征显著的行业,在现代服务业与先进制造业中的分布较少。2014世界500强中来源最多的是商业储蓄银行,其分布数量占到全部500强企业的11.0%,此外,保险类金融机构在2014世界500强中也占有非常大的比重。在2014美国500强中,分布最多的是专业零售商,共有25家其他类的专业零售商进入了2014美国500强;公用事业企业数量23家,排在第二位;食品、消费产品、制药分别都有12家企业入围,并列居第九位。2014美国500强的行业分布呈现出典型的居民消费特征,此外,金融服务业在美国500强中也占据较重要地位。中国企业500强依然是重化工的大企业为主导,世界500强已经呈现出金融服务主导特征,美国500强则更多体现出消费与金融服务特征。

(五)国际经营能力仍处较低水平

中国大企业正在积极开拓国际市场,不断整合与利用国际资源,但整体国际经营能力仍处较低水平。2013年全球100大跨国公司中,中国内地企业只有3家,平均跨国指数只有28.2%,远低于美国企业的平均值(53.4%)。即使是在发展中国家和地区的100大跨国公司排行榜中,中国内地企业也只有12家。中国跨国公司100大的平均跨国指数,也一直都在14.0%左右。2013年,中国境内投资者共对全球156个国家和地区的5 090家境外企业进行了直接投资,累计实现非金融类直接投资901.7亿美元,同比增长16.8%,这一增速低于2012年国内固定资产投资增速。中国企业国际化经营绩效也不乐观,投资巨额亏损案例时有发生。2011年,非金融类境外企业中,亏损的占22.4%。2012年,中央企业设立的近2 000家境外企业中,盈利和持平的占72.7%,亏损的占27.3%。外汇管理局数据显示,2013年中国对外投资收益逆差599亿美元,比上一年扩大70.0%;这在很大程度上是国际跨国公司在中国投资的规模超过中国企业海外投资规模的结果，但也在一定程度反映了中国企业国际化经营绩效低于国际跨国公司。据测算，2005—2012 年，中国对外投资收益均值仅为 3.3%。有效提高国际化经营收益，中国企业任重而道远。

尽管中国内地自 2013 年开始就已经成为世界 500 强企业的第二大来源地，在 2014 世界 500 强前 100 名中已经有 14 家内地企业；2014 中国企业 500 强的规模与美国 500 强之间差距已经进一步缩小，总体规模已接近后者的 3/4，但在世界知名品牌的培育上却无甚建树。2013 福布斯全球品牌 100 强中无一中国品牌，全球最大品牌咨询公司 Interbrand 发布的《2013 年度全球最有价值品牌年度报告》中也没有中国品牌的身影。发达国家的经验和中国企业参与国际竞争的实践表明，培育国际知名品牌，是增强国际竞争力和综合国力的重要手段，是实现贸易大国向贸易强国转变的必由之路，是转变中国经济发展方式和优化外贸发展结构的必然选择，也是入围世界 500 强的中国内地企业应有的民族责任与义务。作为规模领先的大企业，应积极拓展国际市场，着力打造国际知名品牌。

2014 年国有经济及中央企业经济运行情况综述

国务院国有资产监督管理委员会综合局

2014 年，中央企业坚定不移地贯彻党中央、国务院各项决策部署，坚决落实国资委党委工作要求，积极应对复杂严峻的经济形势，多措并举保增长，努力提高经济发展质量与效益，为国民经济稳增长作出了积极贡献。

一、国有经济稳步增长

（一）国有企业基本情况

截至 2014 年底，国务院国资委监管企业拥有各级子企业 40 615 户；地方管理企业及各级子企业 112 801 户，其中地方国资委监管企业及各级子企业 73 156 户。

（二）国有经济规模继续扩大

截至 2014 年年底，国有企业资产总额 1 020 000 亿元，同比增长 12.1%；负债总额 666 000 亿元，同比增长 12.2%；所有者权益合计 356 000 亿元，同比增长 11.8%。国资委系统监管国有资产总额 987 000亿元，比上年增长 15.5%。所有者权益（净资产）总额 343 000 亿元，比上年增长 14.4%，其中，归属于母公司所有者权益 266 000 亿元，增长 14.1%；少数股东权益 77 000 亿元，增长 15.5%。合并国有资产总量 243 000 亿元，增长 14.2%。年末从业人员 3 100.3 万人，增长 9.5%；年末职工人数 2 727.9 万人，下降 0.1%。2014 年世界 500 强中国内地上榜企业中，国有企业占 67.0%，国资委系统监管的企业有 70 家。2014 年中国企业 500 强中，国有企业达到 71 家，继续保持主体地位。

（三）经济效益稳步增长

2014 年，企业加快改革步伐，加强市场研判，调整战略导向，强化市场竞争，挖掘内部潜力，努力提质升级，经济效益逐步提高。2014 年，全国国有企业实现营业总收入 480 000 亿元，同比增长 4.0%；营业总成本 467 000 亿元，同比增长 4.5%；利润总额 25 000 亿元，同比增长 3.4%；上缴税金 38 000 亿元，同比增长 5.7%。国资委监管企业实现营业收入 437 000 亿元，比上年增长 3.9%；实现利润总额 22 000亿元，比上年增长 2.8%；实现净利润 16 000 亿元，同比增长 3.0%；归属于母公司所有者的净利润 10 000 亿元，上缴税金总额 30 000 亿元，增长 4.9%，占全国税收收入的 29.3%。

（四）国有经济布局和结构调整

2014 年，全国国有企业抓住国家战略布局大好时机，充分利用“走出去”和“一带一路”国家战略，深入推进经济转型和产能调整,推动国有资本更多投向基础设施、优势资源、战略性新兴产业和现代服务业,助推结构优化和转型升级,一批大企业集团在国民经济发展中发挥了很强的带动作用。国有企业着眼于做优做强和持续健康发展,加快清理低效无效资产,进一步推动优质资源更多向主业集中;加快重组整合,减少企业管理层级,不断优化组织结构;按照市场化退出机制,适时依法实施优化重整。2014 年各地国资委积极利用产权市场推动市场监管企业结构调整和低效无效资产转让,全国产权市场公开转让国有企业产权 2 187.5 亿元,比上年增长 58.0%,平均增值率为 9.8%。

(五)可持续发展能力稳步提升

2014 年,国有企业不断加强科技创新、安全生产、节能减排、环境保护和生态文明建设,取得明显成效,为实施创新驱动发展战略打下了良好基础,促进了安全发展、绿色发展、和谐发展。2014 年,国资委系统监管企业科技资金来源 6 216.9 亿元,比上年增长 4.9%,其中,政府拨款 1 131.8 亿元,同比增长 14.0%,企业自筹资金 4 508.7 亿元,增长 0.6%。科技支出合计 6 278.5 亿元,增长 7.0%,其中,研究开发费用支出 4 580.5 亿元,增长 6.7%;购买新技术、科研设备等支出 530.2 亿元,下降 13.2%;其他科技支出 1 167.8 亿元,增长 21.3%。拥有自主知识产权专利 49.9 万项,其中,当年新增专利 11.4 万项。安全生产费用投入不断加大,支出安全生产费用 1 533.3 亿元,增长 3.4%。当年支出节能减排费用 529.6 亿元,增长 4.9%;支出环境保护及生态恢复费用 517.8 亿元,下降 14.6%。

二、中央企业经济企稳向好

(一)中央企业基本情况

1. 2014 年中央企业资产规模继续增长,资本保值增值能力持续提升。截至 2014 年年底,国资委履行出资人职责的中央企业共计 112 家,企业合并重组后比上年减少 1 家。中央企业年末职工人数 1 280.6万人,比上年增加 5.4 万人,增长 0.4%;中央企业资产总额 387 000 亿元,比上年增加 37 000 亿元,同比增长 10.4%;所有者权益 143 000 亿元,比上年增加 15 000 亿元,同比增长 11.5%,其中归属于母公司的所有者权益 103 000 亿元,增长 10.7%;平均资产负债率 63.0%,比上年下降 0.4 个百分点。合并国有资产总量 98 000 亿元,增长 5.7%。有 107 家中央企业在境外和港澳地区设立了境外单位 8 515 户,其中,境外子企业 5 417 户,境外机构 3 098 个,资产总额 49 000 亿元,比上年增长 14.3%,平均净资产收益率为 5.7%,平均总资产报酬率为 3.5%。

2. 克服困难、多措并举,提质增效促增长。2014 年中央企业累计实现营业收入 250 000 亿元,比上年增加 7 000 亿元,同比增长 2.8%;实现利润总额 13 000亿元,比上年增加 374.3 亿元,同比增长 2.6%;实现净利润 9 704.4 亿元,比上年增加 321.5 亿元,同比增长 3.4%,其中归属于母公司所有者利润 6 142.8 亿元,比上年增加 255.1 亿元,同比增长 4.3%;2014 年多数中央企业营业收入实现增长,推动整体效益稳步回升。112 家央企中有 48 家营业收入超过 1 500 亿元,84 家央企实现收入增长,合计增收 12 000 亿元,增收额超过 100 亿元的企业有 36 家,其中收入增速超过 10.0% 的有 22 家,超过 20.0% 的有 9 家。

3. 上市公司资产规模继续增长。截至 2014 年年底,91 家中央企业纳入合并范围的上市公司 379 户,比上年净增加 9 户,其中:境内上市公司 253 户,境内外同时上市公司 30 户,纯境外上市公司 96 户。上市公司资产总额 213 000 亿元,占中央企业的 55.1%,比上年增长 10.7%;所有者权益总额 82 000 亿元,占中央企业的 57%,同比增长 9.7%;实现营业总收入 15.5 万亿元,占中央企业的 61.8%,增长 3.3%;实现利润总额 10 277.6 亿元,占中央企业的 76.3%,比上年下降 2.8%;实现净利润 7 729.1 亿元,比上年下降 4.1%;净资产收益率为 9.9%,比上年下降 1.4 个百分点;年末职工人数 696.5 万人,同比增长 2.6%;年末离退休人员 202.1 万人,同比增长 3.8%。

4. 中央企业运行质量相对稳定。2014 年中央企业成本费用总额支出 239 000 亿元,比上年增长 2.8%,销售费用 7 387.2 亿元,同比增长 1.3%。全年营业毛利率为 4.7%,下降 0.1 个百分点;成本费用利润率5.6%，同比基本持平；净资产收益率7.2%，下降0.4个百分点；总资产报酬率5.0%，下降0.3个百分点；资产负债率63.0%，下降0.4个百分点；营业收入增长2.8%，下降6.3个百分点；利润总额增长2.6%，低于营业收入0.2个百分点。部分企业经营风险较大，少数企业亏损严重。

（二）中央企业经济积极适应新常态

1. 中央企业全力以赴稳增长。2014年，面对复杂多变的国内外形势，中央企业改革发展稳定任务艰巨而繁重。围绕国务院国资委经济效益增长目标，中央企业坚持转型发展、创新发展，积极制订工作方案，突出工作重点，健全工作机制，形成强大的保增长合力，多管齐下控成本。深挖潜力，科学组织生产运行，大力压降成本费用，大力压缩非生产性支出。加强市场开拓，精耕细作主业，优化产品结构，完善营销网络，效益水平稳步提升。2014年中央企业实现营业收入和利润总额分别同比增长2.8%和3.4%，中央企业通过激发内生动力，努力增加效益，为国民经济持续增长做出贡献。

2. 2014年生产经营总体平稳，受需求不足、供给过剩等因素影响，下行压力依然较大。重点监测的中央企业26项生产经营指标中，有15项实现同比增长，有4项增速快于上年。其中，机车签订订单合同额和汽车产量等2项指标同比增幅超10.0%，分别为17.3%和11.2%。重型设备订单额、造船完工量、发电设备订单额、钢材产量、造船承接新船订单额、粗钢产量、固定电话用户数量、商品煤销售量、房地产签约销售面积、贸易企业进口额和贸易企业出口额等11项指标同比分别下降13.5%、11.4%、9.5%、9.1%、7.4%、7.2%、6.6%、5.3%、5.0%、1.3%和0.1%。能源供应基本平稳。2014年，中央企业原油产量31 498.4万吨，比上年增长2.9%；成品油产量26 718.7万吨，同比增长4.3%；成品油销量30 664.6万吨，同比增长1.8%；天然气产量1 649.7亿立方米，同比增长9.5%；天然气销量1 655.1亿立方米，同比增长25.8%；原煤产量89 256.3万吨，同比下降1.0%；商品煤销量99 852.3万吨，同比下降5.3%；发电量35 721.9亿千瓦时，同比增长3.3%；售电量42 552亿千瓦时，同比增长3.5%。原材料供需稳中有降。钢材产量12 095.4万吨，同比下降9.1%；钢材销售量12 077.9万吨，同比下降8.7%；乙烯产量1 670.5万吨，同比增长11.4%；尿素产量791.2万吨，同比下降22.4%；水泥产量31 781.4万吨，同比增长4.5%；氧化铝产量1 649.6万吨，同比增长0.3%；电解铝产量652.8万吨，同比下降6.6%。航空运输保持平稳增长。航空企业运输总周转量555.5亿吨公里，同比增长9.2%；其中，客运总周转量400.2亿吨公里，同比增长9.3%；货物运输总周转量156亿吨公里，同比增长9.4%；水运企业运输总周转量34 406亿吨海里，同比增长3.1%；汽车产销稳步增长，企业汽车产量964.8万辆，同比增长11.2%；汽车销量952.4万辆，同比增长9.7%。房地产销售整体低迷，房地产签约销售面积4 719万平方米，同比下降5.0%；房地产签约销售额5 410.2亿元，同比下降3.9%。建筑施工企业新签合同额48 650.4亿元，同比增长8.5%。

3. 资本投资、科技创新为企业发展增添新动力。资金投向更趋集中，为企业稳定发展提供了强劲动力。2014年，中央企业固定资产投资继续集中在石油石化、电力、电信等关系国家安全和国民经济命脉的重要行业和关键领域。中央企业在把握投资主线的同时，不断加大对新兴产业的投资力度，推动了企业可持续发展。电网、石油天然气、电信等企业一批重点项目顺利投产，为提高能源安全保障能力、促进信息消费和信息网络与相关产业的深度融合发挥了重要作用。创新驱动企业发展的作用持续提升，中央企业研发投入超过全国研发投入总额的1/4，全年申请专利超过10万项。中央企业累计拥有有效专利超过25万项，其中有效发明专利超过7万项；拥有国内研发机构2 500个；拥有工程院院士186人，中科院院士48人。全国146个产业技术创新战略联盟中，101个由中央企业牵头组建。中央企业普遍建立科技投入稳定增长的长效机制，不断完善科技人员激励机制。中央企业多渠道筹集创新资本，改进创新投入和组织模式，使社会资本有效融入企业创新过程。到2014年底，中央企业已设立了57只创新基金。中央企业依靠自主创新，相继取得了载人航天、高速铁路、移动通信、北斗导航、载人深潜、大型运输机等一大批具有自主知识产权和国际先进水平的创新成果。2014年度国家科技奖励中，45家中央企业获得96项科技奖励，占获奖总数的35.3%，其中国家科技进步特等奖2项。2014年中央企业获得中国专利金奖6项，专利优秀奖92项。中央企业在新兴产业也形成了一定的技术积累和市场规模。

4. 国际化经营规模迅速扩大。截至2014年年底，绝大部分中央企业在境外（含港澳地区）设立了分支机构，分布在全球150余个国家或地区，中央企业境外经营单位资产总额49 000亿元，同比增长14.3%；负债总额35 300亿元，同比增长14.5%；所有者权益13 700亿元，同比增长13.6%。境外资产规模超过300亿元、跨国化指数排名前15位的中央企业资产总额34 900亿元，占全部境外资产的71.2%。中央企业境外经营单位全年实现营业总收入45 900亿元，比上年增长5.8%；实现利润总额1 155.6亿元，同比下降14.5%。中央企业纯境外单位资产总额、营业收入、利润总额分别约占中央企业总体的12.1%、17.9%和9.0%。中央企业境外投资额占中国非金融类对外直接投资的70.0%以上，对外承包工程营业额占中国对外承包工程营业总额的60.0%左右。2014年28家中央企业在境外承揽合同金额在5 000万美元以上的工程项目1 100项，合同金额3 160.9亿美元。中央企业不断拓宽境外经营覆盖区域，优化产品结构和业务经营范围，国际化经营方式不断丰富，境外业务逐步转型升级。在经营区域上，继续保持对亚洲、非洲等传统市场的优势，对美洲、大洋洲的投资合作规模日益扩大。在经营领域上，逐步由能源资源开发和对外承包工程，拓展到高铁、核电、特高压等装备制造和工业园区建设领域。

5. 履行社会责任。2014年，中央企业持续加强安全管理，不断加大安全生产投入，支出安全生产费用1 533.3亿元，增长3.4%。节能减排工作成效明显，全年实现万元产值（可比价）综合能耗下降5.7%，二氧化硫、化学需氧量、氮氧化物和氨氮排放量分别下降18.6%、7.0%、26.5%和6.7%，在推动全社会节能减排和环境保护的工作中进一步发挥着表率作用。2014年中央企业广泛参与社会公益事业，积极规范有序地开展对外捐赠工作，对外捐赠共支出31.7亿元，下降6.2%，其中，公益性捐赠13.2亿元，下降21.4%，救济性捐赠14.8亿元，增长1.4%。

（撰稿：邓义虹）

2014年国有大型企业改革发展情况综述

国务院国有资产监督管理委员会企业改革局

2014年，国务院国资委认真学习领会党的十八大、十八届三中全会、十八届四中全会精神，深入贯彻落实党中央国务院关于“全面深化改革、全面依法治国、全面从严治党、全面建成小康社会”的“四个全面”方针，开启全面深化国有企业改革的新常态，引导以中央企业为主体的国有大型企业（简称“国有企业”）转方式、推改革、调结构，保持经济中高速增长、产业迈向中高端水平。

一、转方式：依法治企、廉洁自律、关注民生是全面深化国有企业改革的基石和方向

遵循党的十八届三中全会在全面深化改革的顶层设计中强调的“建设法治中国”、党的十八届四中全会明确的“法治是治国理政的基本方式”的战略要求，国务院国资委正在大力推动国资委系统和国有企业各级负责人依法治企、廉洁自律、关注民生。

2014年，国务院国资委坚持用法治思维和法治方式深化国有企业改革，抓紧制定与国家法律法规相配套的规章制度，基本形成了企业国有资产监管法规、制度体系。把改革主张转换成法治主张，用法治方式化解改革风险，用法治理念破解改革难题。凡属重大改革都要做到于法有据，用好《中华人民共和国公司法》，解决国有企业公司治理问题。

坚持依法履职，做到廉洁自律。2014年，按照国

务院"以管资本为主加强国资监管"的要求，国务院国资委自身进一步厘清与企业的责权边界，规范行权履职方式方法，巩固简政放权的已有成果，严格按照《中华人民共和国公司法》《中华人民共和国企业国有资产法》等法律法规赋予的职能和管资本的要求，使监管"法无授权不可为"。规范、完善中央企业董事会、监事会建设。提高外部董事和外派监事的敢于监督、勇于担当、精于决策的职业操守，完善事先、事中、事后监督机制，国资委系统和国有企业领导干部廉洁自律、理智决策成为常态。

坚持关注民生，为构建小康社会做出贡献。根据党的十八届三中全会提出的"允许混合所有制经济实行企业员工持股"精神，国务院国资委审议《关于实行员工持股试点的意见》，明确员工持股的范围、操作细则等方面，中央企业员工持股将以试点方式在不涉及国家重要行业和关键领域、非公益性行业的企业中启动。确保在法治轨道上满足职工的基本利益诉求。用好《中华人民共和国合同法》解决国有企业员工身份问题，用好《中华人民共和国破产法》和相关法规解决亏损企业的职工脱困问题。

二、推改革：2014 年以来国有企业改革重组开启新常态

2014 年是全面落实党的十八届三中全会精神的开局之年。一年来，国务院国资委围绕"全面深化国资国企改革"中心任务，积极稳妥推进各项工作。

一是改组和组建国有资本投资运营公司工作取得初步进展。国务院国资委在中央企业层面启动了国有资本投资运营试点工作，2014 年 3 月，形成了改组国有资本投资公司和组健国有资产运营公司两类公司的总体思路，明确了改组和组建两类公司的目的意义、两类公司应当发挥的功能作用、改组国有资本投资公司应具备的条件、两类公司的改革方向和运营模式、改组和组建的路径方式等核心问题。本着先易后难、稳步推动的原则，首先启动国有资本投资公司的改组试点工作。2014 年 5 月 14 日，习近平总书记对国务院国资委包括改组组建两类公司在内的四项试点工作作出重要批示，2014 年 6 月 23 日，国务院国资委通过了《中央企业改组国有资本投资公司试点工作方案》，确定国家开发投资公司和中粮集团有限公司作为首批试点企业。

二是鼎力推进发展混合所有制工作。研究制定《中央企业股权多元化改革工作思路》《关于在国有企业加快推进混合所有制经济的若干意见》《关于全面深化国有企业改革的若干意见》等文件；开展中央企业混合所有制改革路径研究，为下一步制定政策提供借鉴和依据；按照中央经济体制和生态文明体制改革专项小组要求，研究起草《关于防止国有资产流失和内部人控制的意见》；继续推进中央企业整体上市工作，报经国务院同意，正式批复中国广核集团有限公司、中国建筑设计研究院、中国工艺（集团）公司设立股份公司；鞍钢集团公司整体改制上市方案；批复中国北方机车车辆工业集团公司、中国化学工程集团公司、中国铁路通信信号集团公司 H 股发行上市方案。

三是研究推进混合所有制企业员工持股工作。作为此项工作的牵头单位，2014 年国务院国资委加强调研，汇总摸清情况，完成国有企业员工持股情况调研报告。建立了由国务院国资委、财政部、证监会参加的部际联合工作小组，明确了任务分工。国务院国资委会同两部门对中央企业开展联合调研，形成了工作思路，初步明确了员工持股的企业范围、人员范围、持股方式、出资方式、股权管理及退出等原则性规定。

四是认真履行多元投资主体企业股东职责，规范国有独资公司章程，为推进国有企业混合所有制改革奠定体制基础。在履行多元投资主体公司股东职责方面，国务院国资委对于中国商用飞机有限责任公司、国家核电技术有限公司、南光（集团）有限公司、中国联合网络通讯集团有限公司、中国广核集团有限公司、中国华录集团有限公司等 6 家企业，按照 2009 年年底出台的《国资委关于履行多元投资主体公司股东职责暂行办法》的细则规定，履行股东职责，参加企业年度股东会并发表意见，办理其股东会决议的书面传签；推动中国广核集团有限公司召开第一届股东会。自 2013 年年底中国广核集团有限公司理顺股权关系后，企业组建了第一届董事会。国务院国资委就企业章程变更、债务发行、董事变更等相关事宜进行指导和批复，中国广核集团有限公

司依据《中华人民共和国公司法》和《公司章程》于2014年8月27日召开股东会第一次会议，研究并通过《中国广核集团有限公司章程》等三项议案；继续密切关注中国南方电网有限责任公司、上海贝尔股份有限公司两家国务院国资委目前仍然不直接持有股权企业的股权变动意向。在规范国有独资公司章程方面，以中国节能环保集团公司章程修改为突破口，推进规范董事会建设企业章程审批工作，针对中国节能环保集团公司等多家企业由于评估增值税问题，母公司无法完成改制工作的情况，国务院国资委会同国家工商管理总局等有关部门，成功协调中国节能环保集团公司参照《中华人民共和国公司法》，完成公司章程修改和工商备案；指导推进中国铝业公司、中国盐业总公司和中国轻工集团公司等多家国有企业的章程修订工作。

三、调结构：稳妥推进中央企业并购重组和资源深度整合

2014年，加快部分行业重点企业的重组调整再次成为中央领导关注的重点。国务院国资委稳妥推进国有企业并购重组，推动中央企业资源深度整合。

一是成立铁塔公司。按照国务院领导批示精神，国务院国资委充分征求三家电信企业意见，会同工业和信息化部成立铁塔公司协调组和筹备组。多次召开协调会议，明确了组建方案中的有关重要问题，协调解决了同业竞争和反垄断审查等事宜。2014年7月18日，铁塔公司正式挂牌成立。副总理马凯在《关于铁塔公司组建工作进展情况的报告》上批示："成立铁塔公司，是贯彻落实党的十八届三中全会精神的具体行动，是推动国有企业改革和发展混合所有制经济的积极探索，是促进电信行业资源整合共享、提升电信网络基础设施效率和效应的有效途径。"

二是研究推进核能企业改革重组。按照党中央、国务院领导批示精神，国务院国资委在广泛征求有关方面和专家的意见建议基础上，2014年7月形成初步意见并向国务院领导做了专题汇报，经国务院总理李克强等国务院领导批示同意，于9月成立由国务院国资委牵头、有关部门主要负责同志参加的部际工作小组，已形成《关于我国核能企业重组调整的意见》，并向国务委员王勇做了汇报。

三是稳妥推进南北车合并重组。2014年，国务院国资委推动中国北方机车车辆工业集团公司（简称"中国北车"）与中国南车集团公司（简称"中国南车"）为提高效率、保障收益、促进创新、共享市场，在机车制造等重工行业保持合理竞争态势的前提下，通过合并重组，增强国有特大型企业国际竞争力，在实现"走出去"战略目标方面继续进行探索和尝试。2015年3月18日，中国南车和中国北车联合发布公告，宣布双方依循"对等合并、着眼未来、规范操作"的原则实现合并。通过整合两家公司各具优势的销售和市场资源、产品开发和技术研发能力，共同打造一家以轨道交通装备为核心、跨国经营、全球领先的大型综合性产业集团，全面提高竞争优势。

四是推进中粮集团有限公司与中国华孚集团有限公司、南光（集团）有限公司与珠海振戎公司的并入重组工作，推进中国机械工业集团有限公司和中国第二重型机械集团公司重组后的深度整合，在此基础上，完成《2003—2013年中央企业十年重组调整情况的报告》。

五是协调推进大唐煤化工项目重组转让工作，大唐国际与中国国新控股有限责任公司已经基本完成财务审计和资产评估工作，2014年年底开始细化具体重组方案。

六是继续指导中央企业规范开展并购，国务院国资委积极参与《国务院关于进一步优化企业兼并重组市场环境的意见》的研究起草和会签工作；参与新一轮电力体制改革、盐业体制改革以及国有林场、林区改革等若干行业体制改革工作。

四、稳发展：2014年国有企业各项指标稳中趋升

根据财政部的统计，2014年1—12月，全国国有及国有控股企业（包括中央企业和36个省、自治区、直辖市、计划单列市的地方国有及国有控股企业，不含国有金融类企业）利润总额和应交税金除煤炭、化工等行业利润降幅较大，有色行业处于亏损状态外，

其他行业稳中趋升，汽车、医药等行业利润增幅较高。

2014 年 12 月末，国有企业资产总额 1 021 187.8 亿元，同比增长 12.1%；负债总额 665 558.4 亿元，同比增长 12.2%；所有者权益合计 355 629.4 亿元，同比增长 11.8%。中央企业资产总额 537 068 亿元，同比增长 10.9%；负债总额 352 621.4 亿元，同比增长 10.8%；所有者权益为 184 446.6 亿元，同比增长 11.2%。地方国有企业资产总额 484 119.8 亿元，同比增长 13.3%；负债总额 312 937 亿元，同比增长 13.8%；所有者权益为 171 182.8 亿元，同比增长 12.4%。

下表数据显示：2014 年，中央企业和全国国有企业实现了平稳健康发展。

表　2014 年中央企业和国有企业有关指标实现情况

分类		金额（亿元）	与上年同比（%）
国有企业	营业总收入	480 636.4	4.0
	利润总额	24 776.4	3.4
	上缴税金	37 860.8	5.7
中央企业	营业总收入	251 000.1	3.8
	利润总额	14 000.0	4.2
	上缴税金	21 000.0	4.4
	母公司所有者净利润	6 269.2	6.9

资料来源：财政部和国务院国资委统计数据。

（撰稿：毛元斌）

2014 年中小企业和非公有制经济发展综述

工业和信息化部中小企业司

在中国，中小企业和非公有制经济高度关联，互为主体。95.0% 以上的中小企业基本都是非公有制经济，非公有制经济绝大多数都是中小企业。党的十八届三中全会公报指出，公有制经济和非公有制经济都是社会主义市场经济的重要组成部分，都是中国经济社会发展的重要基础。这为进一步支持促进中小企业和非公有制经济健康发展指明了方向。总体上看，2014 年中国中小企业和非公有制经济继续保持平稳增长的发展态势。

一、中小企业和非公有制经济运行情况

（一）企业户数保持稳步增加

国家工商总局数据显示，截至 2014 年年底，全国实有私营企业数量 1 546 万户，比上年增长 19.6%，占全部实有企业比重由上年底的 82.1% 增长至 85.0%，成为数量最多、比例最大的企业群体。注册资本 592 000 亿元，增长 50.6%。个体工商户 4 984 万户，比上年增长 12.4%，资金数额 29 000亿元，比上年增长 20.6%。自实施注册资本登记制度改革以来，进一步放宽了市场准入条件，创业成本和门槛大幅度降低，激发了投资者的创业热情，激活了民间投资，个体私营等非公有制企业数量显著增加。3—12 月，全国新登记注册企业 324 万户，比上年增长 48.8%，注册资本（金）171 000亿元，比上年增长 97.1%。平均每天新登记企业 10 600 户。

(二)生产增速保持平稳增长

面对国内外复杂多变的经济形势,非公有制经济生产增速有所放缓,但增速明显快于国有控股企业,其中私营企业继续保持两位数增长,成为拉动非公有制经济增长的生力军。2014 年,全国规模以上非公有制工业企业[①](简称"非公有制工业企业")增加值比上年增长 9.9%,比上年增速回落 1.4 个百分点,比全部工业企业增速(8.3%)高 1.6 个百分点,比国有控股企业增速(4.9%)高 5.0 个百分点。其中,私营企业增加值比上年增长 10.2%,比上年增速回落 2.2 个百分点。

(三)经济效益有所下滑

非公有制企业营业收入增速放缓、生产成本上升、盈利能力下降。2014 年,非公有制工业企业实现主营业务收入 811 000 亿元,比上年增长 8.7%,增速比上年回落 4.6 个百分点;每百元主营业务收入的成本为 86.5 元,同比增加 0.5 元;完成利润总额 49 000 亿元,比上年增长 6.3%,比上年回落 8.3 个百分点;主营业务收入利润率为 6.0%,比上年回落 0.2 个百分点。2014 年,非公有制工业企业主营业务收入增速比全部工业企业(7.0%)高 1.7 个百分点,比国有控股企业增速(2.1%)高 6.6 个百分点;占全部工业企业业主营业务收入的 74.0%,比重较上年提高 2.1 个百分点。非公有制工业企业利润总额增速比全部工业企业(3.4%)高 3.0 个百分点,同期国有控股企业利润总额同比下降 5.7%。

(四)税收贡献逐步增强

非公有制企业在自身规模快速成长的同时,也给国家财政提供了大量的税收收入,对财政收入的贡献持续增大。国家统计局数据显示,2014 年,非公有制工业企业实现税金总额 26 000 亿元,对全部工业企业税金总额贡献率达到 62.4%;占全部工业税金总额的比重由 2013 年年底的 52.3% 增长至 53.4%,比重较上年提高 1.1 个百分点;比上年增长 7.3%,比工业企业税金总额增速(6.2%)高 1.1 个百分点。其中,私营企业税金总额 12 000 亿元,比上年增长 8.1%。

(五)吸纳就业作用日益突出

在个体私营等非公有制企业市场主体数量增长带动下,非公有制企业在吸纳社会就业方面进一步发挥重要作用,吸纳从业人员作用日益突出,成为解决就业的主渠道。国家工商总局资料显示,截至 2014 年年底,全国个体私营经济从业人员 2.5 亿人,比 2013 年年底增加 3 117 万人,比上年增长 14.3%。其中,私营企业从业人员 1.4 亿人,比 2013 年年底增加 1 869 万人,增长 14.9%;个体工商户从业人员 1.1 亿人,比 2013 年年底增加 1 248 万人,增长 13.4%。

(六)扩大出口重要推动力量

随着中国非公有制经济的快速发展和企业实力的不断增强,特别是政府支持企业"走出去"的政策环境逐步完善,非公有制企业"走出去"开展跨国经营的步伐明显加快,已成为国内企业"走出去"的重要力量。海关总署数据显示,2014 年,非公有制企业(不含外商投资企业)出口额合计 10 115 亿美元,比上年增长 10.3%,比全国出口增速(6.1%)高 4.2 个百分点;占全国出口总值的比重由 2013 年年底的 41.5% 增长至 43.2%。

(七)民间投资比重继续增加

2014 年 4 月 23 日,国务院常务会议指出,为加快投融资体制改革,推进投资主体多元化,让社会资本特别是民间投资进入一些具有自然垄断性质、过去以政府资金和国企投资为主导的领域。下一步将推动油气勘查、公用事业、水利、机场等领域扩大向社会资本开放。随着政府不断简政放权、放宽投资准入领域,以及"民间投资 36 条"的推进,民间投资力度逐渐加大。国家统计局数据显示,2014 年,全国民间固定资产投资 322 000 亿元,同比名义增长 18.1%,比全国固定资产投资增速(15.7%)高 2.4 个百分点。民间固定资产投资占全国固定资产投资(不含农户)的比重由 2013 年的 62.9% 增长至 64.1%。

---

① 本文所有非公有制工业企业均指规模以上非公有制工业企业,即年主营业务收入 2 000 万以上的企业,包括私营企业、外商、港、澳、台商及其控股企业。

二、促进中小企业和非公有制经济发展工作取得积极进展

党中央、国务院高度重视非公有制经济和中小企业的发展，国务院多次召开常务会议研究部署加大对中小企业尤其是小微企业的资金、金融、税费等扶持政策。

（一）全面深化改革，继续强化政策措施的落实

2013 年以来，国务院先后取消和下放了 7 批共 632 项行政审批事项，改革了工商登记制度，出台了《企业信息公示暂行条例》，批准了 3 家民营银行的筹建，修订了政府核准的投资项目目录，向社会推出了一批公开招标的示范项目，鼓励和吸引社会资本特别是民间投资进入等等。为督促国务院促进中小企业和非公有制经济各项政策措施的贯彻落实，2014 年 4 月，国务院派出 7 个督查组，对 14 个省市支持小型微型企业健康发展政策措施落实情况进行了专项督查。6 月底到 7 月初，国务院又派出 8 个督查组，对 16 个省（自治区、直辖市）、27 个部门和单位，就《政府工作报告》部署的 2014 年重点工作和 2013 年下半年以来国务院出台的稳增长、促改革、调结构、惠民生各项政策措施落实情况，进行了全面督查。李克强总理强调，要通过督查、第三方评估和社会评价等方式推动政策落实，确保政策“抵达终点”。

（二）加大财税支持，继续减轻中小企业税费负担

适应财政资金改革的要求，中央预算中小企业发展专项资金进行了改革，资金支持方式由过去直接支持企业转向重点支持服务体系建设，以放大财政资金杠杆作用，提高资金使用效率，并将项目和资金额度网上公示，使资金的管理和使用更加公开透明。各地也都进一步加大了中小企业专项资金的规模，优化了资金的支持重点、方向和范围。在税收方面，继续扩大“营改增”覆盖范围，除自 6 月 1 日起将电信业纳入试点范围外，还将逐步覆盖生活服务业、建筑业、房地产业、金融业等行业，并于 2015 年基本实现行业全覆盖。暂免征收月销售额低于 3 万元的小微企业、个体工商户等的增值税和营业税；扩大小型微利企业减半征收所得税优惠政策实施范围，由年应纳税所得额 6 万元扩大到 10 万元，改革其征管方式，由原来的审批改为备案，并把核定征收企业纳入政策适用范围。在加强涉企收费管理方面，国务院明确提出了建立和实施企业收费目录清单制度，切实规范行政审批前置服务业项目及收费，坚决查处各种侵害企业合法权益的违规行为，全面深化涉企收费制度改革，进一步完善企业负担问题举报和反馈机制等等。在财政支持方面，按照财政体制改革的要求，对支持中小企业发展的多项资金进行整合归并，设立了中小企业专项资金，调整资金支持结构，支持重点从直接支持企业项目转向支持改善中小企业融资、服务和创业创新环境。

（三）各种举措并举，继续缓解融资难、融资贵难题

融资难、融资贵是企业特别是小微企业反映十分突出的问题。2014 年 7 月 23 日，国务院常务会议专题研究部署多措并举缓解企业融资成本高问题，国务院办公厅印发了《关于多措并举着力缓解企业融资成本高问题的指导意见》。目前，各有关部门正在积极贯彻落实国务院部署要求。对“三农”和小微企业信贷采取“定向降准”政策，央行下调符合定向降准要求的中小金融机构存款准备金率，同时扩大支持小微企业再贷款和专项金融债规模。在解决担保难方面，中央财政加大了支持力度，2014 年安排 30 亿元支持中小企业信用担保。拓宽直接融资渠道，“中小企业股份转让系统”（简称“新三板”）试点扩大至全国。

（四）加快转型升级，继续推动企业创新步伐

当今世界正在酝酿一场新的科技革命，主要以互联网、物联网、云计算、大数据等信息技术和新材料、新能源、生物工程等为代表，显示出一种从根本上改变世界的巨大力量，必然引起全球产业、经济和社会的广泛变革。广大民营企业和中小企业必须顺应这个变化，加快转型升级。以淘汰落后、化解严重过剩产能为切入点，实施更加严格的环境、技术、安全等市场准入标准，积极营造有利于企业兼并重组

的市场环境，促进企业转型升级，实现绿色可持续发展。推进工业化和信息化的深度融合，深入实施两化融合专项行动和中小企业信息化推进工程。重视发展新技术、新模式、新业态、新产业，大力培育战略性新兴产业；坚持创新驱动，积极推动中小企业走“专精特新”的发展道路。鼓励引导企业技术创新、产品创新和商业模式创新。科技创新以及信息化对经济的支撑和带动作用正在不断增强。

（撰稿：吴义国　连建华）

2014 年民营企业发展综述

中国民（私）营经济研究会

2014 年，面对复杂的国内外经济形势，中国民营经济在严峻挑战面前继续展现出蓬勃的生机和活力，各项主要经济指标均呈现良好发展态势，保持了较快的发展速度和较高的发展质量，在促进国民经济平稳较快发展、保障和改善民生等方面做出了巨大贡献。

中国经济发展进入新常态，“认识新常态、适应新常态、引领新常态”，这是当前和今后一段时间中国经济发展的大逻辑。新常态下，党中央国务院多次强调简政放权，要让全民创业的血液在全社会流动，要营造全民创业、万众创新的良好社会氛围。

一、民营经济保持良好发展态势

2014 年中国民营经济继续展现出蓬勃的生机和活力，保持了较快的发展速度和较高的发展质量。

民营经济数量规模继续扩大。截至 2014 年年底，中国登记注册的私营企业达到 1 546.4 万户，个体工商户达到 4 984.1 万户，比上年分别增长 23.3% 和 12.3%（见表 1、图 1）。私营企业注册资金 592 000 亿元，户均注册资金达到 382.8 万元，比上年分别增长 50.6% 和 22.1%。个体工商户注册资金达 29 000 亿元，户均注册资金达到 5.8 万元，比上年分别增长 20.6% 和 5.5%。见表 2、图 2。

表 1　2006—2014 年个体、私营企业户数及增长率

年　份	私营企业户数（万户）	增长率（%）	个体工商户户数（万户）	增长率（%）
2006	544.1	15.3	2 595.6	5.3
2007	603.1	10.8	2 741.5	5.6
2008	657.4	9.0	2 917.3	6.4
2009	740.2	12.6	3 197.4	9.6
2010	845.2	14.2	3 452.9	8.0
2011	967.7	14.5	3 756.5	8.8
2012	1 085.7	12.2	4 059.3	8.1
2013	1 253.9	15.5	4 436.3	9.3
2014	1 546.4	23.3	4 984.1	12.3

注：1. 表中历年私营企业户数均包含分支机构数量；
2. 数据来源：国家工商总局。

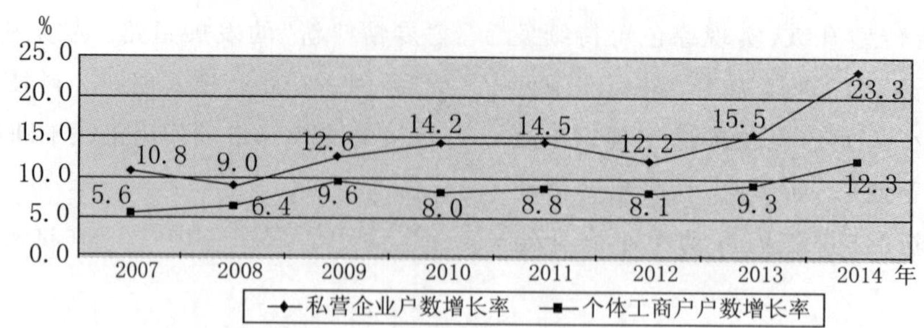

图 1　2007—2014 年个体私营企业户数增长率变化情况

表 2　2006—2014 个体私营企业注册资金数额及增长率情况

年　份	私营企业注册资金(万亿元)	增长率(%)	户　均注册资金(万元)	个体工商户注册资金(亿元)	增长率(%)	户　均注册资金(万元)
2006	7.6	23.9	139.7	6 468.8	11.4	2.5
2007	9.4	23.5	155.7	7 350.8	13.6	2.7
2008	11.7	25.0	178.6	9 006.0	22.5	3.1
2009	14.6	24.8	197.8	10 856.6	20.5	3.4
2010	19.2	31.1	227.1	13 387.6	23.3	3.9
2011	25.8	34.3	266.5	16 177.6	20.8	4.3
2012	31.1	20.6	286.5	19 766.7	22.2	4.9
2013	39.3	26.4	313.4	24 300.0	23.1	5.5
2014	59.2	50.6	382.8	29 300.0	20.6	5.8

注:1. 表中历年私营企业户数均包含分支机构数量;
2. 数据来源:国家工商总局。

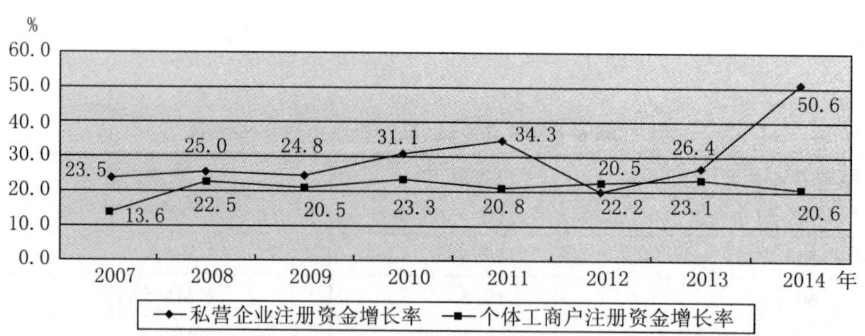

图 2　2007—2014 年个体私营企业注册资金数额增长率变化情况

(一)民间投资所占比重继续增长

截至 2014 年年底,内资民营经济城镇固定资产投资共完成约 321 000 亿元,同比增长 18.9%,占全国城镇固定资产投资的比重达到 63.4%;其中私营企业累计完成 150 000 亿元,同比增长 31.5%,占比达到 29.9%,其增速明显高于全国、国有及国有控股以及外商和港澳台商投资企业(见表 3)。虽然内资民营经济和私营企业的城镇固定资产投资的增速较上年都有一定程度的下降,但其投资比重已占全部城镇固定资产投资总额的 62.0%,充分显示了民间投资的活跃程度依然不减,迸发出更大的投资活力。

表 3　2009—2014 年按经济类型分城镇固定资产投资变化情况

年　份	指　标	全国总计	国有及国有控股	外商及港澳台商投资	内资民营经济	私营企业
2009	绝对值　（亿元）	194 139.0	86 536.0	14 111.0	93 492.0	33 610.0
	增长率　（%）	30.5	35.2	-0.5	32.5	34.9
	比　重	100.0	44.6	7.3	48.2	17.3
2010	绝对值　（亿元）	241 414.9	102 129.7	15 832.9	123 452.3	49 910.6
	增长率　（%）	24.5	18.0	12.2	32.0	32.2
	比　重	100.0	42.3	6.6	51.1	20.7
2011	绝对值　（亿元）	301 932.8	107 485.8	18 798.1	175 648.9	71 838.8
	增长率　（%）	23.8	11.1	18.7	42.3	32.9
	比　重	100.0	35.6	6.2	58.2	23.8
2012	绝对值　（亿元）	364 835.1	123 693.5	20 814.2	220 327.1	92 939.5
	增长率　（%）	20.6	14.7	10.7	25.4	30.3
	比　重	100.0	33.9	5.7	60.4	25.5
2013	绝对值　（亿元）	436 528.0	144 056.0	22 017.0	270 455.0	114 408.5
	增长率　（亿元）	19.6	16.5	5.8	22.8	23.1
	比　重	100.0	33.0	5.0	62.0	26.2
2014	绝对值　（亿元）	502 004.9	161 629.0	23 076.0	321 576.0	150 425.9
	增长率　（亿元）	15.7	13.0	4.8	18.9	31.5
	比　重	100.0	32.1	4.5	63.4	29.9

说明：1. 根据 2009—2014 年《中国统计年鉴》；
2. 内资民营投资总量 = 全社会城镇固定资产投资 - 国有及国有控股企业投资 - 外资及港澳台商企业投资。

（二）民营工业拉动实体经济发展

2014 年私营企业工业增加值累计增速为 10.2%，较之 2013 年出现了一定程度的回落，但仍高于国有及国有控股企业的 4.9%、股份制企业的 9.7%、外商及港澳台投资企业的 6.3% 及全部工业企业 8.3% 的平均水平（见表 4、图 3）。可见，民营企业在不断夯实实体经济基础的过程中，工业企业贡献突出。

表 4　2007—2014 年工业增加值增长速度情况

单位：%

年　份	工业增加值	国有及国有控股企业	私营企业	股份制企业	外商及港澳台投资企业
2007	18.5	13.8	26.7	20.6	17.5
2008	12.9	9.1	20.4	15.0	9.9
2009	11.0	6.9	18.7	13.3	6.2
2010	15.7	13.6	20.0	16.8	14.5
2011	13.9	9.9	19.5	15.8	10.4
2012	10.0	6.4	14.6	11.8	6.3
2013	9.7	8.3	11.4	10.8	8.9
2014	8.3	4.9	10.2	9.7	6.3

数据来源：国家统计局。

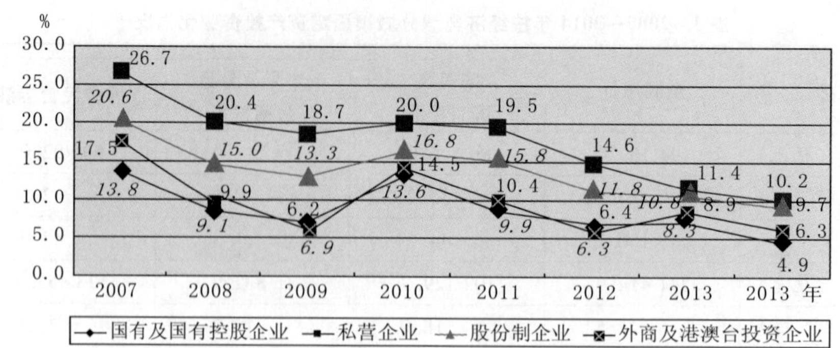

图3 2007—2014 年按类型分工业增加值增速情况

（三）民营经济对外贸易势头良好

在鼓励民营经济发展政策措施的引导下，广大民营进出口企业积极调整产品结构，努力拓展营销渠道，大力开发国际市场，取得良好效果，其中一般贸易增速持续快于加工贸易。2014 年，外商企业出口 10 526.2 亿美元，同比增长 0.8%；国有企业出口 2 342.6 亿美元，同比下降 6.0%

与此相比，2014 年中国民营企业出口 12 665.8 亿美元，同比增长 36.2%，占比 54.1%。见表 5。

表 5 2008—2014 年各类企业出口情况

单位：亿美元、%

年 份	总 值	同比增长	国有企业			外资企业			民营企业		
			金 额	比 重	同比增长	金 额	比 重	同比增长	金 额	比 重	同比增长
2008	14 285.5	17.3	2 572.3	18.0	14.4	7 906.2	55.3	13.7	3 807.0	26.6	27.9
2009	12 016.6	-15.9	1 909.9	15.9	-25.7	6 722.3	55.9	-15.0	3 384.4	28.2	-11.1
2010	15 779.3	31.3	2 343.6	14.9	22.7	8 623.1	54.6	28.3	4 812.7	30.5	42.2
2011	18 986.0	20.3	2 672.2	14.1	14.1	9 954.7	52.4	15.4	6 352.9	33.5	32.0
2012	20 484.2	7.9	2 564.2	12.5	-4.0	10 233.6	50.0	2.8	7 686.4	37.5	21.0
2013	22 100.0	7.9	2 356.8	10.6	-8.1	10 442.7	47.3	2.1	9 300.5	42.1	23.1
2014	23 427.6	6.0	2 342.6	10.0	-6.0	10 526.2	44.9	0.8	12 665.8	54.1	36.2

资料来源：商务部。

（四）民营经济持续创造就业岗位，大量吸纳新增劳动力就业

截至 2014 年年底，全国个体私营企业从业人员总计达到近 2.5 亿人，较 2012 年年底增加了 3 117.7 万人，增长了 14.3%。其中，第一产业个体私营经济从业人员增长最快，实有 803.7 万人，比 2013 年年底增长 26.6%；第三产业个体私营经济从业人员增加最多，实有 1.8 亿人，比 2013 年底增加 2 503.9 万人，占增加总量的 80.3%。

其中私营企业从业人员达到 14 136.2 万人，个体工商户从业人员达到 10 863.8 万人，分别较 2013 年年底增长了 13.1% 和 16.8%（见表 6、图 4）。民营经济特别是中小企业的快速发展，为大量城镇无业人员、农村剩余劳动力、高校毕业生、国企分流人员等群体创造了众多就业岗位，已经成为吸纳社会就业、增加城乡居民工资性收入、不断改善人民生活的主要来源。

表 6　2007—2014 年全国个体私营企业就业基本情况

年　份	私营企业		个体工商户	
	绝对值(万人)	增长率(%)	绝对值(万人)	增长率(%)
2007	7 253. 1	10. 1	5 496. 2	6. 5
2008	7 904. 0	9. 0	5 776. 4	5. 1
2009	8 607. 0	8. 9	6 585. 4	14. 0
2010	9 407. 6	9. 3	7 007. 6	6. 4
2011	10 353. 6	10. 1	7 945. 3	13. 4
2012	11 296. 1	9. 1	8 628. 3	8. 6
2013	12 500. 0	10. 9	9 300. 0	8. 2
2014	14 136. 2	13. 1	10 863. 8	16. 8

资料来源:国家工商总局。

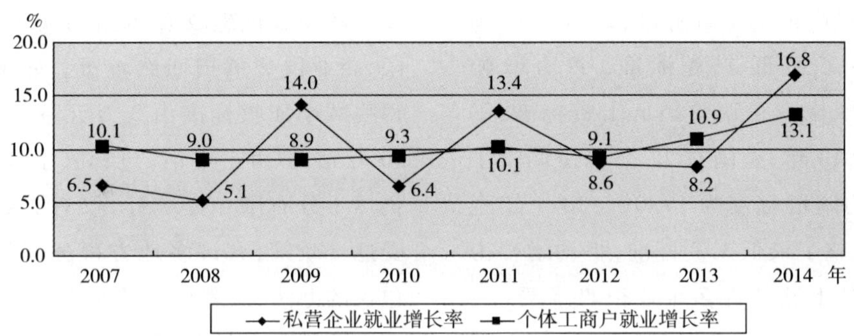

图 4　2007—2014 年私营企业、个体工商户就业增长率变化情况

二、民营经济面临的挑战和机遇

2014 年以来,中国经济进入新常态。现在处于增长速度换挡期、结构调整阵痛期和刺激经济政策负作用的消化期的三期叠加中,同时面临实现经济新常态下的增长动力转换不足等问题。新常态下的中国经济,正面临一系列不容忽视的新挑战。一是来自于经济增长速度的挑战。新常态的一个重要特征,就是中国经济进入增速换挡期,由高速转入中高速。前十年,中国经济平均以 10.0% 的速度增长,2012—2013 年为 7.7%,2014 年为 7.4%,创 1990 年来新低。保持合理的增长速度十分必要,但如果经济增速滑出合理区间,市场预期就会受到影响,民生支出就难以保障,全面深化改革的回旋空间也会被压缩,保持社会稳定的经济基础也就会动摇。二是来自于增长动力转化的挑战。转向新常态,意味着粗放式发展方式走到了尽头。现在的问题是,原有动力减弱了,新的增长动力尚未完全形成,“创新红利”和“体制红利”的充分释放还需要一个过程。三是来自于传统产业收缩的挑战。多年来一直“高歌猛进”的煤炭、钢铁、水泥等部分重化工行业或出现产能过剩,或出现价格下跌。房地产市场低迷,汽车销量增速也在放缓。新兴产业快速崛起,亮点很多,短期内还难以形成像传统支柱产业那么大的拉动力。从我们调研情况来看,主要困难有五个方面:

(一)市场需求严重不足

中国企业多数是小微企业,也是劳动密集型企业,大多处在产业链的低端。近年来,市场需求呈现出萎缩态势,“三驾马车”增速同时出现回落。与此同时,国内一些行业产能过剩,进一步加剧了市场的低迷,对民营企业冲击很大。如钢铁、水泥、玻璃、电解铝、造船、造纸、化纤、有色金属、电气机械等行业,产能过剩问题比较突出,形势非常严峻。在这种形势下,投资的严重不足使得许多大型项目后续乏力,大中型民

营企业出现资金困难；产能过剩使一些企业进退两难；尤其是部分地区的外贸型小微企业，随着国际订单的大幅度减少，加之人民币升值的影响，如温水煮青蛙，不断蚕食出口企业的营业收入和利润。

（二）生产要素成本不断升高

近年来，各种大宗商品、原材料、能源，包括土地征用、物流成本、商铺租金、劳动力等成本的上涨较快，而且这种发展大趋势不可逆转，使许多企业难以为继。特别是企业人力成本持续上升，加上员工各项保险费用的增加，用工成本呈叠加式攀升。根据人力资源和社会保障部公布的数据显示，近几年来，各地一直连续大幅提高最低工资标准，2011 年全国有 24 个省份调整了最低工资标准，平均增幅 22.0%；2012 年有 25 个省份调整最低工资标准，平均增幅为 20.2%；2013 年，全国有 27 个省份调整了最低工资标准，平均调增幅度为 17.0%；2014 年全国共有 19 个地区调整了最低工资标准，平均增幅为 14.1%。人力成本的上涨使许多企业很难承受（一个技工每月要 5 000 元。基本工资 3 500 元，加上五险一金，多种劳保福利，有的企业职工条件很好，有空调、电视、热水器，还能上网，这体现了很多企业对员工的关爱，几乎是免费吃住，但也加大了企业的各种成本。不少外资或合资企业或劳动密集型的民营企业，都向一些发展中国家转移）。

（三）融资难融资贵依然突出

小微企业融资难是一个世界性难题，而中国的民营企业绝大多数是小微企业，融资难问题显得更为突出。民营企业融资难的主要原因，一是小微企业缺乏土地、固定资产等抵押品，而中国的担保体系又不健全，而且小微企业财务制度多数不规范，缺乏健全的财务报表等手续。二是银行给小微企业贷款成本高。通常情况下，银行贷款 10 亿元和 100 万元的财务成本是一样的。银行给小企业贷款，100 家企业中能做成的最多只有 20 家，而这 20 家的贷款利润根本无法覆盖其他 80 家的成本，而且风险很大，造成银行不愿意贷款给民营小微企业。三是思想观念上还存在着差距，社会上对姓公姓私的问题还没有解决，在银行系统表现为，给国有企业贷款如果造成呆账、坏账，常常可以用花维稳费冲销了事。除了贷款难之外，还有贷款贵的问题。目前，民营企业获得银行贷款的利率，一般都在基准利率基础上上浮 40.0%，加上担保费、审计费、工商查询费等，有的银行用承兑汇票，利率都在 12.0% ~15.0%，有的甚至高达 30.0%。

（四）税费负担繁重

全国工商联作过一个调查，企业反映当前遇到的主要问题，排在第一位的是税费负担重。当前，税费负担重是各类企业反映的共性问题。近年来，国家出台了一系列扶持非公有制企业特别是小微企业发展的税收优惠政策，但由于减免力度小，覆盖面有限，企业税费负担依然较重。如国家将小微企业所得税减半征收标准由 3 万元逐步提高，最近已提到 30 万元，但由于申请门槛高、手续复杂，企业受惠面仍然十分有限。据统计，仅有少数小微企业能够享受这一政策，有许多地方税务部门对小微企业采取包税的办法，这就更无法享受这项政策。据统计，一个企业需要缴纳的税包括所得税、增值税、营业税、印花税、契税等 20 多种，加上上百项的各种费，如水资源费、社会保险费、地方教育费、残疾人就业金以及工商、环保、卫生、质监、公安等众多部门的行政性收费，企业的平均税负在 40.0% 以上。在成本全面高企的背景下，繁重的税费使许多企业特别是小微企业生存十分艰难。

（五）招工难用工难问题依然突出

随着中国经济转型，企业用工的结构性矛盾导致企业困难加剧。当前，中小微企业在用工流向上已经出现结构性的“三难”现象，即引进高端人才，小企业比大企业难；聘用技能人才，小城镇比大城市难；招收普通工人，东南沿海比西部地区难。与此同时，国家不断调整最低工资标准和内地用工需求不断增加的双重效应，致使一些内地务工人员选择就近就业，进一步加剧了招工难的问题。据沿海发达省份反映，当地劳动密集型产业中的小型微型企业用工缺口普遍在 20.0% 以上。由于新生代农民工在就业取向、劳动态度等方面已发生较大变化，在当前多种成本叠加上升的巨大压力下，单靠其继续大幅增加工资性支出来缓解“招工难”“留人难”的问题，已显得勉为其难。

对于经济新常态下民营经济发展面临的困难，我们要看到目前经济增速放缓，是中国正处在增长速度换档期和结构调整阵痛期的一种客观反映，与我们主动加大淘汰落后产能和治理污染力度有直接关系。民营经济仍面临重大发展机遇，主要有：

一是中国发展仍处于重要战略机遇期，经济具有巨大韧性、巨大潜力和巨大回旋余地，保持持续健康发展有很多有利条件。此外，“一带一路”、自贸区建设、京津冀协同发展、长江经济带建设等国家发展战略的实施，将成为中国经济发展的中坚力量和最大回旋余地。

二是党的十八届三中全会对非公有制经济作出一系列重要论述。提出“公有制经济和非公有制经济都是社会主义市场经济的重要组成部分，都是经济社会发展的重要基础”“两个都是”第一次将非公有制经济与公有制经济置于同等重要的地位，不再分老大老二，手心手背都是肉，不再是出水莲花有高低，表明我们党对非公有制经济的认识达到一个新的高度。前一段，不少非公有制经济人士对人身财产安全十分忧虑，“不挣钱心慌，挣钱也心慌，钱挣得越多心越慌”“小富即安、大富不安”情绪蔓延。三中全会强调：“公有制经济财产权不可侵犯，非公有制经济财产权同样不可侵犯”“两个不可侵犯”的提出，给民营企业发展吃了定心丸。三中全会强调，“坚持权利平等、机会平等、规则平等”“三个平等”的提出，给民营经济发展确立了基调，彰显了党和国家下决心破除垄断，建设统一开放、竞争有序市场体系和公平开放透明市场规则的信心和魄力。党的十八届四中全会提出：“健全以公平为核心原则的产权保护制度，加强对各种所有制经济组织和自然人财产权的保护，清理有违公平的法律法规条款等”，为民营经济发展营造了法治保障。

三是全面深化改革充分为释放民营经济发展活力创造了条件。2013 年以来，国务院加快行政体制改革步伐，一再强调要用三份清单来约束公权力，一是“权力清单”，政府法无授权不可为；二是“负面清单”，企业法无禁止皆可为；三是“责任清单”明确政府不可回避的责任问题。当前，按照中央提出的关于全面深化改革工作的路线图、时间表和任务书，各方面改革正在有序推进。促进经济转型、完善市场体系等方面，出台了一系列改革举措。在行政管理体制方面，截至目前，国务院取消和下放行政审批事项 733 项，超过 1 700 项的 1/3，已提前完成李克强总理提出的本届政府削减 1/3 以上行政审批事项的任务目标；建立涉企收费清单管理制度，清单外的一律不得收费，清单内的逐步减少数量，市场主体活力得到进一步激发。这一系列改革举措，体现了以经济体制改革为重点全面深化改革的内在要求，凸显了使市场在资源配置中起决定性作用和更好发挥政府作用的辩证统一，简政放权正成为持续激发市场活力、优化市场环境的良药。随着改革的深入，各种阻碍非公有制经济公平参与竞争的隐性壁垒将不断消除，非公有制企业市场主体的活力将得到充分激发。

三、民营企业要走积极转型升级的发展道路

当前国内外环境相当复杂，不稳定不确定因素依然较多，经济发展仍面临较大挑战。在这种经济增长长期低迷的情况下，民营企业要实现持续健康发展，必须把握顺应发展大势，结合自身所处的行业发展和企业自身实际，走出一条符合时代发展的路子。要深化认识，经过 30 多年的快速发展，民营经济低资源成本、低人工成本、低环境成本的优势已经消失，走技术创新、产品创新、品牌创新和管理创新的转型升级之路，已成为新常态下实现可持续发展的必然要求。当前，要重点在五个方面转型升级。

第一，要积极参与“互联网 + ”行动。2014 年互联网产业得到了迅猛发展，向各个产业进行渗透并颠覆着无数传统产业。充分发挥“互联网 + ”在推动创业创新、协同制造、现代农业、智慧能源、普惠金融、电子商务、高效物流、绿色生态等领域的应用，对把“互联网 + ”打造成经济社会创新发展的重要驱动力量进行了全面部署。“互联网 + ”是把互联网特别是移动互联网的创新成果与经济社会各领域深度融合，推动技术进步、效率提升和组织变革，提升实体经济创新力和生产力，形成更广泛的以互联网为基础设施和创新要素的经济社会发展新形态。“互联网 + ”为推动产业转型升级和提高自主创新能力提供了重大的机遇。

马化腾在腾讯“互联网+”峰会上说，传统行业可以把“互联网+”看作继蒸汽动力和电力之后的一种信息新能源，用好这种新能源，就能极大提升自身价值。

18世纪后期开始的第一次工业革命，象征物是蒸汽机，成果是机器取代人力畜力的机械化。19世纪后期开始的第二次工业革命，象征物是电，成果是电气化和自动化。20世纪中期，以电脑为代表的信息技术蓬勃发展，工业化和信息化深度融合，生产效率得以指数化地增长，被视为第三次工业革命。

20世纪90年代开始，新一代信息技术——互联网——登场，20年后，PC互联网升级为移动互联网，互联网公司超越电脑软件等传统IT公司成为科技公司的代表，并革命性的改变了媒体、娱乐、零售、旅行等与消费者直接相关的众多行业。

2011年前后，以德国人提出“工业4.0”概念为标志，互联网技术开始进入并改造大型工业企业。基本上，我们可以把“工业4.0”、物联网、工业互联网这三个分别由德国人和美国人提出的概念相提并论，互换使用，它们都意味着第四次工业革命拉开了帷幕。互联网迄今经历了三个阶段。第一阶段是人与信息的互联；第二阶段是人与人的互联和人与商品的互联；第三阶段刚刚开始，是物与物的互联。

前两个阶段被称为消费互联网，它做到了人与人、人与商品的天涯咫尺。动几下手指，失散几十年的小学同学就出现在面前，敲几下键盘，千里之外的心仪商品就会被送进家门。那么，第三阶段，工业互联网阶段，会不会有同样神奇，甚至更神奇的事情发生？

目前，在利用互联网等新的信息技术方面，中国已经涌现出一大批优秀企业，如互联网搜索的百度公司，是目前全球最大的中文搜索引擎；电子商务方面的阿里巴巴、京东商城、苏宁云商等，把中国在这一领域拉到了全球领先的水平；发明微信的腾讯改变了人们的社交和生活方式，很多人打开手机就进入朋友圈，发微信联络；以免费杀毒起家的360公司，在颠覆行业的同时，自身业务也取得了飞速发展；“滴滴打车”利用移动互联网的优势，将线上与线下相融合，颠覆了路边拦车概念，从打车初始阶段到下车使用线上支付车费，画出一个乘客与司机紧密相连的完美闭环，最大限度优化乘客打车体验，降低空驶率，节约了社会资源。轮胎制造商米其林在其用户的卡车轮胎和引擎上安装传感器，传感器将收集到的油耗、胎压、温度、速度和位置等数据传到云服务器上，米其林的专家会分析这些数据，并为客户提供建议及驾驶培训，这项服务帮助其卡车用户每百公里减少油耗2.5升。这些公司都成为互联网+的成功模式，也将为传统行业企业带来许多商机。传统企业要思考如何应对互联网的挑战，考虑如何能够把它掌握为我所用？

第二，要大力提升传统产业。中国的传统制造业总体上技术水平与发达国家还有一定的差距，传统产业的市场规模效应也会为创新提供巨大的空间和发展潜力。要引导传统行业的民营企业重点突破制约产业升级的关键技术、关键设备、关键工艺的开发和转化应用，推动产品升级换代，从价值链低端向价值链高端提升。特别是要通过信息化与传统行业深度融合，提升装备、产品、管理和服务现代化水平，形成传统产业的新优势。同时，还要结合自身实际积极投身战略性新兴产业，努力抢占新技术的制高点（比如，深圳索佳集团，20年前开始创业，初期是做电子游戏机，十多年来，根据企业的发展和市场的需求，不断转型升级，从游戏机，转到DVD，再转到做LED照明设备，近几年又转型做彩电和平板电脑。企业一步一步实现华丽转身，从一家小作坊，转型做现在的高端制造业）。

第三，要加快技术创新步伐。以民营企业为主的中小企业已经成长为中国自主创新的主体力量。无论大中型企业还是小微型企业，谁能在技术创新方面取得突破，谁就能率先赢得市场、赢得先机。特别是在全球酝酿新的产业和技术革命的背景下，新兴互联网的产业化、所有产业的互联网化，使大家站在了同一个起跑线上，谁能在技术上获得领先优势，谁就有可能迅速发展成为在全球都有较强竞争力的大企业（诺基亚多么伟大的一个公司，包括柯达，多么了不起的企业，当年都是所在行业的老大，世界顶级品牌，没有办法，他没有抓住趋势，违背了大势，被淘汰了。当然，现在诺基亚正在转变策略，在符合消费趋势的情况下突出自己的特点，开始艰难的追赶）。要加大研发投入力度，努力掌握关键核心技术和自主知识产权，特别是要通过技术创新带动产品创新和生产经营模式创新，努力将价值链向研发、标准制定、销售服务等方面拓展（广东益德环保科技公司，主要开发以植物淀粉为原料的全生物降解新材料及其制品，能确保废弃后1年内全部实现生物降解，是传统塑料制品的理想替代品。2009年其产品进入美国市场，成为哈佛大学、西点军校、麦当劳的首选用品，并与法国航空公司签订了长期供货协议）。

第四，要加强品牌建设力度。品牌是自主创新的结晶，是质量和信誉的载体，更是企业竞争力的综合体现。作为民营企业，想要在市场上长盛不衰，关键就是要努力形成一批具有自主知识产权和关键核心技术的产品，积极培育更多知名品牌，不断提升企业自身品牌价值，着力打造百年名店、百年名企（如苹果公司的品牌价值高达8 000多亿人民币，超过了我们许多省份一年的产值。中国民营经济发达的福建晋江，一个县级市就有30多家上市公司，如七匹狼、利郎、柒牌、九牧王、劲霸、安踏、鸿星尔克、361、特步、恒安等，当地政府也非常重视品牌的培育，给予了很大的扶持）。要引导广大民营企业牢固树立“质量第一”和“信誉至上”的理念，进一步强化品牌竞争意识，把增强自主创新能力和提高管理水平作为增强品牌竞争力的根本途径，加大科技投入，加强质量管理，走质量兴企，以质取胜的道路，实施品牌经营战略，树立民族品牌形象，争创国际知名品牌。

第五，要不断创新商业模式。随着市场经济的发展，技术的竞争不断白热化，同时商业模式的竞争也非常激烈。据调查了解，目前许多制造业企业正在向提供解决方案、工程承包和系统服务的制造服务商转变，不断提升企业对整个产业链的影响力；一些商贸服务业企业通过对市场最了解、最敏感的优势，正在向设计研发、技术服务的服务制造商转变；还有一些企业，通过外包、集成模式将专业化服务贯穿于生产企业的上、中、下游各环节成为生产性服务企业等，努力发挥在产业分工中的比较优势，以更优化的流程和更高效的资源配置方式，不断提高服务质量和生产经营效率，增强企业核心竞争力（比如，大连万达的商业模式，万达集团在全国首创“订单商业地产”的全新商业模式，经过多年发展，万达商业地产已从第一代的单店、第二代的组合店，发展到目前的第三代城市综合体，成为中国商业地产的龙头企业。现在我们到全国各地的一些大中城市，都能看到万达广场。再比如，北京联东集团的工业园区地产模式，也是一种新型商业模式。他们针对不少地区土地资源紧缺的现状，在许多大城市建工业园区。也就是当地给他一片土地，联东在一年内为当地建设一片工业园区，招来一批企业，集聚一群人才，形成一批税源。这种商业模式既集约土地，又招商引资的做法，受到许多土地资源紧张地区政府的欢迎）。

还有一种，用免费建立新的商业模式：羊毛出在猪身上。互联网的商业模式不是传统的“一手交货一手交钱”的赚钱模式。奥秘就在于羊毛出在猪身上。过去是羊毛出在羊身上，现在这块儿免费了，没羊毛了，就要找新的业务创造收入。这就对企业提出一个要求，必须跨界，跨界才能赚钱。前提是必须掌握海量用户。在互联网这个产业链，谁掌握用户，谁得天下。无论是360的杀毒软件，还是淘宝类的卖东西，或者百度类的卖广告，以及腾讯游戏类，所有商业模式的前提都是要有海量的用户。如何获得海量用户呢？一靠免费，二靠产品。转型互联网，一定要学会掌握免费这样一个利器。互联网之所以能够免费，是因为一个产品用免费获取到海量用户之后，它的边际成本趋向于零，然后再通过广告或者增值服务的方式赚钱，实际上就是创造了新的价值链（也有的说，是先开枪后瞄准）。产品是商业模式的核心，本质是为用户创造价值。

我们知道，2014年可谓是扶持民营企业健康发展的“元年”。可以说，国家扶持小微企业的政策指引，已经从先前财政部、国税总局、银监会等各部委的“各自为政”，逐渐变为以国务院精神为指引，某一部委牵头、其他部委协力配合的一项“系统性工程”，逐渐形成“政策扶持要做加法，企业负担要做减法”良好局面。相信在国家不断的政策利好大礼包下，民营企业不仅减负可期，路也会越走越宽。

（撰稿：朱小群）

2014 年吸收外商直接投资综述

商务部研究院

一、2014 年全国吸收外商投资形势

商务部数据显示，2014 年，中国全口径吸收外资（包含银行、证券、保险领域）全年新设立企业 23 794 家，同比增长 4.3%；实际金额 1 285 亿美元，同比增长 3.7%。

（一）中国成为全球第一大吸收外资大国

受全球经济增长脆弱等因素影响，2014 年全球 FDI 流量为 12 300 美元，同比下降了 16.0%，与此对比明显的是，当年，中国吸收外资规模稳中有升，新设立外资企业数还扭转了自 2012 年以来连续两年下降的局面。2014 年中国外资增速高于美国、欧盟、俄罗斯、巴西等主要经济体，外资流入规模连续 23 年保持发展中国家首位，并首次超过美国成为全球第一大吸收外资大国。联合国贸发组织对全球主要跨国企业的调查显示，由于国内稳健的经济增长以及巨大的市场潜力，中国继续在全球十大最具吸引力的投资目的地中排名首位，28.0% 的跨国企业将中国作为首选投资目的地。

（二）外商投资产业结构进一步优化

1. 第三产业实际吸收外资比重不断上升。党的十八届三中全会后，随着服务业领域开放力度的提升以及中国加速进入服务经济时代，服务业引资竞争力不断提升，占外商投资总额的比重进一步提升。2014 年中国第三产业新设立外商投资企业 17 424 家，实际使用外资 830.4 亿美元，同比分别增长 15.2% 和 14.5%，分别高于同期全国外资平均增幅的 10.9% 和 10.8%，在全国总量中的比重进一步提升至 73.2% 和 64.6%，比上年分别提高 6.9 和 6.1 个百分点。具体情况见图 1。

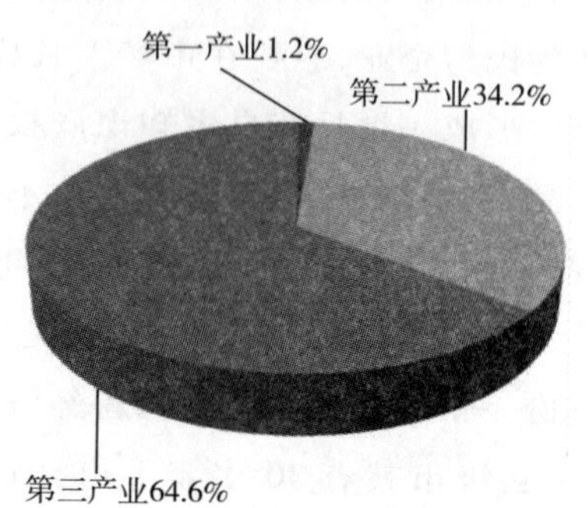

图 1　2014 年中国实际吸收外资产业结构情况

资料来源：商务部外资统计。

房地产依旧保持服务业吸收外资的第一大行业地位。2014 年，中国房地产业新设立外商投资企业 446 家，同比下降 15.8%，实际吸收外资 346.3 亿美元，同比增长 20.2%。房地产业实际吸收外资占服务业总额的 41.7%，比上年增加了近 2.0 个百分点。租赁和商务服务业取代批发和零售业成为中国服务业吸收外资的第二大行业，2014 年新设立外商投资企业 3 963 家，同比增长 18.0%，实际外资金额为 124.9 亿美元，同比增长 20.5%，占服务业外资比重的 15.0%，比上年增加 0.7 个百分点。批发和零售业是服务业吸收外资的第三大行业，2014 年新设立外商投资企业 7 978 家，同比增长 8.6%，实际吸收外资金额 94.6 亿美元，同比下降 17.8%，占服务业外资总额的 11.4%，比上年同期下降 4.5 个百分点。此外，除房地产业、租赁和商务服务业吸收外资快速增长外，2014 年中国金融业、卫生社会保障和社会福利业以及科学研究、技术服务和地质勘查业实际吸收外资都出现了较大增幅，分别增长了 51.6%、21.2% 和 18.4%。

2. 第二产业吸收外资份额持续下降。与第三产业形成鲜明对比的是,近年来中国第二产业在外资总额中的比重持续下降,这也与经济结构和产业结构调整相适应。2014 年第二产业新设立外商投资企业 5 651 家,同比下降 18.5%,实际吸收外资 439.4 亿美元,同比下降 11.3%,占全国外资总额的比重分别为 23.8% 和 34.2%,比上年同期分别下降 6.6 和 5.8 个百分点。

作为第二产业的核心,制造业吸收外资的重要性也相应降低。2014 年制造业新设立外商投资企业数 5 178 家,同比下降 20.4%,实际吸收外资 399.4 亿美元,同比下降 12.3%,占全国外资总额的比重分别为 21.8% 和 34.1%,比上年同期分别下降 6.7 和 5.7 个百分点。

3. 第一产业实际吸收外资也不断下降。2014 年以农林牧渔组成的第一产业新设立企业数 719 家,同比下降 5.0%,实际吸收外资 15.2 亿美元,同比下降 15.4%,占全国外资总额的比重分别为 3.0% 和 1.2%,同比下降 0.3 和 0.3 个百分点。见表 1。

表 1　2014 年中国非金融领域吸收外资行业分布情况

行　业	企业数(个)	比重(%)	实际使用外资金额(亿美元)	比重(%)
总　计	**23 794**	**100.00**	**1 285.02**	**100.00**
农、林、牧、渔业	719	3.02	15.22	1.18
采矿业	35	0.15	5.62	0.44
制造业	5 178	21.76	399.39	31.08
电力、燃气及水的生产和供应业	208	0.87	22.03	1.71
建筑业	230	0.97	12.39	0.96
交通运输、仓储和邮政业	376	1.58	44.56	3.47
信息传输、计算机服务和软件业	981	4.12	27.55	2.14
批发和零售业	7 978	33.53	94.63	7.36
住宿和餐饮业	567	2.38	6.50	0.51
金融业	986	4.14	131.22	10.21
房地产业	446	1.87	346.26	26.95
租赁和商务服务业	3 963	16.66	124.86	9.72
科学研究、技术服务和地质勘查业	1 611	6.77	32.55	2.53
水利、环境和公共设施管理业	99	0.42	5.73	0.45
居民服务和其他服务业	181	0.76	7.18	0.56
教　育	20	0.08	0.21	0.02
卫生、社会保障和社会福利业	22	0.09	0.78	0.06
文化、体育和娱乐业	194	0.82	8.23	0.64
公共管理和社会组织	0	0.00	0.09	0.01

资料来源:商务部外资统计。

(三)主要国家和地区对华投资保持稳定

1. 外资来源地集中度略有下降。2014 年全口径对华投资前 10 位国家/地区实际投入外资金额为 1 039.32 亿美元,占全国实际吸收外资总额的 80.9%,比上年下降了 0.03 个百分点。见表 2。

表2　2014年中国吸收外资前十大来源地

排名	国别(地区)	企业数(个)	增幅(%)	比重(%)	实际使用外资金额(亿美元)	增幅(%)	比重(%)
1	中国香港	12 169	1.29	51.14	812.68	10.72	63.24
2	新加坡	757	3.56	3.18	58.27	-19.40	4.53
3	日　本	653	-30.75	2.74	43.25	-38.72	3.37
4	韩　国	1 558	13.64	6.55	39.66	29.84	3.09
5	美　国	1 176	10.84	4.94	23.71	-15.93	1.84
6	德　国	384	2.95	1.61	20.71	-0.38	1.61
7	中国台湾	2 318	14.92	9.74	20.18	-3.33	1.57
8	英　国	287	21.61	1.21	7.35	87.62	0.57
9	法　国	159	-5.36	0.67	7.12	-5.30	0.55
10	荷　兰	122	19.61	0.51	6.39	-49.89	0.50

资料来源：商务部外资研究。

2. 亚洲依旧是中国吸收外资的主要来源地。2014年亚洲10国/地区(中国香港地区、澳门地区、台湾省以及日本、菲律宾、泰国、马来西亚、新加坡、印度尼西来和韩国)①对华投资新设立企业18 115家，同比增长2.8%；实际外资金额983.5亿美元，同比增长4.4%，占中国当年实际外资总额的76.5%，比上年增加0.5个百分点。

3. 中国香港作为内地第一大外资来源地的地位进一步巩固。由于国家积极推进CEPA框架下服务业的进一步扩大和深化开放以及广东省对港澳基本实现服务贸易自由化，近年来，香港对内地投资一直保持快速增长。2014年新设立外商投资企业数12 169家，同比增长1.3%，实际投资金额为812.7亿美元，同比增长10.7%，占当年中国实际外资总额的63.2%，比上年增长了4.0个百分点。

4. 韩国和英国对华投资高速增长。受中韩自贸协定加快推进的影响，2014年韩国对华投资大幅增长，新设立外商投资企业数1 558家，同比增长13.6%，实际外资金额39.7亿美元，同比增加29.8%，占中国实际外资总额的3.1%，比上年提升0.5个百分点，保持中国第四大外资来源地。同时，由于中英两国全面战略伙伴关系即将迈入第二个10年，双方高层互访持续不断，政治互信增强，在欧盟主要国家对华投资下降的情况下，2014年英国对华投资保持了逆势增长，新设立外商投资企业287家，同比增长21.6%，实际外资金额7.4亿美元，同比增长87.6%，占中国实际外资总额的0.6%，比上年提升了0.3个百分点，成为当年中国第八大外资来源地。截至2014年，英国累计对华实际投资总额为192亿美元，成为仅次于德国的欧盟内第二大对华投资国。

5. 其他主要国家和地区对华投资呈现下降趋势。受全球经济复苏脆弱以及中国国内经济增速放缓，劳动力等要素成本快速攀升等一系列因素的影响，2014年主要外资来源地对华投资呈现了下降趋势。2014年荷兰、日本、新加坡、美国、法国、德国和中国台湾省对华投资实际金额分别为6.4亿美元、43.3亿美元、58.3亿美元、23.7亿美元、7.1亿美元、20.7亿美元和20.2亿美元，同比分别下降49.9%、38.7%、19.4%、15.9%、5.3%、0.4%和3.3%。

(四)外资区域结构进一步协调②

1. 东部依旧是中国吸收外资最主要的地区。2014年中国东部地区实际吸收外资979.2亿美元，同比增长1.1%，增幅略低于全国的增幅。尽管东部地区吸收外资在全国的份额持续下降，比上年下降0.5个百分点，但依旧是中国最集中吸收外资区域，

① 注明：上述国家/地区对华投资数据不包括这些国家/地区通过英属维尔京、开曼群岛、萨摩亚、毛里求斯和巴巴多斯等自由港对华投资。
② 受数据限制，本部分内容所用的实际外资指的是非金融领域外资，但并不影响区域分布特点。

占全国外资的比重达到81.9%。

2. 中部实际利用外资增幅较快。中部地区实际使用外资108.6亿美元,同比增长7.5%,明显高于全国平均增幅,占中国外资总额的比重为9.1%,比上年提升0.5个百分点;西部地区实际吸收外资金额为107.8亿美元,同比增长1.6%,占全国外资比重的9.0%,与上年持平。中西部实际吸收外资总额在全国的比重由上年的17.6%继续上升为18.1%。

(五)外商投资企业进出口增幅持续下降

1. 外商投资企业进出口占全国的份额不断下降。来自海关统计显示,2014年,全国外商投资企业进出口总值19 840亿美元,同比增长3.4%,与全国同期平均水平持平,占全国进出口总值的46.1%。其中出口额10 747亿美元,同比增长2.9%,增幅低于全国平均水平3.2个百分点,占全国出口总值的45.9%,所占比重与上年相比下降1.4个百分点;进口额9 093亿美元,同比增长3.9%,增幅高于全国平均水平3.5个百分点,占全国进口总值的46.4%,所占比重较上年上升1.5个百分点。

2. 加工贸易是外商投资企业进出口的主要方式。2014年外商投资企业加工贸易进出口总值11 172亿美元,同比增长1.5%,占外商投资企业进出口总值的56.3%,所占比重与上年相比下降1.0个百分点。其中,加工贸易出口额7 206亿美元,同比增长1.0%,占外商投资企业出口总值的67.1%,所占比重与上年相比下降1.2个百分点;加工贸易进口额3 966亿美元,同比增长2.4%,占外商投资企业进口总值的43.6%,所占比重与上年相比下降0.6个百分点。

(六)涉外税收贡献提升

尽管中国实际外资金额占全社会固定资产的比重一直呈现下降趋势,从1994年最高峰的17.1%下降到2014年的1.5%,但涉外税收的依旧保持了较快的增幅,在全国工商税收总额的份额也较为稳定,从2001年开始一直保持占比在1/5左右。2014年中国涉外税收总额为24 920.6亿元,同比增长10.4%,占全国工商税收总额的20.9%,比上年提升了0.5个百分点。见表3。

表3　中国涉外税收统计(不包括关税和土地费)

年　份	全国工商税收总额(亿元)	增幅(%)	其中:涉外税收总额(亿元)	增幅(%)	占全国(%)
2005	30 866.00	19.99	6 391.34	19.35	20.71
2006	37 636.00	21.93	7 976.94	24.81	21.19
2007	49 451.80	31.39	9 972.60	25.02	20.17
2008	57 861.80	17.01	12 118.93	21.52	20.94
2009	63 103.60	9.06	13 615.22	12.35	21.58
2010	77 394.44	22.65	16 389.91	20.38	21.18
2011	95 729.46	23.69	19 638.10	19.82	20.51
2012	100 601.00	10.50	21 768.81	10.85	21.64
2013	110 497.00	9.80	22 574.93	3.70	20.43
2014	119 158.00	7.80	24 920.60	10.39	20.91

资料来源:商务部外资统计。

注明:来源与外商投资企业的税收占涉外税收的98.0%以上。

(七)国家级经开区依旧是中国外资的重要集聚地

2014年是中国创办经济技术开发区30周年,10月30日国务院办公厅印发了《关于促进国家级经济技术开发区转型升级创新发展的若干意见》,明确了新形势下国家级经开区的新定位,要把国家级经开区建设成为带动地区经济发展和实施区域发展战略的重要载体,成为构建开放型经济新体制和培育吸引外资新优势的排头兵以及成为科技创新驱动和绿色集约发展的示范区。截至2014年,中国国家级经开区共计218家,其中东部地区107家,中部地区63家,西部地区48家。全国215家国家级经开区

（2014年年底前升级的3家未纳入统计）实际使用外资和外商投资企业再投资金额627.4亿美元，同比增长1.5%，当年全国利用外资总额的48.8%，比2012年上升了3.4个百分点。

（八）投资环境不断完善

1. 积极推广上海自贸试验区经验。第一，将上海自贸试验区（简称“上海自贸区”）形成的经验在全国推开。成立一年多来，上海自贸区以简政放权、放管结合的制度创新为核心，加快政府职能转变，探索体制机制创新，在建立以负面清单管理为核心的外商投资管理制度、以贸易便利化为重点的贸易监管制度、以资本项目可兑换和金融服务业开放为目标的金融创新制度、以政府职能转变为核心的事中事后监管制度等方面，形成了一批可复制、可推广的改革创新成果。2014年12月21日国务院发布了《关于推广中国（上海）自由贸易试验区可复制改革试点经验的通知》，在全国范围推广包括投资管理、贸易便利化、金融、服务业开放、事中事后监管等方面的28项改革试点事项，在全国其他海关特殊监管区域推广包括海关监管制度创新、检验检疫制度创新等6项措施。第二，将上海自贸区的试点内容在广东、天津、福建三个特定区域进行新的试点。2014年12月13日，国务院批准设立中国（广东）自由贸易试验区、中国（天津）自由贸易试验区、中国（福建）自由贸易试验区，在这三个新设立的自贸区内，将以上海自贸区试点内容为主体，结合地方特点，加入新的试点内容。在全部的试点区内，对于国家规定实施准入特别管理措施之外的外商投资，暂时停止实施企业设立、变更等行政审批，改为备案管理。

2. 推进广东省对港澳基本实现服务贸易自由化。2014年12月18日《内地与香港CEPA关于内地在广东与香港基本实现服务贸易自由化的协议》以及《内地与澳门CEPA关于内地在广东与澳门基本实现服务贸易自由化的协议》签署，这是国内首次以准入前国民待遇加负面清单的方式签署的自由贸易协议，它明确了除涉及协议保留的限制性措施，港澳服务提供者在广东省投资，公司设立及变更的合同、章程审批改为备案管理。

3. 进一步扩大对外开放。2014年7月1日，《中国（上海）自由贸易试验区外商投资准入特别管理措施（负面清单）（2014年修订）》发布，与2013年版负面清单相比，2014年版进一步提高了开放度、增加了透明度以及进一步加快了与国际通行规则的接轨。2014年版负面清单特别管理措施139条，其中，限制性措施110条，禁止性措施29条。从特别管理措施条数调整看，2014年版负面清单比2013年版减少51条，调整率达26.8%。从开放的角度看，2014版负面清单比2013年版实质性取消14条，实质性放宽19条，进一步开放的比率达到17.4%。具体看从制造业开放，实质取消的14条措施中涉及制造业7条，放宽的19条措施中9条是涉及制造业的；服务业开放方面，服务业的特别管理措施从93条降为67条，减少了28条，开放力度最大。在取消的14条开放措施中，服务业领域占7条，在放宽的19条管理措施中，涉及服务领域9条。从透明度角度看，2014年版负面清单中将2013年版负面清单中无具体限制条件的55条管理措施大幅缩减为25条，并明确了部分无具体限制条件管理措施的条件。如明确了投资直销的条件，即投资者须具有3年以上在中国境外从事直销活动的经验，且公司实缴注册资本不低于人民币8 000万元。同时，2014年6月28日，国务院批准了《中国（上海）自由贸易试验区进一步扩大开放的措施》，出台了31条进一步扩大开放的措施，其中涉及服务业领域14条、制造业领域14条，采矿业领域2条，建筑业领域1条。

4. 促进国家级经开区转型升级。2014年10月30日，国务院办公厅印发《关于促进国家级经济技术开发区转型升级创新发展的若干意见》，明确新时期国家级经开区的发展定位、主要任务和政策措施。要求国家级经开区推进行政管理体制改革。支持国家级经开区开展外商投资等管理体制改革试点，大力推进工商登记制度改革。鼓励国家级经开区试行工商营业执照、组织机构代码证、税务登记证“三证合一”等模式。鼓励在符合条件的国家级经开区开展人民币资本项目可兑换、人民币跨境使用、外汇管理改革等方面试点。

二、中国吸收外资面临新形势

(一)国内环境

从国内看,经济在保持了多年高速增长之后,步入了“增速放缓,但质量和效益提升”的新常态,未来20年,中国将由中高收入水平国家迈向高收入水平国家行列,成为以市场为驱动的,以知识为中心,以服务为导向的现代、和谐、有创造力的国家 。这一阶段,工业化、城镇化进一步加速,自身快速崛起,中国有望在短期内取代美国成为世界第一大经济大国,因此,巨大的国内市场潜力将保持对外商的持续吸引力。此外,中国进一步加快改革开放、建设创新型国家、产业结构向更高价值的服务业转变以及由于中产阶层的发展壮大带动国内消费结构的转型升级将在动态发展中形成吸引外商投资的新优势,这些都有利于保持吸收外资规模和速度,并进一步提升吸收外资水平和质量。

当然,外资新优势未形成之前,传统优势的逐渐衰弱包括宏观经济增速的明显放缓,要素成本的快速攀升,以及生态环境已达到临界等都对中国吸收外商投资形成了巨大的挑战。此外,现有的外资准入壁垒和投资障碍、法律法规的不透明和执法的随意性、创新政策缺乏足够的包容性等问题都对国内吸收外商投资产生了较大的负面影响。

(二)国际环境

随着中国成为世界第二经济大国、世界第一货物大国、第二大服务贸易国、第一大吸收外资大国、第三大对外投资国、第一大外汇储备国,中国其他国家之间的相互依赖和倚重也日益加深。同时,经济全球化和信息网络革命推动国际分工进入到以全球价值链主导的新阶段,分工的节点由不同的产业、产品间深入到同一产品内部不同的工序、区段、流程、环节和生产要素,全球价值链日益向服务环节拓展,覆盖最终产品或服务所需的一系列跨越企业边界的价值创造与增值活动。中国在与世界经济深度融合的过程中,借助全球的技术、人才、资本、商品、服务等要素资源不断带动国内产业结构向全球价值链中高端攀升。此外,国际分工的进一步细化促使服务环节不断从传统的制造业中独立出来,从而催生了大量服务业发展的新业态和新模式,包括研发、信息、咨询、设计、售后服务等,同时信息化和网络化使得服务业跨越国界进行资源配置成为现实,服务业自身成为国际产业转移的重要内容,这也给中国优化外资结构提供了重大的机遇。

另一方面,金融危机引发全球经济增速放缓,世界范围内的贸易和投资保护主义盛行,随着在全球的贸易投资份额逐步增大,中国成为全球贸易投资保护主义最大的受害国。同时,中国在与其他国家深化合作的同时,相互之间的竞争也进一步加剧,在中低端领域与发展中国家直接较量,在中高端领域和发达国家展开激烈竞争。这些外部挑战对中国吸引外资构成了很大的威胁。

(撰稿:聂平香)

2014年企业境外投资与境外企业发展综述

商务部研究院

境外直接投资

随着中国政府加快推进“一带一路”建设和开展国际产能合作,对外投资便利化程度进一步提高,2014年中国对外投资规模再创历史新高。联合国贸易和发展组织(UNCTAD)2015年6月发布的《世界投资报告》显示,2014年,在全球FDI流量(12 300亿美元)下降16%的背景下,中国继续保持世界第三大对外投资国的地位,同时首次成为世界第一大外资流入国。

一、2014 年中国对外直接投资的特点

2014 年,中国对外直接投资流量快速增长,与吸引外资规模首次接近;对外投资的存量规模首次步入全球前 10 行列。《2014 年度中国对外直接投资统计公报》数据显示,2014 年,中国对外直接投资创下 1 231.2 亿美元的历史新高,同比增长 14.2%。2014 年末,中国对外直接投资存量全球排名第 8 位,首次步入全球前 10 行列,较上年上升 3 位。截至 2014 年底,中国 18 500 家境内投资者设立对外直接投资企业近 3 万家,分布在全球 186 个国家和地区。

(一)对外投资持续较快增长,总体规模全球占比有所提升

在对外投资流量方面,2014 年,中国对外直接投资继续高速增长,创下 1 231.2 亿美元的历史最高值,同比增长 14.2%。2014 年对外直接投资流量是 2002 年的 45.6 倍,2002—2014 年年均增长率达 37.5%。[①] 2014 年,中国对外直接投资与吸引外资金额仅相差 53.8 亿美元,双向投资首次接近平衡。[②] 见图 1。

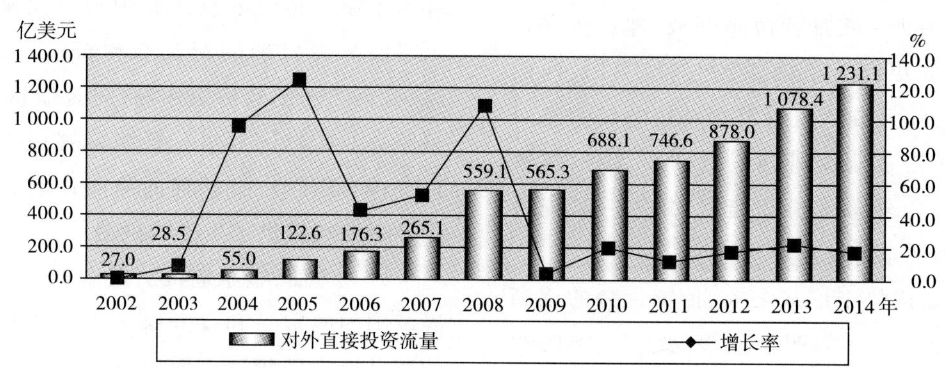

图 1　2002—2014 年中国对外直接投资流量

在对外投资存量方面,2014 年,中国对外直接投资存量 8 826.4 亿美元,较上一年增长 33.6%;在全球范围内,占全球外国直接投资流出存量份额的 3.4%,与 2002 年相比提升了 3.0 个百分点,首次步入全球前 10 行列。中国对外投资存量规模与发达国家相比仍有很大差距,但与上一年相比均有提升。2014 年末,中国对外直接投资存量相当于美国的 14.0%,英国和德国的 55.7%,法国的 69.0%,日本的 74.0%。见图 2。

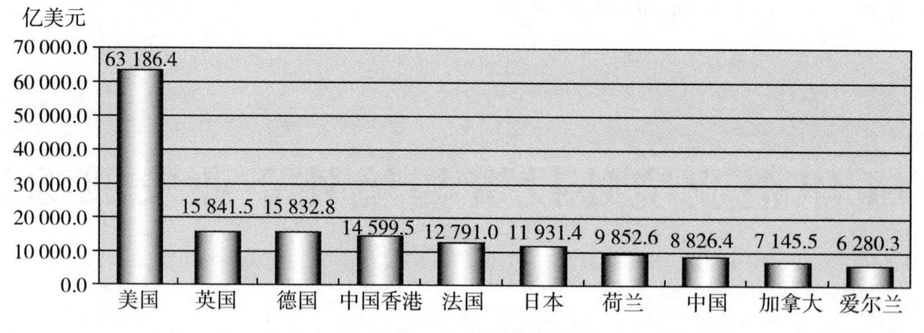

图 2　2014 年末全球对外直接投资存量前 10 位国家和地区

① 由于统计口径的变化,2002—2006 年统计数据为非金融类对外直接投资流量。

② 必须注意的是,对外投资和吸收外资的统计口径不同,数据还不能直接比较。

（二）发达经济体成中国企业投资热点，投资增幅较大

2014 年，中国对发达经济体投资流量 238.3 亿美元，较上年增长 72.3%；占中国对外直接投资流量比重为 19.4%，较上年增长约 3.0 个百分点。2014 年，中国对欧盟、美国、澳大利亚直接投资均创历史新高。其中，中国对欧盟直接投资 978 700 万美元，同比增长 116.3%；对美国投资 759 600 万美元，同比增长 96.1%；对澳大利亚投资 404 900 万美元，同比增长 17.1%；对新西兰投资 2.5 亿美元，同比增长 31.3%。与中国对发展中经济体投资以及发达国家吸收外资相比，中国对发达经济体投资所占比重仍较低，有较大合作潜力。见表 1。

表 1　2014 年中国对经济体直接投资流量构成

分　类	金额（亿美元）	同比（%）	比重（%）
发达经济体	238.3	72.3	19.4
发展中经济体	976.8	6.5	79.3
转型经济体	16.1	-29.1	1.3
合　计	1 231.2	14.2	100.0

注：1. 经济体划分标准同联合国贸发会议《世界投资报告》。

2. 转型经济体主要包括①东南欧：阿尔巴尼亚、波斯尼亚和黑塞哥维纳、塞尔维亚、黑山、马其顿共和国；②独联体：亚美尼亚、阿塞拜疆、白俄罗斯、吉尔吉斯斯坦、摩尔多瓦、俄罗斯、乌克兰、塔吉克斯坦、哈萨克斯坦、土库曼斯坦、乌兹别克斯坦。③格鲁吉亚。

资料来源：《2014 年度中国对外直接投资统计公报》。

（三）对外投资行业类型向多元化、高端化转变

2014 年，中国对外直接投资涉及行业领域广泛，包括租赁和商务服务业、批发和零售业、采矿业、金融业、制造业、房地产业、交通运输/仓储和邮政业、建筑业、信息传输/软件和信息技术服务业等 18 个投资行业类别。其中，租赁和商务服务业 368.3 亿美元，占流量总额的 29.9%；批发和零售业 182.9 亿美元，占 14.9%；采矿业 165.5 亿美元，占 13.4%；金融业 159.2 亿美元，占 12.9%。以上行业领域在对外直接投资流量总额中所占比重达 71.7%。此外，房地产业、信息传输/软件和信息技术服务业增长较快，同比增长率分别为 67.1% 和 126.4%。根据安永发布的《中国对外直接投资展望 2015》报告相关数据，在并购领域，2014 年，中国企业能源矿产类并购交易金额所占比重由 2010 年的 61.0% 下降到 16.0%；而科技、媒体和通信（TMT）行业的比重则由 6.0% 增长到 21.0%；房地产、农业相关行业也成为交易热点。

（四）地方非金融类对外直接投资发展迅速

2014 年，地方非金融类对外直接投资 5 472 600 万美元，同比增长 50.3%，占非金融类对外直接投资流量总额的 51.1%，较上年比重增加 11.8 个百分点。排名前 5 位的省（直辖市）分别为广东省、北京市、上海市、天津市和江苏省，对外直接投资流量分别为 1 089 700万美元、727 400 万美元、499 200 万美元、414 600万美元、40.7 亿美元，占地方对外直接投资流量的 57.3%。从地区分布看，东部地区仍然是 2014 年地方对外直接投资的主要地区，在地区对外投资中所占比重达 81.8%。西部地区 2014 年非金融类对外直接投资增长较快，同比增长 78.4%。见图 3。

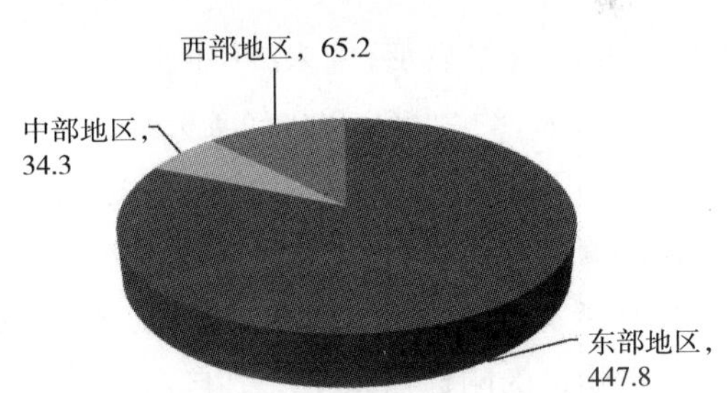

图 3　2014 年地方非金融类对外直接流量区域分布情况

二、全球经济再平衡进程对中国对外直接投资的影响

在全球经济的再平衡期，国际金融危机的深层次影响仍在持续。全球贸易和投资规则正酝酿深刻调整，中国经济发展进入新常态，对外投资合作机遇与挑战并存。

（一）全球投资格局和规则重构增加中国对外投资的不确定性

联合国贸发会议相关数据显示，2014 年至少有 50 个国家和地区在重申或修订其国际投资协定范本，试图制订新一代国际投资规则。国际贸易和

投资规则的调整主要体现在目前正在进行的由美国主导的 TPP、TTIP、TISA 的谈判和美式 BIT 模板(2012 年),代表着全球贸易和投资规则发展的最新趋势。目前中国只参与了中美 BIT 谈判,如若不采取相应对策将不利于中国企业参与国际经贸投资。TPP 谈判中的关于降低非关税壁垒、更严格的原产地规则等议题可能降低中国企业在全球价值链中的地位;美国与欧盟 TTIP 谈判涵盖政府采购、原产地规则、技术性贸易壁垒、农业、服务贸易等多个议题,一旦达成协议将在知识产权、劳工标准等领域制定新的准入规则,将给中国企业在欧美国家开展贸易和投资设置更多障碍。在全球投资格局和规则提速重构的背景下,中国应加速推进中美 BIT 等高标准谈判,提升对全球投资规则制订的话语权。

(二)全球基础设施建设领域的投资需求仍普遍存在

OECD 相关数据显示,未来 20 年全球基础设施的投资需求巨大,约为 550 000 亿美元。其中,发展中国家每年约需 7 000 亿美元的投资;发达国家每年基础设施投资需求超过 5 000 亿美元。

发展中国家基础设施落后问题较为严重,对基础设施投资建设的刚性需求更大。目前非洲基础设施需求中,约有一半与电力行业相关。非洲开发银行相关数据显示,非洲国家约有 62 亿民众面临电力供应不足问题,并由此导致每年 300 ~ 400 亿美元的经济损失,约占非洲 GDP 总和的 1.0% ~ 2.0%。2014 年非洲开发银行提供了总额达 19 亿美元的资金用于电力项目建设。普华永道相关数据显示,用于非洲基础设施的投资在 2025 年预计将达到每年 1 800亿美元。其中,南非和尼日利亚基础设施行业投资将达到撒哈拉以南非洲国家投资总额的 60.0%;肯尼亚预期开支占据第三位。对南部非洲的投资将主要集中在交通运输、电力、能源以及水利,约占 70.0% 的支出。普华永道预计对非洲基础设施的投资回报率可达每年 5.0% ~ 25.0%。高盛相关研究报告显示,2013—2020 年东盟国家,包括马来西亚、泰国、印度尼西亚和菲律宾等国的基础设施投资需求预计达 5 000 亿美元,其中交通设施需求占据了相当的比重。

发达国家则主要集中在对现有基础设施的改造和升级方面。欧盟委员会(简称“欧委会”)于 2014 年 11 月公布了金额达 3 150 亿欧元的以基础设施为重点的投资计划,包括宽带网络、能源网络以及工业中心的交通基础设施建设等。2015 年 7 月,欧盟成员国批准欧委会提议的向重点泛欧能源基础设施投资 1.5 亿欧元的投资计划,主要分布在东欧、南欧以及波罗的海地区,涉及 20 个项目。该计划将结束部分成员国孤立于欧洲能源网络的状态,提高欧洲能源安全。

(三)全球市场环境不甚明朗,加大企业投资风险

全球经济在 2014 年虽保持了总体温和增长的态势,但金融危机之后的结构调整并未结束,复杂的国际环境给中国企业对外投资增加了诸多风险性因素。在新兴国家市场,经济基础薄弱使不稳定因素增多,进而容易带来政治风险,社会弹性较差,偿债能力分化较大;在发达国家市场,尤其是欧洲国家和日本,存在由于经济低迷和市场需求不足导致对在当地投资的中国企业营业收入产生的负面影响;希腊债务违约使欧洲银行业在短期出现明显的资本金缺口,资金回流使亚太国家货币大多出现大幅下跌,外部融资环境持续恶化,加大了金融危机向亚太地区传导的可能性。根据 IMF 相关数据显示,2014 年 10 月以来世界各国经济表现呈不同趋势:美国和英国势头较强,欧元区、中国和拉丁美洲更加疲弱、新兴经济体增长前景恶化。此外,地缘政治冲突加剧、欧美对俄罗斯经济制裁与反制裁措施、石油价格大幅下滑、埃博拉疫情大范围爆发、恐怖主义袭击等,给世界经济和国际投资环境带来更多动荡因素,加大了中国企业对外投资的风险。

对外承包工程

2014 年,在全球经济复苏步伐较弱,国际承包工程市场区域发展不平衡,以及资金瓶颈犹存等不利环境下,中国对外承包工程业务仍保持良好发展态势。美国《工程新闻纪录》(ENR)2015 年发布的全球最大 250 家国际承包商排名中,有 65 家中国内地企业上榜,较上年增加 3 家,上榜企业数量在全球居第1位。其中，中国交通建设集团有限公司以1 582 700万美元的海外营业额排名第5位，连续7年在上榜中国内地企业中排名首位。上榜的65家中国内地企业营业额达8 955 300万美元，占250家国际承包商海外营业额（5 215亿美元）的17.2%，较上一年提高2.6个百分点。

一、2014年中国对外承包工程的特点

（一）对外承包工程业务继续保持稳中有升的态势

商务部统计数据显示，2014年，中国对外承包工程业务完成营业额1 424.1亿美元，同比增长3.8%；新签合同额1 917.6亿美元，同比增长11.7%。2014年，中国对外承包工程企业50强的完成营业额和新签合同额分别占当年全行业业务总额的54.5%和75.8%，与上年相比分别下降7.6个百分点和上升6.0个百分点。2014年中国对外承包工程新签合同额中，5 000万美元以上的项目664个，所占比重为82.3%；其中，10亿美元以上超大项目有25个，较上一年增加16个。新签合同额超过100亿美元的企业共5个，依次为：中国土木工程集团有限公司、中国水电建设集团国际工程有限公司、中国建筑工程总公司、华为技术有限公司、中国葛洲坝集团股份有限公司等；完成营业额超过50亿美元的企业依次为：华为技术有限公司、中国建筑工程总公司、中国水电建设集团国际工程有限公司。见图4。

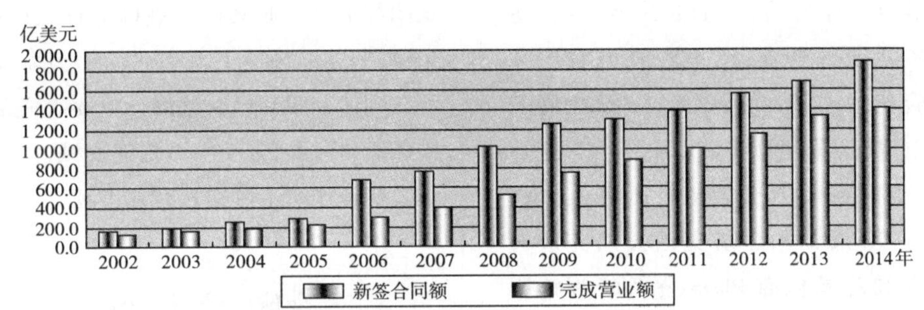

图4 2002—2014年中国对外承包工程新签合同额和完成营业额

（二）对外承包工程主要集中在五大行业领域

中国对外承包工程涵盖的行业领域日益广泛，呈多元化发展。商务部统计数据显示，2014年中国对外承包工程涵盖多个行业领域，包括交通运输建设、房屋建筑、电力工程建设、石油化工、通讯工程建设、水利建设、工业建设、制造加工设施建设等。其中，前五个行业领域在新签合同额和完成营业额中所占比重较大，分别为83.5%和82.3%，是中国对外承包工程的主要行业领域。从新签合同额来看，交通运输建设领域项目签约金额和数量大幅提高，合同额达5 851 500万美元，所占比重为30.5%。其中，中国铁建2014年11月签得尼日利亚沿海铁路项目合同金额达119.7亿美元，是中国对外工程承包工程业务单体合同最大金额项目。见图5。

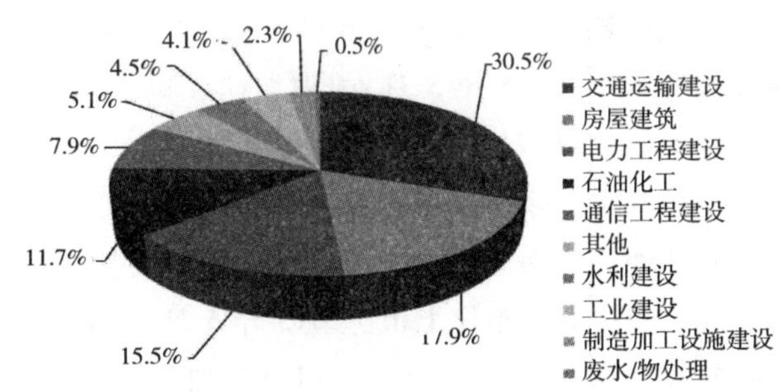

图5 2014年中国对外承包工程新签合同额各行业占比

（三）地方对外承包工程业务量占比同比下降

地方工程承包企业所占比重仍占据重要位置，但与上年同期相比有所下降。2014年，商务部统计的31个省（自治区、直辖市）在对外承包工程新签合同总额所占比重为51.3%，较上年下降9.6个百分点；在完成营业总额所占比重分别为65.1%，较上年

下降5.5个百分点。从企业所属地区分布来看，东部经济发展水平较高地区企业的对外承包工程2014年新签合同额所占比重较高，排名前10位的省（直辖市）分别为广东省、湖北省、上海市、山东省、江苏省、河北省、北京市、浙江省、天津市，以及四川省合计占到地方新签合同额的80.6%。见图6。

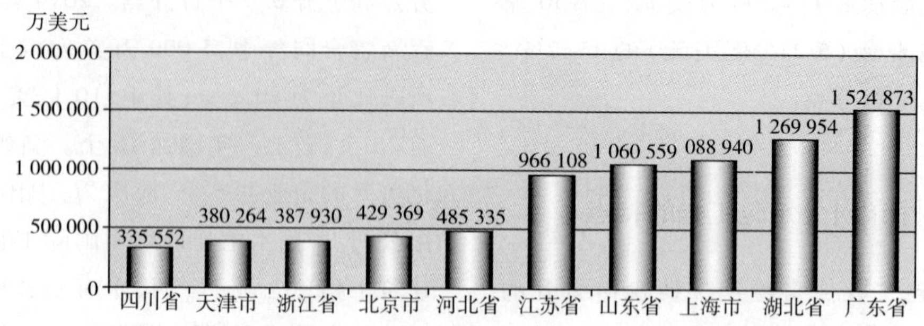

图6　2014年中国对外承包工程业务新签合同额排名前10位的省（直辖市）

（四）中国企业开展对外承包工程的方式日益灵活

随着实力的增强和经验的积累，中国企业积极探索对外投资与承包工程相结合，采取并购、合作等多种方式参与境外承包工程业务，不断提高中国承包工程企业的综合实力。2014年2月，国家电网公司与巴西国家电力公司联营体（中方占股比51.0%）成功中标巴西美丽山水电特高压直流送出一期项目。2014年5月，中国建筑美国公司完成对美国知名建筑管理和总承包商Plaza公司的收购交割。收购完成后的中建美国公司在手合同额超过30亿美元，一跃跨入全美最大承包商50强行列。2014年底，中国交建以601 300万港元收购绿城中国24.3%的股权；2015年5月，中国交建又以11亿港元增持1亿股绿城股份，成为持有绿城28.9%股权的第一大股东。收购绿城这家海外上市平台是中国交建海外地产业务的重要战略部署，将最终实现中国交建地产业务的整体上市。2015年5月中国交建收购澳大利亚约翰·霍兰德公司全部股权的交易，总价约为95 310万澳元。约翰·霍兰德公司在铁路、隧道、环保、水处理，以及能源资源等领域具备的优势将有助于提升中国交建的综合实力。

（五）依托承包工程项目，中国标准“走出去”取得新突破

中国标准在国际化过程中困难重重，遭遇发达国家的质疑和不认可，中国承包工程企业在为推动中国技术标准“走出去”做出了积极努力。2014年5月，中国路桥签约实施的肯尼亚蒙巴萨－内罗毕标轨铁路，涉及金额380 400万美元，是肯尼亚独立以来的最大工程，将全部采用中国标准制造。2014年5月，中国铁建所属中土集团与尼日利亚交通部签订尼日利亚沿海铁路项目框架合同，总金额达1 312 200万美元。该项目是西非经济共同体互联互通铁路网的重要组成部分，采用中国标准建设，将同时带动中国施工机械、钢材、机电产品和机车车辆等产业集群进入海外市场。

二、全球经济再平衡进程对中国对外承包工程的影响

在当前全球经济深度调整时期，各国大多通过增加对基础设施建设的投资来刺激经济增长。国际承包工程市场在显现更多商机的同时，中国企业面临的市场竞争也愈加激烈。

（一）区域市场承包工程建设需求呈现不平衡态势

首先，发展中国家和不发达国家基础设施建设保持旺盛需求，但仍长期受资金短缺的困扰。美国布鲁金斯学会发布《非洲基础设施融资的五个主要趋势》文章称，2009年以来，非洲大陆匮乏的基础设施得到快速发展，但非洲大陆每年基础设施建设需要930亿美元，相当于非洲GDP的10.0%，目前仅满足了50.0%的资金需求，仍存在巨大的缺口。非洲国家当地资金和国际机构难以弥补资金缺口，需要更多的融资来解决资金困难。对于亚洲国家来说，对基础设施

建设,如高铁等有着庞大的需求,但也往往缺乏资金,需要获得外国资金的支持才能实施项目建设。

其次,欧盟国家建筑业增长趋缓,成员国需求不平衡。欧盟统计局相关数据显示,2014 年欧盟建筑业生产活动总体较上一年有所增加,但从欧盟成员国层面看,不同国家建筑业生产活动存在较大差异。其中,除德国、英国、瑞典和匈牙利建筑业生产活动较为强劲外,其他成员国建筑业生产呈下滑或保持平稳状态。欧盟为改善经济疲软的现状,鼓励成员国投资基础设施建设,然而受经济危机影响,多国政府难以实施大规模投资。

再次,美国市场出现大幅回升迹象,尤其是房地产市场复苏势头明显。美国为应对金融危机采取的财政刺激措施使其基础设施领域的投资仍在增长。2014 年,美国工业建筑增长 57.0%,房屋均价最高上涨 21.0%,化工和能源项目大幅增加。

(二)外国承包商快速复苏给中国对外承包工程业务带来冲击

近年来,欧、美、日、韩等国际承包商积极调整业务布局,在国际承包市场表现活跃。在中低端市场,中国企业与韩国、巴西、土耳其等国承包商的竞争继续胶着;美、日等国也加大对亚非国家的贷款规模;中国和日本在亚洲承包工程市场竞争日趋激烈。东南亚地区在高铁建设方面有着数百亿美元的市场潜力,印度尼西亚、马来西亚、泰国、越南等国都计划修建高铁升级国内铁路网。据美通社报道,2014 年全球高铁市场投资规模为 1 120 亿美元,预期 2019 年将达到 1 334亿美元。在此背景下,中国与日本在亚洲高铁建设中展开近身博弈,日本与中国在泰国、缅甸、新加坡、印度尼西亚的高铁项目承建上均进行过激烈竞争。2015 年 5 月,日本政府决定今后 5 年向亚洲地区国家提供 1 100 亿美元长期、低息的基础设施建设资金援助,并将无偿援助资金增加 25.0%;同时,放宽国际协力银行的投融资标准,作为扩大投资的战略支柱之一。

(三)境外安全问题仍然突出,对外承包工程政治风险加大

中国对外承包工程业务涉及多个国家,亚洲和非洲部分国家对外承包工程市场政治安全风险持续增加,存在政局动荡、民族矛盾恶化、社会冲突增多、部分国家调整其对外政策等问题。例如,2014 年 1 月,刚果(金)发生骚乱,严重影响了中资企业的正常经营;中国铁建中标的墨西哥 - 克雷塔罗高速铁路项目遭遇重新审查;中远集团在希腊比雷埃夫斯港布局多年,但遭到希腊新政府宣布停止其对该港口的私有化收购。"一带一路"涉及的国家整体局势较为稳定,但部分国家存在局部武装冲突和骚乱。其中,南亚地区是风险较高的地区之一,存在恐怖主义和分裂势力的威胁;存在政治派系斗争激烈、政府执政能力受到制约等现象(例如阿富汗、巴基斯坦);部分国家市场安全问题突出。2014 年 12 月,缅甸莱比塘铜矿项目再度被当地居民阻拦,与警察、施工人员发生激烈冲突,导致中方人员 20 人受伤。

对外劳务合作

一、2014 年中国对外劳务合作的特点

作为人口和劳动力大国,对外劳务合作业务是中国具有一定比较优势的领域,中国对外劳务合作业务发展总体呈稳中有升态势。商务部统计数据显示,截至 2014 年底,中国对外劳务合作业务累计派出各类人员 748 万人。

(一)中国对外劳务合作业务发展呈稳步增长态势

商务部统计数据显示,与上一年相比,2014 年中国对外劳务合作业务派出人数和年末在外人数都有所增长。2014 年,中国对外劳务合作派出各类劳务人员 56.2 万人,较上年同期增加 3.5 万人,同比增长 6.6%;其中承包工程项下派出 26.9 万人,劳务合作项下派出 29.3 万人。2014 年年末在外各类劳务人员 100.6 万人,较上年同期增加 15.3 万人。

从长期发展来看,2001—2014 年间,中国对外劳务派出人数除 2008 年和 2011 年略有下滑外,基本保持稳中有升的发展态势。从年末在外人数上看,对外承包工程年末在外人数所占比重相对增加,从 2001 年的 12.6% 升至 2014 年的 40.7%;对外劳务合作年末在外人数相对占比减少,由 2001 年的

87.4%下降至2014年的59.3%。2014年,中国年末在外各类劳务人员继续保持增长状态,其中,对外劳务合作业务年末在外人数增长率略有回升,较上年提高3.3个百分点。见图7。

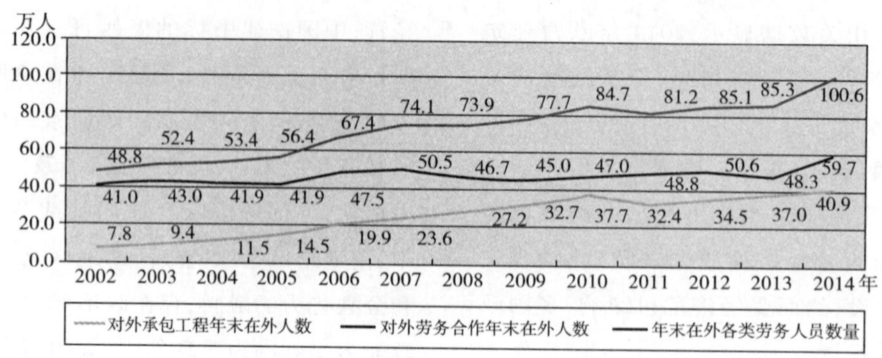

图7　2002—2014年中国年末在外各类劳务人员数量

(二)亚洲和非洲仍然是中国对外劳务合作的主要市场

商务部统计数据显示,2014年末中国在外各类劳务人数按区域依次为:亚洲634 600人,非洲259 400人,拉丁美洲61 500人,欧洲34 000人,大洋洲11 700人,北美洲3 400人。其中,劳务人员在亚洲市场主要集中在日本、新加坡、沙特阿拉伯及中国香港、澳门地区等国家和地区;在非洲主要集中在阿尔及利亚、安哥拉、刚果(布)、埃塞俄比亚、赤道几内亚等国家;在拉丁美洲主要流向巴拿马、委内瑞拉、厄瓜多尔、巴哈马、秘鲁等国家;在欧洲主要集中在俄罗斯、德国、白俄罗斯、西班牙等国家;在北美洲则主要流向美国。见图8。

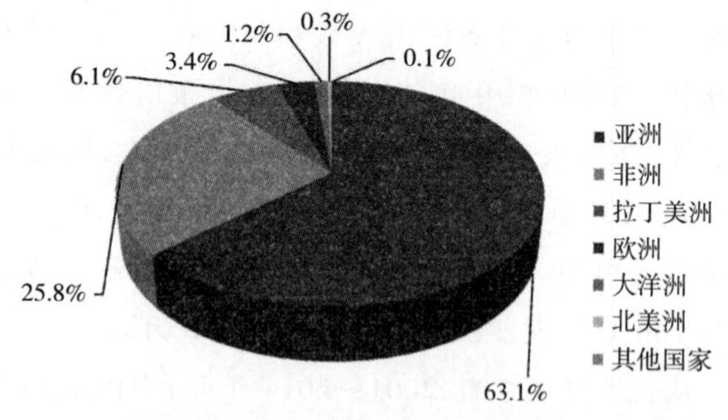

图8　2014年末中国对外劳务合作各类人员区域分布情况

从外派劳务人员类型上看,截至2014年年底,中国在亚洲各类外派劳务人员中,劳务合作项下在外人员占比达73.9%,比承包工程项下在外人员多303 400人;中国对非洲各类外派人员中,劳务合作项下在外人员占比为23.4%,承包工程项下在外人员仍占多数,为76.3%,较上一年有所下降;中国对拉丁美洲、欧洲、大洋洲、北美洲各类外派人员中,劳务合作项下外派人数均占到50.0%以上。

(三)对外劳务合作各行业全面增长,建筑业占较大比重

2014年中国对外劳务合作全行业整体呈现增长态势。从外派人员从事行业结构来看,建筑业、农/林/牧/渔业、制造业、交通运输业、住宿和餐饮业等传统行业外派人员数量均有较大增长。其中,建筑业所占比重达47.6%,较上年增长83 500人,增幅较明显。此外,制造业、交通运输业、农/林/牧/渔业、住宿和餐饮业占比重分别为16.3%、11.7%、6.1%和4.3%。见图9。

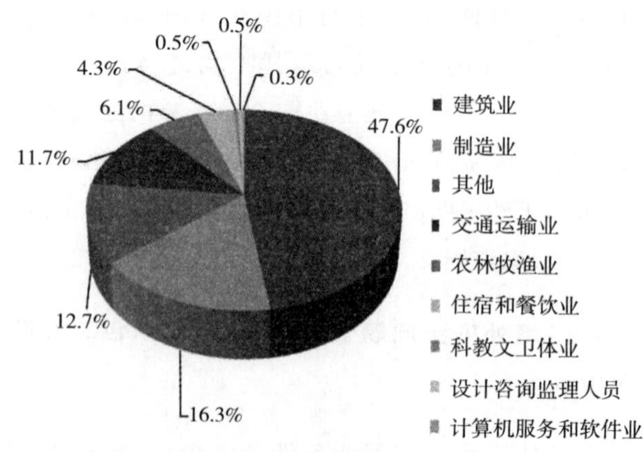

图9　2014年年末中国对外劳务合作各类人员行业分布情况

二、全球经济再平衡进程对中国对外劳务合作的影响

全球经济再平衡进程中，一方面，全球产业结构调整、人口老龄化使外籍劳务需求增大；另一方面，失业率居高不下也使外籍劳务市场准入门槛提高。中国对外劳务合作业务面临着机遇和挑战。

（一）全球范围内人员流动更为频繁，对外籍劳务需求增大

目前在世界各国的外籍劳工达 8 000 多万人，全球每年流动劳务人员约为 3 000 ~ 3 500 万人，与 20 世纪 80 年代初相比增加 50.0% 以上。国际劳工组织统计显示，欧美日等发达国家劳动力缺口约为6 000万人。根据《海湾国家就业与薪水趋势》报告，2015 年海湾国家就业岗位将持续增加。其中，卡塔尔将是新增岗位率最高的海湾国家，66.0% 的卡塔尔雇主计划扩招人员。岗位增长最快的是医疗保健领域，该行业 2014 年就业人数增长 82.0%，预计 2015 年将增长 79.0% 左右。日本政府《2015 年中小企业白皮书》相关数据显示，受东日本大地震重建以及 2020 年东京奥运会的影响，日本建筑业的劳动力尤为紧缺；由于老龄化问题，社会医疗、福利设施等服务业也缺乏劳务人员。为解决卫生护理人员不足的问题，日本政府将于 2016 年度开始将护理纳入外国人研修制度的对象职业种类。丹麦卫生部统计数据显示，丹麦医生将在 2035 年之前出现 5 500 人的缺口，尽管预计 2030 年前将增加医生 6 000 余人，但是丹麦的卫生医疗系统仍将面临医生数量不足的挑战。

（二）全球产业结构调整使劳务市场行业发生变化

全球产业结构的调整使信息产业、计算机软件和硬件、电信、生物工程、环保工程、金融、保险、旅游业、商业服务业等行业领域对劳动力的需求日益增加，劳务市场不再拘泥于传统的纺织业、建筑业等行业领域。国际劳务市场需求显现出对中高端劳务需求的增加，包括航空乘务员、机场客服人员、豪华邮轮服务员、海员、酒店服务管理人员、高档百货店售货员、护士、教师、厨师、设计咨询师、项目经理、IT 设计、高级技工等。例如，中东国家对中高端劳务人员市场需求较大。阿联酋当地人数量仅占总人数的 17.0%，其余多为外来务工人员。随着中国企业在当地经贸合作和旅游人数的增多，阿联酋对商场、酒店、免税店、高档专卖店等中国员工的需求量也日益增加。新加坡劳务市场每年约输入 60 万外籍劳务人员，其中，对技工、商场销售人员、星级酒店服务员、保姆和老年护理人员等中高端劳务人员有很大的需求，目前劳务人员大多来自菲律宾、印度、巴基斯坦等英语国家。欧洲市场对中餐厨师、中文教师、护士和护理人员、中医等有一定需求。随着中国劳务人员在技术、综合业务、国际经验、管理水平以及外语能力等方面的逐步提升，对外劳务合作在高端领域将有很大发展空间。

（三）部分国家收紧本国外籍劳务雇用政策

受经济危机和失业率升高的影响，一些国家收紧雇用外籍劳务政策，或出台更多限制措施，给中国对外劳务合作业务带来影响。沙特阿拉伯医护行业外籍从业人员较多，约占总人数的 72.1%。鉴于本国失业率长期居高不下，沙特收紧对外籍护士的雇用政策，对持有学位的外籍女性护士居留许可到期后将不再续约，而是优先安排当地员工就业，只在沙特人不从事的少数专业上才考虑雇用外籍劳工。沙特总商会还建议政府将工程承包行业沙特籍员工所占比例提高到 20.0%，同时对沙特籍雇员的就业岗位、薪资福利水平提出具体要求，并将这些条款作为工程承包合同的一部分。

（审稿：周　密
撰稿：辛　灵）

行业发展概况

2014 年电力行业发展综述

中国电力企业联合会

2014 年，全国电力供需形势总体宽松，运行安全稳定。受气温及经济稳中趋缓等因素影响，全社会用电量增速放缓到 3.8%、同比回落 3.8 个百分点；三次产业和居民生活用电量增速全面回落，第三产业用电量增速明显领先于其他产业，其中信息业用电持续保持旺盛势头；四大重点用电行业增速均比上年回落，设备制造业用电保持较快增长，产业结构优化调整效果显现。全国发电装机容量增速继续高于全社会用电量增速，电力供应能力总体充足；非化石能源发电装机及发电量快速增长，其发电量占总发电量比重创历史新高；火电发电量负增长，设备利用小时再创新低。

一、2014 年全国电力供需状况分析

（一）电力消费需求增速创 1998 年以来新低

根据中国电力企业联合会年度快报统计，2014 年全国全社会用电量 55 200 亿千瓦时、同比增长 3.8%，增速同比回落 3.8 个百分点，为 1998 年（2.8%）以来的年度最低水平。分季增速先降后升，同比依次为 5.4%、5.2%、1.4% 和 3.5%，其中三季度增速为 2009 年三季度以来最低。分月度看，上半年各月增速总体处于 5.0% 左右的增长水平，下半年除 8 月份因气温因素负增长外，其余各月增速总体处于 3.0% 左右的增长水平。主要原因，一是全年平均气温特别是夏季较 2013 年同期偏低，贡献全年全社会用电增速下降超过 1.0 个百分点；二是经济增速稳中趋缓对电力消费需求增速回落影响也很大。同时，下半年分月电力消费平稳增长的态势也反映出当前经济增速是平稳趋缓而不是急速下降、仍处于合理增长区间。见图 1。

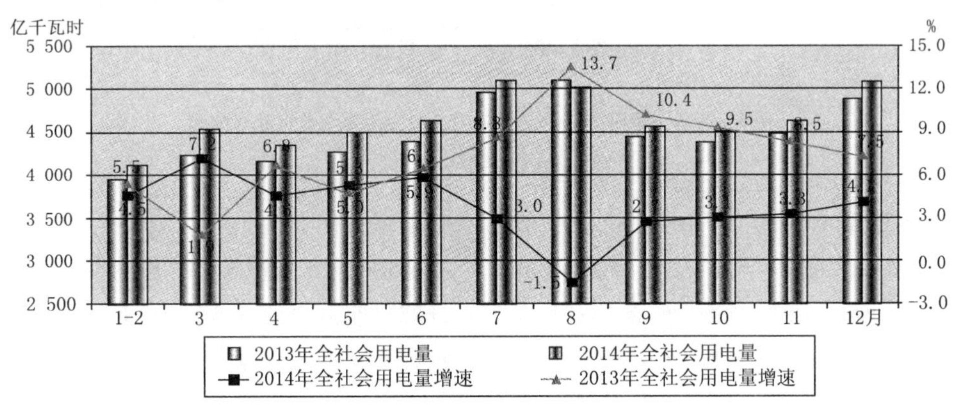

图 1　2013—2014 年分月全社会用电量及其增速情况

注：图中 1—2 月用电量显示的是 1—2 月合计用电量的平均值；1—2 月增速显示的是 1—2 月合计用电量增速。

从电力消费结构看，2014 年，三次产业及城乡居民生活用电量占全社会用电量比重分别为 1.8%、73.6%、12.1% 和 12.5%，与上年相比，第三产业用电量比重提高 0.3 个百分点，第一产业、第二产业和城乡居民生活用电量比重同比分别降低 0.07、0.04 和 0.19 个百分点。见图 2。

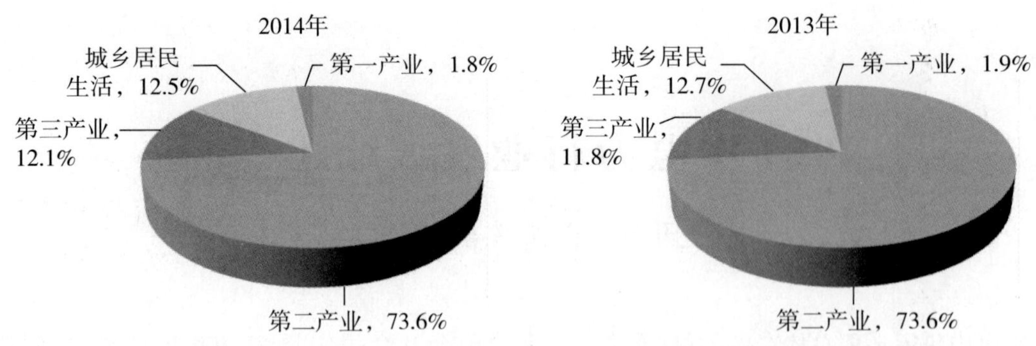

图 2　2013、2014 年电力消费结构对比情况

1. 城乡居民生活用电量增速比上年大幅回落。2014 年，城乡居民生活用电量 6 928 亿千瓦时，同比增长 2.2%、同比回落 6.7 个百分点，对全社会用电量增长的贡献率为 7.6%、同比回落 7.1 个百分点。全国大部分地区夏季气温偏低而 2013 年同期偏高是影响城乡居民生活用电增速的最主要原因。分地区看，西部地区城乡居民生活用电量同比增长 7.7%，东部和东北地区同比分别增长 2.4% 和 2.0%，中部地区同比下降 3.1%。见图 3。

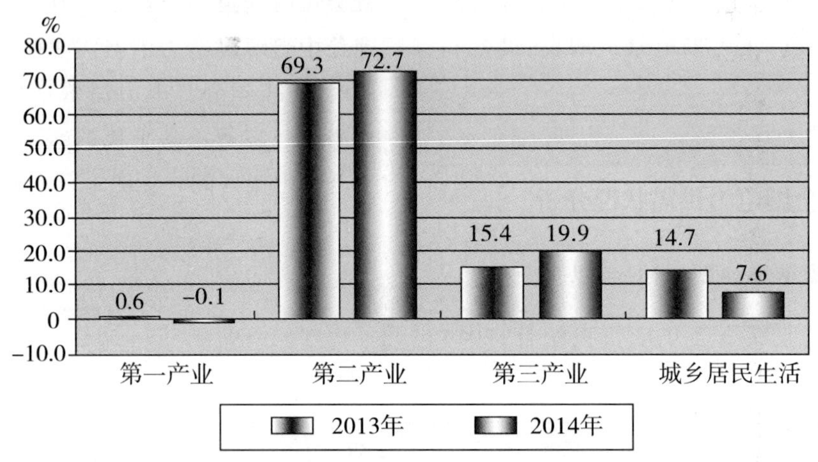

图 3　2010—2014 年各产业用电对全社会用电增长贡献率情况

2. 第三产业用电量增速比上年回落，信息业消费持续保持旺盛势头。2014 年，第三产业用电量 6 660亿千瓦时，同比增长 6.4%、同比回落 3.8 个百分点，对全社会用电量增长贡献率为 19.9%。其中，东部、东北和中部地区分别增长 4.8%、5.5% 和 6.3%；西部地区增长 11.7%，主要是在信息业、公共事业及管理组织、商业住宿和餐饮业用电量增速明显领先于其他地区。

第三产业内各行业间增长形势差异较大，住宿和餐饮业用电量仅增长 1.2%；受宏观经济趋缓影响，交通运输仓储邮政业用电量增长 5.7%，以上两行业增速同比均回落 4.0 个百分点以上；受经济转型驱动，信息消费保持旺盛势头，信息业（信息传输、计算机服务和软件业）用电量增长 11.4%、增速同比提高 0.5 个百分点。

3. 四大重点行业用电量增速同比回落，设备制造业用电量保持较快增长，产业结构优化调整效果显现。2014 年，第二产业用电量 40 700 亿千瓦时、同比增长 3.7%、增速同比回落 3.4 个百分点，对全社会用电量增长的贡献率为 72.7%，其中，轻、重工业用电量分别增长 4.2% 和 3.6%。分地区看，西部、东部、中部和东北地区分别增长 5.6%、3.3%、3.0% 和 0.8%，同比分别回落5.0、2.8、2.8和2.5个百分点。

分三大门类看，采矿业用电量2 571亿千瓦时、同比增长1.6%，其中煤炭开采和洗选业用电量下降1.6%；电力、燃气及水的生产和供应业用电量7 653亿千瓦时、同比增长1.2%，火电发电量负增长导致火电厂用电增速下降是其重要原因；制造业用电量29 700亿千瓦时、同比增长4.5%。三大门类用电量增速均同比回落，其中制造业回落2.5个百分点，回落幅度最小。

化工、建材、黑色金属和有色金属四大重点用电行业合计用电量17 200亿千瓦时、同比增长3.7%、增速同比回落2.7个百分点，各季度增速呈现先升后降态势；其中，四大行业用电量增速同比分别回落1.8、1.0、5.4和1.1个百分点。设备制造业（包含通用及专用设备制造业、交通运输电气电子设备制造业）、废弃资源和废旧材料回收加工业用电量分别为1 221亿千瓦时和2 378亿千瓦时、同比分别增长8.1%和9.3%，是制造业中用电形势表现最好的两个行业。上述变化，反映出产业结构优化调整效果显现。见图4。

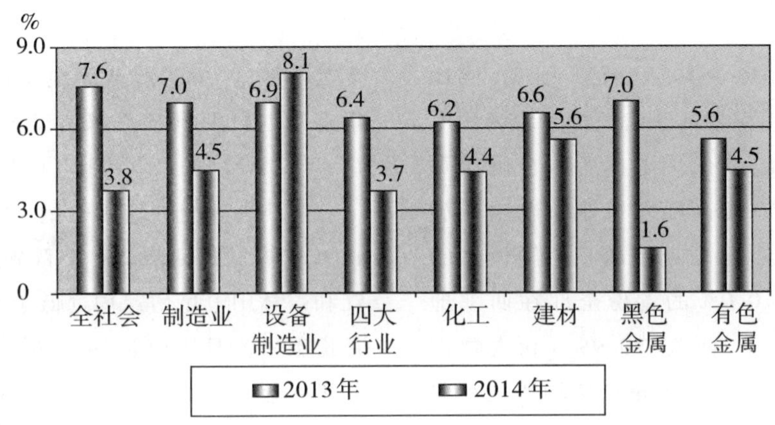

图4 2013、2014年制造业、设备制造业及四大行业用电增速情况

2014年，第一产业用电量994亿千瓦时，同比下降0.2%。

4. 中部和东北地区用电量低速增长，中部和西部地区用电量增速比上年回落幅度偏大。东部地区全社会用电量26 500亿千瓦时、同比增长3.5%、增速同比回落3.1个百分点。其中，京津冀地区受节能减排、APEC会议等因素影响，北京、天津和河北用电量分别仅增长2.6%、2.6%和1.9%；长三角地区受夏季气温偏低及上年同期高温天气等因素影响，其中上海、江苏和浙江三季度用电量同比分别下降12.5%、4.4%和7.2%；珠三角地区由于气温因素（当年一季度气温比上年同期偏冷、二季度以来高温天气天数比上年同期多）以及经济运行相对平稳，广东用电量同比增长8.4%，对全国用电量增长的贡献率高达20.2%。

中部地区受夏季气温偏低及上年同期高温天气等因素影响，全社会用电量10 400亿千瓦时、同比增长1.7%、增速同比回落5.2个百分点，是增速回落幅度最大的地区。其中山西用电量同比下降0.5%，全年共有7个月用电量负增长，河南同比增长0.7%，8月份以来各月用电均为负增长，主要是第三产业、城乡居民生活、黑色金属和有色金属用电增速下降较多。分产业看，第二产业用电量增长3.0%，其中四大重点用电行业增长1.1%；第三产业用电量增长6.3%；城乡居民生活用电量同比下降3.1%，其中三季度城乡居民生活用电量同比下降18.4%、同比大幅回落39.9个百分点。见图5。

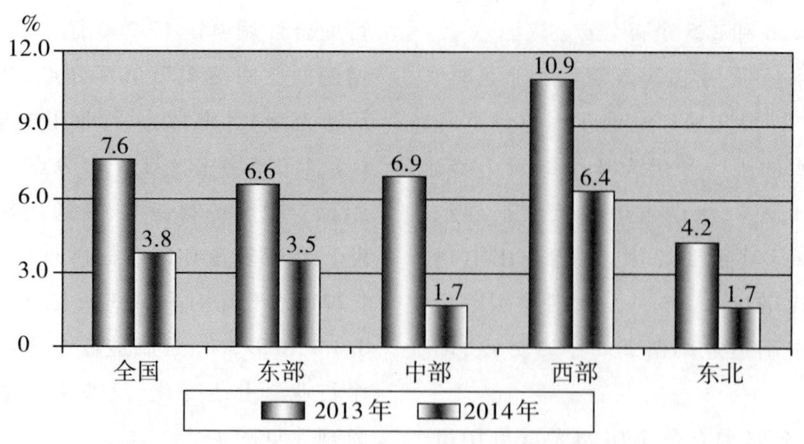

图5 2013、2014年各地区用电增速情况

西部地区全社会用电量14 700亿千瓦时、同比增长6.4%、同比回落4.5个百分点。西部地区用电增速仍持续领先于其他地区,用电量所占全国比重同比提高0.7个百分点;受高耗能行业用电增速放缓影响,带动全社会用电量增速回落。全国仅有的三个用电量增速超过10.0%的省份全部在西部地区,分别为新疆(11.7%)、西藏(10.9%)和内蒙古(10.8%)。西部地区各产业用电量增速均明显领先于其他地区,第二产业用电量增长5.6%,其中四大重点用电行业同比增长6.2%;第三产业用电增长11.7%;城乡居民生活用电增长7.7%。

东北地区全社会用电量3 566亿千瓦时、同比增长1.7%、同比回落2.6个百分点。其中,辽宁、黑龙江和吉林用电量增速均远低于全国平均水平,辽宁9月份以来各月用电量均为负增长,全年用电量增速同比回落4.2个百分点。见图6。

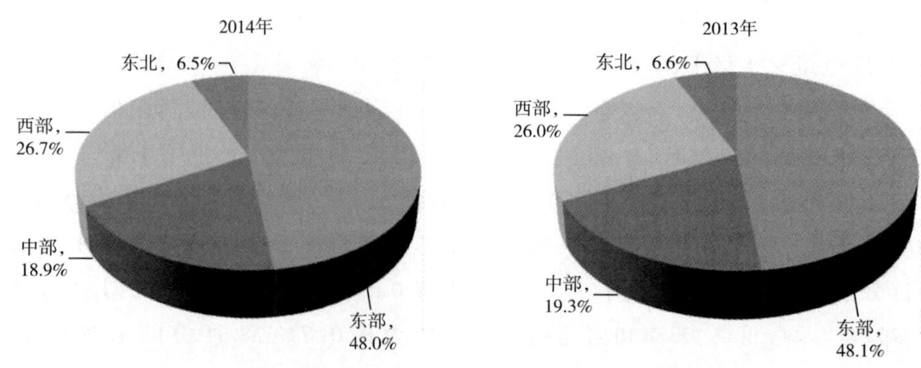

图6 2013、2014年全国分地区电力消费结构情况

(二)电力供应充足,非化石能源发电量快速增长,火电发电量负增长、设备利用小时创新低

2014年,全国主要电力企业合计完成投资7 764亿元、同比增长0.5%。其中,电源投资3 646亿元、同比下降5.8%;电网投资4 418亿元、同比增长6.8%。全年基建新增发电装机容量10 350万千瓦、同比增加128万千瓦,其中新增非化石能源发电装机容量5 702万千瓦,占新增发电装机容量的一半以上。

截至2014年年底,全国全口径发电装机容量13.6亿千瓦、同比增长8.7%。2014年,全国全口径发电量55 500亿千瓦时、同比增长3.6%。全国发电设备利用小时4 286小时,为1978年以来的年度最低水平,同比降低235小时。见图7。

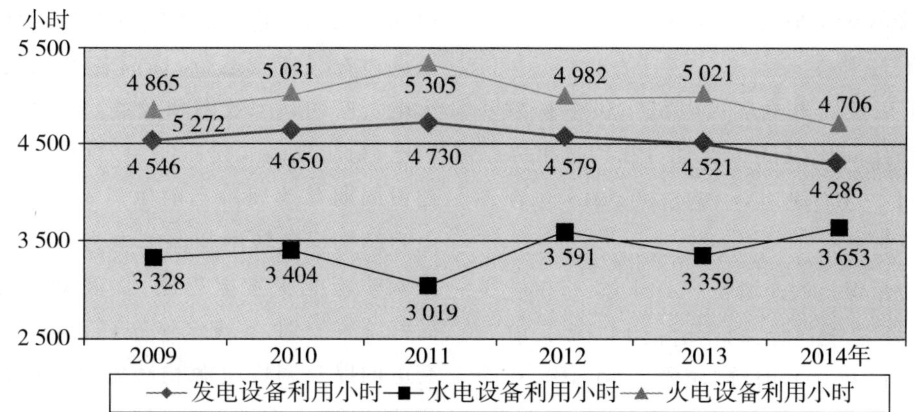

图 7　2001—2014 年发电设备利用小时情况

1. 水电装机达到 3 亿千瓦，水电发电量高速增长、设备利用小时达到 9 年来最高水平。2014 年，水电投资完成 960 亿元、同比下降 21.5%。基建新增水电装机容量 2 185 万千瓦、同比减少 911 万千瓦，其中云南和四川合计新增 1 684 万千瓦，占全国水电新增装机容量的 77.1%。截至 2014 年年底，全国全口径水电装机容量 3 亿千瓦（其中抽水蓄能 2 183 万千瓦）、同比增长 7.9%。全年主要发电企业常规水电新开工规模接近 600 万千瓦，随着西南水电基地溪洛渡、向家坝、糯扎渡、锦屏一级和二级等一批重点工程陆续竣工投产，年底常规水电在建规模大幅萎缩至不足 3 000 万千瓦。

全国水电发电量 10 700 亿千瓦时，首次超过 10 000亿千瓦时、同比增长 19.7%，受主要水电生产地区汛期来水情况较好影响，汛期以来水电发电量持续高速增长；其中，贵州、广西、重庆等 5 个水电大省增速超过 25.0%。全国水电设备利用小时 3 653 小时，为 1996 年以来的年度次高值（最高值为 2005 年的 3 664 小时），同比提高 293 小时。其中，四川、甘肃和云南水电设备利用小时分别达到 4 528、4 488 和 4 345 小时。

2. 风电投资大幅增长、设备利用小时同比降低，并网太阳能发电装机容量及发电量大幅增长。主要受风电上网电价政策调整预期影响，2014 年风电投资完成 993 亿元、同比大幅增长 52.8%，首次超过水电、火电、核电投资。基建新增并网风电装机容量 2 072万千瓦，年度新增规模首次超过 2 000 万千瓦。截至 2014 年年底，全国并网风电装机容量 9 581 万千瓦、同比增长 25.6%，其中内蒙古和甘肃分别达到 2 070和 1 008 万千瓦。全国并网风电发电量 1 563 亿千瓦时、同比增长 12.2%。风电设备利用小时 1 905小时、同比降低 120 小时，弃风率有所下降，来风少、风速下降是主要原因。

全国并网太阳能发电装机容量 2 652 万千瓦（绝大部分为光伏发电）、同比增长 67.0%，其中甘肃、青海和新疆分别达到 517、411 和 376 万千瓦，全国并网太阳能发电量 231 亿千瓦时、同比增长 170.8%。

3. 核电投资同比继续负增长，全年新投产核电装机规模创年度新高。2014 年，核电投资完成 569 亿元、同比下降 13.8%；全年新增核电机组 5 台、547 万千瓦，是投产核电机组最多的一年。截至 12 月底，全国核电装机容量 1 988 万千瓦、同比增长 36.1%，核电在建规模 2 590 万千瓦。全国核电发电量 1 262 亿千瓦时、同比增长 13.2%，核电设备利用小时 7 489 小时、同比降低 385 小时。

4. 火电发电量同比负增长，利用小时创新低。2014 年，火电投资完成 952 亿元、同比下降 6.3%；全年基建新增火电装机容量 4 729 万千瓦、同比增加 554 万千瓦，其中新增煤电 3 555 万千瓦、气电 886 万千瓦。2014 年底全国全口径火电装机容量 9.2 亿千瓦、同比增长 5.9%，其中煤电 8.3 亿千瓦、同比增长 5.0%，气电 5 567 万千瓦、同比增长 29.2%。

受电力消费需求放缓、非化石能源发电量高速增长等因素影响，火电发电量同比下降 0.7%，为 41 700亿千瓦时，自 1974 年以来首次出现负增长。全国有 16 个省份火电发电量同比下降，云南、上海等 6 省市下降幅度超过 10.0%。火电设备利用小时

4 706 小时、同比降低 314 小时，为 1999 年（4 719 小时）以来的最低值。

全国 6 000 千瓦及以上电厂火电机组供电标准煤耗 318 克/千瓦时、同比降低 3 克/千瓦时，远低于国家《节能减排“十二五”规划》中确定的 2015 年规划目标（325 克/千瓦时）。

5. 跨省区送电量保持快速增长。2014 年，全国完成跨区送电量 2 741 亿千瓦时、同比增长 13.1%。其中，东北外送电量 215 亿千瓦时、同比增长 19.5%；华中外送电量 1 353 亿千瓦时、同比增长 17.5%；西北外送电量 549 亿千瓦时、同比增长 20.0%；其中溪（洛渡）浙（江）±800 千伏特高压直流工程、哈（密）郑（州）±800 千伏特高压直流工程分别送电 251 亿千瓦时、130 亿千瓦时。全国跨省送出电量 8 420 亿千瓦时、同比增长 10.8%，其中，南方电网区域“西电东送”增长 31.1%；三峡电站增长 19.3%。

6. 电煤供应持续宽松，天然气供应总体平稳。2014 年，全国煤炭市场需求持续低迷，全国重点电厂累计耗煤 12.5 亿吨、同比下降 7.4%，煤炭进口 2.9 亿吨、同比下降 10.9%，国内煤炭市场供应充足，电煤供应持续宽松，全国重点电厂存煤量呈逐月上升态势，2014 年底存煤量 9 455 万吨、可用 24 天，处于正常偏高水平。一季度部分地区天然气发电供气受限，二、三季度形势缓和，四季度总体平稳，但部分天然气发电厂因存量气价再次上调而亏损加重。

（三）全国电力供需总体宽松

2014 年，全国电力供需总体宽松，东北和西北区域供应能力富余较多，华中、华东和南方区域供需总体平衡，华北区域供需总体平衡、部分地区偏紧。省级电网中，受机组环保改造、气温、局部电网受限等因素影响，山东、河北、天津、江苏、安徽、福建、河南、陕西、西藏和海南在部分时段有一定错峰。

二、有关建议

（一）加快优化调整电源结构与布局，提高电力资产利用效率和效益

一是加大电力系统调峰电源建设，减轻煤电机组深度调峰负担，促进各种电源类型在电力系统中协调、均衡、高效运行，提高各类型电力资产尤其是火电资产的利用效率和效益。二是优先发展水电和核电，稳步提高非化石能源发电比重，利用其较长的建设周期有效规避当前供需宽松困局的同时，确保电力结构绿色转型和保障电力中长期稳定供应。三是调整新能源发电思路，提高新能源发电利用率。做好统筹规划，实现区域布局及项目与消纳市场、配套电网以及调峰电源相统筹，做到国家与地方规划相统一，健全完善国家规划刚性实施机制。四是高度重视光热发电产业发展，优化新能源发电结构，提高新能源发电发展质量。

（二）加快跨省区送电通道及配网建设，尽早解决“弃水”“弃风”问题

一是国家有关部门应尽快协调有关地方，统筹考虑西南水电等可再生能源的开发及市场消纳。二是加快清洁能源基地的跨省区输电通道建设，尽快核准开工建设西南水电基地外送通道，确保现有电源过剩能力得到更大范围消纳、新增电源能及时送出。三是严格控制电力富余较多地区的电源开工规模，以集中消化现有电力供应能力。四是加快配电网建设和智能化改造，鼓励储能技术参与辅助服务，提高电力系统对分布式能源的消纳能力。

（三）加快理顺电价、热价形成机制，促进解决水电大省煤电企业以及北方热电联产企业供热普遍亏损问题

一是尽快研究云南、四川等水电大省长期承担电网调峰作用的火电机组的火电价格形成机制；尽快研究两部制电价改革。二是加快建立调峰调频等辅助服务电价机制，以解决受电大省、可再生能源发电大省的火电机组深度调峰调频及旋转备用合理补偿问题。三是深入研究华北、东北及西北地区热电联产企业供热连年大面积亏损的原因，出台支持热电联产健康发展的有效措施；在政策出台前，对热价倒挂严重、亏损严重的供热电厂及热电联产企业予以一定的财政补贴。

（四）进一步加强对电力用户直接交易的监管

一是加快贯彻落实新一轮电改政策，根据《关于

进一步深化电力体制改革的若干意见》（中发〔2015〕9号文）文件精神，尽快研究制定电力交易体制改革实施细则，完善市场化交易机制，构建公平规范的市场交易平台和公开、公正、公平的交易秩序。二是国家有关部门加强对电力用户直接交易的监管，对地方政府直接指定交易对象、电量、电价等非市场行为及时纠正，对不符合国家产业政策及淘汰类产品、工艺的直接交易电力用户及时清理。

（撰稿：林　树）

2014年煤炭工业发展综述

中国煤炭工业协会

2014年是煤炭工业进入深度调整的一年。在经历10年高位运行之后，煤炭工业出现全面产能过剩，煤炭消费需求进一步放缓、市场持续低迷、煤炭库存增加、价格大幅度走低，全行业陷入严重经营困难。

一、主要指标完成情况

1. 原煤产量。2014年全国煤炭产量387 400万吨，比上年下降2.5%，增速同比回落3.2个百分点。原煤产量前10的省份分别是：内蒙古（98 425万吨）、山西（97 670万吨）、陕西（51 500万吨）、贵州（18 505万吨）、新疆（14 195万吨）、山东（14 818万吨）、河南（13 768万吨）、安徽（13 255万吨）、河北（8 687万吨）、宁夏（8 374万吨）；前10家企业分别是：神华集团公司（47 350万吨）、中煤能源集团公司（18 303万吨）、大同煤矿集团公司（16 754万吨）、山东能源集团公司（13 926万吨）、陕西煤化集团公司（12 712万吨）、山西焦煤集团公司（10 699万吨）、兖矿集团公司（10 212万吨）、冀中能源集团公司（10 200万吨）、河南能源化工集团公司（10 186万吨）、潞安矿业集团公司（8 878万吨）。

2. 煤炭进出口。2014年全国共进口煤炭29 100万吨，同比下降10.9%；出口574万吨，同比下降23.5%。全年净进口煤炭28 500万吨左右，同比减少3 400万吨左右，下降10.7%。

3. 行业经济效益。2014年全国规模以上煤炭企业补贴后实现利润1 268.5亿元，同比下降46.3%。其中，大型煤炭企业（指同时具备从业人数2 000人及以上、销售额30 000万元及以上、资产总额40 000万元及以上的企业）实现利润598.7亿元，同比下降43.6%。

4. 科技创新。2014年全行业共获得国家科技进步一等奖1项、二等奖2项，国家技术发明二等奖2项；新增国家能源重点实验室1个、国家工程技术研究中心2个、国家级企业技术中心2个。基本代表了煤炭工业整体科研水平。

5. 新建项目核准。2014年国家发改委共核准13处大型煤矿建设项目。分别是：山西离柳矿区沙曲一号矿井改扩建项目（生产能力由180万吨/年改扩建至500万吨/年）、离柳矿区沙曲二号矿井及选煤厂改扩建项目（生产能力由120万吨/年改扩建至300万吨/年）、离柳矿区光明煤矿项目（建设规模为240万吨/年），内蒙古呼吉尔特矿区葫芦素煤矿项目（建设规模为1 300万吨/年）、呼吉尔特矿区门克庆煤矿项目（建设规模为1 200万吨/年），内蒙古宝日希勒矿区谢尔塔拉煤矿项目（建设规模为700万吨/年），陕西庙哈孤矿区安山煤矿项目（建设规模为120万吨/年）、榆神矿区杭来湾煤矿及选煤厂项目（建设规模为800万吨/年）、旬耀矿区青岗坪煤矿项目（建设规模为120万吨/年），甘肃宁正矿区新庄煤矿项目（建设规模800万吨/年）、沙井子矿区马福川煤矿项目（建设规模500万吨/年），宁夏韦州矿区韦二煤矿项目（建设规模150万吨/年），云南跨竹矿区山心村露天煤矿扩建工程项目（生产能力由90万吨/年扩建至500万吨/年）。

6. 安全生产。2014 年全国煤矿共发生事故 589 起、死亡和失踪 1 049 人，同比分别下降 23.8% 和 23.7%。煤炭生产百万吨死亡率 0.293，同比下降 21.7%。

二、行业发展特点

1. 多种因素共同叠加致行业陷入经济困境。一是受世界经济复苏缓慢尤其是欧洲经济危机持续加深影响，国际能源需求严重不足，主要大宗能源产品价格持续低位徘徊，全球煤炭产能过剩、煤炭贸易不断向亚太地区冲击聚集，加剧了国内煤炭市场的进一步过剩；二是我国宏观经济结构调整、煤炭需求严重不足、非化石能源比重逐年攀升；三是受过去 10 年煤炭强劲需求拉动，煤矿产能建设大大超前，在建产能超过 11 亿吨。上述多种因素的共同叠加，导致煤炭市场发生根本性逆转，煤炭企业也深陷泥沼。

2. 结构调整和淘汰落后产能在政府部门的持续推动下取得新进展。到 2014 年年底，全国共有各类煤矿 1.1 万处。其中，年产 120 万吨以上的大型煤矿 970 余处，产量占全国总产量的 66.5%。与此同时，淘汰落后产能、关闭布局不合理、技术装备落后小煤矿也得到稳步推进，全年整顿关闭小煤矿 1 000 余处。年产 30 万吨以下小型煤矿尚余 8 600 余处（其中 9 万吨以下小煤矿 6 600 余处），产量占全国总产量的比重仅为 16.0%。大型煤炭企业经过进一步兼并重组，53 家企业年产量超过千万吨。全国前 10 家煤炭企业产量，已经占全国总产量的 44.0%。充分显示煤炭企业结构调整取得了新的进展。

3. 企业自主创新、协同创新共同推动重大科技示范工程取得新成效。企业自主创新主体地位得到不断加强，行业骨干企业、大专院校、科研院所共同建立协同创新联盟，不断推动重大科技示范工程取得新成效。千万吨级智能化综采成套装备、400 万吨/年煤炭间接液化示范工程、百万吨级煤炭直接液化、燃煤发电机组近零排放和煤粉型工业锅炉等一大批示范工程效果显著。

4. 煤炭生产标准作业流程成果发布后得到行业积极响应。煤矿岗位标准作业流程以“煤矿安全规程”“操作规程”“作业规程”三大规程为依据，将煤矿安全质量标准化与风险预控管理融汇其中，作业流程内容规范、标准，有法可依。具有很强的指导性和现场操作性。同时，充分借助 Aris 平台，创新性地进行了二次开发，建立了中国煤炭行业首个岗位标准作业流程数据库及网络运行平台，为《流程》的推广应用、在线学习交流奠定了很好的基础。其四个突出特点：一是提高了作业安全保障程度；二是提高了作业效率；三是提升了生产管理水平；四是经济效益明显。该平台受到行业一致好评和一线员工的普遍好评。随着流程成果在全行业的全面推广，将有力促进全国煤炭行业标准化体系建设，提升行业整体科学化管理水平。

5. 煤炭洗选加工及共伴生资源的综合利用水平不断提高。2014 年全国原煤入选能力达到 25.4 亿吨，入选量 24.2 亿吨，原煤入选率接近 60.0%，同比提高 2.7 个百分点。全年煤矸石发电装机容量突破 3 000 万千瓦，消耗煤矸石 49 200 万吨，相当于节省 5 600 万吨标准煤；井下瓦斯抽采量 130 亿立方米，利用量 46 亿立方米，利用率达到 35.4%，同比提高 1.6 个百分点。煤炭与共伴生资源综合利用水平再上新台阶。

三、几点建议

2013 年 7 月，习近平总书记在中央财经领导小组会议上提出大力推动能源生产和消费的革命这一战略论述，面对国内外错综复杂的经济形势，煤炭工业必须认真落实这一战略决策和部署，坚持“六个推进”、促进“六个转变”，不断提升煤炭工业发展的科学化水平。

1. 推进煤炭科技创新发展，推动煤炭行业由传统的劳动密集型向技术密集型转变。完善煤炭科技创新体系，广泛运用互联网、大数据、云计算等技术手段，组织煤炭科研院所、骨干企业，形成推动煤炭科技创新的强大合力，开展前瞻性研究和关键技术攻关，从而使煤炭生产少用人、不用人，从根本上改变煤炭生产发展方式。

2. 推进结构调整与执行升级，促进发展方式由规模数量型向质量效益型转变。创新煤炭开发布局思路，研究不同矿区资源的最佳开发规模和最优利用途径，构建煤炭资源“梯级开发、梯级利用”新格局,实现煤炭资源节约集约开发。完善退出机制,推动企业兼并重组,淘汰落后产能,提高产业集中度。鼓励大型企业利用好"两个资源、两个市场",培育具有国际竞争力的大型煤炭企业集团。

3. 推进生态文明矿山建设,促进煤炭企业由粗放生产、单一产品向绿色开采、综合利用转变。发展煤炭绿色开采新技术,科学合理高效利用煤炭与共伴生资源。发展煤炭资源综合利用新技术,推动煤层气、煤矸石、矿井水及粉煤灰等资源的综合利用。发展矿区生态环境恢复治理新技术,构建资源、环境和区域经济协调发展的产业格局。

4. 推进现代煤化工产业有序发展,促进煤炭产品由燃料向原料与燃料并重转变。从中国能源安全战略出发,科学规划布局煤化工产业,鼓励低阶煤就地转化,发展煤制油、煤制烯烃、煤制气等现代煤化工产业,拓展煤炭消费空间,消化过剩产能,保障国家能源安全。

5. 推进煤炭消费方式转变,促进燃煤电厂超低排放、煤粉型锅炉、水煤浆、民用型煤等技术示范工程建设和产业化发展,提高煤炭清洁高效集约化利用水平。

6. 推进煤炭市场交易体系建设,促进煤炭交易由不完全市场化向完全市场化转变。充分发挥市场配置资源的决定性作用,积极构建全国统一开放、竞争有序的煤炭市场体系。推动煤炭交易数据平台建设,构建煤炭市场信息服务和监测预警新机制。发展现代物流业,创新商业模式,实现煤炭企业由单纯提供煤炭产品向提供产品服务转变,促进媒体价值链由低端向高端转变。

(撰稿:汤家轩)

2014年机械工业发展综述

中国机械工业联合会

2014年国内改革发展稳定任务艰巨繁重,机械工业平稳运行面临严峻考验。全行业认真贯彻落实中央关于"稳增长、转方式、调结构"的工作要求,主动适应经济发展的新常态,实现了生产、效益等主要经济指标的适度增长,行业发展总体平稳,结构调整与转型升级继续推进。

一、2014年机械工业运行情况

据国家统计局快报统计,截至2014年年底,机械工业规模以上企业达到82 015家,资产总额177 400亿元,实现主营业务收入222 100亿元,实现利润15 600亿元,实现税金总额8 438亿元。

(一)与全国工业比较

1. 增加值增速高于全国工业平均水平。2014年机械工业增加值同比增长10.0%,低于上年增速0.9个百分点,但高于同期全国工业平均增速(8.3%)1.7个百分点,对全国工业实现"稳增长"的总目标做出了积极贡献。

2. 主要指标占全国工业比重最大,且均比上年有所上升。见表1。

——规模以上企业数占比22.7%,比上年提高0.2个百分点;

——资产总额占比19.2%,比上年提高0.2个百分点;

——主营业务收入占比20.3%,比上年提高0.4个百分点;

——利润总额占比24.1%,比上年提高1.6个百分点;

——税金总额占比17.4%,比上年提高0.4个百分点。

表1　2014年机械工业基本情况

指　标	计算单位	绝对值		累计增长(%)		占工业比重(%)
		工　业	机械工业	工　业	机械工业	
企业数	个	361 286	82 015	—	—	22.70
其中:亏损数	个	42 970	8 872	12.20	12.92	20.65
亏损额	亿　元	6 918	1 077	22.45	9.89	15.57
主营业务收入	亿　元	1 094 646	222 128	6.96	9.41	20.29
利润总额	亿　元	64 715	15 586	3.35	10.61	24.08
税金总额	亿　元	48 402	8 438	6.15	8.20	17.43
资产总额	亿　元	925 245	177 441	9.31	10.36	19.18

(二)2014年机械工业运行的简要分析

1. 主营业务收入。2014年机械工业规模以上企业实现主营业务收入连续两年突破200 000亿元,达222 100亿元,同比增长9.4%。

2. 利润总额。2014年机械工业累计实现利润总额15 585.9亿元,连续第5年超过万亿元,同比增长10.6%,增速较上年下降4.9个百分点。

其中主营活动利润14 217.1亿元,同比增长6.0%,增速较上年回落1.1个百分点,主营活动利润占全部利润总额的比重为91.2%。

3. 税金总额。2014年机械工业累计上缴税金总额8 438.4亿元,同比增长8.2%,低于上年同期增速11.3个百分点。

4. 主要产品产量保持增长。2014年机械工业月度统计的119种主要产品中,产量累计同比增长的品种数为82种,比2013年增加17种,占比为68.9%,其中以两位数增长的品种为28种,与上年持平;同比下降的品种数为37种,占比为31.1%。见图1。

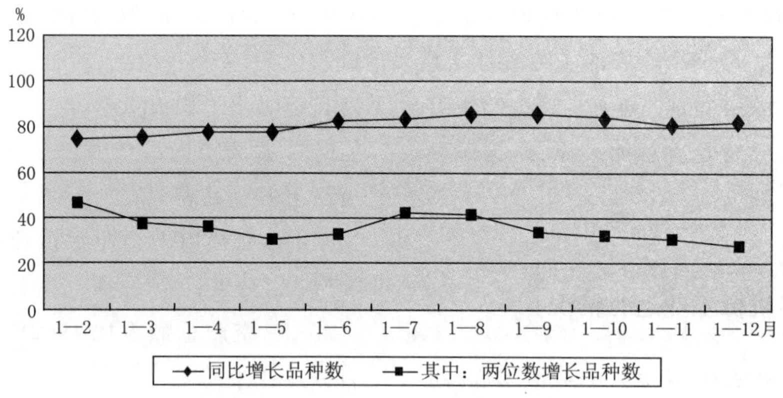

图1　2014年119种机械工业主要产品产量增长情况

注:国家统计局未公布2013年1—3月产品产量数据。

一批产品产量继续保持世界前列:

拖拉机:以拖拉机和联合收割机为代表的主要农机产品产量居世界前列。

2014年代表性产品大中型拖拉机产量再创历史新高,全年累计生产大中型拖拉机64.4万台。其中大型拖拉机7万台,同比提高6.6%,中型拖拉机57.4万台,同比下降9.3%。小型拖拉机167.8万台,同比下降13.9%。

机床:2014 年全年生产金切机床 85.9 万台,同比增长 3.1%,其中数控金属切削机床产量 26.1 万台,同比增长 14.8%。从增幅看,金切机床累计增速仅为 3.1%。而其中的数控金切机床累计增速高于机床增速 11.7 个百分点。

发电设备:2014 年发电设备累计产量 1.3 亿千瓦,同比增长 5.2%,产量稳居世界第 1 位。

在发电设备产品中,火电机组产量 8 773.4 万千瓦,同比增长 11.0%,占发电设备总产量的比重达 66.1%;第二位是水电机组,产量 2 289.6 万千瓦,同比下降 9.2%,占发电设备产量的 17.3%。火、水电合计占市场份额的 83.4%。

清洁能源中的风力发电机组产量 1 832.6 万千瓦,同比增长 14.9%,占发电设备产量的 13.8%。核电机组完成产量 375 万千瓦,同比大幅下降 37.3%,占发电设备的比重为 2.8%。风电、核电设备产量占发电设备总产量的比重均比上年下降。

汽车:全国汽车产销量双双突破 2 300 万辆,分别为 2 372.3 万辆和 2 349.2 万辆,同比分别增长 7.3% 和 6.9%,产量再创历史新高,已连续六年蝉联全球第一。但增速比上年增速大幅回落 7.5 和 7.0 个百分点。

其中轿车:轿车产销连续四年双双超过 1 000 万辆,2014 年产销量分别为 1 248.1 万辆和 1 237.7 万辆,同比分别增长 3.1% 和 3.1%。从各月增速看,轿车增长均低于汽车总量的增长幅度。轿车占汽车总量的比重从 2012 年的 55.9% 降至 2014 年的 52.6%,下降 3.3 个百分点。

此外,2014 年装载机、挖掘机等一批工程机械产品产量继续位居世界前列;电度表、水表、煤气表、数字万用表、望远镜等通用仪器仪表类产品的产量位居世界前列;基础件行业中液压气动元件、轴承等产量明显增长;铸锻件产品年产量已连续 10 余年居全球首位,占全球年总产量的 40.0% 以上;塑料机械持续多年产量位居世界前列。见表 2。

表 2 2014 年产量增速超过 10.0% 的产品

产品名称	计算单位	累计产量	同比增速(%)
谷物收获机械	台	357 144	12.51
玉米收获机械	台	114 511	39.86
收获后处理机械	台	663 972	17.25
分析仪器及装置	台(套)	1 480 608	15.80
环境监测专用仪器仪表	台	199 541	18.56
真空泵	台	14 845 559	18.16
鼓风机	台	447 629	10.34
大气污染防治设备	台	307 238	11.89
电动车辆(电动叉车)	台	170 249	21.87
数控金属切削机床	台	260 934	14.78
数控金属成型机床	台	47 034	39.18
金属切削工具	万件	957 893	17.66
汽轮发电机组	千瓦	90 308 960	10.57
风力发电组	千瓦	23 115 442	13.81
电站用汽轮机	千瓦	81 256 892	12.14
电站水轮机	千瓦	9 361 986	13.34
光缆	芯千米	303 711 821	19.68
钢绞线	吨	6 046 876	11.73
气动元件	件	478 155 390	11.28
粉末冶金零件	件	1 815 338	12.22
齿轮	吨	3 018 514	14.37
钢铁铰接链(工业链条)	吨	948 448	16.05
金属集装箱	立方米	130 145 182	22.07
1.6 升〈排量≤2.0 升	辆	3 108 443	11.31
多功能乘用车(MPV)	辆	1 862 859	43.06
运动型多用途乘用车(SUV)	辆	4 190 190	35.04
铸铁件	吨	47 038 293	10.05
锻件	吨	12 306 632	11.76

5. 代表产品价格水平持续低迷。从全年的走势看,总体呈现逐月小幅回升趋势,整体水平高于上年。但回升的动力仍显不足,各月仍在 100% 以下。当月价格指数自 2011 年 12 月起连续 37 个月在 100% 以下,累计价格指数持续 35 个月低于 100%。与全国工业品出厂价格指数相比,机械工业价格指数波动小,累计价格指数连续 29 个月稳定在 98.0% 的水平 。见图 2。

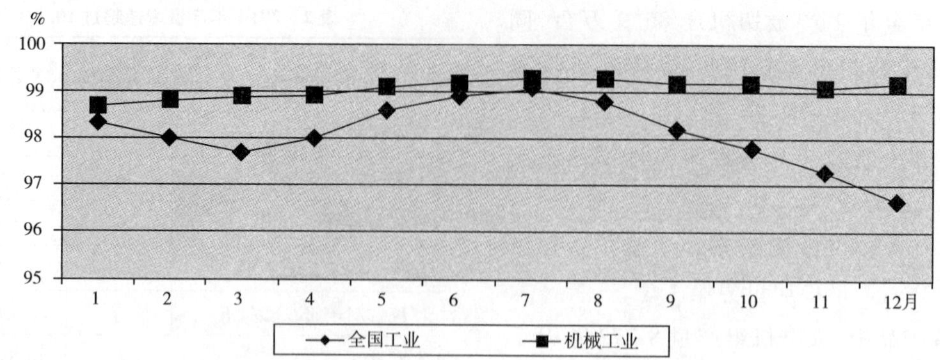

图 2　2014 年机械工业价格指数与全国工业价格指数变动情况

6. 固定资产投资增速回落。2014 年机械工业完成固定资产投资 44 933.6 亿元，同比增长 12.7%。机械工业投资占全国固定资产投资的比重为 9.0%，比 2013 年缩小 0.2 个百分点；机械工业占制造业固定资产投资的比重为 26.9%，比 2013 年缩小 0.1 个百分点，均较上年下降。

2014 年机械工业固定资产投资同比增速虽继续保持两位数增长，但 12.7% 的增速却是近 9 年来的最低水平点，全年累计增速低于 2013 年 2.0 个百分点以上，年末投资额在全国及制造业固定资产投资总额中的比重均有所减少。

7. 机械工业对外贸易稳中有升。2014 年机械工业对外贸易形势好于上年。其中出口平稳增长，进口增速较上年明显加快，贸易顺差再创新高。据海关统计，2014 年机械工业实现进出口总额 7 255 亿美元，同比增长 8.1%，比全国外贸增速高 4.7 个百分点。其中出口 4 023 亿美元，同比增长 8.0%，进口 3 232 亿美元，同比增长 8.2%，进出口增速均高于全国外贸平均水平。全年累计实现贸易顺差 791 亿美元，较上年增加 55 亿美元。

二、2014 年行业运行的主要特点

（一）主要指标有所回落，但稳定增长

1. 机械工业主营业务收入实现中速增长。2014 年机械工业实现主营业务收入 222 128 亿元，同比增长 9.4%，增速比上年同期（13.8%）回落 4.4 个百分点，高于同期全国工业增速（7.0%）2.5 个百分点，占全国工业的比重为 20.3%。全年实现中速增长，各月累计增速大体保持在 9.0% ~ 12.0%。

从月度看，12 月当月实现主营业务收入 22 800 亿元，为年内最高。从增幅看，受上年前低后高走势影响，2014 年前 7 个月每月增速均达到两位数，进入 8 月随着上年基数提高，增速回落，8 月同比增长 7.3%，比 7 月（12.8%）下滑了 5.6 个百分点，下半年增速始终在个位数。

2. 利润总额稳定增加，增速回落快。“十一五”期间机械工业利润总额年均增速达 39.7%，但进入 2011 年、2012 年利润增幅明显回落。2014 年上半年机械工业利润增长相对稳定，各月同比增速均在 20.0% 以上，下半年增速回落较快，至年底同比增速回落至 10.6%。与 2013 年相比，2014 年利润增速比上年同期回落 4.9 个百分点，而主营业务收入比上年同期回落 4.4 个百分点，利润回落速度略快于主营业务收入回落速度。

3. 税金增速虽持续回落，增幅仍高于同期全国工业。2014 年机械工业实现税金总额同比增长 8.2%，高于全国工业（6.2%）2.1 个百分点，税金增长与上年比较呈现逐月下行趋势；税金总额占全国工业的比重为 17.4%，对全国工业利税增长的拉动作用进一步增强。

4. 主要经济效益指标微弱增长。2014 年机械工业资本保值增值率为 113.0%，比全国工业（111.9%）高 1.1 个百分点；资产负债率为 54.6%，同比下降 1.1 个百分点，比全国工业负债率低 2.2 个百分点；成本费用利润率为 7.6%，同比增长 0.1 个百分点，高于全国工业 1.2 个百分点；主营业务收入利润率为 7.0%，同比增长 0.1 个百分点，高于全国工业（5.9%）1.1 个百分点；总资产的贡献率为

14.5%,高于全国工业(14.3%)0.2个百分点。

但部分指标低于全国工业平均水平。其中流动资产周转率2.1次,低于全国工业0.4个百分点。

(二)行业间分化加剧

主要分行业已由“十五”“十一五”期间的同步增长转向分化发展,且显现分化加剧的趋势。工程机械、机床、重型矿山机械等投资类产品行业增速普遍下滑,而乘用车、制冷空调、环保机械等消费类产品行业较为景气。各分行业的表现:

——农机工业增速放缓,结构调整稳中有进。玉米机收获机产销量增长近50.0%;大中型拖拉机市场总体下降,但仍取得了一定增长,特别是120~130大马力拖拉机市场增长了50.0%以上;此外大型联合收割机、青饲料机也都纷纷亮相市场,产品结构优化,质量水平也有提升。

——内燃机行业利润较快增长。由于汽车发动机在内燃机总产量中权重很大,故在汽车行业拉动下,内燃机行业的效益与上年相比明显回升。2014年利润累计增长22.7%,在机械工业13个分行业中增速最高。

——工程机械行业下滑幅度有所收敛。2014年一季度工程机械行业运行曾有所回升,但4月以后又重新陷入回落。挖掘机和装载机等代表性产品全年产量均到深度负增长状态。但全年工程机械行业通过优化产品结构,提高产品技术质量水平,积极应对新变化,在国内市场整体形势并不乐观的情况下,行业发展不乏亮点,工业车辆、高空作业平台、随车起重机等产品逆势实现较大幅度增长。

——仪器仪表行业产销增幅低于预期。全年产销增幅低于年初预期。行业中的中小型企业的利润增幅高于大型企业,中资企业的利润增幅要高于三资企业。从产品看,2014年下半年以来,各类分析、实验、环保等测试仪器设备保持较高的增长率,而占比最大的工业自动化行业增幅下行明显。

——石化通用机械行业产销平稳增长。行业经济运行保持平稳发展。价格指数平稳。出口增速逐月提高,进口增速放缓。行业中重点企业发展速度明显放缓。

——重型机械行业下行压力较大,利润大幅回落。2014年重型机械行业受矿山开采、钢铁冶炼等行业需求趋缓的影响,运行压力明显加大,主要表现在:一是主营业务收入增长7.9%,利润同比下降4.7%,比上年同期大幅回落17.1%;二是主要产品产量增减不一,冶金机械设备市场较上年相比有所回暖,矿山机械设备市场有所收缩,起重机械产量市场接近饱和,输送机械市场继续看好。

——机床行业运行仍较困难。2014年的机床行业形势仍较困难,行业分化大。工具、磨料磨具行业形势好于主机;主机行业中数控机床形势好于普通机床,成型机床形势好于金切机床;金切机床中,中小型机床形势好于重型机床。2014年业内重点机床主机企业多数仍处于需求严重低迷的深度困难之中。

——电工电器行业继续取得进展。全年电工行业总体实现平稳增长,经济效益有所好转,对外贸易好于上年,价格仍在低位运行。

——汽车行业产销再创新高。2014年汽车行业总体实现了良好发展。全年产销量创历史新高;经济效益指标保持增长;新能源汽车产销爆发式增长。

由于市场需求发生变化导致乘用车结构发生变化,主要表现在SUV市场增长迅猛,占比增加;轿车占比下降。行业集中度提高,2014年汽车销量排名前十位的企业集团销量占汽车销售总量的89.7%,比上年提高1.7个百分点。

(三)区域、所有制结构调整变化

自金融危机以来,东部地区在出口下滑、经济转型的双重压力下,增长速度明显放缓;而中西部地区在政策支持、产业转移和内需拉动下保持较快增长,地区间的协调性有所改善。2014年机械工业区域结构调整继续向政策预期方向进行。

1. 中西部地区增长快于东部地区。2014年东、中、西部分别实现主营业务收入为146 918.7亿元、52 560.5亿元和22 648.7亿元,同比分别增长8.3%、11.4%和12.3%,中西部地区增速仍快于东部地区,与上年相比增速分别回落4.2、4.6和6.4个百分点。在利润、税金方面,西部地区增速明显高于中、东部地区。2014年西部地区机械工业实现利润增长14.5%,高于中、东部地区增速(9.2%、

1.6%）5.3、3.8 个百分点；2014 年西部地区税金增长 10.5%，分别高于中、东部地区（6.3%、8.5%）4.2、2.1 个百分点。

2. 不同所有制企业增速均呈回落趋势。国有、民营、三资企业增长均比上年回落。民营企业对全行业主营业务收入、税金总额的贡献率上升，但对利润总额贡献率大幅下降。2014 年国有、民营、三资企业分别完成主营业务收入 44 015.4 亿元、127 365.7 亿元、40 118.7 亿元，同比分别增长 7.0%、10.9%、7.4%。国有、民营、三资企业分别实现利润总额 3 488.4亿元、8 157.4 亿元、3 169.6 亿元，同比分别增长 13.6%、7.7%、15.2%，均比上年同期（15.4%、14.6%、17.4%）回落 1.7、6.9、2.2 个百分点。税金方面，国有、民营、三资企业也大幅回落，全年上缴税金总额分别为 2 484.1 亿元、4 358.4 亿元、1 148.5 亿元，同比分别增长 3.1%、11.5%、8.5%，增幅比上年同期（22.2%、19.5%、13.5%）分别回落 19.1、8.1、4.9 个百分点。

3. 省市发展分化加剧。全国主要省市区机械工业主营业务收入均实现增长。其中 9 个省市增速较上年出现不同程度回落，8 个省市区利润下降，22 个省市区利润增速比上年呈现回落，其中 14 个省市区增速回落幅度超过 10.0 个百分点以上。

在 31 个主要统计的省市区中，2014 年利润超过 100 亿元的有 20 个省市。其中江苏省（2 778.8 亿元）、山东省（1 871.2 亿元）、上海市（1 545.4 亿元）、广东省（1 114.4 亿元）、河南省（1 040.7 亿元）5 个省市实现利润总额超过 1 000 亿元。

长江三角洲、珠江三角洲和环渤海湾三大都市圈利润总额合计 10 300.7 亿元，同比增长 11.0%，增速比 2013 年大幅下降 4.2 个百分点，利润总额占机械工业比重为 66.1%，比 2013 年提高 0.2 个百分点。从贡献率看，长江三角洲地区贡献率为 47.0%，环渤海湾地区贡献率为 10.4%，珠江三角洲地区贡献率为下降 10.6%。三大都市圈合计对全行业利润总额的贡献率达 68.0%。见表 3。

表 3　2011—2014 年主营业务收入、利润分别排序前 15 位省市变化情况

省市名称	按主营业务收入排序				按利润排序			
	2011 年	2012 年	2013 年	2014 年	2011 年	2012 年	2013 年	2014 年
江　苏	1	1	1	1	1	1	1	1
山　东	2	2	2	2	2	2	2	2
广　东	3	3	3	3	4	4	4	4
浙　江	4	5	4	4	6	6	6	6
上　海	5	4	6	7	3	3	3	3
辽　宁	6	6	5	5	8	7	7	8
河　南	7	7	7	6	5	5	5	5
湖　北	8	9	8	8	9	9	9	9
吉　林	10	8	9	9	7	8	8	7
四　川	12	10	13	13	14	14	14	14
天　津	16	14	16	16	13	15	15	15
河　北	11	13	12	11	11	10	11	12
重　庆	14	15	14	14	16	16	13	10
北　京	15	16	15	15	12	12	10	11
安　徽	13	11	10	10	15	13	12	13
湖　南	9	12	11	12	10	11	16	17

（四）机械工业为全国工业"稳增长"做出重要贡献

机械工业的发展与国民经济和全国工业的发展密切相关。作为支柱产业，近年来机械工业对国民经济和全国工业的发展发挥了重要带动作用，贡献率稳步提高。

1. 机械工业对国民经济发展发挥了重要支撑作用。2014 年机械工业增加值增速呈现稳步回升的态势，全年累计增速实现两位数增长，同比增长 10.0%，增速仅次于有色金属、电子、医药行业，位列各工业部门第 4 位，高于全国工业平均水平 1.7 个百分点。见图 3。

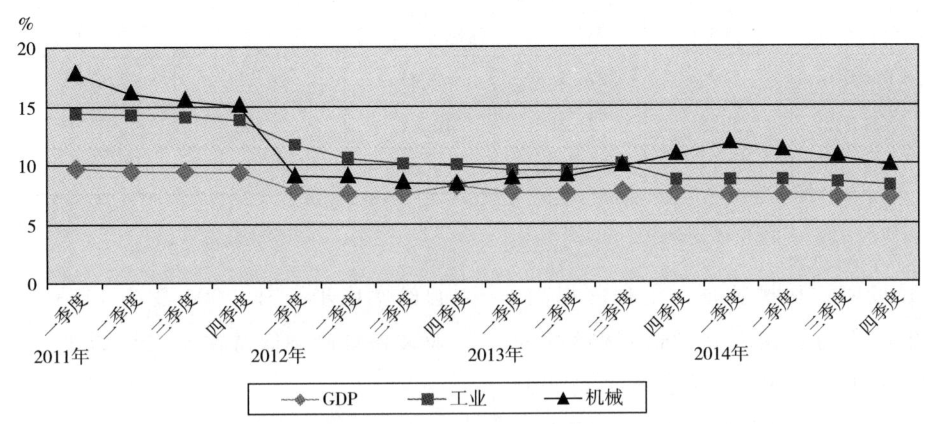

图 3　2011 年以来全国 GDP、工业增加值和机械工业增加值同比增减情况

2. 机械工业为全国工业稳增长做出贡献。2014 年机械工业共有规模以上企业 8.2 万余家，占全国工业的 22.1%，仅次于轻工行业，位列第 2 位；全年实现主营业务收入连续两年超过 200 000 亿元，占全国工业的首位，占全国工业主营业务收入总额的 1/5；实现利润总额 15 600 亿元，占全国工业的比重 24.1%；机械工业为全国工业的稳增长发挥支撑作用。见表 4。

表 4　2014 年机械工业在全国工业中的地位

指　标	工业增加值累计增速%	企业数		主营业务收入		利润总额	
		绝对量（个）	占工业比重%	绝对量（亿元）	占工业比重%	绝对量（亿元）	占工业比重%
全　国	**8.3**	**361 286**	**100.00**	**1 094 647**	**100.00**	**64 715.0**	**100.00**
煤　炭	2.5	7 110	1.97	30 058	2.75	1 269.2	1.96
石　化	7.5	27 838	7.71	136 406	12.46	7 652.3	11.82
电　力	2.1	5 111	1.41	55 350	5.06	4 185.7	6.47
冶　金	7.2	12 294	3.40	86 076	7.86	2 191.6	3.39
有色金属	11.4	9 273	2.57	57 025	5.21	2 053.4	3.17
建　材	9.6	39 511	10.94	70 017	6.40	4 770.0	7.37
机　械	10.0	79 797	22.09	222 714	20.35	15 611.9	24.12
其中：汽车	11.8	12 407	3.43	66 677	6.09	5 991.0	9.26
电　子	12.2	13 218	3.66	84 518	7.72	3 868.3	5.98
纺　织	7.0	37 599	10.41	66 073	6.04	3 590.4	5.55
轻　工	8.2	104 461	28.91	220 146	20.11	13 807.9	21.34
烟　草	8.2	131	0.04	8 906	0.81	1 215.8	1.88
医　药	12.5	7 872	2.18	25 462	2.33	2 541.5	3.93

注：数据来源于国家发改委整理。

3. 对全国工业发展的贡献率位居工业各分行业前列。2014 年,机械工业对全国工业新增主营业务收入的贡献率达 26.8%,拉动全国工业主营业务收入增长 1.9 个百分点;对全国工业新增利润的贡献率为 71.3%,在全国工业利润增长 3.4% 中,由机械工业拉动 2.4 个百分点;对全国工业新增税金的贡献率为 22.8%,在全国工业税金增长 6.2% 中,由机械工业拉动 1.4 个百分点。见表 5。

表 5　2014 年机械工业对全国工业发展的贡献

指　标	全国工业		机械工业		机械工业占全国工业比重(%)	对同期工业发展的贡献率(%)	拉动工业增长(百分点)
	指标值(亿元)	同比速度(%)	指标值(亿元)	同比速度(%)			
主营业务收入	1 094 646	6.96	222 128	9.41	20.29	26.83	1.87
利润总额	64 715	3.35	15 586	10.61	24.08	71.29	2.39
税金总额	48 402	6.15	8 438	8.20	17.43	22.81	1.40

4. 国民经济建设所需机械装备自给程度提高。近年来机械工业生产能力迅猛发展,结构调整的成果逐步显现,产品结构优化升级,重大技术装备研制领域取得突破性进展。机械工业对国民经济建设和国防建设所需装备的供给能力显著增强,机械设备自给率稳步上升,2005 年为 77.3%,2014 年机械工业装备自给率保持在 85.0% 以上。

(撰稿:赵新敏)

2014 年钢铁行业运行情况综述

中国钢铁工业协会

2014 年,世界经济深度调整,中国经济增速放缓。面对经济下行压力,政府没有采取强刺激,而是强力推进改革,激发市场和企业活力。全年 GDP 增长 7.4%,同比略有回落,城镇新增就业 1 300 多万人,在经济增速放缓的情况下不减反增,结构性改革迈出了新步伐,经济结构调整取得明显成效,经济发展的质量和效益明显提升。但是经济增长对钢材需求强度持续下降,钢材消费增长乏力,同时粗钢产量仍然保持小幅增长,市场供大于求矛盾仍然突出,钢材价格屡创新低。得益于原燃料价格降幅较大以及企业内部挖潜降成本,全行业整体盈利状况有所改善,但盈利水平仍然很低。

一、粗钢产量略有增长,表观消费量小幅下降,企业效益有所好转

(一)粗钢产量略有增长

2014 年,全国生产生铁 71 159.97 万吨,同比增长 0.47%,增幅回落 5.77 个百分点;生产粗钢 82 269.78万吨,同比增长 0.89%,增幅回落 6.68 个百分点;生产钢材(含重复材)112 557.43 万吨,同比增长 4.46%,增幅回落 6.89 个百分点;生产焦炭 47 691.05万吨,同比下降 0.04%,2013 年为增长 8.13%;生产铁矿石 151 423.77 万吨,同比增长 3.9%,增幅回落 6.04 个百分点;生产铁合金 3 786.25万吨,增长 4.99%,增幅回落 9.68 个百分点。主要钢铁产品产量情况见表 1。

表1 2014年主要钢铁产品产量

种类	2014年（万吨）	2013年（万吨）	增减量（万吨）	增减幅（%）
生铁	71 159.97	70 825.60	334.37	0.47
粗钢	82 269.78	81 541.04	728.74	0.89
钢材	112 557.43	107 747.72	4 809.71	4.46
焦炭	47 691.05	47 709.61	-18.56	-0.04
铁矿石	151 423.77	145 737.56	5 686.21	3.9
铁合金	3 786.25	3 606.19	180.06	4.99

数据来源:《中国钢铁工业统计月报》(2014年12月)。

2014年,世界65个主要产钢国家和地区共生产粗钢16.37亿吨,同比增长1.14%。扣除中国内地后的世界粗钢产量8.14亿吨,同比增加1 116.40万吨,增长1.39%。中国钢产量占世界总量的50.26%,比2013年提高0.99个百分点,仍然是世界上产钢量最多的国家。2014年全球前十大产钢国家产量情况见表2。

表2 2014年全球前10位国家粗钢产量及增长率情况

排名	国家	产量(百万吨)	增长率(%)
1	中国	823.0	0.9
2	日本	111.0	0.1
3	美国	86.9	1.7
4	印度	83.2	2.3
5	韩国	71.0	7.5
6	俄罗斯	70.7	2.6
7	德国	42.9	0.7
8	土耳其	34.0	-1.8
9	巴西	33.9	-0.7
10	乌克兰	27.2	-17.1

数据来源:《中国钢铁工业统计月报》(2014年12月)。

2014年,全国粗钢日产水平高位波动,全年日产水品最高在6月份达到230.98万吨/日,相当于年产8.43亿吨的水平;最低为11月份211万吨/日,相当于年产7.7亿吨的水平。整体来看,下半年粗钢日产水平低于上半年,下半年钢铁生产有所放缓。见图1。

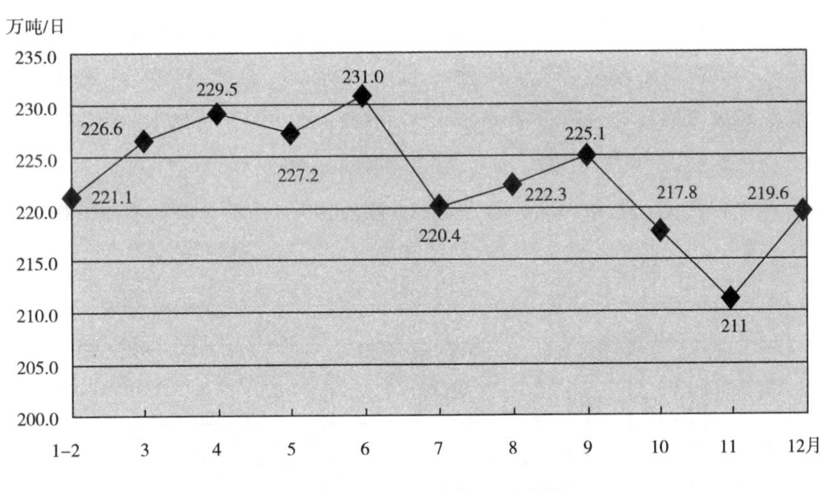

图1 2014年月平均粗钢日产量情况

(二)全国粗钢表观消费量明显下降

2014年,全国粗钢表观消费量74 079.96万吨,比2013年减少2 520.14万吨,下降3.29%,2013年为增长7.1%。全年粗钢表观消费量呈前高后低,下半年粗钢表观消费量逐步走低,从各月情况看,2月、11月、12月粗钢表观消费量较低,3月份表观消费量6 442.56万吨,为全年高点。从同比增长率情况看,2014年各月粗钢表观消费下降的月份有10个,仅1月和6月粗钢表观消费量同比增长。从人均粗钢表观消费量角度看,2014年人均粗钢表观消费量540千克,比2013年减少27.7千克,2014年粗钢表观消费量及增速见图2。

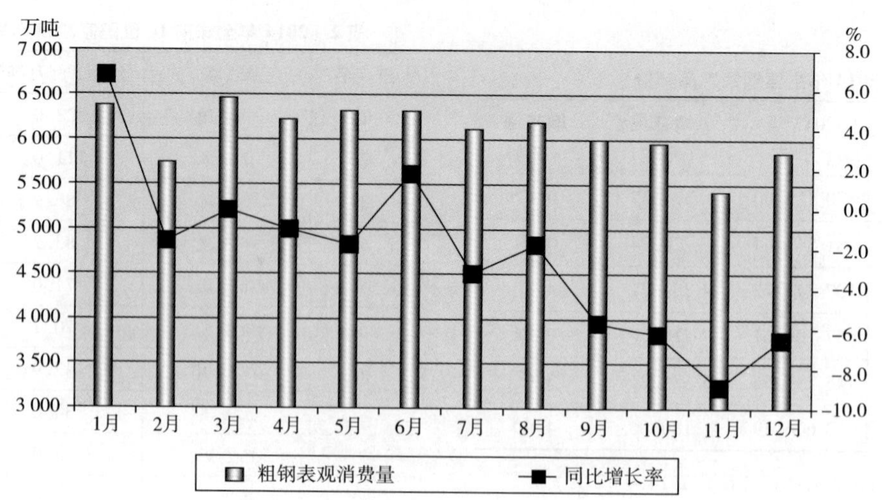

图 2 2014 年粗钢表观消费量及同比增长率

2014 年，全国钢材表观消费量 10.46 亿吨，同比增加 1 700.54 万吨，增长 1.65%。表观消费量最高的 5 个品种分别为钢筋 21 515.07 万吨，占 20.56%；线材 14 305.47 万吨，占 13.67%；中厚宽钢带 11 172.07万吨，占 10.68%；棒材 6 066.55 万吨，占 5.8%；热轧窄钢带 5 941.79 万吨，占 5.68%。以上 5 个品种累计占总消费量的比重为 56.39%。

从各品种表观消费量同比增量看，钢筋增加 988.96 万吨、冷轧薄板增加 389.89 万吨、镀层板增加 379.12 万吨，棒材减少 888.74 万吨、中厚宽钢带减少 794.54 万吨、中小型型钢减少 178.23 万吨。从各品种表观消费量增幅看，冷轧窄钢带增长 12.94%、冷轧薄板增长 12.07%、特厚板增长 8.99%，涂层板下降 38.66%、棒材下降 12.78%、铁道用材下降 12.41%、中厚宽钢带下降 6.64%。与上年相比，表观消费量增长的品种增速明显回落，表观消费量下降的品种明显增多并且降幅较大，钢材消费进入峰值平台区的特征十分明显。

2014 年，5 种钢材社会库存先上升后下降，3 月末是全年最高点，达到 1 554 万吨，随后逐月下降，12 月末社会库存下降到 820 万吨，比 3 月末下降 47.23%；从同比增长率情况看，各月社会库存与上年同期相比均大幅下降，1 月和 2 月份降幅较小，4 月份以后降幅均保持在 30.0% 以上。见图 3。

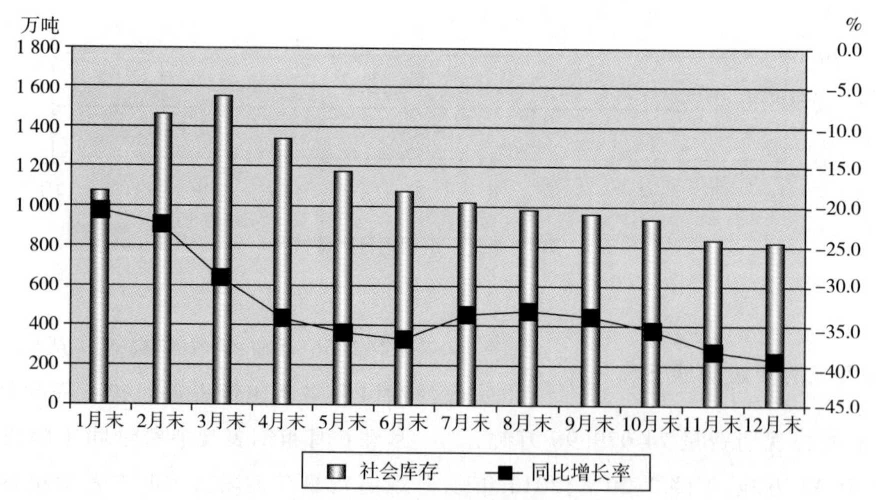

图 3 2014 年 5 种钢材社会库存及同比增长率

2014 年年末，5 种钢材社会库存中，螺纹钢库存 389.58 万吨，同比下降 26.28%；线材库存 97.38 万吨，同比下降 29.06%；热轧 236.67 万吨，同比下降 38.48%；冷轧产品 143.88 万吨，同比下降 8.50%，中板

95.37万吨,同比下降33.44%。热轧和中板降幅较大。

2014年,重点统计钢铁企业库存情况与社会库存趋势一致,3月末达到年中高点1 660.26万吨,比年初增加424.29万吨,增长34.33%,比上年同期增加177万吨,增长11.96%,之后持续下降,到年末库存降至1 289.08万吨,比年初增长3.83%。见图4。

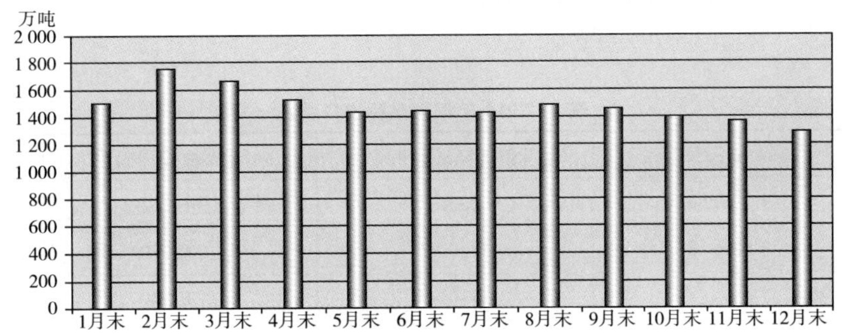

图4 2014年钢铁企业库存情况

(三)钢材出口大幅增长,累计出口量超过进口量

2014年,全年出口钢材9 378.38万吨,同比增长50.45%,进口钢材1 443.21万吨,同比增长2.52%;钢材净出口7 935.17万吨,钢坯净进口28.53万吨,材坯合计折合粗钢净出口8 407.66万吨,同比增加3 334.28万吨,净出口量占全国粗钢产量的10.22%。自1949—2014年年底,我国累计出口钢材5.96亿吨,进口钢材5.94亿吨,钢材累计出口量超过进口量。

进出口价格方面,2014年,进口钢材平均价格1 241美元/吨,同比增长2.48%;出口钢材平均价格755美元/吨,同比下降8.84%;进出口平均价格相差486美元/吨,比2013年扩大129美元/吨。

进出口区域方面,2014年,中国进口钢材主要来源于日本、韩国和中国台湾地区,三地合计占钢材进口总量的86.43%;在进口量比较大的地区中,从韩国进口量保持增长,同比增长7.81%,从日本和中国台湾地区进口略有下降,分别同比下降0.23%和0.35%。向东盟、韩国、中东地区的出口量占总出口量的48.54%;对统计的19个国家和地区出口均大幅增长,其中对印度、日本、意大利出口增幅超过100%;对越南、菲律宾、印度尼西亚、美国、沙特、阿联酋、缅甸、比利时及中国台湾地区出口增幅均超过50.0%。

进出口钢材品种方面,进口钢材以板材为主,全年板材进口量占钢材总进口量的83.71%;进口量增速较高的品种有热轧薄板同比增长41.70%、厚钢板同比增长30.0%、钢筋增长29.40%、中板同比增长20.40%;进口量下降明显的品种主要有铁道用材同比下降58.50%、冷轧薄宽钢带同比下降13.30%、电工钢板下降12.40%、热轧薄宽钢带同比下降11.50%。出口方面,板材出口量占钢材出口总量的46.56%;棒线材占32.91%;角型材占4.90%;管材占10.72%。钢铁产品进出口情况见图5。

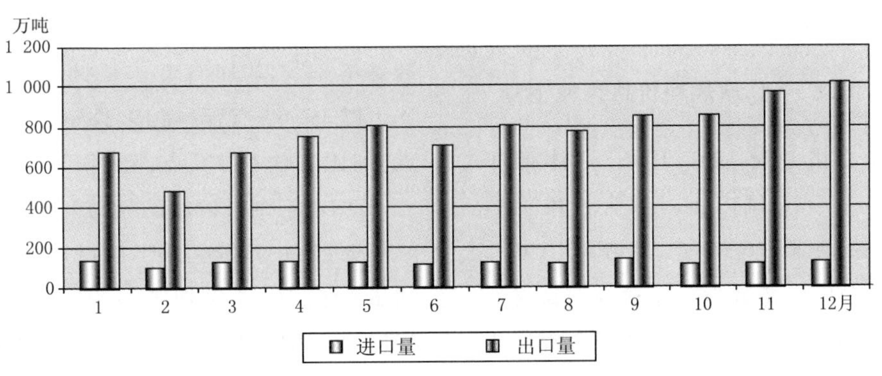

图5 2014年钢材进出口情况

分品种看，2014 年，棒线材出口增长 80.4%，高于整体出口增幅，长材出口增量占出口钢材总增量的 43.75%，其中主要是棒材增长 117.9%、线材增长 42.6%；板材出口长 58%，出口增量占出口钢材总增量的 50.97%，高于长材出口增量占比；而特厚板、钢筋和厚板出口大幅下降，同比分别下降 46.5%、24.3% 和 21.8%。见表 3。

表 3　2014 年钢材品种出口情况

种　类	2014 年（万吨）	2013 年（万吨）	增减量（万吨）	增减幅（%）
钢材合计	9 378.38	6 233.75	3 144.63	50.4
棒线材	3 086.28	1 710.59	1 375.70	80.4
角型材	459.88	410.48	49.40	12.0
板　材	4 367.04	2 764.08	1 602.96	58.0
管　材	1 005.78	957.08	48.70	5.1
铁道用材	59.38	37.85	21.53	56.9
其他钢材	400.02	353.68	46.34	13.1

数据来源：《中国钢铁工业统计月报》（2014 年 12 月）。

2014 年，出口增幅前 5 个钢材品种分别是棒材增长 117.90%、中厚宽钢带增长 98.70%、热轧窄钢带增长 85.20%、中板增长 69.50%、冷轧薄板增长 60.50%，5 个品种合计出口钢材 4 091.31 万吨，同比增加 2 037.19 万吨，增幅 99.18%。见表 4。

表 4　2014 年出口增幅前五种钢材出口量

种　类	2014 年（万吨）	2013 年（万吨）	增减量（万吨）	增减幅（%）
合　计	4 091.31	2 054.12	2 037.19	99.18
棒　材	1 924.00	882.96	1 041.04	117.90
中厚宽钢带	1 280.22	644.35	635.87	98.70
热轧窄钢带	28.43	15.35	13.08	85.20
中　板	713.56	421.05	292.51	69.50
冷轧薄板	145.10	90.42	54.68	60.50

数据来源：《中国钢铁工业统计月报》（2014 年 12 月）。

（四）钢材价格持续下滑，原燃料价格大幅下降

2014 年，钢材价格总体持续下降，整体低于 2013 年水平。2014 年年末国内钢材综合价格指数下降到 83.09 点，同比下降 16.05 点，降幅 16.19%，2014 年年末钢材综合价格指数为全年最低。长材价格指数和板材价格指数涨跌趋势与钢材综合价格指数基本一致，2014 年年末长材价格指数 82.71 点，同比下跌 19.63 点，降幅 19.18%；板材价格指数 85.10 点，同比下跌 12.76 点，降幅 13.04%。

2014 年钢材价格的显著变化是长材价格指数降幅扩大，自 6 月份起低于板材价格指数，长材价格指数虽然在 10 月份快速反弹，但年末又大幅下滑。2013 年、2014 年钢材价格指数见图 6。

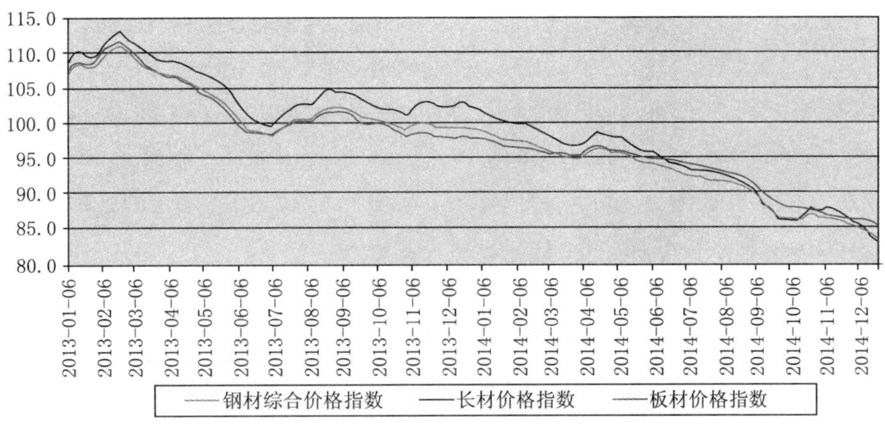

图 6　2013—2014 年国内钢材价格指数

2014 年，中国进口铁矿石全年平均价格为 100.42 美元/吨，比 2013 年下降 29.20 美元/吨，降幅 22.53%，全年铁矿石价格持续下跌。1 月份，进口铁矿石平均价格高达 130.74 美元/吨，12 月份跌至 75.61 美元/吨；12 月末进口铁矿石到岸价格已经跌至 70.39 美元/吨，比上年同期下跌 49.67%。见图 7。

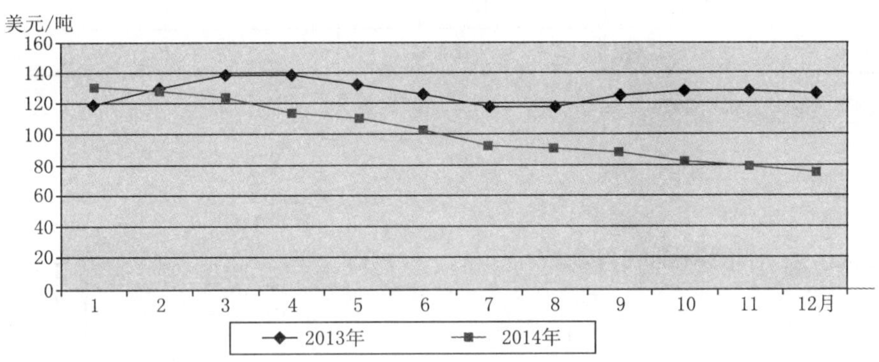

图 7　2014 年进口铁矿石价格

2014 年，大中型钢铁企业炼焦煤（十级）各月平均采购价格均低于 2013 年。8 月末平均价格降到 770 元/吨，同比下降 28.7%，为全年最低价，之后略有反弹（见图 8）。2014 年，炼焦煤价格的下降幅度低于进口铁矿石价格降幅。

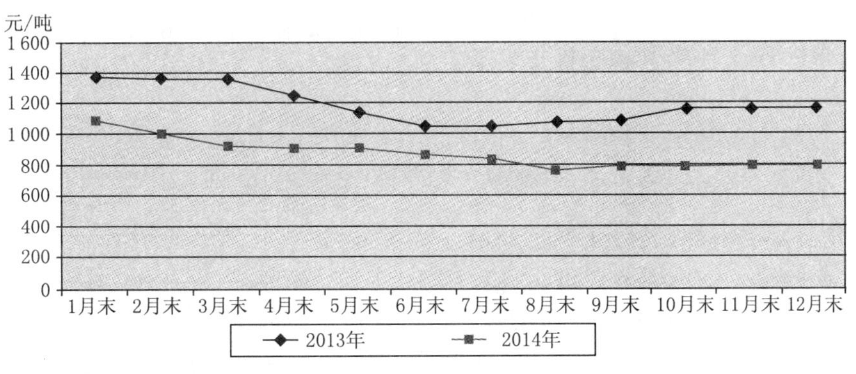

图 8　2014 年炼焦煤价格

（五）经济效益有所好转，盈利能力仍然很低

2014 年，钢铁协会重点统计的 88 户大中型钢铁企业实现工业总产值 29 248.76 亿元，比 2013 年减少 1 557.13 亿元，下降 5.05% ；实现销售收入 35 882.07 亿元，比 2013 年减少 1 100.64 亿元，下降 2.98%；实现利润总额 304.44 亿元，比 2013 年增加 87.54 亿元。销售利润率 0.85%，比 2013 年提高 0.26 个百分点；全年亏损企业 13 户，比 2013 年减少 4 户，亏损面 14.77%；亏损企业亏损总额 117.47 亿元，比 2012 年减亏 10.24 亿元。见表 5。

表 5　2014 年重点统计钢铁企业经济效益指标

指　标	2014 年（亿元）	2013 年（亿元）	增减额（亿元）	增减幅（%）
工业总产值	29 248.76	30 805.87	-1 557.11	-5.05
产品销售收入	35 882.07	36 982.71	-1 100.64	-2.98
产品销售成本	33 349.66	34 575.52	-1 225.86	-3.55
期间费用	2 502.19	2 368.99	133.20	5.62
实现利税	1 090.91	972.70	118.21	12.15
利润总额	307.44	216.90	90.54	41.74
亏损企业亏损额	117.47	127.72	-10.25	-8.03
销售利润率（%）	0.85	0.59	0.26	—

数据来源：《中国钢铁工业统计月报》（2014 年 12 月）。

二、转型升级，淘汰落后，节能减排取得新成果

2014 年钢铁企业盈利企业增加，亏损面收窄，行业整体形势要好于上年同期，但从政策层面看，中央及各省市淘汰落后政策的持续推进，信贷政策的日益收紧，以及新环保法的实施都将给钢铁企业带来不小的压力，这也对中国钢铁行业提出了更高的要求。一年来，中国钢铁行业加大了节能减排的工作力度，节能减排管理及相关技术进步取得较大提高，节能降耗成为钢铁企业增强市场竞争力和企业核心竞争力的重要手段，钢铁行业各项节能减排指标持续改善。

（一）节能情况

1. 总能耗同比下降，吨钢能耗持续下降。2014 年，重点统计钢铁企业总能耗累计 29 973.34 万吨标准煤，同比下降 0.49%，是三年来的首次同比下降，见图 9。

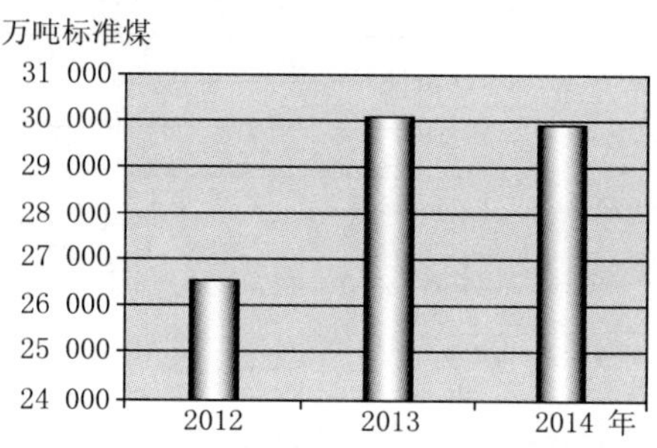

图 9　2012—2014 年重点统计钢铁企业总能耗情况

吨钢综合能耗累计 584.70 千克标准煤/吨，同比下降 1.23%；吨钢可比能耗累计 542.75 千克标准煤/吨，同比下降 2.67%；吨钢耗电 469.37 千瓦时/吨，同比增长 0.05%。见图 10。

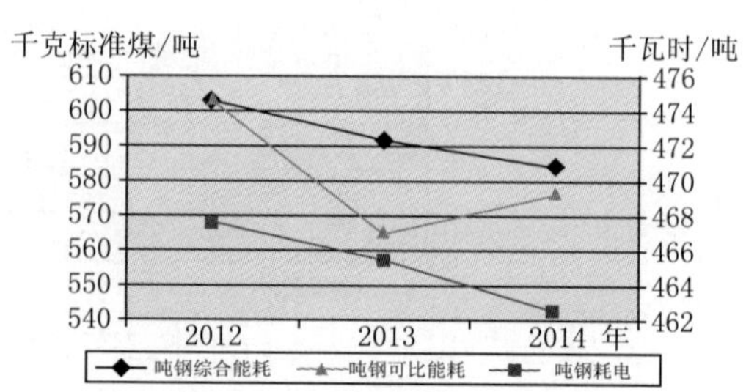

图 10　2012—2014 年综合能耗指标情况

2. 铁前工序能耗同比下降。2014年，烧结、球团、焦化工序能耗分别为48.90千克标准煤/吨、27.49千克标准煤/吨和98.15千克标准煤/吨，分别同比减少1.08千克标准煤/吨、0.98千克标准煤/吨和1.72千克标准煤/吨，增幅分别为-2.16%、-3.44%和-1.72%。见图11。

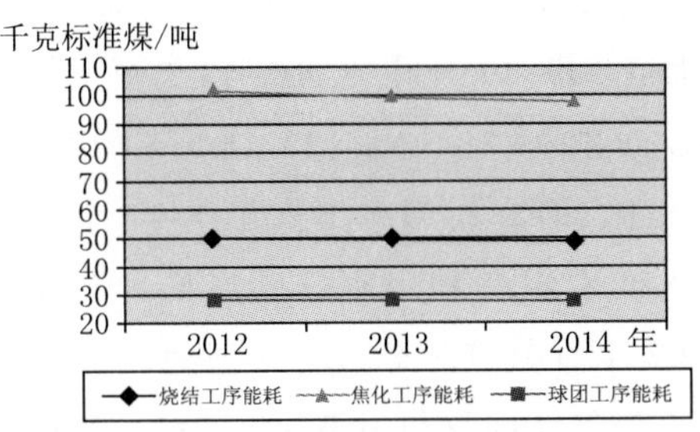

图11　2012—2014年铁前工序能耗指标情况

与2012年相比，烧结、球团、焦化工序能耗分别降低1.70千克标准煤/吨、1.26千克标准煤/吨和4.57千克标准煤/吨，增幅分别为-3.36%、-4.38%和-4.45%。

焦炉煤气放散量21 654万立方米，同比减少23 968.49万立方米，降幅52.54%，放散率0.61%，较去年同期下降了0.64个百分点。

3. 炼铁工序能耗优于上年同期。2014年全年，炼铁工序能耗达到395.31千克标准煤/吨，同比减少2.63千克标准煤/吨，下降0.66%。高炉煤气放散量累计1 635 523万立方米，同比减少592 710万立方米，降幅26.60%。高炉煤气放散率下降到2.42%，同比下降1.04个百分点。见图12。

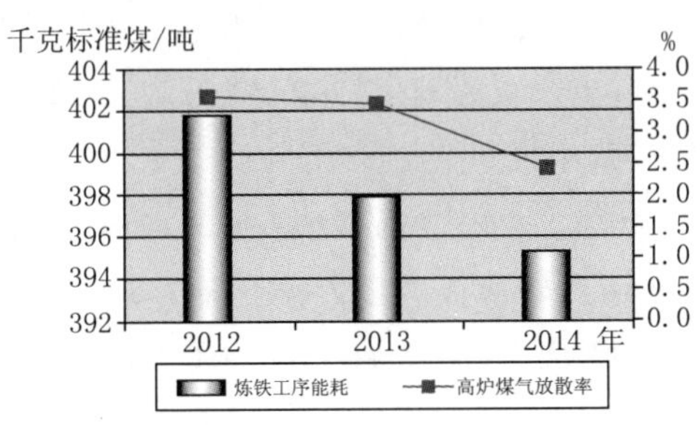

图12　2012—2014年炼铁工序能耗指标情况

与2012年相比，炼铁工序能耗下降了6.51千克标煤/吨，高炉煤气放散量减少361 506万立方米，放散率降低1.15个百分点。

4. 炼钢工序能耗继续下降。2014年全年，转炉工序能耗-9.99千克标煤/吨，同比下降2.66千克标煤/吨，降幅36.29%，其中铁水预处理能耗0.46千克标煤/吨，同比下降2.13%；转炉冶炼能耗-16.99千克标煤/吨，同比下降11.34%；转炉二次冶金能耗6.82千克标煤/吨，同比下降1.34%；转炉连铸能耗7.18千克标煤/吨，同比下降1.91%，见图13。

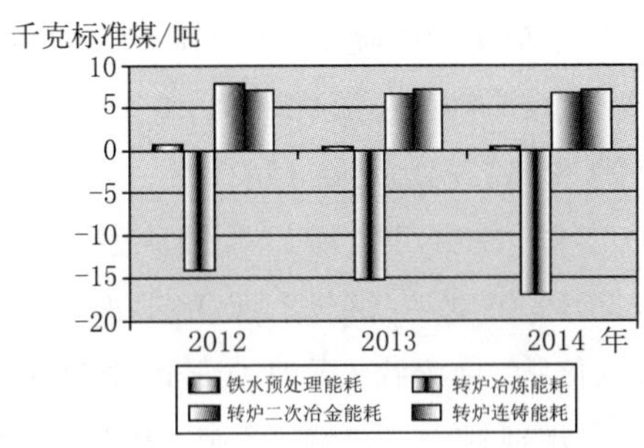

图13　2012—2014年转炉工序能耗指标情况

（二）减排情况

1. 用水总量8年来首次同比下降，水重复利用率持续升高。2014年，重点统计钢铁企业用水总量累计744.45亿立方米，同比下降0.20%，自2007年以来，重点统计钢铁企业用水总量在2014年首次出现同比下降。其中：取新水量累计17.55亿立方米，同比减少0.55亿立方米，下降3.02%；重复用水量累计726.90亿立方米，同比减少0.95亿立方米，下降3.02%。

2014年全年中国钢铁工业协会重点统计企业水重复利用率达到97.64%，比上年同期提高0.07个百分点。累计吨钢耗新水量下降到3.41立方米/吨，与上年同期相比减少0.16立方米/吨。

重点统计钢铁企业吨钢耗新水量稳步下降，从2012年的3.75立方米/吨降到2014年的3.41立方米/吨，降幅9.07%。水重复利用率逐年上升，从2012年的97.52%上升到2014年的97.64%，提高了0.12个百分点。

2. 废水及主要污染物排放逐年下降，污染物减排成效显著。2014年，重点统计钢铁企业外排废水量累计排放48 877.56万立方米，同比减少2 098.88万立方米，同比下降4.12%。

近三年来，由于钢铁企业对于节能环保设施的投入日益加大，重点统计钢铁企业外排废水量呈逐年下降趋势，从2012年全年53 807.17万立方米下降到2014年全年48 877.56万立方米，下降了9.16%，相对于2007年同期则下降了62.59%。

2014年全年外排废水中，各项指标同比下降明显，其中化学需氧量累计排放18 273.65吨，同比下降9.67%；氨氮累计排放1 477.52吨，同比下降17.70%；挥发酚累计排放15.84吨，同比下降1.91%；氰化物累计排放15.93吨，同比下降11.21%；悬浮物累计排放12 851.74吨，同比下降21.50%；石油类累计排放500.85吨，同比下降15.27%。

近三年来，各项污染物累计排放量呈现逐年递减趋势。2014年全年，钢铁行业化学需氧量、氨氮、挥发酚、氰化物、悬浮物、石油类累计排放量与2012年时相比，分别减排4 364.98吨、799.17吨、0.59吨、2.65吨、8 956.58吨和213.85吨，分别同比下降19.28%、下降35.10%、下降3.59%、下降14.26%、下降41.07%和下降29.92%。

3. 废气排放量总体上升，增幅回落明显。2014年全年，重点统计钢铁企业废气累计排放量103 549.30亿标准立方米，同比增加1 963.42亿标准立方米，增幅1.93%。

虽然2014年全年废气排放量同比有所增长，但增幅大幅回落，与上年同期相比，增幅回落了14.98个百分点，增幅与2012年同期相比回落了2.62个百分点。

2014年全年，主要气体污染物中，二氧化硫累计排放量58.54万吨，同比减排11.68万吨，降幅16.63%；烟尘累计排放量14.36万吨，同比减排1.11万吨，降幅7.17%；工业粉尘累计排放量30.06万吨，同比减排2.86万吨，降幅8.69%。

近三年来，二氧化硫和烟粉尘累计排放量呈现波动下降趋势。与2012年相比，二氧化硫、烟尘排放量分别减少9.64万吨和0.87万吨，降幅分别为14.14%和5.71%。工业粉尘在三年间呈现逐年下降趋势，与2012年相比，工业粉尘排放量减少3.94万吨，降幅11.59%。

4. 固体废弃物产生量同比增长，利用率保持较高水平。2014年全年，重点统计钢铁企业钢渣、高炉渣和含铁尘泥累计产生量分别为7 093.58万吨、18 629.17万吨和3 161.89万吨，同比分别增加357.83万吨(增幅5.31%)、增加264.25万吨(增幅1.44%)、减少48.46万吨(降幅1.51%)。钢渣、高炉渣和含铁尘泥的利用率分别达到96.82%、98.50%和99.73%。

由于粗钢产量的增加，固体废弃物产生量呈增加趋势。与2012年相比，钢渣、高炉渣和含铁尘泥分别增加1 249.49万吨、3 505.43万吨和384.57万吨，增幅分别为21.38%、23.18%和13.85%。与2012年相比，钢渣利用率提高了1.47个百分点，高炉渣和含铁尘泥的利用率分别降低了9.02个百分点和2.62个百分点。

5. 可燃气体回收利用率逐年提高。2014年全年，重点统计钢铁企业高炉煤气、转炉煤气和焦炉煤气累计产生量分别为8 085.53亿立方米、507.64亿立方米和447.38亿立方米，其中高炉煤气同比增加35.63亿立方米(增幅0.44%)，转炉煤气同比增加25.53亿立方米(增幅5.30%)、焦炉煤气同比减少23.72亿立方米(降幅5.03%)。高炉煤气、转炉煤气、焦炉煤气利用率分别为97.26%、96.77%和98.90%，高炉煤气、转炉煤气、焦炉煤气利用率分别同比提高0.98个百分点、0.08个百分点和1.48个百分点。

三、积极调整产品结构，适应市场需求

1. 长材比重略有下降，板管带材比重上升。2014年，生产长材51 822.55万吨，比2013年增长3.03%，其中钢筋和线材分别增长4.77%和3.23%，是拉动长材增长的主要品种，中小型型钢下降2.36%；生产板带材47 742.53万吨，比2013年增长4.9%，其中冷轧薄板增长13.53%，渡层板(带)增长13.46%，冷轧窄钢带增长13.32%，中板增长11.06%；而热轧薄板产量大幅下降7.8%，中后宽钢带下降1.37%。生产管材8 898.01万吨，比2013年增长5.44%，其中焊接钢管增长8.54%，无缝钢管增长0.19%；生产铁道用钢材565.30万吨，比2013年下降7.27%，其中重轨下降5.33%，轻轨下降13.96%。2014年品种大类生产情况见表6、表7、表8。

表6　2013—2014年全国钢材分品种产量同比

品　种	2014年产量(万吨)	2013年产量(万吨)	同比增长率(%)	2014年占比(%)	2013年占比(%)	增减百分点
钢材合计	112 557.43	107 747.72	4.46	100.00	100.00	—
铁道用材	565.30	609.60	-7.27	0.50	0.57	-0.07
长　材	51 822.55	50 296.72	3.03	46.04	46.68	-0.64
板带材	47 742.53	45 512.32	4.90	42.42	42.24	0.18
管　材	8 898.01	8 438.90	5.44	7.91	7.83	0.07
其他钢材	3 529.03	2 882.81	22.42	3.14	2.68	0.46

数据来源:《中国钢铁工业统计月报》(2014年12月)。

表7　2013—2014年增幅前5种钢材产量同比

种　类	2014年产量(万吨)	2013年产量(万吨)	增减量产量(万吨)	增减幅(%)
合　计	14 761.54	13 112.73	1 648.81	12.57
重　轨	3 709.77	3 267.55	442.22	13.53
电工钢板	5 075.03	4 473.00	602.03	13.46
特厚板	1 248.81	1 102.01	146.80	13.32
中小型型钢	4 000.91	3 602.31	398.60	11.07
热轧窄钢带	727.02	667.86	59.16	8.86

数据来源:《中国钢铁工业统计月报》(2014年12月)。

表8　2013—2014年下降5种钢材产量同比

种　类	2014年产量(万吨)	2013年产量(万吨)	增减量产量(万吨)	增减幅(%)
合　计	19 262.30	19 680.95	-418.65	-2.13
热轧薄板	120.51	140.06	-13.96	-9.97
轻　轨	815.73	884.75	-69.02	-7.80
涂层板	405.35	428.19	-22.84	-5.33
中　板	5 619.98	5 755.86	-135.88	-2.36
厚　板	12 300.73	12 472.09	-171.36	-1.37

数据来源:《中国钢铁工业统计月报》(2014年12月)。

2014年,长材生产增速低于板带材和管材增速,板管带比为50.32%,板管带比有所提高。

2. 产品自给率有所提高,对外依存度有所下降。2014年,我国钢材自给率107.58%,比2013年提高2.90个百分点。2014年铁道用材、长材、板带材自给率均有所提高,分别比2013年提高6.14个百分点、2.90个百分点和3.50个百分点,管材和其他钢材自给率有所下降,分别下降0.19和1.12个百分点。见表9。

表9　2014年钢材自给率情况

单位:%

分　类	钢材合计	铁道用材	长　材	板带材	管　材	其他钢材
自给率	107.58	110.73	106.99	107.09	111.13	114.34
增减百分点	2.90	6.14	2.90	3.50	-0.19	-1.12

数据来源:《中国钢铁工业统计月报》(2014年12月)。

从产品对外依存度角度看,2014 年钢材对外依存度为 1.38%,比 2013 年提高 0.01 个百分点,其中,长材和管材对外依存度分别增长 0.03 个百分点和 0.04 个百分点,板带材对外依存度与上年持平,铁道用材和其他刚才对外依存度分别下降 1.00 个百分点和 0.18 个百分点。见表 10。

表 10　2014 年钢材对外依存度情况

单位:%

分　类	钢材合计	铁道用材	长　材	板带材	管　材	其他钢材
对外依存度	1.38	0.90	0.33	2.71	0.59	0.80
增减百分点	0.01	-1.00	0.03	—	0.04	-0.18

数据来源:《中国钢铁工业统计月报》(2014 年 12 月)。

四、钢铁行业固定资产投资完成额同比降幅扩大

2014 年,国家对钢铁、水泥等过剩产能行业提出了最为严厉的化解方案,各地方政府高度重视,以河北省为例,2014 年河北省压减炼铁产能 1 500 万吨、炼钢 1 500 万吨,超额完成国家下达的任务。与此同时,行业整体微利的状态没有得到根本改观,企业以往通过扩大固定资产投资赚取利润的经营模式被颠覆,钢铁企业在固定资产投资方面缺乏内部动力和外部条件,其投资热情已经不可同日而语。

1. 黑色金属冶炼及压延加工业固定资产投资额增速连续两年负增长。2014 年年末,黑色金属采选业与黑色金属冶炼及压延加工业合计固定资产投资完成额 6 479.55 亿元,增长率由升转降,同比下降 3.67%,增速比上年同期下降了 5.84 个百分点。其中黑色金属矿采选业累计 1 690.16 亿元,同比增长 2.60%,增速回落 7.79 个百分点;黑色金属冶炼及压延加工业累计 4 789.39 亿元,同比下降 5.90%,降幅扩大 3.84 个百分点。

2010—2014 年,黑色金属矿采选业固定资产投资额呈现逐年递增趋势,但同比增长率却呈现大幅下降,至 2014 年,黑色金属矿采选业固定资产投资完成额同比增长率接近零增长,主要受到进口铁矿石在 2014 年度进入下降通道的影响。如果 2015 年进口铁矿石价格延续 2014 年走势,预计黑色金属矿采选业 2015 年固定资产投资完成额增速将有可能由正转负。黑色金属冶炼及压延加工业固定资产投完成额则连续三年呈现同比负增长态势,一方面表明国内钢铁行业整体微利运行,导致多数钢铁企业将主要精力放在生产经营,以及消化已有产能方面,对于固定资产投资的热情不高;另一方面也表明中央及各级地方政府运用信贷、环保等多种手段控制了一批企业的新增产能。

2. 重点统计钢铁企业固定资产投资力度及热情大幅下降。2014 年全年,重点统计钢铁企业自年初累计完成投资额 811.14 亿元,同比下降 19.43%,新增固定资产 372.56 亿元(同比增长 4.66%),施工项目 718 个(同比减少 69 个),其中本年新开工项目 294 个,本年投产项目 302 个(同比减少 5 个)。本年资金来源合计 879.60 亿元,同比下降 15.58%,其中国内贷款 45.30 亿元,同比下降 57.74%;企业自有资金 333.68 亿元,同比下降 32.80%。见表 11。

表 11　2010—2014 年重点统计钢铁企业固定资产投资情况

单位:亿元、%

分　类	2010 年	2011 年	2012 年	2013 年	2014 年
1. 自年初累计完成投资	1 329.74	1 563.55	1 182.15	1 006.69	811.14
2. 资金来源合计	1 448.36	1 632.12	1 207.46	1 041.94	879.60
其中:上年结余	75.21	42.57	20.75	29.21	19.52
3. 本年资金来源小计	1 373.16	1 589.56	1 186.71	1 012.74	860.08

续表

分　类	2010 年	2011 年	2012 年	2013 年	2014 年
(1)国家预算内资金	5.19	0.40	0.29	0.29	0.20
(2)国内贷款	304.08	371.01	154.32	107.18	45.30
(3)债　券	10.00	0.00	0.00	0.00	0.00
(4)利用外资	1.52	0.30	0.00	0.63	0.25
(5)自筹资金	1 046.74	1 209.87	1 018.53	893.01	808.45
其中:自有资金	719.10	745.53	582.04	496.56	333.68
4. 其他资金来源	4.90	7.97	13.57	11.63	5.90

数据来源:《中国钢铁工业统计月报》(2014 年 12 月)。

通过表 11 可以得知,2014 年重点统计钢铁企业固定资产投资方面出现了以下三点变化:第一,自年初累计完成投资额和资金来源合计是近五年来最少的一年,且同比降幅超过了 19.00%,表明 2014 年重点统计钢铁企业用于固定资产投资的资金达到了五年来的低谷,钢铁企业固定资产投资的热情下降了不少;第二,本年资金来源小计中,国内贷款又是近五年来最少的一年,重点统计钢铁企业 2014 年从国内贷款获得用于固定资产的资金同比下降了 57.74%,国内贷款占资金来源小计也从 2011 年时的最高值 23.34% 下降到 5.27%,这表明依靠信贷对过剩产能行业新增固定资产项目进行限制的政策得到了较好的执行;第三,自筹资金用于固定资产投资的额度达到近五年来最低值,一方面由于市场环境较为严峻,企业自身固定资产投资的热情不高,另一方面也由于国家产业政策的限制所致。

随着高盈利时代以及"四万亿投资"效应的消退,钢铁企业通过固定资产投资扩大产能提高效益的时代已经一去不复返,而过剩产能给企业背上了沉重的包袱。进入 2013 年后,尤其是新环保法颁布后,越来越严格的环保、信贷等硬约束政策逐步出台,导致重点统计企业固定资产投资热情进一步遭到遏制,2010—2014 年,重点统计钢铁企业自年初累计完成投资额呈波动下降趋势,至 2014 年末达到了新低,其同比增速自 2011 年以来也保持同比负增长,2014 年降幅比上年又扩大了 4.58 个百分点。

2014 年,重点统计钢铁企业建设项目计划总投资额 5 984.42 亿元,同比下降 2.58%,其中本年新开工项目投资额 292.43 亿元,同比下降 54.94%,本年新开工项目投资额占建设项目计划总投资额的比重仅为 4.89%,达到近 5 年最低值,这表明重点统计钢铁企业 2014 年建设项目计划投资主要用于之前的投资项目。

五、坚持改革创新,科技引领发展

2014 年,钢铁企业创新体系建设取得新进展,通过上下游企业间战略合作,在产品开发应用方面实现协同创新。如武钢与东风汽车成立了汽车用钢联合实验室,与变压器企业共建取向硅钢联合实验室,与中集集团共建高性能结构钢联合实验室;鞍钢与北科大、东北大学共建钢铁共性技术协同创新中心,与郑州铁路局共建钢轨焊接实验室等。

武钢强化创新驱动、转型发展战略的落地,做精做优钢铁主业的同时做强做大相关产业,实现了同比 20.0% 的利润增长;渤海钢铁紧紧抓住与战略性新兴产业、资源类行业、市场控制力强的企业和天津市重大工业项目对接,努力向下游产业延伸取得明显进展。酒钢大胆尝试进行多产业相互融合创新,初步构建了钢铁、电解铝、能源、煤化工等多个产业的耦合式发展的新业态。本钢集团以改革求生存、以创新求突破,围绕发展模式改革、生产经营创新、提高管理水平等加速转型升级。新兴铸管、兴澄特钢、方大特钢等一批企业坚持差异化竞争战略,取得明显成效。邯郸龙凤山铸业以生产高纯生铁为主,在当前市场条件下,产能利用率达到 100%;山东石横特钢坚持走差异化发展之路,创新管理模式,实现生产经营最优效率最高;山西立恒、邢台德龙缩小目标市场半径,着力做好小品种、小市场。

2014 年,钢铁企业以市场需求为导向,新技术、新产品开发和结构调整取得突出进步。宝钢BW300TP新型耐磨钢成功用于中集集团搅拌车的生产，使机械服役寿命延长两倍以上，助推了中国大型装备制造业的技术进步和升级换代；鞍钢核反应堆安全壳、核岛关键设备及核电配套结构件三大系列核电用钢在世界首座第三代核电项目CAP1400实现研发应用，耐候耐腐蚀桥梁板独家中标美国大桥工程，S450EW、S450AW等新型耐候钢用于C80E新型通用敞车，为中国国际级重载铁路发展提供国产化材料支撑；武钢无取向硅钢应用于全球单机容量最大的向家坝800兆瓦大型水轮发电机，各项参数全部达到设计要求，开发的连续油管用钢实现了系列化生产，变壁厚CT90试制成功；首钢成功开发了HC550/980DP汽车板，实现了常规连退线生产1 000兆帕级别高强钢；太钢生产的最薄0.02毫米的精密带钢产品，填补了国内高端不锈钢精密带钢产品的空白；南钢开发的33毫米厚壁X80M、大应变X80MHD2钢板已经可以批量生产。

（审稿：王德春
撰稿：王贺彬）

2014年石油和化学工业发展综述

中国石油和化学工业联合会

2014年，石油和化工行业克服了经济下行压力，基本实现了经济运行稳中有进的总体目标。行业经济运行总体平稳；结构调整继续深化，非公经济和私营经济在经济总量中的比重继续增加；出口有新进步，行业出口总额1 967.5亿美元，同比增长9.1%；节能降耗和管理水平有了新的提高。当前石油与化工行业经济下行压力增大，行业总体效益呈现下降趋势，投资动力不足，创新能力较弱。

一、2014年石油和化工行业经济运行情况

2014年，石油和化工行业规模以上企业29 134家。行业主营业务收入140 600亿元，同比增长5.4%，占全国规模工业主营收入的12.8%；利润总额7 911.1亿元，同比下降8.1%，占全国规模工业利润总额的12.2%；上缴税金9 849.5亿元，同比增长8.6%，占全国规模工业税金总额的20.3%；完成固定资产投资23 300亿元，增长10.7%，占全国工业投资总额的11.4 %；进出口贸易总额6 754.8亿美元，增长3.8%，占全国进出口贸易总额的15.7%；逆差2 819.8亿美元，同比缩小2.8%。资产总计114 900亿元，增幅8.0%。见表1。

表1　2014年主要经济指标占全国的比重

项　目	单　位	全　国		石油和化工行业		占全国比重(%)
		2014年	同比增长(%)	2014年	同比增长(%)	
规模以上工业主营收入	亿　元	1 094 600	7.0	140 600	5.4	12.8
工业固定资产投资	亿　元	204 500	12.9	23 300	10.7	11.4
进出口贸易	亿美元	43 000	3.4	6 755	3.8	15.7
其中：出　口	亿美元	23 400	6.1	1 968	9.1	8.4
进　口	亿美元	19 600	0.4	4 787	1.8	24.4
规模以上工业企业利润	亿　元	64 715	3.3	7 911	-8.1	12.2

2014年,全国石油天然气总产量32 100万吨油当量,同比增长2.7%;原油产量2.1亿吨,同比增长0.6%;天然气产量1 234.1亿立方米,增长6.9%。主要化学品总产量增幅约6.3%。见表2。

表2 2014年石油和化工行业主要经济指标增长情况

项　目	单　位	1—3月	1—6月	1—9月	1—12月
增加值增幅	%	8.6	8.4	8.4	8.3
主营收入	亿　元	31 936.8	67 864.8	103 374.5	140 562.6
同　比	%	6.6	8.0	7.7	5.4
利润总额	亿　元	1 969.4	4 190.3	5 947.2	7 911.1
同　比	%	2.1	6.4	-1.8	-8.1
投资总额	亿　元	3 127.8	9 545.3	16 165.4	23 291.1
同　比	%	18.6	11.5	11.2	10.7
进出口总额	亿美元	1 671.6	3 389.9	5 133.0	6 754.8
同　比	%	6.2	7.5	6.2	3.8

(一)石油天然气开采业

2014年,石油和天然气开采业规模以上企业288家,累计增加值增幅2.2%;主营收入13 600亿元,同比下降0.3%;利润总额3 217.8亿元,同比下降12.4%;上缴税金2 678.5亿元,同比增长15.5%;资产总计23 200亿元,同比增幅6.7%;完成固定资产投资4 023亿元,同比增长5.7%。见表3。

表3 2014年石油天然气开采业主要经济指标增长情况

项　目	单　位	1—3月	1—6月	1—9月	1—12月
增加值增幅	%	0.4	1.1	1.7	2.2
主营收入	亿　元	3 213.8	6 687.9	10 113.8	13 583.7
同　比	±%	-0.4	2.6	3.0	-0.3
利润总额	亿　元	995.0	2 007.3	2 672.7	3 217.8
同　比	±%	-6.2	-2.6	-10.7	-12.4
投资总额	亿　元	339.0	1 250.0	2 140.9	4 023.0
同　比	±%	18.7	18.5	12.0	5.7

全年原油产量2.1亿吨,同比增长0.6%;天然气产量1 234.1亿立方米,同比增幅为6.9%。

(二)石油加工业

2014年,原油加工业规模以上企业1 368家,累计增加值增幅5.7%;主营收入35 000亿元,同比增长0.7%;利润总额122.1亿元,同比下降69.1%;上缴税金4 276.7亿元,同比增长4.3%;资产总计16 200亿元,同比增幅1.0%;完成固定资产投资2 472.3亿元,同比增长15.7%。见表4。

表4 2014年石油加工业主要经济指标增长情况

项　目	单　位	1—3月	1—6月	1—9月	1—12月
增加值增幅	%	4.3	5.0	5.4	5.7
主营收入	亿　元	8 445.5	17 606.4	26 533.3	35 034.5
同　比	±%	0.0	4.3	4.2	0.7
利润总额	亿　元	99.0	205.9	285.0	122.1
同　比	±%	29.9	205	21.0	-69.1

续表

项　目	单　位	1—3月	1—6月	1—9月	1—12月
投资总额	亿　元	343.6	1 062.2	1 819.6	2 472.3
同　比	±%	25.4	11.4	18.3	15.7

全年原油加工量50 300万吨，同比增长5.3%；成品油产量（汽、煤、柴油合计）31 700万吨，同比增长7.1%，其中柴油产量17 600万吨，增长2.4%。

（三）化学工业

2014年，化工行业规模以上企业25 981家，累计增加值增幅10.4%；主营收入87 600亿元，同比增长8.2%；利润总额4 272亿元，同比增长0.1%；上缴税金2 740.5亿元，同比增长8.9%；完成固定资产投资15 600亿元，同比增长10.5%；资产总计71 400亿元，同比增幅10.0%；进出口贸易总额3 485.9美元，同比增长5.2%，其中出口1 621亿美元，同比增幅11.1%。见表5。

表5　2014年化学工业主要经济指标增长情况

项　目	单　位	1—3月	1—6月	1—9月	1—12月
增加值增幅	%	12.0	11.1	10.8	10.4
主营收入	亿　元	19 358.9	41 553.1	63 725.6	87 633.2
同　比	%	10.7	10.4	9.9	8.2
利润总额	亿　元	821.3	1 855.4	2 804.4	4 272.0
同　比	%	9.8	8.9	5.4	0.1
投资总额	亿　元	2 298.6	6 736.3	11 255.6	15 550.7
同　比	%	17.4	10.4	9.0	10.5
出口总额	亿美元	359.0	770.2	1 209.5	1 621.0
同　比	%	10.8	12.9	12.3	11.1

2014年，全国乙烯产量1 704.4万吨，同比增长7.6%；甲醇产量3 740.7万吨，增幅26.2%；硫酸产量8 846.3万吨，增长6.8%；烧碱产量3 180.2万吨，增长7.7%；化学试剂产量1 716.1万吨，增幅5.0%；合成树脂产量6 950.7万吨，增长10.3%；轮胎外胎产量11.1亿条，增长6.3%；化肥产量（折纯）6 933.7万吨，下降0.7%。

（四）专用设备制造业

2014年，专用设备制造业规模以上企业1 497家，实现主营收入4 311.3亿元，同比增长7.7%；利润总额299.3亿元，同比增幅8.7%；上缴税金153.9亿元，同比增长15.0%；资产总计4 102.5亿元，同比增幅12.0%；完成固定资产投资1 245.1亿元，同比增长21.7%。见表6。

表6　2014年专用设备制造业主要经济指标增长情况

项　目	单　位	1—3月	1—6月	1—9月	1—12月
主营收入	亿　元	918.6	2 017.4	3 001.8	4 311.3
同　比	%	16.1	11.8	9.0	7.7
利润总额	亿　元	54.1	121.7	185.0	299.3
同　比	%	20.9	14.4	9.8	8.7
投资总额	亿　元	146.5	496.8	949.4	1 245.1
同　比	%	21.1	11.1	23.8	21.7

全年生产石油钻井设备24.4万台(套),同比下降5.0%;炼化专用设备241.3万吨,同比增长4.0%。

(五)区域行业经济

2014年,东部11省市主营业务收入92 400亿元,同比增长5.3%,占全国行业收入比重65.8%;中部8省主营收入25 100亿元,同比增幅5.6%,占比17.8%;西部12省市区主营收入23 000亿元,同比增长5.4%,占比16.4%(见表7)。区域间收入增速大体同步,占比保持基本稳定。

表7 2014年区域主营收入增长情况

项 目	单 位	1—3月	1—6月	1—9月	1—12月
东部地区	亿 元	20 988.9	44 919.5	68 403.9	92 445.7
同 比	%	6.5	7.6	7.5	5.3
中部地区	亿 元	5 689.7	11 812.7	18 192.3	25 119.3
同 比	%	7.8	9.0	8.6	5.6
西部地区	亿 元	5 258.1	11 132.6	16 774.3	22 997.6
同 比	%	6.1	8.4	7.4	5.4

2014年,东部地区实现利润总额4 742.2亿元,同比下降4.5%,占全国行业利润总额的59.9%;中部地区利润总额1 504.3亿元,同比下降3.8%,占比19.0%;西部利润总额1 664.6亿元,同比下降20.0%,占比21.1%。总的看,区域效益下降,但走势分化。中、东部地区利润降幅较小,西部地区降幅较大,东、西部效益差距有扩大趋势。

2014年,东部地区投资11 100亿元,同比增长13.1%,占全国行业投资总额的50.3%;中部地区投资5 374.7亿元,同比增长7.6%,占比24.2%;西部地区投资5 643.6亿元,同比增长5.9%,占比25.5%。见表8。

表8 2014年区域投资增长情况

项 目	单 位	1—3月	1—6月	1—9月	1—12月
东部地区	亿 元	1 841.1	5 070.0	8 125.1	11 149.7
同 比	%	23.1	20.1	14.5	13.1
中部地区	亿 元	665.2	2 218.9	3 758.8	5 374.7
同 比	%	14.1	8.1	5.8	7.6
西部地区	亿 元	610.2	2 203.2	4 139.3	5 643.6
同 比	%	9.1	-3.5	6.3	5.9

二、2014年行业经济运行的主要特点

(一)经济运行总体平稳

2014年行业增加值增长走势表明,经济运行总体平稳。数据显示,一季度全行业增加值增幅为8.6%,上半年和前三季度均为8.4%,全年增长8.3%。从三大板块看(见图1),化学工业缓中趋稳,石油加工业和油气开采业稳中趋快。从行业重点监测的78种(类)产品看,有62种(类)产品产量保持增长,约占品种总数的80.0%。总体看,行业经济运行处在平稳合理区间。

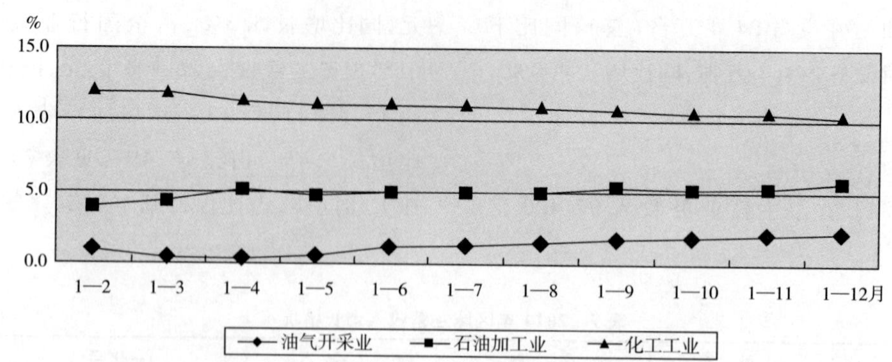

图1　2014年石油和化工行业增加值累计增长走势

（二）结构调整继续深化

一是专用化学品、涂（颜）料等精细化学品等在经济增长中贡献率上升。2014年专用化学品对化学工业收入增长的贡献率最高，达到36.3%，同比大幅提高13.2个百分点；涂（颜）料制造贡献率为8.5%，同比上升2.8个百分点。从利润看，涂（颜）料制造和专用化学品增幅分别达到14.6%和11.7%，显著高于行业平均水平，利润增量也主要来自专用化学品和涂（颜）料制造业。

二是非公经济在经济总量中的比重继续增加。2014年，非公有控股经济主营收入同比增长9.7%，占石油和化工行业收入总额的60.2%，提高4.0个百分点；公有控股经济主营收入下降0.6%，占比为39.8%。见图2。

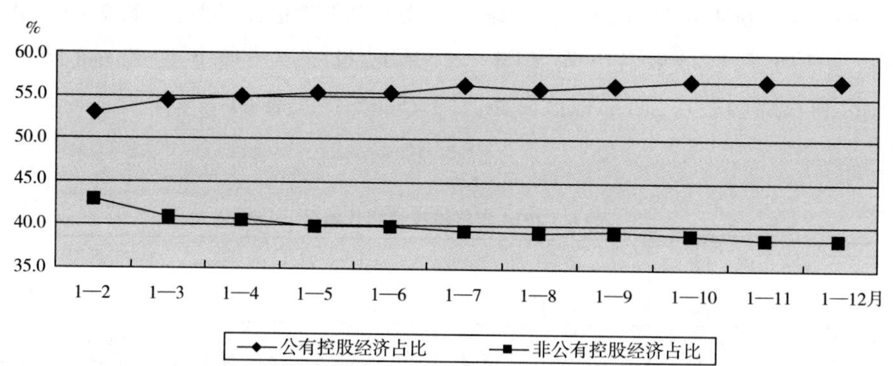

图2　2014年非公经济和公有控股经济主营收入占比变化情况

三是消费结构出现新变化。天然气和汽油消费保持较快增长，柴油持续低迷。2014年，国内天然气表观消费量约1 806亿立方米，同比增幅9.0%，占石油天然气表观消费总当量的23.9%，比上年提高1.2个百分点。成品油消费中，汽油表观消费量10 534.8万吨，增幅达到12.6%，同比提高4.8个百分点，占成品油消费比重约为34.9%，提高2.2个百分点。柴油表观消费量17 282.9万吨，增幅为1.9%，占比57.3%，创历史新低，同比回落2.1个百分点。

化学工业中，有机化学原料、合成树脂等消费热度不减。数据显示，2014年有机化学原料表观消费量同比增幅达14.3%，比上年加快7.5个百分点；合成树脂表观消费量增幅10.5%，提高1.5个百分点。其中甲醇表观消费量增速逾21.0%，ABS逾15.0%。不过，无机化学原料增速相对较缓，为7.1%，比上年提高约0.8个百分点。合成纤维单（聚合）体持续遇冷，表观消费量下降1.5%，连续第二年下降。总体而言，市场消费特别是化工产品消费，正向差异化、个性化、品质化方向发展。

（三）出口有新进步

2014年，尽管贸易摩擦多发，出口形势严峻，但石油和化工行业出口实现了年初 9.0% 的既定增长目标。海关数据显示，石油和化工行业出口总额 1 967.5亿美元，同比增长 9.1%，比上年提高 5.2 个百分点，占全国出口总额的 8.4%。见图 3。

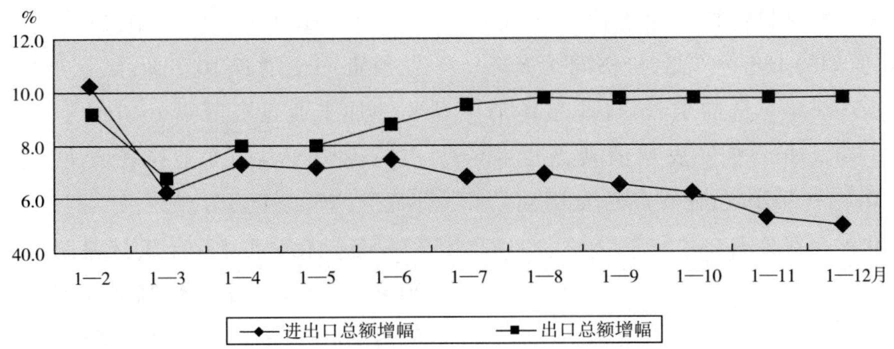

图 3　2014 年石油和化工行业进出口贸易累计增长情况

橡胶制品、化肥出口较快增长。全年橡胶制品出口总额 523.1 亿美元，同比增长 9.2%，与上年持平，占全行业出口总额的 26.6%，继续保持行业第一出口大户地位。化肥出口呈现高速增长态势，出口总量达 2 959.4 万吨（实物量），增幅 52.4%，同比提高 45.0 个百分点；出口金额增长 42.0%。合成树脂出口呈现较快增长势头，出口量和金额分别增长 22.6% 和 16.5%，比上年同期提高 11.6 个和 7.5 个百分点，在出口总额中的比重上升了 0.3 个百分点，显示出口结构出现优化。

油气进口继续保持较高增幅。从进口看，油气依然居主导地位，占进口贸易总额的近 53.0%。全年进口原油 30 800 万吨，同比增长 9.3%；进口天然气 598.1 亿立方米，同比增幅为 12.6%。

（四）节能降耗有新进展

单位能耗下降。2014 年石油和化工行业总能耗约 52 800 万吨标煤，同比增长 5.2%，增速比上年减缓 1.0 个百分点。全行业万元收入耗标煤约 375 千克，同比下降 0.1%。其中化学工业万元收入耗标煤约 412 千克，同比下降 2.7%。

重点产品综合能耗总体下降。2014 年前三季度，中国原油加工量综合能耗 67 千克标煤/吨，同比增长 3.7%；乙烯综合能耗 816.6 千克标煤/吨，下降 2.2%；烧碱综合能耗 373 千克标煤/吨，下降 3.2%；纯碱综合能耗 316.7 千克标煤/吨，下降 0.2%；电石综合能耗 991.6 千克标煤/吨，下降 4.4%；黄磷综合能耗 3 047.9 千克标煤/吨，下降 5.5%；合成氨综合能耗 1 348.7 千克标煤/吨，同比持平。

（五）管理水平有新提高

2014 年，面对成本持续上升的巨大压力，企业狠抓管理，取得明显成效。据统计，石油和化工行业管理费用同比仅增长 3.1%，比上年大幅回落 9.2 个百分点。其中，石油天然气开采业下降 3.4%，炼油业降幅 3.8%，化学工业增长 6.8%，同比分别回落 11.3 个、16.3 个和 6.7 个百分点。数据还显示，全行业存货资金周转天数为 13.2 天，同比提高 0.8 天，库存周转加快，资金利用率提高。

三、当前行业经济运行存在的主要问题

（一）下行压力增大

2014 年经济运行走势表明，行业经济运行下行压力在不断增大。从主营业务收入看，一季度增长 6.6%，二季度增长 9.3%，三季度增长 7.0%，四季度则下降了 0.6%。从利润看，一季度增长 2.1%，二季度增幅 10.5%，三季度则下降 17.1%，四季度降幅扩大，达到 23.1%。三季度以来行业经济下行趋势有所加快，经济放缓处于探底之中。

从价格看，2014 年石油和化工行业生产者累计出厂价格指数连续第三年下降，降幅达 2.6%。其中，石油天然气开采业生产者累计出厂价格指数降幅 3.0%，炼油业生产者累计出厂价格指数下降 3.5%，

化学工业生产者累计出厂价格指数降幅 2.3%，特别是第四季度价格下挫加剧，油气开采业生产者累计出厂价格指数平均跌幅近 12.0%，创金融危机以来最大跌幅。受此影响，基础原材料价格快速下挫，降幅逾 5.0%。联合会重点监测的 188 种产品，价格同比下降的有 144 种，占比达 76.6%。从需求看，行业总体消费增速趋缓。2014 年石油天然气表观消费量增幅 4.8%，较上年回落 0.7 个百分点；化学品总量增幅约 5.9%，比上年回落 0.4 个百分点。

（二）经济效益下滑

2014 年，行业总体效益呈现恶化趋势，利润降幅逾 8.0%。分析原因，一是成本持续上升。石油和化工行业每 100 元主营收入成本 84.40 元，同比上升 0.84 元。其中，化工行业每 100 元主营收入成本达 87.58 元，同比上升 0.54 元，高于全国规模工业主营收入成本 1.94 元。2014 年，化学工业和炼油业财务费用同比分别增加 20.8% 和 25.6%，大幅高于同期全国规模工业财务费用平均增幅 9.6 和 14.4 个百分点，融资成本居高不下。二是化工行业库存较高。数据显示，化工行业产成品资金同比增幅 12.8%，比上年提高近 5.0 个百分点。三是盈利能力脆弱。2014 年，炼油业主营收入利润率仅为 0.35%，化学工业主营收入利润率也只有 4.87%，分别比全国规模工业平均主营收入利润率低 5.56 和 1.04 个百分点。

（三）投资动力不足

2014 年，石油和化工行业固定资产投资同比增长 10.7%，低于同期全国工业投资增幅 2.2 个百分点，创下历史新低。投资仍是当前拉动行业增长的主要动力之一，但缺少明确的投资方向，投资不足有可能对未来行业经济运行产生长远影响。

油气开采业投资增幅最低。三大板块中，化学工业投资同比增长 10.5%，比上年回落 4.1 个百分点；石油加工业投资增幅 15.7%，同比回落 12.0 个百分点；石油天然气开采业投资增速只有 5.7%，同比大幅回落近 28.0 个百分点。

基础化学原料、合成材料制造等投资大幅减缓。2014 年，基础化学原料制造投资增幅为 11.5%，同比回落 7.2 个百分点；合成材料增幅更低，只有 8.6%，回落 9.6 个百分点。专用化学品投资较上年有所加快，增幅为 9.8%，也属历史最低之一。

（四）创新能力较弱

目前，一方面中国石化行业大部分大宗品种的产能利用率不高，另一方面石化市场总体存在较大缺口。海关数据显示，2014 年，中国进口有机化学品达 4 100万吨，同比增长 5.1%；进口合成树脂超过3 200 万吨，增幅 2.9%。其中，进口对二甲苯（PX）达到 997.3 万吨，增长 10.2%；进口芳烃混合物 502.3 万吨，增速达 25.3%；进口聚乙烯 911 万吨，增长 3.3%。造成这种局面的原因主要是我们石化产业创新能力不足。一方面，在低值化、同质化的中低端市场，供给严重过剩、竞争激烈；另一方面，在个性化、差异化的高端市场，又不能满足需求，只能进口。

（审稿：李寿生
撰稿：赵志平）

2014 年轻工业发展综述

中国轻工业联合会

2014 年，轻工全行业认真贯彻中央决策，把改革创新贯穿于各个领域各个环节，加快结构调整和转型升级，轻工业经济运行保持了稳中有进的态势，在增速减缓下行压力加大情况下，行业运行呈现以下几个特点：

一、行业运行情况

一是轻工业经济运行总体平稳，保持了稳中有进的态势。工业增加值累计增速8.6%,高于全国工业0.3个百分点。全年实现利税总额21 000亿元,同比增长5.6%,其中实现利润18 000亿元,同比增长5.2%。二是海关出口呈现两位数增长。全年出口额6 154.6亿美元,同比增长10.3%,高于全国4.2个百分点,占全国出口总额26.3%。轻工贸易顺差4 625.9亿美元,为全国贸易顺差的1.2倍。其中工美、照明、日化、轻机等行业高于平均增幅。三是轻工主要行业投资增速高于全国15.7%的平均水平。如食品制造业投资增速达到了22.0%、金属制品业增速为21.4%。四是电商等新的商业模式发展迅速,线上线下融合发展,轻工前100家电商拓展企业平均电商销售收入4.6亿元。以轻工产品为主的义乌小商品城销售额30.0%通过网上实现。五是占全国工业的比重进一步扩大。轻工行业规模以上企业数、资产总额、主营业务收入和利润总额分别占全国工业的28.7%、14.9%、20.2%、21.4%,轻工行业出口总额占全国出口总额的26.3%。

但行业发展下行压力较大。一是规上企业主营业务收入220 800亿元,同比增长8.7%,比上年同期降低4.9个百分点。二是经济效益有所下滑。全年实现利润增长比上年降低9.4个百分点。主营业务收入利润率6.3%,虽高于全国工业的5.9%,但低于2012和2013年6.4%、6.5%的水平。亏损企业累计亏损额742.5亿元,与上年同比增长26.9%。三是企业经营压力依然较大。轻工企业总体上的财务费用、利息支出速度比上年加快,企业融资难、融资贵现象,特别是联保互保问题没有根本缓解。四是轻工主要商品零售总额增速放缓。2014年全国社会消费品零售总额累计同比增长12.0%。除家具等行业外,其他多个行业零售总额增速均低于全国平均水平,家电零售总额同比仅增长9.1%,比上年降低5.4个百分点。

主要产品产量有增有减见下表。

表 2014年全国轻工行业主要产品产量

产品名称	单 位	产 量	比上年增长(%)
原 盐	万 吨	6 433.96	-0.41
精制食用植物油	万 吨	6 534.13	5.07
成品糖	万 吨	1 642.67	4.76
糖 果	万 吨	362.41	13.84
速冻米面食品	万 吨	528.26	-3.93
方便面	万 吨	1 025.64	-0.50
乳制品	万 吨	2 651.81	-1.71
其中:液体乳	万 吨	2 400.12	2.75
乳 粉	万 吨	150.85	-6.39
罐 头	万 吨	1 171.89	12.10
酱 油	万 吨	938.83	10.63
冷冻饮品	万 吨	308.57	8.03
食品添加剂	万 吨	682.90	67.69
发酵酒精(折96度,商品量)	万千升	984.28	7.99
饮料酒	万千升	6 543.99	2.55
其中:白 酒	万千升	1 257.13	2.52
啤 酒	万千升	4 921.85	-2.75
葡萄酒	万千升	116.10	-1.46
软饮料	万 吨	16 676.81	11.72
其中:碳酸饮料类	万 吨	1 810.66	5.41
包装饮用水类	万 吨	7 816.14	17.52

续表

产品名称	单　位	产　量	比上年增长(%)
果汁和蔬菜饮料类	万　吨	2 386.80	-4.58
精制茶	万　吨	243.76	9.83
羽绒服	万　件	34 288.00	15.84
轻　革	万平方米	59 386.74	7.86
皮革服装	万　件	8 666.00	16.08
天然毛皮服装	万　件	547.00	-95.26
皮革鞋靴	亿　双	44.99	-8.65
家　具	万　件	77 785.69	19.37
其中:木质家具	万　件	26 345.01	16.31
金属家具	万　件	37 535.00	-3.6
软体家具	万　件	5 298.75	24.33
纸浆(原生浆及废纸浆)	万　吨	1 645.64	-1.00
机制纸及纸板(外购原纸加工纸除外)	万　吨	11 785.72	2.36
其中:未涂布印刷书写纸	万　吨	808.55	-0.81
其中:新闻纸	万　吨	358.51	-5.5
涂布类印刷用纸	万　吨	649.05	-5.06
卫生用纸原纸	万　吨	389.11	-2.73
箱板纸	万　吨	1 018.47	-13.90
纸制品	万　吨	6 634.86	24.62
其中:瓦楞纸箱	万　吨	3 807.15	24.54
合成洗涤剂	万　吨	1 228.68	10.77
其中:合成洗衣粉	万　吨	468.26	4.44
塑料制品	万　吨	7 387.78	19.34
其中:塑料薄膜	万　吨	1 261.77	20.39
其中:农用薄膜	万　吨	219.17	15.57
泡沫塑料	万　吨	202.20	38.04
塑料人造革、合成革	万　吨	375.08	8.01
日用塑料制品	万　吨	579.75	10.47
日用玻璃制品	万　吨	824.40	10.31
玻璃保温容器	万　个	40 927.00	-9.90
卫生陶瓷制品	万　件	19 619.86	0.64
不锈钢日用制品	万　吨	215.07	14.67
衡　器(秤)	万　台	6 030.33	45.00
两轮脚踏自行车	万　辆	6 202.37	3.15
电动自行车	万　辆	2 904.27	14.86
锂离子电池	万只(自然只)	528 652.49	11.87
铅酸蓄电池	万千伏安时	22 069.77	7.64
碱性电池	万只(自然只)	80 313.47	27.92
家用冷柜(家用冷冻箱)	万　台	1 800.61	-3.41
房间空气调节器	万　台	1 571.69	11.46

续表

产品名称	单　位	产　量	比上年增长(%)
家用电风扇	万　台	15 114.91	8.68
电饭锅	万　个	28 028.64	20.80
家用吸排油烟机	万　台	2 939.74	12.52
家用电热烘烤器具	万　个	18 520.16	-2.78
电冷热饮水机	万　台	2 624.86	-2.52
微波炉	万　台	7 750.13	9.39
家用洗衣机	万　台	7 114.33	-3.34
家用电热水器	万　台	3 429.68	1.81
家用吸尘器	万　台	8 799.65	3.80
家用燃气灶具	万　台	3 557.93	16.12
家用燃气热水器	万　台	1 476.66	22.82
电光源	亿　只	312.44	13.10
其中:白炽灯	亿　只	44.34	-6.02
荧光灯	亿　只	43.74	-7.01
灯具及照明装置	万套(台、个)	308 913.83	11.94
钟	万　只	14 502.42	3.45
表	万　只	18 253.66	-3.52
眼镜成镜	万　副	60 262.17	-13.62

二、反映行业和企业诉求,推动轻工业发展政策的制定实施

积极向国务院领导和有关部委反映行业和企业情况。参加国家发改委、工信部、商务部、统计局等政府部门召开的经济运行专题会议64次,向政府部门报送行业信息44篇,其中12篇信息被工信部采用上报给中办、国办。4月、7月,向国务院领导汇报了轻工经济运行情况,就减轻企业负担、增强企业活力、扩大加工贸易许可范围、降低进口原料关税、对资源再利用实施鼓励、对食糖价格实行目标管理、扶持轻工出口等方面提出了多项建议。

向政府有关部门提出调整出口退税率的建议被采纳,自2015年1月1日起调整出口退税率涉及轻工产品34项,涉及发酵、食品添加剂、香化、日化、洗涤、五金、礼仪休闲用品、自行车、乐器、羽绒、文体、日杂等12个行业。

洗涤、日化等协会与企业一起专程到国家工商总局反映在商标法实施后,部分企业标有"驰名商标"的很多产品无法在实施日期前消化完产品包装问题,得到了国家部委重视,问题得到妥善解决。

糖业协会多次向国务院、各有关部委反映行业情况及遇到的问题,同时发挥全国7个主产省区糖业协会的作用,通过向全国人大、新华社等反映情况,得到全国人大、国务院以及有关部委领导的高度重视和重要批示。

造纸协会积极配合、协助发改委、工信部、环保部、商务部、水利部等相关部委的工作,在造纸行业发展规划研究、产业结构调整、淘汰落后产能、节能减排、清洁生产、环境保护、商务贸易、信息统计、技术合作、资源利用等方面做了大量调查研究工作,为政府部门制定相关政策和决策提供了参考意见、建议和技术支撑。

三、推荐和组织实施科技项目,推进企业科技进步和自主创新

召开轻工行业科技工作座谈会,开展轻工业关键共性技术发展路径研究、轻工行业2015—2025年

技术预测工作。家电、塑料、造纸等多个行业编制和修改本行业技术路线图或技术进步工作指导意见。完成《轻工行业科技工作报告2013》《轻工行业“十三五”产业技术创新发展战略研究报告》和《2014—2020年食品工业技术进步指导意见(修改稿)》。参与中国工程院《工业强基战略研究》轻工制造业强基战略子课题研究,提出重点行业“四基”重点发展方向及发展路线图。会同工信部召开消费品工业电子商务生产大会,消费品工业智能生产大会,继续在食品、家电、造纸、皮革等重点行业召开“消费品工业两化深度融合现场交流会”,召开轻工业企业信息化表彰大会。家电协会召开2014年中国家用电器技术大会,积极推动“智能家电”发展。酒业协会推动中国传统白酒的技术突破,组建“中国酒业协会白酒技术创新联盟”。缝制机械协会完善行业知识产权信息平台职能。

做好国家科技支撑计划项目的组织管理。完成6个“十二五”国家科技支撑计划项目的专家验收,4个项目论证、课题评审。

组织编制《轻工行业重点推广技术目录》,完成32项科技成果的鉴定。

对2013年度中国轻工业联合会科学技术奖164项获奖项目进行了表彰。组织开展2014年度中国轻工业联合会科学技术奖励工作,推荐6个项目申报2014年度国家科学技术奖,其中江南大学“新型淀粉衍生物的创制与传统淀粉衍生物的绿色制造”获国家科学技术发明奖二等奖、广东美的制冷设备有限公司“房间空气调节器节能关键技术研究及产业化”获国家科学技术进步奖二等奖。向科技部推荐20项战略性创新产品、重点新产品和6名中青年科技创新领军人才、科技创新创业人才,其中2个项目列入科技部2014年度国家重点新产品计划战略性创新产品,11个项目列入重点新产品计划;获科技部中青年科技创新领军人才1人,获科技创新创业人才2人。推选3人为2014年度何梁何利基金科学与技术奖候选人,其中1人获产业创新奖。向中国专利奖评审办公室推荐4个项目参加第十六届中国优秀专利奖评审,其中1项获金奖、2项获优秀奖,中国轻工业联合会获优秀组织奖。

首次开展中国轻工业优秀设计奖励工作,开展2014年轻工行业企业管理现代化创新成果申报工作,17个项目获得2014年度轻工企业管理现代化创新成果。组织协会参加中华国际科学交流基金会“杰出工程师奖”评选,5个行业的5名同志获鼓励奖。

四、积极推进环保和节能减排

组织对国家重点节能技术进行推荐评审工作。完成国家清洁生产推行规划、全国工业能效指南轻工行业部分的编制。完成轻工行业能源管理中心实施方案。开展国家鼓励发展的重大环保技术装备的申报工作,提出修订技术装备3项,新增开发类技术装备4项,新增推广类技术装备7项。完成环保部委托的“日化、发酵行业环境保护综合名录制定研究”初稿。

对国家发改委《国家重点推广的低碳技术目录(征求意见稿)》、工信部《企业绿色采购指南(征求意见稿)》、环保部《皮革及毛皮加工业污染防治可行性技术指南(征求意见稿)》等文件提出修改意见。对轻工行业VOC排放情况进行调研,开展企业在用配电变压器使用情况调研。

向工信部推荐4个清洁生产示范项目、9个高风险污染物削减行动计划项目,全部获得通过。向工信部、科技部推荐23个清洁生产技术应用案例,1家生态设计示范企业。向国家发改委推荐6名国家清洁生产技术专家委员会轻工行业专家,组织重点行业开展2015年度国家环保技术管理项目的申报工作。

皮革协会组织编制《制革行业节水减排技术路线图》。室内装饰协会组织制定了《对室内环境活性炭净化效果评价标准》《室内环境净化治理通用技术规范》等标准与规范。自行车协会组织“低碳行动骑行中国”2014中国自行车文化发展论坛,全面回顾和总结了自2009年协会绿色出行骑行活动经验,倡导绿色生活。

五、推进标准体系建设,加强品牌培育和质量管理

完成《轻工业“十二五”技术标准体系》的编制,

为轻工行业标准化工作奠定了基础。制定《轻工业行业标准报批汇审规定》，完善行业标准管理。召开全国轻工标准化工作专题培训研讨会。

2014 年共完成标准报批 289 项，其中：国家标准 122 项；行业标准 167 项。申请标准计划 438 项，其中：国家标准 177 项，行业标准 261 项。批准发布轻工标准 483 项，其中：国家标准 153 项，行业标准 330 项。推荐 24 个项目申报国家军用标准制修订项目。目前，轻工标准总数达 5 187 项，其中国家标准 2 206 项，行业标准 2 981 项。共有 8 个标委会主导制定了 21 项国际标准，其中 2014 年新立项 7 个。

组织启动了轻工领域消费品安全标准"筑篱"专项行动，在轻工相关领域开展现行标准与国际标准、国外先进标准的对比评估及标准宣贯工作。根据国标委要求，组织起草造纸、糖、啤酒、陶瓷单位产品能耗等国家标准。参与国标委组织的食品包装标准体系梳理，对现有的 100 项涉及食品包装的国家、行业标准，37 项标准制定计划进行梳理，提出 19 项标准制定修订建议，其中有 14 项由国家标准标批准立项。

推进两化融合标准化工作，完成婴幼儿配方乳粉行业产品质量安全追溯体系规范行业标准。启动白酒行业产品质量安全追溯体系规范等行业标准研制。

轻工现有全国专业标准化技术委员会 50 个，分技术委员会 86 个，2014 年完成 15 家标委会的换届调整申报工作。完成拟成立的 4 家新标委会的申报工作。

向中国标准创新贡献奖领导小组推荐 3 项标准项目奖，其中 1 项标准获得 2014 年"中国标准创新贡献奖"二等奖。

组织开展 2014 年轻工品牌培育表彰活动，召开"2014 年轻工品牌培育工作座谈会"，举办第三期"轻工品牌培育管理体系培训研讨会"。开展评审推荐工作，有 13 家企业被评为 2014 年轻工品牌培育管理体系先进企业、61 个产品被评为 2014 年轻工竞争力优势品牌产品。向工信部推荐 3 家企业为轻工 2014 年工业品牌培育示范企业。

在家电、造纸、皮革、酿酒、乳制品、饮料等行业组织重点企业开展两化深度融合管理体系认证。

制定《中国轻工业联合会产品质量检验(测)机构资质认定管理办法》。完成 29 家轻工实验室的资质认定复查评审。推荐轻工质检机构和人员参加 2014 年国家级实验室、食品检验机构资质认定评审员的专业培训。

六、培育和共建轻工业特色区域和产业集群

中轻联与行业协会和地方政府共建轻工业特色区域和产业集群总数达 231 个，2014 年新共建特色区域和产业集群 26 个，对 20 个特色区域和产业集群进行了复评、认定。开展轻工中小企业公共服务平台认定工作，10 个平台通过了认定。4 个单位获得第四批国家中小企业公共服务示范平台认定。

不少协会都将产业集群培育与共建工作，作为寻求经济增长点的重要抓手，召开专题会议，注重不断提升园区化和服务平台建设水平，对凝聚行业、促进升级产生了较好的效果。皮革协会为了使各特色区域布局有序、健康协调发展，对成熟的特色区域加大品牌建设的培育和支持力度，加强对新兴特色区域的调研和引导工作，对于推进皮革特色区域转型升级和有序转移发挥了积极作用。

七、拓展专业展会功能，加强国际交流合作与产业安全工作

轻工品牌展会和优秀特色展会继续助推行业结构调整、转型升级，各行业展会各具亮点，其中 9 个轻工行业展览会列入 2014 商务部引导支持展会。轻工系统举办展会 62 个，由中轻联及协会、学会自办展会 45 个，其中 2 个展会名列世界同类型展会规模第一，6 个展会名列第二，19 个展会达前三名。

完成 18 项与地方政府的会展合作项目，组团参加境外展览 24 个，参展企业数 641 个，展出面积 7 807平方米，贸易成交合同金额 6 947 万美元。分别与大连、哈尔滨、长春合作举办了第 16 届中国国际啤酒节、国际葡萄酒节，哈尔滨国际啤酒节、长春北湖国际啤酒节。举办 2014 中国国际轻工消费品展览会。

中轻联 WTO 事务协调办公室多次组织相关行

业协会，完成对美、欧等经济体的贸易措施应对工作，促进了轻工业“两反两保”工作的有序推进，共同维护了行业企业权益。造纸协会组织企业对加拿大、美国、巴西的溶解级纸浆向中国市场低价倾销行为，向商务部申请了反倾销调查立案。2014 年 4 月，商务部发布年度第 18 号终裁公告，认定原产于美国、加拿大和巴西的进口浆粕产品存在倾销，自 4 月 6 日起，进口经营者在美国、加拿大和巴西进口浆粕产品时应向中国海关缴纳反倾销税。电池行业关于磷酸铁锂知识产权案，在企业的支持下 2014 年 4 月取得了完胜，为中国电池生产企业每年节省几千万美元的专利使用费。为企业发展磷酸铁锂材料的电动车解除了束缚。

组织 90 批次赴境外参加国际会议、展览、培训、执行合作协议等出国（境）项目。向 450 余名外国人发出来华开展轻工经贸、科技合作交流项目的邀请。批复在华举办国际会议 5 个，批复同意加入国际组织 1 个，接待来访团组 5 个。

组织行业协会参加“匈牙利，中东欧中心，欧洲之门”投资推介会，为行业和企业走出去搭建沟通与交流平台。

参与商务部组织的环境产品多边谈判产业协调会、中澳自贸区环境产品谈判准备会、世贸组织对华第五次贸易政策审议。向工信部提出争取支持列入中国—巴基斯坦自贸区特定原产地商品目录。

组织开展积极应对国际贸易摩擦和产业安全工作。中国酒业协会与欧盟葡萄酒酒业协会就中欧葡萄酒反倾销和反补贴案达成谅解备忘录。中欧双方业界经过历时四个月的六轮磋商，终于就解决争端达成一致，同意在产业示范园、技术合作、市场开拓及人员培训等方面开展深度合作。

八、推进多层次人才队伍和企业文化建设

召开中轻联教育分会理事长扩大会和全国轻工职业教育指导委员会工作会议，提出了加快培养应用型人才，促进产教融合，提高教育教学质量的指导意见。组织青年干部培训，向人力资源和社会保障部申报 4 个高级研修项目，其中由工业设计协会承办的“工业设计创新能力提升高级研修班”被列入人社部项目计划。

2014 年完成轻工职业技能鉴定 24 120 人次，考评员人数 423 人。焙烤协会会同有关部门举办第十五届全国焙烤职业技能竞赛，1 500 多人参加预选赛，45 名选手受到了表彰，9 名选手获得由人力资源和社会保障部颁发的“全国技术能手”称号。自行车协会举办全国自行车、电动自行车装配技能竞赛，1 161人参赛，产生 6 名行业技术能手。皮革协会举办全国首届制鞋工职业技能竞赛，产生 3 名全国技术能手、20 名行业技术能手。眼镜协会举办第二届全国验光与配镜职业技能竞赛。经过预赛选拔、推荐，职业组共有 121 名、学生组共有 110 名验光和配镜的选手参加了全国决赛。

由中国轻工业联合会、中国工艺美术学会、中国轻工珠宝首饰中心与福建省莆田市人民政府联合举办了 2014 年第六届中国工艺美术“百花奖”评选活动。作品整体水平比往年有较大提高。

酒业协会开展“中国首席白酒品酒师”考评工作，经批准，正式发布聘任首届中国首席白酒品酒师 46 人。

钟表协会开展中国钟表大师评定工作，产生中国钟表大师 9 名，其中钟表设计大师 5 名，制作大师 4 名。

文房四宝协会第二届评选活动评选了 60 名艺术大师，促进了非物质文化遗产的传承与创新。

九、开展公共服务活动，加强自身建设

举办“中国轻工企业家高峰论坛暨百强企业颁奖盛典”，组织轻工行业反价格垄断专题培训，产生较好的社会影响。

组织企业开展社会公益活动。眼镜协会组织企业面向航天科技人员开展系列大型爱眼护眼公益活动。饮料协会在世界水日和中国水周期间，组织“水教育”公益项目，通过行业、企业力量向小学生普及水资源、水环境的常识，传播健康饮水、节约用水的理念。云南鲁甸地震后，饮料企业在第一时间紧急组织捐赠矿泉水、纯净水到灾区。照明电器协会组织部分高效照明产品推广企业，先后在四川巴中、江西井冈山等革命老区开展了节能灯捐赠活动，先后向老少边穷地区无偿捐赠了节能灯 2.8 万只、价值 34 万元。乳制品

协会组织12家乳品企业向中国扶贫基金会捐赠物资和资金126万元,几年来,由协会组织企业共捐赠物资货值1 405万元,善款165万元。

召开轻工行业协、学会工作座谈会,总结协、学会评估工作,研究协会深化改革问题,家电、皮革、家具、照明4家获5A级的协会介绍了工作经验。

加强领导班子建设,造纸、玻璃、轻机、搪瓷、五金、焙烤等14个协会学会完成换届选举工作,对食品中心等5个企事业单位领导班子进行了调整和充实。

加强对行业、企业、产品的宣传力度。工业设计、罐头、工艺美术、口腔清洁护理、日用杂品、饮料、衡器等协会开通协会官方微信平台,通过图文、视频等多种形式,推送行业权威资讯,利用新载体、新手段全方位地宣传协会、服务会员。罐头工业协会启动"打开罐头,享受美味"的整体传播活动,全方位和多形式地利用新闻媒体,组织多轮次的宣传,起到了一定效果。日用玻璃协会对玻璃瓶罐轻量化先进企业进行表彰,为孙即杰举行了"中国孙氏琉璃鸡油黄"荣誉称号的授牌仪式。皮革协会推动皮革行业专业市场(店)转型升级,培育专业市场(店)诚信品牌,积极推进皮革行业专业市场(店)等级认定工作,延伸产业链服务功能。日化协会针对媒体"明胶乱象"曝光的企业生产经营问题召开紧急会议,通报情况,查找问题,吸取教训,研究举措,认真整改。焙烤协会在中央电视台"3·15"晚会曝光有企业销售过期、变质进口食品原料的新闻后,立即与相关会员单位进行沟通,达成共识,并向相关单位下发了《关于要求焙烤原料与设备经销商遵纪守法,诚信经营的通知》,通知要求各相关会员单位深刻吸取教训,严格遵守行业道德和行业准则,诚信经营,用实际行动推动行业健康有序的发展。乳制品工业协会从2008年,承担了30万问题奶粉患儿的赔付工作,协会为赔偿资金设立了专用账户。在长达5年多的时间里,协会与中央及地方相关部门密切配合,于7月底完成了前期赔付的阶段性工作,并通过审计部门的审计。羽绒协会帮助企业拓展电商销售渠道,联合电商平台举办促销活动,推广信誉保证标志,保护消费者的权益和专业生产企业的利益,维护了市场秩序。

(撰稿:李培松)

2014年纺织工业经济运行综述

中国纺织工业联合会

2014年以来,中国纺织行业面临原料价格波动、需求增长放缓、国际竞争加剧、综合成本上升等一系列复杂的外部因素,发展压力较大。全行业坚持深入推进结构调整和转型升级,努力克服各种风险因素,总体上保持了平稳发展态势。主要运行指标增速虽有放缓,但仍在合理区间内,发展结构与质量有所改善,纺织行业"中速增长、结构调整、缓中有进"的发展新常态特征日益显现。

纺织行业经济运行的主要呈以下几个特点:

一、2014年纺织工业经济运行情况

(一)生产增速有所放缓

2014年,纺织行业主要生产指标实现平稳增长,但受到需求、原料、成本等因素影响,增速较上年同期有所放缓。特别是下半年以来,受棉价较快下降影响明显,生产增速环比趋缓,全年总体呈现前高后低走势(见图1)。根据国家统计局数据,2014年全国规模以上纺织企业工业增加值同比增长7.0%,增速低于2014年上半年0.5个百分点,低于2013年1.3个百分点,低于同期全国规模以上工业增加值增速1.3个百分点。

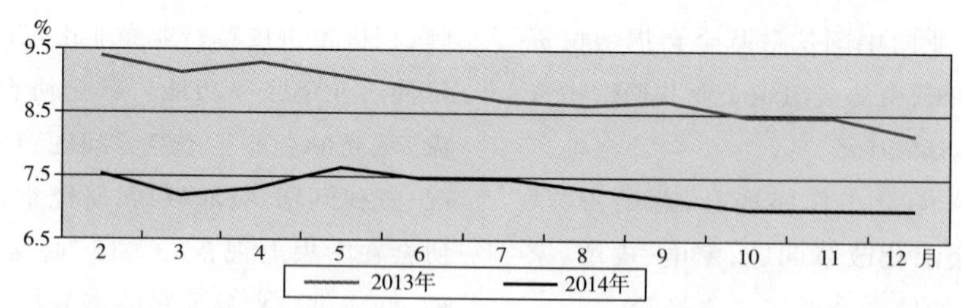

图 1　2014 年规模以上纺织企业工业增加值增长情况

资料来源：国家统计局。

各分行业中，具有较高科技附加值的产业用纺织品行业工业增加值同比增长 11.7%，高于同期纺织全行业增速 4.7 个百分点，其作为纺织产业链新增长点的作用仍然突出。化纤行业由于基数较低，实现了 8.5% 的较快增长。服装、家纺两大终端行业基本平稳，工业增加值分别增长 7.2% 和 6.5%。针织行业由于竞争压力加大，增长较为缓慢，同比增速仅为 2.8%。

2014 年，主要大类产品产量增速除服装略有提升外，均同比放缓。全社会化纤产量为 4 390 万吨，同比增长 5.5%，增速低于 2013 年 2.4 个百分点；纱产量为 3 379 万吨，同比增长 5.6%，增速低于 2013 年 1.6 个百分点；受棉布产量减少影响，规模以上企业布产量为 703.7 亿米，同比降低 0.5 个百分点，增速低于 2013 年 5.1 个百分点；产业链终端行业市场适应能力相对较强，服装产量为 299.2 亿件，同比增长 1.6%，增速高于 2013 年 0.3 个百分点。印染布受环保压力加大影响，产量连续第三年负增长，全年产量为 536.7 亿米，同比下降 2.5%。见表 1。

表 1　2014 年纺织行业主要大类产品产量情况

产品名称	单　位	产　量	同比(%)	产品名称	单　位	产　量	同　比(%)
化学纤维	万　吨	4 390.0	5.5	苎麻布	亿　米	5.0	-10.8
纱	万　吨	3 379.0	5.6	亚麻布	亿　米	4.6	13.7
布	亿　米	703.7	-0.5	蚕　丝	万　吨	16.7	6.9
印染布	亿　米	536.7	-2.5	无纺布	万　吨	361.4	10.7
毛机织物	亿　米	6.0	0.4	服　装	亿　件	299.2	1.6

注：本表格中化纤、纱产量为全社会数据，其余为规模以上企业数据。
资料来源：国家统计局。

（二）出口总量增速放缓

2014 年，中国纺织品服装出口总额实现平稳增长，受需求增长缓慢、市场竞争加剧等因素影响，增速有所放缓，但随着出口价格逐月提高，总体呈现逐渐回升态势。根据中国海关数据，2014 年中国纺织品服装出口总额达 3 069.6 亿美元，同比增长 5.1%，增速低于 2013 年 6.1 个百分点，但较 2014 年一季度和上半年分别回升 4.6 和 0.9 个百分点。剔除价格影响，纺织品服装出口数量增长相对平稳，2014 年同比增长 5.2%，略低于 2013 年 1.5 个百分点。见图 2。

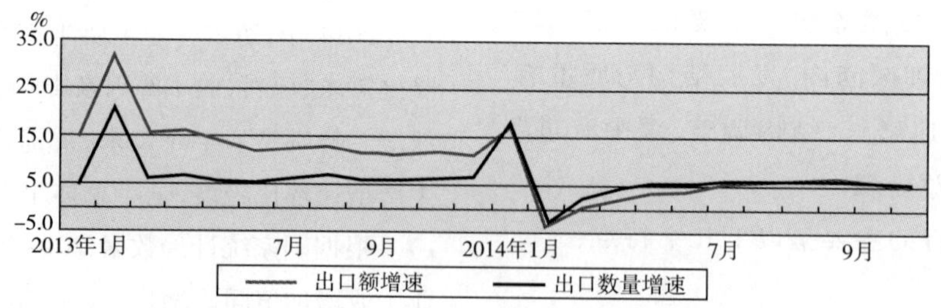

图 2　2013—2014 年纺织品服装出口总额增长情况

资料来源：中国海关。

主要出口产品中，终端产品增长相对平稳，2014年服装出口额同比增长5.4%，家用和产业用制成品出口额增长6.4%。上游产品受原料价格波动影响，出口增长相对缓慢，棉制产品出口有所萎缩，全年纱线出口额下降1.3%，织物出口额仅增长3.3%。

主要出口市场中，美、欧市场增长较为平稳，2014年纺织品服装出口额同比分别增长7.0%和13.4%；日本市场持续下行，出口增速为-8.9%；东盟市场波动较大，出口额同比仅增5.9%，较上年大幅下滑22.4个百分点；非洲和韩国市场增速较高，同比分别增长17.3%和21.0%，高于行业出口水平12.2和16.0个百分点，说明出口市场日益多元化。见表2、表3。

表2　2014年中国纺织品服装分产品出口情况

主要出口产品	出口额（亿美元）	同　比（%）	增速比2013年增减（百分点）
纺织品服装	3 069.6	5.1	-6.1
纺织品	1 191.4	4.7	-6.5
棉制纺织品	272.6	-4.9	-17.7
化纤制纺织品	649.0	8.5	-3.8
服　装	1 878.2	5.4	5.9
棉制服装	686.2	-3.8	-14.1
化纤制服装	793.5	13.7	0.9

资料来源：中国海关。

表3　2014年中国纺织品服装分地区出口情况

国家或地区	出口额（亿美元）	同比（%）	增速比2013年增减（百分点）
欧　盟	599.3	13.4	4.5
美　国	470.4	7.0	0.0
东　盟	367.4	5.9	-22.4
日　本	255.7	-8.9	-7.9
非　洲	202.0	17.3	10.8
中国香港	166.2	-15.6	-35.5
韩　国	85.0	21.0	4.2

资料来源：中国海关。

（三）内销增速环比提升

2014年，内需消费增速随宏观经济同步有所放缓，实体零售渠道增长减速更为明显，下半年随着中国节假日等促进消费的因素增多，消费呈现逐月回升态势。全年限额以上服装鞋帽针纺织品零售额同比增长10.9%，低于2013年0.7个百分点，低于社会消费品零售总额增速1.1个百分点，较2014年一季度和上半年分别回升2.2和0.9个百分点。见图3。

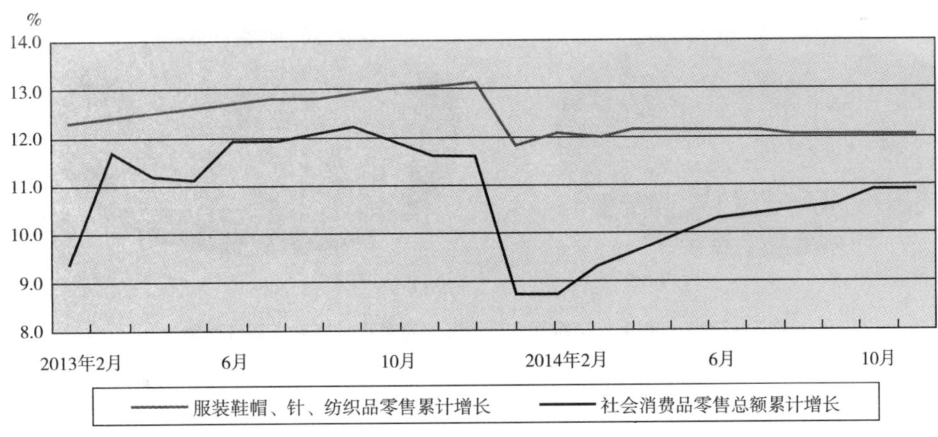

图3　2013—2014年衣着类商品内需零售增长情况

资料来源：国家统计局。

内需市场在快节奏、多元化、消费特征日益明显的背景下，带动电子商务零售规模快速扩张，成为纺织服装产品重要的销售渠道，并在一定程度上对传统实体渠道形成了替代作用。2014年，服装、家纺产品网络零售额达到6 700亿元，同比增长37.0%，由于基数升高，增速较2013年放缓10.0个百分点，但仍高于实体零售增速20.0多个百分点。

(四)投资增速有所回落

2014 年,由于外部压力加大,行业发展减速,纺织企业投资信心有所减弱。根据国家统计局数据,纺织行业 500 万元以上项目固定资产投资完成额达 10 362.5 亿元,同比增长 13.4%,增速低于 2013 年 3.9 个百分点,较 2014 年上半年下滑 2.7 个百分点;新开工项目数同比减少 0.5%,低于 2013 年 6.4 个百分点。见图 4。

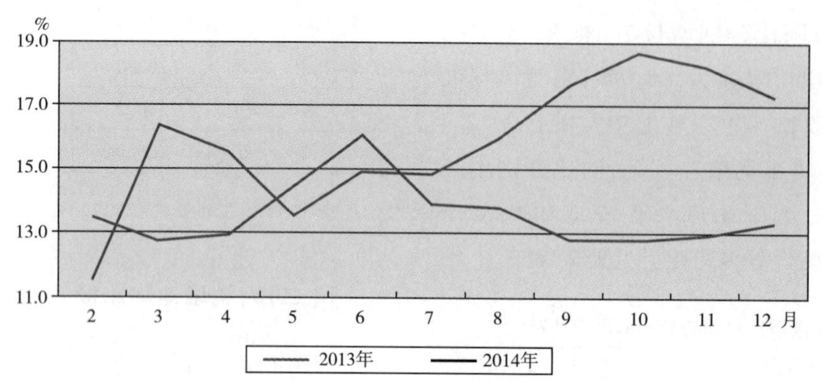

图 4　2013—2014 年纺织行业 500 万元以上项目固定资产投资完成额增速情况

纺织产业投资增长的区域结构调整有所推进,中西部地区投资增速明显高于其他地区。2014 年,中、西部地区投资完成额同比分别增长 15.6% 和 21.6%,高于东部地区 2.8 和 8.8 个百分点,中西部地区占全行业投资总额比重为 40.2%,同比提高 1.2 个百分点。西部地区中,新疆加快发展纺织服装业促进投资快速增长,2014 年投资完成额增速为 79.1%,新开工项目增速为 90.2%。见图 5。

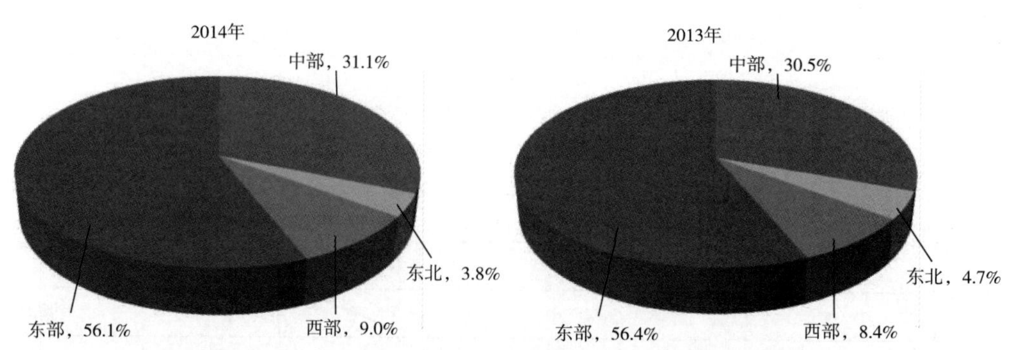

图 5　2013—2014 年纺织行业分地区固定资产投资完成额占比情况

资料来源:国家统计局。

(五)效益增长逐步趋缓

2014 年以来,纺织行业效益增长基本平稳,但由于原料价格下行影响,带动生产增长减速、产品价格涨幅收窄,企业效益增速同比、环比均呈逐步放缓走势。2014 年,全国 3.8 万户规模以上纺织企业累计实现主营业务收入 67 220.1 亿元,同比增长 6.8%,增速低于 2013 年 4.7 个百分点,低于 2014 年上半年 1.7 个百分点。行业实现利润总额 3 662.7 亿元,同比增长 6.1%,增速低于 2013 年 9.7 个百分点,低于 2014 年上半年 5.7 个百分点。见图 6。

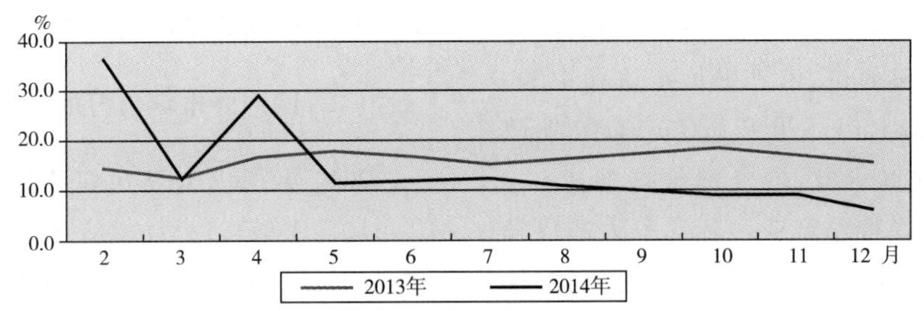

图 6　2013—2014 年规模以上纺织企业利润总额同比

资料来源：国家统计局。

（六）运行质量稳中趋好

2014 年，虽然经济总量增速同比放缓，但是纺织企业运行质量总体稳中趋好。2014 年，规模以上企业平均销售利润率为 5.5%，基本与上年持平；企业适应市场快节奏的能力有所增强，产成品周转率为 20.6 次/年，同比加快 0.8%；资产负债率为 53.4%，同比下降 1.8 个百分点，企业的偿债能力有所增强。

各分行业中，服装、家纺、产业用三大终端行业规模以上企业利润率分别达到 6.0%、5.7% 和 5.7%，较 2013 年均有不同程度提高，反映终端产业品牌附加价值与市场适应性提升，纺织产业链与终端市场衔接基本顺畅。见表 4。

表 4　2014 年规模以上纺织企业主要运行质量指标情况

指标名称	单　位	2014 年	2013 年	增减（百分点）
销售利润率	%	5.5	5.5	0.0
资产负债率	%	53.4	55.2	-1.8
三费比例	%	6.2	6.2	0.0
总资产周转率	次/年	1.6	1.6	0.0（次）
产成品周转率	次/年	20.6	20.4	0.2（次）

资料来源：国家统计局。

（七）结构调整持续推进

2014 年，纺织行业积极深入推进结构调整，取得积极进展，成为行业在经济新常态下的重要发展特征。原料结构方面，2014 年化学纤维在纤维加工总量中占比达到近 83.0%，比 2013 年提高 2.5 个百分点，在棉花流通不畅的情况下，有效保障了纺织原料供给。产品结构方面，服装、家纺、产业用三大终端产品比例为 46.8∶28.6∶24.6，产业用纺织品占比较 2013 年提高 1.6 个百分点，纺织产品在医疗、环保、建筑等工业应用领域进一步扩大。区域结构方面，中西部地区对全行业经济增长贡献作用有所提升，规模以上企业主营业务收入占全行业的比重达 22.5%，较 2013 年提高 0.8 个百分点。产业组织结构方面，行业优势资源加速向龙头企业集聚，提高了资源利用效率，同时一批小、专、精企业的增多成为产业组织表现的新特征。

二、2014 年纺织行业发展中存在的主要问题

2014 年，纺织行业主动退经转型升级，积极适应市场变化，确保了各项运行指标保持平稳增长，但是行业面临的政策环境、市场环境依然复杂严峻，一些结构性矛盾亟待化解，运行压力依然突出。

纺织行业发展中存在的主要问题有：

（一）原料供需矛盾日益突出

2014 年，国家停止棉花收储政策，对于新上市新疆棉实施种植直补措施，对棉农按照 9—11 月市场平均价与目标价 19 800 元/吨的价差给予种植补贴，

有利于逐步恢复国内棉价的市场属性。但是，新棉上市前，国内棉价维持高位，内外棉价差达到 4 000 ~5 000 元/吨。新棉上市后虽开始实施直补新政策，但市场仍处于调整阶段，内外棉价差维持在 3 000 元/吨左右，对国内棉纺产业国际竞争力造成较大冲击。由于国内棉价仍持续出现下行走势，用棉企业库存及生产面临亏损风险。新政策下棉花流转过程较为烦琐，增加了企业用棉时间和成本。国产棉品质总体不高，与纺织企业需求存在差距，棉花供需矛盾对纺织行业整体运行的影响十分突出。

涤纶等化纤大类产品价格全年呈现下行走势，一方面是受到国际油价下滑影响，另一方面也体现出常规产品供给相对偏多，而各种下游急需的功能性、差别化纤维仍需加强供给。石化价格持续下行，不仅使化纤企业盈利压力加大，也增加了下滑企业的原料库存风险，降低了采购积极性。

（二）国内外市场仍需加强开拓

2014 年，世界经济虽保持复苏态势，但纺织品服装市场需求增长仍然放缓。根据相关统计数据，2014 年美国纺织品服装进口额同比增长 2.6%，较 2013 年增速下降 1.2 个百分点；日本纺织品服装进口额同比增长 2.3%，较 2013 年增速大幅下滑 18.4 个百分点。在需求增长缓慢的情况下，国际市场竞争更趋激烈，中国纺织行业综合成本不断提升，而越南、孟加拉国等东南亚国家凭借劳动力成本、汇率及关税等优势条件发展棉纺织及服装等加工制造业，在中低端市场逐渐蚕食中国市场份额。2014 年，中国在美国、日本、欧盟进口市场所占份额同比分别降低 0.9、1.3 和 0.4 个百分点，保持稳定的国际市场份额压力较大。见表 5。

表 5 2014 年美、欧、日主要纺织品服装进口来源国所占份额情况

国　家	美　国		欧　盟		日　本	
	2014 年进口额占比（%）	较 2013 年增减（百分点）	2014 年进口额占比（%）	较 2013 年增减（百分点）	2014 年进口额占比（%）	较 2013 年增减（百分点）
中　国	38.9	-0.9	37.9	-0.4	69.9	-1.3
越　南	9.3	0.9	2.6	0.3	8.1	1.3
孟加拉国	4.7	-0.2	11.2	0.3	1.7	0.2
印　度	6.3	0.3	7.3	0.0	1.2	0.1

资料来源：美国商务部、欧盟统计局、日本海关。

纺织品服装内需增速同比也有所放缓，限额以上零售及网购成交增速均低于 2013 年。原因一方面是国内宏观经济增长总体减速，对居民收入增长及消费情绪产生抑制性影响。另一方面，占据内需消费主体的城镇居民消费进入结构升级阶段，更加注重在医疗健康、文化娱乐及耐用消费品方面加大消费投入，衣着消费增长相对放缓，消费品质提升取代数量扩张成为现阶段衣着消费的主要特征，对广大纺织企业提出更高要求。见图 7。

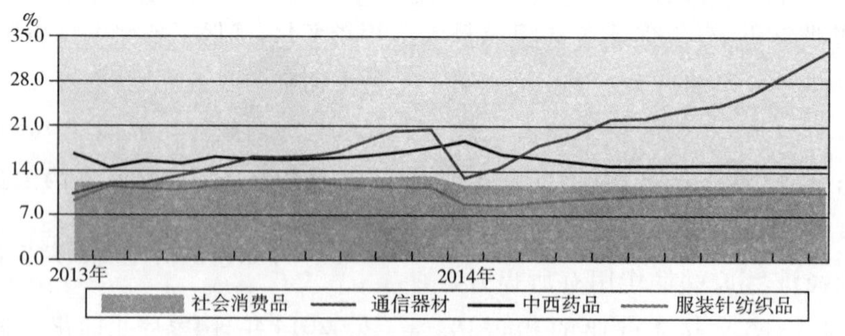

图 7 2013—2014 年内需市场消费品零售累计增速

资料来源：国家统计局。

（三）成本提升加大中小微企业生存压力

2014 年以来，纺织企业综合生产成本持续上升。根据相关数据统计，2014 年全国农村外出务工劳动力收入较 2013 年增加 9.8%；根据中国纺织工业联合会 2014 年四季度组织的“企业经营者跟踪调查”结果，75.0% 的样本企业表示用工成本较上年有所增加，平均涨幅在 10.0% 以上。此外，国内棉价平均高于国际市场约 30.0%，染料价格自上年以来累计上涨 150.0%，渠道、融资等费用也不断提升。

纺织行业中，中小微型企业数量众多，化解成本压力的能力普遍不足，调查结果显示近四成小微企业表示现阶段生产经营最主要问题是成本过快上涨，企业生存困境日益突出，仅有 38.4% 的小微企业表示盈利有所增加，设备利用率在 80.0% 以上的小型企业仅占一半，远低于大中型企业比例。见图 8。

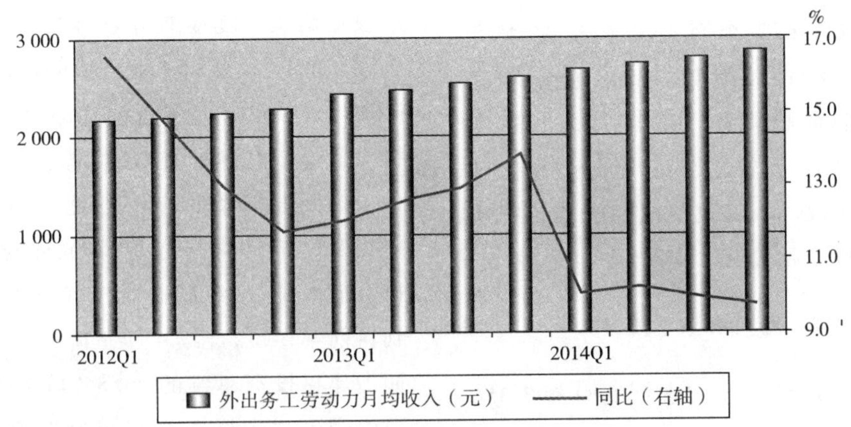

图 8　2012—2014 年外出务工劳动力月均收入情况

资料来源：国家统计局。

（四）节能环保形势日趋严峻

2014 年以来，各级政府部门对纺织行业污染物排放不合格现象零容忍，监管标准不断提升，监管范围扩大，行政执法力度加强。新环保法于 2015 年实施，纺织印染工业大气污染物排放标准即将出台，进一步加大了行业环保任务压力。各种标准不设过渡期、污染物总量减排任务较重等客观情况，与广大中小微型纺织企业有限的应对能力形成明显矛盾。有些地方政府为完成环保指标任务，采取“一刀切”的简单处理方式，严禁新上印染项目，造成印染行业升级发展严重受限，2014 年印染布产量同比减少 2.5%，中间环节受到制约影响了中国完整纺织产业体系的整合竞争优势。行业急需获取资金、技术投入以及管理经验、公共服务等支持，增强可持续发展能力。同时，相关管理政策也应结合纺织行业集聚发展、集中配套的特点适当进行调整，为企业提供合理的生存空间。

（撰稿：孙淮滨　赵明霞）

2014 年建材工业发展综述

中国建筑材料联合会

2014 年建材工业总体保持平稳增长，经济运行质量维持在合理区间，但行业增速持续放缓和经济效益增幅收窄趋势明显，全行业已经由高速增长转入中速平稳增长阶段，增量扩能型特征已经逐渐转向存量调整、结构优化发展模式。

一、2014 年建材工业经济运行情况

（一）总体表现平稳增长，增长速度滑入中档区间

在国民经济进入新常态背景下，建材工业已从高速增长转入平稳增长阶段。2014 年，规模以上建材工业实现主营业务收入 48 000 亿元，同比增长 9.7%，增速同比回落 6.2 个百分点。与一季度 13.6%、上半年 13.2%、前三季度 11.5% 相比，增速回落态势明显。从目前趋势看，建材工业增长速度虽然高于工业平均水平，但较之以往，全行业整体已经进入换档区。其中，水泥、建筑卫生陶瓷等传统建材产业仍占据着建材工业发展主体地位。

（二）利润增幅收窄，盈利水平下降

2014 年规模以上建材工业实现利润总额 3 356 亿元，同比增长 4.9%。其中，水泥制造业实现利润总额 780 亿元，同比增长 1.4%，占建材行业实现利润总额的 23.2%，份额最大；平板玻璃制造业实现利润总额 14.9 亿元，同比下降 64.9%。2014 年建材工业实现利润总额增幅逐月收窄，与一季度 32.5%、上半年 21.8%、前三季度 13.6% 相比，回落速度呈加速态势。10 月份以后已经从前 10 个月两位数增长降为个位数增长，全年利润总额增幅同比减少 15.5 个百分点。2014 年建材工业盈利水平下降，规模以上建材工业销售利润率同比下降 0.3 个百分点。

（三）主要产品产量增速回落，水泥等传统建材产品产销低位徘徊

受宏观环境及行业内部结构调整等因素影响，传统建材产品增长速度大幅回落。2014 年全国水泥产量 24.8 亿吨，增长 1.8%；全国平板玻璃产量 7.9 亿重量箱，增长 1.1%。全国陶瓷砖和卫生陶瓷产量增长率都在 7.9% 以下，低于建材和工业增长速度。2014 年水泥产品产销率 98.9%，同比下降 0.4 个百分点；平板玻璃产销率 96.0%，同比下降了 2.0 个百分点。

商品混凝土等低能耗及加工制品产业增速回落，但仍保持中高速增长。2014 年规模以上商品混凝土工业企业产量突破 15.5 亿立方米，在全国固定资产投资增速下滑的背景下，仍然保持了两位数增长。2014 年全国技术玻璃、石膏板产量都保持了两位数增长。

（四）固定资产投资稳定增长

2012 年以后，原本高速增长的建材工业固定资产投资增长速度逐渐与全国工业固定资产投资增速趋同。2014 年建材工业完成限额以上固定资产投资同比增长 14.0%，增速同比略升 0.1 个百分点。建材投资低于全国投资增速，高于工业投资增速。

混凝土与水泥制品业、建筑用石开采与加工业、砖瓦及建筑砌块制造业、轻质建材制造业占据建材投资前 4 位，水泥制造业投资由 2009 年第 1 位下降到目前第 5 位，连续 4 年下降，年投资完成额从高峰期占建材投资总额的 23.8% 降到 2014 年的 7.4%，卫生陶瓷制造业、平板玻璃制造业、玻璃纤维及制品制造业等行业固定资产投资为负增长，建材工业产业结构将继续朝低能耗、低排放方向优化。

（五）出口增速回落，进口超过出口

2014 年建材及非金属矿出口超过 360 亿美元，同比增长 11.0%，增速同比回落 10.0 个百分点。剔除汇率和价格因素，2014 年建材及非金属矿实际出口数量同比仅增长 5.3%，出口增速放缓，对建材工业增长的拉动作用进一步减弱。2014 年建材及非金属矿进口高速增长，并于 7 月份以后形成贸易逆差，这是自新中国以来，继 20 世纪 80 年代中期之后的第 2 次。2014 年建材及非金属矿进口超过 460 亿美元，同比增长 110.8%。其中钻石、宝石、翡翠、软玉四种产品进口同比增长 225.0%，占建材及非金属矿进口的 75.0%，除去这四种产品，其他建材及非金属矿商品进口金额仅增长 2.3%。

二、建材工业经济运行特点

（一）建材工业运行呈现新常态特征

2014 年，规模以上建材工业实现主营业务收入同

比增长9.7%，是2002年以来增速最低的一年。传统建材产品生产增速低位运行。2014年9月份以后，全国水泥、平板玻璃月产量同比增速都出现负增长。全年水泥产量增长速度从上年的10.0%回落至1.8%；平板玻璃产量增长速度从上年的13.3%回落至1.1%。2014年全国水泥产量的年增长率是24年以来全国水泥产量最低年增长率。2014年全国平板玻璃产量年增长率，也是新世纪以来少有的低增长年份。

（二）规模以上企业数量持续增加

建材工业产业结构调整步伐不断明显加快。2008年以后建材工业规模以上企业数量每年递增量都在2 000家以上，2014年也增加了1 500余家。其中水泥、平板玻璃、建筑陶瓷等制造业规模以上企业数量减少300余家，而混凝土与水泥制品、砖瓦、建筑用石规模以上企业数量则大幅增加1 300余家。2014年建材工业增加的规模以上企业，为规模以上建材工业增加了650亿元左右的销售额和产值，拉高增长速度约1.6个百分点。规模以上企业从业人员增加约15万人。

（三）产业结构调整成效显著

建材行业中低耗能和加工制品产业持续迅猛发展，产业结构向低能耗、低排放方向优化倾斜。混凝土与水泥制品业成为建材最大产业。2014年规模以上混凝土与水泥制品业销售收入达到10 000多亿元，超过规模以上水泥制造业，标志性地成为建材工业最大产业。2014年规模以上技术玻璃制品制造业销售额已经达到平板玻璃制造业2倍以上。建筑用石加工业已成为建材行业第四大产业。2014年，以混凝土与水泥制品、建筑用石、技术玻璃、轻质建材等为代表的建材低耗能和加工制品产业，销售额比重已经占建材工业48.2%，同比上升1.2个百分点。

（四）主要产业产能利用率保持平稳

新常态遏制了建材产能过剩，行业产能增长、落后产能淘汰持续进行，新增产能势头被遏制，水泥、平板玻璃产能净增长量都趋于停滞。2014年水泥熟料新增生产线减少17条，与此同时，全年关停30条水泥生产线，水泥生产企业数量减少近400家，减少水泥熟料生产能力1 500万吨，减少水泥生产能力1.4亿吨，水泥新增生产能力和关停减少能力基本持平，这是水泥工业进行产业结构调整以来的第一次，水泥行业化解过剩产能工作取得了显著成效。水泥熟料能力利用率达到76.0%以上，水泥能力利用率也保持在75.0%以上的合理区间，水泥熟料和水泥能力利用率都比2013年有所上升。平板玻璃2014年新增浮法玻璃生产线减少5条，减少平板玻璃生产能力1 784万重量箱，关停产能与新增产能相抵，平板玻璃生产能力增长基本停滞，产能利用率与2013年基本持平。

（五）建材企业“走出去”步伐加快

随着产业结构调整步伐的加快，特别是产能过剩持续常态化，建材企业集团积极探索国际化市场拓展，“走出去”战略初显成效并且步伐有所加快。华新水泥继2013年塔吉克斯坦亚湾项目投产后，2014年开工建设塔吉克斯坦第二个水泥熟料生产线项目，收购、控股柬埔寨卓雷丁水泥有限公司；海螺水泥印尼南加海螺项目2014年顺利投产，缅甸项目谈判取得实质性进展；福耀玻璃俄罗斯卡卢加州汽车玻璃项目完成国际知名汽车厂商的配套资质认证，进入转产切换阶段，美国俄亥俄汽车玻璃项目完成企业注册等前期工作，购买PPG公司位于美国伊利诺伊州的两条浮法玻璃生产线，计划进行升级改造成汽车级优质浮法玻璃生产线。

（六）行业经济运行质量下行压力持续加大

经营成本上涨幅度超过主营业务增长。2014年规模以上建材工业主营业务成本和“三项费用”总额增长均高于主营业务收入增长速度。与此同时，由于建材工业仍没有摆脱规模数量型增长模式，产品销售量和价格的持续走低，使建材工业自2012年开始毛利率持续下降，2014年建材工业毛利率同比下降0.9个百分点。

2014年建材及非金属矿出厂价格全年平均比2013年上升0.2%。受2013年主要建材产品价格走势“前低后高”影响，2014年建材主要产品出厂价格环比逐月下滑，目前已经回到上年最低价位。水泥价格2014年前9个月持续快速下跌，9月份以后全国当月水泥产量同比的持续下降，水泥价格止跌趋稳。2014年年末，全国通用水泥月平均出厂价格比2013年每吨略微下降0.4元。平板玻璃价格在2013

年10月至2014年8月环比持续下跌,2014年8月份以后止跌低位徘徊,2014年末,全国平板玻璃月平均出厂价格比2013年每重量箱下降4.1元。从目前趋势看,建材主要产品价格短时间内仍将处于低位态势,全行业下行压力还没有得到根本性缓解。

(七)应收账款居高不下,产成品库存增加显著

2014年年末,建材工业应收账款近5 000亿元,同比增长12.7%,占主营业务收入10.4%。建材企业面临的紧缩的金融环境以及应收账款居高不下造成的呆坏账风险加大企业经营压力,混凝土与水泥制品业、水泥制造业尤为突出。2014年年末,混凝土与水泥制品业应收账款同比增长15.7%,占混凝土与水泥制品业主营业务收入的22.8%;水泥制造业应收账款与2013年末持平,占水泥主营业务收入的7.7%。

2014年年末,规模以上建材工业产成品库存同比增长13.2%,增长幅度高于销售和成本增幅。规模以上建材工业产成品存货可供销售天数12.4天,同比上升0.4天。其中产能过剩行业水泥制造业产成品存货可供销售天数同比上升1.0天,平板玻璃制造业上升0.1天。

(八)融资难问题仍是产业结构调整的瓶颈因素

2014年规模以上建材工业财务费用同比增长10.9%,其中主要是利息支出增长。2014年建材工业利息支出和财务费用增长速度都高于收入增长速度,也是影响成本上涨的主要因素。建材企业融资成本的上升,对于建材企业,特别是中小企业产业转型和长远发展的瓶颈作用日益明显。

(九)行业两极分化明显,中小企业经营困难问题凸显

面对形势变化,建材大企业集团率先转变发展方式,经济运行质量明显优于行业平均水平。某两家集团缩减平板玻璃产能,致力发展加工玻璃,实现利润占建筑技术玻璃行业利润总额30.0%。某5家大型水泥生产集团实现利润占行业利润总额近半数。

与之形成明显对比的是,2014年规模以上水泥制造业企业亏损面达到24.2%,同比增加3.6个百分点,亏损企业亏损额近100亿元,同比增长21.4%。平板玻璃行业自2014年二季度以来,由于产能释放较大,价格、效益持续下滑。2014年规模以上平板玻璃制造业企业亏损面29.5%,同比增加5.8个百分点,亏损企业亏损额近35亿元,同比增长147.0%,行业形势尤为严峻。

(十)结构调整任务艰巨,转变全行业发展方式任重道远

目前建材传统产业及传统延伸产业利润仍然占全行业利润75.0%,建材新兴产业仍处于规模外延扩张的初级阶段,未成气候,其在建材工业总量占比仅约10.0%,还不能承担起支撑建材行业快速增长的重任。这也是随着投资增速的下滑,建材行业增长速度、利润增幅也随之放缓,却仍然表现为明显的规模数量型增长特征的根本原因。而在新常态中,水泥、平板玻璃等建材传统产业面临市场需求增长放缓和产能过剩所形成的双重压力,低速增长将是长期趋势,建材工业发展将受到越来越严峻的考验。

与此同时,随着建材行业转变发展方式的深化,结构性矛盾与市场需求不足对行业的制约将进一步加剧,特别是产能过剩问题仍然凸显、新的增长点不足等问题尤为突出,全行业经济运行下行压力将持久存在。

(撰稿:孙星寿)

2014年有色金属工业发展综述

中国有色金属工业协会

2014年,面对复杂多变的国际经济环境及在国内“三期叠加”大背景下,有色金属企业主动适应新常态,积极应对经营中出现的问题和困难,有色金属工业经济运行总体保持平稳。2014年,有色金属工业运行的主要特点是:生产稳中趋缓,投资缓中向好,价格走势分化,企业经营困难。2014年,规模以上有色金属企业工业增加值增长11.2%;10种有色金属产量为4 811.2万吨,增长7.1%;有色金属工业完成固定资产投资额6 912.5亿元,增长4.6%;国内市场年均铜价下降7.8%,铝价下降6.9%;铅价下降2.7%;锌价上涨6.2%。主要有色金属进出口贸易总额1 294.7亿美元,下降0.7%。其中,进口额994.2亿美元,下降3.5%;出口额为300.5亿美元,增长10.0%。规模以上有色金属工业企业实现主营业务收入52 301.6亿元,增长9.0%;实现利润总额1 719.5亿元,同比大体持平①。

一、有色金属工业运行状况及主要特点

(一)生产增幅放缓,运行保持平稳

2014年,规模以上有色金属企业工业增加值增长11.2%,比上年增幅回落2.1个百分点,但比全国的增幅高2.9个百分点。10种有色金属产量为4 811.2万吨,同比增长7.1%,增幅比上年下降了4.5个百分点。其中,精炼铜产量764.9万吨,增长14.7%;原铝产量2 831.7万吨,增长6.7%;铅产量470.4万吨,下降4.7%;锌产量580.7万吨,增长10.0%。氧化铝产量4 712.4万吨,增长6.2%。6种精矿金属含量981.2万吨,下降1.0%。其中,铜精矿金属含量174.1万吨,增长3.6%;铅精矿金属含量260.9万吨,下降3.3%;锌精矿金属含量511.8万吨,下降1.3%。铜材产量为1 497万吨,增长9.7%,增幅比上年下降了4.2个百分点;铝材产量为4 013.8万吨,增长19.9%,增幅比上年下降了9.2个百分点。

(二)投资增幅回落,结构有所优化

2014年,中国有色金属工业(不包括独立黄金企业)完成固定资产投资额6 912.5亿元,增长4.6%,增幅比上年回落了15.2个百分点。其中,有色金属矿采选完成固定资产投资1 187.2亿元,下降4.3%;有色金属冶炼完成固定资产投资1 914.7亿元,下降7.3%;有色金属压延加工完成固定资产投资3 810.7亿元,增长15.4%,增幅比上年回落了25.4百分点。其中,民间投资5 836.9亿元,所占比重达84.4%。2014年,铝冶炼完成固定资产投资618.6亿元,下降17.8%,电解铝投资热有所缓解,但投资规模依然较大;铜冶炼项目投资231.8亿元,比上年下降3.6%;铅锌冶炼项目投资为170.6亿元,比上年下降8.8%;铝压延加工项目投资1 965.1亿元,比上年增长25.1%;铜压延加工项目投资463.3亿元,比上年下降11.9%。21世纪以来,中国有色金属固定资产投资增幅首次低于全国增幅,也首次低于5.0%。

(三)进口额下降,出口额增加

2014年,中国主要有色金属进出口贸易总额(不包括黄金首饰及零件贸易额)1 294.7亿美元,同比下降0.7%。其中:进口额994.2亿美元,下降3.5%;出口额为300.5亿美元,增长10.0%。贸易逆差为693.7亿美元,下降8.4%。2014年,中国有

① 该年鉴稿件使用的主要财务、固定资产投资和单位产品能耗数据为初步统计数,其增长率用同比口径数据计算;十种有色金属产量等指标增长速度,是按照2014年的统计口径将2013年的数据进行调整后计算;铜、铝材产量尚未扣除企业间的重复统计。

色金属进出口贸易总额(包括黄金首饰及零件贸易额)1 771.6 亿美元,同比增长 12.1%。其中:进口额 1 000.2 亿美元,下降 3.2%;出口额 771.6 亿美元,增长 40.9%。其中黄金首饰及零件出口额为 470.9 亿美元,增长 71.7%。

1. 进口未锻轧铜、铜精矿增加。2014 年,中国铜产品进口额为 683.3 亿美元,同比下降 0.7%,占有色金属产品进口额的比重为 68.3%;出口额为 61.3 亿美元,同比下降 5.0%;铜产品贸易逆差 622 亿美元,同比下降 0.3%。进口未锻轧铜 363.6 万吨,同比增长 13.5%,其中进口精炼铜 359 万吨,同比增长 12.0%;进口铜精矿实物量 1 182 万吨,同比增长 17.3%;进口粗铜(阳极铜)58.5 万吨,同比下降 7.0%;进口铜材 60.4 万吨,同比下降 7.1%;进口铜废碎料实物量 387.5 万吨,同比下降 11.4%。出口未锻轧铜 26.6 万吨,同比下降 9.4%;出口铜材 50.8 万吨,同比增长 3.9%。中国净进口未锻轧铜 337 万吨,同比增长 13.5%。

2. 进口铝土矿减少、氧化铝增加,出口铝材增加。2014 年,中国铝产品进口额为 112.6 亿美元,同比下降 14.7%;出口额为 136.1 亿美元,同比增长 14.4%。进口未锻轧铝 35.4 万吨,同比下降 26.5%;进口铝材 50 万吨,同比增长 3.8%;进口铝土矿 3 628.1 万吨,同比下降 48.7%;进口铝废料实物量 230.6 万吨,同比下降 7.9%;进口氧化铝 527.6 万吨,同比增长 37.7%。出口未锻轧铝 66.7 万吨,同比增长 16.6%;出口铝材 366.9 万吨,同比增长 19.7%。中国净出口铝材 316.9 万吨,同比增长 22.7%。

3. 进口铅精矿增加。2014 年,中国铅产品进口额为 22.4 亿美元,同比增长 2.4%;出口额为 1.5 亿美元,同比下降 14.8%。进口未锻轧铅 2.8 万吨,同比下降 12.4%;进口铅精矿实物量 181.2 万吨,同比增长 21.4%。出口未锻轧铅 3.6 万吨,同比增长 53.6%。

4. 进口锌精矿增加,出口未锻轧锌增加。2014 年,中国锌产品进口额为 31.4 亿美元,同比增长 3.8%;出口额为 4.2 亿美元,同比增长 341.3%。进口未锻轧锌 68.1 万吨,同比下降 9.4%;进口锌精矿实物量 219.9 万吨,同比增长 10.3%;出口未锻轧锌 13.3 万吨,同比增长 23.6 倍;出口立德粉 2.4 万吨,同比下降 7.9%;出口氧化锌 1.2 万吨,同比增长 29.4%。净进口未锻轧锌 54.8 万吨,同比下降 26.6%。

5. 稀土产品进出口额下降。2014 年,中国稀土产品进口额为 3.5 亿美元,同比下降 23.1%;出口额为 16.8 亿美元,同比下降 10.3%;进出口贸易顺差为 13.3 亿美元,同比下降 6.3%。出口稀土金属 358 吨,同比下降 34.9%;出口稀土合金 1 156 吨,同比增长 9.8%;出口稀土氧化物 22 070 吨,同比增长 26.2%;出口碳酸稀土 1 365 吨,同比下降 4.3%;出口稀土永磁体 21 553 吨,同比增长 14.5%。

(四)国内外市场有色金属价格走势分化

2014 年国内外市场有色金属价格走势分化,LME 的六种基本金属价格三降三升,铜、铅、锡价格下降,铝、锌、镍价格上升;国内市场四种基本金属价格三降一升,铜、铝、铅价格下降,锌价格上升。可见各金属品种之间,国内外市场之间价格走势均出现分化,特别是铝价国际市场上升,国内市场下降。

1. 国际市场六种基本金属价格三降三升。2014 年年末,LME 三月期铜收盘价格 6 300 美元/吨,比上年末收盘价 7 360 美元/吨下降了 14.4%;三月期铝收盘价格 1 853 美元/吨,比上年末收盘价 1 800 美元/吨上涨 2.9%;三月期铅收盘价格 1 858 美元/吨,比上年末收盘价 2 219 美元/吨下降 16.3%;三月期锌收盘价格 2 178 美元/吨,比上年末收盘价 2 055美元/吨上涨 6.0%;三月镍收盘价格 15 150 美元/吨,比上年末收盘价 13 900 美元/吨上涨 9.0%;三月期锡收盘价格 19 400 美元/吨,比上年末收盘价格 22 350 美元/吨下降 13.2%。

2014 年,LME 三月期铜年平均价为 6 825 美元/吨,下降 7.2%;三月期铝年平均价为 1 893 美元/吨,上升 0.3%;三月期铅年平均价为 2 112 美元/吨,下降 2.1%;三月期锌年平均价为 2 164 美元/吨,上涨 11.6%;三月镍年平均价为 17 013 美元/吨,上涨 12.6%;三月期锡年平均价为 21 898 美元/吨,下降 1.8%。

2. 国内市场四种基本金属价格三降一升。2014 年年末,上海有色金属交易所三月期铜收盘价格

45 800元/吨,比上年末收盘价 52 280 元/吨下降了 12.4%;三月期铝收盘价格 13 060 元/吨,比上年末收盘价 14 305 元/吨下降 8.7%;三月期铅收盘价格 12 420 元/吨,比上年末收盘价 14 315 元/吨下降 13.2%;三月期锌收盘价格 16 780 元/吨,比上年末收盘价 15 195 元/吨上涨 9.3%。

2014 年,国内市场铜现货年平均价为 49 207 元/吨,下降 7.8%;铝现货年平均价为 13 546 元/吨,下降 6.9%;铅现货年平均价为 13 860 元/吨,下降 2.7%;锌现货年平均价为 16 855 元/吨,上涨 6.2%。

(五)利润总额大体持平,主营活动利润下降

1. 实现利润总额基本持平。2014 年,8 646 家规模以上有色金属工业企业(不包括独立黄金企业,下同)实现主营业务收入 52 301.6 亿元,同比增长 9.0%;主营业务成本 48 282.8 亿元,同比增长 9.7%,比主营业务收入增幅高 0.7 个百分点;实现利税 3 006.4 亿元,同比增长 2.2%;实现利润总额 1 719.5亿元,同比下降 0.3%;实现主营活动利润 1 674.2亿元,同比下降 10.8%。

2. 亏损企业户数及亏损额增加。2014 年,8 646 家规模以上有色金属工业企业中亏损企业为 1 515 家,比上年增加 148 家,亏损面为 17.5%。亏损企业亏损额 396.5 亿元,同比增长 21.2%。

3. 财务费用增加。2014 年,规模以上有色金属工业企业财务费用为 707 亿元,同比增长 19.8%,比主营业务收入增幅高 10.8 个百分点;其中利息支出 634.4 亿元,同比增长 18.8%。有色金属工业企业的利息保障倍数为 3.7 倍。规模以上有色金属工业企业管理费用为 981.9 亿元,同比增长 6.7%,比主营业务收入增幅低 2.3 个百分点;企业营业费用为 462.4 亿元,同比增长 13.2%,比主营业务收入增幅高 4.3 个百分点。

4. 应收账款偏多。2014 年年末,规模以上有色金属工业企业应收账款 2 818.5 亿元,同比增长 10.5%,比主营业务收入增速高 1.5 个百分点;2014 年,应收账款周转天数为 18.4 天。企业产成品库存货款 1 649.7 亿元,同比增长 9.8%;2014 年,企业产成品库存周转天数为 11.7 天,比全国规模以上工业企业周转天数 13.3 天快 1.6 天。应收账款增速持续高于主营业务收入增速、周转天数较多,表明有色金属企业回款能力不强,企业间账款拖欠现象较为明显。

5. 每百元主营业务收入中的成本高于全国平均水平,主营业务收入利润率低于全国平均水平。2014 年,每百元主营业务收入中的成本 92.3 为元,比全国平均水平 85.6 元多 6.7 元。主营业务收入利润率为 3.3%,比全国平均水平 5.9% 低 2.6 个百分点。资产利润率为 4.9%,明显低于银行的一般贷款加权平均利率 6.9%。

6. 年末资产总额增长 10.0%。2014 年年末,规模以上有色金属工业企业资产总额达到 37 157.1 亿元,比上年增长 10.3%;负债合计 23 406.2 亿元,比上年增长 10.1%;资产负债率为 63.0%,比上年下降了 0.1 个百分点。

(六)科技进步成果显著,节能降耗成效明显

有色金属工业面对资源保障不足、能源环境压力大、高端产品开发能力薄弱等发展瓶颈制约,加大了新技术、新产品研发力度,2014 年科技进步成果显著,节能降耗成效明显。

1. 地质找矿技术创新取得新进展。中南大学研发的“广域电磁法及其应用”技术,根据深部金属矿产和石油天然气勘探的需要,经过多年技术攻关,创立了广域电磁法,研制了具有自主知识产权的大深度地下探测技术与装备,解决了勘探地球物理频率域有源电磁法的关键性理论和技术难题,为电磁勘探开辟了崭新的领域。广域电磁法及观测系统具有勘探深度大、观测范围广、工作效率高、测量精度高、适应性强等优点。

2. 铝电解高效节能关键技术取得新突破。新星轻合金公司与河南中孚实业、焦作万方铝业等联合开发出铝电解添加 $KAlF_4$ 高效节能新技术。首次在铝电解质中发现钾是以稳定的 $KAlF_4$ 形式存在,研究证明 $KAlF_4$ 在现有的电解质熔盐体系中是稳定的、应用是安全的。创新研发了高纯无水 $KAlF_4$ 的绿色环保合成技术,使铝钛硼生产产生的副产物 $mKF \cdot nAlF_3$ 聚合大分子解聚成高纯无水 $KAlF_4$。项目解决了在降低铝电解温度的同时提高氧化铝溶解性能的重大技术难题。应用表明,添加 $KAlF_4$ 后含有炉底结壳的病

槽得到了有效治理，电解温度下降 5～10℃，炉底压降降低 50～70 毫伏、电流效率提高 1.0%～2.0%、阳极效应系数降低 30.0%～50.0%，吨铝直流电耗可下降 400～600 千瓦时，取得了显著的节能减排效果，达到了世界领先技术水平。

3. 铜锍底吹连续吹炼技术工业化试验取得成功。继铜氧气底吹熔炼技术之后，中国恩菲工程技术有限公司又联合有关企业和高校开发了铜锍底吹连续吹炼技术。该技术不仅在环保上有效解决了 PS 转炉吹炼带来的二氧化硫烟气低空污染问题，而且在自动化程度上更先进，节能减排效果更显著。采用氧气底吹熔炼、底吹连续吹炼技术的河南豫光金铅有限公司玉川冶炼厂已于 2014 年 2 月建成并顺利投产。

4. 富氧双侧吹炼铋新技术居国际领先。湖南金旺铋业股份有限公司与中南大学联合研发成功"含铋物料富氧双侧吹熔池熔炼新技术"。项目在深入研究铅、铜等有色金属熔池熔炼技术的基础上，是世界首次采用富氧双侧吹熔池熔炼处理含铋复杂物料新工艺，有效解决了传统含铋物料火法冶炼工艺存在的回收率低、能耗高、环保差等问题，新技术具有工艺清洁高效，能耗低、原料适应性强，金属回收率高的特点，项目已在湖南金旺铋业实现了产业化，为中国大量存在的复杂含铋物料的大规模清洁综合回收提供了新的途径。

5. 节能降耗成效明显。2014 年，中国原铝综合交流电耗为 13 596 千瓦时/吨，减少了 144 千瓦时/吨，节电 35.1 亿千瓦时；铜冶炼综合能耗下降到 251.8 千克标准煤/吨，减少了 48.7 千克标准煤/吨；铅冶炼综合能耗下降到 430.1 千克标准煤/吨，减少了 27.9 千克标准煤/吨；电解锌冶炼综合能耗下降到 896.6 千克标准煤/吨，减少了 9.1 千克标准煤/吨。

（七）境外资源开发取得新进展

2014 年中国境外有色金属资源开发取得新进展，获得了一批新的权益资源，建成投产一批重大项目，显著提升中国铜、镍等重要矿产资源的保障能力。

1. 境外铜矿山项目开发成效显著。2014 年，中国境外资源开发最大的亮点就是中国五矿牵头的五矿联合体，利用嘉能可与斯特拉塔战略重组的机会，以 70 亿美元收购了嘉能可旗下的秘鲁邦巴斯铜矿。该铜矿是目前全球规模最大的在建铜项目，探明铜储量超过 1 000 万吨，设计生产能力 45 万吨铜金属/年。中国铝业投资建设的秘鲁特罗莫克铜矿基本建成投产，该项目一期工程投资超过 40 亿美元，形成 22 万吨铜金属/年生产能力。2014 年，在境外铜资源项目购并方面，还有江西铜业以 6 700 万美元，收购了土耳其金属公司拥有的阿尔巴尼亚铜矿 50.0% 权益，该项目设计年采选矿石量 50 万吨，年产铜金属约 3 000 吨。截至 2014 年年底，中国企业拥有权益的境外铜生产矿山 15 个，铜金属生产能力 72 万吨/年；在建铜矿山项目 8 个，设计铜金属生产能力 81 万吨/年。

2. 镍矿项目建设取得新突破。2014 年，中国企业投资建设的苏拉威西青山工业园一期项目 40 万吨/年镍铁项目基本建成；二期 60 万吨/年镍铁项目取得重要进展；三期 100 万吨不锈钢项目开工建设，投资总额预计超过 30 亿美元。罕王实业投资24 500 万美元建设的镍铁项目也将在 2015 年建成投产。中色矿业投资 9 亿美元建设的缅甸达贡山项目，中冶建投资 18 亿美元建设的巴布亚新几内亚瑞木项目，吉林昊融投资 17 亿美元建设的加拿大铜镍矿项目均投入正常生产。截至 2014 年年底，中国企业拥有权益的境外镍生产矿山有 5 个，镍金属生产能力 9 万吨/年；在建镍铁项目 4 个，设计镍金属生产能力 12 万吨/年。

3. 铝土矿项目开发取得实质性进展。2014 年，山东宏桥投资 10 亿美元建设的印尼 100 万吨/年氧化铝项目进展较为顺利，山东宏桥还将建设二期工程和三期工程，合计氧化铝产能将达到 300 万吨/年。南山集团计划总投资达到 50 亿美元，建设的印尼氧化铝、电解铝、发电一体化项目启动。信发集团在斐济、博赛集团在圭亚那和加纳的铝土矿开发投资活动也有所加强。截至 2014 年底，中国企业拥有权益的境外铝土矿项目投产 3 个，合计产能 280 万吨；在建氧化铝项目 2 个，设计生产能力 200 万吨/年。

4. 铅锌项目稳步推进。2014 年，中国企业在境外的铅锌及其他有色金属资源开发项目稳步推进。

中铁资源蒙古铅锌矿建成投产,中国五矿、中金岭南在澳大利亚的大型铅锌矿山项目建设全面展开。截至2014年年底,中国企业拥有权益的境外铅锌生产矿山7个,铅锌金属生产能力103万吨/年;在建项目有3个,设计铅锌金属生产能力54万吨/年。

二、有色金属工业运行情况分析

(一)影响有色金属工业发展的宏观环境发生变化

1. 2014年,世界经济处在国际金融危机后的深度调整期,总体温和复苏,但技术创新缺乏显著亮点,全球经济复苏内生动力依然不足。国际金融市场波动加大,国际大宗商品价格波动较大(石油、铁矿石价格大幅度下降),地缘政治等非经济因素影响加大,全球经济复苏存在较大不确定性。各国货币政策分化对全球资本流动产生新的影响,全球债券市场分化扩大,新兴市场偿债压力较大,部分国家金融市场动荡增多。全球经济复苏进程持续分化,美国经济复苏步伐较为强劲,欧洲经济维持疲弱态势,日本经济受政策影响波动明显;亚洲新兴经济体增速放缓,但继续领跑全球,非洲将保持可观的发展势头,拉美地区延续了低迷状态。

2. 在“三期叠加”大背景下,国内经济增速放缓,但依然平稳运行在合理区间,同时出现了一些积极的趋势性变化。2014年,中国国内生产总值增长7.4%,增速比上年回落0.3个百分点。全国固定资产投资(不含农户)增长15.7%,增速比上年回落3.6个百分点;工业生产者出厂价格下降1.9%,工业生产者购进价格下降2.2%;全国居民消费价格上涨2.0%。中国进出口总值为264 000亿元人民币,同比增长2.3%。其中,出口额144 000亿元人民币,增长4.9%;进口额120 000亿元人民币,下降0.6%。全国规模以上工业企业实现利润总额64 715.3亿元,增长3.3%;实现主营活动利润60 471.7亿元,增长1.6%。2014年,商品房销售面积下降7.6%,商品房销售额下降6.3%。2014年产业结构更趋优化,全年第三产业增加值占国内生产总值的比重提高到48.2%,比上年提高1.3个百分点,高于第二产业5.6个百分点。全年全国网上零售额27 898亿元,比上年增长49.7%。节能降耗继续取得新进展,全年单位国内生产总值单位能耗比上年下降4.8%。

(二)认识新常态、适应新常态、把握新机遇

1. 国内经济发展正处在“三期叠加”向“新常态”转变的关键时期。“三期叠加”一是增长速度进入换挡期,是由经济发展的客观规律所决定的;二是结构调整面临阵痛期,是加快经济发展方式转变的主动选择;三是前期刺激政策消化期,是化解多年来积累的深层次矛盾的必经阶段。有色金属产业“三期叠加”的特征更趋明显。一增长速度进入换挡期,改革开放以来,尤其是21世纪前10年有色金属工业快速发展,10种有色金属产量年均增长15.0%,固定资产投资年均增长35.0%,进出口贸易总额年均增长24.0%,销售收入年均增长30.0%,利润总额年均增长39.5%,目前中国常用有色金属产量、消费量已超过世界总量的40.0%。21世纪以来中国铜消费增量超过世界的净增量,为世界净增量的113.0%;原铝消费增量为世界原铝消费净增量的87.0%;铅消费增量占世界净增量的89.0%;锌消费增量占世界净增量的108.0%。可见新世纪以来世界有色金属消费增量主要来自中国,并抵消了欧洲、美国的减量。遵照产业发展的客观规律及发达国家的发展过程,有色金属产业已由高速发展阶段进入中高速发展阶段。二结构调整面临阵痛期,目前中国有色金属产业是“中间大、两头小”,冶炼产能过剩,矿山保障能力不足(2014年矿山资源对外依存度,铜精矿为63.3%,铝资源包括铝土矿和氧化铝为47.6%,铅精矿为28.4%,锌精矿为16.9%),高附加值、高档次的深加工产品短缺(高新技术领域需要的技术含量高、附加值大的金属材料大量依靠进口。总体上中国有色金属产业仍处于国际产业分工中低端,结构不合理和产能过剩问题严重制约了产业的持续健康发展,加快产业发展方式转变是产业持续发展的必然选择。三前期刺激政策消化期,化解有色金属产业多年来快速发展积累的资源、能源、环境制约压力,消化冶炼产能产量快速增长及市场需求的高新金属材料发展滞后等产业的深层次矛盾,是有色金属产业持续健康发展及建设有色金属强国的必经阶段。

2. 深入认识新常态、主动适应新常态,把握发展新机遇,培育产业发展的新动力。新常态意味着有色

金属行业增长速度的换挡、产业结构调整压力加大以及发展动力的转变，但也给创新驱动带来有利时机。在进入新常态的过程中一定要更加关注个性化、多样化的新材料需求趋势，充分利用大数据和两化深度融合，在新材需求差异化方面下功夫，积极突破“专精特新”材料的研发应用。在发展战略新兴产业和消费升级中，如节能环保、航空航天、交通运输、医疗器械、电子信息等，这些领域均将处于高速发展期，并面临所需材料升级换代。可见，新材料是有色金属行业发展的新增长点，也是建设有色金属强国的必然选择。

（三）化解产能过剩取得积极进展，但压力依然很大

“疏堵结合”化解电解铝产能过剩，特别是在“疏”的方面做文章。协会在推进交通车辆“以铝代钢”的基础上，进一步推进“以铝节铜”“以铝节木”等工作。重点是推广交通车辆用铝和建筑用铝模板，拓展国内铝消费市场空间。这不仅有利于节能减排，而且可以惠及民生。2014 年，先后关停电解铝产能达 338 万吨。企业在关闭电解铝产能进程中，面临人员安置、债务化解、资产处置等一系列问题。电解铝产能退出与转型发展，关系到当地经济社会发展的方方面面，涉及到地方税收、就业，涉及发电企业、输配电企业，涉及到金融机构以及下游加工企业。电解铝企业一停，相关利益方都将受到损害。2014 年下半年随着电解铝价格回升以及部分省区用电力价格下降，关闭的部分电解铝产能又开始恢复生产，新建电解铝产能也陆续投产。

（四）产业布局趋向合理，进出口结构有所优化

1. 产业布局趋向合理。2014 年铜陵有色金属集团控股有限公司和江西铜业集团公司两家企业的精炼铜产量均超过 120 万吨，均进入世界铜冶炼企业前 5 位。2014 年江西铜业集团公司、铜陵有色金属集团控股有限公司、金川集团股份有限公司、云南铜业公司、大冶有色金属集团控股有限公司等前 10 家企业精炼铜产量占全国精炼铜产量的比重达 75.0% 左右。全国前 10 家原（电解）铝企业产量占全国原铝产量的比重达 68.0% 左右。中国铝业公司、中国电力投资集团、山东信发集团、山东魏桥集团等企业的原铝产量均进入世界前 10 名。

目前中国铜冶炼企业主要集中在国内资源富集地区及便于利用国外资源的沿海地区。2014 年江西、云南、甘肃、湖北、安徽、内蒙古等资源富集地区的精炼铜产量占全国精炼铜总产量约 60.0% 左右；沿海的山东、广东、福建也都建设了利用国外资源的铜冶炼能力，2014 年这三个省产量占全国精炼铜总产量的 23.0% 左右。原（电解）铝产能则向资源和能源相对丰富的西部地区集中。中国原（电解）铝产能向西部地区转移速度加快，且具有技术和装备起点高、煤（水）—电—铝及深加工产业链完整的显著特点。2014 年新疆、青海、内蒙古和甘肃等西部省区的原铝产量均超过 200 万吨，其中新疆超过 400 万吨。沿海的山东省为原铝第一大省，2014 年原铝近 600 万吨。

中国铜、铝加工产能主要集中在经济发达的长江三角洲、珠江三角洲和环渤海等贴近消费市场的地区，以及冶炼产品集中的地区。2014 年江西、浙江、江苏、安徽、广东五省铜材产量占全国铜材产量的 75.0% 左右；山东、河南、广东、江苏、浙江五省的铝材产量占全国铝材产量的 62.0% 左右。随着原（电解）铝产能向资源丰富的中西部转移进程的加快，西部地区铝加工产能在迅速增长。

2. 进出口结构有所优化。中国由铜精矿、精炼铜、铜材等铜产品均需大量进口，2014 年铜精矿、精炼铜仍需大量进口，但净进口铜材降到 10 万吨以下，国内生产的铜材不仅能基本满足国内需求，并且生产的高档铜材已出口到欧美等发达国家。中国铝产品由矿山、冶炼、加工产品均需进口，2014 年变为进口矿山原料（包括铝土矿和氧化铝），出口铝材等深加工产品，但是出口铝材的档次及附加值还有待进一步提高。中国钨钼锡锑稀土和镁的出口结构虽有所优化，但是出口仍以初级产品为主，而国内市场需要的技术含量高、附加值大的深加工材料仍需进口。

矿山原料进口国一家独大的格局有所改观。2014 年，蒙古成为中国第三大铜精矿进口国，2014 年从蒙古进口铜精矿达 135.3 万吨，占中国铜精矿进口总量的比重达到 11.4%，所占比重仅次于从智利和秘鲁的进口比重。2014 年，澳大利亚、印度、马来西亚等国家成为中国铝土矿主要进口国，改变了进口铝土矿由印度尼西亚一家独大的格局。中国进口红土镍矿，由从印度尼西亚进口,2014 年变为从菲利宾进口。

(五)价格下降,成本上升,企业经营困难

1.2014 年有色金属企业经营特点。一是主要有色金属产品价格下降,人力资源、环保及融资成本上升,企业经营困难。二是有色金属企业之间盈利水平明显分化。从分所有制看,国有企业利润下降,民营、三资企业利润增长;从分矿山、冶炼、加工看,矿山、冶炼企业利润下降,加工企业利润增长;从企业类型看,大、中型企业利润下降,小型企业利润增长。三是应收账款增速持续高于主营业收入增速、周转天数较多,有色金属企业回款能力不强,企业间账款拖欠现象较为明显。四是有色金属工业企业百元主营业务收入中成本居高不下,主营业务收入利润率低于全国平均水平,资产利润率明显低于银行的平均贷款利率。

2. 铝冶炼企业与铝加工企业间盈利水平存在天壤之别。2014 年,铝冶炼企业盈亏相抵后亏损近 80 亿元,同比增亏 55.7 亿元,是有色金属行业中亏损大户;铝加工企业则是有色金属行业中盈利大户,铝加工企业实现利润 466.8 亿元,占有色金属工业企业实现利润的比重为 27.2%。电解铝企业间由于用电成本差异,使用不同电价的电解铝企业间经营效益也存在天壤之别,使用上网高电价的企业严重亏损,使用自备电,尤其是局域网电的企业仍有盈利。

3. 国有企业与私营企业的盈利能力明显分化。2014 年,国有及国有控股企业与规模以上私人控股企业的资产规模相差不大,占有色金属企业总资产规模比重均在 40.0% 左右,但是前者实现利润占有色金属企业实现利润总额的比重不到 2.0%,后者实现利润所占比重达到 80.0%。

(六)主动适应新常态,着力提升发展的质量和效益

主动适应新常态,把握发展的新机遇,着力提升产业发展的质量和效益。一是着力推动创新驱动,抓住国家重大科技创新机遇,攻克一批关键核心技术,加速赶超甚至引领世界创新步伐,推进有色金属工业由中低端向高端迈进。二是结合电力体制改革,有效化解电解铝产能过剩。电解铝产能过剩是高度市场化的电解铝行业和电力体制、电价机制改革相对滞后的深层次矛盾的具体体现,要结合深化电力体制、电价机制改革,建立公平、市场化的电解铝用电的价格机制,有效解决电解铝产能过剩问题。三是抓住国有企业股权多元化改革机遇,国有企业引进具有实力的民营企业和民营资本,发展混合所有制经济,提升国有及国有控股企业的盈利能力。

(撰稿:王华俊)

2014 年电信业发展综述

工业和信息化部信息中心

2014 年,中国电信业认真贯彻落实中央稳增长、促改革、调结构、惠民生、防风险等政策措施,深入推进"宽带中国"战略,提升 4G 网络和宽带基础设施水平,积极发展移动互联网、IPTV 等新型消费,全面服务国民经济和社会发展,全行业保持健康发展。

一、总体情况

2014 年,全国电信业务总量完成 18 138.3 亿元,同比增长 15.5% ,电信业务收入累计完成11 908 亿元,同比下降 1.6% ,完成固定资产投资 4 006.2 亿元,同比增长 7.0%。

全年净增电话用户 3 942.6 万户,总数达到 153 600万户。其中,移动电话用户净增 5 698.1 万户,总数达到 128 600 万户,普及率为 94 部/百人;移动宽带(3G/4G)用户净增 18 092.8 万户,总规模达到 58 300 万户,在移动电话用户总体中的渗透率达 45.3%。固定电话用户累计减少 1 755.5 万户,总数降至 24 900 万户，普及率为 18.2 部/百人。

互联网网民数量净增 3 117 万人，规模达 64 900 万人，互联网普及率达到 47.9%，其中手机网民规模达到 55 700 万人，比上年增加 5 672 万人，占到网民总数的 85.8%，比上年提高 4.8 个百分点。基础电信企业互联网宽带接入用户全年净增 1 157.5 万户，总数达 2 亿户，8Mbps 及以上宽带用户比重达到 40.9%。

全国光缆线路长度增加 315.9 万公里，达到2 061.3 万公里。局用交换机容量比上年小幅下降，全年下降 1.4%，达到 4 0517.1 万门。移动电话交换机容量增加 8 467.6万户，达到 205 024.9 万户。互联网宽带接入端口增加 4 600.8 万个，累计达到 40 500 万个。国际互联网出口带宽增至4 118 663Mbps①，同比增长 20.9%。

2010—2014 年电信业主要指标发展情况见下表。

表 2010—2014 年电信业主要指标发展情况

指标名称	单 位	2010 年	2011 年	2012 年	2013 年	2014 年	平均增长率(%)
一、综合指标							
电信业务总量	亿 元	10 181.7	11 725.8	12 982.4	15 707.2	18 138.3	12.2
电信业务收入	亿 元	9 079.1	9 880.4	10 758.3	11 668.7	11 908.0	5.6
电信固定资产投资	亿 元	3 021.6	3 382.2	3 616.2	3 742.6	4 006.2	5.8
二、电信用户							
固定电话用户	万 户	29 434.2	28 509.8	27 815.3	26 698.5	24 943.0	-3.3
移动电话用户	万 户	85 900.3	98 625.3	111 215.5	122 911.3	128 609.3	8.4
互联网宽带接入用户	万 户	12 629.1	15 000.1	17 518.3	18 890.9	20 048.3	9.7
互联网网民人数	万 人	45 700.0	51 300.0	56 400.0	61 758.0	64 875.0	7.3
三、电信业务使用情况							
固定本地电话通话时长	亿分钟	—	4 227.4	3 577.7	3 023.1	2 613.9	—
固定长途电话通话时长	亿分钟	1 068.9	856.9	700.7	590.6	530.1	-13.1
移动电话通话时长	亿分钟	43 261.2	50 472.6	55 444.9	58 229.7	59 012.7	6.4
移动短信业务量	亿 条	8 277.5	8 790.0	8 973.1	8 921.0	7 674.2	-1.5
移动互联网接入流量	万 GB	39 935.9	54 083.1	87 926.1	126 715.7	206 193.6	38.9
四、通信能力							
光缆线路长度	万公里	996.2	1 211.9	1 479.3	1 745.4	2 061.3	15.7
局用交换机容量	万 门	46 537.3	43 428.4	43 749.3	41 089.3	40 517.1	-2.7
移动电话交换机容量	万 户	150 284.9	171 636.0	184 023.8	196 557.3	205 024.9	6.4
移动电话基站数	万 个	139.8	175.2	206.6	241.0	350.8	20.2
互联网宽带接入端口	万 个	18 781.1	23 239.4	32 108.4	35 945.3	40 546.1	16.6
互联网国际出口带宽	Mbps	1 098 957.0	1 389 529.0	1 899 792.0	3 406 824.0	4 118 663.0	30.2
五、通信服务水平							
固定电话普及率	部/百人	22.1	21.3	20.6	19.6	18.2	—
移动电话普及率	部/百人	64.4	73.6	82.5	90.3	94.0	—
互联网普及率	%	34.3	38.3	42.1	45.8	47.9	—
已通电话的行政村比重	%	80.1	84.0	87.9	91.0	93.5	—

注：1. 2012 年之前(含 2012 年)的电信业务总量按照 2010 年不变单价测算，2014 年以后电信业务总量按照 2013 年微调后的 2010 年不变单价测算。

2. 财务指标的增长率为可比口径比较，其中收入指标的增长率为未扣除营改增影响。

① 数据来源：中国互联网络发展状况统计报告(2015.1)，CNNIC。

二、行业发展特点

(一)行业收入平稳降速,业务发展加快由话音业务向数据业务转型

1. 行业收入增速由中高速平稳过渡至低速。2014 年,全国完成电信业务收入 11 908 亿元,同比下降 1.6%(未考虑营改增政策影响),和上年同期相比下滑 10.1 个百分点。2007 年以来,中国电信行业收入增速开始低于 GDP 增速,但仍保持着 9.0% ~ 14.0% 的中高速增长。2010—2013 年期间连续 3 年高过 GDP 增长,但增速逐年下降。2014 年行业收入增速若扣除营改增的政策影响,预计增速在 3.0% ~ 4.0%,由前 10 年的中高速增长换挡至低速增长。根据国际经验,成熟市场的电信行业增长速度一般低于 5.0%,随着中国电信行业的日益成熟,未来中国行业收入将长期低于 GDP 的增长速度。见图 1。

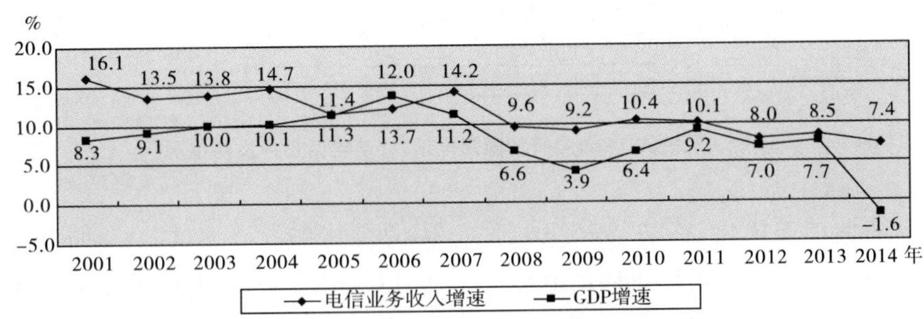

图 1 2001—2014 年全行业电信业务收入与国内生产总值(GDP)发展情况

2. 行业转型步伐加快推进,移动数据及互联网业务蝉联收入增长第一引擎。2014 年,行业发展对话音业务的依赖大幅减弱,非话音业务收入占比由上年的 54.6% 提高至 59.1%;移动数据及互联网业务收入同比增长 36.5%,对收入增长拉动 6.0 个百分点,继续成为全行业收入增长的第一动力,占电信业务收入的比重从上年的 16.4% 提高至 22.7%。固定数据及互联网业务收入增长贡献有所下降,对收入增长拉动 0.3 个百分点,比上年同期下降 0.9 个百分点。移动话音业务收入加速下滑,对全行业收入增长由上年同期正向拉动 0.8 个百分点转为负向拉动 -4.4 个百分点,移动增值业务收入对行业增长拉动作用进一步下降,比上年同期下降 -0.9 个百分点。见图 2。

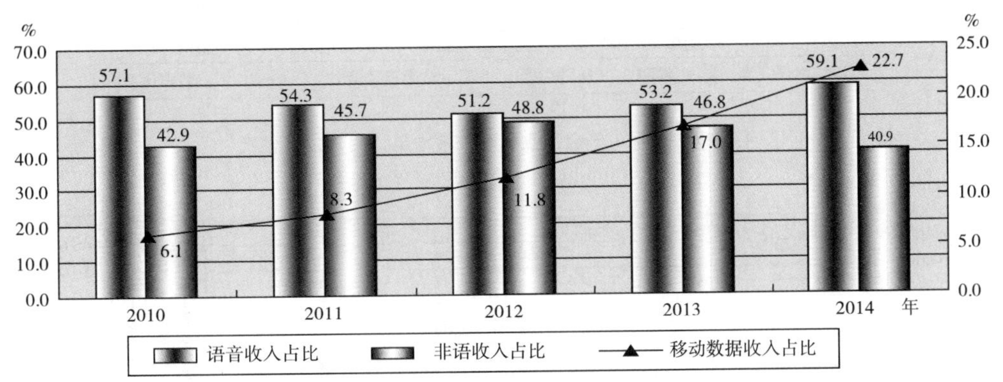

图 2 2010—2014 年全行业话音业务和非话音业务收入占比变化情况

（二）移动电话用户“天花板”效应凸显，用户结构加速优化

1. 移动电话用户增长乏力，移动电话普及率稳步提升。2014 年，全国电话用户净增 3 942.6 万户，总数达到 153 600 万户，增长 2.6%，比上年回落 5.0 个百分点。其中，移动电话用户净增 5 698 万户，仅为上年净增规模的一半。总数达 128 600 万户，移动电话用户普及率达 94 部/百人，比上年提高 3.7 部/百人。固定电话用户总数 24 900 万户，比上年减少 1 755.5 万户，普及率下降至 18.2 部/百人。未来移动电话用户增长已相当乏力，新增用户空间日益缩小。见图 3。

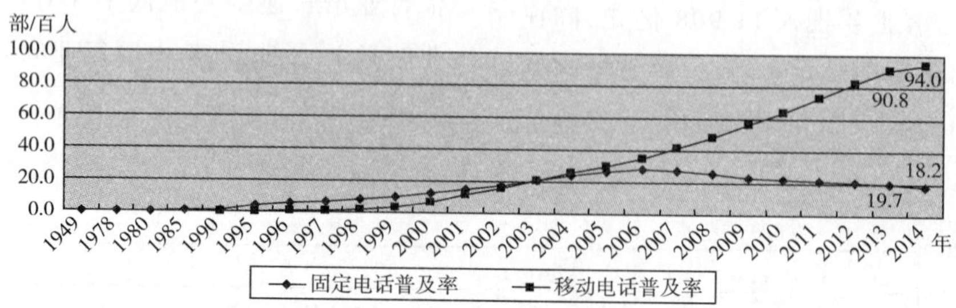

图 3　1949—2014 年全行业固定电话、移动电话用户发展情况

2. 移动电话用户结构加速优化，移动宽带（3G/4G）用户占比突破 45.0%。2014 年，全行业移动电话用户加速向移动宽带（3G/4G）用户迁移，2G 移动电话用户大幅减少。3G 移动电话用户新增 8 364.4 万户，比上年净增数减少 8 516.4 万户，总数达到48 500万户，占移动电话用户的比重达到 37.7%，比上年同期提高 5.0 个百分点。4G 用户在 4G 业务发展元年就超过了 3G 用户发展速度，全年增长9 728.4万户，接近 3G 两年半的发展速度。移动宽带（3G/4G）用户总数占比突破 45.0%，达到 45.3%。2G 移动电话用户减少 12 400 万户，是上年净减数的 2.4 倍，占移动电话用户的比重由上年的 67.3% 下降至 54.7%。中国移动在 TD 用户发展上持续发力，TD - SCDMA 和 TD - LTE 用户总净增达到 14 300 万户，比上年净增数多 4 000万户，在用户增量、总量中的份额达到 79.1% 和 57.4%。见图 4、图 5。

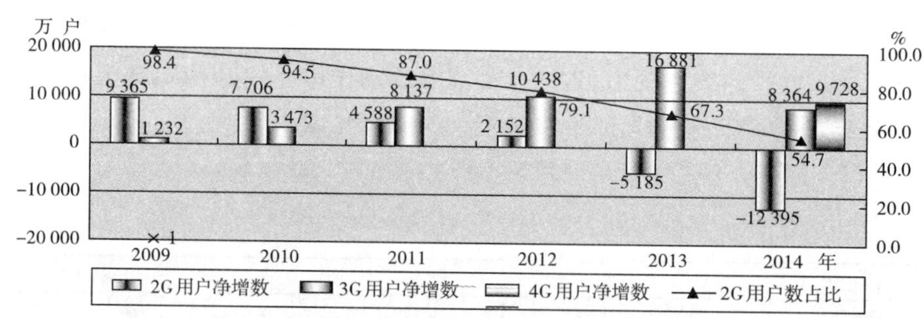

图 4　2009—2014 年全行业各制式移动电话用户发展情况

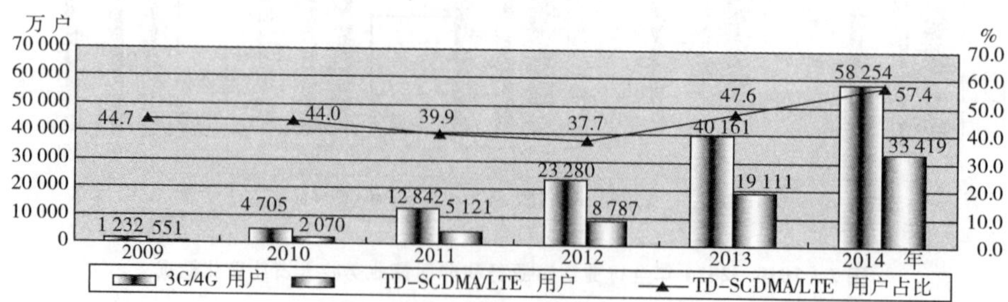

图 5　2009—2014 年全行业 3G/4G 用户和 TD 用户发展情况

（三）固定宽带用户提速升级，移动互联网用户规模持续扩大

1. 固定宽带用户净增数创新低，移动互联网用户快速增长。2014 年，全国基础电信企业固定互联网宽带接入用户新增 1 157.5 万户，比上年净增减少 748.1 万户，创 5 年来增长规模最低点，总数突破 2 亿户。城乡宽带用户发展差距依然较大，城市宽带用户净增 1 021 万户，是农村宽带用户净增数的 7.5 倍。移动互联网用户新增 6 765.9 万户，总数达到 87 500 万户，在移动电话用户的渗透率达到 68.1%，比上年同期提高 2.4 个百分点。固定宽带用户发展日益趋缓，移动互联网用户快速发展，用户上网习惯已逐步从传统互联网过渡到移动互联网。见图 6。

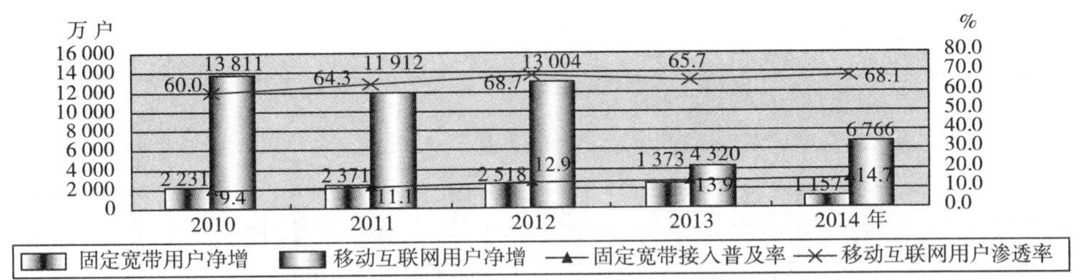

图 6　2010—2014 年基础电信企业固定宽带用户和移动互联网用户发展情况

2. 光纤接入 FTTH/0 用户高速增长，8M 及以上宽带用户占比突破 40.0%。2014 年，宽带城市建设继续推动光纤接入的普及，光纤接入（FTTH/0）用户净增 2 749.3 万户，同比增长 67.4%，总数达 6 831.6 万户，占宽带用户总数的比重比上年提高 12.5 个百分点达到 34.1%。传统的 xDSL 用户和 Lan 用户占比由上年末的 56.7% 和 21.1%，分别下降到 44.6% 和 20.9%。随着“宽带中国”战略的加速推进，宽带提速效果显著，高速率宽带占比快速提升。8M 以上、20M 以上宽带用户总数占宽带用户总数的比重分别达 40.9%、10.4%，比上年提高 18.3、5.9 个百分点。见图 7、图 8。

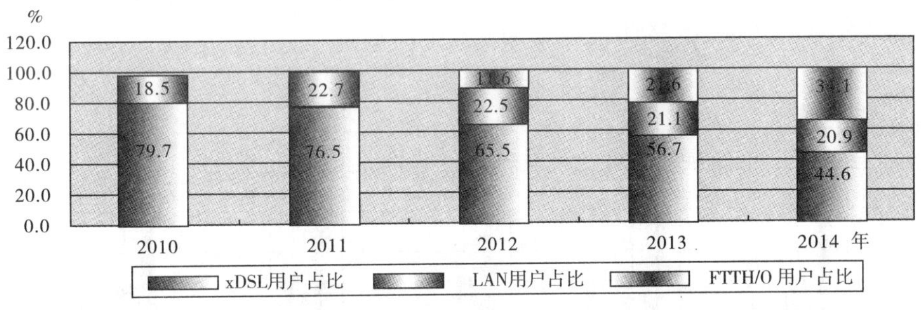

图 7　2010—2014 年基础电信企业各接入方式固定宽带用户占比情况

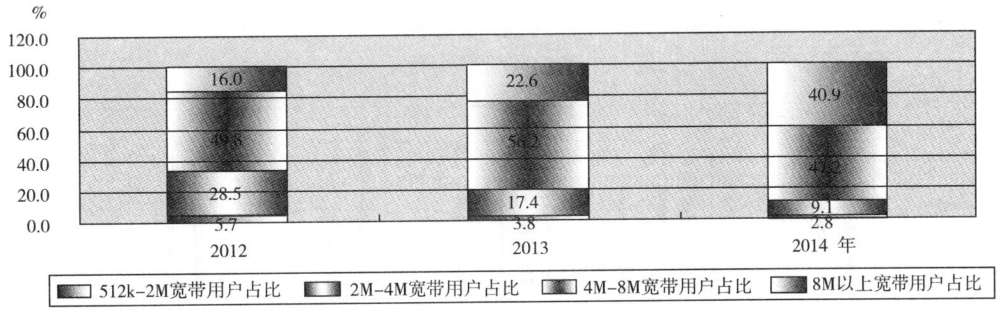

图 8　2012—2014 年基础电信企业各接入速率宽带用户占比情况

（四）用户消费习惯趋于数据流量消费，传统话音和短信消费加速萎缩

1. 移动数据流量消费呈现爆发式增长，手机上网流量贡献超 8 成。2014 年，在 4G 移动电话用户大幅增长、套餐中流量资费持续下降等影响下，移动互联网接入流量消费达 206 200 万 G，同比增长 62.7%，比上年提高 18.6 个百分点。平均每天消费移动数据流量突破 565 万 Gb，每用户月平均使用移动数据流量突破 200M，达到 201M，同比增长 50.1%，是 2010 年月户均移动数据流量的 3 倍。手机上网流量达到 179 100 万 G，同比增长 94.7%，在移动互联网总流量中的比重达到 86.8%，成为推动移动互联网流量高速增长的主要因素。固定互联网使用量同期保持较快增长，固定宽带接入时长达 414 400亿分钟，同比增长 27.3%。见图 9。

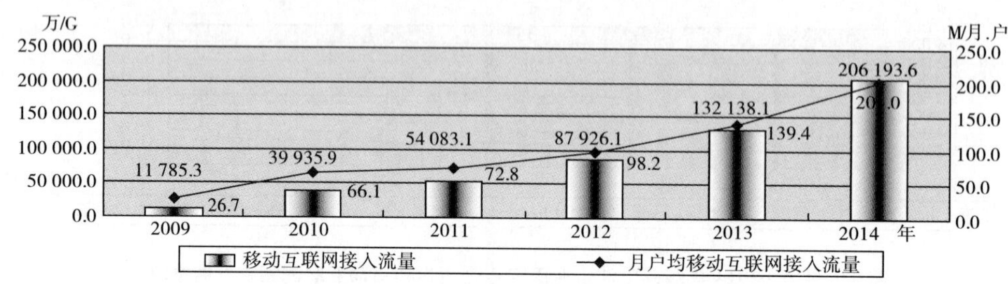

图 9　2009—2014 年全行业移动互联网流量发展情况

2. 移动话音、短信等传统业务消费加速萎缩。受到数据流量业务快速增长替代的影响，传统电信业务特别是移动传统业务增速下滑态势明显。2014 年，全国移动电话去话通话时长 29 270.1 亿分钟，同比增长仅 1.0%，比上年增速下降 4.0 个百分点。移动短信业务量 7 674.2 亿条，同比下降 14.0%，降幅同比扩大了 13.4 个百分点。其中，由移动用户主动发起的点对点短信量同比下降 18.3%，占移动短信业务量比重由上年的 48.4% 降至 45.9%。月户均点对点短信量连续 5 年持续下降，只有 38.6 条/月/户。微信等新型即时消息类应用对彩信业务替代作用进一步加强，彩信业务量只有 647.4 亿条，由上年同比增长 23.0% 变成同比下降 24.4%。见图 10、图 11。

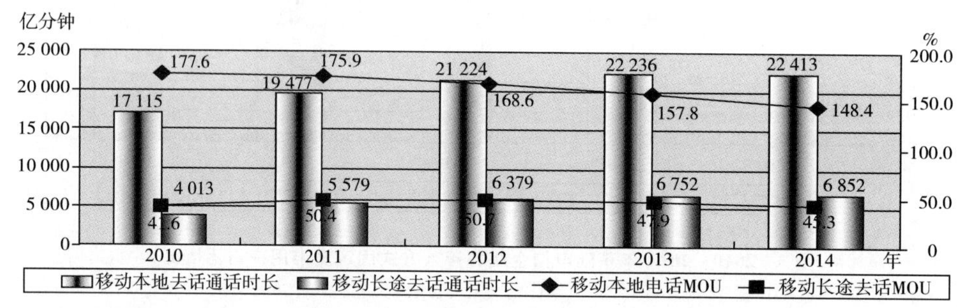

图 10　2010—2014 年全行业移动通话量和 MOU 值各年情况

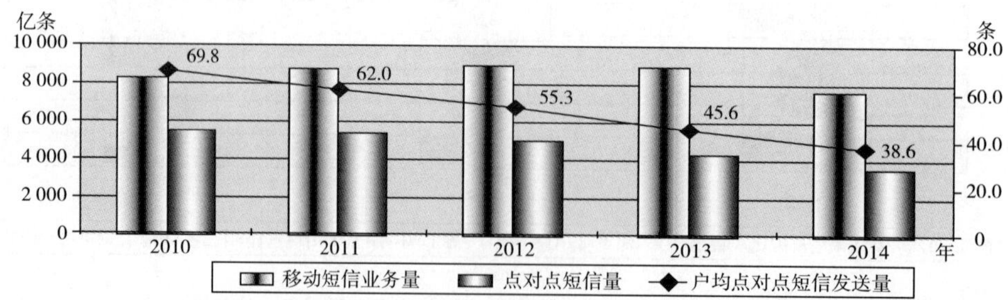

图 11　2010—2014 年全行业移动短信量和点对点短信量情况

（五）收入结构呈现移动化和数据化，移动数据增长贡献居首位

1. 移动通信业务收入增长放缓，占比小幅提升。2014 年，全行业移动通信业务实现收入 8 594 亿元，同比下降 1.6%，比上年同期下降 11.4 个百分点。移动通信业务收入占电信业务收入的比重达到 72.2%，比上年下降 0.04 个百分点。其中，话音业务收入在移动通信业务收入占比达到 51.0%，比上年下降 5.2 个百分点。固定通信业务实现收入 3 314 亿元，同比下降 1.4%，其中固定话音业务收入在固定通信业务收入占比达到 14.5%，比上年下降 2.4 个百分点。见图 12。

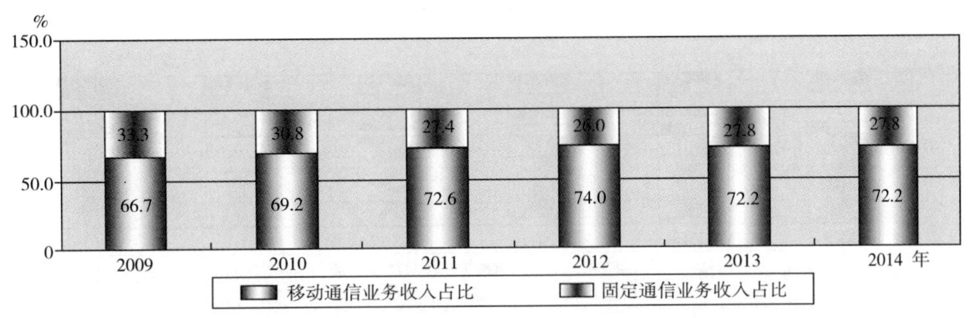

图 12　1949—2014 年全行业电信业务收入结构（固定和移动）情况

2. 数据业务收入增长整体放缓，移动数据业务增长贡献突出。2014 年，固定数据及互联网业务收入完成 1 528 亿元，同比增长 2.3%，比上年下降 6.7 个百分点。受增值电信企业大力发展宽带接入业务带来的市场竞争、以及用户基数不断扩大的影响，三家基础电信企业宽带接入用户增长乏力，导致互联网宽带接入业务收入增长趋缓。移动数据及互联网业务收入完成 2 706.3 亿元，同比增长 36.5%，比上年下降 19.0 个百分点。移动数据及互联网业务收入在电信业务收入中占比达到 22.7%，比上年提高 6.3 个百分点，拉动电信业务收入增长 6.0 个百分点，有效弥补了话音业务收入的增速下滑。见图 13。

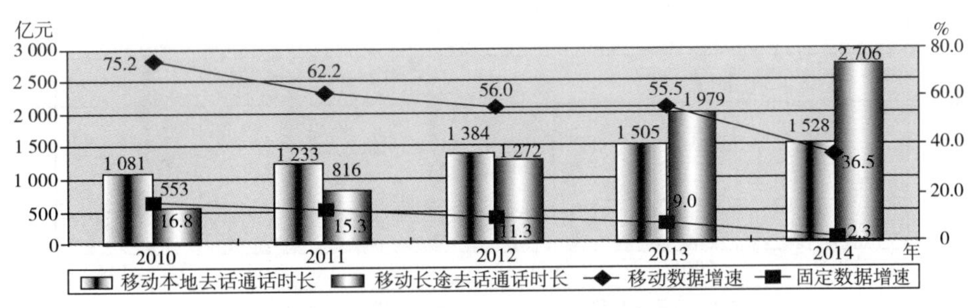

图 13　2010—2014 年固定电话、移动电话普及率发展情况

（六）基础电信投资规模创 6 年新高，移动基站和宽带设施能力明显增强

1. 固定资产投资创 6 年新高，移动通信投资占比超四成。2014 年，全行业固定资产投资规模完成 4 006.2 亿元，达到自 2009 年以来投资水平最高点。投资完成额比上年增加 263.6 亿元，同比增长 7.0%，比上年增速提高 3.5 个百分点。移动通信投资比重加大，同比增长超过 35.0%。移动投资稳占电信投资的重点，完成投资 1 808.4 亿元，同比增长 35.8%，占全部投资的比重达 45.1%，比上年提高 9.6 个百分点。传输投资比重逐步加大，其中，传输投资完成 961.2 亿元，同比增长 2.0%，占比达到 24.0%。互联网及数据通信投资规模与占比有所下降，完成 400.2 亿元，同比下降 21.7%，占比由上年的 13.7% 下降至 10.0%。见图 14、图 15。

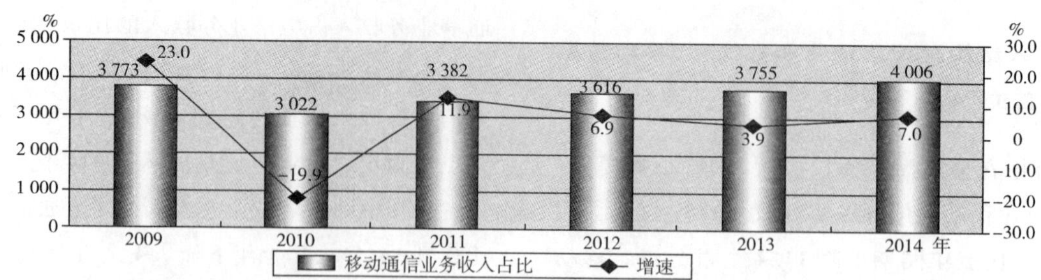

图 14　2009—2014 年全行业电信固定资产投资完成情况

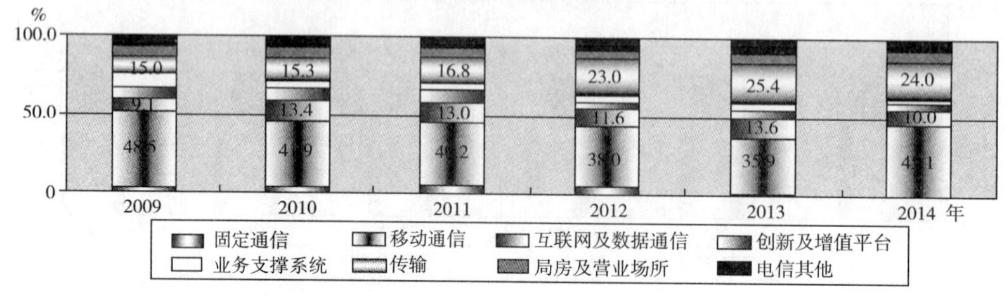

图 15　2009—2014 年全行业固定资产投资主要业务投资变化情况

2. 宽带基础设施日益完善，光纤宽带端口占比大幅提升。2014 年，全国基础电信企业互联网宽带接入端口数量突破 4 亿个，比上年净增 4 600.8 万个，同比增长 12.8%。互联网宽带接入端口“光进铜退”趋势更加明显，xDSL 端口比上年减少 909.6 万个，总数达到 13 800 万个，占互联网接入端口的比重由上年的 41.0% 下降至 34.1%。光纤接入（FTTH/0）端口比上年净增 4 879.6 万个，达到 16 300 万个，占互联网接入端口的比重由上年的 32.0% 提升至 40.4%。见图 16、图 17。

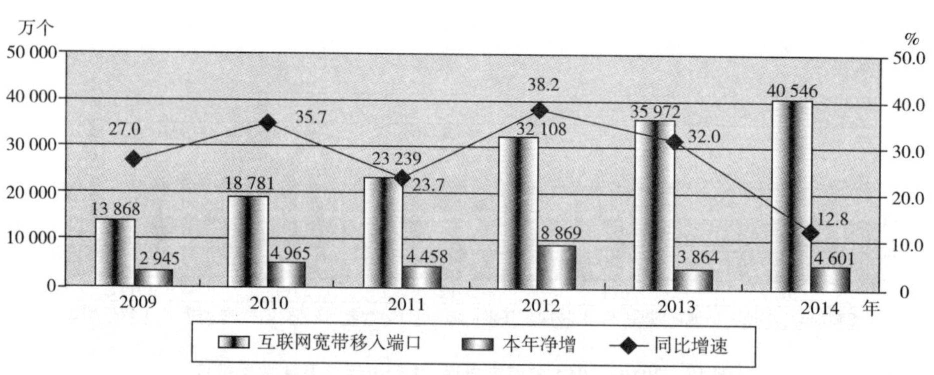

图 16　2009—2014 年全行业固定互联网宽带接入端口发展情况

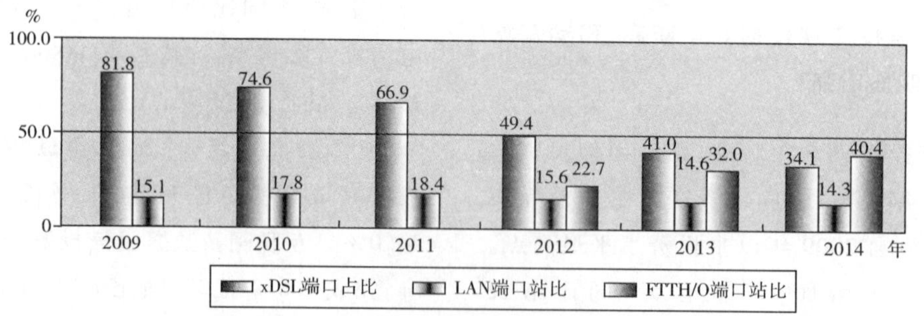

图 17　2009—2014 年全行业固定互联网宽带接入端口按技术类型占比情况

3. 移动通信设施建设步伐加快，移动通信基站规模创新高。2014 年，随着 4G 业务的发展，基础电信企业加快了移动网络建设，新增移动通信基站 109.8 万个，是上年同期净增数的 3.2 倍，总数达 350.8 万个。其中 3G 基站新增 18.5 万个，总数达到 127.8 万个，移动网络服务质量和覆盖范围继续提升。WLAN 网络热点覆盖继续推进，新增 WLAN 公共运营接入点(AP) 30.1 万个，总数达到 603.8 万个。见图 18。

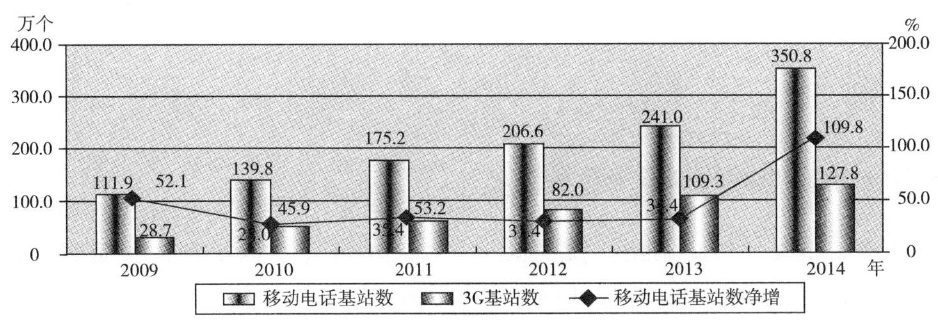

图 18　2009—2014 年全行业移动电话基站发展情况

4. 传输网设施不断完善，本地网光缆规模与增长居首。2014 年，全国新建光缆线路 315.9 万公里，光缆线路总长度达到 2 061.3 万公里，同比增长 18.1%，比上年同期回落 0.1 个百分点，整体保持较快的增长态势。全国新建光缆中，接入网光缆、本地网中继光缆和长途光缆线路所占比重分别为 47.1%、48.4% 和 4.5%。接入网光缆和本地网中继光缆长度同比增长 18.1% 和 19.6%，分别新建 148.8 万公里和 163.3 万公里；长途光缆保持小幅扩容，同比增长 4.3%，新建长途光缆长度达 3.8 万公里。见图 19、图 20。

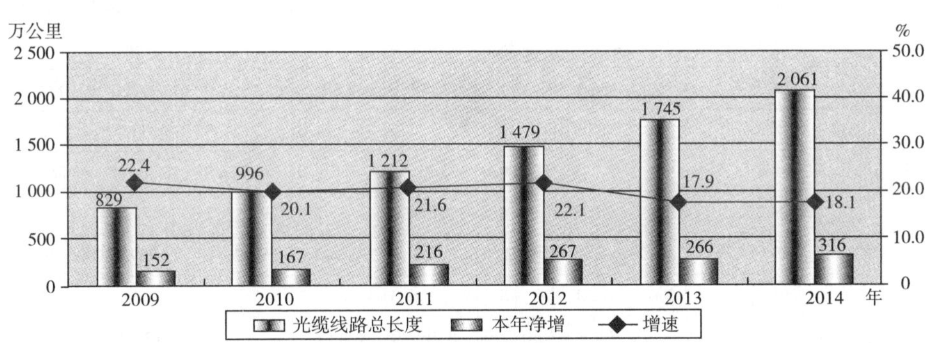

图 19　2009—2014 年全行业光缆线路总长度发展情况

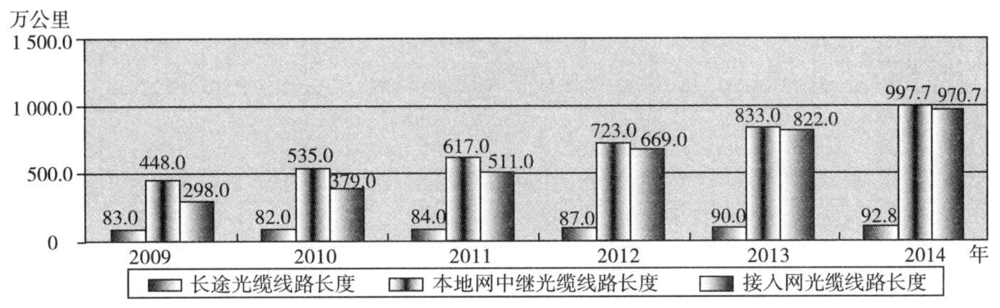

图 20　2009—2014 年全行业各种光缆线路长度对比情况

（审稿：黄澄清
撰稿：张明钟）

2014 年房地产业发展综述

中国房地产业协会

一、全国房地产投资、销售和建设仍处在上升通道

2014 年房地产市场出现了明显调整。投资量再创历史新高，增幅下滑；房地产交易总量低于 2013 年，但高于其他年份。同时库存量上升。市场的差异性和波动性继续加大。总体而言，2014 年的房地产市场经历了一个调整、探底和上扬的过程。2014 年全国房地产投资、销售和建设指标见表 1。

表 1　2013 年全国房地产投资、销售和建设指标

指　标	1—2（月）	1—3（月）	1—4（月）	1—5（月）	1—6（月）	1—7（月）	1—8（月）	1—9（月）	1—10（月）	1—11（月）	1—12（月）
房地产开发投资额(亿元)	7 956.0	15 339.0	22 322.0	30 739.0	42 019.0	50 381.0	58 975.0	68 751.0	77 220.0	86 601.0	95 036.0
同　比(%)	19.3	16.8	16.4	14.7	14.1	13.7	13.2	12.5	12.4	11.9	10.5
住宅开发投资额(亿元)	5 426.0	10 530.0	15 299.0	21 043.0	28 689.0	34 365.0	40 159.0	46 725.0	52 464.0	58 676.0	64 352.0
同　比(%)	18.4	16.8	16.6	14.6	13.7	13.3	12.4	11.3	11.1	10.5	9.2
房屋新开工面积(亿平方米)	1.7	2.9	4.3	59 912.0	80 126.0	98 232.0	114 382.0	131 411.0	147 661.0	164 705.0	179 592.0
同　比(%)	-27.4	-25.2	-22.1	-18.6	-16.4	-12.8	-10.5	-9.3	-5.5	-9.0	-10.7
房屋施工面积(亿平方米)	53.0	54.7	56.5	586 081.0	611 406.0	632 685.0	652 953.0	673 230.0	692 132.0	711 307.0	726 482.0
同　比(%)	16.3	14.2	12.8	12.0	11.3	11.3	11.5	11.5	12.3	10.1	9.2
房屋竣工面积(亿平方米)	1.2	1.9	2.4	30 700.0	38 215.0	43 524.0	49 759.0	56 504.0	63 889.0	75 063.0	107 459.0
同　比(%)	-8.2	-4.9	-0.3	6.8	8.1	4.5	6.7	7.2	7.6	8.1	5.9
住宅竣工面积(亿平方米)	0.9	1.4	1.8	23 388.0	29 168.0	33 270.0	38 036.0	43 269.0	48 749.0	57 236.0	80 868.0
同　比(%)	-10.6	-7.3	-2.1	5.3	6.3	2.7	4.8	5.1	5.1	5.5	2.7
商品房销售面积（万平方米)	10 466.0	20 111.0	27 709.0	36 070.0	48 365.0	56 480.0	64 987.0	77 132.0	88 494.0	101 717.0	120 649.0
同　比(%)	-0.1	-3.8	-6.9	-7.8	-6	-7.6	-8.3	-8.6	-7.8	-8.2	-7.6
住宅销售面积(万平方米)	9 377.0	17 825.0	24 515.0	31 946.0	42 487.0	49 592.0	57 094.0	67 669.0	77 607.0	89 014.0	105 182.0
同　比(%)	-1.2	-5.7	-8.6	-9.2	-7.8	-9.4	-10.0	-10.3	-9.5	-10	-9.1
商品房销售额(亿元)	7 090.0	13 263.0	18 307.0	23 674.0	31 133.0	36 315.0	41 661.0	49 227.0	56 385.0	64 481.0	76 292.0
同　比(%)	-3.7	-5.2	-7.8	-8.5	-6.7	-8.2	-8.9	-8.9	-7.9	-7.8	-6.3
住宅销售额(亿元)	5 985.0	11 075.0	15 259.0	19 720.0	25 632.0	29 874.0	34 314.0	40 516.0	46 375.0	53 012.0	62 396.0
同　比(%)	-5.0	-7.7	-9.9	-10.2	-9.2	-10.5	-10.9	-10.8	-9.9	-9.7	-7.8

二、东部地区继续保持领先中西部的投资态势

全国房地产开发投资总量的一半以上在东部地区，东、中、西部房地产开发投资继续保持稳定和平衡的发展态势。2014 年全国房地产开发投资地区情况见表 2。

表2　2014年全国房地产开发投资地区情况

地　区	金　额（亿元）	地　区	金　额（亿元）	地　区	金　额（亿元）
东　部	**52 940.55**	**中　部**	**20 662.29**	**西　部**	**21 432.78**
北　京	3 715.33	山　西	1 403.55	内蒙古	1 370.88
天　津	1 699.65	吉　林	1 030.13	广　西	1 838.49
河　北	4 059.72	黑龙江	1 324.09	重　庆	3 630.23
辽　宁	5 301.31	安　徽	4 338.96	四　川	4 380.09
上　海	3 206.48	江　西	1 322.49	贵　州	2 187.67
江　苏	8 240.22	河　南	4 375.71	云　南	2 846.65
浙　江	7 262.38	湖　北	3 983.79	西　藏	52.91
福　建	4 567.40	湖　南	2 883.57	陕　西	2 426.49
山　东	5 817.95			甘　肃	721.47
广　东	7 638.45			青　海	308.27
海　南	1 431.65			宁　夏	654.80
				新　疆	1 014.81

房地产开发类别投资存在着两大趋向：一是住宅投资占比趋势性逐步降低，二是办公楼和商业投资增幅趋势性高于住宅。2014年全国房地产开发投资类别、结构情况见表3、表4。

表3　2014年全国房地产开发投资类别情况

分　类	数额（亿元）	同比（%）
房地产投资	95 036.0	10.5
#住　宅	64 352.0	9.2
#办公楼	5 641.0	21.3
#商业营业用房	14 346.0	20.1

资料来源：国家统计局。

表4　2014年全国房地产开发东中西部投资结构

地　区	完成投资（亿元）	比　重	同　比（%）	住宅投资（亿元）	比　重	同　比（%）	土地购置费（亿元）	比　重	同　比（%）
东部地区	52 941	55.7	10.4	35 477	55.1	8.5	11 844.02	67.8	34.2
中部地区	20 662	21.7	8.5	14 552	22.6	9.7	2 695.96	15.4	16.3
西部地区	21 433	22.6	12.8	14 323	22.2	10.3	2 918.55	16.7	24.0

资料来源：国家统计局。

三、房地产开发企业市场集中度进一步提高

2014年房地产开发企业销售面积和销售金额排名情况见表5。

表5　2014年房地产开发企业销售面积和销售金额排名前20名单

排　名	企业名称	销售面积(万平方米)	排　名	企业名称	销售金额(亿元)
1	绿地集团	2 010.8	1	万科地产	2 120.0
2	恒大地产	1 901.7	2	绿地集团	2 080.2
3	碧桂园	1 880.7	3	万达集团	1 501.0
4	万科地产	1 783.9	4	恒大地产	1 376.3
5	万达集团	1 183.8	5	保利地产	1 361.6
6	保利地产	1 065.6	6	碧桂园	1 250.1
7	中海地产	950.6	7	中海地产	1 152.0
8	华润置地	659.5	8	世茂房地产	707.8
9	世茂房地产	583.4	9	华润置地	699.8
10	华夏幸福	570.0	10	融创中国	658.0
11	龙湖地产	470.9	11	富力地产	550.0
12	荣盛发展	467.6	12	绿城中国	525.3
13	雅居乐	442.0	13	华夏幸福	520.0
14	金科集团	427.0	14	龙湖地产	510.0
15	富力地产	396.0	15	招商地产	510.0
16	金地集团	393.8	16	金地集团	486.7
17	招商地产	351.7	17	雅居乐	430.0
18	中国铁建	321.0	18	远洋地产	360.0
19	融创中国	315.5	19	九龙仓	296.6
20	新城控股	295.0	20	金科集团	288.0

房地产开发资金到位情况与2013年相比，总体保持平稳水平。2014年房地产开发企业资金到位情况见表6。

表6　2014年全国房地产开发企业资金到位情况

种　类	数　量(亿元)	比　重	同　比(%)
本年实际到位资金小计	121 991	100.0	-0.1
#国内贷款	21 243	17.4	8.0
其中：银行贷款	18 054		5.2
非银行金融机构贷款	3 189		27.2
#利用外资	639	0.6	19.7
其中：外商直接投资	599		28.2
#自筹资金	50 420	41.3	6.3
其中：自有资金	20 978		2.2
#其他资金来源	49 690	40.7	-8.8
其中：定金及预收款	30 238		-12.4
个人按揭贷款	13 665		-2.6

资料来源：国家统计局。

四、全国土地购置面积减少，出让金额增加，税收增加

全国土地购置总面积为33 383万平方米，较上一年减少5 431万平方米。土地购置费为17 458.5亿元，较上一年增加3 957亿元。全国土地出让金42 940亿元，同比增长4.1%，土地出让收入占地方财政收入的比重为56.6%。全国各地区土地购置面积情况见表7。

表7　2014年全国各地区土地购置面积情况

地　区	面　积(万平方米)	地　区	面　积(万平方米)	地　区	面　积(万平方米)
东　部	**14 876.56**	**中　部**	**9 197.60**	**西　部**	**9 308.87**
北　京	580.76	山　西	431.71	内蒙古	534.48
天　津	122.74	吉　林	928.40	广　西	610.01
河　北	1 081.72	黑龙江	416.58	重　庆	1 864.59
辽　宁	1 670.85	安　徽	3 029.58	四　川	1 535.43
上　海	313.18	江　西	918.20	贵　州	936.36
江　苏	3 454.27	河　南	1 116.16	云　南	1 218.23
浙　江	1 887.92	湖　北	1 244.99	西　藏	58.10
福　建	1 294.16	湖　南	1 111.98	陕　西	487.52
山　东	2 225.50			甘　肃	567.49
广　东	1 956.99			青　海	99.87
海　南	288.47			宁　夏	332.77
				新　疆	1 064.02

2014 年房地产营业税为 5 627 亿元；房地产企业所得税为 2 961 亿元，契税为 3 986 亿元，土地增值税为 3 914亿元，耕地占用税为 2 059 亿元，城镇土地使用税为 1 993 亿元。主要房地产税收都呈增长态势。

五、房地产信贷

截至 2014 年年底，全国金融机构人民币各项贷款余额 816 800 亿元，同比增长 13.6%。同期，主要金融机构及小型农村金融机构、外资银行人民币房地产贷款余额 173 700 亿元，同比增长 18.9%，增速比上年末低 0.2 个百分点；全年增加 27 500 亿元，同比多增 4 055 亿元。

房地产开发贷款余额 56 300 亿元，同比增长 22.6%。其中房地产开发贷款余额 42 800 亿元，同比增长 21.7%；地产开发贷款余额 13 500 亿元，同比增长 25.7%；个人购房贷款余额 115 200 亿元，同比增长 17.5%；全年增加 17 200 亿元，同比增加 196 亿元。

房地产开发贷款中的保障性住房开发贷款余额为 11 400 亿元，同比增长 57.2%，增速比上年末高 30.5 个百分点；全年增加 4 119 亿元，同比增加2 589 亿元，增量占同期房产开发贷款的 55.0%。

六、全年房地产市场价格总体保持稳定

1. 全国 40 个城市商品房销售均价见表 8。

表 8　2010—2014 年全国 40 个城市商品房销售均价情况

所在城市	2010 年(元/平方米)	2011 年(元/平方米)	2012 年(元/平方米)	2013 年(元/平方米)	2014 年(元/平方米)
北　京	17 782	16 845	17 022	18 553	18 833
天　津	8 194	8 965	8 218	8 746	9 219
石家庄	3 885	4 811	4 931	5 503	5 737
太　原	7 201	7 107	6 806	7 158	7 651
呼和浩特	4 103	4 167	5 445	5 233	5 474
沈　阳	5 411	5 885	6 321	6 348	6 217
大　连	7 044	8 051	8 004	8 263	9 216
长　春	5 178	6 132	5 540	6 026	6 261
哈尔滨	5 311	5 554	5 518	6 194	6 182
上　海	14 400	14 503	14 061	16 420	16 787
南　京	9 565	9 310	10 106	11 495	11 198
无　锡	7 690	8 678	8 391	7 875	7 653
苏　州	8 148	9 077	9 114	9 620	9 674
杭　州	14 132	13 062	13 449	15 022	13 896
宁　波	11 265	10 587	11 240	11 100	10 745
温　州	13 451	16 906	17 476	16 468	14 054
合　肥	5 904	6 327	6 156	6 283	7 157
福　州	8 413	10 090	11 188	11 236	10 719
厦　门	8 883	10 225	12 281	13 625	15 378
南　昌	4 566	5 903	6 419	7 101	6 589
济　南	6 259	6 710	6 832	7 152	7 369
青　岛	6 580	7 501	8 056	8 435	8 344
郑　州	4 957	5 704	6 253	7 162	7 571
武　汉	5 751	7 222	7 344	7 717	7 951
长　沙	4 418	5 880	6 101	6 292	6 116

续表

所在城市	2010年(元/平方米)	2011年(元/平方米)	2012年(元/平方米)	2013年(元/平方米)	2014年(元/平方米)
广　州	11 921	12 651	13 163	15 330	15 719
深　圳	19 170	21 185	19 590	24 402	24 723
南　宁	5 144	5 321	6 003	6 959	6 627
北　海	4 228	4 514	4 399	4 522	4 536
海　口	8 015	6 654	6 821	7 423	7 903
三　亚	17 317	12 783	11 623	14 474	19 513
重　庆	4 281	4 734	5 080	5 569	5 519
成　都	5 937	6 675	7 288	7 197	7 032
贵　阳	4 410	5 037	4 846	5 025	5 608
昆　明	3 663	4 716	5 745	5 795	6 384
西　安	4 453	6 128	6 634	6 716	6 465
兰　州	4 229	4 462	5 697	5 868	6 460
西　宁	3 328	3 649	4 718	4 628	5 753
银　川	4 010	4 525	4 574	4 856	4 451
乌鲁木齐	4 548	5 225	5 639	6 111	6 429

2. 国家统计局信息显示,12月66城新房价格环比下降。2014年12月,与上月相比,70个大中城市中,新建商品住宅(不含保障性住房)价格下降的城市有66个,仅深圳上涨,持平的城市有3个。环比价格变动中,最高涨幅为1.2%,最低为下降1.3%。与上年同月相比,价格下降的城市有68个,上涨的城市有2个。12月份,同比价格变动中,最高涨幅为2.1%,最低为下降10.3%。

2014年12月,与上月相比,70个大中城市中,二手住宅价格下降的城市有60个,上涨的城市有8个,持平的城市有2个。环比价格变动中,最高涨幅为0.7%,最低为下降1.8%。与上年同月相比,70个大中城市中,价格下降的城市有67个,上涨的城市有3个。12月份,同比价格变动中,最高涨幅为1.8%,最低为下降12.5%。

3. 中国指数研究院信息显示,100城市价格指数连续8月下跌。2014年12月,全国100个城市(新建)住宅平均价格为10 542元/平方米,环比下跌0.4%,为连续第8个月下跌,跌幅扩大0.06个百分点。从涨跌城市个数看,70个城市环比下跌,30个城市环比上涨。同比来看,全国100个城市住宅均价与2013年12月相比下跌2.7%,跌幅较上月扩大1.1个百分点。按中位数计算,全国100个城市(新建)住宅价格中位数为6 937元/平方米,环比下跌0.5%。另外,北京、上海等十大城市(新建)住宅均价为18 878元/平方米,环比下跌0.4%,同比在连续上涨25个月后首次下跌,跌幅为0.6%。

4. 中房研协价格指数显示,288(城市)一手房价格指数连续9个月出现下跌,同比首次出现下降。2014年12月,中国城市住房(一手房)价格288指数为1 080.9点,较上月下降2.8点,环比下跌0.3%,跌幅较上月缩小0.01个百分点,全国一手房价格指数连续9个月出现下跌,同比更首次出现下降,降幅为0.7%。

监控的288个主要城市中,共有116个城市一手房价格指数环比出现上涨,上涨城市数量较上月减少3个。全国31个省级行政区域中,一手房价格指数环比下降区域数为21个。

60(城市)二手房价格指数57城市下跌。2014年12月,中国城市住房价格288指数——二手房价格60指数为1 085.7点,较上月下降2.2点,环比下跌0.2%,同比上涨2.5%。

监控的60个城市中,共有8个城市指数出现环比上涨,比上月环比上涨城市数量增加2个。4个一线城市中,北京、广州和上海环比小幅上涨。从同比数据来看,深圳、上海、广州和北京的同比涨幅分别为7.3%、3.6%、3.3%和2.2%。

七、房地产开发景气指数回落

12月份,房地产开发景气指数(简称“国房景气指数”)为93.9,比上月回落0.4点。见下图。

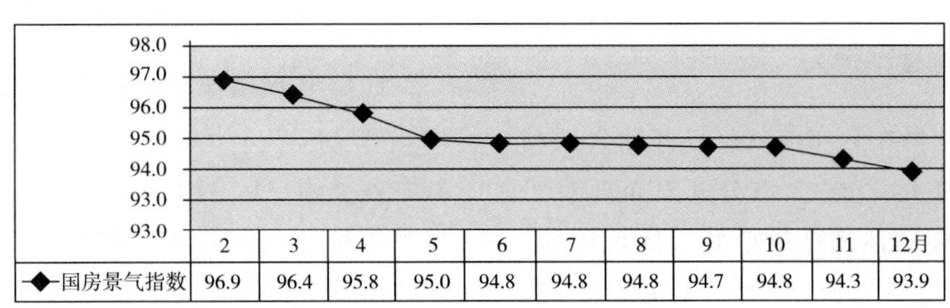

图 2014年房地产开发景气指数走势图

数据来源:根据国家统计局公布数据整理。

八、房地产开发企业情况

(一)城市、企业间差异高度分化

一荣俱荣,一损俱损,无差别少差别的产业状况不复存在。不同城市间,不同企业间,不同项目间,同一城市不同区域间、企业间、项目间,同一企业不同区域、不同项目间,出现分化落差甚至冰火两重天,似乎正在成为新常态。万科、绿地、万达、恒大等中国领头大型房企继续扩大其市场份额,全面完成其年初制定的销售指标,中小型房企购地能力不断下降,仅依靠官商关系和银行贷款而获得发展机遇的模式不复存在。

(二)并购整合加速推进

2014年,房地产开发行业集中度不断提升,马太效应日趋加强,叠加年内行业景气程度不佳,行业整合进程有所加速。佳兆业身陷破产重组风波,融创绿城收购一再生变,中小企业也不断爆出破产消息。整体而言,房地产行业随着我国经济结构调整大势进入新常态,而并购交易不断增多是房地产新常态的显著特征。部分中小房企、专业化程度较差的房企面临退出危机;部分中型企业包括个别大型房企也不得不转卖资产套现、优化资产配置以求发展。与之相对的是标杆房企则迎来购并扩张时机,加快企业扩张步伐。

2014年,房地产行业并购活跃度明显提升。数据显示,2014年房地产行业并购标的交易超过200起,同比增幅约为80.0%,并购金额超过千亿元,其中跨境并购完成交易超15亿美元。在并购案激增的同时,并购标的金额也在提高。

(三)产融结合趋势加强

在行业整合加速推进的背景下,资金在很大程度上成为决定企业在整合进程中所处位置的重要因素。依托房地产产业链,打通地产行业以及金融业的边界将是开发商未来发展的重要命题。且从发达国家房地产行业发展路径的历史经验来看,房地产与金融领域的不断结合是产业发展的重要趋势,向金融服务渗透是房地产开发企业自然而然的选择。因此,一方面近年以来主流房企都开始着重布局金融领域,范围涉及银行、券商、保险、基金以及信托等多元业态,房地产开发企业通过积极寻求与金融类企业的合作,保证企业资金优势的基础上搭建金融地产平台;另一方面资金基于其逐利性寻求开发企业投资机会。受两方面的影响,金融与地产结合成为行业重要趋势。

在地产与金融结合的进程中,房地产基金公司迎来快速发展期,基金公司在资金筹集及风险控制等方面的优势在与房地产开发企业共同出资建设项目的过程中得到有效体现，并与开发企业实现共赢。

对于房地产开发企业而言，保险资金有非常充沛的资金来源且不会过多干涉企业运营；而对于保险资金而言，既是资金逐利性的重要体现，也可利用房地产开发企业在房地产领域优势，为开展养老地产等业务的布局工作。

（四）互联网思维逐渐深入

房地产开发企业早在数年前就已经开始尝试利用互联网，然而2014年之前，大部分开发企业对于互联网平台的应用还是体现在简单的媒体化传播、营销、蓄客等方面，这一局面在2014年得到改观，"互联网思维"受到普遍关注并深入到不少企业内部。互联网在营销方面的优势进一步提升。网上拍卖、秒杀、微博、微信等营销手段不断深入，电商、众筹、O2O等各种模式也逐渐成为房地产营销的重要模式。

除起到颠覆传播模式和放大传播效果等作用外，互联网还成为房地产开发企业提升服务质量的重要途径。花样年的社区商业载体彩生活、招商地产的到家网，都通过"互联网思维"为业主提供贴心生活服务。奥园地产在其商业项目部署番禺奥园广场智慧商城APP正式上线运营，开启智慧商城线上线下联动的全新消费体验。而这种服务质量和服务感受的提升又通过自媒体通路形成企业品牌效应的正反馈机制，为企业竞争力增加砝码。

（五）房地产精细管理面临发展转型

除房地产互联网思维的融入外，2014年房地产开发企业对于转型发展的思考尤其活跃。房地产开发企业发展转型一方面是指传统住宅、商业地产等业务粗放式开发模式向精细化管理发展的转型。企业必须从简单攫取土地、人口红利发展向以企业核心竞争力获取溢利发展，企业核心竞争力包括但不限于建立强势品牌、加强成本管控、地产金融运作、互联网营销以及创新服务内容。这种转型的实质是房地产开发企业的服务业属性进一步加强。

转型的另一方面则是指房地产开发企业向房地产全产业链以及产业外多元化发展的转型。更多的企业将由以住宅、商办业务向居住、办公、商业、旅游、体育和娱乐、工业、农业、综合用途、其他用途房地产等各类业态组成的产业链内不同产品多元发展。矿业、能源、体育、文化等产业也是房地产开发企业应对行业变化的选择。

九、全国保障房情况

2014年城镇保障性安居工程的任务目标顺利完成。已完成700万套以上的保障性住房开工建设，其中各类棚户区470万套以上，基本建成保障性住房480万套。同时，还完成了260万户农村危房改造性的任务。2015年中国将新开工建设保障性安居工程700万套，基本建成480万套，并启动独立矿区及国有林区、垦区棚户区改造工程。

十、2014年房地产运行特点

（一）商品房库存在持续增加，商业地产明显过剩

随着11月份、12月份销售量的增加，不少重点城市新建商品住宅去库存的速度有所加快。但就全国而言，截至12月底，商品房待售面积62 169万平方米，较2013年年末增加12 874万平方米，同比增长26.1%。其中，住宅待售面积40 684万平方米，较2013年年末增加8 281万平方米；办公楼待售面积2 627万平方米，较2013年末增加673万平方米；商业营业用房待售面积11 773万平方米，较2013年年末增加2 428万平方米。按照2014年月均销售量1亿平方米计算，现有的存量商品房需要6个多月消化时间。但各地情况不同，一些城市更长。另外，目前房屋施工面积72.6亿平方米，住宅施工面积51.5亿平方米，今后仍然有相当数量的项目要上市，所以一些地方存量房的消化压力仍然很大。

商业地产库存规模较大，增长较快。2014年商业地产直面电商的冲击，传统的商业模式不断进行触网变革，万达、华润、中粮等旗下项目纷纷启动O2O尝试，推出大数据管理，增加体验式商业业态以应对电商，通过模式创新将互联网威胁变成运营手段；另一方面，前几年商业项目的快速推出，使得从一线城市到二三线城市，商业地产综合体、购物中心

的总量过剩、同质化严重,项目间竞争也进入短兵相接阶段。商业地产的总量已经饱和,甚至部分区域已经过剩,未来随着商业物业面积持续增长,人均商业面积还将继续提升。因此,商业地产未来的竞争将更多地表现在去粗存精、优胜劣汰的过程中。

(二)地区市场差异性和波动性加大

40个重点城市中,商品住宅成交量与2013年相比,上涨的有10个,下降的有30个。因此,注意地区间的差异性,密切关注市场运行中出现的新情况、新问题并做好应对准备,以促进房地产市场平稳健康发展,仍是2015年的重要任务。

(三)企业销售不畅、负债提高、现金流紧张

2014年房地产开发企业到位资金122 000亿元,同比下降0.1%,而2013年房地产企业房地产到位资金同比增长26.5%。资金供应并未出现增长,一些企业现金流出现紧张的情况,如果再有其他意外,如涉及到比较敏感的反腐问题,地方房管部门在网上交易备案系统锁定开发商的房源,则可能企业现金流出现更加困难的局面,从而引发违约和破产现象发生。

个别房企违约事件虽然不至于导致整个房地产市场出现系统性风险,但也要引起充分的重视。企业违约也不会是单一事件,恰恰类似开发企业房源被锁定的消息越来越多。地产圈风声鹤唳,也显示出在经济下行、地产调整、反腐深入开展的当下,一些长期积压的体制性问题,原有的发展模式弊端逐步暴露,特别是政商关系密切的地产公司可能面临更大的风险。

(撰稿:李战军　周业勤)

2014年物流业发展综述

中国物流与采购联合会

2014年,中国物流业面对复杂多变的市场形势,积极调整应对,加快转型升级,主动适应经济发展新常态,较好地发挥了基础性、战略性作用。

一、物流业运行情况

(一)物流需求增速回落

2014年全国社会物流总额2 135 000亿元,按可比价格计算,同比增长7.9%,增幅较上年回落1.6个百分点。

分季度看,一季度478 000亿元,增长8.6%,增幅较上年回落0.8个百分点;上半年1 015 000亿元,增长8.7%,回落0.4个百分点;前三季度1 581 000亿元,增长8.4%,回落1.1个百分点,全年呈现"稳中趋缓"的发展态势。

(二)物流总费用增速放缓

2014年社会物流总费用[①]106 000亿元,同比增长6.9%。

其中,运输费用56 000亿元,同比增长6.6%,占社会物流总费用的比重为52.9%;保管费用37 000亿元,同比增长7.0%,占社会物流总费用的比重为34.9%;管理费用13 000亿元,同比增长7.9%,占社会物流总费用的比重为12.2%。

(三)物流业增加值增长较快

2014年,物流业增加值35 000亿元,按可比价增长9.5%。其中,交通运输业增加值24 000亿元,

① 由于交通运输部对公路水路运输量统计口径和推算方案的调整,社会物流总费用也进行了相应调整。

按可比价增长 8.3%，贸易物流业增加值 6 781 亿元，按可比价增长 7.9%，仓储业和邮政物流业增加值分别增长 4.8%和 35.6%。

（四）需求结构持续调整

2014 年，钢铁、煤炭、水泥、有色等大宗生产资料物流需求增速进一步放缓。工业品物流总额为 1 969 000亿元，按可比价增长 8.3%，同比回落 1.4 个百分点，增速持续下滑。电商物流、冷链物流等消费品物流需求保持快速增长，促使单位与居民物品物流总额同比增长 32.9%。以服务电商为主的快递业保持快速增长，全年业务件量达 139.6 亿件，同比增长 51.9%。

（五）运行效率有所提升

2014 年，社会物流总费用与 GDP 的比率为 16.6%。按可比口径计算，比上年下降 0.3 个百分点，物流运行效率有所提升。2014 年中国社会物流总费用与 GDP 比率的变化，一方面是受交通运输部对公路水路运输量统计口径和推算方案的调整，以及国家统计局根据第三次经济普查对 2013 年全国 GDP 调整的影响；另一方面也是中国经济结构变化，三产占比高于二产的结果。

（六）基础设施投资再创新高

2014 年，交通运输、仓储和邮政业固定资产投资 43 000 亿元，同比增长 18.6%，增幅较上年提升 1.4 个百分点，高于全社会固定资产增长水平。

2014 年，全年完成铁路公路水路固定资产投资 25 000 亿元。其中铁路完成投资 8 088 亿元，同比增长 24.2%；公路、水运分别完成投资 15 256 亿元和 1 458亿元，分别增长 11.4%和下降 4.6%。

2014 年 1—11 月，仓储业完成固定资产投资 4 672.5亿元，同比增长 24.3%，预计全年投资超过 5 200亿元，创历年新高。

（七）货物运输量平稳增长

2014 年，全年货物运输总量 439 亿吨，比上年增长 7.1%。货物运输周转量 184 600 亿吨公里，增长 9.9%。全年规模以上港口完成货物吞吐量 111.6 亿吨，比上年增长 4.8%，其中外贸货物吞吐量 35.2 亿吨，增长 5.9%。规模以上港口集装箱吞吐量 2 亿标准箱，增长 6.1%。

（八）物流业处于景气周期

中国物流业景气指数（LPI）中，12 月份的业务总量指数为 57.5%，全年平均为 56.0%，保持在较高的增长区间。

二、物流市场经营情况

（一）企业群体加快形成

依据《物流企业分类与评估指标》国家标准，中物联自 2005 年开始组织开展 A 级物流企业综合评估工作。2014 年，完成了第 18 和第 19 批 A 级物流企业评估，评估企业 527 家，复核企业 566 家。自 2005 年以来，共通过了 19 批共 3 177 家 A 级物流企业评估。2014 年，中物联根据行业发展需要，依据商务部发布的质押监管企业评估行业标准，在全国范围内开展了质押监管企业评估，已评出 32 家质押监管企业。

（二）企业效益有所改善

据中物联重点调查物流企业数据显示，1—11 月份，重点物流企业主营业务收入增长 8.0%，低于主营业务费用增速 0.1 个百分点；重点物流企业收入利润率为 5.0%，高于上年同期 0.9 个百分点。这些数据表明，表明中国重点物流企业费用压力依然较大，盈利能力整体较弱，但有所改善。

（三）经营模式变革创新

平台思维改变传统模式。园区基地平台、公路货运平台、电商物流平台、物流金融平台等风起云涌。传化公路港、林安物流、宝湾物流等园区经营企业加紧连锁复制，编织园区资源、信息和服务平台。国家物流公共平台受到重视。全国道路货运车辆公共监管与服务平台正式上线，国家交通运输物流公共信息平台推动信息互联对接。

产业联动融合走向深入。物流业与制造业、商贸业、金融业等“多业联动”，产业合作层次从运输、仓储、配送业务向集中采购、订单管理、流通加工、物流金融、售后维修、仓配一体化等高附加值增值业务，个性化创新服务拓展延伸。企业凭借自身优势跨界经营。零担快运企业凭借网络优势推出快递业务。快递企业凭借客户优势进入电商、冷链和O2O市场。合同物流企业凭借资源优势承接客户外包服务，从单一的物流服务商向综合服务商转型。

各种组织模式、管理模式和商业模式创新成为热点。在公路货运领域，车货匹配平台整合货源和车源，引入货运“淘宝”和“滴滴打车”模式。在快递电商领域，“网订店取”“智能快递箱”等配送模式得到推广，快递业务趋向“定制、精准和安全”的体验式服务。在仓储园区领域，中储股份与普洛斯建立合资公司，探索混合所有制模式。专业性的快递、电商、冷链物流园尝试建立产业生态体系。在合同物流领域，宝供物流发布“四轮驱动、两翼齐飞”发展战略，打造互联网时代新模式。在铁路货运领域，随着铁路货运改革，全国铁路4 000多个营业站敞开受理零散货物，日发送货物超过7万吨。电商班列、高铁行包等新兴业务受到市场欢迎。

（四）资本介入力度加大

资本介入力度加大。电商物流、快递快运、物流地产、冷链物流等细分市场成为投资热点。京东商城、阿里巴巴上市带动物流概念升温。宅急送等快递企业获得资本投资，启动差异化战略。普洛斯获得中资财团投资，继续巩固领先地位。平安不动产、中信产业基金、复星集团等产业资本加大物流地产投入，万科等房地产企业进入物流市场。《铁路运输企业准入许可办法》发布，鼓励社会资本投资铁路建设和经营。新的市场进入者集中在电商物流领域，抓住市场薄弱环节和关键领域，凭借资本、模式、技术优势，加快改变行业传统的竞争格局和运作模式。

（五）服务网络拓展延伸

网络渠道加紧深耕细作。德邦物流在全国开设直营网点5 200余家，全年网点增长近千家，继续向中西部和三四线城市延伸。日日顺物流在全国2 800多个县建立了物流配送站和17 000多家服务商网点，逐步形成大件商品送装一体化的服务网络。顺丰速运启动快递下乡计划，业务覆盖的县级市或县区已超过2 300个。阿里巴巴启动“千县万村”计划，拟投资建立1 000个县级运营中心和10万个村级服务站。京东推出“先锋站”计划和“村民代理”模式。据统计，2014年农村新增快递网点近5万个，农村包裹超过20亿件。社区物流服务深入推进，解决“最后一公里”问题。

三、企业物流发展情况

（一）物流成本增速持续回落

2014年，国家发改委、国家统计局和中国物流与采购联合会对2013年全国重点工业、批发和零售业企业物流状况和物流企业经营情况进行了统计调查。

调查显示，2013年工业、批发和零售业企业物流成本比上年增长10.1%，增幅同比回落1.9个百分点，连续三年回落。随着经济转型升级和企业管理提升，2014年企业物流成本仍处于增速回落区间。其中，运输成本受货运量下滑影响持续下降，保管成本受库存增加影响保持高位增长。

（二）物流费用率有所下降

2013年工业、批发和零售业企业物流费用率为8.4%，比上年下降0.15个百分点。其中，工业企业物流费用率为9.1%，下降0.14个百分点；批发和零售业企业物流费用率为7.8%，与上年基本持平。总体上看，近年来中国工业、批发和零售业企业物流费用率呈下降趋势，2014年企业物流费用率将维持在8.5%左右。目前，中国工业、批发和零售业企业物流费用率仍高于日本3.6个百分点。

（三）物流外包比例持续提高

2013年工业、批发和零售业企业对外支付的物流成本比上年增长13.5%，占企业物流成本的62.9%，同比提高1.9个百分点。受经济压力增大，企业集中主业影响，2014年企业对外支付的物流成本占物流成本的65.0%左右，外包比例持续提高。

（四）供应链管理深入发展

制造业物流向供应链转型。如，汽车产业链加速拓展，加强零部件入厂、整车物流、售后服务备件物流的管理，向供应链管理领域拓展延伸，取得积极成效。中国供应链发展除了产业链上核心制造企业牵头带动以外，更多地是通过打造供应链一体化服务平台，为供应链上关联企业提供线上线下综合服务，如怡亚通、飞马国际、飞力达、嘉晟物流等，主要是集中采购、分销执行、物流服务、平台交易、融资支付等。物流企业贯穿供应链上下游，掌握各类渠道资源，向供应链一体化服务平台转型具有先天优势。部分物流企业将加快延伸服务链条，承接企业物流业务，提供供应链增值服务，实现向供应链一体化服务商转型。

四、行业物流发展情况

（一）电子商务物流

据艾瑞咨询统计数据显示，2014 年中国电子商务市场交易规模 123 000 亿元，增长 21.3%，其中网络购物市场交易规模达到 28 000 亿元，增长 48.7%，仍然维持在较高增长水平。网络购物市场中，B2C 市场增长 68.7%，远高于 C2C 市场 35.2% 的增速，B2C 市场占比达到 45.8%，继续成为网络购物的主要推动力。移动购物市场异军突起，年增长率达 239.3%，远高于网络购物整体增长速度。

电商加大自建物流投入力度。5 月，京东商城成功登陆美国纳斯达克市场，其庞大的自建物流网络成为重要亮点。截至 9 月 30 日，京东建立了 118 个仓库，总面积约为 230 万平方米。在全国 1 855 个行政区县拥有 2 045 个配送站和 1 045 个自提点、自提柜。菜鸟网络“地网”建设也在紧锣密鼓进行，已在全国 14 个核心骨干节点城市完成布局，预计于 2016 年年底交付 150 万平方米。其他大型电商企业自建物流脚步也进一步加快。

差异化服务成为竞争焦点。“送装一体化”服务成服务新标杆。日日顺物流提出为用户提供 24 小时限时达、送装同步等差异化物流服务方案，大大提升了客户的购物体验。物流竞速依然是电商竞争热点。苏宁易购全面实施“半日达”“急速达”和“一日三送”等物流服务，电商配送时效大幅度刷新。京东陆续推出“夜间配”“定时达”等新业务，物流时效成为争夺市场和客户的重要手段。此外，退换货的逆向物流服务也越来越成为电商企业关注的焦点。

电商物流效率引领市场发展。京东商城凭借强大的物流基础网络优势支撑“仓配一体化”的电商物流运作模式，根据 IPO 数据显示，2013 年，京东物流费用占营业收入的 5.8%；库存周转天数为 32 天，低于其他电商库存周转 70 ~ 90 天的水平，远低于其他制造、商贸企业物流水平。2014 年，菜鸟网络以“地网”为载体，以仓聚货、聚人、聚产业，整合了海内外大量物流服务资源，成为电商生态圈的重要组成部分。

跨境电商物流多元化发展。目前，由于跨境电商单笔订单的商品数量较少、体积较小，所以在线外贸卖家向海外买家发货一般通过国际快递或国际外贸小包两种方式。随着“备货”模式兴起，通过仓储前置，传统集装箱海运的方式得到青睐。天猫国际和六大跨境电商试点合作，依托港口，批量海运空运到保税区的模式。同时，传统的快递和物流企业也开始做一些延伸布局，加大对保税仓、第三方转运等业务。跨境物流正在从单一的邮政包裹演变为“邮政包裹为主，其他模式并存”的多元化业态。

（二）冷链物流

2014 年冷链需求市场规模进一步增长，达到 11 200万吨左右，较上年增长约 22.0%，地域范围依然集中在中东部经济发达地区，如北京、天津、大连、山东、广东等。全国冷库总量达到 3 320 万吨，折合8 300 万立方米，与上年 2 411 万吨相比增长 36.9%。

冷链基础设施投入加大。2014 年，冷链物流园区建设成为亮点。据中物联冷链委不完全统计，2014 年全国运作（包含建成、开建、签约不包括建设中的）的重点冷链项目超过 40 个，投资额超过 550 亿元，相较于上年的近 700 亿元降幅较大，但考虑到冷链项目工期一般在 2 ~ 3 年，所以冷链基础设施建设依然火热。其中，2014 年完工的冷链项目超过 80 亿元，奠基开工、新签约的冷链项目达到 370 多亿元，涉及冷库 180 多万吨。

冷链物流市场依然分散。冷链物流企业特点依然是规模小、压力大。从中物联冷链委发布的“2013 冷链物流企业百强排名”来看，2013 冷链百强企业总收入为109.02亿元，约占全国冷链总收入的10.0%左右。其中，前50强占据绝大份额，后50强基数较小。在百强排名中，年收入在5亿元以上的有7家，年收入过亿元的有25家，8 000万元以上的有33家，6 000万元以上的有51家。冷链物流集中度仍较低。

连锁零售发力冷链板块。2014年，连锁零售企业面对经营压力，纷纷建立生鲜网站、自建和外包生鲜加工配送中心，完善冷链配送系统，为第三方冷链物流企业带来新的机遇。截至2014年年底，沃尔玛在中国拥有11个生鲜配送中心。

生鲜电商冷链成为发展热点。2014年，资本和电商纷纷布局生鲜电商领域。由于生鲜电商初期的圈地成本依然很高，冷链设施的购置、全程冷链的设计与配送、消费者理念的培育等，都需要大量的时间和资金成本，大部分生鲜电商企业处于亏损。

（三）汽车物流

2014年，汽车产销分别为2 372.3万辆和2 349.2万辆，同比增长7.3%和6.9%，增幅比上年分别下降7.5和7.0个百分点，增幅所回落。其中，乘用车产销分别完成1 992万辆和1 970.1万辆，比上年分别增长10.2%和9.9%；商用车产销分别完成380.3万辆和379.1万辆，比上年分别下降5.7%和6.5%，客车产销比上年分别增长7.6%和8.4%，货车产销分别下降7.9%和8.9%。2014年，汽车累计出口91万辆，比上年下降6.9%。

汽车物流市场格局加快调整。汽车物流主要包括零部件入厂物流、整车物流、售后服务备件物流等三个方面。整车物流市场格局较为稳定，零部件入厂物流对物流和供应链管理要求较高，主要由国际零部件服务企业外包。截至2014年年底，全国机动车保有量达26 400万辆，其中汽车15 400万辆，随着汽车保有量的增加，汽车售后备件物流具有广阔的发展潜力。

汽车物流服务日趋完善。汽车物流以零部件入厂物流、整车物流、售后服务备件这三个环节为基础，上游从零部件入厂物流向汽车零部件供应商管理延伸，下游从售后服务备件物流向报废汽车物流以及其他后市场服务延伸，汽车物流产业的纵向延展使汽车物流产业链条更加完整，服务更加完善。

汽车铁路运输快速发展。中铁特货是国家铁路汽车物流核心企业，在铁路商品车物流领域深耕细作，不断创新。为实现“门到门”全程物流，公司实行干线两端由一家配送商负责制，建立规范商品汽车配送队伍49支。建设一批大型物流基地，帮助商品汽车生产厂家实现了库存前移。组织汽车整列运输，整列运输比例接近40.0%。公司在拥有国内先进的运输车（箱）6 000余辆的基础上，不断研制运输多种汽车的新车型。

汽车水路运输有新进展。2014年，沿江沿海整车进口口岸、汽车水运枢纽及配套设施建设又有新进展。各地陆续批复和开建了一批汽车物流中心和汽车滚装码头。6月25日，由南京港集团和安吉物流共同出资合作的南京港江盛汽车码头有限公司正式开业运营，目标是三年内达到年中转30万辆规模，建设成为长江最重要的汽车物流枢纽之一。此外，2014年中海集装箱公司等国内领军企业，加大了集装箱在整车物流领域市场开拓的步伐。

企业积极拓展国际市场。汽车物流企业作为汽车工业产业链的一环，为整车基地走出去发展提供保障，也使国内汽车工业更多高利润的业务环节进入海外市场。安吉物流配套上汽泰国工厂运营，从零部件到售后服务，完成了在当地“全产业链”的初步布局。长久物流在德国汉堡注册子公司，并与优特埃（UTi）国际物流建立战略合作关系，将共同开发三大产品，包括欧洲到中国的铁路运输，VMI/生产物流，售后市场零配件配送物流。

（四）医药物流

2014年医药流通行业仍然保持了较快速度增长，但增幅同比略有下降，预计将达到14 700亿元左右，增速约在13.0%左右，比2013年增速下降约3.0个百分点。由于受经济增速下降和药价调整的影响，医药流通市场增长趋势趋于平稳，医药行业微利化的特征依然存在。

医药物流项目投资依然强劲。随着新版GSP的实施，2014年各医药流通企业继续加大在物流设施建设上的投入，加快布局现代医药物流中心，提高自身的竞争力。以九州通医药集团投资3.8亿元在武汉东西湖建成全球最大的单体医药物流中心为标志，中国医药物流建设达到了新高潮。

医药电商市场增势迅猛。预计2014年医药电商市场规模约在70亿元，增势迅猛。截至2014年年底，持有互联网医药交易服务牌照的网站已达到371家，比上年增长169家。2014年，互联网巨头纷纷布局医药电商市场，阿里系的天猫医药馆成为国内规模最大的第三方医药电商平台。5月，国家食品药品监督管理总局公布了《互联网食品药品经营监督管理办法(征求意见稿)》，规定取得相应资格证书的互联网平台不仅可以卖处方药，还可以由第三方物流配送平台进行药品或医疗器械的配送，若这一政策能够落地实施将大大推动医药电商物流的发展。

医药冷链管理水平逐步提高。新版GSP对冷链管理、技术、人才等方面的要求较以前有明显提高，随着新版GSP的实施落地，各医药流通企业加大对冷链管理、技术、人才的投入，取得了一定成果，冷链管理水平有一定程度的提高。

医药物流加快精益化管理。随着医药流通环节毛利逐步降低，行业竞争加剧，传统的低价竞争和粗放式管理已经不能满足客户对物流服务的需求，医药物流精益化管理的时代正在来临。国药物流、华润医药、上海医药均已开展物流精益化管理，并将精益化管理作为战略之一，以期达到降本增效，提高自身竞争力的目的。

(五)钢铁物流

2014年中国钢铁产量继续保持增长，但增速有所放缓。据统计数据显示，2014年中国粗钢产量82 300万吨，同比增长0.9%。累计生产生铁70 900万吨，同比增长6.2%；粗钢71 200万吨，同比增长0.5%；钢材112 600万吨，同比增长4.5%。中国钢材出口仍然保持了高速增长态势。2014年中国铁矿石进口价格跌幅超40.0%，在价格剧烈下跌的刺激之下，中国累计进口铁矿砂及其精矿9.3亿吨，同比增长13.9%。中国钢铁市场持续低迷，钢铁行业盈利有所下滑，特别是铁矿石企业下滑明显。

钢铁社会库存创下新低。据兰格钢铁信息研究中心市场监测数据显示，2014年12月底，全国29个重点城市钢材社会库存量为871.4万吨，同比下降29.7%。目前，钢材社会库存已下降至2009年以来最低水平。2012年以来，全国钢贸商数量从20万家迅速缩减至10万家左右，市场活跃度进一步降低。许多企业利用自有资金进行货物流转，控制库存成为规避经营风险的重要举措。

钢铁物流园区势头强劲。自2008年以来，中国钢铁物流园区建设步伐加快，钢铁企业、钢贸企业以及上下游企业都在尝试钢铁物流发展新路，目前已经建成的大型钢铁物流园区有300多家，还有100多家钢铁物流园在建和待建，发展势头强劲。但全国各地钢铁物流园区存在盲目快速扩张、一味追求大型化、同质化，无序竞争、效率低下、重复建设等现象。

钢铁电商平台快速发展。由于钢铁行业产能过剩，使得“卖方市场”朝“买方市场”转变，原来的钢铁企业分销体系发生了巨大改变，钢铁电商平台迅速崛起。2014年，国内钢铁电商发展迅速，钢厂、贸易商、第三方平台等纷纷加大了对钢铁电商平台的投资力度，资本融资也不断创出新高，国内钢铁电商得以蓬勃发展，据不完全统计，目前国内钢铁电商平台有200家左右。

(六)危化品物流

2014年，化工行业增加值累计同比增长10.4%，占全国工业的6.8%。化工行业主营业务收入88 000亿元，同比增长8.2%，利润4 312.6亿元，增长0.3%，增速分别比上年下降4.7个和11.9个百分点，利润率4.9%，比全国工业低1.0个百分点，效益大幅下滑。全年化工行业进口1 864.8亿美元，同比增长0.6%；出口1 621亿美元，增长11.1%。受下游市场需求不足、产能过剩问题、成本高位运行等因素影响，化工行业下行压力增大。

产品库存高位运行。化工行业物流、能源、财务成本全面上升。全年，化工行业每100元主营业务收入成本87.48元，同比上升0.58元，比全国工业高1.84元。由于原油价格大幅下跌带来的降价预期以及下游市场需求低迷，中间商和下游用户的进货意愿不强，使得化工产成品库存同比增长12.8%，比上年同期提高4.7个百分点。此外，电力、天然气价格上升,安全环保、人工成本不断提高。

化工物流园区集聚发展。据不完全统计,中国目前已建成国家级、省级大型化工园区就达200多个,各类危险化学品生产、储存、运输、使用、废弃处置企业已达30多万家。园区集聚发展有助于提升行业的整体安全水平。目前,危化品仓储设施结构逐步优化,储罐和立体库每年增速在10.0%左右,占仓储设施总量的70.0%以上,平仓只减不增,每年下降幅度在5.0%左右。

危险品运输逐步规范。2001年以来,国务院在全国范围内开展了道路危险货物运输专项整治活动,危险货物道路运输企业过小、过弱的情况得到了极大改观。危化物流企业平均车辆数由以前的3辆增加到25.9辆,增加8.6倍。目前中国共有道路危险货物企业8 000多家,经营户750多万户,各类运输车辆30多万辆,从业人员120多万人。道路运输危险化学品货物在2亿吨左右,其中易燃易爆油品类达到1亿吨。

第三方物流潜力巨大。随着化工产业的规模化、专业化发展,对危化品物流也提出了更高要求。危化品物流企业逐步从生产企业独立出来,成为企业发展新的增长点。第三方物流企业凭借专业化服务能力,由仓储、运输等传统物流服务向增值服务延伸,并提供供应链一体化服务,提高化工物流和流通效率,提升产业竞争力。

行业监管日益严格规范。10月14日,交通运输部印发《关于加强危险品运输安全监督管理的若干意见》,从严格市场准入、强化监督管理、推进风险管控、加强从业人员培训和监管队伍建设、严肃事故调查处理、建立长效机制等六个方面入手,坚决遏制危险品运输安全生产事故的发生。不仅如此,国家各相关部门都在各个方面加大了管控力度,出台了严格的管理政策和规范措施。

五、区域物流发展情况

(一)区域物流一体化发展

区域物流一体化加速。按照区域发展战略要求,京津冀、长江经济带、广东地区三大区域通关一体化改革全面实施。京津冀三地签署多项物流合作协议,推进物流业协同发展。长江经济带启动综合立体交通走廊建设,完善区域综合交通运输体系。广东、天津、福建再设三个自由贸易园区,推动更高水平对外开放。郑州、武汉多地启动区域物流中心建设,完善物流基础条件和政策环境。

(二)国际物流市场面临新机遇

海外物流布局成为重点战略。阿里巴巴、顺丰、圆通等电商、快递企业与境外快递邮政企业合作,开辟全球物流市场,试水跨境电商和物流业务。中邮速递推出"中邮海外购",打造跨境电商转运平台。中远集团为天猫国际跨境电商业务提供全程物流服务。各类企业看好跨境电商业务,"海外仓"建设吸引大批资金。与此同时,中远物流、中外运股份等大型物流企业继续保持工程物流领域的优势地位,跟随国内工程建设企业"走出去",在港口、园区等物流战略资源方面取得积极进展。

(三)城市物流聚焦配送

城市物流配送受到重视。2014年,为配合国家推进城市共同配送试点,做好城市物流引导工作,一些地方出台了城市配送的政策措施,搭建城市共同配送信息服务平台,布局城区配送节点网络,推进商品配送社会化、信息化、网络化、专业化、标准化发展,完善城市配送物流服务体系。

六、基础设施建设情况

2014年1—11月,仓储业完成固定资产同比增长24.3%,与前几年30.0%以上的增幅相比,增速略有下降,物流园区的投资增速有所放缓。目前,全国拥有仓储面积13亿平方米左右,其中,一半以上是近五年新建的仓储设施。随着经济增速放缓、货运量下滑、土地指标短缺、资金成本高昂等因素影响,部分地区物流园区出现饱和,投入速度逐步放缓。

物流园区质量和效益提升。部分物流园区正在走向精益之路。2014年,中物联物流园区专业委员会对189家参评物流园区进行了评价。通过20多个指标的测评,50家园区获批成为优秀物流园区。50个园区平均物流强度每平方公里吞吐量504万吨,平均就业人数9 300人,平均年人均业务收入50万元，均远远高于普通物流园区相关指标数据。

物流园区积极转型升级。目前，许多物流园区是按照经济高速增长进行规划和建设的，随着当前经济放缓，货运量下滑，导致物流园区必须转型升级，加快向精细化转变。许多园区没有考虑多种运输方式的实现，导致道路车辆运输的货品多，物流成本高，引入新的运输方式成为物流园区转型升级的战略选择。

七、物流基础性工作情况

基础性工作稳步推进。《物流标准化中长期发展规划》编制工作启动，截至 2014 年年底，中国已发布的各类物流标准超过 800 项。物流教育培训成效显著，全国已有 470 多所本科院校、1 000 多所高职高专院校开设了物流专业，已有 30 多万人取得相关物流资格证书。物流业信用体系建设获得多部门支持，政府和协会积极探索专业物流领域信用建设。物流安全引发社会关注，公路安全生命防护工程启动，危化品货物运输加强管理，强化重大风险源报备制度。国家提出节能减排阶段性目标，物流业减排压力加大。多地出台新能源汽车补贴政策，物流和快递用车成为支持重点。

八、物流行业政策环境

中长期规划正式出台。2014 年 6 月 11 日，李克强总理主持召开国务院常务会议，讨论通过《物流业发展中长期规划（2014—2020）》，9 月 12 日以国发〔2014〕42 号文正式发布。这是继 2009 年国务院《物流业调整和振兴规划》出台以来，又一个指导物流业发展的纲领性文件。此次出台的《中长期规划》，把物流业定位于支撑国民经济发展的基础性、战略性产业，是物流业产业地位进一步提升的重要标志。规划要求，到 2020 年，基本建立布局合理、技术先进、便捷高效、绿色环保、安全有序的现代物流服务体系，明确了中长期发展的战略目标。规划提出三大发展重点、七项主要任务、十二项重点工程和九项保障措施，抓住了制约物流业发展的关键问题，明确了发展方向，是指导中国物流业"新常态"下健康发展的顶层设计蓝图。

物流政策环境持续改善。有关部门发布一系列支持物流业发展的政策文件。国家发改委支持冷链物流、粮食物流、公共信息平台和物流诚信建设，国家级示范物流园区工程已完成前期设计；交通运输部重视物流通道建设，继续开展甩挂运输试点和城市配送便利通行工作，积极推进车型标准化；商务部继续开展城市共同配送示范试点，商贸物流标准化、电子商务与快递协同发展试点工作启动；工信部加强物流信息化引导，开展物流供应链推进工作；邮政局全面开放国内包裹快递市场，简化快递资质审批。全国现代物流工作部际联席会议加强政策协调，部门间统筹协调机制有望加强。《物流业发展中长期规划》发布后，有关部门积极推进政策落实，《促进物流业发展三年行动计划》正式出台，明确了五个方面、62 项重点工作任务的牵头部门以及具体目标和完成时限。

（审稿：贺登才
撰稿：周志成）

2014 年交通运输业发展综述

中国交通运输协会

一、铁路运输

2014 年，铁路安全生产稳定、建设任务完成、运输生产取得成绩，改革发展上台阶。

（一）运输生产

1. 旅客运输。全国铁路旅客发送量 235 700 万人，比上年增加25 100万人、增长11.9%。其中，国家铁路232 400万人，增长12.0%；全国铁路旅客周转量116 047 500万人公里，比上年增加10 091 300万人公里、增长9.5%。

2. 货物运输。全国铁路货运总发送量381 300万吨，比上年减少15 400万吨、下降3.9%，其中国家铁路306 900万吨，下降4.7%。全国铁路货运总周转量275 301 900万吨公里，比上年减少1 643.7亿吨公里，下降5.6%，其中国家铁路251 034 200万吨公里，下降6.5%。

3. 换算周转量。全国铁路总换算周转量391 349 400万吨公里，比上年减少6 345 700万吨公里，下降1.6%，其中国家铁路36 6597 800万吨公里，比上年下降2.0%。

4. 运输安全。全年未发生特别重大、重大铁路交通事故，铁路交通事故路外死亡人数同比下降7.8%。

（二）铁路建设

全国铁路固定资产投资完成8 088亿元。其中，铁路建设投资6 623亿元，比上年增长12.6%；机车车辆购置投资1 465亿元，比上年增长22.2%。全年投产新线8 427公里，其中高速铁路5 491公里。

1. 路网规模。全国铁路营业里程11.2万公里，比上年增长8.4%，其中高铁营业里程1.6万公里。路网密度116.5公里/万平方公里，比上年增加9公里/万平方公里。其中，复线里程5.7万公里，比上年增长17.7%，复线率50.8%，比上年提高4.0个百分点；电气化里程6.5万公里，比上年增长16.9%，电化率58.3%，比上年提高4.2个百分点。西部地区营业里程4.4万公里，比上年增加4 020公里、增长10.2%。

2. 移动装备。全国铁路机车拥有量21 100台，比上年增加261台，其中“和谐型”大功率机车8 423台，比上年增加1 406台。内燃机车占45.0%，电力机车占55.0%。全国铁路客车拥有量为60 600辆，比上年增加1 800辆，其中空调车52 100辆，占85.9%，比上年提高3.3个百分点。“和谐号”动车组1 411组13 696辆，比上年增加103组3 232辆。全国铁路货车拥有量为710 100辆。

（三）规章、标准和科技创新

1. 规章制定。发布《铁路运输企业准入许可办法》《铁路旅客车票实名制管理办法》《铁路旅客运输安全检查管理办法》《关于废止7件铁路规章的决定》等4件规章。

2. 重要技术标准制定。发布《高速铁路设计规范》《城际铁路设计规范》等55项铁路技术标准，完成54项铁路技术标准的英文翻译出版工作，主持10项国际铁路联盟（UIC）、9项国际电工委员会铁路国际标准的制定工作。

3. 知识产权及获奖成果。铁路行业5项科技成果获2014年度国家科学技术奖，《基于自主技术平台的系列化大功率交流传动电力机车研发及应用》《高速铁路关键基础设施综合检测及评估技术》《高水压浅覆土复杂地形地质超大直径长江盾构隧道成套工程技术》《中国中铁技术创新体系升级版工程》等获国家科技进步二等奖；《大跨度漂浮型铁路斜拉桥列车制动响应智能控制新技术》获国家技术发明二等奖；《一种混合型电能质量治理方法》《铁路机车车辆运行仿真试验台》《一种AT钢轨跟端的锻压方法》《一种测力轮对的连续测量方法及装置》等4项专利荣获第十六届中国专利奖优秀奖；《中国高速铁路》获2014年全国优秀科普作品。

（四）节能减排

1. 综合能耗。国家铁路能源消耗折算标准煤1 652.6万吨，比上年减少80.1万吨、降低4.6%。单位运输工作量综合能耗4.51吨标准煤/百万换算吨千米，比上年减少0.12吨标准煤/百万换算吨千米、降低2.6%；单位运输工作量主营综合能耗3.82吨标准煤/百万换算吨千米，比上年减少0.04吨标准煤/百万换算吨千米、降低1.0%。

2. 主要污染物排放量。国家铁路化学需氧量排放量1 999吨，比上年减排108吨、降低5.1%；二氧化硫排放量3.2万吨，比上年减排0.4万吨、降低10.1%。详情见下表。

表　2014年国家铁路主要指标完成情况

指　标	计算单位	本年累计完成	上年同期完成	比上年同期增减	比上年同期增减(%)
一、铁路运输					
1. 旅客发送量	万　人	232 381.00	207 541.00	24 840.00	12.0
2. 旅客周转量	亿人千米	11 556.36	10 550.32	1 006.04	9.5
3. 货运总发送量	万　吨	306 942.00	322 207.00	-15 265.00	-4.7
4. 货运总周转量	亿吨千米	25 103.42	26 845.01	-1 741.59	-6.5
5. 总换算周转量	亿吨千米	36 659.78	37 395.33	-735.55	-2.0
二、固定资产投资	亿　元	7 387.46	6 843.62	543.84	7.9
其中:铁路建设投资	亿　元	5 922.41	5 645.12	277.29	4.9
国家铁路机车车辆购置	亿　元	1 465.05	1 198.50	266.55	22.2

注:国家铁路含控股合资公司;统计范围不含港澳台。

二、公路水路运输

2014年,公路水路运输行业全面深化运输改革,新常态下行业运行总体平稳,各项事业实现稳中有进。

(一)基础设施

1. 公路。至2014年年底,全国公路总里程446.4万公里,比上年增加10.8万公里;公路密度46.5公里/百平方公里,提高1.1公里/百平方公里;公路养护里程435.4万公里,占公路总里程97.5%。

全国等级公路里程390.1万公里,比上年增加14.5万公里。等级公路占公路总里程87.4%,提高1.2个百分点,其中二级及以上公路里程54.6万公里,增加2.1万公里,占公路总里程12.2%,提高0.2个百分点。

各行政等级公路里程分别为:国道17.9万公里(普通国道10.6万公里)、省道32.3万公里、县道55.2万公里、乡道110.5万公里、专用公路8万公里,比上年分别增加0.2万公里、0.5万公里、0.5万公里、1.5万公里和0.4万公里。

全国高速公路里程11.2万公里,比上年增加0.8万公里,其中国家高速公路7.3万公里,增加0.2万公里。

全国高速公路车道里程49.6万公里,增加3.4万公里。

全国农村公路(含县道、乡道、村道)里程388.2万公里,比上年增加9.7万公里,其中村道222.5万公里,增加7.7万公里。

全国通公路的乡(镇)占全国乡(镇)总数99.98%,其中通硬化路面的乡(镇)占全国乡(镇)总数98.1%、比上年提高0.3个百分点;通公路的建制村占全国建制村总数99.8%,其中通硬化路面的建制村占全国建制村总数91.8%、提高2.8个百分点。

全国公路桥梁75.7万座4 257.9万米,比上年增加2.2万座280.1万米,其中特大桥梁3 404座610.5万米、大桥72 979座1 863万米。

全国公路隧道12 404处1 075.7万米,增加1 045处115.1万米,其中特长隧道626处276.6万米、长隧道2 623处447.5万米。

2. 水路

(1)内河航道。至2014年年底,全国内河航道通航里程12.6万公里,比上年增加427公里。等级航道6.5万公里,占总里程51.8%,提高0.2个百分点,其中三级及以上航道10 854公里、五级及以上航道2.9万公里,分别占总里程8.6%和22.5%,分别提高0.5个和0.6个百分点。

各等级内河航道通航里程分别为:一级航道1 341公里、二级航道3 443公里、三级航道6 069公里、四级航道9 301公里、五级航道8 298公里、六级航道18 997公里、七级航道17 913公里。等外航道6.1万公里。

各水系内河航道通航里程分别为：长江水系64 374公里、珠江水系16 444公里、黄河水系3 488公里、黑龙江水系8 211公里、京杭运河1 438公里、闽江水系1 973公里、淮河水系17 338公里。

（2）港口。至2014年年底，全国港口拥有生产用码头泊位31 705个，比上年减少55个，其中沿海港口生产用码头泊位5 834个，增加159个；内河港口生产用码头泊位25 871个，减少214个。

全国港口拥有万吨级及以上泊位2 110个，比上年增加109个，其中沿海港口万吨级及以上泊位1 704个，增加97个；内河港口万吨级及以上泊位406个，增加12个。

全国万吨级及以上泊位中，专业化泊位1 114个，通用散货泊位441个，通用件杂货泊位360个，比上年分别增加52个、27个和15个。

（二）公路水路交通流量

1. 国家干线公路交通流量。全国国道网机动车年平均日交通量为15 157辆（当量标准小客车，下同），按可比口径（下同）比上年增长3.8%。全国国道网机动车日平均行驶量为186 538万车公里（当量标准小客车，下同），增长2.4%。全国国道网年平均交通拥挤度为0.5，增长3.0%。其中，国家高速公路日平均交通量为23 551辆，日平均行驶量为97 423万车公里，年平均交通拥挤度为0.4，分别增长5.5%、4.2%和5.7%；普通国道日平均交通量为10 899辆，日平均行驶量为89 048万车公里，年平均交通拥挤度为0.6，分别比上年增长1.9%、0.5%和持平。

全国高速公路日平均交通量为22 021辆，日平均行驶量为119 894万车公里，年平均交通拥挤度为0.4，比上年分别增长7.1%、6.1%和7.4%。

2. 长江干线交通流量。长江干线航道设有27个水上交通流量观测断面，全年日平均标准船舶流量的平均值为655.2艘次，比上年增长4.3%。其中，上游航道6个断面，日平均标准船舶流量的平均值为203艘次，下降0.3%；中游航道3个断面，日平均标准船舶流量的平均值为254.1艘次，增长5.3%；下游航道18个断面，日平均标准船舶流量的平均值为872.8艘次，增长4.7%。

（三）运输装备

1. 公路营运汽车。至2014年年底，全国拥有公路营运汽车1 537.9万辆，比上年增长2.2%。

拥有载客汽车84.6万辆2 189.6万客位，比上年分别下降0.8%和增长0.9%，其中大型客车30.7万辆1 326.2万客位，分别增长2.6%和3.4%。

拥有载货汽车1 453.4万辆10 292.5万吨位，比上年分别增长2.4%和7.1%。其中普通货车1 091.3万辆5 241.5万吨位，分别增长1.0%和4.7%；专用货车45.6万辆490.6万吨位，分别下降1.4%和4.6%。

2. 水上运输船舶。至2014年年底，全国拥有水上运输船舶17.2万艘，比上年减少0.3%；净载重量25 785.2万吨，增长5.7%；平均净载重量1 499.3吨/艘，增长6.0%；载客量103.2万客位，减少0.1%；集装箱箱位231.9万标准箱（TEU），增长36.3%；船舶功率7 059.9万千瓦，增长8.9%。

3. 城市客运车辆。至2014年年底，全国城市及县城拥有公共汽电车52.9万辆（59.8万标台），比上年分别增长3.8%和4.3%。全国22个城市开通轨道交通，新开通3个。拥有轨道交通车站1 829个，增加280个，其中换乘站151个，增加17个；运营车辆17 300辆（41 770标台），分别增长20.4%和21.4%，其中地铁车辆15 696辆、轻轨车辆1 372辆，分别增长21.0%和9.5%。出租汽车运营车辆137万辆，增长2.2%。城市客运轮渡329艘，下降22.0%。

（四）运输服务

全年全社会完成客运量220.9亿人、旅客周转量30 097.4亿人公里，货运量431.3亿吨、货物周转量181 509.2亿吨公里，比上年分别增长4.1%、9.2%、6.9%和10.3%。

1. 公路运输。全年全国营业性客运车辆完成公路客运量190.8亿人、旅客周转量12 084.1亿人公里，比上年分别增长3.0%和7.4%，平均运距63.3公里。

全国营业性货运车辆完成货运量333.3亿吨、货物周转量61 016.6亿吨公里，比上年分别增长

8.3%和9.5%,平均运距183.1公里。

至2014年年底,全国有99.0%的乡镇开通了客运线路,乡镇通车率比上年提升0.3个百分点;93.3%的建制村开通客运线路,建制村通车率比上年提升0.5个百分点。北京、河北、辽宁、吉林、黑龙江和上海6省份全面实现"村村通客车"。

2. 城市客运。全国拥有公共汽电车运营线路45 052条,运营线路总长度81.8万公里,比上年增加3 314条6.9万公里,其中公交专用车道6 897.3公里,增加1 006.7公里;BRT线路长度2 790.3公里,增加37.7公里;全年新辟、撤销、调整公共汽电车运营线路条数分别为3 875条、1 399条和5 290条。轨道交通运营线路92条,运营线路总长度2 816.1公里,增加11条408.2公里,其中地铁、轻轨线路分别为76条2 418公里和9条303.5公里。城市客运轮渡运营航线126条,运营航线总长度497.6公里,比上年分别减少17条77.8公里。

全年城市客运系统运送旅客1 315.7亿人,比上年增长2.5%。其中,公共汽电车完成781.9亿人,增长1.4%;BRT客运量14.8亿人次,增长34.7%,公共汽电车运营里程346.7亿公里,下降0.6%;轨道交通完成126.7亿人,运营里程3.3亿列公里,分别增长16.0%和19.2%;出租汽车完成406.1亿人,运营里程1 618.1亿公里,分别增长1.0%和1.6%,平均每车次载客人数2人/车次,空驶率31.2%;客运轮渡完成1.1亿人,增长0.7%。

3. 水路运输。全国完成水路客运量2.6亿人、旅客周转量74.3亿人公里,比上年分别增长11.7%和8.8%,平均运距28.3公里。全国完成水路货运量59.8亿吨、货物周转量92 774.6亿吨公里,比上年分别增长6.9%和16.8%,平均运距1 550.7公里。

在全国水路货运中,内河运输完成货运量33.4亿吨、货物周转量12 784.9亿吨公里;沿海运输完成货运量18.9亿吨、货物周转量24 054.6亿吨公里;远洋运输完成货运量7.5亿吨、货物周转量55 935.1亿吨公里。

全年两岸间海上运输完成客运量177.9万人,货运量5 459万吨,比上年分别增长13.8%和3.5%;集装箱运量225万标箱,比上年增长9.4%。

4. 港口生产。全年全国港口完成货物吞吐量124.5亿吨,比上年增长5.8%,其中沿海港口完成80.3亿吨、内河港口完成44.2亿吨,分别增长6.2%和5.1%。

全国港口完成旅客吞吐量1.8亿人,比上年下降0.9%,其中沿海港口完成0.8亿人、内河港口完成1.0亿人,分别增长3.6%和下降4.2%。

全国港口完成外贸货物吞吐量35.9亿吨,比上年增长6.9%,其中沿海港口完成32.7亿吨、内河港口完成3.2亿吨,分别增长6.9%和6.8%。

全国港口完成集装箱吞吐量2亿标准箱,比上年增长6.4%,其中沿海港口完成1.8亿标准箱、内河港口完成2 066万标准箱,比上年分别增长7.1%和0.6%。

全国港口完成液体散货吞吐量10亿吨,比上年增长5.1%;干散货吞吐量72.5亿吨,增长4.9%;件杂货吞吐量12.5亿吨,增长7.3%;集装箱吞吐量(按重量计算)23.5亿吨,增长7.5%;滚装汽车吞吐量(按重量计算)6.1亿吨,增长9.4%。

全国规模以上港口完成货物吞吐量111.9亿吨,比上年增长5.1%,其中完成煤炭及制品吞吐量21.9亿吨;石油、天然气及制品吞吐量7.9亿吨;金属矿石吞吐量18亿吨,分别增长0.7%、3.7%和7.6%。

(五)邮政服务

全年邮政行业业务总量完成3 696.1亿元,比上年增长35.6%。

邮政普遍服务完成函件业务56.1亿件,比上年下降11.5%;包裹业务完成6 024万件,下降13.0%;报纸业务完成191.2亿份,下降1.6%;杂志业务完成10.8亿份,下降5.4%;汇兑业务完成1.3亿笔,下降32.4%。

快递业务量完成139.6亿件,比上年增长51.9%。快递服务企业业务收入完成2 045.4亿元,增长41.9%,快递业务收入占邮政行业业务收入的63.9%,提高7.3个百分点。

至2014年年底,邮政邮路总条数2.3万条,比上年增长3.1%,邮政邮路总长度(单程)630.6万公里,增加40.8万公里。农村投递路线9.1万条,下降0.2%,农村投递路线长度(单程)377.6万公里,增长0.8%;城市投递路线5.8万条,增长6.0%,城市投递路线长度(单程)143.5万公里,增长11.9%。

(六)固定资产投资

1. 公路建设。全年完成公路建设投资15 460.9亿元,比上年增长12.9%,其中高速公路建设完成投资7 818.1亿元,增长7.1%。普通国省道建设完成投资4 611.8亿元,增长18.9%。农村公路建设完成投资3 031亿元,增长20.4%,新改建农村公路23.2万公里。纳入《集中连片特困地区交通建设扶贫规划纲要(2011—2020)》的505个贫困县完成公路建设投资3 442.9亿元,增长8.1%,占全国公路建设投资22.3%。

2. 水运建设。全年内河及沿海建设完成投资1 460亿元,比上年下降4.5%,其中内河建设完成投资508.1亿元,下降6.9%。内河港口新建及改(扩)建码头泊位253个,新增吞吐能力16 216万吨,其中万吨级及以上泊位新增吞吐能力3 094万吨。全年新增及改善内河航道里程2 000公里。沿海建设完成投资951.9亿元,下降3.1%。沿海港口新建及改(扩)建码头泊位170个,新增吞吐能力36 269万吨,其中万吨级及以上泊位新增吞吐能力33 123万吨。505个贫困县完成水运建设投资24.7亿元,全部为内河建设投资,增长27.7%,占全国内河建设投资4.9%。

(七)生产安全

全年全国发生运输船舶水上交通事故260件,死亡失踪247人,沉船141艘,直接经济损失2.6亿元,比上年分别下降0.6%、6.8%、0.7%和32.5%。全国各级海上搜救中心全年组织、协调搜救行动2 014次,出动、协调各类船艇7 477艘次、飞机297架次;在中国搜救责任区遇险船舶1 842艘,获救船舶1 484艘,遇险15 926人,成功搜救15 387人,搜救成功率96.6%。

全年公路、水路交通运输建设领域发生生产安全事故45起,死亡82人,分别比上年下降19.6%和7.9%。其中,死亡3~9人的较大事故11起、死亡42人,分别增加6起、25人。未发生死亡10人及以上重特大事故。

(八)能源消耗与环境保护

1. 能源消耗。全年监测公路、水路运输企业125家。监测的城市公交企业每万人次单耗1.4吨标准煤,比上年增长0.4%,百车公里单耗48.1千克标准煤,增长0.9%;公路班线客运企业每千人公里单耗12.1千克标准煤,增长4.3%,百车公里单耗29.3千克标准煤,下降1.6%;公路专业货运企业每百吨公里单耗2.0千克标准煤,增长6.7%;远洋和沿海货运企业每千吨海里单耗5.1千克标准煤,下降12.6%;港口企业每万吨单耗2.7吨标准煤,下降5.1%。

2. 公路、水路环境保护投入。全年投入165.8亿元,其中公路投入129.7亿元、港口36.2亿元。公路环境保护投入中,生态保护设施占68.0%,污染防治设施占18.0%;港口环境保护投入中,生态保护设施占29.0%,污染防治设施占65.0%。

(九)科技与人才队伍建设

全年公路、水路交通运输科研基础条件建设完成投资超过12亿元。至2014年年底,交通运输行业共有国家及行业(重点)实验室61个,国家及与行业相关的工程技术(研究)中心26个,行业协同创新平台19个。全年签订科技项目1 600多项,投入研发资金总规模38亿元。2项科技成果获得国家科技进步奖二等奖、333项科技成果获得社会科技奖。625项科技成果获得专利授权,41项科技成果成功转让,11项科技成果获得国家级重点新产品。

全年获全国文明单位称号的单位133家。获得人力资源社会保障部、交通运输部联合表彰的全国交通运输系统先进集体197个、先进工作者200人、劳动模范298人。获国务院表彰的全国民族团结进步模范集体1个、模范个人4人(不含铁路、民航)。获团中央、交通运输部联合表彰的全国青年文明号为103个。获交通运输部表彰的全国交通运输行业文明单位178个、文明示范窗口186个、文明职工标兵174人、精神文明建设先进工作者43人。全年获“中华技能大奖”称号2人、“全国技术能手”称号17人、“全国交通技术能手”称号467人,全年共培养

“交通青年科技英才”70 人。

三、民航运输

2014 年，全行业认真落实中央领导批示精神和《国务院关于促进民航业发展的若干意见》，坚持安全第一，稳中求进，深化改革，民航业在经济社会发展中的战略作用更加显现。

(一)运输航空

在世界经济复苏缓慢，国内经济下行压力较大的情况下，民航主要运输指标继续保持平稳较快增长。

1. 运输总周转量。全行业完成运输总周转量 748.1 亿吨公里，比上年增加 76.4 亿吨公里，增长 11.4%。其中，旅客周转量 560.3 亿吨公里，比上年增加 58.9 亿吨公里，增长 11.7%；货邮周转量 187.8 亿吨公里，比上年增加 17.5 亿吨公里，增长 10.3%。

国内航线完成运输周转量 508 亿吨公里，比上年增加 47 亿吨公里，增长 10.2%。其中，港澳台航线完成 16.2 亿吨公里，比上年增加 2 亿吨公里，增长 13.7%；国际航线完成运输周转量 240.1 亿吨公里，比上年增加 29.4 亿吨公里，增长 14.0%。

2. 旅客运输量。全行业完成旅客运输量 39 195 万人次，比上年增加 3 798 万人次，增长 10.7%。国内航线完成旅客运输量 36 040 万人次，比上年增加 3 298 万人次，增长 10.1%，其中港澳台航线完成 1 005万人次，比上年增加 101 万人次，增长 11.2%；国际航线完成旅客运输量 3 155 万人次，比上年增加 500 万人次，增长 18.8%。

3. 货邮运输量。全行业完成货邮运输量 594.1 万吨，比上年增长 5.9%。国内航线完成货邮运输量 425.7 万吨，比上年增长 4.7%，其中港澳台航线完成 22.3 万吨，比上年增长 12.5%；国际航线完成货邮运输量 168.4 万吨，比上年增长 9.0%。

4. 机场业务量。全国民航运输机场完成旅客吞吐量 8.3 亿人次，比上年增长 10.2%，其中东部地区完成旅客吞吐量 4.6 亿人次、东北地区完成旅客吞吐量 0.5 亿人次、中部地区完成旅客吞吐量 0.8 亿人次、西部地区完成旅客吞吐量 2.4 亿人次。

全国运输机场完成货邮吞吐量 1 356.08 万吨，比上年增长 7.8%，其中东部地区完成货邮吞吐量 1 028.6万吨、东北地区完成货邮吞吐量 46.7 万吨、中部地区完成货邮吞吐量 80.8 万吨、西部地区完成货邮吞吐量 200 万吨。

全国运输机场完成起降架次 793.3 万架次，比上年增长 8.4%。年旅客吞吐量 100 万人次以上的运输机场 64 个，其中北京、上海和广州三大城市机场旅客吞吐量占全部机场旅客吞吐量的 28.3%。

年货邮吞吐量 1 万吨以上的运输机场 50 个，其中北京、上海和广州三大城市机场货邮吞吐量占全部机场货邮吞吐量的 51.3%。

北京首都机场完成旅客吞吐量 0.9 亿人次，连续 5 年稳居世界第二；上海浦东机场完成货邮吞吐量 318.2 万吨，连续 7 年位居世界第三。

5. 运输机队。至 2014 年年底，民航全行业运输飞机期末在册架数 2 370 架，比上年增加 225 架。

6. 机场数量。至 2014 年年底，中国颁证运输机场 202 个，比上年增加 9 个。新增机场分别为黑龙江抚远机场、湖北神农架机场、青海德令哈机场、山西吕梁机场、吉林通化机场、广西河池机场、四川阿坝机场、贵州六盘水机场、湖南衡阳机场。此外，完成陕西汉中机场迁建。陕西安康机场、新疆且末机场停航。

7. 航线网络。至 2014 年年底，中国定期航班航线 3 142 条，按重复距离计算的航线里程 703.1 万公里，按不重复距离计算的航线里程 463.7 万公里。

至 2014 年年底，定期航班国内通航城市 198 个(不含香港、澳门、台湾等地区)。中国航空公司国际定期航班通航 48 个国家的 123 个城市，国内航空公司定期航班从 37 个内地城市通航香港，从 11 个内地城市通航澳门，大陆航空公司从 43 个大陆城市通航台湾地区。

8. 对外关系。至 2014 年年底，中国与其他国家或地区签订双边航空运输协定 116 个，比上年增加 1 个，其中亚洲 43 个国家及中国—东盟航空运输协定，非洲 23 个国家、欧洲 36 个国家、美洲 9 个国家、大洋洲 4 个国家。

9. 运输航空(集团)公司生产。至 2014 年年底，中国运输航空公司 51 家，比上年底净增 5 家。按不同所有制类别划分：国有控股公司38家，民营和民营控股公司13家；全部运输航空公司中，全货运航空公司6家，中外合资航空公司11家，上市公司5家。

中航集团完成飞行小时190.4万小时，完成运输总周转量208.4亿吨公里，比上年增长10.4%，完成旅客运输量约1亿人次，比上年增加7.6%，完成货邮运输量166.6万吨，比上年增长6.8%。

东航集团完成飞行小时163.9万小时，完成运输总周转量161亿吨公里，比上年增长3.7%，完成旅客运输量0.8亿人次，比上年增长5.9%，完成货邮运输量136.3万吨，比上年下降3.2%。

南航集团完成飞行小时202.3万小时，完成运输总周转量197.6亿吨公里，比上年增长13.0%，完成旅客运输量1.01亿人次，比上年增长9.8%，完成货邮运输量143.2万吨，比上年增长12.2%。

海航集团完成飞行小时107.5万小时，完成运输总周转量99.9亿吨公里，比上年增长18.9%，完成旅客运输量0.6亿人次，比上年增长16.9%，完成货邮运输量72.7万吨，比上年增长11.4%。

其他航空公司共完成飞行小时100万小时，完成运输总周转量81.1亿吨公里，比上年增长18.2%，完成旅客运输量0.5亿人次，比上年增长20.7%，完成货邮运输量75.3万吨，比上年增长5.3%。

（二）通用航空

1. 作业时间。全行业完成通用航空生产作业飞行67.5万小时，比上年增长14.2%。其中，工业航空作业完成8.4万小时，比上年降低12.6%；农林业航空作业完成3.8万小时，比上年增长12.0%；其他通用航空作业完成55.3万小时，比上年增长20.0%。

2. 通用航空企业。至2014年年底，获通用航空经营许可证的通用航空企业239家，其中华北地区65家、中南地区48家、华东地区44家、东北地区24家、西南地区32家、西北地区19家、新疆地区7家。

3. 机队规模。至2014年年底，通用航空企业适航在册航空器总数1 798架，其中教学训练用飞机486架。

（三）运输效率与经济效益

1. 运输效率。全行业在册运输飞机平均日利用率为9.5小时，比上年减少0.02小时。其中，大中型飞机平均日利用率为9.7小时，比上年减少0.02小时；小型飞机平均日利用率为6.4小时，比上年减少0.2小时。

正班客座率平均为81.4%，比上年提高0.3个百分点；正班载运率平均为71.9%，比上年降低0.3个百分点。

2. 经济效益。全行业累计实现营业收入6 189.6亿元，比上年增长8.2%，利润总额288.9亿元，比上年增加35.4亿元。其中，航空公司实现营业收入4 215.6亿元，比上年增长8.6%，利润总额174.5亿元，比上年增加11.9亿元；机场实现营业收入702.7亿元，比上年增长11.8%，利润总额73.4亿元，比上年增加28亿元；保障企业实现营业收入1 271.3亿元，比上年增长4.8%，利润总额41亿元，比上年减少4.5亿元。

（四）航空安全与服务质量

1. 航空安全。民航安全形势平稳，全行业未发生运输航空事故，运输航空百万小时重大事故率5年滚动值为0.03（世界平均水平为0.22）。发生通用航空事故4起，死亡3人，同比减少9起，减少3人。

自2010年8月25日至2014年年底，运输航空连续安全飞行52个月，累计安全飞行2 812万小时。

全年共发生事故征候324起，同比增长11.5%，其中运输航空严重事故征候11起，严重事故征候万时率为0.014。51家运输航空公司中，41家运输航空公司未发生责任事故征候。

2. 航班正常率。全国客运航空公司共执行航班312.6万班次，其中正常航班213.7万班次，不正常航班93.7万班次，平均航班正常率为68.4%。

全国客运航班平均延误时间为19分钟，同比减少2分钟。

3. 旅客投诉情况。民航局、各地区管理局、民航局消费者事务中心和中国航空运输协会共受理航空消费者投诉1 920件。全年受理投诉总量较上年减少127件，下降6.2%。

（五）固定资产投资

民航固定资产投资总额 1 508.2 亿元，其中民航基本建设和技术改造投资 734.2 亿元，比上年增长 2.5%。基本建设和技术改造投资按系统划分如下：

1. 机场建设。机场系统完成固定资产投资总额 560.8 亿元，比上年增长 10.5%。重点建设项目 13 个，其中，南京禄口机场扩建工程、南宁吴圩机场扩建工程、天津滨海机场扩建工程等竣工；广州白云机场扩建工程、重庆江北机场扩建工程、武汉天河机场扩建工程、哈尔滨太平机场扩建工程、长沙黄花机场扩建工程、郑州新郑机场扩建工程、银川河东机场扩建工程等续建项目进展顺利；北京新机场工程、浦东机场飞行区扩建工程、兰州机场扩建工程等工程开工建设。

2. 空管建设。空管系统完成固定资产投资 23.9 亿元，比上年减少 5.6 亿元。乌鲁木齐区域管制中心、沈阳区域管制中心 2 个重点建设项目进展顺利。

3. 其他方面。民航其他系统完成固定资产投资总额 149.5 亿元，比上年减少 30.1 亿元。其中，民航信息系统建设投资 19.8 亿元；民航科研、教育系统投资 5.3 亿元；民航安全保卫系统投资 2.4 亿元；民航油料系统投资 0.3 亿元；民航机务维修系统投资 1.9 亿元；运输服务系统投资 21.9 亿元；公共设施系统投资 18.9 亿元，其他系统投资 79 亿元。

（六）节能减排

航空公司使用临时航线约 38.5 万架次，缩短飞行距离超过 1 295 万公里，节约航油消耗 7 万吨，减少二氧化碳排放约 22 万吨。

持续推进吞吐量 500 万人次以上机场桥载（含远机位）设备替代飞机辅助动力装置（APU）专项工作。至 2014 年年底，全国共有 9 家机场桥载设备投入使用，环境效益和经济效益明显。据测算，9 家机场桥载设备投入使用以来，减少航油消耗约 36.4 万吨，相当于减少二氧化碳排放约 114.7 万吨，节省资金 25.5 亿元（按照航油每吨 7 000 元价格计算）。

（七）飞行员数量

至 2014 年年底，全行业取得驾驶执照飞行员 39 881人，较上年年底增加 4 376 人。

（八）教育与科技

民航直属院校共招收学生 19 974 人，其中研究生 1 045 人、普通本专科生 16 745 人、成人招生 2 184 人。民航直属院校在校生数 61 047 人，其中研究生 3 377 人、普通本专科生 52 186 人、成人在校生 5 484 人、中专生 523 人。民航直属院校共毕业学生14 947 人，其中硕士研究生 652 人、普通本专科 11 457 人、中专学生 583 人、成人学生 2 255 人。

民航共验收科技成果 40 项。

（九）工会工作

经民航工会推荐，民航系统 4 个单位被授予“全国五一劳动奖状”，13 个班组被授予“全国工人先锋号”，8 名先进个人被授予“全国五一劳动奖章”。在全行业“安康杯”竞赛活动中，共 296 个单位、25 018 个班组、476 977 名职工参加竞赛活动，147 个先进集体和个人受到表彰。

（十）规章发布

民航局共公布规章 5 部：《中国民用航空监察员管理规定》（民航局第 222 号令），《民用航空财经信息管理办法》（民航局第 223 号令），《民用航空器驾驶员和地面教员合格审定规则》（民航局第 224 号令），《中国民用航空局关于修改〈定期国际航空运输管理规定〉〈中国民用航空国内航线经营许可规定〉和〈公共航空运输企业经营许可规定〉的决定》（民航局第 225 号令），《民用航空通信导航监视工作规则》（民航局第 226 号令）。

四、管道运输

管道运输是国际货物运输方式之一，具有运量大、不受气候和地面其他因素限制、可连续作业以及成本低等优点。管道运输已成为中国继铁路、公路、水路、航空运输之后的第五大运输行业。随着中国工业化进程的加快和能源结构优化的推进，以及“一带一路”战略的实施，中国油气管道建设正迎来一个大的发展机遇期。

中国的成油气管道已形成横跨东西、纵贯南北、覆盖全国、连通海外的油气管网格局。石油、天然气、成品油运输管道建设将进一步提速。至2013年6月24日零时，中国首条跨境原油运输管道中哈石油管道管输原油累计进口突破5 700万吨，达到5 744万吨。自投入商业运营以来，中哈原油管道进口原油量以年均20.0%的速度递增，成为名副其实的“中国西部能源大动脉”。

天然气管道建设取得突破性进展，西气东输二线工程建成投产，来自中亚的管道天然气直达珠三角，延伸向香港。

2013年7月15日，中缅天然气管道缅甸段投入使用，进入试运行阶段。中缅油气管道是继中亚油气管道、中俄原油管道、海上通道之后的第四大能源进口通道，这条天然气管道的投产标志着另一条重要的中国战略能源运输线被打通。

“十二五”时期，中国将新增油气管道7.4万公里，其中天然气管道4.5万公里、原油管道0.9万公里、成品油管道2万公里，总投资约3 500亿元；预计到2016年年底累计里程将突破17万公里。

2014年中国油气管道里程超过高速公路。

2014年10月20日，中缅天然气管道干线建成投产，并与西气东输及新疆、长庆和川渝气区连通。至此，中国油气管网格局初步形成，总里程10.6万公里，超出高速公路1万公里，覆盖中国31个省区市和特别行政区，使近10亿人口受益。

至2014年年底，中国建成天然气管道6万公里，原油管道2.6万公里，成品油管道2万公里，横跨东西、纵贯南北、连通海外的油气管网格局更加完善，成为推动中国经济发展和造福民生的能源动脉。

伴随中国经济的高速发展和对能源的迫切需求，2007年，中国掀起第四次管道建设高潮。中国石油人“奉献能源、创造和谐”，纵横交错的能源动脉深植于祖国大地，油气管道建设总里程超过新中国前48年的总和，西气东输二线、中亚、中俄等50多条管道相继建成投产。

人们正在享受着油气管道大发展带来的红利。仅以西气东输、陕京、川气东送、涩宁兰四大天然气管道系统为例，每年输送1 000亿立方米天然气，可替代煤炭2.6亿吨，减少二氧化硫等排放4.7亿吨，减少灰渣6 565万吨。

同时，管道作为第五大运输方式，其更加高效、节能、安全和环保等优点，让中国的经济发展更有力和可持续。

与高速公路相比，建1条长7 000公里的成品油管道，仅运输成本、能耗和损耗3项，每年可节约资金10亿元左右，节约土地26万余亩。1条年输量1 000万吨的管道，相当于两条铁路的年运输量。

管道建设还成为中国经济转型升级的“牵引工程”。国际经验表明，通过管道建设，开发利用100亿立方米天然气，可带动下游600亿元配套建设，并拉动机械和冶金等10多个行业的发展。

管道运输正成为全球经济一体化发展的新方向。21世纪的中国将成为世界油气管网建设的中心地区之一。中国油气管道建设朝着大口径、大流量和立体网络化方向发展，油气管道总里程2020年将超过15万公里，形成资源多元、调运灵活和供应稳定的全国能源保障系统。

至2014年，中国石油管道投产里程6 196公里。这标志着中国油气骨干管网保障格局基本形成。

中国石油管道在中国管道运输领域占主导地位，承担着中国境内外大部分油、气田油气外输管道的建设组织及运营管理任务。

2014年，中国石油完成管道焊接里程2 000公里，中亚天然气管道C线和呼包鄂成品油管道等33个重大项目建成投产。至此，中国陆上油气管道总里程超过12万公里，覆盖中国31个省区市和特别行政区，近10亿人受益，在保障国家能源安全方面发挥了重要作用。

与此同时，2014年中国还收获了谈判10年的中俄油气“大单”。11月9日，中俄西线供气框架协议签署，中俄天然气合作取得历史性突破。此前，中俄东线天然气购销协议签署，中国东北进口天然气战略通道建设由此拉开序幕。

在新开工项目中，中亚天然气管道D线也是亮点。该管道将开辟中国进口中亚天然气第二通道，也是“一带一路”战略的重要能源项目。

2014年5月31日，中亚天然气管道C线投产。同年11月20日，西三线西段全线贯通，来自中亚的天然气和新疆煤制天然气将通过中卫站向西一线和二线、陕京系统、中贵线输送。长三角、珠三角、环渤海和川渝地区数亿百姓受益。

中国管道运输主力军——中国石油的天然气与管道业务简述如下:2014年,集团科学组织油气调运,提高管道运行负荷,增输降耗取得成效。天然气销售积极应对市场供求变化,统筹自产气、进口气和液化天然气等多种资源,优化市场资源流向,做好需求侧管理,加强重点高效市场挖潜,推进高端用户开发,不断提高销售的质量和效益。重点管道建设稳步推进,西气东输三线西段、呼包鄂成品油管道、庆铁四线原油管道等顺利投产,国内油气骨干管网不断完善。2014年年底,该集团国内油气管道总长度为76 795公里,其中:天然气管道长度为48 602公里,原油管道长度为18 107公里,成品油管道长度为10 086公里。

注:(香港、澳门特别行政区及台湾省统计数据未包括;文中2014年全社会货物运输量为铁路、公路、水路、民航完成数,不包括管道数据;公路环保投入统计范围为二级及以上公路,港口环保投入统计范围为规模以上港口。资料引自交通运输部、国家铁路局、中国民用航空局、国家邮政局等全媒体。部分数据因四舍五入原因,与分项合计有出入。)

(撰稿:肖春华)

企业管理综述

2014 年企业管理创新综述

中国企业联合会企业创新工作部

2014 年审定发布的第二十一届全国企业管理现代化创新成果共有 186 项,其中一等 29 项,二等 157 项。第二十一届管理创新成果内容紧扣当前经济发展中的热点、难点问题,全面反映了企业各项管理工作的新进展,代表了中国企业管理的先进水平和发展趋势,体现了 2014 年年初全国审委会提出的申报重点。本届成果的主要特点可以概括为以下七个方面:

一、信息技术与企业经营的深度融合,促进企业管理的自动化与智能化

把握信息技术革命的新机遇,用信息化带动工业化是中国 21 世纪的一项重大战略举措。以德国工业 4.0 及美国工业互联网为代表,发达国家正在积极谋划部署,对全球高端产业发展进行再调整再布局,着力打造信息化背景下国家制造业竞争的新优势。先进信息工具的应用,能够驱动企业效率的提升,以及经营模式的变革、创新,这是企业适应互联网时代,获取竞争优势、创造价值的必然选择,也是中国企业赶超世界一流的难得机遇。

本届成果中有很多企业在信息化领域的最新实践,反映了中国企业在这方面取得的进步。

1. 信息技术同企业内部价值链紧密融合,提升了企业经营管理的智能化水平。例如,中国神华能源股份有限公司作为以煤为基础、产运销一体化运营的特大型综合能源企业,围绕企业内部煤炭生产、运输、销售价值链,自主开发设计煤炭调运信息化平台,相应变革组织架构,以销售为主导,以整体经济效益最大化为目标,实现了煤炭精细化、智能化、自动化调运。中国石油化工股份有限公司镇海炼化分公司运用自动控制、自动检测、计算机和通讯等技术手段,感知、预测、分析优化生产过程的关键信息,协同整合各类要素,对企业价值链基本活动、辅助活动做出智能响应,初步建成智能型炼化工厂:在生产运行方面,镇海炼化变传统炼油的“馏分管理”为“分子管理”“吃干榨尽”每一滴原油,充分利用每一个分子,实现内涵式循环发展;生产计划和生产优化,由过去的凭经验转变为数据化模型化;采用智能化的数据挖掘和预测模型建设了绩效管理平台,对生产过程、设备运行、能源消耗、原料和产品市场变化等内容进行全面分析,由过去的事后考核转变为生产、工艺、质量、能源、设备、安全、环保等专项绩效日跟踪、旬评价、月考核;在设备管理方面,采用有线/无线数据自动交换技术、机泵状态监控技术、加热炉和静设备腐蚀在线检测等使设备健康管理实现了系统自动推送维护和预防性维护;采用 SIL、RBI、RCM 等工具建立的装置长周期评价系统,保障炼化装置的长周期稳定运行。

2. 企业开始探索以多种信息工具为手段,跨越企业边界,协同产业链创造价值。例如,徐州工程机械集团有限公司基于价值链理论,围绕企业内部职能以及外部产业链上下游供应商、经销商、客户等全价值链关键主体,打造企业信息化管理提升平台,实现企业内外协同。纵向上,支持徐工向战略经营管控模式转变,提高对下属企业的管理深度;横向上,基于研产供销服和财务一体化的全价值链管理,实现企业核心业务一体化,推进徐工自身的信息化应用向产业链上下游企业的信息化应用延伸,实现了徐工与上游供应商、下游经销商乃至客户的长链条业务协同,整合产业链上下游资源,形成适应于企业战略发展的管理机制和新型能力。

3. 伴随信息技术的深度应用,海量数据的积累为企业科学地经营决策提供了良好的支持,越来越多的企业开始依据对“大数据”的挖掘分析指导管理实践。中国工商银行股份有限公司近年来持续开展

数据库建设，广泛收集存储来自于工商银行内部、银行同业、国家有关部门、国际组织的海量风险信息700余万条。以此为基础，开展对“大数据”的挖掘、分析，通过集团外部欺诈风险事件智能分析平台，自动发布风险信息和风险预警，拒绝存在风险的交易，构建了信息化、自动化、智能化、集约化的外部欺诈风险管理控制平台，维护了客户财产和银行业务安全。中国联合网络通信有限公司天津市分公司借助大数据平台和智能化营销系统等工具，依据大数据挖掘客户特征和使用行为，为每位客户建立全景式的客户画像，分析产品与客户需求的匹配程度，精准定位目标客户，据此匹配针对性营销策略，满足客户差异化、个性化需求，提高营销的成功率，实现客户与公司的双赢。

二、组织变革，推动员工的自组织与自我管理

互联网时代的到来，对传统的封闭、层级组织形成了巨大的冲击。以客户为中心，开放组织边界，充分尊重、调动员工乃至客户的自发性、创造性，开发利用集体智慧，促进协同，建立“去中心化”的创新型组织，成为组织变革探索的新方向。海尔集团公司敏锐把握这一趋势，在人单合一管理的基础上，以“开放、共享、共赢”为原则，推动企业平台化、员工创客化、用户个性化。

海尔作为平台型组织的主要职能是聚散资源交互价值，形成持续破坏性创新的生态圈。平台是开放的，能够让“一流资源无障碍地进入”以及“各方利益最大化”。海尔平台型组织的基本单元是“小微”。小微是自主经营体的演进和升级，是由创客在海尔的孵化平台上自主注册而成的。小微是全流程的，能够直接创造用户资源、用户价值，能够自驱动、自优化、自演进，可以利用社会化的资源、社会化的资金来进行创业、自优化；小微成员开放，按单聚散，而不再是固定的组织、固定的人，从而最大化地保证组织架构的柔性化和灵活度。

海尔集团的任何员工只要有好的创意，海尔集团就会为其提供机会路演、吸引风投，使其成为创客，在海尔的孵化平台上自主注册成立小微，利用社会化的资源，自驱动、自组织、自演进、自优化，创造用户资源、用户价值，做大、做强。海尔集团作为一个可快速聚散（凝聚）内外部资源的生态圈，一个创业孵化平台，为小微和生态圈的繁荣提供增值。而用户能够全流程参与，并进行交互评价，满足个性化要求。

比较典型的一个创客小微就是雷神。海尔集团原来在游戏本电脑领域的布局是零，但现在利用创客小微的方式所开发的雷神在一年多的时间一下成为这个行业的第二。雷神小微首先是自主创业，三个80后的年轻人，发现市场有这个需求，但是觉得没有一个游戏本电脑让用户满意。于是，他们收集了三万条意见——这就是用户的痛点，从痛点出发然后找出要设计什么样的电脑一定会让用户满意。雷神小微实现自演进之后，又实现了资源的社会化。起初，他们没有自己的代工厂，没有自己的设计资源，但他们把社会资源整合进来。社会资源之所以愿意给他用，而且提供很低的价格，就是因为它有用户。在资源社会化后，雷神小微又实现了资本的市场化，吸引风投对他们投资，他们自己也跟投，这样他们由原来的执行者变成所有者（一定程度的所有者）。事实是，资本市场化的演变之后促进他们又一个层次的自演进，即雷神由做硬件的笔记本电脑演进到软件行业。回过头来看，雷神小微的自演进不是企业给他制定好路线图，而是一个机制驱动他向着正确的路线走。这就是一个从无到有的创客小微。

通过这一系列变革，海尔的组织再一次颠覆，转型为并联生态圈的平台型组织，激发了员工的自主性与创造性，吸引了社会资源的加入，初步适应了互联网时代的要求。

三、灵活推进混合所有制，激发企业活力

党的十八届三中全会通过了《中共中央关于全面深化改革若干重大问题的决定》，明确指出国有资本、集体资本和非公有资本交叉持股、相互融合的混合所有制是中国基本经济制度的重要实现形式，把发展混合所有制经济提到了基本经济制度的重要高度。

与国有企业相比，民间资本具有机制灵活、创新

意识强等优势，这些特质正是作为国有大型企业的传统运营商所缺乏的，通过混合所有制改造，能够发挥二者各自优势，有望扬长避短、形成合力。中国电信股份有限公司以“防止国有资产流失，保证国有和非国有资产保值增值；公正规范，循序渐进；发挥各自优势，实现合作共赢；资源保障，统筹推进”为原则，积极引导优质民间资本参与国有企业改革，创新多元化的投资合作机制。成立由多部门构成的合资项目组，基于业务发展定位科学选择合作伙伴，实施规范的资产评估，与网易就业务线、资产、结算规则、股权比例等合资关键事项开展多次谈判，签订战略和业务协议，成立翼信公司。为了充分发挥网易作为领先的移动互联网企业在机制、创新性等方面的优势，翼信公司首创控股不控权的治理模式，在中国电信拥有绝对控股权的基础上，将日常经营权交由网易方委派的人员负责，以最大的决心和诚意支持翼信公司做大做强。翼信公司成立以来运作良好，新业务得到了快速发展。

陕西煤业化工集团有限责任公司围绕“以煤炭开采为基础，以煤化工为主导，多元互补发展”战略，以资本、资源、品牌、技术和市场为纽带，通过增资扩股、合作共建新项目等方式，大力发展与央企、民企和其他地方国企的混合所有制企业，有力地促进了陕煤化集团获取资源、调整结构、升级产业、布局优势产业、改善机制、提升管理的步伐，带动了企业和当地经济发展。

中国石油化工股份有限公司依据国家鼓励民间资本进入油气勘探开发领域的政策，与民营企业陕西榆林康隆能源有限责任公司合作，建立“民企出资、国企操作”的油气勘探开发项目合作机制，由中原油田负责合作区块的油气勘探开发操作，办理相关登记、许可、额度、审批手续事宜，按照合同约定获得油气产品分成，享有产量指标；民营企业作为投资者，负责合作区块勘探期和开发生产期的投资及成本费用，承担相对应的风险，按照约定享有油气产品分成，并有权对中原油田的操作行为进行全方位监督；产品运输费、管输费和相关税款，双方分别按比例予以承担，促进了合作项目的合规高效运行和油气勘探快速突破。

混合所有制企业推进员工持股也是当前中国企业改革的方向之一。吉林敖东药业集团股份有限公司作为一家医药上市公司，为中国企业规范开展员工持股提供了典型经验。吉林敖东自 1993 年股份制改造以来，在资产重组过程中，严格遵循国家法律法规，结合企业实际，持续探索，先后实施了 8 次员工持股计划，建立了健全的上市公司员工持股价格形成机制。通过以员工持股为核心的资本结构变迁，促进企业管理模式、法人治理结构不断完善，为企业做大、做强、做优提供了有效的体制机制保障，形成“员工共治”的良好局面。

四、技术与管理双轮驱动，促进新技术快速产业化应用

改革发展与创新紧密相连，需要依靠创新驱动。创新既包括技术创新，也包括理念、制度、机制创新。在企业层面，创新驱动则体现为技术与管理的“双轮驱动”。技术创新过程和管理提升过程高度协同、融合，能够确保技术成果产业化应用，快速转化为生产力。这在本届成果中得到了充分的体现。

支持分布式光伏等新能源发展，是国家电网公司为落实国家能源战略、服务战略新兴产业、促进经济发展方式转变而作出的重大战略部署。作为国家电网公司的基层单位，嘉兴供电公司坚持抓住管理创新和技术创新两条主线，确定“欢迎支持、便捷高效、安全可靠、互利共赢”的指导思想，整合服务资源，简化、优化、规范分布式光伏发电并网的接入方式和管理流程，攻克分布式光伏并网专业技术壁垒，配套电网与分布式电源项目同步建成、同步投运，实现了分布式光伏的便捷高效接入，电网及时消纳、安全稳定运行，电费及时支付，做到了“经验好、可复制”，经济效益、社会效益、生态效益显著。

中国人民解放军第五七一九工厂作为航空发动机维修企业，面对引进军用航空发动机维修保障受制于人的局面，在国内率先将关键零部件再制造工程管理应用于军用航空发动机维修，突破再制造关键技术，掌握了一大批自主知识产权，并建立与之适应的生产、质量、市场和服务管理，确保再制造工程的可行性与经济性，实现再制造技术的工程化、产业化、规模化应用。这对于普及再制造工程、推动中国再制造产业的发展等具有重要的借鉴价值和示范

意义。

中国石油天然气股份公司遵循炼化技术开发规律，采用顶层设计思路，创建"一体化设计、一体化组织、一体化实施"的协同攻关模式，构建兼容并蓄的"科研、设计、工程、应用"协同创新体系。通过优选重点技术攻关方向，确定重大科技专项，由项目经理进行课题、专题的分解设计，统一组织内外优势技术力量，协同开展应用基础研究、小试探索研究、中试放大研究、工业试验研究、工程化技术集成、工业推广应用研究，快速形成具有国际先进水平和自主知识产权的石油炼化成套技术，及时服务生产经营。

这些经验表明越来越多的企业意识到管理对推进技术创新及其产业化的重要意义，通过完善技术创新机制，建立配套的管理体制，为企业技术创新活动的开展营造良好的工作氛围、提供必要的资源支持，有效地推动了新技术的开发与产业化应用。

五、培育技术创新能力，跨界开展协同创新

近些年来，伴随一些重大工程的推进，中国企业集中优势资源攻克一系列技术难题，形成了一批国际领先的自主知识产权。这些技术难点的突破，要推动企业全面创新的开展，形成持续创新局面，带动产业链的创新发展，还需依靠企业技术创新能力的培育。

中广核工程有限公司以打造国际一流 AE 公司为目标，在高起点引进法国核电技术基础上，依托核电站建设项目，着力推进以设计建造一体化能力为核心，工程设计、设备采购与成套、施工管理和调试启动四大业务领域配套的技术能力建设，快速实现了设计、设备采购与成套、施工管理和调试启动技术自主化，综合技术能力达到了国际先进水平，显著提升了企业自主创新能力和市场竞争力。工程公司研发的拥有自主知识产权的华龙一号核电新堆型已获得国家批准，成为目前国内可以自主出口的核电机型，其各项安全性和经济性指标达到国际先进三代核电技术水平。

中国南车集团公司抓住国家振兴重大装备制造业和轨道交通快速发展的良好机遇，按照国务院"引进先进技术，联合设计生产，打造中国品牌"的总体要求，整合内外部科技资源，在引进、消化、吸收、再创新的同时构建开放式创新体系，以科研流程优化、科技创新平台搭建、研发手段提升为工作载体，着力打造具有国际先进水平的"设计、制造、技术"三大技术平台，创建可复制、可移植、可传承的科技创新模式，全面提升了企业科技整体能力和可持续创新能力，有效支撑了中国南车建设世界一流企业的战略目标。

创新能力的培育不仅仅局限于企业范畴之内，伴随技术复杂程度的上升，技术的突破还要依靠产业链各相关单位的协同创新，共同推进整个产业创新能力的提升。重庆轨道交通（集团）有限公司结合跨座式单轨交通产业链长，具有多主体、多专业、规模大、关系复杂的特点，采取"由业主主导、靠自主创新、政产学研用结合、大项目带动大产业"等战略措施，建立灵活多样的协同创新组织，形成以业主为主导、产业链企业为主体、政产学研用协同创新的工作机制，在重庆孵化出目前世界上最大的跨座式单轨交通产业基地，形成了完整的跨座式单轨交通产业链，培育提升了整条产业链创新能力，跨座式单轨交通系统国产化率已达 93.0%，并拥有自主知识产权，总体达到国际先进水平，核心技术达到国际领先水平，出口韩国、印尼等国家。中国石化润滑油有限公司作为配套企业，为了实现与大客户的专业分工、协同发展，建立起双方基于开发全流程的密切合作关系，以快速响应、高效配套为工作导向，与大客户协同开展以"联合设计—同步开发—共同评价—合作推广—持续改进、同步升级"为主要内容的新产品研发工作，实现了润滑油产品研发密切配合大客户设备开发的目的，高效满足大客户需求，提高产品市场占有率。

六、立足社会责任推动企业发展，实现利益相关者的共同成长

伴随企业公民意识的增强，越来越多的企业认识到，将社会效益纳入企业的经营目标，创造多赢的共享价值，正确处理经济效益与社会效益之间关系，积极履行社会责任，不但不会带来经济效率的损失，反而会有助于企业获得可持续的利润。

天能集团作为中国新能源电池行业的领军者，秉承“绿色能源驱动世界”的企业使命，明确“绿色经营、安全生产”宗旨，以“追求持续增长、肩负社会责任”为价值追求，把环境保护、职业健康、安全生产当作“带电高压线”来严肃对待，坚持“安全为天，科学管理；以人为本，健康至上；保护环境，追求卓越”的EHS管理方针，并引导帮助价值链上中下游企业展开EHS管理体系的建立，形成了蓄电池生产、应用、回收、运输、再生的绿色闭环，实现了自身的持续稳定增长，促进了行业的绿色发展。

蒙牛乳业(集团)股份有限公司以消费者利益为中心，针对中国乳品企业奶源供给的种种不足，从社会责任的角度出发主动扶植上游牧场建设，为其提供管理、资金、技术、设备、人员等方面的支持，并实施全程质量监控，帮助伙伴牧场实现奶源采集的机械化、牧场养殖的工业化与现代化，保障了奶源供给的品质与质量安全，保护了消费者权益，促进了牧场的发展，提升了自身的核心竞争力，实现了多方共赢。

在海外，中国企业也积极践行社会责任管理，支持当地经济社会发展，分享价值。中国石油拉美(厄瓜多尔)公司坚持“平等合作、互利共赢”的发展理念，依托联管会、联席会、联谊会三个管理平台建立社会责任管理机制(三联机制)，营造良好的经营环境、和睦共处的作业环境，实现互利双赢、和谐融洽的油社关系，平安有序的治安环境，蓬勃发展的油区经济，令人称赞的环境保护，引以为傲的经营业绩，把奥连特油区建设成为“政府赞赏，社区认可，员工满意”的和谐油区。

七、强化集团管控，提升整体竞争力

由于经济体制改革的特殊性，中国许多大型企业集团是通过行政划拨、收购兼并等外延式扩张形成的，“集而不团”“跑冒滴漏”的现象十分突出。而在市场竞争日益激烈的今天，企业间的竞争更多地体现在企业的管控能力和管控效率上。

中国电力投资集团公司自2010年以来，面对电力市场发生的深刻变化以及经营发展的严峻形势，以推进集团战略目标为统领，以构建结构合理、权责明确、治理科学、运营高效的集团化管控体系为目标，以标准化、专业化、信息化为支撑，通过理顺产权关系、优化组织结构、厘清事权界面、统筹资源配置，着力推进管理体制集团化、管理架构板块化、管理制度标准化、管理手段信息化、资源配置协同化、运营模式集约化、经济效益最大化。经过三年多的实践，建立起了结构合理、权责明确、治理科学、运营高效的集团化管控体系，激发了企业内在活力，实现了改革发展双突破、质量效益双增长。

国家电网公司近年来围绕建设“一强三优”现代公司的战略目标，以统筹核心资源和核心业务管理为主要内容，以集约化、扁平化、专业化为方向，以集团化运作为主线，深入推进人、财、物核心资源的集约化管理，建立“大规划、大建设、大运行、大检修、大营销”体系，强化资源的统筹优化配置和业务的专业化运作，全面提高管理效率、经济效益和服务水平。力争把国家电网建设成组织机构扁平、管理集中高效、资源集约共享、业务集成贯通、工作流程顺畅、制度标准统一、综合保障有力的现代电网企业。

东风鸿泰控股集团有限公司作为东风旗下的乘用车战略供应商核心企业，按照分类治理、治管结合的原则，通过分析不同股权结构的股东诉求，将子公司治理类型分为单向治理模式(全资子公司/控股子公司)、双向治理模式(共同控制公司)、多向治理模式(相对控股公司)、弱治理模式(参股公司)，依法通过章程界定、高效董事会构建等手段，设计不同的治理流程和维度来提升治理效率；将顶层设计(法人治理)和子公司经营过程管控(东风鸿泰管控)相结合，从股东资产保值及战略管理这两个交叉点入手，在子公司分类治理的基础上，东风鸿泰各职能部门通过计划、组织、指挥、协调、控制等职能要素加强对子公司人、财、物、技术、信息等资源的管控，达到东风鸿泰综合效益最大化目的。

(撰稿：周　蕊)

2014 年企业社会责任与诚信建设综述

中国企业联合会雇主工作部

2014 年，中国企业诚信和社会责任领域的法规政策不断完善，社会组织和机构不断推进各个领域的企业社会责任和诚信建设工作，企业社会责任规范化管理程度不断提升，社会责任报告发布数量持续增长，信息披露向深度、广度推进。与此同时，企业在社会责任和诚信建设方面也面临诸多挑战。受经济新常态的影响，当前企业履行社会责任能力的成熟度总体依然较低，一些行业的诚信缺失仍然比较严重。因此，要进一步加强规范引导，营造促进企业履行社会责任的外部环境，要加大企业诚信和信用体系建设，要将生态文明建设作为企业履责的重点，不断增强企业信息披露透明度，完善社会责任沟通机制等。

一、中国企业诚信和社会责任的新进展

(一)政府部门不断加强推动企业社会责任和诚信建设工作

国家领导人高度重视企业社会责任和企业诚信建设议题。2014 年 3 月 5 日，国家主席习近平在参加“两会”上海代表团全团审议时，指出“国有企业加强是在深化改革中通过自我完善，在凤凰涅槃中浴火重生，而不是抱残守缺、不思进取、不思改革，确实要担当社会责任树立良好形象，在推动改革措施上加大力度”。5 月 8 日，国务院总理李克强在访问非洲期间指出“我们会关注在绿色及低碳方面的合作，敦促中国企业履行他们的社会责任，要求这些企业遵守当地的环保法律，严厉打击违法行为”。9 月，在 2014 夏季达沃斯论坛开幕式上，国务院总理李克强表示，在全面深化改革的过程中，政府要拿出三张施政清单，除了“权力清单”和“负面清单”，还首次提出了“责任清单”的概念，引起广泛关注。他指出：“责任清单是法定职责必须为，以建立诚信经营、公平竞争的市场环境，激发企业动力，鼓励创新创造。政府要加强事中事后监管，当好市场秩序的‘裁判员’和改革创新的‘守护神’。”

社会信用体系建设作为基本社会制度的重要性不断凸显，各方面法规制度建设不断加强。2014 年 3 月，由环境保护部、国家发改委、中国人民银行、中国银监会联合发布的《企业环境信用评价办法(试行)》实施，加大促进企业遵守环保法规的力度。当前，国家工商总局已经开通了全国企业信用信息公示系统，将进一步促进企业完善企业信用约束机制，推动企业诚信制度建设。2014 年 10 月 1 日，《企业信息公示暂行条例》正式颁布实施，该《条例》最核心的内容就是确立了企业信息公示制度，并以此来促进企业诚信自律，扩大社会监督，营造公平竞争市场环境。12 月 1 日，新修订的《中华人民共和国安全生产法》实施，进一步强调要落实生产经营单位主体责任，强化安全生产责任追究，对违法企业实行黑名单制度，同时强化政府监管，完善监管措施。

(二)社会组织和行业组织不断推进各个领域的企业社会责任和诚信建设工作

近几年来，社会组织和行业组织的平台和示范作用日益凸显，成为推动企业社会责任和诚信建设的有力推动者。

2014 年 7 月 26 日，由中国工业经济联合会主办，国家发改委、工业和信息化部、人社部、环保部、国务院国资委等有关部门指导，中国机械、钢铁、建材等 10 家全国性行业协会(联合会)协办的“2014 中国工业经济行业企业社会责任报告发布会暨首届中国工业企业履责星级榜发布仪式”在北京举行。92 家企业集中发布了 2013 年度社会责任报告。同时，发布会还首次发布了《中国工业企业社会责任发展报告(2014)》。

2014 年 9 月 11 日,"2014 年中国纺织服装行业社会责任年会暨社会责任报告联合发布会"在北京举行。会议发布了 2013—2014 年中国纺织服装行业社会责任报告及专题报告,组织了"电子商务时代的企业社会责任""女性领导力与行业竞争力""中国纺织服装企业学生工的使用和保护调研报告"等三个专题论坛。来自政府部门、国际组织、驻华使领馆、行业组织、纺织服装企业和有关媒体近 300 名代表出席了本次年会。

2014 年 12 月,法制日报社和中国政法大学企业法务管理研究中心在京联合发布《2014 中国上市公司法律风险指数报告》(简称《报告》),公布了 2013 年主板、中小板、创业板三大板块法律风险管理十佳上市公司名单以及银行业、证券保险业、医药生物制品业和食品饮料业四个行业法律风险管理十佳上市公司名单。《报告》对 2 507 家上市公司 2013 年的法律风险指数进行了测评。该指数可直观反映上市公司法律风险程度及其变化,对上市公司、监管者、投资者决策均具有重要的参考价值。

(三)企业社会责任报告发布数持续增长,特点更加突出

近年来,越来越多的企业更加重视责任实践,并及时发布社会责任报告。中国社科院经济学部企业社会责任研究中心发布的《中国企业社会责任研究报告(2014)》数据显示,2014 年,在中国政府、资本市场、行业协会等多方力量的推动下,中国企业社会责任报告数量持续增长,由 2013 年的 1 231 份增至 1 526份,同比增长 24.0%,发展速度保持良好态势。我们对 1 007 份报告分析得出:从地区分布来看,北上广地区发布最多,共计 404 份,占比 40.1%;从企业性质来看,国有企业发布报告积极性依然强劲,共计 608 份,占比 60.4%;从上市情况来看,共有 758 家为上市公司,占报告总数的 75.3%,上市公司构成了中国企业社会责任报告发布的主力军。

从报告中体现出以下趋势:①企业社会责任报告数量将稳步上升,上市公司和外资企业将成为新的增长点;②企业社会责任报告管理将走向常态化、专业化和信息化,管理能力将进一步得到提升;③企业社会责任报告内容将更加实质化、定量化,与公司战略、重大活动、社会热点等结合将成为未来重点;④企业社会责任报告发布将更加重视发布平台和新媒体的"杠杆"作用,传播形式趋向"社交化"和"移动化";⑤企业社会责任报告视野将更加国际化:不同语言版本渐多、海外报告和专题渐起、对标国际一流报告渐盛;⑥社会公众对企业社会责任报告的期望更高,监督更加严格,企业社会责任报告将进入新的阶段和发展水平。另一方面,为了突出报告亮点,凸显企业可持续发展能力,增加报告的时效性和可读性,今后,中国企业社会责任报告也将越来越重视与公司发展战略、重大活动以及社会热点问题结合,以增加企业对社会各方期望的回应,体现报告的及时有效和公司对未来的可持续发展承诺。

(四)工业企业社会责任规范化管理不断提升

中国工业经济联合会发布的工业企业社会责任报告分析显示,在反馈的 92 家企业中,中央企业 35 家,地方国有及国有控股企业 33 家,民营企业 17 家,外资企业 7 家。共涉及煤炭、电力、石油、化工、钢铁、机械制造、医药等 19 个行业。在 92 份报告中,82 份使用社会责任报告名称,10 份使用可持续发展报告名称;59.0% 的报告参照中国工经联《指南》编写;100% 的报告篇幅超过了 30 页,10 家企业报告篇幅达 100 页以上;11 家企业为首次发布,81 家企业发布了 2 次及以上。

集中发布报告总体呈现以下特征:①报告数量继续增加,行业覆盖面不断拓宽。此次集中发布报告数量比 2013 年增加 5 家,是 2009 年首届社会责任报告发布会报告数量的近 5 倍。参加集中发布的行业,由煤炭、钢铁、石化、电力等传统工业行业向电子信息、节能环保、新能源等新兴产业延伸;石化和医药行业均有 10 家以上企业发布报告,数量相对较多。②企业发布报告持续性较强,内容不断深化。80.0% 的企业已连续发布报告 3 次以上,其中国家电网公司、中国铝业公司已持续发布 9 份社会责任报告。一些企业经过多年的报告编制,不仅关注自身履责绩效的披露,还能够在报告中展现如何实施社会责任管理的经验和方法,不仅发挥报告的传播和沟通作用,也发挥引领、带动、示范的作用。③报告编制注重综合应用各类标准和规范。中国工经联

《指南》《实施手册》《评价指/标体系》是报告编制的首要参考依据，占58.7%；其次参考较多为国务院国资委《关于中央企业履行社会责任的指导意见》和中国社科院《报告编写指南》，占比分别为41.3%和40.2%；此外，34.8%的企业参考了ISO 26000社会责任国际标准，比上年增长了4.6个百分点。④报告质量稳步提升，实用价值逐步凸显。体现在：一是报告的平衡性和客观性有所改善。一些公司对负面信息进行了回应，主动披露相关情况以及后续改进的各项措施。二是报告可比性进一步加强，部分企业能够披露绩效指标的历史数据，还能够搜集行业数据进行横向对比。三是可读性和创新性亦有改善。一些企业以专题和案例方式提升读者兴趣，并创新采用新传播手段，如二维码扫描等进行延伸阅读。报告质量的改善，使其不仅发挥宣传作用，更有助于利益相关方对企业各方面履责绩效进行综合判断，实用价值得到凸显。

（五）上市公司社会责任报告数持续增加，信息披露显著提升

2014年，为了综合评价和反映中国上市公司社会责任信息披露的现状，中国上市公司协会和证券时报社中国上市公司社会责任研究中心成立的课题组建立了“中国上市公司社会责任信息披露评价模型”，从公司社会责任报告和官方网站两方面，对2014年年报披露期内发布社会责任报告的上市公司社会责任信息披露水平进行了综合评价。

研究表明，社会责任报告数量稳步增长。截至2015年4月30日，A股上市公司中674家公司发布独立社会责任报告共计686份，较上年同期增长4.26%。社会责任信息披露水平有了显著提升。评价结果显示，2014年综合得分超过60分的B级公司有222家，占总发布报告数的33.2%，其中达到A级（80分以上）水平的有21家，而2013年达到A级和B级水平的公司分别为2家和36家。公司社会责任信息披露整体水平有明显改进。沪市上市公司社会责任信息披露水平仍然优于深市。报告研究表明，在C级以上（包括C级），沪市上市公司数量多于深市公司，而D级和E级公司中，深市上市公司数量多于沪市公司。这在一定程度上说明沪市上市公司社会责任信息披露水平整体优于深市公司。

2014年，上市公司社会责任报告数量持续稳步增加，共计发布报告686份，同比增长4.3%。研究显示，综合得分超过60分的B级公司有222家，占总发布报告数的33.2%，不同行业上市公司的社会责任信息披露水平迥异。例如，金融业中B级水平上报告数量占比最大；信息传输、软件和信息技术服务业及电力、热力、燃气及水生产和供应业中C级水平上报告数量占比最大。此外，超过一半的行业无A级公司报告。综合看来，金融业、建筑业及电力、热力、燃气及水生产和供应业上市公司社会责任信息披露整体水平最高；而信息传输、软件和信息技术服务业和农林牧渔业上市公司社会责任信息披露水平最低。

二、当前中国企业社会责任面临的新情况和问题

当前，企业履行社会责任和加强诚信建设方面，还存在一些突出问题和新挑战，已成急需应对的重要事项。

（一）企业社会责任推进受经济新常态的影响明显

“十二五”时期，中国经济发展开始进入新常态，经济下行压力较大，结构调整阵痛显现，企业生产经营困难增多，部分经济风险显现，这对企业社会责任推进产生了明显的冲击。具体来说：一是一些地方和领域面临着迅速扩大投资的压力，使得对于投资项目的放行标准难以严格把关，尤其是涉及社会责任标准时；二是企业经营压力的增大，导致企业将全部的注意力和精力都放在生产经营上，从而对社会责任推进工作造成忽略和无视；三是对于国有企业来说，全面深化改革成为企业工作的重心。一方面，由于改革方案和改革结果都具有很大的不确定性，很多国有企业的社会责任推进工作也在等待改革方案和改革结果，因此这一工作暂时搁置的现象比较普遍；另一方面，党的十八届三中全会虽然明确了“承担社会责任”是全面深化国有企业改革的重点内容之一，但在实际改革实施过程中这方面工作却被相对忽视。

(二)中国企业社会责任能力成熟度总体水平依然较低

根据《中国上市公司社会责任能力成熟度报告(2014)》,2013年中国200家市值最大的上市公司社会责任能力成熟度指数平均得分仅为28.08分。在社会责任能力成熟度的六个评价维度上,200家市值最大的上市公司在经济价值创造能力维度上的表现最好,在合规透明运营能力维度上的表现次之,但二者的得分也分别只有58.17分和34.76分,处于弱能级;在社会责任理念与战略、社会价值创造能力、环境价值创造能力以及社会责任推进管理能力等维度上的表现都处于无能级水平,得分分别仅为28.02分、23.11分、14.80分和9.65分。报告亮点突出,但同质化现象渐显,报告实质性议题识别不足。部分企业尤其是中央企业和外资企业,能够结合公司年度重大活动或事件,在报告显著位置设置专题进行专项披露,反映公司的亮点事件,表现较好。但整体来看,中国企业社会责任报告从内容设置和形式设计上存在趋同化现象,读者无法很好地辨识企业特征,降低了信息传播的有效性,这一现象反映出中国企业社会责任报告实质性议题识别的短板。从数据来看,仅97家(9.6%)企业阐述了关键性议题的筛选方法和过程,其中,中央企业(45.9%)和外资企业表现(27.0%)好于其他国有企业(6.0%)和民营企业(2.3%)。

近几年来,虽然中国企业社会责任信息披露的数量与质量均有明显提升,但社会责任透明度总体上仍然处于较低水平。根据《中国企业公众透明度蓝皮书(2014—2015)》,2014年中国企业200强中,公众透明度平均得分只有42分,最高分也仅为77.8分,最低分则只有11.3分。即使从企业社会责任信息披露的主要载体即社会责任报告来看,中国企业也仍然有很大改进空间。

中国企业社会责任推进机制建设在取得明显进展的同时,也出现了很多异化现象甚至倒退风险,对企业社会责任的持续健康发展形成挑战。具体来说:一是企业社会责任推进表面化现象普遍存在。很多企业由于仍然将社会责任看做装点门面的工具或者公关手段,等等。二是企业社会责任推进出现空洞化态势。在广义社会责任的理解下,认为社会责任无所不包,因此在实践中反而变得十分空洞。

(三)一些行业的诚信缺失仍然比较严重

近年来,国家加大了社会信用体系的建设力度,不断完善法规,加强执法,社会监督体系不断完善,中国经济领域的失信情况所有改善。但是,仍然发生了一些领域的重大失信情况。2014年7月,上海电视新闻记者通过卧底调查发现,麦当劳、肯德基等国际知名快餐连锁店的肉类供应商——上海福喜食品有限公司存在将过期肉类原料重新加工、更改保质期等严重食品安全问题。节目播出后,在社会上引起强烈反响。随后,该事件不断持续发酵。必胜客、汉堡王、棒约翰、德克士、7—11等知名快餐企业均涉其中。福喜公司相关涉案人员被批捕。8月20日,国家发改委宣布,对日本住友等8家零部件企业、日本精工等4家轴承企业价格垄断行为依法罚款约12.4亿元,成为迄今为止反垄断开出的最大罚单。9月,湖北省物价局对一汽大众及部分奥迪经销商开出24 858万元的罚单。近年来,频频曝光的质量安全等方面问题,引发社会对企业产品质量和安全方面的担忧。一些新动向值得警惕:一是行业质量违法"潜规则"问题突出,在经济下行压力较大的情况下,一些企业用降低标准、牺牲质量的办法降低成本;二是侵害知识产权、专利权,假冒高端品牌现象屡禁不止;三是利用互联网平台制售假冒伪劣问题日益显现。这些现象不仅坑害消费者,更会断送企业、甚至全行业的前途。

三、企业社会责任和诚信建设的对策建议

(一)加强规范引导,营造履行社会责任的外部环境

党的十八届三中全会再次重申,要建立健全社会征信体系,褒扬诚信,惩戒失信。国务院发布了《社会信用体系建设规划纲要(2014—2020)》,明确到2020年,基本建立社会信用基础性法律法规和标准体系,基本建成以信用信息资源共享为基础的覆盖全社会的征信系统,守信激励和失信惩戒机制全面发挥作用。企业应把诚信建设纳入重要工作内

容,强化企业诚信自律,建立企业不诚信记录,推进行业企业履行经济、社会、环境各方面的社会责任。

随着中国社会信用体系的不断推进,信用共享机制不断的完善,黑名单制度在经济和社会各个领域的日益广泛地应用,失信惩戒机制必将发挥更大的作用。包括政府从工业化和企业发展的阶段性特征出发。政府作为指导企业履行社会责任的关键因素,应从构建社会信用体系的角度出发,营造有利于企业诚信经营,履行社会责任的制度环境;行业组织应结合行业转型升级和持续发展需求,做好行业诚信自律规范和企业社会责任推进的服务。企业应将社会责任与实际运营相结合,不断提升综合价值创造能力。充分发挥社会公众和舆论监督的作用,营造有利于企业履行社会责任的舆论导向和氛围。各个利益相关方之间进一步加强互动和合作,形成多元力量协同推进企业履行社会责任的格局。

(二)要将生态文明建设作为当前企业履责的重点

企业要落实生态文明建设,从技术层面上,一是要淘汰落后、化解过剩产能。要改进淘汰指标,尤其增加节能环保质量安全指标,落实责任。二是进一步加强节能减排技术改造和设备更新。如加快高效锅炉、高效电机、先进燃烧技术装备、新能源和节能汽车等。从管理层面看,一要坚持和完善节能环保目标责任考核,开展能源管理绩效评价和清洁生产状况评估。二要加强能源管控、环境监测,实行严格的强制性标准。三要壮大节能环保产业,提供社会化专业服务,推进"第三方治理"。企业应自觉诚信,遵守资源资产产权制度和用途管理制度,遵守相关法律法规、政策和标准,严格企业内部管理,提升员工意识,履行好生态文明建设的责任。当前尤其要顺应治理雾霾、保护环境的倒逼机制,针对问题加大投入,补缺还账,减少排放并达到国家标准。

(三)加大企业诚信和信用体系建设

企业的诚信和信用建设是一项系统工程,贯穿企业经营的全过程,企业应全方面加强建设。一是构建诚信文化。诚信既是一种行为,也是一种道德观念。观念的确立是行为的基础。企业首先要明确诚信建设的理念,把企业诚信作为企业道德、企业家道德、员工道德建设的首要理念,并纳入到企业远景和战略发展目标中。二是领导率先垂范。企业领导者决定着企业的发展方向、发展战略和经营方针。当前,越来越多的企业领导认识到企业信用建设对增强员工参与程度、塑造员工的态度和行为,以及提高企业凝聚力等方面起着重要作用。三是构建诚信体系。由于企业所在行业和地域不同,规模不同,经营特点各异,企业文化千差万别。从共性来讲,企业诚信建设要从法律层面、道德层面、行为层面、经济层面等四个方面进行加强,通过诚信制度的建立使企业做到诚信经营,能减少企业的交易成本,加快企业的反应速度,增强企业的应变能力,提高企业的社会认知度,是企业长远发展的保障。四是重视实施和考核。在当前企业诚信建设中,只有通过执行制度来实现有序管理,在管理过程中不断完善制度,才是诚信建设的根本途径所在。

(四)提高企业信息披露透明度,完善社会责任沟通机制

目前,企业社会责任的发展对信息披露提出了全新的要求和挑战,公司应从以下几个方面完善信息披露:一是要完善公司治理,建立全面有效的社会责任沟通机制。在社会责任已成为社会各界广泛共识的背景下,公司治理的内涵已从单纯的公司规范运作逐步扩展到涉及利益相关者的方方面面,公司应将节能减排、环境保护、吸纳就业、慈善捐助、社区贡献等纳入公司治理的范畴。二是要提高社会责任信息披露的公信度,提升社会责任信息披露价值。为提升社会责任信息披露的客观性和公信力,公司可主动采用国际通行的 GRI G3 标准进行社会责任信息披露,并对社会责任报告引入独立的第三方审核。

(撰稿:马　超)

2014年度企业家成长与发展调查报告

中国企业家调查系统

2014年8—9月，中国企业家调查系统组织实施了“2014·中国企业经营者问卷跟踪调查”。本次调查以企业创新发展为主题，依据国内外企业创新研究的经典理论框架，结合中国企业家调查系统历年调查数据，分析了企业创新战略的演变，总结了中国企业近年来创新发展的变化规律，对中国企业创新的现状与未来作出判断。与前21次年度跟踪调查一样，本次调查以企业法人代表为主的企业经营者群体为调查对象，参考中国经济结构，按行业进行分层随机抽样。

本次调查共回收问卷2 458份，其中有效问卷2 446份。通过部分未填写问卷与填写问卷企业的对比分析，未发现存在系统性偏差。为使调查分析更为全面和深入，本报告还采用了中国企业家调查系统以往的调查结果进行对比分析。调查涉及的具体情况见表1、表2。

表1　调查样本基本情况

分类		占比(%)	分类		占比(%)
行业	农林牧渔业	1.9	经济类型	国有企业	5.7
	采矿业	1.1		集体企业	1.4
	制造业	70.7		私营企业	23.7
	电力、热力、燃气及水的生产和供应业	1.3		股份合作企业	4.4
	建筑业	4.7		股份有限公司	16.3
	交通运输、仓储和邮政业	2.0		有限责任公司	43.1
	信息传输、软件和信息技术服务业	2.5		其他内资企业	0.3
	批发和零售业	7.2		外商及港澳台投资企业	5.1
	住宿和餐饮业	1.8		民营企业	70.0
	房地产业	2.8	盈亏	盈利企业	51.7
	租赁和商务服务业	1.0		持平企业	21.9
	其他行业	3.0		亏损企业	26.4
地区	东部地区企业	68.2	生产状况	超负荷生产企业	1.9
	中部地区企业	19.7		正常运作企业	74.3
	西部地区企业	12.1		半停产企业	23.0
规模	大型企业	11.0		停产企业	0.8
	中型企业	29.0	出口型企业		38.5
	小型企业	60.0	非出口型企业		61.5

注：1. 其他行业包括：金融业，科学研究和技术服务业，水利、环境和公共设施管理业，居民服务、修理和其他服务业，教育，卫生和社会工作，文化、体育和娱乐业等行业；

2. 东部地区包括：京、津、冀、辽、沪、苏、浙、闽、鲁、粤、桂、琼12省(自治区、直辖市)；中部地区包括：晋、内蒙古、吉、黑、皖、赣、豫、鄂、湘9省(自治区)；西部地区包括：渝、蜀、黔、滇、藏、陕、甘、宁、青、新10省(自治区、直辖市)。

表2 调查样本基本情况

分类		占比(%)	分类		占比(%)
性别	男	95.1	文化程度	初中或以下	4.9
	女	4.9		中专、高中	16.6
年龄	44岁及以下	13.9		大专	36.4
	45~49岁	13.7		大学本科	27.5
	50~54岁	20.5		硕士	13.2
	55岁及以上	51.9		博士	1.4
	平均年龄(岁)	54.4			
所学专业	文史哲法律	5.5	现任职务	董事长	60.7
	经济	20.9		总经理	52.6
	管理	37.4		厂长	5.4
	理工农医	24.2		党委书记	13.6
	其他	12.0		其他	7.5

注:由于存在职务兼任情况,因此现任职务比例合计大于100%。

调查发现,整体来看,近年来中国企业在创新方面的进步较为明显,企业家大都具有较强的创新意识,企业创新能力明显提高,创新投入持续增加,企业创新实践有效地促进了企业绩效的提升。调查显示,企业研发投入占销售收入的比重呈上升趋势,大学生员工比重持续提高;企业家越来越重视企业的研发能力,自主研发逐渐成为企业开发新产品的最主要方式;调查分析发现,企业家创新意愿强和创新投入多的企业,在经营绩效、盈利水平等方面有更好的表现。

调查还发现,当前中国企业在创新方面仍面临一些亟待解决的问题,主要包括:创新人才短缺、创新资金来源单一、创新绩效不佳、创新环境不完善、企业家创新动力不足等。调查显示,创新人才短缺始终被企业家认为是阻碍企业创新的最主要因素;企业创新资金来源仍以自有资金为主,通过资本市场获得创新资金的渠道仍不畅通;作为衡量企业创新产出的重要指标之一,新产品销售占销售总额比重的增速有所减缓,表明当前企业创新成效有待进一步提高;从创新环境看,企业家认为缺乏鼓励创新的社会环境、创新风险与收益不对称、知识产权保障不力等是阻碍创新的主要因素;企业家未来创新意愿不足,对未来增加创新投入较前几年更为谨慎,这一现象值得关注。

分析显示,中国企业创新存在以下四个特征:一是部分行业存在研发投入增长快而创新人才匮乏的现象,其中制造业尤为明显;二是企业研发投入占比存在显著的分化态势,不同地区、规模、经济类型的企业间差距进一步拉大;三是大多数企业的创新模式以渐进式创新为主、突破性创新偏少,企业从注重营销创新转向以技术创新为主;四是绩效越好、竞争力越强的企业创新意愿越强,而创新意愿越强的企业,创新产出越好。

调查表明,企业家在逐渐意识到创新的重要性的同时,也迫切期待政府进一步创造良好的创新环境。调查分析表明,积极推动以简政放权为核心的政府管理体制改革、当地政府支持创新的具体政策措施以及提振企业家对宏观环境的信心,可以有效提升企业创新投入和未来创新意愿。因此,建议政府一方面深化教育体制改革完善创新人才培养体系、加快金融体制改革完善企业融资渠道、营造鼓励创新的社会环境、加强知识产权保护等激励企业创新;另一方面,通过放宽市场准入、维护公平竞争、强化市场主体责任、建立信用体系、有效执法等,提升企业家未来创新意愿,弘扬企业家精神,激发整个社会创业创新热忱,以实现"新常态"下经济发展方式的转变和产业结构的调整,更好地实现国家创新驱动发展战略。

一、企业创新发展的现状和趋势

(一)企业创新进步诉求较为明确

调查结果显示,超过2/3(67.6%)的企业家表示企业"高管有清晰的创新战略",同时超过50.0%的企业家表示"高管经常开会讨论创新战略"(56.7%),并且"高管把创新作为头等大事"(56.1%)。调查表明,我国多数企业已经有了较强的创新意识和较清晰的创新战略。见表3。

表3 企业创新意识和创新战略的基本情况

单位:%

分 类	很不符合	较不符合	一 般	较符合	很符合	很符合+较符合
高管有清晰的创新战略	2.7	7.6	22.1	39.3	28.3	67.6
高管经常开会讨论创新战略	3.0	11.2	29.1	39.0	17.7	56.7
高管把创新作为头等大事	2.3	9.2	32.4	37.7	18.4	56.1

目前我国企业创新发展的基本指标总体较好,而企业海外研发机构和国际专利的拥有量说明样本企业的创新国际化程度达到了一定水平。见表4。

表4 企业创新基本指标情况

单位:%

创新企业认定标准	总体	地区			规模			经济类型			发展阶段			
		东部地区	中部地区	西部地区	大型企业	中型企业	小型企业	国有及国有控股	外商及港澳台	民营企业	创业期	成长期	成熟期	衰退期
建立了自己的研发机构	58.0	59.5	56.8	51.2	62.6	60.7	55.9	49.2	60.2	59.4	55.1	64.6	57.0	35.2
近三年内获得过国内专利	55.2	57.0	52.5	49.3	65.7	58.4	51.8	51.2	59.3	54.6	52.8	62.1	53.3	35.2
拥有高新技术企业认定证书	37.3	38.2	36.6	33.3	45.8	43.2	33.0	35.3	36.4	35.7	33.3	44.8	35.7	16.9
位于高新技术园区内	26.8	27.7	25.6	24.0	23.9	25.7	27.8	23.4	24.8	25.9	32.0	33.2	23.1	12.0
近三年内获得过国际专利	7.1	8.9	4.8	0.9	12.9	8.7	5.3	5.8	15.5	6.1	9.1	7.5	7.5	3.8
建立了海外研发机构	3.0	3.6	2.1	0.9	8.8	4.2	1.3	3.0	13.1	2.1	2.1	2.9	3.4	2.0

从具体项目分析可得出如下结论:东部地区企业在研发国际化方面的领先优势明显,创新具有资源依赖的特点,即达到一定规模的企业在创新基本指标方面表现更好;外资企业在创新的基本指标方面比内资企业的表现好,而民营企业在创新基本指标方面也优于国有及国有控股公司;创新与企业成长阶段密切相关:创新的成长反映了企业的成长,而企业的衰退也表现为创新的衰退。

(二)企业创新投入持续增长

本次调查了解了企业研发人员、研发投入等创新投入占比,以及新产品销售收入占比的情况。调查结果显示,企业研发人员占员工总数比重为10.2%,研发投入占年销售额比重为6.7%,而新产品销售占销售总额的比重为24.1%。见表5。

表5 企业创新投入及创新产出情况

单位:%

分类	总体	地区			规模			经济类型			发展阶段			
		东部地区	中部地区	西部地区	大型企业	中型企业	小型企业	国有及国有控股	外商及港澳台	民营企业	创业期	成长期	成熟期	衰退期
研发人员占员工总数比例	10.2	11.1	7.3	9.5	8.1	8.9	11.1	10.8	9.2	9.4	21.6	11.2	8.4	7.3
研发投入占年销售额比例	6.7	7.5	4.8	5.2	3.8	6.6	7.2	4.1	4.5	6.7	13.2	6.8	6.3	4.1
新产品销售占年销售额比例	24.1	25.1	23.1	19.3	23.0	21.8	25.1	19.7	22.1	24.1	31.6	25.6	22.5	19.5

具体分析:东部地区的企业研发人员占比、研发投入占比和新产品销售收入占比均高于中西部地区企业;小型企业的研发人员占比、研发投入占比和新产品销售收入占比均高于中型企业和大型企业;国有及国有控股公司在研发人员占比方面高于外资企业和民营企业,而民营企业在研发投入占比和新产品销售收入占比方面均高于外资企业和国有及国有控股公司,这表明虽然国有及国有控股公司研发人员占比较高,但配套的创新资金投入占比较低,可能造成创新效率低的状况;无论是创新投入占比还是创新产出占比,都表现为创业期和成长期的企业高于成熟期和衰退期的企业。

2008—2014 年的连续追踪调查显示,企业研发投入占销售收入比重总体呈上升趋势,从 2008 年的 4.7% 上升到 2014 年的 6.7%。东部地区企业、小型企业、民营企业上升幅度较大;中部地区企业、大型企业、国有及国有控股公司上升幅度较小,而外资企业研发投入占比呈下降趋势。见表 6。

表6 2008—2014 年企业研发投入占销售收入的比重

单位:%

年份	总体	地区			规模			经济类型		
		东部地区	中部地区	西部地区	大型企业	中型企业	小型企业	国有及国有控股	外商及港澳台	民营企业
2014	6.7	7.5	4.8	5.2	3.8	6.6	7.2	4.1	4.5	6.7
2013	5.0	5.2	4.7	4.2	3.6	4.6	5.4	3.7	4.6	4.8
2012	4.9	5.1	4.5	4.2	3.6	4.7	5.2	3.4	3.5	4.7
2011	5.2	5.2	5.1	5.1	4.3	4.6	5.8	3.4	5.1	5.0
2010	5.2	4.5	4.8	4.3	4.5	5.4	3.5	4.8	4.8	4.8
2009	4.6	4.7	4.3	4.3	3.2	4.5	4.8	3.4	5.3	4.4
2008	4.7	4.8	4.4	4.5	3.8	4.6	5.0	3.6	5.0	4.7

注:表中数据基于 2008—2014 年企业经营者年度跟踪调查。下同。

信息传输软件和信息技术服务业的企业研发投入占销售收入比重最高,年度平均值为 17.6%,并且在 2008—2014 年间始终显著高于其他行业,农林牧渔业居于第 2 位(5.5%),其次为租赁和商务服务业(5.4%)。不同行业企业研发投入占销售收入比重在 2008—2014 年间呈现不同的波动态势。调查表明,那些保持持续强劲研发投入的行业,更有可能在行业分化中扩大创新优势。见表 7。

表7 2008—2014年不同行业研发投入占销售收入的比重

单位:%

分 类	2008年	2009年	2010年	2011年	2012年	2013年	2014年	年度平均值	2014—2008年
农林牧渔业	5.2	5.2	5.1	6.9	4.8	4.6	6.8	5.5	1.6
采矿业	3.6	3.1	3.3	3.8	4.7	8.4	3.9	4.4	0.3
制造业	4.8	4.6	4.7	5.1	4.5	4.7	5.9	4.9	1.1
电力、热力、燃气及水的生产和供应业	3.2	2.8	2.1	2.2	3.6	2.3	2.6	2.7	-0.6
建筑业	3.6	3.7	4.1	4.2	4.0	2.7	6.0	4.0	2.4
交通运输、仓储和邮政业	2.7	2.6	5.4	3.6	1.8	4.2	2.9	3.3	0.2
信息传输、软件和信息技术服务业	10.3	12.3	17.0	15.8	20.9	18.9	28.2	17.6	17.9
批发和零售业	3.2	2.8	3.9	3.5	3.5	3.4	4.3	3.5	1.1
住宿和餐饮业	4.0	5.2	7.0	5.0	3.5	3.5	6.9	5.0	2.9
房地产业	3.5	3.5	4.5	3.7	6.4	3.8	4.6	4.3	1.1
租赁和商务服务业	4.7	2.0	5.5	6.5	5.7	4.1	9.1	5.4	4.4

注:年度平均值为各年度数值的算术平均值;"2014—2008"一列数据表示2014年与2008年数值的差。下同。

调查结果显示,与上年相比研发投入金额增加的企业比重从2008年的47.2%上升到2014年的57.2%。东部地区企业上升幅度最大,大中型企业比重明显高于小型企业,并呈现出非常稳定的态势,说明小型企业在研发资金来源等方面所受到的制约比大中型企业更大;国有及国有控股公司增加的比重最低,而外资企业和民营企业增加的比重较高,这从一定程度上反映出国有企业在研发投入增长方面的力度不如外资企业和民营企业。具体情况见表8、表9。

表8 与上年相比研发投入金额增加的企业比重

单位:%

年 份	总体	地 区			规 模			经济类型		
		东部地区	中部地区	西部地区	大型企业	中型企业	小型企业	国有及国有控股	外商及港澳台	民营企业
2014	57.2	58.2	52.9	58.7	61.2	60.7	54.7	45.7	57.2	57.9
2013	42.5	43.7	40.5	39.6	47.8	46.6	39.2	35.5	46.9	42.0
2012	37.5	37.7	35.3	39.7	42.4	42.5	33.5	28.5	41.5	36.7
2011	43.1	42.9	42.7	44.5	50.1	48.9	38.1	35.3	42.5	43.2
2010	46.5	46.9	47.6	45.5	55.7	50.1	42.0	40.9	53.3	45.5
2009	40.9	41.3	39.4	41.1	48.8	42.9	37.4	35.7	39.6	41.5
2008	47.2	46.4	47.8	51.0	52.8	50.6	43.1	41.9	48.8	47.9

表9 不同行业与上年相比研发投入金额增加的企业比重

单位:%

分 类	2008年	2009年	2010年	2011年	2012年	2013年	2014年	2014—2008年
总 体	**47.2**	**40.9**	**46.5**	**43.1**	**37.5**	**42.5**	**57.2**	**10.0**
农林牧渔业	47.4	36.9	38.4	44.3	43.0	47.8	58.7	11.3

续表

分　类	2008 年	2009 年	2010 年	2011 年	2012 年	2013 年	2014 年	2014—2008 年
采矿业	44.8	26.4	37.0	48.9	42.5	37.0	40.0	-4.8
制造业	50.4	45.7	51.0	46.5	41.0	47.4	63.5	13.1
电力、热力、燃气及水的生产和供应业	30.3	23.1	37.7	31.8	28.9	19.6	32.1	1.8
建筑业	39.2	23.8	35.7	26.7	20.6	27.4	40.4	1.2
交通运输、仓储和邮政业	33.0	18.1	37.3	38.1	17.2	31.1	36.1	3.1
信息传输、软件和信息技术服务业	58.3	43.1	60.5	61.0	54.4	52.5	75.4	17.1
批发和零售业	28.5	20.0	23.1	22.0	18.4	25.2	28.0	-0.5
住宿和餐饮业	25.7	23.1	28.6	23.8	25.5	27.1	20.0	-5.7
房地产业	25.6	25.0	25.5	25.8	21.4	31.8	35.0	9.4
租赁和商务服务业	19.2	25.0	28.3	28.9	23.8	30.2	30.0	10.8

(三)企业自主研发能力提升较快

对比2000年和2014年的调查结果,企业采用各类新产品开发方式的比重排序基本相同,表明中国企业开发新产品的方式以自主研发和依托国内力量进行研发为主,而国外引进与合作仅仅是辅助的方式。选择企业内部开发为主要新产品开发方式的企业占比从2000年的48.9%大幅上升至2014年的84.1%,这表明企业自主研发能力在过去15年间得到了快速提升;企业对其他几种与国内机构合作研发方式的重视程度也有所提升,这表明支持企业创新的国内高校院所、技术交易市场和企业间合作研发机制也取得了明显进步。

东部地区企业较多利用内部开发、国外引进、与国外企业合作等方式,而中部和西部地区企业较多利用与国内高校院所合作开发、与国内企业合作开发、国内引进等形式,大型企业更多利用与国内高校院所合作、国外引进、与国外企业合作等方式,而中小企业更多利用与国内其他企业合作、国内引进等方式。见表10。

表10　2000年和2014年不同类型企业新产品开发方式

单位:%

分　类	总　体		地　区						规　模					
			东部地区		中部地区		西部地区		大型企业		中型企业		小型企业	
	2000	2014	2000	2014	2000	2014	2000	2014	2000	2014	2000	2014	2000	2014
企业内部开发	48.9	84.1	50.0	85.4	47.1	80.1	47.8	83.1	50.8	82.8	46.9	84.9	50.8	84.0
与国内高校院所合作	35.0	43.7	35.8	41.7	35.9	49.2	31.3	46.0	42.8	56.0	34.2	46.3	29.2	40.1
与国内其他企业合作	21.2	30.0	19.9	29.3	21.8	31.3	25.5	31.8	16.2	34.0	21.6	31.1	25.5	28.7
国内引进	20.1	25.5	17.0	22.8	23.5	32.0	25.0	30.1	15.2	28.7	22.2	27.0	21.0	24.1
国外引进	16.8	15.7	19.8	17.4	12.0	12.9	14.5	10.5	26.6	23.5	15.0	17.1	10.8	13.6
与国外企业合作开发	9.1	9.5	10.9	11.1	7.5	6.6	5.7	5.4	12.1	14.6	8.8	11.2	6.8	7.9
购买国内机构成果	8.4	14.7	7.4	14.0	10.1	18.3	9.0	12.8	6.6	17.9	8.7	13.4	9.7	14.6
与国外高校院所合作	2.3	2.5	2.3	2.9	2.6	1.7	1.8	1.7	2.7	3.7	2.7	3.0	1.4	2.1

2000年的调查结果显示,企业家认为最重要的三种核心竞争力是:"市场营销能力"(57.5%)、"经营组织能力"(55.4%)和"战略决策能力"(51.5%)。到2014年,认为这三种能力是企业核心竞争力的比重略有下降,而重要性上升的三种核心竞争力是:"研究和开发能力"(从33.7%上升到

46.2%)、“生产制造能力”(从37.5%上升到54.0%)和“企业文化氛围”(从17.4%上升到38.1%)。调查表明,企业创新从注重营销创新逐步过渡到以技术创新为主。

2014年的调查结果显示,东部地区企业选择“生产制造能力”“研究与开发能力”和“资金投入能力”作为核心竞争力的比重要高于中西部地区企业,西部地区企业选择“经营组织能力”和“战略决策能力”作为核心竞争力的比重要高于东部和中部地区企业;大型企业选择“经营组织能力”“战略决策能力”“资金投入能力”和“企业文化氛围”作为核心竞争力的比重高于中小企业,小型企业选择“市场营销能力”“生产制造能力”和“研究与开发能力”作为核心竞争力的比重要高于大型企业。

(四)企业高学历员工比重持续上升

对比2000年和2014年的调查结果,企业采用各类新产品开发方式的比重排序基本相同,表明中国企业开发新产品的方式以自主研发和依托国内力量进行研发为主,而国外引进与合作仅仅是辅助的方式。选择企业内部开发为主要新产品开发方式的企业占比从2000年的48.9%大幅上升至2014年的84.1%,这表明企业自主研发能力在过去15年间得到了快速提升;企业对其他几种与国内机构合作研发方式的重视程度也有所提升,这表明支持企业创新的国内高校院所、技术交易市场和企业间合作研发机制也取得了明显进步。

调查结果还显示,企业大学以上学历员工所占比重从2008年的14.9%上升到2014年的25.0%,上升了10.1个百分点,西部地区企业一直略高于东部和中部地区企业,大型企业高于中小企业,国有及国有控股公司明显高于外资企业和民营企业。

2008—2014年,不同行业企业大学生员工占比均呈现上升趋势。按年度平均值排序,前三位依次是:信息传输软件和信息技术服务业(65.3%)、租赁和商务服务业(43.8%)和房地产业(40.0%),而末三位依次是:住宿和餐饮业(12.8%)、采矿业(13.5%)和制造业(14.4%)。

二、企业创新面临的困难和问题

(一)观念创新、市场创新、技术创新是主要难题

对2014年企业家认为最困难的创新工作,与2004年同一问题的调查结果进行对比分析。结果显示,企业家认为最困难的创新工作的比重排序基本相同:“观念创新”“市场创新”和“技术创新”是难度最大的三个方面,而“制度创新”“组织创新”和“管理创新”是难度较小的三个方面。

中西部地区企业选择“技术创新”“制度创新”和“观念创新”的比重高于东部地区企业,大型企业选择“制度创新”“组织创新”和“观念创新”的比重高于中小企业,国有及国有控股公司选择“制度创新”“组织创新”和“观念创新”的比重高于外资企业和民营企业。见表11、表12。

表11 2004年和2014年企业家认为最困难的创新工作比较

单位:%

分类		年份	观念创新	市场创新	技术创新	制度创新	管理创新	组织创新
总体		2014	33.1	33.0	29.4	19.8	16.3	12.4
		2004	39.5	31.3	25.9	20.1	16.5	16.3
地区	东部地区	2014	32.4	32.8	28.7	19.5	16.4	12.8
		2004	39.8	30.1	25.4	20.5	16.9	16.9
	中部地区	2014	35.9	35.3	29.7	20.1	17.2	11.2
		2004	41.1	33.7	26.5	19.3	16.7	16.4
	西部地区	2014	32.4	30.4	33.1	21.0	14.2	12.5
		2004	36.7	32.1	27.2	20.2	15.4	14.2

续表

分类		年份	观念创新	市场创新	技术创新	制度创新	管理创新	组织创新
规模	大型企业	2014	39.6	31.0	27.6	23.1	15.7	16.8
		2004	42.7	27.3	23.8	23.6	11.2	20.3
	中型企业	2014	36.8	34.2	30.4	19.4	15.1	14.0
		2004	40.9	31.2	25.2	20.1	18.3	16.4
	小型企业	2014	30.3	32.7	29.4	19.5	17.0	10.8
		2004	36.1	33.7	28.5	18.1	17.3	14.0
经济类型	国有及国有控股公司	2014	36.8	27.1	28.5	23.8	16.6	18.1
		2004	44.5	29.7	23.4	26.6	12.7	19.8
	外商及港澳台投资企业	2014	33.3	39.8	22.0	17.9	13.0	11.4
		2004	33.5	26.1	26.6	23.9	18.6	16.0
	民营企业	2014	33.5	34.2	30.4	19.4	17.1	11.6
		2004	33.2	32.3	24.9	18.4	24.9	14.8

表12　2004年和2014年企业家认为最应加强的创新工作比较

单位:%

分类		年份	管理创新	技术创新	市场创新	观念创新	制度创新	组织创新
总体		2014	36.0	34.3	30.7	29.1	22.0	12.7
		2004	37.1	35.9	31.7	31.8	25.5	12.9
地区	东部地区	2014	35.8	34.4	31.1	28.5	21.3	12.6
		2004	36.3	35.8	32.0	30.9	25.8	13.4
	中部地区	2014	37.1	34.9	29.7	28.4	22.4	13.1
		2004	39.8	36.2	28.8	34.4	25.9	12.6
	西部地区	2014	35.1	33.5	30.4	33.5	25.3	12.8
		2004	37.1	36.1	34.7	31.3	24.4	12.0
规模	大型企业	2014	35.5	31.3	31.7	31.3	29.5	18.3
		2004	33.5	35.2	33.5	30.9	28.9	14.4
	中型企业	2014	38.2	36.5	28.9	31.0	23.5	14.6
		2004	38.4	37.5	29.5	32.5	26.1	13.8
	小型企业	2014	35.1	33.8	31.4	27.9	20.0	10.9
		2004	39.1	34.2	33.9	31.7	22.9	11.0
经济类型	国有及国有控股公司	2014	34.3	32.1	31.1	29.6	31.4	17.7
		2004	38.5	35.3	29.1	35.0	27.2	14.3
	外商及港澳台投资企业	2014	40.7	39.0	32.5	22.8	14.6	10.6
		2004	31.4	43.1	33.0	27.1	21.3	13.8
	民营企业	2014	37.4	35.8	30.3	30.0	21.3	12.2
		2004	41.0	34.6	31.3	25.8	22.6	9.2

(二)创新人才缺乏是制约企业创新的最主要因素

企业对制约创新工作因素的认识,对比2000年和2014年的调查结果可以发现:无论是2000年还是2014年,大多数企业家都认为“创新人才缺乏”是妨碍创新工作的最重要因素。企业对良好外部创新环境的需求越来越高，集中体现在更多的企业家认为"缺乏鼓励创新的社会环境""创新风险与收益不对称""知识产权保障不力"等是妨碍创新工作的重要因素。其他可能妨碍创新工作的因素还包括："创新动力不足""难以获得合适的技术""缺乏健全的创新组织体系"及"难以选择创新目标"等。见表13。

表13　2004年和2014年不同类型企业妨碍创新工作的因素比较

单位：%

分类	总体		地区						规模					
			东部地区		中部地区		西部地区		大型企业		中型企业		小型企业	
	2000	2014	2000	2014	2000	2014	2000	2014	2000	2014	2000	2014	2000	2014
创新人才缺乏	59.4	60.7	60.1	59.0	59.1	63.5	58.2	65.5	63.8	71.6	59.2	63.4	56.0	57.3
创新资金引进渠道不畅	40.7	23.0	37.0	20.4	46.3	30.5	43.5	25.0	35.5	17.5	42.2	22.6	43.1	24.1
缺乏鼓励创新的社会环境	36.8	41.3	35.2	40.3	37.8	42.7	39.6	44.6	38.5	45.5	36.7	40.2	35.6	41.1
难以获得合适的技术	25.4	25.2	25.3	23.8	24.5	27.6	26.3	29.1	21.9	23.9	24.7	26.0	29.8	25.1
创新风险与收益不对称	24.7	40.2	25.3	40.8	23.5	37.1	25.4	41.2	27.4	43.3	24.5	39.8	22.7	39.8
创新动力不足	23.2	30.0	23.1	28.3	23.7	33.0	22.3	34.8	27.4	38.1	23.0	31.0	19.5	28.1
缺乏健全的创新组织体系	20.1	23.2	20.2	21.9	19.8	24.5	21.0	28.4	22.7	30.6	19.6	24.3	18.2	21.3
难以选择创新目标	20.1	22.2	19.5	22.8	20.2	21.4	21.4	20.3	17.0	20.5	19.5	20.8	24.2	23.2
知识产权保障不力	16.1	26.5	19.0	28.4	11.4	20.8	14.8	25.3	16.7	25.0	15.6	25.9	16.5	27.1

2014的调查结果显示：东部地区企业选择"知识产权保障不力"的比重较高，中部地区企业选择"创新资金引进渠道不畅"的比重较高，西部地区企业选择"创新人才缺乏""难以获得合适技术"和"缺乏健全的创新组织体系"的比重较高；大型企业选择"创新人才缺乏""缺乏鼓励创新的社会环境""创新风险与收益不对称""创新动力不足"和"缺乏健全的创新组织体系"的比重高于中小企业，中小企业选择"创新资金引进渠道不畅"和"难以获得合适技术"的比重高于大型企业。

（三）企业创新外部资金渠道比较单一

对比2000年和2014年的调查结果，中国企业创新资金来源仍然比较单一，主要以自有资金为主，辅助以银行贷款和政府资金支持，而通过资本市场获得创新资金的渠道仍然很不畅通。见表14。

表14　2000年和2014年不同类型企业创新资金来源比较

单位：%

分类	总体		地区						规模					
			东部地区		中部地区		西部地区		大型企业		中型企业		小型企业	
	2000	2014	2000	2014	2000	2014	2000	2014	2000	2014	2000	2014	2000	2014
自有资金投入	84.7	90.8	86.8	90.8	81.6	90.9	83.3	90.5	85.5	89.2	85.3	92.9	83.4	90.1
银行贷款	58.1	41.6	56.8	41.1	58.7	44.2	62.4	40.2	61.2	45.2	59.0	41.6	53.6	41.1
政府专项资金	17.8	24.9	15.3	21.3	20.5	31.3	22.4	34.1	25.0	35.5	16.4	27.6	13.7	21.7
股市筹资	4.1	2.2	3.8	2.2	4.5	2.1	4.8	2.7	9.6	8.6	2.7	2.0	1.4	1.2
发行企业债券	3.2	1.2	2.8	1.3	3.2	1.0	4.3	0.7	3.1	2.6	3.5	2.0	2.6	0.5
国内风险投资	3.1	2.5	3.3	2.8	3.2	2.3	2.1	1.4	2.7	1.9	4.0	3.1	1.9	2.2
国外风险投资	1.4	0.6	1.8	0.8	1.1	0.0	0.1	0.3	1.5	0.0	1.5	0.6	0.9	0.6

（四）创新模式以渐进式创新为主，突破式创新偏少

调查考察了两种创新战略类型：渐进式创新战略和突破式创新战略 。结果显示，有36.4%的企业采取渐进性与突破性创新并重的创新模式，而采取渐进式创新模式为主导的企业（28.6%）比采取突破性创新模式为主导的企业（8.3%）多20.0个百分点以上。此外，尚有26.7%的企业没有明确的创新模式。中西部地区企业、外资企业和创业期企业选择突破性创新模式为主导的比重相对较高，小型企业和衰退期企业创新模式尚不明确的比重相对较高。

（五）企业创新绩效有待进一步提高

调查分析了2008—2014年企业新产品销售收入占销售收入总额比重的变化情况，结果显示，新产品销售收入占比增加的企业比重并不呈稳定上升趋势，而是在不同年份间有所波动。见表15。

表15 2008—2014年不同类型企业与上年相比新产品销售占比增加的比重

单位：%

年份	总体	地区			规模			经济类型		
		东部地区	中部地区	西部地区	大型企业	中型企业	小型企业	国有及国有控股	外商及港澳台	民营企业
2014	**32.7**	**33.9**	**30.6**	**29.0**	**37.2**	**34.0**	**31.2**	**29.0**	**40.5**	**32.7**
2013	36.9	37.3	37.1	34.6	43.8	40.1	33.8	30.7	40.1	37.4
2012	34.2	33.8	34.9	35.3	40.5	38.3	30.7	29.9	39.8	33.7
2011	38.9	39.5	38.3	36.6	44.6	44.0	34.6	34.3	35.7	38.7
2010	44.3	46.8	41.3	41.9	51.1	46.9	41.2	34.7	49.8	44.2
2009	39.5	41.0	36.9	37.1	44.8	41.6	36.6	30.5	41.9	40.6
2008	45.4	45.2	47.7	44.8	49.0	49.1	41.5	37.4	49.4	46.2

东部地区新产品销售收入比重增加的企业多于中西部地区，大型企业多于中小企业，而外资企业多于民营企业和国有及国有控股公司。按年度平均值排序，新产品销售收入占比增加的企业比重最高的3个行业是：信息传输软件和信息技术服务业（46.0%）、制造业（42.4%）和农林牧渔业（40.2%）。在制造业中，排在前5位的行业是：电子设备（51.5%）、专用设备（51.0%）、铁路船舶航空航天及其他运输设备制造业（49.4%）、汽车（46.6%）和仪器仪表（46.6%）。见表16。

表16 2008—2014年不同行业企业与上年相比新产品销售占比增加的比重

单位：%

分类	2008年	2009年	2010年	2011年	2012年	2013年	2014年	年度平均值
总体	**45.4**	**39.5**	**44.3**	**38.9**	**34.2**	**36.9**	**32.7**	**38.8**
农林牧渔业	45.7	29.7	40.0	43.0	35.9	45.7	41.3	40.2
采矿业	29.9	27.9	20.4	26.7	20.5	20.8	15.4	23.1
制造业	49.4	42.9	49.0	42.0	36.9	40.3	36.2	42.4
电力、热力、燃气及水的生产和供应业	7.7	13.8	26.3	19.0	19.5	11.8	17.2	16.5
建筑业	25.0	21.9	26.9	22.1	15.5	22.2	13.5	21.0
交通运输、仓储和邮政业	30.3	17.9	26.0	25.0	16.7	23.4	19.4	22.7
信息传输、软件和信息技术服务业	52.6	39.6	54.0	43.1	49.4	38.4	45.0	46.0

续表

分　类	2008 年	2009 年	2010 年	2011 年	2012 年	2013 年	2014 年	年度平均值
批发和零售业	39.6	30.4	37.7	34.0	29.2	35.1	26.1	33.2
住宿和餐饮业	27.6	36.0	28.6	27.3	18.6	32.1	15.0	26.5
房地产业	25.4	37.2	17.9	18.9	22.2	26.2	7.0	22.1
租赁和商务服务业	25.0	20.0	11.6	16.7	21.7	25.0	22.7	20.4
食品、酒及饮料制造业	47.7	43.4	46.8	41.2	40.3	36.3	35.8	41.6
纺织业	35.9	35.1	35.9	29.1	31.6	34.8	27.1	32.8
纺织服装、服饰业	42.3	42.1	46.9	24.8	35.9	39.4	23.7	36.4
造纸及纸制品业	46.3	45.8	49.2	34.7	31.1	36.4	25.0	38.4
化学原料及化学制品制造业	48.4	39.5	46.9	43.0	40.3	41.5	40.5	42.9
医药制造业	59.7	46.9	47.0	48.8	35.8	41.5	42.2	46.0
化学纤维制造业	71.0	40.6	38.5	48.4	30.8	13.0	29.4	38.8
橡胶及塑料制品业	—	—	—	—	35.6	38.7	40.2	38.2
非金属矿物制品业	41.4	28.2	38.6	44.8	25.9	35.5	28.7	34.7
黑色金属冶炼及压延加工业	51.4	28.0	38.1	47.8	32.7	42.9	33.3	39.2
有色金属冶炼及压延加工业	41.0	34.8	38.1	37.3	28.3	34.0	28.1	34.5
金属制品业	45.1	41.2	44.3	37.3	34.4	39.7	38.4	40.1
通用设备制造业	58.4	48.1	58.1	50.7	40.3	36.4	32.4	46.3
专用设备制造业	54.9	49.8	58.7	55.9	47.4	43.8	46.8	51.0
汽车制造业	—	—	—	—	38.7	55.3	45.7	46.6
铁路、船舶、航空航天及其他运输设备制造业	—	—	—	—	40.0	60.7	47.4	49.4
电气机械及器材制造业	53.9	48.6	56.0	45.2	37.0	45.6	31.9	45.5
计算机、通信及其他电子设备制造业	52.6	55.2	60.0	49.4	32.9	59.2	51.0	51.5
仪器仪表制造业	54.4	48.6	70.0	37.5	38.5	37.2	40.0	46.6

（六）企业家对未来增加创新投入持谨慎态度

与往年相比，2014 年企业计划未来一年“增加创新投入”和“引进人才”的意愿有所下降，而“更新设备”的意愿则处于 2008—2014 年的中间水平。调查表明，在当前“三期叠加”的宏观经济背景下，企业对增加创新投入持谨慎态度。不同行业企业未来创新意愿差异明显。以 2014 年为例，信息传输软件和信息技术服务业（71.0%）、制造业（62.0%）增加创新投入的意愿最高，而电力热力燃气及水的生产和供应业（28.1%）、房地产业（38.2%）增加创新投入的意愿最低。从年度平均值来看，增加创新投入意愿最高的前三个行业分别是：信息传输软件和信息技术服务业（72.9%）、制造业（67.8%）、农林牧渔业（65.0%），而增加创新投入意愿最低的三个行业分别是：批发和零售业（44.6%）、房地产业（45.1%）、电力热力燃气及水的生产和供应业（48.0%）。各行业企业引进人才意愿也有较大差异，以 2014 年为例，租赁和商务服务业（68.0%）和信息传输软件和信息技术服务业（66.1%）引进人才意愿最高，而采矿业（26.9%）和房地产业（39.7%）引进人才意愿最低。不同行业企业更新设备意愿也有较大差异，从年度平均值来看，更新设备意愿最高的前三个行业分别是：电力热力燃气及水的生产和供应业（49.3%）、制造业（47.4%）及采矿业（45.0%），而更新设备意愿最低的三个行业分别是：房地产业（11.1%）、批发和零售业（16.4%）以及租赁和商务服务业（18.1%）。

2014 年度职业经理人状况调查

中国企业联合会职业经理人资格认证管理办公室

中国企业联合会职业经理人资格认证管理办公室在中国企业管理科学基金会的资助和中智上海经济技术合作公司的大力支持下，于 2014 年 4 月至 10 月组织开展了 2014 中国职业经理人现状及制度状况调查研究。本年度不仅延续往年从职业经理人“四化”水平及人才素质水平进行调查，而且从职业经理人市场化选聘制度、社会化资质评价制度、契约化管理制度、科学化激励制度、专业化培训培养制度和法制化退出制度等方面对职业经理人制度体系进行探究。调查采取发放传统纸质问卷和互联网线上调查相结合的方式，共收到有效问卷 875 份，其中在线收集 262 份，线下收集 613 份。数据统计分析利用 Excel2007 和 SPSS17.0 软件完成，所作分析包括频数分析、交叉分析、均值分析、方差分析、因子分析、回归分析、显著性检验等。调查对象为中国企联职业经理人资格认证培训班学员以及各类企业的中高层管理人员，调查样本基本覆盖中国东、中、西部地区职业经理人。

一、中国职业经理人队伍现状调查

（一）职业经理人队伍整体进展

1. 学历水平逐年提升。调查显示，职业经理人学历水平比例最大为本科学历，比前两年比例均有上升，见表 1。从职业经理人本科及以上学历水平纵向对比趋势看，2007 年比例为 67.0%，自 2011 年上升至 80.0% 以上后，近几年基本保持缓慢上升状态，2014 年提升至 83.6%，学历水平呈逐年提升状态。见图 1。

表 1　职业经理人近三年学历水平表

时　间	大专及以下	本　科	硕　士	博　士
2014 年比例	16.4	65.8	17.0	0.8
2013 年比例	17.4	63.9	17.6	1.1
2012 年比例	19.1	61.4	17.8	1.7

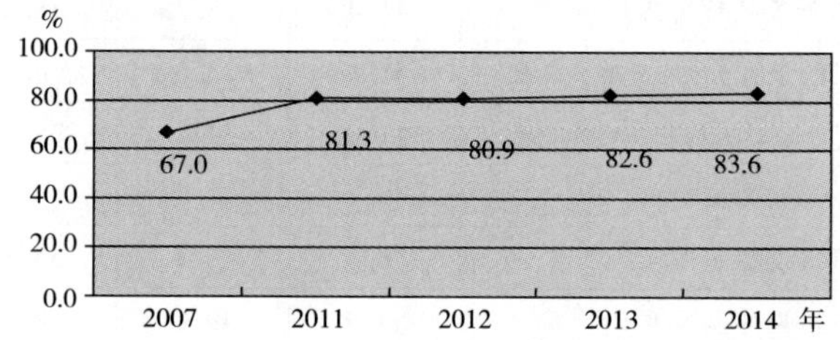

图 1　职业经理人本科及以上学历分布趋势

2. 知识技术复合型职业经理人比例增多。调查显示，职业经理人最高学历学位专业比例最高一直为管理专业，但今年比例下降至半数以下；其次为理工专业，相比前两年理工专业所占逐渐上涨，学科交叉、知识技术集成的复合型职业经理人逐渐增多。见表 2。

表 2　职业经理人近几年专业结构

时　间	管　理	理　工	经　济	文史哲	其　他
2014 年比例	39.9	28.0	19.8	4.5	7.8
2013 年比例	50.3	21.0	19.5	3.5	5.7
2012 年比例	55.4	18.9	16.3	3.3	6.1

（二）职业经理人“四化”水平稳步提升

《国家中长期人才发展规划纲要（2010—2020 年）》提出加快推进企业经营管理人才的职业化、市场化、专业化、国际化，职业经理人年度报告对于“四化”调查采用 5 点量表方法，调查结果显示，同年度测量水平下，职业经理人职业化水平在“四化”水平中最高，国际化水平持续最低，职业化超出国际化分数0.84，比往年0.49、0.33、0.47的差距加大；专业化、市场化相近。从4年统计指标的分指数呈现的趋势看，职业化水平一直相对较高且2014年水平有所提升；国际化水平持续是中国职业经理人队伍发展的短板；往年均是专业化水平略高出市场化，2014年市场化水平相对略高于专业化水平且比往年均有提升，但从总体看市场化水平略低于专业化水平0.04。见表3。

表3　职业经理人近四年“四化”水平

时　间	职业化	市场化	专业化	国际化
2014年	4.04	3.87	3.76	3.49
2013年	3.94	3.64	3.74	3.47
2012年	3.90	3.72	3.79	3.57
2011年	3.94	3.80	3.90	3.45
4年平均水平	3.96	3.76	3.80	3.42

调查结果显示，中国职业经理人普遍重视职业素养、职业规范、职业道德，三项得分在“四化”细分因素中也最高，其中职业素养相对最佳，说明职业经理人在敬业精神和职业忠诚、遵守规则和工作规范化、维护公司利益和廉洁自律方面能力较高。各市场化细分因素均高于专业化、国际化，其中市场开拓因素相对较高，说明职业经理人重视市场及客户培育、主动捕捉商机及获得市场合作机会方面具有较高意识和行为能力，市场竞争及判断能力相对略低，在市场竞争意识、研究市场形势和竞争特点、总结市场发展特点、判断并适应市场变化方面能力还需锻炼和提升。专业化水平各细分因素相对保持往年水平，随着市场化水平的提升，专业化水平仅高于国际化水平，说明职业经理人拥有的专业知识、管理经验及专业技能还需加以提升。从国际知识、国际经验和国际思维几方面看，中国职业经理人在“四化”中目前国际经验得分最低，国际知识次之，说明职业经理人在外语沟通、国际商务规则及跨文化管理、涉外工作、国外工作、国际培训学习等方面经验和能力有所欠缺。见表4、图2。

表4　职业经理人个人素质能力三个层面比较

“四化”	细分因素	得　分
职业化	职业素养	4.07
	职业道德	4.04
	职业规范	4.01
市场化	市场开拓	3.92
	市场竞争	3.87
	市场判断	3.78
专业化	专业知识	3.78
	专业技能	3.73
国际化	国际思维	3.51
	国际知识	3.69
	国际经验	3.27

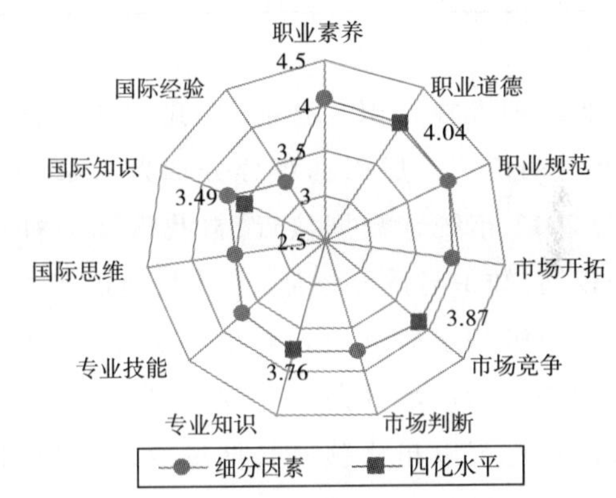

图2　“四化”细分因素雷达图

（三）职业经理人素质能力逐年提高

1. 组织协调、团队合作优势明显，诚信意识、自我控制提升。素质能力调查延续洋葱模型及冰山模型理论，分为三个层面：知识与技能、自我认知与社会角色、个性与动机。在知识与技能层面，组织协调、团队合作、沟通能力得分最高，这与前两年的调查数据基本吻合，仅三者顺序略有变动。在自我认知与社会角色层面，责任意识在本次调查中得分较高，其次为诚信正直与建立关系，其中诚信正直相对前年提升幅度较大并继续保持，职业经理人对于诚实可靠与不假公济私的工作态度更加认同。在个性与动机方面，自我控制、灵活性能力在本次调查中得分较高，相对前两年均有所提升并保持靠前。见表5。

表5 职业经理人个人素质能力调查表

年度	知识与技能									
	组织协调	团队合作	沟通能力	领导能力	学习能力	决策能力	监控能力	协同创新	培养人才	创新能力
2014 年	3.99	3.91	3.89	3.86	3.84	3.82	3.82	3.81	3.78	3.74
2013 年	3.95	3.98	3.96	3.92	3.89	3.88	3.81	3.82	3.76	3.73
2012 年	3.91	3.91	3.91	3.83	3.89	3.88	3.83	3.81	3.81	3.81

年度	自我认知与社会角色				个性与动机					
	责任意识	建立关系	诚信正直	客户导向	自我控制	灵活性	主动性	成就导向	分析性思考	概念性思考
2014 年	3.97	3.96	3.96	3.89	3.95	3.92	3.91	3.88	3.85	3.81
2013 年	3.96	3.97	3.97	3.90	3.91	3.91	3.89	3.86	3.89	3.81
2012 年	4.01	3.97	3.91	3.92	3.88	3.85	3.91	3.91	3.86	3.79

职业经理人在知识与技能、自我认知与社会角色、个性与动机三个层面的得分分别为3.85、3.95、3.89，与2013年统计数据接近，自我认知与社会角色得分较高，知识与技能较低，个性与动机居中。其中个性与动机是素质能力相对最里层部分，相当于“冰山”水下最深的部分，属于核心素质，长期系统的观测数据对比可以粗略预测长期绩效；知识与技能在三个层面中是相对外围的部分，是可以通过后天培训、实践不断提升的，配合核心素质锻炼，中国职业经理人个人素质水平可以做到内外兼修，不断提升。

2. 创新能力、客户导向等素质能力需改善。职业经理人素质能力调查中显现出的一些短缺能力也需引起重视。在知识与能力调查横向对比中，创新能力、培养人才能力、协同创新能力在三年调查中均属最低；在自我认知与社会角色中，客户导向调查得分三年来持续最低；在个性与动机层面，概念性思考及分析性思考在三年调查中均处于靠后位置，这些素质能力之间具有一些相关性，经过恰当培训可以协同提升。

二、中国职业经理人制度体系建设现状调查

（一）职业经理人选聘信息渠道已趋多样化，选聘市场供求仍不平衡

1. 市场供求不平衡。职业经理人供求是企业和职业经理人主体间的契约交易，交易双方的特殊性、信息不完全性、信任问题都易造成供求不平衡。调查显示，52.2%职业经理人认为供小于求，12.8%认为供大于求，8.9%认为基本平衡。调查其原因显示，市场供求双方不信任(62.0%)、职业经理人阶层不足以供应需求(42.5%)、优秀职业经理人流动性太强(40.4%)、市场需求被抑制(38.2%)等因素较易导致供需矛盾。

2. 企业选聘职业经理人信息渠道已趋多样化。现代信息的发展使得职业经理人选聘渠道更加多样化，企业方面普遍采用较多的选聘方式为内部培养提拔、上级指派、人才市场招聘。在不同企业性质中选聘信息渠道呈现不同特点，国有企业选聘渠道中内部培养提拔和上级任命所占比例均最高且大比率超出其他渠道方式；外资企业中猎头推荐和人才市场招聘渠道方式比率均较高；民营企业中内部培养提拔比例最高。见表6。

表6　选聘职业经理人的主要信息渠道

分　类	业主兼任	上级指派	内部培养提拔	任用亲戚朋友	朋友介绍	行业协会推荐	猎头推荐	报纸网络招聘	人才市场招聘	竞争对手挖人
国有企业	16.3	62.0	62.4	4.9	4.0	7.2	8.7	6.4	25.3	4.0
民营企业	34.1	23.2	55.8	11.0	20.1	6.7	22.6	21.0	28.0	12.5
外资企业	25.0	26.3	27.6	5.3	2.6	13.2	36.8	30.3	35.5	13.2
合　计	23.9	44.3	57.0	7.2	10.0	7.6	16.4	14.0	27.3	8.0

3. 经理人获取需求信息相对困难。调查显示，在应聘过程中职业经理人会遇到市场信息方面的诸多问题，过半数职业经理人在获取市场需求信息方面存在困难（59.7%），半数认为人才市场运作体系不规范（48.4%）。对于求职不同性质的企业，求职国企、民企的职业经理人遇到的最大问题为市场需求信息问题；求职外企的职业经理人遇到最大问题为市场运作不规范。见表7。

表7　职业经理人在应聘过程中遇到的问题和困难

单位：%

企业性质 \ 应聘中问题	难以获取市场需求信息	猎头、人才机构收费较高	业主过分关注个人隐私	人才市场运作体系不规范	人才机构随意泄露个人信息	其　他
国有企业	57.1	17.8	7.6	40.1	12.5	1.3
民营企业	57.9	26.2	14.3	52.4	18.6	1.8
外资企业	55.3	52.6	28.9	59.2	15.8	0
合　计	59.7	25.0	12.5	48.4	15.7	1.4

4. 职业经理人呼吁完善市场服务监督体系。调查显示，在市场化选聘服务体系中，职业经理人认为较为重要的是企业和经理人诚信（60.6%）、市场工资指导（40.3%）、职业介绍服务（38.3%）；在监督体系中，认为较为重要的是经营业绩考核（67.6%）、资质认证评价（50.3%）、任期经济责任审计（41.8%）（见表8）。完善这些方面的服务和监督，将有利于加快职业经理人市场化选聘步伐。

表8　职业经理人认为重要的服务监督体系

市场服务体系	占　比（%）	市场监督体系	占　比（%）
职业介绍服务	38.3	资质认证评价	50.3
市场工资指导	40.3	经营业绩考核	67.6
企业和经理人诚信	60.6	任期经济责任审计	41.8
市场信息	31.5	决策失误个人责任追究	29.6
人才库信息	30.2	信用记录公开披露	31.7
其　他	0.2	其　他	1.3

（二）社会化资质评价逐步得到认可，资质评价、诚信评价等社会化支撑依然欠缺

1. 企业和职业经理人对资质认证评价认知改善。企业和职业经理人对待资质认证评价的认识，经历了从无所谓到必要、观念从政府认可到市场投资人认可、资质认证评价机构选择从偏好政府背景到良好行业信誉的认知改善。2014年从职业经理人和雇主双方调查对于资质评价认证的认识，57.9%的职业经理人认为最需要得到市场和出资人认可的资质评价，16.5%的职业经理人认为需要政府认可；41.6%的雇主认可行业协会等认证的职业经理人,37.3%的雇主倾向政府认可。见表9。

表9 职业经理人和企业角度认可的资质评价

职业经理角度	占比(%)	企业角度	占比(%)
市场和出资人认可	57.9	政府	37.3
政府认可	16.5	行业协会	41.6
行业组织认可	22.7	人才交流机构	9.7
周围职业经理人认可	2.9	高校	10.6
		其他	0.8

综合近几年调查显示,职业经理人资质认证评价对于政府认可的关注点从2007年50.0%逐步下降至2014年16.5%,对于市场、出资人或相关组织认可则从2007年45.0%上升至80.6%,这种关注点的转移对于建立社会化的职业经理人资质评价制度是良好的推动因素。见图3。

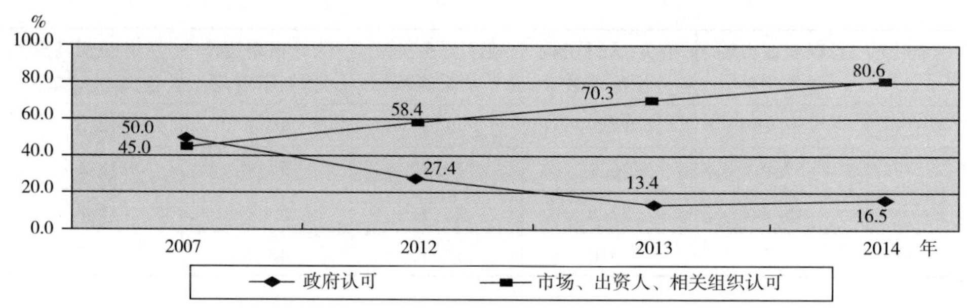

图3 职业经理人对资质认证评价关注点的变化

2. 资质认证评价体系及机构支撑不足。调查显示,职业经理人认为目前市场上职业经理人资质认证机构存在一些较为严重的问题:一是缺乏专门针对职业经理人的测评技术和模型(25.6%),二是评价测评机构以盈利为目的,资质认证、评价测评仅仅是走过场(24.6%)。纵向年度比较中,测评机构缺乏专门的技术和模型及测评机构对于盈利的过度追求都是近几年集中反映的问题;公正客观性方面比2012年增加近4.0%,反映出职业经理人对于资格认证客观性、独立性、公正性的担忧;测评技术和从业人员素质的问题比例略有下降,与近几年各机构研究使用测评技术和模型、提升从业人员素质的努力有所关系。见表10。

表10 现有职业经理人资质评价机构存在的问题

单位:%

年份比例	缺乏专门测评技术和模型	以盈利为目的,评价走过场	测评机构权威性差资质差	从业人员素质差	认证测评不独立不公正不客观	不了解
2014年比例	25.6	24.6	16.4	14.5	12.0	6.9
2013年比例	28.7	35.8	—	15.1	12.7	7.7
2012年比例	27.0	48.1	—	16.2	8.7	—

3. 诚信管理制度亟待健全。调查显示,当前存在较为严重的失信行为,首先是对企业不忠诚(37.3%)、滥用职权谋求私利(30.2%)。从影响因素调查结果看,内因影响即职业经理人自身道德水平影响是最为重要的因素(70.8%),其次为所在企业诚信(40.5%)、周围职业经理人诚信(33.0%)及社会诚信(29.9%)。

企业在选聘职业经理人中仅是偶尔(44.6%)甚至从未(41.3%)进行信用调查。调查方式主要是向其同行了解情况(51.7%)、向其前雇主方进行调查(47.4%),少于半数进行规范档案调查(43.9%)、委托第三方调查(40.6%)。对于完善职业经理人信用环境需要做的努力,调查显示,60%以上认为需要完善信用法制、建立征信系统和信用平台、制定标准规范。见表11。

表11　职业经理人诚信因素调查表

调查内容	调查因素	有效百分比	调查内容	调查因素	个案百分比
职业经理人认为严重的失信行为	滥用职权谋取私利	30.2	职业经理人诚信缺失主要的因素影响	自身道德水平	70.8
	对企业不忠诚	37.3		周围职业经理人诚信	33.0
	泄露公司商业秘密	15.8		所在企业诚信	40.5
	解聘后损害原企业利益	15.1		所在行业诚信	18.0
	其　他	1.7		社会诚信	29.9
职业经理人求职中遇到企业对其信用调查			企业进行职业经理人背景和信用调查的主要方式	调查规范档案	43.9
	经　常	14.2		向其同行了解情况	51.7
	偶　尔	44.6		向其前雇主方进行调查	47.4
	从　未	41.3		委托第三方进行调查	40.6
				向其朋友了解情况	16.3
				其　他	0.7
职业经理人失信成本	基本没有	27.9	完善职业经理人信用环境最需要的努力	完善信用法制	63.0
	降低业绩薪酬	15.7		制定标准规范	60.0
	解　聘	19.3		建立征信系统和平台	61.7
	声誉受损	34.5		加强行业协会监督	39.5
	法制惩戒	2.6		其　他	1.5

4. 社会团体、行业协会等组织应当发挥资质评价等服务作用。调查显示,24.9%的职业经理人呼吁社会团体、行业协会能承担起建立职业经理人评价指标体系、进行资质评价的作用,这也是2013年调查中职业经理人认为社会组织最应当发挥的作用;21.3%认为应当进行管理培训、提供职业经理人交流平台,相比上年调查提升了6.0%,反映了对社会组织提供管理培训交流平台的期许提升;14.2%认为应当发挥信用评价功能,推动职业经理人诚信建设。见表12。

表12　社会组织在促进职业经理人发展方面应发挥的作用

单位:%

年份比例	建立评价指标体系、进行资质评价	管理培训,提供交流平台	人才素质测评及咨询	信用评价	协助维权	协助建立职业经理人制度	发布供求信息
2014年比例	24.9	21.3	18.8	14.2	3.7	9.4	7.8
2013年比例	30.6	15.3	25.8	21.7	6.6	—	—

(三)公司治理结构不断健全,职业经理人契约化管理取得进一步发展

1. 公司治理结构基本健全。中国企业多年来建设和改进现代企业制度的努力使近几年公司治理结构情况已经有很大改善,调查显示,半数职业经理人认为所在企业公司治理结构健全且运行有序(53.4%)。见表13。

表 13　所在企业公司治理结构情况

单位:%

年份比例	健全,运行有序	健全,但运行无序	不健全
2014 年比例	53.4	33.4	13.3
2013 年比例	53.8	34.5	11.8
2012 年比例	52.6	33.5	13.9

2. 工作授权情况良好。调查显示,总体上大部分职业经理人工作职权未被过多干涉;23.0% 认为经常有上级干涉,不能很好地运用工作职权,与前两年调查数据相比,在同年占比中略有上升。见表 14。

表 14　工作中运用职权的情况

单位:%

年份比例	无上级干涉,充分运用工作职权	偶尔有上级干涉,部分运用工作职权	经常有上级干涉,不能很好运用工作职权
2014 年比例	20.5	56.5	23.0
2013 年比例	20.2	65.2	14.6
2012 年比例	25.2	58.7	16.1

3. 企业核心价值观促进岗位忠诚。调查显示,2014 年 65.4% 的职业经理人认为对企业忠诚的原因是已经形成对企业核心价值的认同(见图 4),可见强化企业核心价值的认同感有助于增强职业经理企业责任和企业忠诚,为企业留住职业经理人。

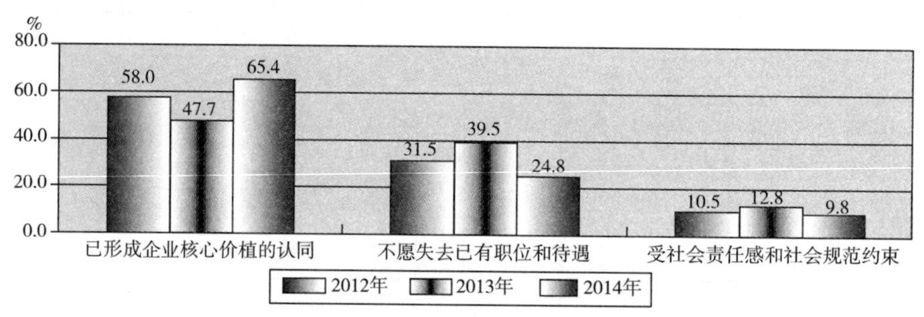

图 4　职业经理人对企业忠诚的原因

4. 薪酬与行业平均水平基本持平。职业经理人契约薪酬是契约化管理中的重要环节,调查显示,职业经理人所在岗位的行业平均年收入目前近半数集中在 10 万 ~ 30 万档(49.4%),极少数在 50 万以上档(8.4%);从职位层级看,基层职业经理人岗位行业平均年收入半数在 10 万以下档(53.5%),中层管理者半数以上在 10 万 ~ 30 万(56.4%)档,高层管理者 30 万以上各档相对比例均最高,总计占 28.1%;不同年龄层次上,31 ~ 40 岁职业经理人在 10 ~ 50 万两档占比较高,51 ~ 60 岁职业经理人在 30 万以上各档比例较高,随着年龄层提高,50 万以上年均收入比例也逐渐提高;不同企业性质中,30 万以下档国企比例较高,外企职业经理人年均收入在 30 万以上各档比例均高于国企和民企(见表 15)。对于所在岗位与行业水平的薪酬关系,半数以上职业经理人认为目前所在岗位的实际收入与行业平均水平基本持平(62.7%),较少职业经理人认为薪酬低于行业平均水平(29.0%),极少认为高于平均水平(8.2%)。

表 15　职业经理人所在岗位行业平均年收入比例

单位:%

分　类	明　细	10 万以下	10 ~ 30 万	30 ~ 50 万	50 ~ 100 万	100 万以上
职位	高层管理者	27.9	43.9	13.5	10.7	3.9
	中层管理者	28.1	56.4	10.6	1.5	3.4
	基层管理者	53.5	41.2	3.5	—	1.8

续表

分 类	明 细	10 万以下	10～30 万	30～50 万	50～100 万	100 万以上
年龄	30 岁以下	47.6	40.5	6.0	4.8	1.2
	31—40 岁	24.7	55.1	13.1	5.1	2.0
	41—50 岁	32.7	50.8	8.7	4.5	3.2
	51—60 岁	34.9	37.3	11.9	6.3	9.5
	60 岁以上	50.0	—	50.0	—	—
企业性质	国有企业	35.5	51.2	7.9	4.2	1.3
	民营企业	29.9	47.3	11.3	5.5	6.1
	外资企业	11.8	47.4	27.6	7.9	5.3
总 计		31.3	49.4	10.9	5.0	3.4

（四）业绩评价和考核持续改进，薪酬激励结构有待改善

1. 大部分企业严格执行业绩评价。调查显示，约 2/3 的职业经理人认为所在企业能够严格执行绩效考核，还有一部分企业仍然没有建立业绩评价制度，或者业绩评价只是走过场，相比前两年这部分比率略有增加，但仍在 10.0% 左右。见表 16。

表 16 职业经理人所在企业业绩评价制度情况

单位：%

年份比例	严格执行，具有良好的激励作用	严格执行，但没起到应有的激励作用	没有严格执行，只是走过场	还没有建立业绩评价制度
2014 年比例	26.2	41.9	21.7	10.2
2013 年比例	31.8	41.6	17.1	9.5
2012 年比例	34.3	41.6	15.2	8.9

2. 薪酬结构以固定薪金为主。调查显示，职业经理人薪酬结构中比例最高为固定月薪（73.7%），其次为绩效奖金（69.4%），股权和期权比例最低（13.1%），薪酬激励仍以短期激励为主，中长期激励为辅。从已有调查年份看，薪酬结构中固定月薪比例不断上升，绩效奖金总体上也是呈上升趋势；年薪比例下降，从 2006 年接近 60.0% 下降至 2014 年的约 30.0%，年薪比例下降约一半，股权期权激励比例则一直处于较低比例，一直在 13.0% ～20.0% 之间。见图 5。

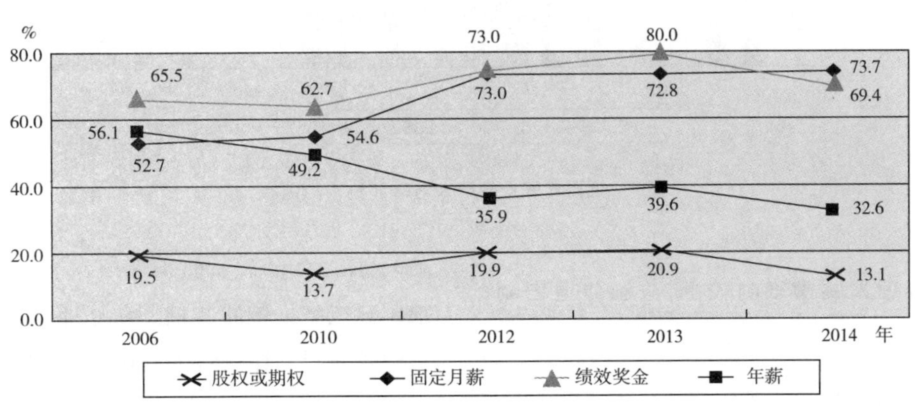

图 5 职业经理人薪酬结构趋势

3. 长期激励不足。调查显示，2014 年 25.0% 的职业经理人所在企业实施了股权或期权激励制度，而这其中 13.3% 的职业经理人享受到股权或期权激励。不同背景企业实施股权激励情况有所不同，不同性质企业中，外资、民营企业均有约 1/3 企业实施了股权激励，国企则较少；不同地理位置企业中，东中部地区明显高于西部地区企业；不同规模企业中实施股权激励的企业比例大致相当，大型企业、微型企业比例略低；上市公司企业明显有更多的企业实施股权激励。见表 17。

表 17　不同背景企业实施股权激励情况

分　类	性　质	占　比(%)	分　类	性　质	占　比(%)
所在企业性质	国有企业	17.6	企业规模	大型企业	21.0
	民营企业	33.2		中型企业	28.7
	外资企业	35.5		小型企业	23.0
所在企业地理位置	东部地区	28.5		微型企业	22.7
	中部地区	30.2	所在企业是否上市	上市企业	35.8
	西部地区	14.4		非上市企业	21.8

从纵向来看，2006 年调查中仅有 18.9% 的企业给予职业经理人股权收入的薪酬制度，经过多年发展，实施股权或期权等长期激励的企业有所增加。

（五）培训培养方式多样化趋势明显，更加注重知识更新和实效

1. 职业经理人培训方式多样。调查显示，企业对职业经理人培训比较重视，培训方式多种多样，主要采取外派公开课学习（38.0%）、职称考评培训（35.0%）、邀请外部专家进入企业进行内训（33.6%）等方式。

2. 注重能力素质提升和知识更新。调查显示，职业经理人认为当前培训内容应着重在以下几方面：职业经理人能力素质提升（75.9%）、企业管理知识更新（68.4%）、国际环境和国内经济政策（55.1%）、市场动态（34.6%）、国际商务（10.7%）等。

3. 倾向协会、高校培训。对于培训机构的选择，43.4% 职业经理人选择行业协会进行管理培训，比上年略有提升，其次为知名高等院校，选择民营培训机构的较少，与上年调查基本相当。见图 6。

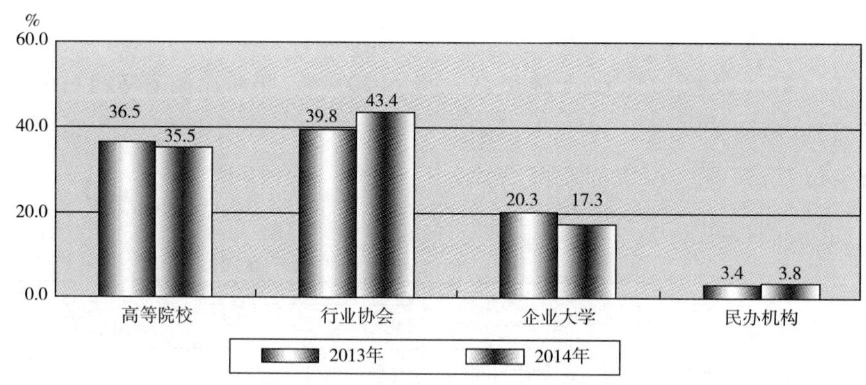

图 6　近两年职业经理人对培训机构的选择

（六）职业经理人跳槽限制较少，法制化退出制度亟待建立健全

1. 职业经理人跳槽限制较少。调查显示，55.6% 的职业经理人所在企业对其跳槽没有或很少有制度限制，16.3% 的职业经理人所在企业对其跳槽有较多限制甚至基本不能跳槽。从企业性质调查看，国企中跳槽较多限制比例最大（16.6%），基本不能跳槽比例也最大（5.9%）；民企中跳槽较多限制的比例最小（7.9%），没有限制和较少限制的比例最大（61.9%）；

外企中两级点比例最小,没有限制仅为2.6%,也不存在基本不能跳槽,这样对职业经理人跳槽行为既进行相关限制,又允许行为发生,将其控制在合理合情范围内 ,有利于促进职业经理人的有效流动。见表18。

表18　企业对于职业经理人跳槽的制度限制情况

年份与性质		没有限制	较少限制	一般	较多限制	基本不能跳槽
年　份	2014年	17.4	38.2	28.1	13.1	3.2
	2013年	14.5	36.8	36.3	10.2	2.1
企业性质	国有企业	18.9	32.5	26.1	16.6	5.9
	民营企业	18.6	43.3	30.2	7.9	0.0
	外资企业	2.6	51.3	31.6	14.5	0.0

2. 职业经理人呼吁关注职业准入和退出机制。职业经理人的执业(职业)准入和退出机制(65.4%)是调查中广大职业经理人最为关注的问题,其次是进行职业经理人立法,明确职业经理人权利义务(50.7%)。

(撰稿:邵杨辉)

2014年企业文化示范基地综述

中国企业联合会企业文化建设委员会

自2005年起,中国企业联合会率先在全国开展创建全国企业文化示范基地活动,坚持"优中选优,宁缺勿滥,成熟一家,推出一家"的原则,从每两年评选一次的"全国企业文化优秀成果"中,选出一批具有代表性、引领性的先进企业作为"全国企业文化示范基地",通过召开现场会,组织广大企业现场观摩、研讨交流、学习体验,不断拓展视野、丰富认知、完善提升。企业文化示范基地作为企业文化学习培训的有效载体,对于树立文化建设标杆、传播先进企业文化建设经验、推进文化创新发挥了重要作用。截至2014年年底,一共有39家企业被授予"全国企业文化示范基地",其中,2014年,先后有吉林石化、现代投资、大峘集团、金洲集团、奇信集团5家企业被授予"示范基地"。这些企业都是企业文化理论创新与实践探索的优秀典型,他们在构建先进企业价值理念的基础上,以适应新时期企业改革发展、战略转型和管理提升的需要为重点,建立了科学有效的企业文化运行机制,在人本文化、创新文化、品牌文化、精细文化、社会责任管理等方面取得了显著成效,具有较好的示范性和推广意义,为中国企业文化建设提供了成熟的思路和模式。这5家"示范基地"企业的共同特点主要体现为如下五个方面:

一、注重理念引导,确立科学先进的价值系统

企业价值系统是企业在生产经营过程中所倡导的思想理念和价值表达,其内容包括核心价值观、使命愿景、经营理念、行为规范及品牌内涵等。它就像是企业生态体的中枢神经系统,是企业价值判断与行动选择的主要依据,在一定程度上决定了企业发展的方向和方式。企业发展战略的提出,经营决策的制定,管理方式的选择,无不受到决策者思想理念和员工文化水平的制约。面对日益激烈的市场竞争,"示范基地"企业都坚持以文化为先导,根据企业发展阶段和企业生存环境的变化,不断更新完善企业价值系统,旗帜鲜明地提出与时代相契合、与古今中外优秀文明相承接、与企业发展特点相适应的先进价值主张,并用社会主义核心价值观加以鉴别和判断,用新的思维理念,引领企业找准发展的思路、方向和着力点,以文化

共识凝聚创业创新的精神合力，使企业文化在不断升华中，促进企业开创发展新局面。

吉林石化的"四种精神"和"严细实快"作风、现代投资"至诚无息，同欲至胜"的核心价值观、大峘集团的"家文化"、金洲集团以"重责守信、合作共赢、持续发展"为核心的金洲商道、奇信集团"奇在创新，信于守诺"的基本宗旨，都是企业价值系统的高度凝练和集中表达，代表了企业自身最根本的精神基因和最独特的精神标识。正是秉持这些科学先进的文化理念，"示范基地"企业无论面临多么严峻的市场环境和多么大的生产经营压力，都始终坚定信心，振奋精神，头脑清醒，不断增强变革创新的自觉性，及时调整发展战略和策略，坚持狠抓质量、提升管理、塑造团队、培育品牌不动摇，积极推动企业发展转型升级，从而使企业始终保持与时俱进的良性发展状态。

二、注重实践养成，长期坚持把小事做实做好

企业文化的生命力在于实践，在于每一名员工具体而自觉的行动。长期以来，"示范基地"企业按照价值观培育规律，坚持从实处用力，把企业价值系统的基本要求自觉融入企业运行管理的每个环节和细节之中，与员工具体工作紧密联系起来，以员工行为塑造、素质提升、作风建设为关键环节，以制度规范、教育培训、激励机制建设为主要手段，根据员工特点和成长规律，精心构建了大量的文化载体，在载体落细、落小、落实上下功夫，经过长期坚持，引导员工在实践中不断感悟企业核心价值观的真谛和要义，增强了自觉奉行和日常践行企业文化的能力。例如，吉林石化从一点一滴的小事做起，坚持抓岗位记录仿宋化 30 年不走样；从一台设备一条管线抓起，坚持文明生产 30 年不走样；从一个会议一份文件抓起，坚持开展"创无事故工厂"活动 30 年不走样，使每一项生产活动都生动体现出企业的文化追求，推动了基础工作规范化、上水平。大峘集团为了让"家文化"得到广大员工真挚的体会与认同，认真研究制定了细致关爱的管理制度，对员工的关心具体到衣、食、住、行、学、婚、节等诸多方面，其投入力度之大，覆盖范围之全，在全国企业中都是少有的。虽然这些看起来都是企业管理中的琐事小事，但大峘集团秉承"家人无小事"的理念，以滴水穿石的精神和久久为功的韧劲儿，长期坚持把这些"小事"做得比别人好，最大限度地激发了员工的主观能动性，最终汇聚形成企业发展至刚至强的核心竞争力。

三、注重以人为本，激发人的工作热情和创造潜能

企业文化建设从根本上讲是做人的工作。企业文化只有充分调动全体员工的积极性、主动性和创造性，才能有旺盛的生命活力，才能够深入人心。"示范基地"企业都充分认识到人在企业发展中的基础性和决定性作用，把员工队伍建设作为企业的立业之本，确立了广大员工是企业文化主体的思维理念，并通过一系列重要举措，大力吸引、培养、激励各类人才，促进企业和员工共同发展。吉林石化持续推进吉化故事的征集、刊发工作，加强两级企业精神教育基地建设，大力开展"四种精神"新时期代表人物、"五型"班组等各种先进典型的评选和宣传，营造了比学赶超的工作氛围，培育出了"高彦峰班""丛强班"等一大批明星班组和金牌工人；现代投资在重大决策、选人用人上提出"六个坚持"，营造了风清气正、公平公正的工作环境；大峘集团提出了十六字分配激励方针，同时积极探讨股份的内部转让、配送、退出机制，使企业更加贴近"家"的特殊功能和作用；奇信集团建立了涵盖八个领域、四位一体的员工责任模型，形成了双通道的宽带薪酬体系，开设公众微信平台，设置不同层面的鼓励员工发展进步的奖项，不断完善激励创新人才的各项制度。

四、注重融入品牌，不断提升品牌核心价值

品牌核心价值由品牌的质量、造型设计、品牌形象、客户感受、市场占有率、服务特性及其文化内涵等诸多"软"要素组成，在这当中，文化是品牌的灵魂，也是创造品牌价值的主要源泉。一个缺少文化底蕴的品牌，如同缺少养分的植物，虽然能够种下，但根却难以扎深，生长的活性必然受到限制。金洲集团早在 20 世纪 90 年代就开始意识到品牌对于企业发展的重要性，用"精品开拓市场，人品开创事业"表达了企业在创建品牌时最看重的品质，并围绕这

一品牌精神，构建了包括品质、技术、环保、服务等在内的品牌价值管理系统，在确保产品质量"零缺陷"方面从来不遗余力，在清洁化生产工艺、精细化管理和管理体系认证等方面都做到先人一步，使企业的每一项生产经营活动都能够演绎传达出品牌的精神与追求，使企业文化对树立良好的品牌形象、赢得客户信赖和社会好评发挥了独特作用。奇信集团把质量作为品牌的第一生命，做到承建大型工程一次交验合格率始终保持100%，让客户享受到安全、可靠、优质的产品和服务，赢得了良好的市场口碑，逐渐打造出"奇信"金字招牌。

五、注重服务发展，支撑企业实现优秀经营业绩

"示范基地"企业都长期坚持以企业文化推动企业发展，从战略层面高度重视和切实推进企业文化建设，通过文化建设引导企业转变发展观念，调整自身行为方式，强化基础管理，提高员工道德素养和文化素质，释放企业发展活力和创新能量，实现文化建设与企业战略转型相互作用、互促共进，从而保持长期竞争优势和获得持久成功，取得了丰硕的发展成果。吉林石化作为中国化学工业发展的源头和摇篮，自成立以来，经历了艰苦创业、产品转型、改革重组、扭亏脱困等重大考验，在各个发展阶段均取得了令人瞩目的成就，曾创造了"全国学吉化"的辉煌。现代投资形象地称企业文化手册为"红本本"，发展战略规划为"白本本"，坚定地认为，只有把"红本本"做好了，才能实现"白本本"，从而成就公司的发展愿景；自2006年以来，公司股价、每股收益一直居同行业上市公司之首，累计现金分红202 500万元，成为"深证100"指数样本股，受到广大投资者的好评；公司在许多人看来不可能按时完成任务的情况下，实现溆怀高速建设工程提前半年建成通车，创造了"现代速度"，充分展现了现代投资人的战斗力和执行力。大峘集团经历了从原冶金工业部转制等重大事件的洗礼，经受了各种市场风险挑战的磨砺，目前在高炉喷煤市场的占有率连年位居全国第一，成为一家经营稳健、资产优良、精神充盈、文化振兴的企业。金洲集团经过33年的创业发展，从一家资不抵债的社办小厂转变为集管道科研制造和生态旅游两大产业于一体的现代化企业集团，其管道产品销往全世界30多个国家和地区，进入管道行业龙头骨干企业行列，也是中国制造业500强企业和国家重点高新技术企业。奇信集团连续11年位居中国建筑装饰行业百强前列，并先后荣获"中国建筑工程鲁班奖""全国建筑工程装饰奖"等国家级奖项，为我国建筑装饰市场贡献了多项优质精品工程。

"示范基地"企业的文化建设实践有力证明，持续竞争优势越突出的企业，其有形资产在价值创造中的作用就越小，企业文化、企业品牌等无形资产的作用就越大，其超额回报率也就越高。可以说，"示范基地"企业的发展经验对当前改革转型任务艰巨的广大企业有着重要的启示意义。

（撰稿：李德洁）

2014年企业信息化建设综述

中国电子信息产业发展研究院

一、中国企业信息化发展环境

（一）网络安全与两化融合政策力度加强

2014年2月，中央网络安全和信息化领导小组成立，国家主席习近平亲自担任组长，标志着网络安全和信息化已上升为国家战略。中央网信办着力健全信息化发展环境和法律制度，研究制订了国家信息化的发展战略与核心信息技术的发展战略；研究制定信息化驱动工业化、城镇化、农业现代化，推进国家治理体系和治理能力现代化的指导性文件；制定信息化发展水平指标体系，对信息化建设情况作出评价；建立

网络安全审查制度，加快网络安全立法和标准化进程。2014 年 8 月，《国务院关于加快发展生产性服务业促进产业结构调整升级的指导意见》指出，要加快生产制造与信息技术服务融合，发展涉及网络新应用的信息技术服务，积极运用云计算、物联网等信息技术，推动制造业的智能化、柔性化和服务化。

（二）宽带网络基础设施建设成效显著

信息基础设施加速向高速化、泛在化、智能化方向发展，进入宽带普及提速的新时期。“宽带中国”战略进一步落实，三大电信运营商加快网络光纤化改造和新增区域覆盖，加大 4G 移动通信网络建设力度，物联网、云计算、大数据、工业互联网等应用基础实施加速推进。中国信息基础设施建设成效显著。据工信部统计，截至 2014 年年底，三家电信企业宽带基础设施投入累计超过 5 000 亿元，建成了全球最大规模的宽带通信网络，移动通信基站数 339.7 万个，其中 3G 基站总数 128.4 万个；服务的移动用户数已达 12.8 亿户，其中 3G 用户达 4.9 亿户，4G 用户接近 1 亿户；固定宽带接入用户数突破 2 亿户，其中光纤接入用户达 6 832 万户，占比 1/3，移动网络覆盖范围和服务质量继续提升。同时，中国加快布局 5G 研发，成立了 IMT－2020（5G）推进组，布局 5G 重大项目，全面开展 5G 策略、需求、技术、频谱、标准研究及对外合作。

（三）信息技术应用的体系化创新特征明显

集成电路、基础软件、计算机、通信网络、互联网应用、信息处理等原有技术架构和发展模式不断被打破，创新周期不断缩短，主要环节步入代际跃迁的关键时期。信息领域技术创新交叉融合、群体突破、系统集成特征更加突出，从传统的单点、单环节创新向芯片、软件、系统、网络等多要素集成创新、协同创新、系统性创新转变，单一产品优势加速向产业体系优势转化。智能制造、智慧城市、智慧农业快速发展，正在引领产业转型升级。信息通信技术在工业研发设计、生产流程、企业管理、物流配送等关键环节的应用不断深化，装备、化工、钢铁等重点行业信息化开始步入集成应用新阶段。航天、航空、机械、船舶、汽车、轨道交通装备等行业数字化设计工具普及率超过 85.0%，钢铁、石化、有色、煤炭、纺织、医药等行业关键工艺流程数控化率超过 65.0%、ERP 装备率超过 70.0%。

（四）自主可控软硬件支撑能力日趋增强

国内一些领军企业在操作系统、数据库等基础软件开发，高端核心芯片研制，国产计算机、交换机等关键 IT 设备生产等方面投入大量的人财物资源，通过自主研发与并购重组等方式，掌握一批拥有自主知识产权的自主可控信息安全产品，具备了面向全行业提供自主可控整体解决方案的能力。浪潮围绕高性能服务器成立国产主机联盟，构建自主生态圈；华为打造基于自主可控芯片的产业链，成为主流供应商；中国电科发布新一代操作系统产品——基于 Linux 内核的普华系列操作系统 3.0；中国电子发布了自主研发的飞腾 FT－1500A 系列 CPU 芯片和“智桥”高密度万兆交换芯片。本土企业的自主产品技术竞争日趋激烈，已上升为产业链之争、生态圈之争。

（五）网络空间安全形势日趋严峻

网络空间正在成为新兴全球公域，世界各国纷纷将网络空间安全提升至国家战略层面，网络空间安全成为国家博弈的新制高点。围绕网络空间发展权、主导权的角逐不断升温，世界强国全面强化制度创设、力量创建和技术创新，不断争取网络空间话语权，各国之间既相互依存，又相互竞争。随着网络攻击、网络窃密、网络渗透等现象日趋常态化，信息安全形势不断加剧，催生了信息安全市场，信息安全行业增长进入快车道。据统计，2014 年网络安全市场规模达到 550 亿元左右，全年增长率约为 26.0%。根据《信息安全产业“十二五”发展规划》，到 2015 年，中国信息安全产业规模将突破 670 亿元。

二、大型央企信息化建设进展

随着云计算、物联网等新技术不断涌现，大型央企在信息化建设中广泛应用最新技术，央企的信息化水平进一步提高。总体来看，信息化在大企业集团化运作、集约化发展、精益化管理方面发挥了日益重要的支撑作用。

（一）发展现状

2014 年，一大批中央企业以“做强做优、实现世界一流”为目标，积极贯彻落实国资委印发的关于加强中央企业信息化工作的指导意见、加强信息安全等工作的指导性文件，实施中央企业信息化“登高计划”，推进中央企业软件正版化和重要信息系统国产化，参加中央企业信息化水平评价与示范工程评选，央企的信息化建设发展势头迅猛。截至2013年，112户中央企业中56户信息化水平达到A级，处于国际领先水平；40户达到B级，处于国内领先水平。

大型企业已普遍实现信息化应用单项覆盖，部分大型企业特别是具有一定国际竞争能力的企业实现综合集成，少数企业实现协同创新，出现了一批应用示范企业。据有关调查，在产品研发环节，大企业普遍实现二维设计，部分企业实现三维建模，CAE/CAPP/PLM等得到不同程度的应用，航天、航空、机械、船舶、汽车、轨道交通装备等行业数字化设计工具普及率超过85.0%，异地协同设计、网络众包、云制造等新的研发生产组织方式不断涌现；在生产过程中，制造执行系统（MES）逐步推广，信息共享、系统整合和业务协同不断推进，生产制造过程的自动化、信息化、集成化取得初步成果，钢铁、石化、有色、煤炭、纺织、医药等行业关键工艺流程数控化率超过65.0%；在企业管理环节，系统整合业务协同不断增强，企业资源规划（ERP）、供应链管理（SCM）、客户关系管理（CRM）等在部门级应用非常普遍，促进了企业管理的规范化、制度化、流程化、透明化，钢铁、石化、有色、煤炭、纺织、医药等行业ERP装备率超过70.0%；在服务型制造方面，企业从提供产品向提供服务转变，实现产品个性化、定制批量化、物流智慧化，工程机械、电力设备、风机制造等行业服务型制造业务快速发展。

1. 信息化工作体系和机制不断完善。在各中央企业领导的高度重视和大力推广下，信息化工作正在各企业中健康有序地开展。所有中央企业成立了信息化领导小组，超过90.0%的企业主要负责人全面参与信息化工作，超过80.0%的企业设立了信息化职能部门，超过70.0%的企业设立了信息化专项资金，超过半数企业设立了总信息师。

2. 信息化战略规划能力进一步加强。大企业已经把信息化规划作为企业发展规划的重要组成部分，确保信息化发展与企业发展战略目标相一致。超过90.0%的企业把信息化工作主要目标设定为全面提升自主创新能力、提高核心竞争力。绝大多数企业通过对表，制定了企业信息化发展战略规划，信息化顶层设计能力加强。超过90.0%的企业信息化总体战略规划采用企业统一编制，近70.0%的企业业务部门深入全程参与规划制定工作并起主导作用。近半数的企业采用专业工具，进行信息化绩效考核管理。

3. 信息化对主要业务的覆盖面全面提高，业务协同能力明显提升。大部分企业将主要业务信息系统延伸至管理、生产、销售等各个环节的最末端。超过80.0%的企业业务部门全程深度参与信息系统建设，实现企业主营业务或管理制度流程化。跨专业数据共享和多业务融合应用大力推进，企业运营监测能力明显提升。有80.0%的企业已在业务操作、管理协同和决策支持等多重层面建立数据共享机制。信息化与生产制造领域渗透融合步伐加快，涌现出个性化定制、按需制造、众包众设、异地协同设计等一批应用新模式。

4. 电子商务应用广泛开展，经营模式转型升级，对市场的快速反应能力明显提升。钢铁、石化、冶金、汽车等行业形成了一批百亿级、千亿级行业第三方电子商务交易平台，实现了网上采购和网络营销，传统B2C、C2C向大规模个性化定制C2B转型，电子商务从交易平台向生产平台转变。

5. 信息安全和运维建设大力加强，运行保障能力明显提升。绝大多数企业开展了信息安全等级保护工作，几乎所有企业建立了相应的信息安全管理制度（或机制），超过60.0%的企业建立了集中的数据中心（灾备中心）、统一运行维护监管系统，约1/4的企业实现了异地灾备。各企业正在积极开展信息安全管理体系建设，员工安全意识大大加强，信息安全管理水平得以有效提升。

6. 信息化人才队伍建设有效加强。超过70.0%的企业制定了信息化人才的鼓励和优惠政策，超过90.0%的企业制订了全员信息化培训计划，信息化全员培训平均覆盖比例80.0%，信息技术人员的业务知识培训平均覆盖比例达95.0%。

（二）发展趋势

1. 信息化领导推动力有效加强。大部分企业的负责人已充分认识到信息化的价值，能够在深入分析企业面临的内外部环境基础上，围绕企业核心竞争力，全面提升自主创新能力、资源配置能力、风险管控能力，支撑企业组织机构和流程持续优化。

2. 信息化绩效考核制度日趋完善。信息化绩效考核制度实现了"一把手工程"向"全员工程"的转变，确保层层落实信息化建设、应用、维护、升级和优化的责任。当前多数中央企业信息化绩效考核结果列入企业各部门或成员单位的年度工作考核内容，并用于指导开展下一步信息化工作。

3. 加强信息化顶层设计已成为中央企业共识。当前各企业能够充分发挥信息化建设中的主动性，由总部统一编制信息化总体规划。当前多数企业已建立涵盖信息化建设全过程各环节的管控机制，并按照规范要求在全企业范围内严格贯彻执行，从而确保了各项信息化建设任务的顺利开展。

4. 四是信息化与业务融合程度进一步加深。中央企业的信息化与研发、生产、经营联系越来越紧密，很多企业实现了研发和设计协同化、生产过程的智能化、企业管理的信息化，企业信息化与业务的融合程度逐年上升。同时充分利用信息化手段，分析和挖掘各种信息资源，进一步优化生产、理顺业务流程、堵塞管理漏洞，实现企业管理方式从粗放型向精细型的转变，有效提高生产和管理效率。

5. 信息化生产管理优化成效显著。多数企业在其生产过程已完成运行监控、计划优化以及相应决策的分析，并完成生产数据自动采集。信息化提高了管理效率和管理水平，借助信息系统根据生产实际情况和生产计划安排，按照调度策略模型优化生产调度，对生产过程进行动态调控，最大限度地发挥企业经营效率和效益，在保证质量、交货期、满足客户个性需求的前提下做到最佳生产。财务信息化建设引进和发展了新的管理模式、管理思想、管理手段，为集团管理创新提供了新的空间，实现对资金的集中监控和核算，对集团的科学决策提供了有力的支持。通过建立从基层项目、子公司、职能部门到公司领导的以财务信息为主的投资业务管理系统，信息化保证公司决策层全面了解掌握公司资产、项目、利润、经营及人力资源情况，及时、准确、客观地得到项目管理各方面的动态信息，大大提高了投资管理效率。多数企业还统一开展在线运行监测与分析，实现动态监测和自动预警，从而有效提高企业整体生产运营效率、效益。

（三）存在不足

中国大型国企信息化管理工作虽已取得可喜成绩，但仍然任重道远，面临不少问题。一是信息化投入不足，部分央企缺乏足够的信息化工作经费；二是企业系统覆盖程度有待提升，尚未建立跨应用系统的业务流程，实现信息化全流程管理；三是业务之间的数据共享、集成程度有限，需加强信息系统的互通互联和集成共享；四是对信息加工深度有限，管理信息系统对管理、经营的决策支持能力尚未得到充分发挥。

三、中小企业信息化建设进展

中小企业，特别是量大面广的小微企业不仅是国民经济的重要支柱，也是推动信息化建设的重要载体。根据国家工商总局的报告，截至 2013 年年底，全国各类企业中，小微企业约 1 170 万户，占到企业总数的 76.6％。若将 4 436 万户个体工商户视作微型企业纳入统计，则小微企业在工商登记注册企业中所占的比重就达到了 94.2％。

整体而言，中国中小企业信息化建设还处于初级阶段，由于信息化观念不强，导致信息化积极性不高、信息化投入不多、信息化成功率低，在实际应用中存在一些问题。

（一）发展现状

根据 CSIP 的统计，中国中小企业信息化市场规模约 2 000 亿元，且年均增长率近 20.0％。大部分中小企业处于信息化起步阶段，中小企业迫切希望通过信息化手段提升企业效率、降低成本、增强竞争力，利用信息化服务对企业业务和决策提供支撑作用。

1. 政府加大扶持力度，鼓励新技术创新应用。2014 年，工业和信息化部继续推动中小企业信息化专项计划，支持中小企业信息化服务平台建设，打造一批运作规范、功能完备、服务高效、信誉良好的信息化服务机构和应用集成服务商。加快培育面向中小企业的工业云平台，继续实施工业云创新服务试点，建设一批工业云体验中心，打造一批集软件工具、设计素材、知识管理、标准规范、培训教育等于一体的高质量工业云服务平台，引导中小企业探索制造业发展新模式。“十二五”期间，工信部会同财政部批复了30个省（自治区、直辖市）和5个计划单列市的平台网络建设方案，计划总投资合计54.2亿元，截至2014年三季度，这35个省市已完成投资42亿元，占总投资的77.6%。各省和计划单列市纷纷建立了云计算公共服务平台，据不完全统计，目前全国有超过5 000家中小企业上线应用。

2. 加快推进专项工程，服务能力不断增强。工业和信息化部连续第10年组织实施中小企业信息化推进工程，以移动互联网、云计算、物联网、大数据等新一轮信息技术发展为契机，搭建信息化服务平台，形成了拥有2 200多个信息化服务机构、近10万名专业人员、60万家专业开发商和合作伙伴的中小企业服务网络。北京数码大方开发了完整的工业软件SaaS应用服务，目前各类资源达10万种，注册用户数超12万人，能够为中小企业提供CAE分析、3D打印等工程服务。软通动力开展中小企业云和跨境电商云专项行动。这些信息化服务平台对支持中小企业研发设计、经营管理、市场营销等核心业务发展取得显著成效。

3. 网络基础设施不断完善，运营商服务机制逐渐成熟。2014年，共有16家大型电信运营商、信息化服务商和专业服务机构参与了中小企业信息化推进工作，服务商投入了约12亿元的中小企业信息化专项资金。目前已在全国建立了分支服务机构5 900多个，通过信息化服务平台，凝聚软件开发商和专业合作伙伴超过60万家。中国电信在全国中小企业积聚的工业园区、商务楼宇等区域集中建设快捷服务中心2 000多个，设立中小企业信息化服务站400多个，形成了5万多人的服务队伍，为130多万家中小企业客户、2 100多万人提供云服务。中国移动的云产品为中小企业提供主机、存储、应用托管、云数据等标准化服务，同时打造开放的SaaS平台，构建云服务产业生态集群。中国联通建立和完善了垂直一体化的五级中小企业客户营销体系，中小企业客户营销经理人数达2.8万人。

4. 跨境电商成为应用热点，深入开展电商培训服务。2014年，跨境电子商务B2B交易平台和多语种国际贸易电子商务平台的建设如火如荼，为中小企业开拓国际市场建立了便利渠道。敦煌网打造外贸B2B电子商务服务平台，已为全球224个国家和地区的550万家中小企业和网商提供外贸电子商务服务业务，国内注册卖家数量达120万。阿里巴巴国际市场的小额批发业务发展迅猛，国际B2B营收达45.3亿元，同比增长20.0%以上。中国中小企业协会会同地方政府建设网商虚拟产业园，配备了300人的专业服务团队，为万家中小微企业提供12大类44项基础服务。阿里巴巴的淘宝大学汇集了1 500名讲师、80家机构和300所院校的社会资源和力量，为近500万学员提供了电子商务相关的专业知识培训，开发了3 000多门精品电商课程，在线上参加课程学习的总量累计超过1 500万人次。

5. 新一代信息技术应用普及，小微企业移动应用得到支持。中国移动互联网管理中心推动实施“百万小微企业移动电子商务扶持工程”，在全国开展巡展和培训活动，在北京、重庆、上海等地设立了297家为中小微企业提供服务的运营机构，提升小微企业移动互联网电子商务应用水平。铭万公司在全国建成拥有30余家信息化服务公司、200多家代理商、3 000人的服务团队的服务网络，同时推动B2B服务联盟转型升级，发展新型服务。

（二）发展趋势

1. 云计算服务平台优势被认可。从未来发展趋势看，云计算正在成为越来越多中小企业服务平台的选择，主要集中在为本地区优势/特色产业、产业集群企业服务。根据工信部的一次调研，为中小企业提供服务的平台约25.0%使用云计算模式，所采用的服务以SaaS模式（近40.0%）为主；当前云计算服务的运行模式几乎一半免费；云计算服务模式的优势基本被认可，近80.0%的被调查单位认为优势十分明显。但云计算服务中小企业基本处于起步阶段，缺少技术支持是主要原因。

2. 电子商务深度影响企业全流程。在财务管理方面，大部分中小企业已经使用财务管理软件，但多是作为固化的财务工具使用，企业在开展电子商务后，可以将电子商务交易的收支情况和财务管理软件的后台直接对接，动态进行各项收入管理，合理进行资金分配。在产品研发管理方面，目前企业的产品研发中心很难直接对接市场和得到客户的反馈，通过开展电子商务可以直接有效地随时获得一线客户的反馈。在客户关系管理方面，过去中小企业利用 CRM 管理的主要是静态的客户信息，通过开展电子商务可以动态地和客户随时交流，开展产品生产预测和定向销售。

3. 移动信息化应用进入高峰期。随着 PC 应用逐渐被智能手机、平板电脑、可穿戴设备等取代，移动用户明显多于宽带用户，传统信息化系统移动化的需求日益增多，中小企业面临将原有业务移动化或创新移动化业务的局势。移动业务创新将推动行业定制专用设备需求，例如移动管理、移动医疗、移动教育、车联网等。移动信息化的需求主要集中在信息系统资源调用、移动开发平台和信息管理等方面。随着移动信息化应用加快，移动网络传输能力将大幅加强，对数据存储和计算量的需求将迅猛提升，基于实时视频、语音通话和数据的综合业务处理能力将进一步增强。

四、企业电子商务发展情况

电子商务不仅创造了新的消费需求，引发了新的投资热潮，而且加速了产业间融合，催生了新业态，成为推动产业结构调整的重要引擎。

（一）发展环境

2014 年，国家有关部委继续强化对电子商务推广应用的政策支持。商务部会同发改委等 8 部委开展国家电子商务示范城市创建工作，在原有第一批 22 个示范城市基础上，2014 年又评选出第二批 30 个电子商务示范城市，确定了首批 34 家国家电子商务示范基地。

1. 完善电子商务制度环境，商务部积极推进《电子商务法》立法，以及《食品安全法》《广告法》等法律修订。研究制定了《网络零售第三方平台交易规则制定程序规定》等部门规章。在标准规范层面，开展电子商务标准框架体系、网络零售行业规范总体框架等研究。

2. 健全电子商务支撑体系，商务部加强了电子商务统计体系建设，2014 年开通了全国电子商务信息管理分析系统，形成了具有统计、监测、信用、业务管理和企业服务五大功能的综合性工作平台。研究出台《电子商务统计指标体系（总体）》，建立数据共享渠道，提高数据测算能力。

3. 建立电子商务信用基础数据库，统筹开发公开、透明、动态的企业信用记录。健全部门信息共享和协同监督机制，推动建立面向第三方信用服务机构的信用信息采集、共享与使用机制，形成政府主导、多方参与、标准统一的电子商务信用体系。

（二）发展现状

一是电子商务规模高速增长。据 CNNIC 调查显示，截至 2014 年年底，中国网民规模突破 6. 5 亿人，中国手机上网人数达 5. 57 亿人，网络购物用户达到 3. 6 亿户，同比增长 19. 7%。根据商务部数据，2014 年，中国全社会电子商务交易额达 163 900 亿元，同比增长 59. 4%。

2014 年，B2B 电子商务销售额增速加快，销售金额达到 127 500 亿元，同比增长 62. 8%。其中，销售商品金额为 122 500 亿元；提供服务的金额为 5 000 亿元。B2C 销售额为 36 400 亿元，同比增长 48. 6%。其中，销售商品金额为 28 800 亿元，提供服务金额为 7 600 亿元。见图 1、图 2。

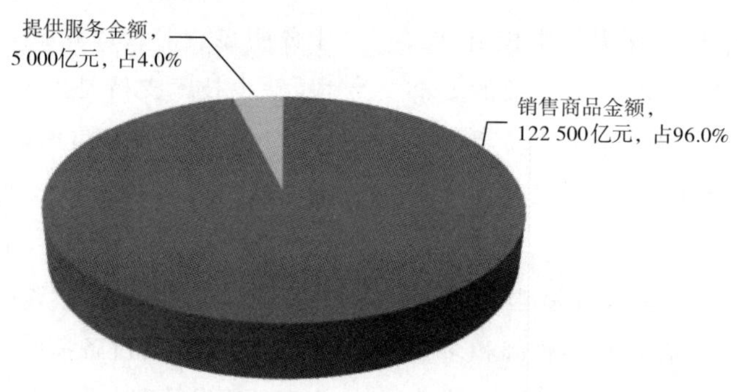

图 1　2014 年中国 B2B 电子商务销售额分布

数据来源：商务部。

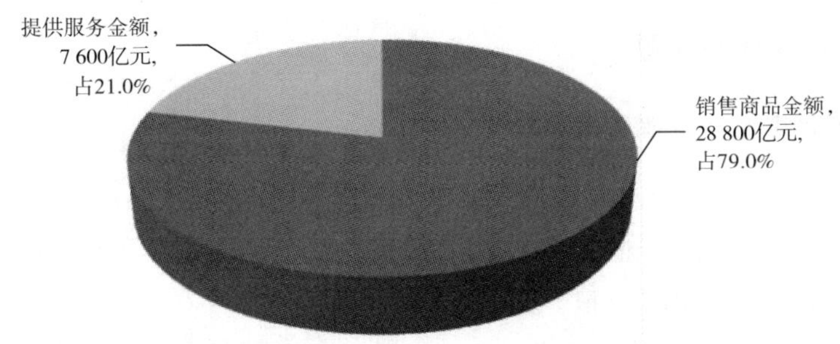

图 2　2014 年中国 B2C 电子商务销售额分布

数据来源：商务部。

2014 年，B2B 电子商务服务商营收（包括线下服务收入）份额中，阿里巴巴排名首位，市场份额为 38.9%，较上年有所下降。接下去为：上海钢联 18.5%、环球资源 4.8%、慧聪网 3.8%、焦点科技 2.0%、环球市场 1.4%、网盛生意宝 0.6%、其他占 30.0%。（见图 3）

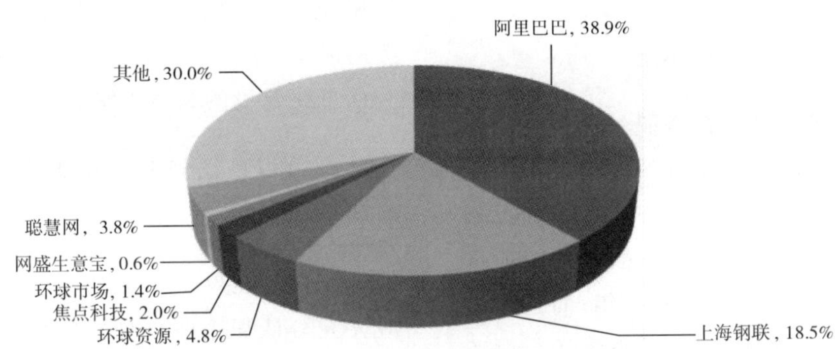

图 3　2014 年中国 B2B 服务商市场份额布局

数据来源：中国电子商务研究中心。

二是第三方平台电子商务交易活动集中度较高。淘宝、天猫、京东等排名前 20 的第三方平台上共实现电子交易额 62 200 亿元，约占全部第三方交易额的 90.0%。

三是电子商务从交易平台向生产平台转变。2014 年，中国的钢铁、石化、冶金、汽车等行业形成了一批百亿级、千亿级第三方电子商务交易平台，传统 B2C、C2C 向大规模个性化定制 C2B 转型。

四是跨境电商呈现快速发展态势。2014 年，在中国对外贸易增速放缓背景下，中国跨境电商发展迅猛，成为未来驱动贸易发展的新动力。《2014 年中国电子商务报告》数据显示，2014 年，中国跨境网络零售交易额达到 718 亿美元，同比增长 44.0%。其中，进口网络零售额约 206 亿美元，同比增长 60.0%；出口网络零售额约 512 亿美元，同比增长 40.0%；跨境电商企业超过 20 万家，平台企业超过 5 000家。中国跨境电商的发展正在从培育期逐渐步入战略期，跨境电商在中国商务发展中的地位、作用和分量将进一步提升和强化。

五是电商物流成为发展最快的细分领域。伴随电子商务迅猛发展，衍生出来的客服、配送等岗位就业市场大幅增加。截至 2014 年 12 月，电子商务服务企业直接从业人员超过 250 万人。目前由电子商务间接带动的就业人数，已超过 1 800 万人。以中国快递业为例，已连续 4 年保持年均增幅超过 50.0% 的速度。2014 年，中国快递业正式进入百亿时代，快递业务量达 140 亿件，同比增长 51.9%，超过美国成为世界第一。O2O 模式正在成为线下企业电商化的发展趋势。

五、企业信息化存在的问题

(一)信息化投入产出效果难以准确评估

企业信息化初期在技术层面需要一定的资金投入,购买软硬件与信息系统,部分企业反映信息化投入效益不理想,投资没有得到相应回报。信息化系统在广泛应用后的效果难以进行量化评价,多数企业的信息化建设对于提升企业核心竞争力收效甚微。有时出现信息化投入不断增加,但离信息化建设目标越来越远的黑洞。根据《中国中小企业信息化需求与现状白皮书》,"企业对信息化作用认识不足"因素以59.4%的比重占据首位,这些企业认为信息化对于企业的发展和盈利起不到决定作用。

(二)对信息化实施困难预期不足

现代的企业信息系统是整合企业各种资源和业务流程的复杂有机体。信息化系统的实施是一项周期长、风险大、涉及面广的系统工程,过程中要投入大量的人力、物力和财力。一般的信息化系统项目开发周期至少要半年,长的可达两到三年;而且信息化投入巨大,且需要后续不断的投入,系统运行后还需要一笔维护费用。

对大企业而言,集团总部与下属企业之间的业务因所采用的信息系统不一致,信息化水平参差不齐,系统间不能很好的衔接,数据无法共享,都可能直接影响信息化的实施效果。对中小企业而言,面临资金少、技术能力不足等困难,而政府为中小企业信息化服务的机构和平台过于分散,缺乏市场机制,竞争活力和后续发展能力不足。

(三)信息化与企业管理流程脱节

企业在实施信息化过程中,有时需要打破原先的工作关系,把原先某部门独享的信息资源改为分享,可能对原先的利益关系带来冲击。这些变化有时会引起内部人员的消极合作甚至抵触情绪,导致信息化难以顺利推行。

(四)中小企业信息化建设思路不清

由于缺乏专业人才和技术基础,许多中小企业不知道如何将信息化与企业发展战略结合起来,与具体经营管理工作相结合。企业在前期向专业的信息化人员咨询时,往往无法准确说明自身企业的信息化需求。由于信息化建设较为盲目,缺乏顶层设计和规划,信息化建设多是被动的,单项应用之间缺乏互联互通。中小企业多样化的信息化需求与信息化服务对接的方法途径有待深入探讨,服务的针对性和有效性有待进一步提高。

六、促进企业信息化发展的建议

(一)以业务需求为主导,明确企业信息化建设目标

信息化从规划阶段起,就要始终以企业的发展战略和发展方向为导向,明确支持企业发展核心业务的需求,在此基础上,梳理并明确企业的业务流程和信息化建设的具体方案。

(二)以系统规划为基础,提升企业信息化建设成效

信息化建设是一个系统化的工程,高层管理者应先充分认识企业自身的现状,确定企业是否有能力投入,对于投入和产出有一个预期,对于可能会经历的发展阶段,包括支持、排斥、磨合、认同、协同应用等过程要有充分准备。要利用信息系统进行各个岗位之间的协作与配合,最大限度发挥信息化成效。

(三)以科学评估为保障,促进企业信息化可持续发展

建立企业信息化可持续发展能力的评估体系,通过改善企业信息化管控能力,为管控能力提升和信息化应用的改善提供依据,确保企业信息化目标实现。企业信息化的评估应从三方面考虑,一是信息化应用满足企业需求的能力;二是企业信息化的管理控制能力;三是企业信息化的绩效能力。

(四)以平台服务为支撑,增强企业信息化创新实力

建议发挥政府公共服务和市场化服务两方面优

势，建立信息服务商与地方政府的联动机制。以政府引导、企业主体、市场化运作的模式，鼓励有实力的大型企业建立技术中心，鼓励中小型企业通过联合出资、共同委托等方式进行合作研发。扶持行业龙头企业或具有规模的信息技术公共服务平台，为本行业及其他企业提供专业信息技术服务。面向产业集群和行业建立网络协同制造技术服务平台，为区域内的企业提供共性信息技术资源服务。通过信息化服务平台，加强针对中小企业共性和核心业务需求的基础服务和专业服务。

（撰稿：黄　蕾）

2014 年企业劳动关系状况综述

中国企业联合会雇主工作部

2014 年，面对复杂多变的国际环境和艰巨繁重的国内发展改革稳定任务，中国国民经济在新常态下保持平稳运行，呈现出增长平稳、结构优化、质量提升、民生改善的良好态势[①]。同时，也存在着经济下行压力增大，结构调整和转型升级加快推进，部分企业生产经营困难等问题，在一定程度上影响了劳动关系的稳定性，增加了产生劳动关系矛盾的风险。党中央、国务院将构建和谐劳动关系的工作摆在更加突出的重要位置，为构建和谐劳动关系提供了坚强的政治和组织保障。

一、劳动关系法律体系不断完善

2014 年，劳动关系立法与政策的变迁呈现出以规章与政策性文件出台及修订为主的细节性补充和完善的局面。

在劳务派遣立法方面，人社部于 2014 年 1 月 24 日以第 22 号部令颁布了《劳务派遣暂行规定》，共七章 29 条，自 2014 年 3 月 1 日起施行。该规定从劳务派遣用工的具体活动入手，同时规范劳务派遣用人单位和用工单位两方的雇主行为，以此来为因双重劳动关系而面临更大权益风险的劳动者提供相应的双重保障。

在养老保险立法方面，国务院于 2014 年 2 月以国发〔2014〕8 号文下发了《关于建立统一的城乡居民基本养老保险制度的意见》。该《意见》旨在进一步推动新农保和城居保两项制度合并实施，在全国范围内建立统一的城乡居民基本养老保险制度。《意见》的出台为中国的养老保险制度一体化建设起到有力的指引作用，同时，也与以企业缴费为主的职工养老保险形成两相照应、互为补充的关系，对于缓解企业在养老保险方面的缴费压力、解决非长期性就业员工的养老保险存续与衔接问题都具有重要意义。在此基础上，为了进一步解决城乡养老保险制度衔接问题，维护参保人员的养老保险权益，人社部与财政部于 2014 年 2 月 24 日印发了《城乡养老保险制度衔接暂行办法》。此外，人社部办公厅于 2014 年 5 月 16 日下发了《关于进一步做好企业年金方案备案工作的意见》，要求各地要指导用人单位按照统一的范本制定企业年金方案及实施细则。

在就业创业扶持政策方面，经国务院批准，财政部、国税总局和人社部于 2014 年 4 月 29 日发布了《关于继续实施支持和促进重点群体创业就业有关税收政策的通知》，随后，国税总局、财政部、人社部、教育部、民政部等国务院五部门于 2014 年 5 月 30 日联合发布了《关于支持和促进重点群体创业就业有关税收政策具体实施问题的公告》，形成了以就业创业证制度为核心、主要面向高校毕业生和农民工的创业就业扶持政策。2014 年 11 月 6 日，人社部、财政部、国家发改委、工信部联合发布《关于失业保险

① 《2014 年国民经济在新常态下平稳运行》中华人民共和国国家统计局 2015 年 1 月 20 日。

支持企业稳定岗位有关问题的通知》,对采取有效措施不裁员、少裁员,稳定就业岗位的实施兼并重组企业、化解产能严重过剩企业、淘汰落后产能企业以及经国务院批准的其他行业、企业,由失业保险基金给予稳定岗位补贴,更好地发挥失业保险预防失业、促进就业的作用,激励企业承担稳定就业的社会责任。此外,为了进一步发挥社会中介机构以专业化服务来促进就业的作用,加强就业服务的合规化和市场化,人社部还在2014年底修订了《就业服务与就业管理规定》。

在其他劳动和社会立法与政策方面,为了加强劳动能力鉴定管理,规范劳动能力鉴定程序,人社部联合国家卫生计生委于2014年2月20日共同颁布了《工伤职工劳动能力鉴定管理办法》。该办法共五章33条,于2014年4月1日起施行。2014年4月25日,国务院以第652号令颁布了《事业单位人事管理条例》,共10章44条,自2014年7月1日起施行。该《条例》对事业单位工作人员的岗位设置、公开招聘、竞聘上岗、聘用合同、考核培训、奖励处分、工资福利、社会保险、人事争议处理、法律责任等问题作了比较系统的规定。鉴于事业单位改革正在铺开之中,未来事业单位工作人员中将有一大批转为企业化管理的劳动合同关系下的员工,因此该《条例》对于事业单位聘用关系与普通劳动关系的衔接与转化提供了重要指引。在此基础上,人社部联合中共中央组织部共同研究制定了《事业单位工作人员申诉规定》,于2014年6月27日颁布,共六章35条,于2014年7月1日起施行。

二、劳动力市场总体形势平稳

据人社部统计,2014年全国就业人员77 253万人,比上年末增加276万人;其中城镇就业人员39 310万人,比上年末增加1 070万人。全国就业人员中,第一产业就业人员占29.5%;第二产业就业人员占29.9%;第三产业就业人员占40.6%。城镇新增就业人数1 322万人,城镇失业人员再就业人数551万人,就业困难人员就业人数177万人。年末城镇登记失业人数为952万人,城镇登记失业率为4.1%。2014年全国农民工总量达到27 395万人,比上年增加501万人,其中外出农民工16 821万人。

2014年,国际环境错综复杂、国内经济下行压力较大,而中国城镇新增就业1 322万人,同比多增12万人,再创历史新高,中国劳动力市场形势总体平稳。这与各级政府促就业的有效调控,深化改革与结构调整不断释放的增长红利,大众创业、万众创新迸发出的市场活力都有着密切关系。2014年中国劳动力市场主要有以下几方面特征:

一是城镇企业用工稳定增长,用工需求略大于供给,年末市场供求人数均有所减少。2014年全国城镇就业人员39 310万人,比上年末增加1 070万人,城镇登记失业率继续保持在较低水平。就业是社会经济发展的底线,经济增速放缓,就业不降反升,简政放权等改革红利的释放是其中的重要因素,而服务业等吸纳就业渠道的变化也印证了中国经济结构调整、转型升级的新变化。2014年第四季度,中国人力资源市场信息监测中心对105个城市的公共就业服务机构的市场供求信息统计分析显示,用人单位通过公共就业服务机构招聘各类人员约494万人,进入市场的求职者约430万人,岗位空缺与求职人数的比率约为1.2,与上季度和2013年同期相比均上升了0.1,市场需求略大于供给。与2013年同期相比,本季度的需求人数增加了11.6万人,增长了2.5%,求职人数减少了1.1万人,下降了0.3%,需求人数增长幅度高于求职人数。与上季度相比,本季度的需求人数和求职人数分别减少了55.4万人和61.7万人,各下降了10.4%和13.0%,市场需求人数下降幅度低于求职人数。

二是东、西部地区企业用工需求高于求职人数,东、中、西部三大区域市场供求均有所减少。东、中、西部市场岗位空缺与求职人数的比率分别为1.14、1.15、1.17,企业用工需求均略大于供给。与2013年相比,东、西部地区市场供求呈增长态势,企业用人需求的增长幅度高于求职人数,中部地区市场供求人数均有所下降,企业需求人数的下降幅度低于求职人数。其中,东部地区市场用人需求增加了8.7万人,增长了3.3%,求职人数增加了0.9万人,增长了0.4%;中部地区市场用人需求和求职人数分别减少了8.7万人和10.5万人,各下降了7.5%和10.1%;西部地区市场用人需求和求职人数分别增加了近 11.6 万人和 8.5 万人，各增长了 13.3% 和 11.1%。2014 年第四季度，东、中、西部三大区域市场供求均呈下降态势，东、中部地区市场用人需求的下降幅度低于求职人数，西部地区市场用人需求的下降幅度略高于求职人数。其中，东部地区市场需求人数和求职人数分别减少了 26.8 万人和 36.8 万人，各下降了 8.8% 和 13.2%；中部地区市场需求人数和求职人数分别减少了 13.3 万人和 14.7 万人，各下降了 11.4% 和 14.2%；西部地区市场需求人数和求职人数分别减少了 15.3 万人和 10.2 万人，各下降了 13.7% 和 10.9%。

三是制造业、居民服务和其他服务业等行业用人需求增长，但大部分行业用人需求减少。用人需求增加较多的行业有：电力、煤气及水的生产和供应业（33.2%）；农、林、牧、渔业（17.9%）；交通运输、仓储和邮政业（14.1%）；信息传输、计算机服务和软件业（11.7%）；制造业（8.2%）；居民服务和其他服务业（6.9%）。用人需求减少较多的行业有：批发和零售业（-6.6%）；住宿和餐饮业（-8.4%）；采矿业（-25.2%）。

四是企业对中、高级技能人才和专业技术人员的需求增长，高级工程师、高级技师、技师、工程师的缺口最大。中国人力资源市场信息监测中心对 105 个城市的公共就业服务机构市场供求信息统计分析显示，59.9% 的企业用人需求对技术等级或职称有明确要求（其中对技术等级有要求的占 34.3%，对职称有要求的占 25.6%）。59.7% 的求职者具有一定技术等级或职称（其中具有职业资格证书的占 35.9%，具有职称的占 23.8%）。各技术等级的岗位空缺与求职人数的比率均大于 1，劳动力需求大于供给。其中，高级专业技术职务（高级工程师）、职业资格一级（高级技师）、职业资格二级（技师）、中级专业技术职务（工程师）岗位空缺与求职人数的比率较大，分别为 2.1、2、1.9、1.8。企业除对初级技能的用人需求有所减少外（-22.9%），其余各类技术等级用人需求均有所增长，其中，对高级技师的用人需求增长 35.9%。从专业技术职务看，对初、中、高级专业技术职务的用人需求分别增长了 64.0%、3.2%、38.4%。2014 年第四季度，企业对各类技术等级的用人需求下降。企业对初级专业技术职务的用人需求增长 27.6%，而对中、高级专业技术职务的用人需求分别下降 7.1% 和 7.4%。

三、企业劳动用工管理日益规范

随着相关法律法规和制度的完善，中国企业劳动用工管理日趋规范。

一是企业依法为劳动者缴纳各项社会保险，社保基金稳定增长。据人社部统计，2014 年五项社会保险（含城乡居民基本养老保险）基金收入合计 39 828亿元，比上年增加 4 575 亿元，增长率为 13.0%。基金支出合计 33 003 亿元，比上年增加 5 086亿元，增长率为 18.2%。

其中，企业参加基本养老保险的人数和基本养老基金收入稳定增长。2014 年全国参加城镇职工基本养老保险人数为 34 124 万人，比上年末增加 1 906 万人。全年城镇职工基本养老保险基金总收入 25 310亿元，比上年增长 11.6%。各级财政补贴基本养老保险基金 3 548 亿元。全年基金总支出 21 755亿元，比上年增长 17.8%。年末城镇职工基本养老保险基金累计结存 31 800 亿元。2014 年全国有 7.3 万户企业建立了企业年金，比上年增长 10.8%；参加职工人数为 2 293 万人，比上年增长 11.5%；年末企业年金基金累计结存 7 689 亿元。

企业为劳动者缴纳的医疗保险金增长较快。2014 年全国参加职工基本医疗保险人数 28 296 万人，比上年增加 853 万人。全年城镇基本医疗保险基金总收入 9 687 亿元，支出 8 134 亿元，分别比上年增长 17.4% 和 19.6%。年末城镇基本医疗统筹基金累计结存 6 732 亿元（含城镇居民基本医疗保险基金累计结存 1 195 亿元），个人账户积累 3 913 亿元。

失业保险金稳定增长。全国参加失业保险人数为 17 043 万人，比上年末增加 626 万人。全年失业保险基金收入 1 380 亿元，比上年增长 7.1%，支出 615 亿元，比上年增长 15.6%。年末失业保险基金累计结存 4 451 亿元。

工伤保险参保人数增长，全年认定（视同）工伤人数有所减少。2014 年全国参加工伤保险人数为 20 639 万人，比上年末增加 722 万人。全年工伤保险基金收入 695 亿元，支出 560 亿元，分别比上年增长 13.0% 和 16.3%。年末工伤保险基金累计结存 1 129亿元（含储备金 190 亿元）。

生育保险缴费人数稳定增长，生育保险基金支出增长较快。年末全国参加生育保险人数为 17 039 万人，比上年末增加 647 万人。全年共有 613 万人次享受了生育保险待遇，比上年增加 91 万人次。全年生育保险基金收入 446 亿元，支出 368 亿元，分别比上年增长 21.1% 和 30.2%。年末生育保险基金累计结存 593 亿元。

二是企业深入贯彻实施《劳务派遣暂行规定》，规范劳务派遣用工。为贯彻落实新修订的劳动合同法，规范劳务派遣用工行为，人社部制定的《劳务派遣暂行规定》于 2014 年 3 月 1 日起施行。根据该规定要求，2014 年企业采取措施全面加强了对劳务派遣用工的管理。首先严格控制劳务派遣用工数量，将使用的被派遣劳动者数量控制在企业用工总量的 10.0% 之内。并对拟使用被派遣劳动者的辅助性岗位，经职工代表大会或者全体职工讨论，提出方案，与工会或者职工代表平等协商后确定，并予以公示。在劳务派遣劳动者福利待遇权益方面，企业按照劳动合同法第六十二条的规定，向被派遣劳动者提供与工作岗位相关的福利待遇，不歧视被派遣劳动者。在社会保险权益方面，劳务派遣单位开展跨地区派遣业务的，严格执行在用工单位所在地为被派遣劳动者缴纳社会保险，按照用工企业所在地的规定缴纳社会保险费，从保险福利待遇上体现了同工同酬的要求。

三是稳步推进集体协商和集体合同制度。为贯彻落实党的十八大和十八届三中全会精神，进一步推进集体协商和集体合同工作，构建和谐劳动关系，国家协调劳动关系三方会议研究决定，从 2014 年开始，在全国范围内推进实施集体合同制度攻坚计划。企业按照攻坚计划的要求，不断扩大集体协商和集体合同覆盖范围，大力提升协商质量和合同实效性，在建立规范有效的集体协商机制上下功夫。非公有制企业作为实施攻坚计划重点，积极推进工资集体协商，女职工较多和职业危害较大的企业开展了专项协商。各级协调劳动关系三方把行业集体协商作为深入推进集体合同制度建设的重点形式和主攻方向，在县级以下区域内大力推进建筑业、采矿业、餐饮服务业、服装制造业等劳动密集型行业开展了集体协商，并逐步向知识密集型产业、新兴产业扩展。在各级党委领导下，人社部门发挥主导作用，协调劳动关系各方协同工作，工会大力推进，企业和职工积极参与的工作格局正在形成。2014 年，全国经人力资源社会保障部门审核备案的集体合同达到 170 万份，覆盖职工人数 1.6 亿人。

四、企业职工工资水平保持稳定增长

2014 年，中国经济减速，但与改善民生密切相关的就业与居民收入指标表现良好，国民收入分配格局呈现出向居民特别是农村居民倾斜的态势。全年全国居民人均可支配收入 20 167 元，比上年名义增长 10.1%，扣除价格因素实际增长 8.0%，高于同期经济增长速度 0.6 个百分点。

一是工资增幅继续回落，东部地区持续领先，并且增速最快，行业差距仍然明显，但已呈现缩小趋势。2014 年全国城镇非私营单位就业人员年平均工资为 56 339 元，与 2013 年的 51 474 元相比，增加了 4 865 元，同比名义增长 9.4%，增幅回落 0.7 个百分点。扣除物价因素，2014 年全国城镇非私营单位就业人员年平均工资实际增长 7.1%。2014 年全国城镇私营单位就业人员年平均工资为 36 390 元，与 2013 年的 32 706 元相比，增加了 3 684 元，同比名义增长 11.3%，增幅回落 2.5 个百分点。扣除物价因素，2014 年全国城镇私营单位就业人员年平均工资实际增长 9.0%。

从分区域看，2014 年城镇非私营单位就业人员年平均工资由高到低排列是东部、西部、中部和东北。城镇私营单位就业人员年平均工资由高到低依次是东部、西部、东北和中部。分行业门类看，城镇私营单位年平均工资最高的三个行业分别是信息传输、软件和信息技术服务业；科学研究和技术服务业；金融业。年平均工资最低的三个行业分别是农、林、牧、渔业；住宿和餐饮业；居民服务、修理和其他服务业。城镇非私营单位年平均工资最高的三个行业分别是金融业；信息传输、软件和信息技术服务业；科学研究和技术服务业。年平均工资最低的三个行业分别是农、林、牧、渔业；住宿和餐饮业；水利、环境和公共设施管理业。从登记注册类型看，外商投资企业的年平均工资最高，其他内资单位年平均工资最低。

2014 年中国城镇非私营单位最高与最低行业平均工资之比是 3.8，与 2013 年的 3.9 相比，差距略有缩小，但行业间平均工资差距仍然突出。2014 年城镇非私营单位首次有两个行业就业人员年平均工资突破 10 万元，分别是金融业，信息传输、软件和信息技术服务业。2014 年城镇非私营单位和城镇私营单位最高行业与最低行业平均工资分别相差 79 917 元和 24 182 元，而上年相差 73 833 元和19 415元。

二是各地稳步提高最低工资标准，地区间差异较大。人社部公布的数据显示，2014 年全国有 19 个地区上调了最低工资标准。上海月最低工资标准和小时最低工资标准仍为全国最高，分别是 1 820 元和 17 元。从最低工资增长幅度看，2014 年最低工资平均涨幅较往年出现下降，平均增幅在 14.1%，2013 年的平均增幅为 17.0%。由于国内不同地区的经济发展存在区域差异化，开放的沿海地区同相对封闭的内陆地区相比，最低工资标准远远超过后者。最低工资标准最高的为深圳市 2 030 元/月，最低的是黑龙江省 1 160 元/月，仅为深圳市的 57.1%。同时，随着沿海地区经济发展的持续增速，与内陆其他区域在最低工资标准方面存在的差距还有进一步拉大的趋势。

三是企业工资集体协商工作持续推进。集体协商是建立企业工资正常合理增长机制的重要途径。近年来工资集体协商法制化进程明显加快，全国各地已出台针对工资集体协商的地方法规达到 10 多部，国家三方继续推动实施“集体合同制度攻坚计划”，以非公有制企业为主要对象，以行业集体协商为主攻方向，这都有力地推动了工资集体协商工作的开展。截至 2014 年底，全国已签订工资专项集体合同134 万份，覆盖企业386 万家、职工1.7 亿人，分别比 2013 年增长 3.0%、6.0% 和 4.0%①。

四是拖欠农民工工资问题有所反弹。国家统计局发布的《2014 年全国农民工检测调查报告》显示，2014 年被拖欠工资的农民工比重有所下降，但工资拖欠额上升较多。2014 年，被拖欠工资的农民工人均被拖欠工资为 9 511 元，比上年增加 1 392 元，增长 17.1%。

五是国有企业负责人薪酬制度改革取得重大突破。针对中央管理企业负责人薪酬水平总体偏高、薪酬结构不尽合理、监管体制不够健全等问题，2014 年 8 月 18 日，习近平总书记主持召开中央全面深化改革领导小组第四次会议，审议了《中央管理企业主要负责人薪酬制度改革方案》。11 月 5 日，党中央、国务院印发了《关于深化中央管理企业负责人薪酬制度改革的意见》，从中国社会主义初级阶段基本国情出发，适应国有资产管理体制和国有企业改革进程，按照企业负责人分类管理的要求，在合理确定国有企业负责人的薪酬结构和水平、完善综合考核评价办法、规范薪酬支付和管理、统筹规范福利性待遇以及健全监督管理机制等方面作出了明确规定。

五、劳动人事争议调解仲裁工作成效显著

据统计，截至 2014 年年底，全国乡镇街道劳动就业社会保障服务所（中心）调解组织组建率超过 70.0%。劳动人事争议仲裁院建院率达到 82.7%，其中地市级仲裁院 88.8%，县级仲裁院 81.7%。全国调解仲裁机构共立案处理案件 155.9 万件，结案 136.2 万件。其中，调解组织结案 65.1 万件，仲裁机构结案 71.1 万件，仲裁结案率为 95.2%。调解仲裁作为重要的劳动纠纷解决机制，在构建和谐劳动关系和维护社会稳定中发挥了不可替代的重要作用。

一是企业劳动争议预防调解示范活动取得新进展。第二批国有企业劳动争议预防调解示范工作启动，并开展第一批非公有制企业、商会（协会）预防调解示范工作。各地指导示范单位普遍建立了相应工作小组，制定了实施方案，确定了示范工作目标，采取了示范保障措施。各示范单位将劳动争议预防调解与依法规范劳动用工，与完善人力资源管理紧密结合起来，“劳资两利，互利共赢”。在示范企业的引领下，越来越多的企业建立起有组织、有预防、有制

① 数据来源：全国总工会。

度、有保障的劳动争议预防调解工作机制，自主预防化解争议能力不断提升。

二是基层调解工作规范化建设初见成效。2014年，在全国基层调解组织建设不断取得新进展的同时，针对调解工作存在的突出问题，人社部将调解工作的工作重心由组织建设、制度建设、队伍建设向推行基层调解规范化方面转变。人社部办公厅下发了《关于印发基层劳动人事争议调解工作规范（试行）的通知》（人社厅发〔2014〕30 号）、要求各地统一调解组织名称，统一工作职责，统一工作程序，统一调解员行为规范。为了解决调解组织标识较为混乱的问题，人社部专门下发了《关于启用基层劳动人事争议调解组织标识的通知》（人社部发〔2014〕58 号），指导各地统一了调解标识。各地认真贯彻两个文件，积极行动，协调经费，召开专门会议，积极落实相关工作要求。

三是劳动人事争议仲裁院建设进一步加强。人社部加大了对建院率较低地区的督导力度。对部分有建院条件但建院率较低的地区进行调研督导，召开专门会议进行调度督导，取得较好效果。截至2015 年 6 月底，全国仲裁院总建院率为 83.3%，比上年底提高了 0.5 个百分点；其中地市级 89.3%，提高了 0.4 个百分点，县区级 82.3%，提高了 0.6 个百分点。同时，推进仲裁院标准化建设。一些仲裁院建设先行地区积极推进标准化建设，在规范仲裁庭设置、人员配备、工作流程、内部管理等方面提升了水平。人社部还不断完善仲裁办案制度。多数地区从立案、庭审、调解、送达等环节入手，完善管理制度，健全工作标准，重塑工作流程。有的地区依法细化了纳入终局裁决的争议范围，统一了裁审标准。一些地区创新仲裁办案方式，围绕争议案件焦点问题进行庭前指导、审理和拟制仲裁文书，有效提高了仲裁办案效率。

四是创新工作方式，最大限度发挥调解仲裁作用。为进一步提高调解仲裁工作的能力，许多地方创新工作方式，不断拓展工作领域，主要有以下几方面经验：将调解纳入就业和社保的大格局中；积极破解工作难题；将预防调解与和谐劳动关系紧密结合；将仲裁机构服务窗口向基层延伸；优化办案程序，简化仲裁文书。

五是调解仲裁队伍建设健康发展。人社部加大了相关培训力度，开发制作教学视频和组织编撰培训教材，完成了 6 期业务培训班，共培训调解员仲裁员骨干 1 100 多人。各地认真贯彻实施《劳动人事争议仲裁员任职培训大纲（试行）》，建立起分级培训和持证上岗制度。同时，积极开展调解仲裁机构改进作风专项行动。召开专门会议，提出改进作风的工作要求。推广优质服务窗口单位先进经验，发挥示范引领作用。各地增强服务意识，改进服务措施，提高服务能力。

六是调解仲裁信息化建设稳步推进。人社部开发完善了仲裁机构和仲裁员信息数据库。2014 年升级上线后的仲裁员管理系统已经延伸到县一级用户，并改进完善了相关功能，基本可以满足各个区域仲裁委对机构人员信息管理的需求。同时，办案系统统一软件在全国推广使用。截至 2014 年底，全国所有省区市都启动了调解仲裁办案系统推广使用工作，有 9 个省区市已正式上线运行。一些地区通过使用办案系统，推动了办案程序标准化、规范化，加强了对案件处理的全程指导和监督，实现了仲裁工作精细化管理。

六、协调劳动关系三方机制不断健全

一是劳动关系法制工作继续加强。在国家三方共同努力下，人社部公布了《劳务派遣暂行规定》，完成了《规范企业裁减人员规定》《特殊工时管理规定》的风险评估工作，修改完善《贯彻实施劳动合同法若干规定》《关于全面治理拖欠农民工工资问题的意见》《关于进一步推进和谐劳动关系创建活动的意见》《关于加强劳动定额定员标准化工作的指导意见》《关于加强劳动关系动态监测和形势分析研判的意见》等规章政策。全国总工会向人大报送将制定《集体协商法》《企业民主管理法》以及修改《工会法》《劳动法》等立法项目，纳入十二届全国人大常委会五年立法规划的建议报告，并向全国人大法工委作了专题汇报。继续加强对集体协商集体合同、工资支付保障的立法储备工作。举办纪念劳动法颁布20 周年座谈会，开展相关宣传活动。

二是劳动关系协调机制不断健全。《中共中央、国务院关于构建和谐劳动关系的意见》已于2015年4月8日正式出台,成为未来协调劳动关系工作的纲领性文件。国家三方继续指导各地以小微企业为重点,提高劳动合同签订率和履行质量。加强劳务派遣用工的规范管理,指导帮助劳务派遣用工比例较高企业科学合理制定调整用工方案。深入推进集体协商集体合同制度建设,下发《关于推进实施集体合同制度攻坚计划的通知》,召开电视电话会议对全面推进集体协商集体合同工作作出部署,并对"攻坚计划"推进情况开展联合督导检查。全国总工会制定下发了《中华全国总工会关于提升集体协商质量增强集体合同实效的意见》和《中华全国总工会深化集体协商工作规划(2014—2018年)》。全国总工会会同全国工商联等单位大力开展厂务公开工作,积极推进公司职工董事、职工监事制度建设。人社部、全国总工会与交通运输部共同部署对深入开展出租汽车行业和谐劳动关系创建活动进行总结。人社部、全国总工会、全国工商联按照中央综治委的要求组织开展了非公有制经济组织构建和谐劳动关系情况考评工作。

三是企业工资分配宏观指导调控体系进一步完善。积极开展最低工资标准评估机制研究,指导各地发挥三方机制在调整最低工资标准中的作用,稳慎做好最低工资标准调整工作。全国共有19个地区调整了最低工资标准,平均调增幅度为14.1%。指导各地通过三方协商提高发布工资指导线的科学性,共有21个地区发布了工资指导线,基准线在12.0%左右。人社部会同全国总工会等单位切实做好2014年元旦、春节前保障农民工工资支付工作。

四是劳动标准管理工作继续加强。国家三方指导各地加大高温劳动保护工作力度,规范高温津贴政策,全国已有27个省份制定发布了高温津贴标准,全年高温保护工作未形成舆论热点。继续指导各地推动带薪年休假制度、《女职工劳动保护特别规定》的贯彻落实。全国总工会与有关部门研究推动解决加强尘肺病农民工医疗保障和生活救助工作的政策措施,起草《关于当前我国尘肺病农民工医疗救助工作的难点和建议》。中国财贸轻纺烟草工会、中国陶瓷工业协会编制完成了卫生陶瓷行业部分工种劳动定额指导标准。中国企联开展了中国雇主责任标准推动实施试点工作。

五是劳动关系矛盾得到有效预防和妥善处理。推动《企业劳动争议协商调解规定》落实,在企业内部建立劳动争议协商解决机制,建立和完善企业劳动争议调解制度。在部分非公有制企业和行业商业(协会)开展劳动争议预防调解示范活动。人社部和全国工商联共同举办了商会劳动争议预防调解能力建设培训班,召开了非公有制企业劳动争议预防调解工作经验交流现场会。全国总工会加强对职工的法律援助,开展法制宣传系列活动。国家三方继续指导各级劳动人事争议调解仲裁机构加大案件处理力度,全年处理劳动争议案件155.9万件,仲裁结案率达到95.2%。积极指导各地稳妥处理集体停工事件。全国共发生30人以上集体停工382起,在各地三方的积极参与下,绝大部分集体停工事件得到了及时妥善处置。

六是劳动关系领域重大问题研究继续深入开展。积极开展对劳动关系领域热点难点问题的研究,共同参与"构建中国特色和谐劳动关系体制机制研究"和谐劳动关系创建活动实效评估与推进措施"等课题研究工作。国家三方加强对劳动关系形势的分析研判,召开办公室主任会议对上半年劳动关系形势和重大问题等进行了交流。人社部每季度开展劳动关系形势的分析研判。全国总工会制定下发了《加强劳动关系发展态势分析研判实施方案》,在10省份开展非公企业农民工参加社会保险情况调研。中国企联研究制定了《中国雇主责任标准(工业)》(试行),编写出版了《中国企业劳动关系状况报告(2014)》。全国工商联建立了民营企业劳动关系检测机制、民营企业劳动关系状况报告机制,制定发布了《中国民营企业劳动关系报告(2013)》。

(撰稿:周　欣)

2014 年人力资源和社会保障工作综述

国家人力资源和社会保障部政策研究司

2014 年是党和国家各项事业开创新局面的重要一年。面对复杂的经济形势和繁重的工作任务，全国人力资源社会保障系统认真贯彻党中央、国务院决策部署，履职尽责，勇于担当，改革创新，主动作为，各项工作都取得了新的进展。

一、就业形势保持稳定

（一）就业目标全面完成

通过深入实施更加积极的就业政策，全国城镇新增就业 1 322 万人，城镇失业人员再就业 551 万人，就业困难人员实现就业 177 万人，年末城镇登记失业率 4.1%，全面完成城镇新增就业 1 000 万人以上、城镇登记失业率控制在 4.6% 以内的目标。

（二）高校毕业生等重点群体就业工作取得新进展

面对经济下行压力加大、高校毕业生总量持续增加的双重压力，继续将促进高校毕业生就业放在首位，不断完善相关政策，加大工作力度。国务院办公厅印发《关于做好 2014 年全国普通高等学校毕业生就业创业工作的通知》（国办发〔2014〕22 号），国务院专门召开会议对高校毕业生就业创业工作进行部署。人力资源和社会保障部会同有关部门以深入实施大学生就业促进计划、大学生创业引领计划、开展就业服务系列专项活动为主要抓手，千方百计促进高校毕业生就业创业。同时，加大农村转移劳动力和就业困难群体就业工作力度，进一步完善和落实就业扶持政策，各类群体就业保持基本稳定。

（三）就业创业政策进一步完善

经国务院批准，财政部、税务总局、人力资源社会保障部联合出台《关于继续实施支持和促进重点群体创业就业有关税收政策的通知》（财税〔2014〕39 号），延续并完善扶持就业创业的税收优惠政策。人力资源社会保障部出台《关于国有企业招聘应届高校毕业生信息公开的意见》（人社部发〔2014〕79 号），进一步维护高校毕业生平等就业权益。人力资源和社会保障部印发《关于进一步完善就业失业登记管理办法的通知》（人社部发〔2014〕97 号），方便用人单位和劳动者办理就业失业登记。人力资源和社会保障部等四部门联合印发《关于失业保险支持企业稳定岗位有关问题的通知》（人社部发〔2014〕76 号），对在调整优化产业结构过程中不裁员、少裁员的企业，由失业保险基金给予岗位补贴，在增强失业保险制度预防失业、促进就业功能方面取得突破。

（四）公共就业服务和职业技能培训进一步加强

加强公共就业信息服务平台建设，加快推进就业信息全国联网，组织开展民营企业招聘周、高校毕业生就业服务月、大中城市联合招聘等公共就业服务专项活动，集中为各类群体和用人单位提供政策支持和全方位就业服务。改进和完善失业动态监测制度，推进失业预警试点。加大人力资源市场整合力度，推进人力资源服务标准化建设。人力资源和社会保障部等五部门印发《关于加强流动人员档案管理服务工作的通知》（人社部发〔2014〕90 号），明确从 2015 年 1 月 1 日起取消流动人员人事关系及档案保管费。深入开展全国百城技能振兴专项活动，全年完成政府补贴性职业培训约 2 000 万人次。

二、社会保障体系建设取得新进展

（一）社会保险扩面征缴任务全面完成

截至 2014 年年底，全国参加基本养老、城镇基本医疗、失业、工伤、生育保险人数分别为 84 200 万人、59 700 万人、17 000 万人、20 600 万人、17 000 万人，同比分别增加 2 263 万人、2 674 万人、626 万人、722 万人、647 万人；全年五项社会保险基金总收入 39 800亿元，同比增加 4 575 亿元，总支出 33 000 亿元，同比增加 5 086 亿元。

（二）社会保障制度加快推进

国务院印发《关于建立统一的城乡居民基本养老保险制度的意见》（国发〔2014〕8 号），统一的城乡居民基本养老保险制度全面实施。人力资源和社会保障部、财政部联合出台《关于印发〈城乡养老保险制度衔接暂行办法〉的通知》（人社部发〔2014〕17 号），城乡养老保险制度之间、地区之间转移衔接政策有效落实。机关事业单位养老保险制度改革方案已经启动实施。全国 31 个省份和新疆生产建设兵团出台大病保险实施意见，8 个省份和 35 个地市居民基本医疗保险实现城乡统筹。人力资源社会保障部出台《关于进一步做好基本医疗保险异地就医医疗费用结算工作的指导意见》（人社部发〔2014〕93 号），加强异地就医结算管理。人力资源和社会保障部等四部门联合印发《关于进一步做好建筑业工伤保险工作的意见》（人社部发〔2014〕103 号），进一步维护建筑业职工工伤保险权益。人力资源和社会保障部、卫生计生委联合颁布《工伤职工劳动能力鉴定管理办法》（部令 21 号），工伤预防试点和工伤康复试点工作积极推进。

（三）社会保险待遇水平稳步提高

顺利完成第 10 次连续调整企业退休人员基本养老金待遇水平，调整后月人均基本养老金超过 2 000元；城乡居民基本养老金月人均 91 元；城镇居民医保补助水平由 2013 年的年人均 280 元提高到 320 元；全国失业保险金月人均发放水平由 2013 年的 767 元提高到 852 元。

（四）基金监督管理和经办管理服务进一步加强

开展社会保险财政补助资金和社会保险基金管理使用情况专项检查，社会保险基金社会监督试点稳步推进，医疗服务监控进一步加强。启动“全民参保登记计划”试点，继续开展电子社保示范城市建设，推广网上经办等新业务模式。改进医疗保险异地就医费用结算服务，22 个省份（含 4 个直辖市）基本实现省内异地就医直接结算，方便了参保群众。社会保障卡持卡人数达到 71 200 万人，全年新增 1.6 亿人。

三、人才队伍建设进一步加强

（一）专业技术人才队伍建设稳步推进

政府特殊津贴人员选拔和国家百千万人才工程人选选拔工作有序开展，万名专家服务基层行动计划深入实施，专业技术人才知识更新工程取得新成效，中小学教师职称制度改革扩大试点平稳推进，海外留学人才项目取得积极进展，全年留学回国人数约 40 万人。

（二）技能人才队伍建设进一步加强

实施国家高技能人才振兴计划，完成 80 个国家级高技能人才培训基地和 100 个国家级技能大师工作室建设，推动实施技师培训补贴项目，全年新增高技能人才约 374 万人。积极推进技工院校一体化课程教学改革，创新技能人才培养模式。

（三）引进国外智力工作取得新进展

“外专千人计划”和高端外国专家项目深入推进，全年执行各类专家项目 1.4 万项，资助聘请专家 5.3 万人次。

四、人事制度改革进一步深化

（一）公务员管理工作积极推进

中央组织部、人力资源和社会保障部、国家公务员局联合出台了《关于做好艰苦边远地区基层公务员考录工作的意见》（人社部发〔2014〕61 号），降低了艰苦边远地区基层公务员的考录门槛。研究制定了县以下机关建立公务员职务与职级并行制度的意见，这是解决基层公务员职业发展空间的重要举措。扩大公务员公开遴选范围，中央机关首次面向企事业单位进行公开选调。公务员分类管理取得积极进展，公务员聘任制试点稳步推进，公务员申诉监督制度进一步完善。按照国务院机构改革和职能转变方案要求，取消了有关部门29项评比达标表彰项目，基本完成了项目清理工作。

（二）事业单位人事制度改革不断深化

国务院颁布《事业单位人事管理条例》（国务院令652号），中央组织部、人力资源社会保障部共同制定了《关于印发〈事业单位工作人员申诉规定〉的通知》（人社部发〔2014〕45号）等配套文件，事业单位人事管理进入法制化新阶段。集中开展整治事业单位公开招聘突出问题、机关事业单位“吃空饷”等专项行动，已取得初步成效。

（三）军转安置工作不断加强

40 500名军转干部安置任务顺利完成，进一步加强了自主择业军转干部管理服务和就业创业工作。

五、工资收入分配制度改革进一步推进

中共中央、国务院《印发〈关于深化中央管理企业负责人薪酬制度改革的意见〉的通知》（中发〔2014〕12号），并对全国国有企业负责人薪酬制度改革作出全面部署，这项改革有利于进一步健全国有企业管理人员薪酬分配的激励和约束机制。配合机关事业单位养老保险制度改革，同步完善机关事业单位工资制度，主要是调整优化工资结构，进一步体现向基层工作人员倾斜。配合司法体制改革，开展了健全法官、检察官工资等职业保障制度试点。事业单位实施绩效工资工作继续推进。指导地方稳慎调整最低工资标准，全国共有19个地区调整了最低工资标准，平均调增幅度为14.1%。

六、劳动关系总体和谐稳定

（一）劳动关系协调工作取得积极进展

人力资源和社会保障部出台《劳务派遣暂行规定》（部令22号），进一步规范劳务派遣用工行为。人力资源和社会保障部等四部门联合印发《关于推进实施集体合同制度攻坚计划的通知》（人社部发〔2014〕30号），并召开会议对全面推进集体协商签订集体合同工作作出部署。协调劳动关系三方机制建设进一步加强，和谐劳动关系创建活动持续深化。

（二）劳动人事争议调解仲裁工作不断加强

劳动争议基层调解工作规范化建设和仲裁院建设继续加强，全年各级劳动人事争议调解仲裁机构处理案件155.9万件，比上年增长4.1%，仲裁结案率95.7%。

（三）劳动保障监察执法工作得到加强

组织开展了农民工工资支付情况、清理整顿人力资源市场秩序、用人单位遵守劳动用工与社会保险法律法规情况等专项执法检查活动，严厉打击欠薪欠保、欺骗求职者等违法行为。人力资源和社会保障部等四部门联合印发《关于加强涉嫌拒不支付劳动报酬犯罪案件查处衔接工作的通知》（人社部发〔2014〕100号），健全劳动保障监察行政执法与刑事司法衔接机制。全年各级劳动保障监察机构共查处劳动保障违法案件41万件。

（四）为农民工服务工作取得新进展

国务院印发《关于进一步做好为农民工服务工作的意见》（国发〔2014〕40号），把有序推进农业转移人口市民化作为新型城镇化的战略任务之一，明确了做好新形势下为农民工服务工作的目标任务。启动农民工职业技能提升计划——“春潮行动”，全年农民工职业技能培训1 069万人。积极推进家庭服务业规范化职业化建设，做好“千户百强”家庭服务企业（单位）创建工作。

（撰稿：郑佳节）

重点企业风采

（排序不分先后）

- ❖国家电网公司
- ❖中国建筑材料集团有限公司
- ❖中国华信能源有限公司
- ❖中广核工程有限公司
- ❖香江集团有限公司
- ❖渤海钢铁集团钢管公司

国家电网公司
STATE GRID CORPORATION OF CHINA

国家电网公司
STATE GRID
CORPORATION OF CHINA

国家电网公司成立于2002年12月29日，是经国务院同意进行国家授权投资的机构和国家控股公司的试点单位，连续10年获评国务院国资委业绩考核A级企业，《财富》世界企业500强保持第7位，是全球列首位的公用事业企业。

公司以建设运营电网为核心业务，是关系国民经济命脉和国家能源安全的特大型国有重点骨干企业，承担着保障更安全、更经济、更清洁、可持续的电力供应的基本使命。公司按集团公司模式运作，注册资金2 000亿元，用工总量超过186万人。公司经营区域覆盖26个省（自治区、直辖市），覆盖国土面积的88.0%以上，供电人口超过11亿人。公司稳健运营在菲律宾、巴西、葡萄牙、澳大利亚等国家的海外资产。

川藏联网工程架线施工示范试

一流电网

建设国际一流企业

东风商用车

国家电网

善用资源 服务建设

Efficient Use of Resources Serving the Construction

联合创造价值 协同产生增量

打造世界一流建材制造商，

为股东创造优异回报

CNBM

由力而起 由善而达

ARISING WITH STRENGTH AND ACHIEVING WITH GOODNESS

中国华信

中国华信是集体制民营企业，公司创立之初就提出了民营企业创新经营管理模式。十几年来，公司不断加强企业制度与文化的结合、资源与战略的结合、管理者与被管理者的结合，创新经营，共同构建有组织的共同经济体。公司以国家法律为根基，充分结合商人契约精神，制定《中国华信商业基本准则》作为行动纲领，实行在中国华信董事局领导下的总经理负责制度，建立了商人经济、儒家主义、军事化管理三位一体的核心力量，用“三种关系”的内部管控及“一企两制”的分配方案，通过“大集体、小核算”的绩效考核，形成“一个中心，一套共同经济体论著，一批有组织的执行人”的共同经济体模式，和谐、有序、规范地发展。

中国华信

中国华信能源有限公司是集体制民营企业，主营能源产业与金融服务业。公司以拓展国际能源经济合作为战略，争取行业话语权，打造具有国际竞争力的现代化企业，以实业服务国家。2014年，公司营业收入超2 200亿元，进入《财富》世界500强企业和世界品牌500强企业，连续4年获中国十大慈善企业。

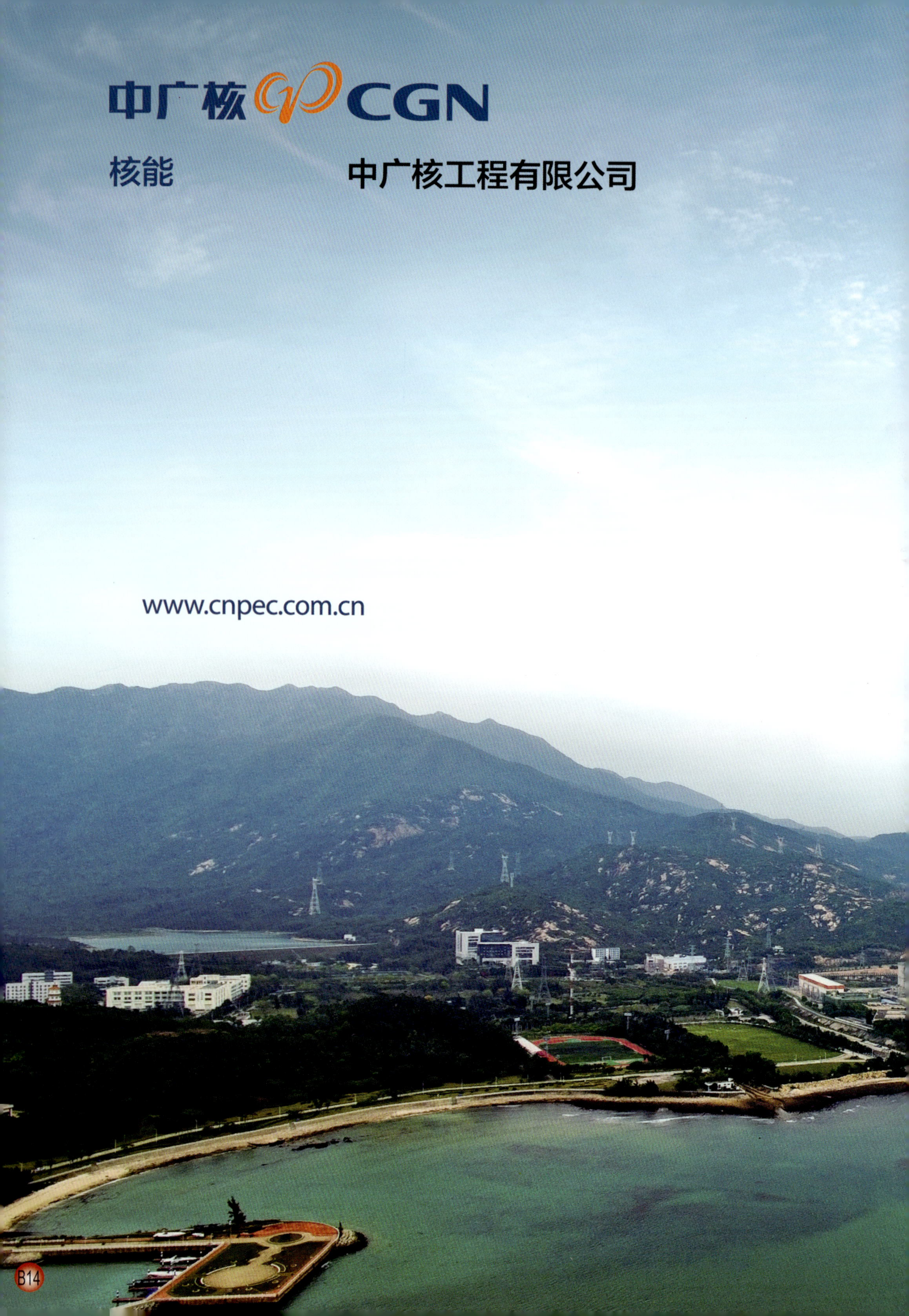
中广核 CGN
核能
中广核工程有限公司
www.cnpec.com.cn

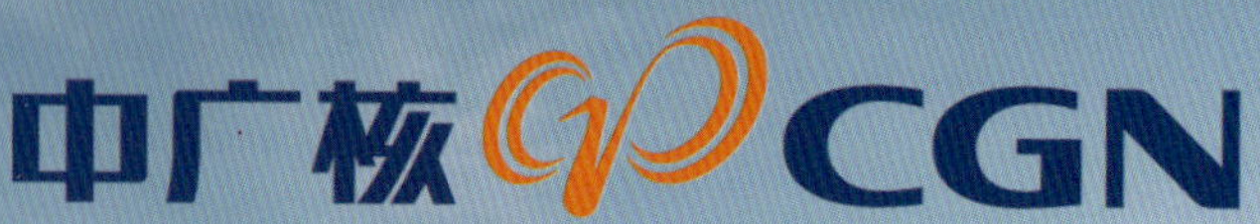

成为
国际一流AE公司

愿景

成为国际一流AE公司

使命

发展清洁能源 造福人类社会

公司简介

中广核工程有限公司作为中国广核集团的主要成员企业，是中国首家专业化的核电工程管理公司。

战略定位

公司战略定位为“专业化AE公司”，全面掌握核电建造技术，具有高效的核电工程建设资源配置能力、项目组织管理能力和科技创新能力，致力于成为绩效卓越、品牌一流的核电站系统集成商和核电专项技术服务商。

AE运作模式

中广核工程有限公司形成了独具特色的AE管理模式，公司秉承“安全、优质、高效建设核电工程”的理念，以市场驱动、客户为导向，采用内外部组织全面协同的运作模式。

公司文化

基本原则　安全第一、质量第一、追求卓越

基本价值取向　责任担当、严谨务实、创新进取、客户导向、价值创造

核心价值观　一次把事情做好

- 员工行为规范　诚信透明、专业规范、有效执行、团队协作
- 管理人员行为规范　率先垂范、善于经营、关爱员工、公正廉洁

科技研发

公司通过标准化、规模化建设具有自主知识产权CPR1000、ACPR1000核电品牌；积极承担、参与三代核电技术EPR、AP1000技术的引进、消化和吸收；与中核集团联合研发"华龙一号"达到国际三代核电技术的先进水平。

几年来，公司通过不断增强技术创新能力，提升核心竞争力，为实现中国核电"走出去"奠定坚实基础。

华龙一号
(HL1000-1)

和睦系统
(Firmsys)

智能电站

核心能力

项目精细化管理与项目群运作

公司按照"多项目、多基础"组织架构，实施集约化、距阵式项目管理，能够合理调配资源，使稀缺资源在项目间充分共享和有序流动，实现对项目有效的掌控，保障了多项建设顺利推进，并能够高效的运作多个大型复杂项目。

项目运作协同化

管理流程精细化

设备调配集约化

进度测量精确化

香江集团

香江集团创建于1990年，产业覆盖家居商业连锁、商贸物流平台建设、金融投资、资源能源、健康医疗、教育等六大领域。

经过20多年的发展，香江商业集团拥有香江集团旗下香江家居、金海马家居两大品牌200多家连锁卖场，遍布华南、华中、华东、华北、西南、东北等地，经营面积达350万平米，与1 200家主流品牌战略合作，并打造国内家居B2C领先的大平台“金海马商城”。

1996年，香江集团成为较早投资金融业的中国民营企业之一，战略性控股和参股了多家金融机构，是广发银行、广发证券、广发基金、广东南粤银行、天津银行的主要股东，并在深圳设立前海香江金融控股集团，成为前海在全国首批引进的重点企业之一。香江金融以“金融创新”为核心，在前海、南沙、横琴整体布局香江金融平台建设。

2000年，香江集团进军现代商贸物流平台建设，迄今开发近2 000万平方米商贸物流平台，九大香江全球商贸交易集散平台将布局长三角、珠三角、环渤海、西南、中部、山东半岛、东南沿海、东北和西北等地经济圈，从而构建起我国家居商贸流通网络。

厚德润生

2005年，香江集团在洛阳投资建立了洛阳香江万基铝业有限公司，这是经国家发改委核准的首家由民营企业为主导的大型氧化铝企业。年产200万吨氧化铝粉、稀有金属矿产等年产近300万吨，总量达500万吨。

2011年，香江集团又以超前理念进军高端医疗健康产业。香江健康山谷是国家卫生部评定首个亚健康管理基地，坐拥全球罕见地上直涌苏打型温泉，以大自然健康疗法，构筑健康管理中心、健康医疗中心、生物免疫治疗中心、糖尿病康复中心、温泉养生中心五大服务平台。

香江教育构建了从幼儿园到高中的完善教育体系，满足普惠、中端和国际化高端多样化教育需求。

香江集团主动肩负社会责任，积极参与社会公益慈善事业，2005年，成立了中国首家非公募基金会——香江社会救助基金会，先后为扶贫、助教、赈灾等社会各项公益事业捐资10亿多元，实现了一个优秀民营企业“办好实业，回报社会”的庄严承诺。

地址：广州市番禺区大道锦绣香江花园香江集团
电话：（020）39298822 传真：（020）34761226
网址：www.heungkong.com

香江健康山谷
HEUNGKONG WELLNESS VALLEY

国家中医“治未病”
研究基地服务示范点

世界级香江 Wellness 健康疗养度假地

香江健康山谷，
以世界级香江 Wellness 健康理念，
打造原生态避世静修、360度健康管理、
愉悦式心灵疗养、贵族式健康社交四大体系，
以当今世界顶级精英阶层最高尚的健康养生理念，
将温泉、疗养、度假与得天独厚的风景融为一体，
量身定制生命品质提升之旅。

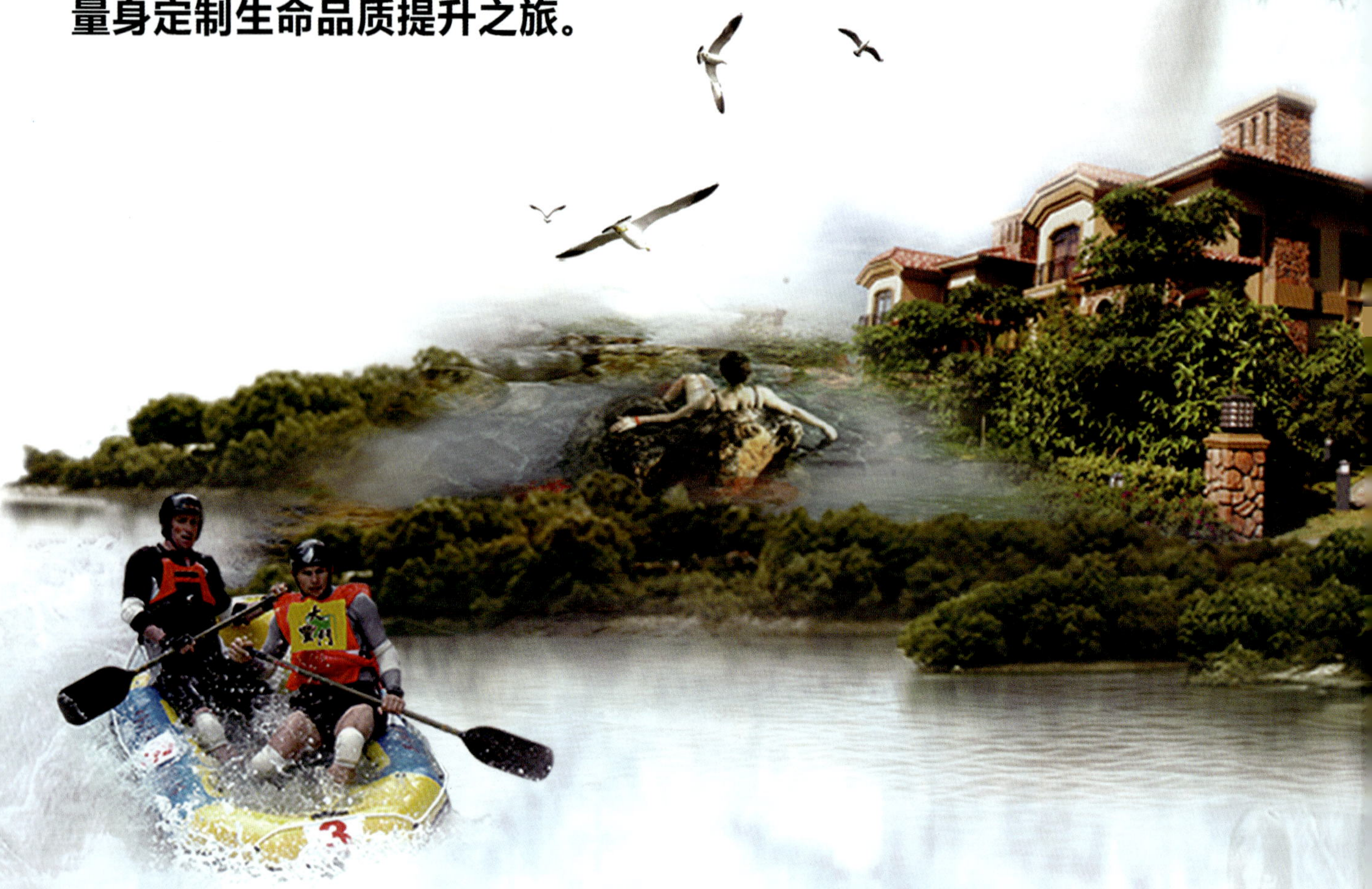

官方网站　官方微信　官方新浪微博

山谷热线：400 039 6300

地址：广东广州增城白水寨风景区锦绣香江温泉城
锦绣香江温泉城：（020）62286888　健康医疗中心：（020）6228
销售部直线电话：（020）62281128　大丰门景区：（020）8282
广州办事处：（020）39215818
酒店网址：www.globalvillahotel.com.cn

BACK 回归生命的富有
TO SUBSTANTIAL LIFE

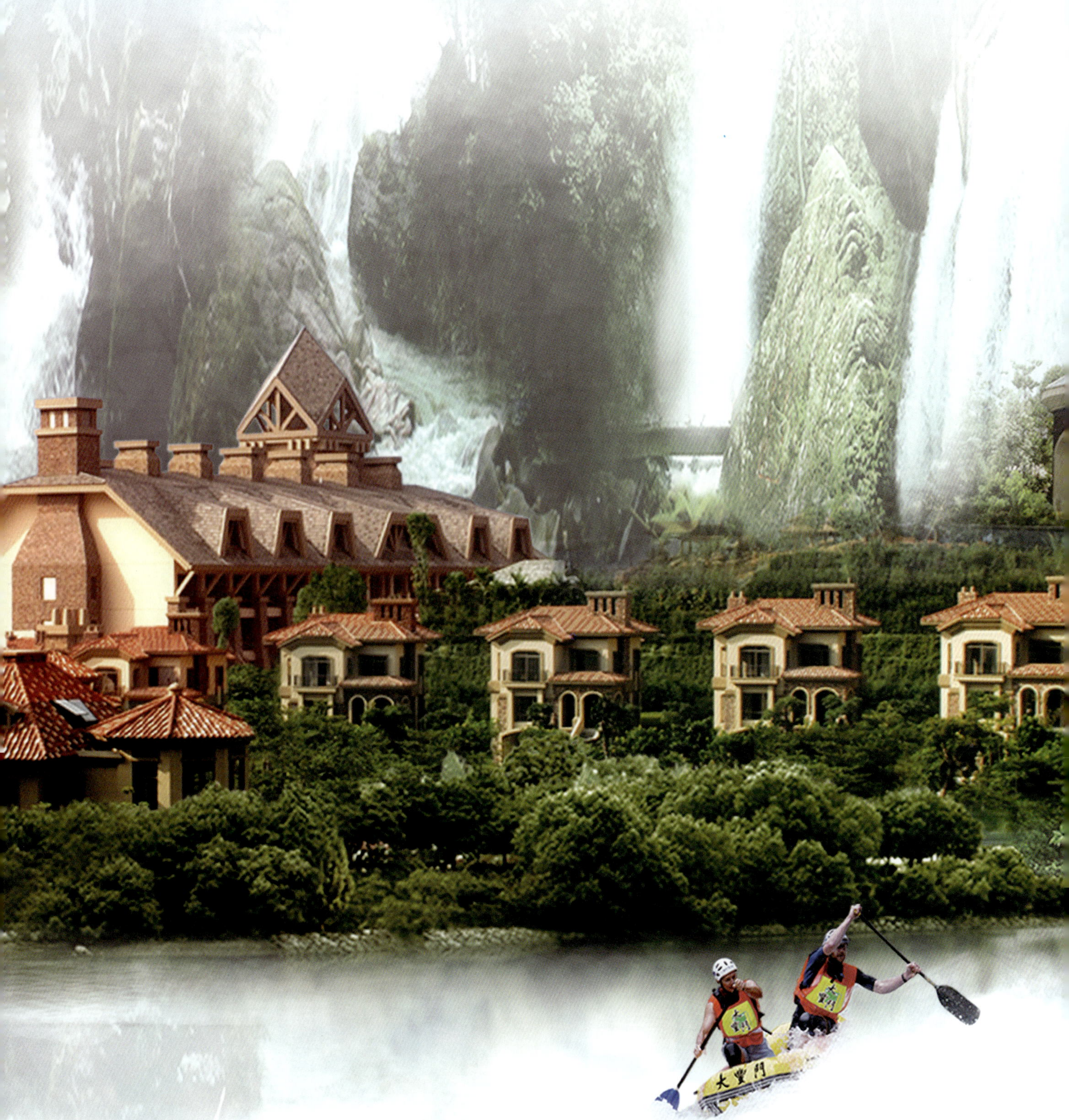

广州出发：全程60分钟

广州 → 华南快速干线 → 广河高速→ 增从高速（派潭出口 ）→ 香江健康山谷（白水寨方向）→大丰门景区（南昆山方向）

渤海钢铁集

企业全景

150吨超高功率电弧

渤海钢铁集团钢管公司又称“大无缝”，是中国能源工业钢管基地。1989年动工兴建，1992年热试投产。主要产品为石油套管、油管和管线管、高压锅炉管、高压气瓶管、液压支架管等各类专业管材。

公司拥有MPM、PQF、ASSEL和REM四种机型、七套轧机，无缝钢管年生产能力达350万吨，实际产销量连续多年保持世界首位，产品远销100多个国家和地区。石油套管成为“中国名牌产品”。TPCO商标2006年被认定为“中国驰名商标”。

公司建有全国企业技术中心和全球钢管行业仅有的全流程中间试验线，形成了具有自主知识产权的TP产品系列。产品由原设计的3个钢级、几十个品种发展到26个钢级、近万个品种规格，80多项填补国内空白。

轧管生产线　石油套管成品　TP系列产品1　TP系列产品2

在做强做大钢管主业的同时，抓住机遇发展了铜材、不锈板和设备制造等新的主业，成为综合性的大型企业集团，经济效益综合指数位居全国重点钢铁企业前列。

公司加快国际化发展步伐，2007年与国外公司联合建设了白俄罗斯无缝钢管项目，创全国钢管行业先例。继2009年印尼项目投产后，2011年8月美国项目破土动工，2014年进入商业化生产，是目前为止我国制造业在美国列首位的“绿地”投资项目。

公司荣获全国文明单位、全国五一劳动奖状、全国创新型企业、全国生态文化示范企业和三次全国企业管理创新成果一等奖等荣誉。公司党委三次荣获全国先进基层党组织称号；公司领导班子被评为全国国有企业创建“四好”领导班子先进集体。

中国盐业总公司

井矿

湖盐

海盐

盐化工基

F

企业论坛

绿色发展　再造“黄金十年”

中国黄金集团公司总经理　党委书记　宋　鑫

实践的过程就是人类有目的的创新过程。有所发现、有所创造、有所前进，是中国黄金集团公司(简称“集团公司”)改革发展的根本指向。目前，国际矿业市场已经进入深度调整期，我们必须对其艰巨性、复杂性、长期性，有足够清醒的认识，要有打持久仗、练长跑、比耐力的思想准备，面对新的机遇和挑战，集团公司遵循矿业发展规律，提出“以金为主，多金属开发并举”战略，坚持“环保扎根基、绿化提神气、和谐促发展、科技催新机”的科学发展思路，以“建设世界一流矿业公司”为战略目标，积极推动创新实践，眼睛向内、苦练内功、深挖内潜，走出一条“内涵式”发展之路，实现成本最小化、效益最大化，最大限度地提升竞争优势。

一、积跬步，加强精细化管理

$1.02^{365}=1377.4$，$0.98^{365}=0.0006$。每天进步一点点，长此下去就会突飞猛进；每件事都差一点点，长久以往就会大大落后。只要每天多努力一点，持之以恒，就能够水滴石穿、实现飞跃。

在过去10年，中国黄金行业发展经历了炫目的“黄金十年”，在黄金勘探、开采、选冶、加工、消费、投资交易等方面，中国黄金行业全产业链均实现了跨越式发展。2007年中国黄金产量达到270.5吨，首次超过雄踞“全球产金第一大国”达109年之久的南非，跃居世界第一；2013年，年产量达到428.2吨，已连续7年保持全球第一产金国地位；2013年，中国黄金消费量也超过印度，一跃成为“世界第一黄金消费大国”。

对集团公司来说，过去10年也是企业发展的“黄金十年”，经过10年的跨越式发展，到2013年年末，集团公司年销售收入突破1 100亿元，矿产金和矿山铜产量分别位居国内第1位和第4位。

进入新时期，集团公司不断加强内部管理，推进精细化管理。这两年，我们在追求精细化管理的道路上进行了积极探索，陆续开展了八项基础管理达标、降本增效、对标创优、管理提升等一系列加强企业管理的专项工作，通过基础管理工作，夯实了企业管理的基础，实现了企业各项规章制度、流程的规范完善和固化升华；通过降本增效，提高了企业成本管控能力，实现了企业向管理要效益、要质量、要发展；通过对标创优，引入了先进的管理方式，实现了集团内部、外部企业的广泛沟通和协作；通过管理提升活动，为提升管理提供了专项支持，实现了管理的短板消缺和瓶颈突破。

一方面，这些不同层面、不同领域的管理工作在有效提升集团公司管理水平、保障集团公司快速发展的同时，为我们把企业管理进一步做实、做细、做精打造了平台、创造了条件，甚至有些工作本身就是精细管理理念在专业管理领域的切实反映和具体实施。另一方面，集团公司适时提出的精细化管理，正是对这些管理工作的进一步延续和对关键环节的进一步深化。

目前，集团公司的精细化管理体系日趋完善。我们提炼出了“五精四细”的精细化管理内涵(所谓“五精”，就是确定方向要精准，具体要求要精确，产品服务要精品，企业文化要精美，科技创新要精益；所谓“四细”，就是要细分决策、目标、任务和指令，细分职能和岗位，细分管理制度，细分市场和客户)，提出了工作主题、工作原则、工作目标、实施步骤等，制定了开展精细化管理的实施方案，把精细化管理作为一项重要工作长期持续抓好。我们相信，通过坚持不懈的努力，一定可以建立起具有中国黄金特色的精细化管理体系，并实现管理精益化，为集团公司持续健康发展提供坚实保障，从而打造集团公司的下一个“黄金十年”。

二、练内功，持续降本增效

在2000多年前，荀子就提出："强本而节用，则天不能贫，本荒而用侈，则天不能使之富"，正道出了企业管理的根本——降本增效。

勤俭办企业是一种好传统，也是一种优秀的企业文化。"过日子"要精细。面对黄金和有色金属价格的下降和波动，集团公司始终把勤俭节约奉为经营管理的准则，做好长期过"紧日子、苦日子"的思想准备，尽最大可能控制费用、降低成本，从事任何经营活动都坚持科学运筹，精打细算，特别是我们要求下属各矿山企业不断提升综合竞争力，通过提高选矿回收率、设备运转率、劳动生产效率，降低采矿损失率、矿石贫化率，把优化"五率"和降本增效指标传递下去，倒逼各企业想办法练好内功，将投入产出效率最大化，切实提高企业发展的质量。

细节是决定成败的关键。要从地质、采矿、选冶等多环节着眼，从视频监控、溢流水回收、修旧利废、粉矿回收、粉炭回收、废石手选、多碎少磨、旋流器稳定运行、石灰与活性炭质量等小事入手，从点滴抓起，每天多努力一点，多进步一点，再紧一点、再抠一点、再严一点，以水滴石穿、绳锯木断的韧劲儿持续推进，层层落实，实现由量变到质变的跨越，长期坚持下去，以小节约推动大增效，努力提升经济效益和管理水平，扎实创建节约型企业、节约型机关。

要建立优化"五率"和降本增效碰头会机制，每周一次，交流经验，吸取教训，同时把这些工作与看板管理结合起来，把管理制度变成操作规程和安全理念，通过周而复始地宣讲、演练，把细节变成规范，把规范变成习惯，把习惯变成潜意识，让潜意识变成我们的行为准则，把工作做精、做细、做实，从而培养一种精益求精的工作作风，并长期坚持下去。

在规模效益方面要"增"。要发挥现有采选装备技术优势，确保满负荷生产，充分地释放产能，最大限度地发挥规模效益，尽量摊薄成本。一要优化布局提高产量。在确保生产有序衔接的前提下，合理调整三级矿量，把握好采掘比，杜绝无效工程，减少掘进总量投入，增加综合产出。矿山企业要重点提高原矿品位，提高处理矿石量，提高综合回收率，提高精矿品位，实现增产增收。二要强化探矿增加储量。要加强矿区控矿因素和成矿规律等综合研究，加大矿区外围及深部探边摸底和就矿找矿力度，提高探矿增储效率，降低探矿成本。三要抓好并购提升质量。要注重重点成矿区域的资源并购，重点选择规模大、潜力大、效益好的项目。同时，要进一步降低资源的单位并购成本，提高资源性价比，防止收购以后效益不佳。四要降低费用盘活存量。要采用招投标等形式，合理降低外包工程单价和材料采购价格。在工程安排上，要优先选用集团内部采掘队伍，尽量减少外包工程，降低外包费用，增加集团综合效益。

管生产的必须管成本，管项目的必须管投资。要树立"设计上的节省是最大的降本增效""设计上的浪费是最大的浪费"的理念，采用颠覆性的思路和革命性的措施，持续不断优化设计，确保赢在起跑线上。在施工各环节中，要按照"建设不完、优化不止"的思路，持续不断地优化项目设计，严控投资概算。要从优秀的民营企业身上学习其降本增效的先进经验，以东方希望集团为标杆，节省办公及厂房面积，节省缩短工艺管线，节省使用土地，节省人员配备，确保建设项目高效节约。

随着黄金和有色金属价格下行压力的加大，必须进一步将优化"五率"、降本增效向纵深推进，把潜力挖尽，把水分挤干，最大限度地提升竞争优势。

三、转方式，打造绿色矿山

我国经济已进入中高速转型发展期，工业发展思路由规模扩张转移到注重结构调整、产业升级和绿色发展道路上来。黄金矿产是国家极其宝贵的资源，对国民经济具有重要价值。如何适应新工业形势的要求，加快转型升级，走上可持续发展道路？发展"绿色矿业"、打造美丽矿山成为一种必然选择。"黄金十年"将围绕着"绿色"而发展。

我国的传统矿业走的是一条高消耗、高污染的路子，在开发过程中产生大量废气、废液、废渣等污染物，对生态环境造成严重破坏。党的十八届三中全会以来，生态文明建设被提到全新的高度，矿业企业安全环保的压力会越来越大。在新一轮体制改革中,黄金已被纳入资源税征收范围,营业税改增值税、环境保护费改税等财政政策也将实施。

集团公司一直坚持以科学发展为主题,以加快转变矿业发展方式为主线,以打造美丽矿山、发展生态矿业为目标,进行了大胆探索,走出一条资源开发与环境保护"双赢"的绿色发展之路。对井下采空区,我们采用新型胶固料技术进行回填,尽力恢复原有的地质环境。对生产过程中产生的废液,进行回收处理,循环利用,以降低水资源的消耗;对废气中的含硫有害物质,通过回收提取硫元素,变废为宝;对生产过程中产生的大量尾矿,进行回填、制砖再利用,努力修复自然生态系统,同时大力开展绿化美化工程。经过几年努力,集团公司逐渐形成了"低能耗、低污染、低排放"的"三低"绿色矿山发展模式。

比如,我们的内蒙古乌山项目位于呼伦贝尔草原,这里植被脆弱,土地表层只有约30厘米厚的腐殖土,一旦破坏就会被风蚀沙化。为保护区域生态环境,我们在开发时将所有剥离的腐殖土堆存起来,做到采矿生产和草原复垦同时设计、同时施工。目前,复垦面积已达200多万平方米,矿区内可绿化的区域全部进行了绿化。

又如,西藏甲玛项目位于生态环境极其脆弱的青藏高原。在2008年建矿伊始,我们就坚持"点上开发、面上保护"的原则,提出将甲玛建成绿色、环保、科技的大型现代化矿山。为减少对高原绿色植被的破坏,降低扬尘污染,我们改变了投产之初的地表运输方式,采用地下平硐运输方式,开创了西藏地区矿山企业井下运矿的先例,有效保护了山体、地表和植被生态系统。

应该说,绿色矿山建设是一项庞大的系统工程,它囊括了矿山立项、设计、建设、成长、发展、衰亡的全过程,其切实实施是一项功在当代、利于千秋的宏伟事业。开展绿色矿山建设是一场矿业领域的绿色革命,自然会引发矿业当期利益和长期效应的博弈。它涉及面极广,直接影响国家、企业和民众的利益。

集团公司在矿山企业绿色矿山建设投资时,尤为注重以下几个方面:首先是结合矿山长远发展,制定符合本企业发展的绿色矿山建设规划。在总体设计中,要充分考虑资源综合开发利用、生产组织、技术改造、设备更新和节能减排、安全生产、人才培养对绿色矿山建设的作用和影响。其次,在组织实施过程中,要有与时俱进的思维,不断优化建设规划项目,使投资效果发挥到极致,起到事半功倍的作用。此外,在实施规划项目时,充分考虑对周边环境的影响和作用,特别考虑到绿色矿山建设对促进矿区周边生态保护、经济繁荣、民众生活改善提高的作用和影响。

目前,集团公司已有30个矿山被评为国家级绿色矿山试点单位,是中国拥有绿色矿山数量最多的企业。截至2014年9月,集团公司已经完成投资额超过120亿元的30余个大型绿色矿山建设项目,主要包括资源综合利用类项目、科技攻关类项目、环境治理类项目,其中资源综合利用类项目是重中之重。到2020年,集团公司还计划投资约100亿元继续用于绿色矿山建设与维护。

四、谋先机,引领科技创新

要打造下一个"黄金十年",过去那种简单靠"占资源、上项目、扩规模",然后获得好收益的路子走不通了,必须在发展模式上和观念上有深刻的变革,从投资拉动、规模扩张的外延式发展转向创新驱动、结构调整的内涵式发展。

长期以来,我国黄金矿业普遍沿袭着粗放型的开发模式,对生态环境破坏比较严重。这其中固然有观念落后、管理粗放的因素,但不可忽视的重要因素之一,就是黄金矿业的科技发展水平不高,装备、自动化程度和信息化建设等方面比较落后。

黄金矿业的科技发展水平为什么不高?一则黄金矿业的发展不像电子、汽车行业那样具有广泛性,黄金勘探和采选冶重大创新技术的产生相对比较困难,周期也较长;二则黄金矿山具有独特的"偏、小、远、散、深"等行业特点,使得黄金资源开发利用的技术难度明显加大,难以采用现代化的大型设备。随着经济社会发展对生态环境的要求越来越高,粗放型的开发模式已完全不能适应要求,必须以科技创新为重要支撑,推动矿业转型发展。

作为中国黄金行业的唯一中央企业与龙头企业,集团公司始终致力于引领黄金行业创新与升级。瞄准行业前沿技术,主动承担起大量的行业科技攻关任务，并取得大量科技攻关成果，为黄金矿产资源安全、高效、清洁开发与利用提供了关键技术支撑和保障，加快了黄金矿业开发由传统的粗放型经营模式逐步向绿色环保的现代经营模式转变。

2012 年 12 月，集团公司倡议并牵头成立了“黄金产业技术创新战略联盟”，集中联盟成员的技术力量，在我国黄金行业形成一个产、学、研、用一体化的高效机制，建立起联合开发、优势互补、利益共享、风险共担的技术创新合作组织，并形成领域内不同资源的共享平台、成果转化平台、技术服务平台和研发平台。

近年来，集团公司通过自主研发的生物氧化细菌提金、原矿焙烧以及引进消化吸收再创新的两段砷回收等核心技术，解决了世界性行业难题，使我国已探明的 3 000 多吨难以开发利用的黄金资源变为可供利用的资源，促进了我国黄金矿业的可持续发展。集团公司自主研发的“难浸金精矿生物氧化提金新技术研究与应用”项目，荣获国家科学技术进步二等奖；参与完成的《青藏高原地质理论创新与找矿重大突破》项目，荣获国家科学技术进步特等奖。

为了做好循环经济这篇大文章，集团公司积极创新，致力于矿山企业尾矿等废弃物的综合利用技术攻关，力争打造“无尾矿山”，将有限资源“吃干榨净”。湖北三鑫金铜股份有限公司采用世界先进的新型胶固料技术，将加入胶结材料的 70.0% 尾矿充填到井下采空区，实现排放和供充一体化，对剩余的 30.0% 尾矿采用压滤干堆技术，实现了全部尾矿安全处理。内蒙古乌山项目在全国首次采用节能的 SABC 碎磨工艺和节水的尾矿膏体输送技术，大幅降低了能耗，环保效果非常显著。

在精炼技术方面，集团公司开发出“99999”高纯金精炼技术，并牵头制订全球首个《高纯金》和《高纯金化学分析方法》系列国家标准，在相关技术领域达到国际领先水平。可以说，“99999”高纯金的出现既是中国黄金冶炼技术的一次历史性突破，也是对黄金产品市场的丰富和完善。

在装备制造方面，集团公司主导研制并使用国内最大规格的半自磨机和溢流型球磨机，打破了国外制造商在此领域的长期垄断，促进了重大装备国产化水平的提升，提高了生产效率，最大限度地利用了资源，保护了环境。

总的来说，集团公司拥有行业领先的核心技术、高水平的研发平台、开放的技术创新体系以及优秀的科技人才队伍，这些是集团公司科技创新实力的体现，更是科技创新的基础。但同时，我们也必须正视自主创新能力不足，与世界一流矿业公司在科技创新方面差距不小、科技管理水平不高等问题，具体表现在采选冶、安全环保、节能减排及产品深加工技术需要进一步突破，科技创新理念、意识不强，科技管理机制不健全，科技人才缺乏，科技投入不足，科技创新的氛围不浓，科技合作“走出去”机会不多，企业技术管理水平不高等。

在下一阶段，集团公司科技创新工作要突出“五大重点”，即突出战略规划管理、突出体制机制建设、突出核心关键技术攻关、突出科技平台建设、突出科技基础管理，切实将创新驱动战略落到实处。

在我们未来发展的道路上，只有依靠创新，才能推动集团公司及黄金产业向价值链高端跃进，才能开拓未来更广阔的发展空间。科技创新是集团公司应对困难挑战，实现可持续发展的战略选择，是作为中国黄金行业龙头企业的光荣使命，是“建设世界一流矿业公司”的重要途径，我们应对未来充满信心。

五、夯三基，安全重于泰山

打造新的“黄金十年”，安全重于泰山。

集团公司始终把安全生产作为公司的第一责任、第一使命，强基础，抓执行，促提升，推进安全工作规范化、制度化、程序化、标准化，为实现“建设世界一流矿业公司”的战略目标，提供持久可靠的安全保障。

集团公司牢固树立“大安全”“零事故”以及“零容忍”理念，开阔视野，博采众长，着力凝聚促进安全管理的强大合力，不断提升“三种能力”，坚定安全发展信心，完善安全发展机制。

提升安全执行力。执行力是检验企业管理效能的试金石。对安全生产而言，执行力就是生命力。因此，要重点建立健全集团、板块、企业三个层面的垂直管理体系，特别是集团所属各级安全管理部门要有一颗红心、一副黑脸，用铁的手腕加强对安全生产过程的监督管理，用铁的面孔、铁的心肠处理各类安全事故，特别是安全未遂事故和安全险肇事故，用事故教育干部，用事故推动工作。

提升安全创新力。企业的生命力源于企业的创新力。具体到矿山企业的安全生产工作，就是要大力实施“科技兴安”战略，借助科技力量，依靠科技进步和产业升级，解放生产力，提高效率和效益，实现企业的长治久安。集团公司要坚决淘汰国家禁止使用的设备及工艺，积极推广应用先进适用的新技术、新设备、新工艺和新材料，健全安全管理技术保障体系，建设本质安全型企业。要大力推广实用型且能减人提效的自动化、信息化新技术，实现生产集约化、系统智能化、标准国际化、管理信息化、队伍专业化，打造数字化矿山，打造智慧型矿山，实现本质安全。要强化安全避险“六大系统”运行管理，充分发挥其各项监测和管理功能，提高对隐患和事故的预测预警能力。要充分利用安全环保信息管理平台，直接将安全环保健康管理信息传送到此平台，实现互通互传。

提升安全预控力。要定期组织分系统、分专业、分区域的隐患排查，查找存在的系统性潜在风险，定期对矿山各大生产系统进行安全评估，明确管控重点和薄弱环节。要坚持开展隐患排查治理和专项整治活动，有效利用信息系统进行跟踪管控，挂牌督办。要定期分析安全隐患产生、管控及整改失效的具体原因，防范同类隐患重复出现。要建立健全覆盖企业全部生产经营和管理过程的专业应急管理机构和区域性应急救援基地，形成统一领导、协调有序、运转高效的应急救援体系。要落实集团公司、板块、企业三级应急预案备案制度，使预案由写在纸上的东西变成突发事故发生时可以实实在在操作的东西，能“接地气”。

集团公司要在提升三种能力的前提下，狠抓“三基”工作，夯实安全发展根基。

首先是抓基础，重点是推进安全标准化建设。基础不牢，地动山摇。一要认真“对标、贯标、达标”，全面推行精细化管理，提升安全标准化水平，形成从上到下逐级落实、从下到上层层负责的安全标准化管理体系；进一步完善安全避险“六大系统”。二要推行正向激励，推行以“正向激励”为主、“负向处罚”为辅的管理机制，激发员工主动参与安全管理的积极性，加快推进环境管理体系和职业健康安全管理体系的认证工作。三要建立轻伤、重伤和未遂事件的险肇事故预警机制，关口前移，重心下移，从源头把控安全风险，使危险源始终处于可控状态。四要树立“人少则安”的理念，简化环节，优化系统，促进员工按章操作，创造良好的安全环境。五要严格执行安全确认制，坚持“不确认不生产、确认不合格不得生产”的原则，通过安全确认，触动安全管理的每一根神经。

其次是抓基层，重点是提高安全管理能力。一要配齐配全基层管理机构和专职安全员，建立精干、高效、专业的基层安全管理队伍，形成网络化、梯次化的安全管理格局。二要从提升班组长素质、管理能力等方面入手，建立一支重安全、善管理、作风硬的班组长队伍，把安全责任真正落实到岗位、落实到个人。三要牢牢把控外委施工队伍现场安全管理，及时消除安全隐患，杜绝各类事故。四要建立健全“一把手”负总责的安全生产责任体系，层层签订安全目标责任书，层层落实安全责任，形成完整的安全管理链条。五要充分发挥安全文化的舆论导向作用，建立常态化安全宣传教育机制，有效利用一切资源，不断创新和丰富安全文化的内容及形式，形成群防群治的安全管控局面，以先进的文化引领安全发展。

再者是抓基本功，重点是提升全员安全素质。一要加强安全教育培训，牢固树立“安全培训不到位就是最大的隐患”“一流的培训才有一流的素质”等安全培训理念，按照三级培训要求，开展好针对各级员工的安全教育培训。二要对照岗位标准扎实开展基本功训练，各级管理人员要在制度执行力上下工夫；技术人员要增强技术规范意识，提高业务素质和技术水平；操作人员要认真执行岗位操作规程。三要开展技术比武、岗位练兵等形式多样的安全竞赛活动，建设学习型员工队伍，营造浓厚的安全氛围，增强和提高员工现场安全意识和自保、互保能力。四要严把外委施工队伍准入关，选择有安全资质、人员素质高、管理能力强的队伍承包工程。五要严格执行持证上岗制度，企业员工必须取得相应安全资格证书后，方可上岗作业。

责任重于泰山,使命高于一切。打造本质安全型企业,是集团公司“建设世界一流矿业公司”的必然要求,是引领黄金行业发展的前提保障,是对员工家属的庄严承诺。我们要以对企业发展高度负责、对员工生命安全高度负责的精神,按照“安全生产必须警钟长鸣、常抓不懈,丝毫放松不得”的原则,守红线,强三基,严问责,全面开创集团公司持续安全发展的新局面,使集团公司在发展的征程上一路平安,让每一位中国黄金人一生平安。

六、宜绸缪,增加国家黄金储备

“黄金十年”将凭实力说话。“中国大妈抢金”闻名海内外,但也折射出中国在黄金的定价上缺乏话语权的困境。如何从国家核心战略的高度,增强对黄金的控制力,已经成为我国保障金融安全、防范金融风险的紧迫任务。

黄金是世界上唯一的非负债货币资产,也是唯一能够跨越国家、语言、种族、宗教、文化的全球公认的货币资产。黄金是国家经济安全的最后一道防波堤,黄金储备能够保证国家在发生危机时拥有更大的自主权,关系到国家经济安全。

当前,黄金仍将在抵御经济风险、维护国家金融安全方面发挥更加重要的作用。特别是未来货币战争很可能愈演愈烈,这就要求各国更加重视黄金的独特作用,防止金融风险的发生。

我国已经是世界第二大经济体,但是离经济强国还有相当长的路要走,我国在国际金融及货币体系中的话语权还不够,最显著的标志是人民币尚未实现国际化。而黄金是超越国家主权的货币资产,具有强大的最后清偿能力,恰恰是一国货币走向国际的基础和保障。英镑、美元在成为国际货币时,其国家黄金储备分别占世界的50.0%、60.0%以上;欧元在创设时,欧元区国家的黄金储备合计1万余吨,超过了美国的黄金储备。人民币若要实现国际化,必须具有普遍接受性和价值稳定性。因此,除了国家信誉担保之外,非常重要的一点就是必须有足够的黄金储备作为基础,提高人民币的含金量和信誉度。

从我国目前黄金储备的实际情况来看,无论是黄金储备绝对量还是其占国家官方储备的比例都很低。从绝对量来看,目前全球官方黄金储备总量为3万余吨,其中美国有8 133.5吨,约占全球官方总储量的26.0%,一直保持全球第一;德国有3 387.1吨;意大利、法国均为2 400吨以上;我国是1 054.1吨,列全球第6位(不包含国际货币基金组织),仅占全球总储量的3.4%左右。从黄金储备占国家官方储备的比例来看,美国黄金储备占国家总储备资产的71.7%,德国、意大利、法国均在60.0%以上,世界平均水平为10.0%左右,而我国仅为1.1%。

因此,要想使黄金在我国真正承担起其战略使命,有必要在国家储备资产中合理增加黄金的比重,有计划地增储黄金。如何实现黄金储备的增长?除了央行直接从市场上购买以外,还应综合运用多重有效途径。

2013年我国黄金消费量达1 176.4吨,和国内黄金生产量428.2吨相比,缺口约750吨。要解决这个缺口,目前主要是由具有黄金进出口权的12家商业银行通过进口标准金来弥补。然而由于商业银行缺乏检验手段和精炼能力,只能进口标准金,而把大量国外非标准金拒之门外,使我国本可以掌握和利用的国际资源白白流失。针对这一情况,可以适当放宽黄金进口管制,允许相关企业进口非标准金,然后运用自身技术和精炼能力加工成标准金,满足国内黄金市场的需求。

同时,建议设立相关国家黄金增储基金,针对境外各类黄金资源进行市场化投资,用于开发黄金资源、收购金矿及非标准金等。另外,也可探索设立专业的黄金银行,开展包括黄金定制、黄金融资租赁、黄金担保支付、黄金存储、黄金借贷、黄金产业链融资、纸黄金发行和交易以及黄金投融资等业务在内的多项业务,进一步增强国家对黄金的控制力,实现黄金的战略性增储。

黄金足,天下安。

以“三联机制”为依托的海外中资公司社会责任管理

中国石油拉美公司党委书记
安第斯有限责任公司总经理 张 兴

2005 年 8 月,中国石油(55.0%)和中国石化(45.0%)合资设立的安第斯石油公司(简称“公司”),出资收购了加拿大 Encana 厄瓜多尔公司在厄瓜多尔的全部资产,包括位于奥连特盆地油气富集带的 Tarapoa 区块、14 区块和 17 区块等三个勘探开发区块,合计面积 4 899.54 平方千米,以及 OCP 管道的部分权益。

海外经营环境异常复杂和特殊,与中国在政治制度、经济体制、历史、文化、民族、宗教、社会等方面存在巨大差异,因此跨国购并后的企业经营管理存在极大的风险。2006 年 2 月,公司接管全部资产后,恰逢国际原油价格持续走高,拉美兴起石油国有化浪潮,厄瓜多尔政府对外资企业政策越来越苛刻。在当地政府个别人员的支持和蛊惑下,劳工、社区、非法工会等借机提出各种不当利益诉求,并以社区闹事、冲击油区、占领设施、盗抢物资、绑架员工甚至暴力袭击相要挟,给公司生存与发展带来了前所未有的严峻挑战。

公司践行中国石油“奉献能源、创造和谐”的企业宗旨,落实中国石油安全生产、健康发展、建设海外“和谐油区”的目标,运用利益攸关方管理理论,通过创建“联管会、联席会、联谊会”即“三联机制”的管理平台,建立起全新社会责任管理机制,构建了互利双赢的战略联盟,主动融入当地社会,与油区居民和睦相处,与当地政府和社区亲密合作,实现公司和社区长治久安、互利共赢、可持续发展。经过十年的优质高效发展,公司员工总数已达到 706 人(其中,中方员工 40 人,当地雇员 650 人,第三国雇员 16 人),完成合同总收入 17 亿美元,利润总额 2.2 亿美元,年均油气生产当量在 300 万吨左右,是厄瓜多尔最大的外资石油公司。

一、海外中资公司创新社会责任管理的必要性和重要性

在国际能源合作和竞争中,资金、技术、人才是硬实力,基于企业文化的社会责任战略和管理是软实力,对于海外中资公司来说,则是比硬实力更为重要的核心竞争力。社会责任管理对于弘扬中华优秀文化,提高公司社会声誉,增强公司国际合作和竞争能力,实现可持续发展,具体十分重要的作用和意义。

二、以”三联机制”为依托的海外中资公司社会责任管理的内涵和主要做法

(一)融合中华文化和企业宗旨,确立公司社会责任管理理念和思路

公司接管之初,通过调查分析,深入剖析西方企业与当地社会冲突的根源,认识到一些西方跨国石油公司在厄瓜多尔经营多年被迫离开南美市场的原因,究其根源是信奉资本主义利润至上原则,把追求超额利润作为唯一目标,缺乏与资源国及当地社区兴衰与共的责任感、融入当地社会的企业文化和长远发展的思想。为此,公司基于中华优秀文化,融合儒家义利观和中国石油“奉献能源、创造和谐”的企业宗旨,树立了公司新的社会责任观:即在互利共赢的基础上,守卫基本的法律和道德底线、遵循中间标准、追求最高标准,即将公司的命运与资源国的发展结合起来,将公司的财富与当地居民共同富裕结合起来,将公司的业务与当地繁荣联系起来,将遵守市场法则与发扬社会主义道德结合起来,建设海外和谐油区树立了新型社会责任观。见图 1。

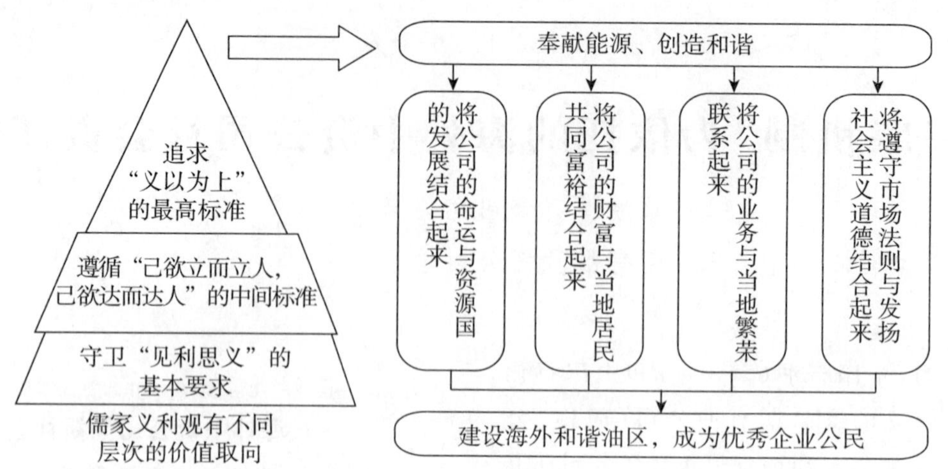

图1 依据儒家义利观构建的公司社会责任观示意图

依据公司社会责任观，公司确立了以建设海外和谐油区为目标的社会责任管理的指导思想和总体思路。见图2。

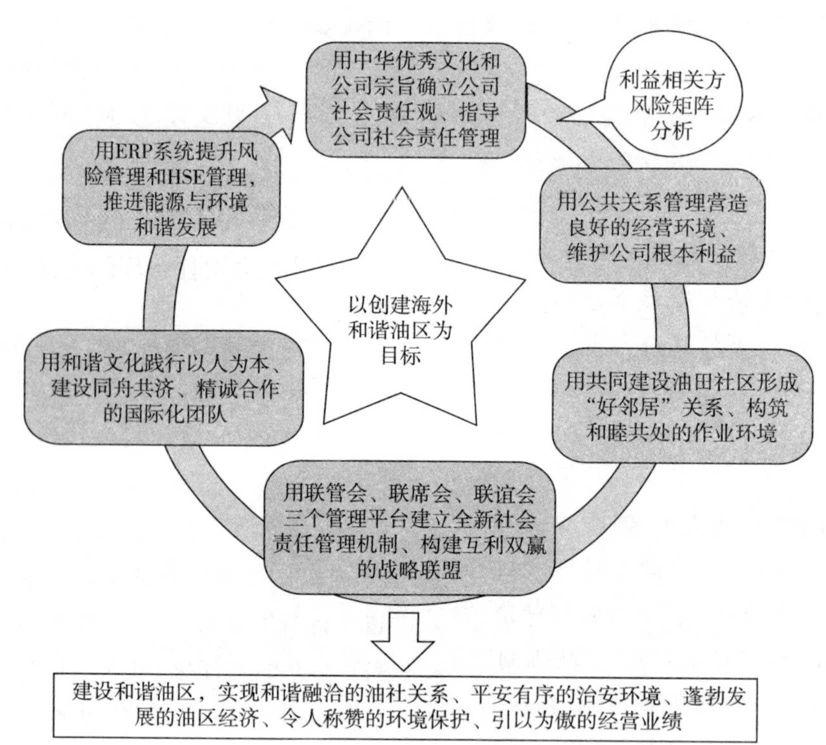

图2 海外中资公司社会责任管理思路示意图

（二）运用利益相关方风险矩阵分析，确定公司社会责任管理的重点和方向

公司运用利用相关方管理理论，结合公司历史经验，识别出资源国存在50多种风险。按照风险等于风险发生可能性和严重程度的乘积，将这些风险因素排序，主要有政治、经济、HSE、法律等8种，权重百分比分别为100、80至25。在此基础上采用专家诊断法，根据各利益相关方的功能特点、影响力和行为可控性，识别出11大类利益相关方，并对利益相关方进行重要性排序，建立了各利益相关方影响权重模型，确定利益相关方与风险之间的关系。

通过权重模型分析，公司认为，除总部/股东和不参与利益分配的媒体外，政府（包括中央政府机构和地方政府）、社区和劳工是对公司影响最大的三个主要利益相关者。根据厄瓜多尔国情进一步分析，政府、社区和劳工与公司的利益诉求冲突，核心问题是石油开采带来的巨大利益分配有欠公平。这些矛盾和纠纷，是公司社会责任管理面对的主要风险和必须妥善解决的主要课题。

（三）创建联管会、联谊会、联席会管理平台，建立全新社会责任管理机制

针对政府、社区、劳工（包括工会）三个主要利益相关者，公司探索搭建起联管会、联谊会、联席会三个平台，构建起沟通诉求、协调行为、求同存异、化解风险和冲突的管理机制，将公司发展与政府、社区、劳工的利益紧紧捆绑在一起，形成互利共赢的战略联盟。

1. 设立联管会，构建公司与政府的命运共同体。公司经过反复研究，借鉴国际石油合作产品分成合同的模式，与厄瓜多尔政府合作成立安第斯石油项目联管会，取代产品分成合同下的作业委员会，由专司对外合作项目执行的厄国矿产石油部国家油气总署的三名代表和公司的三名代表组成，公司总经理担任联管会主席，拥有投票表决不能达成简单多数时的决策权。其宗旨是保证合同执行、作业审批、技术论证等重大事项正常运行，协调解决环境保护、社区寻衅滋事、非法组织干扰油田生产作业等重大事件。联管会为公司管理层与厄瓜多尔政府提供了常态化、制度化的沟通协调机制，使双方能够及时了解对方的利益诉求和关切，及时协商解决项目执行中出现的新问题，维护双方共同的重大利益。

2. 创建联谊会，建立公司与社区互利双赢机制。社区是厄瓜多尔行政区划的最小单位，相当于中国的村镇。油田所在社区的大多数民众是朴实、善良、通情达理的，解决社区冲突的根本出路，在于坚持平等合作，加强沟通协调，推进互利双赢，实现共同发展。为此，公司与油区南北两大社区多次协商，成立了设有用工、工资、招投标、物资供应、纠纷处理、环境保护、健康安全等七个“办公桌”的社区联谊会，其宗旨是：促进发展，改善社区基础设施；促进就业，给社区参与甲乙方招聘更多的机会；促进竞标，给社区参与公司物资采购更多机会；促进教育，改善青少年学习条件；促进医疗，提高妇幼健康保护水平；促进环保，改善生态环境；促进旅游，改善经济发展和就业环境。各“办公桌”均由公司 EHS 部社区工作者、政府派出的社会工作者和社区代表组成。见图 3。

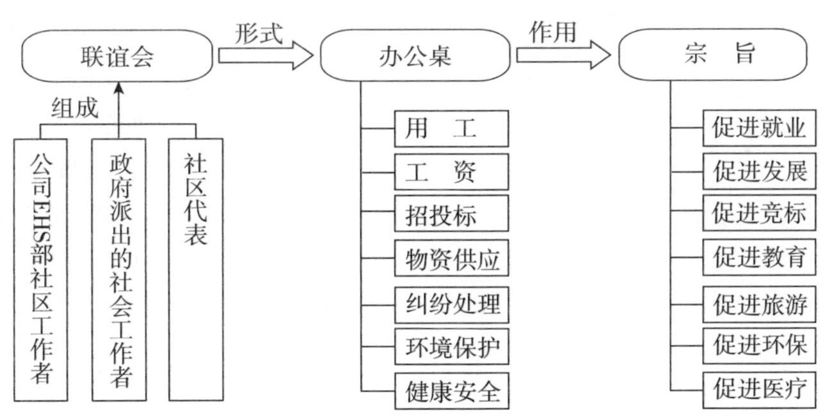

图 3　社区联谊会构成及宗旨示意图

3. 举办联席会，培养忠诚于公司的员工团队。员工是企业的第一资源，也是企业最宝贵的资产。2006 年以来厄瓜多尔多次修改法律，让许多当地雇员不知所措。为提高员工队伍的思想道德素质，增强队伍的凝聚力和对公司的忠诚度，公司设立法律论坛和讲习会，包括举办法律知识讲座、当地文化讲座、西语角、英语角等，为员工提供法律咨询，解疑释惑，提高交流沟通能力，提供心理学、社会学咨询，以及薪酬和社会福利、保健知识、家庭关系、人生规划等讲座，引导员工理解和认同公司，树立爱家、爱厂、

爱国的价值观，培养与公司同舟共济，共同成长的忠诚感，抵制"非法工会"的煽动和挑唆。2007 年年初，北部油区受区外势力的煽动，酝酿组织大规模罢工闹事，450 多名公司员工闻讯主动赶到肇事现场，耐心说服和劝解，平息了一场潜在的寻衅事件，保证了公司当年日产原油上 6 万桶计划的顺利实施。

4. 完善公司治理，实行分级授权。新型社会责任管理更需要良好的公司治理。公司建立董事会和总裁权责明确、相互制衡、协调运转的治理结构，注重投资者核心管理的国际化模式建设，完善分级授权管理，以科学、高效为原则，设立技术经济发展、费用授权、大小标等多个委员会和特别工作小组，并实行委员会决策制，形成公开、透明，"管理严、部署实、执行细"的作业公司国际化生产经营管理模式（见图 4）。同时，聘请熟知社区风土人情、当地作业规则和

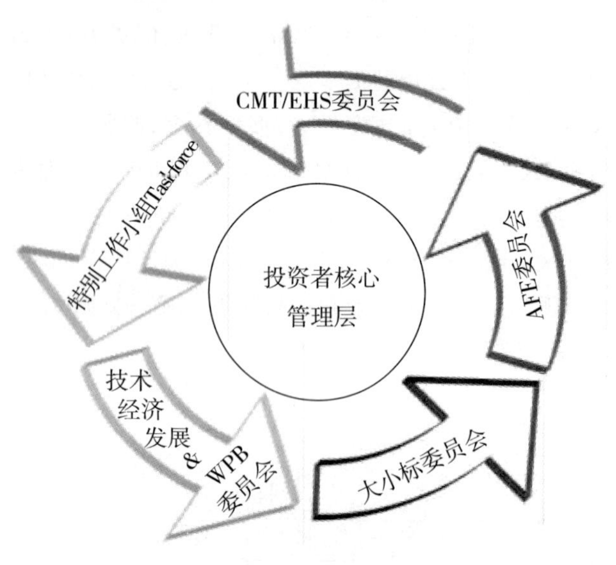

图 4　安第斯石油公司主要委员会组成图

政府事务的 5 位资深法律、税务等高级专家组成公司顾问委员会，为公司处理与政府、社区、员工利益关系提供法律和政策咨询；还聘用了 10 多位厄瓜多尔著名律师，为实现公司依法合规经营、保护企业正当权益提供了有力支撑。

此外，公司还注重加强公共关系管理，融入当地社会，支持慈善事业，宣传企业理念，与当地政府、社会团体和媒体建立和保持了良好的关系；通过联管会机制推进企业与政府之间的"命运共同体"建设，获得总统及政府高层的认可与支持；坚持合规经营，依据法律据理力争，先后妥善处理了"暴利税""强征附加分红款"、合同转制等危机；通过联席会协调解决社区居民民生问题，签署社区与企业支持与发展协议，结束了历史上公司前身与社区冲突和纠纷的历史；践行以人为本，推进文化融化，打造"中方管理为核心，以本土化力量为主体，多国籍团队为补充"的国际化人才队伍；应用 ERP 系统，提升风险管理和 HSE 管理管理，推进公司与人和资源、环境协调发展。上述一系列举措，从各个层面良好地企业内外部各利益攸关方之间的关系，为企业长远协调发展营造了良好的经营环境。

三、以"三联机制"为依托的海外中资公司社会责任管理的效果

经过近 8 年来坚持不懈的努力，公司初步建成"政府赞赏，社区认可，员工满意"的和谐油区，发展环境显著改善，预定目标基本实现。

（一）社会效益显著——对政府、员工和社会的贡献高于前公司

8 年来，公司原油生产累计给厄瓜多尔政府带来 120 亿美元的收入，上缴利税近 70 亿美元；公司员工人均年收入（含利润分成）由 2006 年的 46 500 美元提高到 2013 年的 52 600 美元，增幅为 13.0%；本地采购合同累计金额 27.3 亿美元；为当地社区创造就业岗位 2 542 个；分别在南北两个油区开通两路校车，建立社区医院 2 所，为当地居民累计免费提供门诊及治疗服务 8 万多人次，寄生虫病防治服务 6 300 余次；培植可可园 1 个，扶植种植园 10 多个；合计资助贫困少年儿童就学 2 000 多名以及 9 个慈善机构。

（二）公众形象改变——公司和中国声誉大幅提升

以建设"和谐油区"为目标的公司社会责任管理，从根本上改善了油区治安，维护了公司、社区和政府的利益，解决了厄瓜多尔政府一直想管又管不好的大问题，获得所在社区、厄瓜多尔政府和业界一致好评。当地居民先后给公司发来千余封感谢信，政府机构和社区也给公司颁发了致谢牌匾。公司先后荣获各种

奖励50多项，包括油区地方政府颁发的社区事务“先进单位”奖，厄瓜多尔国会和国家新闻记者协会联合颁发的社区事务“楷模金奖”，厄瓜多尔内政部、国防部、警察总署等5个部部长或其代表联合颁发的“社区事务模范”奖，2011年10月公司又获得厄瓜多尔非再生资源部与国际石油工程师协会（SPE）颁发的“杰出石油技术发展奖”。2012年，公司荣获中华全国总工会颁发的“全国五一劳动奖状”。

（三）经济效益良好——生产经营持续发展，投资回报超过预期

接管8年来，公司累计新增石油地质储量1亿吨，生产原油24 00万吨，基本保持了年均300万吨稳产水平，产量、资产、利润、税收4项指标在厄瓜多尔外资企业中连年保持第1位，提前2年回收了全部原始投资，实现了海外国有资产保值增值。

以“三联机制”为依托的海外中资公司社会管理体系，为促进安第斯石油公司在海外实现优质高效可持续发展发挥了重要作用，也为其他海外企业加强社会责任管理提供了良好的借鉴。今后，安第斯石油公司将立足当前，进一步探索和完善我国海外企业社会责任管理机制，为实现我国海外国有资产保值增值，树立中国企业良好形象发挥积极的作用。

重创新　造精品　筑品牌　谋跨越

——岭南园林股份有限公司致力描绘“美丽中国画卷”

岭南园林股份有限公司

1998年，东莞市岭南园林绿化有限公司正式成立，这即是岭南园林股份有限公司（简称“岭南园林”）的前身。多年来，岭南园林致力于打造“和谐美好”的人居环境，是建设“美丽中国”和“生态文明”的积极践行者和推动者。截至目前公司注册资本32 573.6万元，同时拥有风景园林工程设计甲级和国家城市园林绿化一级资质，业务发展遍及全国，于2014年2月19日成功登陆A股中小板市场。

目前，岭南园林已发展成为中国园林绿化行业实力卓著的领先企业，集景观规划设计、园林及生态工程施工和文化、旅游为一体的综合性园林龙头企业，综合实力位居行业前茅。连续多年荣获“全国园林绿化综合竞争力十强”“国家高新技术企业”“广东省重点农业龙头企业”“中国风景园林优秀管理奖”“中国优秀园林工程金奖”等一系列殊荣。

一、创新求变　筑品牌腾飞

从当年创业的寥寥数人，到现在日趋成熟的五大区域公司、13家分公司的跨区域经营格局，近千人的管理团队；从刚成立不足150万元的年度产值，到2014年完成的近11亿元业绩，业务遍布全国；从创业初期的筚路蓝缕，到现在与万达、万科、保利、金融街等大批全国知名房企建立战略合作关系；从名不经传的东莞民企，到今天稳居中国城市园林绿化综合竞争力五强的龙头企业……

经历17年的锤炼，岭南园林在管理、技术、业务等方面形成了独有的经验，并打造了闻名全国的岭南园林品牌。

（一）管理创新迸发企业活力

面对日趋扩大的市场份额和全国性的战略格局，岭南园林一直在不断探索和实践适合自己企业发展的一套管理模式。

随着业务的不断拓展，岭南园林不断探索，大胆解放思想，将管理手段及模式进行了升级和优化。目前已实行东莞和北京双总部的运行模式，全面开启全国市场拓展步伐的南北双引擎。设立五大管理中心以及五大区域运营中心，全面推行了企业的制度化、精细化、系统化和区域化管理。

在人力资源上建立了一套完整的、科学的人才吸纳机制及人才培养机制和考评机制。创新人才招录方式，紧跟时代潮流，开创了微信等网络新媒介招聘渠道。开拓各区域资深猎头并与高校建立人才资源合作，为中端人才招聘与储备提供强有力的保障；创新用人育人机制，建立员工职业发展双通道，满足员工职业发展需要。建立技术岗位能力定级与认定体系，规范岗位培养与晋升标准，促进员工主动提升技能。并持续开展人才梯队培养，实施“以优带优，现场培养”的方式，加快公司各层级、各结构的人才培养。同时注重绩效考核，以业绩论英雄，以绩效激励、帮助员工实现自我价值，引导员工将个人愿景与企业共同愿景相结合，从而实现企业与员工的共同发展。

在工程管理方式上实施督导和目标管理体系。岭南园林首创工程管理方式，设置总工室、资料部和管理部，三大部门组成项目的统筹管理部门——工程管理中心，并逐步形成了技术支持、督导管控、标准管理、资源统筹、成长提升、知识管理、计划管理和决策支持八位一体的综合职能定位。站在全局的高度，岭南园林坚持规范化、标准化、科学化、精细化管理，形成了健康有序的企业管理体系。

2015 年 5 月，清华大学技术创新研究中心岭南园林分中心正式成立，此次校企合作，将深入探索岭南园林在管理和技术上的创新机制，是岭南园林管理上的一次重大突破，有利于增强企业管理创新的驱动力，助力岭南园林运用新的理论指导企业管理，提升核心竞争力，在园林市场竞争中构筑绝对优势。

（二）文化兴企提升企业凝聚力

企业是人，文化是魂。岭南园林从当年的艰难草创中发展壮大，与优秀的企业文化分不开。岭南园林提倡“人才强企”的战略，将爱国敬业的价值观念、争创一流的企业精神、诚信务实的经营之道以及“天道酬勤”和“厚德载物”的文化内涵深深融入到每一个员工心中，逐步形成了岭南园林自己的文化特色。

随着岭南园林制度的日益完善，在抓好刚性管理同时，更注重继续传承和发扬岭南园林优秀的文化。岭南园林每年都开展丰富多彩的文娱活动，如岭南十佳歌手活动、五四活动，年终旅游、植树节、员工生日会等，这些活动极大地丰富了广大员工的业余生活。同时实行带薪年假，实施礼金与车房补贴、异地调动补贴等，这些载体形成了岭南园林优秀的人文环境，提高了企业的凝聚力。

（三）坚持品牌战略拓展业务

岭南园林积极创新营销模式，拓展主营业务。PPP 模式的兴起与推广已然成为大势所趋。中央和相关部委先后颁发了文件，大力支持 PPP 模式的发展。对此，岭南园林积极探索和推进该项工作，紧跟政策、把握机遇，积极创新营销模式，结合金融手段撬动更大的生态市场，并于 2015 年 2 月，与肥西县人民政府、中建国际投资（合肥）有限公司签署了 50 亿元 PPP 战略合作框架协议。为岭南园林进一步发展提供强大推动力。

岭南园林在这几年的发展中，越来越意识到品牌的重要性，要做中国最优秀的城市景观和生态建设综合运营商，就必须通过品牌战略向更高层次提升、向更宽领域拓展，以此增强岭南园林核心竞争力。经过多年的发展，岭南园林凭借着优异的经营业绩和一大批精品工程赢得了良好的市场和社会广泛的认可，承接的项目规模越来越大，层次也越来越高。同时尝试开拓海外业务，2014 年岭南园林参与了中马友谊园设计与建设工作，献礼中马建交 40 周年，高效率、高质量地完成任务。通过该项目的顺利竣工，成功申报成为了东莞市第一家拥有《中华人民共和国海外承建工程资质》的企业，为岭南园林日后开拓海市场打下了坚实的基础。

（四）创新资本运营助推做强做大

借助上市的契机，加快推进企业战略转型。一方面以资本的力量壮大企业实力，努力构建景观规划设计、园林及生态工程施工和文化、旅游为一体的综合性的产业格局。2015 年 5 月，岭南园林以现金 5.5 亿元收购恒润科技，涉足新型文化创意产业。另一方面加深产业链的专业化分工，从上游苗木种植、中游景观设计、下游园林施工进行专业化的横向分工，借助资本市场扩大产业格局，实现产业的“专、精、深、强”。通过资本运作和产业拓展，不仅扩充了岭南园林的主营业务，产业格局也进行了战略性的调整,岭南园林加大了涉足文化、旅游、环保产业的发展步伐,为岭南园林推动产业转型升级,实施二次创业创造了条件、奠定了基础。

(五)设计创新打响岭南特色

目前,岭南园林拥有东莞设计院、深圳设计院、华西设计院、北京设计院及厦门设计院等5大设计院,设计项目逐年递增。在设计团队管理中,岭南园林一直强调重设计于学。培养学习型设计团队,打造一支具有核心竞争力的设计团队是岭南园林能够顺应时代发展潮流,保持创新思维模式的重要引擎。以设计讲解、项目总结、参观学习、思想风暴等学习和总结的方式加强主创、方案设计师的设计思维训练。

2015年3月,凭借着将生态效果和景观效果融会贯通,节约型设计理念,注重细节、品质、人文,泰丰国际城景观设计和英利·狮城花园景观设计两个项目荣获2014年度"园冶杯住宅景观奖金奖"。

(六)产学研合作成效显著

岭南园林重视园林研发,以园林技术为主导,同时开展生态园林科研,通过自主立项和产学研相结合的方式进行研究开发,实现研究与产业的共同发展。

在产学研方面,岭南园林2012年荣获了国家高新技术企业称号;2013年,岭南园林发起成立了"生态园林产业技术创新战略联盟",这是由全国14家院校和科研单位、21家知名园林企业、8位著名园林专家学者共同参与的,岭南园林当选为理事长单位;申请的继续教育基地顺利批准;华南农业大学岭南风景园林硕士班开班;2014年,与华师大联合申报的博士后创新实践基地获批,正式获得培养博士后资格,成为广东省园林企业首家获此批准的企业;2015年,成功申报东莞市创新型龙头企业,充分肯定了岭南园林的科技创新工作。

在研发成果方面,获得高新技术产品共10项,申请专利27项,获得授权专利共18项,其中获得授权的发明专利共9项,居同行业前列。一项发明专利《多效树木滴注液及其使用方法》通过日内瓦国际专利合作条约(简称PCT)审查,成为目前国内唯一获得PCT的园林企业。

一系列的技术创新成果的取得是与岭南园林坚持推广新技术、新工艺、新品种、新机械,走品牌化之路分不开的。岭南园林"研以致用",以园林植物引种、选育、开发与应用、园林工程新工艺、新材料、新科研研究与推广等为主要研究方向,服务社会,造福社会。

二、二次创业,绘碧水蓝天

擎"园林"笔,写"绿色"情。

17年来,岭南园林能在"小米加步枪"的条件下,克服一个个困难,实现一次又一次的大跨越,打胜无数个攻坚战,打造一大批全国性的样板工程,从享誉东莞的园林名企,成为行业内赫赫有名的"铁军",按董事长兼总裁尹洪卫的话总结是:岭南园林的成功不仅是运气好,更重要的是有梦想有追求有抱负;务实、担当;开放、包容;拼搏、奋斗。

上市后的岭南园林,如何利用自身优势"积蓄动力"进而实现"二次大发展",又成为了全体决策者和管理者思考和面对的必答题。

当年岭南是充满激情地"敢闯",现在则更需要冷静思变地"善创"。岭南园林提出要告别过去凭借个人素质来赢得并把握机会的时代,重新建立起一个依靠企业整体素质来实现持续发展的管理体系,运用新的理论指导企业管理,增强核心竞争能力,促进长远发展。

为此岭南园林提出了"二次创业"的战略思想,要求岭南园林成员的工作状态调整到当初创业之时的状态;要对岭南园林内部管理进行创新,修炼强大内功;要求公司制定一个宏伟的中期目标,将企业建设得更大更强;要求公司积极谋篇布局,加速新产业开拓落地,燃点发展新引擎。

而岭南园林董事会也强调,要依据对国家生态化建设战略的方向与行业政策,敏锐把握上市积累的资本市场,稳扎稳打,做好企业的战略转型,乘着资本市场的东风,实现大发展。在发展战略有序推进过程中,将在"机制建设""营销模式""管理方式""资本融资""财务管理""人才机制""成控管理""科技研发""文化建设""品牌效应"十大方面进行创新,注重做"精"做"特",关注投资回报率,内源式增长与外延式发展并重,为呵护碧水蓝天作出自己的贡献。

青山绿水长存，蓝天白云永在。面对美好的未来，岭南园林将继续深入贯彻落实绿色生态发展观，践行“让环境更美丽，让生活更美好”的企业使命，企业员工牢记使命、同心同德、奋发图强、精进深行，为开创岭南园林发展新局面，实现“做中国最强的园林及生态建设领军企业”的战略目标而不懈奋斗。

创新助推发展　做大做强主业

浙江大东南集团有限公司

浙江大东南集团有限公司创办于1975年，地处西施故里——浙江省诸暨市，1986年与浙江省纺织品进出口公司、浙江省服装进出口公司、浙江省针织品进出口公司和浙江省包装进出口公司合作联营，成立工贸合营诸暨塑料公司。1993年3月，经浙江省计经委、体改委批准，以工贸合营诸暨塑料公司为核心，成立浙江大东亚塑胶集团公司，后于1997年更名为浙江大东南集团有限公司。在大东南走过的近40年历程中，我们始终坚持做精做强主业，产业不断转型，技术不断创新，使企业得到了长足发展。

一、以变革传统经营模式转型产业结构

大东南始建于1975年，从2 000元人民币、2间仓库和7个人的小作坊式生产起步，当时只有简陋生产工具进行手工制作包装产品，现如今已成为一家公众上市企业，并进入世界高科技产业领域的领军集团，主要得益于党的十一届三中全会的东风。

我们国家经过了以阶级斗争为纲到以经济建设为中心的转变；从封闭半封闭式到改革开放的转变；从计划经济到市场经济的深刻转变，大东南集团早在20世纪70年代末就认识到：“生产队可以包产到户，我们乡镇企业同样也可以承包”，这样的一个经营模式理念的转变，使得企业从亏损经营发展到几万元的利润，每年可上交4万元，当时企业和公社都初步尝到了甜头。大东南改变经营模式后，开始了资本的原始积累，我们通过各种方式同国家中央企业搞联营求发展，积累了百万元资金。

20世纪80年代初，为了适应国家改革开放和市场经济大潮，适应中国大量出口纺织包装材料的需要，我们千方百计从中央争取到10万美元，从日本引进宽幅度高透明的聚丙烯自动化生产设备，打破了当时国内对于国外新型塑料包装材料的依赖，并获得商业成功，从而改变了包装材料靠进口的局面，成为中纺辅料进出口公司和中国包装进出口公司产品用包装制品的定点生产企业，并荣获20世纪80年代全国出口先进企业。由于企业传统经营模式变革提升了产业结构，加速了企业的发展步伐。

二、以高新技术改造传统产业

在中国加入WTO的20世纪90年代，中国包装材料面临巨大的竞争压力，我们深深感到与国际国内先进企业相比还存在差距。为改变现状，适应国际市场的竞争，大东南审时度势，实施与市场经济相匹配的发展战略经营理念和经营模式。

20世纪90年代国家的高档包装材料都是从国外进口，高档包装材料供应十分紧缺，大东南积极参与改变我国包装材料依靠国外的被动局面。那时我们以浙江大学许承威教授为核心组织了20多位专家共同商议，专家们一致认为要做世界尖端包装产业，必须通过技术引进搞技改，我们选择了世界最先进的设备制造商德国布鲁克纳公司，但购买设备需2 000万美元。1998年，经过慎重考虑、反复权衡，确立了“引进双向拉伸工艺技术”这一方案，投资2.5亿元，引进世界上最顶尖技术装备双向拉伸BOPP薄膜生产线。经过3年的投入，不断开发新产品，扩大应用途径，实现产品系列化，成为当时名副其实的“印钞机”。这一投资行为改变了国家由进口转为出口的局面，转变了我国的包装产业结构，并带动了一批中国包装制造业

企业的发展，大东南赢得了“一张薄膜打天下”的美誉。

这一决策的革命性在于彻底改变了大东南产品结构，开辟了大东南新的发展纪元，新型多功能 BOPP 膜的技术几乎处于中国垄断地位，占据 BOPP 膜新材料的绝大部分市场，所生产的产品替代了进口，被列入国家“双加”项目，科技带给企业高速发展。为了赶超世界领先技术，与发达国家垄断企业抗衡，牢牢占领国内市场，大东南在引进和吸收国外技术的同时，相继成功研制了“功能性光转换可降解农用膜”“功能性抗菌透气 PE 膜”“抗菌 BOPP 膜”“新颖 BOPET 复合膜”等包装新材料，并以高新技术改造传统产业，大步向电子工业、医疗器械、军工装备等领域拓展。同时投入研发高阻隔多层共挤 CPP 食品包装膜、军用 VCI 防锈膜、长寿命光转换农膜、电容基元材料、以塑代纸材料、太阳能背膜、锂电池隔膜等高端产品，建立自己的核心技术体系。大东南进一步站稳了战略制高点，在竞争中处于明显的优势地位。

三、以研发耐高温绝缘材料、电容薄膜材料震惊世界

随着国际竞争的加剧，拥有核心技术已成为取得竞争优势的不变之道，但核心技术是买不来的，只有靠自主研发。在 2000 年前，我国好的家电和其他电器产品只能从国外引进，我们经过市场调研，发现这些产品的核心技术是电容器，电容器的核心是电容膜，占总成本的 1/3 以上，而我国高强度耐高温的电容膜市场，一直控制在德国的“创斯普”和日本的“东利”公司手中，每吨价格在几十万人民币。2000 年初我们同德国布鲁克纳公司协商共同开发电容膜产品，经过几年的努力，大东南生产的高压电容膜、低压电容膜、金属膜都达到国际先进水平，尤其是生产的 2.8 微米厚度的电容器薄膜，真正掌握了核心技术，取得了领先的竞争优势，大大降低了电容器生产厂家的生产成本，使我国从家电和电器进口大国变为出口大国。

近年来，国内外以电气化铁路、混合动力汽车、风力发电、太阳能发电等为主的低碳、新能源产业兴起，需要大量的耐高温超薄型薄膜电容器，使得耐高温超薄电容膜的需求成井喷态势。国内耐高温超薄电容膜生产能力不足，缺口较大，面对巨大的市场需求，大东南加快开发步伐，在 2010 年转向耐高温超薄型薄膜的开发，生产高端机电产品、电器控制、电容元件所需的关键新型电子专用超薄型电容膜材料，大东南以增发募集资金再引进两条耐高温超薄电容膜生产线及配套辅助设备，产品厚度最薄的能达到 2.5 微米，具有超薄型、超轻量、耐高压、耐高温等优点。此产品不但大大降低了国内高端电子生产厂商的生产成本，还加速了我国电子产品的更新换代，产品填补国内空白，大东南成为享誉世界的高端耐高温绝缘材料、电容薄膜材料制造商。

四、以研发汽车锂电池隔膜创造世界尖端新能源材料

为了解决全球最为关注的环境问题，按照科学发展观和建设“资源节约型、环境友好型”社会的要求，各行各业都采取了“节能降排”措施，而动力电池汽车要在中国做到真正意义上的实现，必须突破最为关键的核心技术，经过几年的市场调查，发现这些产品的核心技术主要是隔膜。大东南通过联合中科院、浙江大学等高等院校共同组建了“大东南锂电池隔膜研发中心”，同时我们分两步来实现汽车动力电池的核心技术，第一步由大东南股份公司实施，通过募集资金 13 亿元，在 2013 年生产出同美国杜帮公司具有同样品质的锂电池隔膜；第二步由大东南集团开发至今世界上还没有的耐高温隔膜，其核心技术将走在世界最前沿，这一项目已得到了国家发改委的大力支持，我们通过设备设计和设备分包制造的方式，形成隔膜生产和电池制造的完整产业链，彻底解决汽车动力电池的核心技术。目前国家发改委已要求中国汽车开发公司制订一项耐高温隔膜标准，并由我们大东南来主持完成制订工作，这个标准的出台将有力地促进动力电池汽车发展。

五、民企走向上市企业的发展理念转型

经济全球化时代的来临，市场竞争日趋激烈，极大地影响着企业的生存环境。企业上市后要稳固发展，必须审时度势，实施与资本市场相匹配的

发展战略、经营理念和管理模式。民营企业的产权形态、治理结构、经营领域和企业规模也在发生变化,企业想要做大做强,必须组建股份制企业,上市并不是单一地募集资金,更重要的是解决了家族企业创立"百年企业"的问题,只有股份制企业才会有现代化的法人治理。随着市场机制的越来越完善,对企业经营者的要求越来越高,特别是对于上市公司更需要"规范管理、规范经营",如何"在发展中求规范,在规范中促发展"是一项十分重要的工作,因为企业发展要求规范,公司上市必须规范,要得到投资者信任更要求规范。只有通过自身的努力来加强规范,通过外界的监督来促进规范,通过不断提高素质来适应规范,大东南在不断规范中给广大投资者展示一个崭新的形象。上市后我们要继续发展,必须建立和完善公司法人治理结构和规范有序的内控制度,实现投资收益最大化,使投资者满意,使社会满意。

企业在发展过程中只有不断进行转型升级,不断做大做强,才能在一张高分子薄膜中取得话语权。我们在最困难时期也要挤出资金搞技术研发,坚持立足主业,拓展高新产业,保证了其自主知识产权的领先。大东南将在"专注主业、追求卓越"的企业核心价值观指导下,从以塑胶包装全国龙头企业向新材料、新能源全国龙头企业转型升级。

新常态下的企业创新

中国建筑材料集团有限公司董事长
中国企业改革与发展研究会会　长　宋志平

当前中国经济发展进入新常态,创新成为突出的时代命题。新常态的实质就是告别过去传统粗放的高速增长阶段,进入高效率、低成本、可持续的中高速增长阶段。新常态有三个核心特征,速度——GDP 增长将保持在 7.0% 左右,结构——经济增长结构和行业结构调整转型,动力——从要素驱动、投资驱动转向创新驱动。新常态下,过去 30 年高速发展中积累的痼疾,比如资源能源浪费、环保意识欠缺以及需求不足、产品过剩严重带来的市场无序竞争等将进一步加剧。面对新形势、新挑战,企业必须从要素驱动、投资驱动转变到创新驱动,从粗放式发展转变到融合均衡发展,走一条融合创新的道路。

企业是创新的重要主体。习近平总书记在中央经济工作会议上提出,要坚定不移把国企做强做优做大,不断增强国有经济活力、控制力、影响力、抗风险能力。其中,"强"指的是企业的核心竞争力、创新能力;"优"指的是业绩、利润、数据;"大"指的是规模。也就是说,要把创新作为基础和前提。李克强总理在2015 年的政府工作报告中指出:"加快实施创新驱动发展战略,改造传统引擎,打造新引擎。……个人和企业要勇于创业创新,全社会要厚植创业创新文化,让人们在创造财富的过程中,更好地实现精神追求和自身价值。"

经济发展的实质是创新。创新是企业的灵魂,是发展的不竭动力。过去,我们是以大小论英雄,拿着望远镜,寻求速度和规模;新常态下,我们要以素质论英雄,拿起放大镜审视自己,寻求质量和效益,向创新要动力、要质量、要效益。尤其是在今天这样一个大众创业、万众创新的时代,我们更要牢牢把握历史机遇、政策机遇,大力实施创新驱动战略,掌握新常态下的生存和发展之道,走一条提质增效、创新发展的新路,从而化"危"为"机"。具体来说,一方面,着力提高自身创新能力,推动转型升级;另一方面,着力整合各种创新资源,把企业创新与大众创业、草根创业有机结合起来,全面提升企业竞争优势。

中国建材集团面对经济下行、投资趋缓、产能过剩等压力,及时调整发展战略,积极建设创新驱动型、质量效益型、制造服务型、社会责任型的"四型企业",全力打造规模、技术、管理、机制的"组合优势”,初步适应了新常态新要求。2014 年,实现利润总额 131 亿元、同比增长 13.0%,净利润 103 亿元、同比增长 17.0%,营业收入 2 526 亿元。新常态下,中国建材集团将继续加快转型升级步伐,通过机制创新解决活力和持续发展动力问题,通过技术创新解决竞争力问题,通过商业模式创新解决发展规模问题,通过管理创新解决效益和成本问题,进一步解放和发展生产力。

一、机制创新,以混合所有制改革带动创新,激发企业活力

2014 年在党的十八届三中全会精神的指导下,上到中央,下到地方,具体到企业,投诸大量精力进行国企改革的探索,现在对问题的认识进一步清晰。中央经济工作会议强调:“推进国企改革要奔着问题去,以增强企业活力、提高效率为中心,提高国企核心竞争力,建立产权清晰、权责明确、政企分开、管理科学的现代企业制度。”政府工作报告对混合所有制改革阐述从“积极发展”调整到“有序实施”。2014 年 7 月,中国建材集团被列为发展混合所有制经济和落实董事会职权的双试点企业。中国建材集团将按照上级部门的顶层设计安排和两个试点的批复方案,有条不紊地推进企业改革。

中国建材集团身处充分竞争领域,面对行业产能过剩、集中度低和无序竞争的状况,在联合重组的过程中,践行“央企市营”模式,遵循“规范运作、互利共赢、互相尊重、长期合作”十六字“混合”原则和“央企的实力 + 民企的活力 = 企业的竞争力”的融合公式,走出一条以“国民共进”方式进行市场化改革和行业结构调整的新路。

中国建材集团从实践中提炼出一套行之有效的“混合”办法:“央企市营”是 2008 年提出的一套改革思路,包含“股权多元化、规范的公司制与法人治理结构、职业经理人制度、公司内部机制市场化、依照市场规则开展企业运营”五个核心,这些提法今天看来都是符合党的十八届三中全会要求的,但在当时提出确实需要一些勇气。在与民营企业重组的过程中,中国建材准备了三盘“牛肉”,奠定了发展混合所有制的制度基础与现实路径:第一,聘请专业中介机构进行市场评估,在定价公允透明的基础上让创业者原始投资获得合理回报。第二,留给创业者 30.0% 的股份,使其有机会分享整合后的效益。第三,稳定管理团队,吸收那些有能力、有业绩、有职业操守的创业者成为职业经理人,为优秀的民营企业家提供实现个人价值和回馈国家的事业平台。

“混合”为中国建材集团的发展注入强大动力。过去 10 多年,中国建材集团销售收入和利润总额双双增长 100 倍,从一家“草根央企”迅速跃居世界 500 强,稳居全球第二大建材企业,连续 6 年获国务院国资委年度经营业绩考核 A 级,被誉为“充分竞争领域快速成长的企业典范”。同时带动我国水泥产业的集中度从 2008 年的 16.0% 升至现在的 60.0%,发展质量和效率不断提高。集团水泥、商混、石膏板、玻璃纤维等产能均居世界第一,超薄电子浮法玻璃、风机叶片、碳纤维原丝、熔铸耐火材料等产能居全国第一。集团以 317 亿元国有权益控制了 797 亿元净资产,进而控制了超过 4 121 亿元总资产;所属 1 153 家企业中混合所有制企业超过 85.0%。

中国建材集团下一步将深化混合所有制改革、积极落实董事会职权工作,在完善现代企业制度、建立职业经理人制度、高管人员选聘、开展员工持股等方面下大功夫,进一步提高效率,释放活力,做到蹄疾步稳,务求实效,改有所进,改有所成。

二、技术创新,推进企业创新和大众创新,提升企业竞争力

过去讲创新的主体是企业。2014 年 9 月的夏季达沃斯论坛上,李克强总理明确了“努力建成创新大国”的宏伟蓝图,首次提出“大众创业、万众创新”的重要思路。2015 年两会上,大众创业、万众创新作为中国经济的“新引擎”被正式写入政府工作报告,“众创空间”“创客”等词汇也首次纳入其中。企业创新归根结底是科研技术人员以及广大员工共同参与的全员创新,离不开科技知识的社会积累与传播,离不开大众创新。在新常态下,创新作为企业竞争力的源泉的地位更加突出,企业必须更加紧密关注行业内外的创新趋势,将企业创新和大众创新不断融合。

近年来，中国建材集团发挥科技优势，大力实施创新战略，努力搭建起建材行业企业共同创新的开放平台，融合创新成果十分显著。目前中国建材集团所属 1 100 多家成员企业，对外投资企业超过 500 家，与合作伙伴广泛交流，共同创新。已拥有专利 3 500多件，包括发明专利 600 多件。在传统产业领域，继续优化产品结构，延伸产业链，水泥业务坚持“高标号化、特种化、商混化和制品化”方向，已建设特种水泥基地和国家级技术中心 4 个，每年提供特种水泥 2 000 多万吨；玻璃业务退出传统的普通浮法玻璃，转向发展“电子玻璃、光伏玻璃、智能玻璃、节能高效玻璃”。通过实施新型建材、新型房屋和新能源材料“三新”战略形成新的增长点，中国建材集团在成为全球最大的石膏板生产商基础上，不断细分产品，开发出防火、防水、净醛等多种功能的特种板；风电叶片、碳纤维、光伏玻璃、高档玻纤等高新技术业务成长迅速。在新常态下，以“融合”思考推动企业创新和大众创新，通过多种方式形成集成创新和融合创新优势，将带来企业竞争力的新飞跃。

中国建材集团依靠创新，大力发展循环经济，推进节能减排。政府工作报告提出“打好节能减排和环境治理攻坚战。环境污染是民生之患、民心之痛，要铁腕治理”，并设定了严格的约束指标。这就要求传统产业在减量化发展的前提下，强化技术创新，提升资源循环利用能力，自觉减少粉尘、氮氧化物和二氧化硫等污染物排放。中国建材集团积极行动，斥资 150 亿元为全部水泥生产线配套余热发电系统，在广安、密云、枣庄等地成功推广新型房屋“绿色小镇”项目，并推出“责任蓝天行动”，提出“蓝天是我们的第一责任”，把工业化和改善环境紧密结合，把节能减排列为转型升级的重要任务。

三、经营模式创新，与互联网、大数据、智能化相融合，推动产业优化升级

管理学家德鲁克认为，当今企业竞争的焦点不是产品，而是商业模式。在新常态下，企业应抓住机遇，加快商业模式创新，建立适合自身的持续的盈利模式。

探索“互联网 + ”模式。政府工作报告指出：“制造业是我们的优势产业。……制定‘互联网 + ’行动计划，推动移动互联网、云计算、大数据、物联网等与现代制造业结合，促进电子商务、工业互联网和互联网金融健康发展，引导互联网企业拓展国际市场。”“互联网 + ”将给制造业带来新的发展空间。因此，传统产业的转型升级不是转产、转行，而是立足于现有产业，开展产业创新、跨界融合，以互联网的思维和手段提高效率，提升质量，减少成本，实现升级换代。中国建材近年来在应用互联网技术、进行商业模式创新方面作了一些积极探索。水泥业务大力推进“两化融合”，实现“水泥 + 鼠标”智能生产模式，即“互联网 + 水泥制造”，目前已使最新的水泥厂实现远程监控。“跨境电商 + 海外仓”的外贸模式是“互联网 + 建材产品制造 + 金融 + 物流 + ……”，中国建材集团旗下易单网应用 IBM 云计算服务，成为目前国内最好的建材产品跨境现货交易平台，提供金融、通关、退税、外汇、销售、物流、售后服务、全球营销推广、出口代理等一站式外贸服务，让外贸更加智能高效便捷。

向制造服务业转型。制造业向制造服务业转型是全球制造业发展的大趋势，也是“中国制造”高端化的必由之路。传统制造业应顺应服务业经济发展的趋势，抓住国家鼓励生产性服务业发展的政策机遇，积极向“微笑曲线”两端延伸，实现从制造业向制造服务业转型。中国建材集团的新型房屋业务积极响应国家政策，推进个性化服务，并采取外包、集成等多种方式向研发设计和销售服务延伸，目前已经有 1 000 多种户型可供客户做个性化选择。中国建材集团也在现有业务中积极探索产融结合模式、C2B 模式、外包模式、罗尔斯 · 罗伊斯公司模式（不是卖产品而是卖服务）、“驰加”模式（打通上下游产业链），不断拓展服务面、增加附加值。以 EPC 为例，旧的模式是做完项目走人，很难在当地市场扎根，今后可以把先进的装备租给客户，并提供维修、保养，收取服务费，将来还可以分红，甚至承包下来整体运营；项目好的话，还可以以控股或参股的方式参与项目建设。

走新型国际化道路。在全球经济大调整、制度大改革、资源大整合的时代背景下，中国提出“一带一路”等国家战略，着力打造全方位对外开放新格局，为企业提供了巨大机遇。这一重大战略，未来 10

年将带动沿线地区 80 000 亿美元的基础设施投资需求。政府工作报告明确提出："推动铁路、电力、通信、工程机械以及汽车、飞机、电子等中国装备走向世界，促进冶金、建材等产业对外投资。"中国企业应抓住政策红利，积极承担引领国家战略，加快"走出去"步伐，变"中国是世界的工厂"为"世界是中国的工厂"：一方面，抢抓亚非拉美欧基建投资大潮，用产业转移的方式开展实业投资，转移国内过剩产能；另一方面，用兼并收购的方法收购发达国家具有品牌优势和技术优势的高端产业，加快转型升级。中国建材集团在新产业领域，通过收购欧洲企业，成功引进兆瓦级风机叶片和光伏玻璃先进技术，并与德国 AGN 集团合作、引进"加能源"房屋技术。同时，企业还要树立为全球服务的责任感，建立合作共赢的经营文化，关注社会、环境变化，实现包容和持续的发展。

四、管理创新，苦练内功，持续提升企业效益和运行质量

管理是企业强基固本的稳定器。新常态下，企业经营压力和风险增大，要实现"稳中求进"，必须持续强化管理创新，靠管理出效率、出效益、出人才。在企业发展的长期实践中，中国建材探索出一套独特的管理方法，确保了企业稳定发展。

实施"格子化"管控。实施格子化管控是为了克服机构臃肿、人浮于事、士气低沉、效率低下、投资混乱、管理失控的倾向，预防"大企业病"。而关键在于强化集团管控，管住行权乱和投资乱。解决了"两乱"，企业就能实现行权顺畅、步调一致、有序经营，避免"宽严皆误"。有人问，管控与创新是不是矛盾，会不会束缚创造力呢？其实不会。管控就像是一道防火墙，能够提高企业自身免疫力，通过风险管理，实现风险可控可承受，这恰恰能为创新保驾护航。尤其在新常态下，企业经营环境恶化，管控更加重要。此外，市场经济是建立在个体的自制力和诚信之上，加强对个体的管理也有利于营造健康有序的经营环境。中国建材实施"格子化"管控，包括治理规范化、职能层级化、业务平台化、管理精细化、文化一体化。就像盒子里的巧克力，用塑料格子，才不至于粘在一起。这也是我一直强调的"企业要靠规范的制度约束行为，靠先进的文化指引心灵"。

推行"八大工法"。这些年来，中国建材一边重组，一边整合，创造出一系列行之有效的管理整合经验，归纳为"八大工法"，包括五集中、KPI、零库存、辅导员制、对标优化、价本利、核心利润区和市场竞合。"八大工法"实现了外抓市场与内控成本的结合，是一套以简驭繁、朴素实用的管理方法"组合拳"，使中国建材在新常态下稳扎稳打始终保持良好效益。

建设"六星企业"。做好企业，一定要有标准，让大家知道目标，再研究一些方法，持之以恒地坚持，管理就不再是一件难事。六星企业即业绩良好，管理精细，环保一流，品牌知名，先进简约，安全稳定。先进简约是中国建材办工厂的原则。工厂里应该贯彻节约原则，为投资者省钱，把钱真正投到先进工业技术和装备上，不乱投一分钱。不能把办公楼装得像皇宫，总经理办公室摆满各种艺术品。中国建材的水泥厂、石膏板厂装备都很先进，但一直用着简朴的小办公楼、普通的倒班宿舍和员工食堂。一些基金投资人来中国建材的工厂参观时感叹说，一个世界 500 强企业是如此简朴，这也是我们"六星企业"一贯的标准。

在中国经济加快转型升级适应新常态的关键时期，在中央经济工作会议和政府工作报告的指引下，中国建材集团将加快引领实现创新驱动的深刻变革，展开科技、管理、制度、文化的全面创新，推进开放、包容和面向未来的融合创新。万马奔腾，千帆竞渡，在"大众创业、万众创新"的浪潮中，中国建材集团将继续挺立潮头，在做强做优做大的道路上，不断实现新的跨越。

转型促升级　创新谋发展

亨通集团有限公司董事长　党委书记　崔根良

亨通集团，是服务于信息通信、电力传输、能源矿产、金融地产、投资贸易等领域的国家级创新型企业集团，是中国企业500强、中国民企100强，全国文明单位。2013年年初，世界权威分析机构英国商品研究所（CRU）公布了2012年全球光缆厂家产量排名，亨通以12 600千芯公里的成绩跻身全球第二大光缆厂家。2014年，亨通成功跻身全球光纤通信行业前三强，成为中国光纤网络建设与运维服务领域规模最大的领军企业、光纤通信网络集成解决方案全球十大供应商之一，全球市场占有率13.0%以上。2015年，亨通集团拥有的"亨通光电"品牌以203.45亿元位列"2015年中国500最具价值品牌"第124位。

转型升级是企业发展到一定阶段的内生性要求，也是企业突破发展瓶颈，实现做强做大和可持续化发展的必由之路。亨通通过不断加大创新力度，优化产业解构，走高端发展之路，并扎实推进智能工厂建设，加快国际化发展步伐。

一、调整优化产业解构，走高端发展之路

近年，国内线缆市场竞争不断加剧，面对"同质低价竞争"的局面，亨通全力进行转型升级，加大技术研发力度，走高端产品、高端市场的发展之路。亨通围绕国家智能电网、智慧城市、三网融合、海洋战略、新能源战略的实施，进行结构调整，形成了三大完整产业链，其中光纤通信、智能电网两大产业链被列入江苏省首批19条战略性新兴产业链。

1. 提前布局新品研发。顺应3G、4G、FTTX、三网融合等技术和市场趋势，亨通开发了FTTX系列光电缆、光电复合缆、室内软光缆、基站用软电缆及新型馈线电缆等系列新产品。

2. 特种缆产业化。随着国家制订的七大新兴产业的发展振兴规划，近年来亨通又投入近15亿元开发生产风能电缆、核能电缆、光伏电缆、航空航天专用电缆、船用电缆、轨道机车电缆、矿用电缆等系列特种线缆。

3. 进军海洋通信电力工程。顺应国家加大岛屿和海洋资源开发的战略，亨通投资10多亿元实施超高压深海电缆及深海光电复合缆的研发和产业化项目。2014年10月，公司成功交付马来西亚石油整根83千米海光缆项目。该项目的顺利交付，标志着亨通光电的大长度海底光缆制造技术、不绣钢管焊接技术、缆型过渡技术成功跨越世界石油平台海缆项目的门槛，实现了其海缆应用历史上的突破。2015年年初，亨通光电研发中心承担的"长距离低损耗海底光缆用光纤预制棒的研发及产业化"项目取得重大技术突破，这项成果打破了国际技术垄断的壁垒，并成功申报省级科技成果转化项目。

上述项目正相继建成投产，已成为亨通新的经济增长点，有力推动企业产品及产业结构的优化调整，增强了企业的可持续发展能力。

二、创新提升核心竞争力

1. 创新成果显著。在搭建创新平台方面，亨通已建立国家级企业技术中心、院士工作站、博士后科研工作站、院士工作站3个、省级技术（工程）中心8个，相继承担国家863、自然科学基金项目、国家级科技项目等174项，参与国家及行业标准制订74项，拥有国家授权专利1 500多项，标准制订和专利数位均居国内同行首位。

2. 激励机制完善。实施经理人长期激励计划、经营者与股东共享利润计划，强化技术要素参与收益分配的激励机制，制订创新成果奖励制度。10年来，获得集团级奖项人数超过400多人次，发放奖励

累计超过 2 500 万元,奖励额度从每人 6 万元到 80 万元不等;还设立企业经营利润分享机制,每年超目标利润分享超过 3 000 多万元,科技创新奖励 350 多万元,极大地调动了全员开展创新工作的积极性,营造了良好的创新氛围。

3. 决策机制科学。实现从老板决策向资产所有者决策、职业经理人决策、专家型科学决策转变,成立了由中国科学院、中国工程院 7 名院士和数十名在企业管理、金融投资、科研开发等领域的著名专家学者组成的亨通集团发展战略委员会,为亨通发展出谋划策。

三、以客户需求为导向,向系统集成服务商转型

基于亨通在光通信、电力传输及超高压、海缆等领域的综合优势,亨通致力于向客户提供一揽子解决方案服务,满足其个性化、定制化需求。通过不断创新、不断拓宽市场实现自我突破,向系统集成商转型,围绕"打造国内行业领军企业,跻身世界线缆前五强"的发展目标,亨通以"三个结合"(国内市场与国际市场结合、产品多元与产业多元结合、产业经营与资本经营结合)为抓手,努力推进亨通的"三大转型"(本土化向国际化、生产型向研发生产型、产品供应商向系统集成服务商)。

2014 年,亨通加快业务模式的转型,延伸产业链,先后成立了亨通光网、亨通网智等专业从事宽带接入、智慧城市与智能小区建设及运维的公司,并通过收购具有设计、施工、监理资质的黑龙江电信国脉工程股份有限公司,从而具备了通信网设计、EPC 工程总包、移动互联网服务等多种能力。在并购的基础上,做进运营商产业链,与运营商捆绑式发展。大力拓展智慧城市、智能小区和通信运维服务市场,推进向系统集成服务商转型,向互联网、物联网产业转型。

四、加快国际化步伐

国际化是企业竞争力的最终体现,是百年亨通的必由之路。亨通集团坚持"市场国际化、资本国际化、品牌国际化"的"三步走"国际化方针,充分利用国内国外两大市场,境内境外两类资本,国内国外的人才与技术两种资源。亨通集团实施国际化"555"战略,即 50.0% 以上的产品销往海外,50.0% 以上的资本为海外资本,50.0% 以上的人才为国际化人才。亨通在海外的光通信销量,以每年 80.0% 以上的速度递增。目前,亨通已在巴西、印度、马来西亚设立了自己的生产研发基地,在 30 多个国家和地区设立海外代表处,产品覆盖 112 个国家和地区。亨通正朝着国际化目标全力迈进。

五、启动 SAP 项目,建设智能工厂

随着"中国制造 2025"强国战略和"互联网 +"行动计划的加快推进,亨通积极加大工业化与信息化的深度融合力度,加快发展智能制造。亨通围绕"生产控制中心、生产管理执行系统、仓储及运输物流、设备及生产线集群",打造智能工厂,实现车间生产设备操作、生产执行管理、经营管理及决策三个层面全部业务流程的闭环管理,做到上下一体化业务运作的决策、执行自动化。

亨通集团的目标是实现"三化"融合:工厂智能化、生产精益化、管理信息化,而"智能工厂"项目正是实现企业"三化"建设的基石。智能工厂将建立覆盖业务全流程的信息平台,实现企业内部的有效沟通与资源有效配置。"智能亨通将实现生产、运营、财务一体化,管理透明化,信息数据化目标,建立实时、准确、高效透明的财务分析系统和管理决策辅助系统。"

"智能工厂"的建设将为集团管控、经营决策、远程管理提供精准的信息。

六、实施人才战略,提供发展保障

1. 牢固树立"人人都是人才,人人都可成材"理念。提倡"以人为本,以用为本"。亨通首先是根据每个人才的特点,把他们放到合适的岗位,让人才有发挥作用的舞台和空间;其次是给予人才关爱与支持,为其创造良好环境,搭建创业做事业的平台,让人才自由创新创造;再次是根据人才的业绩和贡献,给予相应的报酬和待遇。

2. 坚持"引得进、留得住、育得出、用得好"的人才

原则。倡导“有作为就有地位”,致力于培养形成精干管理者、优秀职业经理人及训练有素的忠诚员工队伍。现亨通已形成了一支实力雄厚的科技研发队伍,其中中高级技术职称专家300多人,教授级高工26名(其中行业领军人才14名),院士6名,硕士博士以上学历人员130多人,“985”“211”院校250多人。还有获得国务院特殊津贴、省部级十大工人发明家的顶尖科学人才,高级技能人才占20.0%,这为亨通的可持续健康发展提供了坚强的人才“源动力”。

3. 提倡“智纳百川、才用八方”人才使用和培养方式。集团核心骨干队伍中80.0%以上人员来自于五湖四海,还有法国、俄罗斯、哈萨克斯坦、巴西等外籍人员,这为亨通的持续快速发展提供了坚强的人才“源动力”;与国内院校合作实施“百名助学就业计划”,开展“千名经理人培训项目”“百名高管培训工程”“百名管理人员高级研修班”及高管海外进修项目。目前,亨通已构建起了专业配套的梯队型人才队伍,形成了行业人才高地。每年在美国斯坦福大学、香港大学、上海交大、清华大学及专业培训机构培养中、高级人才都超过130名。

4. 建立健全公开、公正、公平的竞争上岗和绩效评价考评机制。实施岗位上岗竞聘制、岗位任期和期满述职制,绩效薪酬考核挂钩制,内部人才流动市场化,重视实践中培养人才、磨炼人才、使用人才。能者上、平者让、庸者下的优胜劣汰机制业已形成,想干事、能干事、干成事的人有平台、有发展、有地位。

面对经济发展的新常态,以及国内外形势的新变化、新局势,亨通将进一步练好内功,增强科技创新能力,整合各类资源,推进创新,优化产业结构,继续拓展产业链,做强做优,打造具有国际竞争力的世界一流企业。

开启科技创新新征程　描绘产业改革新蓝图

侨兴集团有限公司

经济新常态下,作为国家级火炬计划重点高新技术企业的先行者,侨兴集团没有借鉴的蓝本,一直以“敢为天下先”的企业精神在全球范围内探索一条属于中国民族企业发展的道路。立足科技创新,推动跨越发展,集团产业覆盖电子通信、北斗导航、电控半导体、矿产能源、贵金属合金、新能源汽车和植物养生,产业之间相互融合形成集群效应,形成一个分享、协同、繁荣的循环生态系统。

引入先进生产制造技术
助力传统电子产业升级

在企业竞争中,制造业技术是企业强劲实力的核心元素之一。侨兴集团的传统电子通信产业不断引入国际先进的生产设备,加大制造业技术革新,提高机械自动化程度,完善整个生产系统运行。无论是生产过程中的高速贴片、芯片封装、自动封胶等环节,还是光学检测、测试、组装等环节,均以通过生产设备的程序自动化替代人工化。快速、准确的流水生产作业,有效地提高企业的生产效率和产品质量,降低逐年上升的人力成本。

目前,侨兴建有国际先进的电话机生产线18条、手机生产线18条及标准化的通信配套产业基地。因有全球领先的产线支撑,电子通信产品品质过硬、可靠耐用、技术超群、体验极佳,特别是最新一代4G手机技术,技术发展处于行业前列,可与国际知名手机品牌相媲美。

总而言之,传统电子通信产业改革主要推进四大方向:①调整优化产业结构、提升产业层次;②突出科技创新、实施品牌战略;③生产设备升级换代、产品迈向中高端水平;④强化队伍建设、提升整体素质。

当然,如何真正将目前的单个自动化设备集成一个大生产系统的“智能工厂”,也是侨兴集团未来努力的方向,即向着“工业4.0”趋势发展。企业当务之急是夯实制造业的基础,在产品质量、标准上狠下功夫，在条件成熟后逐步加入物联网等技术手段，展开智能化生产。

继续完成矿产技改工程 促进能源循环综合利用

经过近10年的高速发展，侨兴集团矿产能源产业的开采强度大幅提高，开采技术不断进步，大部分矿山采掘设备实现了大型化、自动化、智能化，采矿工艺基本实现连续化，矿山生产与管理也广泛应用了计算机技术，特别在金属矿床无废开采和深井采矿等技术方面具备独特优势。

因有现代化国际化的开采技术支撑，赤峰三川矿业方面：敖仑花矿区8 000吨扩建项目完成、浩洲矿区621标高以下至279标高技改工作获得突破、钼科技园项目和尾矿开发利用项目投入建设、玉宝矿区和鑫润矿区完成井建工作和选矿工作；沅陵菩恩矿业方面：完成1 000吨五氧化二钒生产线的环保和安全生产验收工作、同时配套完成钒矿石脱碳余热发电综合利用项目和30万立方米轻质环保砖生产项目；湖北锴峰石业方面：不断开采大理石新品种、（阳新）泰邦国际石材城已完成一期工程投产工作。

随着科学技术的突飞猛进，采矿技术将向设备更加完善可靠、生产率不断提高、采矿系统不断完善、生产更加安全、矿产资源开采更加注重生态环境和谐的方向发展。

投入巨资大力发展新技术 新材料　新能源

在新技术发展方面，侨兴宇航携手航天科工集团成立的（北京）北斗应用联合实验室，目前已经完成北斗导航关键技术的突破与升级，成功推出北斗终端产品与搭建具备紧急救援、位置报告等功能的运营增值服务平台，成为国内为数不多的几家具有北斗运营资质的企业。北斗手持终端产品优势明显、技术领先，不仅产品规格小（尺寸：130 × 65 × 31mm；重量：270 克；目前国内最小最轻的个人终端设备）、工作时间长（一次充电可持续工作约120小时；满负荷工作时间约11小时）、防水防尘防跌落，而且北斗终端结合后台成功实现三网（北斗网、因特网、电信网络）融合。引用“卫星之父“孙家栋院士的评价：该产品将北斗应用发挥到了极致。

在新材料发展方面，侨兴集团携手美国硅谷创业团队成立的广东恒泰柯半导体有限公司，经过一年多公司核心团队的研发，功率半导体芯片关键技术取得重大突破，计划5年内不断拓展延伸芯片上下游产业链，从而为大型企业或国家相关产业提供整体解决方案。另外在北京成立的新材料研究院，一种具有特殊结构和性质的新型材料——碳纳米管，在基础研究和应用领域都取得了重要进展，为其产业化进程提供了强有力的技术支持。碳纳米管应用领域十分广泛，可作为超细高强度纤维、也可作为其它纤维、金属、陶瓷等的增强材料，在复合材料的制造领域中有十分广阔的应用前景，其独特的导电性可用于大规模集成电路、超导线材，也可用于电池电极和半导体器件。

在新能源发展方面，侨兴集团积极响应国家环保号召，履行企业社会责任，不断发展新能源产业，比如钒电池等动力电池、新能源汽车。侨兴科岭新能源汽车拥有国家优秀发明专利，因此具备独立的知识产权与独特的技术体系。利用该技术生产的增程式纯电驱动城市客车是企业的核心技术产品，该产品采用的变油耗电动车动力系统技术，在已知的较短里程行驶时实行纯电动驱动，在电池缺电时自行启动在线充电，及时补充电能，彻底解决纯电动汽车续驶里程短的瓶颈，而且节油率（或节气率）达到50.0%以上，节能减排效果明显，这对于推动电动汽车产业的发展，实现节能环保、遏制雾霾具有重要意义。

除此之外，在新技术及新产业全面发展的同时，凭借掌握庞大的数据信息，结合移动互联网技术，进而开启大数据时代的应用与创新，比如互联网金融。

充分利用植物种植资源 科技引领大健康产业

侨兴集团在云南丽江地区承包2 500亩玛咖种植基地，最大限度满足玛咖海拔4 000米高山的生长环境，培育出品质优良、无污染、无公害的天然玛咖。同时在贵州承包野刺梨种植基地，野刺梨果实内含有丰富的维生素C，被称为“维C之王”。除此之外，在全国各地承包了多种中草药植物种植基地。纯天然的优质原料为企业的大健康（植物养生）产业发展提供安全保障。

侨兴集团利用现代科学技术，萃取原生态植物养生精华，开发和生产高品质的大健康产品。不仅依靠科技提升标准和工艺，而且还对其生产的产品进行保健功能研究，挖掘产品背后的奥秘。综观侨兴大健康产业的发展规划，可谓“天人合一”，即充分利用大健康产品生产中的自然条件和资源，瞄准人们对大健康产品日益增长的市场需求，依靠科技和人才，引领中国大健康产业不断前行。

坚持创新突破　加速转型发展　着力打造国际化产业集团

——海螺集团改革与发展之路

安徽海螺集团有限责任公司

安徽海螺集团有限责任公司起步于水泥产业，是我国目前最大的建材集团之一，1996 年 9 月经安徽省人民政府批准成立。目前，集团控股经营海螺水泥和海螺型材 2 家上市公司，参股巢东水泥、青松建化、冀东水泥，海螺水泥是水泥行业首家 A + H 股上市公司。集团现有 150 多家子公司，分布在全国 21 个省(自治区、直辖市)及印尼、缅甸、柬埔寨、老挝等国，经营产业涉及水泥、化学建材、节能环保、国际贸易、新型物流、酒店餐饮等领域，现有员工 5 万余人。截至 2014 年年末，熟料产能已达 2.2 亿吨，水泥产能 2.7 亿吨，型材产能 76 万吨，总资产 1 083.62 亿元，资产负债率仅为 34.5%。集团连续 10 年跻身中国企业 500 强，2014 年位列第 147 位，列中国制造业企业 500 强第 60 位。总资产、净资产较 1996 年分别增长了 32 倍和 56 倍，实现了国有资产的大幅增值。

集团成立以来，按照中央关于搞好、搞活国有企业的一系列政策要求，抓住水泥工业结构调整的战略机遇，以加快发展为主线，以科技进步为支撑，将工业化与信息化、先进技术与精细管理、产业经营与资本运作有机结合起来，实现了产业规模的快速扩张，引领了行业的结构升级，为我国水泥工业的技术进步、结构调整和节能减排作出了历史性贡献。2008 年元月 12 日，时任中共中央总书记胡锦涛在视察海螺后指出：“海螺这几年的发展方式、发展道路，就是我们讲的怎么走中国特色的新型工业化道路”，殷切希望“把海螺建成国际知名品牌”。

一、坚持技术创新，大力发展新型干法水泥生产技术，提升民族水泥工业发展水平

海螺集团作为我国新型干法水泥生产最早实践者之一，从一开始确立水泥主业的发展方向之后，就始终以振兴民族水泥工业为己任，瞄准国际同行业先进水平，紧紧围绕水泥工业的技术创新、设备创新、设计优化和新技术运用等关键环节，在推进新型干法水泥装备国产化、大型化、现代化，提高产业集中度等方面起到了示范引领作用。

(一)大力推进水泥工业的技术进步和结构调整

自 20 世纪 90 年代起，通过与设计、装备制造等相关单位的联手攻关，海螺打破了行业限制，自主成套设备，在大型装备国产化等关键领域取得了突破性进展，开辟了国内低投资、国产化建设新型干法水泥生产线的先河，率先建成了我国第一条日产 5 000 吨新型干法国产化示范线，从而结束了我国大型水泥装备重复引进、代代引进的历史，新型干法水泥吨投资成本由原来的 1 000 多元降低到 300 多元，为我国水泥工业的技术进步和结构调整起到了巨大的推动作用，在全国掀起了新型干法水泥生产生产线建设热潮，新型干法水泥生产比重由 20 世纪末的不足 10.0% 迅速超过了 90.0%，并带动了我国水泥装备制造业发展。

（二）大力提升新型干法水泥的技术层次

通过自身的发展和技术进步，海螺建设的新型干法生产线技术层次不断攀升。2005 年前后，在国内率先建成了 4 条日产万吨熟料生产线，工艺技术装备水平优于世界其他同类生产线，各项运行指标达到国际领先水平。在认真总结万吨线运行经验的基础上，通过消化吸收，又建成投产了当今世界技术最先进、单线规模最大的 3 条日产 12 000 吨熟料生产线，实现了特大型水泥生产线建设与管理的再次跨越。铜陵、枞阳、池州、芜湖、英德等多个千万吨级特大型熟料基地的建成，提升了中国水泥工业在世界的影响力。

（三）创新水泥行业的发展模式

海螺集团抓住不同时期的机遇，灵活更加贴近市场的方式，加强市场建设，完善市场布局。“九五”“十五”期间，抓住国家“上大改小”这一产业结构调整的政策性机遇，率先打破“全能工厂”的建厂模式，实施“T 型”发展战略，先后在沿江、沿海的江浙沪等地并购中小水泥企业，利用当地的市场和混合材资源，将其改造成水泥粉磨站，同时在石灰石资源丰富的长江两岸的芜湖、铜陵、安庆、池州等地建设大型熟料生产基地，发挥长江水路运输的优势，拓展市场覆盖面。这种“熟料基地 + 粉磨站”的建厂模式，实现了沿海市场与内地资源等多重优势的有效整合，被行业誉为“海螺模式”。

二、践行社会责任，发展循环经济，打造节能环保新产业

在做强水泥主业的同时，海螺顺应国家节能环保产业发展的需求，着眼于将水泥工业打造成为绿色环保产业，依靠科技进步改造传统产业，注重资源的综合利用，在国内率先开发并推广应用水泥纯低温余热发电、利用水泥窑无害化处置生活垃圾等先进技术，履行大企业的社会责任。

（一）推广余热发电技术

海螺集团是我国水泥窑纯低温余热发电技术的最早应用者。早在 1998 年就率先在宁国水泥厂建成了国内第一个水泥窑纯低温余热发电示范项目，通过近十年的技术消化、吸收和集成创新，研发了具有国际领先水平的水泥余热发电综合利用技术，解决了企业自身2/3 的生产用电。自 2005 年起大规模配套建设余热发电，目前集团所有熟料生产线均已配套纯低温余热发电，新建项目亦同步配套建设余热发电。在海螺的推广带动下，余热发电技术已被列为国家水泥工厂的建厂标准，成为中国十大重点节能工程之一，延伸到钢铁、化工等行业，并走向海外。集团已在国内外推广了 208 套余热发电机组，装机规模达到 2 394 兆瓦，年节约标准煤 646 万吨，减排二氧化碳 1 680 万吨。

（二）开发利用水泥窑处理城市生活垃圾技术

海螺集团成功研发的利用水泥窑处理城市生活垃圾系统和炉排炉垃圾焚烧发电技术，在二噁英的降解上取得重大突破，实现了城市生活垃圾“无害化、减量化、资源化”处理，为我国城镇化建设、保护生态环境探索出一条发展循环经济的新路子，成为发展循环经济和科学发展的新亮点。利用水泥窑处理城市生活垃圾系统已在安徽铜陵、贵州贵定、贵州遵义、甘肃平凉成功投运，日处理生活垃圾 1 800 吨。另外，在全国累计签约项目 17 个，其中重庆海螺、贵阳海螺、石门海螺等 10 个水泥窑处理垃圾项目也已开工建设，这些项目建成后，日处理垃圾量可达 3 000 吨。

（三）创新实施氮氧化物减排技改

海螺集团积极响应国家号召，全力推进水泥熟料生产线氮氧化物减排，创建了具有海螺特色的水泥窑脱硝技术路线（精细化操作 + 低氮燃烧 + SNCR 烟气脱硝）。目前，集团共完成了 119 条熟料生产线脱硝项目的技改，综合脱硝效率达 60. 0% ，排放浓度均符合新的排放标准，运行成本保持行业最低。

（四）加快发展节能环保装备制造产业

依托国家级技术中心，加强国际技术交流与合作，以节能环保新技术、新装备的研发应用为重点，不断增强自主研发、设计和制造能力，先后取得专利 107 项，软件著作权 18 项，许多技术创新成果填补了我国同类技术的空白。同时，在芜湖投资建成的节

能环保装备制造基地，先后研发制造出余热锅炉、垃圾焚烧炉、CK 系列立磨、高效水泥熟料冷却机和辊压机等节能、环保装备，其技术性能处于行业领先水平，并形成产业化规模，累计实现产值 170 多亿元。

三、坚持改革驱动，推进机制创新，持续增强企业发展的内生动力

（一）创新激励机制，激发内在活力

早在 20 世纪 90 年代，集团就按照“公司法”和“境外上市必备条款”，着手构建符合社会主义市场经济的现代企业制度。在随后的多年发展当中，通过内部股份制改革、重组上市、公司化改造，较早地实现了国有资本与民间资本、社会资本、民营资本的交叉融合，建立了促进企业发展的长效机制。特别是 2003 年安徽省委、省政府对海螺集团实施的企业改制，实行了全员身份买断，构建了企业与员工的利益共同体，在实现企业持续、快速发展的同时，广大员工也享受到了企业改革发展的成果，成为国企改制的典范。2013 年以来，集团借助海创公司的平台，对近万名技术管理骨干、劳动模范以及先进工作者实施股权激励，进一步完善了长效激励机制，促进了企业稳定、健康、可持续发展。

（二）借力资本市场，推动企业发展

1997 年，以宁国水泥厂、白马山水泥厂生产经营资产为主体，组建海螺水泥股份公司，10 月 21 日，海螺水泥 H 股赶在东南亚金融危机之前，在香港上市发行，首次发行 3. 61 亿股 H 股，开创了境内水泥企业境外上市的先河。2002 年 2 月，海螺水泥在上海证券交易所正式挂牌，公开发行 2 亿股 A 股，海螺水泥成为建材行业第一家 A + H 股水泥上市公司。2000 年，海螺型材借壳上市。资本市场的成功运作，不仅有效解决了企业高速发展期的资金需求，更为重要的，通过与国内、国际资本市场的成功对接，构建并逐步完善现代企业制度，为企业的后续发展奠定了坚实的基础。

（三）优化运行模式，推进管理转型

集团初创期，就着手创建符合企业实际的管理模式，在同行业率先实行款到发货的结算政策，独创了熟料基地、粉磨站、市场部“三位一体”的销售模式；充分发挥财务在企业管理的中心作用，统一核算、统一信贷、统一资金调剂、统一对外投资管理，严格实行预算制；工程建设上，实行部室领导下的业主负责制，形成了“五位一体”的工程管理模式；生产运行管理实行单窑、单磨考核，同类型窑、磨实行统一指标考核，集团在生产线调试和运行等方面达到或超过国际领先水平；加速推进信息化与工业化的融合，借助现代信息平台，开发并应用了多个信息管理系统，构建了生产调度、物流运输、工艺技术、质量检验“四大控制中心”，大大提升了水泥生产自动化控制水平。

四、立足长远发展，主动变轨转型，实施发展升级

“十二五”以来，为主动适应国家宏观经济调控及行业发展态势，海螺集团果断转变发展方式，调整发展思路，拓展企业可持续发展的新空间。

（一）积极推进国内并购重组

在国内兼并重组一批有利于完善市场布局、有利于区域资源整合、有利于提升市场控制力的水泥企业，实现发展方式的实质性转变。“十二五”期间，通过全资收购、控股等合作方式，成功收购兼并了 21 家水泥企业，进一步扩大了市场份额，促进了行业结构调整。兼并重组后，通过技术改造、新建扩能、管理输出、制度移植和文化融合，使这些企业重焕生机，多数成为当地经济发展的骨干力量。

（二）大力实施国际化发展战略

加大海外发展和产能转移的力度，到境外投资建设大型水泥熟料生产线，实现由产品出口型向资本、技术输出型的跨越，提高发展外向度和国际影响力，是海螺近年来对外发展的主基调。自 2011 年起，通过三年多的努力，快速完成了在东南亚的市场布局，第一个海外项目——印度尼西亚南加海螺首条水泥熟料生产线已于 2014 年 11 月份投产运行，第二条生产线正在建设之中，印度尼西亚西巴、孔雀港、巴鲁、马诺斯、北苏等项目已开工或开展前期工

作，全部项目建成后，印度尼西亚水泥、熟料总产能将分别达到2 500万吨和2 000万吨。在缅甸，与缅甸工业部合作的皎施日产5 000吨生产线项目已经开工，巴安等项目正在开展前期工作，全部项目建成后，缅甸水泥总产能将达到1 000万吨；同时，正式签署了老挝万象、柬埔寨琅勃拉邦项目合作协议，对俄罗斯车里雅宾斯克州水泥项目进行了考察和洽谈，储备了境外项目载体。与此同时，充分发挥集团自有的技术、管理等优势，通过EPC等方式承接海外工程，形成了集团新的经济增长极。海螺的国际化战略，与国家“一带一路”战略高度契合，为企业未来发展赢得了更大的空间。

五、实施品牌战略，不断扩大企业影响力

海螺品牌是从海螺水泥逐步发展起来的。目前，共拥有50件注册商标，在43个类别上注册了553个商品，同时还在有贸易或潜在贸易的47个国家（地区）注册了“CONCH”商标，形成了以“海螺”和“CONCH”商标为主的商标群。“海螺”和“CONCH”品牌成为世界上生产规模最大的建材单一品牌，被评为中国首批300家“全国重点保护品牌”。

海螺高度重视品牌培育，把不断提高产品质量作为品牌建设的根本，坚持统一品牌、统一标准，内控标准高于国家和行业标准，确保产品实物质量优于竞争对手，广受国内外新老客户的好评。与此同时，经过不断的摸索和研发，海螺水泥品种也由单一的普通水泥，发展到纯硅水泥、复合水泥、抗硫酸盐水泥、油井水泥、核电专用水泥、高铁专用水泥、无磁水泥、美标I/II型水泥、美标II/V型水泥及商品熟料等多个品种，生产的42.5（含）以上级水泥优等品率达到100%，研制的核岛水泥、无磁水泥、高铁水泥等特种水泥用于连云港核电站、国家地震监测网络、上海磁悬浮列车、高铁等国家重点工程，填补了国内多项技术空白。海螺水泥现已销往46个国家和地区，覆盖了国内华东、华南、西南、西北等20多个省（自治区、直辖市）。

海螺型材自2003年以来，产销量连续12年位居世界第一，成为中国塑料型材行业第一品牌，率先通过欧共体产品质量认证、美国AAMA认证、ISO 9001质量体系认证和ISO 14001环境体系认证。用其生产的塑钢门窗，具有设计科学、保温隔音、节能环保等多种优点；海螺型材营销网络遍布全国，国内市场占有率达35.0%以上，并出口至欧洲、北美、中亚、东南亚等10多个国家或地区。

当前，我国经济增长转向中高速，进入经济发展新常态，面对新的机遇和挑战，海螺将主动适应经济发展新常态，坚定信心，开拓进取，改革创新，努力实现新一轮的腾飞，打造更具竞争力的国际化产业集团。

成为全球同行业中令人尊敬的中国企业

重庆润通控股（集团）有限公司

润通控股（集团）有限公司是一个年轻的企业，成立于2007年，称不上有多年传承；但润通是一个踏实的企业，是一个迅速发展的企业，更是一个有增长潜力的企业。成立8年，专心于实体经济，稳扎稳打、步步为营，高效发展。从无到有，从小到大。如今，润通已拥有员工约1.2万人。2014年实现产值46亿元，出口创汇1.9亿美元。连续两年荣登中国制造业企业500强榜单，连续3年成为重庆市百强企业，重庆市企业效益50佳。并于2012年被重庆市政府评为重庆市优秀民营企业。

润通的前身为润通动力有限公司，创立之初，主要以摩托车、沙滩车、通机动力产品为主，远销海外市场，仅用几年时间就在竞争激烈的海外市场站稳脚跟。在润通动力有限公司高速发展的同时，董事长朱列东又于2008年进入汽车零部件产业，成立了重庆恒冠塑胶有限公司，并在重庆、成都、长沙、株洲建厂，生产汽车内外饰件，成为长安、长安福特、一汽大众等国际知名汽车企业的配套供应商。不久后，又将塑胶零

部件产业扩大、升级，组建成立了合肥世纪精信机械制造有限责任公司，生产空调内外塑料、钣金面板、配件成为了格力电器的配套商。2013 年，润通又再次迈出一大步，与广西玉柴集团“联姻”，投资 30 亿元组建玉柴润威发动机有限公司，打造新型柴油动力生产基地。双方将在重庆打造全球高端小排量柴油机动力产业基地，一期年产新型节能柴油机 35 万台，投产后年产值达 100 亿元。2014 年，润通在重庆产业基金引导下又与知名实体企业联合发起设立了润银融资租赁公司和润银商业保理公司，面向实体经济企业提供金融解决方案。紧接着，代表着未来工业 4.0 的工业智能自动化产业也相继展开，瞄准未来工业发展尖端科技领域，先自给自足，后一鸣惊人。润通产业布局环环相扣，脚踏实地，已经为未来描画出美妙的蓝图。2013 年，董事长朱列东受时任美国驻华大使骆家辉的邀请，参加了由美国联邦政府主办，总统奥巴马亲自出席的首届“选择美国投资峰会”。与会期间，润通受到美国多个州政府邀请，给出极具吸引力的优惠政策，在美投资建厂。

现今，润通旗下已经形成热动力、零部件、柴油动力、金融四大产业和筹建中的工业智能化产业的“4 + 1”产业结构模式，拥有 7 家独立子公司。旗下重庆润通动力制造有限公司致力于新型热动力专业化经营方向，主要从事通机动力及终端产品，摩托车及沙滩车成车，摩托车发动机的研发、生产和销售，目前已成为中国通机行业领军企业，出口创汇额常年稳居重庆市前 20 强。旗下润银长江投资有限公司下设重庆润银融资租赁有限公司和重庆润银商业保理有限公司两家子公司，在国家产业基金引导下，为实体经济发展提供融资租赁、商业保理等多渠道、灵活的融资与资产配置解决方案，促进中小型装备制造业企业转型升级。旗下重庆恒冠塑胶有限公司、合肥世纪精信有限公司专注汽车、空调零部件产业，为长安福特、一汽大众、和格力电器等知名企业的战略合作伙伴。旗下玉柴润威发动机有限公司由润通与玉柴集团共同投资以研发、生产及销售节能环保高品质柴油动力产品，预计于 2017 年建成投产，为润通新的增长点。

一家年轻的企业在 8 年时间里取得如此长足的发展，靠的是企业的掌舵人高瞻远瞩的大局思维和脚踏实地的专研精神，以及全体润通人求实奋进，在探索中总结经验、坚持企业精神不动摇的努力。润通在发展中探索总结出来的宝贵企业精神才是支撑润通不断进步最有力的保障。

一、坚持以国际化视野求发展

放眼全球，转变思想，践行“走出去”的探索，以国际化市场为导向。润通在成立之初就将目标市场锁定海外，以出口为主的重庆润通动力有限公司销售收入年均增长速度达到 52.0%，润通成立仅 5 年便迅速成为国内通机行业前三强，产品受到广大海外客户一致好评，声名远扬。在此契机下，2012 年润通又收购美国公司，在美国成立了润通北美销售公司，实现了在全球范围优化资源配置，推动了发展国际化生产和服务网络，提升了企业的国际竞争力。2013 年年初，润通自主研制的多功能乘骑式草坪机 MPV 以直销方式销往美国各大超市，提高了企业在美国的知名度，提升了企业开拓美国市场的效率，打开了润通自主品牌通往世界的出口。目前，润通控股（集团）有限公司已经在国内和海外建立国家工业基地，产品销往世界 50 多个国家和地区，与世界各国龙头企业保持良好合作关系，广受海外客户一致好评。

同时，润通也高度重视国际化合作。2008 年 6 月，为促进公司新产品研发，董事长朱列东和日本富士重工第一次接触，表达了与富士重工合作研发生产通机发动机的意愿。富士重工的团队多次专程到润通工业园进行研发能力和生产能力的考察，最终确定了在润通研发、生产斯巴鲁通机发动机的意向，并在富士重工专业研发人员和润通研发团队共同努力下研发出了完全具有自主知识产权，集创新的 OHC（顶置凸轮轴配气机构）等多项领先技术于一身，并于 2009 年荣获重庆市高新的技术产品的 EA190V 垂直轴发动机。

始终将产品向国际化高标准看齐。2010 年夏天，一种集发电、除草、扫雪、短途运输等多种功能为一身的新型的通机终端概念产品隐藏的巨大商业机遇被润通捕捉到，并立即组织技术、销售人员于 2011 年开始研发这种新型产品。经过一年的努力，这种创意新型的概念性产品在2012年年初在润通研发设计成功，并获得美国的发明专利。2012年11月，润通工业园一条专门生产新型多功能通机终端产品的生产线正式建立并投入生产。2013年年初，第一批新概念产品正式在美国Lowe's上市销售。

二、坚持技术创新、产品创新理念

创新，是润通一直以来发展的主旋律。多年来，润通充分发挥民营经济的活力，秉承“成为全球同行业令人尊敬的中国企业”，致力于技术创新求发展，以自主品牌树企业的发展道路。在董事长朱列东带领下，润通坚持“学习借鉴、技术创新、自主发展”的指导思想，注重科技创新，大力发展自主知识产权。润通成立以来，斥资1.2亿元由意大利APC公司规划设计建设了具备世界领先水平的专业试验中心。公司成立后，首先设立的部门是技术中心，高薪聘请国内通机行业的技术人才、国外专业技术人才组成了一个研发团队，并斥资1 000多万元，与世界著名研究新型清洁发动机公司奥比托公司联合研发公司自主知识产权的RVC190型、RC200型通机动力产品。这两款通机产品在公司量产初期成为公司的主打产品，取得了良好的市场效益和经济效益。公司通过“三引进”方式，即引进国内同行业优秀人才、引进全球顶级研发机构项目合作、引进国外资深技术专家打造了一支专业化、国际化的研发团队，迅速提高了技术创新能力和质量保证能力。企业自主创新能力得以全面提升，创新成果不断涌现。截至2014年12月，公司申请国内专利371件，授权专利334件，具有自主知识产权的产品成为主角，销量和收入占比均超过80.0%。累计投入研发费用近3亿元，R&D投入强度年均达4.4%，高于重庆市和全国的水平。

作为中国制造型企业，润通已经摆脱传统劳动密集型的低效产业，走向了具有高新技术及自主知识产权的创造型企业，在国际市场彰显了中国企业的技术实力和底蕴。

三、重视人才培养和人才引进

人是公司未来发展的关键，目前公司之间的竞争力是综合能力的竞争。“一个企业不是靠挖人做起来，而是靠建立自己的人才梯队，自己培养的人才顶上来，企业才会长久的发展。”这是董事长朱列东人才思想的核心理念。在公司创立初期、工厂还在建设之中，企业就投入大量资金开始引进国外通机企业的专家人才到润通指导、帮助；同时，与天津大学联合开办在职工程硕士班，为技术研发人员提供继续教育深造的机会；大量招聘应届大学毕业生，做为技术研发和品质的后备人才；近年来，以长期聘用和短期指导方式来到润通工作的国外专家达20余人，这些专家带来了国际上同行业的顶尖技术和管理经验，通过他们的引领，为企业培养了合格的在职工程硕士近20名，生产技术骨干300余名。只有让员工在企业实现价值，劳有所得才能留住人才。

润通成立以来一直以国内外知名企业为标杆，重视企业文化，关心员工，让员工能共同享受到企业发展成果，始终将员工的利益放在企业稳定的重要位置。润通工厂以花园规范来设计打造，力求为员工营造一个干净舒适、清新宜人的工作生活环境。并且，注重员工生活质量，不断提升员工餐饮、食宿、交通配套标准，每逢节日、假期，为员工送上关爱和慰问品，在生产现场配备大功率空调、配备冷饮，从细节上关爱每一个员工。注重安全机制建立，保障员工工作生活安全，公司成立以来，旗下1.2万名员工从未发生过重大安全事故。斥资组建、培养的固定员工篮球队、足球队参加各种比赛，积极组织员工开展歌唱、体育、户外拓展等活动，丰富员工课余生活，提升企业凝聚力。同时，建立股权激励机制，对员工负责，让员工能够分享公司发展的成果，共同成长。

四、始终怀有强烈的社会责任感，回报社会

润通业绩上的突破同时，也更加注重企业理念和人文关怀。润通自成立以来，一直秉承以对社会负责：回馈社会、建设国家；对股东负责：稳定回报、资产增值；对顾客负责：价值创新、改善无限；对员工负责：职业规划、安居乐业；对供方负责：平等互信、共同发展为企业使命，并坚持贯彻“用心创造理想和感动”的企业理念，“以人为本，高效对称”的管理理念，“创新、专业、差异”的经营理念。用以提升员工

价值和回报社会,履行社会责任。自2007年成立以来至今,润通积极践行社会责任,旗下公司安置就业人员上万名。同时,始终不忘参与爱心捐款捐赠活动。2008年百年一遇的汶川大地震,董事长朱列东个人并带领成立不到一年的企业积极参与为灾区捐款捐物活动,安排组织专人配合抗震救灾工作。作为重庆优秀民营企业代表,润通积极响应党和国家号召,多次派人参加下乡扶贫、捐资助教等方面爱心活动,润通成立以来,已投入近千万元,多次被评为企业信用信誉AAA级单位。

润通是一个年轻的企业,一个朝气蓬勃、干劲十足的企业,发展的道路没有任何捷径。成功的经验必须在发展中不断实践、总结、积累,没有什么比一个出口型企业更渴望中国人和中国企业在世界舞台受到的关注和赞誉。对于一个企业来说,生存发展、效益收入是立命之本,而对于润通控股集团这样在外拼搏的民族企业来说,代表中国人、代表中国企业获得来自全世界同行业的认可是尊重更是企业的精神之魂。重庆润通控股(集团)有限公司将坚决贯彻人才创新理念,抓住机遇、深化改革、锐意进取、加快发展,努力向着"成为全球同行业令人尊敬的中国企业"的目标迈进。

逆势上扬唱响中国品牌好声音

安徽江淮汽车股份有限公司

安徽江淮汽车股份有限公司(简称"江淮汽车")是一家集商用车、乘用车及动力总成研发、制造、销售和服务于一体的综合型汽车厂商,位居中国十大汽车厂商之列,其前身合肥江淮汽车制造厂创办于1964年。目前,拥有江淮汽车、安凯客车两家上市公司和多家二、三级子公司,形成了商用车、乘用车、客车、零部件和汽车服务五大业务板块。

近年来,随着经济下行压力增大,在经历了一轮高增长,产销双双跨过2 000万辆之后,中国汽车产业的发展进入了微增长时代。2015年以来,中国汽车行业发展增速进一步放缓,持续在低位徘徊。然而,在"调结构、转方式"的双轮驱动下,江淮汽车加快产业转型升级,坚持"以效益为中心、以战略为导向、以发展为主线、以变革为动力"的指导思想,把握"做强做大商用车、做精做优乘用车"的战略方向,实现了逆势上扬。2015年1—10月,江淮汽车累计销售各类汽车47.7万辆,同比增长31.9%;实现营业收入378.5亿元,同比增长18.7%。预计全年将产销各类汽车60万辆,实现营业收入460亿元。

江淮汽车的稳健发展得到了党和国家领导人的关注和认可。2015年4月,江淮汽车成为中宣部推荐的"中国品牌"代表企业之一;2015年10月30日,中央政治局常委、国务院总理李克强莅临江淮汽车考察,高度肯定了江淮汽车坚持多元化发展所取得的丰硕成果,强调"创新发展是江淮汽车真正的动力,产品质量是开拓市场的基础和名片,而开放合作将成就未来更大的前景,希望看到江淮汽车占领更大的市场,参与更多的国际合作"。

一、创新引领,构筑正向自主的研发体系

作为国家高新技术企业和国家创新型试点企业,江淮汽车始终坚持创新驱动,努力掌握关键技术,持续培养核心能力,以顾客价值为设计的出发点和落脚点,丰富五层次研发体系,完善NAM流程技术和项目管理规范,已形成整车技术、核心动力总成和自动变速箱及软件系统等关键零部件研发、试验验证和标定开发等完整的正向研发体系,拥有一支3 500余人的高水平研发团队。

2006年,江淮汽车技术中心被国家五部委核准为国家级企业技术中心。为强化自主研发设计,江淮汽车将年销售收入的3.0%~5.0%作为研发投入。2014年,全年投入研发费用12.7亿元。

多年来,江淮汽车相继承担完成了国家863项目、科技支撑计划项目,体现和代表中国汽车品牌的高效发动机、自动变速箱、新能源汽车及资源节约型和环境友好型的制造技术工程项目,参与多项国家汽车行业标准的建立。截至目前,荣获国家科技进步奖1项、中国汽车工业科技进步奖19项、拥有国家级火炬计划项目7项、国家重点新产品6项、发明专利226项。同时,有近千件发明专利正在授权过程中。有103个产品达到国内一流、国际领先的水准。

二、商乘并举,厚积综合型企业发展优势

综观中国汽车行业,江淮汽车是为数不多的倡导并坚持"商乘并举"这一发展战略的综合型汽车企业。

江淮轻卡在行业具有举足轻重的地位,年销量超过20万台,多年来保持了积极良好的发展态势,在汽车行业名列前茅,连续14年稳居国内同类产品出口第一。

江淮重卡异军突起,位居行业第6位,并一举拿下委内瑞拉政府6 159辆采购大单,创中国重卡出口之最。

在2015年9月3日,纪念中国人民抗日战争胜利暨世界反法西斯战争胜利70周年阅兵活动当天,安凯宝斯通客车作为唯一直接参与阅兵式的客车品牌,搭载着抗战老兵方队与我国高精尖军事装备共同受阅。

自二代车型投放市场以来,江淮乘用车持续发力,成为国内增速最快的乘用车品牌。其中,SUV产品优势凸显:瑞风S3上市一年累计销量超过18万辆,稳居国内小型SUV市场首位;瑞风S2于2015年8月底上市,已连续两个月销量近7 000辆,与瑞风S3组成江淮SUV"双子星",双双进入细分市场销量前十。在其强劲带动下,2015年1—10月,江淮乘用车累计销售27.6万辆,同比增长88.7%。预计全年销量将突破30万辆,创历史新高。

三、定位精准,新能源汽车走在行业前列

2002年,江淮汽车启动新能源汽车的研发,目前已系统掌握了电动汽车的关键核心技术——电池模组、电机、电控三大核心技术及电转向、电制动、能量回收关键技术,特别是电池热管理技术,本质安全管理技术实现突破。2012年,作为国家三部委主导的国家新能源汽车产业技术创新工程项目,江淮第五代纯电动轿车、安凯纯电动客车分别高水平通过验收。

精准定位研发路线,积极开展商品化示范推广,江淮新能源汽车先行先试,领跑行业。自2010年首批585辆纯电动轿车批量投放市场以来,截至目前,江淮iEV纯电动轿车已经累计投放市场五代产品,实现销售1.5万辆,总行驶里程超过3亿公里。在2015广州车展上,国内首款纯电动SUV车型——江淮iEV6S正式发布,并计划于2016年4月上市。

安凯新能源客车至今已经换代升级5代,在北京、上海、大连、合肥等40多个城市示范和商业化运营,市场总保有量4 400多辆。2010年,由30辆安凯纯电动客车组成的合肥18路公交线,成为世界首条纯电动公交线路。运行5年来,安全运行总里程超过700万公里。

根据江淮汽车新能源汽车战略规划,将坚持纯电驱动的技术路线,纯电与插电两大技术平台,到2025年,新能源汽车占总产销量30.0%以上。

四、全球布局,国际产能合作创造广阔舞台

江淮汽车的国际化战略坚持走高端路线,打造差异化竞争优势,代表与彰显"中国制造"的实力。审时度势,采取两条拓展路线深耕国际市场:一条是地理路线,从东欧、中东、南欧向西欧迂回,从南美、中南美向北美迂回,最终进入全球市场;另一条路线,是从简单的产品贸易,到KD工厂、设立合资企业,从输出产品、技术、管理和资本,到输出完整文化。

如今,江淮汽车已建立了覆盖南美洲、非洲、中东、东南亚、西南亚和东欧130余个国家或地区的营销网络,构建了超过500家的国际销售服务网点,拥有19家海外KD(散件组装)工厂。截至目前,累计出口各类汽车35万辆。其中,江淮轻卡连续14年位于行业出口第1位;乘用车出口排名升至行业第2位;重卡出口位列行业第3位。

目前,国家的"一带一路"给汽车产业带来了多重发展机遇,江淮汽车也将重点抓住自身未来发展方向

与国家"一带一路"战略高度契合的契机，进一步加快中东、北非以及西亚等"一带一路"沿线重点国家的市场开发。

即将到来的"十三五"，是中国经济调整结构、转型升级的关键时期，一场关系国家发展全局的深刻变革已经到来。秉承"创新、协调、绿色、开放、共享"的发展理念，"十三五"规划将带领中国奔向全面小康社会，奔向共和国"第一个百年目标"。在新的起点上，江淮汽车将始终坚持创新驱动转型升级，以精益求精的"制造精神"浇灌中国品牌之花，推动中国汽车产业在转型升级的道路上，加快"由大到强"的跨越，让世界看到"中国智造"的魅力。

2014 年度东风汽车公司概况综述

东风汽车公司

2014 年，是东风汽车公司建立 45 周年，也是公司改革发展进程中十分重要的一年。公司紧紧围绕做强做优目标，突出创新驱动，加快自主发展，强化国际运营，狠抓改革攻坚，推动依法治企，落实从严治党责任，适应新常态取得良好开端，产销迈上 380 万辆新台阶，改革发展各项工作取得新成绩。

公司着力深耕市场，优化产品结构，大力压减成本费用，销量再创历史新高，发展质量和效益进一步改善。全年销售汽车 380.3 万辆，同比增长 7.6%，增速快于行业 0.7 个百分点，销售规模连续 5 年稳居行业第二。综合市场占有率稳固提升。实现销售收入 4 829.4 亿元，同比增长 9.7%；上缴税费 450.4 亿元，同比增长 10.9%，经营绩效再创历史新高。国务院国资委考核目标全面超额完成。截至 2014 年，公司总资产 2 402 亿元，员工 17.6 万人，公司位居《财富》世界 500 强第 113 位，中国企业 500 强第 17 位，中国制造业 500 强第 4 位。

2014 年，公司乘用车销售增幅高于行业水平。销售 3 242 300 辆，同比增长 11.8%，增幅高于行业 1.9 个百分点。其中，轿车同比增长 6.5%，表现优于行业水平，SUV 同比增长 26.7%，销量稳居行业第一；MPV 同比增长 44.6%。轩逸、新奇骏、CRV、K3、K2、菱智等明星车型月销量过万。

商用车整体销量同比有所下滑，但是国Ⅳ商品份额行业领先。商用车销售 560 200 辆，同比下降 11.6%。其中，中、重卡销量 22.1 万辆，连续 11 年位居行业第一；东风中重卡国Ⅳ产品在国内市场的份额达到 28.0%；东风轻卡国Ⅳ产品实现平稳切换，市占率稳步提升。

（一）自主发展突出，创新驱动成效明显

加强研发能力建设，加快新品研发，自主品牌乘用车新车投放数量创历年新高。全年自主品牌汽车累计销售 127.8 万辆，稳居行业前三。自主品牌乘用车销售 733 200 辆，增速是行业的 2.7 倍，其中，自主品牌 MPV、SUV 同比分别增长 42.4% 和 1.9 倍；自主品牌商用车持续保持领先优势，国Ⅳ车型销量位居行业第一。

研发能力持续加强。2 月 20 日，东风公司技术中心二期能力建设项目启动，为公司自主品牌乘用车的后续发展提供了强大的研发支撑。合资体系研发能力不断完善，包括启辰造型中心、东风日产先进工程技术中心及东风日产大学在内的东风日产乘用车公司三大中心开工建设。

加快新品投放。4 月 18 日，东风风神三款战略车型——东风一号、东风风神 L60、东风风神 AX7 全球首发亮相；东风风行 CM7 全国上市；东风风度发布品牌战略及中期事业计划。6 月 6 日，东风裕隆战略车型——纳智捷优 6 SUV 上市。7 月 9 日，在东风柳州汽车有限公司成立 60 周年之际，年产 10 万台 B + 发动机工厂奠基仪式在东风柳汽柳东新基地举行，柳东乘用车基地一期项目同时竣工投产，景逸 S50 轿车下线。8 月 29 日，东风风神紧凑型家轿 A30 在

成都上市。10月16日,东风小康汽车有限公司转型升级全新战略车型—7座多功能家用车风光360在武汉车展全国首发亮相。11月17日,历经4年精心打造的东风风神AX7正式上市。至此东风风神实现了从基本型乘用车向SUV转型升级的重大突破,开启了东风乘用车公司从自主品牌生力军向主力军迈进的新征程。

(二)新能源事业加速推进

加强统筹协调和统一谋划,新能源事业的体制机制不断优化。加大研发投入,按节点推进新能源汽车"9+7"战略项目,风神E30/E30L、启辰晨风、东风悦达起亚华骐等纯电动产品陆续上市和发布。6月10日,东风风神新能源轿车E30开始量产。7月18日,东风汽车股份有限公司首批26辆12米混合动力新能源客车下线并交付襄阳市公交公司。9月10日晚,东风日产启辰旗下纯电动汽车晨风在国内上市。东风乘用车新能源工厂一期、东风新能源客车基地等重大项目建设完成。全年公司新能源汽车销量增长4.3倍,纯电动乘用车销量增长近3倍。截至2014年年底,共有61款车型进入国家新能源汽车推荐目录,新投放1 400辆新能源汽车开展示范运营。

(三)国际化发展步伐加快

积极推进东风沃尔沃、东风雷诺及东风格特拉克等新合作项目,优化了合资事业结构,助推了自主事业发展。东风英菲尼迪公司建成投产,公司产品进一步延伸至豪华车领域。战略性入股法国标致雪铁龙集团,推动公司国际化迈入新阶段,开创了中国汽车企业国际化发展新模式。

战略性入股法国标致雪铁龙集团。2月18日,东风汽车集团股份有限公司、法国政府、标致家族旗下控股公司和标致雪铁龙集团(PSA)各方正式签署谅解备忘录。法国当地时间3月26日,在中国国家主席习近平、法国总统弗朗索瓦·奥朗德见证下,东风汽车集团股份有限公司、法国政府、PSA,在巴黎签署最终协议。3月28日,东风与PSA在北京签订《全球战略联盟合作协议》。公司与标致雪铁龙集团在国际业务、商品和技术协同、采购及供应商体系协同等多方面的合作深入展开,为东风自主发展提供了有力支撑,拓宽了东风加快走向国际的通道。

加速构建海外战略市场。在我国汽车出口连续两年下滑的形势下,公司出口企稳回升,出口表现好于行业水平,乘用车出口增长较快。公司海外出口7.03万辆,增幅高于行业8.7个百分点。其中,乘用车出口同比增长9.7%,增速较快;东风商用车公司本部出口增长近1倍,东风乘用车公司出口增长1.6倍。3月12—22日,东风品牌乘用车产品亮相第17届阿尔及利亚国际汽车展。4月21日,公司发布海外事业东风品牌年报告,决定将2014年4月至2015年4月设定为东风品牌年。4月27—28日,东风汽车俄罗斯有限公司经销商大会暨媒体发布会在莫斯科召开,东风乘用车正式进入俄罗斯市场。6月30日—7月4日,公司携旗下自主品牌乘用车、商用车共5款产品参展首届中国—俄罗斯博览会。8月27日,公司携9款自主品牌车型强势亮相两年一度的莫斯科国际车展。9月3日,东风风神S30首批240台SKD(半散件组装)订单正式完成报关手续,以江海联运方式,从武汉发往委内瑞拉,拉开了东风品牌乘用车全球KD批量出口的序幕。当地时间9月25日,第65届德国汉诺威国际商用车展在汉诺威展览中心开幕。东风商用车有限公司携旗下三款主力车型首次参展。

加强对外品牌宣传。10月4日,代表中国参赛、由东风商用车有限公司独家冠名的"东风号"帆船踏上第12届(2014—2015赛季)沃尔沃环球帆船赛的万里征程。

(四)经营协同深入推进,管理水平不断提升

公司继续深入推进协同发展战略,加快推进建立协同发展机制,拓展协同发展路径,战略协同、职能协同、业务协同取得新成果。进一步巩固管理提升活动成果,深入开展管理提升和管理创新,荣获"国务院国资委管理提升活动先进单位"称号。

3月14日,公司部署黄标车市场协同工作。6月4日,公司与武汉市政府共同出资4 000万元设立"武汉·东风淘汰黄标车绿色奖励基金",加速武汉市黄标车淘汰。公司通过加强内部协同,深化政企合作,提高市场占有率。4月29日,公司召开装备业务协同研讨会,全面分析新形势下公司装备业务如何协同和转型，阐释公司制造系统发挥协同优势应对挑战的重要性。8月28日，东风乘用车公司与东风商用车有限公司在成都签署战略协同协议。11月18日，20组东风乘用车和东风商用车专营店进行签约、结对，标志着东风乘商协同项目向纵深推进。

管理提升和管理创新取得重要成果。公司管理提升活动自2012年启动，在两年多时间里，着眼于化解发展中的管理瓶颈问题，公司深挖管理增效潜力，优化管理流程，提高管理效率，推进先进管理工具和管理信息化，促进了公司稳健运行和转型升级。在2014年全国企业管理创新大会上，公司有三项成果获得第二十届国家级企业管理现代化创新成果二等奖，分别是：东风汽车有限公司申报的《基于全价值链的多轴矩阵式预算管理》，东风日产乘用车公司申报的《中外合资汽车企业原材料集中采购管理》，神龙汽车公司申报的《汽车企业基于平衡计分卡的企业战略性绩效管理》。

（五）深化改革全面推进

2014年是全面深化改革元年，公司认真学习贯彻党的十八届三中全会精神，成立了全面深化改革领导小组，加强顶层设计，编制深化改革纲要，积极稳妥推进改革迈出积极步伐。业务战略性调整取得重要进展，大集体企业改革方案获得批准，辅业优化搞活加快进行，低质无效资产处置平稳推进，亏损企业扭亏脱困进一步加快，“三供一业”等历史遗留问题解决稳步推进。

成立东风特种商用车有限公司。东风特种商用车公司是东风公司整合东风13家特种车、专用车企业成立的新事业单元，与东风商用车公司、东风汽车股份公司等实现差异化发展。目标是通过优化资源，加快发展专用车、特种车及东风第二品牌商用车业务，构建和培育新的商用车品牌，拓展东风商用车发展空间。10月23日，东风特种商用车有限公司在十堰基地宣告成立。

稳妥推进集体企业改革。2014年，东风公司集体企业改革总体方案获得国务院国资委、人社部联合批复，集体企业改革改制进入实施阶段。

东风南充汽车有限公司移交南充市。根据东风公司战略发展要求和四川省委、省政府决定，东风南充汽车有限公司划归南充市国资委管理。

成立东风医疗集团。1月25日，东风医疗集团成立。东风医疗集团是东风公司主办的非营利性公立医院，是整合了东风总医院、茅箭医院、花果医院三家医院为一体。东风医疗集团的成立，推进东风医疗机构走上规模化、集约化发展道路，医疗模式向集团化办医转变。

（六）重大项目积极推进，事业布局持续优化

坚持战略投资方向，合理规划产能资源，一大批战略项目进展迅速。东风雷诺项目顺利推进，预计2016年1月量产；东风格特拉克项目进展积极，预计2016年一季度建成投产；东风史密斯项目拓宽了公司商用车业务领域；东风英菲尼迪公司顺利投产。神龙公司第四工厂、东风本田第二工厂二期等项目加快建设，东风日产大连工厂等项目建成投产，事业布局更加优化。东风自主品牌乘用车动力总成和整车项目、新能源工厂一期建设项目、十堰基地装备和零部件工厂建设、重型变速箱建设和襄阳基地神龙公司发动机工厂等项目均按计划稳妥推进。

（七）安全生产和节能减排

健全“党政同责、一岗双责、齐抓共管”的安全生产责任体系，落实安全生产责任制，扎实开展“安全生产月”、重大危险源整治等专项活动，安全生产完成年度控制指标，实现了“五个杜绝”，公司安全理念正式发布。切实加强环保专项治理，强化重点工程项目监督管理，节能减排各项指标高质量完成。与2012年相比，2014年公司万元增加值综合能耗降低26.4%，COD、SO_2分别减排4.6%、47.1%。

2014年，公司站在建设生态文明的高度，十分重视十堰基地、襄阳基地环境保护，认真推进环保专项治理，确保一泓清水送北京。4月25日，公司十堰基地污水集中治理工作正式启动。计划在三年内完成对十堰基地的污水集中治理工作，实现规模化、集约化、市场化、专业化运营。

（八）职工关怀切实加强，办实事扎扎实实

深入践行群众路线，认真倾听群众的诉求，认认真真为群众排忧解难。2014年度惠民工程“十件实

事”全面完成，验收合格率达到100%。离退休人员关怀力度进一步加强，“离退休人员爱心工程”效果显著，老年文体活动设施不断改善。公司医保定点医院范围得到扩大，补充医疗保险制度优化实施。培训体系建设和重点人群培养大力推进，人才队伍整体素质得到提升。一批重点薪酬优化项目推动实施，骨干人才中长期激励机制不断完善。

（九）“和”文化战略发布实施，社会责任积极履行

深入推进“和”文化提升工程，4月18日，东风公司正式对外发布以“和”为标识的文化战略，口号为“东风和畅　与你偕行”。以“和”为核心价值的《东风汽车公司文化战略》正式发布，公司成为首家对外发布文化战略的央企。策划组织公司企业文化电视知识竞赛，深入开展文化战略宣贯工作。品牌传播、VI修订、首部形象宣传片拍摄等工作也取得积极进展。

积极履行社会责任。为鲁甸地震灾区捐款捐物1 184万余元，持续加大援疆援藏和对口扶贫工作力度，开展“和畅东风”汽车公民文化活动，发布《中国汽车公民文明公约》，认真组织“东风梦想车”中国青年环保汽车创意设计大赛、“中国好交警　中国好司机”大型公益活动等项目，公司被评为中国工业行业履行社会责任五星级企业。

（十）贯彻中央八项规定精神，扎实推进从严治党

公司组织党员干部深入学习贯彻习近平总书记系列重要讲话精神，强化理论武装。以“五个服务”为主要内容，全面启动服务型党组织建设。积极筹备公司第九次党代会。大力推进“两个责任”落实，持续加强党风廉政建设和反腐败斗争。各级工会、共青团等群团组织在党委领导下，充分发挥自身优势，积极有为。中央做出从严治党的重大部署后，公司迅速传达学习，并结合实际研究部署落实。

公司持续推进教育实践活动整改落实、专项治理及制度建设任务，特别是在中央巡视组的诊断把脉下，进一步深化专项整治，强化正风肃纪，加强执纪问责，公司各级党员领导干部贯彻落实中央八项规定精神的思想自觉和行动自觉进一步增强。通过整改，会风文风进一步转变，检查评比得到压减，内部吃请、铺张浪费现象得到有效遏制，公务用车和办公用房得到全面清理，“五项费用”明显下降，其中，总部机关办公用品费下降51.0%、业务招待费下降48.0%、出国人员经费下降19.2%。

2月13日，公司在总结教育实践活动取得的重要阶段性成果之际，全面部署下一步的整改工作。公司党的群众路线教育实践活动自2013年7月正式启动以来，以“反对四风，弘扬马灯精神；依靠群众，推动东风发展”为主题，扎实开展“学习教育、听取意见，查摆问题、开展批评，整改落实、建章立制”三个环节的工作，取得良好成效，公司各级党组织和党员领导干部作风建设取得积极成果。公司《整改方案》确定的17个突出问题、51项整改措施，经过一年多认真整改，全部按计划进度完成节点目标，基本整改到位；13项专项整治工作，截至2014年12月31日，全部按时限完成节点目标，基本整改到位。公司总部直接督导的27家单位共850项整改措施，整改落实840项，完成率为98.8%。

2014年，公司领导分批次举行公司领导接待日活动，广泛听取职工群众的意见建议。6月3日，公司教育实践活动深化整改工作推进暨服务型党组织建设工作启动。同时，公司召开落实党风廉政建设“两个责任”专题会。7月22日，公司对落实党风廉政建设主体责任工作进行专题部署。公司董事长、党委书记徐平与5名公司领导班子成员副职签订了党风廉政建设主体责任责任书。11月25日，公司进一步推进规范公务用车和办公用房管理工作。

（撰稿：王　英）

完善精益管理体系　东风柳汽突围新常态

东风柳州汽车有限公司

东风柳州汽车有限公司是东风汽车公司和柳州市工业控股有限公司共同持股的有限责任公司，是国家大型一档企业和 ISO 9001 质量体系认证企业，是东风汽车公司在南方的商用车和乘用车生产基地、自主品牌研发基地和东南亚出口基地。

公司创立于 1954 年，生产汽车始于 1969 年，是广西首家汽车生产企业，是国家首批 44 家出口企业之一。目前，公司拥有正式员工 4 000 多人，占地面积 213 万平方米，拥有“乘龙”商用车品牌和“风行菱智”“风行景逸”等乘用车品牌，营销、服务网络遍布全国，并建有越南、阿尔及利亚、秘鲁、菲律宾 4 大出口基地，产品远销东南亚、中东、北非、拉丁美洲、东欧等地。

2010 年，东风柳汽产销突破 10 万辆大关，销售收入超过 100 亿元；2013 年，再次历史性突破 20 万辆大关；2014 年，产销达到 28 万辆，销售收入超 200 亿元；2015 年，国内车市继续减速下行，但东风柳汽仍然稳健上行。从 2009 到 2015 的 5 年间，东风柳汽产销规模增长近 10 倍。

在车市低增长的新常态下，在自主品牌汽车频频遭遇寒流的逆境中，东风柳汽是为数不多的保持增长的车企。对车企来说，前瞻性的战略眼光是保证可持续发展的先决条件，而强大的体系实力则是实现可持续发展的基础。在总经理程道然的带领下，东风柳汽始终坚持深入学习日产精益管理模式，努力构建并完善“全员、全过程、全价值链”精益管理体系，力争研发、制造、销售、服务等每个环节都达到甚至超越主流合资标准，为突围新常态打下了坚实的基础。

一、前瞻性战略，奠定腾飞的基石

在汽车市场的“大跃进”时代，东风柳汽并没有把扩大规模放在第一位，而是前瞻性地选择了集中全部力量夯实基础布局，打造核心竞争力，为企业可持续发展构筑优势平台。

2001 年，东风柳汽推出面向公、商务市场的风行菱智，成为我国第一辆自主品牌 MPV 缔造者；2002 年，东风柳汽借助商用车板块在资金与技术上的支持，顶着巨大压力，启动乘用车 B11 项目，再次迈出由商转乘、商乘并举稳健发展战略的关键一步；与此同时，2003 年，东风柳汽又启动商用车 M53 项目，搭建全新产品平台，并积极导入 QCD 方针管理模式，力求实现商用车平台的转型升级。

上述两项前瞻性战略布局，在东风柳汽被名为“两项工程”，由总经理程道然亲自带队，号召全公司以“井冈山精神”全力推进。以 B11 为平台的小型 MPV 的开发，可以扩充 5 个以上的产品，是东风柳汽之后在 MPV 领域大展宏图、强化“MPV 制造专家”核心竞争力的新起点；而以 M53 驾驶室为代表的中重型平台的开发，也为之后 5 ~ 10 年东风柳汽应对商用车领域的激烈竞争打下坚实基础。

2007 年，“霸龙”重卡和风行“景逸”家用 MPV 平台开发成功。2008 年，金融危机席卷全球，在自主品牌汽车下滑的严峻形势下，东风柳汽总销量达 46 398台，同比增长 5.0%。也就是从这一年开始，东风柳汽弯道超车，成功驶入稳健发展的上行轨道。如今，东风柳汽旗下的东风风行乘用车已经完成了从 MPV 到 SUV 再到轿车的全面覆盖，产销规模跻身自主乘用车第二阵营前列，形成乘用车与商用车两翼齐飞的健康发展格局，在自主品牌汽车中树立了典范。

二、精益管理体系，开启转型升级新征程

尽管成绩斐然，但东风柳汽仍始终坚持“从零起

步、谦卑出发”，深入学习日产管理。“我们力争通过日产管理模式的学习推进，全面打造东风柳汽核心竞争力，应对未来日趋激烈的市场竞争。”总经理程道然表示。近年来，外资、合资品牌在体系上不断下探，严重挤压自主品牌的生存发展空间。对此，东风柳汽党委书记、副总经理覃柳明指出，要充分利用未来两三年的宝贵时间，向自主第一阵营冲刺，并通过加强体系竞争力，努力缩小与合资品牌的差距。

（一）产、学、研联合开发的研发体系

强大的研发体系是打造企业核心竞争力的重要基石。自 2012 年以来，东风柳汽的研发投入便逐年增加，累计已近 20 亿元。一方面高薪引进优秀人才，优秀设计师的薪资甚至达到中高层干部标准；一方面购置先进设备，并通过公开竞聘等人才机制激发研发队伍的创新活力。东风柳汽现有工程技术人员 1 400 多人，其中研发人员 600 多人，各类专家 110 多人，联合培养了博士后 4 名。拥有完备的计算机辅助设计、制造系统、大型 CAD、CAE、CAPP 软件工作站及 PDM 系统，创新手段日益完善。

东风柳汽致力于产、学、研联合开发的模式，通过与世界知名技术公司的交流合作，以及与国内知名研发机构联合设计开发，大大提升了设计人员的专业技能和业务能力，被评为国家博士后科研工作站、国家高新技术企业、自治区级技术中心、广西商用汽车研发中心、广西院士工作站、广西壮族自治区技术创新示范企业。公司目前拥有专利 150 多项，其中新获得发明专利 2 项，受理中的发明专利 60 多项。其中在 NVH、平顺性、舒适性、轻量化等技术方面，位居自主品牌前列。

（二）国内领先的生产制造体系

东风柳汽位于柳州“千亿汽车城”的新基地一期工程已竣工投产，二期工程正加紧建设，主要项目包括：乘用车基地、商用车基地、研发中心、发动机项目等，共占地约 5 300 亩。项目整体规划 40 万辆乘用车，10 万辆商用车产能，拥有国内领先的冲压、焊接、涂装、总装四大工艺及配套设施，其中 6 300吨压力机及冲压机群在整个亚洲地区都首屈一指。

乘用车基地采用大型自动冲压线，机器人自动化操作。同步世界先进水平的机器人自动喷涂系统。大量采用机器人焊接，四面体柔性总拼夹具系统，适应多车型混流生产。总装工艺应用自动化集配物流体系，整车装配高效、精准。国际领先的生产管理体系及日产先进的 QCD 质量过程控制体系，使成本控制、质量控制、交货周期均处于行业领先水平。

（三）创新驱动下的营销体系

以一流服务提升品牌价值，以一流网络实现跨越发展。这是东风柳汽全力打造的“双一工程”。围绕该工程，东风柳汽的乘用车与商用车均大力实施营销转型，建立了一整套对标主流合资标准的营销体系。从消费需求出发，研发产品，根据市场反馈再次映射到产品的改进上——这种环环相扣的体系能力，推动了创新产品的接力上市，并带动了渠道网络、服务水准的同步升级，从而加速了东风柳汽规模化、品牌化的发展步伐。

东风风行乘用车的持续增长，正是得益于这一高效的营销体系。面对激烈的竞争，东风风行新车不断，景逸 X5\X3\XV 系列 SUV、高品质越级家轿景逸 S50、首席公务舱风行 CM7……每款新品都依托均衡的高品质与超越同级的独特优势为东风风行带来销售增量。仅用 5 年，东风风行销量便从 2.4 万辆飙升至 25 万辆。

商用车领域，柳汽一直稳固发展。1981 年开发生产中国首款中型柴油载货汽车，1991 年创立“乘龙”品牌，2003 年“霸龙”重卡正式加入国内重卡市场的竞争。再到 2014 年定位为中国全新一代高效物流重卡乘龙 H7 全球首发亮相，多项性能指标达到进口水平，实现对进口高端产品的全面替代。

东风柳汽还通过营销体系与供应商、经销商等合作方建立了互信互利的伙伴关系。“我们不会把与经销商合作当成一种纯粹的生意，我们真心帮他们去培训员工，帮他们去想办法。只要他们有困难，我们都会全力以赴帮他们渡过难关。”总经理程道然表示。东风柳汽的经销商盈利面达 94.0%。稳定的盈利下，各界合作伙伴都与东风柳汽坚定携手，一起做大做强。

三、再接再厉,冲刺60万辆产销新目标

通过前瞻性的战略决策和体系竞争力的全面推进,东风柳汽产品品质已接近或达到合资水准。例如东风风行乘用车的3MIS指标(新车售后三个月内收到的品质投诉率)已逼近日产的3.0%高水准;景逸S50碰撞测试成绩达到五星级,安全性超越部分合资车型。商用车方面,全新一代高效物流重卡乘龙H7多项性能指标达到进口水平,如60千米/时制动安全距离比国内同行减少3米以上;室内噪声降低3分贝;平顺性0.48,达到进口高端车水平。

不久前,东风汽车公司董事长、党委书记竺延风与柳州市委书记郑俊康达成共识:双方将共同努力把东风柳汽做大做强,力争2018年将东风柳汽整车年生产能力扩大至60万辆规模。瞄准这一宏伟的新目标,东风柳汽开始了新一轮冲刺。

渤船重工改革与发展综述

渤海船舶重工有限责任公司

一、企业概况

渤海船舶重工有限责任公司(简称"渤船重工"),是中国船舶重工股份有限公司旗下骨干企业之一,前身为辽宁省渤海造船厂,是国家"一五"期间156个重点建设项目之一,是我国集造船、修船、海洋工程、大型钢结构加工、核电设备、冶金设备和大型水电设备制造为一体的大型现代化企业和国家级重大技术装备国产化研制基地。

渤船重工占地7 000亩。拥有30万吨级大坞2座,10万吨级半坞式船台1座、5万吨级船坞1座,配置1 000吨龙门吊车1台,600吨龙门吊车2台,480吨龙门吊车1台,现代化大型舾装码头4个,钢材预处理流水线,"U"形船体生产线,船体平面分段制作流水线,三喷八涂流水线等国内外先进的造船设施和一流设备。公司先后被授予全国质量管理先进企业、全国用户满意企业、全国守合同重信用企业、国防科技工业质量先进单位、国家级企业技术中心、中国制造企业500强企业。公司能够按CCS、DNV、BV、ABS、LR、NK等船级社规范规则和各种国际公约建造40万吨级以下各类船舶,年造船能力350万载重吨。

二、企业改革与发展情况

渤船重工始建于1954年,20世纪80年代初期,公司调整生产结构,开拓民船市场。1994年8月,开始步入国际船舶市场。2000年以来,渤船重工紧紧抓住党中央提出振兴东北老工业基地和建设世界第一造船大国的重要战略机遇,对生产设施、工艺装备进行了现代化改造,先后完成10万吨船台、浮船坞、30万吨1号、2号坞及相应的配套设施工程建设,同时,结合设施、设备生产纲领,制定了"三主三辅"的发展战略,快速汲取世界先进造船理念和技术,以国家级企业技术中心为依托,大力开展自主创新和产学研联合,研发了一批具有自主知识产权的核心设计和制造技术,打造了一批国内领先、国际知名的船舶和海工产品,使公司迎来了改革大发展的历史时期。159 000吨原油轮为国内首艘自主开发船型;渤船牌57 300吨系列散货船被评为"全国用户满意产品";国内首创的320 000吨原油船是世界首艘满足共同规范要求的可通过马六甲海峡吨位最大油船;自行设计研发的388 000吨矿砂船是世界同类产品中吨位最大的环保船型。

多年来,渤船重工坚持不懈地推进现代造船模式的建立,按照深化拓展、巩固提高的"转模"工作指导思想,通过长效机制、体制建设,推动"转模"工作

向深层次、宽领域拓展，通过对标找差距、持续改进、改革创新等各项工作的有效开展，不断缩短与一流造船企业的差距。在“转模”工作的大力推动下，渤船重工综合管理水平不断提高，总装化造船流程、生产组织结构进一步完善，设计、生产、管理标准逐步规范，生产、经营、管理迈上了新的台阶，主要经济指标始终保持持续增长。

渤船重工民船产业从小到大，得到了高速的发展，也为我国建成世界第一造船大国做出了积极贡献。但国际金融危机爆发后，接单难、交船难、盈利难的问题日益显现，一船独大的弊端暴露无遗。面对风云变幻的国际船舶市场和金融危机下全球航运业近年来持续低迷的严峻形势，公司加快民船产业、产品结构调整，转变发展方式，在目光瞄准传统船舶市场的同时，全力开拓海工市场、公务船和特种船市场，主动出击，保证公司的平稳发展。同时，公司作出了“调结构、转方式、强力发展非船”的重大决策，制定了第三次创业计划，以全面提升非船产业在公司生产经营板块中的比重，将其打造成公司经济增长的重要支撑，使其成为公司新的经济增长点。在“十二五”的几年间，渤船重工进一步拓宽产品市场范围，树立品牌优势，在非船领域影响力、竞争力不断增强，产业规模进一步扩大，发展势头更强劲。通过十几年的发展，公司在核电产业、船配产业、水电、冶金设备产业、大型钢结构等产业领域中，凭借自身技术、建造优势，开创了非船产业发展的全新局面。

三、企业品牌

渤船重工主要船舶产品包括：VLOC、VLCC、苏伊士、好望角、灵便型、小型集装箱船、小型 LPG、客滚船、科学考察船、修井/完井船及自升助航式作业平台等船舶及海工产品。

非船产品主要有：大型水电设备、冶金设备、核电装备、大型钢结构产品等。

渤船重工自获准出口经营权以来，在国内外航运界赢得了良好的信誉，取得了较好的口碑。

（1）渤船重工研发的 38.8 万吨矿砂船是目前世界上同类产品中吨位最大的环保型散货运输船，由渤船重工自主研发，具有自主知识产权。

（2）渤船重工建造的 15.9 万载重吨原油轮为国内首艘自主开发船型，创造了当时国内船东订造、国内设计、国内建造和国内检验的大吨位船舶的四项中国之“最”。在由中国企业联合会、企业家协会组织的第九批中国企业新纪录中发布。

（3）渤船重工研发的 32 万吨原油船是国内最大吨位、载重量大的 VLCC 船型，具备油耗低、节能环保等优点，是可经过马六甲海峡的最大型原油船和世界上首艘满足结构共同规范要求的马六甲型油船，为国内首创。

（4）渤船重工研发的 16.3 万吨原油船燃油舱双壳保护设置为国内首创。

（5）渤船重工设计的具有自主知识产权的 17.4 万载重吨双壳散货船，为国内首次开发设计。在由中国企业联合会、企业家协会组织的第十二批中国企业新纪录中发布。

（6）“渤船牌”5.73 万吨系列散货船被评为“全国用户满意产品”。

（7）4.6 万吨油轮和 5.73 万吨散货船以一流的质量获美国海岸警备队“21 世纪质量信得过船舶”。

2014 年度中航工业集团公司发展综述

中国航空工业集团公司

一、集团基本情况

中国航空工业集团公司（简称“中航工业”）是由中央管理的国有特大型企业，2008 年 11 月在原中国航空工业第一、第二集团公司基础上重组整合而成立。中航工业实行母子公司管理体制，设有装备、飞机、发动机、直升机、航电系统、机电系统、通用飞机、航空研究、飞行试验、贸易物流、资产管理等 20 个产业板块，下辖 142 家企事业单位，拥有 29 家上市公司，其中 A 股 21 家，我国香港 H 股 5 家，德国、新加坡、奥地利上市公司各 1 家。员工近 50 万人，其中两院院士 18 人，享受政府津贴专家 3 151 人。

截至2014 年年底，中航工业资产总额约 7 996. 2 亿元。中航工业 2014 年实现营业收入 3 963. 8 亿元；利润总额 143. 3 亿元。中航工业自 2009 年起跻身《财富》世界 500 强企业，连续 7 年排名保持持续增长的势头，排名从 2009 年的 426 位上升到 2015 年的 159 位，6 年累计上升 267 位；在 2015 年世界 500 强的“航天与防务行业”子榜单中，中航工业排名第 5 位，利润和利润率居国内上榜企业前列。在世界品牌实验室《中国 500 最具价值品牌》排名第 25 位，品牌价值 1 008. 7 亿元。

二、经营范围和发展状况

中航工业是我国航空武器装备的主承制商，中航工业系列化发展了歼击机、歼击轰炸机、舰载机、轰炸机、预警机、运输机、空中加油机、侦察机、强击机、教练机、武装直升机、无人机、通用飞机、新型空间飞行器等飞机，系列化发展了涡桨、涡轴、涡喷、涡扇等发动机和空空、空地、地空系列导弹，真正形成了功能强大、体系完备的航空武器装备系统，同时塑造了“鲲鹏”大型运输机、歼 - 15、歼 - 10、“飞豹”“枭龙”“猎鹰”“山鹰”、直 - 8、直 - 9、直 - 10、直 - 19等飞机品牌和“太行”“秦岭”“昆仑”“玉龙”等航空发动机品牌，使我国跻身于能够自主研发生产具有国际水平的、体系化的航空装备的国家之列。

秉承“寓军于民、军民融合”发展原则，中航工业以新理念、新思路、新举措大力发展民用航空产业，研制生产新舟 60、新舟 600、新舟 700 系列涡桨支线飞机，运 - 8 飞机系列、运 - 12 飞机系列，领世系列、西锐系列、海鸥 300、蛟龙 600、AC301、AC310、AC311、AC312、AC313 等民用飞机和直升机、发动机、机载设备与系统的设计、研制、生产、维修、销售、售后服务等，是 ARJ21 新支线客机的主要研制者和供应商，是大型客机 C919 的主供应商。

作为中国科技发展的领军者之一，中航工业建立起了拥有由中国航空研究院和 33 个科研院所组成的高水平科研体系；拥有一批达到亚洲一流或国际领先水平的国家重点实验室和重大科研试验设施；构建起基于内部中航网的异地协同设计制造体系和快速反应管理系统。我国航空科技实力上实现了对世界强者从望尘莫及到望其项背，再到同台竞技的跨越，正向着并驾齐驱的目标奋进。

顺应世界经济发展的大趋势，中航工业加快融入世界航空产业链，广泛参与世界航空工业分工合作，“枭龙”、K - 8、强五、MA60、MA600、运 12 等飞机飞出国门，使我国成为少数几个能出口飞机整机和生产线的国家。同时积极参与国际重大航空项目的开发，与国外对等合作了 EC - 175 直升机、涡轴 - 16 发动机，以及合资合作大量的机载设备，与波音、空客等国际航空企业巨头广泛开展航空转包生产业务。

把握国内经济发展机遇，中航工业加快融入区域经济发展圈，先后与北京、天津、上海、广东、湖南、四川、贵州、陕西、辽宁等 20 多个省市签定了战略合作协议，设立了北京航空科技产业基地、天津直升机产业基地、珠海通用飞机产业基地、沈阳航高基地、上海商用发动机产业基地、南京金城航空科技园、成都空天高技术产业基地、长沙航空产业园和南昌航空城等产业园，加快航空工业发展，服务地方经济建设。

围绕航空主业大力发展非航空民品和现代服务业，中航工业积极将航空高技术运用到汽车、摩托车及其发动机、零配件等领域，积极发展燃气轮机、制冷设备、电子产品、环保设备、新能源设备等机电产品，并提供飞机租赁、通用航空、交通运输、医疗服务、工程勘察设计、工程承包建设等第三产业服务项目。

三、集团管理与文化

中航工业以“航空报国、强军富民”为宗旨，以“敬业诚信、创新超越”为理念，提出了“两融、三新、五化、万亿”发展战略。两融：融入世界航空产业链，融入区域发展经济圈；三新：打造新的三位一体的核心竞争力，即品牌价值的塑造、商业模式的创新、集成网络的构建；五化：市场化改革、专业化整合、资本化运作、国际化开拓、产业化发展；万亿：到 2020 年挑战经济规模 10 000 亿元。

中航工业构建了基于战略管控的母子公司组织模式作为落实发展战略的有力举措。实行三层管理构架，第一层为承担战略管控加财务管控中心职能的集团公司总部，第二层为承担利润中心加产业化中心职能的子公司（事业部），第三层为承担成本中心加专业化中心职能的成员单位。中航工业战略管理体系是，集团公司层面负责总体战略和相应的职能战略。总体战略主要致力于把握大局和方向，关注集团公司的定位和长远发展，对内协调业务选择，合理配置资源，形成协同效应，对外做好外部利益相关者的沟通和整体价值创造。在战略的执行上以五年规划为主要抓手落实集团战略。每年通过年度计划的形式，将规划转化为下属单位可执行的经营计划和考核指标。在规划执行中期进行评估和调整，在规划期结束时进行评估并成为下一期规划制定的依据。同时，全面应用综合平衡计分卡战略管理工具推进战略落地。

大力加强预算管理，逐步构建以 EVA 为导向的全价值链战略预算管理体系。突出重点，管出实效，客观分析当前与未来经济形势，合理确定年度预算目标；将成本费用预算控制作为重中之重，认真分析本单位成本费用开支结构，合理确定成本费用压缩的项目、目标和措施。加强现金流管控，防范企业风险；加快预算进度，提高预算质量，进一步推进全面预算管理工作，落实加快发展、增收节支、降本增效等方面的预算安排，强化预算执行情况的监控和分析，充分发挥预算管理在应对金融危机中的作用，不断提升预算管理水平，促进企业发展。

加强集团公司投融资管理。积极推进投融资与重组改制，通过资产划转、投资和长期股权变动、投资企业的清理和相关资产处置等工作。开展产权转让和结构调整工作，对一系列项目实施主辅分离副业改制。

积极开拓航空产品外贸市场，民机销售迎难而上，国际合作与转包生产进展顺利。在“只有合作伙伴，没有竞争对手”的理念指引下，紧紧抓住重点项目和重点合作伙伴，梳理集团公司的对外合作关系，大力推进集团公司与波音、空客、庞巴迪、巴西航空工业公司、GE 等国际大公司的高层联系，通过一系列活动，使得中航工业与世界航空业界的合作伙伴关系更加紧密，同时也向合作伙伴们传达了新集团的组织架构、发展战略等信息，开创了集团公司在民用航空业务的多个领域对外合作的全新局面。集团公司成立以来，与世界上主要的航空企业在多个领域开展了重大合作项目，通过这些项目的成功实施，可以实现集团公司国际合作战略的价值，逐步实现融入世界航空产业链的目标。

狠抓重大科研项目进度和航空产品生产交付、改善和加强经济运行质量管理等，实现经济规模和效益双增长。通过航空产业园区建设、战略投资者引进和航空产品市场开拓，积极落实“两融”战略。积极争取和落实国家财经政策支持，狠抓技改、科研项目管理和经费的落实，加强税收政策的协调。与各大商业银行和保险公司建立全面战略合作关系，同时充分利用债券市场，并大力推进资金集中管理工作，创新性拓宽融资渠道，推动产融结合进入新时期。综合协同创新管理，优化经济运行内部环境和机制。

坚持改革创新，把人才强国战略作为一项重大而紧迫的任务，以高层次人才为重点，统筹抓好各类人才队伍建设。大力加强经营管理人才队伍建设，围绕经营管理人才队伍建设，着重开展领导班子集中考核、干部交流、干部年轻化等工作。有效推进专业技术和技能人才队伍建设。以高层次人才为重点，全力培养科技工作带头人，积极推进“长、家、匠”分离，加强科技人才职业生涯管理，疏通科技人员成长渠道。通过开展技能大赛和技能鉴定工作，推动了技能人才培养，激励广大航空工人努力学习，岗位成才。探索创新人才工作体制机制。“人才资源是第一资源”的观念已深入人心，人才发展战略更加统筹协调，一支规模大、素质高、结构合理的人才队伍基本形成。

业绩考核管理方面，为了有效提升价值创造能力，集团公司成立了 EVA 管理推进工作领导小组，制定实施计划，在全集团开展 EVA 管理。根据国家宏观经济形势和所属单位具体情况，在考核办法中针对短板设置指标，通过考核引导各单位将业绩考核与解决"短板"结合起来，促进各单位稳健、持续经营，持续改善薄弱环节。同时强化集团内部"对标"考核，将各单位的考核目标值与集团内同行业企业平均水平进行比较，引导下属企业逐步赶超集团内先进单位，收到较好成效。此外，加强考核的过程评价监督，促进经营计划的完成。

着力提升创新能力。一是在原有科技创新体系基础上，形成并发展"一个核心、两类主体、三大平台、四种伙伴"新型科技创新体系，集中管理、分层实施，全面提升集团科技创新能力。二是完善科技创新组织机构。三是开展技术创新项目研发。通过持续推进管理创新，初步建立了与市场和国际接轨的管理体系，实现了管理的规范化、科学化，有力促进了改革发展。四是大力开展管理创新。六西格玛、精益制造、项目管理、平衡计分卡、EVA 等先进管理工具和方法得到广泛应用，全面提升了企业竞争力。

企业文化建设成效显著。以品德高尚、报国有成的党员专家吴大观同志、"航空工业英模"罗阳同志为代表的 50 万航空人，长期以来自力更生、艰苦奋斗、爱党爱国、无私奉献、开拓创新、锐意变革、不畏艰难、勇于攻关、低调做人、埋头做事，形成了个性鲜明、魅力突出的中航工业文化。近年来，中航工业在抗震救灾、奥运安保、亚丁湾护航、国庆阅兵等国家重大任务中发挥了不可替代的作用。

中国航空工业集团公司将秉承"航空报国、强军富民"宗旨，弘扬"敬业诚信、创新超越"理念，积极推进"两融、三新、五化、万亿"的发展战略，励志成为国家综合国力、部队作战能力、国家运输能力、国家科技实力及大众时尚消费品的提供商，以豪迈的步伐向具有国际影响力的跨国大集团迈进。

努力建设中国特色的先进兵器工业

中国兵器工业集团公司

中国兵器工业集团公司（简称"兵器工业集团"）是中央管理的国有重要骨干企业，于 1999 年 7 月在原中国兵器工业总公司基础上改组成立，是国家安全和三军装备发展的基础、陆军装备研制生产的主体、三军毁伤打击和信息化装备发展的骨干、国家实施"走出去"战略的支撑和推进军民融合式发展的主力。

兵器工业集团实行母子公司管理体制，共有 51 家子集团和直管单位，主要分布在北京、陕西、内蒙古、山西、辽宁、河北、山东、江苏等 18 个省（自治区、直辖市）。截至 2014 年年底，集团公司资产总额 3 261.5亿元，人员总量 26.9 万人。2014 年，实现主营业务收入 4 002 亿元，利润总额 108.6 亿元。自国务院国资委开展经营业绩考核以来，连续 11 年被评为 A 级中央企业，连续 3 个任期获得"业绩优秀企业奖"和"科技创新企业奖"；在《财富》杂志评选的世界 500 强企业中位列第 144 位，在上榜的中国企业中排名第 25 位；在中国企业 500 强中位列第 23 位，在中国制造业 500 强中位列第 5 位。

一、全面履行保军核心使命，服务国家国防安全

兵器工业集团作为我国陆军武器装备的主承制商和三军装备的骨干力量，始终坚持国家利益至上，把军品科研生产放在首要位置，倾力打造了我军最忠诚、最可信赖装备供应商的品牌商誉。一是高质量完成了一系列重大军品科研生产任务，向部队交付了三代主战坦克改进型、二代步兵战车改进型等一批高新技术武器装备，大幅缩小了我国陆军主战装备技术性能与世界先进水平的差距，初步形成了以二代为主体、三代为骨干的装备体系。二是突破和掌握了高功率密度动力传动系统、高速两栖水上推进系统、远程制导火箭、弹载北斗定位导航等一批具有自主知识产权的核心关键技术，在两栖突击、远程压制等技术领域跨入了世界先进行列。三是圆满完成了"和平使命—2014"联合反恐、跨区机动演练

等一系列大型演习演练的现场保障任务，探索建立了军民融合式服务保障模式。四是在国际军贸市场成功树立了“中国北方”品牌形象，先后推出155火炮、MBT2000主战坦克、551轮式步兵战车、“红箭”系列反坦克导弹、“蓝箭”系列空地导弹、远程火箭武器系统等一批技术先进、信息化程度高的军贸新产品，在坦克装甲车辆、火炮、智能化弹药等多个领域打造了一批国际知名品牌，成为国际军贸市场的一支重要力量。

二、坚持走军民融合式发展道路，服务国民经济建设

兵器工业集团积极实施技术相关、市场多元的军民融合发展战略，为服务国民经济发展构筑了国家级的产业平台。

1. 集中力量打造重型车辆与装备、石油化工和精细化工、海外石油与贵金属矿产资源等产业平台和光电信息、动力传动、特种材料、高端装备制造、关键汽车零部件等特色优势民品产业，同时加快培育一批有技术能力作支撑的“专、精、特、优”亮点产品。2014年以来，以提升产品研发能力、提升市场营销能力、转换经营机制为重点，推动民品产业向价值链中高端转移，加快推进动力传动、高端装备制造、汽车零部件、铁路产品、特种钢及延伸产品、超硬材料、精细化工、民爆器材、光电信息核心器件等军民融合产业发展，打造国家重型装备、特种化工、光电信息重要产业基地。

2. 积极推进军工技术民用化、产业化，为国民经济发展和建设创新型国家作出贡献。大功率AT变速箱等十多个项目列入了国家863计划。全球最大、中国首台套3.6万吨黑色金属垂直挤压机创造了压机设计制造和挤压工艺技术领域的多项世界第一，掌握了超临界电力用大口径厚壁无缝钢管和高端模具钢制造的核心技术，投产后每年为国家节约上百亿元人民币的进口资金。用于超临界核电半速转子加工的DL250型超重型数控卧式镗车床，是“十一五”国家科技重大专项十大标志性装备之一。自主研制的200吨级电动轮非公路矿用自卸车，各项技术性能处于国际先进水平，国内市场占有率达85.0%。突破和掌握了具有自主知识产权的OLED微型显示器工程化技术，支持了我国第四代显示技术产业链及相关消费类电子产品的发展。人工影响天气系统广泛应用于防灾减灾事业。人造金刚石、硝化棉产销量位居世界第一，矿用车、火车轴、汽车零部件等多项民品产销量居国内首位。

3. 大力发展北斗应用产业，带动兵器工业转型升级。2014年3月，集团公司成功竞标国家北斗地基增强系统建设与应用推广项目，承担项目建设总体任务，得到总装备部和国资委、工信部、科技部等部门的高度重视和大力支持，与国土资源部、交通部、国家地理信息测绘局、气象局等国家有关部门，以及北京、上海、云南等地方政府，就地基增强网络建设与应用初步达成了战略框架协议或合作意向。积极发挥在国内北斗应用产业上的领先优势，开放式组建“国家队”，积极创新商业模式和发展模式，加快推进北斗应用产业发展。与浙江蚂蚁金服公司合资组建位置网公司，构建国家级北斗增值运营服务平台。目前已建立了型号和行政“两总”系统，北斗数据中心、应用检测中心等关键环节建设和系统关键技术攻关正在积极推进。

4. 发挥军贸溢出效应，海外战略资源的获取和开发取得了积极成果。目前在伊拉克、哈萨克斯坦、埃及、缅甸、叙利亚等国拥有6个海外油气项目，地质储量超过11亿吨，年作业产量900多万吨，石油年贸易量2 500多万吨；在缅甸、刚果（金）、津巴布韦等国拥有4个矿产项目，获取铜资源量900万吨，钴资源量43万吨，铂金资源量800吨，在为国防安全作出贡献的同时，也为国家资源安全作出了积极贡献。

三、坚持创新驱动，不断培育和提升技术能力

兵器工业集团始终把科技创新作为第一推动力，从创新平台、创新机制、创新投入、创新激励等方面入手，着力加强技术创新体系建设。“十二五”以来，雄狮坦克等3个项目获得国家科技进步一等奖，累计获得专利授权专利4 718件，年均增长50.0%以上。

1. 加强技术创新的顶层设计，制订了“十二五”

及2030年前科技与信息化发展的目标与路线图，在体系技术、武器平台技术、智能弹药技术、光电信息技术、新概念武器和战略前沿技术、基础技术等6大技术领域，明确了32项核心技术群的发展方向，作为集团公司战略全力推进实施。

2. 加强技术创新体系建设。在创新平台方面，初步建成了以国家级企业技术中心11个、国家级技术创新示范企业4个、国防重点实验室为核心7个，集团公司重点实验室和产品开发中心为骨干29个，协同创新联盟为支撑的技术创新平台体系6个。在创新机制方面，制订了《集团公司科技成果产业化管理办法》等一系列规章制度，通过系统性的制度设计，加强对科研单位"生产"技术成果、"经营"技术成果的激励，推动科研成果加快产业化转化。在创新投入方面，逐年加大自主研发投入，"十二五"以来累计自筹投入达160多亿元，并引进社会资本成立了创业风险投资基金，支持各单位高新技术产业化发展。

3. 坚持以人才集聚推动事业发展。实施了院士和首席专家培养计划，注重依托重大项目，在实践中培养和锻炼总师和总师后备队伍，做到既出成果、又出人才。大力引进高层次人才，累计引进47名"千人计划"专家，位居央企第一。坚持和完善"长师分设"制度，提升首席专家、科技带头人的薪酬待遇，安排首席专家、科技带头人任重点项目总研究师、总设计师等职务，并赋予其技术决策、资源调配、团队组建、考核评价等职权，使科技人才潜心科研创造。目前，已形成了一支由34名院士(含特聘院士)、41名各专业首席专家、47名"千人计划"专家、344名集团公司级科技带头人、1 000多名企业级科技带头人、4 000多名企业级科技骨干、5万多名科技人员组成的创新型科技人才队伍。

四、持续推进精益管理，促进降本增效

兵器工业集团把宏观经济下行的压力转化为加强内部管理的动力，狠抓管理提升，大力降本增效。

(一)加强全员、全过程精益管理

深入推进实施全价值链体系化精益管理战略，从研发设计、生产制造、营销服务、采购供应等全价值链，以及人力资源、财务管理、质量安全环保管理等各个环节，体系化地推进精益管理。截至2014年年底，全集团精益班组达到10 380个，并由生产制造现场向经营管理全过程、全价值链延伸。"谁精益、谁受益""精益从心开始，改善从我做起""人人有改善能力，事事有改善余地"等理念慢慢融入员工心中，逐渐成为员工的价值取向和行为准则，形成了"人人参与管理、事事追求提高"的良好氛围。2014年，全集团仅合理化建议一项就实现节本创效2亿多元。

(二)强化成本费用控制

牢固树立"过紧日子"的思想，大力压缩一般性管理费用和非生产性支出，效益下滑的单位严格执行预算"零增长"。强化目标成本管理，细化成本分类和定额标准，把降本增效的目标任务层层分解落实到各部门、各业务单元，2014年实施重点成本管控项目676项，实现降本增效6.8亿元。眼睛向内挖潜增效，在研发、采购、生产、营销、物流、售后等各个环节深入挖潜，持续改善。通过以上措施，集团公司成本费用率在2013年同比下降0.3个百分点的基础上，2014年又下降了0.1个百分点。

(三)强化资金集中管理和物资集中采购

一方面，强化资金集中管理，着力解决"存贷双高"的问题。2014年以来，进一步加大了资金和票据集中管理的力度，推动各子集团、直管单位的资金、票据向集团所属财务公司集中，有效盘活存量资金，控制带息负债过快增长。2014年，财务公司金融服务规模达到285亿元，为各子集团和直管单位降本增效超过3亿元。另一方面，强化物资集中采购。出台了《集团公司物资集中采购管理办法》，加强集团公司和子集团、直管单位两级集中采购平台建设，在已经实施的军品主材、化工原材料、原油等大宗物资集中采购的基础上，进一步扩大集团公司层面集中采购范围，2014年集中采购率达到55.0%，节约成本超过3亿元。

(四)强化"两金"占用和现金流管理

合理确定年度应收账款和存货占用规模，并以

此为边界加大管控力度，注重抓重点、抓大户，对“两金”占用和现金流指标持续恶化、超控制目标的单位，逐户分析情况，制定有针对性的解决措施，确保逐月改善、持续好转。2014 年与 2011 年相比，集团公司主营业收入净增了 30.5%，但“两金”占用仅增长 14.4%。高度重视债权风险防控，出台《加强逾期应收账款法律风险管理的意见》，对长期逾期应收账款、恶意拖欠的集团外部应收款，及时采取司法诉讼等措施。实行“两个严格控制”，捂紧“钱袋子”，在宏观经济形势复杂多变和工业经济下行压力较大的情况下，严格控制依靠贷款补充流动性，严格控制与本单位自筹资金能力不匹配的举债投资，切实防范现金流风险。

五、全面推进依法治企，着力打造“法治兵器”

兵器工业集团始终坚持依法治企，努力打造“法治兵器”，在全面推进依法治国中发挥好中央企业的表率示范作用。一是着力推进法律事务组织体系建设。建立了“统一领导、分层负责、权责清晰”的风险防控体系，法律顾问队伍达到 390 人。建立了片区协作工作机制，持续推进集团化运作。二是着力推进法律工作制度体系建设。全面建立法律风险防控、总法律顾问、法律审核、诉讼管理等制度，以制度管人管事管风险。三是着力推进法律风险管理规范标准体系建设。制定发布实施《集团公司法律风险管理要求及考核指标、评价方法》的企业标准，涵盖了法律风险管理的 7 个 A 级要素、23 个 B 级要素共 177 个管理点，按标准进行法律管理，对标先进、持续改善。四是着力推进法律审核体系建设。坚持规章制度、经济合同和重要决策的法律审核率达到 100% 的“刚性要求”，推动法律审核向科研生产更广领域延伸。五是着力推进法律诉讼维权体系建设。整合法律资源，妥善解决历史遗留纠纷，维护合法权益。2012 年以来共避免或挽回经济损失 20 多亿元。在海外经营中，我们从法律和履约的角度进行了顶层推动，有效应对、妥善处理了缅甸蒙育瓦铜矿 2012 年阻工、2014 年矿区征地搬迁等重大事件，有力维护了国家政治外交大局，维护了国家海外战略利益，维护了中国国有企业在国际上的良好社会形象。

六、坚持全面从严治党，切实抓好党建和反腐倡廉工作

兵器工业集团认真贯彻落实中央的部署和要求，坚持全面从严治党，切实抓好党建和反腐倡廉工作，为集团公司科学发展提供了坚强的组织保障。

（一）充分发挥党组织的政治核心作用

积极探索国有企业党组织发挥政治核心作用的途径方式，围绕参与决策、带头执行、有效监督，推进企业党组织与公司法人治理结构的体制对接、机制对接、制度对接和工作对接。坚持“一岗双责”，全面落实党建工作责任制，在各级领导人员中形成了“抓好党建是本职、不抓党建是失职、抓不好党建是不称职”的共识。开展“党组织强基工程”，深入推进“党员创新工程”，探索混合所有制经济体党组织设置方式和管理模式，切实加强驻海外单位党组织建设，党建工作科学化水平不断提升。

（二）切实加强领导班子和干部队伍建设

加强政治纪律、政治规矩教育，自觉在思想上政治上行动上同党中央保持高度一致，严格按程序办事、按规则办事、按集体意志办事。遵照习近平总书记提出的好干部标准，结合集团公司实际，确立了“忠诚兵器、决胜市场，改革创新、敢于担当，精益卓越、务实清廉”的 24 字“兵器好干部”标准。坚持不唯票、不唯分、不唯年龄，严格按“兵器好干部”标准选人用人，对真抓实干、业绩突出、群众公认的干部委以重任、表彰褒奖，营造了风清气正的选人用人环境。

（三）深入推进党风廉政建设和反腐败工作

紧紧抓住落实党委主体责任“牛鼻子”，不断强化纪委监督责任，确保党风廉政建设责任制落到实处。加强廉洁从业教育，集团公司党组每年确定一个主题，在全系统集中开展反腐倡廉宣传教育，使各级领导人员受警醒、明底线、知敬畏。坚持有案必查、有腐必反、有贪必肃，以“零容忍”的态度，始终保持惩治腐败的高压态势。强化廉洁风险防控，督促各单位围绕重点业务和关键环节排查风险点，制定

防控措施,进一步规范权力运行,促进了各级领导人员廉洁从业。

(四)积极培育文化软实力

坚持和完善"一主多元"文化体系,以创新思维不断加强文化软实力建设,形成了以服务国家国防安全、服务国家经济发展为核心使命,以建设中国特色先进兵器工业为发展愿景,以唯实、创新、开放为企业精神的核心价值理念。组织开展"走进兵器"系列宣传、"最美兵工人"评选等活动,大力宣传"中国保尔"吴运铎、"独臂总师"祝榆生等老一辈英模人物事迹,传承弘扬"把一切献给党"的人民兵工精神,牢牢把握正确舆论导向,激发了广大员工忠诚兵器事业、献身兵器发展的拼搏精神。

站在新的发展起点上,中国兵器工业集团公司将继续以服务国家国防安全、服务国家经济发展为己任,适应新常态,重塑新动力,打造新优势,努力建设有质量、有效益、可持续的中国特色先进兵器工业,为实现"中国梦""强军梦"做出新的更大贡献。

坚持改革创新　深化"两个转变"
加快创建世界一流电网　国际一流企业

国家电网公司

国家电网公司以建设运营电网为核心业务,是关系国民经济命脉和国家能源安全的特大型国有重点骨干企业。公司按集团公司模式运作,注册资金2 000亿元,用工总量超过186万人。公司经营区域覆盖26个省(自治区、直辖市),覆盖国土面积的88.0%以上,供电人口超过11亿人。公司稳健运营在菲律宾、巴西、葡萄牙、澳大利亚等国家的海外资产。

国家电网公司成立于2002年12月29日,是经国务院同意进行国家授权投资的机构和国家控股公司的试点单位。目前,已连续10年、3个任期被评为中央企业业绩考核A级企业。连续10年名列中国服务业企业500强榜首。《财富》世界企业500强保持第7位,是全球最大的公用事业企业。

2014年,面对复杂的外部环境和艰巨的改革发展任务,国家电网公司党组认真贯彻党的十八大和十八届三中、四中全会精神,扎实开展党的群众路线教育实践活动,团结带领广大干部员工,深入推进"两个转变",各方面工作取得新成绩、新突破。发展总投入4 972亿元,同比增长19.7%。固定资产投资4 044亿元,增长12.2%,其中电网投资3 855亿元。110(66)千伏及以上线路开工5万千米,投产5.2万千米;变电(换流)容量开工3.2亿千伏安(千瓦),投产2.8亿千伏安(千瓦)。完成售电量34 694亿千瓦时,增长3.0%。国家电力市场交易电量6 789亿千瓦时,增长12.8%。营业收入20 961亿元,增长5.2%。利润总额810亿元,增加105亿元。经济增加值180亿元,增加23亿元。资产总额29 009亿元,增加3 308亿元。资产负债率56.2%,下降0.8个百分点。全员劳动生产率64.4万元/人·年,同比增长5.7%。

一、电网发展实现重大突破

创新提出构建全球能源互联网战略构想,开辟了解决全球能源和环境问题的新途径,得到国内外能源和电力同行的广泛认同。落实国家"一带一路"战略,积极推进与周边国家电网互联互通。服务川藏水电开发外送,优化完善了电网规划。特高压进入全面提速、大规模建设的新阶段。浙北—福州特高压交流,溪洛渡—浙西、哈密南—郑州特高压直流工程建成投运,淮南—南京—上海、锡盟—山东特高压交流,宁东—浙江特高压直流工程开工建设。蒙西—天津南特高压交流工程获得核准。累计建成“三交四直”特高压工程，在运在建特高压线路、变电（换流）容量超过1.5万千米和1.5亿千伏安（千瓦），输电量超过2 800亿千瓦时。

贯彻中央西藏工作部署，服务藏区经济发展和社会稳定，克服高寒缺氧、生态脆弱、自然灾害多发等重重困难，挑战极限、冲破禁区，提前半年建成川藏电力联网工程，解决了西藏昌都、四川甘孜严重缺电和无电地区通电问题，为西藏水电开发创造了条件。三峡地下电站送出工程通过国家验收。西北750千伏主网架等重点工程加快推进。兰新二线等国家重大铁路配套供电工程按期投运。文登、沂蒙、天池、蟠龙、金寨抽水蓄能项目获得核准。世界首个五端柔性直流——浙江舟山科技示范工程建成投运，厦门柔性直流示范工程开工建设。13个国家级智能电网项目通过验收。

智能电网创新工程荣获国家科技进步一等奖。淮南—浙北—上海、锦屏—苏南特高压工程获得国家优质工程金奖。公司连续3年蝉联中国标准创新贡献一等奖，荣获国际电气与电子工程师学会（IEEE）标准协会2014年度“企业卓越贡献奖”。累计拥有专利40 646项，连续4年居央企第1位。

二、安全供电水平不断提升

把保障大电网安全作为重中之重，加强隐患排查和专项治理，强化风险预警和应急处置，保持了安全良好局面。汛期复奉、锦苏、宾金三大特高压直流满功率运行，向华东送电2 160万千瓦、同比增长69.0%，消纳西南水电900亿千瓦时、同比增长85.0%，均创历史新高，保障了西南水电开发外送和华东地区电力可靠供应。特高压跨区跨省输送电量1 367亿千瓦时，同比增长88.0%。特高压在远距离大规模输电和能源资源优化配置中的作用充分发挥，促进了东部雾霾治理和西部清洁能源开发利用。建成电能质量在线监测系统，实现电能质量数据自动采集和在线分析。落实第二次中央新疆工作座谈会精神，制定支持新疆发展稳定20条措施，得到中央和新疆自治区党委政府的肯定。大力开展四川康定地震抢险救灾，及时恢复受损供电设施。圆满完成APEC峰会、亚信峰会、青奥会等重大活动保电任务。

落实国家节能减排政策，消纳清洁能源发电9 218亿千瓦时，替代标煤3亿吨，减排二氧化碳7.4亿吨。积极支持新能源发展，累计并网装机1.2亿千瓦，风电、光伏发电量同比增长13.0%和172.0%，风电并网规模、太阳能发电增速保持世界领先。开放分布式电源并网和电动汽车充换电市场，分布式电源并网5 883户、163万千瓦；新建电动汽车充换电站218座，“两纵一横”高速公路城际互联快充网络基本建成。

三、“三集五大”体系全面建成

“三集五大”体系历时5年全面建成，转变公司发展方式实现具有里程碑意义的重大突破。“五位一体”建设加快推进，梳理核心业务流程1 300项，发布公司标准484项、通用制度452项，废止相关制度标准49 330项，初步建成通用制度体系。“三个中心”建设不断深化。国分调、地县调一体化深入实施，调控运行能力显著增强。总部、省、地（市）三级运营监测（控）中心加快导入综合计划和预算，主营业务、核心资源、关键流程在线监测能力明显提升。客户服务中心实现95598全网全业务集中，服务效率、质量进一步提高。完成河南、甘肃149个代管县公司上划，代管西藏20个县供电企业。研究制定规范农电用工管理方案。公司厂办大集体改革方案获得国资委批复，重组整合稳步推进。注册成立西南分部。

四、经营管理绩效显著提升

强化综合计划、预算执行跟踪分析和监督检查，加强电能替代、成本管控和电费风险防范，利润创历史最好水平，居央企前列。四川、冀北、新疆、甘肃公司和许继集团消除累计亏损。创新投资预算管理，竣工项目决算比概算降低15.5%。实施电能替代项目13 000余个、替代电量503亿千瓦时。总（分）部及20家省公司电力交易平台上线运行。低成本融资1 176亿元。建立了覆盖各业务的统一标准成本。

物资集中采购完成 3 690 亿元，节约资金 350 亿元。完成人力资源专项审计和劳动用工摸底调查，人力资源"三全"管理取得实效，"三定""三考"不断深化。19 家省公司开展资产全寿命周期管理取得实效。积极配合审计署开展经济责任审计，及时整改发现的问题。SG－ERP 工程提前一年建成，信息化建设和安全防护能力达到国际先进水平。公司荣获中央企业管理提升先进单位称号，"特大型电网企业以三集五大为核心的管理变革""分布式光伏发电并网接入服务创新与实践"获国家级管理创新一等奖。

金融和产业单位努力开拓市场，优化业务布局，加快转型升级，发展质量明显提升，对公司利润贡献度达 40.0%。证券、期货业务完成重组。组建信息通信产业集团。广宇发展资产重组方案获得批复。置信电气资产重组按计划推进。平高天津智能开关项目建成投产。

国际化取得新突破。发挥公司技术和管理优势，成功中标巴西首个特高压直流输电项目——美丽山水电送出工程。成功收购意大利能源网公司、新加坡能源国际澳资和澳网公司、港灯公司部分股权。分别与俄罗斯电网公司、哈萨克斯坦国家主权基金、埃及电力和能源部签署能源合作协议。稳健运营菲律宾、巴西、葡萄牙、澳大利亚等境外项目。国网智研院欧洲研究院挂牌成立，美国研究院研发能力初步形成。公司国际化发展得到中央领导肯定，在国务院国资委中央企业负责人会议上作典型经验交流。境外资产达到 298 亿美元，是 2009 年的 17 倍，年投资回报率在 12.0% 以上。公司获得国家"走出去"专项奖励 2.8 亿元。

五、党的群众路线教育实践活动成效显著

认真学习贯彻习近平总书记系列重要讲话精神，在思想上、政治上、行动上坚决与党中央保持高度一致。聚焦"四风"问题，边查边改、立行立改。落实中央要求，"三公"经费等 21 项专项治理取得实效。公司班子成员率先垂范，深入基层调研指导、听取意见，促进活动深入开展。各单位扎实开展学习教育、查摆问题、整改落实各环节工作。各级领导班子和基层党组织认真召开专题民主（组织）生活会，严肃认真开展批评和自我批评，以"钉钉子"精神狠抓问题整改。各级督导组严格把关、认真履责，确保了活动实效。把解决服务群众"最后一千米"问题作为贯彻群众路线的切入点，开展明察暗访，整改报装难、缴费难等突出问题 150 多项。精简服务流程，办电时间缩短 20.0%，交费方式增加至 25 种，新增交费网点 18.6 万余个，客户满意度明显提高。解决了 10 个"孤网"运行、38 个县域电网与主网联系薄弱问题；完成 336 万户"低电压"治理，21 万户、87 万无电人口实现通电。通过教育实践活动，广大党员干部的宗旨意识、群众观念显著增强，作风明显改进。选树了 100 名"为民务实清廉先进典型"。公司教育实践活动得到中央教育实践活动办公室、第 38 督导组和第 13 巡回督导组的肯定。

加强公司党的建设，深化电网先锋党支部创建、共产党员服务队竞赛等活动，基层党组织战斗堡垒作用和广大党员先锋模范作用进一步发挥。落实党风廉政建设责任制，开展重点领域监督，加大违规违纪行为查处力度，反腐倡廉进一步加强。超职数配备干部与兼职干部专项整治取得实效。内部人力资源市场优化配置 3.2 万人，全员培训 360 万人次、培训率 94.0%。实施《职工民主管理纲要》，公司民主管理和职代会建设经验在中央企业交流推广。特高压等主题传播成效突出。加强信息安全和保密管理，强化维稳工作，确保了企业安全和队伍稳定。

2014 年，公司系统涌现出一批先进集体和个人。23 家单位、37 名职工获得全国五一劳动奖状、奖章，62 个集体获得"全国工人先锋号"称号。4 个基层党组织、7 名共产党员荣获中央企业"一先两优"称号。17 家劳模创新工作室被命名为首批"全国示范性劳模创新工作室"。9 个集体被评为全国五四红旗团委（团支部），1 名职工获得中国青年五四奖章，23 名职工获得全国青年岗位能手、标兵称号。1 个集体和 1 名老同志获全国离退休干部"双先"表彰。108 项成果获得全国电力职工技术成果奖。公司评选出 10 名特等劳动模范、100 名劳动模范、100 个先进集体、120 个先进班组、100 名优秀班组长。52 家单位、103 名职工被评为"三集五大"体系建设先进集体和先进个人。

六、"国家电网"品牌形象持续提升

围绕特高压、智能电网、国际化、服务新能源发展、社会责任、户户通电、川青藏联网、雾霾治理等，开展系列主题传播，深入传播公司工作价值，推动公司重大发展理念赢得广泛认同，不论是传播的质和量，都居于央企领先水平。春节期间，人民日报2次头版、央视连续10期播出四川凉山黄泥巴村通电故事，感动亿万观众。央视新闻联播头条报道，连续4天24期直播川藏联网"五跨金沙江"。《感知中国企业》形象片将特高压作为中国创造的唯一展示内容亮相纽约时代广场，成为中国创造的靓丽名片。健全四级新闻发言人工作体系、公司官方微博矩阵和微信平台，定期开展新闻发布，较好应对重大突发事件，实现了公司与社会公众的良好互动。

连续10年在中央企业中率先发布年度社会责任报告。发布我国首个企业履行社会责任指南、企业绿色发展白皮书、企业价值白皮书，率先参与社会责任国际标准制定，成立能源行业首个公益基金会。公司社会责任工作先后荣获100余项奖项，获得各级领导的肯定和赞誉。公益项目实现了集团化运作、规范化管理、品牌化发展，"国家电网公益基金会"获3A评级，设立"特高压奖学基金"，公司成为唯一一个六次荣获"中华慈善奖"的中央企业。

着力打造统一的"国家电网"品牌。坚持勤俭节约的原则，开展新闻宣传资源整合，省公司形成"一报一刊一网站"局面。大力加强公司标识规范管理，户外大型路牌广告投放形成省公司一级投放格局。统一品牌制度建设，一级制定、一贯到底。大力加强公司标识规范管理、户外大型路牌广告管理。在央企率先开展品牌建设绩效评价体系建设研究，推动各单位提升品牌贡献度。

公司荣获"30年中国品牌成就奖""中国能源企业品牌建设示范单位"等奖项。在世界品牌实验室的品牌价值评估中，"国家电网"品牌价值从2007年的449亿元上升至2014年的2 415.6亿元，蝉联"中国500最具价值品牌排行榜"第2名，品牌价值连续8年攀升。

静水深流　文化兴业

中国电力国际有限公司

中国电力国际有限公司（简称"中电国际"）于1994年在香港注册成立，主要从事电源项目的开发、建设、运营，海外投融资和资本运营。一直以来，中电国际积极开展文化兴企、和谐共进的探索实践，创建了独具特色的"静水深流"企业文化，为引领企业战略发展，提升管理水平，促进基业长青提供了不竭的精神动力，树立了良好的企业品牌形象。

在"静水深流"企业文化引领下，中电国际实现了跨越发展，与10年前相比，装机容量增加6倍多，达到2 700万千瓦，资产总额增加9倍多，突破1 200亿元。

多年来，中电国际先后荣获"改革开放30年全国企业文化杰出品牌组织""企业文化建设优秀单位""2012—2013年度全国企业文化优秀成果""首届人本中国奖最佳企业奖""最具影响力企业"等多项荣誉。

文化引领——找准定位，形成体系

"静水深流"企业文化，是中电国际多年管理实践的文化结晶，克服困难的真实写照，是中电国际事业成长发展的历史缩影，也是中电国际适应变革、勇于创新精神气质的高度概括，是基业长青、打造百年企业的基石，更是激励企业团队永葆青春活力的精神境界。

中电国际高层领导认为，企业就像生命之水一

样,归于静、沉于思、深于行、流于恒。企业要实现基业长青,在不断的变化中创业绩、求和谐、促发展,实现企业价值和员工价值的持续增长。这就是中电国际"静水深流"企业文化的发端,也是公司创业、治业、追求卓越的一种境界。

中电国际成立之初就被赋予中国电力行业在境外的融资窗口的责任使命。十年磨一剑。2004 年,中电国际旗下全资子公司——中国电力国际发展有限公司(简称"中国电力")在香港联交所挂牌上市。上市之初,面对全新的形势变化,中电国际确立"四十字管理方略",为公司加快发展提供了战略导航。2006 年,推进以"体制改革、机制创新、制度建设、企业文化"(即"三制一化")为主要内容的管理创新,成功搭建了"中国电力、中电新能源、中电检修、国际化业务"四个战略发展平台,奠定了企业科学发展、和谐发展、可持续发展的战略基石,"静水深流"企业文化理念体系也随之全面形成。2007 年 8 月,"静水深流"企业文化理念系统正式对社会发布,同时,明确了企业文化冠名、使命和愿景,确立了企业核心价值观、八大理念。

文化冠名"静水深流"寓意深刻,内涵丰富。静,是一种体察生命的和谐、完美的状态;水,是生命的源泉,近乎道;深,是生命的内涵,是深邃、深刻、深入、深远;流,是生命的体现,是活力,是激情,是为实现梦想付出的不懈努力。

中电国际把"责任、诚信、智慧、价值"作为企业核心价值观,视为基业长青的安身立命之本。责任,既是企业对投资者、对国家、对社会、对员工的责任,同时包含员工对企业、对社会的责任;诚信,是为人之道,更是企业经营之德。讲求诚信、尊重规则;智慧,是解决各种难题,敲开各种大门的金钥匙。以智慧和实践化解、控制各种风险;价值,把创造更大价值作为企业回报投资者、社会、国家的使命;提倡营造个人与企业的和谐互动之美,倡导"让员工与公司一起成长"。

一流的企业离不开高品位的意境追求。中电国际以四个"合一"为企业的意境追求。"天人合一",倡导企业注重社会责任,建设环境友好型、资源节约型企业,致力于环保清洁能源,不仅要为世界提供光明和动力,还要为子孙后代留下一片碧水蓝天;"义利合一",积极履行国有资产保值增值责任,依法合规诚信经营,为企业、股东、国家作出贡献的同时,也体现团队、个人的价值;"人企合一",提倡群策群力、团队无价。以统一的价值取向、统一的规范行为、统一的目标激励、统一的有力行动,实现凝心聚力;"知行合一",鼓励不断学习,勇于实践,提升素质能力,转识成智,转智成行,勇于创新。

中电国际的企业文化得到了上级单位及专家、学者的高度评价。中央巡视组认为,中电国际的企业文化有共性文化的统一与个性文化的兼容,有核心价值观的支撑,有红色文化的引领,有廉洁文化的协同,有中华民族优秀传统文化的传承。文化战略专家认为,"静水深流"企业文化具有原创性、自有性和独特性,有共性文化的统一与个性文化的兼容,体现了中华民族优秀文化、传统美德与现代市场经济、现代企业理念的紧密融合。

文化治业——扎实建设,落地生根

企业文化重在落地生根。中电国际把文化宣贯作为企业文化建设的重点工作之一,设立专门的企业文化部门,组织进行全面宣贯。

因下属企业遍布全国 23 个省市,业务包括水电、火电、新能源、检修等,企业性质不同,文化特质不同,为统一思想,凝聚共识,中电国际以开放、包容的胸怀,和而不同的理念,把形成共同的使命、愿景和发展目标作为文化融合对接的中心工作,同时,注意培育基层特色文化。

2006 年以来,中电国际制定企业文化建设规划,开展"企业文化建设年"系列活动,举行企业文化建设专题讲座和企业文化建设研讨会,邀请著名企业文化专家教授专题辅导,请国资委有关专家指导,制定企业发展战略和包括企业文化发展战略在内的各个子战略。

中电国际多年来不断创新载体和方法,以画册、文学作品集、理论文集、书画摄影展、影像视频、文化活动等促进企业文化的落地生根。先后编印了《静水深流——员工文学作品集》《旗舰》员工书画摄影作品选、《静水深流——企业文化手册》《团队无价》《静水深流——企业文化故事集》等系列丛书。举办

“践行静水深流、共话科学发展”主题演讲比赛、“静水深流乒乓球赛”“静水深流员工书画摄影作品展”等多项冠名“静水深流”的文体文化活动。2014年,拍摄制作了企业成长纪录片和宣传片,创作录制了《中电之歌》《光明情 蓝天梦》两首企业歌曲,开展了企业成长报告巡讲活动,通过这些活动,系统员工对企业文化和核心价值观的特质内涵的领会,对企业的认同感、归属感和使命感得到强化和提升,传承光明事业,致力碧水蓝天,坚定发展信心,续写新辉煌的工作激情也进一步迸发。

此外,中电国际通过企业官方杂志、网站、微博、微信等宣传平台,积极营造良好舆论氛围,凝聚推动企业和谐发展的正能量。各基层单位充分利用宣传展板、企业文化手册、报刊、资料汇编、图片、标语等对“静水深流”文化进行宣贯。旗下中电新能源、平圩、姚孟等单位还建立了企业文化展室,全面记录企业发展历史,传承企业精神,弘扬企业文化。

文化兴业——创新实践,打造品牌

中电国际深入践行“责任,诚信,智慧,价值”核心价值观,以“四个合一”的意境追求,充分发挥企业文化的引领、激励、推动作用,有力促进了企业的绿色、和谐、稳健、可持续发展。

天人合一,文化引领绿色发展。中电国际坚持“碧水蓝天”的绿色发展理念,以“奉献绿色能源,服务社会公众”为己任,坚持传统能源高效清洁利用和大力发展清洁能源“双轮驱动”,优化发展布局,已由当初单一火电发展成为水、火、新能源并举的格局。

——实施“上大压小”,推动传统能源的优化升级。过去10年,中电国际在全国率先实施“上大压小”,累计关停小火电机组14台共计210万千瓦,新建60万千瓦级机组16台,3台百万千瓦机组已经投入运营。累计投入环保改造资金51亿元,减排二氧化碳1 931万吨,二氧化硫118万吨,氮氧化物46万吨,烟尘29万吨;机组供电煤耗下降近50克/千瓦时,累计节约标煤232万吨。

——倡导引领新能源。2006年底创立中电新能源,成为五大发电集团第一个在香港上市的专业化新能源开发公司,开创了国内电力新能源市场化运作的先河;在国内率先开创了新能源与智能电网结合的创新产业模式。截至2014年年底,中电新能源累计完成发电量244亿千瓦时,与传统燃煤电厂相比,相当于节约燃煤1 366万吨,二氧化碳减排2 434多万吨,企业荣获2014年度“杰出环保上市公司”。

义利合一,文化铸造良好品牌。中电国际切实履行企业的社会责任,积极参与社会公益事业,奉献慈善大爱,在行业内和社会上树立了企业良好的品牌形象。

——履行社会责任,彰显大爱情怀。圆满完成奥运保电、世博保电、抗冰保电、抗震救灾等多项重大任务。热心公益慈善,奉献企业大爱,联合有关组织成立李硕勋教育基金会、北京扶助贫困儿童就医健康基金会,先后资助品学兼优、家庭困难的学生和优秀教师数百人。中电国际被授予“慈善先锋企业”称号。

——创建和谐企业,助力社会稳定。中电国际通过“上大压小”、滚动发展,使老企业脱胎换骨,新厂朝气蓬勃,骨干企业欣欣向荣,员工的幸福指数也不断提升。公司系统建立特重病救助基金,在系统内实施“特重病”救助1 500多次。即使在经营最困难的情况下,也没有将一名员工推向社会,为社会和谐稳定做出了积极贡献。

人企合一,文化凝聚团队合力。中电国际坚持“人才强企,团队无价”的理念,培养高素质人才,打造精干团队。

——加强培训,提升员工素质。在为国家电力事业培养高质量、复合型人才工作中,建立了4个培训基地、4个国家职业技能鉴定站,培养技师、高级技师2 900多人。在全国和电力行业以及集团公司举办的技能竞赛中,有158个团体或个人获得优异成绩,多名员工荣获全国五一劳动奖章和中央企业技术能手。

——严格程序,选好用好人才。自2006年起率先在集团公司范围内实施本部全员竞聘上岗、领导干部市场化公开选聘,竞聘上岗逐步常态化、规范化。注重不同区域之间、本部和基层单位之间的干部交流,实现了管理理念和工作方法的对接互补,提升队伍整体水平。

知行合一,文化融合管理创新。中电国际注重将企业文化融入企业生产经营管理全过程，创新引入国际先进管理方法和现代管理手段，为企业的品牌形象添砖加瓦。

——企业管治协调有效。按照现代企业制度和监管规则，建立以“法人治理、企业管理、系统管控”三位一体、有机统一的“企业管治体系”；推进以“体制、机制、制度、企业文化”三制一化为主要内容的管理创新；构建以董事会为核心的法人治理结构，形成结构合理、管理专业、运转协调有效的一体化管控模式，做到治理完善、管理规范、管控得力。截至 2015 年 6 月底，中电国际累计境外融资 230 亿元，境外融资占比约 20.0%，成为第一家在美国发行美元商业票据的中国电力企业；中国电力纳入摩根士丹利国际资本指数(MSCI 指数)，成为中国指数成分股。

——生产运营和检修管理水平不断提升。机组多项技术经济指标位居集团公司前列，在各类全国大机组竞赛中，创造多项长周期运行纪录，取得数十个金牌机组、状元机组和标杆机组等全国荣誉。借鉴核电先进的运行检修理念和管理模式，在国内率先开展火电检修监理，监理足迹已经遍布国内 20 多个省市自治区近百个电厂。

——品牌文化有效传播。每年通过全国两会、博鳌论坛等重大活动，积极做好企业的对外宣传。公司高层领导利用中外企业文化 2008 南宁峰会、2011 北京峰会、上海文化品鉴促进会成立暨经济文化论坛等多次重要会议和活动，积极传播“静水深流”文化理念，企业文化的美誉度和品牌影响力得到不断提升。

综上所述，中电国际“静水深流”企业文化具有鲜明的六大特色，是注重实绩的人才文化，共进共创的团队文化，转识成智的创新文化，制度规范的约束文化，绩效导向的激励文化，和谐发展的兴业文化，推动公司经营业绩年年保持良好水平。2015 年上半年，中电国际无论资产结构、财务状况、经营业绩都达到历史最高水平，盈利继续保持强劲增长，装机规模突破 2 700 万千瓦，其中清洁能源 764 万千瓦，煤电单机容量达 55.2 万千瓦。在实现国有资产保值增值的同时，企业精神文明建设也硕果累累，先后获得“全国文明诚信示范单位”“全国文明单位”“全国电力行业思想政治工作先进单位”等多项荣誉称号。旗下姚孟、平圩、常熟等多家企业荣获全国五一劳动奖状。

目前，中电国际正在国家电投的正确领导下，面向未来，传承创新，按照新的发展定位，继续探索和实践企业文化建设新思路、新方法，引领企业新发展，不断提升品牌形象，持续增强企业发展的软实力。

（撰稿：谢仕儒　杨　庆）

坚持创新驱动　践行高科技央企转型发展之路

大唐电信科技产业集团

大唐电信科技产业集团（即电信科学技术研究院，简称“大唐电信集团”）是一家专门从事电子信息系统装备开发、生产和销售的大型高科技中央企业，目前已形成无线移动通信、集成电路设计与制造、战略性新兴产业及产业金融等产业板块。作为我国无线移动通信自主创新的主力军和践行创新型国家战略的典范，大唐电信集团坚持创新驱动，先后主导提出 TD－SCDMA（3G）和 TD－LTE－Advanced（4G）国际标准，推动 TD 成功实现产业化与规模商用，参与主导我国的 5G 核心技术标准研发工作，全力推动我国移动通信产业结构升级与国际竞争力的提升，探索并成功实践“正向系统创新”的高科技中央企业转型发展模式，为我国社会经济持续健康转型发展做出重要贡献。

一、坚持创新驱动，引领信息通信产业快速发展

大唐电信集团积极发挥中央企业带动作用，以系统标准为引领，打通移动通信和集成电路产业链，

拥有国内无线移动通信和集成电路领域最雄厚的科研开发和技术创新实力，大幅提升我国在该领域的国际竞争力。

（一）持续引领国际标准竞争，TD 产业发展取得阶段性成果

大唐电信集团坚持创新驱动，主导 3G TD－SCDMA 和 4G TD－LTE－A 国际标准竞争，打破国外技术垄断，取得我国电信史“零”的突破，实现了我国对全球移动通信标准从追赶到引领的创新；历史性打造形成以我国本土企业为主体的，从芯片、仪表、系统到终端的完整民族移动通信产业链，彻底改变我国移动通信产业和全球市场格局。大唐电信集团为 TD－SCDMA 市场主流的设备供应商之一，掌握 TD－LTE 技术、专利、标准和核心设备最完整的厂家。另外，大唐电信集团依托自身技术优势，成功攻克高端仪器仪表技术难关，填补我国高端通信仪表空白，首次实现高端仪表对外出口，其中 TD－SCDMA 一致性测试仪表市场占有率达到 100%。

在国务院的统一部署下，2013 年 12 月 4 日，工业和信息化部正式向我国三家电信运营商同时发放三张 4G TD－LTE 牌照。此举充分体现出党中央、国务院，我国电信运营业、我国通信制造业对 TDD 技术快速健康发展的信心和决心，奠定了未来 10 年我国移动通信产业持续创新与产业转型发展的基础，是加快推动我国实现从“通信大国”向“通信强国”根本性转变的关键一步，是促进信息消费服务国民经济持续健康发展的重大举措，是更好地保障国家信息安全的重要措施，必将带动我国移动通信产业全面步入基于自主创新产业发展的新时代！

大唐电信集团积极推动 TD 产业化和规模商用，2013 年 1 月“TD－SCDMA 关键工程技术研究及产业化应用”荣获国家科学技术进步一等奖。目前，TD 产业蓬勃发展，成绩斐然，4G TD－LTE 国内“三分天下有其二”，国际“三分天下有其一”的目标超额实现。截至 2015 年 6 月底，我国 TD－LTE 用户占国内 4G 用户 80.0% 以上，全球 TD－LTE 用户数超过 2.62 亿户，占全球 4G 用户比重 30.0% 以上。

2006 年以来，大唐电信集团走出了一条科研院所转型发展成为现代化高科技中央企业的新路子，推动实现我国从第一代、第二代移动通信完全依赖进口，到第三代移动通信奋力追赶，再到第四代移动通信实现与国际并驾齐驱的重大跨越，成功确立了我国在全球移动通信 3G 和 4G 国际标准竞争中的地位，成功实现自主创新的 3G TD－SCDMA 标准的产业化和市场化，有力推动实现 4G TD－LTE 的产业化，真正使得无线移动通信成为我国少数几个具有国际竞争力和行业话语权的工业领域之一！

（二）集成电路设计与制造协同发展，产业链整体竞争力显著提升

伴随着无线移动通信领域的快速发展，大唐电信集团作为我国高端集成电路的中坚力量，在集成电路设计和制造方面取得了显著成果。

1. 集成电路设计方面。大唐电信集团布局高端集成电路设计环节，实现我国移动通信芯片从“无芯”到“有芯”关键突破。成为国际领先的 TD－SCDMA 终端解决方案提供商和终端基带芯片供应商。TD 终端芯片累计出货量处于市场前列，市场份额超过 30.0%，为我国基于 TD－SCDMA 的 3G 成功商用贡献了重要力量。目前，面向 4G 商用，大唐电信集团将努力实现从“有芯”到“强芯”的转型升级，开发基于 28 纳米的 TD－LTE 终端芯片及解决方案。此外，大唐电信集团以安全芯片为核心，是国内生产规模最大、产业链最完整、设备最先进的智能卡芯片提供商，年发行能力超过 2 亿张，二代身份证、社保卡芯片的市场占有率均超过 25.0%。大唐电信集团是国内首家在金融 IC 卡领域完成国际 EMVco 芯片安全体系认证的企业，积极推进金融 IC 卡和移动支付芯片的研发和产业化进程。

2. 集成电路制造方面。2008 年，大唐电信集团战略入资中国大陆规模最大、工艺最为先进的集成电路制造企业——中芯国际，成为其第一大股东，打通了集成电路和无线移动通信产业链，实现对集成电路关键环节“自主可控、为我所用”。通过改善公司治理、促进产业互动等举措，推动中芯国际健康发展，成为我国本土唯一一家具有 40 纳米高端工艺制程和 12 英寸晶圆大规模成熟生产能力的集成电路制造企业，并为本土设计企业提供未来一系列产品演进的持续配套工艺和产能支撑能力。目前，中芯国际已具备 28 纳米高端工艺制程能力。中芯国际的发展有力地带动了我国集成电路装备制造业和设计业的快速发展，公司中国大陆 IC 设计客户收入占比显著提升。

二、成功实践“正向系统创新”模式，走出高科技央企科学发展新路子

从 2007 年起，大唐电信集团提出依托 TD－SCDMA 核心技术优势，积极探索 TD－SCDMA 产业化的有效途径，在科学把握高科技成果转化一般规律的基础上，通过实现与之相匹配的战略管理、资源配置、运营管理、产业协调、市场营销、队伍建设及文化变革等一系列的改革创新工作，大力实践“正向系统创新”模式。

“正向系统创新”模式，主要是指正向确定技术持续演进发展路线，依靠自主技术积累构建核心技术链，从核心技术、标准等技术链高端环节出发，构建完整产业链，最终形成产业主导权和竞争力的一种创新模式，具有“技术的原创性及高端性”“创新的协同性”“产业链完备性”等突出特点。相较于以技术引进为特征的“逆向系统创新”模式，“正向系统创新”发展有利于规避由于我国人力、土地成本上升带来的资本外流风险，也有利于克服企业因缺乏核心技术，造成产品升级难以为继的发展困境。正向系统创新的成功需要具备一些基本条件，正向系统创新要素罗盘如下图。

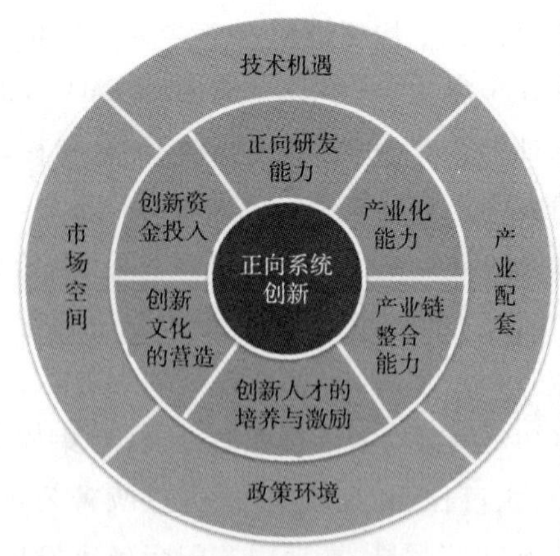

图　正向系统创新要素罗盘

大唐电信集团通过“正向系统创新”实践，成功推动 TD－SCDMA 产业化和大规模商用，使我国无线移动通信成为少数几个具有国际竞争力和行业话语权的高科技领域之一，开创了我国战略性高科技企业引领全球发展的新模式。对于我国其他重大战略领域创新具有重要借鉴意义。

三、践行“五化”道路，发挥产学研用协同创新优势

（一）践行“五化”发展道路，推动专利价值管理，保障技术标准产业化

大唐电信集团践行“技术专利化、专利标准化、标准产业化、产业市场化、市场国际化”的发展路线，实施知识产权战略，围绕标准、技术和产品进行了周密的知识产权布局。“十一五”以来，大唐电信集团科研投入占销售收入比重持续多年超过 10.0%。截至 2014 年，已在全球累计申请专利超过 2 万件，专利覆盖中、美、日及欧洲国家等 13 个国家，2013 年度 PCT 专利申请公开量位居世界百强，是全球 3G 和 4G 标准重要专利权人。2012 年，大唐电信集团选送的专利项目获得中国专利最高奖项——第十四届中国专利金奖。

（二）构建以企业为主导、市场为导向、产学研用相结合的高效协同技术创新体系

以企业为主导、市场为导向、产学研用相结合的技术创新体系，是实现持续技术创新、促进产业转型升级、获取市场竞争优势的基础和保障。以企业为主导，强调企业在构建技术创新体系全过程中的核心骨干作用；以市场为导向，强调构建技术创新体系出发点和落脚点最终要面向市场，服务市场，满足市场。其中，“学”和“研”是构建体系的基础，“产”是实现技术转化的关键，“用”是形成体系的核心，只有通过应用，才能最终打通从产业到市场的关键环节。

（三）弘扬“大唐电信精神”，汇聚改革发展正能量

2014 年 5 月 27 日，国务委员王勇莅临大唐电信集团调研指导，高度赞扬了特别能拼搏、特别能创新、特别能吃苦、特别能战斗、特别能攀登的“大唐电信精神”。自主创新是大唐的基因，勇于担当是大唐的灵魂，知行合一是大唐的不懈追求，科技自信是大唐的力量源泉。“大唐电信精神”是引领

大唐人立足自主创新、勇攀世界高峰，引领产业革命、保障信息安全，勇担国家责任、科技报国托起电信强国梦的新时代央企形象的现实需要。通过深入挖掘、系统宣贯和全面弘扬“大唐电信精神”，充分激发和调动全体大唐人的积极性、主动性和创造性，勇于担当、迎难而上，推动大唐电信集团实现快速健康发展。

面向未来，大唐电信集团将牢牢把握战略机遇，坚持自主创新，全面深化改革，积极发挥技术创新与产业综合布局优势，持续引领技术演进路径，指引产业未来发展方向，努力在我国信息通信领域内打造一家具有自主知识产权和国际竞争力的大型高科技中央企业，成为我国新一轮产业转型发展的排头兵，为电信强国梦贡献力量！

用一流文化铸造“核电粮仓”的“精神引擎”

中核建中核燃料元件有限公司总经理　丁建波

中核建中核燃料元件有限公司是中国核工业集团公司所属的集生产、科研和国内外贸易为一体的大型骨干企业，是我国最大的压水堆核电燃料组件生产基地。始建于1965年。公司现已发展成为以核电燃料元件制造为主导产业，香料、金属锂、锂电池为非核主要民品的军民结合型国有大型企业。2014年，公司压水堆核燃料元件生产能力达到了年产800吨铀，跻身世界前列，可满足30多座百万千瓦级压水堆核电站的换料需求。截至目前，公司已为秦山一期、秦山二期、大亚湾、岭澳、田湾、红沿河、宁德、阳江、福清、方家山和巴基斯坦恰希玛等国内外多座核电站生产了10 000多组高质量的核燃料组件，为核电站的安全、稳定、经济运行做出了重要贡献，被业界誉为“核电粮仓”。继2012年度以来，公司连续3年荣获中核集团公司“业绩突出贡献奖”。2014年公司名列四川企业100强第64名，四川制造企业100强第30名。

企业文化是推动中核建中公司发展背后的一股持之以恒的力量。在50年的发展历程中，中核建中公司在传承优秀文化的基础上，通过多年不断丰富、发展和创新，形成了底蕴深厚和内涵广博的企业文化，这种先进文化深深地熔铸在企业的生命力、凝聚力和创造力之中，成为引领员工朝着建成国际一流核燃料元件制造基地共同愿景前进的强大“精神引擎”，为推进公司做大做强、筑造“核电粮仓”发挥了重要作用。

一、中核建中企业文化体系

中核建中公司在挖掘传统文化的基础上，结合企业生产实际、行业特点、用户需求和员工诉求，提炼出“国家为重、用户为先、员工为本”的核心价值观，并构建起以内层（核心价值观）、中层（企业制度文化、行为文化）、表层（视觉识别系统）三个层面为框架的企业文化体系。

1. 从精神文化层面看，形成了以理念识别系统为核心的建中文化体系。中核建中公司总结提炼、精心设计了以9个基础理念为核心的理念体系并扩展到应用理念体系和延伸理念体系，组成了完整的企业文化理念体系以及相对完善的核安全文化和质量文化这两大子文化体系。

企业核心价值观：国家为重、用户为先、员工为本；

企业精神：敬业报国、求精创新；

企业使命：铸国之利器、筑核电粮仓；

企业目标：建成国际一流核燃料元件制造基地；

企业发展理念：创新驱动、文化引领、人才强企、品牌制胜；

企业工作理念：一切求更好；

发展思路：高举国防军工旗帜，做大做强核品支柱，做精做优军品基地，推进三项改革（非核民品改革、社会职能改革和企业内部改革），提升四种能力

（管理能力、创新能力、竞争能力、发展能力）；

生产经营方针：以确保安全为前提，以强化质量为生命，以改革创新为动力，以成本管控为中心；

企业形象用语：核电粮仓。

核心价值观的确定为中核建中公司企业文化建设总体目标指明了方向。有了共享的核心价值观，企业文化获得了强盛的生命力，企业文化的策划也得以有条不紊地展开。

2. 从制度文化层面看，编制了公司企业文化体系的主要载体——《中核建中企业文化管理手册》。《管理手册》为系列读本，包括《企业理念识别系统管理手册》《企业行为识别系统管理手册》（员工行为规范）、《视觉形象识别系统管理手册》三册印刷读本。中核建中公司新编制了《管理制度大全》《管理手册》《员工手册》以及《6S 管理》等各项管理制度，搭建起企业文化建设工作制度框架，并逐步实现制度流程化。公司完善的制度体系，涵盖公司生产、经营、科研、技改、管理等方方面面的工作，并且制度一直在不断升级改版。公司建立大量程序性文件，进一步规范了公司生产经营活动中的行为原则、行为标准和行为模式。

3. 从物质文化层面看，形成了规范、统一的视觉形象。在遵循中核集团公司统一要求的基础上，中核建中公司制定并发布公司 VI 手册。从细节和表象入手，把中核建中（CJNF）的标示规范统一地融入到公司各形象载体中去，统一冠名、统一名片、统一桌签、统一门牌、统一奖牌证书、统一纸杯、统一 PPT 模板等。同时，公司为员工量身制作了工作服。员工在工作时间、工作场所一律按要求统一着装。通过加强企业视觉识别系统建设，进一步强化了公司规范、统一的视觉形象，推进了公司企业文化建设。

二、中核建中企业文化建设主要做法

（一）健全组织，上下同欲，建塑企业文化体系

1. 领导重视，文化立企。为确保企业文化建设工作长效开展，中核建中公司建立企业文化建设领导小组，党政主要领导亲自挂帅担任组长、副组长，其他公司领导、职能部门主要负责人作为成员。领导小组下设办公室，具体负责文化建设工作，形成了党政齐抓共管、党委工作部门组织协调、相关部门分头承办、员工积极支持参与的工作架构和运行机制。公司将企业文化建设纳入企业发展战略，列入企业重要议事日程，与其他工作同部署、同落实、同检查、同考核、同奖惩，有序推进企业文化建设各项工作。

2. 全员参与，凝练精华。为大力营造具有中核建中特色的企业文化，公司广泛开展企业文化理念征集和提炼活动，全面征集企业文化理念的宣传表述用语，使员工共同参与到企业文化的创新实践中。通过对发展过程中形成的特色文化总结，借鉴新的优秀文化因子，形成了涵盖建中的核心价值观、企业精神、企业使命、企业目标、企业发展理念、企业工作理念、企业形象用语和员工行为规范等内容的具有建中特色的企业文化体系。新的企业文化理念表述更加符合公司发展需要、更加富有特色、科学精准。

3. 建塑体系，长效执行。在整合、提炼企业文化理念、内涵的基础上，中核建中公司将 2014 年作为公司企业文化提高年，制订《公司企业文化建设发展规划》等中长期规划以及年度计划，指导各阶段以及年度企业文化建设，明确各部门、员工的职责和任务。实现重点攻关，进一步总结梳理公司近年来企业文化建设的有益经验；重点完善资金保障机制，统筹安排活动开展和设施建设支出，纳入财务整体预算；同时建立完善企业文化建设责任考评机制。从战略规划、推广与实施、目标与指标考评等环节全过程管理，形成了有计划、有实施、有检查、有改进的 PDCA 良性循环，实现持续改进并不断提升。

（二）突出重点，精心培育，深化特色文化建设

1. 坚持以军工文化为灵魂，弘扬企业核心价值观。中核建中公司坚持和弘扬“国家利益至上”的军工文化核心价值观，激发了干部员工“奉献核工业”的事业心和使命感。广大干部员工以强烈的使命感、责任感，积极投身到生产任务中去，加班加点，无私奉献，促进了生产任务各节点工作按计划圆满完成。

2. 坚持以保密文化为重点，做国家秘密的守护者。中核建中公司通过举办国家安全形势教育培训、员工保密知识培训、知识竞赛等，不断强化员工的保密意识。公司全员严守国家秘密、商业秘密，为

保密工作提供了有力支撑。2013年,公司顺利通过国家一级保密资格认证和复查工作。

3. 坚持以质量文化为根本,塑造企业高品质形象。在生产中,广大员工自觉树立"严、慎、细、实"的工作作风,按照"三严格、三确保"工作方针,始终坚持以质量和标准为中心,一切按程序办,严格对各个质量控制环节的监控,按时保质保量交付产品,得到了通报表扬。

4. 坚持以安全文化为保障,努力做负责任的企业。中核建中公司开展新的"核安全理念"征集活动,完成《中核建中核安全文化手册》的设计、编制与发行工作。该手册对公司核安全文化进行全面阐述,形成了"核安全至高无上"的核心安全理念为指导的安全文化。2013年,公司通过国家安全生产标准化生产一级企业的现场审核。

5. 坚持以管理文化为动力,不断提升公司执行力。中核建中公司通过开展管理提升活动,积极推进精益管理、6S管理,逐步实现管理规范化、沟通信息化、生产产业化、现场目视化、管理人本化,提高了工作效率和生产专业化水平。

(三)大力宣贯,形式多样,传播企业文化理念

1. 广泛宣贯理念,文化深入人心。中核建中公司企业文化管理手册发行后,公司迅速组织制订专项计划,在全体员工中开展了学习、宣贯文化手册系列活动,举办骨干培训班;将企业文化理念等有关内容列入中心组学习及员工政治学习计划,要求人人学习、人人熟知,并积极发动员工撰写学后感。为增强学习宣传的感染力,公司在厂区主要通道、走廊、生产现场、员工餐厅等处悬挂展板、图版等,积极营造企业文化氛围,使建中的文化理念在员工中广为人知、入脑入心。同时,充分发挥公司互联网、局域网、《中核建中》报、广播、电视新闻、橱窗、黑板报等各种宣传媒体、宣传平台的作用,大力宣传各类先进典型,引领广大干部员工自觉践行核心价值观。

2. 坚持载体创新,活动有声有色。中核建中公司党团活动寓教于乐,丰富了企业文化建设载体。开展以"热爱军工、建设军工、奉献军工"为主题的核军工文化暨劳模座谈会和以弘扬军工精神为主题的"传承历史　追逐梦想"报告会;围绕生产经营组织劳动竞赛、岗位标兵评比、技能大赛,在全体党员干部员工中开展"强素质、多贡献"读书活动,编辑出版了《走向卓越——公司员工读书感言汇编》;举办"建中之声"文艺汇演、激情广场大家唱、"中核梦　建中梦　我的梦——青年文化节"以及篮球、排球、足球赛等寓教于乐、健康向上的文化体育活动,极大地丰富了企业文化的内涵和形式,充分展示文化理念、核心价值观,在丰富业余生活的同时强化对企业文化的认同。

三、中核建中企业文化建设效果

近年来,在先进文化力的影响下,中核建中公司的凝聚力、向心力、战斗力得到显著增强,知名度、美誉度和社会影响力得到大幅提升,生产经营屡创佳绩,硕果累累。公司核燃料元件生产能力从2001年的200吨铀/年发展到2008年400吨铀/年,再到2013年年底800吨铀/年,公司核燃料元件制造产业不断发展壮大。公司工业总产值从2009年的26.6亿元增加到2014年60亿元,净利润从2009年的0.2亿元增加到2014年的2.8亿元,实现了国有资产保值增值。公司核燃料组件产量从2009年的581组增加到2014年的1 405组,燃料组件无一因制造原因出现破损,得到用户高度评价。

当前,在中国经济加快转型升级适应新常态的关键时期,中核建中公司将牢牢把握战略发展机遇,在推进"一带一路"、核电"走出去"的伟大战略中,继承和弘扬军工企业优良传统,发扬"四个一切"核工业精神,建设具有鲜明时代特征、蕴含公司独特魅力的企业文化,将文化力转化为现实的生产力,锻造企业竞争新优势,为铸"国之重器",为中国发展"强筋壮骨"做出新的贡献。

“互联网+”重塑银行业未来新格局

北京银行董事长　闫冰竹

2015年的政府工作报告，提出实施“互联网+”行动计划，标志着互联网开始跳出行业范畴，正式上升为国家战略，成为推动中国经济转型升级的一大新引擎，对整个经济社会都产生着重大而深远的影响。聚焦到金融领域，“互联网+金融”碰撞出近年来迅速崛起的互联网金融，深刻影响重塑着商业银行格局。“互联网+”犹如一座蕴含巨大能量的宝藏，等待着广大商业银行发掘和挖潜。

一、“互联网+”点燃创新发展新引擎

“互联网+”是互联网理念的“升级版”，强化互联网与经济社会各领域的深度融合。通过互联网创新因子，将“裂变式”地激活经济社会发展的深层活力，增强经济发展的新动力，促进经济社会提质增效。

(一)“互联网+”开启创新创业的新时代

20世纪中期，“互联网”横空出世，降临在人类发明创造的舞台上。众多学者认为，这是一项可以与蒸汽机相提并论的伟大发明，将其定义为第三次工业革命的一部分。互联网在短短几十年的市场经历中创造了人类经济史上一场影响全球的波澜，不可阻挡地涌动起新的浪潮，渐次解构和重塑着工业革命缔造和维系了上百年的现代文明和市场秩序，互联网的能量开始作用到生产生活的各个方面。与此同时，我国也培育兴起了一批本土互联网公司，发展成为世界互联网大国。凭借着“开放、平等、协作、分享”的互联网精神，把握“免费、共享、极致、跨界”的核心理念，互联网为未来提供了无限可能，激发了亿万群众尤其是青年人创新创业的热情，开启了“大众创业、万众创新”的新时代。

(二)“互联网+”催生转型升级的新业态

“互联网+”代表的是一种新的经济形态，是与传统产业的融合与应用，将产生“1+1>2”的化学反应。当前，互联网与传统产业正在加速融合，催生效益更高、质量更好的新生态。在广度上，互联网最初渗透到第三产业，现在逐步开始向第一产业和第二产业渗透，形成了农业互联网、工业互联网、互联网金融、互联网医疗等新业态、新模式，重构了经济社会的商业生态，释放巨大发展潜力。在深度上，互联网将打破信息不对称、减少中间环节，整合并优化整体资源，提高资源使用效率，提升劳动生产率。“互联网+”的形成过程就是传统产业转型升级的过程，推动我国经济社会向更高层次、更高水平迈进。

(三)“互联网+”构建充满活力的新金融

金融业的发展历来与科技创新齐头并进。可以说，金融成就科技创新，科技创新再造新金融，两者相互激荡。在“互联网+”时代下，金融与互联网碰撞出“互联网金融”，释放出巨大金融能量。一方面，互联网企业通过第三方支付、网络理财、P2P等互联网金融产品激发整体金融活力；另一方面，金融机构持续进行“+互联网”的转型，两者殊途同归，共同推动“互联网+金融”发展。“互联网+金融”将进一步丰富现有金融体系，有效提升金融资源的配置效率，深入推动普惠金融发展，加速我国金融体系由垄断走向竞争、由单一走向多元、由封闭走向开放，推动构建起多种形式并存、开放竞争、功能互补的充满活力的现代金融体系。

二、“互联网+”再造商业银行新模式

“互联网+”时代下，作为与实体经济紧密相关的银行业，率先受到“互联网+”作用与影响。互联网由外而内渗透到商业银行各个环节，加速商业银行模式转型升级。

（一）互联网＋渠道：构筑线上线下立体化网络

互联网的出现打破了时空局限，使得金融服务不受地域限制、网点限制、规模限制，有了“无限扩展”的可能。商业银行的网点面临着新时代下被重新定位的转型。商业银行要通过互联网技术，持续提升网点智能化水平，实现物理网点到智能网点的全面升级，锻造“互联网＋”时代下的线下优势。此外，商业银行还应主动构建或合作共建“互联网＋”时代下的线上平台，进一步掌握提供金融服务的主动权和前端话语权。通过线上线下的创新融合，真正实现把强大的落地服务与高效的线上服务完美结合，打造“双轮驱动”的服务模式，创造出更大的活力和更广阔的空间。

（二）互联网＋产品：明确需求导向的创新路径

产品是竞争的基石，是嫁接商业银行与客户的桥梁纽带。传统模式下，商业银行更多依靠渠道营销和拓展。“互联网＋”时代下，信息的全面互联互通，引发了客户对跨越时间、跨越金额、跨越业态的金融需求的无限想象力，金融产品日趋多元化、个性化、定制化。金融是市场的血液、经济的灵魂，不可能游离这样的时代而独立发展，必须顺应时代需求，明确需求导向的创新路径，才能在琳琅满目的金融产品中脱颖而出、真正赢得客户。需求导向是创新的直接动力，也是创新的活力所在，要求敏锐捕捉、积极响应客户的潜在需求、个性化需求，持续地创新和改进产品。

（三）互联网＋服务：创造极致便捷的客户体验

服务是商业银行的天职和本质特征。服务的好坏，影响着商业银行的客户关系质量。随着金融改革深入推进，市场竞争日益激烈，商业银行通过持续提升服务能力和水平，锻造了优质的服务品质，成为现代服务业的重要缩影。但是在“互联网＋”时代下，服务的内涵发生了深刻变化，服务的选择更加多式多样，服务的方式更加立体多元，服务的体验更加极致便捷。商业银行一对一的贴心服务，很难再赢得客户青睐，因此需要深植深化互联网思维，秉承“客户至上、极致体验”的服务理念，为客户提供更加人性化、友好型、智能化的服务，让客户收获更多的满意和惊喜。通过创造极致服务的客户体验，持续增强客户黏着度，夯实商业客户基础。

（四）互联网＋组织：形成高效扁平的管理架构

目前，商业银行组织架构多数属于总分支垂直联动架构。“互联网＋”时代下，商业银行面对瞬息万变的市场格局和稍纵即逝的市场机遇，如何灵活适应外部市场环境的变化，传统的组织架构难以为继，需构建能高效响应客户需求、及时提供解决方案的组织架构。因此，商业银行需要以市场化和集约化思维推进组织架构变革，强化板块之间的资源整合，提高运营效率，增强战略执行力和市场响应能力。一是加快实施前中后台适度分离，实现“部门银行”向“流程银行”的转变。二是打破机构层级过多、管理链条过长的现状，最大限度地压缩管理层级，减少中间环节，提高管理效率。三是强化资源整合和后台共享，将分散在各条线的产品服务有效整合，增强横向资源的配合协同。

（五）互联网＋机制：打造数据驱动的运营模式

商业银行互联网化过程的核心是数据化。所有的经营行为、管理行为都被以数据形式记录下来，形成“大数据”。通过数据化，能够实现一切业务都可以被分析。一方面，管理模式可实现从“经验依赖”到“数据依据”的转化。商业银行将在深入了解和把握银行自身乃至市场状况的基础上，更加科学地评价经营业绩、评估业务风险、配置全行资源，引导银行业务科学健康发展。另一方面，营销模式可实现从“粗放营销”向“精准营销”的转化。商业银行将在综合分析客户行为数据的基础上，推荐更加符合客户喜好的个性化产品，提升客户消费频次。通过数据化，真正让“数据发声”、让“数据说话”，锻造支撑未来发展的“最强大脑”。

三、北京银行在“互联网＋”时代的实践与探索

随着互联网的蓬勃发展，北京银行积极抢抓互联网发展机遇，运用互联网思维、大数据思维，多方位探索金融与互联网的融合发展，开辟了“互联网＋”时代中小银行创新发展的新道路。

（一）打造国内一流的直销银行

北京银行依托与荷兰 ING 集团战略合作得天独厚的优势，于 2013 年率先推出国内首家直销银行，并设立独立业务条线——直销银行总部。结合我国客户结构和特点，北京银行进行了大量探索创新，目前已构建网站、手机、微信、电话“四位一体”的线上渠道，推出“惠存类、慧赚类、会贷类、汇付类”四大产品体系，并搭建起涵盖产品研发、营销策划、运营管理、客户体验、风险管理等条线的组织架构。同时，北京银行积极借鉴 ING 直销银行成功经验，深化双方合作层次，实现了人才、技术、知识等多方面的智力交流。北京银行直销银行以创新的思维方式、全新的服务理念，开辟出一种与同业截然不同的崭新模式，成为北京银行在“互联网＋”时代创新发展的新增长极，也为商业银行降低经营成本、赢得竞争优势、拓展差异空间探索出无限可能。

（二）加强与互联网的跨界合作

与互联网企业跨界合作，能更好地发挥商业银行的资源优势以及互联网企业的渠道优势和技术优势，促进商业银行产品和服务从量变到质变的提升。目前，北京银行已与国内三大互联网企业建立战略合作。一是与小米公司签署全面战略合作协议，双方在移动支付、便捷信贷、产品定制、渠道拓展等领域展开合作。二是与 360 公司签署全面战略合作协议，双方在协同防控金融互联网风险、病毒查杀、防止客户信息泄露等领域展开合作，助力我行直销银行构建国内领先的网络安全体系、打造权威安全等级的互联网金融服务平台。三是与腾讯公司签署全面战略合作协议，双方在银医项目、第三方支付、集团现金流量管理、零售金融等领域开展深入合作，并重点携手搭建“互联网＋京医通”的创新金融产品，成为“互联网＋医疗”的重要探索，助推首都民生建设和医疗卫生产业升级发展。北京银行通过与互联网企业的跨界合作，实现了产业间的交叉融合、优势互补、合作共赢，推动产业持续升级发展。

（三）推出全新体验的智慧网点

“互联网＋”时代，互联网元素全面渗透到生活的方方面面，北京银行以互联网思维重新审视线下网点渠道，推出了全新体验的智慧网点，为传统物理网点智能化升级开辟出一种全新的模式。一是推出国内首家“京彩 E 家”智能“轻”网点。全方位整合在线银行、网上银行、电话银行、手机银行、微信银行以及触屏设备、终端机具等全渠道设备，实现线上线下服务的无缝衔接，为客户提供覆盖存取转账、理财投资、贷款融资、生活缴费等全天候的金融服务。二是在中国最具活力的中关村地区，启动首家智能银行，功能设计领先同业，在业内开创了多个“第一”：首次引入个人征信自助查询机，首家研发引入远程柜员服务系统，首家推出小微预授信平台并提供远程专家在线服务，首次引入可远程在线审批的个人消费贷款平台，首家研发全线上个人贷款终端、信用卡积分现场兑礼，首家推出互动智能理财终端及自助理财多媒体终端。未来，北京银行将在全行积极复制推广智慧网点模式，推动零售网点转型发展。

（四）丰富立体多元的服务渠道

“互联网＋”时代，金融将伴随互联网的“长尾效应”，实现在生产生活中的自由流淌、无处不在、触手可得。北京银行积极开展线上线下布局，不断扩展多元服务渠道，最大限度地让金融惠及更多市场主体和群众百姓。目前，北京银行构建了涵盖网上银行、手机银行、电话银行、自助银行、微信银行、在线银行等多渠道、立体化的金融服务平台。比如，推出业内首家营销型网上银行——“在线银行”服务，更加突出营销能力、产品迭代和客户体验，实现销售环节和交易环节的无缝对接；推出官方“微信银行”，一站式提供客户服务、交易服务和营销服务，打造综合化移动金融服务平台，既有天然社交平台特性，又具备定制化金融特点。北京银行通过线上线下多元融合的服务渠道，持续加强服务体验、服务方式建设，为客户提供了无边际、内涵式的金融服务。

（五）夯实科技引领的发展支撑

科技是企业发展的不息引擎。北京银行在成立之初，就提出“科技兴行”战略。多年来，北京银行持续加大对金融信息化建设的投入，构建起“两地三中心”的科技发展格局，实现了由“科技兴行”到“科技强行”的战略转变。站在“互联网＋”的起点上，北京银行再次实施“科技引领”战略。一是大力推进核心业务系统升级改造和数据仓库项目，构建资源和数据一体化共享平台，不断提升信息数据处理能力、服务能力和决策支持能力。二是加快顺义研发中心建设，为激情拥抱“互联网＋”时代提供强大的科技支撑，持续提升“智慧增长”的新动力。

面向未来，金融与互联网的融合发展必将掀开金融史册崭新的一页，书写更加波澜壮阔的发展篇章。北京银行将积极拥抱“互联网＋”行动计划，打造更加高效、更加普惠的金融模式，为“大众创新、万众创业”注入更多金融活力！

国有投资业的发展三部曲：改革　创新与转型

——以国家开发投资公司为例

国家开发投资公司

在中国，有这样一个特殊的国有企业群体，它们不是以经营产品，而是以经营股权而存在。它们大多选择从实业开发入手，开展资本经营，实现国有资产保值增值，这个特殊的企业群体被称为国有投资业。回顾20年的发展历程，国有投资业走过了萌芽、成长、不断发展壮大的历程。中国投资协会国有投资委员会下的会员单位资产总额从成立之初的1 200亿元发展到如今的40 000多亿元，20年时间增长了30多倍；经营状况从当时的普遍亏损发展到现在一年盈利超过1 000亿元，实现了超过国有企业平均水平的增长业绩。国有投资业这个群体在国家经济建设中发挥了独特的作用，逐步从拾遗补缺的边缘区域走上了国民经济的中心舞台。

一、在改革中萌芽

我国的国有投资业诞生于国家投资体制改革。1988年，国家实施第一次投资体制改革，在中央层面成立了6大专业投资公司，负责政府的经营性基金运作。这次改革形成了具有法人地位、经营国家资产的投资主体。此后，各省(自治区、直辖市)及各部门也相继成立了约200家投资公司，地区一级政府成立了约150家投资公司，国有投资公司群体初步形成，这就是国有投资业的前身。

6家专业投资公司走的是基本建设的旧模式，既负责投资，又负责贷款和项目审批，出现了政企不分、权责不明的状况，无法完全满足市场化改革进程的需要。1994年，第二次投资体制改革实施，6家公司的债权资产被并入新组建的国家开发银行，另外组建人员精干的国家开发投资公司，管理原6家投资公司的部分股权资产。作为经营国家资本的法人化的投资主体，国家开发投资公司的出现，对于推行谁投资、谁受益、谁承担风险的投资指导原则具有重要意义。这年的11月，国家开发投资公司牵头联合地方国有投资公司组建中国投资协会，标志着国有投资业在中国正式诞生。中国投资协会成立时，全国国有投资公司已向重点项目投入资金约800亿元，总资产达1 000多亿元，成为国家经济建设的一直不可忽视的力量和政府调控经济的重要手段。

社会主义市场经济环境下，政府手里掌握的资源多，对于经济的影响大，但政府又不能直接去经营。国有投资公司成立后，始终牢记自己的特殊使命，将自身定位于既是政府投资主体，又是市场竞争主体，扮演了政府和市场之间的桥梁作用，赢得了生存和发展的空间：一方面，作为政府出资设立的政策性投资机构，国有投资公司可以有效贯彻政府意图，发挥国有经济在投资中的控制力、影响力和带动力，成为政府调控经济的灵活手段；另一方面，国有投资公司可以广泛运用市场化的机制和手段，化解投资规模膨胀、投资结构不合理、投资效益低下的弊端，提高国有投资的效益和运作水平。

二、在创新中成长

20 年来，国有投资公司紧紧围绕自身定位，始终将企业发展与国家需要保持一致，在投资导向、结构调整、资本经营的三大功能上创新发展模式，在国民经济中的作用和贡献度不断提升。

国有投资公司的投资具有很强的政策导向。为贯彻政策性投资取向，国有投资公司大多选择了从实业开发入手，围绕国家经济发展战略、产业政策和区域规划，对国家基础设施、基础产业、支柱产业和高新技术产业等项目，进行参控股投资，建设了一大批国家急需要发展的重点项目和重大工程。其中，国家开发投资公司在中西部、京津冀、海峡西岸经济区、北部湾等重点区域的投资资产达 4 000 亿元。建设项目包括国内唯一按照“全流域梯级滚动开发”模式建设的雅砻江水电，我国第一座数字化矿井刘庄煤矿，国家首批循环经济示范项目、国内最大的海水淡化基地，世界最大的硫酸钾基地，以及曹妃甸、京唐港、湄洲湾煤运码头，蒙华、蒙冀、新疆北翼通道等煤运大通道。除了自主性投资，国有投资公司还积极引导社会资金投向基础产业，通过组建有限责任公司和股份有限公司，形成包含国有、民营、外资、自然人的多元化投资主体，实施项目开发，聚合社会资源，有效发挥国有资本的杠杆效应。

结构调整是国有投资公司的主要功能。一方面，投资公司接收划转并入企业，在融合基础上明确战略定位和业务发展方向，推进国有经济布局的优化和战略性调整；同时，投资公司以战略为导向，根据企业内外环境的变化，不断优化投资组合。以国家开发投资公司的为例，该公司累计接受划转央企 5 家，完成 2 家中央企业的托管工作，有效化解了风险，使并入企业的战略融入公司总体战略；公司的业务从最初的多小散差向核心业务集中，确立起了基础产业、前瞻性战略性产业、金融业的实业为主、产融结合的业务架构；20 年来，国投实施有所为、有所不为的方针，大力收缩战线，采取市场化手段，通过专业化资产处置平台，累计退出非主业和低效无效资产 1 626 个，收回资金 157 亿元，投向国家需要重点发展的行业和区域。

资本经营是国有投资公司确立的经营目标。投资公司经营的产品是股权，只有实现资本经营，才能使国有资本在流动中增值，真正起到运用国家资本调控和影响社会资金的导向作用。为做好资本经营，国家开发投资公司在规范治理和严格管理上下功夫，避免投资项目中出现内部人控制和违法乱纪行为，并实现资本增值。1995 年，《公司法》一颁布，国投就在投资项目中推行现代企业制度。如今，国投投资的企业，没有一个是独资企业，全部进行了多元投资主体的改造，建立了比较规范的法人治理结构。在此基础上，国投大力推动法人治理结构的有效运作，强化董事会在公司治理中的核心作用，积累了丰富的董事会运作经验，培养了一批专业的董监事人才。国投以资本为纽带，建立了母公司、子公司、投资企业的管理架构，在项目建设上“不求最大、只求最好”，推进投资企业创建一流，建立了适应市场经济要求的决策机制、经营机制、激励和监督约束机制，为提升投资效益打下了制度基础。国投的资本经营还体现为增强股权流动性，公司的证券化比率逐步提升，已实现了电力资产的整体上市，成为市值第二大的水电公司，目前公司拥有 7 家上市公司，参股上市公司 20 家，管理的公司市值达 2 000 多亿元，资产证券率约 60.0%。

三、在转型中发展

当前，我国经济进入新常态，国资国企改革走向深入。在新的形势面前，国有投资公司迎来了新的发展机遇，纷纷提出了转型发展的新目标。

面对经济社会的新情况、新要求，国有投资公司在战略性新兴产业和社会公益事业方面积极布局，推动公司的业务转型。国家开发投资公司启动了转型发展战略，开始布局大健康、页岩气、生物质能源、城市水务、城市矿山等新兴领域，组建市场化投资主体，逐步培育新兴业务。

在新形势下，除了投资方向的转变，国有投资公司的投资方式也在转变，基金成为国有投资公司引导社会资金投向的新工具。国投在央企中最早设立国有非绝对控股的 PE 基金管理公司，探索发展股权投资。目前,中国高新作为国投的基金管理平台,拥有国投创新基金、海峡产业基金、扶贫开发基金等多家基金管理公司,投资覆盖节能环保、现代通信服务、先进制造、区域发展、产业扶贫等多个领域,基金投资规模达500亿元。比如,国投、北京排水集团、工商银行等5家机构共同发起设立首期100亿元水环境投资基金,该基金将优先投入北京市污水处理和再生水利用设施建设的3年行动计划。此外,国投高科作为中央财政新兴产业创投计划两家受托管理机构之一,管理了108只参股创投基金,共募集资金304亿元,这些基金按进度完成投资后,可扶持1 500家左右创新企业成长,投资领域涵盖信息技术、生物技术、新能源、节能环保等战略性新兴产业。国投高科对创投基金的管理,完全是靠市场化的管理机制,这为探索以管资本为主的国有资本管理模式积累了经验。

党的十八届三中全会提出改组组建国有资本投资运营公司,以管资本为主改革国资监管体制。国有投资公司较早施行现代企业制度,最早提出资本经营且运营效果显著,20年来的实践为管资本积累了宝贵的经验。国投从组建之初的亏损,一年后即扭亏为盈,规模效益持续增长,近12年年均利润增长率在27.0%左右,实现了国务院国资委业绩考核的11A,三个任期业绩考核A级。稳健经营体现了国有投资公司在企业制度和管理方面的优势,也为投资公司改组为国有资本投资运营公司,转型为国资平台打下了坚实基础。目前,国家开发投资公司被列为了国有资本投资公司改组的试点单位,各省的投资公司也大多承担了所属省市的国资国企改革平台的重任。

国有投资业的历史,是一部改革、创新、转型发展的历史。20年来,国家开发投资公司作为国有投资业的领头羊,与行业内企业一道,探索国有资本有进有退、合理有序流动的有效模式,通过企业战略与国家战略相结合,开展国有股权经营,加强相互交流和合作,组建协力发展基金,致力于推动经济改革与转型,发挥了增强国家宏观经济调控能力、促进国有经济布局和结构的战略性调整及国有资本保值增值的作用,也提升了国有资本管理的效率和水平,实现了行业的持续健康发展。国有投资业的20年,与整个国家的改革和转型密不可分。国有投资公司20年的探索,无论是经验还是教训,不论是所遇困难还是创新实践,都是我国经济转型、体制变迁的一个侧面,是政府与市场关系变革、政府投资体制改革、国有资本监管体制变革、国有企业改革等领域高度集成的一个缩影。

(撰稿:梁敬东)

以创新驱动为引领　以战略转型为目标 中国华融实现科学健康可持续发展

中国华融资产管理股份有限公司

中国华融资产管理股份有限公司成立于2012年9月28日,是经国务院批准,由财政部、中国人寿保险(集团)公司共同发起设立的国有大型非银行金融企业。中国华融前身为成立于1999年11月1日的中国华融资产管理公司,是中国四大金融资产管理公司之一。2009年以来,中国华融以创新为引领,坚持“听党的话,跟政府走,按市场规律办事”的经营理念,以“专业的资产经营管理者,优秀的综合金融服务商”为己任,按照“五年三步走”创新转型发展战略,加大市场化改革力度,推动中国华融由一家政策性不良资产处置机构,彻底转型为一家利润连年大幅增长、国有资产不断保值增值的大型国有金融控股集团。

一、经营业绩屡创新高,资产大幅保值增值

2012年中国华融实现净利润近69.9亿元,2013年

实现净利润100.9亿多元，2014年实现净利润130.3亿多元，净利润规模与净资产收益率均位居四大金融资产管理公司之首。截至2014年年末，中国华融总资产超过6 000亿元，保持中国最大的资产管理公司地位；净资产超过800亿元，国有资产大幅保值增值；集团年化ROE、ROA等各项指标优良稳定，符合监管要求。

二、发挥集团“一体两翼”战略优势，打好综合金融服务“组合拳”

目前，中国华融搭建起以总部为主体，以全国31家分公司和8家主要子公司为两翼的“一体两翼”的战略架构，已成为国有大型金融控股集团，可以打业务“组合拳”，对外提供资产管理、证券、信托、金融租赁、银行、基金、期货、投资等全牌照、多功能、一揽子综合金融服务。中国华融立足“专业的资产经营管理者，优秀的综合金融服务商”市场定位，以不良资产经营为基础，以综合金融服务为依托，建立“跨周期运营”的独特商业模式，实现“传统型向创新型业务、单一型向综合型业务、被动型向主动型业务、重资产型向轻资产型业务、国内型向国际型业务、利润最大化向价值最大化”转型，为客户提供多层次、全方位的金融服务。

三、成功引入境内外战略投资者，公司治理结构进一步完善

2014年8月，中国华融经国务院批准，在原有股东财政部、中国人寿的基础上，成功引进美国华平集团、中信证券国际、马来西亚国库、中金公司、中粮集团、复星国际、高盛集团等7家新的战略投资者，实现对混合所有制的有益探索，引战规模、战投数量、价格、释放股比创同业新高，引入战投资金145亿元，全面开启市场化、多元化、综合化、国际化转型发展新篇章，中国华融资本实力、治理能力进一步增强。

四、做强不良资产经营管理主业，充分发挥资产处置、资产经营、资产管理、财富管理、综合金融服务“五大功能”

中国华融创新“收购＋处置”“收购＋重组”“主业＋副业”“金融＋产业”等经营模式，将不良资产经营业务和包括证券、金融租赁、银行、期货等在内的金融服务业务有机结合，形成了华融特色系列化专业产品与服务，创新建立了横跨公司资本架构、纵跨企业生命周期的综合性产品服务体系。改变对政策性债转股企业股权“一卖了之”传统做法，注重资产价值的挖掘、重组和长线经营，成功推动一批重量级央企和优秀地方国企上市。

五、积极响应中央政策号召，紧贴国家发展战略，服务国家实体经济

一是积极落子布局，服务国家“一带一路”建设。中国华融凭借敏锐的政治和市场意识，以实际行动积极响应中央关于加快推进“一带一路”建设政策的号召。设立上海自贸试验区分公司、在深圳前海和宁夏银川搭建平台公司，成为推进中国华融国际化战略转型发展的重要新平台，为服务当地经济社会尽心尽责。二是实施全面战略合作，服务国家“京津冀一体化”建设。积极贯彻“京津冀协同发展”国家战略，切实推进与三地政府的战略合作。目前，中国华融已先后与北京市、天津市、河北省以及廊坊市、涿州市、北京市西城区政府等签署全面战略合作协议，进一步加强与三地各级政府的合作力度，拓宽合作领域、提升合作空间，共同为“京津冀协同发展”作出了积极的贡献。三是发挥“一体两翼”综合金融优势，服务国家“长江经济带”建设。长江经济带是中国华融布局最密集的区域，12家分公司和总部位于长沙的华融湘江银行、总部位于杭州的华融金融租赁、总部位于上海自贸区内的华融天泽，以及华融证券的30余家营业部遍布长江经济带内，共同为长江经济带沿线省市发展提供综合金融服务支持。

六、大客户战略成效显著，与客户建立新型战略合作伙伴关系

中国华融与包括北京、上海、天津、重庆等4家直辖市在内的15家省级政府，与中国工商银行、中国银行、交通银行等85家金融机构，与中国石化、招商局等91家大企业建立了“资源共享、优势互补、风险共担、

利益均沾、互惠双赢、合作发展”的战略合作伙伴关系。截至2014年年末,中国华融已与4 000多户客户建立了业务合作关系。合作领域遍及全国各地金融、地产、酒店、旅游、农业、中小企业、基础设施等产业和行业,有力支持了中国实体企业振兴发展。

七、坚持定点扶贫,倾情回报社会,央企社会责任不断彰显

中国华融的社会责任 = 多创利润 + 多缴利税 + 职工工资增长 + 各种利息费用支出 + 各项公益投资捐助 + 社会就业 + 支持社会经济和谐发展。中国华融对国家级贫困地区四川宣汉县开展定点扶贫已有10年,累计捐资达1 792万元,捐物价值1 100多万元,完成中国华融助学扶贫基金、幼儿园、留守学生之家等90个项目建设,惠及10余万困难群众。公司捐款200万元支持湖南省凤凰县“华融湘西民族学校”建设,有效改善当地办学条件和教育质量。公司积极向汶川、玉树、雅安、云南等地震灾区伸出援手,捐款捐物,奉献爱心。

近年来,中国华融获得上级主管部门、国际评级机构、海内外新闻媒体高度关注与积极评价,公司品牌效应和社会影响力不断提升。2010年,中国华融获评“中国最具创新力企业”。2012年,公司荣获“全国创新示范基地”“中国银行业最佳社会责任实践案例奖”。2013年,公司获得“全国企业文化优秀成果”“中国创新推进委员会副理事长单位”等荣誉,中国华融创新经验和重组华融湘江银行、珠海时代广场、浙江新飞跃典型案例写入《中国生产力创新白皮书》,获得国务院副总理马凯的高度认可和亲笔批示;中国华融党委书记、董事长光荣当选十二届全国人大代表,出席全国“两会”。2014年,中国华融荣获“2014年度资产管理公司”荣誉奖项。2015年,董事长专著《战略大转型——中国华融创新发展理论与实践》荣获“2015年中国银行业发展研究成果特等奖”,中国华融品牌影响力和社会美誉度迭创新高。

中国华信紧随“一带一路”战略 打造具有国际竞争力的现代化企业

中国华信能源有限公司

中国华信能源有限公司是集体所有制民营企业,以拓展国际能源经济合作为战略,争取行业话语权,打造具有国际竞争力的现代化企业,以实业服务国家。公司主营能源与金融,立足国内,放眼全球,着力打造能源产业与金融投资相融合的国际投行,拥有3大集团公司、9家一级公司和A股上市公司,参股海外多家上市企业,各类人才2万余人。

公司自2002年创立以来,在董事局主席叶简明的率领下,经过10余年的努力,形成了企业国际竞争力与品牌影响力。公司2014年营业收入超2 200亿元,蝉联《财富》世界500强,品牌价值达412.58亿元,进入世界品牌500强、亚洲品牌500强,荣获“中国最具影响力十大企业”“中国最具国际竞争力十大领军企业”称号,成为我国能源行业迅速崛起的一家民营企业集团。

紧随国家“一带一路”战略,建设能源产业和金融投资服务体系

中国华信紧随国家战略,充分利用自身海外资源优势,立足欧洲,以捷克为中心打造服务“一带一路”的战略支点。2014年,中国华信控股J&T金融银行集团,获取海外低成本资金,服务获取海外资源战略,支持设立人民币海外结算点,带动人民币走出去。2015年9月5日,捷克总统泽曼访问上海中国华信总部,会见叶简明主席,并见证公司多个合作项目签约。目前,中国华信在捷克了购置总统府广场宫殿等地标性建筑建立了欧洲总部和金融银行业务总部,控股欧洲综合传媒公司、航空公司,传播中国

声音，扩大企业影响，服务"一带一路"战略。

中国华信充分利用自身海外资源优势和金融服务优势，建设上下游贯通的石油和天然气储备、物流产业链，建立了完善的能源产业投资布局。公司与海外主权基金合作，利用海外资本控制欧洲油气市场下游终端网络。通过与哈萨克斯坦国家石油国际公司（KMG 国际）在欧洲建立战略合作，布局欧洲油气终端市场，获得欧洲原油进口和成品油销售资质，在西班牙、法国等欧洲国家拥有 5 000 多个加油站和 500 万吨级大型炼厂及百万吨储备库，建立欧洲炼化、储备和下游销售终端一体的能源产业体系。同时，公司通过收购哈萨克斯坦 DGT 液化石油气公司和哈萨克斯坦石油运输有限合伙企业，为哈萨克斯坦液化石油气输入中国提供全面的中转、运输、物流服务，并开展国际原油铁路运输业务。

依托下游终端优势，公司通过设立能源产业并购开发基金，参与中东、中亚、非洲地区上游油田投资开发，获取石油资源与权益。公司与俄罗斯天然气石油公司签署合作协议，共同投资开发俄罗斯东西伯利亚地区贝加尔项目三个油田区块。该区块油气储量预计可达 19.05 亿桶油当量，距离"东西伯利亚—太平洋"石油管道 90 千米，便于油气输入我国，具有极佳的地理优势和重要的战略意义，将为中国能源安全提供有力支撑。与乍得政府建立战略合作，共同开发乍得 H 区块油气。该区块目前产能 600 万吨，探明储量 7 亿吨。与俄罗斯印古什共和国总统尤努斯别克·叶甫库罗夫签订战略合作协议，双方共同对印古什境内油田进行改造、开发，并成立能源投资银行。

公司在海南洋浦正在建设总规划库容 1 200 万立方米的石油国家储备和商业储备基地，在山东日照规划建设 1 000 万立方米的大型石油储备基地，并与日照港集团合作投资建设 30 万吨石油码头、60 万立方港区油品仓库及 LNG 接收站等能源物流仓储设施。公司通过海南洋浦石油储备基地一期已建成的 280 万立方储备库与阿布扎比国家石油公司储备库和哈萨克斯坦国家石油公司欧洲储备库形成联动战略合作，共同开展人民币计价的石油交割。公司利用海南洋浦石油储备基地，开展来料加工，将生产的成品油销往东南亚为主的海外市场，充分发挥国内过剩炼力产能优势，增强国际能源话语权。

中国华信积极贯彻落实国家大力发展混合经济发展战略，与国企央企建立战略合作，共同获取海外能源资源与权益。与中铁合资设立中铁天然气物流、中铁润滑油及乌铁物流等公司，利用 DGT 天然气转运站将中亚的油气通过铁路转运到国内，开展液态天然气、成品油及润滑油等铁路运输和销售业务；参控股中国化工集团下属炼油厂，用俄罗斯石油开展来料加工，将生产的成品油在洋浦保税线上交易，部分销往东南亚市场；收购昆仑能源下属的华油天然气近 20.0% 的股权，加大了天然气终端产业布局；与中船集团以新加坡为基地，共同改造大型油船作为海上浮舱，发展海上浮舱石油储备，建设辐射东南亚市场的仓储、调油、贸易一体化联动经营机制；与广东国储共同开展成品油仓储和批发，打造国家成品油储备和物流基地。

公司能源产业与金融投资服务融合发展，在构建能源产业体系的基础上，紧紧抓住国家"一带一路"战略发展机遇，积极发展创新金融实践，建立多元化能源金融服务体系，推动两大产业有机融合、互动发展。目前，公司已拥有证券、信托、期货、银行、金融资产交易、风险直管、互联网保险等金融平台，并拥有财务、基金、保理、信托、融资租赁等金融服务公司。公司与太平保险共同设立了全球能源并购基金，与阿布扎比设立能源产业基金，与俄罗斯天然气石油公司设立能源开发基金，通过基金来收购开发上游资源，并逐步将获得的产业、资源装入上市公司，实际资产证券化。

公司设立洋浦国际能源交易中心，联合公司多年积累的优质上下游产业链客户群体，开展能源、化工现货远期交易，开展期货交易及指数交易，建立独立的原油交易指数，争取地区行业话语权。同时，通过原油、成品油"人民币 + 美元"跨境结算，打造面向东南亚、亚太地区的全球能源金融枢纽和服务"一带一路"海上丝绸之路的战略支点。

构建企业核心价值观，打造有序发展企业模式

中国华信始终以"由力而起，由善而达"的为商之道构建企业文化核心价值体系，以吸引力、凝聚

力、战斗力汇聚各种力量,聚大善服务国家民族,积小善成就公司个人,为有志于民族复兴、国家强大的企业提供开放式的合作接口,为拥有实现人生价值理想的个人提供前进基地和起飞平台。坚持以人为本、以人性为中心,确立干事创业和品德为先的标准,注重制度与文化的结合,思想与行动的结合,用"善"文化和规范化的制度实施员工思想与行为管理,做到民主管理,集体决策,并通过严谨的市场化运作,不断推进业务专注化、人才专业化、资产证券化和管理精细化,使公司成为真正服务于国家、服务于社会、服务于华信人的集体制民营企业。

中国华信积极探索民营企业发展之路,开创了独具特色的自主创新经营管理模式,不断加强企业制度与文化的结合、资源与战略的结合、管理者与被管理者的结合,共同构建有组织的共同经济体。公司以国家法律为根基,充分结合商人契约精神,制定《中国华信商业基本准则》作为行动纲领,实行在中国华信董事局领导下的总经理负责制度,建立了商人经济、儒家主义、军事化管理三位一体的核心力量,用"三种关系"的内部管控及"一企两制"的分配方案,通过"大集体、小核算"的绩效考核,形成"一个中心,一套共同经济体论著,一批有组织的执行人"的共同经济体模式,和谐、有序、规范地发展。

为了协调好公司内部关系,中国华信董事局主席叶简明有效结合传统文化精髓与现代企业管理科学,创造性地提出商人经济、儒家主义和军事化管理三位一体的管理机制。商人经济是公司的合伙人、董事及董事长;事业经理人是战略执行者;职业经理人接受严格的军事化管理,学习专业知识和管理技能,听从指挥。优秀的职业经理人可以提升为事业经理人,事业经理人可以发展为老板(董事),持续进步。

中国华信作为母公司,实行社会化管理,股权是不分的,是属于集体的,以此保证企业的核心竞争力持续增长和永续发展。但公司又是民营的,二级子公司通过设立基金形成合伙制度,进行团队持股和奖励分配。公司实行总部战略管控与财务管控和子公司合作制相结合的运营机制,总部对人事、财务、融资、投资等进行集中管控,并通过创新金融,在产业投资、项目运营、贸易操作等业务上形成多种方式的合伙机制,促进企业快速发展。公司以总部集权管控与部门灵活分权相结合的扁平化管理模式,实行"大集体、小核算",对每个公司、部门设立独立的绩效考核指标,进行组织绩效考核和人员绩效考核,兼顾效率与风险控制,提升企业资源统筹配置能力。

加强"党纪工团"一体化,提升企业内在凝聚力

经上海市委、上海市社工委批准,中国华信成立了中共华信党委、纪委,积极发挥党的政治引领、政治核心和公共外交平台作用,使党建工作融入企业核心组织体系;成立了工会和团委,积极开展群众工作,着力打造"党、纪、工、团"一体化工作格局,形成整体合力,增强了企业内在凝聚力。

中国华信党委积极创建学习型、服务型、创新型党组织,重视加强党支部战斗堡垒和党员模范带头作用的发挥,坚持把党员培养成骨干,把骨干培养成党员,中层以上干部超过50.0%是共产党员。党委积极组织和参加党建活动,荣获上海市社会工作党委系统党建工作先进单位和特色单位等荣誉,树立了华信党建品牌形象。

中国华信纪委坚持强化责任,加强干部监督制约,形成预防为主、惩防结合的多方位有效内部监督机制,建立了从严治企、科学治企、廉洁从业的制度体系,努力营造一个风清气正、廉洁从业、规范运作的舆论环境和文化氛围,为中国华信打造具有国际影响力的现代化企业起到了有力的推动和保障作用。

中国华信工会以公司"三种关系"创新理论为依据,重视职工的关爱与培养,建立了集体协商制度和职工代表大会制度,通过职工利益代表制度、职工爱企联席会议制度、职工基金、职工民主会议讨论制度和职工之家等,营造公正、竞争、自由、温暖的发展环境。公司被上海市总工会评为"上海市职工满意度和谐企业"。

推动民间公共外交,助力公益慈善事业

中国华信全资设立中华能源基金委员会,建设国际高端智库,开展国际能源安全战略研究,推动民间公共外交。在美国、加拿大等国家和地区设有10余个分支机构,聘请10多个国家的前政治首脑、百

名政要担任顾问及研究员，与联合国、欧盟机构建立了长期合作机制，与国际能源署、美国兰德公司、美国外交政策全国委员会、罗马俱乐部等国际组织或智库建立了战略合作，积累了广泛的国际政治资源，被联合国批准为特别咨商地位非政府组织。

中华能源基金委员会在联合国总部先后多次举办“中国故事论坛”等活动，资助成立“国际关系与可持续发展中心”国际合作平台，与联合国共同设立UN－CEFC能源可持续发展资助大奖，与政府间气候变化专门委员会（IPCC）形成战略合作，发起“中美高端对话”，向海外首次推出国内出刊的能源产业英文杂志《中华能源》，不断发挥和扩大中国华信的国际影响力。以“传承华夏文化，和谐世界文明”为宗旨，立足香港地区，整合团结海内外文化组织，打造文化交流平台，推动中华文化在世界范围内的繁荣发展。先后举办“世界文明论坛”“中华国学论坛”等系列文化论坛活动，发起“8＋1”文化促进机构工作联盟，大力推动中华文化的交流与传播。

中国华信投身公益，全资设立上海华信公益基金会，支教助学，搭建可持续发展的公益平台，传播创新公益慈善文化，推动公益事业发展。创办“萤光支教”教育帮扶项目，组织上海优势教育资源，帮助甘肃贫困县培训乡村教师，改善教学软硬件，直接受益师生10余万人，荣获中国“最佳公益项目奖”“最佳公益创新奖”。

中国华信扶危济困，捐款救灾，先后向四川雅安、甘肃定西、云南鲁甸地震和海南水灾捐款，用于抗震救灾、扶贫帮困、资助教育。2013年以来，公司在公益慈善、弘扬传统文化事业等方面投入资金累计5亿多元，连续4年被评为“中国十大慈善企业”。

适应新常态　实现新发展

——无锡国联集团近年来取得显著发展成绩

无锡市国联发展（集团）有限公司

近年来，无锡市国联发展（集团）有限公司（简称“无锡国联集团”）面对经济发展新形势和国企改革新要求，围绕“百年国联、千亿集团”发展目标，加快实施“做强做优金融、做大做强实业”发展战略，突出创新、面对市场，有效提升集团经济实力和综合竞争力。2014年，集团营业收入超百亿，实现利润16.1亿元。2015年上半年，集团完成营业收入59.5亿元、实现利润15.4亿元，分别较上年同期增长了27.9%和89.5%。截至2015年6月末，集团总资产为923.7亿元、净资产为225.1亿元。集团被中国企业联合会评为“2015中国服务业企业500强”第241位，较上年度提高了37位。

一、深化改革成效显现

无锡国联集团认真贯彻落实十八届三中全会关于国企改革的精神要求，根据江苏省、无锡市关于国企改革的文件要求，编制了《国联集团深化改革工作方案》，并从“发展混合所有制经济、完善集团管理机制”两方面入手，加大改革力度，不断激发集团发展内生活力。

（一）发展混合所有制经济

1. 加强战略合作。在金融领域，完成国联期货从2亿元到4.5亿元的增资扩股，引入中海基金和民营企业，进一步完善公司治理架构；完成联合担保从3亿元到3.6亿元的增资扩股，正在研究编制到10亿元的增资方案，以进一步增强担保公司资本实力，增强发展能力。在实业领域，与大型央企中设集团进行合作，合资设立中设国联新能源发展公司，共同致力于拓展国内外分布式光伏发电市场；与华电能源江苏公司合作，合资设立新联热力公司，主要负责集团关闭协联热电厂后投资建设的供热管网的运营管理，保障供热需求，提高运营效率和效益。

2. 推进企业上市。经过一年多努力，国联证券于2015年7月6日在香港联交所成功挂牌，净募资额达305 600万港元。同时，相关子企业积极推进到新三板上市工作，国联资本与中介机构积极接洽、研究分析新三板挂牌涉及的相关问题；国联期货完成股权变更、积极推进股份制改造；联合担保确定了中介机构、正在编制上市申报材料；环保科技完成了股份制改造并已上报新三板上市申报材料。

（二）完善集团管理机制

1. 完善组织架构。根据现代企业制度要求，对集团组织架构进行优化、调整。董事局下设5个专业委员会，分别是战略规划、投资评审、薪酬考核、审计监察、风险管控等委员会，对集团相关决策事项进行讨论并形成意见，供集团董事局决策参考，进一步提高集团决策能力和水平。按照事业部制管理要求，针对集团金融、实业两大业务板块，成立了集团金融投管部和实业投管部，分别对集团两大业务板块实行“投资、经营、退出”的全面管理，以进一步提高集团管理效率和效益。

2. 创新管理方式。根据形势发展变化，对集团管理进行创新探索。完善绩效考核机制，按照“一企一表一策”，对集团各子企业单独进行考核评价，增强薪酬考核的针对性和有效性。注重外部专业机构的聘用，进一步提高集团审计工作水平和成效。创新法务管理模式，建立了集团法律中介服务库、法律顾问团，并实现了集团范围内法律顾问的全覆盖，为集团发展提供强有力的法律保障。

二、金融综合实力增强

无锡国联集团通过多年努力，成为全国为数不多的基本实现金融业务全覆盖的地方金融控股集团。为充分发挥金融综合平台优势，无锡国联集团加强协同联动，加快发展综合金融，不断提高集团金融板块综合竞争实力。

（一）完善金融平台

无锡国联集团围绕金融业务拓展需求，通过申请和筹建，不断完善金融功能，打造综合金融服务平台。经过10个多月的筹建，国联人寿于2014年12月30日正式取得中国保监会的开业批复，并于2015年4月16日举行了“惠民生　办实事”启航仪式，标志着无锡国联集团基本实现了金融业务的全覆盖。经过江苏省金融办核准，无锡国联集团于2014年12月成功注册成立了江苏省首家市级金融资产交易中心，进一步增强了集团下属无锡产交所的服务功能和综合竞争实力。同时，无锡国联集团从2015年上半年起，加强与银监会和相关政府部门的沟通汇报，积极推进企业征信公司等金融机构的设立。

（二）加强金融协同

无锡国联集团注重发挥综合金融平台优势，积极推动金融业务协同联动，提升综合效益。加强组织研究，编制《无锡国联集团综合金融协同体系建设方案》，并在金融运营管理模式、市场体系建设、组织架构设置、综合金融销售等方面积极推进实施，加快集团综合金融体系建设。经过探索研究，于2015年7月完成国联综合金融信息系统开发并试运行。涵盖证券、期货、江苏资产、人寿在内的国联综合金融南京运营中心于2015年7月正式投入运营，并加快推进国联综合金融无锡旗舰店的设计和装修，确保2015年内完成并投入运营。于2015年9月12日正式启用集咨询、交易、投诉、客户维护等于一体的国联金融综合客服电话95570，为客户提供一站式金融服务。完成《国联金融产品与服务手册》的编制，集中、全面展示国联综合金融产品和服务。同时，各金融子企业之间加强协同，比如江苏资产与无锡产交所在金融资产交易上进行业务合作，推动金融资产交易中心交易额在省内始终保持第一。

（三）提高发展水平

无锡国联集团各金融子企业积极面向市场，抢抓发展机遇，强化内部管理，不断提高发展质量和效益。国联证券着力拓展创新业务，与百度公司联手拓展互联网金融，经济效益大幅增长，并与国联期货双双获得证监会A类评级，跻身行业中上游。华英证券加强业务拓展，江苏省内排名提高到第二位。国联信托加快转型步伐，积极打造“私募投行、资产管理、财富管理”三大业务体系，有效应对行业下行压力。国联资本加强创投基金管理，并加大无锡地区股权投资力度,积极服务地方产业转型升级。联合担保调整优化业务结构,提高内部管理水平,以江苏省最高分通过省经信委的年检,并在省内同行保持最高信用评级。财务公司充分发挥企业内部银行的作用,有效降低集团成员企业融资成本。无锡产交所创新业务发展,2014 年完成交易额约 61 亿元,连续 4 年保持江苏省内第一。江苏资产作为国内首家省级资产管理公司,积极拓展不良资产处置业务,有效化解银行不良资产,业务范围已覆盖全省各地级市,省内无锡之外的其他市区业务比重达到了 80.0%。国联人寿积极拓宽业务渠道,并加强网点建设,无锡分公司于 2015 年 6 月 18 日正式开业,推动公司寿险业务快速发展。

(四)强化风险控制

由于金融是高风险行业,无锡国联集团始终注重金融业务的风险防控,切实推动集团金融企业保持稳健经营。对集团金融企业风险控制体系进行全面梳理完善,调整优化风险控制委员会成员配置,加强流程再造,推行全面风险管理,切实提高金融风险防范能力和水平。制定了《无锡国联集团金融失信企业信用管理办法》,及时汇总失信企业名单,便于金融子企业规避业务风险。同时,在 2015 年 6 月份国内股市连续大幅下跌过程中,无锡国联集团密切关注证券、期货、人寿等资本市场相关业务经营情况,基本保持平稳运行态势,风险得到有效控制。

三、实业转型步伐加快

无锡国联集团围绕国家产业政策导向,结合集团实业发展基础,加强发展形势研判,拓宽发展思路,加快向环保、新能源及装备制造、高档纺织、现代物流等产业转型。

(一)提升环保能源发展水平

1. 加快推进环保产业发展。完成对无锡市政设计院的收购,并与上海现代设计院进行股权及业务合作,积极打造环保产业链,提升集团环保产业发展层次和能力。专业从事市政污泥处置的国联环保科技公司,充分发挥先发优势,在不断完善技术工艺水平的同时,着力做好市场拓展,稳步推进常州武进项目,市场影响力不断扩大。2015 年上半年,国联环保科技公司共处置含水率 80.0% 市政污泥 14.8 万吨。从事烟气治理(脱硫脱硝)的华光环保新动力公司,抢抓市场机遇,积极拓展市场,并加强技术研发,拓宽业务领域,综合竞争实力位居行业前列。2015 年上半年,华光环保新动力共新增市场订单 2.1 亿元。

2. 积极探索新能源产业发展。无锡国联集团积极打造中设国联新能源公司这一平台,着力发展以光伏发电为重点的新能源产业。建立健全光伏电站投融资和建设模式,进一步提高专业化、规范化水平。加大市场拓展力度,积极参与无锡新区 50 兆瓦项目建设,并与惠山开发区、锡山开发区、无锡地铁、江西乐平、连云港等签订开发建设协议,并借赞助主办孟加拉国达卡市第二届国际可持续能源发展大会的机会,积极寻求在孟加拉国的光伏电站投资机会,拓展国际市场,进一步扩大公司市场影响力。2015 年上半年,中设国联建成项目 17.6 兆瓦、在建项目 57.6 兆瓦。

3. 提高传统能源企业发展水平。华光股份加大国内、国际市场拓展力度,项目中标率和新增市场订单均保持稳步增长,特别是设立印度尼西亚等国外办事处,推动企业发展空间进一步拓宽。华光股份注重技术创新,加快产品升级换代,荣获"江苏省创新示范企业"。2015 年上半年,华光股份新增有效订单 11.2 亿元。集团下属惠联、友联、新联等热电企业切实做好热用户维护和热网管理,2015 年上半年售汽量达 284 万吨,管损率下降到 6.9%。惠联、益多两家生活垃圾焚烧发电厂克服多重困难,2015 年上半年共焚烧生活垃圾 33 万吨。完成惠联、友联两家热电厂脱硫脱硝除尘技术改造,并积极推进友联烟气超低排放技改工程,初步建立集团下属热电企业环保监管体系,确保企业环保形势平稳可控。

(二)无锡一棉保持行业领先

作为我国纺织行业标杆,无锡一棉面对持续低迷的纺织行业形势,发挥优势地位,拓宽发展思路,强化内部管理,保持良好发展态势。充分发挥品牌、管理、质量优势,围绕国家政策导向,积极探索"走出去"步伐,加强新疆地区纺织行业产能、布局等方面情况研究,有效推进新疆项目的投资论证。深化"两化融合”，积极打造智能工厂，顺利通过国家工信部“两化融合管理体系贯标评定”，从而显著提高企业自动化管理水平，进一步提升产品质量和市场竞争力。加强企业内部管理，深挖内部潜力，努力降本增效，不断提升精细化管理水平。2015 年上半年，无锡一棉调整优化产品结构，保持产销两旺，在全行业亏损面继续扩大的情况下，共完成销售收入 10.8 亿元、实现利润 5 259万元，继续保持行业标杆地位，并在全国“棉纺织行业竞争力百强企业”评选中位居第 5 位。

(三)推动国联物资加快发展

充分发挥连通铁路、公路、运河的区位优势，利用期货指定交割库以及集团金融优势，有效应对钢材市场严峻形势，积极推动国联物资加快发展步伐。国联金属材料交易市场加强与大型仓储企业、钢企的沟通联系，成功引入南钢等知名钢企，不断提高市场出租率，2015 年上半年市场交易额达 68 亿元，在无锡同类市场中位居第 2 位。同时，与江苏银行、无锡农商行、交通银行、中信银行、华夏银行等金融机构紧密合作，为驻场客户提供担保质押服务，不断完善交易市场配套服务功能。国联物流公司充分利用铁路专用线优势，积极推动期货交割库业务发展。2015 年上半年，国联物资共完成货物吞吐量 88.2 万吨，其中：交易市场 51.4 万吨、国联物流 36.8 万吨。

四、内部管理有效强化

无锡国联集团按照现代企业制度规范要求，全面梳理内控制度，注重思路拓宽，不断提高集团内部管理水平。

对集团内部管理制度进行全面梳理，形成全新的集团内控制度汇编，并对集团各部门、子企业制度建设和执行情况进行严格检查，发现问题、限期整改，确保集团各项管理制度得到有效执行。注重发挥集团投评会和风控会的决策参考作用，2015 年上半年共召开投评会 9 次、评审项目 10 个，风控会 11 次、审议项目 12 个。围绕“集团规划纲要、专项规划、子企业实施计划”的规划体系，积极推进集团“十三五”规划的研究编制，认真筹划好集团“十三五”期间发展的主要目标和重点举措。加快集团股权的归集调整，确定方案并按照计划安排加快组织推进，进一步理顺集团投资管理关系，提高管理成效。加强集团投资计划的跟踪落实，2014 年集团共完成投资 76.9 亿元。成功发行 10 亿元短期融资券、5 亿元 10 年期中期票据和 22 亿元超短融，进一步改善集团融资结构，降低融资成本。实行全面预算管理，2015 年上半年集团共“降本增效” 2 918万元，完成年度目标的 58.0%。认真执行集团招投标管理规定，加强采购计划审核和招投标管理，2015 年上半年较预算共节约资金 3 966 万元，降幅为 11.0%。积极推进集团闲置资产的处置，加大资金回笼力度，进一步提高集团资产流动性。认真贯彻落实安全生产管理各项规定要求，加强安全检查和隐患排查，集团安全生产形势平稳有序。无锡国联集团始终注重企业党建，认真组织开展“三严三实”专题教育活动，并制定党风和廉洁自律责任制考核办法，强化党风廉政建设。无锡国联集团积极支持慈善事业发展，将集团爱心基金规模扩大到 1 500 万元，并参与各项社会捐赠，于 2014 年再次荣获“中华慈善事业突出贡献奖”。

实施新战略　打造新业态　开创新格局 主动适应新常态　全面实现跨越发展

广西投资集团有限公司

在当前经济发展全面进入新常态的形势下，广西投资集团有限公司主动适应新常态，按照实施新战略、打造新业态、开创新格局的发展路径，一手抓深化改革，一手抓结构调整，经济运行转向“产融结合，双轮驱动”的新轨道上。2014 年，集团实现营业收入 648.8 亿元，成为广西第三家收入过 600 亿元的强优企业；实现利润 14.6 亿元，自 2008 年金融风暴以来首次突破两位数增长。到 2015 年上半年，集团各项经济指标更刷新历史新高，仅上半年就实现营业收入 387.7 亿元，同比增长 49.1%；实现利润 18 亿元，同比增长 12.8 倍；资产总额达 2 122.9亿元，成为广西资产量最大的国企之一。

一、新常态催生新战略

集团成立于 1988 年，从 1 500 万元的启动资金发展到现在 2 200 亿元的总资产，经过多年的发展，形成了涵盖金融、能源、铝业、文化旅游、海外资源开发等多元化的产业结构和业务板块。面对新常态，集团以党的十八大和十八届三中、四中全会精神为指导，提出与新常态紧密结合的新战略：以深化改革为引领，以结构调整为突破口，实施“产融结合、双轮驱动”创新战略，加快推动集团从以实业为主的企业集团，向以金融高端服务业为主、产业资本和金融资本高度融合的“产融一体化”企业集团转型，重点打造金融、能源、铝业、文化旅游和海外资源开发五大核心业务板块，努力通过推进产业间的“三结合”（即“产产结合、融融结合、产融结合”），推动五大业务板块之间协调发展，推动产业全面转型升级，加快资产资本化、证券化进程，承担起将集团打造成广西国有资本投资公司或国有资本运营公司新的历史使命，全面实现“一百双千”奋斗目标，即资产规模和营业收入达千亿元级，利润达百亿元。

二、新战略打造新业态

集团按照“金融为引擎、能源为基础、铝业为支撑、文化旅游为新的增长极、海外资源为重要补充”的产业新定位，抓住核心稳步推进“三结合”，迅速引爆产业发展核裂变，以天然气管网、稀缺金融牌照、水电、核电为主的效益“四大稳定器”逐步成形，集团产业呈现出新的业态。

（一）金融新业态

抓住国家深化金融改革、金融产业市场逐步放开和广西、云南沿边金融综合改革试验区试点建设的重大机遇，集团增资扩股成为北部湾银行第一大股东，金融资产占比 66.0%，历史上首次超过实业资产，实现了由实体经济控股为主的企业集团向“产融一体化”企业集团转变。围绕银行、证券业务，集团进一步加大金融产业布局，成立了小贷公司、融资担保公司、广西小微服务公司、股权交易所，2014 年集团金融板块实现利润 10.15 亿元，成为集团的创利大户。2015 年，集团获批筹建人寿保险公司，并进一步整合金融资产成立了广投金融控股公司，对金融产业实现统一的专业化管理，以此为平台，继续加快介入资产管理、基金管理公司、租赁公司等性质的金融业态，与现有的金融产业相呼应，构建“全牌照”金融业务平台和循环互动金融生态圈，打造综合性金融服务旗舰，使金融产业成为推动集团可持续发展的强大动力，实体产业的服务平台，经营利润的重要支柱。

（二）能源新业态

主导广西天然气管网项目建设，推动“县县通”天然气工程，加快能源产业转型升级。集团以电力起家，进一步拓展能源板块产业圈，在拥有水电、火电、核电的基础上，2015 年 3 月，顺利获得广西天然气管网项目的控股权和经营权，集团将以广投管网公司的身份，统筹广西全区天然气管网规划、建设和运营，建成后，所有入桂天然气均由集团统一采购、统一分销，全面进军天然气领域发展，这也是我国首例省级管网项目整体转让的案例。集团不仅构建了火电、水电、核电、天然气管网等多元化的能源产业结构，同时在能源技术领域里也占据了一席之地，打造的热电联产、循环经济产业链，以及已经提上日程的天然气管网建设等，都将成为集团能源产业不可或缺的重要支撑和核心竞争力。预计至“十二五”末，集团拥有电力项目权益装机容量 977 万千瓦，其中水电 413 万千瓦，火电 480 万千瓦（含热电联产 138 万千瓦），核电 84 万千瓦。截至 2014 年年底，集团能源板块资产总额 268.19 亿元，营业收入 106.23 亿元，利润总额 9.16 亿元。

目前，集团已重启能源资产整合上市工作，规划将募股资金投向燃气管网和北海能源基地等项目上，在推动转型升级的过程中,对分没有竞争优势、不利于产业优化的项目实行战略退出,凸显强与优的格局。

(三)铝业新业态

铝电结合政策成功落地,铝加工业向高精尖产品市场拓展,打造集生产经营、商贸交易、服务、投资管理等产业链完整、可持续发展的铝业集群,促进广西铝工业健康发展。集团目前已经形成了集"铝水冶炼—铝棒生产—铝材加工—铝工业园—铝产品贸易运营—投融资管理"于一体的较为完整的铝产业链,拥有200万吨氧化铝、45万吨铝水、148万吨铝加工的产能规模。铝加工方面,甘肃广银成功试产手机外壳坯料、平板电脑外壳坯料等较高端铝型材;柳州银海铝宽幅高精交通用铝板材的正常生产,从单纯的铝合金棒和建筑型材向工业型材转变。

利用国家实施电力体制改革的有利时机,集团推动广西首个"大用户直购电"政策成功落地,以桥巩水电站、来宾电厂、柳州电厂、田阳电厂为供电方,来宾银海铝业为购电方,形成大用户直购电体系,对促进铝工业健康发展具有重大意义。

(四)文化旅游新业态

发展混合所有制经济,打造广投·龙象系列品牌。集团积极引进美国六旗集团等国际品牌推进广投龙象完(玩)美世界项目,广投·龙象城项目、GIG国际金融资本中心项目开工建设,集团通过发展混合所有制经济加快推进文化旅游项目的建设,打造"广投·龙象"品牌,实现文化旅游地产板块的转型。

(五)海外资源新业态

成立广投国际公司,打开资源开发和境外融资新平台。集团在香港成立广投国际公司,并与数家银行分别签署了总额达13.4亿元人民币的贷款或授信协议;与陆海集团签署了210万吨动力煤销售合同,成为集团优质资产通向国际资本市场实现证券化、以及集团相关产业向海外资源富集地区拓展的桥梁,并且能够引入区外资金满足重大项目、重点工程和与东盟、南亚国家互联互通重点基础设施项目等多元化融资需求,参与国际贸易和资本运作。

三、新业态开创新格局

(一)效益新格局

在新业态的推动下,集团甩掉了过去开年一季度出现大幅亏损,二季度采取非常措施拼命追赶任务、完成指标,负债不断攀升的运行局面,投资方式正从重投资向重效益转变,发展方式正从外延式发展向内涵式发展方式转变。

(二)产业新格局

"融融结合"满足客户对资金的多样化需求,以银行、证券为切入点,利用商业银行信用中介、支付中介、信用创造、金融服务等功能,通过借助银行网点、渠道、客户、资金等优势,快速打开小贷、担保业务,搭建统一的销售平台,设立基金管理公司和基金、人寿保险公司、资产管理公司、租赁公司等,打造金融产业"全牌照",向市场提供一揽子金融产品和服务,协同提高金融产业竞争力。

"产产结合"实现实体产业间的资源综合利用,发展热电联产、循环经济促进传统产业转型,推动"铝电结合"实现电力和铝业协同发展,构建产业间高度融合发展。

"产融结合"依托集团在金融、能源、铝业、文化旅游等各板块已形成的渠道与客户,通过完善集团金融产业链,为集团实体企业提供多样化的筹融资服务和资本运作。

(三)改革新格局

集团成立全面深化企业改革领导小组,制定了职工持股、职业经理人制度、混合所有制经济、国有资本投资(运营)公司四个改革研究方向,以发展混合所有制经济、完善现代企业制度为重点,研究推进集团市场化改革,在自治区国企改革中先行一步,对内初步搭建了"总部—平台—企业"三级管控模式,成立产业管理平台,按"做强集团总部、做实二级平台、做优三级企业"的要求,实现"集团化、专业化、差异化"的管控结构。

(四)管理新格局

集团实施要素管理,厘清总部、平台、企业的管理边界;进行管理层级压缩,加强集团管控能力;构建全面风险管理体系,保障企业安全稳定运行;推进依法治企,构筑反腐倡廉惩防机制;实行集团总部和事业部全员竞聘上岗,激发选人用人活力和机制。集团按照市场化的要求,构建了符合大型综合投资集团发展需要的组织体系、管理机制和用人机制,打造了一支专业、高效、忠诚的人才队伍,为实现集团稳健运行奠定基础。

勇担能源发展重任　引领产业经济腾飞

——云南能投集团打造国际一流能源集团公司

云南能源投资集团有限公司

2014 年云南省委经济工作会议明确提出:"要立足省情,认识新常态,把握新机遇,不断挖掘经济增长新动力……加快建设跨区域内强外联的能源网络。"云南能投集团与云南省委、省政府的殷切希望热烈呼应,与国家"一带一路"、孟中印缅经济走廊以及桥头堡建设等诸多机遇激情对接,积极引领、主动担当,持续探索云南能源产业发展新思路,快速融入云南经济新常态的全新格局,以抓铁有痕的深刻力量,为全省产业转型升级写下鲜明的时代读本和精彩启示。

2014 年,云南能投集团成功跻身"中国企业 500 强",并在省属企业中率先获得主体信用 AAA 评级,一个成立不到 3 年的企业取得如此佳绩,既彰显了能投集团卓越的发展规模、速度和质量,更昭示出云南做大做强能源产业的信心和决心。这一年,在国企改革的先行先试名单中,在转型升级的弄潮身影中,在云南由能源大省向能源强省迈进的领军企业中,在打造能源产业升级版的重要引领力量中,能投集团都赫然在列,迈步在前。

一、担当重任,跨越发展显实力

"能源产业是云南的支柱产业之一,也是云南最有希望在全国占一席之地的优势产业。"按照产业云南的顶层设计,能源产业承载了全新的云南期冀。

在传统能源产业的存量基础上实现增量梦想,以能源产业的大发展助力云南的新跨越,云南着力孵化新的力量——2012 年,能投集团正式成立。肩负着保障全省能源安全、利用能源优势带动云南产业经济发展的重大使命,能投集团自觉与云南省经济社会和能源发展大局紧密衔接。在清晰有力的战略引领下,通过近 3 年的不懈努力,能投集团不负重托、不辱使命,在全省产业转型升级的路径上走出了跨越发展的精彩步伐。

2014 年,面对经济增长持续放缓、能源结构性矛盾显现的多重考验,能投集团顺势勇为,在转变发展方式、优化结构调整、提质增效、创新驱动上发力,资产总额、营业收入、利润总额等主要指标均实现强势增长,集团综合实力显著增强。截至 2014 年末,集团总资产达 567 亿元,较 2012 年成立之初的 185 亿元增长 3 倍;净资产达 220 亿元,较成立之初的 97 亿元增长 2.3 倍;全年营业收入实现 353 亿元,同比增长 34.0%;年度利润完成 15.7 亿元,同比增长 109.6%;全年完成经济增加值(EVA)8.3 亿元,同比增长 1 倍。国有资产保值增值率 109.8%,同比增加 4.8%。参控股权益装机达 1 280 万千瓦,较成立之初的 500 万千瓦增长 2.3 倍。在省属企业中首家获得主体信用 AAA 评级,成功进入 2014 中国企业 500 强。在集团良好发展的同时,积极履行省属国企的社会责任,2014 年承担各类社会捐款 1 377 万元,实现了国有企业对社会的大爱承诺。

能投集团以企业强劲发展为基础,大手笔融入云南能源强省大格局,围绕大能源产业链,深度打造并形成了新型产业协同、特色能源产融、科技创新、国际合作、信息支撑等多个专业化平台,成为引领云南省产业转型升级的有力支撑和强大引擎。

二、优化布局,产业引领促升级

能投集团在产业布局上依托主业做优做强,相关多元优势互补的发展路径,着力打造协同发展的云南大能源产业体系,打开了产业升级发展空间格局的更多可能。

在产业链的构建与完善过程中,能投集团着力实践着产业结构的不断优化,在大能源产业链上形成了以电力、煤炭、太阳能等业务为主体的能源生产板块,以新能源、天然气、配电网、滇中城市群等业务为主体的能源利用板块,以高端装备、规模动力储能电池和智能电网等业务为主体的能源装备制造板块,以能源科技、能源金融、能源贸易、能源信息和产业园区等业务为主体的能源服务板块,并依托产业布局和区位优势持续深化国际能源合作。一个全方位、多渠道、宽领域、深层次、立体化的良性发展大格局,推高了能投集团的产业起点,带动了全省产业层次的纵向上升。

应该说,在推动云南大能源产业转型升级的实践道路上,这样的高起点让能投集团快速起跑,不断加快重大资源掌控开发,加大核心项目建设力度,有力发挥了对全省区域、产业经济的支撑作用。突出重点项目的重大牵引,集团全力推动三江流域大水电开发,重点支持金沙江下游4个梯级电站开发建设,全力推动怒江干流梯级电站开发;积极推进"气化云南"建设,代表云南省参股40.0%建设中缅油气管道国内楚雄—攀枝花—凉山段,在昭通、曲靖、红河、玉溪等州市实施了一批以天然气支线管道、应急气源储备、L/CNG站、燃气输配、加气站为主的天然气基础设施及利用项目。新能源建设取得突破,集团目前已掌控风电资源100万千瓦、太阳能资源近40万千瓦,有力助推全省清洁能源发展。依托主业优势,能投集团向产业链高端延伸,大力发展能源战略新兴产业。云南能投电力装配园海装公司首台高原风电机组下线,填补云南省风能设备自主生产空白,年产值有望突破10亿元。能投汇龙科技公司加大科技创新力度,在全省率先填补先进锂离子电池材料制造产业空白。依托能投浪潮科技公司建设"云南省云计算"示范项目,推动云南省政务、产业、民生等与云时代接轨,有力提升全省信息化水平。能投物流公司已成长为全省一流的大型贸易平台,去年实现主营业务收入176亿元,成为云南省混合所有制经济的领军企业。

为有效搭建海外能源开发、基础设施建设和海外能源贸易等多元化合作平台,能投集团在新加坡设立子公司并代表云南承办了新加坡、雅加达商务代表处,以所属香港云能国际投资公司为重点在上海自贸区和深圳前海分别设立融资租赁公司及基金公司,打造海外融资、投资、项目管理及资本运作平台。目前,集团境外合作在建老挝吉象水泥厂(2 500吨/天新型干法生产线)、缅甸诺昌卡河水电项目(装机120万千瓦)以及老挝、尼泊尔、印度尼西亚水电项目和老挝色奔—孟平孟农输变电线路项目进展顺利,初步构建起国际化的网络发展布局。

主业优强,高端延伸,能投集团以倍增式的跨越发展,切实发挥了集团以"云电自用"为核心的能源安全保障功能,增强了能源对其他产业的支撑带动作用,实现了支持全省整体经济发展的重要抓手作用和平台功能,交出了一份省属重要骨干企业引领产业经济腾飞的完美答卷。

三、多轮驱动,持续共振激活力

产业转型升级离不开内生动力的持续助推,以战略引领谋发展、以深化改革添动力、以持续创新促升级,以产融结合增效益、以党建文化强保障……"多轮驱动"让能投集团积蓄了持续发展的力量,构建起大能源产业链协同发展格局,发挥了国有资本的引领和杠杆作用,孵化出云南能源产业的大梦想。

能投集团以"开发能源,服务云南"为己任,明确了产融一体化发展战略,即:立足能源投资平台及投融资主体、产业发展主体定位,深度布局和发展能源、综合、金融三个业务板块,重点打造产融结合、机制创新、产业引领、区域合作四大平台,以安全保障能力、平台整合能力、资本运作能力、创新驱动能力、质量效益能力为支撑,将能投集团打造成为国际一流能源集团。战略的有效落地和科学引领,驱动集团实现跨越发展。

2014年，云南省委、省政府出台《进一步深化国企改革的意见》，按照意见，云南省国资委把国有资本投资公司的改革试点锁定在能投集团身上。能投集团准确把握改革节奏，主动担当，先行先试，明确了"一公司，两典范"的改革目标，推进股权、公司治理、战略管控等方面改革的全面深化，建立健全现代企业制度，充分发挥董事会及下属各专业委员会职能，提高国有资本运营效率，形成治理结构完善、运营高效、决策科学的国有资本投资公司运行机制。同年12月，集团发起规模为50.1亿元的"云南国资壹号产业基金"，为云南省国资改革解决发展资金瓶颈、建设沿边金融改革试验区鼎力破题，将更好地服务于全省国资国企改革，推动云南国有企业共同发展。在混合所有制发展路径上，能投集团同样活力迸发。2014年，所属20家混合所有制企业，为集团创造主营业务收入180亿元，利润1亿元。大型国有企业的资本杠杆作用，在与民营企业的牵手中实现了蝴蝶效应的放大。能投集团抢抓电改机遇，着力探索实施"云电自用"战略，利用分布式电源、大用户直供等方式搭建自主配送网，逐步形成电力自主有效输配，支撑全省产业和经济发展。推进滇中产业新区大用户直供和配网试点，完成新区电力体制改革规划，助推了云南省电改的落地。

能投集团快速完成了产融协同在时间、空间、业务上的布局，搭建了北京、上海、香港及新加坡等跨区域多层次产融网络，2014年集团金融资产已达50亿元。拓宽融资渠道、创新融资方式，与国内20家银行及境外汇丰、渣打等多家银行建立良好合作关系，累计获批授信额度突破600亿元。2014年7月，能投集团成功发行财政部、保险公司就权益性金融工具记账方式新规颁布后首只市场化方式的永续中票9亿元，是一次走在全国前列的债务融资工具新品种的有益尝试；同年10月，通过香港云能国际投资有限公司发行点心债6亿元，成功打通海外融资渠道，开创了省属企业海外融资的先河。能投集团组建3年来，累计完成融资465亿元、投资近400亿元，初步搭建起云南省特色能源产融平台。

能投集团持续加大科技创新力度，组建云南省能源研究院积极搭建智库平台。先后建立了国家海上风力发电工程技术研究中心云南分部、冶金节能减排教育部工程研究中心分部2个国家级云南分部和云南省高原风电装备工程研究中心等3个省级研究中心及重点实验室。与国际、国内领先智库和省内外知名高校、科研院所广泛联合，建立学术交流与合作长效联动渠道，为集团乃至全省能源行业发展提供权威决策分析和技术支持。

作为多轮驱动的重要一极，能投集团将党建工作融入中心、进入管理，把"三严三实"和"忠诚、干净、担当"作为企业改革发展的领航器，作为规范企业内部管理、推动依法治企的有效抓手，作为集团适应经济新常态、加快改革转型的新动力，以作风建设的新成效引领推动集团各项事业的新发展。按照"两个主体"要求，着力抓好党风廉政和廉洁从业，持续推动人才强企，培树企业文化，使集团软实力有效提升，最终实现生产经营与党建文化良性互动，为企业深化改革与产业转型升级提供强有力的精神支撑、政治保障和持续动力。

能投集团将始终坚持以发展为第一要务，继续秉承"和谐、担当、务实、创新"的核心价值观，准确把握"集团化、国际化、金融化、信息化"的"四化"发展方向，向着"投资高标准、核心资产高质量、金融高效益、贸易高附加值"的"四高"发展目标迈进，做到坚持战略滚动修编、坚持"四高""四化"战略落地、坚持依法治司、坚持从严管理、坚持加强作风建设的"五个坚持"，全力推动集团在更高层次和更高目标下实现改革创新发展，努力成长为助推全省经济社会发展的中坚力量。

好梦行远！从2015年到2020年，能投集团将用六年的时间，力争实现投资、资产、收入"三个千亿"目标，发展成为具有区域影响力、产业引领力、持续发展力、综合竞争力的国际化一流能源集团公司，为中国梦云南篇章写就能源支撑产业云南、助力跨越发展的恢宏段落。

构筑城市生活梦　不完美　不止步

弘阳集团有限公司

世界上的成功有很多种，但几乎都有它的共通之处，那便是执着对梦想的追求，亦如弘阳集团和他的城市生活梦。

1996 年，伴随着改革开放的春风，弘阳集团在南京长江之滨桥头堡开启了创业征程。19 年来，从单一的建材批发转型房地产开发，从“商业 + 地产”双规并行转型城市综合体运营，再升级为城市生活服务商，弘阳不断拓展全价值产业链，成就了自己的“城市生活梦”。

一、建材批发启航，敢为人先，引领南京新人居

弘阳的 19 年，是拓荒的 19 年，敢为人先的 19 年。

20 世纪 90 年代，与南京主城隔江相望的江北还是一片荒芜的庄稼地。一个名叫曾焕沙的年轻人看中了长江之滨的资源和交通优势，不远千里来此创业。1996 年 5 月 28 日，在南京长江大桥桥头堡附近，占地 110 亩的“红太阳商业大世界”（弘阳前身）建材批发市场盛大开业，开启了弘阳的创业之路。

红太阳商业大世界刚开业，就成为南京江北最大的商业项目，给区域带来了崭新的商业气象。凭借优质的服务与高性价比，装饰城发展迅猛，不断扩容，“红太阳”品牌越来越响，批发网络覆盖到了安徽、河南等地。到 2003 年装饰建材城升级为国际品牌广场，占地规模达 2 000 亩，年经营额突破 50 亿元，成为华东地区十分有影响力的建材集散中心。

2002 年，南京市政府提出“跨江发展战略规划”，成立了新浦口区，给区域城市化建设带来了机遇。占据桥北核心板块的弘阳把握城市化发展的新动向，以前瞻性的眼光，毅然从家居建材批发转型房地产开发，成为江北板块最早的开拓者。2003 年 8 月，弘阳地产开山之作弘阳 · 旭日华庭面市当日热销 842 套，引起了业界的极大震惊，一举奠定了弘阳开拓房地产市场的信心。此后，弘阳地产坚持“高起点，高品质”的开发理念，在江北打造了一批风格迥异、建筑各异的品牌楼盘，旭日上城、旭日爱上城等项目一经推出，便成为南京市场的明星盘。

二、以“配套主义”精神，打造一站式生活方式

就在弘阳地产住宅开发风生水起时，弘阳董事长曾焕沙敏锐地发现，当时南京江北的房子虽越盖越多，也卖得很火，但缺乏配套支撑的新城，是没有发展前景的。按照他的构想：大型的商业配套不仅能方便自己的业主，更是对区域价值的提升。由此，弘阳以“配套主义”精神，开启了一场“造城运动”。

2006 年 5 月，弘阳集团斥资近 20 亿元建设的“华东首席 SHOPPING MALL”奠基，打造超大规模城市综合体弘阳广场。2011 年 5 月 1 日，历时 6 年造城，集购物休闲、游乐欢享、文化教育、餐饮娱乐、商业办公、高级酒店、时尚家居、仓储物流等九大业态于一体的超大城市综合体全面开业，标志着弘阳进入城市综合体运营时代。

弘阳广场总建筑面积 427 万平方米，有 116 米高华东首屈一指的摩天轮、亚洲最长的室内摩托过山车，激流勇进、飓风飞椅等 30 余项目前世界先进的游乐设施，满足人们吃、喝、玩、乐、购、住一站式生活需求。弘阳广场的落成彻底改变了南京城市的商业格局，成为当之无愧的南京北翼的商业中心。自开业以来，以巨大的人流、物流、信息流，以及对南京一小时都市圈的辐射影响，成为城市商圈与人居生活的欢享中心。目前，弘阳广场已在常州、无锡等地复制，为提升当地城市商圈氛围，完善一站式生活配套发挥着重要的价值。

除弘阳广场外，弘阳商业不断提档升级，最早的建材批发市场已全面升级为弘阳家居生活广场、弘

阳装饰城批发基地；并进军弘阳码头、弘阳酒店等多业态发展，商业总经营面积达 200 万平米，年接纳顾客超过 2 000 万人次，带动就业数 10 万人。其中，弘阳家居现已在南京、无锡等地开设 3 家门店，成为区域具有影响力的家居品牌；占地 1 600 亩的南京弘阳装饰城，是全国最具影响力的建材品牌批发基地之一。

三、以“极客精神”构筑理想人居，不完美，不止步

近年来，中国地产行业正从黄金时代进入白银时代，房地产行业的竞争已经从产品、价格竞争走向品牌、服务等综合实力的较量。

弘阳地产深刻把握行业变化，关注每位客户、业主在弘阳的居住、教育、交流、感受和生活消费体验，不断升级住宅品质、景观环境、物业服务、学区配套，以“极客精神”构筑理想人居。这也让弘阳地产在业内外赢得了“地产极客”的标签。

2011 年 1 月，弘阳在常熟、南通的地产项目同日开工，弘阳正式走出南京，布局江苏。截至目前，弘阳已在南京、苏州、无锡、常州、南通、常熟等地累计开发了近 30 个商业和地产项目，形成了精品住宅、写字楼、顶级别墅三大成熟产品系，为数万户业主带去了理想的人居生活。2014 年，弘阳地产跻身江苏省房地产企业综合实力前五强，荣登南京本土销售面积、套数、金额“三冠王”，成为南京本土最大的品牌开发商。

无论是面向城市新兴家庭的品质社区，还是面向城市高端人士的顶级别墅，弘阳打破行业常规，在建筑、景观、学区、物业等方面突破常规，超标准打造。在南京，弘阳为刚需大盘弘阳・旭日上城配备了 2.5 万平方米实景示范区和 46.0% 的超大绿化率，项目具备豪宅级景观标准，连续多次获得区域量价第一的双冠王，2014 年更以 45 亿元的年销售额问鼎南京楼市。在苏州，弘阳主动承担并实施了城市河道景观改造，将一条无名小河变成城市生活的靓丽风景；在南通，弘阳在不收取业主一分钱的情况下对已交房的现有绿化进行提升，追加投入了近 400 万元的成本，为业主升级“梦想级公园住区”。在无锡，弘阳选择了与上海佘山、三亚亚龙湾齐名的无锡马山太湖国家旅游度假区，打造锡城首屈一指的高端山湖别墅弘阳三万顷，并配建超五星级弘阳洛克菲酒店，让业主在足不出园享受国际级度假生活，力求给业主营造一种打动心弦的生活艺术。

四、加速推进“互联网 +”战略，打造国内一流城市生活服务商

近年来，面对电商对传统商业的冲击，弘阳主动拥抱互联网，探索线上线下虚实融合的电商平台。2014 年，弘阳携手腾讯正式上线弘阳微电商平台，以服务商户及消费者为目标，实现品牌推广、线上线下联动促销、在线交易及客户开发与维护为一体的网络平台，预计每年带动线下客群近百万。同时，弘阳建立了全产业链的会员大数据分析平台——弘阳会，与商户共享消费粘度、规模大、数据全的客户资源。

2015 年，弘阳启动创新转型战略，发力物业服务，探索社区 O2O 服务模式，践行“互联网 +”战略。目前，弘阳正快速推进智能物业 APP 服务平台，通过行业并购与战略合作，打造集物业服务、资产运营、社区服务、金融服务等于一体的科技型、综合型物业服务集团，提供涵盖社区公告、设备报修、投诉建议、表扬物业、在线投票、积分商城、社交圈、业主个人管理中心、便民服务、房屋租售、拎包入住、家政服务、社区电商、社区食堂、居家养老、生活超市、团购业务等全生活需求的服务。2015 年弘阳物业集团管理规模接近百强企业标准，到 2018 年，物业管理规模将达到上市公司规模，跻身国内物业行业第一方阵；2020 年前，弘阳物业集团实现上市，成为国内物业行业一流品牌生活服务商。

五、在商言人，打造人性化“家文化”和“成长型”组织

弘阳十分重视企业文化建设与员工成长，1996 年创立之初，公司董事长曾焕沙就制定了以“在商言人”为核心的企业文化理念。近年来，弘阳特邀国内专业品牌文化团队，耗资数百万元，对公司文化和品牌进行了梳理、优化，依托视觉识别、网络新媒体、内刊、企

业电视台、员工活动、社会责任“六大系统”平台，大力宣导涵盖员工沟通、学习、成长、晋升、激励、关怀等方面的行为理念，打造企业文化竞争力。阳光、温暖、积极的“家文化”在每一位弘阳人心中留下来深刻烙印。

2014年以来，弘阳每月举办“员工生日会”，寿星当天会收到董事长亲笔贺卡和生日礼物。公司每月对基层服务员工评选“光荣之星”“服务之星”，不定期举行各类征文、摄影、演讲、采风、拓展等和开展年度运动会、旅游奖励、表彰评优、春晚等活动，员工结婚或生病住院，会有专门的礼金和慰问金……此外，弘阳根据员工的不同层级和需求，设立了“新启航”“新理想”“常青树”和“弘阳梦”四大培训项目和相应课程，表现优秀的员工还安排出国学习考察，初步建立了覆盖全员的培训体系。正是人性化的关怀和管理，员工能获得良好的成长环境和事业空间，乐于与企业共同成长和发展。

六、传递关爱，分享成长，做负责的企业公民

创业以来，弘阳坚持“做负责任的企业公民”，通过扩大税收、增加就业、慈善捐赠、社工服务等方式，不遗余力，反哺社会。截至2014年，弘阳累计吸纳就业近3 000人，年纳税额位列江苏纳税总额500强第23位，在抗灾救民、扶贫助困、教育事业、医疗卫生、环境保护等众多领域，累计向地方慈善总会和光彩事业基金会捐赠近8 000万元。

弘阳人倡导全员公益，积极参与每年民政部门的“慈善一日捐”活动，深入敬老院、特困家庭、学校捐款捐物，开展“夏季送清凉”“冬季送温暖”“关爱儿童”等品牌微公益行动。2013年，弘阳认捐南京市浦口区慈善冠名基金1 000万元支持慈善事业发展。2014年年初，弘阳联合江苏省侨联等单位发起成立江苏省首家“华侨公益基金会”，成立“弘阳助侨基金”，着力扶贫济困，改善侨界民生。此外，弘阳积极发挥党、团、工会和武装部等作用，成立党员突击队、党员小红帽、团员红马甲，开展党员责任区、示范岗，传递社会正能量。

七、立足南京，布局江苏，走向全国，打造中国知名品牌

创业19载，凭借对中国城市化发展趋势和人居生活的深刻洞察，弘阳以执着的态度和勇气，超前规划，以城市配套生活为切入点，融合家居、住宅、游乐、超市、百货、酒店等全产业链，为人们提供一站式生活方式，赢得了客户和市场的认可。“弘阳”品牌入选中国驰名商标，连续多年蝉联中国企业500强、中国服务业500强、中国房地产500强。

展望未来，弘阳将加速推进创新转型战略，商业、地产、物业服务“三驾马车”协同并进，立足南京，布局江苏，走向全国，在“构筑城市价值”的道路上，为懂得生活的人们，践行更高的城市生活梦，成就中国知名品牌。

转型升级　强化全产业链竞争优势

厦门经济特区房地产开发集团有限公司

厦门经济特区房地产开发集团有限公司（简称“特房集团”）组建于2006年6月，是国家建设部核定的具有综合开发一级资质的国有房地产公司，已连续多年跻身“中国服务业500强”和“中国房地产开发企业500强”。

截至2014年年底，特房集团总资产达204亿元，现有参控股企业40余家，主营业务围绕房地产开发与经营管理，业务涵盖建设施工、资产运营、酒店管理、物业管理、园林绿化、文化体育等，先后建成上百个居住小区，总建筑面积超过500万平方米，建成项目曾获鲁班奖、詹天佑奖、全国生态智能住区等诸多权威奖项。

未来，特房集团将继续秉持“构筑有形、追求无限”的企业精神和“责任，让生活更美好”的企业理

念，加快发展转型，加强精细化管理，不断提高企业核心竞争力，致力于打造具有持续发展能力、海西区域业务规模领先、专业能力领先、盈利能力领先、产品品质领先的营收超百亿的城市综合运营商和城镇建设服务商。

深化改革谋发展，转型升级布新局，2015 年以来，特房集团在美丽厦门转型升级过程中，发挥国有企业先锋带头作用，“半年报”数据靓丽。截至上半年，集团资产总额近 245.6 亿元，所有者权益为集团成立时注册资本金的 6 倍。

近年来，房地产市场形势错综复杂、不确定性因素较多。特房集团加强对宏观经济环境与政策形势的分析与研判，立足“城市综合运营商和城镇建设服务商”的战略定位，坚持“以做优做强房地产主业为核心，以规范发展建筑施工企业为基础，以‘构建六大平台’促产业转型升级为支撑，以创新驱动和绿色发展为抓手，打造百年特房”的发展思路，努力实现产业链的延伸拓展和产业的升级转型，打造全产业链的竞争优势。

“经过 3 年的探索，我们在物业管理、资产运营、酒店运营、园林绿化、生活服务和产融结合业务板块均取得新突破”，特房集团有关负责人表示。积极拓展物业增值业务和新的经营项目，建立多元化的服务体系，不断提升物业管理水平和服务质量，推动特房物业不断由传统的“管物业”向现代的“服务人”的模式转变；成立特房资产运营公司，积极探索中高端商业地产运营模式，打造商业地产运营管理平台；以特房波特曼酒店公司和特房酒店管理公司为平台，以建设国内一流的标杆型“一站式”旅游度假酒店为目标，构建“从建设到服务”的跨界融合服务新形态，进一步探索集团酒店项目的管理创新和商业模式创新，培养专业管理团队，创建国内一流酒店管理品牌；成立特房园林公司，涉足园林景观产业，在厦门及周边地区建设大型苗木基地，构建从苗木种植、园林设计、施工及养护一体化的经营体系，在园林绿化行业进行纵向一体化的布局，实现地产业务与苗木业务协同发展；以特房尚生活投资公司为平台，从综合利用集团旗下的高端商业物业和所管理的社区资源入手，以生活超市、餐饮美食等实体店服务和社区信息化服务为基础，积极探索市场导向、消费者导向的创新商业模式，打造以高端精品超市、多元精品美食、会议中心及康体中心等为载体的全新特房生活服务品牌；成立特房投资公司，强化自有资本管理运作，探索“产业 + 金融”双轮驱动发展模式；组建住宅产业化小组，为从传统施工企业向建筑工业化企业的转型进行战略布局……特房集团转型探索成效已现，各业务板块的发展定位和运营模式基本明晰，构建互相支撑、相互依托、共同发展的产业新格局。

下一步，特房集团将紧紧把握全面深化国企改革和美丽厦门战略规划实施的重大历史机遇，继续探索在产业链延伸拓展方面的运营模式和多元化合作机制。特房物业拟构建方便政府、物业服务企业及社区居民之间沟通与交流的数字化平台，探索由传统物业管理服务提供者向综合物业服务运营集成商转型之路；特房建工拟整合资源，优化投资结构，推进从管理型向经营型企业转变，以产业结构升级带动资源的合理配置；特房园林抓住城镇化和农业、绿色低碳环保产业发展机遇，将生态休闲农业工程作为重点发展领域的目标要求，开展打造集团上市平台的研究，加大产融结合资本运作力度；特房地产在做强做大传统住宅产业的基础上，研究探索养老地产的商业模式，将打造养老品质地产和物业优质管家等服务有机结合。

特房集团一方面加快转型升级，提升企业核心竞争力，另一方面积极为政府分忧解难，打造民生项目样本。2015 年以来，特房集团承担的市翔安医院、马銮海堤开口改造项目、厦门军粮配送应急保障中心、故宫博物院鼓浪屿外国文物馆、同安现代服务业基地等政府重点建设项目进展顺利，市民共享建设“美丽厦门”崭新成果。

电子改变世界　科技引领未来

——中国电科改革与发展成就综述

中国电子科技集团公司

中国电子科技集团公司(简称“中国电科”)是经国务院批准,在原信息产业部直属电子研究院所和高科技企业基础上组建的国有大型高科技企业集团,是十大军工集团之一。

中国电科所属二级成员单位54家,旗下有海康威视、华东电脑、太极股份、国睿科技、四创电子、卫士通、杰赛科技、凤凰光学等8家上市公司,主要从事国家重要军民用大型电子信息系统的工程建设、重大装备、通信与电子设备、软件和关键元器件的研制生产,具有比较完整的研究、设计、试制、生产和试验能力体系,以及完备的质量保证体系。多年来取得了一批领先或接近国际水平的重大科技成果,在一些关键技术领域始终保持着国内领先、国际先进的地位。

中国电科先后承担预警机、载人航天、探月工程等国家重点工程,是国内唯一覆盖电子信息全部领域的大型科技集团,国内唯一能够为军队全方位提供信息化武器装备的军工集团,国内唯一能够为我军各种型号的卫星、导弹、飞机、车辆、舰船提供基础产品及元器件的企业集团,国内在公共安全和电子信息装备、仪器仪表的研制、生产和服务方面实力最强的企业集团。

中国电科坚持走军民结合、寓军于民的发展道路,积极参与国民经济信息化建设,在北京奥运、上海世博安保指挥系统、国家公共突发事件应急平台、电子政务网、气象雷达网以及空中交通管理系统等大型系统工程领域发挥主导作用,形成了安全电子、软件信息服务、基础元器件、装备与新能源等主导产业和卫星导航、物联网、交通电子、通用航空等培育产业。

一、总体成就

中国电科自2002年组建以来,先后实施了“三三三”转型升级战略、核心竞争力跃升计划、“一二五四三”战略,成为资产规模和业务收入双双突破千亿的大型国有军工集团公司。

(一)经济保持快速增长,综合效益持续提高

一是主营业务收入和利润保持快速稳定增长,年均增长双双保持在20.0%以上。二是资产规模和结构持续优化。截至2014年底,总资产和净资产年均增长约20.0%,资产负债率43.7%。三是经营质量和财务绩效不断提高。国有资产保值增值率年均突破110.0%,净资产收益率超过12.0%,连续11年获得中央企业经营业绩考核A级。见下图。

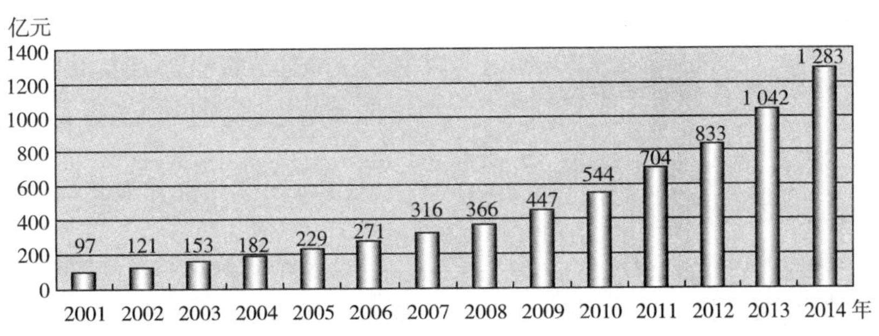

图　2001—2014年主营业务收入趋势

（二）强化信息体系引领，军工地位不断提升

一是信息化武器装备研制进展顺利。紧紧围绕实现强军目标，研制和交付了一大批重要电子信息系统与装备，满足了我军装备信息化建设急需，有效增强了我军基于信息系统的体系作战能力。二是技术创新能力大幅提升。推动了全军骨干通信网的升级换代，实现了对战场多维空间各类目标的连续不间断"凝视"侦察监视。三是研制生产服务保障能力不断完善。形成了较为完备的能力体系，装备自主保障率达到70.0%，装备质量成数量级提高。四是军品规模持续快速增长。

（三）民品产业梯度发展，产业布局初成体系

一是产业规模持续快速增长。逐步形成以安全电子、软件与信息服务、装备与新能源和基础电子产业为主体，以卫星导航、海洋电子、交通电子、通信、智慧文博等为新生力量的产业格局。2014 年，民品业务收入占集团公司总收入的比重超过 63.0%，年均复合增长率 26.2%。二是技术转化能力和市场竞争能力显著提升。科技创新成果有力地支持了重点民品产业的快速发展，取得了良好的经济效益；高端电子制造装备、数字仪器仪表、晶硅太阳能电池核心技术等处于国内领先、国际先进水平；视频监控产品销售居全球第一，国内市场占有率超过 50.0%；应急指挥、民用雷达、轨道交通、电子装备等产品占据国内行业主要市场份额。三是龙头企业引领作用日渐凸显。培育了包括海康威视、华东电脑、太极股份、国睿科技、四创电子、卫士通、杰赛科技、凤凰光学 8 家上市公司在内的一批具有集团特色、市场竞争力强的骨干企业。四是地方及行业合作空间不断拓展。与 16 个省级地方政府建立战略合作关系，与国有商业银行、电信运营商等大型企事业单位建立长期合作伙伴关系，与思科、意法半导体签订战略合作备忘录，加强技术交流和产业合作。

（四）国际平台初步建成，经营能力逐步提升

一是军贸工作成绩斐然。截至 2014 年底，37 项军贸科研项目获批立项，成功签约并顺利实施了一批重大合同项目，并击败美国公司成为埃及防空系统唯一供货商。二是国际业务不断成长。目前海外分支机构 60 余个，国际化经营网络不断壮大，初步形成了军品贸易、民品贸易、国际工程、国际投资、国际合作五维一体经营模式，并打造了军事电子、网络信息安全与系统集成、安全电子、新能源电子、元器件与制造装备、空中交通管制六大业务板块。三是民品加速进入国际市场。首次按照工程实施方、涉外投资项目管理平台和当地金融机构三方联合运营模式，签约日本 7.44 兆瓦光伏电站项目，并达成后续 50 兆瓦建设意向；以柬埔寨和古巴国家信息化体系建设为牵引，探索为友好国家信息化建设提供整体服务新模式。四是稳步推进国际合作项目。推进中俄航天等政府间合作项目，与法国泰雷兹、俄罗斯技术集团、柬埔寨高棉集团、欧洲微电子中心等深化战略合作。

（五）体系重构激发活力，创新能力大幅增强

一是稳步推进技术创新体系建设。按照"三三制"体系架构和"创新集群"思路推进创新体系重构，拥有国防科技重点实验室 15 个、国家工程研究中心 3 个、国家工程技术研究中心 4 个、国防科技研究应用中心 3 个、博士后科研工作站 20 个和教育部"2011 计划"雷达协同创新中心，并牵头组建了"移动智能终端"产业化联盟。二是成体系布局关键技术、实施关键技术谱系图和技术结构表管理。圆满完成探月工程、北斗二代、高分辨率对地观测等国家科技重大专项任务，太赫兹、石墨烯射频器件、量子密码技术、超材料技术等前沿技术不断突破。三是科技创新投入产出效益明显。年科技投入比率达 15.0% ~18.0%，取得了一大批拥有自主知识产权的高水平、通用化、实用化科技成果，共申请专利13 986项，获得专利授权 6 762项，获得国家、国防科技奖 1 023 项。其中，"空警 2000"预警机获得 2010 年国家科技进步特等奖。四是稳步推进技术创新业态的平台建设。启动技术创新交易平台建设，推进技术显性化，落实知识产权全过程管理；成功举办"熠星"创新创意大赛，探索"技术 + 人才 + 资本"的创新资源市场化配置模式；建立科技人才流动管理制度，并在协同创新中心试行。

（六）国资经营初显新局，技产融资协同发展

一是推进资源向产业链关键环节和价值链高端集聚。2014 年实现外部各类融资 130 亿元，股权投入 110 亿元，实现资产经营拉动新增营业收入占主营业务总收入的 5.0%；完成集团层面 11 家参股公

司的退出工作，累计完成成员单位层面80家公司专项治理。二是加强上市公司统一运作，加快集团优质业务资产对接资本市场，推进导航应用、射频芯片、集成电路设计及电子装备制造等领域相关优质公司股份制改造。三是支持集团公司主业发展。发挥财务公司、投资公司两大平台投融资作用，开展产业投资、基金设立、二级市场运作，丰富业务模式和内涵；建立发展资金支持科技创新、产业发展和军工重大项目的前期启动；2014年安排贷款393亿元，集团公司融资支持率达到50.0%以上。四是创新能力建设思路和模式。实现从以研究所能力为重点的分布式建设思路向集团成体系综合能力建设转变、从以军为主向军民融合转变、从以增量为主向增量与存量统筹转变、从提供保障为主向与主营业务互动发展转变；启动实施综合电子信息系统研发平台等重大专项，以及安全电子、软件与信息服务等产业园区建设，初步形成五大业态协同发展的格局。

（七）企业改革全面深化，治理能力稳步优化

一是全面推进集团深化改革的顶层设计。成立集团公司全面深化改革领导小组和办公室，提出集团公司事业单位分类改革方案，初步完成了“中国电子科技集团公司全面深化改革指导意见”编制。二是务实推进主营业务体系改革示范。推进“三层架构、两级经营”主营业务体系架构建设，以电科院和创新院为重点加强总体队伍建设，以战略研究中心等为重点加强共用平台建设，以财务公司和投资公司为重点加强资产经营与资本运作平台建设，以电科国际为支撑加强国际化经营平台建设，以通信事业部为重点开展军工业务组织体制改革，以海康、装备、声光电、网安、软信为重点开展产业子集团建设，以电子仪器、航电、海洋电子等为重点推进专业公司建设。三是围绕主营业务发展探索推进机制改革。探索推进以五元薪酬制度为核心的薪酬与激励机制改革，以规划与业绩考核为基础的经营业绩分类考评机制改革，以海康集团授权经营为试点的子集团运行模式创新以及以协同创新中心建设为平台的开放式协同创新机制改革。

（八）人才队伍日益壮大，员工企业和谐发展

一是基本建立了一支规模适度、结构合理的人才队伍。到2014年，集团在职员工13万人，其中专业技术人才占49.8%，45岁以下占85.7%，大学本科及以上学历占56.5%。工程院院士11名，国家级科技人才525人。其中，王小谟院士获2012年国家最高科技奖。二是用人选人制度改革不断深化。制定中国电科“七好五强”选拔任用干部标准，探索建设各类人才发展通道，体系化开展各类人才培训培养；实施“16266重大人才工程”，建立“事业平台、社会地位、经济待遇”三位一体的人才发展动力机制，构建了以首席科学家为代表的专业技术人才职业发展通道。三是构建事业与员工和谐发展型企业。员工收入年均增长率约12%，积极保障员工权益，关注员工发展，保证职业健康，确保安全生产。

（九）党建融入中心工作，文化建设塑造价值

一是扎实推进“量化有效型”党建工作体系建设。党建工作价值创造能力不断显现，提升了团队的政治素质、团队能力和企业文化软实力；创新地组织开展了党的群众路线教育实践活动、“强作风、抓改革、促发展”主题实践活动，务实做好群众工作，强化作风建设成果，深入推进思维方式、组织方式和工作方式“三个转变”。二是积极履行社会责任。健全社会责任体系，社会责任报告连续获五星评价，成为工信部首批两个社会责任实践基地之一，社会责任发展指数名列电子信息行业第一，社会责任工作进入央企和行业前列。三是大力推进企业文化建设。确立了“国家利益高于一切”的核心价值观，初步构建了企业文化理念系统和视觉识别系统，并打造形成中国电科舆论宣传平台体系，不断提升集团公司的社会形象和品牌价值，扩大了中国电科的美誉度和影响力。四是强化党风廉政建设。深入推动党风廉政建设党委主体责任和纪委监督责任的落实，党风廉政建设责任制得到全面贯彻落实。深入开展效能监察，企业管理效益有效提升。

二、成功经验

（一）“三个转变”大讨论引发思想观念意识大变化

近年来，中国电科积极推动思维方式、组织方

式、工作方式“三个转变”，极大地促进了广大干部职工思想解放、观念更新、意识增强，取得了显著成效。

一是以思维方式转变谋划未来发展。通过思维方式的转变，全系统上下普遍意识到要真正从国家安全和国家利益发展的全局和长远的两个维度去思考、去谋划，把中国电科始终当作党的执政基石、国家的“顶梁柱”、参与国际竞争的生力军。二是以组织方式转变推进深化改革。全系统上下普遍意识到组织方式的转变不仅要解决深化改革的体制问题，解决如何成为市场竞争主体的体制问题，还要解决中国电科作为具有国防、科技、电子信息三大特色的中央企业的改革方向和目标问题，解决发展的路径问题。三是以工作方式转变破解企业难题。全系统上下普遍意识到工作方式的转变不仅是解决企业运行机制、提高工作效率和效益的问题，也是打造世界一流企业的必要条件。

（二）“一二五四三”总体发展思路逐步深入人心

中国电科高度重视战略规划的引领作用，提出“一二五四三”改革发展总体思路，明确“国内卓越，世界一流”战略目标，通过颁布中长期发展规划纲要，进一步聚焦了全系统改革发展的方向和重点，发挥了重要的牵引和指导作用。

“国内卓越，世界一流”的战略目标激发了广大干部职工神圣的使命感、责任感和搞建设、求发展的干劲，创造了不断进取、充满活力的良好氛围，也提高了全集团的战略意识和全局意识，促使全系统上下开始主动站在国家战略安全的高度、电子信息技术产业发展的高度，主动谋划未来，为“构建国家经络体系，巩固国家富强基石”提供承载平台。

（三）集团化经营理念初显实践成效

中国电科注重形成集团化经营的观念意识，显现出实践成效。一是集团化经营理念得到强化。广大干部员工充分认识到集团化经营是中国电科做大做强的必由之路，为各成员单位“联合起来办大事”提供了思想源泉。二是集团化经营平台已经迈开了坚实步伐。总体院、子集团、专业公司等一些刚刚组建的集团化经营平台，为实施大系统、大工程、大产业创造了重要条件。三是集团化经营成效已经显现。在一些科研项目中，集团化经营平台初现成效，为今后的拓展提升提供了实践范例。

（四）管理制度不断优化促进各项工作持续改进提升

中国电科不断改进优化各方面的管理制度，推进实施管理提升，管理水平显著提升。一是制度建设和实施符合国家法律、政策及整体发展方向，经营风险得到有效管控。各成员单位都能够根据国家法律法规的修订，及时调整相关规范制度，有效管控财务、法律、运营、市场等方面的各类经营风险。二是制度建设和实施符合集团公司整体发展要求，转型升级得到有效保障。各成员单位都能够根据集团公司的中长期发展规划要求，制定补充相关规章制度，保证了集团公司上下行动一致，以及转型升级目标的实现。三是制度建设和实施能够从自身实际出发，改革发展得到制度保证。各成员单位都根据自身情况，制定了切合实际、各具特色的制度运行体系，为近年来的快速发展提供了制度保证。

整合发展　转型升级　创业创新　永不停步

广东省广播电视网络股份有限公司

广东省广播电视网络股份有限公司于2010年8月5日正式开业，是肩负全省广播电视节目安全传输、为全省人民群众提供丰富多彩的电视节目等使命的省属大型国有文化骨干企业。公司于2011年1月1日开始独立运营，截至2015年6月，经营总收入176.6亿元，总利润15.2亿元，创利税22.2亿元，累计为股东分红10.3亿元。5年来，公司实现了经营业绩的连年增长。公司2011年营业收入29.2亿元，

2014 年营业收入 40 亿元,年均增长 12.3%;2011 年净利润 1.8 亿元,2014 年净利润 3.9 亿元,年均增长 40.9%。5 年来,我们解放思想,奋勇拼搏,实现了广电网络产业的跨越式发展。

一、产业转型升级彰显实力

公司成立之初,就将高清互动电视作为核心业务进行重点开发,全力以赴推进高清互动电视平台建设。2011 年 8 月 8 日公司高清互动平台开播,“U 互动”品牌诞生。2012 年成功搭建全国首个全省统一运营的高清互动平台,并实现了全国领先的省级统一管控。为实现市场突围,2013 年开始,公司确定“以活动带动宣传”的精准营销原则,先后与南方电视台、广东体育频道、嘉佳卡通卫视、省文联等单位合办“花开朵朵少儿才艺大赛”“我们正年轻中老年才艺大赛”“五人足球争霸赛”等大型推广活动,分公司积极参与,全情投入,活动覆盖“老中青少”四大客户群体,拉近了与群众的距离,促进了业务量提升。在大家的共同努力下,全省高清双向终端数稳步上行,每年均超额完成任务。截至 2015 年 7 月,全省高清双向终端数已达 297.3 万台。目前高清互动平台节目保有量为 4.3 万小时,2015 年上半年更新高清节目约 1.9 万条,合约 1.8 万小时,每天约有 150 小时节目更新,为用户提供更为多元化的产品,更为高品质的文化娱乐享受。

同时,公司积极实施整合营销战略,加快业务的开放与融合,加快产业链的资源整合。公司加强与政府部门合作,与省经信委、省应急办、省气象局等政府部门积极合作,建立全省高清视频联网、农村应急广播系统,进一步扩大社会影响力。2012 年公司与广东移动合作,在全国推出首款大规模商用三网融合产品移动 U 宽频取得巨大成功,该合作被中广互联评为行业最佳营销案例;2013 年与广东联通在互联网出口、行业融合等方面合作,进一步推动宽带等业务发展。公司率先将互联网优质内容引进广电网络,引进搜狐 OTT 产品;与长虹合作推进智能家居、家庭安防等项目;与创维、同洲、TCL 合作推出一体机、合约机。与歌华有线、江苏、湖南等广电网络公司合作,从战略层面实现业务融合及资源共享。公司通过搭建互利共赢的合作平台,建立起大市场大营销发展格局。

二、优质服务铸就公司品牌

公司统一了全省“96956”客户服务号码,为全省客户服务提供统一界面和统一形象,为用户提供 7×24 小时服务。2013 年,借鉴行业内外先进经验,高标准筹建“全省统一集中式客服中心”,于 2015 年上半年完成,实现了全省客服同一平台、同一系统的集中管理,使客服运营更为集中化、标准化。直属公司荣获“广州市用户满意服务明星企业”;东莞分公司荣获市“巾帼文明岗”和“市青年文明号”等荣誉。

对于孤寡老人、革命伤残军人、领取政府定期救济补助特困户等人群,公司严格执行上级有关政策做好有线电视费用优惠减免工作。每年为全省 215 万多户困难群众减免总金额约 3.5 亿元,让广大困难群众感受到了党和政府的关怀与温暖。

三、全力提升网络承载能力

公司层层签订安全播出目标责任书,实行问责制。建立健全《安全播出管理制度》等安全播出制度和工作细则,严格执行,并通过强化检查与监督,有效堵塞安全播出漏洞。5 年来,公司总投入近 6.5 亿元,以系列措施确保安全播出任务使命必达,建成了上下贯通的安全播出应急指挥系统,实现了统一管理、统一调度的安全播出管理组织体系。

5 年来,我们面对网络基础薄弱的境况,迎难而上,分区域、分阶段全面提升网络承载能力。网络双向覆盖率从成立之初的不到 50.0% 提高到 2014 年的 84.6%,有效解决省干光缆网线路日益老化、功能单一等问题。公司大力实施统一技术规划,全面推进技术标准化建设,逐步建起全省统一规划、统一建设、统一管理、统一运营的技术新体系。高清互动平台、省干 OTN 网从无到有,建设成为国内首个基于开放式架构的互动业务平台和万兆光传输网;省干传输网由 2.5G 传输能力发展到支撑 1 400G 传输能力的万兆传输网；城域网和接入网由千兆城域网升级为万兆城域网；接入网由两兆带宽接入到现在的可提供百兆带宽接入，同时引入光纤到户等新技术应用，未来可实现千兆入户和有线无线融合发展。

公司全面启动数字电视整体转换工作，实现了地市网络数字化全覆盖。完成重组的县区也在省公司帮助下积极推进整转工作，预计 2015 年可全部完成。

四、深入推进全省网络整合

在完成全省第一阶段广电网络改革重组任务，组建省广电网络公司后，严格按粤办发〔2009〕34 号文部署和要求，继续扎实推进全省网络整合。2011 年 4 月，全省县（市、区）网络改革重组工作全面启动。同年 8 月下发重组工作方案，10 月召开动员大会，明确重组路线图、时间表、任务书。按“先挂牌、再理顺”的原则，积极开展重组工作。截至 2012 年 12 月，除 15 个涉及银视问题的县（市、区）外，其他 68 个县（市、区）均成立了县级分公司，并由公司任命了县级分公司总经理。

五、不断推动技术创新升级

公司成立之初，确立了以 BOSS 建设为核心的信息化管理目标。2013 年，确定信息化规划蓝图及三年演进路线，由广电总局广科院组织专家论证并获通过。2014 年，BOSS 系统全面上线，现已支撑起 18 + 1地市、43 个县区的全业务运营，实现 13 家银行的全业务托收，支撑起数字、互动、宽带、增值业务等融合受理及综合账务处理。有效提升业务支撑能力、业务融合能力和统一管控能力，为公司未来发展打开了更广阔的空间，使公司信息系统建设走在全国广电网络公司前列。

公司始终倡导创新精神，大力推进技术创新。2013 年公司“支持统一运营管理的家庭多媒体终端”项目、“全省统一管控分级部署的高清互动异构平台”项目分别获广电总局科技创新奖一等奖；目前，共 6 项技术获得专利授权。公司在全国广电行业率先提出“家庭智能网关”设计理念，并在“第二十一届国际传输与覆盖研讨会”上进行技术推广。现已完成家庭智能网关项目技术研发和系统搭建工作。目前，公司家庭智能网关在完整性、包容性、多样性、技术先进性等方面均在全国领先。在 2015 年 5 月深圳文博会上，公司作为主要发起单位成立“家庭智能网关产业联盟”，该联盟的成立得到行业与外界的关注与赞赏，将对有线电视行业乃至整个广电系统带来深远影响，意味着广电网络吹响了进军智慧家庭的号角。2015 年，公司获批了基于 U 频段的“有线无线广播电视融合网技术实现农村信息化”新技术试点项目，成为国内首批试水无线运营的广电网络公司。该项目可助力农村信息化发展，成熟后将加速智慧城市、宽带中国战略发展。

六、资本运作能力有效提升

我们在全国率先引进战略投资者，募集资金共 56 亿元，为公司发展提供雄厚资金保障。2013 年，公司搭建起投资板块“一个中心、两个平台”，公司投融资部为投资板块管理中心，投资公司、基金公司为直接和间接两大对外投资平台，充分利用产业优势，投资产业链上下游企业及产业链相关新兴行业。一方面，利用产业优势挖掘优质项目，获得良好的投资收益；另一方面，通过股权投资方式在风险可控前提下，试水新行业、新技术，待时机成熟时，通过股权投资加强与公司主营业务协同效应。

5 年来，我们以执着的信念与辛勤的汗水，铸造公司实力与影响力。公司连续 3 年入选“中国服务企业 500 强”，先后荣获“广东省模范劳动关系和谐企业”“全国文化企业 30 强”和“全国文化体制改革工作先进单位”“2013 年广东省自主创新标杆企业”“诚信创建优秀单位”“2013 年度广东省优秀企业”“2014 年度广东省企业文化示范基地”等荣誉。

在未来的日子里，我们将继续解放思想，坚定改革信心，科学统筹谋划，勇于攻坚克难。我们坚信，有省委、省政府、省委宣传部的坚强领导，有相关部门和社会各界的大力支持，我们将在产业化发展的道路上再谱新篇章！在文化强省的号角声中再创新辉煌！

倾注十年恢宏　共筑“四个阳光”

阳光保险集团股份有限公司

10年奋迹10年心。

2005年7月，一个生具“强者”基因的新公司——阳光保险呱呱坠地，诞生于已经拥有79家产寿险主体的保险市场上，成长于激烈而残酷的竞争中。于是，它的身上又贴上了“坚韧”与“果敢”的标签，始终有一种强烈的、向上生长的力量。

就像阳光保险集团董事长张维功所言，阳光没有赶上最好的历史时期，不会像一些成立较早的公司那样，在基本没有竞争的年代无障碍地去开疆拓土。“我们在出生时已兵荒马乱，竞争残酷，时间不会给我们失败的机会，空间随时伴随着移动的压力。如果生长的力量不够，很难破土而出；如果稍有失误，也会中途夭折。”

但经过10年的奋迹，仅仅10岁的阳光保险，已经成为一个开始有资格可以与成年人同场竞技的健康少年。

所以，我们有理由认为：阳光很幸运，因为成立10年来，它的战略、规划、模式特别是文化，被实践证明是成功的，让它得以完成从零到1的“一次创业”；阳光真的很幸运，虽然没有赶上最好的时期，但也赶上了中国经济的快速成长，保险业大发展、大变革的历史机遇期，使它得以迅速成长壮大，以强壮的青春骨骼支撑起一家实力金融企业的身躯。

阳光保险的下一个10年即将开启。未来，阳光人将在“数据阳光、金融阳光、健康阳光、海外阳光”四个阳光的指引下，积极推进“互联网、大金融、终极客户”三大战略，开拓创新，锐意进取，努力实践“从1到N”的“二次创业”。

一、从0到1：成绩是一种“鞭策”

2004年5月19日，时任广东保监局党委书记、局长的张维功辞去公职，北上寻梦。这一天，后来成为阳光保险的“创业日”。

历时半年多，足迹遍布全国，接触企业达389家之多，2005年7月28日，他终于以“神奇之手”创立起阳光财产保险股份有限公司，并引领阳光保险在业内以鲜明的特色迅速崛起，成功走上集团化道路。

10年阳光，阳光人在董事长张维功的带领下，创造出保险业内一个个阳光速度、阳光现象、阳光奇迹……

成立3年组建保险集团，5年超越了与其同期成立的71家保险主体，跻身中国企业500强、中国服务行业100强，9年同时布局互联网金融及不动产海外投资领域，10年以保险业第一家设立大型综合医院为标志，成功进军医疗健康产业，成为全球市场化企业成长最快的公司之一。截至目前，阳光旗下已拥有财产保险、人寿保险、信用保证保险、资产管理、融和医院等多家专业子公司，逐渐成为引领行业变革的中坚力量。

成立于2005年7月28日的阳光财产保险股份有限公司，注册资本金11亿元人民币。截至目前，已有36家分公司开业运营，三四级分支机构1 500余家，服务网络实现全国覆盖。

成立于2007年12月17日的阳光人寿保险股份有限公司，注册资本金91.71亿元人民币。截至目前，已有33家二级机构，三四级分支机构800余家，以专业服务为广大客户提供人身、养老、医疗、健康、意外等保险保障。

2008年1月23日，经中国保监会、国家工商总局批准，阳光保险控股股份有限公司正式更名为阳光保险集团股份有限公司。阳光的集团化之路被国内权威媒体称之为不可复制的“传奇”。

成立于2012年12月的阳光资产管理股份有限公司，目前已具有保险资管公司完备的业务资格，涵盖股票投资、信用债投资、股权投资、股指期货投资，同时拥有基础设施投资计划及不动产投资计划产品创新资格，受托管理保险资金资格，保险资产管理产品业务资质，阳光人寿境外投资境内受托人资格等，投资收益连续多年居行业前三名。截至目前，阳光资管受托管理资产规模已达 3 500 亿元。

成绩可以证明过去的辉煌，但成绩亦是无形的鞭策，是激发阳光人持续迈进的原生动力之一。

2015 年，阳光保险投资设立的阳光融和医院，按照国际化医疗健康管理理念和 JCI 国际医院筹建标准筹建，集医疗、康复保健、教学、科研、养老养生和健康管理于一体，一期开业的医院建筑面积 28 万平方米，是国内一次性开业面积最大的医院之一，也是国内第一家由保险机构、大型公立医院和医科大学合作兴办的股份制医院。同年，继续拓展医疗健康产业，设立行业首只产业基金—阳光融汇医疗健康产业成长基金。

2015 年，持续发力，以迅雷不及掩耳之势在国内的互联网金融领域崭露头角。设立国内首家专业的商业信用保证保险公司——阳光渝融信用保证保险股份有限公司，设立中国领先的互联网金融服务平台——惠金所。

与此同时，海外不动产投资动作频频，亮点频现。2014 年和 2015 年先后收购澳大利亚悉尼喜来登公园酒店和美国纽约曼哈顿顶级六星级水晶宫酒店，成为迄今为止唯一一家在收购酒店的同时与海外知名酒店管理公司达成战略合作协议的中国公司。

二、二次创业、文化致远

这是一家时刻怀有“敬畏精神”的公司，对市场怀有敬畏、对战略怀有敬畏、对机遇亦怀有敬畏。而这种敬畏感首先体现在公司掌舵人张维功的身上。

2015 年 5 月 19 日，阳光保险的第 11 个创业日，张维功写下这样一段话：

在信仰的背后，我充满着敬畏，因为我怕境界眼界不够，错定战略；怕敏感果敢不够，丧失机遇；我更怕决策失误和管理不慎，给公司造成巨大风险，对不起股东、员工及公司的名声。

所以，阳光创设 10 年来，张维功一直以农民的心态做保险，没有任何投机取巧之心、华而不实之行。这 10 年，他几乎没有在节假日休息过，每天的工作时间平均超过 16 个小时，10 年至少等于一个普通人工作 25 年的时间。

正所谓“锲而舍之，朽木不折；锲而不舍，金石可镂”。也正是这份大爱、执著，坚韧与敬业，加上作为企业领袖所独具的智慧、敏锐与决断力，让这位领路者得以带领阳光保险不断超越，一路阳光。

阳光腾飞的 10 年，也是中国保险业大发展、大变革的 10 年。与 2005 年时相比，2014 年我国原保险保费收入超 20 000 亿元，已经是 2005 年全年近 5 000亿元保费规模的 4 倍有余；产寿险主体机构的数量也随之翻了一番多。

“每每想起从 11 年前的今天，我与另外 5 个人来到北京，开始阳光的创业，到今天阳光发展成为一个拥有 5 万多名员工，13 万多从业队伍，总资产近 1 500亿元，日均保费超过 2 亿元的大型企业，总是让人们感到骄傲和自豪”，张维功在创业日上说：“因为我们的确做了一些事情，而且多数做得不错，这不仅是创业者的功劳，更是全体阳光人的荣耀”。

当被问及阳光成立至今，如此迅猛的发展动力源自何处时，阳光人总会不约而同地告诉你，动力来自于阳光的文化：她是一种责任与进步的文化，蕴含了共同成长、创造价值、诚信、关爱、创新、战胜自我等所有的优秀文化基因。尤其是自成立之日起，阳光保险便坚持“一点点不同”的理念，于是，创新成为其速度与效益同步快速增长的重要动力，也成为其重要的文化符号之一。

速度制胜，文化致远。

阳光的文化要求阳光人具有“归零”思想，继续保持创业的激情。如今，传统的金融保险业，遭遇了新兴的互联网；大数据、海流量，微营销正成为颠覆传统的核武器；大众创新、万众创业正成为时代潮流。

“阳光的梦想还远远没有实现，阳光可以实现更大的梦。”张维功已经准备好带领阳光进行“二次创业”。

三、从 1 到 N：阳光开启“三大战略”

后成功时代，不少企业会阶段性地陷入发展瓶颈期，就像上台阶，跨越到一个较高的平台后，接下来何去何从，容易迷失方向，这对领军者的智慧与眼界无疑都是考验。经历了前7年的超常规发展后，2012年前后，阳光保险也曾陷入短暂的瓶颈期。

其时，受欧美债务危机等影响，世界经济走向未明；我国经济结构调整及驱动内需的经济转型逐渐深化，资本市场严重低迷，寿险发展环境面临严峻挑战。尤其是2011年，整个寿险业进入严冬，受经济形势、金融形势、银保新政等影响，寿险全行业增速只有个位数，新单首次出现负增长；而产、寿险费率市场化趋势也在2012年时愈加清晰，企业经营压力骤然增大。

面对严峻的市场环境，寻找核心竞争力就成了阳光保险在发展进入“第二个五年”的首要任务。幸运的是，张维功很快找到了阳光保险“二次发力”的着力点——将客户导向管理作为公司业务战略转型的主线，而后进一步提升为“终极客户战略”，并在此基础上把“互联网、大金融及终极客户”作为2014年及未来相当长时期内公司的三大核心战略，紧跟时代的变革。

互联网之所以能以难以估计的速度和能量改变当今社会，其核心理念就是终极客户思想，因为在互联网世界里没有特权，没有歧视，“平等、开放、协作、分享”的灵魂实质是“一切为了客户体验”。而阳光保险战略转型与三大战略的指向只有一个：一切为了客户！

张维功曾在全国工作会议上强调：“任何企业终极管理的目标都是客户，客户的多少决定企业的大小，客户的品质决定企业的品质，客户的价值决定企业的价值，客户的评价决定企业的品牌，客户的忠诚度决定企业的竞争力，没有客户便没有一切”。

2014年起，阳光开始强力推进“一个客户、一个账户，一个阳光、多个产品，客户全生命周期”的客户拓展管理模式。为落实互联网战略，阳光保险在集团层面成立了互联网金融事业部，以全新的互联网视角开发互联网金融保险产品，设计互联网金融的营销策略、业务流程及服务标准。

而伴随相互渗透、合作共赢的大金融时代的到来，阳光保险更清醒地认识到，保险将成为真正的买方市场，不能仅仅就保险说保险，应该以对客户利益、资金收益、财富管理需求高度负责任的态度，创新保险产品形态，以强化保险的金融属性，满足客户综合财富管理的需求。

事实上，互联网、大金融和终极客户三大战略是内在统一、相互支撑、三位一体的。互联网不仅是工具，更是思维方式，是网络世界客户思想的最大实现；大金融是以客户为中心的内在诉求，是公司战略发展的产业发展方向和资源整合方向；终极客户是公司存在理由的根本体现，是公司战略发展的主线，更是集团所有战略的基石，阳光保险一位高管如是解释。

四、四个阳光、一盘大棋

如果说前10年决定着阳光能否成为一个“青春少年”，是一个从零到1的突破；那么第二个10年的“四个阳光”将决定着阳光能否成为“历史的巨人”，则是一个从1到N的蜕变。

2015年全国工作会上，阳光保险明确提出了“金融阳光、健康阳光、海外阳光”的三个新阳光计划，不久前的“5·19阳光创业日”上，张维功再提出“数据阳光”的概念，并且把它放在第一位，将此作为阳光第二个10年的必答题。

2015年，不仅是阳光保险10周年，同时也是其实施战略转型的关键年份。尽管国家经济增长有所放缓，但经济改革、结构转型给社会带来的活力将进一步增强。2014年新“国十条”和《关于加快发展商业健康保险的若干意见》等文件陆续出台，政策红利将逐渐得到释放，必将有力推动农业保险、责任保险、健康医疗保险、养老保险的发展，特别是即将出台的健康养老险免税、减税政策，极大刺激了健康医疗及养老保险的发展。

此外，随着金融监管政策的逐步放开，公司上市的注册制，银行利率、汇率的逐步市场化，支持走出去的各种金融货币政策，银行降准降息的政策预期，特别是保险资金运用政策的放开，农业、健康、养老的政策支持，鼓励创新的监管方向，都为保险业发展带来重大利好。

牢牢把握住这些千载难逢的战略机遇是当务之急，能够把这些政策机遇迅速转化为公司战略并有效执行，更是向成功迈出了最坚实的一步。

目前，阳光保险的战略实施行动已经开始，阳光信保、惠金所、融汇阳光、融和医院都在进入全面的筹备与起步阶段，海外的收购项目也在进一步的推进之中。而这些事情对于阳光而言，几乎又是从零起步，但却是更高层次、更大意义上的创业行动，被视为阳光保险的“二次创业”。

互联网的突袭，让张维功深感肩上的担子又重了几分，始自创业初期的敬畏精神和危机感时刻提醒着他：在互联网时代，每个企业面临的竞争对手都可能不再是同业，企业的跨界竞争已真正开始，企业的进化风险时代已全面来临。因此，作为战略抓手的“四个阳光”，绝不是单纯的、相互割裂的四个战略构想，而是阳光在第二个 10 年要下的“一盘大棋”。

所谓“四个阳光”，一是打造“金融阳光”，不断丰富保险以外的金融板块，努力实现对客户的金融产业链的服务；

二是打造“健康阳光”，以医院为核心，不断向健康、护理、养老下游产业延伸，积极参与医药、健康器械的产业链整合，将健康保险逐步提升为公司发展战略，提升商业保险参与医疗管理的能力；

三是打造“海外阳光”，随着保险资产的不断增加，特别是国家“走出去”战略的推行，保险资产的“结构多元、全球配置”将成为一种必然选择。未来，不仅要实现国内发展的集团化，也要逐步成为在国际上崭露头角的新兴国际金融保险集团。

最后被纳入未来战略的“数据阳光”，其实是前述“三个阳光”的底层构架。因为数据的核心还是“客户”，它是一切金融活动的载体，必须通过不断积累的大数据，分析客户、了解客户、贴近客户，才能最终形成满足客户多元金融需求的产品，以解决保险交易相对低频的问题，增加客户黏度。

按照阳光保险的战略构想，2015 年要把“一个客户、一个账户”的模式真正变为客户的良好体验。加强传统、网电保险业务的综拓能力，加大小微金融的拓展力度，运用大数据原理，加快小微金融的互联网化，积极尝试 P2P 的互联网金融形态，积极探索小微金融的信用保证保险试点。

此外，还要进一步打通保险与投资的联动机制，不断扩大与提高综合金融理财师的规模与素质，逐步提升客户对“重保险概念金融资产”的配置意愿，强化财富管理与保险业务的有机结合，使财富管理成为拓宽高端客户的有效渠道。

总之，已经踏上“二次创业”征程的阳光保险，未来还有很长的路要走，也将带给市场、带给客户、带给员工更多的期待与惊喜。最后用阳光保险集团董事长张维功的一段话结束全文：

“面向未来，我们会继续以农民的心态脚踏实地，辛勤耕耘，用智慧和汗水创造更好的未来，致力于让人们拥有更多的阳光。”

咨询投资企业促进绿色发展的服务创新管理

中国通用咨询投资有限公司

中国通用咨询投资有限公司（简称“通用咨询投资公司”）成立于 2007 年，是“全球 500 强企业”、重要骨干中央企业——中国通用技术集团所属子公司。在中国通用技术集团转型升级战略的引领下，通用咨询投资公司自成立以来，坚持绿色发展战略方向，锐意进取，奋发有为，大力推进企业转型调整，持续创新，聚焦节能环保产业、基础设施建设领域以及国家重点工程和重大项目，以咨询业务、商务服务、项目管理和投融资管理等智力和资金支持，为客户提供绿色发展整体解决方案，在创造了可喜的经济效益的同时，对我国绿色发展、科学发展起到了积极的促进作用。

一、咨询投资企业促进绿色发展的服务创新管理背景

（一）抓住我国绿色发展机遇的需要

改革开放以来，我国经济建设和社会发展取得

了举世瞩目的巨大成就。但与此同时，粗放发展方式带来的空气污染和生态环境恶化引起了政府、社会和人民群众的高度关注。党的十八大以来，绿色发展、可持续发展上升为国家战略。

以环境保护、节能减排和生态建设等为代表的绿色产业发展方兴未艾，蕴含无限商机。包括环境产业咨询机构在内的生产性服务企业总体上处于成长初期，所提供的服务种类及功能等难以满足市场需要；而国外同类企业对国内市场熟悉程度尚不足，本地化服务还不到位。可见，绿色发展给国内生产性服务业带来巨大市场，为企业快速发展造就良机。

（二）落实中国通用技术集团发展战略的需要

2007 年以来，中国通用技术集团实施转型升级战略，推进产业化转型和商业模式重构，打造包括“技术服务与咨询业”在内的五大产业板块，建设具有国际竞争力的科工贸一体化的企业集团。通用咨询投资公司定位于生产性服务业，服务绿色发展的转型方向契合集团转型升级战略。

2011 年中国通用技术集团批复“公司转型调整方案”，支持公司创新服务、转型发展，在内部资源配置等方面给予倾斜。通用咨询投资公司坚定不移地落实集团总体战略，加快拓展与绿色发展相关的咨询、投融资等业务，努力打造国际知名、国内一流的知识型、智慧型招标和咨询服务商。

（三）创新企业发展模式、探索生产性服务企业持续健康发展道路的需要

通用咨询投资公司成立之初，主要从事水务咨询，即为全国各地水厂市场化股权改造提供招商引资咨询服务，进而将业务拓展至包括污水处理、流域治理、固废处置等在内的环境产业咨询，迅速成长为环境产业咨询领域国有主力军。

2011 年以来，通用咨询投资公司进入到一个新的发展阶段。在中国通用技术集团的大力支持下，通用咨询投资公司实施转型调整，完成更名增资，同时经集团授权，履行对相关公司内部一体化管理的职能。公司高举绿色发展大旗，持续创新，积极探索生产性服务企业健康发展道路。

二、促进绿色发展的服务创新管理内涵和主要做法

通用咨询投资公司确立服务创新的基本思路和实施路径，明确绿色发展战略方向，打造咨询业务、商务服务、项目管理、投融资管理四大战略业务单元，以咨询投资双轮驱动，积极拓展国际化经营，持续服务创新；同时，优化组织结构，加强团队建设，弘扬企业文化，大力加强能力建设，为包括各级、各地政府部门以及国内外企业在内的客户，提供智力和资金支持，服务地方环境治理、节能减排、生态建设，促进我国绿色发展。

通用咨询投资公司促进绿色发展的服务创新管理主要做法如下：

（一）确定服务创新的基本思路和实施路径

1. 科学决策，把握企业发展主动权。通用咨询投资公司从无到有、从小到大，始终以市场需求为出发点和落脚点，企业战略决策体现远见与灵活性相统一，持续创新服务，抢占市场先机，满足客户新的需求。在通用技术集团的大力支持下，2007 年以专门从事水务咨询等创新业务的专业公司成功创立。

组建公司后，咨询业务乘势而上；同时，公司积极发起组建我国首只环境产业基金。2009 年，通用（北京）投资基金管理有限公司正式设立。通用咨询投资公司以咨询、投资双轮驱动，在绿色发展大路上前进得更快、更稳。

2. 明确企业愿景和战略定位。通用咨询投资公司将“打造国际知名、国内一流的知识型、智慧型招标和咨询服务商”作为企业愿景，定位于“绿色发展整体解决方案提供者”，在以往招标代理单一服务手段的基础上，持续服务创新，加强能力建设，为促进绿色发展做出积极贡献。明确“绿色发展”大方向是通用咨询投资公司正确的战略选择。

公司主要领导长期从事国际商务与经贸合作交流，拥有国外教育背景，具有国际化视野，在引入先进的国际企业经营管理理念的同时，憧憬祖国碧水蓝天的美好环境，并将这一朴素的梦想转化成为事业拼搏的激情。“国际知名、国内一流”的企业愿景

恰是承载着“通用咨询梦”。

3. 打造4大战略业务单元。通用咨询投资公司敏锐地把握客户需求变化，持续创新服务，培育4大战略业务单元，提供价值链全过程服务，助力地方绿色发展。

咨询业务、商务服务、项目管理、投融资管理4大战略业务单元互动互补、协同协调；咨询与投资双轮驱动，与商务服务、项目管理共同提供价值链全过程服务，形成绿色发展全面解决方案。

4. 加强战略合作。开展战略合作高度契合公司4大战略业务特点，具有鲜明的通用咨询投资公司特色，有利于高起点介入和把握市场资源，充分体现“大市场、大客户、大项目”市场开发理念，进一步补充和丰富了公司客户渠道和市场网络。实施战略合作既为公司长远发展夯实基础，同时也带来了可观的当期收益。

综上，通用咨询投资公司明确绿色发展战略方向，结合自身特点整合内部资源，把握转型关键成功要素，创新服务，加强能力建设。

（二）咨询业务引领绿色服务

1. 环境产业咨询彰显绿色发展理念。通用咨询投资公司在水务与市政基础设施建设领域享有良好声誉，在全国各地完成数十项水务和固废特许经营咨询项目，在促进绿色发展方面积累了扎实的业绩。

如为南水北调配套工程——北京通州水厂项目提供社会化融资方案，并提供项目建设和运营全过程的伴随式服务。又如通用咨询投资公司中标西部某航空基地污水处理厂咨询及招标服务项目，显示了公司在水务和环保领域的行业优势以及提供咨询和商务服务整体解决方案的能力。

2. 节能减排/生态文明建设类咨询彰显绿色发展主基调。通用咨询投资公司开展节能减排、生态文明建设相关咨询，担当地方政府环境治理、节能减排、生态文明建设的“智囊团”，树立和提升了企业品牌与行业影响力，延伸了服务链条。

如受荆门市政府委托，通用咨询投资公司为该市编制了《荆门市节能减排财政政策综合示范总体实施方案》和6个子方案。经过三级评审，该市在激烈的竞争中脱颖而出，成为国家第二批节能减排10个示范城市之一。又如受延安市委托，通用咨询投资公司协助编制《延安市生态文明先行示范区建设实施方案》，将在生态环境建设、产业转型、中心城市发展、体制机制创新等方面实施一批亮点工程或重大项目。此外，公司还承担“陕鼓临潼现代工业组团全集成一体化能源服务”等一批节能项目以及协助齐齐哈尔市等地方政府成功申报“国家新型城镇化综合试点”，进一步丰富和拓展了公司绿色咨询服务内涵。

3. 绿色园区规划业务快速成长。通用咨询投资公司完成青岛中德生态园发展规划及产业定位咨询，为青岛中德生态园定位高端装备制造、现代服务业等主导产业并制订园区发展规划，服务于地方绿色发展，加深了中德两国在生态园领域的企业间合作。公司还承担天津武清开发区（四期）产业规划项目，致力于将园区打造成为绿色、生态、环保、可持续的示范区，实现区域产业逐步升级。此外，公司还承办了珠海保税区产业规划论证以及中山总部集聚区开发模式研究等一批咨询项目，彰显了企业专业能力，推动了地方园区和区域经济发展。

（三）投资业务为绿色服务提供有力支撑

1. 绿色投融资业务促进地方绿色发展。作为国内第一只环境产业基金的发起者，通用咨询投资公司致力于节能环保等领域基金投资。基金公司于2014年获证监会核发的“私募基金管理人登记证书”，跻身国内获得管理层正式认可的首批阳光私募机构之列。

公司集中投资于节能环保、新材料、高端装备制造、新医药等绿色发展相关领域，如参股“中纺凯泰”，专业从事纺织企业生产废水中有机物回收与利用；参股“中国汽研”，专业从事汽车检测、电力汽车研发等。投资企业公开上市为战略投资人带来良好预期收益。公司拓展城市轨道交通建设业务领域，如成功协助某直辖市轨道交通集团完成该市轨道交通结构性融资，助力地方绿色交通，也为企业自身带来良好效益。

2. 通用产业园建设取得实质性突破。在开展园区规划类咨询业务的基础上，2012年以来，通用咨询投资公司积极推进具有产业引领和区域特色的“通用发展产业园”业务模式，谋求以产业园为平台的咨询、投资一体化发展，进一步带动传统招标业务等商务服务模式，引领绿色产业发展。

通用咨询投资公司已签署或达成意向的产业园包括长春长德新区、珠海横琴、福建三明、牡丹江等产业园。如通用三明（永安）工业园建设已迈出关键步伐，被评为“中国纺织服装行业2014年度精锐榜十大产业园区”。

（四）国际合作提升绿色服务深度和广度

1. 开展绿色主题国际交流与合作。通用咨询投资公司积极开展绿色发展相关的国际交流与合作，主办或与政府有关部门、单位共同举办绿色发展高层论坛、研讨会等。

开展绿色主题国际交流与合作是通用咨询投资公司绿色发展创新服务的有机组成部分，该项工作同时也显著提升了公司在绿色发展领域的知名度和影响力，对其他相关创新服务的开展起到积极的促进作用。

2. 技术引进助力绿色发展。通用咨询投资公司巩固、创新、发展传统招标业务，代理招标采购引进先进技术，累计招标金额约2万亿元，为我国产业升级、节能环保和生态文明建设做出巨大贡献。

新型代理业务是通用咨询投资公司2012年以来拓展的又一新业务模式，围绕国家环保产业政策方向和市场热点，持续追踪相关技术和产品，累计获得包括俄罗斯“利特紫外消毒设备”等多项产品的代理权，初步形成了以水处理、污泥处理和节能减排为服务重心的产品序列。

通用咨询投资公司追踪节能减排国际先进技术，如“被动房”技术是德国技术企业研发拥有的理念领先的建筑节能技术。通用咨询投资公司与技术发明人签署独家代理协议，做好顶层设计和基础研究，推动绿色建筑技术标准的制定，加大市场开发力度，加快形成建筑节能整体解决方案，努力抢占国内绿色建筑市场先机。

3. 推动绿色发展“走出去”。通用咨询投资公司开展跨境与境外咨询项目，努力将绿色发展与国家“走出去”战略实施有机结合。

以国家“走出去”战略为核心，以拉动中蒙两国经济为目的，2013年通用咨询投资公司为二连浩特市提供国家级境外经贸合作区发展战略及项目立项审批咨询。2014年，通用咨询投资公司进一步协助该市完善制定“二连浩特国家重点开发开放实验区申报方案”，获得国务院批准，中央财政将给予专项资金扶持。目前，通用咨询投资公司已成功中标成为“二连浩特国家重点开发开放实验区总体规划”咨询服务商。通用咨询投资公司将充分发挥专业优势，以重点开发开放试验区为基础，积极推动中蒙跨境经济合作区建设。

（五）加强服务能力建设

1. 组织结构优化。遵循“组织跟随战略”这一企业战略管理基本理念，通用咨询投资公司推行“前店（市场开发）后厂（后台技术支持）”运营与管控新模式，使企业组织架构有效配合转型创新战略实施；与之相配套，公司设立“战略发展和执行委员会”，由多位市场总监担任委员，发挥承上启下作用，协助管理层组织落实企业战略意图，推动转型创新业务开展。同时，通用咨询投资公司聚焦大客户，突出专业化经营，设立专业化经营单元，实行矩阵式管理，调动全公司业务资源，综合运用4个战略业务单元专业能力，形成组合拳，推动转型发展。

2. 人才队伍建设。为适应企业转型发展对专业人才的需要，通用咨询投资公司实施人才强企战略，制订并实施“青年英才”专项计划，培养青年骨干；推行“技术职称”系列，为专业人才职业发展拓宽通道。通用咨询投资公司业务特点决定了企业外脑——专家库不可或缺的重要地位。在维护、更新已有招标专家库的基础上，通用咨询投资公司开发建设咨询专家库，囊括了咨询及投资重点业务领域的顶级专家，对业务开展形成了强有力支撑，成为通用咨询投资公司宝贵的无形资产，提升了企业竞争优势。

3. 企业文化建设。通用咨询投资公司高度重视企业文化建设，视企业文化为公司核心竞争力的重要组成部分和企业软实力的集中体现。通用咨询投资公司总结提炼企业核心理念，并创办独具特色的“绿色足迹”专刊，以生动活泼的形式广泛宣传企业理念，使“根植国计民生领域，专业服务创造价值，企业发展员工幸福”的企业使命等核心理念深入人心，并转化为广大员工共同的“通用咨询梦”。

三、咨询投资企业促进绿色发展的服务创新管理效果

（一）绿色服务业务迅速发展，企业加快推进转型升级

随着市场环境的变化和自身能力的提升，通用咨询投资公司服务领域不断扩展，绿色发展创新业务延伸至环境企业战略咨询、园区与产业规划咨询、投融资咨询及投资等，逐步形成咨询投资双轮驱动、四大战略业务协同发展的业务格局。

绿色发展创新业务有效应对传统招标业务快速下滑的不利局面，保持传统业务经营规模和利润水平总体平稳，并为未来实现跨越式发展奠定基础，加快推动企业转型升级。

（二）有效服务各地发展方式转变和绿色产业发展，社会效益显著

通用咨询投资公司将绿色发展理念贯穿于所服务的国家重点工程和重大基础设施建设、节能环保等项目，获得地方政府的认同，担任 10 多个省、市政府的智囊，直接为地方政府提供绿色发展相关咨询、投资服务。

公司积极投身于绿色发展公益事业，如积极探讨与大型中央企业/战略合作伙伴携手在资源整合、产业园区规划、电子商务平台建设等领域开展合作，取得了显著成效；公司主要领导当选北京市人大代表，就环境与城市综合治理等议题提出议案和建议，为首都绿色发展建言献策。

（三）探索出一条绿色服务企业持续健康发展的道路，得到社会各界的肯定

通用咨询投资公司适应市场变化，满足客户多元需求，立足环境产业咨询领域，打造四大战略业务单元，并以加强能力建设作为有力支撑，探索出了传统企业持续健康发展的道路。

在行业年度评选等活动中，通用咨询投资公司屡获殊荣，如：荣获“中国水业专业服务领域最具责任感的综合环境咨询机构”称号，这是公司连续第 9 年获此类行业奖项；连续荣获第二十届、第二十一届“国家级企业管理现代化创新成果（二等）”；下属招标公司在招标采购行业年度评选活动中分别获得“招标代理机构十大品牌”“十大诚信招标代理机构”等荣誉，进一步提高了企业知名度、行业影响力和市场美誉度。

旅游优先发展　三大主业联动

——安徽省旅游集团“转型升级”路径的实践与对策

安徽省旅游集团

“十二五”期间，安徽省旅游集团按照“公司化治理、产业化经营、多元化投资、专业化运营”总体发展战略，以促进企业“转型升级”为中心，统筹推进“稳增长、调结构、促改革、控风险”工作，成功走出了一条“主业互融、经营互补、板块互动、利益互惠”的发展路径，形成了旅游景区、宾馆酒店、旅行接待、粮食收储、房地产开发、城建规划设计六大经营业态的“升级版”，连续 5 年跻身“中国旅游集团 20 强”“中国服务业 500 强”“安徽百强企业”排行榜。

近年来，在经济下行压力持续呈现的大背景下，特别是国内行业政策因素的深刻变化对主业经营造成一定冲击的情况下，集团在“十二五”时期之所以在“转型升级”中能够取得预期成效，主要得益于以下几个方面的有效应对措施：

一、集聚要素、打造品牌、持续转变

（一）企业发展路径稳步拓展

集团围绕促进旅游、粮食、房地产三大主业的提

质升级增效，立足当前、着眼长远，通过集中力量实施“3361”行动计划，谋划和实施了一批支撑、后劲作用较强的重点项目建设：天堂寨国家5A级旅游景区后续开发、唐模国家5A级旅游景区联合创建、桃花潭景区深度开发等3个景区的开发建设迈出新步伐，安徽饭店、天堂寨国际度假山庄、芜湖中央城大饭店三个五星级标准酒店的扩建改造工程圆满收官，IFC安徽国际金融中心、芜湖中央城、合肥太阳湾养生公馆、淮北隋唐运河文化古镇、六安安兴正和城、芜湖学府一号等6个城市综合体项目建设取得阶段性成效，1座集粮油收储、旅游休闲食品生产、粮食物流服务于一体的新桥粮食现代综合产业园取得实质性进展，集团经营发展的“升级版”正在加速构建。

（二）企业组织结构进一步优化

一方面，以省旅游集团对省粮食集团进行吸收式重组为契机，完善集团母体治理结构，着力加强集团董事会建设，完成了公司《章程》的修改，制订并出台了董事会议事规则、党委会议事规则、总经理工作细则，明晰了决策层和经理层的权责边界，有效发挥董事会在重大决策、风险管控、监督执行中的核心作用。认真执行董事会领导下的授权总经理负责制，切实保障监事会依法、独立、规范行使职权，积极促进出资企业董事会规范运作，初步形成了协调运转、有效制衡的法人治理机制。另一方面，主动适应专业化、扁平化、精益化管理的新要求，先后两次对集团本部内设机构和部门职能进行了调整，对集团本部人力资源进行了合理配置，构建了更加科学、精简、高效的组织架构，促进了母子公司的战略协同。

（三）企业融资方式不断创新

近年来，集团相继与法国家庭旅馆联合会、中储粮总公司、中央电视台新影集团、北京尔斯达投资公司、淮北西恩世纪房地产公司等企业达成了投资合作协议，与合肥、芜湖、六安、宣城、黄山、淮北、安庆等地市建立了良好的战略合作关系，依托外力有效助推了项目投资和企业发展。同时，集团公司不断创新企业融资方式，在与10余家金融机构建立银企合作、积极争取金融机构增加授信规模的同时，大力开辟市场化直接融资渠道，于2012年和2013年分三次联合发行了16亿元人民币的中期票据和私募资金，不仅彻底改变了集团长期以来以流动资金贷款为主的融资结构，而且有效破解了制约企业快速发展的资金瓶颈。

二、创新产品、开拓市场，运行质量稳步提高

（一）着力促进旅游业创新发展，旅游板块的品牌优势进一步彰显

近年来，集团紧紧抓住国务院进一步促进旅游业改革发展的战略机遇，集中力量打造了一批有创新性、品牌性、特色性的旅游产品，旅游主业的发展优势逐步彰显。一是发挥资源优势，大力推进天堂寨国家5A旅游景区深度开发。紧紧抓住大别山旅游快速通道贯通的重大机遇，以创建国家级服务标准化单位为抓手，相继实施了旅游观光回路延伸、大别山地质公园博物馆升级、千里跃进大别山纪念馆扩容、游客服务中心升级、生态停车场扩建、景区旅游公路改造、景区公交系统扩增、天堂寨国际度假山庄扩建等一揽子投资开发项目，于2013年被评定为国家5A级旅游景区。近5年来，天堂寨景区游客入园量和经营收入均以年均305%以上的速度递增。二是发挥合作优势，着力加强唐模国际乡村旅游示范区建设。紧紧抓住合福高铁开通带来的机遇，全面加强与法国家庭旅馆联合会的文化交流和品牌合作，大力推进文化性、休闲性、智慧性项目建设，着力实施国家5A级旅游景区创建、家风文化品牌建设、法国家庭旅馆工程，继入选中国历史文化名村、中国最具潜力古镇名录之后，2014年又与古徽州文化旅游区其他景区一起通过了国家旅游局组织的5A景区创建验收和评定。三是发挥人文优势，全面启动桃花潭国家5A级旅游景区创建工作。继成功创建国家4A级旅游区、国家级水利风景区之后，近两年又投资实施了文昌阁维修、中华第一祠大修、跑马古道复建、老街建筑风貌整治、李白文化广场等14个精品化建设工程，使景区的文化品位、配套设施和游览环境得到进一步提升。2014年以来，按照“硬件标准化、软件规范化”的思路，全面启动了桃花潭景区5A创建总体规划的编制工作，青弋江水上游乐、

踏歌古岸沿江段景观提升等一揽子5A创建项目已进入实施阶段。四是发挥产品优势，凸显太阳湾养生公馆在全省养老养生产业发展中的示范作用。总建筑面积16.7万平方米的合肥太阳湾养生公馆项目基本建成，老年养护院、养生服务中心、老年活动中心工程、居家式养生公寓工程的主体结构陆续完工，养生酒店、养生会所、医疗服务中心等配套服务项目已经成功招商、签约。同时，确立了居家式养老与机构式养老相结合的"大社区会员制"服务模式，累计招募900余组居家式养生公寓会员，并有100余组会员签订护理院入住预约书，开创了省内公益性事业与市场化运作相结合的新型养老之路。五是发挥品牌优势，增强安徽饭店在酒店板块中的引领作用。为重塑安徽饭店"故乡第一饭店"的品牌形象，投资近4亿元进行扩建升级，整体经营面积由原来的2.7万平方米扩大到7.7万平方米，客房、餐饮、会议功能得到全面提升，实现华丽转身，赢得了社会各界的一致赞誉。安徽饭店自2014年5月16日恢复营业以来，充分发挥饭店品牌、硬件和区位优势，建立持续改进机制，积极创新服务方式，餐饮上座率、客房出租率和平均房价已超过合肥同等酒店的平均水平。六是发挥政策优势，致力推进淮北隋唐运河古镇项目建设。为积极响应省委、省政府作出的"振兴皖北"的战略部署，安旅集团于2013年10月与淮北市政府签署了占地总面积约960亩、概算总投资25亿元的淮北隋唐运河古镇文化旅游项目投资合作协议，并与中央电视台新影集团达成了战略合作协议。目前，一期开发的"五凤三阁"景区工程基本建成，即将向游客开放；二期计划开发的运河新天地、运河沿岸景区等即将开工，将成为皖北乃至淮海经济圈具有影响力的地标性旅游景区。此外，省旅游集团成功构建了安徽海外旅游（国旅）、安徽友谊外事旅游汽车、天堂寨索道、安兴国贸旅游商品、安徽旅游规划设计院、华侨商务连锁酒店等旅游要素企业，形成了较为完整的旅游产业化经营体系。

（二）着力促进粮食商贸业稳定发展，粮食板块经营结构进一步优化

粮食商贸业作为集团的又一主业板块，坚持以提升粮食板块政策性功能和产业化水平为目标，不断完善粮食仓储、托市收购、粮油贸易体系，逐步走出了一条政策性收储与市场化经营的"双轮驱动"之路。一是扎实推进新桥粮食产业园建设和运营。为促进旅游与粮食产业的融合发展，2013年，集团与中储粮总公司达成了合作投资协议，在合肥市高刘镇开工新建了一座占地近200亩的大型粮食现代综合产业园。被国家列入粮食安全工程重点扶持、省政府列入"861"行动计划的新桥粮食产业园项目，继2013年投资建成12万吨现代化高大平房仓、2014年投资运营5万吨油罐项目之后，2015年7月又开工扩建了4万吨仓储项目，现已承储政策性粮食8万多吨、中央储备油4万多吨。二是不断加强粮食仓储设施建设。"十二五"期间，集团公司紧紧抓住国家实施"粮安工程"的战略机遇，积极争取国家粮食仓储设施建设资金，在投资新建新桥粮食产业园21万吨储备库（罐）、改造双凤粮库10万吨储备库的同时，又相继合作扩建了9个粮油储备库，使粮食仓储规模和保障能力达到快速提升。截至2015年9月底，安旅集团所属粮食企业仓储能力已达到148万吨，共库存各类粮油110余万吨，发挥了国有粮食企业在全省粮食流通中的主渠道作用。三是积极扩大政策性收储规模。安旅集团所属粮食企业紧紧抓住政策性经营机遇，科学做好中央、省级储备粮的承储和管理，扎实开展最低价粮食托市收购，仅2015年就有36个库点获准参与小麦托市收购，40个库点获准参与稻谷托市收购，共存储中央和地方政策性粮油近100万吨，国有粮食企业在全省粮食宏观中的支撑和保障作用得到进一步发挥。

（三）着力推进三大主业融合发展，房地产板块的综合实力进一步增强

"十二五"时期，集团围绕促进旅游和房地产的有机交融，逐步建立起了营销策划、建筑设计、地基施工、投资开发、物业管理等多种经营业态，相继投资开发了一批大型旅游地产项目，已成功涉足办公楼宇、商业购物、会展中心、文化娱乐、高端酒店、人文社区等旅游地产领域的开发。一是大力开发旅游综合体。近年来，按照"旅游搭台，产业唱戏"的经营策略，积极探索"以文化旅游带动地产开发"的新模式，集团公司相继投资开发了一批大型旅游地产项目，不仅为集团跨越发展提供了效益支撑，也为旅游和粮食产业的联动发展提供了资金支持。目前，已建成或开工建设了合肥华侨广场（现银泰中心）、IFC安徽国际金融中心、芜湖中央城、马鞍山滨江国际城、六安安兴正和城、芜湖学府壹号等一批大型城市和旅游综合体项目，成为所在城市的新地标、新商圈、新亮点。二是不断扩大开放式战略合作。近年来，集团相继与香港其士集团、法国弗朗什·孔太大区、法国家庭旅馆联合会、中储粮总公司、央视新影集团、北京尔斯达投资公司等境内外机构建立了广泛的合作关系，与合肥、芜湖、六安、宣城、黄山、淮北、安庆等地市建立了良好的战略合作关系，初步形成了资本相互融合、产权多元混合的投资格局。尤为值得一提的是，集团与法国家庭旅馆联合会联合打造的唐模国际乡村酒店，首次将法国家庭旅馆品牌引进中国、落户安徽，拥有120间客房的乡村旅馆已经成为黄山国际乡村旅游示范区的典范项目，开创了跨国旅游合作新模式。三是致力培育房地产骨干企业。坚持加强以安兴发展公司为龙头的房地产品牌企业培育，确立了"一线两翼"战略和"二次创业"目标，并在资源配置、项目开发、融资合作、增资扩股等方面给予重点扶持，有效促进了地产开发、物业管理、营销策划、园林景观等产业化经营业务快速成长，使"安兴地产"品牌形象得到进一步提升。安徽省城建设计研究院充分依托国家高新技术企业、安徽省创新型企业的优势，在努力巩固传统专业稳步增长的同时，着力加强了新设专业的市场开拓，大力推进科技创新、专业资质升级和经营机制改革，实现了由建设工程勘察设计院向城建设计研究院的转型。

三、整合资产、优化产权，企业内生增长动力得到有效激发

"十二五"以来，集团始终坚持市场化的改革方向，以建立现代产权制度为核心，在平稳实现省旅游集团对省粮食集团吸收式重组的基础上，稳步推进了子公司的资产整合和产权改革。

（一）大力推进整合重组和股份制改革

早在2002年，集团前身安徽安兴联合总公司就率先在省属企业完成了全员身份置换。2003年11月第一次重组之后，安旅集团按照"国有企业转换机制，国企职工转换身份"的要求，以产权制度改革为核心，通过划转并购、转让退出、股份改造等多种改革方式，先后对7户长期不能正常经营的企业进行了关闭清算，对5户主业关联的企业进行了整合重组，改制新设了17个股份制子公司。

（二）尝试景区经营方式改革

自2004年以来，集团积极探索经营权与所有权分离的景区开发经营模式，实行"基数包干、增量分成"的合作方式，通过市场化运作，成功取得了六安天堂寨、黄山唐模、宣城桃花潭和江南第一漂和等4个景区的经营权。2015年年初，集团又与潜山县政府签订了天柱山风景区合作开发、增资控股天柱山旅游发展公司的战略合作框架协议。

（三）有序发展混合所有制经济

近两年来，集团以党的十八届三中全会精神为指导，以发展混合所有制经济为主攻方向，在全面完成安兴高科技公司、国粮购销公司等5户二级企业国有股权转让退出的基础上，规范实施了安兴发展公司、友谊外汽公司的增资扩股以及安徽省城建设计研究院的产权多元化改革，对安徽安和保险代理公司、安兴生态农业观光园有限公司等6家三级以下及非主业企业进行了清理和整合，并与省内大型民营粮食企业共同出资、设立了10家混合所有制的粮油收储经营企业，企业发展活力和竞争能力得到进一步增强。通过10年的不懈努力，集团公司先后将集团重组前的47家子企业整合改制为目前的23家子公司，其中混合所有制企业占全部企业总数的59.1%

四、完善机制、防范风险，内部治理水平不断提升

（一）不断加强管理制度建设

"十二五"期间，围绕"建立符合现代企业制度要求"的内部管控机制，安旅集团先后制定或修订了80多项管理制度，初步构建了职责明确、流程清晰、制度严密、运转高效的母子公司管控体系。2015年，根

据集团公司内设机构和部门职能调整之后的实际情况，结合上级相关管理规定的变化，积极推进内部管控制度的修改、制订和废止工作，并将梳理出的78项管理制度分解到各部门进行了修订完善，使集团管理制度体系得到进一步完善。

（二）不断完善企业财务管理

安旅集团注重会计基础规范化建设，适时调整和扩大了子公司财务负责人委派范围，建立并上线运行了符合集团实际的财务风险预警信息化系统，积极推进全面预算管理，实行子公司重大财务事项申报核准、集团本部收支项目归口管理制度，形成了"预算控制、会计核算、预警监测"三结合的财务风险防控体系。同时，注重加强内部审计监督，不断强化项目决算审计、重大事项专项审计和企业负责人经济责任审计，促进了企业的依法合规经营。

（三）全面加强企业风险管理

加强资金风险管理，规范办理融资担保业务，在严格实行集团为子公司融资担保"年度限额制"的基础上，严格执行资金授权审批和联签制度，加大资金账户清理和应收账款清收力度，确保了资金链的稳健运营；加强投资风险管理，在建认真做好年度投资计划编制的基础上，规范做好产权和项目投资的审批、备案工作，并且高度重视重大项目投资的前期可行性研究、过程的监管控制、后期的审计评价，避免了投资失误；加强法律风险管理，积极推进企业法律顾问制度建设，严格履行法律意见书和三项法律审核制度，实行所属企业聘任法律顾问备案制度和重大法律纠纷报告制度，依法治企水平得到进一步提高。

（四）积极改进绩效和薪酬管理

针对集团所属旅游类、粮食类、房地产类企业的行业特点和经营特点，以利润指标和净资产收益率为基本指标，分别设置了若干项不同的辅助指标，形成了完整的经营考核指标体系。安旅集团每年年初与全资、控股子公司签订经营目标责任书，实行不定期的汇报分析与年终综合评估的考核办法，并严格按照考核结果兑现子公司负责人的绩效薪酬。推行集团本部全员业绩绩效考核，实行年初下达目标任务考核、专项工作任务考核与部门工作职责履行情况考核相结合，坚持部门年度考核结果与部门员工绩效工资发放紧密挂钩。

（五）深入推进企业文化管理

集团坚持用先进文化引领企业发展，着力加大集团企业文化体系的构建、推广和宣贯力度，形成了独具特色的"祥云"文化。在2011年委托国内知名企业文化咨询机构策划设计《安徽省旅游集团企业文化大纲》的基础上，于2012年制定了《安徽省旅游集团企业文化建设实施规划》，近两年又相继开展了"七个一"宣贯活动：召开了一次企业文化宣传推广动员大会，编印了一册以"诠释祥云文化"为主题的企业文化手册，设计了一个展现集团公司崭新风貌和美好愿景的宣传画册，拍摄了一部反映集团重组十年改革发展成就的视频短片，编印了一本汇集全员工行为准则、礼仪规范和相关制度的员工手册，创建了一个展示企业荣誉、文化理念和集团品牌的文化活动室和宣传走廊，举办了一次以"祥云映日，共襄盛世"为主题的企业文化演讲比赛，从整体上提升了品牌形象和文化软实力。

"十三五"时期，是集团推进转型升级、实现提质增效的重要时期。集团将进一步确立和实施"旅游优先发展，三大主业联动"战略，认真遵循省政府提出的"发挥旅游主业在全省旅游经济发展中的龙头和示范作用，发挥粮食板块在全省粮食流通中的支撑和保障作用，更好地服务于全省经济发展"的战略定位，主动适应经济发展新常态，坚持稳增长、调结构、转方式、促升级不动摇，努力实现投资主体多元化、企业产权合理化、主业经营专业化、治理体系规范化。

——更加注重重点项目建设，发挥投资在转型升级中的关键作用。未来5年，集团将充分发挥产业优势、品牌优势和投融资优势，按照"企业发展项目化、项目工作责任化"的要求，努力谋划、争取和实施一批精品项目，加快培育新的经济增长点。一是加快推进淮北隋唐运河文化古镇项目的开发。坚持以运河文化体验为龙头，以隋唐古镇风貌参访为引领，以影视文化展示为重点，扎实抓好项目建设和开发策略的谋划。尽快完成“五凤三阁”景区等一期工程建设任务，加快推进运河新天地等二期工程，力争在4年内完成浪漫休闲区、参访体验区、核心演艺区、民俗客栈区、旅客服务区、梦幻娱乐区等主体工程建设任务，力争将其打造成为具有国家5A级标准的大型文化旅游目的地。二是切实加强安徽旅游之窗项目的运作和实施。为充分发挥安徽省机械化粮库的区位优势，充分利用合肥市鼓励企业“退城进郊”政策，促进三大主业融合发展，集团公司计划在整体搬迁省机械化粮库、取得原有地块开发权的基础上，按照“特色鲜明，业态创新、错位经营”的思路，在原省机械化粮库地块（占地约220亩）投资新建一座独具安徽特色的大型都市旅游文化乐园。三是增强新桥粮食产业园在粮食产业链建设中的引领作用。进一步加强与中储粮总公司的深层次的战略合作，认真研究谋划产业园综合功能，切实抓好新增4万吨仓库项目建设，继续抓好粮食清理烘干项目、大米生产车间等后续项目建设工作，做深做实旅游休闲食品、杂粮主食产品开发等后续项目的论证、招商和建设工作，将其打造成为合肥市规模最大、功能最全、专业化程度最高的现代综合性产业园区，力求在粮食产业化发展上实现新的突破。四是积极参与省内外优质旅游资源的整合重组。紧紧抓住国务院进一步促进旅游投资和消费的战略机遇，抢抓省政府推进皖南国际文化旅游示范区建设的有利时机，按照“市场配置旅游资源的决定性作用”的原则，采取股权收购、合作开发等差异化方式，有针对性介入省内外重要旅游资源的合作开发，壮大旅游板块的规模和实力。同时，坚持旅游地产、养老地产、商业地产、文化地产一起上，采取差异化策略，积极寻求与央企、外企、大型民企在项目投资中的合作，进一步抓好芜湖学府壹号、六安正和城、芜湖中央城等在建项目的后续开发工作。

——更加注重特色产品打造，加快形成多极支撑的增长格局。未来5年，集团突破传统思维，加强业态创新，集中力量打造一批特色产品，走出一条符合自身特点的差异化发展道路。一是坚持品牌化发展，力求在桃花潭景区5A级旅游景区联合创建上取得新突破。在完成5A景区创建规划编制工作的基础上，精心制定创建实施方案，坚持硬件标准化、软件规范化建设一起抓，加快实施桃花潭景区5A创建一揽子投资计划，研究探索开发旅游度假营地等具有地域特色的产品，积极打造“旅游创客”示范基地，力争两年内将桃花潭与渣济景区等联手打造成具有皖南旅游文化特色的国家5A级旅游景区。二是坚持精品化发展，增强天堂寨景区在大别山旅游扶贫中的影响力和带动力。争取于2015年第四季度启动天堂寨索道改建项目的国际招标工作，确保在2016年12月底前投入运营。同时，继续做好虎行地和天定风情街两个休闲度假功能区、自驾车房车营地等项目的规划设计和实施工作，将天堂寨打造成全国知名的高山休闲度假景区和重要旅游目的地，真正在大别山片区旅游扶贫中起到示范带动作用。三是坚持国际化发展，扎实抓好唐模国家5A级旅游景区后续开发。以唐模成功晋级国家5A级旅游景为契机，科学编制景区总体发展规划，继续加强与法国家庭旅馆联合会的文化交流和品牌合作，进一步扩大法国家庭旅馆规模，增加康体养生、乡村酒吧、青年旅舍、写生基地、研学旅游基地等配套项目，同时，着手开展景区污水治理，引导和扶持有条件的农户新建一批星级农家乐，真正把唐模打造成皖南国际文化旅游示范区中的精品景区。四是坚持创新化发展，凸显合肥太阳湾养生公馆在全省养老养生产业发展中的示范作用。继续深化“居家养老、机构养老、社区服务”三位一体运营模式的总结和研究，着力抓好配套服务项目和专业化服务团队建设，真正把合肥太阳湾养生公馆打造成新型化、全龄化、示范性的老年养生社区。同时，将太阳湾养生公馆的运作模式在芜湖等省辖中心城市进行复制推广，形成创新型、多样化的老年旅游产品。

——更加注重骨干企业培育，筑牢更具转型升级效应的发展平台。未来5年，集团紧紧围绕做强做大六大经营业态，探索适应信息化要求的新的商业模式，促进品牌企业向产业链、服务链、价值链的高端发展：一是力促品牌化发展，增强安徽饭店在合肥本土高端酒店中的引领作用。充分发挥安徽饭店品牌、硬件和区位优势，以行业先进企业为标杆，创新经营理念和营销方式，组建安徽饭店酒店管理公司，切实增强特色产品和核心产品的竞争力，千方百计提高客房入住率和餐饮上座率，努力实现硬件配套设施与经营管理水平的同步提升。二是力促产业化发展,努力提高安徽省粮油储运公司规模化和产业化经营水平。坚持在积极顺应市场、深入研究市场上下功夫,继续在中央和省级政策性粮食收储、仓储基础设施建设、优质粮源收储网点拓展、深化购销合作对接、扩大进出口业务、产业链延伸上寻求突破,加快形成粮食收购、销售、加工、仓储、物流为一体的产业化经营体系,努力走出一条政策性收储与市场化经营的“双轮驱动”之路。三是力促专业化发展,继续推动安兴发展公司实现更好更快发展。科学确立新形势下“安兴地产”品牌的发展战略,创新企业发展路径和项目开发模式,加大产品创新和项目资源拓展力度,坚持旅游、文化、养生养老等特色地产开发的差异化竞争策略,加快形成规模化经营、专业化管理、配套化服务、品牌化运作的综合性地产运营商。四是力促创新化发展,着力增强安徽省城建设计研究院的创新能力和竞争优势。以实施股份制改革为新起点,以市政环境工程设计为龙头,以岩土工程为特色,以勘察检测监测为手段,以总包业务为支撑,构建规范的法人治理结构和科学的运行机制,持续优化人才结构和科技创新体系,力争取得更多的科研成果,逐步将省城建设计研究院打造成为省内先进的综合性勘察设计咨询与工程施工一体化企业。

——更加注重深化企业改革,构建更具活力和动力的体制机制。未来5年,集团将认真贯彻《中共中央、国务院关于深化国有企业改革的指导意见》,按照省政府对省属企业深化企业改革的总体部署和要求,以增强国有经济活力、控制力、影响力、抗风险能力为目标,科学做好省旅游集团深化改革的顶层设计,规范、有序地推进改革。一是积极创造条件推进旅游主业上市。继续做好集团旅游主业上市的前期研究和方案谋划工作,科学论证引进产业投资基金、设立安徽旅游产业投资基金、打造上市平台的操作方案,加大相关资产整合、上市资源培育和股份制改造力度,尽早入选安徽旅游产业上市后备企业资源库,力争3年内实现旅游主业在国内主板首发上市,加快集团母体产权多元化、资产证券化进程。二是稳妥有序地发展混合所有制经济。坚持“以增量引进促进存量优化”的原则,科学制订“一企一策”的深化改革方案,通过引进战略投资者、出资入股、收购股权等多种形式,对三大板块不同功能的企业实施分类改革,努力构建一批混合所有制企业。三是继续深化法人治理机制改革。加强和改进集团公司董事会建设,调整和优化二级公司董事会设置,严格执行董事会决策中的重大项目投资和融资担保事项票决制,逐步推行董事会领导下的授权总经理负责制,积极支持监事会开展全面监督检查和日常监督,促进企业科学规范决策、依法合规经营,形成协调运转、有效制衡的公司法人治理结构。四是进一步深化人力资源管理制度改革。进一步完善以市场化为导向的选人用人和管理机制,加大经营层市场化选聘力度、中层管理人员交流轮岗和年轻员工挂职锻炼制度,有针对性地将各类专业人才向核心企业集聚,努力打造一支适应转型发展的人才队伍和职业经理人队伍。坚持市场化的薪酬制度改革方向,建立差异化薪酬激励机制,集聚和吸引各类优秀人才。牢牢把握价值导向的考核要求,以引导企业“提质升级增效”为首要目标,继续完善所属企业负责人经营业绩考核办法,深化全员业绩考核,实行与企业负责人经营业绩紧密挂钩的薪酬管理制度。

——更加注重企业信息化建设,加速培育新常态下的转型发展优势。未来5年,集团将主动顺应国家实施“互联网+旅游”战略的导向,加快搭建集团公司微博、微信、APP客户端等自媒体宣传平台,着力推进公文档案管理、财务风险管理、企业产权管理、人力资源管理等业务信息系统的建设和应用,积极探索发展互联网金融和在线旅游平台企业,逐步建立适应移动终端定制化服务要求的商业模式,推动线上线下跨界融合发展。大力实施“智慧旅游”工程,认真抓好《安徽省旅游集团智慧旅游可行性研究报告》的实施工作,着力打造智慧旅游企业和智慧景区,逐步实现智慧营销、智能服务、电子讲解、在线预订、信息推送等功能全覆盖,形成旅游业新生态圈。

(撰稿:修治海)

国民经济和社会发展统计资料

中华人民共和国2014年国民经济和社会发展统计公报[1]

国家统计局

2015年2月26日

2014年，面对复杂多变的国际环境和艰巨繁重的国内发展改革稳定任务，党中央、国务院团结带领全国各族人民，牢牢把握国内外发展大势，坚持稳中求进工作总基调，全力推进改革开放，着力创新宏观调控，奋力激发市场活力，努力培育创新动力，国民经济在新常态下平稳运行，结构调整出现积极变化，发展质量不断提高，民生事业持续改善，实现了经济社会持续稳定发展。

一、综　合

年末全国大陆总人口为136 782万人，比上年末增加710万人，其中城镇常住人口为74 916万人，占总人口比重为54.8%。全年出生人口1 687万人，出生率为12.4‰；死亡人口977万人，死亡率为7.2‰；自然增长率为5.2‰。全国人户分离的人口[2]为29 800万人，其中流动人口[3]为25 300万人。见表1。

国民经济稳定增长。初步核算，全年国内生产总值[5]636 463亿元，比上年增长7.4%。其中，第一产业增加值58 332亿元，增长4.1%；第二产业增加值271 392亿元，增长7.3%；第三产业增加值306 739亿元，增长8.1%。第一产业增加值占国内生产总值的比重为9.2%，第二产业增加值比重为42.6%，第三产业增加值比重为48.2%。见图1。

表1　2014年年末人口数及其构成

指　标	年末数(万人)	比　重(%)
全国总人口	**136 782**	**100.0**
其中：城　镇	74 916	54.8
乡　村	61 866	45.2
其中：男　性	70 079	51.2
女　性	66 703	48.8
其中：0~15岁(含不满16周岁)[4]	23 957	17.5
16~59岁(含不满60周岁)	91 583	67.0
60周岁及以上	21 242	15.5
其中：65周岁及以上	13 755	10.1

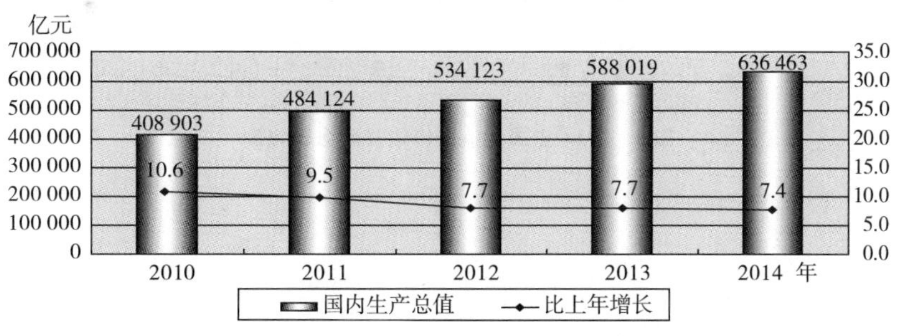

图1　2010—2014年国内生产总值及增长速度

就业继续增加。年末全国就业人员 77 253 万人，其中城镇就业人员 39 310 万人。全年城镇新增就业 1 322 万人。年末城镇登记失业率为 4.1%。全国农民工[6]总量为 27 395 万人，比上年增长 1.9%。其中，外出农民工 16 821 万人，增长 1.3%；本地农民工 10 574 万人，增长 2.8%。见图 2。

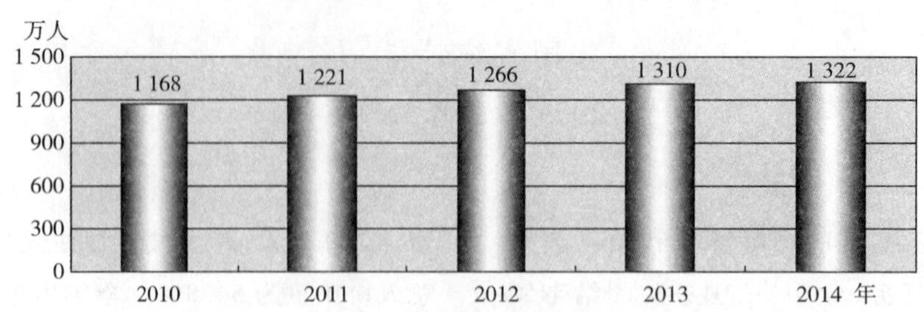

图 2 2010—2014 年城镇新增就业人数

劳动生产率稳步提高。全年国家全员劳动生产率[7]为 72 313 元/人，比上年提高 7.0%。见图 3。

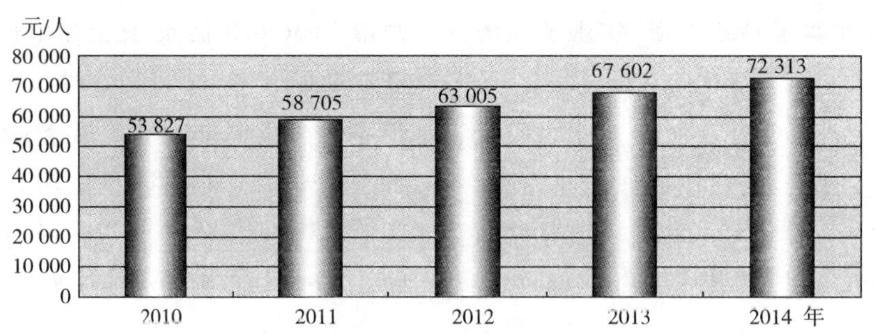

图 3 2010—2014 年国家全员劳动生产率

价格水平涨幅较低。全年居民消费价格比上年上涨 2.0%，其中食品价格上涨 3.1%。固定资产投资价格上涨 0.5%。工业生产者出厂价格下降 1.9%。工业生产者购进价格下降 2.2%。农产品生产者价格[8]下降 0.2%。见图 4、表 2。

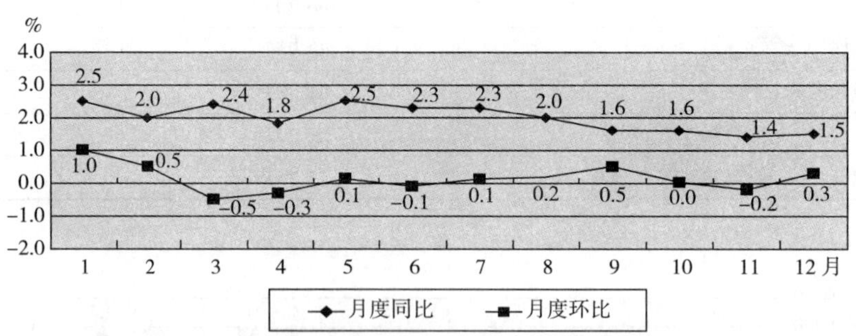

图 4 2014 年居民消费价格月度涨跌幅度

表2　2014年居民消费价格比上年涨跌幅度

单位:%

指　标	全　国	城　市	农　村
居民消费价格	2.0	2.1	1.8
其中:食　品	3.1	3.3	2.6
烟酒及用品	-0.6	-0.7	-0.5
衣　着	2.4	2.4	2.4
家庭设备用品及维修服务	1.2	1.2	1.2
医疗保健和个人用品	1.3	1.2	1.5
交通和通信	-0.1	-0.2	0.0
娱乐教育文化用品及服务	1.9	1.9	1.7
居　住[9]	2.0	2.1	1.9

70个大中城市新建商品住宅销售价格月同比上涨城市个数上半年各月均为69个,下半年月同比上涨城市个数逐月减少,12月份为2个,月同比价格下降城市个数增加至68个。见图5。

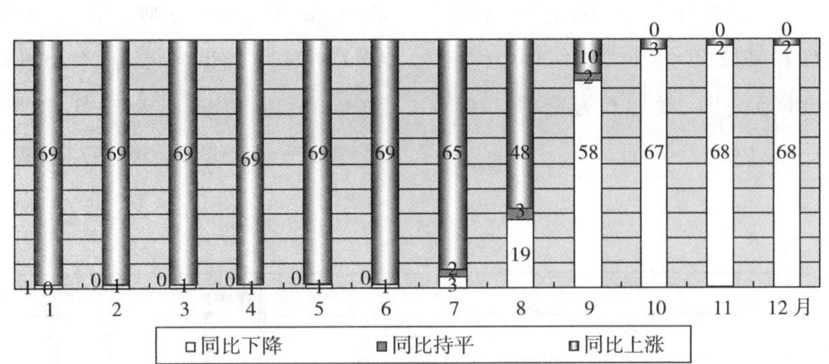

图5　2014年新建商品住宅月同比价格下降、持平、上涨城市个数变化情况

财政收入稳定增长。全年全国一般公共财政收入140 350亿元,比上年增加11 140亿元,增长8.6%,其中税收收入119 158亿元,增加8 627亿元,增长7.8%。见图6。

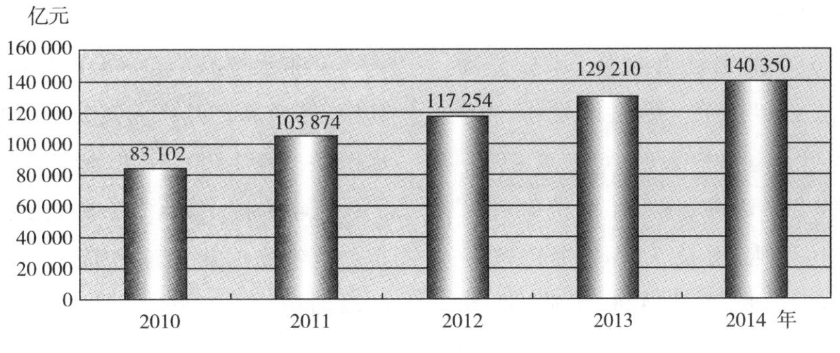

图6　2010—2014年全国一般公共财政收入

注:图中2010—2013年数据为全国一般公共财政收入决算数,2014年为执行数。

外汇储备略有增加。年末国家外汇储备 38 430 亿美元，比上年末增加 217 亿美元。全年人民币平均汇率为 1 美元兑 6.1428 元人民币，比上年升值 0.8%。见图 7。

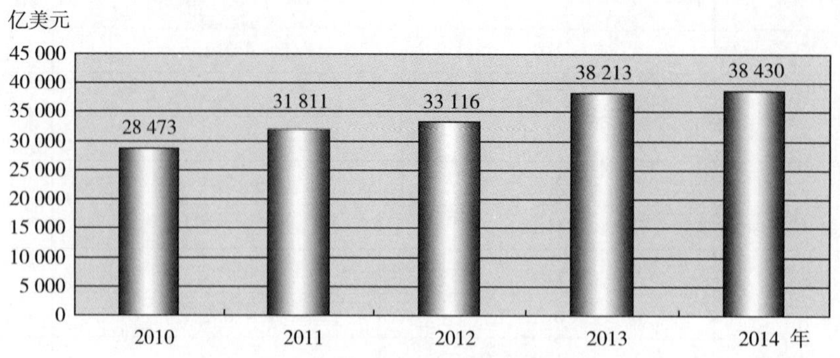

图 7　2010—2014 年年末国家外汇储备

二、农　业

全年粮食种植面积 11 274 万公顷，比上年增加 78 万公顷。棉花种植面积 422 万公顷，减少 13 万公顷。油料种植面积 1 408 万公顷，增加 6 万公顷。糖料种植面积 191 万公顷，减少 9 万公顷。

粮食再获丰收。全年粮食产量 60 710 万吨，比上年增加 516 万吨，增产 0.9%。其中，夏粮产量 13 660 万吨，增产 3.6%；早稻产量 3 401 万吨，减产 0.4%；秋粮产量 43 649 万吨，增产 0.1%。全年谷物产量 55 727万吨，比上年增产 0.8%。其中，稻谷产量 20 643万吨，增产 1.4%；小麦产量 12 617 万吨，增产 3.5%；玉米产量 21 567 万吨，减产 1.3%。见图 8。

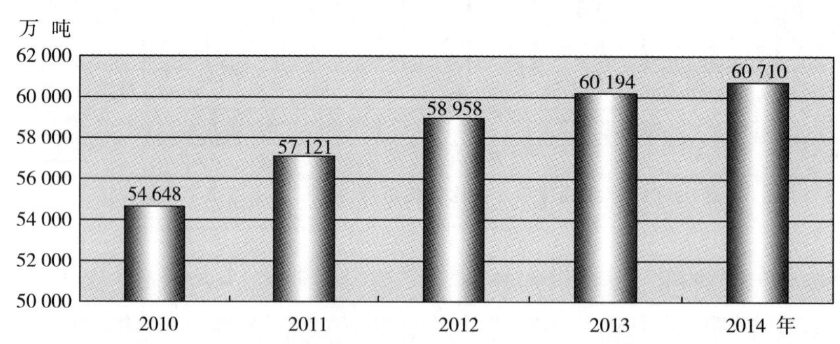

图 8　2010—2014 年粮食产量

全年棉花产量 616 万吨，比上年减产 2.2%。油料产量 3 517 万吨，与上年持平。糖料产量 13 403 万吨，减产 2.5%。茶叶产量 209 万吨，增产 8.7%。

全年肉类总产量 8 707 万吨，比上年增长 2.0%。其中，猪肉产量 5 671 万吨，增长 3.2%；牛肉产量 689 万吨，增长 2.4%；羊肉产量 428 万吨，增长 4.9%；禽肉产量 1 751 万吨，下降 2.7%。禽蛋产量 2 894 万吨，增长 0.6%。牛奶产量 3 725 万吨，增长 5.5%。年末生猪存栏 46 583 万头，下降 1.7%；生猪出栏 73 510 万头，增长 2.7%。

全年水产品产量 6 450 万吨，比上年增长 4.5%。其中，养殖水产品产量 4 762 万吨，增长 4.9%；捕捞水产品产量 1 688 万吨，增长 3.5%。

全年木材产量 8 178 万立方米，比上年下降 3.1%。

全年新增耕地灌溉面积 132 万公顷，新增节水灌溉面积 223 万公顷。

三、工业和建筑业

工业生产平稳增长。全年全部工业增加值

227 991 亿元，比上年增长 7.0%。规模以上工业增加值增长 8.3%。在规模以上工业中，分经济类型看，国有及国有控股企业增长 4.9%；集体企业增长 1.7%，股份制企业增长 9.7%，外商及港澳台商投资企业增长 6.3%；私营企业增长 10.2%。分门类看，采矿业增长 4.5%，制造业增长 9.4%，电力、热力、燃气及水生产和供应业增长 3.2%。见图9。

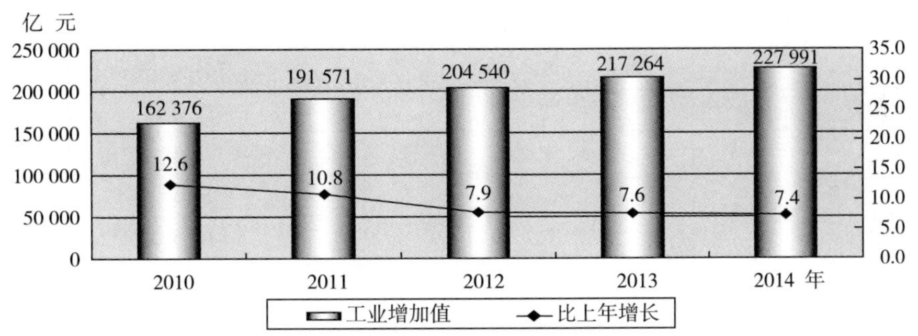

图 9　2010—2014 年全部工业增加值及增长速度

全年规模以上工业中，农副食品加工业增加值比上年增长 7.7%，纺织业增长 6.7%，通用设备制造业增长 9.1%，专用设备制造业增长 6.9%，汽车制造业增长 11.8%，计算机、通信和其他电子设备制造业增长 12.2%，电气机械和器材制造业增长 9.4%。六大高耗能行业增加值比上年增长 7.5%。其中，非金属矿物制品业增长 9.3%，化学原料和化学制品制造业增长 10.3%，有色金属冶炼和压延加工业增长 12.4%，黑色金属冶炼和压延加工业增长 6.2%，电力、热力生产和供应业增长 2.2%，石油加工、炼焦和核燃料加工业增长 5.4%。高技术制造业[10]增加值比上年增长 12.3%，占规模以上工业增加值的比重为 10.6%。装备制造业[11]增加值增长 10.5%，占规模以上工业增加值的比重为 30.4%。见表3。

表 3　2014 年主要工业产品产量及其增长速度[12]

产品名称	单　位	产　量	比上年增长(%)
纱	万　吨	3 379.2	5.6
布	亿　米	893.7	-0.4
化学纤维	万　吨	4 389.8	5.5
成品糖	万　吨	1 642.7	3.1
卷　烟	亿　支	26 098.5	1.9
彩色电视机	万　台	14 128.9	10.9
其中：液晶电视机	万　台	13 865.9	13.3
家用电冰箱	万　台	8 796.1	-5.0
房间空气调节器	万　台	14 463.3	10.7
一次能源生产总量	亿吨标准煤	36.0	0.5
原　煤	亿　吨	38.7	-2.5
原　油	亿　吨	21 142.9	0.7
天然气[13]	亿立方米	1 301.6	7.7
发电量	亿千瓦小时	56 495.8	4.0
其中：火　电	亿千瓦小时	42 337.3	-0.3

续表

产品名称	单 位	产 量	比上年增长(%)
水 电	亿千瓦小时	10 643.4	15.7
核 电	亿千瓦小时	1 325.4	18.8
粗 钢	万 吨	82 269.8	1.2
钢 材[14]	万 吨	112 557.2	4.0
十种有色金属	万 吨	4 380.1	7.4
其中:精炼铜(电解铜)	万 吨	764.4	15.0
原 铝(电解铝)	万 吨	2 435.8	10.3
氧化铝	万 吨	4 777.3	7.3
水 泥	亿 吨	24.8	2.3
硫 酸	万 吨	8 846.3	8.5
纯 碱	万 吨	2 514.2	3.4
烧 碱	万 吨	3 059.0	4.5
乙 烯	万 吨	1 696.7	6.1
化 肥(折100%)	万 吨	6 887.2	-2.0
发电机组(发电设备)	万千瓦	15 053.0	6.0
汽 车	万 辆	2 372.5	7.3
其中:基本型乘用车(轿车)	万 辆	1 248.3	3.1
大中型拖拉机	万 台	64.4	-3.3
集成电路	亿 块	1 015.5	12.4
程控交换机	万 线	3 123.1	15.7
移动通信手持机	万 台	162 719.8	6.8
微型计算机设备	万 台	35 079.6	-0.8

年末全国发电装机容量136 019万千瓦,比上年末增长8.7%。其中[15],火电装机容量915 69万千瓦,增长5.9%;水电装机容量30 183万千瓦,增长7.9%;核电装机容量1 988万千瓦,增长36.1%;并网风电装机容量9 581万千瓦,增长25.6%;并网太阳能发电装机容量2 652万千瓦,增长67.0%。

全年规模以上工业企业实现利润64 715亿元,比上年增长3.3%,其中国有及国有控股企业14 007亿元,下降5.7%;集体企业538亿元,增长0.4%,股份制企业42 963亿元,增长1.6%,外商及港澳台商投资企业15 972亿元,增长9.5%;私营企业22 323亿元,增长4.9%。

全年全社会建筑业增加值44 725亿元,比上年增长8.9%。全国具有资质等级的总承包和专业承包建筑业企业实现利润6 913亿元,增长13.7%,其中国有及国有控股企业1 639亿元,增长11.7%。见图10。

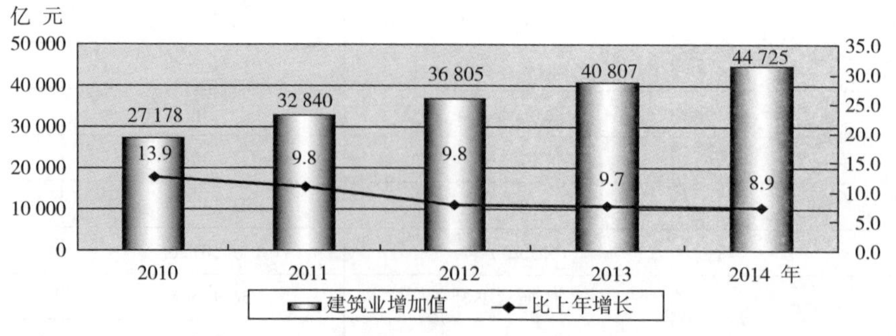

图10 2010—2014年建筑业增加值及增长速度

四、固定资产投资

固定资产投资增速放缓。全年全社会固定资产投资512 761亿元，比上年增长15.3%[16]，扣除价格因素，实际增长14.7%。其中，固定资产投资（不含农户）502 005亿元，增长15.7%，农户投资10 756亿元，增长2.0%。东部地区投资[17]206 454亿元，比上年增长15.4%；中部地区投资124 112亿元，增长17.6%；西部地区投资129 171亿元，增长17.2%；东北地区投资46 096亿元，增长2.7%。见图11、表4。

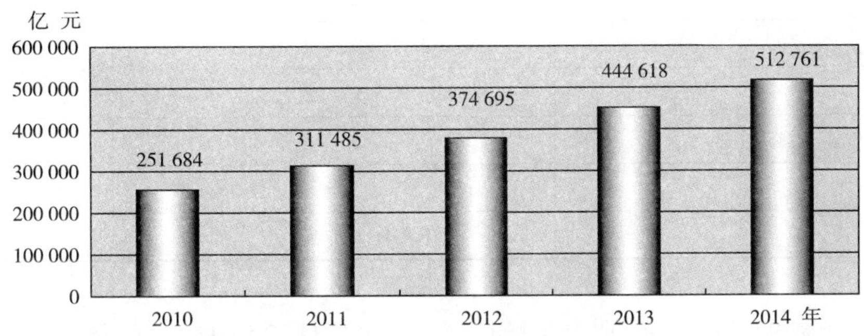

图11　2010—2014年全社会固定资产投资

在固定资产投资（不含农户）中，第一产业投资11 983亿元，比上年增长33.9%；第二产业投资208 107亿元，增长13.2%；第三产业投资281 915亿元，增长16.8%。民间固定资产投资[18]321 576亿元，增长18.1%，占固定资产投资（不含农户）的比重为64.1%。见表4、表5。

表4　2014年分行业固定资产投资（不含农户）及增长速度

行　业	投资额（亿元）	比上年增长（%）
总　计	**502 005**	**15.7**
农、林、牧、渔业	14 697	31.3
采矿业	14 681	0.7
制造业	166 918	13.5
电力、热力、燃气及水的生产和供应业	22 916	17.1
建筑业	4 450	27.2
批发和零售业	15 669	25.7
交通运输、仓储和邮政业	42 984	18.6
住宿和餐饮业	6 237	4.2
信息传输、软件和信息技术服务业	4 187	38.6
金融业	1 360	10.5
房地产业[19]	123 690	11.1
租赁和商务服务业	7 970	36.2
科学研究和技术服务业	4 205	34.7
水利、环境和公共设施管理业	46 274	23.6
居民服务、修理和其他服务业	2 262	14.2
教　育	6 678	24.0
卫生和社会工作	3 983	27.6
文化、体育和娱乐业	6 192	18.9
公共管理、社会保障和社会组织	6 652	13.6

表5 2014年固定资产投资新增主要生产能力

指 标	单 位	绝对数
新增220千伏及以上变电设备	万千伏安	22 394
新建铁路投产里程	公 里	8 427
其中:高速铁路[20]	公 里	5 491
增、新建铁路复线投产里程	公 里	7 892
电气化铁路投产里程	公 里	8 653
新建公路里程	公 里	65 260
其中:高速公路	公 里	7 394
港口万吨级码头泊位新增吞吐能力	万 吨	43 553
新增民用运输机场	个	9
新增光缆线路长度	万公里	301

全年房地产开发投资95 036亿元,比上年增长10.5%。其中,住宅投资64 352亿元,增长9.2%;办公楼投资5 641亿元,增长21.3%;商业营业用房投资14 346亿元,增长20.1%。见表6。

表6 2014年房地产开发和销售主要指标完成情况及增长速度

指 标	单 位	绝对数	比上年增长(%)
投资额	亿 元	95 036	10.5
其中:住 宅	亿 元	64 352	9.2
其中:90平方米及以下	亿 元	20 335	4.6
房屋施工面积	万平方米	726 482	9.2
其中:住 宅	万平方米	515 096	5.9
房屋新开工面积	万平方米	179 592	-10.7
其中:住 宅	万平方米	124 877	-14.4
房屋竣工面积	万平方米	107 459	5.9
其中:住 宅	万平方米	80 868	2.7
商品房销售面积	万平方米	120 649	-7.6
其中:住 宅	万平方米	105 182	-9.1
本年到位资金	亿 元	121 991	-0.1
其中:国内贷款	亿 元	21 243	8.0
其中:个人按揭贷款	亿 元	13 665	-2.6

五、国内贸易

市场销售稳定增长。全年社会消费品零售总额[21]262 394亿元,比上年增长12.0%,扣除价格因素,实际增长10.9%。按经营地统计,城镇消费品零售额226 368亿元,增长11.8%;乡村消费品零售额36 027亿元,增长12.9%。按消费类型统计,商品零售额234 534亿元,增长12.2%;餐饮收入额27 860亿元,增长9.7%。见图12。

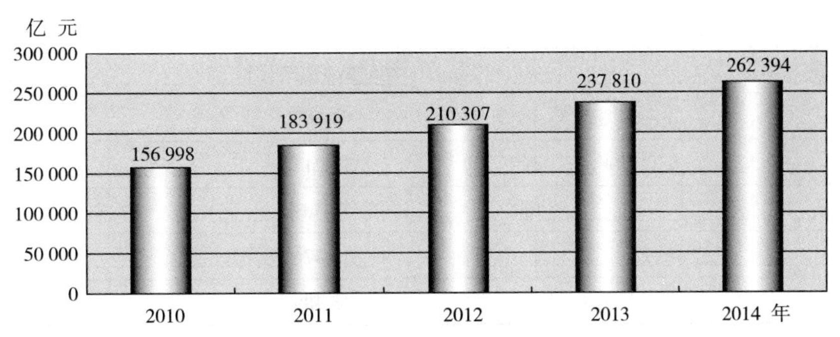

图 12　2010—2014 年社会消费品零售总额

在限额以上企业商品零售额中，粮油、食品、饮料、烟酒类零售额比上年增长 11.1%，服装、鞋帽、针纺织品类增长 10.9%，化妆品类增长 10.0%，金银珠宝类与上年持平，日用品类增长 11.6%，家用电器和音像器材类增长 9.1%，中西药品类增长 15.0%，文化办公用品类增长 11.6%，家具类增长 13.9%，通信器材类增长 32.7%，石油及制品类增长 6.6%，建筑及装潢材料类增长 13.9%，汽车类增长 7.7%。

全年网上零售额[22] 27 898 亿元，比上年增长 49.7%，其中限额以上单位网上零售额 4 400 亿元，增长 56.2%。

六、对外经济[23]

全年货物进出口总额 264 334 亿元，比上年增长 2.3%。其中，出口 143 912 亿元，增长 4.9%；进口 120 423 亿元，下降 0.6%。进出口差额（出口减进口）23 489 亿元，比上年增加 7 395 亿元。见图 13、表 7、表 8、表 9、表 10。

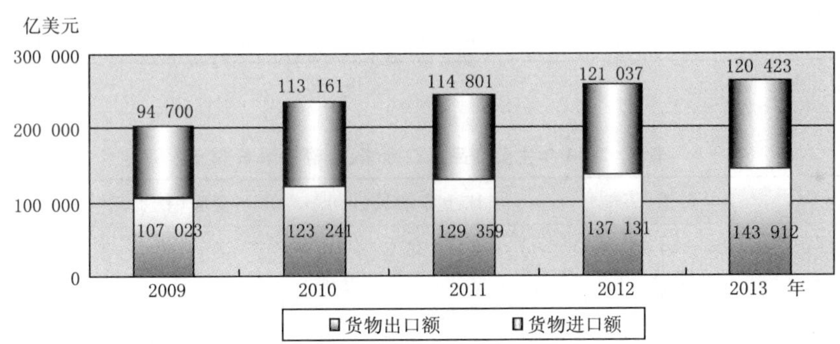

图 13　2010—2014 年货物进出口总额

表 7　2014 年货物进出口总额及增长速度

指　标	绝对数（亿美元）	比上年增长（%）
货物进出口总额	264 334	2.3
货物出口额	143 912	4.9
其中：一般贸易	73 944	9.6
加工贸易	54 320	1.8
其中：机电产品	80 527	2.6
高新技术产品	40 570	-1.0
货物进口额	120 423	-0.6

续表

指　标	绝对数(亿美元)	比上年增长(%)
其中:一般贸易	68 162	-1.0
加工贸易	32 211	4.5
其中:机电产品	52 509	0.7
高新技术产品	33 876	-2.2
进出口差额(出口减进口)	23 489	—

表8　2014 年主要商品出口数量、金额及增长速度

商品名称	单　位	数　量	比上年增长(%)	金额(亿美元)	比上年增长(%)
煤(包括褐煤)	万　吨	574	-23.5	43	-35.5
钢　材	万　吨	9 378	50.5	4 350	31.6
纺织纱线、织物及制品	—	—	—	6 888	3.8
服装及衣着附件	—	—	—	11 445	4.2
鞋　类	—	—	—	3 455	9.7
家具及零件	—	—	—	3 195	-0.7
自动数据处理设备及部件	万　台	191 836	2.6	11 159	-1.3
手持或车载无线电话	万　台	131 199	10.6	7 085	20.2
集装箱	万　个	302	12.1	553	13.0
液晶显示板	万　个	245 080	-25.0	1 952	-12.4
汽　车	万　辆	90	-2.8	770	3.5

表9　2014 年主要商品进口数量、金额及增长速度

商品名称	数量(万吨)	比上年增长(%)	金额(亿美元)	比上年增长(%)
谷物及谷物粉	1 951	33.8	382	20.7
大　豆	7 140	12.7	2 474	5.0
食用植物油	650	-19.7	364	-27.3
铁矿砂及精矿	93 251	13.8	5 748	-12.8
氧化铝	528	37.7	118	35.5
煤	29 122	-10.9	1 366	-24.4
原　油	30 838	9.5	14 017	2.8
成品油	3 000	-24.2	1 439	-27.7
初级形状的塑料	2 535	3.0	3 167	4.0
纸　浆	1 796	6.6	741	4.9
钢　材	1 443	2.5	1 101	4.0
未锻造的铜及铜材	483	7.4	2 188	0.8

表 10　2013 年对主要国家和地区货物进出口额及增长速度

国家和地区	出口额(亿美元)	比上年增长(%)	进口额(亿美元)	比上年增长(%)
欧　盟	22 787	8.3	15 031	9.7
美　国	24 328	6.4	9 764	3.1
东　盟	16 712	10.3	12 794	3.3
中国香港	22 307	-6.6	792	-21.5
日　本	9 187	-1.4	10 027	-0.5
韩　国	6 162	8.9	11 677	2.8
中国台湾	2 843	12.7	9 337	-3.9
俄罗斯	3 297	7.2	2 555	3.7
印　度	3 331	10.7	1 005	-4.6

全年服务进出口[24]总额 6 043 亿美元，比上年增长 12.6%。其中，服务出口 2 222 亿美元，增长 7.6%；服务进口 3 821 亿美元，增长 15.8%。服务进出口逆差 1 599 亿美元。

全年非金融领域新设立外商直接投资企业 23 778家，比上年增长 4.4%。实际使用外商直接投资金额 7 364 亿元，按美元计价为 1 196 亿美元，增长 1.7%。见表 11。

表 11　2014 年非金融领域外商直接投资及增长速度

行　业	企业数(家)	比上年增长(%)	实际使用金额(亿美元)	比上年增长(%)
总　计	**23 778**	**4.4**	**1 195.6**	**1.7**
其中：农、林、牧、渔业	719	-5.0	15.2	-15.4
制造业	5 178	-20.4	399.4	-12.3
电力、燃气及水的生产和供应业	208	4.0	22.0	-9.3
交通运输、仓储和邮政业	376	-6.2	44.6	5.7
信息传输、计算机服务和软件业	981	23.2	27.6	-4.4
批发和零售业	7 978	8.6	94.6	-17.8
房地产业	446	-15.9	346.3	20.2
租赁和商务服务业	3 963	18.0	124.9	20.5
居民服务和其他服务业	181	9.0	7.2	9.3

全年非金融领域对外直接投资额 6 321 亿元，按美元计价为 1 028.9 亿美元，比上年增长 14.1%。见表 12。

表 12　2014 年非金融领域对外直接投资额及增长速度

行　业	对外直接投资金额(亿美元)	比上年增长(%)
总　计	**1 028.9**	**14.1**
其中：农、林、牧、渔业	17.4	19.2
采矿业	193.3	-4.1
制造业	69.6	-19.8

续表

行　业	对外直接投资金额(亿美元)	比上年增长(%)
电力、热力、燃气及水生产和供应业	18.4	36.3
建筑业	70.2	7.5
批发和零售业	172.7	26.3
交通运输、仓储和邮政业	29.3	17.2
信息传输、软件和信息技术服务业	17.0	100.0
房地产业	30.9	45.8
租赁和商务服务业	372.5	26.5

全年对外承包工程业务完成营业额 8 748 亿元，按美元计价为 1 424 亿美元，比上年增长 3.8%。对外劳务合作派出各类劳务人员 56.2 万人，增长 6.6%。

七、交通、邮电和旅游

交通运输平稳增长。全年货物运输总量 439.1 亿吨，比上年增长 7.1%。货物运输周转量184 619 亿吨公里，增长 9.9%。全年规模以上港口完成货物吞吐量 111.6 亿吨，比上年增长 4.8%，其中外贸货物吞吐量 35.2 亿吨，增长 5.9%。规模以上港口集装箱吞吐量 20 093 万标准箱，增长 6.1%。见表 13。

表 13　2014 年各种运输方式完成货物运输量及增长速度

指　标	单　位	绝对数	比上年增长(%)
货物运输总量	亿　吨	439.1	7.1
铁　路	亿　吨	38.1	-3.9
公　路	亿　吨	334.3	8.7
水　运	亿　吨	59.6	6.4
民　航	万　吨	593.3	5.7
管　道	亿　吨	6.9	5.2
货物运输周转量	亿吨公里	184 619.2	9.9
铁　路	亿吨公里	27 530.2	-5.6
公　路	亿吨公里	61 139.1	9.7
水　运	亿吨公里	91 881.1	15.7
民　航	亿吨公里	186.1	9.3
管　道	亿吨公里	3 882.7	10.9

全年旅客运输总量 220.7 亿人次，比上年增长 3.9%。旅客运输周转量 29 994 亿人公里，增长 8.8%。见表 14。

表 14　2014 年各种运输方式完成旅客运输量及增长速度

指　标	单　位	绝对数	比上年增长(%)
旅客运输总量	亿人次	220.7	3.9
铁　路	亿人次	23.6	11.9

续表

指　标	单　位	绝对数	比上年增长(%)
公　路	亿人次	190.5	2.8
水　运	亿人次	2.6	12.3
民　航	亿人次	3.9	10.6
旅客运输周转量	亿人公里	29 994.2	8.8
铁　路	亿人公里	11 604.8	9.5
公　路	亿人公里	11 981.7	6.5
水　运	亿人公里	74.4	8.9
民　航	亿人公里	6 333.3	12.0

年末全国民用汽车保有量达到15 447万辆(包括三轮汽车和低速货车972万辆),比上年末增长12.4%,其中私人汽车保有量12 584万辆,增长15.5%。民用轿车保有量8 307万辆,增长16.6%,其中私人轿车7 590万辆,增长18.4%。

邮电业务快速增长。全年完成邮电业务总量[25]21 846亿元,比上年增长19.0%。其中,邮政业务总量3 696亿元,增长35.6%;电信业务总量18 150亿元,增长16.1%。邮政业全年完成邮政函件业务56.1亿件,包裹业务0.6亿件,快递业务量139.6亿件;快递业务收入2 045亿元。电信业全年新增移动电话交换机容量[26]7 980万户,达到204 537万户。年末全国电话用户总数达到153 552万户,其中固定电话用户24 943万户,移动电话用户128 609万户。固定电话普及率下降至18.3部/百人,移动电话普及率上升至94.5部/百人。固定互联网宽带接入用户[27]20 048万户,比上年增加1 157万户;移动宽带用户[28]58 254万户,增加18 093万户。互联网上网人数64 900万人,增加3 117万人,其中手机上网人数[29]55 700万人,增加5 672万人。互联网普及率达到47.9%。见图14。

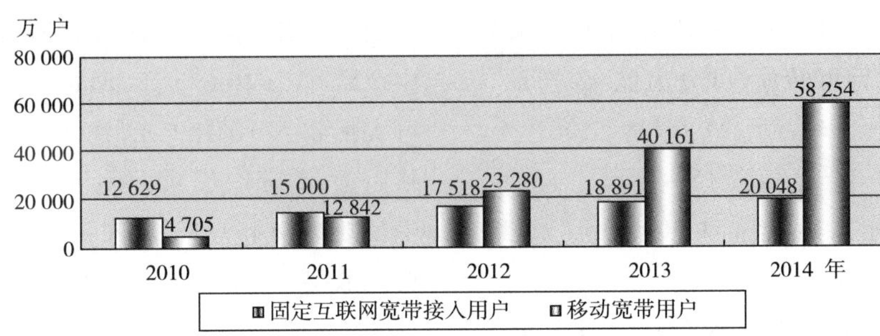

图14　2010—2014年年末固定互联网宽带接入用户和移动宽带用户数

全年国内游客36.1亿人次,比上年增长10.7%,国内旅游收入30 312亿元,增长15.4%。入境游客12 849万人次,下降0.5%。其中,外国人2 636万人次,增长0.3%;香港、澳门和台湾同胞10 213万人次,下降0.6%。在入境游客中,过夜游客5 562万人次,与上年基本持平。国际旅游外汇收入569亿美元,增长10.2%。国内居民出境11 659万人次,增长18.7%,其中因私出境11 003万人次,增长19.6%。

八、金　融

金融市场运行总体平稳。年末广义货币供应量(M2)余额为1 228 000亿元,比上年末增长12.2%;狭义货币供应量(M1)余额为348 000亿元,增长3.2%;流通中货币(M0)余额为60 000亿元,增长2.9%。

全年社会融资规模[30]为165 000亿元,按可比口径计算,比上年少8 598亿元。年末全部金融机构本外币各项存款余额1 174 000亿元,比年初增加

102 000亿元，其中人民币各项存款余额 1 139 000 亿元，增加 95 000 亿元。全部金融机构本外币各项贷款余额 867 868 亿元，增加 102 000 亿元，其中人民币各项贷款余额 817 000 亿元，增加 98 000 亿元。见表 15。

表 15　2014 年年末全部金融机构本外币存贷款余额及增长速度

指　标	年末数（亿元）	比上年末增长（%）
各项存款余额	1 173 735	9.6
其中：住户存款	506 890	8.9
其中：人民币	502 504	8.9
非金融企业存款	400 420	5.4
各项贷款余额	867 868	13.3
其中：境内短期贷款	336 371	7.9
境内中长期贷款	471 818	15.0

年末主要农村金融机构（农村信用社、农村合作银行、农村商业银行）人民币贷款余额 105 742 亿元，比年初增加 14 105 亿元。全部金融机构人民币消费贷款余额 153 660 亿元，增加 23 938 亿元。其中，个人短期消费贷款余额 32 491 亿元，增加 5 902 亿元；个人中长期消费贷款余额 121 169 亿元，增加 18 037 亿元。

全年上市公司通过境内市场累计筹资 8 397 亿元，比上年增加 1 512 亿元。其中，首次公开发行 A 股 125 只，筹资 669 亿元；A 股再筹资（包括配股、公开增发、非公开增发[31]、认股权证）4 165 亿元，增加 1 362 亿元；上市公司通过发行可转债、可分离债、公司债、中小企业私募债筹资 3 563 亿元，减少 519 亿元。全年公开发行创业板股票 51 只，筹资 159 亿元。

全年发行公司信用类债券[32]51 500 亿元，比上年增加 14 800 亿元。

全年保险公司原保险保费收入[33]20 235 亿元，比上年增长 17.5%。其中，寿险业务原保险保费收入 10 902 亿元，健康险和意外伤害险业务原保险保费收入 2 130 亿元，财产险业务原保险保费收入 7 203亿元。支付各类赔款及给付 7 216 亿元。其中，寿险业务给付 2 728 亿元，健康险和意外伤害险赔款及给付 700 亿元，财产险业务赔款 3 788 亿元。

九、人民生活和社会保障

城乡居民收入继续增加。全年全国居民人均可支配收入 20 167 元，比上年增长 10.1%，扣除价格因素，实际增长 8.0%。按常住地分，城镇居民人均可支配收入[34]28 844 元，比上年增长 9.0%，扣除价格因素，实际增长 6.8%；城镇居民人均可支配收入中位数[35]为 26 635 元，增长 10.3%。农村居民人均可支配收入 10 489 元，比上年增长 11.2%，扣除价格因素，实际增长 9.2%；农村居民人均可支配收入中位数为 9 497 元，增长 12.7%。全年农村居民人均纯收入为 9 892 元。全国居民人均消费支出 14 491元，比上年增长 9.6%，扣除价格因素，实际增长 7.5%。按常住地分，城镇居民人均消费支出 19 968 元，增长 8.0%，扣除价格因素，实际增长 5.8%；农村居民人均消费支出 8 383 元，增长 12.0%，扣除价格因素，实际增长 10.0%。见图 15。

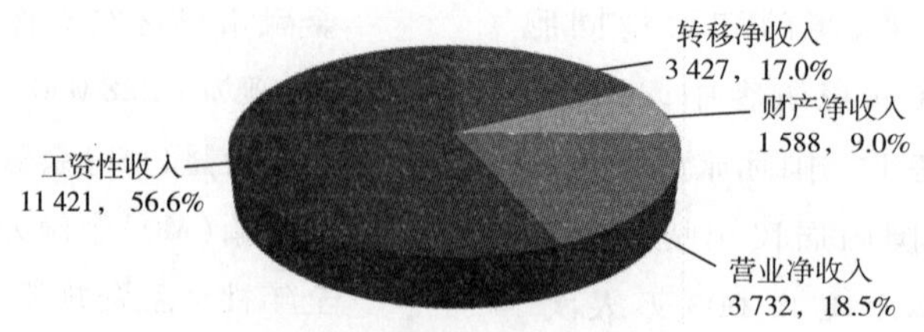

图 15　2014 年按收入来源分的全国居民人均可支配收入及占比

社会保障建设取得新进展。年末全国参加城镇职工基本养老保险人数 34 115 万人，比上年末增加 1 897 万人。参加城乡居民基本养老保险人数 50 107万人，增加 357 万人。参加基本医疗保险人数59 774万人，增加 2 702 万人。其中，参加职工基本医疗保险人数 28 325 万人，增加 882 万人；参加居民基本医疗保险人数 31 449 万人，增加 1 820 万人。参加失业保险人数 17 043 万人，增加 626 万人。年末全国领取失业保险金人数 207 万人。参加工伤保险人数 20 621 万人，增加 703 万人，其中参加工伤保险的农民工 7 362 万人，增加 98 万人。参加生育保险人数 17 035 万人，增加 643 万人。按照年人均收入 2 300 元（2010 年不变价）的农村扶贫标准计算，2014 年农村贫困人口为 7 017 万人，比上年减少 1 232 万人。

十、教育、科学技术和文化

教育科技和文化体育事业较快发展。全年研究生招生 62. 1 万人，在学研究生 184. 8 万人，毕业生 53. 6 万人。普通本专科招生 721. 4 万人，在校生 2 547. 7万人，毕业生 659. 4 万人。中等职业教育[36]招生 628. 9 万人，在校生 1 802. 9 万人，毕业生 633 万人。普通高中招生 796. 6 万人，在校生 2 400. 5 万人，毕业生 799. 6 万人。初中招生 1 447. 8 万人，在校生 4 384. 6 万人，毕业生 1 413. 5 万人。普通小学招生 1 658. 4 万人，在校生 9 451. 1 万人，毕业生 1 476. 6万人。特殊教育招生 7. 1 万人，在校生 39. 5 万人，毕业生 4. 9 万人。幼儿园在园幼儿 4 050. 7 万人。见图 16。

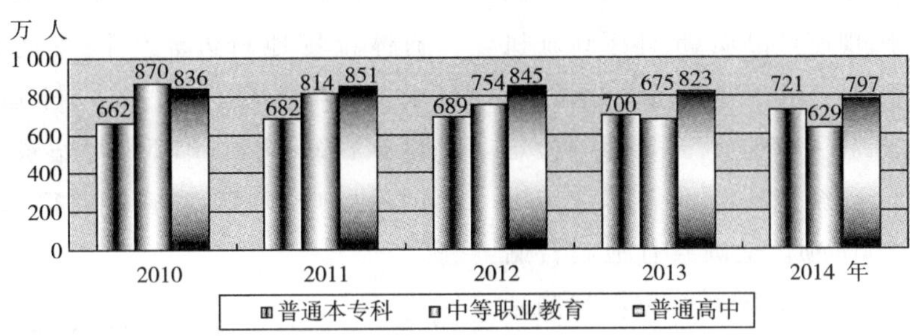

图 16　2010—2014 年普通本专科、中等职业教育及普通高中招生人数

全年研究与试验发展（R&D）经费支出 13 312 亿元，比上年增长 12.4%，与国内生产总值之比为 2.1%，其中基础研究经费 626 亿元。全年国家安排了 3 997 项科技支撑计划课题，2 129 项“863”计划课题。截至年底，累计建设国家工程研究中心 132 个，国家工程实验室 154 个，国家认定企业技术中心 1 098 家。全年国家新兴产业创投计划[37]累计支持设立 213 家创业投资企业，资金总规模 574 亿元，投资创业企业 739 家。全年受理境内外专利申请 236. 1 万件，授予专利权 130. 3 万件。截至年底，有效专利 464. 3 万件。全年共签订技术合同 29. 7 万项，技术合同成交金额 8 577亿元，比上年增长 14. 8%。见图 17、表 16。

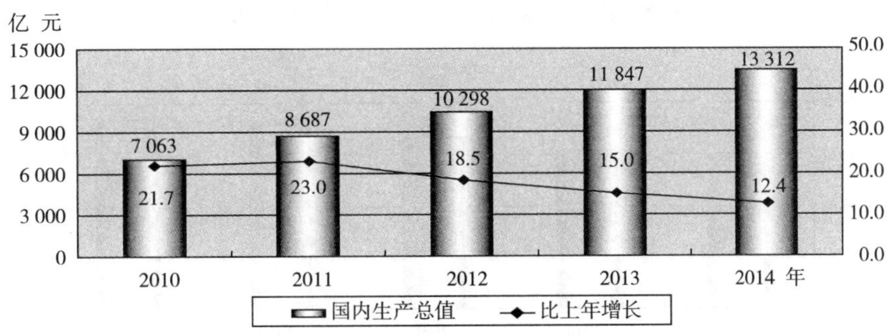

图 17　2010—2014 年研究与实验发展（R&D）经费支出

表16　2014 年专利申请受理、授权和有效专利情况

指　标	专利数(万件)	比上年增长(%)
专利申请受理数	236.1	-0.7
其中:境内专利申请受理数	218.6	-1.0
其中:发明专利申请受理数	92.8	12.5
其中:境内发明专利	79.0	13.9
专利申请授权数	130.3	-0.8
其中:境内专利授权	119.2	-1.5
其中:发明专利授权	23.3	12.3
其中:境内发明专利	15.8	14.1
年末有效专利数	464.3	10.7
其中:境内有效专利	391.8	11.1
其中:有效发明专利	119.6	15.7
其中:境内有效发明专利	66.3	21.7

全年成功发射卫星 16 次。探月工程三期再入返回试验圆满完成。高分二号卫星成功发射。

年末全国共有产品检测实验室 27 051 个,其中国家检测中心 597 个。全国现有产品质量、体系认证机构 183 个,已累计完成对 118 354 个企业的产品认证。全国共有法定计量技术机构 4 056 个,全年强制检定计量器具 6 162 万台(件)。全年制定、修订国家标准 1 530 项,其中新制定 1 067 项。全国共有地震台站 1 687个,区域地震台网 32 个。全国共有海洋观测站 79 个。测绘地理信息部门公开出版地图1 678种。

年末全国文化系统共有艺术表演团体 2 008 个,博物馆 2 760 个。全国共有公共图书馆 3 110 个,总流通[38]52 252 万人次;文化馆 3 311 个。有线电视用户 23 100 万户,有线数字电视用户 18 700 万户。年末广播节目综合人口覆盖率为 98.0%,电视节目综合人口覆盖率为 98.6%。全年生产电视剧 429 部 15 983 集,电视动画片 138 496 分钟。全年生产故事影片 618 部,科教、纪录、动画和特种影片[39]140 部。出版各类报纸 465 亿份,各类期刊 32 亿册,图书 84 亿册(张),人均图书拥有量[40]6.12 册(张)。年末全国共有档案馆 4 246 个,已开放各类档案 12 835 万卷(件)。

根据第六次全国体育场地普查结果[41],全国共有体育场地 169.5 万个,场地面积[42]19.9 亿平方米。全年中国运动员在 22 个运动大项中获得 98 个世界冠军,共创 10 项世界纪录。全年我国残疾人运动员在 19 项国际赛事中获得 122 个世界冠军。

十一、卫生和社会服务

卫生和社会服务事业不断改善。年末全国共有医疗卫生机构 982 443 个,其中医院 25 865 个,乡镇卫生院 36 899 个,社区卫生服务中心(站)34 264 个,诊所(卫生所、医务室)188 415 个,村卫生室 646 044个,疾病预防控制中心 3 491 个,卫生监督所(中心)2 975 个。卫生技术人员 739 万人,其中执业医师和执业助理医师 282 万人,注册护士 292 万人。医疗卫生机构床位 652 万张,其中医院 484 万张,乡镇卫生院 117 万张。见图 18。

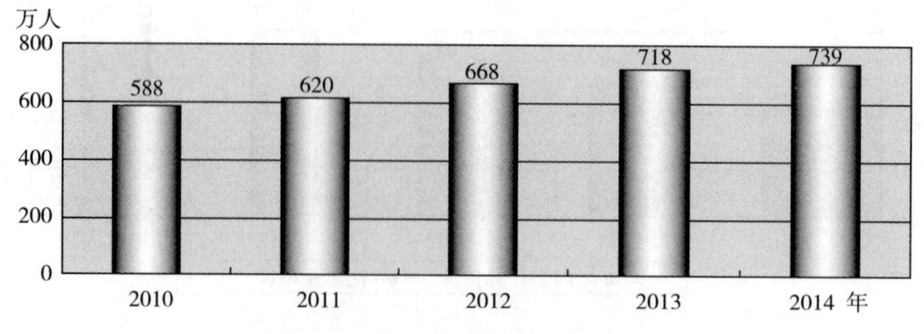

图18　2010—2014 年卫生技术人员人数

年末全国各类提供住宿的社会服务机构[43]3.8万个,其中养老服务机构3.4万个。社会服务床位[44]586.5万张,其中养老床位551.4万张。收留抚养和救助各类人员304.6万人,其中养老人员288.7万人。年末共有社区服务中心2.2万个,社区服务站11.4万个。年末全国共有1 880.2万人享受城市居民最低生活保障,5 209万人享受农村居民最低生活保障,农村五保供养[45]529.5万人。全年资助1 310.9万城市困难群众参加医疗保险,资助4 118.9万农村困难群众参加新型农村合作医疗。

十二、资源、环境和安全生产

全年全国国有建设用地供应总量[46]61万公顷,比上年下降16.5%。其中,工矿仓储用地15万公顷,下降29.9%;房地产用地[47]15万公顷,下降25.5%;基础设施等其他用地31万公顷,下降1.9%。

全年水资源总量28 370亿立方米。全年平均降水量648毫米。年末全国监测的609座大型水库蓄水总量3 663亿立方米,比上年末蓄水量增加7.0%。全年总用水量6 220亿立方米,比上年增长0.6%。其中,生活用水增长2.7%,工业用水增长1.0%,农业用水增长0.1%,生态补水增长0.6%。万元国内生产总值用水量[48]112立方米,比上年下降6.3%。万元工业增加值用水量64立方米,下降5.6%。人均用水量456立方米,比上年增长0.1%。

全年完成造林面积603万公顷,其中人工造林427万公顷。林业重点工程完成造林面积200万公顷,占全部造林面积的33.2%。截至年底,自然保护区达到2 729个,其中国家级自然保护区428个。新增水土流失治理面积5.4万平方公里,新增实施水土流失地区封育保护面积2.0万平方公里。

全年平均气温为10.1℃,共有5个台风登陆。

初步核算,全年能源消费总量42.6亿吨标准煤,比上年增长2.2%。煤炭消费量下降2.9%,原油消费量增长5.9%,天然气消费量增长8.6%,电力消费量增长3.8%。煤炭消费量占能源消费总量的66.0%,水电、风电、核电、天然气等清洁能源消费量占能源消费总量的16.9%。全国万元国内生产总值能耗下降4.8%。工业企业吨粗铜综合能耗同比下降3.8%,吨钢综合能耗下降1.7%,单位烧碱综合能耗下降2.3%,吨水泥综合能耗下降1.1%,每千瓦时火力发电标准煤耗下降0.7%。

十大流域[49]的702个水质监测断面中,Ⅰ~Ⅲ类水质断面比例占71.2%,劣Ⅴ类水质断面比例占9.0%。十大流域水质总体为轻度污染,水质保持稳定。

近岸海域301个海水水质监测点中,达到国家一、二类海水水质标准的监测点占66.8%,三类海水占7.0%,四类、劣四类海水占26.2%。

在按照《环境空气质量标准》(GB3095—2012)监测的161个城市中,城市空气质量达标的城市占9.9%,未达标的城市占90.1%。

在监测的319个城市中,城市区域声环境质量好的城市占1.3%,较好的占70.8%,一般的占27.3%,较差的占0.6%。

年末城市污水处理厂日处理能力达到12 896万立方米,比上年末增长3.5%,城市污水处理率达到90.2%,提高0.8个百分点。城市集中供热面积59.1亿平方米,增长3.3%。城市建成区绿地率达到35.9%,提高0.2个百分点。

全年农作物受灾面积2 489万公顷,其中绝收309万公顷。全年因洪涝和地质灾害造成直接经济损失1 030亿元,因旱灾造成直接经济损失836亿元,因低温冷冻和雪灾造成直接经济损失129亿元,因海洋灾害造成直接经济损失136亿元。全年大陆地区共发生5级以上地震30次,成灾10次,造成直接经济损失356亿元。全年共发生森林火灾3 703起,森林火灾受害森林面积1.9万公顷。

全年各类生产安全事故共死亡68 061人。亿元国内生产总值生产安全事故死亡人数为0.107人,比上年下降13.7%;工矿商贸企业就业人员10万人生产安全事故死亡人数为1.328人,下降12.9%;道路交通事故万车死亡人数为2.22人,下降5.1%;煤矿百万吨死亡人数为0.255人,下降11.5%。

注：[1]本公报中数据均为初步统计数。各项统计数据均未包括香港特别行政区、澳门特别行政区和台湾省。部分数据因四舍五入的原因，存在着与分项合计不等的情况。

[2]人户分离的人口是指居住地与户口登记地所在的乡镇街道不一致且离开户口登记地半年以上的人口。

[3]流动人口是指人户分离人口中扣除市辖区内人户分离的人口。市辖区内人户分离的人口是指一个直辖市或地级市所辖区内和区与区之间，居住地和户口登记地不在同一乡镇街道的人口。

[4]2014 年年末，0 ~ 14 岁（含不满 15 周岁）人口为 22 558 万人，15 ~ 59 岁（含不满 60 周岁）人口为 92 982万人。

[5]国内生产总值、各产业增加值绝对数按现价计算，增长速度按不变价格计算；根据第三次全国经济普查结果和国家统计局 2012 年制定的《三次产业划分规定》对相关数据进行了修订。

[6]年度农民工数量包括年内在本乡镇以外从业 6 个月以上的外出农民工和在本乡镇内从事非农产业 6 个月以上的本地农民工两部分。

[7]国家全员劳动生产率为国内生产总值（以 2010 年不变价格计算）与全部就业人员的比率。

[8]农产品生产者价格是指农产品生产者直接出售其产品时的价格。

[9]居住类价格包括建房及装修材料、住房租金、自有住房和水电燃料等价格。

[10]高技术制造业包括医药制造业，航空、航天器及设备制造业，电子及通信设备制造业，计算机及办公设备制造业，医疗仪器设备及仪器仪表制造业，信息化学品制造业。

[11]装备制造业包括金属制品业，通用设备制造业，专用设备制造业，汽车制造业，铁路、船舶、航空航天和其他运输设备制造业，电气机械和器材制造业，计算机、通信和其他电子设备制造业，仪器仪表制造业，金属制品、机械和设备修理业。

[12]根据第三次全国经济普查结果对相关数据进行了修订，其中 2013 年原煤产量由 36.8 亿吨修订为 39.7 亿吨。

[13]天然气包括气田天然气、油田天然气（分为油田气层气、油田伴生溶解气）和煤田天然气（也称煤层气）。

[14]钢材产量数据中含企业之间重复加工钢材约 33 400 万吨。

[15]少量发电装机容量（如地热等）文中未列出。

[16]根据第三次全国经济普查结果，对 2013 年全社会固定资产投资数据进行了修订。

[17]固定资产投资按东部、中部、西部和东北地区计算的合计数据小于全国数据，是因为有部分跨地区的投资未计算在地区数据中。其中，东部地区是指北京、天津、河北、上海、江苏、浙江、福建、山东、广东和海南 10 省（市）；中部地区是指山西、安徽、江西、河南、湖北和湖南 6 省；西部地区是指内蒙古、广西、重庆、四川、贵州、云南、西藏、陕西、甘肃、青海、宁夏和新疆 12 省（区、市）；东北地区是指辽宁、吉林和黑龙江 3 省。

[18]民间固定资产投资是指具有集体、私营、个人性质的内资企事业单位以及由其控股（包括绝对控股和相对控股）的企业单位建造或购置固定资产的投资。

[19]房地产业投资除房地产开发投资外，还包括建设单位自建房屋以及物业管理、中介服务和其他房地产投资。

[20]高速铁路是指最高营运速度达到 200 公里/小时及以上的铁路。

[21]2014 年社会消费品零售总额及相关数据均为快报数。

[22]网上零售额是指通过公共网络交易平台（包括自建网站和第三方平台）实现的商品和服务零售额。其中，网上零售额包括的服务类商品，以及少部分用于生产经营用或被转卖的商品不统计在社会消费品零售总额中。

[23]根据有关规定，货物贸易改用人民币计价。服务贸易、利用外资、对外投资和对外承包工程由于技术

原因仍主要沿用美元计价。

[24]服务进出口按照《国际收支手册(第六版)》标准统计,不含政府服务,增速按可比口径计算。

[25]邮电业务总量按2010年不变价格计算。

[26]移动电话交换机容量是指移动电话交换机根据一定话务模型和交换机处理能力计算出来的最大同时服务用户的数量。

[27]固定互联网宽带接入用户是指报告期末在电信企业登记注册,通过xDSL、FTTx + LAN、FTTH/0以及其他宽带接入方式和普通专线接入公众互联网的用户。

[28]移动宽带用户是指报告期末在计费系统拥有使用信息,占用3G或4G网络资源的在网用户。

[29]手机上网人数是指过去半年通过手机接入并使用互联网的6周岁及以上中国居民数量。

[30]社会融资规模是指一定时期内实体经济从金融体系获得的资金总额,是增量概念。

[31]非公开增发又叫定向增发,不含资产认购部分。

[32]公司信用类债券包括非金融企业债务融资工具、企业债券以及公司债、可转债等。

[33]原保险保费收入是指保险企业确认的原保险合同保费收入。

[34]按一体化住户调查改革前的城镇住户调查老口径推算,全年全国城镇居民人均可支配收入为29 381元。

[35]人均收入中位数是指将所有调查户按人均收入水平从低到高(或从高到低)顺序排列,处于最中间位置调查户的人均收入。

[36]中等职业教育包括普通中专、成人中专、职业高中和技工学校,其中技工学校数据为2013年数据。

[37]国家新兴产业创投计划是指中央财政专项资金通过与地方政府资金、社会资本共同发起设立创业投资企业,或以股权投资模式直接投资创业企业等方式,培育和促进新兴产业发展的活动。

[38]总流通人次是指本年度内到图书馆场馆接受图书馆服务的总人次,包括借阅书刊、咨询问题以及参加各类读者活动等。

[39]特种影片是指那些采用与常规影院放映在技术、设备、节目方面不同的电影展示方式,如巨幕电影、立体电影、立体特效(4D)电影、动感电影、球幕电影等。

[40]人均图书拥有量是指在一年内全国平均每人能拥有的当年出版图书册数。

[41]数据为截至2013年年底。

[42]场地面积是指可供训练、比赛、健身活动的场地有效面积,场地除包括比赛规定的尺寸外,还包括必要的安全区、缓冲区和无障碍地带。

[43]根据第三次全国经济普查,对提供住宿的社会服务机构、社区服务中心进行归类清理,2014年相应数据有所调整。

[44]社会服务床位数除收养性机构外,还包括救助类机构、社区类机构以及军休所、军供站等机构的床位。

[45]农村五保供养是指老年、残疾和未满16周岁的村民,无劳动能力、无生活来源又无法定赡养、抚养、扶养义务人,或者其法定赡养、抚养、扶养义务人无赡养、抚养、扶养能力的村民,在吃、穿、住、医、葬方面得到的生活照顾和物质帮助。

[46]国有建设用地供应总量是指报告期内市、县人民政府根据年度土地供应计划依法以出让、划拨、租赁等方式将土地使用权提供给单位或个人使用的国有建设用地总量。

[47]房地产用地是指商服用地和住宅用地的总和。

[48]万元国内生产总值用水量、万元工业增加值用水量和万元国内生产总值能耗按2010年不变价格计算。

[49]十大流域包括长江、黄河、珠江、松花江、淮河、海河、辽河、浙闽片河流、西北诸河和西南诸河。

资料来源:本公报中城镇新增就业、登记失业率、社会保障数据来自人力资源社会保障部;财政数据来自财政部;外汇储备、汇率、货币金融、公司信用类债券数据来自人民银行;水产品产量数据来自农业部;木材产量、林业、森林火灾数据来自林业局;灌溉面积、水资源数据来自水利部;发电装机容量、新增220千伏及以上变电设备数据来自中电联;新建铁路投产里程、增新建铁路复线投产里程、电气化铁路投产里程、铁路运输数据来自铁路总公司;新建公路里程、港口万吨级码头泊位新增吞吐能力、公路运输、水运、港口货物吞吐量数据来自交通运输部;新增民用运输机场、民航数据来自民航局;新增光缆线路长度、电话交换机容量、电话用户、宽带用户、上网人数等通信数据来自工业和信息化部;保障性住房、城市污水处理、城市集中供热面积、建成区绿地率数据来自住房城乡建设部;货物进出口数据来自海关总署;服务进出口、外商直接投资、对外直接投资、对外承包工程、对外劳务合作等数据来自商务部;管道数据来自中石油、中石化、中海油;民用汽车、交通事故数据来自公安部;邮政业务数据来自邮政局;旅游数据来自旅游局、公安部;上市公司数据来自证监会;保险业数据来自保监会;教育数据来自教育部;安排科技计划课题、技术合同等数据来自科技部;国家工程研究中心、企业技术中心、新兴产业创投等数据来自发展改革委;专利数据来自知识产权局;发射卫星数据来自国防科工局;质量检验、国家标准制定修订等数据来自质检总局;地震数据来自地震局;海洋观测站、海洋灾害造成直接经济损失数据来自海洋局;测绘数据来自测绘地信局;艺术表演团体、博物馆、公共图书馆、文化馆数据来自文化部;广播电视、电影、报纸、期刊、图书数据来自新闻出版广电总局;档案数据来自档案局;体育数据来自体育总局;残疾人运动员数据来自中国残联;卫生数据来自卫生计生委;社会服务、低保和五保供养数据、农作物受灾面积、洪涝地质灾害造成直接经济损失、旱灾造成直接经济损失、低温冷冻和雪灾造成直接经济损失来自民政部;国有建设用地供应数据来自国土资源部;自然保护区、环境监测数据来自环境保护部;平均气温、登陆台风数据来自气象局;安全生产数据来自安全监管总局;其他数据均来自国家统计局。

国民经济和社会发展总量与速度指标

指　标	总量指标				指数(%)(2014 为以下各年)			平均增长速度(%)	
	1978 年	2000 年	2013 年	2014 年	1978 年	2000 年	2013 年	1978—2014 年	2001—2014 年
人口与就业									
人　口　(万人)									
总人口(年末)	96 259.0	126 743.0	136 072.0	136 782.0	142.1	107.9	100.5	1.0	0.5
城镇人口	17 245.0	45 906.0	73 111.0	74 916.0	434.4	163.2	102.5	4.2	3.6
乡村人口	79 014.0	80 837.0	62 961.0	61 866.0	78.3	76.5	98.3	-0.7	-1.9
就　业　(万人)									
就业人员数	40 152.0	72 085.0	76 977.0	77 253.0	192.4	107.2	100.4	1.8	0.5
第一产业	28 318.0	36 043.0	24 171.0	22 790.0	80.5	63.2	94.3	-0.6	-3.2
第二产业	6 945.0	16 219.0	23 170.0	23 099.0	332.6	142.4	99.7	3.4	2.6
第三产业	4 890.0	19 823.0	29 636.0	31 364.0	641.4	158.2	105.8	5.3	3.3
城镇登记失业人数	530.0	595.0	926.0	952.0	179.6	160.0	102.8	1.6	3.4
宏观经济									
国民经济核算									
国民总收入　(亿元)	3 650.2	98 562.2	583 196.7	634 043.4	2 813.9	373.4	107.8	9.7	9.9
国内生产总值　(亿元)	3 650.2	99 776.3	588 018.8	636 138.7	2 823.2	370.1	107.3	9.7	9.8
第一产业	1 018.4	14 716.2	55 321.7	58 336.1	481.6	174.9	104.1	4.5	4.1
第二产业	1 736.0	45 326.0	256 810.0	271 764.5	4 441.1	411.0	107.3	11.1	10.6
第三产业	895.8	39 734.1	275 887.0	306 038.2	3 856.6	399.8	107.8	10.7	10.4
人均国内生产总值　(元)	382.0	7 902.0	43 320.0	46 629.0	1 978.7	342.5	106.7	8.6	9.2
人民生活									
城镇居民人均可支配收入　(元)	343.0	6 280.0	26 955.0	29 381.0	1 310.5	341.5	106.8	7.4	9.2
农村居民人均纯收入　(元)	134.0	2 253.0	8 896.0	9 892.0	1 404.7	290.6	109.2	7.6	7.9
城乡人民币储蓄存款余额　(亿元)	211.0	64 332.0	447 602.0	485 261.0	230 418.5	754.3	108.4	24.0	15.5
财　政　(亿元)									

续表

指　标	总量指标				指数(%)(2014 为以下各年)			平均增长速度(%)	
	1978 年	2000 年	2013 年	2014 年	1978 年	2000 年	2013 年	1978—2014 年	2001—2014 年
一般公共预算收入	1 132.3	13 395.2	129 209.6	140 370.0	12 402.0	1 048.2	108.6	14.3	18.3
一般公共预算支出	1 122.1	15 886.5	140 212.1	151 785.6	13 505.2	956.5	108.3	14.6	17.5
环境、灾害									
废水中化学需氧量排放量　（万吨）	—	—	2 353.0	2 295.0	—	—	97.5	—	—
废气中二氧化硫排放量　（万吨）	—	—	2 044.0	1 974.0	—	—	96.6	—	—
能　源　（万吨标准煤）									
能源生产总量	62 770.0	138 570.0	358 784.0	360 000.0	573.5	259.8	100.5	5.0	7.1
能源消费总量	57 144.0	146 964.0	416 913.0	426 000.0	745.5	289.9	102.2	5.7	7.9
固定资产投资									
全社会固定资产投资总额　（亿元）	—	32 917.7	446 294.1	512 020.7	—	—	115.2	—	22.4
#房地产开发	—	4 984.1	86 013.4	95 035.6	—	—	110.5	—	24.7
全社会住宅投资	—	7 594.1	74 870.7	80 615.1	—	—	—	—	—
全社会房屋施工面积　（万平方米）	—	265 294.0	1 336 288.0	1 355 560.0	—	511.0	101.4	—	12.4
#住　宅	—	180 634.0	673 163.0	689 041.0	—	381.5	102.4	—	10.0
全社会房屋竣工面积　（万平方米）	—	181 974.0	349 896.0	355 068.0	—	195.1	101.5	—	4.9
#住　宅	—	134 529.0	193 328.0	192 545.0	—	143.1	99.6	—	2.6
对外经济贸易　（亿美元）									
货物进出口总额	206.4	4 742.9	41 589.9	43 015.3	20 840.7	906.9	103.4	16.0	17.1
出口额	97.5	2 492.0	22 090.0	23 422.9	24 023.5	939.9	106.0	16.4	17.4
进口额	108.9	2 250.9	19 499.9	19 592.3	17 991.1	870.4	100.5	15.5	16.7
外商直接投资	—	407.2	1 175.9	1 195.6	—	293.7	101.7	—	8.0
外商其他投资	—	86.4	11.3	1.4	—	1.7	12.7	—	-25.4
产　业									
农　业									
农林牧渔业总产值　（亿元）	1 397.0	24 915.8	96 995.3	102 226.1	760.1	194.0	104.2	5.8	4.8
主要农产品产量　（万吨）									
粮　食	30 476.5	46 217.5	60 193.8	60 702.6	199.2	131.3	100.8	1.9	2.0

续表

指标	总量指标				指数(%)(2014为以下各年)			平均增长速度(%)	
	1978年	2000年	2013年	2014年	1978年	2000年	2013年	1978—2014年	2001—2014年
棉花	216.7	441.7	629.9	617.8	285.1	139.9	98.1	3.0	2.4
油料	521.8	2 954.8	3 517.0	3 507.4	672.2	118.7	99.7	5.4	1.2
肉类	943.0	6 013.9	8 535.0	8 706.7	923.3	144.8	102.0	6.4	2.7
水产品	465.4	3 706.2	6 172.0	6 461.5	1 388.5	174.3	104.7	7.6	4.1
工业									
主要工业产品产量									
原煤（亿吨）	6.2	13.8	39.7	38.7	626.8	279.9	97.5	5.2	7.6
原油（万吨）	10 405.0	16 300.0	20 991.9	21 142.9	203.2	129.7	100.7	2.0	1.9
天然气（亿立方米）	137.3	272.0	1 208.6	1 301.6	948.0	478.5	107.7	6.4	11.8
水泥（亿吨）	0.7	6.0	24.2	24.9	3 819.9	417.4	103.0	10.6	10.7
粗钢（万吨）	3 178.0	12 850.0	81 313.9	82 230.6	2 587.5	639.9	101.1	9.5	14.2
钢材（万吨）	2 208.0	13 146.0	108 200.5	112 513.1	5 095.7	855.9	104.0	11.5	16.6
汽车（万辆）	14.9	207.0	2 212.1	2 372.5	15 912.3	1 146.1	107.3	15.1	19.0
发电机组（万千瓦）	483.8	1 249.0	14 197.7	15 053.0	3 111.4	1 205.2	106.0	10.0	19.5
金属切削机床（万台）	18.3	17.7	87.6	85.8	468.3	485.8	98.0	4.4	12.0
发电量（亿千瓦小时）	2 566.0	13 556.0	54 316.4	56 495.8	2201.7	416.8	104.0	9.0	10.7
规模以上工业企业主要指标（亿元）									
资产总计	—	126 211.0	870 751.0	956 777.0	—	758.1	109.9	—	15.6
主营业务收入	—	84 152.0	1 038 659.0	1 107 033.0	—	1 315.5	106.6	—	20.2
利润总额	—	4 393.0	68 379.0	68 155.0	—	1 551.3	99.7	—	21.6
建筑业									
建筑业总产值（亿元）	—	12 498.0	160 366.0	176 713.0	—	1 414.0	110.2	—	20.8
房地产业									
房地产企业房屋施工面积（万平方米）	—	65 897.0	665 572.0	726 482.0	—	1 102.5	109.2	—	18.7
房地产企业房屋竣工面积（万平方米）	—	25 105.0	101 435.0	107 459.0	—	428.0	105.9	—	10.9
房地产企业商品房销售面积（万平方米）	—	18 637.0	130 551.0	120 649.0	—	647.4	92.4	—	14.3
#住宅	—	16 570.0	115 723.0	105 188.0	—	634.8	90.9	—	14.1

续表

指标		总量指标				指数(%)(2014 为以下各年)			平均增长速度(%)	
		1978 年	2000 年	2013 年	2014 年	1978 年	2000 年	2013 年	1978—2014 年	2001—2014 年
房地产企业商品房销售额	(亿元)	—	3 935.0	81 428.0	76 292.0	—	1 938.6	93.7	—	23.6
#住　宅		—	3 229.0	67 695.0	62 411.0	—	1 933.1	92.2	—	23.6
批发、零售和旅游业										
社会消费品零售总额	(亿元)	1 559.0	39 106.0	242 843.0	271 896.0	17 444.9	695.3	112.0	15.4	14.9
外国入境旅客	(万人次)	23.0	1 016.0	2 629.0	2 636.0	11 461.2	259.4	100.3	14.1	7.0
国内旅客	(亿人次)	—	7.4	32.6	36.1	—	485.3	110.7	—	11.9
国际旅游收入	(亿美元)	2.6	162.2	516.6	569.1	21 639.9	350.8	110.2	16.1	9.4
国内旅游总花费	(亿元)	—	3 175.5	26 276.1	30 311.9	—	954.5	115.4	—	17.5
交通运输业										
客运量	(万人)	253 993.0	1 478 573.0	2 122 992.0	2 209 391.0	—	—	104.1	6.2	2.9
铁　路		81 491.0	105 073.0	210 597.0	235 704.0	289.2	224.3	111.9	3.0	5.9
公　路		149 229.0	1 347 392.0	1 853 463.0	1 908 198.0	—	—	103.0	7.3	2.5
水　运		23 042.0	19 386.0	23 535.0	26 293.0	114.1	135.6	111.7	0.4	2.2
民　航		231.0	6 722.0	35 397.0	39 195.0	16 967.5	583.1	110.7	15.3	13.4
货运量	(万吨)	319 431.0	1 358 682.0	4 098 900.0	4 386 800.0	1 373.3	322.9	107.0	7.5	8.7
铁　路		110 119.0	178 581.0	396 697.0	381 334.0	346.3	213.5	96.1	3.5	5.6
公　路		151 602.0	1 038 813.0	3 076 648.0	3 332 838.0	2 198.4	320.8	108.3	9.0	8.7
水　运		47 357.0	122 391.0	559 785.0	598 283.0	1 263.3	488.8	106.9	7.3	12.0
民　航		6.0	197.0	561.0	594.0	9 282.8	302.0	105.9	13.4	8.2
管　道		10 347.0	18 700.0	65 209.0	73 752.0	712.8	394.4	113.1	5.6	10.3
沿海规模以上港口货物吞吐量	(万吨)	19 834.0	125 603.0	728 098.0	769 557.0	3 880.0	612.7	105.7	10.7	13.8
民用汽车拥有量	(万辆)	135.8	1 608.9	12 670.1	14 598.1	10 746.5	907.3	115.2	13.9	17.1
#私人汽车		—	625.3	10 501.7	12 339.4	—	1 973.3	117.5	—	23.7
邮政、电信和信息软件业										
邮电业务总量	(亿元)	34.1	4 792.7	18 432.2	21 834.4	239 912.6	1 706.5	118.5	24.1	22.5

续表

指　标		总量指标				指数(%)(2014 为以下各年)			平均增长速度(%)	
		1978 年	2000 年	2013 年	2014 年	1978 年	2000 年	2013 年	1978—2014 年	2001—2014 年
移动电话年末用户	(万户)	—	8 453.3	122 911.3	128 609.3	—	1 521.4	104.6	—	21.5
固定电话年末用户	(万户)	192.5	14 482.9	26 698.5	24 943.0	12 954.5	172.2	93.4	14.5	4.0
局用交换机容量	(万门)	405.9	17 825.6	41 089.3	40 517.1	9 982.5	227.3	98.6	13.6	6.0
互联网宽带接入用户	(万户)	—	—	18 890.9	20 048.3	—	—	106.1	—	—
软件业务收入	(亿元)	—	—	30 587.0	37 026.0	—	—	121.1	—	—
金融业										
社会融资规模增量	(万亿元)	—	—	17.3	16.5	—	—	95.2	—	—
货币和准货币(M2)	(万亿元)	—	13.5	110.7	122.8	—	878.0	112.2	—	16.8
货　币(M1)	(万亿元)	—	5.3	33.7	34.8	—	643.1	103.2	—	14.2
流通中现金(M0)	(万亿元)	—	1.5	5.9	6.0	—	411.6	102.9	—	10.6
金融机构人民币各项存款余额	(万亿元)	0.1	12.4	104.4	113.9	98 583.1	919.7	109.1	21.1	17.2
金融机构人民币各项贷款余额	(万亿元)	0.2	9.9	71.9	81.7	43 205.7	821.9	113.6	18.4	16.2
股票筹资额	(亿元)	—	2 103.0	3 869.0	7 087.0	—	337.0	183.2	—	9.1
保险公司保费金额	(亿元)	—	1 598.0	17 222.0	20 235.0	—	1 266.3	117.5	—	19.9
保险公司赔款及给付金额	(亿元)	—	526.0	6 213.0	7 216.0	—	1 371.9	116.1	—	20.6
科技、教育、文化										
科学技术										
研究与试验发展经费支出	(亿元)	—	895.7	11 846.6	13 015.6	—	1 453.1	109.9	—	21.1
发明专利授权数	(万件)	—	1.3	20.8	23.3	—	1 838.9	112.3	—	23.1
技术市场成交额	(亿元)	—	650.8	7 469.0	8 577.0	—	1 318.0	114.8	—	20.2
教　育										
专任教师数	(万人)									
#普通高等学校		20.6	46.3	149.7	153.5	744.9	331.6	102.5	5.7	8.9
普通高中		74.1	75.7	162.9	166.3	224.4	219.7	102.1	2.3	5.8
初　中		244.1	328.7	348.1	348.8	142.9	106.1	100.2	1.0	0.4
普通小学		522.6	586.0	558.5	563.4	107.8	96.1	100.9	0.2	-0.3
在校学生数	(万人)									

续表

指　标	总量指标				指数(%)(2014 为以下各年)			平均增长速度(%)	
	1978 年	2000 年	2013 年	2014 年	1978 年	2000 年	2013 年	1978—2014 年	2001—2014 年
#普通本专科	85.6	556.1	2 468.1	2 547.7	2 976.3	458.1	103.2	9.9	11.5
普通高中	1 553.1	1 201.3	2 435.9	2 400.5	154.6	199.8	98.5	1.2	5.1
普通初中	4 995.2	6 256.3	4 440.1	4 384.6	87.8	70.1	98.8	-0.4	-2.5
普通小学	14 624.0	13 013.3	9 360.5	9 451.1	64.6	72.6	101.0	-1.2	-2.3
教育经费支出 (亿元)	—	3 849.1	30 364.7	—	—	—	—	—	—
卫　生									
医　院 (个)	9 293.0	16 318.0	24 709.0	25 860.0	278.3	158.5	104.7	2.9	3.3
医院床位数 (万张)	110.0	216.7	457.9	496.1	451.0	229.0	108.4	4.3	6.1
执业(助理)医师 (万人)	97.8	207.6	279.5	289.3	295.7	139.3	103.5	3.1	2.4
卫生总费用 (亿元)	110.2	4 586.6	31 669.0	35 312.4	32 041.0	769.9	111.5	17.4	15.7
文　化									
图书出版总印数 (亿册、亿张)	37.7	62.7	83.1	81.8	216.9	130.5	98.5	2.2	1.9
电视节目制作时间 (万小时)	—	58.5	339.8	327.7	—	560.2	96.5	—	13.1
故事影片产量 (部)	46.0	91.0	638.0	618.0	1 343.5	679.1	96.9	7.5	14.7
家庭生活									
社会保险									
社会保险基金收入 (亿元)	—	2 645.0	35 253.0	39 828.0	—	1 505.8	113.0	—	21.4
社会保险基金支出 (亿元)	—	2 386.0	27 916.0	33 003.0	—	1 383.4	118.2	—	20.6
参加城镇职工基本养老保险人数 (万人)	—	13 617.0	32 218.0	34 124.0	—	250.6	105.9	—	6.8
参加失业保险人数 (万人)	—	10 408.0	16 417.0	17 043.0	—	163.7	103.8	—	3.6
参加城镇职工基本医疗保险人数 (万人)	—	3 787.0	27 443.0	28 296.0	—	747.2	103.1	—	15.4

注：1. 本表价值指标除邮电业务总量按不变价格计算外，其余均按当年价格计算。邮电业务总量2000 年及以前按 1990 年不变价格计算，2001—2010 年按 2000 年不变价格计算，2011 年起按 2010 年不变价格计算。

2. 本表速度指标中，国民总收入、国内生产总值及三次产业增加值、农林牧渔业总产值、邮电业务总量和城乡居民收入指标均按可比价格计算。固定资产投资平均增长速度按累计法计算。

3. 2011 年起，固定资产投资除房地产投资、农村个人投资外，统计起点由 50 万元提高至 500 万元，城镇固定资产投资数据发布口径改为固定资产投资(不含农户)，即原口径的城镇固定资产投资加上农村企事业组织的项目投资。

东、中、西、东北地区主要经济指标

（2014 年）

指　标		全国总计	东部地区		中部地区		西部地区		东北地区	
			绝对数	占全国比重(%)	绝对数	占全国比重(%)	绝对数	占全国比重(%)	绝对数	占全国比重(%)
国民经济核算										
总人口(年末)	(万人)	136 782	52 169	38.3	36 262	26.6	36 839	27.0	10 976	8.1
国内(地区)生产总值	(亿元)	636 139	350 101	51.2	138 680	20.3	138 100	20.2	57 469	8.4
第一产业	(亿元)	58 336	20 132	34.5	15 351	26.3	16 433	28.2	6 421	11.0
第二产业	(亿元)	271 764	159 086	49.6	68 771	21.5	65 441	20.4	27 216	8.5
第三产业	(亿元)	306 038	170 883	55.9	54 558	17.9	56 227	18.4	23 832	7.8
全社会固定资产投资额	(亿元)	512 021	206 412	40.8	124 250	24.6	129 191	25.5	45 899	9.1
房地产开发投资额	(亿元)	95 036	47 639	50.1	18 308	19.3	21 433	22.6	7 656	8.1
社会消费品零售总额	(亿元)	271 896	140 948	51.8	56 145	20.6	49 850	18.3	24 953	9.2
货物进出口总额	(亿美元)	43 015	35 411	82.3	2 470	5.7	3 342	7.8	1 793	4.2
出　口	(亿美元)	23 423	18 846	80.5	1 584	6.8	2 174	9.3	819	3.5
进　口	(亿美元)	19 592	16 565	84.5	886	4.5	1 168	6.0	974	5.0
地方一般公共预算收入	(亿元)	75 877	40 814	53.8	13 490	17.8	15 875	20.9	5 697	7.5
地方一般公共预算支出	(亿元)	129 215	51 379	39.8	27 612	21.4	38 797	30.0	11 428	8.8
主要农产品产量										
粮　食	(万吨)	60 703	14 768	24.3	18 248	30.1	16 158	26.6	11 529	19.0
棉　花	(万吨)	618	132	21.4	106	17.1	380	61.5	0	0.0
油　料	(万吨)	3 507	813	23.2	1 528	43.6	1 001	28.5	167	4.7
主要工业产品产量										
原　煤	(亿吨)	39	3	6.7	13	33.4	22	55.9	2	3.9
原　油	(万吨)	21 143	7 866	37.2	549	2.6	7 042	33.3	5 686	26.9
天然气	(亿立方米)	1 302	144	11.1	38	2.9	1 053	80.9	66	5.1
水　泥	(万吨)	249 207	86 388	34.7	68 605	27.5	80 972	32.5	13 242	5.3
粗　钢	(万吨)	82 231	44 502	54.1	16 833	20.5	12 647	15.4	8 249	10.0
钢　材	(万吨)	112 513	66 665	59.3	20 651	18.4	16 350	14.5	8 847	7.9
汽　车	(万辆)	2 373	1 102	46.5	385	16.2	526	22.2	360	15.2
发电量	(亿千瓦小时)	56 496	21 272	37.7	11 980	21.2	19 943	35.3	3 301	5.8

注：东部 10 省市、中部 6 省、西部 12 省市区和东北 3 省合计占全国的比重以全国各地区合计数为 100 计算。

国民总收入和国内生产总值

指　标	2010 年	2011 年	2012 年	2013 年	2014 年
国民总收入（亿元）	407 137.8	479 576.1	532 872.1	583 196.7	634 043.4
国内生产总值（亿元）	408 903.0	484 123.5	534 123.0	588 018.8	636 138.7
第一产业	39 354.6	46 153.3	50 892.7	55 321.7	58 336.1
第二产业	188 804.9	223 390.3	240 200.4	256 810.0	271 764.5
第三产业	180 743.4	214 579.9	243 030.0	275 887.0	306 038.2
人均国内生产总值（元）	30 567.5	36 017.6	39 544.3	43 320.1	46 628.5
国民总收入指数(上年=100)	110.3	108.9	108.5	107.1	107.8
国内生产总值指数(上年=100)	110.6	109.5	107.7	107.7	107.3
第一产业	104.3	104.2	104.5	103.8	104.1
第二产业	112.7	110.6	108.2	107.9	107.3
第三产业	109.7	109.5	108.0	108.3	107.8
人均国内生产总值指数(上年=100)	110.1	109.0	107.2	107.2	106.7
国内生产总值构成（%）	100.0	100.0	100.0	100.0	100.0
第一产业	9.6	9.5	9.5	9.4	9.2
第二产业	46.2	46.1	45.0	43.7	42.7
第三产业	44.2	44.3	45.5	46.9	48.1
支出法国内生产总值（亿元）	406 580.9	480 860.7	534 744.5	589 737.2	640 696.9
最终消费支出	199 508.4	241 579.1	271 718.6	301 008.4	329 450.8
资本形成总额	192 015.3	227 593.1	248 389.9	274 176.7	293 783.1
货物和服务净出口	15 057.1	11 688.5	14 636.0	14 552.1	17 463.0

地区生产总值和指数

本表绝对数按当年价格计算，指数按不变价格计算

地 区	地区生产总值（亿元）					指 数（上年=100）				
	2010 年	2011 年	2012 年	2013 年	2014 年	2010 年	2011 年	2012 年	2013 年	2014 年
北 京	14 113.58	16 251.93	17 879.40	19 800.81	21 330.83	110.3	108.1	107.7	107.7	107.3
天 津	9 224.46	11 307.28	12 893.88	14 442.01	15 726.93	117.4	116.4	113.8	112.5	110.0
河 北	20 394.26	24 515.76	26 575.01	28 442.95	29 421.15	112.2	111.3	109.6	108.2	106.5
山 西	9 200.86	11 237.55	12 112.83	12 665.25	12 761.49	113.9	113.0	110.1	108.9	104.9
内蒙古	11 672.00	14 359.88	15 880.58	16 916.50	17 770.19	115.0	114.3	111.5	109.0	107.8
辽 宁	18 457.27	22 226.70	24 846.43	27 213.22	28 626.58	114.2	112.2	109.5	108.7	105.8
吉 林	8 667.58	10 568.83	11 939.24	13 046.40	13 803.14	113.8	113.8	112.0	108.3	106.5
黑龙江	10 368.60	12 582.00	13 691.58	14 454.91	15 039.38	112.7	112.3	110.0	108.0	105.6
上 海	17 165.98	19 195.69	20 181.72	21 818.15	23 567.70	110.3	108.2	107.5	107.7	107.0
江 苏	41 425.48	49 110.27	54 058.22	59 753.37	65 088.32	112.7	111.0	110.1	109.6	108.7
浙 江	27 722.31	32 318.85	34 665.33	37 756.58	40 173.03	111.9	109.0	108.0	108.2	107.6
安 徽	12 359.33	15 300.65	17 212.05	19 229.34	20 848.75	114.6	113.5	112.1	110.4	109.2
福 建	14 737.12	17 560.18	19 701.78	21 868.49	24 055.76	113.9	112.3	111.4	111.0	109.9
江 西	9 451.26	11 702.82	12 948.88	14 410.19	15 714.63	114.0	112.5	111.0	110.1	109.7
山 东	39 169.92	45 361.85	50 013.24	55 230.32	59 426.59	112.3	110.9	109.8	109.6	108.7
河 南	23 092.36	26 931.03	29 599.31	32 191.30	34 938.24	112.5	111.9	110.1	109.0	108.9
湖 北	15 967.61	19 632.26	22 250.45	24 791.83	27 379.22	114.8	113.8	111.3	110.1	109.7
湖 南	16 037.96	19 669.56	22 154.23	24 621.67	27 037.32	114.6	112.8	111.3	110.1	109.5
广 东	46 013.06	53 210.28	57 067.92	62 474.79	67 809.85	112.4	110.0	108.2	108.5	107.8
广 西	9 569.85	11 720.87	13 035.10	14 449.90	15 672.89	114.2	112.3	111.3	110.2	108.5
海 南	2 064.50	2 522.66	2 855.54	3 177.56	3 500.72	116.0	112.0	109.1	109.9	108.5
重 庆	7 925.58	10 011.37	11 409.60	12 783.26	14 262.60	117.1	116.4	113.6	112.3	110.9
四 川	17 185.48	21 026.68	23 872.80	26 392.07	28 536.66	115.1	115.0	112.6	110.0	108.5
贵 州	4 602.16	5 701.84	6 852.20	8 086.86	9 266.39	112.8	115.0	113.6	112.5	110.8
云 南	7 224.18	8 893.12	10 309.47	11 832.31	12 814.59	112.3	113.7	113.0	112.1	108.1
西 藏	507.46	605.83	701.03	815.67	920.83	112.3	112.7	111.8	112.1	110.8
陕 西	10 123.48	12 512.30	14 453.68	16 205.45	17 689.94	114.6	113.9	112.9	111.0	109.7
甘 肃	4 120.75	5 020.37	5 650.20	6 330.69	6 836.82	111.8	112.5	112.6	110.8	108.9
青 海	1 350.43	1 670.44	1 893.54	2 122.06	2 303.32	115.3	113.5	112.3	110.8	109.2
宁 夏	1 689.65	2 102.21	2 341.29	2 577.57	2 752.10	113.5	112.1	111.5	109.8	108.0
新 疆	5 437.47	6 610.05	7 505.31	8 443.84	9 273.46	110.6	112.0	112.0	111.0	110.0

人口数及构成

单位:万人

年份	总人口(年末)	按性别分				按城乡分			
		男		女		城镇		乡村	
		人口数	比重(%)	人口数	比重(%)	人口数	比重(%)	人口数	比重(%)
1949	54 167	28 145	51.96	26 022	48.04	5 765	10.64	48 402	89.36
1950	55 196	28 669	51.94	26 527	48.06	6 169	11.18	49 027	88.82
1951	56 300	29 231	51.92	27 069	48.08	6 632	11.78	49 668	88.22
1955	61 465	31 809	51.75	29 656	48.25	8 285	13.48	53 180	86.52
1960	66 207	34 283	51.78	31 924	48.22	13 073	19.75	53 134	80.25
1965	72 538	37 128	51.18	35 410	48.82	13 045	17.98	59 493	82.02
1970	82 992	42 686	51.43	40 306	48.57	14 424	17.38	68 568	82.62
1971	85 229	43 819	51.41	41 410	48.59	14 711	17.26	70 518	82.74
1972	87 177	44 813	51.40	42 364	48.60	14 935	17.13	72 242	82.87
1973	89 211	45 876	51.42	43 335	48.58	15 345	17.20	73 866	82.80
1974	90 859	46 727	51.43	44 132	48.57	15 595	17.16	75 264	82.84
1975	92 420	47 564	51.47	44 856	48.53	16 030	17.34	76 390	82.66
1976	93 717	48 257	51.49	45 460	48.51	16 341	17.44	77 376	82.56
1977	94 974	48 908	51.50	46 066	48.50	16 669	17.55	78 305	82.45
1978	96 259	49 567	51.49	46 692	48.51	17 245	17.92	79 014	82.08
1979	97 542	50 192	51.46	47 350	48.54	18 495	18.96	79 047	81.04
1980	98 705	50 785	51.45	47 920	48.55	19 140	19.39	79 565	80.61
1981	100 072	51 519	51.48	48 553	48.52	20 171	20.16	79 901	79.84
1982	101 654	52 352	51.50	49 302	48.50	21 480	21.13	80 174	78.87
1983	103 008	53 152	51.60	49 856	48.40	22 274	21.62	80 734	78.38
1984	104 357	53 848	51.60	50 509	48.40	24 017	23.01	80 340	76.99
1985	105 851	54 725	51.70	51 126	48.30	25 094	23.71	80 757	76.29
1986	107 507	55 581	51.70	51 926	48.30	26 366	24.52	81 141	75.48
1987	109 300	56 290	51.50	53 010	48.50	27 674	25.32	81 626	74.68
1988	111 026	57 201	51.52	53 825	48.48	28 661	25.81	82 365	74.19
1989	112 704	58 099	51.55	54 605	48.45	29 540	26.21	83 164	73.79
1990	114 333	58 904	51.52	55 429	48.48	30 195	26.41	84 138	73.59
1991	115 823	59 466	51.34	56 357	48.66	31 203	26.94	84 620	73.06
1992	117 171	59 811	51.05	57 360	48.95	32 175	27.46	84 996	72.54
1993	118 517	60 472	51.02	58 045	48.98	33 173	27.99	85 344	72.01
1994	119 850	61 246	51.10	58 604	48.90	34 169	28.51	85 681	71.49
1995	121 121	61 808	51.03	59 313	48.97	35 174	29.04	85 947	70.96
1996	122 389	62 200	50.82	60 189	49.18	37 304	30.48	85 085	69.52
1997	123 626	63 131	51.07	60 495	48.93	39 449	31.91	84 177	68.09

续表

年 份	总人口（年末）	按性别分				按城乡分			
		男		女		城 镇		乡 村	
		人口数	比重（%）	人口数	比重（%）	人口数	比重（%）	人口数	比重（%）
1998	124 761	63 940	51.25	60 821	48.75	41 608	33.35	83 153	66.65
1999	125 786	64 692	51.43	61 094	48.57	43 748	34.78	82 038	65.22
2000	126 743	65 437	51.63	61 306	48.37	45 906	36.22	80 837	63.78
2001	127 627	65 672	51.46	61 955	48.54	48 064	37.66	79 563	62.34
2002	128 453	66 115	51.47	62 338	48.53	50 212	39.09	78 241	60.91
2003	129 227	66 556	51.50	62 671	48.50	52 376	40.53	76 851	59.47
2004	129 988	66 976	51.52	63 012	48.48	54 283	41.76	75 705	58.24
2005	130 756	67 375	51.53	63 381	48.47	56 212	42.99	74 544	57.01
2006	131 448	67 728	51.52	63 720	48.48	58 288	44.34	73 160	55.66
2007	132 129	68 048	51.50	64 081	48.50	60 633	45.89	71 496	54.11
2008	132 802	68 357	51.47	64 445	48.53	62 403	46.99	70 399	53.01
2009	133 450	68 647	51.44	64 803	48.56	64 512	48.34	68 938	51.66
2010	134 091	68 748	51.27	65 343	48.73	66 978	49.95	67 113	50.05
2011	134 735	69 068	51.26	65 667	48.74	69 079	51.27	65 656	48.73
2012	135 404	69 395	51.25	66 009	48.75	71 182	52.57	64 222	47.43
2013	136 072	69 728	51.24	66 344	48.76	73 111	53.73	62 961	46.27
2014	136 782	70 079	51.23	66 703	48.77	74 916	54.77	61 866	45.23

注：1. 1981 年及以前数据为户籍统计数；1982 年、1990 年、2000 年、2010 年数据为当年人口普查数据推算数；其余年份数据为年度人口抽样调查推算数据。

2. 总人口和按性别分人口中包括现役军人，按城乡分人口中现役军人计入城镇人口。

就业基本情况

项　目		2010 年	2011 年	2012 年	2013 年	2014 年
经济活动人口	**(万人)**	**78 388.0**	**78 579.0**	**78 894.0**	**79 300.0**	**79 690.0**
就业人员合计	**(万人)**	**76 105.0**	**76 420.0**	**76 704.0**	**76 977.0**	**77 253.0**
第一产业		27 931.0	26 594.0	25 773.0	24 171.0	22 790.0
第二产业		21 842.0	22 544.0	23 241.0	23 170.0	23 099.0
第三产业		26 332.0	27 282.0	27 690.0	29 636.0	31 364.0
就业人员构成(合计=100)						
第一产业		36.7	34.8	33.6	31.4	29.5
第二产业		28.7	29.5	30.3	30.1	29.9
第三产业		34.6	35.7	36.1	38.5	40.6
按城乡分就业人员	(万人)					
城镇就业人员		34 687.0	35 914.0	37 102.0	38 240.0	39 310.0
#国有单位		6 516.0	6 704.0	6 839.0	6 365.0	6 312.0
城镇集体单位		597.0	603.0	589.0	566.0	537.0
股份合作单位		156.0	149.0	149.0	108.0	103.0
联营单位		36.0	37.0	39.0	25.0	22.0
有限责任公司		2 613.0	3 269.0	3 787.0	6 069.0	6 315.0
股份有限公司		1 024.0	1 183.0	1 243.0	1 721.0	1 751.0
私营企业		6 071.0	6 912.0	7 557.0	8 242.0	9 857.0
港澳台商投资单位		770.0	932.0	969.0	1 397.0	1 393.0
外商投资单位		1 053.0	1 217.0	1 246.0	1 566.0	1 562.0
个　体		4 467.0	5 227.0	5 643.0	6 142.0	7 009.0
乡村就业人员		41 418.0	40 506.0	39 602.0	38 737.0	37 943.0
#私营企业		3 347.0	3 442.0	3 739.0	4 279.0	4 533.0
个　体		2 540.0	2 718.0	2 986.0	3 193.0	3 575.0
城镇登记失业人数	(万人)	908.0	922.0	917.0	926.0	952.0
城镇登记失业率	(%)	4.1	4.1	4.1	4.1	4.1

注:1. 全国就业人员1990年及以后的数据根据劳动力调查、人口普查推算(下表同)。

2. 2013年部分经济类型单位、部分行业就业人员数、工资总额变动较大,系将原属于乡镇企业的规模以上法人单位纳入劳动工资统计范围所致(以下相关表同)。

城镇单位就业人员工资总额和平均工资

项　目	2010 年	2011 年	2012 年	2013 年	2014 年
工资总额　　(亿元)					
合　计	47 269.9	59 954.7	70 914.2	93 064.3	102 817.2
国有单位	24 886.4	28 954.8	32 950.0	33 359.6	36 106.6
城镇集体单位	1 433.7	1 737.4	1 990.4	2 195.8	2 302.7
其他单位	20 949.7	29 262.4	35 973.8	57 508.9	64 408.0
指　数(上年=100)					
合　计	117.3	126.8	118.3	131.2	110.5
国有单位	113.8	116.3	113.8	101.2	108.2
城镇集体单位	112.6	121.2	114.6	110.3	104.9
其他单位	122.1	139.7	122.9	159.9	112.0
平均工资　　(元)					
合　计	36 539.0	41 799.0	46 769.0	51 483.0	56 360.0
#在岗职工	37 147.0	42 452.0	47 593.0	52 388.0	57 361.0
国有单位	38 359.0	43 483.0	48 357.0	52 657.0	57 296.0
城镇集体单位	24 010.0	28 791.0	33 784.0	38 905.0	42 742.0
其他单位	35 801.0	41 323.0	46 360.0	51 453.0	56 485.0
平均货币工资指数(上年=100)					
合　计	113.3	114.4	111.9	110.1	109.5
#在岗职工	113.5	114.3	112.1	110.1	109.5
国有单位	112.4	113.4	111.2	108.9	108.8
城镇集体单位	116.5	119.9	117.3	115.2	109.9
其他单位	114.2	115.4	112.2	111.0	109.8
平均实际工资指数(上年=100)					
合　计	109.8	108.6	109.0	107.3	107.2
#在岗职工	110.0	108.5	109.2	107.3	107.2
国有单位	108.9	107.7	108.3	106.1	106.6
城镇集体单位	112.9	113.9	114.3	112.2	107.6
其他单位	110.7	109.6	109.2	108.2	107.5

按登记注册类型和行业分城镇单位就业人员平均工资

（2014 年）

单位：元

项　目	合　计	国　有 单　位	城镇集体 单　　位	其　他 单　位
全国总计	**56 360**	**57 296**	**42 742**	**56 485**
农、林、牧、渔业	28 356	27 782	30 809	35 689
采矿业	61 677	59 765	41 092	62 481
制造业	51 369	61 600	38 350	51 163
电力、热力、燃气及水生产和供应业	73 339	74 914	49 023	72 330
建筑业	45 804	46 409	36 932	46 367
批发和零售业	55 838	64 186	29 069	55 971
交通运输、仓储和邮政业	63 416	65 417	35 018	62 749
住宿和餐饮业	37 264	40 103	34 925	36 830
信息传输、软件和信息技术服务业	100 845	63 629	42 253	105 724
金融业	108 273	94 943	77 236	117 537
房地产业	55 568	50 597	40 429	56 459
租赁和商务服务业	67 131	49 286	36 833	78 859
科学研究和技术服务业	82 259	73 844	56 711	93 884
水利、环境和公共设施管理业	39 198	38 008	31 291	46 682
居民服务、修理和其他服务业	41 882	45 242	37 642	40 752
教　育	56 580	56 974	51 166	51 494
卫生和社会工作	63 267	64 631	54 122	54 309
文化、体育和娱乐业	64 375	64 245	41 647	65 926
公共管理、社会保障和社会组织	53 110	53 230	48 465	38 391

全社会固定资产投资

指　标	2013 年	2014 年	2014 年比上年增长(%)
投资总额　(亿元)	**446 294.1**	**512 020.7**	**15.2**
按构成分			
建筑安装工程	298 424.2	349 789.0	17.7
设备工具器具购置	91 074.4	101 005.2	11.5
其他费用	56 795.5	61 226.4	7.9
按三次产业分			
第一产业	11 186.6	13 802.8	25.2
第二产业	184 814.3	207 684.2	12.8
第三产业	250 293.1	290 533.7	16.4
本年实际到位资金小计　(亿元)	**491 612.5**	**543 480.6**	**10.6**
国家预算资金	22 305.3	26 745.4	19.9
国内贷款	59 442.0	65 221.0	9.7
利用外资	4 319.4	4 052.9	-6.2
自筹资金	334 280.0	379 737.8	13.6
其他资金	71 265.8	67 723.4	-5.0
房屋建筑面积　(万平方米)			
施工面积	1 336 287.6	1 355 559.7	1.4
#住　宅	673 163.3	689 041.2	2.4
竣工面积	349 895.8	355 068.4	1.5
#住　宅	193 328.5	192 545.0	-0.4

注:1. 投资实际到位资金为财务拨款数,各项相加不等于投资总额。
2. 增长速度未扣除价格因素(以下各表同)。
3. 自 2013 年起,三产划分按《国家统计局关于印发〈三次产业划分规定〉的通知》(国统字〔2012〕108 号)执行,增速按可比口径计算。
4. 根据第三次经济普查结果,对 2013 年全社会固定资产投资数据进行了修订,增速按修订后数据计算。

分地区按登记注册类型分全社会固定资产投资

（2014 年）

单位：亿元

地　区	总　计	内　资										港澳台商投资	外商投资
			国　有	集　体	股份合作	联　营	有限责任公司	股份有限公司	私　营	个　体	其　他		
全国总计	**512 020.7**	**489 033.6**	**125 005.2**	**15 188.9**	**1 992.5**	**1 562.1**	**136 462.2**	**22 371.5**	**149 539.3**	**12 602.5**	**24 309.3**	**11 934.5**	**11 052.6**
北　京	6 924.2	6 331.0	1 579.3	131.2	11.0	2.3	3 930.5	290.8	311.8	50.8	23.4	373.1	220.1
天　津	10 518.2	9 865.4	2 122.0	758.5	73.1	75.5	3 572.1	515.6	2 360.8	27.8	359.9	256.9	395.9
河　北	26 671.9	26 068.0	3 743.7	1 015.8	159.5	57.5	6 873.0	1 307.5	10 632.1	555.2	1 723.7	265.7	338.3
山　西	12 354.5	12 177.6	3 915.4	787.0	59.3	36.5	2 828.9	567.7	2 977.5	379.0	626.2	110.0	67.0
内蒙古	17 591.8	17 413.9	6 459.7	121.7	19.6	5.8	6 354.8	726.3	3 035.4	216.6	473.9	83.9	94.0
辽　宁	24 730.8	23 116.1	4 400.6	259.3	26.8	38.2	5 876.8	1 035.7	10 151.0	429.7	898.1	1 018.4	596.3
吉　林	11 339.6	11 170.0	2 457.9	69.2	17.3	35.4	3 680.7	546.5	3 246.2	401.6	715.1	88.1	81.5
黑龙江	9 829.0	9 692.7	2 994.4	68.8	27.4	57.0	2 809.0	311.1	2 483.1	372.6	569.2	85.5	50.8
上　海	6 016.4	4 903.7	1 405.8	49.5	3.4	80.4	2 052.6	131.3	1 157.0	3.5	20.3	492.6	620.1
江　苏	41 938.6	37 794.6	7 540.4	1 703.5	80.3	134.5	7 649.4	1 376.9	18 075.4	437.7	796.5	1 658.1	2 485.9
浙　江	24 262.8	22 320.7	5 216.3	945.5	71.0	35.5	7 438.2	684.1	6 842.5	762.8	324.7	1 200.6	741.4
安　徽	21 875.6	21 195.9	4 635.9	287.5	53.2	59.9	5 849.5	1 013.7	7 802.1	670.5	823.5	379.0	300.7
福　建	18 177.9	16 941.7	4 508.1	576.8	34.7	60.9	5 277.8	491.3	5 042.8	349.8	599.5	805.1	431.0
江　西	15 079.3	14 682.2	3 054.4	98.6	50.2	71.4	3 969.7	551.7	5 812.7	534.4	539.1	267.1	130.0
山　东	42 495.5	41 072.1	5 010.9	3 137.9	224.8	98.2	10 801.8	2 135.7	15 272.3	943.2	3 447.3	621.2	802.3
河　南	30 782.2	30 476.9	3 649.8	1 358.2	235.1	113.9	8 727.7	2 229.8	9 847.5	854.5	3 460.3	139.2	166.1
湖　北	22 915.3	22 267.5	4 732.7	611.8	81.5	38.4	6 068.5	1 168.7	7 522.8	495.9	1 547.2	354.8	292.9
湖　南	21 242.9	20 819.7	5 612.0	392.1	174.4	120.0	4 731.6	908.0	6 779.1	783.3	1 319.2	208.9	214.3

续表

地区	总计	内资										港澳台商投资	外商投资
			国有	集体	股份合作	联营	有限责任公司	股份有限公司	私营	个体	其他		
广东	26 293.9	23 127.6	4 904.7	1 081.9	128.1	38.0	8 385.7	1 310.0	5 652.9	722.7	903.6	1 844.3	1 322.0
广西	13 843.2	13464.5	3 183.7	205.1	58.3	65.7	3 167.8	608.0	4 286.6	749.7	1 139.4	218.8	160.0
海南	3 112.2	2 788.6	688.7	3.4	13.7	2.3	1 342.5	284.0	312.8	77.0	64.2	206.4	117.3
重庆	12 285.4	11 407.8	3 706.8	103.2	57.3	26.7	2 940.5	401.5	3 454.4	179.9	537.6	474.1	403.6
四川	23 318.6	22 640.7	7 620.4	181.6	94.7	105.5	6 795.2	986.1	4 588.7	726.3	1 542.1	323.5	354.3
贵州	9 025.8	8 891.0	4 138.9	5.4	20.0	10.3	2 567.2	310.5	1 452.0	247.3	139.3	109.3	25.5
云南	11 498.5	11 295.0	4 575.5	282.9	20.8	13.9	2 964.8	492.6	2 266.7	484.4	193.4	127.3	76.3
西藏	1 069.2	1 068.3	736.0	2.9	1.4	5.9	43.7	77.3	87.2	37.5	76.1	0.9	0.0
陕西	17 191.9	16 622.0	6 658.7	603.9	77.9	91.8	4 231.8	639.0	3 077.9	417.5	823.6	139.9	430.0
甘肃	7 884.1	7 850.7	3 206.8	301.0	62.2	54.6	1 696.6	265.5	1 616.4	143.8	503.7	17.1	16.4
青海	2 861.2	2 806.0	1 346.6	14.3	4.9	1.6	635.1	210.2	468.3	82.7	42.4	24.6	30.6
宁夏	3 173.8	3 149.8	957.9	13.7	2.5	3.1	686.4	95.1	1 296.5	81.3	13.4	17.7	6.3
新疆	9 447.7	9 343.8	3 972.5	16.4	48.3	21.4	2 512.3	699.3	1 626.6	383.4	63.6	22.3	81.6
不分地区	6 268.4	6 268.4	6 268.4	—	—	—	—	—	—	—	—	—	—

固定资产投资

（不含农户）

单位:亿元

年份 地区	全社会投资	城镇	#房地产开发
1995	20 019.3	15 643.7	3 149.0
2000	32 917.7	26 221.8	4 984.1
2005	88 773.6	75 095.1	15 909.2
2006	109 998.2	93 368.7	19 422.9
2007	137 323.9	117 464.5	25 288.8
2008	172 828.4	148 738.3	31 203.2
2009	224 598.8	193 920.4	36 241.8
2010	(278 121.9)	(241 430.9)	(48 259.4)
	251 683.8	243 797.8	48 259.4
2011	311 485.1	302 396.1	61 796.9
2012	374 694.7	364 854.1	71 803.8
2013	446 294.1	435 747.4	86 013.4
2014	512 020.7	501 264.9	95 035.6
北京	6 924.2	6 873.4	3 715.3
天津	10 518.2	10 490.4	1 699.6
河北	26 671.9	26 147.2	4 059.7
山西	12 354.5	12 035.5	1 403.6
内蒙古	17 591.8	17 437.8	1 370.9
辽宁	24 730.8	24 426.8	5 301.3
吉林	11 339.6	11 107.9	1 030.1
黑龙江	9 829.0	9 537.9	1 324.1
上海	6 016.4	6 013.0	3 206.5
江苏	41 938.6	41 552.8	8 240.2
浙江	24 262.8	23 554.8	7 262.4
安徽	21 875.6	21 256.3	4 339.0
福建	18 177.9	17 869.8	4 567.4
江西	15 079.3	14 646.3	1 322.5
山东	42 495.5	41 599.1	5 818.0
河南	30 782.2	30 012.3	4 375.7
湖北	22 915.3	22 441.7	3 983.8

续表

年 份 地 区	全社会投资	城 镇	
			#房地产开发
湖 南	21 242.9	20 548.6	2 883.6
广 东	26 293.9	25 843.1	7 638.5
广 西	13 843.2	13 287.6	1 838.5
海 南	3 112.2	3 039.5	1 431.7
重 庆	12 285.4	12 140.8	3 630.2
四 川	23 318.6	22 662.1	4 380.1
贵 州	9 025.8	8 778.4	2 187.7
云 南	11 498.5	11 073.8	2 846.7
西 藏	1 069.2	1 069.2	52.9
陕 西	17 191.9	16 840.3	2 426.5
甘 肃	7 884.1	7 759.6	721.5
青 海	2 861.2	2 788.9	308.3
宁 夏	3 173.8	3 093.9	654.8
新 疆	9 447.7	9 067.8	1 014.8
不分地区	6 268.4	6 268.4	—

注:1. 1995—1996 年,除房地产投资、农村集体投资、个人投资以外,投资统计的起点为 5 万元;自 1997 年起,除房地产投资、农村集体投资、个人投资以外,投资统计的起点由 5 万元提高到 50 万元;自 2011 年起,除房地产投资、农村个人投资外,固定资产投资的统计起点由 50 万元提高至 500 万元;城镇固定资产投资数据发布口径改为固定资产投资(不含农户),固定资产投资(不含农户)等于原口径的城镇固定资产投资加上农村企事业组织的项目投资(以下有关各表同)。

2. 为便于比较,对 1996 年、2010 年的相应数据作了调整,这两年数据中括号内为原口径数,未加括号的为调整后的新口径数。新口径数据中,1996 年为 50 万元起点以上数;2010 年为 500 万元起点以上数,同时其中的城镇固定资产投资数据发布口径改为固定资产投资(不含农户)(以下有关各表同)。

全社会固定资产投资实际到位资金和按构成分固定资产投资

年　份	实际到位资金				投资按构成分		
	国家预算内资金	国内贷款	利用外资	自筹和其他资金	建筑安装工　程	设备工具器具购置	其他费用
总量　(亿元)							
1981	269.8	122.0	36.4	532.9	689.8	223.6	47.5
1982	279.3	176.1	60.5	714.5	871.1	291.4	67.9
1983	339.7	175.5	66.6	848.3	993.3	358.3	78.4
1984	421.0	258.5	70.7	1 082.7	1 217.6	509.2	106.1
1985	407.8	510.3	91.5	1 533.6	1 655.5	718.1	169.7
1986	455.6	658.5	137.3	1 869.2	2 059.7	852.0	209.0
1987	496.6	872.0	182.0	2 241.1	2 475.7	1 038.8	277.3
1988	432.0	977.8	275.3	2 968.7	3 099.7	1 305.4	348.8
1989	366.1	763.0	291.1	2 990.3	2 994.6	1 115.8	300.0
1990	393.0	885.5	284.6	2 954.4	3 008.7	1 165.5	342.7
1991	380.4	1 314.7	318.9	3 580.4	3 647.7	1 460.2	486.6
1992	347.5	2 214.0	468.7	5 050.0	5 163.4	2 125.1	791.6
1993	483.7	3 072.0	954.3	8 562.4	8 201.2	3 315.9	1 555.2
1994	529.6	3 997.6	1 769.0	11 531.0	10 786.5	4 328.3	1 928.1
1995	621.1	4 198.7	2 295.9	13 409.2	13 173.3	4 262.5	2 583.5
1996	(629.7)	(4 576.5)	(2 747.4)	(15 465.4)	(15 153.4)	(4 940.8)	(2 879.8)
	625.9	4 573.7	2 746.6	15 412.4	15 109.3	4 926.0	2 878.3
1997	696.7	4 782.6	2 683.9	17 096.5	15 614.0	6 044.8	3 282.3
1998	1 197.4	5 542.9	2 617.0	19 359.6	17 874.5	6 528.5	4 003.1
1999	1 852.1	5 725.9	2 006.8	20 169.7	18 795.9	7 053.0	4 005.7
2000	2 109.5	6 727.3	1 696.3	22 577.4	20 536.3	7 785.6	4 595.9
2001	2 546.4	7 239.8	1 730.7	26 470.0	22 954.9	8 833.8	5 424.8
2002	3 161.0	8 859.1	2 085.0	30 941.9	26 578.9	9 884.5	7 036.6
2003	2 687.8	12 044.4	2 599.4	41 284.8	33 447.2	12 681.9	9 437.5
2004	3 254.9	13 788.0	3 285.7	54 236.3	42 803.6	16 527.0	11 146.8
2005	4 154.3	16 319.0	3 978.8	70 138.7	53 382.6	21 422.9	13 968.1
2006	4 672.0	19 590.5	4 334.3	90 360.2	66 775.8	25 563.9	17 658.4
2007	5 857.1	23 044.2	5 132.7	116 769.7	83 518.3	31 574.8	22 230.9
2008	7 954.8	26 443.7	5 311.9	143 204.9	104 958.9	40 594.1	27 275.5
2009	12 685.7	39 302.8	4 623.7	193 617.4	138 758.3	50 844.2	34 996.2
2010	(14 677.8)	(47 258.0)	(4 986.8)	(244 041.7)	(171 351.8)	(61 681.5)	(45 088.5)
	13 012.7	44 020.8	4 703.6	224 042.0	155 580.5	53 842.8	42 260.5

续表

年 份	实际到位资金				投资按构成分		
	国家预算内资金	国内贷款	利用外资	自筹和其他资金	建筑安装工 程	设备工具器具购置	其他费用
2011	14 843. 3	46 344. 5	5 062. 0	279 734. 4	200 195. 7	65 152. 3	46 137. 1
2012	18 958. 7	51 593. 5	4 468. 8	334 654. 7	243 617. 5	77 724. 1	53 353. 1
2013	22 305. 3	59 442. 0	4 319. 4	405 545. 8	298 424. 2	91 074. 4	56 795. 5
2014	26 745. 4	65 221. 0	4 052. 9	447 461. 2	349 789. 0	101 005. 2	61 226. 4
构 成（%）							
1981	28. 1	12. 7	3. 8	55. 4	71. 8	23. 3	4. 9
1982	22. 7	14. 3	4. 9	58. 1	70. 8	23. 7	5. 5
1983	23. 8	12. 3	4. 7	59. 2	69. 5	25. 1	5. 4
1984	23. 0	14. 1	3. 9	59. 0	66. 4	27. 8	5. 8
1985	16. 0	20. 1	3. 6	60. 3	65. 1	28. 2	6. 7
1986	14. 6	21. 1	4. 4	59. 9	66. 0	27. 3	6. 7
1987	13. 1	23. 0	4. 8	59. 1	65. 3	27. 4	7. 3
1988	9. 3	21. 0	5. 9	63. 8	65. 2	27. 5	7. 3
1989	8. 3	17. 3	6. 6	67. 8	67. 9	25. 3	6. 8
1990	8. 7	19. 6	6. 3	65. 4	66. 6	25. 8	7. 6
1991	6. 8	23. 5	5. 7	64. 0	65. 2	26. 1	8. 7
1992	4. 3	27. 4	5. 8	62. 5	63. 9	26. 3	9. 8
1993	3. 7	23. 5	7. 3	65. 5	62. 7	25. 4	11. 9
1994	3. 0	22. 4	9. 9	64. 7	63. 3	25. 4	11. 3
1995	3. 0	20. 5	11. 2	65. 3	65. 8	21. 3	12. 9
1996	2. 7	19. 6	11. 8	66. 0	66. 0	21. 5	12. 5
1997	2. 8	18. 9	10. 6	67. 7	62. 6	24. 2	13. 2
1998	4. 2	19. 3	9. 1	67. 4	62. 9	23. 0	14. 1
1999	6. 2	19. 2	6. 7	67. 8	63. 0	23. 6	13. 4
2000	6. 4	20. 3	5. 1	68. 2	62. 4	23. 7	13. 9
2001	6. 7	19. 1	4. 6	69. 6	61. 7	23. 7	14. 6
2002	7. 0	19. 7	4. 6	68. 7	61. 1	22. 7	16. 2
2003	4. 6	20. 5	4. 4	70. 5	60. 2	22. 8	17. 0
2004	4. 4	18. 5	4. 4	72. 7	60. 7	23. 5	15. 8
2005	4. 4	17. 3	4. 2	74. 1	60. 1	24. 1	15. 7
2006	3. 9	16. 5	3. 6	76. 0	60. 7	23. 2	16. 1
2007	3. 9	15. 3	3. 4	77. 4	60. 8	23. 0	16. 2
2008	4. 3	14. 5	2. 9	78. 3	60. 7	23. 5	15. 8
2009	5. 1	15. 7	1. 8	77. 4	61. 8	22. 6	15. 6
2010	4. 7	15. 2	1. 6	78. 5	61. 6	22. 2	16. 2
2011	4. 3	13. 4	1. 5	80. 9	64. 3	20. 9	14. 8
2012	4. 6	12. 6	1. 1	81. 7	65. 0	20. 7	14. 2
2013	4. 5	12. 1	0. 9	82. 5	66. 9	20. 4	12. 7
2014	4. 9	12. 0	0. 7	82. 3	68. 3	19. 7	12. 0

固定资产投资实际到位资金和按隶属关系分固定资产投资

（不含农户）

单位：亿元

年份 地区	实际到位资金					投资按隶属关系分	
	国家预算内资金	国内贷款	利用外资	自筹资金	其他资金	中央项目	地方项目
1995	569.0	3 511.9	2 114.1	7 940.8	2 013.7	4 274.5	11 369.2
2000	1 795.0	6 245.8	1 526.2	11 227.5	5 620.0	6 275.6	19 946.2
2005	3 637.9	15 363.9	3 386.4	44 154.5	14 369.7	9 111.0	65 984.1
2006	4 438.7	18 814.8	3 811.0	56 547.5	18 147.0	10 856.5	82 512.2
2007	5 464.1	22 136.1	4 549.0	74 520.9	24 073.3	13 165.3	104 299.2
2008	7 377.0	25 466.0	4 695.8	97 846.5	23 194.4	17 172.5	131 565.8
2009	11 493.6	37 634.1	3 983.5	127 557.7	38 117.7	20 697.4	173 223.0
2010	13 104.7	45 104.7	4 339.6	165 752.0	44 823.6	22 790.6	218 640.2
2011	14 843.3	46 034.8	5 062.0	220 860.2	50 094.8	21 797.2	280 598.8
2012	18 958.7	51 292.4	4 468.8	268 560.2	56 555.0	23 763.8	341 090.4
2013	22 305.3	59 056.3	4 319.4	324 431.5	70 953.3	24 658.1	411 089.4
2014	26 745.4	64 512.2	4 052.9	369 964.7	67 449.6	26 448.6	474 816.2
北　京	859.2	2 732.9	28.8	3 162.0	2 814.9	735.8	6 137.6
天　津	169.8	2 016.3	92.5	7 725.7	1 601.9	688.0	9 802.3
河　北	684.7	1 881.2	104.9	21 247.8	1 878.2	833.1	25 314.1
山　西	625.2	798.8	43.6	8 048.5	829.5	623.3	11 412.2
内蒙古	848.6	1 902.1	14.7	13 556.9	793.3	964.9	16 472.9
辽　宁	1 111.5	3 644.6	180.6	19 267.2	1 941.1	740.9	23 686.0
吉　林	290.8	530.7	11.4	9 653.3	775.3	752.6	10 355.4
黑龙江	370.1	213.3	31.4	8 826.3	634.6	763.7	8 774.1
上　海	417.9	2 068.1	205.0	3 240.1	2 027.1	514.9	5 498.1
江　苏	627.3	5 360.6	1 152.0	33 325.4	6 246.6	819.7	40 733.1
浙　江	1 403.6	3 597.5	214.5	16 144.6	4 506.4	351.5	23 203.3
安　徽	1 167.6	1 386.1	82.8	16 778.2	3 142.6	389.8	20 866.5
福　建	1 334.6	1 997.1	187.3	12 353.2	2 961.9	547.1	17 322.7
江　西	550.7	1 182.8	85.8	12 672.8	1 865.3	209.2	14 437.1
山　东	818.8	4 297.1	342.9	34 522.4	3 854.8	1 187.8	40 411.4
河　南	861.2	3 995.6	94.7	23 026.8	2 184.5	208.9	29 803.4
湖　北	909.1	2 737.8	77.6	17 750.1	2 146.0	537.8	21 903.9

续表

年份 地区	实际到位资金					投资按隶属关系分	
	国家预算内资金	国内贷款	利用外资	自筹资金	其他资金	中央项目	地方项目
湖南	1 149.8	1 885.8	55.4	16 448.4	2 451.5	369.8	20 178.7
广东	1 366.5	4 386.3	405.0	17 613.7	6 263.9	1 421.2	24 421.9
广西	929.4	1 872.4	14.0	9 629.0	1 936.1	342.6	12 945.0
海南	173.6	744.7	15.3	1 767.5	777.3	76.6	2 962.9
重庆	773.7	2 561.0	282.4	7 838.3	2 961.4	678.7	11 462.1
四川	1 357.6	2 395.7	95.1	16 240.3	4 486.4	1 244.2	21 418.0
贵州	491.8	1 608.0	34.4	5 746.6	1 536.8	432.2	8 346.2
云南	986.8	1 222.2	25.9	6 139.1	1 470.5	964.9	10 108.9
西藏	814.1	5.8	1.4	367.6	59.8	305.3	763.9
陕西	1 064.6	1 258.1	110.3	12 657.7	1 712.6	547.1	16 293.1
甘肃	844.5	948.6	34.5	4 856.5	790.9	360.9	7 398.7
青海	530.5	586.8	4.2	1 300.1	287.2	213.5	2 575.4
宁夏	237.3	725.8	2.9	1 541.3	374.5	336.3	2 757.7
新疆	1 361.0	1 277.1	3.1	5 510.8	950.2	2 018.0	7 049.8
不分地区	1 613.7	2 691.5	18.3	1 006.6	1 186.7	6 268.4	—

注：表中2010年及以前年份数据统计口径为城镇固定资产投资。

规模以上工业企业主要经济指标

（2014 年）

项　目	企业单位数(个)	资产总计(亿元)	主营业务收入(亿元)	利润总额(亿元)
总　计	**377 888**	**956 777**	**1 107 033**	**68 155**
按工业门类分				
采矿业	16 249	94 508	64 796	6 440
制造业	352 365	735 088	978 230	56 898
电力、热力、燃气及水生产和供应业	9 274	127 181	64 006	4 817
按企业规模分				
大型企业	9 893	450 367	436 746	26 351
中型企业	55 408	229 070	268 281	17 802
小型企业	312 587	277 340	402 005	24 002
按登记注册类型分				
内资企业	322 716	758 615	854 402	51 578
国有企业	3 450	66 955	49 586	2 708
集体企业	3 133	5 285	7 668	541
股份合作企业	1 222	1 267	1 594	118
联营企业	169	329	396	21
国有联营企业	18	216	154	6
集体联营企业	71	37	77	5
国有与集体联营企业	32	21	32	1
其他联营企业	48	55	133	9
有限责任公司	88 964	343 743	314 614	17 021
国有独资公司	3 003	76 809	48 588	1 656
其他有限责任公司	85 961	266 934	266 026	15 364
股份有限公司	10 475	125 744	105 261	7 413
私营企业	213 789	213 114	372 176	23 550
私营独资企业	16 262	8 565	22 472	1 694
私营合伙企业	2 885	1 557	3 502	262
私营有限责任公司	185 721	183 564	320 657	19 732
私营股份有限公司	8 921	19 429	25 544	1 863
其他企业	1 514	2 178	3 108	206
港、澳、台商投资企业	25 444	78 459	94 795	5 930
合资经营企业(港或澳、台资)	7 991	29 691	32 680	2 105
合作经营企业(港或澳、台资)	687	1 823	2 273	201
港、澳、台商独资经营企业	16 243	42 820	56 123	3 335
港、澳、台商投资股份有限公司	482	4 029	3 601	283
其他港、澳、台商投资企业	41	96	117	6
外商投资企业	29 728	119 703	157 835	10 647
中外合资经营企业	10 729	56 455	73 748	57 55
中外合作经营企业	708	2 573	3 076	203
外资企业	17 711	54 555	75 355	4 265
外商投资股份有限公司	464	5 739	5 090	399
其他外商投资企业	116	381	566	25

注：全国规模以上工业企业统计范围 1998—2006 年为全部国有及年主营业务收入在 500 万元及以上非国有工业企业；2007—2010 年为年主营业务收入在 500 万元及以上的工业企业；2011 年及以后年份为年主营业务收入在 2 000 万元及以上的工业企业。

按行业分规模以上工业企业主要指标

（2014 年）

单位:亿元

行　业	企　业 单位数(个)	资产总计	流动资产 合　计	负债合计	所有者 权　益	主营业务 收　入	主营业务 成　本	主营业务 税金及附加	利润总额	本年应交 增值税
总　计	**377 888**	**956 777.20**	**445 742.36**	**547 031.43**	**405 981.71**	**1 107 032.52**	**943 369.58**	**16 961.12**	**68 154.89**	**33 979.04**
煤炭开采和洗选业	6 850	52 319.40	19 795.64	34 631.81	17 539.65	30 321.97	25 029.00	407.59	1 424.34	1 748.98
石油和天然气开采业	142	20 266.99	2 603.55	9 425.60	10 830.32	11 425.21	5 686.00	1 466.83	3 114.29	1 100.18
黑色金属矿采选业	3 312	10 216.54	3 967.96	5 825.44	4 305.86	9 340.81	7 724.38	145.18	851.14	460.92
有色金属矿采选业	2 002	5 313.01	1 949.62	2 698.52	2 585.44	6 296.76	5 186.87	60.76	582.46	196.50
非金属矿采选业	3 758	3 716.12	1 537.71	1 726.03	1 932.54	5 287.58	4 271.26	96.28	413.42	211.64
开采辅助活动	166	2 662.36	1 333.40	1 426.03	1 234.54	2 099.53	1 917.95	32.97	52.42	89.08
其他采矿业	19	13.21	4.94	4.99	7.97	24.54	18.92	0.30	1.49	0.77
农副食品加工业	24 835	31 259.61	16 428.26	16 218.05	14 679.00	63 665.12	56 780.86	294.08	3 263.56	1 204.37
食品制造业	8 207	13 138.79	6 436.43	6 158.94	6 870.47	20 399.89	16 293.88	138.04	1 744.68	660.78
酒、饮料和精制茶制造业	6 272	14 249.90	7 428.86	6 489.28	7 703.39	16 369.97	12 164.42	504.83	1 670.75	635.14
烟草制品业	128	8 484.66	5 824.89	1 822.26	6 641.20	8 962.65	2 394.77	4 834.34	1 221.09	1 105.19
纺织业	20 821	23 908.39	12 400.08	12 838.78	10 883.81	38 294.75	33 990.06	197.71	2 167.98	987.55
纺织服装、服饰业	15 821	12 282.08	7 170.35	5 880.70	6 273.57	21 054.40	17 932.05	136.20	1 335.86	611.03
皮革、毛皮、羽毛及其制品和制鞋业	8 719	7 013.90	4 258.51	3 246.00	3 690.20	13 896.08	11 914.06	81.54	949.57	386.37
木材加工和木、竹、藤、棕、草制品业	9 018	6 000.77	2 757.79	2 552.02	3 349.33	13 246.85	11 437.07	92.50	875.08	371.85
家具制造业	5 288	4 651.08	2 566.67	2 321.07	2 284.33	7 273.41	6 130.53	47.20	467.03	207.66
造纸和纸制品业	6 822	13 413.75	6 082.19	7 647.12	5 663.19	13 535.18	11 714.37	66.51	726.99	376.86
印刷和记录媒介复制业	5 293	5 133.43	2 652.42	2 341.32	2 759.22	6 765.30	5 637.85	49.47	550.58	224.24
文教、工美、体育和娱乐用品制造业	8 612	7 681.91	4 851.63	4 111.96	3 524.24	14 939.35	13 087.64	75.60	845.51	356.70
石油加工、炼焦和核燃料加工业	2 033	24 664.00	10 484.13	16 350.22	8 236.18	41 094.41	36 082.13	3 178.97	78.08	1 529.25
化学原料和化学制品制造业	25 262	68 462.38	29 777.45	39 666.58	28 444.50	83 104.14	71 865.88	604.16	4 450.25	2 280.11
医药制造业	7 108	21 739.42	11 496.53	9 437.87	12 214.46	23 350.33	16 576.64	178.11	2 382.47	1 109.17
化学纤维制造业	1 948	6 455.37	3 102.23	4 008.63	2 422.63	7 158.81	6 481.83	20.30	292.57	157.96
橡胶和塑料制品业	18 143	20 287.90	10 693.85	10 034.53	10 091.60	29 919.12	25 764.22	165.77	1 889.19	745.30

续表

行业	企业单位数(个)	资产总计	流动资产合计	负债合计	所有者权益	主营业务收入	主营业务成本	主营业务税金及附加	利润总额	本年应交增值税
非金属矿物制品业	33 993	46 575.62	21 629.83	24 935.00	21 276.73	57 436.70	48 709.90	435.65	4 130.53	1 928.24
黑色金属冶炼和压延加工业	10 363	65 248.18	26 778.64	42 952.27	22 004.09	74 332.77	68 288.60	235.44	1 832.91	1 469.33
有色金属冶炼和压延加工业	7 385	36 187.30	17 973.01	23 061.39	13 002.04	51 312.09	47 203.18	162.36	1 656.54	1 050.51
金属制品业	20 784	26 013.06	13 797.70	13 198.74	12 654.31	36 396.44	31 666.73	217.98	2 160.81	953.34
通用设备制造业	24 619	39 798.84	24 050.66	21 366.13	18 302.28	47 016.78	39 522.43	291.91	3 149.34	1 348.55
专用设备制造业	17 397	33 724.19	20 505.24	18 023.12	15 502.13	34 826.39	29 270.92	214.45	2 261.53	991.88
汽车制造业	13 457	52 743.12	30 034.55	30 073.43	22 572.35	67 818.48	55 845.71	1 463.05	6 158.42	2 206.63
铁路、船舶、航空航天和其他运输设备制造业	4 977	21 112.58	12 736.03	13 554.77	7 830.84	18 158.64	15 644.06	98.19	1 079.27	476.53
电气机械和器材制造业	23 208	52 333.16	33 583.06	30 138.57	21 931.02	66 977.77	56 891.49	317.75	4 162.98	1 858.38
计算机、通信和其他电子设备制造业	14 034	59 973.73	39 969.71	35 172.49	24 628.06	85 486.30	75 460.82	239.55	4 282.57	1 735.97
仪器仪表制造业	4 178	7 309.82	4 714.14	3 449.67	3 832.55	8 347.58	6 719.29	47.26	720.76	278.31
其他制造业	1 755	2 227.75	1 281.18	1 267.84	954.64	2 579.38	2 208.49	15.39	156.27	72.21
废弃资源综合利用业	1 490	1 917.57	1 113.02	1 195.52	708.12	3 668.55	3 319.32	19.99	198.71	128.28
金属制品、机械和设备修理业	395	1 096.17	585.75	627.10	466.04	842.33	722.84	5.15	36.61	23.16
电力、热力生产和供应业	6 471	112 056.76	16 506.11	72 557.12	39 598.11	57 065.54	49 977.35	282.09	4 235.81	2 533.54
燃气生产和供应业	1 308	6 407.26	2 160.79	3 575.87	2 867.81	5 227.09	4 548.85	23.97	429.82	110.92
水的生产和供应业	1 495	8 717.14	2 717.86	5 018.65	3 682.94	1 713.53	1 286.97	15.68	151.22	55.66

按行业分规模以上工业企业主要经济效益指标

（2014 年）

行　业	总资产贡献率（%）	资产负债率（%）	流动资产周转次数（次/年）	工业成本费用利润率（%）	人均主营业务收入（万元/人）
总　计	**13.69**	**57.17**	**2.53**	**6.52**	**110.96**
煤炭开采和洗选业	8.40	66.19	1.60	4.75	62.08
石油和天然气开采业	28.85	46.51	4.53	44.38	148.52
黑色金属矿采选业	15.73	57.02	2.38	10.04	136.69
有色金属矿采选业	17.08	50.79	3.25	10.29	116.92
非金属矿采选业	20.67	46.45	3.48	8.60	90.86
开采辅助活动	7.00	53.56	1.59	2.57	67.79
其他采矿业	20.97	37.81	5.03	6.45	91.89
农副食品加工业	16.66	51.88	3.91	5.39	144.86
食品制造业	20.22	46.88	3.22	9.24	98.80
酒、饮料和精制茶制造业	20.46	45.54	2.24	11.53	100.83
烟草制品业	84.28	21.48	1.76	28.81	414.29
纺织业	15.86	53.70	3.13	5.95	78.12
纺织服装、服饰业	18.01	47.88	2.95	6.76	45.55
皮革、毛皮、羽毛及其制品和制鞋业	21.56	46.28	3.27	7.37	45.72
木材加工和木、竹、藤、棕、草制品业	23.89	42.53	4.82	7.13	93.09
家具制造业	16.69	49.90	2.85	6.86	60.59
造纸和纸制品业	10.29	57.01	2.26	5.61	98.00
印刷和记录媒介复制业	17.12	45.61	2.59	8.76	70.54
文教、工美、体育和娱乐用品制造业	17.83	53.53	3.10	6.00	65.57
石油加工、炼焦和核燃料加工业	21.25	66.29	4.01	0.20	424.34
化学原料和化学制品制造业	12.22	57.94	2.84	5.58	166.59
医药制造业	17.73	43.41	2.05	11.29	105.00
化学纤维制造业	9.04	62.10	2.38	4.12	152.13
橡胶和塑料制品业	15.02	49.46	2.83	6.70	87.48
非金属矿物制品业	15.32	53.54	2.67	7.74	96.50
黑色金属冶炼和压延加工业	6.97	65.83	2.90	2.44	183.72
有色金属冶炼和压延加工业	9.54	63.73	2.91	3.29	245.59
金属制品业	13.93	50.74	2.67	6.27	95.75
通用设备制造业	12.97	53.69	2.00	7.05	96.03
专用设备制造业	11.19	53.44	1.72	6.90	98.10
汽车制造业	19.12	57.02	2.32	9.76	142.10
铁路、船舶、航空航天和其他运输设备制造业	8.48	64.20	1.45	6.23	93.93
电气机械和器材制造业	13.06	57.59	2.03	6.51	105.01
计算机、通信和其他电子设备制造业	10.71	58.65	2.16	5.21	94.29
仪器仪表制造业	14.99	47.19	1.79	9.35	78.07
其他制造业	11.73	56.91	2.03	6.41	59.18
废弃资源综合利用业	19.20	62.35	3.32	5.71	205.18
金属制品、机械和设备修理业	6.85	57.21	1.46	4.46	54.86
电力、热力生产和供应业	8.31	64.75	3.50	7.82	200.94
燃气生产和供应业	9.61	55.81	2.49	8.59	202.45
水的生产和供应业	3.60	57.57	0.67	8.68	42.28

分地区规模以上工业企业主要指标

（2014 年）

单位:亿元

地　区	企业单位数（个）	资　产　总　计	流动资产　合　计	负债合计	所有者权益　合　计	主营业务　收　入	主营业务　成　本	主营业务　税金及附加	利润总额	本年应交　增值税
全　国	**377 888**	**956 777.20**	**445 742.36**	**547 031.43**	**405 981.71**	**1 107 032.52**	**943 369.58**	**16 961.12**	**68 154.89**	**33 979.04**
北　京	3 686	33 557.05	14 042.47	17 137.57	16 389.10	19 776.67	16 699.44	305.14	1 515.75	561.56
天　津	5 501	23 988.63	12 762.46	14 804.62	9 328.10	28 382.59	24 276.11	332.59	2 261.83	992.37
河　北	14 792	42 555.67	16 379.21	24 172.80	18 196.23	47 207.76	40 935.69	467.52	2 610.90	1 160.87
山　西	3 906	30 574.37	12 097.77	22 514.07	7 975.81	17 801.12	15 274.88	149.86	256.31	617.45
内蒙古	4 413	27 788.21	9 743.63	17 698.22	10 133.80	19 556.56	16 095.48	261.66	1 299.32	769.14
辽　宁	15 707	39 246.62	17 387.88	22 769.62	16 266.41	48 801.56	42 575.06	929.58	2 107.63	1 175.39
吉　林	5 311	16 686.60	7 286.11	9 133.40	7 494.47	23 312.77	19 411.85	539.55	1 445.89	655.29
黑龙江	4 305	14 995.19	6 229.46	8 540.95	6 413.56	13 407.09	10 732.56	609.74	1 007.08	554.51
上　海	9 469	35 512.24	20 583.25	17 858.30	17 558.51	35 473.82	29 125.03	962.66	2 650.00	915.23
江　苏	48 708	101 259.53	53 669.50	55 612.13	45 596.53	141 955.99	122 437.72	1 246.86	9 057.17	4 633.56
浙　江	40 841	64 078.22	36 136.44	37 663.38	26 199.51	64 371.53	54 934.41	720.20	3 729.13	1 844.10
安　徽	17 762	28 831.52	13 006.91	16 718.69	11 947.41	36 838.37	31 708.03	476.19	1 943.62	991.10
福　建	16 744	27 978.35	14 189.64	15 213.14	12 525.08	37 097.44	31 768.28	435.40	2 344.27	1 076.56
江　西	8 996	16 061.44	7 143.02	8 403.60	7 494.87	31 077.54	27 270.11	319.01	2 130.41	1 014.06
山　东	40 756	93 330.87	43 063.63	50 842.84	41 562.21	143 140.27	125 137.46	1 559.28	8 843.91	4 022.61
河　南	21 748	50 540.15	22 668.15	23 717.27	26 438.56	68 037.47	58 959.69	687.28	4 946.19	1 711.04
湖　北	15 957	32 940.84	14 798.24	18 193.00	14 624.35	41 401.49	34 843.30	829.79	2 402.63	1 217.24
湖　南	13 723	22 025.57	9 379.15	11 688.15	10 255.09	33 489.43	27 737.94	919.31	1 688.30	1 247.98

续表

地区	企业单位数（个）	资产总计	流动资产合计	负债合计	所有者权益合计	主营业务收入	主营业务成本	主营业务税金及附加	利润总额	本年应交增值税
广东	41 133	87 590.27	50 805.77	51 173.28	36 149.22	115 451.13	97 844.17	1 207.83	7 014.99	3 430.87
广西	5 447	14 225.92	6 625.88	8 871.08	5 285.64	18 916.79	16 051.05	348.63	1 085.71	688.51
海南	382	2 444.80	984.00	1 318.16	1 128.08	1 756.99	1 423.75	25.49	113.36	64.89
重庆	6 158	15 652.47	7 174.73	9 761.43	5 789.71	18 688.63	15 832.60	265.86	1 229.65	720.36
四川	13 267	38 359.92	15 900.10	23 413.64	14 703.51	38 063.87	31 963.29	608.32	2 237.00	1 297.33
贵州	3 895	11 747.39	4 721.66	7 480.21	4 177.65	8 655.87	6 732.87	314.44	628.68	359.07
云南	3 797	17 458.16	5 971.49	10 991.96	6 459.49	10 358.22	8 043.73	824.19	516.08	472.75
西藏	97	668.52	177.18	267.16	401.01	117.14	88.48	1.67	12.56	7.71
陕西	5 081	26 169.19	9 533.76	14 936.32	11 218.30	19 524.89	15 133.95	721.97	1 877.44	948.84
甘肃	2 091	11 348.25	4 239.79	7 205.54	4 079.08	9 275.09	8 137.80	309.64	243.17	239.04
青海	568	5 414.09	1 488.57	3 690.85	1 701.96	2 246.62	1 874.95	61.62	106.19	81.97
宁夏	1 170	6 976.46	2 624.33	4 677.35	2 287.17	3 526.51	3 021.55	72.05	118.06	103.21
新疆	2 477	16 770.69	4 928.21	10 562.69	6 201.28	9 321.35	7 298.33	447.80	731.65	404.41

分地区规模以上工业企业主要经济效益指标

（2014 年）

地　区	总资产贡献率(%)	资产负债率(%)	流动资产周转次数(次/年)	工业成本费用利润率(%)	人均主营业务收入(万元/人)
全　国	**13.69**	**57.17**	**2.53**	**6.52**	**110.96**
北　京	7.70	51.07	1.44	7.97	169.37
天　津	15.73	61.72	2.31	8.39	169.44
河　北	11.33	56.80	2.98	5.77	121.31
山　西	5.19	73.64	1.51	1.44	84.75
内蒙古	9.94	63.69	2.03	7.17	152.29
辽　宁	11.89	58.02	2.85	4.52	128.84
吉　林	17.04	54.73	3.28	6.54	154.22
黑龙江	15.41	56.96	2.20	8.34	99.87
上　海	12.99	50.29	1.77	7.92	143.51
江　苏	15.87	54.92	2.71	6.71	123.66
浙　江	11.33	58.78	1.83	6.01	89.06
安　徽	13.15	57.99	2.87	5.60	109.82
福　建	15.02	54.37	2.64	6.74	85.49
江　西	22.69	52.32	4.37	7.37	124.08
山　东	16.85	54.48	3.37	6.54	149.52
河　南	15.78	46.93	3.03	7.83	98.63
湖　北	14.93	55.23	2.85	6.14	109.24
湖　南	19.05	53.07	3.62	5.47	99.94
广　东	13.97	58.42	2.31	6.42	78.51
广　西	16.51	62.36	2.91	6.10	111.76
海　南	11.07	53.92	1.84	6.96	150.84
重　庆	15.37	62.36	2.65	6.97	101.96
四　川	12.49	61.04	2.43	6.26	101.25
贵　州	13.00	63.68	1.86	8.03	84.52
云　南	12.32	62.96	1.84	5.30	103.84
西　藏	3.56	39.96	0.68	11.09	59.26
陕　西	14.75	57.08	2.08	10.94	103.85
甘　肃	8.75	63.49	2.22	2.73	135.21
青　海	6.48	68.17	1.57	4.80	103.82
宁　夏	5.89	67.04	1.38	3.43	104.32
新　疆	10.95	62.98	1.95	8.66	123.89

对外经济贸易基本情况

指　标		2010 年	2011 年	2012 年	2013 年	2014 年
货物进出口总额	**（人民币亿元）**	**201 722.1**	**236 402.0**	**244 160.2**	**258 168.9**	**264 241.8**
出口总额		107 022.8	123 240.6	129 359.3	137 131.4	143 883.7
进口总额		94 699.3	113 161.4	114 801.0	121 037.5	120 358.0
进出口差额		12 323.5	10 079.2	14 558.3	16 094.0	23 525.7
货物进出口总额	**（亿美元）**	**29 740.0**	**36 418.6**	**38 671.2**	**41 589.9**	**43 015.3**
出口总额		15 777.5	18 983.8	20 487.1	22 090.0	23 422.9
初级产品		816.9	1 005.5	1 005.6	1 072.7	1 126.9
工业制成品		14 960.7	17 978.4	19 481.6	21 017.4	22 296.0
进口总额		13 962.4	17 434.8	18 184.1	19 499.9	19 592.3
初级产品		4 338.5	6 042.7	6 349.3	6 580.8	6 469.4
工业制成品		9 623.9	11 392.1	11 834.7	12 919.1	13 122.9
进出口差额		1 815.1	1 549.0	2 303.1	2 590.1	3 830.6
外商直接投资合同项目	**（个）**	**27 406.0**	**27 712.0**	**24 925.0**	**22 773.0**	**23 778.0**
实际使用外资额	**（亿美元）**	**1 088.2**	**1 177.0**	**1 132.9**	**1 187.2**	**1 197.1**
外商直接投资		1 057.4	1 160.1	1 117.2	1 175.9	1 195.6
外商其他投资		30.9	16.9	15.8	11.3	1.4
外资企业基本情况						
年底登记户数	（户）	445 244.0	446 487.0	440 609.0	445 962.0	460 699.0
投资总额	（亿美元）	27 059.0	29 931.0	32 610.0	35 176.0	37 977.0
注册资本	（亿美元）	15 738.0	17 294.0	18 814.0	20 280.0	21 835.0
#外方		12 590.0	13 810.0	14 903.0	16 077.0	17 414.0
对外经济合作	（亿美元）					
合同金额						
#对外承包工程		1 343.7	1 423.3	1 565.3	1 716.3	1 917.6
完成营业额						
#对外承包工程		921.7	1 034.2	1 166.0	1 371.4	1 424.1

注:1. 外资企业基本情况数据来自国家工商总局,其年底登记户数自2008 年起口径调整为企业加分支机构。
2. 自2009 年起商务部将对外设计咨询纳入对外承包工程合并统计。
3. 自2011 年起商务部不再公布对外劳务合作项下合同数、合同金额以及完成营业额数据。

证券市场基本情况

项　目	单　位	2013 年	2014 年
境内上市公司数（A、B 股）	家	2 489.0	2 613.0
境内上市外资股公司数（B 股）	家	106.0	104.0
境外上市公司数（H 股）	家	185.0	205.0
股票总发行股本	亿　股	40 569.0	43 610.0
#流通股本	亿　股	36 744.0	39 104.0
股票市价总值	亿　元	239 077.0	372 547.0
#股票流通市值	亿　元	199 580.0	315 624.0
股票成交量	亿　股	48 372.7	73 753.0
股票成交金额	亿　元	468 729.0	743 913.0
上证综合指数	收　盘	2 116.0	3 234.7
深证综合指数	收　盘	1 057.7	1 415.2
股票有效账户数	万　户	13 247.0	14 215.0
平均市盈率	%		
上　海		11.0	16.0
深　圳		27.8	34.1
平均换手率	%		
上　海		123.6	173.8
深　圳		389.1	478.0
国债发行额	亿　元	20 230.0	21 120.6
公司信用类债券发行额	亿　元	36 721.0	51 172.9
债券成交额	亿　元	678 436.0	935 187.5
国债现货成交金额	亿　元	17 413.0	28 021.2
债券回购成交金额	亿　元	661 023.0	907 166.3
证券投资基金只数	只	1 551.0	1 899.0
证券投资基金规模	亿　份	31 167.2	42 033.0
证券投资基金成交金额	亿　元	14 786.2	19 904.6
期货总成交量	万　手	206 177.3	250 585.6
期货总成交额	亿　元	2 674 739.5	2 919 882.3

注：1. 股票总发行股本中含（A＋H）股公司发行的 H 股。
2. 换手率＝全年成交金额/［（本年末流通市值＋上年末流通市值）/2］×100%。
3. 公司信用类债券包含非金融企业债务融资工具、企业债券以及公司债、可转债、可分离债、中小企业私募债。
4. 债券成交数据为交易所债券市场数据。

能源生产总量及构成

年 份	能源生产总量（万吨标准煤）	占能源生产总量的比重（%）			
		原 煤	原 油	天然气	一次电力及其他能源
1978	62 770	70. 3	23. 7	2. 9	3. 1
1980	63 735	69. 4	23. 8	3. 0	3. 8
1985	85 546	72. 8	20. 9	2. 0	4. 3
1990	103 922	74. 2	19. 0	2. 0	4. 8
1991	104 844	74. 1	19. 2	2. 0	4. 7
1992	107 256	74. 3	18. 9	2. 0	4. 8
1993	111 059	74. 0	18. 7	2. 0	5. 3
1994	118 729	74. 6	17. 6	1. 9	5. 9
1995	129 034	75. 3	16. 6	1. 9	6. 2
1996	133 032	75. 0	16. 9	2. 0	6. 1
1997	133 460	74. 3	17. 2	2. 1	6. 5
1998	129 834	73. 3	17. 7	2. 2	6. 8
1999	131 935	73. 9	17. 3	2. 5	6. 3
2000	138 570	72. 9	16. 8	2. 6	7. 7
2001	147 425	72. 6	15. 9	2. 7	8. 8
2002	156 277	73. 1	15. 3	2. 8	8. 8
2003	178 299	75. 7	13. 6	2. 6	8. 1
2004	206 108	76. 7	12. 2	2. 7	8. 4
2005	229 037	77. 4	11. 3	2. 9	8. 4
2006	244 763	77. 5	10. 8	3. 2	8. 5
2007	264 173	77. 8	10. 1	3. 5	8. 6
2008	277 419	76. 8	9. 8	3. 9	9. 5
2009	286 092	76. 8	9. 4	4. 0	9. 8
2010	312 125	76. 2	9. 3	4. 1	10. 4
2011	340 178	77. 8	8. 5	4. 1	9. 6
2012	351 041	76. 2	8. 5	4. 1	11. 2
2013	358 784	75. 4	8. 4	4. 4	11. 8
2014	360 000	73. 2	8. 4	4. 8	13. 7

注：电力折算标准煤的系数根据当年平均发电煤耗计算（下表同）。

能源消费总量及构成

年份	能源消费总量（万吨标准煤）	占能源消费总量的比重（%）			
		煤炭	石油	天然气	一次电力及其他能源
1978	57 144	70.7	22.7	3.2	3.4
1980	60 275	72.2	20.7	3.1	4.0
1985	76 682	75.8	17.1	2.2	4.9
1990	98 703	76.2	16.6	2.1	5.1
1991	103 783	76.1	17.1	2.0	4.8
1992	109 170	75.7	17.5	1.9	4.9
1993	115 993	74.7	18.2	1.9	5.2
1994	122 737	75.0	17.4	1.9	5.7
1995	131 176	74.6	17.5	1.8	6.1
1996	135 192	73.5	18.7	1.8	6.0
1997	135 909	71.4	20.4	1.8	6.4
1998	136 184	70.9	20.8	1.8	6.5
1999	140 569	70.6	21.5	2.0	5.9
2000	146 964	68.5	22.0	2.2	7.3
2001	155 547	68.0	21.2	2.4	8.4
2002	169 577	68.5	21.0	2.3	8.2
2003	197 083	70.2	20.1	2.3	7.4
2004	230 281	70.2	19.9	2.3	7.6
2005	261 369	72.4	17.8	2.4	7.4
2006	286 467	72.4	17.5	2.7	7.4
2007	311 442	72.5	17.0	3.0	7.5
2008	320 611	71.5	16.7	3.4	8.4
2009	336 126	71.6	16.4	3.5	8.5
2010	360 648	69.2	17.4	4.0	9.4
2011	387 043	70.2	16.8	4.6	8.4
2012	402 138	68.5	17.0	4.8	9.7
2013	416 913	67.4	17.1	5.3	10.2
2014	426 000	66.0	17.1	5.7	11.2

环境保护基本概况

项　目	单　位	2012 年	2013 年	2014 年
水环境				
水资源总量	亿立方米	29 527	27 958	27 267
人均水资源量	立方米/人	2 186	2 060	1 999
用水总量	亿立方米	6 142	6 183	6 095
#农　业	亿立方米	3 880	3 922	3 869
工　业	亿立方米	1 424	1 406	1 356
生　活	亿立方米	729	750	767
生　态	亿立方米	109	105	103
废水排放总量	亿　吨	685	695	716
废水中化学需氧量排放量	万　吨	2 424	2 353	2 295
大气环境				
二氧化硫排放量	万　吨	2 118	2 044	1 974
固体废物				
一般工业固体废物综合利用量	万　吨	202 462	205 916	204 330
一般工业固体废物倾倒丢弃量	万　吨	144	129	59
生态环境				
森林面积	万公顷	20 769	20 769	20 769
森林覆盖率	%	22	22	22
造林面积	万公顷	560	610	555
全国湿地面积	千公顷	53 603	53 603	53 603
全国湿地面积占国土面积	%	6	6	6
全国自然保护区数	个	2 669	2 697	2 729
#国家级	个	363	407	428
全国自然保护区面积	万公顷	14 979	14 631	14 699
全国保护区面积占辖区面积	%	15	15	—
自然灾害				
发生地质灾害数量	处	14 675	15 374	—
发生地震灾害次数	次	12	14	20

注:1. 森林面积和森林覆盖率为第八次全国森林资源清查(2009—2013)资料。

2. 湿地面积数据为第二次全国湿地资源调查(2009—2013)资料。

全国居民人均收支情况

指　标	2013 年	2014 年
全国居民人均收入		
可支配收入	18 310.8	20 167.1
1. 工资性收入	10 410.8	11 420.6
2. 经营净收入	3 434.7	3 732.0
3. 财产净收入	1 423.3	1 587.8
4. 转移净收入	3 042.1	3 426.8
现金可支配收入	17 114.6	18 747.4
1. 工资性收入	10 348.6	11 352.7
2. 经营净收入	3 354.2	3 571.5
3. 财产净收入	526.6	621.8
4. 转移净收入	2 885.2	3 201.3
全国居民人均支出		
消费支出	13 220.4	14 491.4
1. 食品烟酒	4 126.7	4 493.9
2. 衣　着	1 027.1	1 099.3
3. 居　住	2 998.5	3 200.5
4. 生活用品及服务	806.5	889.7
5. 交通和通信	1 627.1	1 869.3
6. 教育、文化和娱乐	1 397.7	1 535.9
7. 医疗保健	912.1	1 044.8
8. 其他用品及服务	324.7	358.0
现金消费支出	10 917.4	11 975.7
1. 食品烟酒	3 822.8	4 185.6
2. 衣　着	1 025.7	1 098.6
3. 居　住	1 155.1	1 215.7
4. 生活用品及服务	801.8	882.6
5. 交通和通信	1 624.8	1 866.2
6. 教育、文化和娱乐	1 396.5	1 534.9
7. 医疗保健	772.1	838.3
8. 其他用品及服务	318.7	353.8

注：从 2013 年起，国家统计局开展了城乡一体化住户收支与生活状况调查，与 2012 年前的分城镇和农村住户调查的调查范围、调查方法、指标口径有所不同。

城镇居民人均收入与支出

指　标	2013 年	2014 年
城镇居民人均收入　（元）		
可支配收入	26 467.0	28 843.9
1. 工资性收入	16 617.4	17 936.8
2. 经营净收入	2 975.3	3 279.0
3. 财产净收入	2 551.5	2 812.1
4. 转移净收入	4 322.8	4 815.9
现金可支配收入	24 799.0	26 860.2
1. 工资性收入	16 509.9	17 821.3
2. 经营净收入	3 332.3	3 528.0
3. 财产净收入	831.8	977.8
4. 转移净收入	4 125.0	4 533.1
城镇居民人均支出　（元）		
消费支出	18 487.5	19 968.1
1. 食品烟酒	5 570.7	6 000.0
2. 衣　着	1 553.7	1 627.2
3. 居　住	4 301.4	4 489.6
4. 生活用品及服务	1 129.2	1 233.2
5. 交通通信	2 317.8	2 637.3
6. 文教文化娱乐	1 988.3	2 142.3
7. 医疗保健	1 136.1	1 305.6
8. 其他用品及服务	490.4	532.9
现金消费支出	15 453.0	16 690.6
1. 食品烟酒	5 461.2	5 874.9
2. 衣　着	1 551.5	1 626.6
3. 居　住	1 579.9	1 625.6
4. 生活用品及服务	1 124.0	1 225.6
5. 交通通信	2 313.6	2 631.5
6. 文教文化娱乐	1 986.3	2 140.7
7. 医疗保健	954.8	1 038.5
8. 其他用品及服务	481.7	527.1

农村居民人均收入与支出

指　标	2013 年	2014 年
农村居民人均收入　　（元）		
可支配收入	9 429.6	10 488.9
1. 工资性收入	3 652.5	4 152.2
2. 经营净收入	3 934.9	4 237.4
3. 财产净收入	194.7	222.1
4. 转移净收入	1 647.5	1 877.2
现金可支配收入	8 747.1	9 698.2
1. 工资性收入	3 639.7	4 137.5
2. 经营净收入	3 378.0	3 620.1
3. 财产净收入	194.2	224.7
4. 转移净收入	1 535.2	1 715.9
农村居民人均支出　　（元）		
消费支出	7 485.2	8 382.6
1. 食品烟酒	2 554.4	2 814.0
2. 衣　着	453.8	510.4
3. 居　住	1 579.8	1 762.7
4. 生活用品及服务	455.1	506.5
5. 交通通信	874.9	1 012.6
6. 文教文化娱乐	754.6	859.5
7. 医疗保健	668.2	753.9
8. 其他用品及服务	144.2	163.0
现金消费支出	5 978.8	6 716.7
1. 食品烟酒	2 038.8	2 301.3
2. 衣　着	453.1	509.7
3. 居　住	692.4	758.5
4. 生活用品及服务	451.0	500.1
5. 交通通信	874.7	1 012.5
6. 文教文化娱乐	754.4	859.2
7. 医疗保健	573.2	614.9
8. 其他用品及服务	141.2	160.5

附 录

2014年全国信用企业

（排名不分先后）

序 号	企业名称	全国统一编号
一、AAA级信用企业		
1	首钢总公司	201404211100535
2	江苏沙钢集团有限公司	201404211100536
3	天津港集团有限公司	201404211100537
4	玲珑集团有限公司	201404211100538
5	华新水泥股份有限公司	201404211100539
6	中铁第四勘察设计院集团有限公司	201404211100540
7	京唐港煤炭港埠有限责任公司	201404211100541
8	中国航空规划建设发展有限公司	201404211100542
9	太原六味斋实业有限公司	201404211100543
10	葛洲坝集团电力有限责任公司	201404211100544
11	太原市第一建筑工程集团有限公司	201404211100545
12	南车青岛四方机车车辆股份有限公司	201404211100546
13	东辰控股集团有限公司	201404211100547
14	胜利方圆实业集团有限公司	201404211100548
15	北京皮特丹顿服饰有限公司	201504211100550
二、AA级信用企业		
1	胜利油田北方实业集团有限责任公司	201504201100549

资料来源：中国企业联合会、中国企业家协会。

2014年全国质量奖获奖企业

序　号	企业名称	序　号	企业名称
	一、大中型企业		二、服务业
1	徐工集团工程机械股份有限公司	1	江苏省邮政速递物流有限公司
2	加西贝拉压缩机有限公司	2	中国天津外轮代理有限公司
3	江阴兴澄特种钢铁有限公司	3	中国能源建设集团广东省电力设计研究院
4	山东景芝酒业股份有限公司		

资料来源:中国质量协会。

第二十一届国家级企业管理现代化创新成果名单

等级	成果名称	申报单位	主要创造人	参与创造人
一等	依托核电工程的企业技术能力建设	中广核工程有限公司	束国刚 黄学清	孙　奇　林　海　上官斌　李　靖 禹　阳　高　峰　咸春宇　毛　庆 付成军　缪　鹏
一等	制造企业集团以内外协同为目标的信息化整体提升	徐州工程机械集团有限公司	王　民 张启亮	孙建忠　李忠福　付思敏　徐莉萍 许建全　王新宝　王　武　孙长山 刘世状　单长森
一等	大型商业银行基于信息化平台的外部欺诈风险管控体系建设	中国工商银行股份有限公司	刘立宪	靳晓鹏　朱菲菲　马旭东　黄克捷 宗　喆　王晓锦　徐　鑫　马　军 翟　亮　顾丹铭
一等	以提升整体科技创新能力为目标的三大技术平台建设	中国南车集团公司	郑昌泓 唐克林	王　军　张新宁　陈　笃　赵小刚 刘化龙　朱龙驹　王全乐　汤旭祥
一等	网络化战略下按单聚散的人力资源管理	海尔集团公司	谭丽霞 王筱楠	纪婷琪　宋尚义　任　华　张　颖 张俊玲　蔡　静　韩海良　贾春娟
一等	特大型电网企业以“三集五大”为核心的管理变革	国家电网公司	刘振亚 曹志安	贾福清　张　宁　丁广鑫　张智刚 王风雷　苏胜新　杜宝增　李荣华 李桂生　朱　峰
一等	国有通信企业即时通信业务的混合所有制改造	中国电信股份有限公司	王晓初 杨小伟	卢耀辉　李安民　顾荣太　张　伟 王淑春　叶丽春　黄优刚　陈勇胜 王　翔　胡　勇
一等	大型企业集团内部诊断服务管理	中国石油化工股份有限公司	凌逸群	叶晓东　李　涛　赵晓敏　郑文刚 谢小华　王建军　曹东学　伊光明 任　刚
一等	综合能源企业基于信息化平台的煤炭产运销一体化调运管理	神华集团有限责任公司	郝　贵 金志刚	马　军　解春生　刘长春　兰　力 李　宁　白志军　马　俊　徐化雨 李韩英　张　强
一等	家电制造企业基于综合信息平台的生产物料闭环管理	珠海格力电器股份有限公司	董明珠	张　伟　黄　辉　杨　升　王　博 张俊杰　董红英　徐海鹏　李润静 杨　曦　李　静
一等	军用航空发动机维修中的关键零部件再制造工程管理	中国人民解放军第五七一九工厂	向　巧	郑四德　宁喜钰　胡惠芳　王　兵 李整建　王　良　何　勇　钟　杰 唐民锋　胡　兵
一等	国有大型企业集团基于统一平台的企业文化建设	中国建筑工程总公司	刘　杰 陈　莹	郭景阳　丁文龙
一等	综合能源集团一体化管控体系建设	中国电力投资集团公司	陆启洲	邹正平　吴姜宏　李治明　张振平 陈来红　夏　刚　王　岩
一等	现代钢铁企业“三流一态”能源价值管理	宝山钢铁股份有限公司	桂其林 钱　峰	李　丹　汤晓帆　王　红　蔡震纲 张　帆　顾艳云　姜　峰　陈忠平 于自泳　赵　缨
一等	中外合资轿车企业零部件的精敏供应链管理	上海大众汽车有限公司	陈贤章 Dr. C. Vollmer	许青桥　钱军华　顾正炯　周辰尔 潘荣胜　张　伟　周　洲　姜军俊 杨海燕　陈　芳

续表

等级	成果名称	申报单位	主要创造人	参与创造人
一等	医药上市公司以打造利益共同体为目标的员工持股管理	吉林敖东药业集团股份有限公司	李秀林	朱雁 郭淑芹 陈永丰 杨凯 王振宇 张传国 张海涛 傅冬梅 姜维 许东林
一等	新能源电池企业以可持续发展为目标的环境、健康、安全一体化管理	天能集团	张天任	陈敏如 周建中 李百英 蒋玉良 李明钧 张旭东
一等	以打造世界一流企业为目标的智能型炼化工厂建设	中国石油化工股份有限公司镇海炼化分公司	江正洪	张玉明 寿东华 熊晓洋 孙敏杰 金登峰 乔伟新 王增伟
一等	轨道交通装备企业突破发展瓶颈的创新驱动战略实施	南车株洲电力机车有限公司	周清和 罗崇甫	马克湘 黄正良 陈志新 曾春来 李林 罗庆辉 卢雄文 刘荣耀 李静静 张辉
一等	轨道交通企业产业化协同创新管理	重庆市轨道交通(集团)有限公司	仲建华 范金富	林莉 吴焕君 胡静 李恒 何希和 刘昌萍 付平 陈舸 汪宁 赖力
一等	钢铁企业实现岗位、技能与绩效有机结合的薪酬体系构建与实施	鞍钢集团公司	张广宁 张晓刚	于万源 孙光辉 王殿贺 刘杰 计岩 吕文福 张绪凯 李学佳 王家策 王涛
一等	多元股权结构下的母子公司分类治理	东风鸿泰控股集团有限公司	沈立 袁纲	廖圣寿 郑国俭 朱永红 周炜 吴文生 李丽 孙公洛 胡少金 杨长翱 唐志成
一等	通信企业以内部结算为核心的市场化契约机制建设	中国移动通信集团广东有限公司	禄杰 陈广宇	许琦 潘宇丽 刘云霞 朱炜 唐懿 谭兆祥 张勇涛 罗振 王齐元 杨积雪
一等	城市商业银行员工"五有"价值观的推进体系建设	重庆银行股份有限公司	甘为民	冉海陵 黄常胜 陈继红 朱英 黄宁 丁晓 张天 秦菁 邓艳明 周伟锋
一等	促进分布式光伏并网的服务管理体系建设	国网浙江省电力公司嘉兴供电公司	孔繁钢 韩志军	朱炯 王坚敏 王文华 张海春 黄颖 厉俊 王广 曾建梁 陈国恩 沈欢庆
一等	发电企业基于一体化信息平台的在线经营管理	华能山东发电有限公司	王文宗	刘鲁清
一等	城市公交企业实现方便、快捷、安全、优质服务的智能化管理体系建设	无锡市公共交通股份有限公司	张保国 陈国富	张欣 巫昌文 唐熠来 华志新 王寅 朱建国 魏晓燕 高强飞
一等	国有产业投资企业"四位一体"城镇新区综合开发管理	四川省铁路产业投资集团有限责任公司	孙云 方跃	张锋 武文涛 刘平 赵彬兴 王韦玮
一等	装备制造企业基于全面信息化的精准管理	河北冀凯实业集团有限公司	冯春保 赵盘胜	陶永首 盛效和 魏二宏 乔贵彩 李小胜 王朋超 赵昌
二等	邮政企业信息化引领的战略转型	浙江省邮政公司	鞠勇	王玮 李金良 张俊晓 顾忠民 陈胜达 俞亥 金聚 郑守祥
二等	海洋石油企业支撑可持续发展的矿权经营与管理	中国海洋石油总公司	朱伟林 蔡东升	王彦 韦子亮 许红 董本松 黄志洁 牛林田 王理荣 陆清 胡斐 邓汉南
二等	大型装备制造企业海外并购管理	潍柴动力股份有限公司	谭旭光 江奎	董平 徐新玉 孙少军 戴立新 郝庆贵 屈重洋 张正强
二等	提升核心制造能力的示范工厂模型构建与实施	四川长虹电子集团有限公司	阳丹 寇化梦	潘晓勇 何心坦 田晓刚 汤宇峰 赖冬 王国峰 况龙威 邹佩良 贺羽 朱建华

续表

等级	成果名称	申报单位	主要创造人	参与创造人
二等	总体设计企业主导的预警机出口跨行业、跨国协同管理	中国电子科技集团公司电子科学研究院	陆 军 李金茂	丁贤澄 曹 剑 张 鹏 史红英 叶海军 杨晓光 陈竹梅 黄星月 程 烜 徐益平
二等	基于战略导向的效绩目标考核体系建设	中国北方机车车辆工业集团公司	崔殿国 奚国华	张 臣 王 健 那利明 赵光兴 孙 锴 高 志 魏 岩
二等	乳品企业基于可持续发展的奶源管理	内蒙古蒙牛乳业(集团)股份有限公司	孙伊萍 白 瑛	郭小岑 王艳松 翟 嵋 付旺盛 尹艳霞 吴福顺 田 茂 周国学 于晓庆 刘高飞
二等	世界级跨海大桥岛隧墩施工建设中的技术创新管理	中交第一航务工程局有限公司	毛元平 吴利科	李一勇 郭琪云 李 刚 彭 瑞 刘宝河 陈冲海 韩志强 迟善利 孟凡利 叶建州
二等	以重大科技专项为载体的石油炼化技术协同创新管理	中国石油天然气股份有限公司	蔺爱国 何盛宝	吴冠京 于建宁 马 安 刘志红 胡徐腾 付兴国 钱锦华 魏志平 张来勇 李胜山
二等	实现港口功能与内陆物流服务有效融合的无水港建设与管理	天津港物流发展有限公司	刘学良 赵 明	张友明 马全胜 孙 彬 刘重清 陆有宝 寇成阳 王培伟 杨 毅 张雅文 宋竹青
二等	大型钢铁企业能源精益化管理	马鞍山钢铁股份有限公司	丁 毅	严 华 王卫东 史德明 曹曲泉 田 俊 罗武龙 李 博 许 石 程黄根
二等	大型钢铁企业基于模拟市场经营的全面目标管理	鞍钢股份有限公司鲅鱼圈钢铁分公司	徐世帅 张厚良	王 英 张克玉 于 峰 李洪宇 时立宝 魏继刚 秦 伟 刘 虹 朱大鹏 付文涛
二等	基于BOT模式的境外大型水电站建设与运营管理	华能澜沧江水电有限公司·瑞丽江一级水电有限公司	王永祥 马立鹏	袁湘华 黄光明 孙 卫 彭詠军 赵 明 杨立成 陈燕和 陈碧辉 吕绍平 敖兴波
二等	大型企业集团总部职能的质量管理体系建设	中国中化集团公司	刘德树 韩根生	杨 林 李 强 张兴华 姚利明 江 霈 张宝红 宋玉增 陈爱华 邓小军
二等	国有石油企业引入民间资本的油气勘探开发项目合作机制创建	中国石油化工股份有限公司中原油田分公司	孔凡群 焦大庆	石书灿 明柱平 李双泉 陈 雨 董会立 张润疆 张东方 许永胜 杨福涛 刘献功
二等	电信运营商实现业务与财务信息集中的管理变革	中国联合网络通信集团有限公司	孔繁华 陈 沛	李福申 李张挺 孟 猛 冯 宁 曹春蕾 马 磊 王 喆 陈一瀚 刘振忠 韩 晋
二等	基于全生命周期的冶金装备再制造产业化发展	马钢(集团)控股有限公司	丁 毅	严 华 田 俊 王晓光 朱广宏 程 红 黄加坤 吴海彤 陈黎明 曹志勇 龚胜辉
二等	大型非公有制企业以战略为导向的混合所有制设计与实施	天津贻成集团有限公司	邱万华 齐聪山	赵和龙 张 政 郭 毅 李 华 申桂玲 张学亮 付国俍 王秀明 李 华 陈 静
二等	复杂环境下跨多国大型管道项目的筹融资管理	中石油中亚天然气管道有限公司	曹亚明 张少峰	罗 强 李 平 姜保军 张羽波 刘万余 余建录 胡纯钰 章 闪 尚 鑫 戚荣汉
二等	大型民营企业竞争与激励双驱动的人力资源开发管理	杭州娃哈哈集团有限公司	宗庆后 李凤媛	刘卿琳 杨永彪 林 剑 李祎晨 张晓峰 徐琪方

续表

等级	成果名称	申报单位	主要创造人	参与创造人
二等	装备企业以用户为中心的"四位一体"协同发展	徐州徐工基础工程机械有限公司	李锁云 孔庆华	胡玉美 张忠海 张世伟 张锐 陈以田 张丽娜 何经纬 周祥华
二等	海外中资公司以"三联机制"为依托的社会责任管理	中国石油拉美(厄瓜多尔)公司	张兴 赵新军	何彬 赵颖 陆如泉 郝卫东 曾务升 纪春库 汪长永 胡泉 崔勇 曹民权
二等	管道工程企业以项目建设为重点的内控测试管理	中国石油天然气管道局	沈庚民 闵云鹤	钟国华 徐德才 王喆 齐蒙 刘瑞莲 燕朝鹏 任洪芳 殷蜀敏 张兆倩 王磊
二等	基于城市大气污染防治的能源清洁化发展战略实施	北京能源投资(集团)有限公司	陆海军 郭明星	孟文涛 唐鑫炳 葛青峰 张玫 王永志
二等	以建设质量效益一流铁矿山为目标的精益管理	鞍钢集团矿业公司齐大山铁矿	邵安林 王志忠	李之奇 刘炳宇 吕凤柱 张丽珍 秦文博 王永增 崔维刚 许洪刚 梁军 陶贵立
二等	以快速响应、高效配套为导向的润滑油企业与大客户协同研发管理	中国石化润滑油有限公司	李万英 水琳	王向阳 陈惠卿 朱和菊 隋秀华 雷凌 夏鹏 朱珠 耿立波 张国茹 胡刚
二等	以至高无上为核心理念的核安全管理	中核建中核燃料元件有限公司	丁建波 肖林	华月强 孙毓宝 李朝端 李羽 张兵 权泉 周海兵 张国芳 张文庆
二等	基于专业产品集成的宇航系统研制管理	中国航天科技集团公司	雷凡培 吴燕生	袁洁 赵小津 王卫东 杨之浩 李罡 赵立军 周海京 杜刚 夏晓春 王喜奎
二等	民营工程咨询企业提升服务能力的全程在线管理	胜利油田森诺胜利工程有限公司	姜传胜	吴凤柱 张洪臣 张建荣 于忠国
二等	大型石油企业面向国际化经营的人力资源管理	中国石油天然气股份有限公司海外勘探开发分公司	王仲才 武军利	戴瑞祥 李杜 刘玉娟 张兆敏 王滨成 朱泽徐 严瑾 付智霄 孟艳 唐厚昌
二等	施工企业大型复杂工程的总项目部管理	中交第一公路工程局有限公司总承包经营分公司	吴传贤	高怀鹏 李志辉 高婧玮 曾珠
二等	充分利用清洁能源的电能交易管理	国网重庆市电力公司	孟庆强 吕跃春	马超 王俊梅 郭琳 赵志强 汤洪海 张文哲 赵蕾 蒋振涌 田京 徐亮
二等	大型钢铁企业立体式风险管理体系建设	河北钢铁集团有限公司	于勇 王洪仁	李毅仁 李红宴 张迎秋 刘志刚 谢文华 史晓斌 李鹏伟 冯靖
二等	石化企业以信息化为手段的HSE管理体系建设	中国石油化工股份有限公司青岛安全工程研究院	牟善军 王廷春	王秀香 蒋涛 穆波 施红勋 张亚丽 李千登 董平军 常庆涛 吴瑞青 刘华炜
二等	电信运营商适应移动互联网的战略转型	中国电信集团公司	王晓初 杨杰	陶萍 肖金学 郑奇宝 马杉 张建斌 秦健 蔡翔 陈仕俊 陈显才 冯彦松
二等	航空制造企业基于全价值链的目标价格管理	江西洪都航空工业集团有限责任公司	陈逢春 胡焰辉	饶国辉 邱洪涛 王訢 祝美霞 郑再光 李劼 吴刚茂 易多奇 宋伟军 邱朝敏
二等	以均衡生产为导向的航空零件制造执行管理	沈阳飞机工业(集团)有限公司	李长强 袁立	苗玉华 徐黎明 薛艳会 张绍卓 栾军 孟宪龙 范荣岭 王洪波 兰海 陈永阁

续表

等级	成果名称	申报单位	主要创造人	参与创造人
二等	通信企业基于信息化平台的促销资源管理	中国电信股份有限公司湖北分公司	李洪波 杨峰	杨华 刘跃涟 陶代金 肖艳 石磊 戴敏 孟晖 欧阳波
二等	航空科研院所适应技术和业务发展要求的流程优化管理	中国直升机设计研究所	禹彬彬 江云飞	洪蛟 赵伟华 李文星 戚春明 周景翔 韩志忠 夏薇萍 艾晓玲 欧阳圣旺 王胜军
二等	电信运营商基于B2B的业务开拓	中国联合网络通信有限公司广西壮族自治区分公司	鲁东亮 郑勇	梁亚平 李珩 杨蕙榕 梁家醒 黄滟 李沁璇 高平
二等	特高压输电线路的运维管理	安徽送变电工程公司	彭发水 潘业斌	曹俐 操松元 丁光正 段海庭 刘华 孟令 林世忠 吴继伟 晏节晋
二等	电信运营商面向下一代互联网的带宽资源开发利用管理	中国联合网络通信有限公司北京市分公司	汪世昌 杨力凡	秦吉波 王学毅 刘鸿胜 伊力 李涛 张迎春 张敬 秦壮壮
二等	咨询投资企业促进绿色发展的服务创新管理	中国通用咨询投资有限公司	刘昆	张建 周庆 邵林 李宏 贾宏 陈胜清
二等	以建设国际物流枢纽岛为目标的“一体两翼”战略实施	舟山港股份有限公司	孙大庆 张振兴	石焕挺 杨成军 董平 朱纺苗
二等	大型制造企业面向全球协同的数字化开发管理	重庆长安汽车股份有限公司	唐湘民 胡朝晖	胡林海 余元源 谢欢 刘惊涛 庄德升 王丽娟 余小燕 王会菲 王爽 朋湖
二等	基于世界级制造理论的食品工厂管理变革	光明乳业股份有限公司	郭本恒 孙克杰	陆洪 陆骏飞 谢朋军 李伟刚 龚良军 史晶晶 刘彩妹
二等	基层油气田企业的刚性安全管理	中国石油天然气股份有限公司西南油气田分公司川西北气矿	徐光田	赵军 黄桢 杜强 李建 李清英 赵俊 康正坤 何理 张政
二等	大型能源化工企业基于混合所有制的转型升级	陕西煤业化工集团有限责任公司	杨照乾	华炜 严广劳 尤西蒂 杜平 袁景民 崔敏强 郭阮鹰 郝静 徐嘉
二等	通信企业全面支撑运营的数据集中化管理	中国移动通信集团江苏有限公司	王建 关懿珉	赵雨 杨林 冯建飞 马晓明 许兴盛 郑建兵 孙凯 顾强 刘波 王建军
二等	军工企业特种产品面向成本的精益化设计管理	重庆长安工业(集团)有限责任公司	李毅 秦光泉	谢仁奇 李海阁 杨和先 张芙蓉 赵倩 龚勇 余学瑞 蒲颜贵 林海
二等	中外合资汽车企业供应链风险管理	神龙汽车有限公司	邱现东	周晓伏 周永春 马磊民 程丽 陈凯 马俊杰 胡锐锋 韩昌宏 汤婷
二等	通信运营商基于大数据和客户事件的全触点实时营销管理	中国移动通信集团山东有限公司	颜永庆 陈文跃	陈丕海 赵建福 程进 杨仕荣 王新印 顾建华 朱祥磊 王海峰 范鹏翔 许玲玲
二等	国际油公司勘探开发一体化管理机制的构建	中国石化集团国际石油勘探开发有限公司 Addax 公司	张毅 徐传会	马强 刘文波 周航辉 李卫忠 徐高年 赵金生 陈永红 董贤勇 吴新民 王川
二等	以便捷和安全服务为目的长途汽车联程客运管理	山东省交通运输集团有限公司济南长途汽车总站	赵宪勇	韩杰 李奇 韩红军 张新亮 张传满 毕冬梅 杨锐 张俊

续表

等　级	成果名称	申报单位	主　要创造人	参与创造人
二等	电信运营企业装维服务的产品化管理	中国电信股份有限公司江苏分公司	高同庆 肖金学	孙维平　陈国忠　赵艳梅　曹小忠 汪　平　吴定平　宗润梁　沈才良 罗　勇　卜延军
二等	制造型企业内部市场体系的构建	三环集团公司	舒　健	梅汉生　丁周炎　柳正强　秦晏兵 黄　洁
二等	水电开发企业的多项目物资供应链管理	雅砻江流域水电开发有限公司	陈云华 张肇刚	王兆成　钟卫华　马东伟　何胜明 陈　晞　刘振元　宁晓龙　王为华 陈　曦
二等	民营企业以全方位整车安全为导向的全面安全管理体系建设	浙江吉利控股集团有限公司	冯擎峰	吴成明　刘卫国　刘　巍　李宏华 门永新　陈文强　周大永
二等	自主品牌乘用车企业提高产品质量的现场管理	东风汽车集团股份有限公司乘用车公司	于占渤 徐　斌	李宏伟　许建芬　陈尚禹　王俊峰 王润升　石　云　江　林　金成军 阳　念　王智勇
二等	服务“三农”和小微企业的普惠金融业务开发	中国邮政储蓄银行股份有限公司	李国华	徐学明　赵志刚　刘志军　韩四喜 刘存亮　谷楠楠
二等	石油钻探企业以文化为引领的安全生产管理	中国石油集团渤海钻探工程有限公司	秦永和 范先祥	王福国　吴朝明　李连锁　刘荣军 张庆昌　刘德如　石丰甫　章天文 马　强
二等	电子企业基于信息技术的内部控制体系建设	安徽博微长安电子有限公司	余　健 章　军	曹　生　吴在东　瞿　磊　熊五球 邵　蕴　陈　琴　阳　玲　张胡周 孙兆民　刘俊英
二等	企业集团财务公司客户信用评级体系建设	中国石化财务有限责任公司	张保龙	高中元　张育红　贾春亮　柴　颖 张道权　张旭东　宋　雷　陈旭玲 侯文懿　王　进
二等	大型铁矿山企业以提质增效为中心的管理提升	河北钢铁集团矿业有限公司	黄笃学 张永坤	齐国志　田志云　朱华明　胡志魁 陈　忠　邹正勤　刘炳智　康　杰 李学峰　王宏剑
二等	航空主机所提高生产研发效率的精益计划管理	中国航空工业集团公司成都飞机设计研究所	李晓光 许　泽	傅　刚　陈裕兰　许媛媛　周　永 周四磊　李　沛　何俊林　李嘉骏 周　钰　彭　刚
二等	建筑企业以战略为导向的技术创新管理	中国一冶集团有限公司工业炉工程公司	徐　超 田红云	李国庆　张伟山　金国祥　夏　春
二等	市政施工企业基于大数据挖掘的工程管理	重庆建工市政交通工程有限责任公司	郭宝林 康　庄	杨　翔　谢永辉　翟旭茹　张志飞 马英富
二等	装备制造企业研发信息化建设	中国北车集团大连机车车辆有限公司	闵　兴 刘会岩	郭福林　袁　勇　邹晓光　孙德磊 贾同凯　王玉庭　安　涛　李　蒙 方　伟　苏自强
二等	制造企业项目化的精益改善管理	湖北三环锻造有限公司	张运军	杨诗江　蒋德超　常继成　梁文奎 杨　娟　沈道理　胡月帮　彭雪峰
二等	茧丝绸企业提升核心竞争力的产业化经营管理	鑫缘茧丝绸集团股份有限公司	储呈平 陈忠立	孙道权　孙宁苓　杨俊峰
二等	大型化工企业基于落袋价格分析的销售管理	中国石化化工销售有限公司	李成峰 赵起超	李锁山　郑　伟　陈永凯　罗　武 张小伟　薛敬芝　罗淇元
二等	以标准箱为核心的城际城市物流体系建设	山东高速物流集团有限公司	刘日辉 亓传代	冯宪阳　魏现立　赵延飞　郝士杰 郑晓燕　孙海云　张　锋　贾向南

续表

等 级	成果名称	申报单位	主 要 创造人	参与创造人
二等	供电企业项目全过程精益预算管理	国网山东省电力公司	商其德 毛育冬	蒋文祥 王端瑞 孙希珍 潘树怡 姜传雷 马 林 程 畅 吕 鹏 佟瑞刚 王云霞
二等	民营企业提升盈利能力的轻管理	东营嘉扬精密金属有限公司	丁雪峰 吕福通	戴建峰
二等	水泥设计企业以技术装备与工程管理为驱动的走出去战略实施	天津水泥工业设计研究院有限公司	徐培涛	王芳协 孙金亮 俞为民 玄立峰 王兆明 李蔚光 孙海泉 吴芝堃 常 斌
二等	航天电子产品静电防护管理体系的构建与实施	北京东方计量测试研究所	徐思伟 张书锋	季启政 刘 民 李 虎 王志勇 朱建华 杜国江 刘志宏 马志毅 路润喜 高志良
二等	石油企业以可持续发展为目标的战略评估与调整	中国石油天然气股份有限公司华北油田分公司	黄 刚 姜立增	高联益 陈兴德 黄 金 胡可上 杨 光 王 青 董少华 刘俊英 路婉瑶 翟金生
二等	以增值型内部审计为目标的审计整改跟进体系建设	中国移动通信集团北京有限公司	陈晓曦	杨晓范 夏 军 张之娴 屈 虹 张 蕾 于清阳 顾怀恩
二等	基于移动互联网圈群的跨界精准营销	中国电信股份有限公司广东分公司	钟 平 杨小丰	王湘江 谢 威 陆玮仑 高建森 吴 宇 王艺霏 陈 虹 杜莹莹 王 俊 陈 峻
二等	钢铁企业基于全信息化的业务流程优化与组织变革	河北钢铁股份有限公司承德分公司	王竹民 魏洪如	郭晋宏 金树成 张玉玺 赵建东 石小艳 董东涛 王丽英 吴兴东 李小娟 邱洪涛
二等	地方电力企业提高服务保障能力的集约化经营管理	四川省水电投资经营集团有限公司	张志远 罗 毅	段兴普 曾 勇 吴建文 熊 林 陈 涛 刘 华 徐国兴 罗 莉 王 韬 周 任
二等	化肥企业推拉结合的供应链管理	中化化肥有限公司	陆坊斌	罗启耀 李晨松 李 源
二等	大型钢铁企业海外市场拓展	唐山钢铁集团有限责任公司	于 勇 王兰玉	田 欣 李一栋 赵丽树 王亚光 谭文振 张爱民 崔喜元 王东林 王 静
二等	供电企业促进员工职业发展的薪酬激励管理	国网湖南省电力公司	李维建 谌家良	林 盾 文力红 刘成刚 唐剑东 莫松河 戴宏斌 唐 平 易 知 廖承友 成 彭
二等	森工企业以生态建设为中心的绿色转型	中国内蒙古森工集团根河森林工业有限公司	高希明 于海俊	王连成 杨建民 陈金平 冉令凯 韩文胜 敖立伟 郭海涛 高帅婷 张丽云 吴 迪
二等	中小企业信用担保业务的开发与管理	深圳市中小企业信用融资担保集团有限公司	胡泽恩 黄倬炜	张亦文 匡 萱 汤 琪 李 明 高晓慧 张杰清
二等	中小合资企业打造核心竞争力的精益管理	神马博列麦(平顶山)气囊丝制造有限公司	马 源 王安乐	李树安 乔 琨 李发阳 董天升 摆向宇 贾四朋 王生健 武 冰 王 凌 田麓莉
二等	采油企业基于数据信息深度挖掘的油水井管理	中国石油天然气股份有限公司华北油田分公司第五采油厂	严建奇 郭志强	王琳芳 周景昆 杨 兵 刘建平 史 威 刘军杰 古秋蓉 王建英 罗明江 李冬青
二等	通信企业基于横向融通和纵向贯穿的服务型数据管理	中国联合网络通信有限公司山东省分公司	霍海峰	柳尧杰 吕红梅 马国珣 罗淑环 董 锋 张 宁 林 明 孙玉梅 孙 琦 程 越

续表

等级	成果名称	申报单位	主要创造人	参与创造人
二等	区域勘察设计企业多元业务转型管理	湖南省交通规划勘察设计院	彭建国 胡建华	王跃明 刘义虎 罗宁 王维 彭立 许第慧 向建军 马慧 詹燕 邓勇
二等	能源企业提升市场竞争力的全产业链成本管理	中海石油气电集团有限责任公司	蒋鹏俊	韩广忠 金淑萍 苗玉军 龙希强
二等	通信企业适应移动互联网竞争的新媒体客服体系建设	信元公众信息发展有限责任公司	朱正武 叶利生	齐力焕 胡静余 赵涤尘 黄智敏 陈银星 荣蓉 赵铁山 赵玉栋
二等	供电企业以提高运营效率为目标的流动资产精益管理	国网四川省电力公司广安供电公司	何惧熊 谭书云	陈艾 张维华 张燕平 张绍军 张丹 朱莎 胡倩
二等	供电企业以价值创造为核心的 EVA 计算与评价体系建设	广东电网有限责任公司中山供电局	欧安杰 邓智明	黄超嫦 叶华艺 杨蓉 孙红岩 刘莉 刘义先 黄梅英 李国春
二等	家电配套企业基于流程优化的生产管理提升	四川长虹模塑科技有限公司	郑光清 李修平	靳卫卫 宋宏春 张生建 沈宏玲 潘秋华 杜旭东 杨红 巫江 周萍 邹佩良
二等	建设世界一流高速铁路桥梁的设计技术管理	中铁第四勘察设计院集团有限公司	姚汉文 谢维銮	王传素 全福海 文望青 严爱国 潘茂盛 陈勇 王德志 黄卫 张文侠 王建党
二等	工程公司海外雇员属地化管理	中国路桥工程有限责任公司	文岗 张建初	卢山 申展 王辉 张瑢 莫坤 李菲 刘英祥
二等	供电企业以青工为主体的多维人才培养	国网河南省电力公司安阳供电公司	陈红军 陈军	牛元立 李建国 常福顺 张亮 姬中勋 张飞 张楠 张志平
二等	传统煤炭企业打造能源综合解决服务商的转型升级	山东能源集团有限公司	卜昌森 王勇	李正明 朱昊 崔振浩 李会战
二等	水务企业提升城镇污水处理效率的运营管理	厦门水务中环污水处理有限公司	谢小青	胡彦田 黄珍艺 施君 彭育蓉 戴兰华 吴琪璞 郑琦琳 卢光辉 王鲁闽 张荣清
二等	煤炭企业以降本增效为目标的标杆管理	新汶矿业集团有限责任公司	张文 葛茂新	朱昊 王涛 张丽华 巩克朋 薛允华 张磊 谭永新 顾超
二等	航天企业定量化创新评价指标体系构建	中国运载火箭技术研究院	梁小虹 彭小波	宓佳 代坤 李天祥 钟培 蒋先旺 曾东 康磊晶 吕淮北 王颖昕 唐塞丽
二等	大型油气工程企业提升服务能力的“科研生产一体化”运作管理	中国石油集团川庆钻探工程有限公司地质勘探开发研究院	戴勇 彭景云	程绪彬 李香华 张森林 陈开明 吴大奎 欧阳诚 杜刚 李永健 李壮 徐剑良
二等	供电企业基于胜任力模型的少数民族员工双语培训管理	国网新疆电力公司	刘劲松 赵青山	温刚 贾涛 阎铁军 吾甫尔 武晓龙 汤新虎 冯蓓 开塞 阿曼古丽
二等	民营化纤企业基于物联网的节能减排管理	浙江红剑集团有限公司	周凤剑	朱金潮 徐少白 华伟芬 俞晓晶 俞生君
二等	造币企业以产品专业化为方向的印制专用机械生产流程再造	南京造币有限公司	史仲敏 陆慧峰	谈红卫 刘世洪 吴金平 田学龙 吴宝康 马维西 周国军 徐明亮 马瑛 薛国
二等	供电企业全流程客户满意度评价体系的构建与实施	国网福建省电力有限公司	张磊 王凌	陈卫中 熊益红 许志永 闫晓天 林女贵 叶强 黄婷 莫桑比 柯镇亭 吴国耀

续表

等 级	成果名称	申报单位	主要创造人	参与创造人
二等	医药企业提升综合竞争力的一体化战略性整合	广州医药集团有限公司	李楚源 陈 矛	黄巧华 黎月雯
二等	区域发电企业基于工程监理的监察审计	华电能源股份有限公司	霍 利 崔玉果	宁俊举 曹沛庆 于春湖 高 岩 孔祥增
二等	大型玻纤企业"增收、节支、降耗"项目制管理	巨石集团有限公司	张毓强	周森林 杨国明 曹国荣 陈纪明 廖信林 顾桂江
二等	分散式接入风电项目的开发建设和运行管理	华能定边新能源发电有限公司	张晓朝	丁 坤 董宇鹏 石祥宇 常 英 李洪旭 徐 峰 王 东 董兆民
二等	基于一体化成长战略的特色优质烟叶开发管理	中国烟草总公司安徽省公司	问 武	董建江 王新胜 邵伏文 王道支 王 辉 朱训伟 张 宁 汪海生 薛宝燕
二等	供电企业基于岗位能级量化的人力资源优化配置	国网湖北省电力公司	尹正民 侯 春	郑 港 刘秋萍 樊玉萍 谢海红 高 梅 李 近 张 健 陈 程
二等	奥运公园区域被拆迁人员安置体系建设	北京新奥集团有限公司	郭再斌 赵 劲	王晓伟 邓秀云 方 凯 那国强 暴 伟 高柳海 李子洪 张 华
二等	大型建筑企业项目施工成本管理优化	中石化第十建设有限公司	樊继贤	赵德源 董克学 赵厚安 曾兆伟 申建国 王任远 苏公良 李 群 李冬蕊
二等	以员工职业能力开发为核心的任职资格体系建设	陕西宝成航空仪表有限责任公司	龙 平 亓世英	王宏兵 邢 雷 魏 亮 苏文忠 张有翼 梁金奎 张金英 陈名垣 黄敏津 霍启亮
二等	供电企业基于GPS的车辆集约管理	国网青海省电力公司	祁太元 张智民	徐志峰 李增业 范新科 沈永林 张永进 石英慧 宋小兰
二等	高速公路建设运营企业提高员工素质的和谐劳动关系管理	北京市首都公路发展集团有限公司	张恒利 徐木通	谷 卫 王京竹 谢 宇
二等	以提高执行力为目标的制度管理长效机制建设	中国北车集团沈阳机车车辆有限责任公司	房志坚 孙英俊	于长胜 张 平 刘文俊 魏学刚 王翠华 刘宝斌 徐 健 王 飞
二等	与环境和谐共生的绿色工厂建设与管理	浙江中烟工业有限责任公司杭州卷烟厂	倪雄军	张思荣 汪炎平 楼卫东 黄卫忠 朱立明 喻允迅 叶文军 王荣文 郎春叶
二等	以提升供电可靠性为导向的区域智能电网建设	国网辽宁省电力有限公司大连供电公司	于晓辉 宋文峰	司 艳 李春平 杨万清 张葆刚 于 宙 王跃东 牛明珠 于 鹏 宫海峰 范 洁
二等	航修企业基于岗位胜任力的员工职业发展规划	中国人民解放军第五七二〇工厂	袁先明	刘和侠 邓阳春 张家华 丁 冬 徐艺辉
二等	煤炭企业的绿色矿山建设与管理	内蒙古平庄能源股份有限公司西露天煤矿	张 学 陈凤阳	张 志 杨向斌 赵 宏 徐晓惠 于清波 赵晓东 苗 国 贾相生 张相林 田 宇
二等	采油厂以源头消减和全程控制为主的清洁生产管理	中国石油辽河油田曙光采油厂	张 波 武俊宪	许林祥 柳庆新 许 艳 赵万君 尚 兵 韩 杰 刘晶洁 许 鑫 窦继红 于海娇
二等	供电企业基于云平台的社区服务管理	江苏省电力公司苏州供电公司	吴英姿	李敏蕾 文 锐 刘 珊 席 斌 韩克勤 马晓东 孙 洁 郭 健
二等	大型施工企业内部控制体系构建	中交第四公路工程局有限公司	赵 云	杨 毅 毛昌锋 张丽芬 姚 熙

续表

等级	成果名称	申报单位	主要创造人	参与创造人
二等	促进钢铁企业健康发展的廉洁文化建设	攀钢集团有限公司	胡乃民 李波	汤永祥 陈勇 付渝军 王阖 王化南 刘晗光 荣涛
二等	中小企业实现跨越式发展的市场开拓	息烽开磷塑料包装有限责任公司	丁兰琴 李开屏	彭维龙 邹玉蓉 涂华 常有娣 谢帅军 鲍雨 王朝晖 张天坤 乔占寿 周璇
二等	通信企业大数据驱动的营销管理变革	中国联合网络通信有限公司天津市分公司	韦海波 许德祥	吕瑞新 姚民 张晖 许剑 常亮 王天阳 滕悦 王彦峻 冯松 王健
二等	边远采油企业关爱员工管理	中国石油华北油田公司二连分公司	高贵民 孙学信	范志良 宝力道 薛继远 李栋 黄新本 常红 周会得 刘东 张萍 周洋
二等	传统服装批发市场适应行业变革的转型升级	广州白马服装市场有限公司	程九洲	张劲 黄秋权
二等	提高制造水平的节点管理	河南中烟工业有限责任公司漯河卷烟厂	吕飞 丁恒杰	牛社民 赵群发 李建勋 孟振伟 周冰 张国平 徐铭 谢英杰
二等	国有钢铁企业基于全员经营的组织变革	宁波宝新不锈钢有限公司	何汝迎	华丁生 路平 沈东 李杰 颜灵明 杨步明 柯可力 林炜 许云东 饶志雄
二等	以实现重大活动“四强三零”为目标的供电保障管理	江苏省电力公司南京供电公司	李作锋	姜宁 胡宏 沈培锋 杨建萍 甘海庆 汪超 汪自虎 常飞 刘政生 陈迪
二等	基于综合管理信息平台的“五化”管理	湖北中烟工业有限责任公司	倪华	戚新平 闵京 程晖 李洪涛 骆嵩 严胜强 卢永增 杨晖 吴小超 熊俊龙
二等	水电工程建设的生态环保管理	华能澜沧江水电有限公司乌弄龙·里底水电工程建设管理局	沈洁	段立新 邵国辉 毛华 杨壹 丁世华 葛晓飞
二等	成品油销售企业增强归属感的基层员工自主管理	中国石油化工股份有限公司浙江温州石油分公司	冯东明	李荣锋 杨昭桐 张慧琼 林晓彬 冯若曦
二等	航天企业多型号研制与批产交叉并行的生产管理	湖北三江航天江河化工科技有限公司	何宜丰 韩志远	李方朔 陈永钊 何前明 潘云武 曾楚宁 马良科 喻成山 冉真权
二等	以客户需求为牵引的供电服务管理	国网山东省电力公司淄博供电公司	李建鹏 胡朝贞	亓晓华 王先明 翟建 王强 季素云 孟成 李东 薛中洲
二等	钢铁企业提升价值创造能力的管理诊断	宝钢集团新疆八一钢铁有限公司	肖国栋 李兴隆	张云 唐珲娟 王玉红 邢晶 宁向军 王爱民 薛录雨 曹志刚 杜小文 肖新春
二等	省级供电企业继电保护业务集约管理	国网河北省电力公司	邢晨 赵自刚	赵春雷 曹树江 董彦军 孙利强 萧彦
二等	出租车企业适应员工分散流动特点的班组建设	重庆市出租汽车有限责任公司	刘忠 雷霆	熊劲 黄云 宁应洪 童樑
二等	以“三统一”为核心的港口引航调度管理	大连港引航站	王健	徐伟成 王晓伟 薛邦斌 赵英伟 姜玉 初开元
二等	县级供电企业基于智能电网的营配调管理优化	国网浙江宁波市鄞州区供电公司	葛军凯 王吉庆	王谊 李光军 吴设军 燕俞波 陈小平 郑坤力 周俊 俞沛宙 王超 袁丹
二等	交通建设项目业主主导的民工工资管理	江西赣粤高速公路股份有限公司	谭生光 刘木根	牛志明 刘水生 张伟联 孙福刚 唐志强

续表

等　级	成果名称	申报单位	主　要 创造人	参与创造人
二等	中小型仪器仪表企业基于产品细分的流程管理	秦川机床集团宝鸡仪表有限公司	陆　强	吴征团　谢五一　张　鑫　张桂玲 郝铭洁　王拴柱　杨亚平　崔建萍 冯　霞　张世杰
二等	提升效能的生产设备维护管理	江西中烟工业有限责任公司南昌卷烟厂	张胜健	华　刚　涂晓春　邹　炜　邱　宏 梁秀凤
二等	以住宅产业化为导向的国家级绿色康居示范小区开发建设	新疆华源实业(集团)有限公司	李　俊	彭　军　黄　磊　夏岚亭　齐保才 张洪涛　白云峰　李　洁　于　朋
二等	以岗位品牌为特色的岗位精细化管理	黄陵矿业集团有限责任公司	宋老虎 范京道	师永贵　梅方义　房云锋　卫庆华
二等	建筑施工企业以“超英精神”为核心的廉洁文化建设	中国建筑第五工程局有限公司	周　勇	江　森　肖运文　赵伯足　刘晓春
二等	港口物流企业提高战略执行力的精益管理	珠海港控股集团有限公司	欧辉生 梁学敏	杨廷安　李少汕　黄文峰　高春光 王　朔　陈泽敏
二等	民营科技型企业以市场为导向的创业管理	山东天海科技股份有限公司	刘立江 刘立河	华闻霞　刘建勇　刘建铭　周英晖 袁书宝　华建新　李　超　岳秀云 刘敬文　王　栋
二等	铜加工企业提高执行力的班组管理	中色奥博特铜铝业有限公司	刘占海 时玉华	王士杰　马云才　田秀山　张建华 陈　宾　赵艳秋
二等	以两化融合为导向的现代化采油厂建设	中国石油天然气股份有限公司长庆油田分公司第二采油厂	周志平 李永春	修利军　李科华　韩永林　潘宏文 赵江涛　喻良斌　袁中虎　卢延军 刘雅妮　周维东
二等	施工企业基于招标的劳务分包全过程管理	中交四公局第一工程有限公司	冷铁松	曹雪燕　毛选龙　孙晓娟　王浩然 付　研　张淑恩　毛昌锋　张丽芬 姚　熙
二等	军工企业以结构调整为中心的转型升级	内蒙古第一机械集团有限公司	白晓光 王　彤	赵　耀　李金奎　陈　谦　陈静宇 邢　凯　秦海军　李文华　杜畅畅 李　红　王　丽
二等	地方国企以快速发展为目标的资本运作管理	福建漳龙实业有限公司	庄文海	林春勉　张毅宾　潘培红　周泽辉 吴坤洪　张广宇　谢志平

资料来源：全国企业管理现代化创新成果审定委员会。

2014 年度中国企业十大新闻

一、中国企业十大新闻

序号	入选理由	序号	入选理由
1	习近平复信30位福建企业家，希望联合发展互利共赢	6	国企高管全面限薪
2	简政放权大大激发企业活力	7	中国南车北车合并
3	国企混合所有制改革备受关注	8	三一重工起诉奥巴马获胜
4	百家中国企业跻身2014世界500强	9	三家民营银行获准筹建
5	京东、阿里开启“电商海外上市年”	10	反垄断开出最大罚单

二、中国最具影响力国有企业

序号	企业名称	入选理由
1	中国石油化工集团公司	率先引入社会和民营资本实现混业经营的中央企业，集石油的勘探、开采、炼制、运输、销售和化工产品生产于一体的世界能源巨人
2	中国铁建股份有限公司	中国企业“走出去”领军者之一，获取海外多个国家和地区经营最高资质
3	中粮集团有限公司	拓展全球贸易网络稳固行业地位，国企改革“四项试点”的积极实践者
4	中国建筑材料集团有限公司	2014年“中国建材500强”状元，稳居全球建材企业“榜眼”位置
5	中国恒天集团有限公司	发展混合经济激发企业活力，纺织机械制造实力傲视群雄
6	中国中化集团公司	全球第二大贸易企业，国资委业绩考核中连续十年获评A级
7	中国航空工业集团公司	依托科技与管理的创新驱动战略，在“改革管理年”实现“双增长”
8	中国电力国际有限公司	电力行业改革创新的引领者，经营效益保持行业领先，国有资产保值增值成效显著
9	内蒙古伊利实业集团股份有限公司	跻身全球乳业10强，组建海外全球最大一体化乳业基地
10	北京首都农业集团有限公司	以本土市场和本地资源为基础编织横跨三个产业的国际价值链

三、中国最具影响力民营企业

序号	企业名称	入选理由
1	腾讯控股公司	跨界脚步势不可挡的中国互联网领军者
2	阿里巴巴集团公司	中国最大的网络公司，2014年在纽交所上市并创历史记录，成为年度“造富神话”
3	中国民生银行	中国银行业的“鲶鱼”和变革者，为打破银行业内同质化竞争做出卓越贡献
4	华为投资控股有限公司	百炼成钢的中国民族品牌，是中国大陆首进Interbrand top100榜单的企业公司
5	联想集团公司	全球个人电脑市场的领军企业，从谷歌成功收购摩托罗拉移动
6	苏宁云商集团股份有限公司	中国民企500强魁首，国内电商企业中首家取得国际快递业务经营许可的企业
7	绿地控股集团有限公司	世界十大高楼近半由其建造，中国首家以房地产为主业并跻身世界500强的企业集团
8	中国华信能源有限公司	异军突起的民营能源企业，首次跻身世界500强
9	东营方圆有色金属有限公司	集科工贸为一体的“中国企业创新力指数”样板企业
10	山东魏桥创业集团有限公司	中国棉化纤纺织加工业最具竞争力企业和世界上最大的棉纺织企业

四、2014 中国国有企业十大人物

序 号	姓 名	企业名称及职务	入选理由
1	傅成玉	中国石油化工集团公司董事长	老骥伏枥依然敢闯敢试,国企混合所有制改革的"领跑者"
2	姜建清	中国工商银行	2014 年度的全球 1000 家大银行排名榜单,蝉联榜首
3	宁高宁	中粮集团董事长	担任 APEC 工商咨询理事会主席,在"亚太舞台"展现中国企业家新形象
4	宋志平	中国建筑材料集团董事长	独创管理新模式为央企的市场化改革提供了新思路新样本
5	刘德树	中化集团公司董事长	广纳英才打造中国的 GE
6	张 杰	中国恒天集团董事长	不满足"纺机大王"称号,带领恒天杀进汽车制造领域
7	李小琳	中国电力国际有限公司党组书记、董事长	坚持"懂大势、不出事、知历史"的女掌门带领企业稳步前行
8	李国华	中国邮政储蓄银行股份有限公司董事长	布局深耕"三农"金融服务领域,自觉承担"普之城乡,惠之于民"社会责任
9	廉小强	福建省汽车工业集团有限公司董事长	花甲之年再担重任,加快完成福汽三大产业集群布局
10	吴吉林	中国石化胜利油田东辛采油厂采油高级技师	患癌 6 年发明 48 项创新成果获评全国十大"最美职工"

五、中国民营企业十大人物

序 号	姓 名	企业名称及职务	入选理由
1	任正非	华为投资控股有限公司	坚持"用乌龟精神追上龙飞船"使企业赢得国际声誉
2	马 云	阿里巴巴集团公司董事局主席	以"首善"成就"首富"
3	马化腾	腾讯控股有限公司董事会主席兼首席执行官	研发微信在移动互联网大潮中抢得先机
4	雷 军	小米公司董事长	让小米品牌席卷了亚洲移动市场,引领高性能数字通信设备"全球革命"
5	刘强东	京东集团创始人兼 CEO	成功登陆纳斯达克,大力倡导电子发票,财富与人气直线上升
6	王健林	大连万达集团股份有限公司董事长	成功收购欧美国家核心地段地标项目,完成万达在世界著名城市拥有 3 个在建五星级酒店项目的目标
7	杨元庆	联想集团公司董事长	薪水蝉联港股 CEO 之首被称为中国"打工皇帝"
8	臧建军	中国华信能源有限公司执行董事	以优秀传统文化培育出独具特色的商业模式,构建起覆盖全球的石化上下游一体化商业体系和产业体系
9	张根发	上海联孚新能源科技集团有限公司董事长	将太阳能光伏发电技术在国内首次成功应用于客车制造,助推中国新能源汽车实现弯道超车
10	赵志全	鲁南制药厂董事长	学者型企业家带领鲁南制药创造出中国医药业改革振兴奇迹

六、中国十大最具成长性企业

序 号	企业名称	入选理由
1	中国工艺(集团)公司	承继中华优秀文化,推进文化创新,扩大对外交流,打造"国"字号工艺美术文化和产品服务型央企
2	平安银行	打造"全产业链"式金融服务,与多方市场主体建立联盟,推动传统公司业务向电子化、互联网化的发展转型
3	中兴通讯股份有限公司	把握国内 4G 网络全面部署的商机,强化人口大国及全球主流运营商战略,显著提升盈利能力
4	浪潮集团有限公司	软硬件综合实力位居中国 IT 产业前两位,是中国四家特一级信息系统集成商之一,中国云计算、大数据的领导厂商
5	新松机器人自动化股份有限公司	用"机器人"生产"机器人",产品出口 13 个国家和地区,改写了中国机器人只有进口没有出口的历史

续表

序 号	企业名称	入选理由
6	深圳华大基因医学有限公司	被公认为是世界上测序和分析能力最强的3大基因组研究机构，颠覆传统实验室模式
7	顺丰速运（集团）有限公司	安全快速已经成为公司标签，强化传统网络接单方式的同时，也在移动端出击，力求覆盖智能手机用户群
8	南车株洲电力机车有限公司	在美、英、德、澳设立3个全球研发中心和3个专业化制造基地，产品行销30多个国家和地区，助推高铁时代的全球化
9	金龙汽车集团公司	拥有200多项客车专利技术，领衔了中国客车多次创举，努力打造全球客车标杆企业，中国客车行业领军者
10	九一金融信息服务（北京）有限公司	中国最大的互联网金融服务平台，“互联网金融”第一股

资料来源：中国企业联合会、中国企业家协会。

2014—2015 年度全国企业文化奖名单

一、2014—2015 年度全国企业文化建设突出贡献人物名单

（排名不分先后）

序号	姓名	单位及职务
1	陈进行	中国大唐集团公司董事长、党组书记
2	张丽丽	天津港（集团）有限公司董事长、党委书记
3	周海江	红豆集团有限公司党委书记、总裁
4	崔根良	亨通集团有限公司董事局主席
5	杨寿海	红太阳集团有限公司董事长、总裁
6	苏永强	沈阳鼓风机集团股份有限公司董事长
7	生柳荣	中国建设银行股份有限公司厦门市分行党委书记、行长
8	徐少春	金蝶软件（中国）有限公司首席执行官
9	洪　军	中国纸业投资有限公司党委书记
10	高德康	波司登股份有限公司董事长、总裁
11	屠红燕	万事利集团有限公司董事局主席
12	张雨良	开滦（集团）有限责任公司党委副书记
13	金　忆	郑州/漯河太古可口可乐饮料有限公司总经理
14	江宝全	南京金箔集团有限责任公司董事局主席
15	丁建波	中核建中核燃料元件有限公司总经理
16	田利民	中国移动通信集团吉林有限公司党组书记、董事长、总经理
17	林金本	福建省能源集团有限责任公司董事长
18	梁卓仁	中交第四航务工程局有限公司党委书记、董事长
19	王一林	中国银行股份有限公司海南省分行原行长
20	田克宁	莱芜钢铁集团有限公司董事长、党委书记、总经理
21	高树华	河北常山生化药业股份有限公司董事长
22	王晓峰	华能国际电力股份有限公司海门电厂厂长、总经理
23	田振勇	北京市首都公路发展集团有限公司京沈高速公路分公司经理
24	余少雄	深圳市奇信建设集团股份有限公司总裁
25	胡逸云	南阳宛运集团有限公司董事长、党委书记
26	秦玉峰	东阿阿胶股份有限公司党委书记、总裁
27	王守东	山东泰山钢铁集团有限公司董事局主席、党委书记
28	贺天才	山西晋城无烟煤矿业集团有限责任公司董事长、党委书记
29	于耀辉	中铁六局集团有限公司董事长、党委书记
30	段希刚	苏尼特金曦黄金矿业有限责任公司董事长、党委书记
31	陈凯旋	广州立白企业集团有限公司董事长、总裁
32	热迪力·阿布拉	新疆阿尔曼清真食品工业集团有限公司董事长、总裁

二、2014—2015 年度全国企业文化优秀案例企业名单

（排名不分先后）

序　号	单位名称	序　号	单位名称
1	中国冶金科工集团有限公司	14	贵州黎阳航空发动机(集团)有限公司
2	杭州娃哈哈集团有限公司	15	华能国际电力股份有限公司丹东电厂
3	中国建设银行股份有限公司安徽省分行	16	中国石油华北油田公司二连分公司
4	中国石油天然气股份有限公司辽河油田分公司	17	冀中能源股份有限公司邢东矿
5	北京牡丹电子集团有限责任公司	18	中铁渤海铁路轮渡有限责任公司
6	中国石化胜利油田	19	银川泰丰生物科技有限公司
7	中国普天信息产业股份有限公司	20	江苏黑松林粘合剂厂有限公司
8	开滦(集团)有限责任公司	21	中国石油长庆油田公司第二采油厂
9	西部矿业集团有限公司	22	晶科能源有限公司
10	苏宁云商集团股份有限公司	23	中国水利水电第八工程局有限公司
11	潍柴动力股份有限公司	24	济南铁路局济南机务段
12	交运集团公司	25	晋城蓝焰煤业股份有限公司成庄矿
13	中国移动通信集团陕西有限公司		

三、2014—2015 年度全国企业文化优秀成果名单

（排名不分先后）

序　号	单位名称	序　号	单位名称
1	鞍钢集团公司	22	华能国际电力股份有限公司福州电厂
2	中国建筑工程总公司	23	中国建设银行股份有限公司嘉峪关分行
3	新兴际华集团有限公司	24	中国石油天然气股份有限公司长庆油田分公司
4	中国电力建设集团有限公司	25	青海银行股份有限公司
5	大唐电信科技产业集团	26	中国人民解放军第四八零一工厂黄埔军械修理厂
6	首钢总公司	27	桂林福达集团有限公司
7	安徽江淮汽车集团有限公司	28	重庆银行股份有限公司
8	超威集团	29	燕京啤酒(桂林漓泉)股份有限公司
9	隆鑫控股有限公司	30	呼和浩特铁路局呼和浩特车站
10	深圳市地铁集团有限公司	31	河北冀凯实业集团有限公司
11	中国石油天然气股份有限公司吉林石化分公司	32	朔黄铁路发展有限责任公司
12	中铁十局集团有限公司	33	登封电厂集团有限公司
13	胜利油田森诺胜利工程有限公司	34	河南金源黄金矿业有限责任公司
14	滁州中联水泥有限公司	35	河南中烟工业有限责任公司洛阳卷烟厂
15	北京国家游泳中心有限责任公司	36	平高集团有限公司
16	北京建工集团有限责任公司	37	宁夏伊品生物科技股份有限公司
17	北京市首都公路发展集团有限公司	38	中国移动通信集团四川有限公司
18	中国公路工程咨询集团有限公司	39	成都华川公路建设集团有限公司
19	中国建设银行股份有限公司北京市分行	40	江苏新海发电有限公司
20	中铁置业集团有限公司	41	昌河飞机工业(集团)有限责任公司
21	中国华信能源有限公司	42	江西博能实业集团有限公司

续表

序 号	单位名称	序 号	单位名称
43	正邦集团有限公司	56	渤海钢铁集团有限公司
44	鞍钢民政企业公司	57	天津港物流发展有限公司
45	沈阳铁路信号有限责任公司	58	天津市管道工程集团有限公司
46	中铁大桥局集团有限公司	59	富润控股集团有限公司
47	华融湘江银行股份有限公司	60	杭州鸿雁电器有限公司
48	昆明铁路局	61	宏胜饮料集团有限公司
49	山东东华水泥有限公司	62	普天东方通信集团有限公司
50	中国石化胜利油田胜利采油厂	63	绍兴水处理发展有限公司
51	山西杏花村汾酒集团有限责任公司	64	浙江广天日月集团股份有限公司
52	陕西建工第五建设集团有限公司	65	中天发展控股集团有限公司
53	西安曲江文化产业投资(集团)有限公司	66	中冶赛迪集团有限公司
54	沪东中华造船(集团)有限公司	67	国网新疆电力公司乌鲁木齐供电公司
55	上海宝冶集团有限公司		

资料来源:中国企业联合会、中国企业家协会。

2014 年全球契约中国最佳实践结果名单

一、关注气候与环境保护最佳实践

序　号	企业名称	入选理由
1	中国石油化工股份有限公司	实施碧水蓝天计划,争做中国企业环保典范
2	国家电网公司	推进“两个替代”,构建全球能源互联网
3	中国港中旅集团公司	绿色发展的守护之星
4	中国工商银行股份有限公司	关注气候变化,推行绿色金融
5	中国大唐集团公司	以“三个优化”助力生态文明建设
6	中国五矿集团公司	治理历史遗留隐患,实现绿色清洁发展
7	宝钢集团有限公司	建设绿色矿山,践行社会责任
8	中国联合网络通信有限公司	建立节能降耗全过程管理体系,实现绿色运营
9	华为技术有限公司	绿色供应链节能减排项目

二、社会责任管理与报告最佳实践

序　号	企业名称	入选理由
1	海航集团有限公司	以“慈爱、诚”为导向,全面履行社会责任
2	中国海洋石油总公司	以报告促交流,与利益相关方共同筑梦碧海蓝天
3	中国华电集团公司	不断创新和丰富社会责任报告形式与内容
4	欧莱雅(中国)有限公司	以报告为媒,与利益相关方共同推进可持续发展

三、劳动用工与权益保护最佳实践

序　号	企业名称	入选理由
1	中国铝业公司	吸收农民工进“家”,维护农民工利益
2	太原钢铁(集团)有限公司	倾力维护员工权益,努力构建和谐企业
3	中材建设有限公司	积极实施“本土化”用工,大力推进“走出去”战略
4	西藏奇正藏药股份有限公司	把企业打造成培养人才的学校

四、促进社会发展与合作最佳实践

序　号	企业名称	入选理由
1	中国中化集团公司	关注当地民生,深耕非洲沃土
2	中国华能集团公司	以文化融合助推海外项目可持续发展
3	中国移动通信集团公司	“蓝色梦想”教育捐助计划点亮未来
4	巴斯夫(中国)有限公司	携手社会伙伴,共同打造责任价值链
5	雀巢(中国)有限公司	共享社会价值,促进奶牛养殖业可持续发展
6	中国民生银行	建设民生艺术体系,助力文化公益发展
7	天创数码集团	推进技术创新,助力教育事业
8	金东纸业(江苏)股份有限公司	敦亲睦邻、全员热心公益事业

资料来源:全球契约中国网络。

2014 中国 100 大跨国公司及跨国指数

序号	公司名称	地 区	海外资产（万元）	资产总额（万元）	海外收入（万元）	营业收入（万元）	海外员工数（人）	员工人数（人）	跨国指数（%）
1	中国石油天然气集团公司	北 京	89 639 040	375 735 986	138 978 082	275 030 341	121 116	1 602 898	27.26
2	中国石油化工集团公司	北 京	80 576 376	213 692 292	94 540 876	294 507 498	51 306	961 703	25.05
3	中国海洋石油总公司	北 京	46 039 729	104 165 019	29 317 874	59 007 283	10 626	108 646	34.56
4	中国中信集团有限公司	北 京	32 810 691	429 967 747	6 888 659	37 508 844	59 961	176 175	20.01
5	中国中化集团公司	北 京	23 855 877	31 777 903	38 174 071	46 690 480	9 475	49 307	58.68
6	中国远洋运输(集团)总公司	北 京	18 496 257	34 184 011	11 911 531	16 481 142	4 738	74 312	44.25
7	中国铝业公司	北 京	16 714 846	46 628 512	1 232 526	27 941 915	927	175 602	13.60
8	中国五矿集团公司	北 京	9 580 951	29 407 790	9 830 007	41 465 041	10 536	118 030	21.74
9	中国保利集团公司	北 京	9 025 262	45 533 119	2 576 504	13 180 074	8 320	45 688	19.19
10	浙江吉利控股集团有限公司	浙 江	8 239 571	12 616 175	12 804 879	15 842 925	23 579	41 579	67.61
11	中国建筑股份有限公司	北 京	8 029 555	78 382 109	4 305 498	68 104 799	16 124	216 824	8.00
12	中国交通建设集团有限公司	北 京	7 837 028	53 837 946	5 426 208	33 576 370	5 187	110 140	11.81
13	中国化工集团公司	北 京	7 637 401	27 251 067	7 361 126	24 403 620	8 679	110 005	22.03
14	中国电力建设集团有限公司	北 京	7 088 418	35 083 008	5 921 629	22 630 455	31 475	202 850	20.63
15	中国海运(集团)总公司	上 海	7 005 842	17 646 847	2 648 071	6 826 053	2 248	44 462	27.85
16	中国兵器工业集团公司	北 京	6 991 454	29 843 431	11 468 566	38 525 437	7 294	258 186	18.68
17	中国兵器装备集团公司	北 京	6 892 749	31 180 906	11 013 906	36 175 535	2 836	242 430	17.91
18	海航集团有限公司	海 南	6 704 848	41 022 413	1 198 901	11 556 538	6 767	108 416	10.98
19	中国联合网络通信集团有限公司	北 京	6 388 321	57 347 240	169 240	30 470 065	300	288 679	3.93
20	兖矿集团有限公司	山 东	5 814 087	18 457 404	1 062 346	10 133 163	1 148	88 973	14.42
21	中国航空工业集团公司	北 京	5 637 593	68 501 391	3 391 510	34 941 074	15 088	513 554	6.96
22	宝钢集团有限公司	上 海	5 562 206	51 946 195	8 255 448	30 310 026	728	137 546	12.83
23	国家电网公司	北 京	5 345 381	257 007 115	267 532	204 980 014	1 852	885 766	0.81
24	中国华能集团公司	北 京	4 988 842	85 521 906	1 603 984	29 316 330	491	138 651	3.88
25	中国铁道建筑总公司	北 京	4 098 941	56 398 838	2 171 735	58 869 123	5 268	297 239	4.24
26	中兴通讯股份有限公司	广 东	3 904 681	10 007 950	3 955 582	7 523 372	7 883	69 093	34.34
27	中粮集团有限公司	北 京	3 628 875	28 433 268	—	—	45 330	107 271	18.34
28	中国中铁股份有限公司	北 京	3 618 075	62 820 053	2 227 243	56 044 417	6 073	289 547	3.94
29	中国冶金科工集团有限公司	北 京	3 587 389	33 246 212	1 191 354	20 718 777	7 132	132 613	7.31
30	大连万达集团股份有限公司	辽 宁	3 498 153	39 715 359	1 854 849	18 664 000	22 854	99 752	13.89
31	TCL 集团股份有限公司	广 东	3 343 630	7 808 064	3 537 145	8 532 409	1 424	73 809	28.74
32	中国电子信息产业集团有限公司	北 京	3 158 589	18 021 175	8 196 444	19 378 465	9 609	124 304	22.52
33	中国外运长航集团有限公司	北 京	3 048 533	10 741 082	1 009 084	9 674 900	890	69 102	13.37
34	中国有色矿业集团有限公司	北 京	2 823 429	11 264 107	3 097 349	19 000 889	9 370	56 799	19.29
35	金川集团股份有限公司	甘 肃	2 781 093	13 597 564	2 301 374	18 484 269	2 355	34 785	13.22
36	中国航空集团公司	北 京	2 759 217	21 613 366	3 691 080	9 981 399	2 342	75 763	17.61

续表

序号	公司名称	地　区	海外资产（万元）	资产总额（万元）	海外收入（万元）	营业收入（万元）	海外员工数（人）	员工人数（人）	跨国指数（%）
37	武汉钢铁（集团）公司	湖　北	2 499 083	23 994 208	3 086 164	22 704 781	1 725	111 318	8.52
38	中国移动通信集团公司	北　京	2 489 153	140 458 151	472 273	66 186 053	4 339	233 052	1.45
39	中联重科股份有限公司	湖　南	2 433 003	8 953 715	278 689	7 575 583	1 056	27 028	11.59
40	首钢总公司	北　京	2 284 797	39 177 705	3 311 157	21 084 265	2 064	117 180	7.76
41	紫金矿业集团股份有限公司	福　建	2 235 237	6 689 839	210 325	4 977 151	3 818	27 240	17.22
42	光明食品（集团）有限公司	上　海	2 182 147	27 624 160	1 041 674	15 938 217	2 828	111 780	5.66
43	中国诚通控股集团有限公司	北　京	1 803 387	7 719 780	992 318	7 740 561	310	25 894	12.46
44	中国通用技术（集团）控股有限责任公司	北　京	1 788 889	11 407 849	1 022 024	15 802 681	674	42 020	7.92
45	广东粤海控股有限公司	广　东	1 631 325	7 806 550	49 366	1 529 654	534	10 813	9.69
46	神华集团有限责任公司	北　京	1 625 893	88 265 652	775 693	36 781 691	275	208 658	1.36
47	中国港中旅集团公司	北　京	1 387 529	7 107 025	504 323	5 770 758	3 032	43 655	11.74
48	中国大唐集团公司	北　京	1 350 498	69 799 733	413 004	19 029 227	693	1 027 777	1.39
49	海信集团有限公司	山　东	1 279 368	8 500 823	1 538 038	9 324 355	489	52 418	10.82
50	青建集团股份有限公司	山　东	1 270 388	3 039 294	975 257	4 577 476	1 127	11 397	24.33
51	中国黄金集团公司	北　京	1 238 827	7 473 526	193 073	11 140 672	1 557	50 432	7.13
52	中国能源建设集团有限公司	北　京	1 213 893	18 722 407	1 495 543	15 843 876	6 763	170 056	6.63
53	潍柴动力股份有限公司	山　东	1 167 878	7 852 181	232 164	9 089 544	1 592	44 327	7.00
54	广东省广晟资产经营有限公司	广　东	1 164 352	8 804 942	1 094 026	4 016 542	1 378	38 421	14.68
55	江苏沙钢集团有限公司	江　苏	1 153 658	16 665 667	1 371 522	22 807 761	587	40 797	4.79
56	中国华电集团公司	北　京	1 152 950	65 338 998	100 656	20 012 285	786	115 000	0.98
57	中国电力投资集团公司	北　京	1 152 818	61 804 674	21 100	19 101 050	475	126 154	0.79
58	万向集团公司	浙　江	1 090 319	6 576 749	1 717 486	11 861 050	12 725	26 358	26.45
59	中国电信集团公司	北　京	1 064 737	67 394 021	535 271	38 148 967	3 028	414 673	1.24
60	中国机械工业集团有限公司	北　京	990 052	23 460 378	3 508 475	24 236 099	1 077	119 523	6.53
61	中国东方电气集团有限公司	四　川	936 883	9 274 065	1 145 704	4 545 393	300	28 116	12.13
62	山东如意科技集团有限公司	山　东	915 490	2 104 093	1 828 550	3 890 528	5 519	24 231	37.76
63	广东省广新控股集团有限公司	广　东	887 273	3 799 452	1 203 309	6 906 822	5 861	24 409	21.59
64	美的集团股份有限公司	广　东	808 488	9 694 602	4 508 302	12 126 518	4 569	109 085	16.57
65	中国中纺集团公司	北　京	799 846	2 683 949	1 858 047	4 678 239	3 559	21 686	28.64
66	中国建筑材料集团有限公司	北　京	793 248	36 441 569	1 804 294	25 225 679	1 662	179 421	3.42
67	北京汽车集团有限公司	北　京	757 232	18 290 576	546 665	26 638 445	2 861	99 533	3.02
68	白银有色集团股份有限公司	甘　肃	738 232	3 510 713	236 023	3 416 733	7 174	16 725	23.61
69	上海汽车集团股份有限公司	上　海	681 311	37 364 074	111 035	56 580 701	665	91 870	0.91
70	渤海钢铁集团有限公司	天　津	649 791	23 416 984	1 556 582	22 008 633	291	68 407	3.42
71	四川长虹电子集团有限公司	四　川	616 077	7 166 906	1 002 609	9 156 167	744	72 071	6.86
72	云南建工集团有限公司	云　南	610 417	4 290 937	135 834	4 017 477	311	19 263	6.41
73	中国大连国际经济技术合作集团有限公司	辽　宁	604 533	1 041 902	191 320	389 279	1 023	2 238	50.96

续表

序号	公司名称	地 区	海外资产（万元）	资产总额（万元）	海外收入（万元）	营业收入（万元）	海外员工数（人）	员工人数（人）	跨国指数（%）
74	卧龙控股集团有限公司	浙 江	579 563	1 850 367	830 877	1 916 811	4 010	10 136	38.08
75	北京建工集团有限责任公司	北 京	562 615	4 504 526	478 653	3 386 659	618	19 094	9.95
76	徐州工程机械集团有限公司	江 苏	556 151	8 048 644	1 131 050	9 302 287	2 840	26 401	9.94
77	铜陵有色金属集团控股有限公司	安 徽	535 896	6 934 000	20 520	12 222 433	897	28 764	3.67
78	金龙精密铜管集团股份有限公司	河 南	529 770	1 762 973	949 936	3 354 200	476	4 716	22.82
79	中国恒天集团有限公司	北 京	526 476	5 810 889	759 301	4 515 436	6 790	58 021	12.53
80	北大方正集团有限公司	北 京	522 746	9 317 763	148 714	6 757 118	243	32 478	2.85
81	国家开发投资公司	北 京	468 443	34 182 038	273 519	9 864 838	10 103	88 263	5.20
82	山东钢铁集团有限公司	山 东	450 038	18 452 314	448 300	12 073 814	338	87 281	2.18
83	深圳市中金岭南有色金属股份有限公司	广 东	432 356	1 444 966	783 356	2 116 195	1 045	10 502	25.63
84	浙江龙盛控股有限公司	浙 江	394 485	2 159 981	651 106	2 510 021	2 195	10 053	22.01
85	黑龙江北大荒农垦集团总公司	黑龙江	387 288	16 908 630	2 899 490	13 039 311	448	575 608	8.20
86	中国中材集团有限公司	北 京	366 469	11 158 126	1 594 060	7 370 806	32 590	79 030	22.05
87	沈阳远大企业集团	辽 宁	330 143	1 932 636	263 892	2 110 336	405	14 225	10.81
88	天津聚龙嘉华投资集团有限公司	天 津	328 992	720 310	26 979	1 510 242	5 745	7 160	42.57
89	陕西有色金属控股集团有限责任公司	陕 西	318 760	11 308 612	202 087	9 637 762	213	44 940	1.80
90	雅戈尔集团股份有限公司	浙 江	307 053	6 208 839	289 981	5 325 026	15 036	46 029	14.36
91	宁波均胜投资集团有限公司	浙 江	302 297	837 640	429 116	662 038	3 533	6 352	52.18
92	中国南车集团公司	北 京	289 438	12 821 215	664 382	10 042 432	486	91 515	3.14
93	重庆轻纺控股(集团)公司	重 庆	284 816	2 977 179	320 421	2 534 509	5 171	28 498	13.45
94	云天化集团有限责任公司	云 南	276 558	9 221 865	1 161 789	6 355 541	764	38 352	7.76
95	北京京城机电控股有限责任公司	北 京	245 965	3 618 926	185 806	2 089 790	1 383	23 219	7.22
96	中国江苏国际经济技术合作集团有限公司	江 苏	236 349	1 776 803	167 547	1 396 943	6 061	7 973	33.77
97	中国航天科工集团公司	北 京	234 137	17 882 218	220 799	14 230 137	1 695	135 984	1.37
98	重庆对外经贸(集团)有限公司	重 庆	234 032	1 335 983	357 154	1 271 361	434	41 338	15.55
99	宁波申洲针织有限公司	浙 江	215 215	1 131 727	505 649	1 004 722	9 742	57 100	28.80
100	广西柳工集团有限公司	广 西	210 000	3 132 888	330 000	1 610 379	1 869	19 799	12.21
合计			**524 727 983**	**3 581 564 477**	**500 744 592**	**2 400 449 102**	**723 932**	**13 676 356**	**13.60**

资料来源：中国企业联合会、中国企业家协会。

2014 中国企业 500 强名单

2013 名次	2014 名次	企业名称	所在地	营业收入（万元）	利 润（万元）	资 产（万元）	所有者权益（万元）	从业人数（人）
1	1	中国石油化工集团公司	北 京	294 507 498	5 491 780	213 692 292	70 599 722	961 703
2	2	中国石油天然气集团公司	北 京	275 930 341	11 377 507	375 735 986	178 753 100	1 602 898
3	3	国家电网公司	北 京	204 980 014	4 908 187	257 007 115	107 742 921	885 766
4	4	中国工商银行股份有限公司	北 京	92 563 700	26 264 900	1891 775 200	127 413 400	441 902
5	5	中国建设银行股份有限公司	北 京	77 099 800	21 465 700	1536 321 000	106 595 100	368 410
6	6	中国农业银行股份有限公司	北 京	70 633 300	16 631 500	1456 210 200	84 310 800	478 980
9	7	中国建筑股份有限公司	北 京	68 104 799	2 039 851	78 382 109	11 803 675	216 824
8	8	中国移动通信集团公司	北 京	66 186 053	5 655 285	140 458 151	78 791 256	233 052
7	9	中国银行股份有限公司	北 京	64 941 100	15 691 100	1387 429 900	92 391 600	305 675
10	10	中国海洋石油总公司	北 京	59 007 283	4 734 832	104 165 019	41 142 743	108 646
11	11	中国铁道建筑总公司	北 京	58 869 123	606 558	56 398 838	5 050 836	297 239
13	12	上海汽车集团股份有限公司	上 海	56 580 701	2 480 363	37 364 074	13 775 724	91 870
12	13	中国中铁股份有限公司	北 京	56 044 417	937 463	62 820 053	8 663 345	289 547
14	14	中国人寿保险(集团)公司	北 京	49 746 478	365 675	240 711 807	4 228 332	146 002
15	15	中国中化集团公司	北 京	46 690 480	464 255	31 777 903	6 781 379	49 307
17	16	中国第一汽车集团公司	吉 林	46 116 614	2 006 573	30 129 536	11 581 442	91 646
18	17	东风汽车公司	湖 北	45 503 340	890 548	29 529 385	5 368 535	184 635
16	18	中国南方电网有限责任公司	广 东	44 697 219	814 999	58 424 791	19 859 545	309 114
	19	国家开发银行	北 京	43 895 400	7 958 400	818 795 300	55 920 600	8 468
22	20	中国平安保险(集团)股份有限公司	广 东	41 547 100	2 815 400	336 031 200	18 270 900	—
25	21	中国五矿集团公司	北 京	41 465 041	247 138	29 407 790	3 747 681	118 030
24	22	华润股份有限公司	广 东	40 554 765	1 294 146	84 903 230	12 200 333	442 861
19	23	中国兵器工业集团公司	北 京	38 525 437	439 935	29 843 431	7 812 536	258 186
23	24	中国电信集团公司	北 京	38 148 967	956 648	67 394 021	36 380 056	414 673
20	25	中国中信集团有限公司	北 京	37 508 844	3 783 894	429 967 747	27 190 977	176 175
21	26	神华集团有限责任公司	北 京	36 781 691	3 652 206	88 265 652	33 040 698	208 658
	27	太平洋建设集团有限公司	江 苏	36 658 252	1 704 736	18 254 910	7 989 124	287 816
26	28	中国邮政集团公司	北 京	36 253 897	2 530 018	574 732 340	19 154 275	954 419
27	29	中国兵器装备集团公司	北 京	36 175 535	13 867	31 180 906	4 240 505	242 430
28	30	中国航空工业集团公司	北 京	34 941 074	458 949	68 501 391	14 544 906	513 554
51	31	天津物产集团有限公司	天 津	33 793 983	161 240	11 478 382	1 240 311	18 452
29	32	中国交通建设集团有限公司	北 京	33 576 370	821 276	53 837 946	7 056 917	110 140
33	33	中国人民保险集团股份有限公司	北 京	30 473 800	812 100	75 531 900	7 157 500	514 228
34	34	中国联合网络通信集团有限公司	北 京	30 470 065	448 849	57 347 240	16 034 657	288 679
30	35	宝钢集团有限公司	上 海	30 310 026	568 710	51 946 195	22 665 163	137 546
32	36	交通银行股份有限公司	上 海	29 650 594	6 229 508	596 093 674	41 956 118	97 210

续表

2013名次	2014名次	企业名称	所在地	营业收入（万元）	利 润（万元）	资 产（万元）	所有者权益（万元）	从业人数（人）
31	37	中国华能集团公司	北 京	29 316 330	262 296	85 521 906	4 152 326	138 651
39	38	苏宁控股集团	江 苏	27 981 265	31 414	16 167 894	2 879 547	180 000
36	39	中国铝业公司	北 京	27 941 915	-702 675	46 628 512	1 508 101	175 602
50	40	北京汽车集团有限公司	北 京	26 638 445	567 108	18 290 576	3 492 001	99 533
46	41	中国建筑材料集团有限公司	北 京	25 225 679	267 625	36 441 569	2 181 699	179 421
55	42	绿地控股集团有限公司	上 海	25 218 186	818 511	36 767 814	3 293 774	5 900
35	43	河北钢铁集团有限公司	河 北	25 103 530	-84 967	32 840 956	5 228 432	125 708
53	44	中国化工集团公司	北 京	24 403 620	-85 722	27 251 067	2 008 852	110 005
42	45	联想控股股份有限公司	北 京	24 403 077	207 772	20 701 663	1 984 148	60 796
48	46	中国机械工业集团有限公司	北 京	24 236 099	153 345	23 460 378	4 184 368	119 523
60	47	山东魏桥创业集团有限公司	山 东	24 138 650	678 104	12 692 231	5 274 943	132 091
44	48	华为技术有限公司	广 东	23 902 500	2 091 900	23 153 200	8 620 700	150 000
65	49	山西焦煤集团有限责任公司	山 西	23 608 769	45 903	22 757 956	2 091 447	235 338
59	50	正威国际集团有限公司	广 东	23 382 562	512 350	10 378 051	4 837 405	16 720
41	51	中国国电集团公司	北 京	22 998 856	351 233	78 602 736	4 258 114	139 886
43	52	冀中能源集团有限责任公司	河 北	22 990 319	-156 640	16 102 056	1 880 881	99 469
57	53	山东能源集团有限公司	山 东	22 972 301	137 081	22 561 589	4 987 990	233 072
45	54	江苏沙钢集团有限公司	江 苏	22 807 761	106 319	16 665 667	3 205 331	40 797
62	55	晋能有限责任公司	山 西	22 801 762	-1 464	18 350 940	3 513 511	112 957
49	56	武汉钢铁(集团)公司	湖 北	22 704 781	7 495	23 994 208	4 950 444	111 318
52	57	中国电力建设集团有限公司	北 京	22 630 455	512 065	35 083 008	4 485 377	202 850
37	58	中国航空油料集团公司	北 京	22 581 763	93 866	3 896 940	940 152	10 443
107	59	渤海钢铁集团有限公司	天 津	22 008 633	39 528	23 416 984	4 074 587	68 407
66	60	河南能源化工集团有限责任公司	河 南	21 987 835	-228 799	26 945 513	2 470 310	242 786
70	61	中国民生银行股份有限公司	北 京	21 811 200	4 227 800	322 621 000	19 771 200	54 927
75	62	兴业银行股份有限公司	福 建	21 401 800	4 121 100	367 743 500	19 976 900	47 841
56	63	浙江省物产集团公司	浙 江	21 212 481	36 385	6 534 501	613 580	18 608
47	64	首钢总公司	北 京	21 084 265	-88 628	39 177 705	8 586 450	117 180
	65	中国华信能源有限公司	上 海	20 998 533	212 404	3 954 200	1 504 336	20 000
72	66	招商银行股份有限公司	广 东	20 936 700	5 197 789	401 639 900	26 546 500	68 078
40	67	中国冶金科工集团有限公司	北 京	20 718 777	-463 836	33 246 212	1 697 435	132 613
80	68	中国医药集团总公司	北 京	20 456 769	211 391	16 833 401	2 768 439	82 766
67	69	新兴际华集团有限公司	北 京	20 160 541	237 208	10 222 386	2 342 019	69 649
87	70	广州汽车工业集团有限公司	广 东	20 151 834	127 843	14 923 925	1 899 009	53 965
61	71	中国华电集团公司	北 京	20 012 285	492 284	65 338 998	3 820 936	115 000
78	72	大同煤矿集团有限责任公司	山 西	19 928 050	-164 304	19 137 287	2 450 746	160 660
77	73	山西潞安矿业(集团)有限责任公司	山 西	19 879 287	-112 051	15 230 275	1 603 522	100 205
71	74	江西铜业集团公司	江 西	19 452 404	57 039	11 124 265	2 030 663	28 334
63	75	中国电子信息产业集团有限公司	北 京	19 378 465	173 529	18 021 175	2 114 232	124 304
83	76	上海浦东发展银行股份有限公司	上 海	19 331 100	4 092 200	368 012 500	20 437 500	38 976
76	77	中国太平洋保险(集团)股份有限公司	上 海	19 313 700	926 100	72 353 300	9 896 800	86 893

续表

2013名次	2014名次	企业名称	所在地	营业收入（万元）	利 润（万元）	资 产（万元）	所有者权益（万元）	从业人数（人）
79	78	山西晋城无烟煤矿业集团有限责任公司	山 西	19 259 494	104 245	21 431 586	4 315 788	164 692
68	79	阳泉煤业(集团)有限责任公司	山 西	19 179 052	−23 707	15 985 943	1 534 821	150 469
69	80	中国电力投资集团公司	北 京	19 101 050	286 345	61 804 674	4 116 144	126 154
73	81	开滦(集团)有限责任公司	河 北	19 098 788	−16 303	6 980 807	1 245 202	64 338
58	82	中国大唐集团公司	北 京	19 029 227	122 449	69 799 733	2 239 719	1 027 777
86	83	中国有色矿业集团有限公司	北 京	19 000 889	−41 739	11 264 107	843 305	56 799
54	84	中粮集团有限公司	北 京	18 905 157	25 580	28 433 268	5 575 748	107 271
74	85	中国船舶重工集团公司	北 京	18 739 660	712 196	37 102 724	9 269 192	164 000
90	86	天津中环电子信息集团有限公司	天 津	18 691 929	655 655	7 180 885	3 205 227	75 216
91	87	大连万达集团股份有限公司	辽 宁	18 664 000	839 775	39 715 359	2 202 393	99 752
82	88	陕西延长石油(集团)有限责任公司	陕 西	18 654 820	971 886	24 052 690	8 547 091	143 674
88	89	金川集团股份有限公司	甘 肃	18 484 269	60 025	13 597 564	4 070 551	34 785
81	90	海尔集团公司	山 东	18 029 936	883 309	17 920 763	3 989 080	73 451
38	91	中国铁路物资股份有限公司	北 京	16 693 891	−772 107	7 431 781	46 710	11 266
64	92	中国远洋运输(集团)总公司	北 京	16 481 142	−229 456	34 184 011	9 766 620	74 312
84	93	百联集团有限公司	上 海	16 391 646	61 116	8 135 575	1 271 153	—
95	94	光明食品(集团)有限公司	上 海	15 938 217	196 050	27 624 160	2 689 704	111 780
94	95	中国能源建设集团有限公司	北 京	15 843 876	157 630	18 722 407	2 148 354	170 056
85	96	浙江吉利控股集团有限公司	浙 江	15 842 925	72 639	12 616 175	1 214 777	41 579
92	97	中国通用技术(集团)控股有限责任公司	北 京	15 802 681	274 625	11 407 849	3 033 363	42 020
89	98	鞍钢集团公司	辽 宁	15 512 764	−634 133	28 458 231	6 633 966	192 500
99	99	陕西煤业化工集团有限责任公司	陕 西	15 077 824	−368 762	34 848 650	2 739 319	132 689
97	100	大商集团有限公司	辽 宁	15 041 856	193 659	2 247 333	625 722	218 858
96	101	中国农业发展银行	北 京	14 887 326	1 413 662	262 268 311	6 393 269	52 136
93	102	太原钢铁(集团)有限公司	山 西	14 604 034	41 295	12 696 488	3 001 823	38 116
	103	中国航天科工集团公司	北 京	14 230 137	685 934	17 882 218	6 549 589	135 984
98	104	中国平煤神马能源化工集团有限责任公司	河 南	14 008 232	−92 310	12 796 407	1 627 399	158 852
136	105	恒力集团有限公司	江 苏	13 534 917	295 583	6 335 392	2 136 565	61 120
103	106	中国光大银行股份有限公司	北 京	13 533 600	2 671 500	241 508 600	15 283 900	36 290
100	107	国美电器有限公司	北 京	13 334 000	199 000	5 027 100	1 635 600	56 202
124	108	中国保利集团公司	北 京	13 180 074	636 410	45 533 119	3 877 051	45 688
104	109	黑龙江北大荒农垦集团总公司	黑龙江	13 039 311	13 994	16 908 630	2 005 252	575 608
112	110	雨润控股集团有限公司	江 苏	12 997 856	247 189	9 922 872	1 971 851	130 000
101	111	新华人寿保险股份有限公司	北 京	12 959 400	442 200	56 584 900	3 931 200	55 262
109	112	华晨汽车集团控股有限公司	辽 宁	12 802 170	45 163	9 294 529	460 224	47 762
106	113	山西煤炭进出口集团有限公司	山 西	12 726 860	25 660	7 161 586	1 250 940	15 821
116	114	酒泉钢铁(集团)有限责任公司	甘 肃	12 234 323	86 761	12 632 913	2 930 584	36 863
111	115	铜陵有色金属集团控股有限公司	安 徽	12 222 433	36 303	6 934 000	1 067 746	28 764
114	116	美的集团股份有限公司	广 东	12 126 518	531 746	9 694 602	3 284 743	109 085
102	117	山东钢铁集团有限公司	山 东	12 073 814	−299 343	18 452 314	1 624 435	87 281
123	118	珠海格力电器股份有限公司	广 东	12 004 307	1 087 067	13 370 210	3 548 281	72 150

续表

2013名次	2014名次	企业名称	所在地	营业收入（万元）	利 润（万元）	资 产（万元）	所有者权益（万元）	从业人数（人）
125	119	万向集团公司	浙 江	11 861 050	85 793	6 576 749	1 607 307	26 358
108	120	海航集团有限公司	海 南	11 556 538	100 672	41 022 413	2 123 821	108 416
120	121	中国黄金集团公司	北 京	11 140 672	64 963	7 473 526	1 272 610	50 432
118	122	上海烟草集团有限责任公司	上 海	11 124 666	1 814 547	13 008 474	11 010 658	16 280
121	123	本钢集团有限公司	辽 宁	11 027 227	-6 671	14 151 221	3 673 299	81 542
	124	广东物资集团公司	广 东	10 927 656	12 547	3 115 633	629 351	9 129
142	125	新疆广汇实业投资(集团)有限责任公司	新 疆	10 923 638	327 840	12 539 908	2 150 881	66 841
105	126	中国中煤能源集团有限公司	北 京	10 747 952	137 827	28 000 623	6 290 449	110 210
163	127	中天钢铁集团有限公司	江 苏	10 509 107	45 112	4 717 852	1 344 786	15 846
127	128	厦门建发集团有限公司	福 建	10 466 368	187 721	9 732 636	1 201 798	15 737
131	129	杭州钢铁集团公司	浙 江	10 373 586	67 184	4 465 914	1 247 406	14 694
137	130	上海建工集团股份有限公司	上 海	10 203 605	161 809	9 558 973	1 297 354	27 221
122	131	兖矿集团有限公司	山 东	10 133 163	-437 968	18 457 404	1 236 048	88 973
135	132	江苏悦达集团有限公司	江 苏	10 122 154	44 193	7 025 436	744 668	31 017
151	133	海亮集团有限公司	浙 江	10 043 837	143 378	4 950 982	1 186 010	12 569
129	134	中国南车集团公司	北 京	10 042 432	216 059	12 821 215	2 157 389	91 515
117	135	中国航空集团公司	北 京	9 981 399	160 758	21 613 366	3 470 299	75 763
115	136	中国南方航空集团公司	广 东	9 941 148	123 243	17 422 749	1 889 529	73 660
139	137	国家开发投资公司	北 京	9 864 838	379 601	34 182 038	5 553 000	88 263
130	138	中国北方机车车辆工业集团公司	北 京	9 856 012	276 430	12 815 983	2 740 546	85 064
185	139	广东振戎能源有限公司	广 东	9 783 531	27 576	3 991 042	75 238	717
110	140	中国外运长航集团有限公司	北 京	9 674 900	-755 473	10 741 082	2 805 212	69 102
132	141	红塔烟草(集团)有限责任公司	云 南	9 639 634	755 002	11 358 365	7 353 456	24 432
138	142	陕西有色金属控股集团有限责任公司	陕 西	9 637 762	18 383	11 308 612	2 809 290	44 940
168	143	上海东浩兰生国际服务贸易(集团)有限公司	上 海	9 480 170	57 855	2 554 656	730 235	4 724
128	144	上海电气(集团)总公司	上 海	9 474 796	94 443	16 694 968	2 010 503	—
176	145	恒大地产集团有限公司	广 东	9 387 178	1 370 903	34 814 819	7 934 263	48 681
146	146	海信集团有限公司	山 东	9 324 355	509 236	8 500 823	2 661 022	52 418
165	147	安徽海螺集团有限责任公司	安 徽	9 324 274	340 718	10 073 656	2 022 234	50 968
119	148	徐州工程机械集团有限公司	江 苏	9 302 287	119 324	8 048 644	1 417 945	26 401
149	149	四川长虹电子集团有限公司	四 川	9 156 167	-12 404	7 166 906	270 505	72 071
134	150	中国东方航空集团公司	上 海	9 118 428	199 940	14 959 310	1 782 538	53 421
147	151	潍柴动力股份有限公司	山 东	9 089 544	357 079	7 852 181	2 772 317	44 327
150	152	广厦控股集团有限公司	浙 江	9 078 628	91 922	3 278 587	1 091 456	121 025
153	153	山东大王集团有限公司	山 东	8 578 386	332 496	6 191 602	2 080 209	26 398
164	154	TCL 集团股份有限公司	广 东	8 532 409	210 907	7 808 064	1 416 832	73 809
156	155	红云红河烟草(集团)有限责任公司	云 南	8 436 772	955 139	7 856 415	5 682 648	13 382
154	156	泰康人寿保险股份有限公司	北 京	8 410 321	374 451	44 150 271	2 418 815	47 009
180	157	大冶有色金属集团控股有限公司	湖 北	8 348 881	6 656	3 222 476	634 094	15 701
152	158	华夏银行股份有限公司	北 京	8 311 865	1 550 604	167 244 638	8 541 997	25 200
166	159	湖南华菱钢铁集团有限责任公司	湖 南	8 276 252	107 501	11 280 884	1 420 801	48 470

续表

2013名次	2014名次	企业名称	所在地	营业收入（万元）	利润（万元）	资产（万元）	所有者权益（万元）	从业人数（人）
144	160	马钢(集团)控股有限公司	安徽	8 210 520	8 569	8 982 650	1 656 928	50 030
177	161	厦门国贸控股有限公司	福建	8 163 458	29 434	4 507 139	266 096	14 797
160	162	南山集团有限公司	山东	8 063 663	695 039	9 004 936	4 350 368	46 472
161	163	湖北宜化集团有限责任公司	湖北	8 020 161	103 315	6 300 097	859 782	44 160
181	164	大印集团有限公司	海南	7 893 103	66 141	1 219 977	441 430	2 156
179	165	杭州娃哈哈集团有限公司	浙江	7 827 856	773 972	3 982 021	2 525 781	30 259
169	166	上海医药集团股份有限公司	上海	7 822 282	224 293	5 631 152	2 595 381	39 646
162	167	浙江恒逸集团有限公司	浙江	7 806 579	30 187	3 161 759	565 457	8 100
148	168	新希望集团有限公司	四川	7 789 271	166 401	5 911 583	1 420 597	81 184
171	169	浙江省能源集团有限公司	浙江	7 753 973	700 892	15 547 289	5 223 567	16 854
155	170	中国诚通控股集团有限公司	北京	7 740 561	42 719	7 719 780	1 184 927	25 894
133	171	中联重科股份有限公司	湖南	7 575 583	383 897	8 953 715	4 161 908	27 028
193	172	广发银行股份有限公司	广东	7 544 348	1 158 348	146 984 993	7 329 147	23 328
140	173	中兴通讯股份有限公司	广东	7 523 372	135 766	10 007 950	2 253 265	69 093
182	174	山东省商业集团有限公司	山东	7 449 205	19 528	7 217 027	231 398	200 000
178	175	中国中材集团有限公司	北京	7 370 806	-130 333	11 158 126	888 044	79 030
170	176	北京建龙重工集团有限公司	北京	7 300 434	11 586	7 845 698	1 246 296	50 058
143	177	三一集团有限公司	湖南	7 224 984	345 073	11 108 264	3 457 461	40 000
158	178	淮南矿业(集团)有限责任公司	安徽	7 125 232	-120 888	15 590 885	2 380 258	83 864
173	179	天津渤海化工集团有限责任公司	天津	7 101 906	25 871	14 035 281	4 319 397	41 047
186	180	浙江省兴合集团公司	浙江	7 003 607	27 651	3 115 503	291 995	14 169
157	181	珠海振戎公司	北京	6 963 072	23 220	434 312	188 100	122
	182	京东商城电子商务有限公司	北京	6 933 981	-4 990	2 600 981	—	32 953
175	183	广东省广新控股集团有限公司	广东	6 906 822	16 490	3 799 452	311 965	24 409
172	184	中国海运(集团)总公司	上海	6 826 053	207 279	17 646 847	4 880 074	44 462
183	185	北大方正集团有限公司	北京	6 757 118	69 173	9 317 763	1 464 699	32 478
189	186	河北新华联合冶金投资有限公司	北京	6 628 908	138 586	4 235 380	1 850 303	14 260
	187	玖隆钢铁物流有限公司	江苏	6 619 737	14 108	445 811	93 786	182
205	188	三胞集团有限公司	江苏	6 546 007	117 828	5 062 818	992 835	40 254
190	189	湖北中烟工业有限责任公司	湖北	6 521 318	411 715	4 213 436	2 031 930	9 756
199	190	绿城房地产集团有限公司	浙江	6 510 000	488 551	12 233 570	2 494 733	4 928
222	191	浙江荣盛控股集团有限公司	浙江	6 503 560	65 736	4 386 278	1 151 352	8 870
194	192	庞大汽贸集团股份有限公司	河北	6 398 528	21 077	6 506 392	903 886	35 762
184	193	天津市一轻集团(控股)有限公司	天津	6 364 231	92 527	3 599 633	1 204 837	31 650
191	194	云天化集团有限责任公司	云南	6 355 541	-205 157	9 221 865	958 139	38 352
188	195	四川省宜宾五粮液集团有限公司	四川	6 309 445	606 507	7 019 365	5 100 358	48 000
196	196	北京银行	北京	6 278 461	1 345 931	133 676 385	7 811 401	9 193
197	197	山东黄金集团有限公司	山东	6 212 099	-60 678	6 702 036	200 048	24 470
251	198	山东东明石化集团有限公司	山东	6 206 184	38 020	2 251 861	390 275	5 562
	199	中国重型汽车集团有限公司	山东	6 206 056	89 647	10 228 293	3 191 184	44 222
203	200	中国化学工程股份有限公司	北京	6 172 770	335 839	7 161 360	2 178 330	45 541

续表

2013名次	2014名次	企业名称	所在地	营业收入（万元）	利 润（万元）	资 产（万元）	所有者权益（万元）	从业人数（人）
187	201	安徽省徽商集团有限公司	安 徽	6 161 577	15 797	1 500 471	75 343	12 507
217	202	陕西东岭工贸集团股份有限公司	陕 西	6 084 083	13 021	2 535 323	532 011	11 086
231	203	上海华谊（集团）公司	上 海	6 062 725	52 465	5 272 603	1 515 242	28 188
	204	腾讯控股有限公司	广 东	6 043 700	1 919 400	10 723 500	—	24 000
198	205	内蒙古电力（集团）有限责任公司	内蒙古	6 033 769	172 812	6 070 267	2 627 379	36 480
212	206	淮北矿业（集团）有限责任公司	安 徽	6 009 133	-1 896	8 948 995	1 262 398	89 159
208	207	浙江中烟工业有限责任公司	浙 江	6 001 962	322 007	3 396 746	2 846 956	3 560
202	208	太平人寿保险有限公司	上 海	5 955 024	103 356	20 663 817	1 632 087	19 740
223	209	杭州汽轮动力集团有限公司	浙 江	5 950 838	56 270	2 647 261	464 805	5 333
274	210	河北省物流产业集团有限公司	河 北	5 803 130	1 959	833 856	128 266	2 069
201	211	中国国际海运集装箱（集团）股份有限公司	广 东	5 787 441	218 032	7 260 597	2 067 404	57 686
209	212	中国港中旅集团公司	北 京	5 770 758	70 642	7 107 025	1 500 230	43 655
195	213	南方石化集团有限公司	广 东	5 743 393	150 790	2 307 119	255 782	1 175
241	214	长城汽车股份有限公司	河 北	5 678 431	822 364	5 260 481	2 799 589	65 236
300	215	超威电源有限公司	浙 江	5 573 238	38 462	751 983	285 461	21 149
200	216	广东省粤电集团有限公司	广 东	5 570 999	392 897	12 895 221	6 088 794	13 332
210	217	无锡产业发展集团有限公司	江 苏	5 461 512	126 359	3 806 570	1 871 708	21 658
174	218	南京钢铁集团有限公司	江 苏	5 459 298	71 166	3 748 099	795 539	12 672
242	219	广州医药集团有限公司	广 东	5 450 338	39 356	2 380 897	320 564	15 825
238	220	广西建工集团有限责任公司	广 西	5 411 966	23 827	2 755 246	355 673	17 916
235	221	雅戈尔集团股份有限公司	浙 江	5 325 026	200 848	6 208 839	1 467 601	46 029
262	222	北京控股集团有限公司	北 京	5 316 369	66 794	16 028 157	2 251 798	74 004
218	223	江苏西城三联控股集团有限公司	江 苏	5 308 871	12 438	983 572	170 611	5 903
221	224	比亚迪股份有限公司	广 东	5 286 328	77 587	7 639 291	2 485 641	159 440
245	225	广西投资集团有限公司	广 西	5 282 524	41 787	7 092 803	961 662	19 625
248	226	北京金隅集团有限责任公司	北 京	5 272 806	164 668	10 242 778	1 391 238	33 739
215	227	中升集团控股有限公司	辽 宁	5 252 738	101 007	3 373 518	841 897	16 308
236	228	上海城建（集团）公司	上 海	5 225 000	72 257	7 203 244	827 817	15 319
206	229	上海复星高科技（集团）有限公司	上 海	5 204 104	264 901	15 891 947	2 431 905	36 139
282	230	盛虹控股集团有限公司	江 苏	5 134 714	46 524	4 629 126	2 164 667	22 596
258	231	陕西建工集团总公司	陕 西	5 121 945	24 953	2 393 526	334 234	22 052
232	232	浙江省国际贸易集团有限公司	浙 江	5 121 380	78 890	3 826 600	785 104	13 929
244	233	青山控股集团有限公司	浙 江	5 081 412	59 038	2 186 804	393 284	18 000
211	234	河北津西钢铁集团股份有限公司	河 北	5 079 253	28 820	3 037 063	851 211	13 953
213	235	包头钢铁（集团）有限责任公司	内蒙古	5 075 733	-81 171	14 711 151	2 091 294	68 876
226	236	重庆商社（集团）有限公司	重 庆	5 065 631	31 842	2 139 531	237 403	101 903
214	237	天津百利机电控股集团有限公司	天 津	5 042 586	273 300	4 261 409	1 610 426	43 731
229	238	河北敬业集团	河 北	5 042 501	39 642	1 800 187	594 718	19 818
224	239	天津荣程联合钢铁集团有限公司	天 津	5 030 457	20 213	1 317 580	577 044	7 813
216	240	隆基泰和实业有限公司	河 北	5 021 674	230 804	4 052 183	1 204 876	22 659
252	241	中天发展控股集团有限公司	浙 江	5 016 315	144 692	3 309 486	753 265	6 438

续表

2013名次	2014名次	企业名称	所在地	营业收入（万元）	利 润（万元）	资 产（万元）	所有者权益（万元）	从业人数（人）
219	242	重庆建工投资控股有限责任公司	重 庆	5 000 065	33 129	5 818 073	365 272	16 287
220	243	紫金矿业集团股份有限公司	福 建	4 977 151	212 592	6 689 839	2 761 226	27 240
270	244	江苏南通三建集团有限公司	江 苏	4 956 966	175 326	1 663 802	755 888	94 760
227	245	山东晨鸣纸业集团股份有限公司	山 东	4 911 647	71 066	4 781 621	1 403 989	12 594
239	246	四川华西集团有限公司	四 川	4 887 600	48 442	3 813 236	582 613	43 251
310	247	华盛江泉集团有限公司	山 东	4 856 058	77 786	2 165 676	811 097	25 660
233	248	江苏汇鸿国际集团有限公司	江 苏	4 852 703	39 937	3 321 692	576 250	5 516
	249	玖龙纸业(控股)有限公司	广 东	4 823 712	189 611	6 527 813	2 388 721	17 804
254	250	华侨城集团公司	广 东	4 823 545	482 146	10 455 544	3 301 051	41 984
255	251	奥克斯集团有限公司	浙 江	4 806 871	139 101	2 646 427	742 173	20 235
256	252	浙江省建设投资集团有限公司	浙 江	4 789 850	52 978	3 272 621	230 260	187 363
247	253	内蒙古伊利实业集团股份有限公司	内蒙古	4 777 887	318 724	3 287 739	1 612 510	58 639
273	254	四川省川威集团有限公司	四 川	4 752 855	28 142	4 194 220	1 643 746	17 218
207	255	江苏华西集团公司	江 苏	4 722 412	28 582	4 308 564	1 239 375	20 508
240	256	江苏新长江实业集团有限公司	江 苏	4 720 592	67 285	2 876 239	695 801	8 491
263	257	河南省漯河市双汇实业集团有限责任公司	河 南	4 720 541	417 498	2 111 060	1 304 605	72 640
	258	宁夏天元锰业有限公司	宁 夏	4 705 264	496 263	2 969 897	957 185	26 826
234	259	中国中纺集团公司	北 京	4 678 239	46 800	2 683 949	643 449	21 686
253	260	通威集团有限公司	四 川	4 611 678	105 972	1 323 989	603 756	22 536
290	261	青建集团股份有限公司	山 东	4 577 476	32 105	3 039 294	278 533	11 397
264	262	浙江省商业集团有限公司	浙 江	4 573 114	24 027	5 611 731	292 347	14 636
243	263	中国东方电气集团有限公司	四 川	4 545 393	28 854	9 274 065	1 016 804	28 116
269	264	新华联集团有限公司	北 京	4 525 846	123 300	5 088 722	1 062 620	42 315
284	265	远大物产集团有限公司	浙 江	4 519 400	9 607	507 629	59 043	546
297	266	科创控股集团有限公司	四 川	4 517 354	361 005	4 605 579	3 356 508	28 916
278	267	中国恒天集团有限公司	北 京	4 515 436	-41 653	5 810 889	216 146	58 021
261	268	浪潮集团有限公司	山 东	4 510 533	106 175	1 251 055	604 582	14 236
306	269	广西北部湾国际港务集团有限公司	广 西	4 510 003	101 093	4 903 167	1 254 162	11 930
357	270	山东招金集团有限公司	山 东	4 434 270	52 954	3 318 984	862 732	15 531
228	271	日照钢铁控股集团有限公司	山 东	4 380 513	45 238	6 330 470	1 290 573	16 183
265	272	盾安控股集团有限公司	浙 江	4 363 204	86 958	3 976 077	838 578	19 200
259	273	红豆集团有限公司	江 苏	4 351 833	108 271	2 407 434	772 512	19 987
293	274	中南控股集团有限公司	江 苏	4 344 719	196 377	6 446 362	717 334	52 000
237	275	上海纺织(集团)有限公司	上 海	4 325 971	39 773	2 533 998	741 628	14 795
242	276	华泰集团有限公司	山 东	4 310 219	77 613	2 716 994	460 042	10 014
314	277	海澜集团有限公司	江 苏	4 300 568	267 088	2 555 341	1 486 619	27 389
249	278	广西玉柴机器集团有限公司	广 西	4 246 677	85 799	3 701 652	1 080 872	24 658
346	279	云南冶金集团股份有限公司	云 南	4 231 133	-77 403	7 831 465	1 065 031	35 235
316	280	银亿集团有限公司	浙 江	4 210 593	117 851	4 661 164	574 110	9 131
267	281	吉林亚泰(集团)股份有限公司	吉 林	4 197 052	21 760	4 883 895	803 644	32 396
340	282	山东高速集团有限公司	山 东	4 184 385	50 532	27 363 855	3 144 183	23 052

续表

2013名次	2014名次	企业名称	所在地	营业收入（万元）	利 润（万元）	资 产（万元）	所有者权益（万元）	从业人数（人）
204	283	江苏三房巷集团有限公司	江 苏	4 153 372	20 146	2 267 471	822 755	6 258
281	284	北京城建集团有限责任公司	北 京	4 152 774	73 541	7 243 224	625 156	16 780
485	285	深圳市神州通投资集团有限公司	广 东	4 110 089	43 337	1 690 832	485 485	10 518
272	286	江阴澄星实业集团有限公司	江 苏	4 084 185	68 227	2 229 616	739 225	4 741
412	287	浙江桐昆控股集团有限公司	浙 江	4 070 796	4 378	1 669 021	316 571	14 663
313	288	江铃汽车集团公司	江 西	4 048 710	20 461	3 417 194	552 144	29 375
302	289	安阳钢铁集团有限责任公司	河 南	4 046 168	11 172	4 324 527	400 832	27 171
287	290	天津一商集团有限公司	天 津	4 045 218	7 278	1 294 899	200 576	4 113
307	291	中国国际技术智力合作公司	北 京	4 045 068	43 528	566 750	205 153	3 534
291	292	广州市建筑集团有限公司	广 东	4 040 336	18 431	2 078 027	210 032	16 204
280	293	四川宏达集团	四 川	4 035 897	81 732	3 391 936	1 303 592	20 499
	294	深圳市爱施德股份有限公司	广 东	4 024 348	75 448	1 192 795	459 117	2 559
318	295	云南建工集团有限公司	云 南	4 017 477	76 467	4 290 937	1 072 559	19 263
285	296	广东省广晟资产经营有限公司	广 东	4 016 542	98 466	8 804 942	2 031 384	38 421
277	297	中太建设集团股份有限公司	河 北	4 005 086	119 984	824 484	465 119	123 816
292	298	湖南省建筑工程集团总公司	湖 南	4 004 835	20 542	1 346 487	321 265	41 095
298	299	中国盐业总公司	北 京	3 982 552	13 689	4 846 390	482 799	39 696
283	300	广东省丝绸纺织集团有限公司	广 东	3 969 228	16 024	1 435 741	155 708	5 374
317	301	厦门象屿集团有限公司	福 建	3 924 702	47 944	2 806 482	340 547	3 802
279	302	北京首都旅游集团有限责任公司	北 京	3 924 603	38 935	4 174 589	814 303	50 000
354	303	重庆龙湖企业拓展有限公司	重 庆	3 914 310	555 946	11 589 425	291 990	12 012
296	304	安徽江淮汽车集团有限公司	安 徽	3 901 861	41 981	3 562 523	388 803	30 145
304	305	山东如意科技集团有限公司	山 东	3 890 528	220 036	2 104 093	1 001 205	24 231
260	306	黑龙江龙煤矿业控股集团有限责任公司	黑龙江	3 868 351	-199 326	7 485 344	1 374 049	243 000
299	307	泸州老窖集团有限责任公司	四 川	3 853 574	89 268	8 186 379	573 799	28 422
406	308	江苏南通二建集团有限公司	江 苏	3 852 631	195 070	1 606 816	721 702	92 180
294	309	安徽省皖北煤电集团有限责任公司	安 徽	3 816 730	-27 200	4 685 221	581 696	47 031
332	310	双胞胎(集团)股份有限公司	江 西	3 733 080	83 762	625 006	108 495	10 036
338	311	江苏国泰国际集团有限公司	江 苏	3 712 896	11 057	1 328 074	163 479	11 000
312	312	山东泰山钢铁集团有限公司	山 东	3 700 495	8 821	1 303 111	221 061	8 965
320	313	昆明钢铁控股有限公司	云 南	3 697 068	2 467	5 108 265	1 327 468	22 571
286	314	唐山瑞丰钢铁(集团)有限公司	河 北	3 684 075	44 950	1 137 054	318 413	13 007
	315	广州钢铁企业集团有限公司	广 东	3 680 318	126 629	2 893 032	314 153	6 878
288	316	江苏申特钢铁有限公司	江 苏	3 656 785	925	1 280 381	132 265	4 098
230	317	内蒙古伊泰集团有限公司	内蒙古	3 646 355	76 344	8 046 068	1 648 929	7 408
	318	江苏金浦集团有限公司	江 苏	3 642 983	32 135	1 604 535	244 305	9 200
268	319	新余钢铁集团有限公司	江 西	3 620 791	3 326	3 573 427	705 530	27 072
295	320	中国煤炭科工集团有限公司	北 京	3 605 496	182 359	4 055 790	1 323 611	31 991
	321	正邦集团有限公司	江 西	3 604 589	11 648	777 682	77 666	30 186
325	322	重庆化医控股(集团)公司	重 庆	3 602 568	613	5 501 778	736 155	37 361
392	323	山东大海集团有限公司	山 东	3 600 523	158 352	812 517	434 440	6 270

续表

2013名次	2014名次	企业名称	所在地	营业收入（万元）	利润（万元）	资产（万元）	所有者权益（万元）	从业人数（人）
309	324	阳光保险集团股份有限公司	北京	3 571 282	10 881	10 255 064	1 080 769	115 357
	325	云南中豪置业有限责任公司	云南	3 561 249	65 639	5 637 288	3 125 557	2 598
366	326	山东京博控股股份有限公司	山东	3 540 123	63 614	1 890 546	399 409	7 660
410	327	新疆特变电工集团有限公司	新疆	3 533 083	164 296	6 510 120	2 085 413	20 404
301	328	中国广核集团有限公司	广东	3 533 007	562 142	31 562 264	5 520 106	29 528
322	329	合肥百货大楼集团股份有限公司	安徽	3 520 000	43 772	751 771	302 829	8 101
	330	广东温氏食品集团股份有限公司	广东	3 518 706	61 080	2 393 886	1 004 420	36 800
333	331	山东太阳控股集团有限公司	山东	3 515 118	37 254	2 439 639	509 135	10 562
436	332	江苏省苏中建设集团股份有限公司	江苏	3 510 523	61 260	1 719 069	154 619	87 563
357	333	四川科伦实业集团有限公司	四川	3 507 583	137 974	2 011 323	1 020 676	21 075
266	334	大连西太平洋石油化工有限公司	辽宁	3 497 872	-82 758	1 185 141	-425 715	983
327	335	宁波金田投资控股有限公司	浙江	3 482 392	5 030	643 813	120 340	4 986
341	336	唐山港陆钢铁有限公司	河北	3 471 990	18 601	1 724 439	734 129	10 084
336	337	中国贵州茅台酒厂（集团）有限责任公司	贵州	3 462 301	1 037 631	7 096 022	4 107 537	23 428
345	338	重庆市能源投资集团有限公司	重庆	3 449 339	457	8 064 944	2 030 591	73 329
330	339	北京能源投资（集团）有限公司	北京	3 443 472	201 962	15 067 624	3 967 969	19 365
372	340	浙江前程投资股份有限公司	浙江	3 441 091	32 959	1 131 433	117 968	620
275	341	白银有色集团股份有限公司	甘肃	3 416 733	33 565	3 510 713	1 194 259	16 725
328	342	陕西汽车控股集团有限公司	陕西	3 404 173	5 154	3 345 413	399 118	31 310
417	343	腾邦投资控股有限公司	广东	3 393 609	27 185	558 585	141 672	5 955
347	344	北京建工集团有限责任公司	北京	3 386 659	36 351	4 504 526	599 599	19 094
319	345	江苏阳光集团有限公司	江苏	3 372 436	176 571	2 074 619	911 476	16 900
323	346	金龙精密铜管集团股份有限公司	河南	3 354 200	7 153	1 762 973	163 897	4 716
352	347	九州通医药集团股份有限公司	湖北	3 343 805	47 793	1 859 618	509 952	9 552
384	348	天津市医药集团有限公司	天津	3 329 515	143 683	4 097 625	2 061 945	22 916
321	349	华勤橡胶工业集团有限公司	山东	3 327 163	58 334	1 537 402	404 505	7 536
464	350	上海永达控股（集团）有限公司	上海	3 326 267	58 429	1 414 230	399 147	7 890
326	351	正泰集团股份有限公司	浙江	3 322 428	97 415	3 248 706	718 051	23 181
349	352	贵州中烟工业有限责任公司	贵州	3 321 897	317 279	2 137 211	1 452 742	9 499
276	353	江西萍钢实业股份有限公司	江西	3 321 783	9 546	2 960 085	801 098	19 273
442	354	嘉晨集团有限公司	辽宁	3 316 567	153 622	3 310 000	2 366 679	16 600
370	355	德力西集团有限公司	浙江	3 315 360	66 687	1 282 701	336 146	22 500
393	356	老凤祥股份有限公司	上海	3 298 466	88 985	933 746	333 302	2 502
435	357	万达控股集团有限公司	山东	3 280 802	72 617	2 060 033	407 835	13 106
359	358	浙江中成控股集团有限公司	浙江	3 280 045	66 387	1 305 540	495 415	52 770
409	359	甘肃省建设投资（控股）集团总公司	甘肃	3 219 198	2 486	2 574 805	519 163	51 139
367	360	亚邦投资控股集团有限公司	江苏	3 205 036	50 778	2 281 169	787 117	14 360
	361	新疆生产建设兵团棉麻公司	新疆	3 194 501	3 701	253 753	27 492	579
	362	百度股份有限公司	北京	3 194 392	—	7 098 579	3 842 492	31 676
353	363	成都建筑工程集团总公司	四川	3 187 267	20 517	4 241 349	638 620	141 897
344	364	申能（集团）有限公司	上海	3 177 296	224 104	10 650 182	5 054 627	16 215

续表

2013名次	2014名次	企业名称	所在地	营业收入（万元）	利 润（万元）	资 产（万元）	所有者权益（万元）	从业人数（人）
289	365	青岛钢铁控股集团有限责任公司	山 东	3 159 280	1 529	1 392 458	271 205	10 121
396	366	山西省国新能源发展集团有限公司	山 西	3 155 430	11 503	1 975 098	76 193	2 180
371	367	北京外企服务集团有限责任公司	北 京	3 152 256	6 653	462 959	95 110	5 698
364	368	山东时风(集团)有限责任公司	山 东	3 124 547	100 348	709 760	521 102	22 780
379	369	亨通集团有限公司	江 苏	3 121 035	27 891	2 505 658	595 724	9 830
360	370	北京市政路桥集团有限公司	北 京	3 111 474	26 075	3 450 139	347 400	16 523
401	371	世纪金源投资集团有限公司	北 京	3 109 383	185 792	8 184 510	2 405 000	20 997
375	372	利华益集团股份有限公司	山 东	3 100 653	89 352	2 025 444	657 993	3 916
381	373	安徽建工集团有限公司	安 徽	3 099 769	31 182	2 776 540	178 625	11 910
	374	山东海科化工集团	山 东	3 098 855	63 907	1 102 783	238 178	2 700
365	375	上海人民企业(集团)有限公司	上 海	3 093 624	129 758	1 712 214	633 567	25 020
380	376	云南锡业集团(控股)有限责任公司	云 南	3 087 954	-104 427	4 761 803	388 875	37 036
358	377	重庆机电控股(集团)公司	重 庆	3 083 701	92 365	3 024 093	635 594	36 210
368	378	福建省三钢(集团)有限责任公司	福 建	3 068 208	9 872	2 159 712	645 280	17 462
411	379	永辉超市股份有限公司	福 建	3 054 282	72 058	1 297 282	590 998	57 561
350	380	天狮集团有限公司	天 津	3 048 834	338 982	1 206 065	925 018	2 099
356	381	山东金诚石化集团有限公司	山 东	3 032 125	30 344	468 771	365 643	1 700
454	382	天瑞集团股份有限公司	河 南	3 031 559	164 714	5 028 397	3 017 950	16 598
437	383	重庆市金科投资控股(集团)有限责任公司	重 庆	3 027 247	90 918	7 942 421	394 678	8 919
	384	生命人寿保险股份有限公司	广 东	3 021 381	537 856	19 586 886	1 778 313	12 100
	385	宁夏宝塔石化集团有限公司	宁 夏	3 018 130	59 879	3 471 622	1 229 048	15 300
395	386	石家庄北国人百集团有限责任公司	河 北	3 016 801	35 094	891 935	193 055	41 263
351	387	江苏扬子江船业集团公司	江 苏	3 009 256	201 722	5 603 708	1 701 826	11 007
	388	广东省广业资产经营有限公司	广 东	3 001 570	40 055	2 764 355	90 058	20 279
369	389	人民电器集团有限公司	浙 江	2 978 871	109 427	789 948	501 899	23 500
348	390	广东省交通集团有限公司	广 东	2 977 088	33 784	23 044 858	5 781 372	47 315
	391	渤海银行股份有限公司	天 津	2 956 142	456 237	56 821 104	2 419 732	5 213
315	392	郑州煤炭工业(集团)有限责任公司	河 南	2 951 517	-39 188	3 562 757	409 713	47 320
398	393	山西建筑工程(集团)总公司	山 西	2 947 031	3 913	2 134 673	53 631	21 485
432	394	西部矿业集团有限公司	青 海	2 921 381	-18 078	4 230 679	369 696	11 204
324	395	天音通信有限公司	广 东	2 918 098	2 091	1 049 490	261 478	12 000
	396	大汉控股集团有限公司	湖 南	2 915 493	68 287	1 213 418	333 387	2 341
383	397	晟通科技集团有限公司	湖 南	2 897 897	58 388	1 379 307	547 263	6 312
490	398	天津住宅建设发展集团有限公司	天 津	2 886 323	85 528	4 490 541	987 462	5 567
374	399	东北特殊钢集团有限责任公司	辽 宁	2 883 175	5 149	5 180 361	636 688	26 462
416	400	江苏双良集团有限公司	江 苏	2 877 515	45 313	2 411 406	655 175	5 421
400	401	浙江昆仑控股集团有限公司	浙 江	2 861 083	76 430	1 435 333	349 385	33 876
	402	福建中烟工业有限责任公司	福 建	2 859 763	186 942	2 720 334	1 579 916	7 629
408	403	山东金岭集团有限公司	山 东	2 856 039	134 606	1 057 788	607 452	4 008
399	404	天津港(集团)有限公司	天 津	2 834 328	36 460	11 406 718	2 520 051	17 253
413	405	河北建工集团有限责任公司	河 北	2 833 695	7 362	833 240	97 232	8 132

续表

2013 名次	2014 名次	企业名称	所在地	营业收入（万元）	利 润（万元）	资 产（万元）	所有者权益（万元）	从业人数（人）
439	406	广州轻工工贸集团有限公司	广 东	2 830 246	45 842	1 492 886	474 130	7 219
390	407	青岛啤酒股份有限公司	山 东	2 829 098	197 337	2 736 487	1 402 056	42 235
423	408	长春欧亚集团股份有限公司	吉 林	2 827 826	24 526	947 719	134 326	5 984
385	409	福佳集团有限公司	辽 宁	2 827 561	86 709	4 989 266	2 313 552	3 942
486	410	湖南博长控股集团有限公司	湖 南	2 822 388	7 968	1 190 361	152 287	8 295
425	411	杉杉控股有限公司	浙 江	2 817 365	49 929	2 532 149	384 404	13 401
361	412	上海国际港务(集团)股份有限公司	上 海	2 816 230	525 553	8 861 162	4 981 961	19 842
427	413	浙江省交通投资集团有限公司	浙 江	2 811 102	98 155	15 040 091	2 955 334	22 355
386	414	山东胜通集团股份有限公司	山 东	2 807 556	298 809	1 322 676	538 233	7 000
415	415	辽宁日林实业集团有限公司	辽 宁	2 801 816	99 922	4 892 325	720 928	24 062
397	416	沂州集团有限公司	山 东	2 793 868	129 110	1 054 387	856 204	5 450
457	417	隆鑫控股有限公司	重 庆	2 791 130	50 892	3 264 005	607 678	13 135
404	418	江苏金辉铜业集团有限公司	江 苏	2 782 507	26 251	473 514	306 582	605
382	419	徐州矿务集团有限公司	江 苏	2 765 206	20 447	4 316 232	1 426 549	55 090
475	420	丰立集团有限公司	江 苏	2 760 240	32 876	2 210 264	600 442	2 581
460	421	中基宁波集团股份有限公司	浙 江	2 759 217	14 574	820 009	58 787	1 756
468	422	弘阳集团有限公司	江 苏	2 750 765	161 349	2 502 642	865 051	2 396
402	423	河北普阳钢铁有限公司	河 北	2 743 957	29 593	1 519 315	735 582	9 200
	424	天津能源投资集团有限公司	天 津	2 741 100	66 379	6 260 058	2 886 230	11 151
	425	大棒集团有限公司	海 南	2 740 206	54 937	451 263	382 947	560
355	426	河南神火集团有限公司	河 南	2 730 872	－30 473	2 110 734	153 191	34 888
496	427	杭州锦江集团有限公司	浙 江	2 729 972	49 041	4 065 166	1 016 931	9 206
434	428	江苏华厦融创置地集团有限公司	江 苏	2 714 921	314 496	6 079 814	3 464 261	2 600
	429	张家港保税区旭江贸易有限公司	江 苏	2 712 108	25 353	147 918	－144 166	37
387	430	西王集团有限公司	山 东	2 712 007	30 112	3 151 825	1 039 123	16 000
303	431	滨化集团公司	山 东	2 706 726	50 089	1 488 497	662 201	4 726
335	432	奇瑞汽车股份有限公司	安 徽	2 704 690	114 205	6 618 086	1 542 734	18 956
430	433	郑州宇通集团有限公司	河 南	2 698 448	132 234	3 755 295	665 930	17 191
403	434	金东纸业(江苏)股份有限公司	江 苏	2 686 911	109 713	6 509 818	1 698 695	12 041
378	435	天正集团有限公司	浙 江	2 686 149	83 390	412 833	160 003	9 267
441	436	浙江八达建设集团有限公司	浙 江	2 683 674	82 506	584 325	214 615	48 786
377	437	百兴集团有限公司	江 苏	2 683 581	39 892	759 912	552 029	4 736
456	438	山东玉皇化工有限公司	山 东	2 681 915	80 516	1 526 948	455 997	4 950
418	439	东营方圆有色金属有限公司	山 东	2 679 225	80 486	1 403 874	614 891	1 200
	440	广州金创利经贸有限公司	广 东	2 675 130	970	243 701	19 180	70
463	441	安徽国贸集团控股有限公司	安 徽	2 670 779	13 556	5 364 037	182 409	5 770
431	442	东营鲁方金属材料有限公司	山 东	2 662 265	150 201	874 555	472 131	1 568
	443	旭阳控股有限公司	北 京	2 658 811	31 733	2 620 172	346 052	6 057
455	444	山东科达集团有限公司	山 东	2 651 912	89 885	1 080 578	622 675	8 506
414	445	四川公路桥梁建设集团有限公司	四 川	2 651 219	55 397	4 104 265	567 680	8 867
462	446	江西省煤炭集团公司	江 西	2 649 384	－33 893	2 575 625	468 104	62 401

续表

2013 名次	2014 名次	企业名称	所在地	营业收入（万元）	利 润（万元）	资 产（万元）	所有者权益（万元）	从业人数（人）
	447	山东天信集团有限公司	山 东	2 644 383	97 096	631 551	303 912	4 230
	448	云南省能源投资集团有限公司	云 南	2 634 178	75 526	4 243 237	1 645 960	2 718
	449	山东渤海实业股份有限公司	山 东	2 630 598	6 917	1 602 787	255 167	3 700
447	450	河北建设集团有限公司	河 北	2 624 965	39 975	2 443 860	126 302	5 569
448	451	维维集团股份有限公司	江 苏	2 618 069	152 420	1 783 719	1 152 907	21 950
373	452	华芳集团有限公司	江 苏	2 604 977	28 673	980 716	431 421	16 435
461	453	重庆力帆控股有限公司	重 庆	2 601 570	38 893	3 013 880	610 588	16 253
443	454	广西有色金属集团有限公司	广 西	2 594 226	-1 940	3 209 073	99 145	18 781
388	455	重庆钢铁(集团)有限责任公司	重 庆	2 586 232	-199 756	7 150 846	1 439 180	20 309
429	456	河北新金钢铁有限公司	河 北	2 569 709	13 051	855 165	358 774	6 306
	457	中策橡胶集团有限公司	浙 江	2 568 167	137 844	2 147 066	604 294	24 140
	458	山河建设集团有限公司	湖 北	2 562 963	85 506	536 447	267 300	55 264
474	459	武安市裕华钢铁有限公司	河 北	2 560 125	25 368	1 377 366	842 560	10 530
440	460	海南省农垦集团有限公司	海 南	2 554 192	2 044	2 118 375	946 060	81 647
426	461	广东省建筑工程集团有限公司	广 东	2 553 369	30 633	1 427 606	231 646	27 838
483	462	浙江宝业建设集团有限公司	浙 江	2 536 892	32 499	435 501	158 469	3 600
394	463	重庆轻纺控股(集团)公司	重 庆	2 534 509	42 038	2 977 179	543 601	28 498
339	464	云南煤化工集团有限公司	云 南	2 532 935	15 665	6 933 207	719 436	42 498
428	465	天津市建工集团(控股)有限公司	天 津	2 532 254	11 694	1 272 630	220 734	7 280
	466	中球冠集团有限公司	浙 江	2 513 618	15 521	406 476	140 520	369
473	467	浙江龙盛控股有限公司	浙 江	2 510 021	132 000	2 159 981	956 497	10 053
453	468	宁波富邦控股集团有限公司	浙 江	2 496 565	38 145	3 564 315	445 736	9 216
444	469	江苏法尔胜泓昇集团有限公司	江 苏	2 496 089	65 159	991 161	401 611	6 584
	470	稻花香集团	湖 北	2 486 100	35 433	2 776 140	192 588	14 558
	471	江西省建工集团有限责任公司	江 西	2 481 544	31 942	1 059 352	86 862	4 800
422	472	河北文丰钢铁有限公司	河 北	2 471 542	12 817	1 330 113	397 518	5 922
	473	逸盛大化石化有限公司	辽 宁	2 469 552	18 627	1 707 837	517 513	584
451	474	新疆天业(集团)有限公司	新 疆	2 456 389	2 753	3 091 808	433 122	19 075
471	475	苏州创元投资发展(集团)有限公司	江 苏	2 453 610	66 399	1 997 082	635 371	20 500
	476	北京京煤集团有限责任公司	北 京	2 447 694	15 012	4 713 525	1 077 312	28 176
488	477	冀东发展集团有限责任公司	河 北	2 446 085	-30 091	6 255 210	364 858	26 900
405	478	传化集团有限公司	浙 江	2 439 341	19 713	2 117 088	231 201	9 112
	479	山西能源交通投资有限公司	山 西	2 437 883	23 089	6 600 397	1 556 901	21 873
	480	金鼎重工股份有限公司	河 北	2 436 976	36 043	686 000	101 033	5 500
	481	福建省能源集团有限责任公司	福 建	2 430 000	93 649	4 697 452	944 576	33 323
469	482	三河汇福粮油集团有限公司	河 北	2 411 415	46 310	1 291 500	276 034	3 000
	483	天津友发钢管集团股份有限公司	天 津	2 408 312	17 559	590 179	29 246	6 639
470	484	远东控股集团有限公司	江 苏	2 404 890	20 286	1 974 133	283 497	8 850
487	485	北京住总集团有限责任公司	北 京	2 400 787	21 077	3 722 343	347 928	10 941
480	486	宝胜集团有限公司	江 苏	2 398 371	14 003	1 134 392	308 662	9 730
334	487	哈尔滨电气集团公司	黑龙江	2 397 295	41 648	6 545 741	983 322	27 351

续表

2013名次	2014名次	企业名称	所在地	营业收入（万元）	利　润（万元）	资　产（万元）	所有者权益（万元）	从业人数（人）
	488	卓尔控股有限公司	湖　北	2 392 919	203 409	3 958 966	2 986 773	1 231
	489	巨力环球控股有限公司	上　海	2 387 378	17 946	316 702	131 199	457
500	490	天津纺织集团(控股)有限公司	天　津	2 386 868	10 888	2 422 806	422 079	11 293
	491	江苏新华发集团有限公司	江　苏	2 386 861	4 883	1 228 248	62 172	1 000
497	492	太极集团有限公司	重　庆	2 384 357	4 548	1 049 811	181 022	11 865
420	493	广西交通投资集团有限公司	广　西	2 375 798	57 194	15 017 073	4 779 676	10 361
	494	凌源钢铁集团有限责任公司	辽　宁	2 372 193	5 843	2 555 391	486 747	12 143
433	495	万基控股集团有限公司	河　南	2 350 808	9 405	2 414 872	286 445	13 865
477	496	广州万宝集团有限公司	广　东	2 312 952	10 566	1 411 022	250 246	15 378
	497	西林钢铁集团有限公司	黑龙江	2 300 966	12 932	2 073 879	95 622	11 578
	498	新奥能源控股有限公司	河　北	2 296 600	125 200	3 590 500	954 300	—
	499	北京首都创业集团有限公司	北　京	2 292 733	24 617	12 945 351	745 396	18 473
472	500	利群集团股份有限公司	山　东	2 286 202	46 532	1 555 808	592 710	11 153
		合　计		**5 667 961 808**	**240 315 450**	**17 642 957 514**	**2 144 588 109**	**31 388 386**

说明：

1. 2014 中国企业 500 强是中国企业联合会、中国企业家协会参照国际惯例，组织企业自愿申报，并经专家审定确认后产生的。申报企业包括在中国境内注册、2013 年完成营业收入达到 180 亿元人民币以上(含 180 亿元）的企业，不包括行政性公司和资产经营公司，不包括在华外资，港澳台独资、控股企业，也不包括行政性公司、政企合一的单位(如铁路局）以及各类资产经营公司，但包括在境外注册、投资主体为中国自然人或法人、主要业务在境内，属于中国银监会、保监会和各级国资委监管的企业，都有资格申报参加排序。属于集团公司的控股子公司或相对控股子公司，由于其财务报表最后能被合并到集团母公司的财务会计报表中去，因此只允许其母公司申报。

2. 表中所列数据由企业自愿申报或属于上市公司公开数据、并经会计师事务所或审计师事务所等单位认可。

3. 营业收入是 2013 年不含增值税的收入，包括企业的所有收入，即主营业务和非主营业务、境内和境外的收入。商业银行的营业收入为 2013 年利息收入和非利息营业收入之和(不减掉对应的支出)。保险公司的营业收入是 2013 年保险费和年金收入扣除储蓄的资本收益或损失。净利润是 2013 年上交所得税的净利润扣除少数股东权益后的归属母公司所有者的净利润。资产是 2013 年度末的资产总额。归属母公司所有者权益是 2013 年末所有者权益总额扣除少数股东权益后的母公司所有者权益。从业人数是 2013 年度的平均人数(含所有被合并报表企业的人数)。

4. 行业分类参照了国家统计局的分类方法，依据其主营业务收入所在行业来划分；地区分类是按企业总部所在地划分。

2014 中国制造业排序前 100 名企业

名 次	企业名称	所在地	营业收入（万元）	利 润（万元）	资 产（万元）	所有者权益（万元）	从业人数（人）
1	中国石油化工集团公司	北 京	294 507 498	5 491 780	213 692 292	70 599 722	961 703
2	上海汽车集团股份有限公司	上 海	56 580 701	2 480 363	37 364 074	13 775 724	91 870
3	中国第一汽车集团公司	吉 林	46 116 614	2 006 573	30 129 536	11 581 442	91 646
4	东风汽车公司	湖 北	45 503 340	890 548	29 529 385	5 368 535	184 635
5	中国五矿集团公司	北 京	41 465 041	247 138	29 407 790	3 747 681	118 030
6	中国兵器工业集团公司	北 京	38 525 437	439 935	29 843 431	7 812 536	258 186
7	中国兵器装备集团公司	北 京	36 175 535	13 867	31 180 906	4 240 505	242 430
8	中国航空工业集团公司	北 京	34 941 074	458 949	68 501 391	14 544 906	513 554
9	宝钢集团有限公司	上 海	30 310 026	568 710	51 946 195	22 665 163	137 546
10	中国铝业公司	北 京	27 941 915	-702 675	46 628 512	1 508 101	175 602
11	北京汽车集团有限公司	北 京	26 638 445	567 108	18 290 576	3 492 001	99 533
12	中国建筑材料集团有限公司	北 京	25 225 679	267 625	36 441 569	2 181 699	179 421
13	河北钢铁集团有限公司	河 北	25 103 530	-84 967	32 840 956	5 228 432	125 708
14	中国化工集团公司	北 京	24 403 620	-85 722	27 251 067	2 008 825	110 005
15	联想控股股份有限公司	北 京	24 403 077	207 772	20 701 663	1 984 148	60 796
16	山东魏桥创业集团有限公司	山 东	24 138 650	678 104	12 692 231	5 274 943	132 091
17	华为技术有限公司	广 东	23 902 500	2 091 900	23 153 200	8 620 700	150 000
18	正威国际集团有限公司	广 东	23 382 562	512 350	10 378 051	4 837 405	16 720
19	江苏沙钢集团有限公司	江 苏	22 807 761	106 319	16 665 667	3 205 331	40 797
20	武汉钢铁（集团）公司	湖 北	22 704 781	7 495	23 994 208	4 950 444	111 318
21	渤海钢铁集团有限公司	天 津	22 008 633	39 528	23 416 984	4 074 587	68 407
22	首钢总公司	北 京	21 084 265	-88 628	39 177 705	8 586 450	117 180
23	中国华信能源有限公司	上 海	20 998 533	212 404	3 954 200	1 504 336	20 000
24	新兴际华集团有限公司	北 京	20 160 541	237 208	10 222 386	2 342 019	69 649
25	广州汽车工业集团有限公司	广 东	20 151 834	127 843	14 923 925	1 899 009	53 965
26	江西铜业集团公司	江 西	19 452 404	57 039	11 124 265	2 030 663	28 334
27	中国电子信息产业集团有限公司	北 京	19 378 465	173 529	18 021 175	2 114 232	124 304
28	中国有色矿业集团有限公司	北 京	19 000 889	-41 739	11 264 107	843 305	56 799
29	中国船舶重工集团公司	北 京	18 739 660	712 196	37 102 724	9 269 192	164 000
30	天津中环电子信息集团有限公司	天 津	18 691 929	655 655	7 180 885	3 205 227	75 216
31	金川集团股份有限公司	甘 肃	18 484 269	60 025	13 597 564	4 070 551	34 785
32	海尔集团公司	山 东	18 029 936	883 309	17 920 763	3 989 080	73 451
33	光明食品（集团）有限公司	上 海	15 938 217	196 050	27 624 160	2 689 704	111 780
34	浙江吉利控股集团有限公司	浙 江	15 842 925	72 639	12 616 175	1 214 777	41 579
35	鞍钢集团公司	辽 宁	15 512 764	-634 133	28 458 231	6 633 966	192 500
36	太原钢铁（集团）有限公司	山 西	14 604 034	41 295	12 696 488	3 001 823	38 116

续表

名次	企业名称	地区	营业收入（万元）	利润（万元）	资产（万元）	所有者权益（万元）	从业人数（人）
37	中国航天科工集团公司	北京	14 230 137	685 934	17 882 218	6 549 589	135 984
38	恒力集团有限公司	江苏	13 534 917	295 583	6 335 392	2 136 565	61 120
39	雨润控股集团有限公司	江苏	12 997 856	247 189	9 922 872	1 971 851	130 000
40	华晨汽车集团控股有限公司	辽宁	12 802 170	45 163	9 294 529	460 224	47 762
41	酒泉钢铁(集团)有限责任公司	甘肃	12 234 323	86 761	12 632 913	2 930 584	36 863
42	铜陵有色金属集团控股有限公司	安徽	12 222 433	36 303	6 934 000	1 067 746	28 764
43	美的集团股份有限公司	广东	12 126 518	531 746	9 694 602	3 284 743	109 085
44	山东钢铁集团有限公司	山东	12 073 814	-299 343	18 452 314	1 624 435	87 281
45	珠海格力电器股份有限公司	广东	12 004 307	1 087 067	13 370 210	3 548 281	72 150
46	万向集团公司	浙江	11 861 050	85 793	6 576 749	1 607 307	26 358
47	中国黄金集团公司	北京	11 140 672	64 963	7 473 526	1 272 610	50 432
48	上海烟草集团有限责任公司	上海	11 124 666	1 814 547	13 008 474	11 010 658	16 280
49	本钢集团有限公司	辽宁	11 027 227	-6 671	14 151 221	3 673 299	81 542
50	中天钢铁集团有限公司	江苏	10 509 107	45 112	4 717 852	1 344 786	15 846
51	杭州钢铁集团公司	浙江	10 373 586	67 184	4 465 914	1 247 406	14 694
52	江苏悦达集团有限公司	江苏	10 122 154	44 193	7 025 436	744 668	31 017
53	海亮集团有限公司	浙江	10 043 837	143 378	4 950 982	1 186 010	12 569
54	中国南车集团公司	北京	10 042 432	216 059	12 821 215	2 157 389	91 515
55	中国北方机车车辆工业集团公司	北京	9 856 012	276 430	12 815 983	2 740 546	85 064
56	红塔烟草(集团)有限责任公司	云南	9 639 634	755 002	11 358 365	7 353 456	24 432
57	陕西有色金属控股集团有限责任公司	陕西	9 637 762	18 383	11 308 612	2 809 290	44 940
58	上海电气(集团)总公司	上海	9 474 796	94 443	16 694 968	2 010 503	—
59	海信集团有限公司	山东	9 324 355	509 236	8 500 823	2 661 022	52 418
60	安徽海螺集团有限责任公司	安徽	9 324 274	340 718	10 073 656	2 022 234	50 968
61	徐州工程机械集团有限公司	江苏	9 302 287	119 324	8 048 644	1 417 945	26 401
62	四川长虹电子集团有限公司	四川	9 156 167	-12 404	7 166 906	270 505	72 071
63	潍柴动力股份有限公司	山东	9 089 544	357 079	7 852 181	2 772 317	44 327
64	山东大王集团有限公司	山东	8 578 386	332 496	6 191 602	2 080 209	26 398
65	TCL 集团股份有限公司	广东	8 532 409	210 907	7 808 064	1 416 832	73 809
66	红云红河烟草(集团)有限责任公司	云南	8 436 772	955 139	7 856 415	5 682 648	13 382
67	大冶有色金属集团控股有限公司	湖北	8 348 881	6 656	3 222 476	634 094	15 701
68	湖南华菱钢铁集团有限责任公司	湖南	8 276 252	107 501	11 280 884	1 420 801	48 470
69	马钢(集团)控股有限公司	安徽	8 210 520	8 569	8 982 650	1 656 928	50 030
70	南山集团有限公司	山东	8 063 663	695 039	9 004 936	4 350 368	46 472
71	湖北宜化集团有限责任公司	湖北	8 020 161	103 315	6 300 097	859 782	44 160
72	杭州娃哈哈集团有限公司	浙江	7 827 856	773 972	3 982 021	2 525 781	30 259
73	上海医药集团股份有限公司	上海	7 822 282	224 293	5 631 152	2 595 381	39 646
74	浙江恒逸集团有限公司	浙江	7 806 579	30 187	3 161 759	565 457	8 100
75	新希望集团有限公司	四川	7 789 271	166 401	5 911 583	1 420 597	81 184

续表

名 次	企业名称	地 区	营业收入（万元）	利 润（万元）	资 产（万元）	所有者权益（万元）	从业人数（人）
76	中联重科股份有限公司	湖 南	7 575 583	383 897	8 953 715	4 161 908	27 028
77	中兴通讯股份有限公司	广 东	7 523 372	135 766	10 007 950	2 253 265	69 093
78	中国中材集团有限公司	北 京	7 370 806	-130 333	11 158 126	888 044	79 030
79	北京建龙重工集团有限公司	北 京	7 300 434	11 586	7 845 698	1 246 296	50 058
80	三一集团有限公司	湖 南	7 224 984	345 073	11 108 264	3 457 641	40 000
81	天津渤海化工集团有限责任公司	天 津	7 101 906	25 871	14 035 281	4 319 397	41 047
82	北大方正集团有限公司	北 京	6 757 118	69 173	9 317 763	1 464 699	32 478
83	河北新华联合冶金投资有限公司	北 京	6 628 908	138 586	4 235 380	1 850 303	14 260
84	湖北中烟工业有限责任公司	湖 北	6 521 318	411 715	4 213 436	2 031 930	9 756
85	浙江荣盛控股集团有限公司	浙 江	6 503 560	65 736	4 386 278	1 151 352	8 870
86	天津市一轻集团(控股)有限公司	天 津	6 364 231	92 527	3 599 633	1 204 837	31 650
87	云天化集团有限责任公司	云 南	6 355 541	-205 157	9 221 865	958 139	38 352
88	四川省宜宾五粮液集团有限公司	四 川	6 309 445	606 507	7 019 365	5 100 358	48 000
89	山东黄金集团有限公司	山 东	6 212 099	-60 678	6 702 036	200 048	24 470
90	山东东明石化集团有限公司	山 东	6 206 184	38 020	2 251 861	390 275	5 562
91	中国重型汽车集团有限公司	山 东	6 206 056	89 647	10 228 293	3 191 184	44 222
92	陕西东岭工贸集团股份有限公司	陕 西	6 084 083	13 021	2 535 323	532 011	11 086
93	上海华谊(集团)公司	上 海	6 062 725	52 465	5 272 603	1 515 242	28 188
94	浙江中烟工业有限责任公司	浙 江	6 001 962	322 007	3 396 746	2 846 956	3 560
95	杭州汽轮动力集团有限公司	浙 江	5 950 838	56 270	2 647 261	464 805	5 333
96	中国国际海运集装箱(集团)股份有限公司	广 东	5 787 441	218 032	7 260 597	2 067 404	57 686
97	长城汽车股份有限公司	河 北	5 678 431	822 364	5 260 481	2 799 589	65 236
98	超威电源有限公司	浙 江	5 573 238	38 462	751 983	285 461	21 149
99	无锡产业发展集团有限公司	江 苏	5 461 512	126 359	3 806 570	1 871 708	21 658
100	南京钢铁集团有限公司	江 苏	5 459 298	71 166	3 748 099	795 539	12 672

资料来源：中国企业联合会、中国企业家协会。

2014 中国服务业排序前 100 名企业

名次	企业名称	地区	营业收入（万元）	利润（万元）	资产（万元）	所有者权益（万元）	从业人数（人）
1	国家电网公司	北京	204 980 014	4 908 187	257 007 115	107 742 921	885 766
2	中国工商银行股份有限公司	北京	92 563 700	26 264 900	1 891 775 200	127 413 400	441 902
3	中国建设银行股份有限公司	北京	77 099 800	21 465 700	1 536 321 000	106 595 100	368 410
4	中国农业银行股份有限公司	北京	70 633 300	16 631 500	1 456 210 200	84 310 800	478 980
5	中国移动通信集团公司	北京	66 186 053	5 655 285	140 458 151	78 791 256	233 052
6	中国银行股份有限公司	北京	64 941 100	15 691 100	1 387 429 900	92 391 600	305 675
7	中国人寿保险(集团)公司	北京	49 746 478	365 675	240 711 807	4 228 332	146 002
8	中国中化集团公司	北京	46 690 480	464 255	31 777 903	6 781 379	49 307
9	中国南方电网有限责任公司	广东	44 697 219	814 999	58 424 791	19 859 545	309 114
10	国家开发银行	北京	43 895 400	7 958 400	818 795 300	55 920 600	8 468
11	中国平安保险(集团)股份有限公司	广东	41 547 100	2 815 400	336 031 200	18 270 900	—
12	华润股份有限公司	广东	40 554 765	1 294 146	84 903 230	12 200 333	442 861
13	中国电信集团公司	北京	38 148 967	956 648	67 394 021	36 380 056	414 673
14	中国中信集团有限公司	北京	37 508 844	3 783 894	429 967 747	27 190 977	176 175
15	中国邮政集团公司	北京	36 253 897	2 530 018	574 732 340	19 154 275	954 419
16	天津物产集团有限公司	天津	33 793 983	161 240	11 478 382	1 240 311	18 452
17	中国人民保险集团股份有限公司	北京	30 473 800	812 100	75 531 900	7 157 500	514 228
18	中国联合网络通信集团有限公司	北京	30 470 065	448 849	57 347 240	16 034 657	288 679
19	交通银行股份有限公司	上海	29 650 594	6 229 508	596 093 674	41 956 118	97 210
20	苏宁控股集团	江苏	27 981 265	31 414	16 167 894	2 879 547	180 000
21	绿地控股集团有限公司	上海	25 218 186	818 511	36 767 814	3 293 774	5 900
22	中国机械工业集团有限公司	北京	24 236 099	153 345	23 460 378	4 184 368	119 523
23	晋能有限责任公司	山西	22 801 762	－1 464	18 350 940	3 513 511	112 957
24	中国航空油料集团公司	北京	22 581 763	93 866	3 896 940	940 152	10 443
25	中国民生银行股份有限公司	北京	21 811 200	4 227 800	322 621 000	19 771 200	54 927
26	兴业银行股份有限公司	福建	21 401 800	4 121 100	367 743 500	19 976 900	47 841
27	浙江省物产集团公司	浙江	21 212 481	36 385	6 534 501	613 580	18 608
28	招商银行股份有限公司	广东	20 936 700	5 197 789	401 639 900	26 546 500	68 078
29	中国医药集团总公司	北京	20 456 769	211 391	16 833 401	2 768 439	82 766
30	上海浦东发展银行股份有限公司	上海	19 331 100	4 092 200	368 012 500	20 437 500	38 976
31	中国太平洋保险(集团)股份有限公司	上海	19 313 700	926 100	72 353 300	9 896 800	86 893
32	中粮集团有限公司	北京	18 905 157	25 580	28 433 268	5 575 748	107 271
33	大连万达集团股份有限公司	辽宁	18 664 000	839 775	39 715 359	2 202 393	99 752
34	中国铁路物资股份有限公司	北京	16 693 891	－772 107	7 431 781	46 710	11 266
35	中国远洋运输(集团)总公司	北京	16 481 142	－229 456	34 184 011	9 766 620	74 312
36	百联集团有限公司	上海	16 391 646	61 116	8 135 575	1 271 153	—

续表

名次	企业名称	地区	营业收入（万元）	利润（万元）	资产（万元）	所有者权益（万元）	从业人数（人）
37	中国通用技术(集团)控股有限责任公司	北京	15 802 681	274 625	11 407 849	3 033 363	42 020
38	大商集团有限公司	辽宁	15 041 856	193 659	2 247 333	625 722	218 858
39	中国农业发展银行	北京	14 887 326	1 413 662	262 268 311	6 393 269	52 136
40	中国光大银行股份有限公司	北京	13 533 600	2 671 500	241 508 600	15 283 900	36 290
41	国美电器有限公司	北京	13 334 000	199 000	5 027 100	1 635 600	56 202
42	中国保利集团公司	北京	13 180 074	636 410	45 533 119	3 877 051	45 688
43	新华人寿保险股份有限公司	北京	12 959 400	442 200	56 584 900	3 931 200	55 262
44	山西煤炭进出口集团有限公司	山西	12 726 860	25 660	7 161 586	1 250 940	15 821
45	海航集团有限公司	海南	11 556 538	100 672	41 022 413	2 123 821	108 416
46	广东物资集团公司	广东	10 927 656	12 547	3 115 633	629 351	9 129
47	新疆广汇实业投资(集团)有限责任公司	新疆	10 923 638	327 840	12 539 908	2 150 881	66 841
48	厦门建发集团有限公司	福建	10 466 368	187 721	9 732 636	1 201 798	15 737
49	中国航空集团公司	北京	9 981 399	160 758	21 613 366	3 470 299	75 763
50	中国南方航空集团公司	广东	9 941 148	123 243	17 422 749	1 889 529	73 660
51	国家开发投资公司	北京	9 864 838	379 601	34 182 038	5 553 000	88 263
52	广东振戎能源有限公司	广东	9 783 531	27 576	3 991 042	75 238	717
53	中国外运长航集团有限公司	北京	9 674 900	-755 473	10 741 082	2 805 212	69 102
54	上海东浩兰生国际服务贸易(集团)有限公司	上海	9 480 170	57 855	2 554 656	730 235	4 724
55	恒大地产集团有限公司	广东	9 387 178	1 370 903	34 814 819	7 934 263	48 681
56	中国东方航空集团公司	上海	9 118 428	199 940	14 959 310	1 782 538	53 421
57	泰康人寿保险股份有限公司	北京	8 410 321	374 451	44 150 271	2 418 815	47 009
58	华夏银行股份有限公司	北京	8 311 865	1 550 604	167 244 638	8 541 997	25 200
59	厦门国贸控股有限公司	福建	8 163 458	29 434	4 507 139	266 096	14 797
60	大印集团有限公司	海南	7 893 103	66 141	1 219 977	441 430	2 156
61	浙江省能源集团有限公司	浙江	7 753 973	700 892	15 547 289	5 223 567	16 854
62	中国诚通控股集团有限公司	北京	7 740 561	42 719	7 719 780	1 184 927	25 894
63	广发银行股份有限公司	广东	7 544 348	1 158 348	146 984 993	7 329 147	23 328
64	山东省商业集团有限公司	山东	7 449 205	19 528	7 217 027	231 398	200 000
65	浙江省兴合集团公司	浙江	7 003 607	27 651	3 115 503	291 995	14 169
66	珠海振戎公司	北京	6 963 072	23 220	434 312	188 100	122
67	京东商城电子商务有限公司	北京	6 933 981	-4 990	2 600 981	—	32 953
68	广东省广新控股集团有限公司	广东	6 906 822	16 490	3 799 452	311 965	24 409
69	中国海运(集团)总公司	上海	6 826 053	207 279	17 646 847	4 880 074	44 462
70	玖隆钢铁物流有限公司	江苏	6 619 737	14 108	445 811	93 786	182
71	三胞集团有限公司	江苏	6 546 007	117 828	5 062 818	992 835	40 254
72	绿城房地产集团有限公司	浙东	6 510 000	488 551	12 233 570	2 494 733	4 928
73	庞大汽贸集团股份有限公司	河北	6 398 528	21 077	6 506 392	903 886	35 762
74	北京银行	北京	6 278 461	1 345 931	133 676 385	7 811 401	9 193
75	安徽省徽商集团有限公司	安徽	6 161 577	15 797	1 500 471	75 343	12 507

续表

名次	企业名称	地区	营业收入（万元）	利润（万元）	资产（万元）	所有者权益（万元）	从业人数（人）
76	腾讯控股有限公司	广东	6 043 700	1 919 400	10 723 500	—	24 000
77	太平人寿保险有限公司	上海	5 955 024	103 356	20 663 817	1 632 087	19 740
78	河北省物流产业集团有限公司	河北	5 803 130	1 959	833 856	128 266	2 069
79	中国港中旅集团公司	北京	5 770 758	70 642	7 107 025	1 500 230	43 655
80	南方石化集团有限公司	广东	5 743 393	150 790	2 307 119	255 782	1 175
81	北京控股集团有限公司	北京	5 316 369	66 794	16 028 157	2 251 798	74 004
82	中升集团控股有限公司	辽宁	5 252 738	101 007	3 373 518	841 897	16 308
83	浙江省国际贸易集团有限公司	浙江	5 121 380	78 890	3 826 600	785 104	13 929
84	重庆商社(集团)有限公司	重庆	5 065 631	31 842	2 139 531	237 403	101 903
85	隆基泰和实业有限公司	河北	5 021 674	230 804	4 052 183	1 204 876	22 659
86	江苏汇鸿国际集团有限公司	江苏	4 852 703	39 937	3 321 692	576 250	5 516
87	华侨城集团公司	广东	4 823 545	482 146	10 455 544	3 301 051	41 984
88	中国中纺集团公司	北京	4 678 239	468 000	2 683 949	643 449	21 686
89	浙江省商业集团有限公司	浙江	4 573 114	24 027	5 611 731	292 347	14 636
90	远大物产集团有限公司	浙江	4 519 400	9 607	507 629	59 043	546
91	浪潮集团有限公司	山东	4 510 533	106 175	1 251 055	604 582	14 236
92	广西北部湾国际港务集团有限公司	广西	4 510 003	101 093	4 903 167	1 254 162	11 930
93	银亿集团有限公司	浙江	4 210 593	117 851	4 661 164	574 110	9 131
94	山东高速集团有限公司	山东	4 184 385	50 532	27 363 855	3 144 183	23 052
95	深圳市神州通投资集团有限公司	广东	4 110 089	43 337	1 690 832	485 485	10 518
96	天津一商集团有限公司	天津	4 045 218	7 278	1 294 899	200 576	4 113
97	中国国际技术智力合作公司	北京	4 045 068	43 528	566 750	205 153	3 534
98	深圳市爱施德股份有限公司	广东	4 024 348	75 448	1 192 795	459 117	2 559
99	广东省广晟资产经营有限公司	广东	4 016 542	98 466	8 804 942	2 031 384	38 421
100	广东省丝绸纺织集团有限公司	广东	3 969 228	16 024	1 435 741	155 708	5 374

资料来源：中国企业联合会、中国企业家协会。

2014 中国企业按净利润排序前 100 名企业

名次	企业名称	500 强排序	净利润（万元）	名次	企业名称	500 强排序	净利润（万元）
1	中国工商银行股份有限公司	4	26 264 900	51	中国船舶重工集团公司	85	712 196
2	中国建设银行股份有限公司	5	21 465 700	52	浙江省能源集团有限公司	169	700 892
3	中国农业银行股份有限公司	6	16 631 500	53	南山集团有限公司	162	695 039
4	中国银行股份有限公司	7	15 691 100	54	中国航天科工集团公司	103	685 934
5	中国石油天然气集团公司	4	11 377 507	55	山东魏桥创业集团有限公司	47	678 104
6	国家开发银行	5	7 958 400	56	天津中环电子信息集团有限公司	86	655 655
7	交通银行股份有限公司	6	6 229 508	57	中国保利集团公司	108	636 410
8	中国移动通信集团公司	9	5 655 285	58	中国铁道建筑总公司	11	606 558
9	中国石油化工集团公司	2	5 491 780	59	四川省宜宾五粮液集团有限公司	195	606 507
10	招商银行股份有限公司	19	5 197 789	60	宝钢集团有限公司	35	568 710
11	国家电网公司	36	4 908 187	61	北京汽车集团有限公司	40	567 108
12	中国海洋石油总公司	8	4 734 832	62	中国广核集团有限公司	328	562 142
13	中国民生银行股份有限公司	1	4 227 800	63	重庆龙湖企业拓展有限公司	303	555 946
14	兴业银行股份有限公司	66	4 121 100	64	生命人寿保险股份有限公司	384	537 856
15	上海浦东发展银行股份有限公司	3	4 092 200	65	美的集团股份有限公司	116	531 746
16	中国中信集团有限公司	10	3 783 894	66	上海国际港务(集团)股份有限公司	412	525 553
17	神华集团有限责任公司	61	3 652 206	67	正威国际集团有限公司	50	512 350
18	中国平安保险(集团)股份有限公司	62	2 815 400	68	中国电力建设集团有限公司	57	512 065
19	中国光大银行股份有限公司	76	2 671 500	69	海信集团有限公司	146	509 236
20	中国邮政集团公司	25	2 530 018	70	宁夏天元锰业有限公司	258	496 263
21	上海汽车集团股份有限公司	26	2 480 363	71	中国华电集团公司	71	492 284
22	华为技术有限公司	20	2 091 900	72	绿城房地产集团有限公司	190	488 551
23	中国建筑股份有限公司	106	2 039 851	73	华侨城集团公司	250	482 146
24	中国第一汽车集团公司	28	2 006 573	74	中国中化集团公司	15	464 255
25	腾讯控股有限公司	12	1 919 400	75	中国航空工业集团公司	30	458 949
26	上海烟草集团有限责任公司	48	1 814 547	76	渤海银行股份有限公司	391	456 237
27	太平洋建设集团有限公司	7	1 704 736	77	中国联合网络通信集团有限公司	34	448 849
28	华夏银行股份有限公司	16	1 550 604	78	新华人寿保险股份有限公司	111	442 200
29	中国农业发展银行	204	1 413 662	79	中国兵器工业集团公司	23	439 935
30	恒大地产集团有限公司	122	1 370 903	80	河南省漯河市双汇实业集团有限责任公司	257	417 498
31	北京银行	27	1 345 931	81	湖北中烟工业有限责任公司	189	411 715
32	华润股份有限公司	158	1 294 146	82	广东省粤电集团有限公司	216	392 897
33	广发银行股份有限公司	101	1 158 348	83	中联重科股份有限公司	171	383 897
34	珠海格力电器股份有限公司	145	1 087 067	84	国家开发投资公司	137	379 601
35	中国贵州茅台酒厂(集团)有限责任公司	196	1 037 631	85	泰康人寿保险股份有限公司	156	374 451
36	陕西延长石油(集团)有限责任公司	22	971 886	86	中国人寿保险(集团)公司	14	365 675
37	中国电信集团公司	172	956 648	87	科创控股集团有限公司	266	361 005
38	红云红河烟草(集团)有限责任公司	118	955 139	88	潍柴动力股份有限公司	151	357 079
39	中国中铁股份有限公司	337	937 463	89	中国国电集团公司	51	351 233
40	中国太平洋保险(集团)股份有限公司	88	926 100	90	三一集团有限公司	177	345 073
41	东风汽车公司	24	890 548	91	安徽海螺集团有限责任公司	147	340 718
42	海尔集团公司	155	883 309	92	天狮集团有限公司	380	338 982
43	大连万达集团股份有限公司	13	839 775	93	中国化学工程股份有限公司	200	335 839
44	长城汽车股份有限公司	77	822 364	94	山东大王集团有限公司	153	332 496
45	中国交通建设集团有限公司	17	821 276	95	新疆广汇实业投资(集团)有限责任公司	125	327 840
46	绿地控股集团有限公司	90	818 511	96	浙江中烟工业有限责任公司	207	322 007
47	中国南方电网有限责任公司	87	814 999	97	内蒙古伊利实业集团股份有限公司	253	318 724
48	中国人民保险集团股份有限公司	214	812 100	98	贵州中烟工业有限责任公司	352	317 279
49	杭州娃哈哈集团有限公司	32	773 972	99	江苏华厦融创置地集团有限公司	428	314 496
50	红塔烟草(集团)有限责任公司	42	755 002	100	山东胜通集团股份有限公司	414	298 809
中国企业 500 强平均数							482 451

资料来源：中国企业联合会、中国企业家协会。

2014 中国企业按收入利润率排序前 100 名企业

名次	企业名称	500 强排序	收入利润率(%)	名次	企业名称	500 强排序	收入利润率(%)
1	腾讯控股有限公司	204	31.76	51	中国邮政集团公司	28	6.78
2	中国贵州茅台酒厂(集团)有限责任公司	337	29.97	52	中国平安保险(集团)股份有限公司	20	6.70
3	中国工商银行股份有限公司	4	28.37	53	江苏扬子江船业集团公司	387	6.67
4	中国建设银行股份有限公司	5	27.84	54	内蒙古伊利实业集团股份有限公司	253	6.54
5	招商银行股份有限公司	66	24.83	55	福建中烟工业有限责任公司	402	6.31
6	中国银行股份有限公司	9	24.16	56	湖北中烟工业有限责任公司	189	6.21
7	中国农业银行股份有限公司	6	23.55	57	海澜集团有限公司	277	5.98
8	北京银行	196	21.44	58	世纪金源投资集团有限公司	371	5.87
9	上海浦东发展银行股份有限公司	76	21.17	59	弘阳集团有限公司	422	5.87
10	交通银行股份有限公司	36	21.01	60	北京能源投资(集团)有限公司	339	5.82
11	中国光大银行股份有限公司	106	19.74	61	维维集团股份有限公司	451	5.66
12	中国民生银行股份有限公司	61	19.38	62	山东如意科技集团有限公司	305	5.64
13	兴业银行股份有限公司	62	19.26	63	东营鲁方金属材料有限公司	442	5.46
14	华夏银行股份有限公司	158	18.66	64	海信集团有限公司	146	5.45
15	上海国际港务(集团)股份有限公司	412	18.66	65	新奥能源控股有限公司	498	5.44
16	国家开发银行	19	18.13	66	中国化学工程股份有限公司	200	5.43
17	生命人寿保险股份有限公司	384	17.80	67	天瑞集团股份有限公司	382	5.42
18	上海烟草集团有限责任公司	122	16.31	68	天津百利机电控股集团有限公司	237	5.37
19	中国广核集团有限公司	328	15.91	69	浙江中烟工业有限责任公司	207	5.37
20	渤海银行股份有限公司	391	15.43	70	中策橡胶集团有限公司	457	5.26
21	广发银行股份有限公司	172	15.35	71	浙江龙盛控股有限公司	467	5.24
22	恒大地产集团有限公司	145	14.60	72	江苏阳光集团有限公司	345	5.21
23	长城汽车股份有限公司	214	14.48	73	陕西延长石油(集团)有限责任公司	88	5.09
24	重庆龙湖企业拓展有限公司	303	14.20	74	上海复星高科技(集团)有限公司	229	5.07
25	江苏华厦融创置地集团有限公司	428	11.58	75	中联重科股份有限公司	171	5.06
26	红云红河烟草(集团)有限责任公司	155	11.32	76	中国煤炭科工集团有限公司	320	5.06
27	天狮集团有限公司	380	11.12	77	江苏南通二建集团有限公司	308	4.90
28	山东胜通集团股份有限公司	414	10.64	78	郑州宇通集团有限公司	433	4.90
29	宁夏天元锰业有限公司	258	10.55	79	海尔集团公司	90	4.83
30	中国中信集团有限公司	25	10.09	80	中国保利集团公司	108	4.82
31	华侨城集团公司	250	10.00	81	中国航天科工集团公司	103	4.80
32	神华集团有限责任公司	26	9.93	82	中国太平洋保险(集团)股份有限公司	77	4.78
33	杭州娃哈哈集团有限公司	165	9.89	83	三一集团有限公司	177	4.71
34	四川省宜宾五粮液集团有限公司	195	9.61	84	山东金岭集团有限公司	403	4.65
35	贵州中烟工业有限责任公司	352	9.55	85	新疆特变电工集团有限公司	327	4.65
36	中国农业发展银行	101	9.50	86	太平洋建设集团有限公司	27	4.63
37	珠海格力电器股份有限公司	118	9.06	87	嘉晨集团有限公司	354	4.62
38	浙江省能源集团有限公司	169	9.04	88	沂州集团有限公司	416	4.60
39	河南省漯河市双汇实业集团有限责任公司	257	8.84	89	隆基泰和实业有限公司	240	4.52
40	华为技术有限公司	48	8.75	90	中南控股集团有限公司	274	4.50
41	南山集团有限公司	162	8.62	91	大连万达集团股份有限公司	87	4.45
42	中国移动通信集团公司	8	8.54	92	泰康人寿保险股份有限公司	156	4.40
43	卓尔控股有限公司	488	8.50	93	山东大海集团有限公司	323	4.38
44	中国海洋石油总公司	10	8.02	94	美的集团股份有限公司	116	4.38
45	科创控股集团有限公司	266	7.99	95	上海汽车集团股份有限公司	12	4.35
46	红塔烟草(集团)有限责任公司	141	7.83	96	中国第一汽车集团公司	16	4.32
47	绿城房地产集团有限公司	190	7.50	97	天津市医药集团有限公司	348	4.27
48	申能(集团)有限公司	364	7.05	98	紫金矿业集团股份有限公司	243	4.22
49	广东省粤电集团有限公司	216	7.05	99	奇瑞汽车股份有限公司	432	4.19
50	青岛啤酒股份有限公司	407	6.98	100	上海人民企业(集团)有限公司	375	6.78
中国企业500强平均数							4.24

资料来源：中国企业联合会、中国企业家协会。

2014 中国企业按资产排序前 100 名企业

名次	企业名称	500强排序	资产（万元）	名次	企业名称	500强排序	资产（万元）
1	中国工商银行股份有限公司	4	1 891 775 200	51	上海汽车集团股份有限公司	12	37 364 074
2	中国建设银行股份有限公司	5	1 536 321 000	52	中国船舶重工集团公司	85	37 102 724
3	中国农业银行股份有限公司	6	1 456 210 200	53	绿地控股集团有限公司	42	36 767 814
4	中国银行股份有限公司	9	1 387 429 900	54	中国建筑材料集团有限公司	41	36 441 569
5	国家开发银行	19	818 795 300	55	中国电力建设集团有限公司	57	35 083 008
6	交通银行股份有限公司	36	596 093 674	56	陕西煤业化工集团有限责任公司	99	34 848 650
7	中国邮政集团公司	28	574 732 340	57	恒大地产集团有限公司	145	34 814 819
8	中国中信集团有限公司	25	429 967 747	58	中国远洋运输(集团)总公司	92	34 184 011
9	招商银行股份有限公司	66	401 639 900	59	国家开发投资公司	137	34 182 038
10	中国石油天然气集团公司	2	375 735 986	60	中国冶金科工集团有限公司	67	33 246 212
11	上海浦东发展银行股份有限公司	76	368 012 500	61	河北钢铁集团有限公司	43	32 840 956
12	兴业银行股份有限公司	62	367 743 500	62	中国中化集团公司	15	31 777 903
13	中国平安保险(集团)股份有限公司	20	336 031 200	63	中国广核集团有限公司	328	31 562 264
14	中国民生银行股份有限公司	61	322 621 000	64	中国兵器装备集团公司	29	31 180 906
15	中国农业发展银行	101	262 268 311	65	中国第一汽车集团公司	16	30 129 536
16	国家电网公司	3	257 007 115	66	中国兵器工业集团公司	23	29 843 431
17	中国光大银行股份有限公司	106	241 508 600	67	东风汽车公司	17	29 529 385
18	中国人寿保险(集团)公司	14	240 711 807	68	中国五矿集团公司	21	29 407 790
19	中国石油化工集团公司	1	213 692 292	69	鞍钢集团公司	98	28 458 231
20	华夏银行股份有限公司	158	167 244 638	70	中粮集团有限公司	84	28 433 268
21	广发银行股份有限公司	172	146 984 993	71	中国中煤能源集团有限公司	126	28 000 623
22	中国移动通信集团公司	8	140 458 151	72	光明食品(集团)有限公司	94	27 624 160
23	北京银行	196	133 676 385	73	山东高速集团有限公司	282	27 363 855
24	中国海洋石油总公司	10	104 165 019	74	中国化工集团公司	44	27 251 067
25	神华集团有限责任公司	26	88 265 652	75	河南能源化工集团有限责任公司	60	26 945 513
26	中国华能集团公司	37	85 521 906	76	陕西延长石油(集团)有限责任公司	88	24 052 690
27	华润股份有限公司	22	84 903 230	77	武汉钢铁(集团)公司	56	23 994 208
28	中国国电集团公司	51	78 602 736	78	中国机械工业集团有限公司	46	23 460 378
29	中国建筑股份有限公司	7	78 382 109	79	渤海钢铁集团有限公司	59	23 416 984
30	中国人民保险集团股份有限公司	33	75 531 900	80	华为技术有限公司	48	23 153 200
31	中国太平洋保险(集团)股份有限公司	77	72 353 300	81	广东省交通集团有限公司	390	23 044 858
32	中国大唐集团公司	82	69 799 733	82	山西焦煤集团有限责任公司	49	22 757 956
33	中国航空工业集团公司	30	68 501 391	83	山东能源集团有限公司	53	22 561 589
34	中国电信集团公司	24	67 394 021	84	中国航空集团公司	135	21 613 366
35	中国华电集团公司	71	65 338 998	85	山西晋城无烟煤矿业集团有限责任公司	78	21 431 586
36	中国中铁股份有限公司	13	62 820 053	86	联想控股股份有限公司	45	20 701 663
37	中国电力投资集团公司	80	61 804 674	87	太平人寿保险有限公司	208	20 663 817
38	中国南方电网有限责任公司	18	58 424 791	88	生命人寿保险股份有限公司	384	19 586 886
39	中国联合网络通信集团有限公司	34	57 347 240	89	大同煤矿集团有限责任公司	72	19 137 287
40	渤海银行股份有限公司	391	56 821 104	90	中国能源建设集团有限公司	95	18 722 407
41	新华人寿保险股份有限公司	111	56 584 900	91	兖矿集团有限公司	131	18 457 404
42	中国铁道建筑总公司	11	56 398 838	92	山东钢铁集团有限公司	117	18 452 314
43	中国交通建设集团有限公司	32	53 837 946	93	晋能有限责任公司	55	18 350 940
44	宝钢集团有限公司	35	51 946 195	94	北京汽车集团有限公司	40	18 290 576
45	中国铝业公司	39	46 628 512	95	太平洋建设集团有限公司	27	18 254 910
46	中国保利集团公司	108	45 533 119	96	中国电子信息产业集团有限公司	75	18 021 175
47	泰康人寿保险股份有限公司	156	44 150 271	97	海尔集团公司	90	17 920 763
48	海航集团有限公司	120	41 022 413	98	中国航天科工集团公司	103	17 882 218
49	大连万达集团股份有限公司	87	39 715 359	99	中国海运(集团)总公司	184	17 646 847
50	首钢总公司	64	39 177 705	100	中国南方航空集团公司	136	17 422 749
中国企业500强平均数							35 285 915

资料来源：中国企业联合会、中国企业家协会。

2014 中国企业按资产利润率排序前 100 名企业

名次	企业名称	500 强排序	资产利润率（%）	名次	企业名称	500 强排序	资产利润率（%）
1	天狮集团有限公司	380	28.11	51	福建中烟工业有限责任公司	402	6.87
2	山东胜通集团股份有限公司	414	22.59	52	四川科伦实业集团有限公司	333	6.86
3	天正集团有限公司	435	20.20	53	中国第一汽车集团公司	16	6.66
4	河南省漯河市双汇实业集团有限责任公司	257	19.78	54	红塔烟草（集团）有限责任公司	141	6.65
5	山东大海集团有限公司	323	19.49	55	上海汽车集团股份有限公司	12	6.64
6	杭州娃哈哈集团有限公司	165	19.44	56	江苏法尔胜泓昇集团有限公司	469	6.57
7	腾讯控股有限公司	204	17.90	57	南方石化集团有限公司	213	6.54
8	东营鲁方金属材料有限公司	442	17.17	58	山东金诚石化集团有限公司	381	6.47
9	张家港保税区旭江贸易有限公司	429	17.14	59	弘阳集团有限公司	422	6.45
10	宁夏天元锰业有限公司	258	16.71	60	中策橡胶集团有限公司	457	6.42
11	山河建设集团有限公司	458	15.94	61	天津百利机电控股集团有限公司	237	6.41
12	长城汽车股份有限公司	214	15.63	62	深圳市爱施德股份有限公司	294	6.33
13	山东天信集团有限公司	447	15.37	63	浙江龙盛控股有限公司	467	6.11
14	贵州中烟工业有限责任公司	352	14.85	64	海信集团有限公司	146	5.99
15	中国贵州茅台酒厂（集团）有限责任公司	337	14.62	65	上海国际港务（集团）股份有限公司	412	5.93
16	中太建设集团股份有限公司	297	14.55	66	合肥百货大楼集团股份有限公司	329	5.82
17	山东时风（集团）有限责任公司	368	14.14	67	山东海科化工集团	374	5.80
18	浙江八达建设集团有限公司	436	14.12	68	东营方圆有色金属有限公司	439	5.73
19	上海烟草集团有限责任公司	122	13.95	69	隆基泰和实业有限公司	240	5.70
20	人民电器集团有限公司	389	13.85	70	巨力环球控股有限公司	489	5.67
21	双胞胎（集团）股份有限公司	310	13.40	71	大汉控股集团有限公司	396	5.63
22	山东金岭集团有限公司	403	12.73	72	永辉超市股份有限公司	379	5.55
23	沂州集团有限公司	416	12.25	73	江苏金辉铜业集团有限公司	418	5.54
24	大棒集团有限公司	425	12.17	74	美的集团股份有限公司	116	5.48
25	红云红河烟草（集团）有限责任公司	155	12.16	75	大印集团有限公司	164	5.42
26	江苏南通二建集团有限公司	308	12.14	76	中国华信能源有限公司	65	5.37
27	江苏南通三建集团有限公司	244	10.54	77	山东大王集团有限公司	153	5.37
28	山东如意科技集团有限公司	305	10.46	78	珠海振戎公司	181	5.35
29	海澜集团有限公司	277	10.45	79	山东魏桥创业集团有限公司	47	5.34
30	湖北中烟工业有限责任公司	189	9.77	80	浙江昆仑控股集团有限公司	401	5.32
31	内蒙古伊利实业集团股份有限公司	253	9.69	81	山东玉皇化工有限公司	438	5.27
32	老凤祥股份有限公司	356	9.53	82	奥克斯集团有限公司	251	5.26
33	浙江中烟工业有限责任公司	207	9.48	83	金鼎重工股份有限公司	480	5.25
34	太平洋建设集团有限公司	27	9.34	84	百兴集团有限公司	437	5.25
35	天津中环电子信息集团有限公司	86	9.13	85	德力西集团有限公司	355	5.20
36	华为技术有限公司	48	9.04	86	江苏华厦融创置地集团有限公司	428	5.17
37	四川省宜宾五粮液集团有限公司	195	8.64	87	卓尔控股有限公司	488	5.14
38	大商集团有限公司	100	8.62	88	超威电源有限公司	215	5.11
39	维维集团股份有限公司	451	8.55	89	浙江中成控股集团有限公司	358	5.09
40	江苏阳光集团有限公司	345	8.51	90	正威国际集团有限公司	50	4.94
41	浪潮集团有限公司	268	8.49	91	海尔集团公司	90	4.93
42	山东科达集团有限公司	444	8.32	92	腾邦投资控股有限公司	343	4.87
43	珠海格力电器股份有限公司	118	8.13	93	重庆龙湖企业拓展有限公司	303	4.80
44	通威集团有限公司	260	8.00	94	中国化学工程股份有限公司	200	4.69
45	科创控股集团有限公司	266	7.84	95	恒力集团有限公司	105	4.67
46	南山集团有限公司	162	7.72	96	嘉晨集团有限公司	354	4.64
47	中国国际技术智力合作公司	291	7.68	97	华侨城集团公司	250	4.61
48	上海人民企业（集团）有限公司	375	7.58	98	中国海洋石油总公司	10	4.55
49	浙江宝业建设集团有限公司	462	7.46	99	潍柴动力股份有限公司	151	4.55
50	青岛啤酒股份有限公司	407	7.21	100	浙江省能源集团有限公司	169	4.51
中国企业 500 强平均数							1.36

资料来源：中国企业联合会、中国企业家协会。

2014 中国企业按从业人数排序前 100 名企业

名次	企业名称	总排名	从业人数(人)	名次	企业名称	总排名	从业人数(人)
1	中国石油天然气集团公司	2	1 602 898	51	中国华能集团公司	37	138 651
2	中国大唐集团公司	82	1 027 777	52	宝钢集团有限公司	35	137 546
3	中国石油化工集团公司	1	961 703	53	中国航天科工集团公司	103	135 984
4	中国邮政集团公司	28	954 419	54	陕西煤业化工集团有限责任公司	99	132 689
5	国家电网公司	3	885 766	55	中国冶金科工集团有限公司	67	132 613
6	黑龙江北大荒农垦集团总公司	109	575 608	56	山东魏桥创业集团有限公司	47	132 091
7	中国人民保险集团股份有限公司	33	514 228	57	雨润控股集团有限公司	110	130 000
8	中国航空工业集团公司	30	513 554	58	中国电力投资集团公司	80	126 154
9	中国农业银行股份有限公司	6	478 980	59	河北钢铁集团有限公司	43	125 708
10	华润股份有限公司	22	442 861	60	中国电子信息产业集团有限公司	75	124 304
11	中国工商银行股份有限公司	4	441 902	61	中太建设集团股份有限公司	297	123 816
12	中国电信集团公司	24	414 673	62	广厦控股集团有限公司	152	121 025
13	中国建设银行股份有限公司	5	368 410	63	中国机械工业集团有限公司	46	119 523
14	中国南方电网有限责任公司	18	309 114	64	中国五矿集团公司	21	118 030
15	中国银行股份有限公司	9	305 675	65	首钢总公司	64	117 180
16	中国铁道建筑总公司	11	297 239	66	阳光保险集团股份有限公司	324	115 357
17	中国中铁股份有限公司	13	289 547	67	中国华电集团公司	71	115 000
18	中国联合网络通信集团有限公司	34	288 679	68	晋能有限责任公司	55	112 957
19	太平洋建设集团有限公司	27	287 816	69	光明食品(集团)有限公司	94	111 780
20	中国兵器工业集团公司	23	258 186	70	武汉钢铁(集团)公司	56	111 318
21	黑龙江龙煤矿业控股集团有限责任公司	306	243 000	71	中国中煤能源集团有限公司	126	110 210
22	河南能源化工集团有限责任公司	60	242 786	72	中国交通建设集团有限公司	32	110 140
23	中国兵器装备集团公司	29	242 430	73	中国化工集团公司	44	110 005
24	山西焦煤集团有限责任公司	49	235 338	74	美的集团股份有限公司	116	109 085
25	山东能源集团有限公司	53	233 072	75	中国海洋石油总公司	10	108 646
26	中国移动通信集团公司	8	233 052	76	海航集团有限公司	120	108 416
27	大商集团有限公司	100	218 858	77	中粮集团有限公司	84	107 271
28	中国建筑股份有限公司	7	216 824	78	重庆商社(集团)有限公司	236	101 903
29	神华集团有限责任公司	26	208 658	79	山西潞安矿业(集团)有限责任公司	73	100 205
30	中国电力建设集团有限公司	57	202 850	80	大连万达集团股份有限公司	87	99 752
31	山东省商业集团有限公司	174	200 000	81	北京汽车集团有限公司	40	99 533
32	鞍钢集团公司	98	192 500	82	冀中能源集团有限责任公司	52	99 469
33	浙江省建设投资集团有限公司	252	187 363	83	交通银行股份有限公司	36	97 210
34	东风汽车公司	17	184 635	84	江苏南通三建集团有限公司	244	94 760
35	苏宁控股集团	38	180 000	85	江苏南通二建集团有限公司	308	92 180
36	中国建筑材料集团有限公司	41	179 421	86	上海汽车集团股份有限公司	12	91 870
37	中国中信集团有限公司	25	176 175	87	中国第一汽车集团公司	16	91 646
38	中国铝业公司	39	175 602	88	中国南车集团公司	134	91 515
39	中国能源建设集团有限公司	95	170 056	89	淮北矿业(集团)有限责任公司	206	89 159
40	山西晋城无烟煤矿业集团有限责任公司	78	164 692	90	兖矿集团有限公司	131	88 973
41	中国船舶重工集团公司	85	164 000	91	国家开发投资公司	137	88 263
42	大同煤矿集团有限责任公司	72	160 660	92	江苏省苏中建设集团股份有限公司	332	87 563
43	比亚迪股份有限公司	224	159 440	93	山东钢铁集团有限公司	117	87 281
44	中国平煤神马能源化工集团有限责任公司	104	158 851	94	中国太平洋保险(集团)股份有限公司	77	86 893
45	阳泉煤业(集团)有限责任公司	79	150 469	95	中国北方机车车辆工业集团公司	138	85 064
46	华为技术有限公司	48	150 000	96	淮南矿业(集团)有限责任公司	178	83 864
47	中国人寿保险(集团)公司	14	146 002	97	中国医药集团总公司	68	82 766
48	陕西延长石油(集团)有限责任公司	88	143 674	98	海南省农垦集团有限公司	460	81 647
49	成都建筑工程集团总公司	363	141 897	99	本钢集团有限公司	123	81 542
50	中国国电集团公司	51	139 886	100	新希望集团有限公司	168	81 184
	中国企业500强平均数						632 83

资料来源:中国企业联合会、中国企业家协会。

2014 中国企业按研发费用排序前 100 名企业

名次	企业名称	500 强排序	研发费用（万元）	名次	企业名称	500 强排序	研发费用（万元）
1	华为技术有限公司	48	3 067 200	51	中国建设银行股份有限公司	5	297 648
2	中国石油天然气集团公司	2	2 802 389	52	山东钢铁集团有限公司	117	288 238
3	中国航空工业集团公司	30	2 333 879	53	比亚迪股份有限公司	224	287 248
4	中国移动通信集团公司	8	1 899 093	54	恒力集团有限公司	105	282 510
5	中国航天科工集团公司	103	1 668 621	55	中国海洋石油总公司	10	282 320
6	中国兵器装备集团公司	29	1 137 821	56	中国北方机车车辆工业集团公司	138	280 731
7	中国电信集团公司	24	956 337	57	北京汽车集团有限公司	40	280 585
8	中国船舶重工集团公司	85	923 144	58	中国机械工业集团有限公司	46	276 993
9	海尔集团公司	90	901 497	59	三一集团有限公司	177	275 579
10	中国石油化工集团公司	1	893 410	60	华晨汽车集团控股有限公司	112	273 373
11	中国兵器工业集团公司	23	887 349	61	中国有色矿业集团有限公司	83	268 397
12	山东魏桥创业集团有限公司	47	878 647	62	中国能源建设集团有限公司	95	268 001
13	中国中铁股份有限公司	13	851 575	63	山东能源集团有限公司	53	266 160
14	中国第一汽车集团公司	16	838 194	64	潍柴动力股份有限公司	151	251 738
15	浙江吉利控股集团有限公司	96	764 030	65	新希望集团有限公司	168	249 113
16	陕西延长石油(集团)有限责任公司	88	759 569	66	河北钢铁集团有限公司	43	245 703
17	中兴通讯股份有限公司	173	738 389	67	江西铜业集团公司	74	245 695
18	武汉钢铁(集团)公司	56	726 553	68	太原钢铁(集团)有限公司	102	241 263
19	东风汽车公司	17	639 738	69	四川长虹电子集团有限公司	149	241 051
20	中国工商银行股份有限公司	4	602 149	70	兖矿集团有限公司	131	236 700
21	上海汽车集团股份有限公司	12	589 027	71	中国中煤能源集团有限公司	126	235 844
22	宝钢集团有限公司	35	588 029	72	中国南方电网有限责任公司	18	234 061
23	神华集团有限责任公司	26	582 390	73	中联重科股份有限公司	171	230 108
24	国家电网公司	3	578 851	74	南山集团有限公司	162	221 781
25	中国电子信息产业集团有限公司	75	574 351	75	中国华电集团公司	71	211 176
26	中国南车集团公司	134	525 767	76	中国铝业公司	39	211 097
27	首钢总公司	64	511 725	77	冀中能源集团有限责任公司	52	206 186
28	阳泉煤业(集团)有限责任公司	79	477 561	78	天津中环电子信息集团有限公司	86	205 611
29	中国铁道建筑总公司	11	467 891	79	湖南华菱钢铁集团有限责任公司	159	204 061
30	中国电力建设集团有限公司	57	464 092	80	新兴际华集团有限公司	69	194 776
31	河南能源化工集团有限责任公司	60	461 745	81	中国重型汽车集团有限公司	199	181 015
32	美的集团股份有限公司	116	460 807	82	中国化工集团公司	44	181 001
33	陕西煤业化工集团有限责任公司	99	450 391	83	大同煤矿集团有限责任公司	72	179 550
34	山西晋城无烟煤矿业集团有限责任公司	78	449 267	84	日照钢铁控股集团有限公司	271	175 220
35	联想控股股份有限公司	45	446 593	85	山东胜通集团股份有限公司	414	168 453
36	酒泉钢铁(集团)有限责任公司	114	446 015	86	哈尔滨电气集团公司	487	163 636
37	鞍钢集团公司	98	444 879	87	徐州工程机械集团有限公司	148	161 452
38	中国平煤神马能源化工集团有限责任公司	104	435 400	88	包头钢铁(集团)有限责任公司	235	158 900
39	百度股份有限公司	362	410 683	89	利华益集团股份有限公司	372	156 539
40	渤海钢铁集团有限公司	59	395 166	90	中国中材集团有限公司	175	153 428
41	海信集团有限公司	146	374 933	91	安阳钢铁集团有限责任公司	289	150 920
42	铜陵有色金属集团控股有限公司	115	374 470	92	奇瑞汽车股份有限公司	432	150 127
43	上海电气(集团)总公司	144	373 000	93	山东科达集团有限公司	444	149 623
44	中国冶金科工集团有限公司	67	366 602	94	浪潮集团有限公司	268	149 228
45	中国建筑材料集团有限公司	41	361 792	95	新疆特变电工集团有限公司	327	148 937
46	山西潞安矿业(集团)有限责任公司	73	353 000	96	湖北宜化集团有限责任公司	163	147 812
47	中国交通建设集团有限公司	32	338 306	97	天津渤海化工集团有限责任公司	179	146 429
48	TCL 集团股份有限公司	154	324 700	98	中国国电集团公司	51	144 956
49	广州汽车工业集团有限公司	70	309 879	99	华泰集团有限公司	276	137 927
50	江苏沙钢集团有限公司	54	299 801	100	四川省宜宾五粮液集团有限公司	195	136 594
中国企业 500 强平均数							141 545

资料来源：中国企业联合会、中国企业家协会。

2014年度中国民营企业500强名单

排序	企业名称	所在地	所属行业	营业收入总额（万元）
1	联想控股股份有限公司	北 京	计算机、通信和其他电子设备制造业	28 947 583
2	华为投资控股有限公司	广 东	计算机、通信和其他电子设备制造业	28 819 700
3	苏宁控股集团	江 苏	零售业	28 294 180
4	山东魏桥创业集团有限公司	山 东	有色金属冶炼和压延加工业	28 193 071
5	正威国际集团有限公司	广 东	有色金属冶炼和压延加工业	26 871 182
6	江苏沙钢集团有限公司	江 苏	黑色金属冶炼和压延加工业	24 853 607
7	大连万达集团股份有限公司	辽 宁	房地产业	24 248 000
8	中国华信能源有限公司	上 海	批发业	21 399 476
9	恒力集团有限公司	江 苏	化学原料和化学制品制造业	16 352 810
10	浙江吉利控股集团有限公司	浙 江	汽车制造业	15 395 264
11	万科企业股份有限公司	广 东	房地产业	14 638 800
12	美的集团股份有限公司	广 东	电气机械和器材制造业	14 231 097
13	海亮集团有限公司	浙 江	有色金属冶炼和压延加工业	13 003 081
14	恒大地产集团有限公司	广 东	房地产业	11 139 811
15	中天钢铁集团有限公司	江 苏	黑色金属冶炼和压延加工业	10 520 502
16	TCL集团股份有限公司	广 东	计算机、通信和其他电子设备制造业	10 129 662
17	新疆广汇实业投资(集团)有限责任公司	新 疆	零售业	10 082 004
18	广厦控股集团有限公司	浙 江	房屋建筑业	9 868 116
19	泰康人寿保险股份有限公司	北 京	保险业	9 838 871
20	苏宁环球集团有限公司	江 苏	房地产业	9 710 088
21	三胞集团有限公司	江 苏	零售业	8 506 805
22	碧桂园控股有限公司	广 东	房地产业	8 454 880
23	西安迈科金属国际集团有限公司	陕 西	批发业	8 379 831
24	浙江恒逸集团有限公司	浙 江	化学纤维制造业	7 911 115
25	新希望集团有限公司	四 川	农 业	7 820 573
26	山东晨曦集团有限公司	山 东	批发业	7 692 621
27	陕西东岭工贸集团股份有限公司	陕 西	批发业	7 578 723
28	三一集团有限公司	湖 南	专用设备制造业	7 436 800
29	盛虹控股集团有限公司	江 苏	化学纤维制造业	7 384 208
30	北京京东世纪贸易有限公司	北 京	互联网和相关服务	7 229 989
31	杭州娃哈哈集团有限公司	浙 江	酒、饮料和精制茶制造业	7 204 254
32	浙江荣盛控股集团有限公司	浙 江	化学纤维制造业	7 185 218
33	超威集团	浙 江	电气机械和器材制造业	6 564 987
34	河北津西钢铁集团股份有限公司	河 北	黑色金属冶炼和压延加工业	6 237 595
35	天能集团	浙 江	电气机械和器材制造业	6 057 873
36	雅戈尔集团股份有限公司	浙 江	纺织服装、服饰业	5 897 962

续表

排序	企业名称	所在地	所属行业	营业收入总额（万元）
37	江苏南通三建集团有限公司	江　苏	房地产业	5 892 663
38	比亚迪股份有限公司	广　东	汽车制造业	5 819 587
39	新奥集团股份有限公司	河　北	燃气生产和供应业	5 790 400
40	新华联集团有限公司	湖　南	综　合	5 698 916
41	中天发展控股集团有限公司	浙　江	房屋建筑业	5 630 461
42	奥克斯集团有限公司	浙　江	专用设备制造业	5 521 610
43	江苏金峰水泥集团有限公司	江　苏	非金属矿物制品业	5 512 430
44	上海复星高科技（集团）有限公司	上　海	综　合	5 426 059
45	银亿集团有限公司	浙　江	批发业	5 358 317
46	海澜集团有限公司	江　苏	纺织服装、服饰业	5 230 881
47	华泰集团有限公司	山　东	造纸和纸制品业	5 206 043
48	深圳大生农业集团有限公司	广　东	农　业	5 119 342
49	山东大海集团有限公司	山　东	电气机械和器材制造业	5 118 357
50	修正药业集团	吉　林	医药制造业	5 070 116
51	万达控股集团有限公司	山　东	石油加工、炼焦和核燃料加工业	5 064 961
52	通威集团有限公司	四　川	农副食品加工业	5 062 104
53	盾安控股集团有限公司	浙　江	专用设备制造业	5 031 944
54	山东新希望六和集团有限公司	山　东	畜牧业	5 024 170
55	天津荣程联合钢铁集团有限公司	天　津	黑色金属冶炼和压延加工业	5 003 413
56	重庆龙湖企业拓展有限公司	重　庆	房地产业	4 958 879
57	深圳神州通投资集团有限公司	广　东	零售业	4 933 128
58	百度公司	北　京	互联网和相关服务	4 905 232
59	中南控股集团有限公司	江　苏	房屋建筑业	4 882 433
60	深圳爱施德股份有限公司	广　东	批发业	4 832 056
61	浙 江桐昆控股集团有限公司	浙　江	化学纤维制造业	4 828 991
62	红豆集团有限公司	江　苏	纺织服装、服饰业	4 712 826
63	玖龙纸业（控股）有限公司	广　东	造纸和纸制品业	4 670 472
64	科创控股集团有限公司	四　川	医药制造业	4 621 089
65	腾邦投资控股有限公司	广　东	软件和信息技术服务业	4 578 531
66	远大物产集团	浙　江	批发业	4 563 731
67	江阴澄星实业集团有限公司	江　苏	化学原料和化学制品制造业	4 503 512
68	华盛江泉集团有限公司	山　东	黑色金属冶炼和压延加工业	4 501 664
69	新疆特变电工集团有限公司	新　疆	电气机械和器材制造业	4 453 073
70	江苏南通二建集团有限公司	江　苏	房屋建筑业	4 423 509
71	冀南钢铁集团有限公司	河　北	黑色金属冶炼和压延加工业	4 411 388
72	山东京博控股股份有限公司	山　东	石油加工、炼焦和核燃料加工业	4 363 306
73	中太建设集团股份有限公司	河　北	房屋建筑业	4 317 537
74	正邦集团有限公司	江　西	农　业	4 303 866
75	江苏新长江实业集团有限公司	江　苏	黑色金属冶炼和压延加工业	4 224 963

续表

排序	企业名称	所在地	所属行业	营业收入总额（万元）
76	利华益集团股份有限公司	山 东	石油加工、炼焦和核燃料加工业	4 202 161
77	华勤橡胶工业集团有限公司	山 东	橡胶和塑料制品业	4 175 362
78	浙江前程投资股份有限公司	浙 江	批发业	4 154 905
79	临沂新程金锣肉制品集团有限公司	山 东	农副食品加工业	4 143 331
80	内蒙古鄂尔多斯投资控股集团有限公司	内蒙古	综 合	4 136 036
81	江苏永钢集团有限公司	江 苏	黑色金属冶炼和压延加工业	4 124 747
82	九州通医药集团股份有限公司	湖 北	批发业	4 106 840
83	东方希望集团	上 海	有色金属冶炼和压延加工业	4 100 000
84	四川宏达(集团)有限责任公司	四 川	有色金属矿采选业	4 092 407
85	山东太阳控股集团有限公司	山 东	造纸和纸制品业	4 091 833
86	日照钢铁控股集团有限公司	山 东	黑色金属冶炼和压延加工业	4 059 318
87	江苏苏中建设集团股份有限公司	江 苏	房屋建筑业	4 038 725
88	亚邦投资控股集团有限公司	江 苏	化学原料和化学制品制造业	4 012 780
89	德力西集团有限公司	浙 江	电气机械和器材制造业	3 963 010
90	宁波金田投资有限公司	浙 江	有色金属冶炼和压延加工业	3 923 939
91	亨通集团有限公司	江 苏	计算机、通信和其他电子设备制造业	3 833 692
92	江苏西城三联控股集团有限公司	江 苏	金属制品业	3 833 506
93	雅居乐地产置业有限公司	广 东	房地产业	3 831 759
94	天津宝迪农业科技股份有限公司	天 津	农副食品加工业	3 814 060
95	广东温氏食品集团股份有限公司	广 东	畜牧业	3 804 022
96	长城汽车股份有限公司天津哈弗分公司	天 津	汽车制造业	3 777 097
97	天津俊安煤焦化工有限公司	天 津	批发业	3 753 694
98	双胞胎(集团)股份有限公司	江 西	农副食品加工业	3 702 788
99	四川科伦实业集团有限公司	四 川	医药制造业	3 680 434
100	杭州锦江集团有限公司	浙 江	有色金属冶炼和压延加工业	3 667 906
101	宁夏宝塔石化集团有限公司	宁 夏	石油加工、炼焦和核燃料加工业	3 650 888
102	内蒙古伊泰集团有限公司	内蒙古	煤炭开采和洗选业	3 627 026
103	广东圣丰集团有限公司	广 东	橡胶和塑料制品业	3 627 023
104	浙江中成控股集团有限公司	浙 江	房屋建筑业	3 577 368
105	天瑞集团股份有限公司	河 南	非金属矿物制品业	3 560 101
106	金龙精密铜管集团股份有限公司	河 南	有色金属冶炼和压延加工业	3 506 618
107	云南中豪置业有限责任公司	云 南	房地产业	3 505 578
108	上海均和集团有限公司	上 海	综 合	3 484 075
109	江苏阳光集团有限公司	江 苏	纺织服装、服饰业	3 475 281
110	蓝思科技股份有限公司	湖 南	计算机、通信和其他电子设备制造业	3 445 510
111	稻花香集团	湖 北	酒、饮料和精制茶制造业	3 444 574
112	君华集团有限公司	广 东	综 合	3 388 471
113	正荣集团有限公司	福 建	房地产业	3 381 228
114	四川蓝光实业集团有限公司	四 川	房地产业	3 379 929

续表

排序	企业名称	所在地	所属行业	营业收入总额（万元）
115	和润集团有限公司	浙　江	农副食品加工业	3 325 699
116	山东金岭集团有限公司	山　东	化学原料和化学制品制造业	3 292 511
117	融信（福建）投资集团有限公司	福　建	房地产业	3 289 789
118	重庆金科投资控股（集团）有限责任公司	重　庆	房地产业	3 268 671
119	江苏扬子江船业集团公司	江　苏	铁路、船舶和其他运输设备制造业	3 266 661
120	山东泰山钢铁集团有限公司	山　东	黑色金属冶炼和压延加工业	3 242 667
121	天狮集团有限公司	天　津	食品制造业	3 219 568
122	人民电器集团有限公司	浙　江	电气机械和器材制造业	3 217 181
123	四川德胜集团钒钛有限公司	四　川	黑色金属冶炼和压延加工业	3 215 038
124	山东科达集团有限公司	山　东	综　合	3 208 371
125	江苏金辉铜业集团有限公司	江　苏	有色金属冶炼和压延加工业	3 183 959
126	东方集团实业股份有限公司	黑龙江	其他金融业	3 162 416
127	郑州宇通集团有限公司	河　南	汽车制造业	3 071 976
128	重庆力帆控股有限公司	重　庆	汽车制造业	3 062 012
129	山东金诚石化集团有限公司	山　东	石油加工、炼焦和核燃料加工业	3 051 258
130	天津友发钢管集团股份有限公司	天　津	金属制品业	3 038 187
131	湖南博长控股集团有限公司	湖　南	黑色金属冶炼和压延加工业	3 036 469
132	波司登股份有限公司	江　苏	纺织服装、服饰业	3 026 981
133	浙江龙盛控股有限公司	浙　江	化学原料和化学制品制造业	3 016 131
134	隆鑫控股有限公司	重　庆	通用设备制造业	3 012 838
135	浙江昆仑控股集团有限公司	浙　江	综　合	3 012 720
136	沂州集团有限公司	山　东	非金属矿物制品业	2 984 185
137	双良集团有限公司	江　苏	专用设备制造业	2 968 756
138	山河建设集团有限公司	湖　北	房屋建筑业	2 965 321
139	东营方圆有色金属有限公司	山　东	有色金属冶炼和压延加工业	2 951 659
140	河北普阳钢铁有限公司	河　北	黑色金属冶炼和压延加工业	2 944 826
141	物美控股集团有限公司	北　京	零售业	2 927 511
142	武安裕华钢铁有限公司	河　北	黑色金属冶炼和压延加工业	2 926 625
143	大汉控股集团有限公司	湖　南	综　合	2 925 116
144	江西萍钢实业股份有限公司	江　西	黑色金属冶炼和压延加工业	2 912 994
145	广东格兰仕集团有限公司	广　东	通用设备制造业	2 895 450
146	山东玉皇化工有限公司	山　东	石油加工、炼焦和核燃料加工业	2 874 614
147	亿利资源集团有限公司	内蒙古	综　合	2 873 157
148	宁波富邦控股集团有限公司	浙　江	综　合	2 856 847
149	东营鲁方金属材料有限公司	山　东	有色金属冶炼和压延加工业	2 821 623
150	南京丰盛产业控股集团有限公司	江　苏	土木工程建筑业	2 815 030
151	天津领先控股集团有限公司	天　津	批发业	2 804 979
152	浙江宝业建设集团有限公司	浙　江	房屋建筑业	2 803 563
153	亿达集团有限公司	辽　宁	综　合	2 786 031

续表

排序	企业名称	所在地	所属行业	营业收入总额（万元）
154	维维集团股份有限公司	江　苏	食品制造业	2 725 608
155	江苏华厦融创置地有限公司	江　苏	房地产业	2 714 921
156	华芳集团有限公司	江　苏	纺织业	2 707 181
157	江苏法尔胜泓昇集团有限公司	江　苏	金属制品业	2 706 947
158	步步高集团	湖　南	零售业	2 703 795
159	卓尔控股有限公司	湖　北	综　合	2 700 275
160	江苏建筑工程集团有限公司	江　苏	房屋建筑业	2 667 427
161	晶龙实业集团有限公司	河　北	计算机、通信和其他电子设备制造业	2 665 612
162	福晟集团有限公司	福　建	土木工程建筑业	2 657 390
163	富海集团有限公司	山　东	石油加工、炼焦和核燃料加工业	2 650 208
164	宁夏天元锰业有限公司	宁　夏	有色金属冶炼和压延加工业	2 647 261
165	山东九羊集团有限公司	山　东	黑色金属冶炼和压延加工业	2 638 267
166	百兴集团有限公司	江　苏	批发业	2 576 238
167	上海圆迈贸易有限公司	上　海	零售业	2 555 087
168	广州番禺南星有限公司	广　东	批发业	2 553 399
169	龙信建设集团有限公司	江　苏	房屋建筑业	2 542 647
170	远东控股集团有限公司	江　苏	电气机械和器材制造业	2 542 515
171	河北新金钢铁有限公司	河　北	黑色金属冶炼和压延加工业	2 503 973
172	武安明芳钢铁有限公司	河　北	黑色金属冶炼和压延加工业	2 497 251
173	上海龙昂国际贸易有限公司	上　海	批发业	2 484 679
174	中经汇通有限责任公司	广　东	软件和信息技术服务业	2 482 241
175	传化集团有限公司	浙　江	化学原料和化学制品制造业	2 481 600
176	山东汇丰石化集团有限公司	山　东	石油加工、炼焦和核燃料加工业	2 459 961
177	红狮控股集团有限公司	浙　江	非金属矿物制品业	2 417 965
178	江苏新海石化有限公司	江　苏	石油加工、炼焦和核燃料加工业	2 409 477
179	威高集团有限公司	山　东	医药制造业	2 404 400
180	河北新武安钢铁集团烘熔钢铁有限公司	河　北	黑色金属冶炼和压延加工业	2 401 853
181	浙江元立金属制品集团有限公司	浙　江	金属制品业	2 395 856
182	江苏新华发集团有限公司	江　苏	通用设备制造业	2 393 589
183	精功集团有限公司	浙　江	金属制品业	2 380 513
184	天津塑力线缆集团有限公司	天　津	铁路、船舶和其他运输设备制造业	2 380 178
185	山东万通石油化工集团有限公司	山　东	石油加工、炼焦和核燃料加工业	2 361 182
186	东岳集团有限公司	山　东	化学原料和化学制品制造业	2 343 731
187	通鼎集团有限公司	江　苏	电气机械和器材制造业	2 333 621
188	西子联合控股有限公司	浙　江	专用设备制造业	2 327 219
189	河南龙成集团有限公司	河　南	黑色金属冶炼和压延加工业	2 320 612
190	卧龙控股集团有限公司	浙　江	电气机械和器材制造业	2 312 521
191	唯品会（中国）有限公司	广　东	零售业	2 296 353
192	广州元亨能源有限公司	广　东	批发业	2 250 875

续表

排序	企业名称	所在地	所属行业	营业收入总额（万元）
193	天士力控股集团有限公司	天　津	医药制造业	2 250 317
194	香江集团有限公司	广　东	综　合	2 248 818
195	深圳怡亚通供应链股份有限公司	广　东	装卸搬运和运输代理业	2 214 181
196	上海绿地建设(集团)有限公司	上　海	房屋建筑业	2 213 658
197	深圳海王集团股份有限公司	广　东	医药制造业	2 204 209
198	东辰控股集团有限公司	山　东	石油加工、炼焦和核燃料加工业	2 202 347
199	江苏三木集团有限公司	江　苏	化学原料和化学制品制造业	2 200 653
200	广西盛隆冶金有限公司	广　西	有色金属冶炼和压延加工业	2 191 966
201	江苏文峰集团有限公司	江　苏	零售业	2 186 500
202	四川金广实业(集团)股份有限公司	四　川	黑色金属冶炼和压延加工业	2 168 841
203	江苏集群信息产业集团	江　苏	软件和信息技术服务业	2 163 678
204	四川达州钢铁集团有限责任公司	四　川	黑色金属冶炼和压延加工业	2 130 050
205	常州天合光能有限公司	江　苏	电气机械和器材制造业	2 120 108
206	苏州金螳螂企业(集团)有限公司	江　苏	建筑装饰和其他建筑业	2 111 456
207	江苏三房巷集团有限公司	江　苏	纺织业	2 109 430
208	广东海大集团股份有限公司	广　东	农副食品加工业	2 109 041
209	南通化工轻工股份有限公司	江　苏	批发业	2 095 194
210	澳洋集团有限公司	江　苏	化学纤维制造业	2 092 058
211	江苏南通六建建设集团有限公司	江　苏	房屋建筑业	2 081 278
212	江苏镔鑫钢铁集团有限公司	江　苏	黑色金属冶炼和压延加工业	2 075 253
213	富通集团有限公司	浙　江	计算机、通信和其他电子设备制造业	2 066 848
214	山东昌华实业发展有限公司	山　东	农副食品加工业	2 056 914
215	包商银行股份有限公司	内蒙古	货币金融服务	2 044 900
216	山东华信国际控股有限公司	山　东	化学原料和化学制品制造业	2 021 870
217	万丰奥特控股集团有限公司	浙　江	汽车制造业	2 019 088
218	攀枝花钢城集团有限公司	四　川	废弃资源综合利用业	2 018 677
219	浙江富冶集团有限公司	浙　江	有色金属冶炼和压延加工业	2 011 965
220	河北新武安钢铁集团文安钢铁有限公司	河　北	黑色金属冶炼和压延加工业	2 002 000
221	中天科技集团有限公司	江　苏	电气机械和器材制造业	1 999 500
222	北京运通国融投资有限公司	北　京	零售业	1 965 487
223	南通四建集团有限公司	江　苏	房屋建筑业	1 955 843
224	浙江新湖集团股份有限公司	浙　江	综　合	1 950 168
225	晶科能源有限公司	江　西	电气机械和器材制造业	1 937 730
226	攀华集团有限公司	江　苏	金属制品业	1 928 308
227	香驰控股有限公司	山　东	农副食品加工业	1 927 057
228	安徽国购投资集团	安　徽	综　合	1 910 237
229	浙江大东南集团有限公司	浙　江	橡胶和塑料制品业	1 897 552
230	华东医药股份有限公司	浙　江	医药制造业	1 894 738
231	通州建总集团有限公司	江　苏	房屋建筑业	1 893 050

续表

排序	企业名称	所在地	所属行业	营业收入总额（万元）
232	恒安国际集团有限公司	福 建	造纸和纸制品业	1 883 560
233	银泰商业（集团）有限公司	浙 江	零售业	1 863 992
234	成都蛟龙港（双流蛟龙投资有限责任公司、成都蛟龙经济开发有限公司）	四 川	综 合	1 853 217
235	江苏天工集团有限公司	江 苏	有色金属冶炼和压延加工业	1 852 182
236	中洋联合集团股份有限公司	河 南	批发业	1 850 736
237	福星集团控股有限公司	湖 北	综 合	1 836 368
238	河南森源集团有限公司	河 南	电气机械和器材制造业	1 835 046
239	新八建设集团有限公司	湖 北	房屋建筑业	1 830 626
240	常州东方特钢有限公司	江 苏	黑色金属冶炼和压延加工业	1 822 742
241	中浪环保股份有限公司	浙 江	批发业	1 819 224
242	金花投资控股集团有限公司	陕 西	零售业	1 804 926
243	森马集团有限公司	浙 江	纺织服装、服饰业	1 803 592
244	五洲国际集团	江 苏	房地产业	1 801 302
245	广州立白企业集团有限公司	广 东	化学原料和化学制品制造业	1 801 262
246	宜华企业（集团）有限公司	广 东	木材加工和木、竹、藤制品业	1 800 210
247	新疆生产建设兵团农八师天山铝业有限公司	新 疆	有色金属冶炼和压延加工业	1 793 512
248	中发实业（集团）有限公司	黑龙江	保险业	1 793 338
249	浙江广天日月集团股份有限公司	浙 江	房屋建筑业	1 792 872
250	浙江逸盛石化有限公司	浙 江	化学原料和化学制品制造业	1 774 296
251	大全集团有限公司	江 苏	电气机械和器材制造业	1 767 776
252	江苏高力集团有限公司	江 苏	房地产业	1 748 202
253	天津聚龙嘉华投资集团有限公司	天 津	农副食品加工业	1 743 425
254	升华集团控股有限公司	浙 江	化学原料和化学制品制造业	1 735 688
255	宁波申洲针织有限公司	浙 江	纺织业	1 729 264
256	河北新武安钢铁集团鑫汇冶金有限公司	河 北	黑色金属冶炼和压延加工业	1 726 185
257	杭州海康威视数字技术股份有限公司	浙 江	计算机、通信和其他电子设备制造业	1 723 311
258	陕西荣民集团	陕 西	综 合	1 720 820
259	宗申产业集团有限公司	重 庆	铁路、船舶和其他运输设备制造业	1 720 215
260	华南物资集团有限公司	重 庆	批发业	1 714 058
261	江苏新城地产股份有限公司	江 苏	房地产业	1 710 023
262	华仪电器集团有限公司	浙 江	电气机械和器材制造业	1 708 086
263	山东五征集团有限公司	山 东	汽车制造业	1 682 906
264	明阳新能源投资控股集团有限公司	广 东	通用设备制造业	1 676 743
265	江苏邗建集团有限公司	江 苏	房屋建筑业	1 675 182
266	上海均瑶（集团）有限公司	上 海	综 合	1 672 540
267	国能商业集团有限公司	上 海	批发业	1 661 176
268	华峰集团有限公司	浙 江	化学原料和化学制品制造业	1 653 365
269	新华锦集团	山 东	批发业	1 636 726

续表

排序	企业名称	所在地	所属行业	营业收入总额（万元）
270	龙元建设集团股份有限公司	浙　江	房屋建筑业	1 623 029
271	万马联合控股集团有限公司	浙　江	电气机械和器材制造业	1 620 664
272	江苏沃得机电集团有限公司	江　苏	专用设备制造业	1 620 331
273	海天建设集团有限公司	浙　江	房屋建筑业	1 610 626
274	金发科技股份有限公司	广　东	化学原料和化学制品制造业	1 609 362
275	福中集团有限公司	江　苏	批发业	1 602 605
276	江苏天裕能源化工集团有限公司	江　苏	石油加工、炼焦和核燃料加工业	1 602 475
277	康美药业股份有限公司	广　东	医药制造业	1 594 919
278	浙江金田阳光投资有限公司	浙　江	商务服务业	1 594 728
279	江河创建集团股份有限公司	北　京	建筑装饰和其他建筑业	1 590 428
280	山西潞宝集团	山　西	石油加工、炼焦和核燃料加工业	1 587 198
281	美锦能源集团有限公司	山　西	石油加工、炼焦和核燃料加工业	1 585 739
282	河南黄河实业集团股份有限公司	河　南	非金属矿物制品业	1 573 935
283	曙光控股集团有限公司	浙　江	房屋建筑业	1 573 860
284	山东创新金属科技股份有限公司	山　东	有色金属冶炼和压延加工业	1 571 984
285	大亚科技集团有限公司	江　苏	木材加工和木、竹、藤制品业	1 569 288
286	震雄铜业集团有限公司	江　苏	有色金属冶炼和压延加工业	1 563 950
287	海外海集团有限公司	浙　江	商务服务业	1 559 828
288	盘锦北方沥青燃料有限公司	辽　宁	石油加工、炼焦和核燃料加工业	1 552 519
289	三花控股集团有限公司	浙　江	专用设备制造业	1 552 377
290	永鼎集团有限公司	江　苏	电气机械和器材制造业	1 552 275
291	南方石化集团有限公司	广　东	批发业	1 551 273
292	润东汽车集团有限公司	江　苏	零售业	1 546 932
293	日照兴业集团有限公司	山　东	批发业	1 536 756
294	诸城外贸有限责任公司	山　东	食品制造业	1 533 852
295	上海胜华电缆（集团）有限公司	上　海	电气机械和器材制造业	1 532 300
296	山东远通汽车贸易集团有限公司	山　东	零售业	1 519 721
297	方远建设集团股份有限公司	浙　江	房屋建筑业	1 516 017
298	山东金升有色集团有限公司	山　东	有色金属冶炼和压延加工业	1 515 822
299	中兴建设有限公司	江　苏	房屋建筑业	1 512 448
300	浙江中南建设集团有限公司	浙　江	房屋建筑业	1 511 649
301	红太阳集团有限公司	江　苏	化学原料和化学制品制造业	1 510 758
302	泰地控股集团有限公司	浙　江	综　合	1 503 718
303	浙江八达建设集团有限公司	浙　江	建筑安装业	1 503 269
304	常熟龙腾特种钢有限公司	江　苏	黑色金属冶炼和压延加工业	1 501 219
305	银海万向控股集团有限公司	北　京	批发业	1 500 894
306	河南济源钢铁（集团）有限公司	河　南	黑色金属冶炼和压延加工业	1 487 054
307	天津华北集团有限公司	天　津	有色金属冶炼和压延加工业	1 486 448
308	均和（厦门）控股有限公司	福　建	批发业	1 484 339

续表

排序	企业名称	所在地	所属行业	营业收入总额（万元）
309	重庆中科控股有限公司	重　庆	房屋建筑业	1 482 215
310	巨星控股集团有限公司	浙　江	金属制品业	1 477 728
311	新凤鸣集团股份有限公司	浙　江	化学纤维制造业	1 475 538
312	中利科技集团股份有限公司	江　苏	电气机械和器材制造业	1 470 379
313	山东胜通集团股份有限公司	山　东	金属制品业	1 469 094
314	华立集团股份有限公司	浙　江	综　合	1 464 770
315	河南众品食业股份有限公司	河　南	农副食品加工业	1 456 157
316	新七建设集团有限公司	湖　北	房屋建筑业	1 452 860
317	江苏金昇实业股份有限公司	江　苏	专用设备制造业	1 452 690
318	云南力帆骏马车辆有限公司	云　南	汽车制造业	1 440 900
319	中博建设集团有限公司	浙　江	房屋建筑业	1 436 154
320	绿都控股集团有限公司	浙　江	房地产业	1 425 846
321	兴乐集团有限公司	浙　江	电气机械和器材制造业	1 420 646
322	俊发地产有限责任公司	云　南	房地产业	1 418 695
323	浙江翔盛集团有限公司	浙　江	化学纤维制造业	1 409 758
324	广州东凌实业集团有限公司	广　东	农副食品加工业	1 409 659
325	浙江明日控股集团股份有限公司	浙　江	零售业	1 405 184
326	武汉金马凯旋家具投资有限公司	湖　北	综　合	1 398 681
327	江苏华宏实业集团有限公司	江　苏	化学纤维制造业	1 398 109
328	群升集团有限公司	浙　江	综　合	1 391 393
329	河南淅川铝业（集团）有限公司	河　南	有色金属冶炼和压延加工业	1 386 907
330	重庆博赛矿业（集团）有限公司	重　庆	有色金属冶炼和压延加工业	1 386 618
331	华太建设集团有限公司	浙　江	房屋建筑业	1 386 591
332	山东科瑞控股集团有限公司	山　东	专用设备制造业	1 384 308
333	江苏大明金属制品有限公司	江　苏	金属制品业	1 381 300
334	天津亿联投资控股集团有限公司	天　津	房地产业	1 381 166
335	浙江东南网架集团有限公司	浙　江	金属制品业	1 379 466
336	三鼎控股集团有限公司	浙　江	纺织业	1 370 811
337	太平鸟集团有限公司	浙　江	零售业	1 370 536
338	浙商新业投资集团有限公司	重　庆	租赁业	1 364 717
339	中厦建设集团有限公司	浙　江	房屋建筑业	1 362 698
340	兴惠化纤集团有限公司	浙　江	纺织业	1 359 050
341	广州美涂士投资控股有限公司	广　东	综　合	1 358 157
342	山西通达（集团）有限公司	山　西	汽车制造业	1 355 934
343	金正大生态工程集团股份有限公司	山　东	化学原料和化学制品制造业	1 355 444
344	重庆小康控股有限公司	重　庆	汽车制造业	1 341 779
345	祐康食品集团有限公司	浙　江	食品制造业	1 341 386
346	广东广青金属科技有限公司	广　东	黑色金属冶炼和压延加工业	1 336 387
347	天颂建设集团有限公司	浙　江	房屋建筑业	1 332 592

续表

排序	企业名称	所在地	所属行业	营业收入总额（万元）
348	浙江正凯集团有限公司	浙　江	纺织业	1 331 660
349	利时集团股份有限公司	浙　江	橡胶和塑料制品业	1 326 455
350	浙江航民实业集团有限公司	浙　江	纺织业	1 322 365
351	中设建工集团有限公司	浙　江	房屋建筑业	1 315 268
352	五洋建设集团股份有限公司	浙　江	房屋建筑业	1 313 075
353	花园集团有限公司	浙　江	综　合	1 309 609
354	红楼集团有限公司	浙　江	商务服务业	1 302 657
355	伟星集团有限公司	浙　江	综　合	1 302 512
356	重庆新鸥鹏地产（集团）有限公司	重　庆	房地产业	1 300 653
357	骆驼集团股份有限公司	湖　北	电气机械和器材制造业	1 295 624
358	浙江富春江通信集团有限公司	浙　江	计算机、通信和其他电子设备制造业	1 295 065
359	福耀玻璃工业集团股份有限公司	福　建	非金属矿物制品业	1 292 818
360	深圳富森供应链管理有限公司	广　东	批发业	1 291 811
361	浙江亚厦装饰股份有限公司	浙　江	建筑装饰和其他建筑业	1 291 711
362	浙江兴日钢控股集团有限公司	浙　江	有色金属冶炼和压延加工业	1 273 630
363	江苏吴中集团有限公司	江　苏	零售业	1 273 150
364	常州南海铜业有限公司	江　苏	废弃资源综合利用业	1 271 674
365	金猴集团有限公司	山　东	皮革、毛皮、羽毛及其制品和制鞋业	1 270 893
366	歌尔声学股份有限公司	山　东	计算机、通信和其他电子设备制造业	1 269 899
367	富丽达集团控股有限公司	浙　江	化学纤维制造业	1 268 146
368	沈阳远大企业集团	辽　宁	建筑安装业	1 267 177
369	邯郸正大制管有限公司	河　北	黑色金属冶炼和压延加工业	1 265 838
370	天洁集团有限公司	浙　江	专用设备制造业	1 261 719
371	润华集团股份有限公司	山　东	零售业	1 257 453
372	南通建工集团股份有限公司	江　苏	房屋建筑业	1 257 003
373	大华（集团）有限公司	上　海	房地产业	1 255 900
374	内蒙古黄河能源科技集团有限责任公司	内蒙古	石油加工、炼焦和核燃料加工业	1 255 647
375	武汉康顺集团有限公司	湖　北	零售业	1 249 367
376	杭州华三通信技术有限公司	浙　江	计算机、通信和其他电子设备制造业	1 246 695
377	河北立中有色金属集团	河　北	有色金属冶炼和压延加工业	1 245 103
378	新疆农六师铝业有限公司	新　疆	金属制品业	1 241 668
379	歌山建设集团有限公司	浙　江	房屋建筑业	1 238 746
380	海马汽车集团股份有限公司	海　南	汽车制造业	1 235 198
381	西林钢铁集团有限公司	黑龙江	黑色金属冶炼和压延加工业	1 221 266
382	浙江国泰建设集团有限公司	浙　江	房屋建筑业	1 221 114
383	杭州东恒石油有限公司	浙　江	批发业	1 217 430
384	深圳兖峰能源投资控股有限公司	广　东	煤炭开采和洗选业	1 217 206
385	山东中海化工集团有限公司	山　东	石油加工、炼焦和核燃料加工业	1 213 646
386	金海重工股份有限公司	浙　江	铁路、船舶和其他运输设备制造业	1 212 832

续表

排序	企业名称	所在地	所属行业	营业收入总额（万元）
387	宝业湖 北建工集团有限公司	湖 北	房屋建筑业	1 212 589
388	杭州诺贝尔集团有限公司	浙 江	非金属矿物制品业	1 211 651
389	月星集团有限公司	江 苏	零售业	1 210 395
390	利泰集团有限公司	广 东	零售业	1 210 210
391	浙江展诚建设集团有限公司	浙 江	房屋建筑业	1 209 401
392	内蒙古蒙泰煤电集团有限公司	内蒙古	非金属矿采选业	1 209 130
393	南通五建建设工程有限公司	江 苏	房屋建筑业	1 208 710
394	正太集团有限公司	江 苏	房屋建筑业	1 206 493
395	南通新华建筑集团有限公司	江 苏	房屋建筑业	1 200 340
396	浙江协和集团有限公司	浙 江	黑色金属冶炼和压延加工业	1 197 826
397	齐鲁制药有限公司	山 东	医药制造业	1 197 171
398	浙江天宇交通建设集团有限公司	浙 江	土木工程建筑业	1 191 487
399	内蒙古明华能源集团有限公司	内蒙古	批发业	1 190 496
400	天津恒兴钢业有限公司	天 津	有色金属冶炼和压延加工业	1 187 096
401	德华集团控股股份有限公司	浙 江	木材加工和木、竹、藤制品业	1 184 548
402	腾达建设集团股份有限公司	浙 江	土木工程建筑业	1 183 079
403	天津现代集团有限公司	天 津	房地产业	1 182 035
404	杭州滨江房产集团股份有限公司	浙 江	房地产业	1 175 857
405	山东尧王控股集团	山 东	综 合	1 175 287
406	杭州鼎胜实业集团有限公司	浙 江	有色金属冶炼和压延加工业	1 173 463
407	汇宇控股集团有限公司	浙 江	房地产业	1 168 760
408	万事利集团有限公司	浙 江	纺织服装、服饰业	1 167 143
409	江苏新时代控股集团有限公司	江 苏	有色金属冶炼和压延加工业	1 165 015
410	中亿丰建设集团股份有限公司	江 苏	房屋建筑业	1 164 455
411	上海春秋国际旅行社（集团）有限公司	上 海	航空运输业	1 162 641
412	南通华新建工集团有限公司	江 苏	房屋建筑业	1 160 189
413	高运控股集团有限公司	浙 江	土木工程建筑业	1 156 847
414	东方建设集团有限公司	浙 江	房屋建筑业	1 156 670
415	华翔集团股份有限公司	浙 江	汽车制造业	1 156 442
416	湖北枝江酒业集团	湖 北	酒、饮料和精制茶制造业	1 155 132
417	柳桥集团有限公司	浙 江	皮革、毛皮、羽毛及其制品和制鞋业	1 153 042
418	江苏华地国际控股集团有限公司	江 苏	零售业	1 151 946
419	方大特钢科技股份有限公司	江 西	黑色金属冶炼和压延加工业	1 150 930
420	法派集团有限公司	浙 江	纺织服装、服饰业	1 150 000
421	大自然钢业集团有限公司	浙 江	黑色金属冶炼和压延加工业	1 146 649
422	春和集团有限公司	浙 江	铁路、船舶和其他运输设备制造业	1 146 365
423	建华管桩集团有限公司	江 苏	非金属矿物制品业	1 146 000
424	浙江栋梁新材股份有限公司	浙 江	有色金属冶炼和压延加工业	1 145 169
425	星星集团有限公司	浙 江	电气机械和器材制造业	1 144 804

续表

排序	企业名称	所在地	所属行业	营业收入总额（万元）
426	江西济民可信集团有限公司	江　西	医药制造业	1 142 731
427	恒尊集团有限公司	浙　江	建筑安装业	1 142 177
428	海天塑机集团有限公司	浙　江	专用设备制造业	1 141 118
429	得力集团有限公司	浙　江	文教、工美、体育和娱乐用品制造业	1 133 565
430	永兴特种不锈钢股份有限公司	浙　江	黑色金属冶炼和压延加工业	1 131 884
431	江苏中信建设集团有限公司	江　苏	房屋建筑业	1 129 478
432	瑞星集团股份有限公司	山　东	化学原料和化学制品制造业	1 124 259
433	内蒙古源通煤化集团有限责任公司	内蒙古	煤炭开采和洗选业	1 121 712
434	内蒙古庆华集团有限公司	内蒙古	煤炭开采和洗选业	1 120 488
435	湖北三宁化工股份有限公司	湖　北	化学原料和化学制品制造业	1 120 000
436	浙江建华集团有限公司	浙　江	批发业	1 117 981
437	内蒙古伊东资源集团股份有限公司	内蒙古	煤炭开采和洗选业	1 117 743
438	港龙控股集团有限公司	江　苏	房地产业	1 116 597
439	浙江暨阳建设集团有限公司	浙　江	房屋建筑业	1 110 542
440	连云港兴鑫钢铁有限公司	江　苏	黑色金属冶炼和压延加工业	1 108 300
441	宁波中源电力燃料有限公司	浙　江	批发业	1 107 473
442	开元旅业集团有限公司	浙　江	综　合	1 106 755
443	广州时代地产集团有限公司	广　东	房地产业	1 104 711
444	中昂地产（集团）有限公司	重　庆	房地产业	1 103 696
445	浙江东杭控股集团有限公司	浙　江	批发业	1 102 218
446	康恩贝集团有限公司	浙　江	医药制造业	1 102 164
447	深圳朗华供应链服务有限公司	广　东	商务服务业	1 101 357
448	山东荣信煤化有限责任公司	山　东	石油加工、炼焦和核燃料加工业	1 092 713
449	胜达集团有限公司	浙　江	造纸和纸制品业	1 092 267
450	江苏江中集团有限公司	江　苏	房屋建筑业	1 090 892
451	圣光投资集团股份有限公司	河　南	批发业	1 089 594
452	公元塑业集团有限公司	浙　江	橡胶和塑料制品业	1 085 012
453	安徽文一投资控股集团	安　徽	房地产业	1 084 900
454	江苏上上电缆集团有限公司	江　苏	电气机械和器材制造业	1 084 742
455	浙江舜江建设集团有限公司	浙　江	房屋建筑业	1 084 565
456	新龙药业集团	湖　北	批发业	1 072 000
457	长业建设集团有限公司	浙　江	房屋建筑业	1 070 180
458	上海奥盛投资控股（集团）有限公司	上　海	金属制品业	1 069 385
459	振石控股集团有限公司	浙　江	黑色金属冶炼和压延加工业	1 068 952
460	宜城襄大农牧有限公司	湖　北	畜牧业	1 067 600
461	山西通才工贸有限公司	山　西	黑色金属冶炼和压延加工业	1 062 595
462	锦联控股集团有限公司	辽　宁	水上运输业	1 058 848
463	同益实业集团有限公司	辽　宁	化学原料和化学制品制造业	1 055 060
464	致达控股集团有限公司	上　海	房地产业	1 054 932

续表

排序	企业名称	所在地	所属行业	营业收入总额（万元）
465	农夫山泉股份有限公司	浙 江	酒、饮料和精制茶制造业	1 054 198
466	致远控股集团有限公司	浙 江	有色金属冶炼和压延加工业	1 053 875
467	北京京奥港集团有限公司	北 京	批发业	1 050 599
468	山西立恒钢铁集团股份有限公司	山 西	黑色金属冶炼和压延加工业	1 048 175
469	青岛世纪瑞丰集团有限公司	山 东	批发业	1 046 897
470	江苏国强镀锌实业有限公司	江 苏	金属制品业	1 046 845
471	苏州相城区江南化纤集团有限公司	江 苏	化学纤维制造业	1 045 335
472	湖南金龙国际集团	湖 南	有色金属冶炼和压延加工业	1 043 477
473	内蒙古双欣能源化工有限公司	内蒙古	煤炭开采和洗选业	1 042 387
474	四川乐山福华农科投资集团	四 川	化学原料和化学制品制造业	1 041 874
475	吉安大广宏再生资源利用有限公司	江 西	批发业	1 037 286
476	河南金汇不锈钢产业集团有限公司	河 南	有色金属冶炼和压延加工业	1 033 331
477	浙江康桥汽车工贸集团股份有限公司	浙 江	零售业	1 032 473
478	山东亨圆铜业有限公司	山 东	有色金属冶炼和压延加工业	1 030 199
479	济源万洋冶炼（集团）有限公司	河 南	有色金属冶炼和压延加工业	1 030 079
480	安徽中鼎控股（集团）股份有限公司	安 徽	橡胶和塑料制品业	1 025 286
481	河南金利金铅有限公司	河 南	有色金属冶炼和压延加工业	1 017 490
482	贵阳宏益房地产开发有限公司	贵 州	房地产业	1 017 341
483	浙江万达建设集团有限公司	浙 江	房屋建筑业	1 012 102
484	浙江古纤道新材料股份有限公司	浙 江	化学纤维制造业	1 007 237
485	唐人神集团股份有限公司	湖 南	农副食品加工业	1 007 126
486	宏胜饮料集团有限公司	浙 江	酒、饮料和精制茶制造业	1 001 148
487	江西赣基集团工程有限公司	江 西	土木工程建筑业	993 610
488	徐龙食品集团有限公司	浙 江	食品制造业	993 577
489	辅仁药业集团有限公司	河 南	医药制造业	990 882
490	安钢集团信阳钢铁有限责任公司	河 南	黑色金属冶炼和压延加工业	988 408
491	齐鲁特钢有限公司	山 东	黑色金属冶炼和压延加工业	985 191
492	中鑫建设集团有限公司	浙 江	房屋建筑业	983 430
493	鄂尔多斯乌兰煤炭（集团）有限责任公司	内蒙古	煤炭开采和洗选业	982 316
494	浙江天圣控股集团有限公司	浙 江	化学纤维制造业	971 769
495	金洲集团有限公司	浙 江	金属制品业	967 148
496	河北养元智汇饮品股份有限公司	河 北	酒、饮料和精制茶制造业	965 764
497	湖北东圣化工集团有限公司	湖 北	化学原料和化学制品制造业	960 125
498	道恩集团有限公司	山 东	批发业	956 667
499	宁夏宝丰集团有限公司	宁 夏	石油加工、炼焦和核燃料加工业	953 477
500	福建闽南建筑工程有限公司	福 建	房屋建筑业	950 911

资料来源：中华全国工商业联合会。

2014 年度中国民营制造业排序前 100 名企业

排序	企业名称	所在地	所属行业	营业收入总额（万元）
1	联想控股股份有限公司	北　京	计算机、通信和其他电子设备制造业	28 947 583
2	华为投资控股有限公司	广　东	计算机、通信和其他电子设备制造业	28 819 700
3	山东魏桥创业集团有限公司	山　东	有色金属冶炼和压延加工业	28 193 071
4	正威国际集团有限公司	广　东	有色金属冶炼和压延加工业	26 871 182
5	江苏沙钢集团有限公司	江　苏	黑色金属冶炼和压延加工业	24 853 607
6	恒力集团有限公司	江　苏	化学原料和化学制品制造业	16 352 810
7	浙江吉利控股集团有限公司	浙　江	汽车制造业	15 395 264
8	美的集团股份有限公司	广　东	电气机械和器材制造业	14 231 097
9	海亮集团有限公司	浙　江	有色金属冶炼和压延加工业	13 003 081
10	中天钢铁集团有限公司	江　苏	黑色金属冶炼和压延加工业	10 520 502
11	TCL 集团股份有限公司	广　东	计算机、通信和其他电子设备制造业	10 129 662
12	浙江恒逸集团有限公司	浙　江	化学纤维制造业	7 911 115
13	三一集团有限公司	湖　南	专用设备制造业	7 436 800
14	盛虹控股集团有限公司	江　苏	化学纤维制造业	7 384 208
15	杭州娃哈哈集团有限公司	浙　江	酒、饮料和精制茶制造业	7 204 254
16	浙江荣盛控股集团有限公司	浙　江	化学纤维制造业	7 185 218
17	超威集团	浙　江	电气机械和器材制造业	6 564 987
18	河北津西钢铁集团股份有限公司	河　北	黑色金属冶炼和压延加工业	6 237 595
19	天能集团	浙　江	电气机械和器材制造业	6 057 873
20	雅戈尔集团股份有限公司	浙　江	纺织服装、服饰业	5 897 962
21	比亚迪股份有限公司	广　东	汽车制造业	5 819 587
22	新华联集团有限公司	湖　南	综　合	5 698 916
23	奥克斯集团有限公司	浙　江	专用设备制造业	5 521 610
24	江苏金峰水泥集团有限公司	江　苏	非金属矿物制品业	5 512 430
25	上海复星高科技(集团)有限公司	上　海	综　合	5 426 059
26	海澜集团有限公司	江　苏	纺织服装、服饰业	5 230 881
27	华泰集团有限公司	山　东	造纸和纸制品业	5 206 043
28	山东大海集团有限公司	山　东	电气机械和器材制造业	5 118 357
29	修正药业集团	吉　林	医药制造业	5 070 116
30	万达控股集团有限公司	山　东	石油加工、炼焦和核燃料加工业	5 064 961
31	通威集团有限公司	四　川	农副食品加工业	5 062 104
32	盾安控股集团有限公司	浙　江	专用设备制造业	5 031 944
33	天津荣程联合钢铁集团有限公司	天　津	黑色金属冶炼和压延加工业	5 003 413
34	浙江桐昆控股集团有限公司	浙　江	化学纤维制造业	4 828 991
35	红豆集团有限公司	江　苏	纺织服装、服饰业	4 712 826
36	玖龙纸业(控股)有限公司	广　东	造纸和纸制品业	4 670 472

续表

排序	企业名称	所在地	所属行业	营业收入总额（万元）
37	科创控股集团有限公司	四　川	医药制造业	4 621 089
38	江阴澄星实业集团有限公司	江　苏	化学原料和化学制品制造业	4 503 512
39	华盛江泉集团有限公司	山　东	黑色金属冶炼和压延加工业	4 501 664
40	新疆特变电工集团有限公司	新　疆	电气机械和器材制造业	4 453 073
41	冀南钢铁集团有限公司	河　北	黑色金属冶炼和压延加工业	4 411 388
42	山东京博控股股份有限公司	山　东	石油加工、炼焦和核燃料加工业	4 363 306
43	江苏新长江实业集团有限公司	江　苏	黑色金属冶炼和压延加工业	4 224 963
44	利华益集团股份有限公司	山　东	石油加工、炼焦和核燃料加工业	4 202 161
45	华勤橡胶工业集团有限公司	山　东	橡胶和塑料制品业	4 175 362
46	临沂新程金锣肉制品集团有限公司	山　东	农副食品加工业	4 143 331
47	内蒙古鄂尔多斯投资控股集团有限公司	内蒙古	综　合	4 136 036
48	江苏永钢集团有限公司	江　苏	黑色金属冶炼和压延加工业	4 124 747
49	东方希望集团	上　海	有色金属冶炼和压延加工业	4 100 000
50	山东太阳控股集团有限公司	山　东	造纸和纸制品业	4 091 833
51	日照钢铁控股集团有限公司	山　东	黑色金属冶炼和压延加工业	4 059 318
52	亚邦投资控股集团有限公司	江　苏	化学原料和化学制品制造业	4 012 780
53	德力西集团有限公司	浙　江	电气机械和器材制造业	3 963 010
54	宁波金田投资有限公司	浙　江	有色金属冶炼和压延加工业	3 923 939
55	亨通集团有限公司	江　苏	计算机、通信和其他电子设备制造业	3 833 692
56	江苏西城三联控股集团有限公司	江　苏	金属制品业	3 833 506
57	天津宝迪农业科技股份有限公司	天　津	农副食品加工业	3 814 060
58	长城汽车股份有限公司天津哈弗分公司	天　津	汽车制造业	3 777 097
59	双胞胎(集团)股份有限公司	江　西	农副食品加工业	3 702 788
60	四川科伦实业集团有限公司	四　川	医药制造业	3 680 434
61	杭州锦江集团有限公司	浙　江	有色金属冶炼和压延加工业	3 667 906
62	宁夏宝塔石化集团有限公司	宁　夏	石油加工、炼焦和核燃料加工业	3 650 888
63	广东圣丰集团有限公司	广　东	橡胶和塑料制品业	3 627 023
64	天瑞集团股份有限公司	河　南	非金属矿物制品业	3 560 101
65	金龙精密铜管集团股份有限公司	河　南	有色金属冶炼和压延加工业	3 506 618
66	江苏阳光集团有限公司	江　苏	纺织服装、服饰业	3 475 281
67	蓝思科技股份有限公司	湖　南	计算机、通信和其他电子设备制造业	3 445 510
68	稻花香集团	湖　北	酒、饮料和精制茶制造业	3 444 574
69	和润集团有限公司	浙　江	农副食品加工业	3 325 699
70	山东金岭集团有限公司	山　东	化学原料和化学制品制造业	3 292 511
71	江苏扬子江船业集团公司	江　苏	铁路、船舶和其他运输设备制造业	3 266 661
72	山东泰山钢铁集团有限公司	山　东	黑色金属冶炼和压延加工业	3 242 667
73	天狮集团有限公司	天　津	食品制造业	3 219 568
74	人民电器集团有限公司	浙　江	电气机械和器材制造业	3 217 181
75	四川德胜集团钒钛有限公司	四　川	黑色金属冶炼和压延加工业	3 215 038

续表

排序	企业名称	所在地	所属行业	营业收入总额（万元）
76	江苏金辉铜业集团有限公司	江　苏	有色金属冶炼和压延加工业	3 183 959
77	郑州宇通集团有限公司	河　南	汽车制造业	3 071 976
78	重庆力帆控股有限公司	重　庆	汽车制造业	3 062 012
79	山东金诚石化集团有限公司	山　东	石油加工、炼焦和核燃料加工业	3 051 258
80	天津友发钢管集团股份有限公司	天　津	金属制品业	3 038 187
81	湖南博长控股集团有限公司	湖　南	黑色金属冶炼和压延加工业	3 036 469
82	波司登股份有限公司	江　苏	纺织服装、服饰业	3 026 981
83	浙江龙盛控股有限公司	浙　江	化学原料和化学制品制造业	3 016 131
84	隆鑫控股有限公司	重　庆	通用设备制造业	3 012 838
85	沂州集团有限公司	山　东	非金属矿物制品业	2 984 185
86	双良集团有限公司	江　苏	专用设备制造业	2 968 756
87	东营方圆有色金属有限公司	山　东	有色金属冶炼和压延加工业	2 951 659
88	河北普阳钢铁有限公司	河　北	黑色金属冶炼和压延加工业	2 944 826
89	武安市裕华钢铁有限公司	河　北	黑色金属冶炼和压延加工业	2 926 625
90	江西萍钢实业股份有限公司	江　西	黑色金属冶炼和压延加工业	2 912 994
91	广东格兰仕集团有限公司	广　东	通用设备制造业	2 895 450
92	山东玉皇化工有限公司	山　东	石油加工、炼焦和核燃料加工业	2 874 614
93	东营鲁方金属材料有限公司	山　东	有色金属冶炼和压延加工业	2 821 623
94	维维集团股份有限公司	江　苏	食品制造业	2 725 608
95	华芳集团有限公司	江　苏	纺织业	2 707 181
96	江苏法尔胜泓昇集团有限公司	江　苏	金属制品业	2 706 947
97	晶龙实业集团有限公司	河　北	计算机、通信和其他电子设备制造业	2 665 612
98	富海集团有限公司	山　东	石油加工、炼焦和核燃料加工业	2 650 208
99	宁夏天元锰业有限公司	宁　夏	有色金属冶炼和压延加工业	2 647 261
100	山东九羊集团有限公司	山　东	黑色金属冶炼和压延加工业	2 638 267

资料来源：中华全国工商业联合会。

优秀企业风采

（排序不分先后）

中国黄金集团公司
安第斯石油公司
岭南园林股份有限公司
亨通集团有限公司
安徽海螺集团有限责任公司
侨兴集团有限公司
重庆润通控股（集团）有限公司
安徽江淮汽车股份有限公司
江铃汽车集团公司
东风汽车公司
长丰汽车集团有限公司
东风柳州汽车有限公司
渤海船舶重工有限责任公司
中国航空工业集团公司
中国兵器工业集团公司
中联重科股份有限公司
大唐电信科技产业集团
中国电力国际有限公司
江西省能源集团公司
中核建中核燃料元件有限公司
北京银行
国家开发投资公司
中国华融资产管理股份有限公司
无锡市国联发展（集团）有限公司
广西投资集团有限公司
云南省能源投资集团有限公司
弘阳集团有限公司
厦门经济特区房地产开发集团有限公司
中国电子科技集团公司
广东省广播电视网络股份有限公司
阳光保险集团股份有限公司
中国通用咨询投资有限公司
安徽省旅游集团有限责任公司

中国黄金集团公司

China National Gold Group Corporation

以黄金为主　筑牢国家金融防波堤坝

Focus on gold;Defend against national financiai turbulence

多金属并举　建设世界一流矿业公司

Engage in multi metals;Build the world class corporation

总经理、党委书记 **宋　鑫**

中国黄金集团公司（简称“中国黄金”）组建于2003年初，其前身是成立于1979年的中国黄金总公司。中国黄金是中国黄金协会会长单位，是世界黄金协会会员单位。

中国黄金下设中金黄金、中金国际、中金珠宝、中金建设、中金资源、中金辐照、中金贸易7大板块；拥有二级子公司57家，分布于国内26个省（自治区）以及部分海外地区，其中上市公司2家（境内A股上市公司“中金黄金”以及在加拿大多伦多交易所和中国香港联合交易所两地上市的“中金国际”）；遍布全国1 600多家“中国黄金”品牌营销网点；在我国重要成矿区带，规划了20个黄金生产基地和3个有色生产基地；拥有我国黄金行业仅有的黄金研究院、黄金设计院和两个高新技术产业示范基地；拥有独立自主知识产权的生物氧化提金技术和原矿焙烧技术，以及代表我国同行业高水平的“99.999极品黄金”精炼技术。

立足当前，着眼长远。“十二五”期间，中国黄金加快转变经济发展方式，巩固发展成果，提高发展质量，努力建设世界一流矿业公司！

地址：北京市东城区安定门外大街9号
邮编：100011
电话：（010）56353688
网址：www.chinagoldgroup.com

中国石油拉美（厄瓜

2005年8月，中国石油（55.0%）和中国石化（45.0%）合资成立安第斯石油有限责任公司，通过多轮激烈国际竞标，成功并购接管了加拿大Encana公司在厄瓜多尔油气资产。

项目接管后，恰逢国际石油市场剧烈震荡，资源国石油法、劳工法、税法、环保法等25项法律先后修改，经营环境发生了复杂变化。但安第斯公司在两大集团公司各级领导的正确领导和关怀下，始终团结协作、顽强拼搏，坚持以海外项目整合、稳定、创新、发展为理念，大力发挥技术优势，构建“三联机制”，创新ADPAS内控风险管理体系，有效识别规避各种风险，三次危机，三次化解，成功转制。为此，公司连年超额完成各项“签约”指标，并取得增产、稳产，效益翻番，政府支持、社区理解、员工满意、社会美誉度高的好成绩。

2010年3月，安第斯石油公司提前2年回收全部初始投资。截至目前，公司累计新增石油地质储量1亿吨，生产原油2 750万吨，基本保持了年均300万吨稳产水平，产量、资产、利润、税收4项指标在厄瓜多尔外资企业中连年保持第1位。公司成立以来，始终坚持安全和环境友好型作业，并认真履行社会责任，为厄国经济发展和人民福祉做出了非凡的贡献，创建了“和谐油区”，实现了互利双赢的目标。中石油集团公司后评价专题报告指出：“安第斯项目以经济效益为中心，创新国际化经营管理模式，有效识别和规避了各种重大风险，创造了良好的经营业绩，树立了央企携手运作海外项目的成功典范，开辟了企地互利和谐发展的先例。”

十几年来，安第斯石油公司历经磨难，开拓进取，先后荣获国际石油、管理创新、质量发展等著名国际机构各项奖励42项。展望未来，安第斯石油公司将始终秉承“奉献能源、创造和谐”的企业宗旨，坚持“互利共赢、合作发展”的国际合作理念，依托厄瓜多尔巨大的油气储量，不断推进公司的质量、效益和可持续发展，为进一步促进中厄两国经贸合作、造福当地社会和人民做出新的更大贡献。

MPF处理装置　　热带雨林油田生活区　　外输原油管线

多尔）公司

井场实貌

油田现场

油区扶植的种植园

获欧洲质量国际奖

获厄瓜多尔杰出企业奖

获拉美质量协会奖

获美国杰出企业奖

获国际质量奖

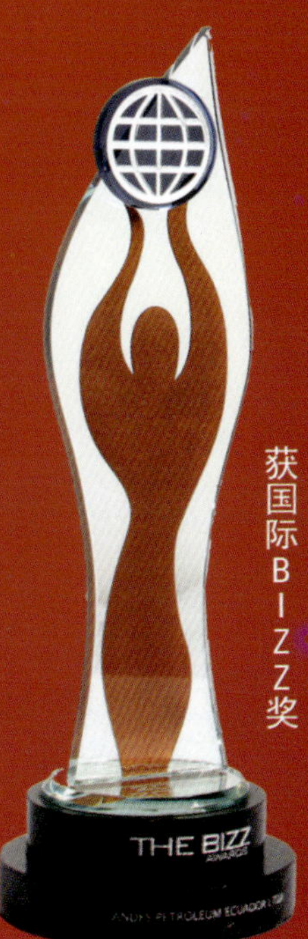

获国际BIZZ奖

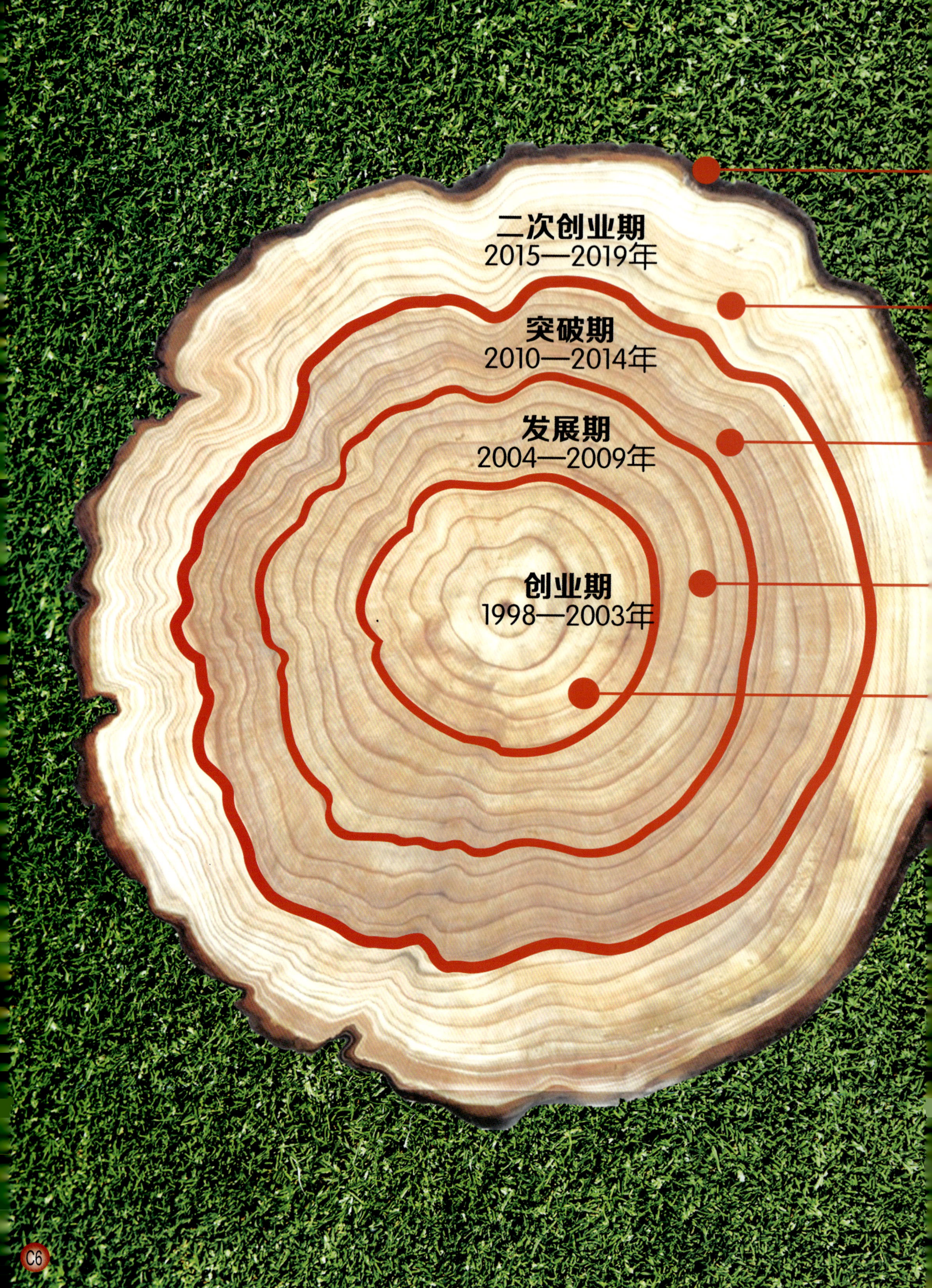
二次创业期
2015—2019年
突破期
2010—2014年
发展期
2004—2009年
创业期
1998—2003年

CONCH 安徽海螺集团有限责任

Anhui Conch Group Co., Lt

芜湖海螺两条日产12 000吨生产线

铜陵海螺利用水泥窑处理城市生活垃圾

安徽海螺集团有限责任公司组建于1996年9月，总部设在安徽省芜湖市，控股经营海螺水泥和海螺型材两家上市公司，集团已连续10年跻身中国企业500强，2014年位列第147位，列中国制造业企业500强第60位。

截至2014年底，总资产达1 083.62亿元，现有员工5万余人，下属150多家子公司，分布在全国21个省（自治区、直辖市）及印尼、缅甸等东南亚国家，经营产业涉及水泥、化学建材、节能环保、

沿江四大年产能千万吨级的海螺集团水泥熟料生产基地之一铜陵海螺

铜陵海螺厂区景色

公司

节能环保装备制造

国际贸易、酒店餐饮等领域。水泥制造是集团的主导产业，目前熟料产能2.2亿吨，水泥产能2.7亿吨，型材产能76万吨。

集团以其卓越的品质和优质的服务，享誉国内外，产品远销欧洲、非洲、东南亚等40多个国家和地区。面向未来，集团将秉承“为人类创造未来的生活空间”的经营理念，加快转型、加强管理、加速发展，不断提高企业综合实力，打造更具竞争力的国际化产业集团！

池州海螺厂区景色 北流海螺厂区景色 扶绥海螺海螺家园

侨兴集团
COSUN

侨兴集团有限公司创建于1992年，主要从事通信终端产品的研发、生产与销售，是国内大型的电话机、手机等电子通信制造企业。20多年间，从惠州走向全国，从广东走向世界，从生产中国首部液晶显示电话的工厂到发展成为拥有20多家独立法人子公司的多元化产业集团。是中国企业500强、中国制造业500强、中国电子信息百强、国家火炬计划重点高新技术企业、知识产权优势企业，拥有广东省工程技术研究开发中心、中国名牌、中国驰名商标、广东省著名商标。

董事长　吴瑞林

作为全球著名的通信终端产品制造厂商，现年产电话机1 000多万部、是中国电话机制造龙头企业，年产手机800多万部、同时旗下拥有三大手机品牌。

侨兴集团强强联手中国航天科工集团进军北斗卫星导航应用新兴领域，进行北斗卫星导航应用系统开发及通讯终端产品研制和搭建运营服务平台。

自2006年起，侨兴集团投资几十亿资金在内蒙古、湖南、湖北、陕西等国内各地发展矿冶产业，进行黄金、钒矿、铍矿、铅锌矿、铜钼矿、大理石等矿种的勘探开发、加工制造。

联合研制增程式纯电驱动客车和轿车动力系统主机，技术搭载到与广汽合作的整车中实现汽车产业化，汽车在行驶过程中能够在线动态充电，电池组不会过放电，节油率（或节气率）达到50.0%以上，节能减排明显。

全球化的加速，高科技的兴起，未来持续在全球范围内整合资源，建立有利于高新技术发展的环境与机制，加强技术与资本的结合，在现有产业的基础上，集团产业覆盖电子通信、北斗导航、半导体、矿产能源、贵金属合金、新能源汽车和大健康，朝着“打造一流的百年企业”的目标大步迈进。

新能源汽车

北斗导航

重庆润通控股

董事长　朱列东

重庆润通控股集团有限公司是一家集合热动力产业、零部件产业、金融产业的大型民营企业，公司下设重庆润通动力制造有限公司、重庆润银长江投资有限公司、重庆恒冠塑胶有限公司、合肥世纪精信机械制造有限责任公司，拥有员工约1.2万人。2013年实现产值45.3亿元，同比增长18.0%。连续两年荣登中国制造业企业500强榜单，连续三年成为重庆市百强企业，重庆市企业效益50佳。并于2012年被重庆市政府评为重庆市优秀民营企业。

润通沙滩车

三寸清水泵

集团有限公司

润通收购北美公司

朱董积极参与员工活动

朱董为优秀员工颁奖

润通工厂全景

润通厂景一角

董事长 党委书记 **安 进**

总经理 **项兴初**

安徽江淮汽车股份有限公司是一家集商用车、乘用车及动力总成研发、制造、销售和服务及相关多元业务于一体的综合型汽车厂商。

公司现有主导产品包括：重、中、轻、微型卡车、多功能商用车、MPV、SUV、轿车、客车、专用底盘及变速箱、发动机、车桥等核心零部件。公司现有国内销售服务网点超过2 000家，遍布全国各省（自治区、直辖市）及县区；国外经销商100多家，遍布全球130多个国家和地区。

公司始终将质量视为企业生存发展之本，先后通过ISO 9001质量管理体系、环境管理体系、职业健康管理体系、TS 16949质量管理体系认证。因在质量管理领域的卓越成就，公司2010年荣膺全国质量奖，2013年荣获亚洲质量卓越奖。

公司坚持以客户为中心，以诚信为基础，专注为客户创造价值，持续追求客户满意，目前累计用户达400万。

江淮汽车全面践行“敬客经营、质量为本、求真务实”的核心价值观，矢志追求为全球客户制造更好的产品，创建世界知名汽车品牌。用中国品牌，讲中国故事，造江汽好车，谱江汽新篇。让环境因我们的不断进步而变得更加和谐，让社会因我们的不懈努力而变得更加美好。

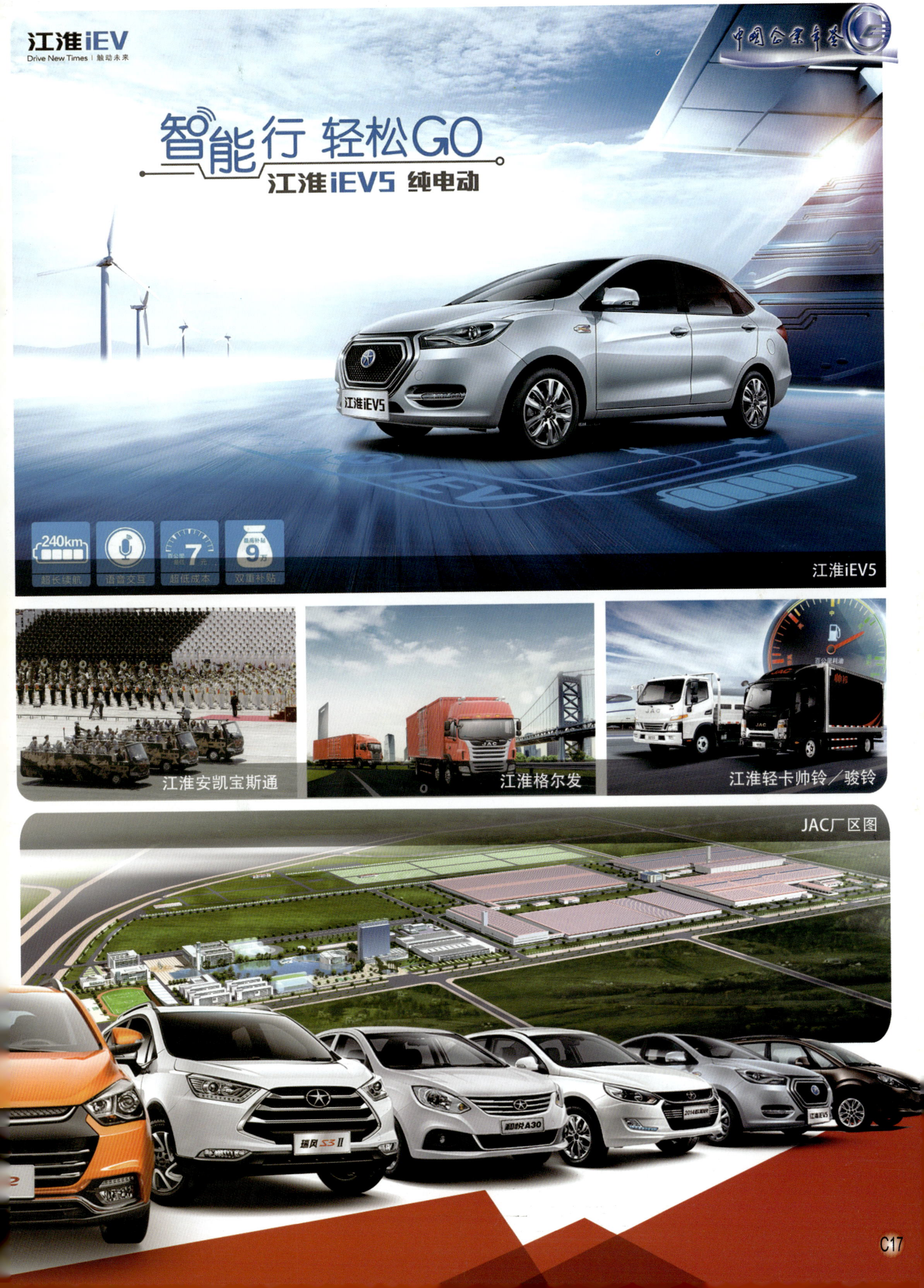
江淮iEV
Drive New Times | 触动未来
智能行 轻松GO
江淮iEV5 纯电动
240km
超长续航
语音交互
7
超低成本
9
双重补贴
江淮iEV5
江淮安凯宝斯通
江淮格尔发
江淮轻卡帅铃／骏铃
JAC厂区图

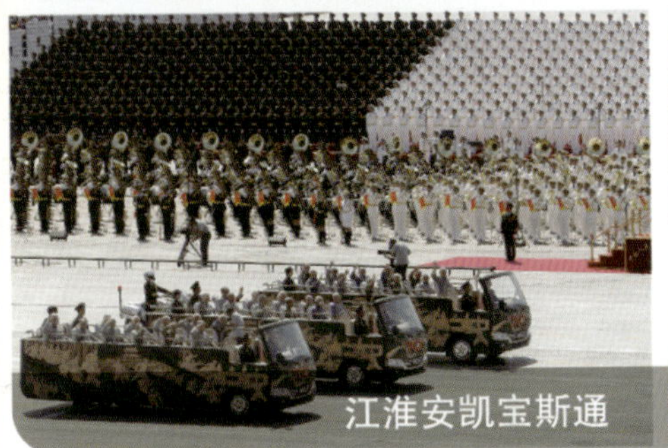

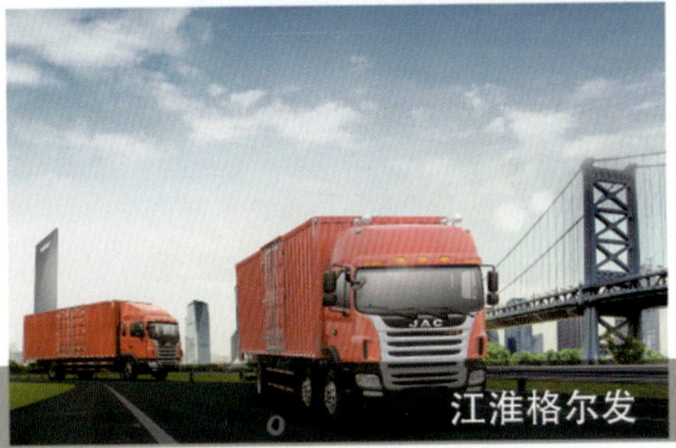

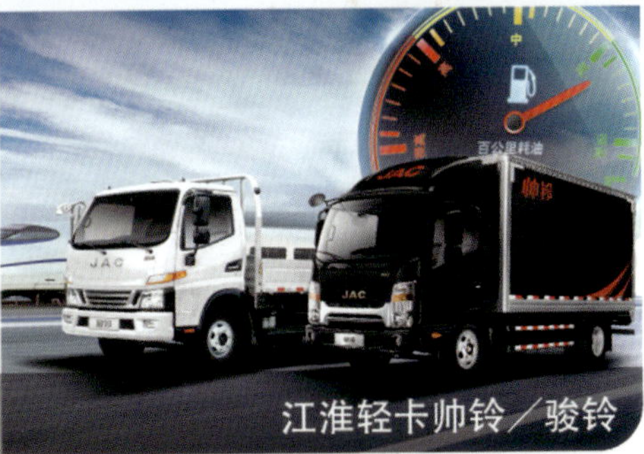

江铃汽车集团公司

JMCG JIANGLING MOTORS CO., GROUP

董事长　邱天高

江铃汽车集团公司肇始于 1947 年，成长于赣江之滨，是我国商用车行业领军企业、汽车整车出口基地和轻型柴油商用车较大的出口商，列 2014 中国制造业企业 500 强第 144 位，中国企业 500 强第 288 位。2014 年，集团实现整车销量 32 万辆、营业收入 503 亿元，占全国商用车市场份额的 6.8%，位居国内商用车企业销量第 5 位。

集团现拥有六大整车制造基地（青云谱基地、小蓝基地、昌北基地、望城基地、抚州基地、太原基地），整车产品涵盖商用车、乘用车、专用车及新能源汽车，拥有 JMC 系列、FORD 系列、陆风系列、驭胜系列、ISUZU 系列、晶马系列、骐铃系列、JMCG 系列等八大汽车品牌，同时具备汽车发动机、变速箱、车身、车架、前桥、后桥等六大总成自主研发制造能力，形成了融数字化平台、发动机设计、整车设计、造型设计、

20115战略 STRATEGY

面向未来誓言　走向世界梦想

试验开发五位一体的核心能力，建有全国企业技术中心和博士后科研工作站。集团业务除涵盖汽车整车和汽车零部件外，也广泛涉足汽车进出口、汽车金融、汽车回收拆解、汽车发动机再制造、工程机械、物流、房地产等领域。

集团以"广泛吸纳资源、着眼竞争内涵、坚持自主创新、科学持续发展"为战略思想，与美国福特公司、日本五十铃公司等 7 家世界 500 强企业和 20 多家世界优秀企业开展合作，设有 12 座海外运营中心，产品覆盖全球 115 个国家和地区。

2014 年 7 月，集团提出了"20115 战略"，即到 2020 年，要实现年整车销量 100 万辆，年营业收入 1 500 亿元。集团将始终贯彻"诚信经营、追求品位、持续发展、回报社会"的企业价值观，不懈追求"成为业内一流的汽车和关键零部件制造商"的企业愿景，坚持走质量效益型道路，不断做优做强做大。

东风汽车公司始建于1969年，是我国首次完全自主设计、建设的大型汽车企业。45年来，经过几代建设者的不懈努力，先后在十堰、襄阳、武汉、广州等全国15个省的20多个城市建成了研发和生产制造基地，构建起面向世界的多元合资合作格局和开放的自主创新体系，主营业务涵盖全系列商用车、乘用车、汽车零部件、汽车装备及汽车相关业务。2014年，公司实现汽车销量380.3万辆，实现销售收入4 829.4亿元，产销规模稳居国内汽车行业第2位。截至2014年，公司总资产2 402亿元，员工17.6万人，位居《财富》世界500强第113位，中国企业500强第17位，中国制造业500强第4位。

面向未来，公司将致力于加快实现“一个永续发展的百年东风、面向世界的国际化东风、在开放中自主发展的东风”的“东风梦”，为实现我国“汽车强国梦”和中华民族伟大复兴的“中国梦”作出新的贡献。

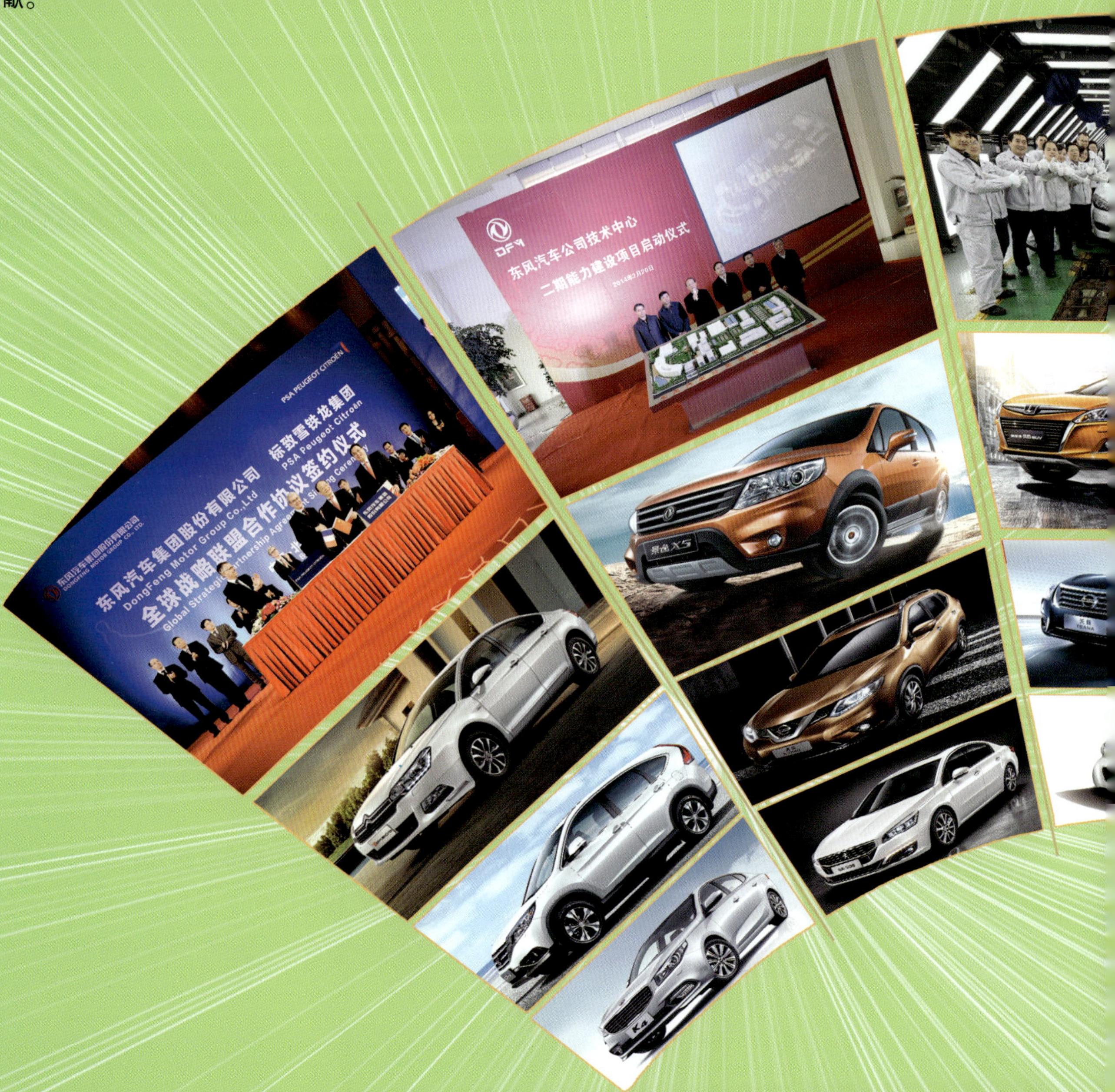

东风特种商用车有限公司
成立仪式
东风汽车公司
风光360

长丰集团有限责任公司始建于1950年6月，由原中国人民解放军第7319工厂于1996年10月改制成立，2001年9月由军队移交湖南省人民政府管理。公司主要从事汽车整车研发、制造、销售，总部设在湖南长沙。注册资本166 900万元，总资产846 600万元，现有员工5 700余人。公司董事长李建新先后当选第十届、第十一届、第十二届全国人大代表。

公司始终坚持“创新发展、企业之魂”的经营理念，连续多年入选中国企业500强、中国机械企业500强和中国企业集团纳税500强，先后荣获“全国五一劳动奖状”“全国模范职工之家”“全国企业文化优秀奖”“全国文明单位”“全国优秀基层党组织”等80多项荣誉称号。

公司下辖湖南长丰猎豹汽车有限公司和安徽猎豹汽车有限责任公司两大整车生产基地，均具备年产10万辆整车的生产能力。

2012年，公司在经历与广汽集团重组再重组后，决定回归整车主业。按照“两年打基础，三年见成效，五年大跨越”的战略步骤，2014年底，公司重新获得整车生产资质，将SUV、皮卡作为发展方向。2015年4月，首款城市型SUV猎豹CS10的上市得到了市场的积极反响，现有产品主要有猎豹CS10、猎豹Q6及皮卡等。

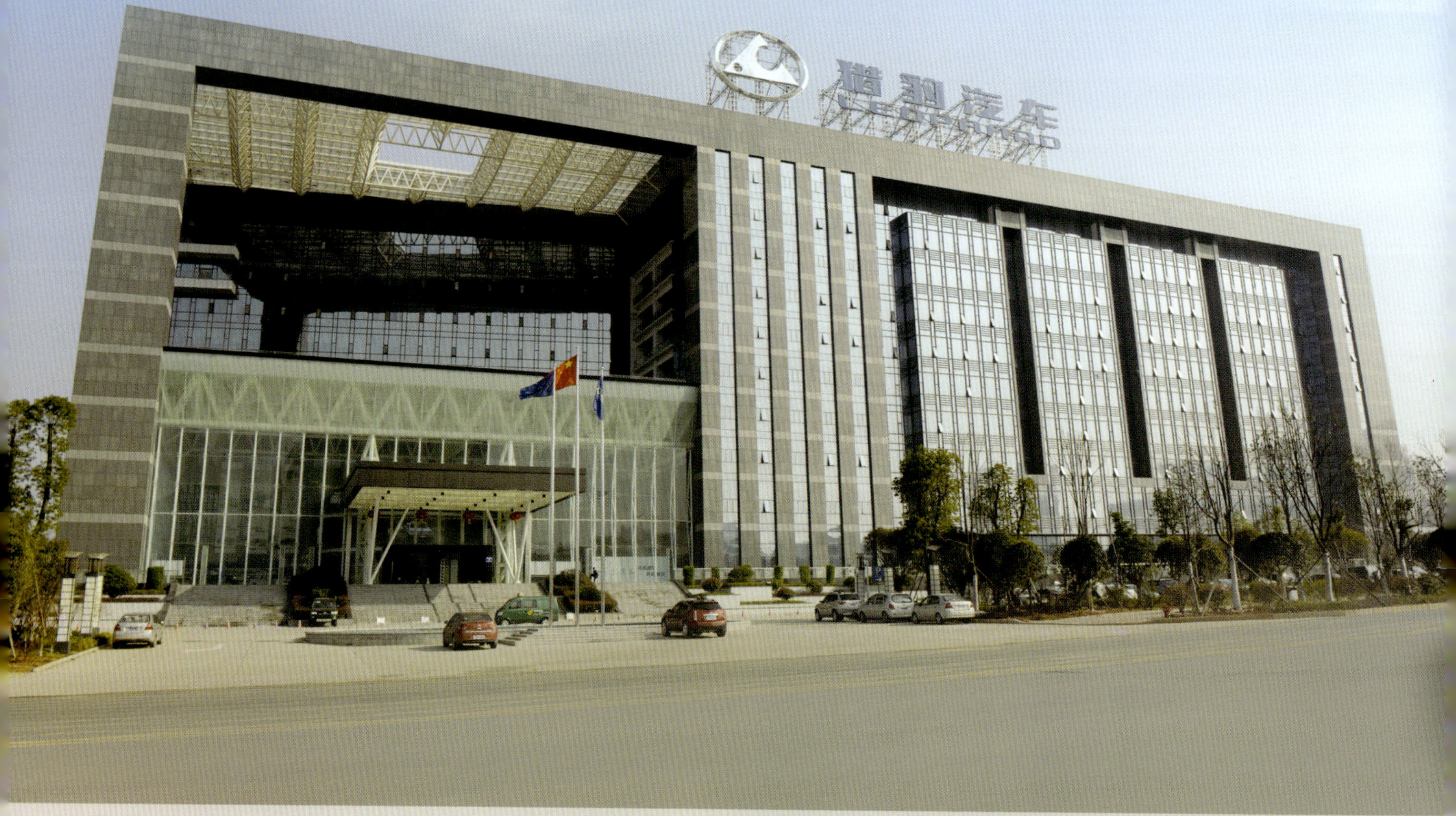

地址：湖南长沙市经济技术开发区泉塘街道漓湘东路9号　　邮编：410100

电话：（0731）82881600　　传真：（0731）82881700

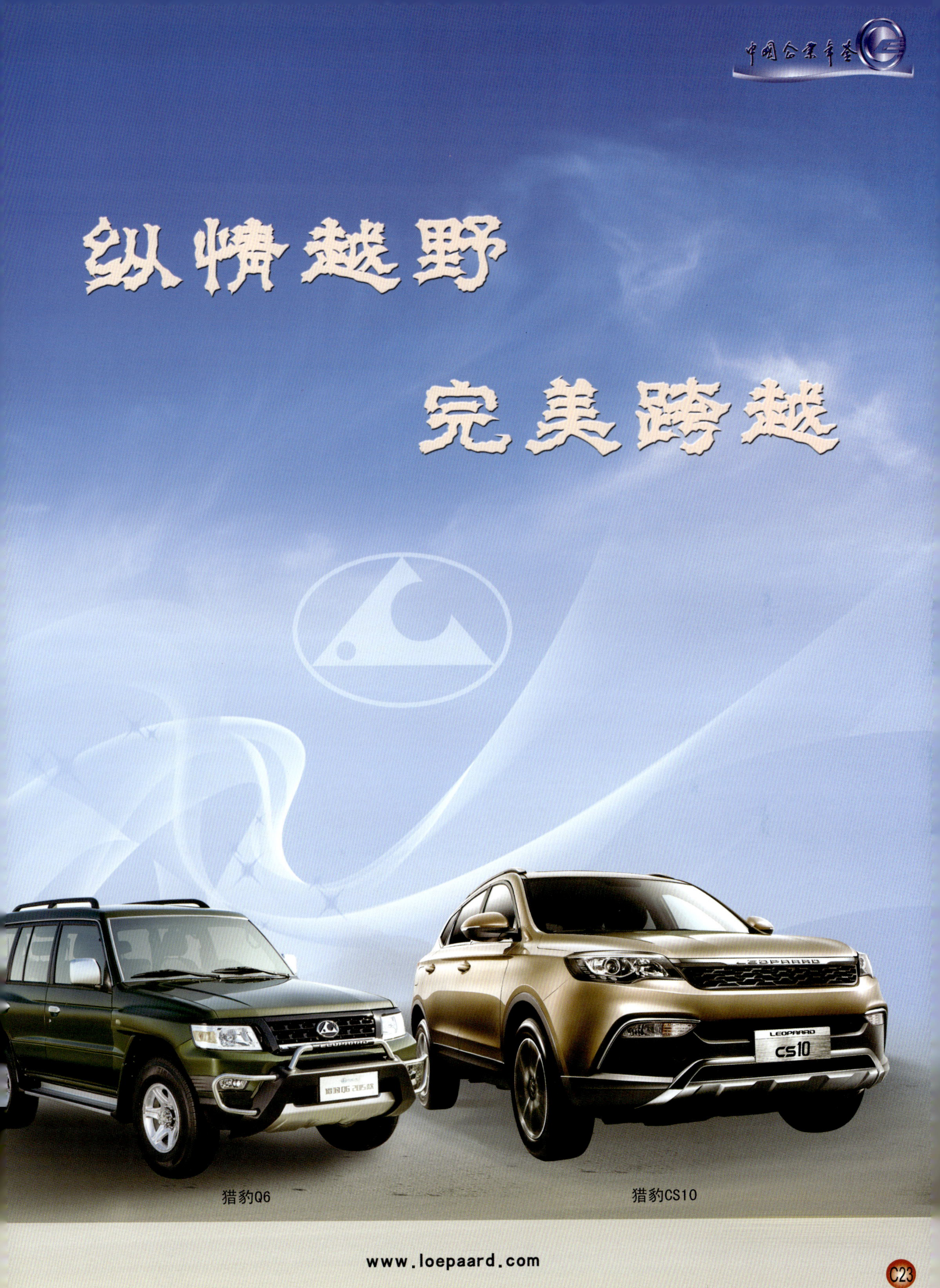
纵情越野
完美跨越
LEOPAARD
CS10
猎豹Q6
猎豹CS10
www.loepaard.com

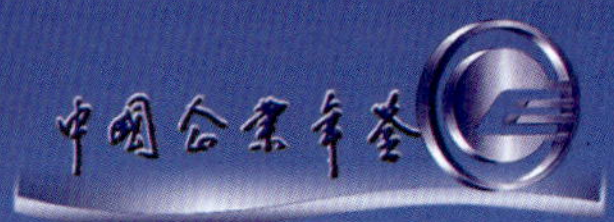

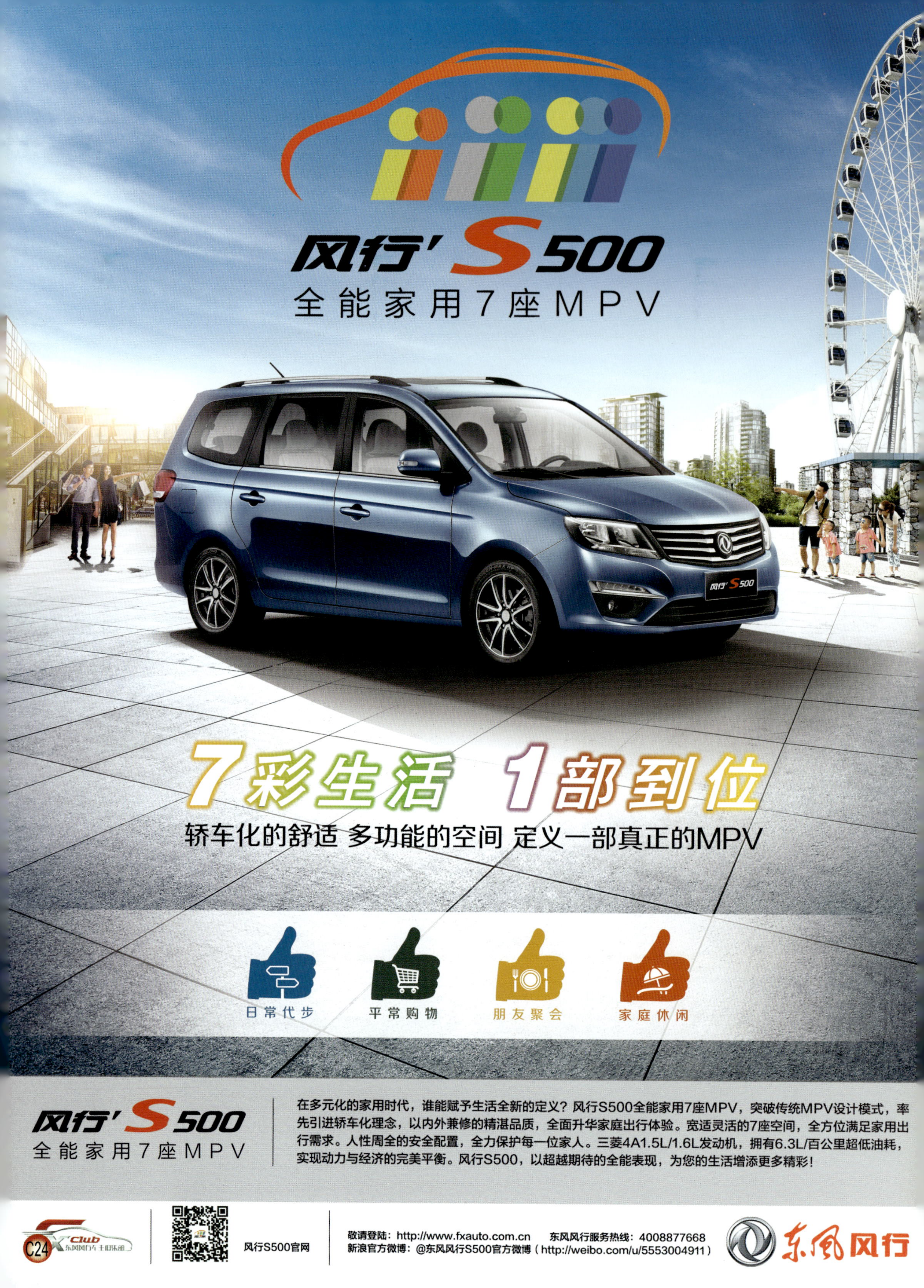
风行’S500
全能家用7座MPV
风行’S500
7彩生活 1部到位
轿车化的舒适 多功能的空间 定义一部真正的MPV
日常代步
平常购物
朋友聚会
家庭休闲
风行’S500
全能家用7座MPV
在多元化的家用时代，谁能赋予生活全新的定义？风行S500全能家用7座MPV，突破传统MPV设计模式，率先引进轿车化理念，以内外兼修的精湛品质，全面升华家庭出行体验。宽适灵活的7座空间，全方位满足家用出行需求。人性周全的安全配置，全力保护每一位家人。三菱4A1.5L/1.6L发动机，拥有6.3L/百公里超低油耗，实现动力与经济的完美平衡。风行S500，以超越期待的全能表现，为您的生活增添更多精彩！
C24
Club
风行S500官网
敬请登陆：http://www.fxauto.com.cn 东风风行服务热线：4008877668
新浪官方微博：@东风风行S500官方微博（http://weibo.com/u/5553004911）
东风风行

C25

渤海船舶重工

公司全貌

渤海船舶重工有限责任公司是中国船舶重工集团公司旗下的骨干企业之一，系中国船舶重工股份有限公司全资子公司。是我国集造船、修船、钢结构加工、海洋工程、冶金设备和大型水电、核电设备制造为一体的大型现代企业和国家重大技术装备国产化研制基地。渤船重工将坚持“兴船报国、创新超越”的企业精神，以“创建中国最强最大国际一流船舶集团”为发展目标，坚持“打造精品、做强主业”的经营理念，与时俱进，加快实现跨越式发展步伐并愿以各种方式同海内外朋友合作，共创美好未来。

为中国科学院建造的小水线面科学考察船

为新加坡百[illegible]的320 000吨[illegible]

2 500米超深水双体修井/完井船

“三沙一号”客滚船

地址：辽宁葫芦岛市锦葫路132号
邮编：125004
电话：（0429）2792114
传真：（0429）2792858
网址：www.bsic.com.cn

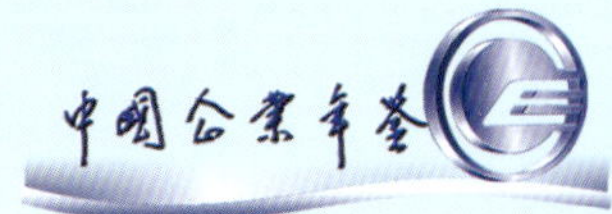

有限责任公司

航运公司建造
油船

为新加坡百国山公司建造的388 000吨矿砂船

为南京液化气运贸有限公司建造的3 500立方米LPG船

为天津德赛机电设备有限公司建造的90米自升平台

中国航空工业集团公司

Aviation Industry Corporation Of China

直-10武装直升机飞行

直-10武装直升机在第九届珠海航展首次亮相

走向世界的新舟

歼-15飞机在辽宁舰上起飞

运20首飞

中国航空工业集团公司（简称“中航工业”）是由中央管理的国有特大型企业，2008年11月在原中国航空工业第一、第二集团公司基础上重组整合而成立。中航工业实行母子公司管理体制，设有装备、飞机、发动机、直升机、航电系统、机电系统、通用飞机、航空研究、飞行试验、贸易物流、资产管理等20个产业板块，下辖142家企事业单位，拥有29家上市公司，其中A股21家，香港H股5家，德国、新加坡、奥地利上市公司各1家。员工近50万人，其中两院院士18人，享受政府津贴专家3 151人。

截至2014年末，中航工业资产总额约7 996.2亿元，实现营业收入3 963.8亿元；利润总额143.3亿元。中航工业自2009年起跻身《财富》世界500强企业，连续7年排名保持持续增长的势头，排名从2009年的426位上升到2015年的159位，6年累计上升267位；在2015年世界500强的“航天与防务行业”子榜单中，中航工业排名第5位，利润和利润率居国内上榜企业前列。在世界品牌实验室《中国500极具价值品牌》排名第25位，品牌价值1 008.7亿元。

努力建设中国特色
先进兵器工业体系

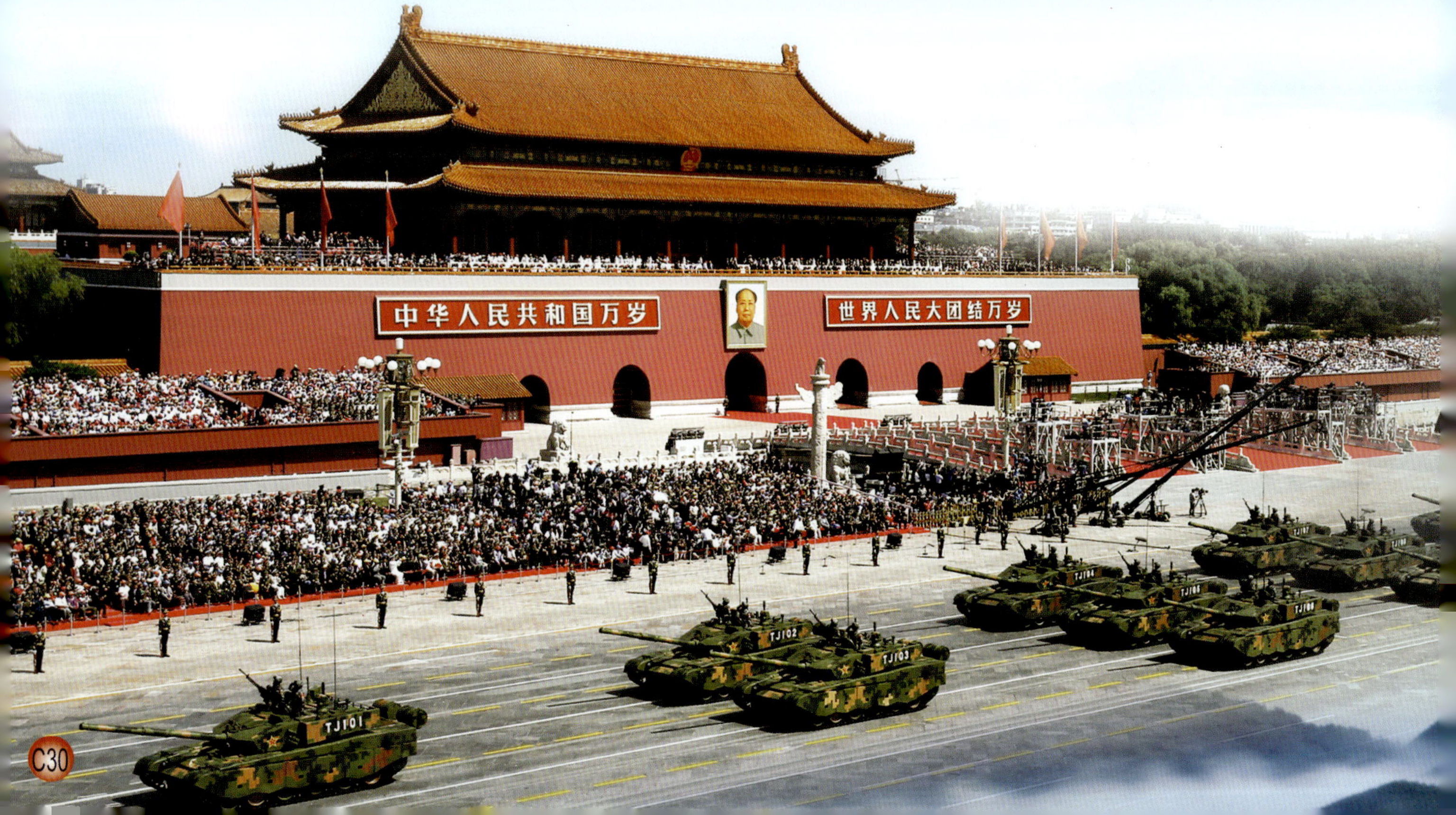

中华人民共和国万岁

世界人民大团结万岁

联系电话
010-68787000
网　址
www.norincogroup.com.cn
微信公众号：NORINCOGROUP

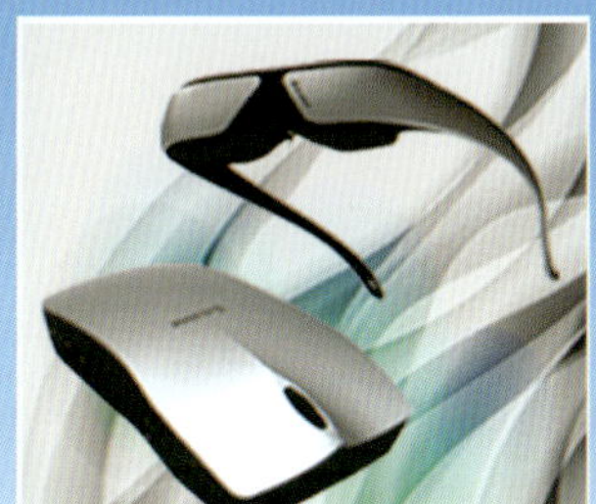

中国兵器工业集团公司

China Pavilion
EXPO MILANO 2015
ZOOMLION
2015年意大利米兰世博会中国馆
CHINA PAVILION EXPO 2015 MILAN ITALY
GLOBAL PARTNER
ZOOMLION

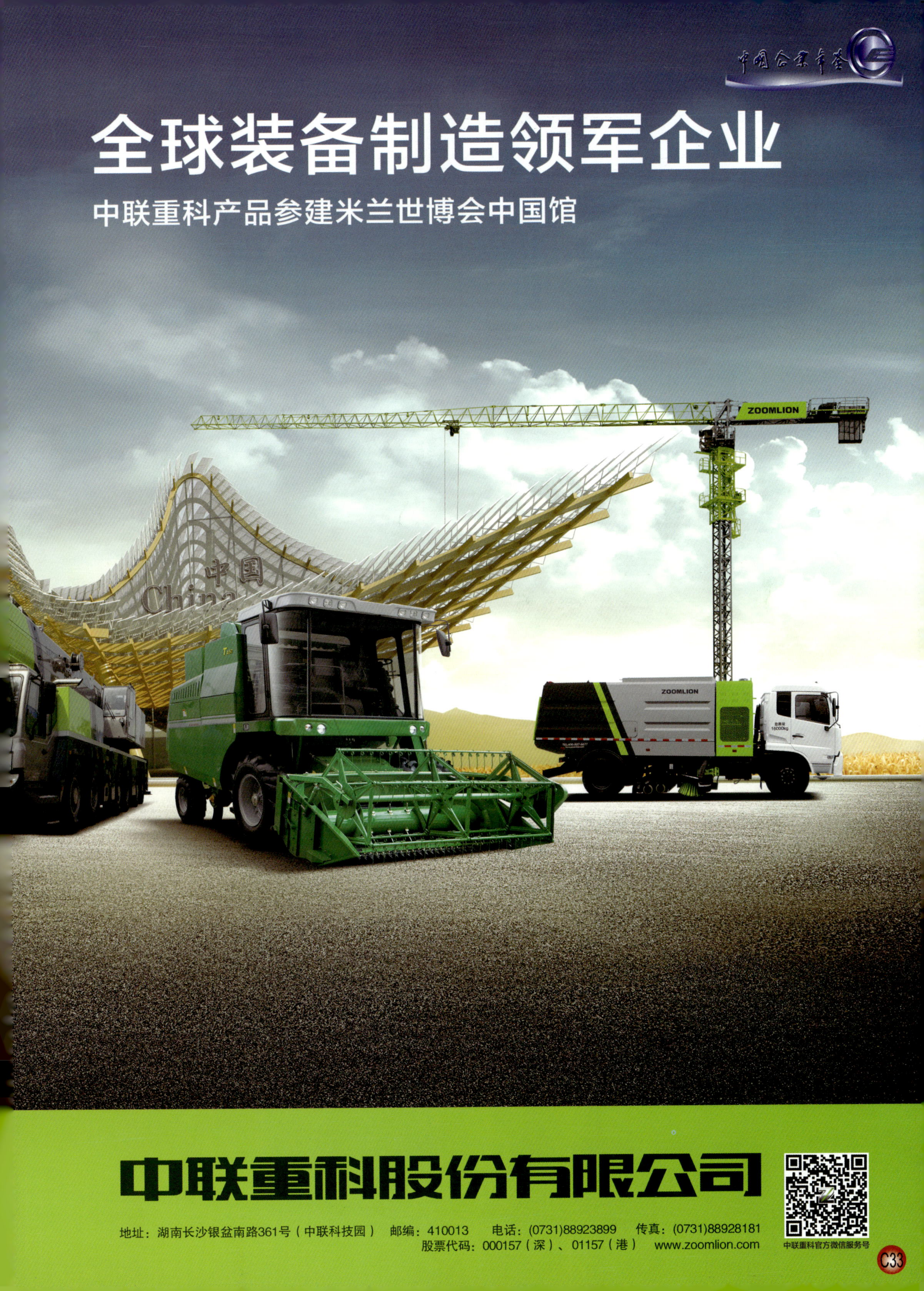

全球装备制造领军企业
中联重科产品参建米兰世博会中国馆
ZOOMLION
ZOOMLION
中国
China
中联重科股份有限公司
地址：湖南长沙银盆南路361号（中联科技园） 邮编：410013 电话：(0731)88923899 传真：(0731)88928181
股票代码：000157（深）、01157（港） www.zoomlion.com
中联重科官方微信服务号
C33

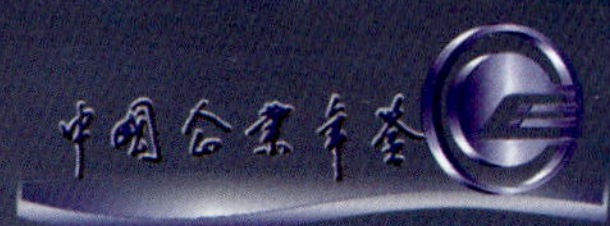

集成电路生产制造车间

研发人员正在紧张工作

董事长真才基获颁科学技术进步一等

大唐電信

大唐电信科技产业集团

DATANG TELECOM TECHNOLOGY &INDUSTRY GROUP

大唐电信科技产业集团（即电信科学技术研究院），是国务院国资委监管的一家专门从事电子信息系统装备开发、生产和销售的大型高科技中央企业，拥有国内无线移动通信和集成电路领域雄厚的科研开发和技术创新实力。多年来，大唐电信集团坚持自主创新，掌握了一批电子信息通信领域内的关键核心技术，拥有一系列具有完全自主知识产权的重大科技创新和突破，在无线移动通信、集成电路设计与制造以及战略性新兴产业等领域处于国内外领先水平。作为我国高科技领域科技创新的领军企业，大唐电信集团成功实践“正向系统创新”发展模式，积极承担中央企业的社会责任，全力推动我国移动通信产业结构升级与国际竞争力的提升，为我国社会经济持续健康发展积极做出贡献。

2012年1月，集团主导提出的TD-LTE-A被ITU正式确认为4G国际标准

国家电投
SPIC
中国电力
China Power
火电
水电
光伏发电

国际有限公司

rnational Holding Ltd.

中国电力国际有限公司（简称“中电国际”）,于1994年经国务院批准在香港注册成立，是国家境外融资的窗口电力企业，是国家电力投资集团公司（简称“国家电投”）的重要骨干企业。

中电国际旗下现有中国电力国际发展有限公司、中国电力新能源发展有限公司两家香港上市公司，主要从事燃煤发电、水力发电、天然气发电、风电、光伏、生物质及垃圾环保发电、热电联产等电源项目开发运营。截至2015年6月底，中电国际资产总额1 210亿元，电力装机容量2 700万千瓦，其中清洁能源764万千瓦，资产分布在全国23个省、市、自治区和特别行政区。

多年来，中电国际秉承“碧水蓝天”发展理念，坚持传统能源高效清洁利用和大力发展清洁能源“双驱动”，率先开发新能源，率先实践“上大压小”，建设清洁高效火电基地。目前控股常规火电平均单机容量达55万千瓦，平均供电煤耗降至305克每千瓦时，在历年全国大机组运行竞赛和能耗对标中，多台机组获一等奖。注重把握“产融结合”核心优势，积极优化产业结构，中电国际开创中资公司投资境外输配电业务先河，成立境内五大发电集团中首家红筹公司和在香港上市的新能源公司。2015年，中国电力已纳入摩根士丹利国际资本指数（MSCI指数），成为中国指数成分股。

未来，中电国际将围绕国家电投“创新型、国际化的综合能源集团和现代国有企业”宏伟蓝图，继续坚持静水深流企业文化和“责任、诚心、智慧、价值”的核心价值观，准确把握战略定位，走好“清洁能源之路、创新创造之路、持续奋斗之路、和谐共生之路”四条道路，为国家能源行业转型升级，为国民经济又好又快发展，为实现伟大中国梦做出新的更大贡献。

垃圾发电

风电

江西省能源

江西省能源集团公司于2014年底经江西省政府批复同意，由原江西省煤炭集团公司更名组建，为江西大型国有能源企业。截至2014年底，企业注册资本16亿元，资产总额276亿元，年营业收入逾200亿元，现有在册职工6.3万人。2014年跻身中国企业500强第446位、中国煤炭百强企业第30位。

集团下设安源煤业集团股份有限公司、中鼎国际建设集团有限责任公司、江西中煤科技集团有限责任公司、贵州矿业集团有限责任公司、江西省煤炭交易中心、江西省矿山应急救援中心等权属企业（单位）和萍乡矿业集团公司、丰城矿务局、新余矿业公司、乐平矿务局等改制存续企业。其中安源煤业集团股份有限公司为上市公司，中鼎国际建设集团有限责任公司为全球承包商250强企业，江西中煤科技集团有限责任公司为具有国内先进新能源客车、玻璃、复合管道等生产技术的综合科技企业，贵州矿业集团有限责任公司为云贵等西南地区煤炭资源开发基地，江西省煤炭交易中心为区域性煤炭交易电子商务平台。

2014年，集团积极对接国家煤炭物流发展规划，加快建设“一个中心、两个基地”的现代物流体系，江西省煤炭交易中心正式运营，致力打造成为国内一流的煤炭（消费地）交易中心；九江煤炭储配基地将于2015年底正式运营，码头吞吐能力765万吨/年；蒙古铁路新余煤炭储配基地正在加紧筹建。同时新能源开发取得明显成效，与世界先进锂离子电池制造商深圳比克电池有限公司合作研发新能源客车投入批量生产销售，争取5年内新能源客车产能达万辆。

面对新常态下传统产业深化改革、转型升级的新使命，能源集团的总体发展思路是：坚持煤矿高效安全开采，坚持煤炭高效清洁利用，坚持多元高效现代服务，努力打造煤电气一体，产融贸融合，新能源开发和“走出去”战略并重的现代化优强能源集团，实现三年营业收入超过500亿元，利税总额超过20亿元的“两翻番”发展目标。

集团公司

百年老矿--安源煤矿总平巷

中核建中核燃

公司大门

四川省50大重点项目之一“2015项目”鸟瞰图

400吨生产线扩建工程正式投料批量生产

朝气蓬勃的员工队伍

高温动梁烧结炉

机械加工

料元件有限公司

中核建中核燃料元件有限公司是中国核工业集团公司所属的集生产、科研和国内外贸易为一体的大型骨干企业，是我国较大的压水堆核电燃料组件生产基地。

公司自1986年建成我国首条核电燃料元件生产线以来，已掌握AFA3G、全M5AFA3G、TVS-2M以及中国实验快堆等先进核燃料元件制造技术，具备300兆瓦、600兆瓦、1 000兆瓦、实验堆、低温核供热堆、小堆和快堆等类型的全堆芯核燃料元件供应能力。近年来，公司持续开展核燃料元件生产线技改扩建工程，2014年核燃料元件400吨扩建技改工程新生产线顺利交付投产，公司核燃料元件产能跃居世界前六，谱写了我国核燃料元件能力升级的新篇章。截至2014年底，公司已为国内多座核电站及巴基斯坦恰希玛核电站提供了9 000多组质量优良的燃料元件，享有“核电粮仓”美誉。公司名列四川企业100强第64名，四川制造企业100强第30名。

2014年，公司狠抓科技创新，大力推进管理提升，全面提高企业管理水平，圆满完成各项生产经营科研、技改任务，连续三年获得中核集团公司业绩突出贡献奖；荣获中核集团科学技术奖二等奖2项、三等奖5项，国防科技进步奖三等奖3项，四川省科技进步奖三等奖1项；荣获国家级管理创新成果二等奖1项，国防科技工业三等奖1项，四川省级一等奖1项、二等奖4项，中核集团公司二等奖1项。

公司将主动适应核工业发展新常态，推进转型升级，努力建成管理科学、装备先进，产品多样、制造柔性，技术领先、质量优良，安全可靠、清洁高效的园林式国际一流核燃料元件制造基地。

燃料组件组装大厅

核电燃料组件

北京银行 BANK OF BEIJING 真诚 所以信赖

董事长 闫冰竹

北京银行成立于1996年，是一家中外资本融合的新型股份制银行。成立以来，北京银行依托中国经济腾飞崛起的大好形势，先后实现引资、上市、跨区域、综合化等战略突破。目前，已在北京、天津、上海、西安、深圳、杭州、长沙、南京、济南及南昌等十余个中心城市设立近400家分支机构，发起设立北京延庆、浙江文成及吉林农安北银村镇银行，成立中国香港和荷兰阿姆斯特丹代表处，发起设立国内首家消费金融公司——北银消费金融公司，首批试点合资设立中荷人寿保险公司，设立中加基金管理公司、北银金融租赁公司，开辟和探索了中小银行创新发展的经典模式。

截至2014年12月底，北京银行资产达到15 200亿元，实现净利润156亿元，成本收入比仅24.65%。ROA1.09%，ROE17.96%，不良贷款率0.86%，拨备覆盖率为324.22%，资本充足率11.08%，各项经营指标均达到国际银行业先进水平，公司价值排名中国区域性发展银行首位，品牌价值201.36亿元，一级资本排名全球千家大银行99位，首次跻身全球银行业百强，被誉为中国极具创新能力和发展潜力的中小银行。

19年来，北京银行积极履行社会责任，在医疗、教育、慈善、赈灾等方面向社会捐助超过1亿元。凭借优异的经营业绩和优质的金融服务，北京银行赢得了社会各界的高度赞誉，先后荣获“全国文明单位”“亚洲十大上市银行”“中国上市公司百强企业”“中国社会责任优秀企业”“极具持续投资价值上市公司”及“中国优秀企业公民”等称号。

股票代码：601169

北京银行
BANK OF BEIJING

特殊贡献奖
北京银行

北京市科学技术委员会
科学技术委员会全面战略合作签约仪式
循环贷

www.bankofbeijing.com.cn

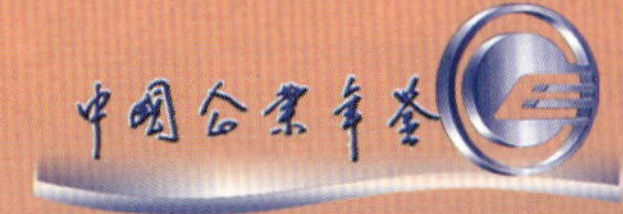

开发价值
投资未来

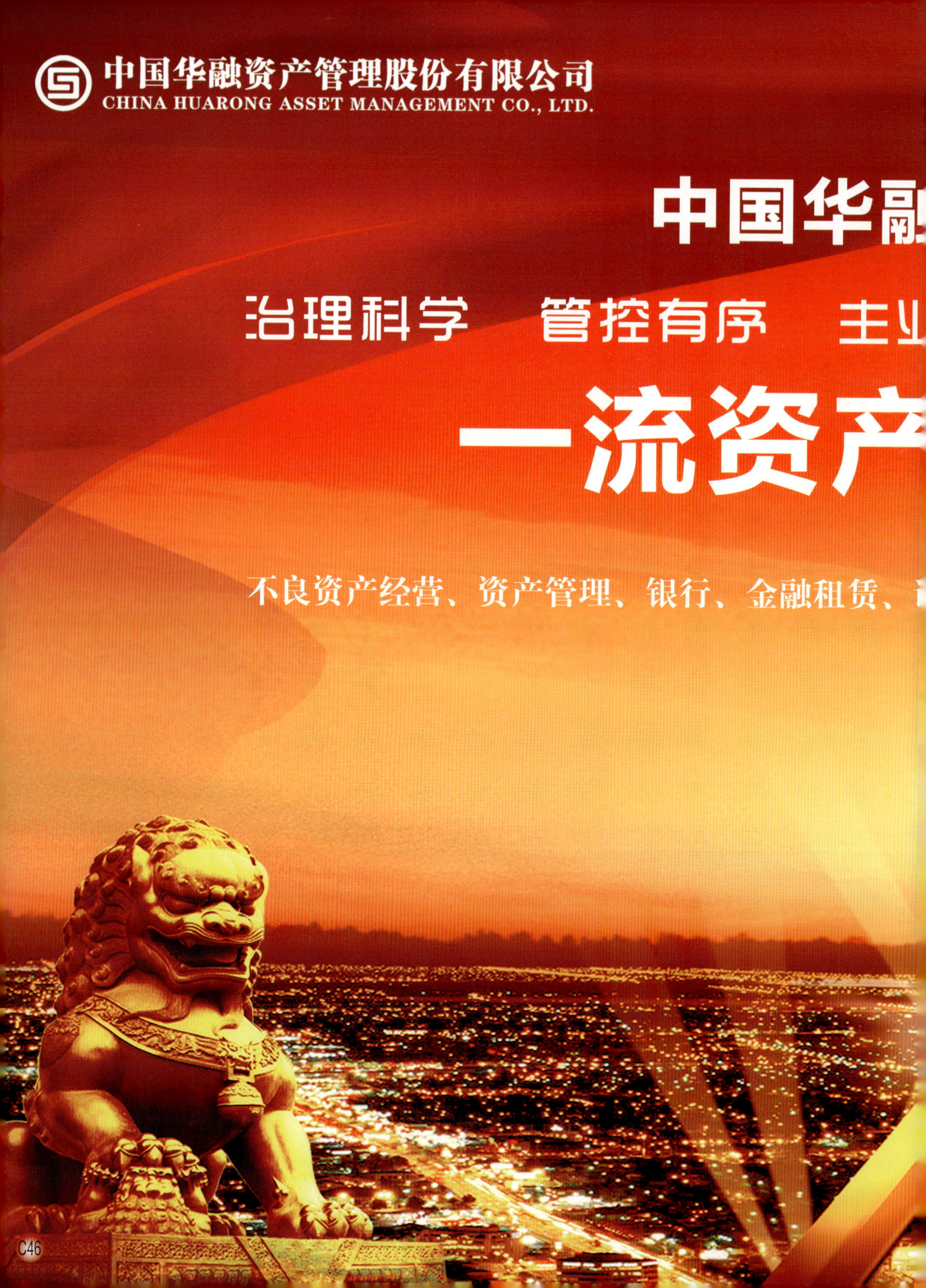
中国华融资产管理股份有限公司
CHINA HUARONG ASSET MANAGEMENT CO., LTD.
中国华
治理科学　管控有序　主
一流资产
不良资产经营、资产管理、银行、金融租赁、

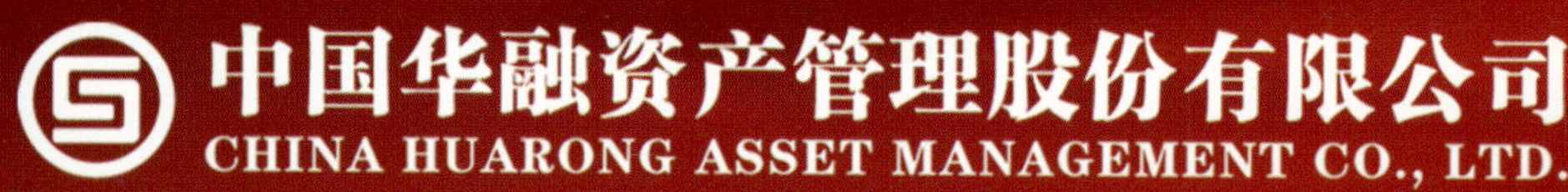

无锡市国联发展

国联金融大厦

国联金融南京运营中心揭牌

无锡市国联发展（集团）有限公司成立于1999年5月8日，是无锡市人民政府出资设立并授予国有资产投资主体资格的国有独资企业集团，注册资本80亿元。近年来，通过创新发展思路，积极适应经济新形势，保持良好发展态势。集团总资产规模近700亿元，净资产规模近250亿元，年营业收入站上100亿元台阶，年利润水平达17亿元。集团拥有全资控股企业近百家，职工总数7 000多人，主要业务集中在金融和实业两大业务板块。

金融领域，国联集团已建立起门类齐全的地方综合金融服务平台，旗下拥有证券、信托、银行、期货、担保、财务公司、产权交易、资产管理、人寿保险、创投基金等金融机构，管理金融资产规模近4 000亿元。发挥金融全牌照优势，国联集团正通过建立包括市场体系、管理体系、产品体系、业务标准体系等在内的一整套综合金融体系，并以国联综合金融信息系统为技术支撑，加快发展综合金融业务，不断扩大市场影响力，提升综合竞争力。

国联环保能源集团投建分布式光伏项目

（集团）有限公司

无锡一棉精密纺纱车间

实业领域，国联集团拥有环保能源、纺织、物资、房地产、酒店等实业企业，正加快向新能源、环保、高档纺织、现代物流等产业转型。加强战略合作，以光伏发电业务为突破口，积极拓展新能源产业；加强并购重组，做大做强华光股份上市平台，提高集团资产证券化水平；加强整合提升，推动市政环境业务快速发展；加强合资合作，发挥品牌、质量、管理优势，提升无锡一棉发展规模和效益；加强业务协同，提高发展水平，不断扩大国联物资市场影响力。

围绕“百年国联、千亿集团”发展目标，国联集团正实施“做强做优金融、做大做强实业”的发展战略，全面深化集团改革，实现金融、实业“双轮驱动”，完善现代企业管理制度，从而建成国内具有影响力的大型投资控股集团。

国联证券（1456.HK）上市

华光股份（600475.SH）锅炉汽包发运

GIG 广西投资集团有限公司

中国-东盟博览会战略合作伙伴　　中国500强企业　　广西100强企业

广西投资集团有限公司成立于1988年6月，注册资本47.54亿元，是广西壮族自治区重要的投融资主体和国有资产经营实体。集团实施“产融结合，双轮驱动”创新战略，着力打造金融、能源、铝业、文化旅游、海外资源开发等五大业务板块。金融板块，目前已形成了银行、证券、担保、小贷、小微互联网金融服务、基金、股权交易所等金融业态，成立广投金融控股公司，加快介入人寿保险公司、资产管理、基金管理、租赁等金融业态，打造金融全牌照，实现了由实体经济控股为主的企业集团向“产融一体化”企业集团转变。能源板块，集团获得广西天然气管网项目的控股权和经营权，构建了天然气、水电、火电、核电、煤炭、焦化等多元化能源结构。铝业板块，形成集生产经营、商贸交易、服务、投资管理等产业链完整、可持续发展的铝业集群。文化旅游板块，发展混合所有制经济，打造广投 ·龙象品牌。海外资源开发板块，成立广投国际公司，打开资源开发和境外融资新平台。

目前，集团资产总额2 122.93亿元，2014年实现营业收入653.24亿元，成为广西第三家收入跨过600亿元门槛的强优企业，利税34.23亿元，拥有参控股企业138家，2014年排名中国企业500强第225位，广西百强企业第2位，具有AAA企业信用评级，先后荣获全国五一劳动奖状、中国企业文化顶层设计与基层践行十大典范组织、中国企业文化竞争力30强、全国模范职工之家、自治区强优工业企业、广西十佳企业等荣誉。未来，集团将按照到“十三五”末实现利润百亿元、营业收入和资产规模达千亿元级的“一百双千”奋斗目标前进。

地址：广西南宁市民族大道109号广西投资大厦
邮编：530028
网址：www.gxic.cn

GIG国际金融中心

金融打造全牌照

能源板块打造清洁能源

一百双千

铝业实现全产业链，
走高端铝加工之路

文化旅游发展混合所有制，打造广投·龙象品牌

海外资源开发打开境外资源开发和融资新平台

集团大楼

云南省能源投资集团有限公司

YUNNAN PROVINCIAL ENERGY INVESTMENT GROUP CO., LTD.

云南省能源投资集团有限公司（简称“云南能投集团”）是云南省委、省政府为加快实施产业强省战略、做大做强能源产业、推动云南经济社会全面协调可持续发展，于2012年1月11日经云南省人民政府批复同意组建，由云南省国资委履行监管职能的省属国有重要骨干企业。主要经营范围：电力、天然气、煤炭等能源的投资及管理；环保、新能源等电力能源相关产业、产品的投资及管理；参与油气资源及管网项目的投资；其他项目投资、经营；与投资行业相关的技术服务、投资策划及其咨询管理，信息服务等。

集团组建以来，按照做精做优存量资产，做大做强增量资产的发展思路，围绕重大能源和核心业务培育壮大集团核心竞争力，推动集团快速发展。截至2014年年末，集团总资产达567亿元，较2012年成立之初的185亿元增长3倍；净资产达220亿元，较成立之初的97亿元增长2.3倍；全年营业收入实现353亿元，同比增长34.0%；国有资产保值增值率109.8%，同比增长4.8%；参控股权益装机达1 280万千瓦，较成立之初的500万千瓦增长2.3倍。集团主体长期信用为AAA评级，成功跻身2014中国企业500强。

集团坚持以发展为第一要务，积极抢抓国家实施“一带一路”和孟中印缅经济走廊建设，以及全面深化国资国企改革、电力体制改革重要机遇，主动适应新常态，秉承“和谐、担当、务实、创新”的核心价值观，准确把握“集团化、金融化、国际化、信息化”的“四化”发展方向，向着“核心资产高质量、投资高标准、金融高效益、物流贸易高附加值”的“四高”发展目标迈进，探索把集团建设成为治理完善、机制灵活、竞争优势突出的国有资本投资公司，发挥集团在云南改革发展、结构调整、转型升级中的重要作用，体现国有经济的活力、控制力和影响力，成为云南省国企转型升级的典范，成为能源产业促进区域经济发展的典范。

能投集团风电项目

能投集团大力推进云南清洁能源开发

能投集团威信煤电一体化项目全景

能投集团光伏发电项目

能投集团天然气加气站

能投集团在老挝建设的吉象水泥厂

云南省首台2兆瓦高原风机在云南能投电力装备产业园下线

地址：云南昆明市西山区日新中路616号云南能投集团集控综合楼
邮编：650228
网址：www.cnyeig.com

弘阳集团：以综合体运

董事长　**曾焕沙**

江苏省政协常委
中国侨商会副会长
中国侨联常委
江苏省侨商总会会长

弘阳集团成立于1996年，中国500强企业。是以城市综合体开发运营为主要发展方向，以商业运营、地产开发和物业服务为支柱，具有投融资能力的综合性国际企业集团。

弘阳集团秉承“构筑城市价值”的运营理念，改善人居环境，提升生活品质，优化城市生活链，促进城市繁荣，致力于成为中国快速城市化进程的重要参与者与推动者。

弘阳集团崛起于家居建材行业，凭借前瞻性的战略眼光，以商业运营、地产开发、物业服务三大中心业务模块，全面实现企业产业结构升级。截至目前，

弘阳广场超大城市综合体，吃喝玩乐购一站式满足全方位生活需求

弘阳家居，为消费者提供品质家居生活体验，成为区域时尚家居生活

营城市，构筑城市价值

弘阳集团已在中国江苏南京、南通、苏州、无锡、常州等地建设了多个以“弘阳”冠名的商业和地产项目，累计开发项目体量1 000万平方米，具备国家地产开发一级资质。

今天的弘阳已成长为新型城市价值的引领者，成为中国新城市发展的有力推动者。展望未来，弘阳集团五年发展目标为立足南京、布局江苏、走向全国，打造中国知名品牌。

网址：www.redsun.com.cn

地址：南京市大桥北路9号弘阳大厦

弘阳地产，以“极客精神”构筑理想人居，不完美，不止步

于无锡马山太湖国家旅游度假区的弘阳三万顷，打造国际级山湖别墅

超五星级酒店与品质服务，提升城市形象名片

特房®集团

厦门经济特区房地产开发集团有限公司（简称“特房集团”）组建于2006年6月，是国家建设部核定的具有综合开发一级资质的国有房地产公司，已连续多年跻身“中国服务业500强”和“中国房地产开发企业500强”。

截至2014年年底，特房集团总资产达204亿元，现有参控股企业40余家，主营业务围绕房地产开发与经营管理，业务涵盖建设施工、资产运营、酒店管理、物业管理、园林绿化、文化体育等，先后建成上百个居住小区，总建筑面积超过500万平方米，建成项目曾获鲁班奖、詹天佑奖、全国生态智能住区等诸多权威奖项。

未来，特房集团将继续秉持“构筑有形、追求无限”的企业精神和“责任，让生活更美好”的企业理念，加快发展转型，加强精细化管理，不断提高企业核心竞争力，致力于打造具有持续发展能力、海西区域业务规模领先、专业能力领先、盈利能力领先、产品品质领先的营收超百亿的城市综合运营商和城镇建设服务商。

厦门新站营运中心

特房银溪墅府

厦门市政务服务中心

特房黎安小镇

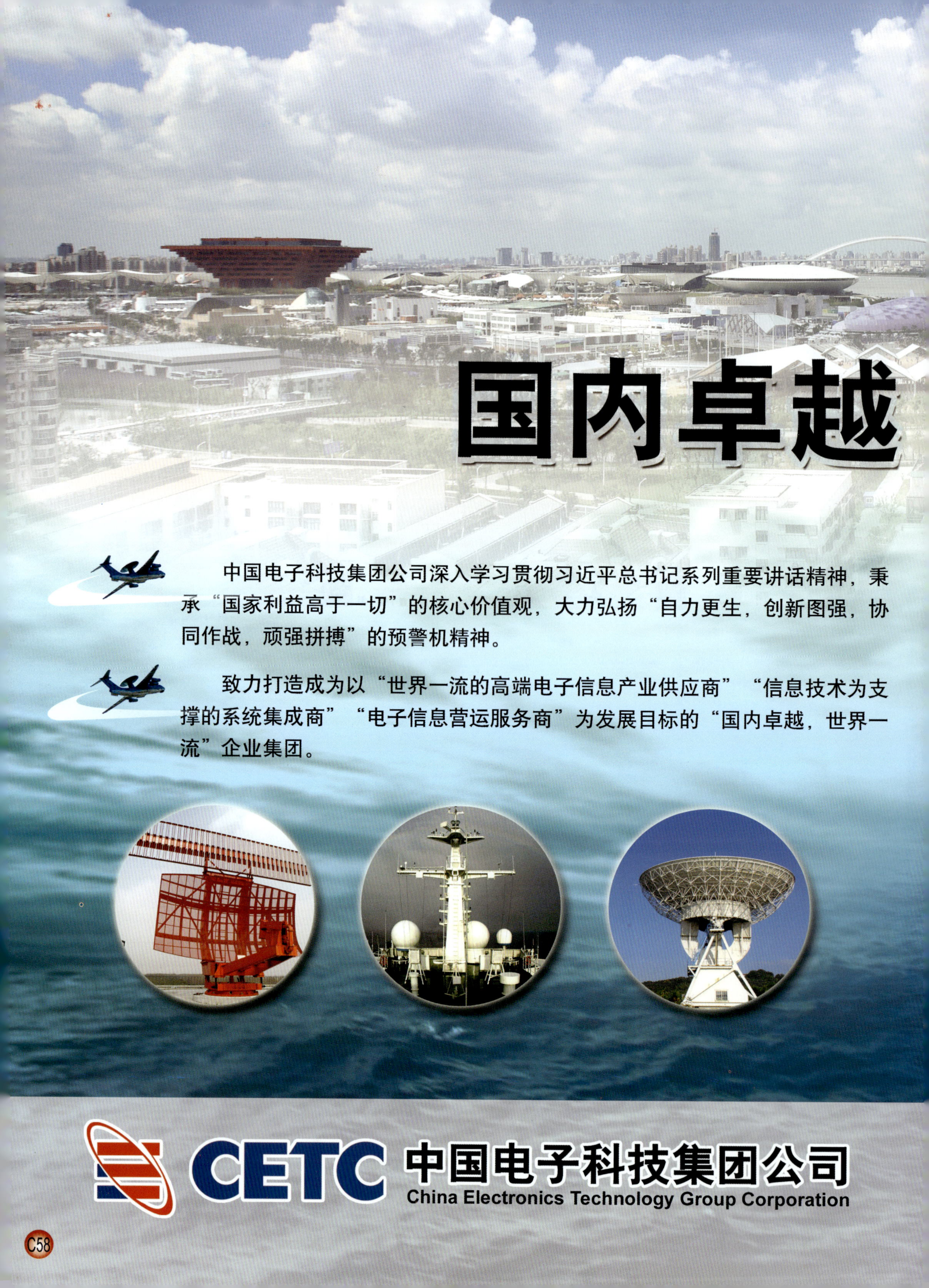
国内卓越
中国电子科技集团公司深入学习贯彻习近平总书记系列重要讲话精神，秉承“国家利益高于一切”的核心价值观，大力弘扬“自力更生，创新图强，协同作战，顽强拼搏”的预警机精神。
致力打造成为以“世界一流的高端电子信息产业供应商”“信息技术为支撑的系统集成商”“电子信息营运服务商”为发展目标的“国内卓越，世界一流”企业集团。
CETC
中国电子科技集团公司
China Electronics Technology Group Corporation

世界一流

中国电子科技集团公司是中央直接管理的国有重要骨干企业，十大军工集团之一，所属成员单位54家，上市公司8家，分布在全国18个省市区，现有员工12万余人，拥有中国工程院院士11名，具有国内电子领域完整的研究、设计、试制、生产及试验能力体系，肩负着军工电子国家队和国民经济信息化建设主力军的崇高使命！在国务院国资委中央企业负责人2004—2014年度经营业绩考核中，中国电科连续11次夺得A级和3次夺得任期考核连续A级，以骄人的业绩，为国防和国民经济建设做出了重要贡献！

广东省广播电视

网络股份有限公司

广东省广播电视网络股份有限公司经广东省委、省政府批准，由20家发起人共同发起，于2010年6月6日创立，8月5日开业，是肩负全省广播电视节目安全传输、为全省人民群众提供丰富多彩的电视节目等重要使命的省属大型国有文化骨干企业。成立以来，公司认真贯彻中央和省委、省政府有关精神，秉承“创业创新、永不停步”的企业精神，扎实有效开展工作。通过积极推进技术创新，全面提升网络质量；通过加快产业转型升级，全力提升运营能力；通过勇于探索盈利新模式，引领产业链向纵深发展，使公司收入、利润、用户数量等方面均实现了持续增长。发展至今，公司拥有一个直属公司、19个地市分公司和68个县级分公司，网络覆盖全省，用户规模达1 300多万户，现有在职人员9 100多人，总资产规模达150多亿元。

服务热线：96956

网址：www.gcable.tv

保险

阳光保险集团股份有限公司是中国500强企业、中国服务业100强企业，注册资本金67.105 9亿元。集团目前拥有阳光财产保险、阳光人寿保险、阳光资产管理等多家专业子公司。

以人文、科技为驱动，阳光保险集团有效整合旗下保险和投资资源，持续研发满足客户需求的产品，不断升级以“闪赔”“直赔”为特色的服务，着力打造强大的市场拓展能力、卓越的客户服务能力、杰出的风险管控能力和专业的资产管理能力，实现了健康、持续、快速的发展。

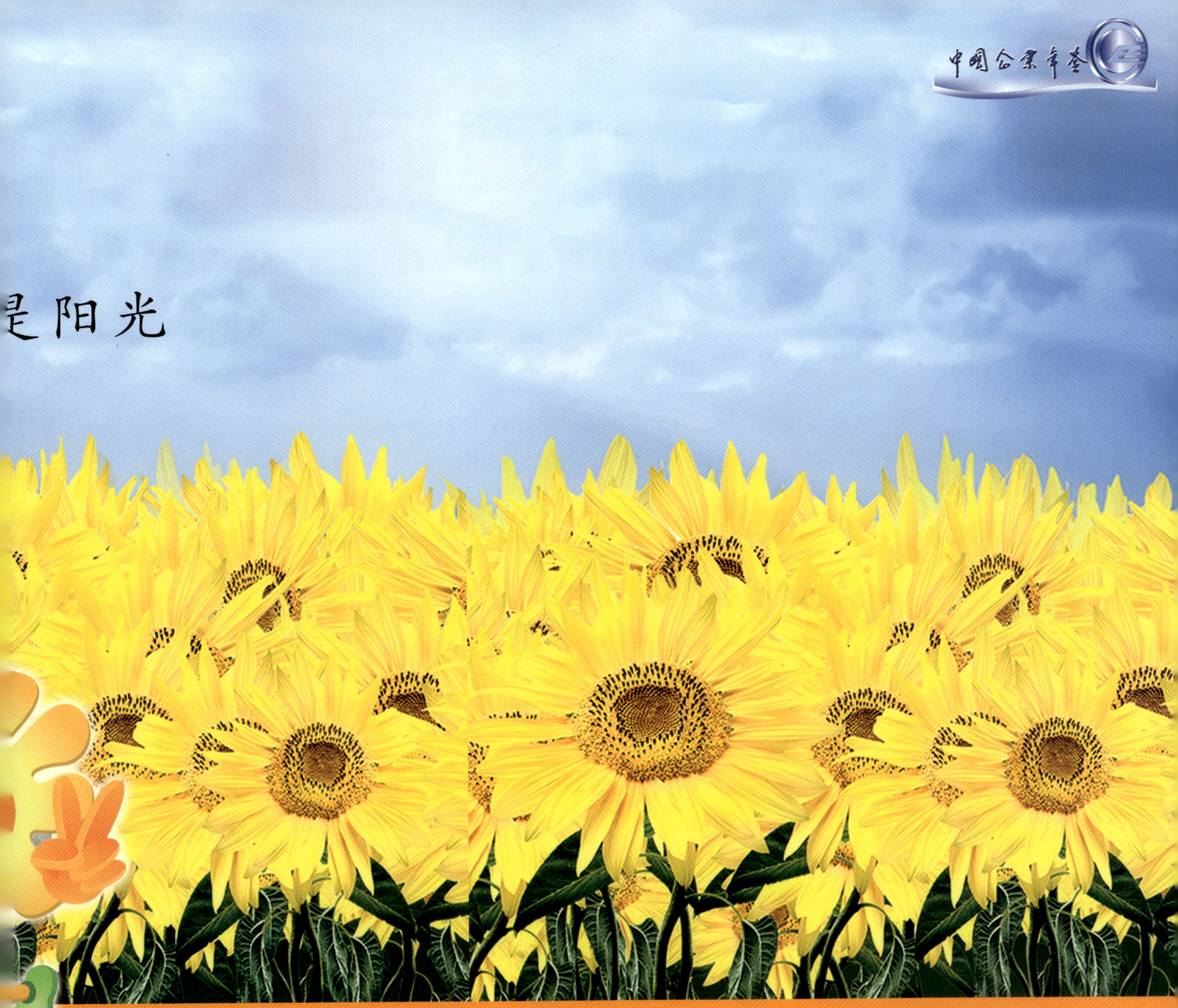

阳光保险自成立以来，累计承担社会风险超过800 000亿元，累计支付各类赔款超过400亿元，创造就业机会超过10万个，上缴税收突破130亿元，累计为1.3亿客户提供保险保障，在各项公益慈善事业中累计投入超过8 000万元。

阳光保险秉承“打造最具品质和实力的保险公司”的企业愿景，致力于成为国际领先的保险金融集团。

阳光电话车险：4000-000-000

阳光电话寿险：400-88-95510

公司网址：www.sinosig.com　全国统一客服专线：95510

中国通用咨询

China General Consultin

中国通用咨询投资有限公司隶属于中央直属重要骨干企业中国通用技术集团。公司以生态建设、环境保护和节能减排为方向，聚焦节能环保产业、基础设施建设领域以及国家重点工程和重大项目，以咨询业务、商务服务、项目管理和投融资管理等智力和资金支持，为客户提供绿色可持续的整体解决方案和增值服务。

咨询业务：环境、市政基础设施项目运作全过程咨询；战略规划及管理咨询；境内外园区规划咨询；区域综合开发策划；轨道交通项目全过程咨询；工程造价咨询；投融资咨询；政策性资金申报咨询；PPP业务咨询；政策咨询。

投　　资：财务性投资；战略性投资。

基金管理：投资于节能环保、装备制造、医药等领域，为国家战略性新兴产业发展打造投融资平台。

招标采购：国家招标代理领军企业，国家引进国外先进技术和成套设备的主要窗口。是国内率先承办国际招标采购业务的中央商贸企业。

新型代理：通过整合销售渠道，优化市场战略，财务杠杆支持等系列工具帮助产品或技术进行市场推广。

节能减排

环境保护

生态建设

地址：北京市西三环中路90号通用技术大厦

邮编：100055

网址：www.cgci.com.cn

投资有限公司

& Investment Co., Ltd.

公司推动通用技术集团与中国盐业总公司开展战略合作

机
场

公司与卡特彼勒开展战略合作

公司与德国被动房技术转化公司签署合作协议

公司组织举办国际先进技术交流活动

公司与工商银行北京分行开展战略合作

通用基金管理公司揭牌

安徽省旅游集

安徽省旅游集团有限责任公司的前身为安徽省旅游集团有限公司，成立于1995年3月。安徽省旅游集团是经省人民政府批准，2003年11月在安徽省旅游集团有限公司与安徽安兴联合总公司进行合并重组的基础上，2011年6月对安徽省粮食集团有限责任公司吸收式重组，新设立的省属国有大型企业，主营业务为旅游开发经营、粮食收储经营、房地产开发，是安徽省属企业中仅有的一家从事旅游产业经营的旅游企业集团，也是一家大型现代服务类企业。

近年来，公司通过不断地整合、改革、创新和投入，企业取得长足发展，集团公司的综合经济实力、专业化运营能力和品牌影响力显著增强。从2009年开始，集团公司连续5年跻身“中国旅游集团20强”“中国服务业500强”“安徽省百强企业”排行榜，排名位次逐年晋升。同时，先后荣获“中国旅游投资金奖”“安徽十大强省品牌”“安徽旅游行业十大影响力品牌”“安徽城市建设突出贡献单位”“安徽房地产品牌企业”和“安徽十大信用品牌企业”等称号。

团有限责任公司

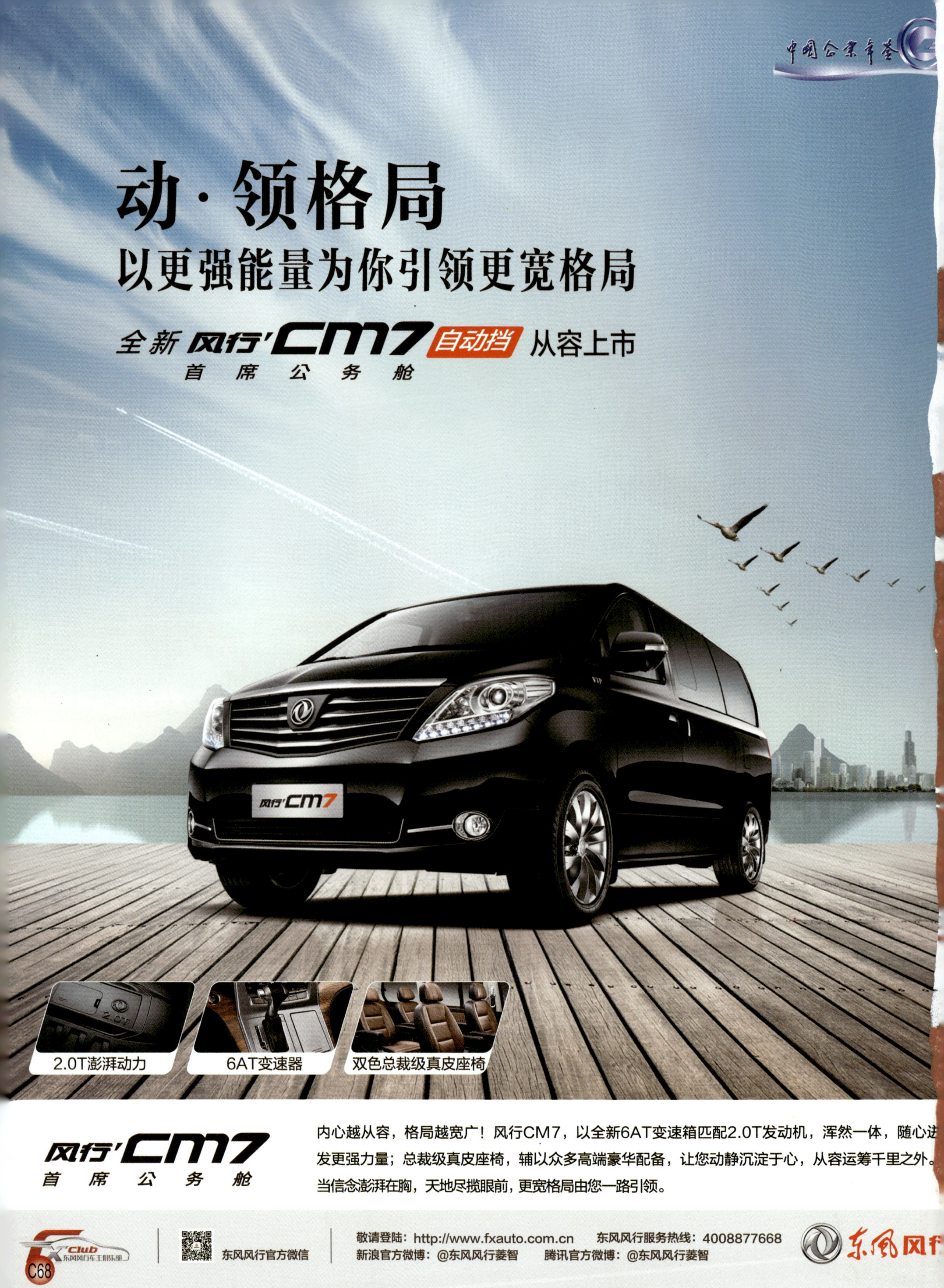

中国企业年鉴
动·领格局
以更强能量为你引领更宽格局
全新风行CM7自动挡从容上市
首席公务舱
风行CM7
2.0T澎湃动力
6AT变速器
双色总裁级真皮座椅
风行CM7
首席公务舱
内心越从容，格局越宽广！风行CM7，以全新6AT变速箱匹配2.0T发动机，浑然一体，随心迸发更强力量；总裁级真皮座椅，辅以众多高端豪华配备，让您动静沉淀于心，从容运筹千里之外。当信念澎湃在胸，天地尽揽眼前，更宽格局由您一路引领。
FX Club 东风风行车主俱乐部
东风风行官方微信
敬请登陆：http://www.fxauto.com.cn　东风风行服务热线：4008877668
新浪官方微博：@东风风行菱智　腾讯官方微博：@东风风行菱智
东风风行